Alexander Bahar / Wilfried Kugel
Der Reichstagsbrand

D1728153

Rekonstruktion der Reichstagsbrandstiftung

Die Reichstagsbrandstiftung kann nach den vorliegenden Fakten – allerdings nur unter allen Vorbehalten eines Indizienbeweises – folgendermaßen rekonstruiert werden:
Die Tat muß bereits einige Zeit vor dem 27. Februar 1933 geplant worden sein. Die Idee dazu scheint auf den NSDAP-Propagandachef und Wahlkampfleiter für die Reichstagswahlen am 5. März 1933, Joseph Goebbels, zurückzugehen. Das Ziel war die Ausschaltung der KPD, um den Rechtsparteien nach Kassierung der KPD-Mandate eine (knappe) parlamentarische Mehrheit zu verschaffen. Göring stellte seine Möglichkeiten als Reichstagspräsident sowie seine tätige Mitarbeit unter Benutzung des Reichstagspräsidentenpalais zur Verfügung, das über einen unterirdischen Gang mit dem Reichstagsgebäude verbunden war. SA-Gruppenführer Graf Helldorf und der Chef der von Göring neu organisierten Politischen Polizei, Rudolf Diels, waren eingeweiht. SA-Untergruppenführer Karl Ernst, Mitglied des Reichstags, übernahm das Oberkommando der Aktion.
Spätestens 1932 hatte der SA-Sturmführer Hans Georg Gewehr für die SA ein selbstentzündliches Brandmittel entwickelt und in SA-Kreisen demonstriert. Diese selbstentzündliche Flüssigkeit (Phosphor in Schwefelkohlenstoff) wurde von einem SA-Sonderkommando verschiedentlich angewendet.
Einige Zeit vor dem Brand deponierte ein SA-Sonderkommando aus dem Wedding (Sturm 17 oder 101) – vermutlich unter Mitwirkung des später von der Gestapo ermordeten SA-Mannes Adolf Rall – im Keller des Reichstagspräsidentenpalais oder im unterirdischen Gang zum Reichstagsgebäude Brandmittel (Phosphor, Mineralöl, Benzin, Fackeln).
Am 27. Februar 1933 um etwa 20 Uhr gelangte ein Kommando von minimal 3, maximal 10 SA-Leuten unter Führung von Hans Georg Gewehr in den Keller des Reichstagspräsidentenpalais. Das Kommando nahm die deponierten Brandmittel, drang durch den unterirdischen Gang vom Reichstagspräsidentenpalais in das Reichstagsgebäude ein und präparierte dort insbesondere den Plenarsaal mit einer wahrscheinlich erst hier angemischten selbstentzündlichen Flüssigkeit, die nach einer gewissen Latenzzeit den Brand im Plenarsaal auslöste. Das Kommando entkam wieder durch den unterirdischen Gang und den Keller des Reichstagspräsidentenpalais (möglicherweise auch durch die anschließenden Keller zum Maschinenhaus und Beamtenhaus) auf die öffentliche Straße „Reichstagsufer". Göring betrat spätestens um 21.19 Uhr allein das brennende Reichstagsgebäude, wahrscheinlich, um den Rückzug der Brandstiftertruppe zu decken.
Van der Lubbe wurde genau um 21 Uhr von der SA zum Reichstagsgebäude gebracht und in dieses eingelassen. Der Plenarsaal war bereits präpariert. Das von Zeugen bemerkte Klirren der von van der Lubbe für seinen Einstieg angeblich eingeschlagenen Scheiben diente wahrscheinlich nur dazu, die Aufmerksamkeit der Öffentlichkeit zu erregen. Der Holländer wurde als einzig greifbarer Täter und Strohmann geopfert.

Alexander Bahar / Wilfried Kugel

Der Reichstagsbrand
Wie Geschichte gemacht wird

Mit 46 Fotos und Dokumenten

edition q

Die Deutsche Bibliothek – CIP-Einheitsaufnahme

Bahar, Alexander: Der Reichstagsbrand : wie Geschichte gemacht wird /
Alexander Bahar/Wilfried Kugel. Berlin : Ed. q, 2001
ISBN 3-86124-513-2

Lektorat: Dr. Jürgen Schebera
Covergestaltung: Studio Höpfner-Thoma, München
Umschlagfoto: Ullstein Bilderdienst, Berlin
Bildnachweis am Schluß des Buches

Druck und Bindung: Ebner Ulm
Printed in Germany

ISBN 3-86124-513-2

Inhalt

Einleitung: Das „Rätsel" des Reichstagsbrandes   14
Vorbemerkung zu den historischen Quellen   24

**1 Der Griff nach der Macht: Vom „Preußen-
schlag" zum Reichstagsbrand   31**
Deutschland 1932   32
Der „Preußenschlag" vom 20. Juli 1932   36
Der geduldete Staatsstreich   41
Der Aufstieg des Rudolf Diels   43
Vom „Preußenschlag" zu Hitlers Machtantritt   46
Auf dem „legalen" Weg zur Macht   51
Das NS-Regime entsteht   54
Der Aufbau des Geheimen Staatspolizeiamtes   57

2 Der Reichstag brennt!   71
Vor dem Brand   71
Die Entdeckung des Brandes und die dabei
getroffenen Feststellungen   73
Erste Maßnahmen   78
Der Brand des Plenarsaals   82
Van der Lubbes Verhaftung   89
Der Einsatz der Feuerwehr   94
Van der Lubbes Schilderungen   103
Van der Lubbes Widersprüche   116
„Überraschung" beim Abendessen um 21 Uhr   120
    Von Helldorf   121
    Göring   125
    Hitler und Goebbels   137
    Vizekanzler von Papen   143
    Diels und die Politische Polizei   144
    „Daily Express"-Reporter Sefton Delmer   146
Das Geheimnis von Portal II   149

3 Vom Reichstagsbrand zur Reichstagswahl   161
Die Verhaftungsaktion   165
Das unbewachte Reichstagsgebäude   174
Die Reichstagsbrandverordnungen vom 28. Februar 1933   175
Der Ursprung der Notverordnungen   178
Die Reichstagswahl vom 5. März 1933   180

4 Amtliche Ermittlungen und Gegenermittlungen 195
TEIL 1 DIE OFFIZIELLEN POLIZEILICHEN UND
GERICHTLICHEN ERMITTLUNGEN   195
Die Reichstagsbrandkommission unter Diels   195
Exkurs: Von der Politischen Polizei zum Geheimen
Staatspolizeiamt (Gestapa)   196
Die ermittelnden Kriminalkommissare   198
Polizeiliche Vorermittlungen ohne Einschaltung
des Staatsanwalts   201
Ein verdrängter Untersuchungsrichter   202
Politische Polizei am Tatort   203
Was sagte van der Lubbe bei seinem ersten Verhör
in der Brandnacht?   207
Der Abschlußbericht der Politischen Polizei vom
3. März 1933   209
Die kleineren Brandstiftungen   213
„Alleintäter"ohne Spuren   217
Brandmittelfunde im Reichstagsgebäude   223
Ein verschwundener Brandbericht   225
Gempps „Dementi"   229
Exkurs: Der Fall Gempp – Krimineller oder
unbequemer Mitwisser?   234
SA am Brandort   239
Der „Feuerwehrbericht"   240
Ein zweiter Tatverdächtiger   242
Das „Alibi" des Dr. Albrecht   245
Frühzeitiger Dienstschluß   248
Der unterirdische Gang   250
Die Situation am Brandabend   261
TEIL 2 GEGENERMITTLUNGEN IM AUSLAND   267
Die Braunbücher   269
Der Londoner Gegenprozeß   275

5 Der Leipziger Reichstagsbrandprozeß 297

TEIL 1 DIE BRANDTECHNISCHEN GUTACHTEN 297
Gutachten des Thermodynamikers Prof. Josse 299
Gutachten des (Ober-)Branddirektors Wagner 304
Gutachten des Brandsachverständigen Dr. Ritter 309
Gutachten des chemischen Sachverständigen Dr. Schatz 311
Zusammenfassung der Gutachten 320
Die Darstellung der Brandlegung in der Anklageschrift 322
Die Würdigung der brandtechnischen Gutachten im Urteil
des Reichsgerichts 323
Brüning contra Schatz? 325
Die Expertise des Instituts für Thermodynamik der TU Berlin 328
TEIL 2 DER PROZESSVERLAUF 330
Vorbereitungen 330
Die Anklage und der Prozeßbeginn 335
Absprachen vor dem Prozeß 342
„Verschwörung" im „Bayernhof" 345
Untergeschobene Beweismittel 347
Unterlassene Ermittlung: Lubbes „Schlafgenosse" in
Hennigsdorf 353
Die angebliche kommunistische Verschwörung 357
Bestellte „Zeugen" der Anklage 357
Der „Neuköllner Komplex" 363
Das Märchen vom kommunistischen Aufstand 368
„Beweise" für den Aufstand 372
Adolf Ehrts Buch „Der bewaffnete Aufstand" 377
Das NS-Regime auf der Anklagebank 379
Der Höhere Polizeiführer West 379
Sacks Intervention 385
NS-Koryphäen vor Gericht 388
Das Urteil 395
Die Exekution 400
Nachspiel 405

6 Das Geheimnis des Marinus van der Lubbe 425

TEIL 1 WER WAR MARINUS VAN DER LUBBE? 425
Van der Lubbes Kindheit und Jugend 425
Reisen ins Ausland 427
Politische Einstellung und Aktivitäten 429

Van der Lubbes Verhältnis zur Kommunistischen Partei
Hollands (CPH) 432
Einseitige Recherchen in Holland 433
Van der Lubbes letzte Reise 438
Deutsche Freunde 439
Die „Gruppe Internationaler Communisten" und die
„Allgemeine Arbeiter Union" 441
Von der Politischen Polizei beobachtet 442
Spitzel und Provokateure 443
Der Tag vor dem Reichstagsbrand 452
Der Tag der Reichstagsbrandstiftung 453
Vertuschte Kontakte in einer Wärmehalle 454
Hinweise auf Kontakte zu Nationalsozialisten 455
Von der AAU zur SA 457
„Wilfried van Owen" gleich Wilfred von Oven? 462
TEIL 2 HAFTPSYCHOSE ODER DOPING? 463
Van der Lubbe von der Verhaftung bis zur Hinrichtung 463
Van der Lubbes „Erwachen" 476
Die psychiatrischen Gutachten 486
Die Gutachten von Bonhoeffer und Zutt 486
Das Gutachten des Dr. M. C. Bolten 495
Das Gutachten des Dr. Schütz 496
Posthypnose oder Intoxikation? 497
Wurde van der Lubbe hypnotisiert? 502
Die Hinrichtung 505
Fazit 506

7 Die Reichstagsbrandstifter **523**
TEIL 1 DIE MITWISSER 523
„Eine Leiche gefunden" 523
Warum Adolf Rall sterben mußte 527
Wer war Adolf Rall? 527
Der Fall Felix Brucks 531
Der Fall Karl Reineking 537
TEIL 2 DIE TAT 542
Das Zeugnis des Hans Bernd Gisevius 542
Das Schicksal von Ralls Vernehmungsprotokollen 544
Rekonstruktion der Aussage des Adolf Rall 547
Ralls Bericht nach Gisevius 548

Teil 3 Die mutmasslichen Täter   549
Der Bericht von Willi Frischauer   549
Tat und Täter nach ErnstTorgler   550
Der Ideengeber: Joseph Goebbels   556
Der Hintermann: Hermann Göring   557
Der Organisator: SA-Oberführer Karl Ernst   558
„Der ‚technische Leiter' des Brandes":
„Pistolen-Heini" Gewehr   564
    Die „Kurfürstendamm-Krawalle"   567
    Gewehrs erste biographische Lücke   570
    Gewehr als Führer der SA-Stabswache Berlin-Brandenburg 570
    Führer des SA-Sturms 101   571
    Gewehrs zweite biographische Lücke   573
    Gewehr am Abend des Reichstagsbrandes   574
    Gewehr in Berlin-Steglitz   576
    Gewehr nach dem „Röhm-Putsch"   577
Die Gehilfen: SA-Spezialkommando z. b. V. –
zur besonderen Verwendung   580
Das Zeugnis von Bruno Kindt   587
Die Parallelaktion des van der Lubbe   588
Anhang 1: Ralls Bericht nach Hans Bernd Gisevius   591
Anhang 2: Das „Geständnis" von Karl Ernst   595
Anhang 3: Der Fall Bruno Kindt   601

8 Ermordete Mitwisser   627
Teil 1 Der Fall Oberfohren   627
Paul Röhrbein – der Mörder Oberfohrens?   634
Zur Authentizität des „Oberfohren-Memorandums"   639
Teil 2 Hanussen und der Reichstagsbrand   640
Hanussen und die Pläne der NSDAP   641
Das „Todes-Horoskop" des deutschen Reichstags   642
Hanussens Séance am Vorabend des Reichstagsbrandes   644
Die Vernehmung von Graf Helldorf beim
Reichstagsbrandprozeß   648
Reaktionen auf den Reichstagsbrand   649
Hanussens Ermordung   649
Das Manuskript des Izmet Aga Dzino   650
Teil 3 Der Fall Georg Bell   653
Der Reichstagsbrand – ein internationales Komplott?   660

9 Ernst Torgler: Opfer oder Instrument?   673

„Auf besonderen höheren Wunsch"   675
Exkurs: Wer war Dr. Alfons Sack?   678
Nach der Reichstagsbrandstiftung   685
Nach dem Freispruch   688
Im Sold von Goebbels und der Gestapo   692
Beim Geheimsender „Radio Humanité"   697
Mit dem Geheimsender „Concordia" gegen England   699
Mit „Concordia" beim Feldzug gegen die Sowjetunion   702
Torgler und die „Haupttreuhandstelle Ost"   705
Nach dem Ende des Zweiten Weltkrieges   706

10 Der „Menschenjäger": Rudolf Diels und der Reichstagsbrand   717

Komplize der SA   720
Vom Jäger zum Gejagten   723
Der Erpresser   725
Fluchtpunkt Lugano   729
Zeuge in Nürnberg   731
Mitarbeiter der amerikanischen und
britischen Militärregierung   732
Im Dienst des Counter Intelligence Corps (CIC)   734
Die Legende vom „Widerstandskämpfer"   735
Regierungspräsident zur Wiederverwendung   738
Diels packt aus!   739
Tod durch „Jagdunfall"   742

11 Nach 1945: Der Reichstagsbrand in der Kontroverse   753

TEIL 1 ENTHÜLLUNGEN VON GISEVIUS UND DIE
REAKTIONEN: DIE ALLEINTÄTER-LEGENDE   753
Hans Bernd Gisevius enthüllt   754
Ehemalige Gestapo-Beamte fälschen die Geschichte   754
„Böser Zufall": Die Alleintäter-Legende erscheint   758
Geschichtsfälschung im „Spiegel"   760
Neue Erkenntnisse   762
„Der Spiegel" lanciert „Amateurhistoriker"   762
Tobias und seine Quellen   767
Unbrauchbare „Kronzeugen"   769

„Versagen der Sachverständigen "? 774
Wer ist Fritz Tobias? 778
„Die Zeit" contra „Der Spiegel" 785
Gewehrs Lebensweg nach Kriegsende 787
Die Gutachten des Instituts für Zeitgeschichte München 792
„Ein klein bißchen nachgebogen…": Der Fall Mommsen 796
Der „Glaubensstreit" als Fernsehdiskussion 800
TEIL 2 WIEDERAUFGENOMMEN:
DER REICHSTAGSBRANDPROZESS 801
TEIL 3 DAS „LUXEMBURGER KOMITEE" UND
DIE REAKTION: EINE RUFMORDKAMPAGNE 804
Das „Internationale Komitee Luxemburg" (IKL) 804
Ein dubioser „Brandexperte" 807
Ein neues Haßobjekt 809
Melitta Wiedemann als Medium von Tobias 810
Zwei „offene" Briefe – ein Autor? 813
Die „Zeit" im Griff 814
Die „Tobias-Gemeinde" 820
„Historisierung" des Nationalsozialismus? 822
Neuer Wind 823
TEIL 4 DIE HEROISIERUNG VAN DER LUBBES 824
„Ein Grab für van der Lubbe" 825

Literaturverzeichnis zum Reichstagsbrand 845
Personenregister 857

An den Anfang ihres Buches möchten die Autoren eine wenig bekannte Ballade Bertolt Brechts zum Reichstagsbrand stellen – ohne sich jedoch deshalb allen inhaltlichen Aussagen anschließen zu müssen. Brecht war natürlich Künstler und kein Historiker.

Bertolt Brecht

Die Ballade vom Reichstagsbrand

(zu singen nach der Moritat „Und der Haifisch, der hat Zähne…" aus der „Dreigroschen-Oper")

Als der Trommler dreizehn Jahre
Aller Welt verkündet hat
Die Verbrechen der Kommune
Fand noch immer keines statt.

Und die kleinen Trommler grollen:
Es muß endlich was geschehn.
Die Verbrecher, seht, sie wollen
Die Verbrechen nicht begehn.

Eines Tags, es war noch Winter
Blieb man an der Panke Strand
Denn der Führer sagte: in der
Luft liegt heut' ein Reichstagsbrand.

Und an diesem Montagabend
Stand ein hohes Haus in Brand.
Fürchterlich war das Verbrechen
Und der Täter unbekannt.

Zwar ein Knabe ward gefunden
Der nur eine Hose trug
Und in Leinwand eingebunden
Der Kommune Mitgliedsbuch.

Und der Knabe war geständig:
Die Kommune hab's gewollt,
Und sie drohte ihm unbändig
Und er stand in ihrem Sold.

Wer hat ihm dies Buch gegeben
Warum stand er hier herum?
Die SA, sie stand daneben
Und die fragt man nicht, warum.

Das Gebäude anzustecken
Mußten's zwölf gewesen sein
Denn es brannte an zwölf Ecken
Und war hauptsächlich aus Stein.

Mitten drin in den zwölf Bränden
Standen zwölf von der SA
Wiesen mit geschwärzten Händen
Auf den schwachen Knaben da.

Und so ward denn durch den Führer
Die Verschwörung aufgedeckt.
Freilich, was noch alles aufkam
Hat so manchen doch erschreckt.

In dem Haus, wo die Verschwörung
Unbedingt hindurchgemußt
Wohnte ein gewisser Göring
Der von allem nichts gewußt.

Er gab allen Wächtern Urlaub
War des Reichstags Präsident
Und war grade nicht zu Hause
Als er hört': der Reichstag brennt!

12

Und der Knabe sprach mit fahlen
Lippen, daß er hier auch steh
Auf den Wunsch der radikalen
Bonzen von der SPD.

Freilich war der Knabe lange
Schon nicht mehr in der KP.
Und so mancher fragte bange
Wer denn dann dahinter steh?

Er verhört nicht Hermann Göring
So erfährt er nicht, was wahr
Und was unwahr ist, und schließt
Der Kommune Schuld sei klar.

Und noch eh die Nacht vergangen
Diesem blut'gen Februar
Ward zerschossen und gefangen
Was bei der Kommune war.

Als zu Rom der Kaiser Nero
Dürstete nach Christenblut
Setzte er sein Rom in Flammen,
Und es sank in Asch und Glut.

Warum gabst Du Deinen Wächtern
Heute Urlaub, Präsident?
Heute ist doch grad der Montag
Wo dein ganzer Reichstag brennt

Könnte er ihn so verhören
Fiel' ihm wohl die Antwort schwer.
Doch man kann ihn nicht verhören
Denn verhören: das tut er.

So bewies der Kaiser Nero
Daß die Christen Schurken sind.
Ein gewisser Hermann Göro
Lernte das als kleines Kind.

Zu Berlin im Jahre neunzehn-
Hundertdreiunddreißig stand
Dann an einem Montagabend des
Letzten Reichstags Haus in Brand.

Der dies sang, hieß Oberfohren
Und er wurde nicht mehr alt:
Als der Welt es kam zu Ohren
Hat man schnell ihn abgeknallt!

Anonym erschienen in: „Roter Pfeffer", Nr. 5, Satirische Beilage zum „Gegen-Angriff", Paris / Prag 17. 12. 1933; wieder abgedruckt in: *Bertolt Brecht*, Werke. Große kommentierte Berliner und Frankfurter Ausgabe. Bd. XVI (Gedichte 4), Berlin/Frankfurt a. M. 1993, 173-176. Copyright © Suhrkamp Verlag Frankfurt am Main.

Einleitung

Das „Rätsel" des Reichstagsbrandes

Es gibt wenige Ereignisse in der deutschen Geschichte, über die so heftig und erbittert gestritten wurde wie über den Brand des Reichstagsgebäudes in Berlin am Abend des 27. Februar 1933. Beinahe sechzig Jahre danach gilt dieses Ereignis unter vielen Historikern immer noch als ungeklärt. Unbestritten ist immerhin, daß Brandstiftung im Spiel war und daß die seit dem 30. Januar amtierende Hitler-Regierung den Brand skrupellos für ihre Zwecke nutzte, indem sie ihn ohne zu zögern und ohne jegliche Beweise den Kommunisten in die Schuhe schob und die Brandstiftung im Reichstagsgebäude kurzerhand zum Signal für einen angeblich unmittelbar bevorstehenden kommunistischen Aufstand erklärte. So jedenfalls lautete die offizielle Rechtfertigung für die nur einen Tag später „zur Abwehr kommunistischer staatsgefährdender Gewaltakte" erlassene „Verordnung zum Schutz von Volk und Staat" sowie ihre Zwillingsschwester, die „Verordnung gegen Verrat am deutschen Volke und hochverräterische Umtriebe", mit denen die wesentlichen Grundrechte der Weimarer Verfassung – wie insbesondere die persönlichen Freiheitsrechte, das Recht der freien Meinungsäußerung, die Pressefreiheit sowie die Versammlungs- und Organisationsfreiheit – gleichsam über Nacht außer Kraft gesetzt wurden. Die sogenannten „Brandverordnungen", die bis zum Ende des Dritten Reiches Gültigkeit behalten sollten, bildeten die legalistische Grundlage für die gesamte NS-Diktatur. Alle späteren juristischen Konstruktionen Hitlers zur Machtabsicherung, auch das berühmte „Ermächtigungsgesetz" vom 24. März 1933, sind ohne die Brandverordnungen vom 28. Februar 1933 nicht denkbar. Erst mit Hilfe dieser Notverordnungen, die der Hitler-Regierung auch die alleinige Verfügungsgewalt über die Presse und den Rundfunk sicherten und damit ungeahnte Propagandamöglichkeiten eröffneten, sowie flankiert vom Terror der SA, war es der NSDAP und ihren deutschnationalen Verbündeten möglich, bei den Reichstagswahlen am 5. März 1933 einen sicheren, wenn auch knappen Sieg zu erreichen.

So unstrittig also feststeht, daß die Nationalsozialisten vom Reichstagsbrand profitierten und diesen geschickt zur Errichtung ihrer Diktatur benutzten, so geteilt ist bis heute die Meinung bei der Frage nach den Tätern. Die von den NS-Machthabern im Leipziger Reichstagsbrandprozeß angeklagten Kommunisten schieden als Täter schon 1933 offenkundig aus; abgesehen von dem Mangel an Beweisen leuchtete das Selbstmörderische und damit Widersinnige einer solchen Tat – der anderslautenden nationalsozialistischen Propaganda zum Trotz – allgemein ein. Hatte also der im brennenden Reichstagsgebäude festgenommene, zu 75 Prozent sehbehinderte holländische Rätekommunist Marinus van der Lubbe den Brand allein gelegt? Oder waren die Täter unter den Nationalsozialisten zu suchen?

Bereits 1933, kurz nach dem Reichstagsbrand, wurde im Ausland allgemein angenommen, daß die Nationalsozialisten, an der Spitze Göring, die Urheber der Brandstiftung seien. Deutsche Emigranten versuchten dann, in dem unter Leitung von Willi Münzenberg entstandenen „Braunbuch gegen Reichstagsbrand und Hitlerterror" den Beweis für die NS-Täterschaft zu führen. Die Juristische Kommission des Internationalen Untersuchungsausschusses befand in dem im September 1933 (noch vor dem Leipziger Reichstagsbrandprozeß) tagenden Londoner Gegenprozeß ebenfalls die Nazis für schuldig. Bis 1949 zweifelte außerhalb Deutschlands kaum ein ernstzunehmender Zeitgenosse an diesem Urteil.

Auch in Deutschland nahmen die Historiker bis in die fünfziger Jahre allgemein an, daß die Nationalsozialisten selbst den Brand gelegt hatten. Dies war auch das Ergebnis eines „Forschungsberichts", den Richard Wolff 1956 im Auftrag der „Bundeszentrale für Heimatdienst" verfaßt hatte[2]. Für diese Auffassung gab es eine Reihe mehr oder weniger stichhaltiger Indizien, wenn auch gesicherte Kenntnisse über die eigentlichen Täter fehlten und man weder die vollständigen Stenographischen Protokolle des Leipziger Reichstagsbrandprozesses noch die originalen Unterlagen des Reichsgerichts bzw. der Oberreichsanwaltschaft und der Politischen Polizei kannte. Diese Einschätzung änderte sich erst mit dem Erscheinen einer Serie im „Spiegel" 1959/60, in der ein bis dahin der Öffentlichkeit unbekannter Verfassungsschutzbeamter namens Fritz

Tobias entschieden die gegenteilige Ansicht vertrat. Tobias behauptete, zweifelsfrei beweisen zu können, daß van der Lubbe den Reichstag allein angezündet habe. Die NS-Machthaber seien von dem Ereignis völlig überrascht worden und hätten ehrlich an ein kommunistisches Attentat geglaubt. Nicht abfinden mochte sich der Verfassungsschützer Tobias insbesondere mit der Tatsache, daß „die Kommunisten" – Münzenberg mit seinem „Braunbuch" und der im Leipziger Reichstagsbrandprozeß angeklagte spätere Komintern-Vorsitzende Georgi Dimitroff – nicht nur moralisch triumphiert, sondern mit der Anklage der Nazis auch die Geschichtsschreibung nachhaltig beeinflußt hatten.

Als unerträgliche Provokation empfand es Tobias, wie er einem Brief an Lew Besymenski schrieb, daß „der Reichstagsbrand für die Kommunisten als ein hervorragendes, bewährtes und vor allem zeitloses Alibi und Agitationsmittel dient [...], alldieweil man damit für die Unglaubwürdigkeit sonstiger Vorwürfe plädieren kann, indem man im Ton gekränkter Unschuld auf den damals in der Tat zu Unrecht erfolgten Vorwurf der Brandstiftung im Reichstag zu verweisen pflegt und zumindest hier im ‚objektivistischen' Westen Zweifel nährt, ob nicht vielleicht auch sonstige Vorwürfe nicht gerechtfertigt seien."[3]

Auf dem Höhepunkt des Kalten Krieges unternahm Tobias damit den Versuch, den Kommunismus quasi auf dem Nebenkriegsschauplatz der Geschichte zu schlagen. Nach dem Motto „Der Zweck heiligt die Mittel" bediente er sich dabei auch verschiedener Kniffe, die sich für einen seriösen Historiker verbieten.[4] Bezeichnend war ferner, daß sich Tobias in seiner Darstellung einseitig auf voreingenommene Zeugen stützte, nämlich auf Kriminalbeamte der ehemals von Göring eingesetzten Reichstagsbrandkommission, die später im Dritten Reich Karriere machten und nach dem Krieg auch im Polizei- und Verwaltungsapparat der Bundesrepublik wieder Verwendung fanden. Daß diese Personen bei ihren Nachkriegsbekundungen daran interessiert waren, ihre zwielichtige Funktion bei den Brandermittlungen nachträglich in einem günstigeren Licht erscheinen zu lassen und bereits seit langem an ihrer eigenen, auch die NS-Machthaber freisprechenden Apologetik strickten[5], schien Tobias nicht im geringsten zu stören. Die apologetische Tendenz des ganzen Unternehmens kam neben der Wahl der Zeugen aber auch in der politischen Rhetorik zum Ausdruck, wenn es etwa heißt, daß „ein blinder Zufall, ein Irrtum eine Revolution" ausgelöst habe, und „aus dem zivilen Reichskanzler [...] damals fürwahr in einer Sternstunde der Menschheit im flammenlodernden Symbol des besiegten Weimarer Staates der machtberauschte, sendungsbewußte Diktator Adolf Hitler wurde".[6] Kein zielgerichtetes Vorgehen also, sondern „ein blinder Zufall" und geschicktes Improvisieren hätten die Nazis – quasi gegen deren Willen – in den Alleinbesitz der Macht gebracht.

In einem größeren Zusammenhang gesehen, läuft diese Sicht der Geschichte darauf hinaus, dem Nationalsozialismus die Stringenz, den unbändigen, religiös-fanatischen Machtwillen und seinen führenden Protagonisten die langfristige Planung abzusprechen: Der Zweite Weltkrieg und die Judenvernichtung müßten nach dieser revisionistischen Interpretation eher als „Unfälle der Geschichte" aufgefaßt werden, als Wirken eines unabänderlichen Schicksals. Damit werden den Nazi-Verbrechern von einer höheren Warte aus sozusagen „mildernde Umstände" zugesprochen.

Während die offizielle bundesdeutsche Geschichtswissenschaft nach anfänglichem Widerstand vor der geballten Meinungsmacht des Hamburger Nachrichtenmagazins „Der Spiegel" und einem Tobias gefälligen Gutachten des heute renommierten Historikers Hans Mommsen kapitulierte, unternahm eine Gruppe von Wissenschaftlern unter Leitung des Berner Historikers Prof. Walther Hofer in den siebziger Jahren den Versuch, die Alleintäterhese zu widerlegen.[7] Obwohl es in mühevoller Kleinarbeit gelang, eine Menge an wichtigem Indizienmaterial für eine NS-Täterschaft am Reichstagsbrand zusammenzutragen, litt das Unternehmen an seiner Fixiertheit auf die Tobias-Thesen, die es zu widerlegen galt. Damit wertete es diesen jedoch in unverdienter Weise auf und machte ihn zur heimlichen Hauptperson der Reichstagsbrand-Kontroverse. Für Außenstehende mußte dadurch der Eindruck entstehen, es ginge eigentlich gar nicht mehr um sachliche Belange, sondern um einen Glaubenskrieg. Dieser Eindruck verschärfte sich noch, als Tobias ab Mitte der achtziger Jahre Unterstützung von einer Gruppe von Politologen erhielt, die mit der Parteinahme für die Alleintäterhese die Forderung nach einer „Historisierung", sprich revisionistischen Neubewertung des Nationalsozialismus verbanden, wobei sie sich auf den ehemaligen Direktor des Instituts für Zeitgeschichte, Martin Broszat, beriefen.

Während im Westen Deutschlands über die Alleintäterhese gestritten wurde, erschienen – ebenfalls in den 80er Jahren – in der damaligen DDR zwei Dokumentenbände[8], in denen erstmals originale Unterlagen des Reichsgerichts, der Oberreichsanwaltschaft und des Geheimen Staatspolizeiamts (Gestapa) zum Reichstagsbrand sowie zum anschließenden Prozeß vor dem Reichsgericht publiziert wurden. In den beiden Bänden wurde der Versuch unternommen, die Diskussion auf eine sachliche Ebene zurückzuführen. Allerdings ging es dem deutsch-bulgarisch-sowjetischen Redaktionskollegium vor allem darum, den unerschrockenen Kampf des Mitangeklagten Dimitroff im Leipziger Reichstagsbrandprozeß zu dokumentieren. Da die Täterschaft der Nationalsozialisten in der ehemaligen DDR und den anderen Ostblock-Staaten als selbstverständlich und längst nachgewiesen galt, schien es den Editoren hingegen nicht der Mühe wert, diesen Nachweis anhand des neu zugänglichen Originalmaterials exakt zu führen. Dennoch enthalten die beiden Bände wichtiges dokumentarisches Material, das die Nazis schwer belastet.

Ein weiterer Grund für die Zurückhaltung der Ost-Wissenschaftler mag die unschöne Rolle gewesen sein, die Ernst Torgler, 1933 Vorsitzender der KPD-Reichstagsfraktion, als Nazi-Kollaborateur spielte, was man zwar wußte, aber nicht unbedingt der Öffentlichkeit in breitem Umfang präsentieren wollte. Schließlich hätte dies beim Leser Zweifel an der Richtigkeit der parteioffiziellen Darstellung nähren können, wonach die KPD-Führung alles unternommen habe, um die faschistische Machtergreifung in Deutschland zu verhindern. Die entsprechenden (in den Akten vorhandenen) Dokumente über Torglers Zusammenarbeit mit dem Goebbels-Apparat sucht man jedenfalls in den DDR-„Dokumentationen" vergebens.

Nach dem Beitritt der DDR zur Bundesrepublik 1990 sind zwar die originalen Akten von Reichsgericht, Politischer Polizei und Oberreichsanwaltschaft erstmals allgemein zugänglich. Gleichzeitig wurde jedoch das Georgi-Dimitroff-Museum in Leipzig, das sich bis dahin im ehemaligen Gebäude des Leipziger Reichgerichts befunden hatte, kurzerhand geschlossen. Seine Bestände, die neben Propaganda- auch viel historisch wertvolles Material – darunter originale Tonaufaufnahmen des Reichstagsbrandprozesses enthielten, wanderten ins Archiv des Stadtgeschichtlichen Museums Leipzig, wo sie bis heute in einem Außenmagazin lagern und der wissenschaftlichen Forschung bis auf weiteres entzogen sind.[9]

Der interessierte Leser mag einwenden: Ist es nicht gleichgültig, ob die Nazis selbst den Brand gelegt – oder ob sie diesen nur geschickt für ihre Zwecke genutzt haben? Wozu der jahrzehntelange, bis heute währende erbitterte Streit? Sind nicht allein die politischen Folgen des Reichstagsbrandes maßgebend?

18

Dieser Einwand ist natürlich berechtigt. Dennoch ist die Beantwortung der Frage nach den Tätern nicht gleichgültig. Für die historische Beurteilung der NS-Machtübernahme ist es durchaus von Bedeutung, ob die Nazis den Reichstagsbrand selbst inszeniert haben, um damit einen Vorwand für die Ausschaltung ihrer politischen Gegner zu schaffen, oder ob sie nur auf die Zufallstat eines politischen Wirrkopfs reagierten. Waren die politischen Folgen des Brandes lediglich das Ergebnis von Zufall und Improvisation? Oder waren sie das Resultat zielgerichteter Planung? Hinter dieser Frage scheint die viel grundlegendere Kontroverse über das Wesen des NS-Regimes auf, die Auseinandersetzung zwischen sogenannten „Strukturalisten" und sogenannten „Intentionalisten".[1] Verfolgten die Nazis ein mehr oder weniger geschlossenes weltanschauliches und politisches Konzept? Oder wurden sie durch Zufälle, durch eine vielbeschworene „Dynamik der Ereignisse" zu „Opfern" eines schicksalhaften „geschichtlichen Prozesses"?

Die Kontroverse um den Reichstagsbrand war vor diesem Hintergrund immer auch ein „Stellvertreterkrieg".

Der Schwerpunkt des vorliegenden Buches liegt allerdings nicht in der Darstellung dieses „Historikerstreits", sondern in einer möglichst präzisen Rekonstruktion der Reichstagsbrandstiftung, dem Dingfestmachen der Täter und einer Bewertung der politischen Folgen. Die Autoren haben bereits seit 1995 in einer Reihe von Aufsätzen und Beiträgen in Zeitungen und Fachzeitschriften darauf hingewiesen, daß eine Alleintäterschaft van der Lubbes aus den verschiedensten Gründen auszuschließen ist und zahlreiche gewichtige Indizien für eine nationalsozialistische Brandstiftung sprechen.[10] Sie stützen sich in ihrer Beweisführung weitgehend auf in öffentlichen Archiven lagernde, bisher nicht ausgewertete Originaldokumente. Sekundärquellen wurden in der Regel nur insoweit herangezogen, als sie die durch Originalquellen abgesicherte Beweislage dokumentieren bzw. ergänzen.

Das Buch widerspricht dabei in vielen Punkten allen bisher veröffentlichten Forschungsberichten zum Reichstagsbrand, wobei die Autoren zugleich den Anspruch erheben, erstmals alle heute verfügbaren relevanten Quellen gründlich ausgewertet zu haben. Auf eine detaillierte Kennzeichnung oder ausführliche Widerlegung der Fehler oder Irrtümer anderer Autoren in der Vergangenheit wird dabei weitgehend verzichtet, um die Darstellung nicht zu unübersichtlich zu gestalten.

Die Rekonstruktion der Ereignisse ergab unter anderem, daß die Nationalsozialisten die Verhaftungsaktion in der Brandnacht bereits seit längerem vorbereitet hatten, daß Göring viel zu früh im brennenden Reichstagsgebäude erschien, was bedeutet, daß der damalige Reichstagspräsident und kommissarische Preußische Innenminister bereits vor Ausbruch des Brandes über diesen informiert gewesen sein muß. Wie eine Analyse von Görings Verlautbarungen nach dem Brand und seiner Aussagen vor dem Leipziger Reichsgericht zeigt, verfügte der damalige zweite Mann in der NS-Hierarchie offenbar über ein umfassendes „Täterwissen". Weiterhin sind, wie sich ebenfalls nachweisen läßt, eine Reihe von wichtigen, die Nationalsozialisten mutmaßlich schwer belastenden Dokumenten bereits während der Nazizeit verschwunden, so insbesondere das Aussageprotokoll des Adolf Rall mit detaillierten Angaben über ein SA-Sonderkommando zur Brandstiftung sowie der von dem kurz darauf seines Amtes enthobenen Leiter der Berliner Feuerwehr, Oberbranddirektor Walter Gempp, verfaßte „Bericht der Berliner Feuerwehr". Die Existenz eines SA-Brandstifterkommandos, das bereits einige Zeit vor dem Reichstagsbrand Brandanschläge mittels einer selbstentzündlichen Flüssigkeit durchgeführt hatte, kann ferner durch weitere bisher unbekannte Quellen und Zeugenaussagen belegt werden. Aufschlußreich ist weiterhin, daß der Freispruch des im Leipziger Reichstagsbrandprozeß mitangeklagten ehemaligen Chefs der kommunistischen Reichstagsfraktion, Ernst Torgler, von Anfang an feststand und Torgler nachweislich seit spätestens 1933 mit dem NS-Regime kollaborierte. Ferner lassen sich eine Reihe von mysteriösen Todesfällen im Anschluß an den Reichstagsbrand unschwer mit einer Mitwisserschaft an diesem in Verbindung bringen.

Alles in allem können die Autoren damit nach jahrelanger Arbeit eine umfängliche Indizienkette vorlegen, deren Beweiskraft sich freilich nur demjenigem erschließt, der bereit ist, sich auf die zum Teil äußerst komplexe und verschachtelte Materie eines politischen Kriminalfalles einzulassen. Die Autoren hoffen jedenfalls, mit ihrer Arbeit anhand von Fakten das Dickicht zu lichten, welches sich in den letzten Jahrzehnten im Rahmen einer Art „Glaubenskrieg" um die Reichstagsbrandstiftung gebildet hat.

Erwähnt werden muß auch, daß die vorliegende Untersuchung von keiner staatlichen oder privaten Einrichtung gefördert wurde. Die Autoren opferten dafür jahrelang ihre Freizeit und für Reisen und Reproduktionskosten auch eine ganze Menge Geld aus ihrer eigenen Tasche.

Es ist bezeichnend, daß exponierte Vertreter der Alleintäterhese die heute vorliegenden Originalquellen bisher nicht zur Kenntnis genommen haben oder vielleicht auch nur das damit verbundene mühsame und zeitaufwendige Aktenstudium scheuen, statt dessen aber pauschal behaupten, diese Quellen lieferten keine neuen Informationen, die für eine nationalsozialistische Täterschaft sprechen würden.

Während die einen starrköpfig auf ihren vorgefaßten Meinungen beharren, haben andere den „Widerstandskämpfer" Marinus van der Lubbe entdeckt. Deren Sorge um ein Grab für van der Lubbe trägt zum Teil schon skurrile Züge. Unbestritten ist der rebellische Holländer, der mittels eines offenen Rechtsbruchs rückwirkend zum Tode verurteilt und hingerichtet wurde, ein frühes Opfer der NS-Justiz. Ob er für die folgenschwere Tat, zu der er sich als Prügelknabe von NS-Provokateuren hat hinreißen lassen, ein Denkmal verdient hat, steht auf einem anderen Blatt. Der Erforschung der historischen Wahrheit wäre jedenfalls mehr damit gedient, wenn das gleiche Engagement, mit dem man „ein Grab für van der Lubbe" fordert, für die Unterstützung eines weniger sektiererischen Anliegens aufgebracht würde, denn:

Die Forderung nach einer Wiederaufnahme des Reichstagsbrandprozesses steht weiterhin im Raum. Fortschritte in den Naturwissenschaften und in der Rechtsmedizin lassen eine Exhumierung der Leiche des im Januar 1934 hingerichteten Holländers van der Lubbe als sinnvoll und geboten erscheinen. Mit den heute zur Verfügung stehenden wissenschaftlichen und technischen Mitteln müßte es möglich sein, zweifelsfrei zu klären, ob der angebliche Reichstagsbrandstifter van der Lubbe während des Leipziger Reichstagsbrandprozesses 1933 mit Drogen manipuliert wurde, wie dies bereits seinerzeit unbefangene Prozeßbeobachter vermuteten. – Die Staatsanwaltschaft ist also aufgefordert zu handeln!

Wir danken folgenden Personen und Institutionen für die Unterstützung unserer Forschungen:
den Herausgebern der wissenschaftlichen Dokumentation „Der Reichstagsbrand" – Prof. Dr. Walther Hofer (Bern), Prof. Dr. Christoph Graf (Bern), Dr. Eduard Calic (Salzburg), Prof. Dr. Friedrich Zipfel (†), Prof. Dr. Karl Stephan (Stuttgart) – sowie Prof. Dr. Siegfried Bahne (Recklinghausen), Prof. Dr. Hans-Joachim Bernhard (Leipzig), Dr. Gerhard Brack (Berlin), Inge und Helga Brandt (Lugano), Volker Dammer (Stuttgart) für die unentgeltliche Transkription von Stenogrammen, Hersch Fischler (Düsseldorf) für verschiedene Hinweise, Erik Gloßmann (Hönow) für die unentgeltliche Übersetzung von Texten, Horst Grimm

und seiner Gattin (Heikendorf) für die unentgeltliche Transkription von Stenogrammen, Dr. Otto Gritschneder (München), Bert Hauser (Stuttgart), Dr. Hübner (Bremen), Gerhard Jungfer (Berlin), Dr. Robert M. W. Kempner (†), Michael und Sylvia Kubina (Berlin), Dr. Dieter Maier (Frankfurt am Main), Dr. Hans-Peter Müller (Schwäbisch Hall), Sonia Munzinger (Künzelsau), Dr. Marcus Patka (Wien), Heike Reger (Beverstedt), Prof. Dr. Otto B. Roegele (Bergisch-Gladbach), Dr. Walter Scheiffele (Berlin), Dr. Jürgen Schmädeke (Berlin), Lutz Stucka (Weißwasser), Erika Wagenfeld (Stuttgart), Dr. Gabriele Weber (Montevideo), Elizabeth Willenz (Paris), Daniel Zabota (Rottenburg a. N.) für die unentgeltliche Übersetzung von Texten, weiter dem Bundesarchiv, dem Schweizerischen Bundesarchiv, dem Brandenburgischen Landeshauptarchiv, dem Landesarchiv Berlin, dem Geheimen Staatsarchiv Preußischer Kulturbesitz (Berlin), dem Bundesbeauftragten für die Unterlagen des Staatssicherheitsdienstes der ehemaligen DDR ("Gauck-Behörde"), dem Nordrhein-Westfälischen Hauptstaatsarchiv, dem Deutschen Rundfunk-Archiv (Frankfurt a. M.), dem Institut für Zeitgeschichte (München), dem Archiv für Zeitgeschichte der Eidgenössisch Technischen Hochschule Zürich (ETH), dem Department of the Army, US Army Intelligence and Security Command, dem Archiv des Senators für Justiz (Berlin), der Bibliothek des Strafgefängnisses Berlin-Tegel, dem Bildarchiv der Stiftung Preußischer Kulturbesitz, der Landesbildstelle (Berlin), dem Ullstein-Bilderdienst (Berlin), der Generalstaatsanwaltschaft Berlin, der Generalstaatsanwaltschaft Düsseldorf, der Staatsbibliothek Preußischer Kulturbesitz (Berlin), der Universitätsbibliothek der Freien Universität Berlin, der Universität Leipzig, der Bibliothek des Otto-Suhr-Instituts der Freien Universität Berlin, der Österreichischen Nationalbibliothek, der Zentralstelle der Justizverwaltungen (Ludwigsburg), dem Internationalen Institut für Sozialgeschichte (Amsterdam), der KZ-Gedenkstätte Dachau, dem Hauptstaatsarchiv Stuttgart, dem Staatsarchiv Nürnberg, dem Staatsarchiv Ludwigsburg, dem Kreisarchiv Schwäbisch Hall, der Deutschen Dienststelle für die Benachrichtigung der nächsten Angehörigen von Gefallenen der ehemaligen deutschen Wehrmacht (Berlin), dem Amtsgericht Bremerhaven, dem Sächsischen Hauptstaatsarchiv Dresden, dem Sächsischen Staatsarchiv Leipzig, dem Glasmuseum Weißwasser, dem Landeshauptarchiv Koblenz, der Staatsanwaltschaft Koblenz, dem Standesamt Katzenelnbogen, dem Hessischen Hauptstaatsarchiv, der Württembergischen Landesbibliothek (Stuttgart), der Staatsbibliothek (München), der Deutschen Bibliothek

(Frankfurt a. M.), dem Feuerwehrmuseum Berlin, dem Nordrhein-Westfälischen Staatsarchiv Münster, dem Stadtarchiv Herdecke, dem Schleswig-Holsteinischen Landesarchiv (Schleswig).

Schwäbisch Hall/Berlin   Alexander Bahar   Wilfried Kugel
Herbst 2000

Anmerkungen

Die im Literaturverzeichnis enthaltenen Titel werden jeweils nur in Kurzform aufgeführt.

1   Zu dieser Grundsatzkontroverse siehe zusammenfassend: *Hildebrand,* Das Dritte Reich, 178-188, und: *Ian Kershaw,* Der NS-Staat. Geschichtsinterpretationen und Kontroversen im Überblick, Reinbek 1988, 125-163.

2   *Wolff,* Der Reichstagsbrand, 52ff.

3   Fritz Tobias in einem 36seitigen Brief an Lew Besymenski vom 14. Juni 1978.

4   Vgl. hierzu insbesondere *Jürgen Schmädeke/Alexander Bahar/Wilfried Kugel,* „Der Reichstagsbrand in neuem Licht", in: Historische Zeitschrift, Bd. 269 (1999), Heft 3, wo verschiedene Fälle dokumentiert sind, in denen Tobias Zitate manipuliert und falsche inhaltliche Bezüge hergestellt hat.

5   Anonymus *(d. i. Heinrich Schnitzler),* „Der Reichstagsbrand in anderer Sicht", in: Neue Politik, Zürich, 10, 1949, Nr. 2ff. Vgl. auch den Briefwechsel zwischen Heinrich Schnitzler und Rudolf Diels (Nachlaß Schnitzler).

6   *Tobias,* Reichstagsbrand, 592.

7   *Walther Hofer /Edouard Calic/Karl Stephan/Friedrich Zipfel* (Hg.), Der Reichstagsbrand. Eine wissenschaftliche Dokumentation. Bd. 1. Berlin 1972; *Walther Hofer/Edouard Calic/Christoph Graf/Friedrich Zipfel†* (Hg.), Der Reichstagsbrand. Eine wissenschaftliche Dokumentation. Bd. 2. Mit Sachverständigen-Äußerungen v. Karl Stephan u. Heinz Leferenz. München-Berlin 1978. Neuausgabe in einem Band (bearb. von *Alexander Bahar),* Freiburg i. Br. 1992.

8   Der Reichstagsbrandprozeß und Georgi Dimitroff. Dokumente (Red. Hans-Joachim Bernhard), Bd. 1 und 2, Berlin (Ost) 1982 und 1989 (nachfolgend stets zit. als *Dimitroff-Dokumente).*

9   Antwortschreiben des Stadtgeschichtlichen Museums Leipzig vom 14. 6. 2000, gez. Mundus, stellv. Direktorin: „Da zur Zeit kein Mitarbeiter frei ist, den ich für einen oder zwei Tage ins Außendepot zum Kistenauspacken beordern kann, können wir Ihrer Bitte leider nicht entsprechen."

10   *Alexander Bahar,* „Adolf Rall mußte sterben, weil er die Täter kannte", in: „Die Weltwoche", 8. 3. 1995; *Alexander Bahar/Wilfried Kugel,* „Der Reichstagsbrand – ein Zeichen Gottes? Neue Hinweise auf eine selbstinszenierte Aktion der Nazis", in: „Neue Zürcher Zeitung", 19./20. 8. 1995; *dies.,* „Der Reichstagsbrand: Neue Aktenfunde entlarven die NS-Täter", in: ZfG 43, 1995, 823-832; *dies.,* „Waren es doch die Nazis? Ein Historikerstreit ist wieder offen", in: „die tageszeitung", 21./22. 2. 1998; *dies.,* „Augstein und die Gestapo-Connection", in: ebd. 28. 2./1. 3. 1998; *Wilfried Kugel,* Hanussen. Die wahre Geschichte des Hermann Steinschneider, Düsseldorf 1998; *Jürgen Schmädeke/Alexander Bahar/Wilfried Kugel,* „Der Reichstagsbrand in neuem Licht", in: Historische Zeitschrift, Bd. 269 (1999), Heft 3.

Vorbemerkung zu den historischen Quellen

Die wichtigste Quelle für die vorliegende Untersuchung stellen die originalen Ermittlungsakten der von Göring eingesetzten Reichstagsbrandkommission im Geheimen Staatspolizeiamt (Gestapa), die Akten des Reichsgerichts und des Oberreichsanwalts, die Anklageschrift, die schriftliche Urteilsbegründung sowie die Stenographischen Protokolle des Leipziger Reichstagsbrandprozesses dar. Diese Akten wurden 1945 von der Roten Armee aus dem eroberten Berlin mit nach Moskau genommen. Dort wurden sie beim Institut für Marxismus-Leninismus des ZK der KPdSU verwahrt, waren aber nur einem kleinen Kreis von Wissenschaftlern zugänglich. Einzelne Originaldokumente gelangten auch nach Sofia und wurden dort in den Personalfonds Georgi Dimitroff im Zentralen Parteiarchiv des ZK der Bulgarischen Kommunistischen Partei integriert.

Ein Teil der Dokumente wurde unter verschiedenen Titeln 1935/36 in Moskau, London, New York, Paris, Barcelona und Stockholm veröffentlicht. In deutscher Sprache erschien diese Dokumentation 1935 und 1942 in der „Verlagsgenossenschaft ausländischer Arbeiter in der UdSSR" (Moskau), in bulgarischer Sprache 1937.[1] 1958 wurde in Sofia ein ergänzter Sammelband „Der Leipziger Prozeß und die internationale Solidarität im Kampf gegen den Faschismus 1933-1934" herausgegeben (bulgarisch, mit deutschem und russischem Inhaltsverzeichnis). Eine weiter ergänzte Dokumentation erschien 1961 in Moskau auf russisch, „Georgi Dimitroff. Der Leipziger Prozeß. Reden, Briefe und Dokumente".

1973 beschlossen die Führungen der Bulgarischen Kommunistischen Partei, der Sozialistischen Einheitspartei Deutschlands (SED) und der KPdSU die gemeinsame Herausgabe einer Dokumentation „Der Reichstagsbrandprozeß und Georgi Dimitroff", wozu noch in demselben Jahr eine gemeinsame Redaktionskommission eingesetzt wurde.

Diese Kommission, der überwiegend Mitglieder der verschiedenen Parteiinstitute angehörten, arbeitete von 1976/77 bis 1980 an dem als „Font [Fonds] 551" in Moskau lagernden Aktenbestand. Dieser Bestand war praktisch für alle anderen Wissenschaftler gesperrt.

Am 7. April 1982 wurde der Moskauer Bestand offiziell dem Direktor des Instituts für Marxismus-Leninismus in Berlin (Ost), Prof. Günther Heyden, übergeben. Das Konvolut bestand aus insgesamt 244 Bänden (Signaturen) mit zusammen 50.494 Blättern (207 Akten, darunter etliche Doppelexemplare; die heutige Numerierung richtet sich nach den Signaturen). Die Sammlung war zur ständigen Aufbewahrung im Zentralen Parteiarchiv des Instituts für Marxismus-Leninismus (IML) beim Zentralkomitee der SED in der DDR bestimmt. Zugang zum „Font 551" – so die russische Beschriftung – hatten wiederum nur die Mitglieder der 1973 offiziell eingesetzten Redaktionskommission sowie deren Mitarbeiter.

Die Bände tragen noch heute die originalen Bezeichnungen der Reichstagsbrandkommission (Hauptband I etc.), so daß Verweise in den Akten selbst, in der Anklageschrift sowie in den Verhandlungsprotokollen gefunden werden können. Die ersten Bände verfügen auch über Inhaltsverzeichnisse.

1982 erschien anläßlich des 100. Geburtstags von Georgi Dimitroff im „Dietz Verlag" Berlin (Ost) der erste Band einer auf drei Bände angelegten Dokumentensammlung „Der Reichstagsbrandprozeß und Georgi Dimitroff", die auf dem Material des „Font 551" beruhte. Herausgeber waren die Institute für Marxismus-Leninismus beim ZK der SED in Berlin und beim ZK der KPdSU in Moskau sowie das Institut für Geschichte beim ZK der Bulgarischen Kommunistischen Partei (BKP) in Sofia. Als Chefredakteur fungierte der Leiter des bulgarischen Instituts, David Elazar, Mitglied des ZK der BKP. 1989 erschien der zweite Band der Dokumentation. Wegen interner Differenzen bei der Ausarbeitung des Vorworts und der politischen Veränderungen im Zusammenhang mit dem Untergang der DDR wurde der – schon weitgehend fertiggestellte – dritte Band nicht mehr publiziert. Auch eine 1990 in der Bundesrepublik geplante Veröffentlichung im „Dietz Verlag" scheiterte.

Die vorliegenden zwei Bände der Dokumentensammlung enthalten sehr interessante, bis zum Zeitpunkt der Veröffentlichung unbekannte Dokumente über den Reichstagsbrand und den anschließenden Prozeß vor dem Leipziger Reichsgericht, kranken jedoch daran, daß sie stark dem Personenkult um Georgi Dimitroff verpflichtet sind. Weiterhin wurden verschiedene editorische Selbstverständlichkeiten nicht beachtet: Kürzungen sind häufig nicht gekennzeichnet, und die Quellenangaben beschränken sich auf den Aktenband, verzeichnen jedoch nie die Blattnummer, obwohl ein Band bis zu mehrere hundert Blätter enthalten kann! Darüber hinaus schlichen sich bei den Bandangaben bisweilen Fehler ein, so daß manchmal das entsprechende Dokument in den Originalunterlagen nicht wiedergefunden werden kann.

Erst seit dem Beitritt der DDR zur Bundesrepublik Deutschland 1990 ist der „Font 551" allgemein der Forschung zugänglich, zuerst noch im ehemaligen IML in Berlin-Ost, als Bestand der „Stiftung Archiv der Parteien und Massenorganisationen der DDR im Bundesarchiv", später dann in einem Außenlager des Bundesarchivs in Berlin-Hoppegarten (einem ehemaligen Stasi-Objekt) und heute im Bundesarchiv in Berlin-Lichterfelde. Das Bundesarchiv übernahm vom Zentralen Staatsarchiv der DDR die Signatur „St 65" für die Akten. Mit dieser Signatur werden sie auch im vorliegenden Buch zitiert.[2]

Einer der Autoren, A. Bahar, sah einen Teil der Akten bereits im Juli 1993 (im ehemaligen IML) und erneut im Juli 1994 (in Hoppegarten) ein, der andere, W. Kugel, sichtete Anfang 1994 die Akten in Hoppegarten erstmals vollständig. (Die beiden Autoren lernten sich erst Anfang 1995 kennen.)

Eine weitere wichtige Quelle sind die Anklageschrift, die schriftliche Urteilsbegründung sowie die Stenographischen Protokolle der 57 Verhandlungstage des Leipziger Reichstagsbrandprozesses (im Buch zitiert als xx. VT.). Eine Kopie der geheimen Anklageschrift, von der nur der sogenannte „Tenor" am ersten Verhandlungstag verlesen wurde, gelangte erst Ende 1933, nach Erscheinen des „Braunbuchs über Reichstagsbrand und Hitlerterror" („Braunbuch I") und nach dem Londoner Gegenprozeß, ins Ausland. Sie wurde in einem Ergänzungsheft zum „Braunbuch I" und anschließend im „Braunbuch II. Dimitroff contra Göring. Enthüllungen über die wahren Brandstifter" ausgewertet.

Anklageschrift, schriftliche Urteilsbegründung sowie die kompletten Stenographischen Protokolle waren im Zentralen Staatsarchiv der DDR ebenfalls unter der Signatur St 65 vorhanden. Westliche Wissenschaftler hatten jedoch kaum Zugang.

In der Bundesrepublik Deutschland tauchten im Rahmen des durch die Familie van der Lubbes beantragten Wiederaufnahmeverfahrens erst nach 1955 aus dem als Ganzes nicht freigegebenen Nachlaß des Reichsgerichtsrates Coenders 6 der 57 Bände der Stenographischen Protokolle (1., 6., 8., 15., 52. und 57. Verhandlungstag), die Anklageschrift sowie eine fehlerhafte Abschrift der schriftlichen Urteilsbegründung auf.[3]

Hinzu kamen Ende der fünfziger Jahre Abschriften und Akten-Auszüge des Prozesses aus dem Besitz des ehemaligen Torgler-Verteidigers und NS-Staranwalts Dr. Alfons Sack.[4] Das Bundesarchiv in Koblenz erwarb diese Dokumente 1958 vom Bundesverfassungsgericht in Karlsruhe, das sie kurze Zeit vorher über ein Berliner Antiquariat erstanden hatte.[5]

Im Frühjahr 1962 gelang dann dem Oberstudienrat Hans Schneider, der seit 1960 im Auftrag des „Instituts für Zeitgeschichte" ein Gutachten zu dem 1959/60 erschienenen „Spiegel"-Beitrag über den Reichstagsbrand anfertigte, der Fund eines vollständigen Exemplars der „Stenographischen Protokolle" sowie eines originalen Exemplars der schriftlichen Urteilsbegründung, die aus dem Nachlaß von Dr. Teichert, des Verteidigers der in Leipzig angeklagten bulgarischen Kommunisten Dimitroff, Popoff und Taneff stammten.

Ungefähr 1965/1966 gelangte auch der Hessische Rundfunk in den Besitz der Kopie eines vollständigen Exemplars der „Stenographischen Protokolle" aus dem Besitz von Dr. Teichert. Eine Kopie dieser Kopie wurde dann später dem Deutschen Rundfunk-Archiv (Frankfurt am Main) zu Verfügung gestellt. Am 24. März 1969 erwarb das Max-Planck-Institut für ausländisches und internationales Strafrecht (Freiburg i. Br.) das vollständige Exemplar der „Stenographischen Protokolle" aus dem Besitz des Reichsgerichtsrates Coenders. Eine Kopie erhielt später das Historische Institut der Universität Bern, sie befindet sich heute im Schweizerischen Bundesarchiv in Bern.

Das Fehlen der kompletten Stenographischen Protokolle in der Bundesrepublik bis 1962 behinderte die Forschung zum Reichstagsbrand außerordentlich und gab zu vielerlei Mutmaßungen und Irrtümern Anlaß. Auch heute ist die Einsicht der Protokolle in Deutschland nur im Bundesarchiv Berlin, im Max-Planck-Institut für ausländisches und internationales Strafrecht in Freiburg i. Br. sowie im Institut für Zeitgeschichte in München persönlich möglich, was Recherchen erschwert. Für die Forschung wäre es wünschenswert, wenn die Protokolle zumindest auf Mikrofiche übertragen und damit allgemein zugänglich gemacht würden. Eine nach den erhaltenen Tonaufzeichnungen korrigierte Fassung wäre allerdings noch wesentlich nützlicher.

Bei den heute vorhandenen Exemplaren der hektographierten Stenographischen Protokolle lassen sich zwei unterschiedliche Fassungen erkennen, die eine in lateinischer Schreibmaschinen-Schrift, die andere mit einem der Schreibschrift angenäherten Schrifttyp. Ob diese beiden Fassungen im Text vollständig übereinstimmen, konnte bisher nicht überprüft werden.

Der gesamte Reichstagsbrandprozeß in Leipzig wurde seinerzeit akustisch auf Wachswalzen aufgenommen. Noch in den 50er Jahren soll der komplette Bestand in der DDR existiert haben und auf Tonbänder übertragen worden sein. Eine Kopie der Bänder wurde seinerzeit dem Dimitroff-Museum in Leipzig ausgehändigt. Einen Teilbestand der originalen Wachswalzen übereignete der „Berliner Rundfunk" in den sechziger Jahren ebenfalls dem Dimitroff-Museum. Weitere Teilbestände der Wachswalzen befanden sich bis 1990 im Deutschen Rundfunkarchiv (Frankfurt am Main) und im Archiv des Berliner Rundfunks (Berlin-Ost). Seit 1990 befinden sich die erhaltenen Bestände im Deutschen Rundfunkarchiv. Die Aufnahmen sind allerdings nicht komplett. Alle Bestände des 1990 geschlossenen Dimitroff-Museums in Leipzig befinden sich jedoch seither in Verwahrung des Stadtgeschichtlichen Museums Leipzig und sind der Forschung bis auf weiteres nicht mehr zugänglich!

Das Deutsche Rundfunkarchiv ging bisher nach stichprobenhaften Überprüfungen davon aus, daß die Stenographischen Protokolle nur minimal von den Tonaufzeichnungen abweichen. Die Autoren konnten jedoch am Beispiel der Aussage Görings feststellen, daß – über unproblematische sprachliche Glättungen der gesprochenen Rede hinaus – zum Teil wesentliche Einzelheiten in den Stenographischen Protokollen verfälscht wurden. Um so wichtiger wäre ein kompletter Vergleich der Protokolle mit den Tonaufzeichnungen, der bisher jedoch nicht stattgefunden hat.

Für die Aufklärung der Reichstagsbrandstiftung wichtige Akten wurden inzwischen vernichtet. Dazu gehören die Akten eines Ermittlungsverfahrens gegen Rudolf Braschwitz bei der Staatsanwaltschaft Dortmund (10 Js 1/59) sowie die Zivilprozeßakten in der Sache Gewehr gegen Gisevius beim Landgericht Düsseldorf, Oberlandesgericht Düsseldorf sowie beim Bundesgerichtshof.

Teile der Akten in der Sache Gewehr gegen Gisevius blieben jedoch im Nachlaß von Gisevius erhalten. Der Stiefsohn von Gisevius schenkte diesen Nachlaß 1983 dem Archiv für Zeitgeschichte der Eidgenössisch Technischen Hochschule Zürich (ETH), wo die Unterlagen heute zugänglich sind.

Erhalten blieben auch die Akten eines Ermittlungsverfahrens gegen Gewehr bei der Generalstaatsanwaltschaft Düsseldorf, die sich heute im Nordrhein-Westfälischen Hauptstaatsarchiv (Zweigarchiv Schloß Kalkum) befinden.

Die Akten des Wiederaufnahmeverfahrens in der Sache gegen van der Lubbe befinden sich heute im Archiv der Generalstaatsanwaltschaft Berlin, ebenso die Ermittlungsakten der Staatsanwaltschaft beim Landgericht Berlin zu den Mordfällen Rall und Hanussen aus der Nachkriegszeit.

Die originale Ermittlungsakte zum Mordfall Hanussen ist verschollen, ebenso die Akte mit der Aussage von Adolf Rall zum Reichstagsbrand. Zwei Akten zum Fall Rall konnten allerdings von den Autoren aufgespürt werden: eine Strafprozeßakte im Brandenburgischen Landeshauptarchiv (Potsdam) sowie die Ermittlungsakte im Mordfall Rall aus dem Jahr 1933 im Geheimen Staatsarchiv Preußischer Kulturbesitz (Berlin).

Umfangreiche Akten zum Reichstagsbrand befinden sich darüber hinaus im Privatbesitz von Fritz Tobias (Hannover), der sich einen Teil davon während seiner Tätigkeit für den Niedersächsischen Verfassungsschutz auf dem Dienstweg beschaffte. Diese Unterlagen werden von Tobias bis heute unter Verschluß gehalten und sind der Forschung nicht zugänglich. Insbesondere verweigert Fritz Tobias[6] den Zugang zu für die Forschung wichtigen Protokollen von Gespächen, die er ca. 1960 mit einem der nach wie vor Hauptverdächtigen für die Reichstagsbrandstiftung geführt hatte, nämlich Hans-Georg Gewehr. Aber auch im „Institut für Zeitgeschichte" (München), dessen damaliger Leiter Dr. Helmut Krausnick zusammen mit seinem Mitarbeiter Hermann Graml ca. 1960 ein mehrstündiges Gespräch mit Gewehr führte, sind nach Auskunft des Instituts[7] die seinerzeit angefertigten „Aufzeichnungen über den genauen Inhalt der Unterredung"[8] heute nicht vorhanden!

Anmerkungen

1   Angaben nach Dimitroff-Dokumente, Bd. 1, 19; diese Quellen konnten von den Autoren nicht verifiziert werden, was allerdings bei der bis heute schlecht erschlossenen deutschen Exilliteratur nicht ungewöhnlich ist.
2   Verwirrend ist, daß auch die Sammlung der Stenographischen Protokolle des ehemaligen

Staatsarchivs der DDR die Signatur St 65 trägt, so daß bis heute vom Bundesarchiv die Signaturen bis zum Band 57 doppelt vergeben sind.

3Der damalige Verfassungsschutzbeamte Tobias verschaffte sich für seine „Spiegel"-Serie und sein Buch Kopien dieser Dokumente „auf dem Dienstweg" aus den Akten der Berliner Generalstaatsanwaltschaft. Die vollständigen Stenographischen Protokolle waren Tobias seinerzeit nicht zugänglich.

4   Bundesarchiv Koblenz, Kleine Erwerbungen 396.

5   Mitteilung des Bundesarchivs Koblenz vom 6. 7. 2000.

6   Fritz Tobias antwortete auf entsprechende Anfragen nicht.

7   Schreiben des Instituts für Zeitgeschichte, Archiv (Dr. Klaus A. Lankheit) an Wilfried Kugel vom 7. 8. 2000. Hermann Graml hingegen kann sich an das Gespräch nur noch bruchstückhaft erinnern, wie er gegenüber einem der Autoren (A. B.) zu verstehen gab. Vgl. auch Kap. 7 und 11.

8   Brief von Hermann Graml an Hans Schneider vom 25. 4. 1960 (Nachlaß Gisevius, Archiv für Zeitgeschichte, ETH Zürich).

1 Der Griff nach der Macht: Vom „Preußenschlag" zum Reichstagsbrand

Eine historisch-politische Analyse des Reichstagsbrandes vom 27. Februar 1933 hat nicht allein die Frage nach den Hintergründen und Urhebern sowie nach den unmittelbaren politischen Folgen dieser Tat zu beantworten. Wichtiger noch ist die Frage, welcher Stellenwert diesem Ereignis im Gesamtverlauf der nationalsozialistischen Machtübernahme zukommt und welche Bedeutung es für die Errichtung und Etablierung des NS-Regimes hatte. Bereits 1956 hat Karl Dietrich Bracher den „Instrumentalcharakter des Verfassungswandels auf pseudolegalem Weg" als das „Grundprinzip" der gesamten „nationalsozialistischen Revolution" bezeichnet.[1] An der Richtigkeit dieser Einschätzung hat sich auch nach über 40 Jahren nichts geändert. Nach der Ernennung Hitlers zum Reichskanzler am 30. Januar 1933 war die Macht der Nationalsozialisten noch keineswegs gefestigt. Die unverhüllte Anwendung von Gewalt hätte sich zu diesem Zeitpunkt möglicherweise sogar störend auf die Verwirklichung der NS-Machteroberungspläne ausgewirkt. Um die Unterstützung bzw. Billigung einer Bevölkerungsmehrheit zu erlangen, mußte Hitler seine potentielle Anhängerschaft nicht nur auf einen gemeinsamen Gegner einschwören, sondern auch den Schein von Rechtsstaatlichkeit aufrechterhalten. Die sich sukzessive steigernde, zunächst vor allem gegen die radikale politische Linke gerichtete Gewalt wurde mit Gesetzen und Verordnungen bemäntelt. Dieses Vorgehen erzeugte die Illusion von Legalität, wo Rechtsstaatlichkeit und Demokratie längst beseitigt waren.

Die Technik, Krisensituationen erst zu provozieren, um sie dann zur Legitimation von Gesetzesbrüchen und zur Zerstörung bereits geschwächter demokratischer Strukturen auszunutzen, wurde freilich nicht von den Nationalsozialisten erfunden. Gestützt auf die Notverordnungsvollmachten des Reichspräsidenten Paul von Hindenburg, hatte sich bereits das Kabinett des Reichskanzlers Franz von Papen dieser List bedient, als es am 20. Juli 1932 die SPD-geführte Preußen-Regierung auseinanderjagte und sich so die Kontrolle über den 50.000 Mann starken Polizeiapparat im größten, zwei Drittel des Reiches umfassenden deutschen Teilstaat sicherte. Der „Preußen-Schlag" bedeutete nach dem Übergang zum Notverordnungs-Regime im Jahre 1930, das sich formal noch auf den entsprechenden Artikel 48 der Reichsverfassung stützen konnte, in mehrfacher Hinsicht eine zweite große Zäsur in der Geschichte der noch jungen Weimarer Republik. Denn nun wurde unter Berufung auf den Artikel 48 nicht mehr nur eine Ersatz-Gesetzgebung praktiziert, sondern eine verfassungsgemäße Regierung auf dem Weg des kalten Staatsstreichs aus dem Amt gejagt. Der Ausgang des „Papen-Putsches", den die bürgerliche Rechte unterstützt und die NSDAP mit Wohlwollen verfolgt hatte, offenbarte darüber hinaus auf dramatische Weise die Schwäche der demokratisch-republikanischen Kräfte. Während die Passivität und der Defätismus der Führung der Sozialdemokratie und der Gewerkschaften zur Demoralisierung ihrer weithin kampfbereiten Anhänger beitrugen, konnte sich die NS-Führung durch den Ausgang des Papen-Abenteuers in ihren republikfeindlichen Bestrebungen ermuntert fühlen. Nur sieben Monate später hob die Hitler-Regierung nach dem Reichstagsbrand mit den ebenfalls auf Artikel 48 gestützten sogenannten „Brandverordnungen" vom 28. Februar 1933 die demokratische Verfassung der Weimarer Republik vollends aus den Angeln.

Deutschland 1932

Bei den Reichspräsidenten-Wahlen am 13. März 1932 kandidierte Hitler gegen Hindenburg, der auch von der SPD unterstützt wurde. In den Augen der NS-Führung war dies die letzte Chance, um legal an die Macht zu kommen.[2] SA-Chef Röhm versetzte am Wahltag die SA in Alarmbereitschaft. Doch keiner der vier Präsidentschafts-Kandidaten (unter ihnen auch KPD-Führer Thälmann) erhielt die notwendige absolute Mehrheit.

Für den Fall einer Wahlniederlage Hitlers war gerüchteweise von Putschplänen der SA die Rede gewesen. Weiterhin hatte Reichsinnenminister Groener erfahren, daß die SA Waffenlager der Reichswehr auskundschaftete. Daraufhin durchsuchte und besetzte die Polizei am am 17. März 1932 – insbesondere in Preußen – NSDAP- und SA-Zentralen, auch das „Braune Haus" in München. Die Nationalsozialisten waren jedoch vorher gewarnt worden, so daß nur wenige kompromittierende Unterlagen gefunden werden konnten. Immerhin wurden in Preußen Beweismittel sichergestellt, die belegten, daß sich die SA am Wahltag tatsächlich in Alarmbereitschaft befunden hatte und „ernsthafte Gewaltmaßnahmen ins Auge gefaßt" worden waren. Auch Waffen und „ausgearbeitete Mobilmachungspläne" wurden entdeckt.[3] Die „Vossische Zeitung" berichtete am 17. März 1932 von „Gewaltmaßnahmen, die die Nationalsozialisten schon vor längerer Zeit für den letzten Wahlsonntag [13. März] getroffen haben. Die Nationalsozialisten hatten die Absicht, Berlin und die anderen größeren Städte zu besetzen, auch auf dem flachen Lande die Landjäger festzunehmen, den Behörden-Apparat lahm zu legen, die Telefonverbindungen zu zerstören, Eisenbahngeleise unbrauchbar zu machen und selbst die Reichswehr zu entwaffnen, um die Gewehre an die S.A.-Leute zu verteilen."[4]

Im notwendigen zweiten Wahlgang am 10. April setzte sich dann der amtierende Reichspräsident Hindenburg mit einfacher Stimmenmehrheit gegen seine Mitbewerber Hitler und Thälmann durch. Am 13. April 1932 verbot Reichspräsident von Hindenburg auf einstimmige Empfehlung des Kabinetts Brüning per Dekret SA, SS sowie alle übrigen militärischen Organisationen der NSDAP.[5]

Bei den Wahlen zum Landtag in Preußen – dem größten Flächenstaat des Deutschen Reiches – am 24. April 1932 erlitt die regierende Koalition aus SPD, Zentrum und Demokraten eine vernichtende Niederlage. Stimmengewinne verbuchten dagegen die KPD, vor allem aber Hitlers NSDAP. Den insgesamt nur noch 162 Abgeordneten der „Weimarer Parteien" standen nun 261 der Opposition gegenüber. Da das Kräfteverhältnis im Parlament die Bildung einer mehrheitsfähigen Regierung verhinderte, blieb die sozialdemokratisch geführte Regierung Braun-Severing, die unmittelbar nach der Wahl zurückgetreten war, geschäftsführend im Amt. Am 6. Juni 1932 trat der gesundheitlich schwer angeschlagene preußische Ministerpräsident Otto Braun einen unbefristeten Urlaub an („mit der festen Absicht, nicht mehr in das Amt zurückzukehren", wie er später in seiner Biographie erklärte[6]) und überließ die Regierungsgeschäfte seinem Stellvertreter und dienstältesten Kabinettsmitglied, Landwirtschaftsminister Hirtsiefer.

Am 30. Mai 1932 trat der seit 1930 unter Ausschaltung des Parlaments mit Notverordnungen regierende Reichskanzler Heinrich Brüning zurück, nachdem er wegen seines „Agrarbolschewismus" und seiner Ko-

operation mit der SPD bei Hindenburg in Ungnade gefallen war. Mit-
verantwortlich für Brünings Sturz war der „politische General" Kurt von
Schleicher, dessen Einfluß weit über die Reichswehr hinausreichte und
der ab März 1929 als quasi Staatssekretär das neugeschaffene Minister-
amt im Reichswehrministerium leitete. Von Schleicher spekulierte darauf, die NSDAP in die Regierung einzubinden und sich die so „gebän-
digte" Bewegung Hitlers politisch dienstbar zu machen. Nach dem Plan
von Schleichers sollte die neue Regierung statt von der SPD von der
NSDAP toleriert werden. Diesen Anspruch schien der zum rechten Flügel der Zentrumspartei gehörende, erzkatholische „päpstliche Geheim-
kämmerer"[7] Franz von Papen zu erfüllen, der am 1. Juni 1932 von Hindenburg zum Reichskanzler ernannt wurde. In von Papens „Kabinett
der Barone" übernahm von Schleicher als „graue Eminenz" der neuen
Regierung das Amt des Reichswehrministers. Nach Papens Austritt aus
dem Zentrum – er stand im Verdacht, am Sturz seines Parteifreundes
Brüning nicht unbeteiligt gewesen zu sein – bot sich die Partei Hitlers
als Koalitionspartner an. Vor dem Hintergrund der Wirtschaftskrise hatte
die NSDAP ihren Stimmenanteil bei den letzten Reichstagswahlen im
September 1930 auf 18,3 Prozent versiebenfachen können und stellte
statt (seit Mai 1928) 12 von 491 nun 107 von 577 Reichstagsabgeordneten. Im zweiten Wahlgang der Reichspräsidentenwahl war Hitler im
April 1932 als Gegenkandidat Hindenburgs sogar auf über 40% der Stimmen gekommen. Anfang Juni 1932 kam es unter Mitwirkung von
Schleichers zu einem Kuhhandel zwischen dem Papen-Kabinett und der
Hitler-Partei[8], wobei die Führer der NSDAP dem neuen Kabinett unter
zwei Bedingungen ihre Zusammenarbeit zusagten:

1. Aufhebung des unter Brüning am 13. April 1932 erlassenen
   Verbots von SA und SS[9],
2. Auflösung des Reichstags und vorgezogene Neuwahlen.

Papen erhielt von Hindenburg grünes Licht. Für den 31. Juli 1932
wurden Neuwahlen angesetzt. Mit Wirkung ab dem 17. Juni 1932 wurden SA- und SS-Verbot und gleichzeitig eine Reihe weiterer gegen die
NSDAP und ihre Gliederungen gerichteter Verbote aufgehoben. Zeitgleich gab Papen den Reichsrundfunk für Reden der NS-Führer frei
(die KPD blieb von Rundfunksendungen ausgeschlossen).[10] Die Folgen
waren dramatisch. Die Zahl der Opfer politischer Auseinandersetzungen, die nach dem SA-Verbot kontinuierlich zurückgegangen war,
schnellte sprunghaft in die Höhe. Waren von Februar 1932 bis zur Aufhebung des Verbots 35 Menschen bei politisch motivierten Auseinan-

dersetzungen ums Leben gekommen, so starben allein vom 18. Juni bis zum 18. Juli 1932 dabei 99 Menschen, 1.125 wurden verletzt.

Wie die polizeilichen Statistiken beweisen, unterschied sich die Lage in Preußen nach der Aufhebung des SA-Verbots keineswegs von der in anderen Teilen des Reiches. Dennoch machte die Papen-Regierung die vermeintliche Schwäche der preußischen Regierung und deren angebliche Befangenheit gegenüber den Kommunisten für die Ausschreitungen im größten Gliedstaat des Reiches verantwortlich. Für von Papen, der Deutschland unter Ausschaltung des Reichstags mittels Notverordnungen des Reichspräsidenten regierte, ergab sich damit die einmalige Gelegenheit, das „rote" Preußen unter Kontrolle der Reichsregierung zu bringen. Bereits einen Tag nach Brauns Demission forderte er nach Rücksprache mit dem Vorsitzenden der Deutschnationalen Volkspartei (DNVP), Alfred Hugenberg, und führenden Vertretern der NSDAP, den nationalsozialistischen Abgeordneten und Präsidenten des preußischen Landtags, Hanns Kerrl, schriftlich auf, umgehend die geschäftsführende durch eine ordentliche Regierung aus NSDAP, DNVP und Zentrum zu ersetzen.[11]

Zur gleichen Zeit häuften sich in der Presse Berichte, in denen für den Fall des Scheiterns der Koalitionsverhandlungen die Einsetzung eines Reichskommissars in Preußen in Aussicht gestellt wurde. Zwar ließ Papen alle dementsprechenden Gerüchte auf Protest der preußischen Regierung hin dementieren, doch kamen die Forderungen nach der Einsetzung eines Reichskommissars durch führende Politiker der NSDAP sowie der reaktionären Rechten nun nicht mehr zum Verstummen.[12] Besonders entlarvend ist ein Brief des Geschäftsführers des „Deutschen Herrenclubs", Heinrich von Gleichen, eines engen Vertrauten des diesem Club angehörenden Kanzlers von Papen, vom 6. Juni 1932[13], den der Verfasser nach Bekanntwerden nicht dementierte. Bezüglich Preußen ist darin die Rede von „Abmachungen über die Einsetzung eines bewährten Mannes als Ministerpräsident oder als Reichskommissar, und Umorganisierung der inneren Verwaltung unter starker Mitwirkung nationalsozialistischer Kräfte". Die Beseitigung der SPD-geführten preußischen Regierung gehörte demnach zu den Zugeständnissen, die Papen der NSDAP für den Fall einer Tolerierung seines Kabinetts angeboten hatte.

Der „Preußenschlag" vom 20. Juli 1932

Konkret wurden die Pläne für die Einsetzung eines Reichskommissars schließlich Ende Juni 1932. Bereits während der Kabinettssitzung am 11. Juli herrschte unter Hinweis auf zunehmende Terrorakte Einigkeit darüber, daß die Situation in Preußen die Einsetzung eines Reichskommissars erforderlich mache. Auf Betreiben von Schleichers beschloß die Regierung daraufhin am 11. und 13. Juli die Einsetzung eines Reichskommissars und – falls notwendig – die Ausrufung des militärischen Ausnahmezustands. Zusammen mit seinem Innenminister fuhr von Papen noch am 13. Juli 1932 zum Reichspräsidenten auf dessen Gut Neudeck. In der entscheidenden Unterredung am Tag darauf gelang es von Papen und dessen Innenminister von Gayl, Reichspräsident von Hindenburg im Beisein seines Staatssekretärs Otto Meißner zur Unterzeichnung der bereits ausgearbeiteten Notverordnungen zu veranlassen.

Einen willkommenen Anlaß boten die blutigen Straßenschlachten zwischen Kommunisten und Nationalsozialisten in Altona vom 17. Juli. Zu den Auseinandersetzungen war es gekommen, nachdem der dortige sozialdemokratische Polizeipräsident Eggerstedt nach Rückfrage beim preußischen Innenminister Severing einen nationalsozialistischen Aufmarsch durch ein vornehmlich von Kommunisten bewohntes Stadtviertel genehmigt hatte. 17 Tote und zahlreiche Verletzte waren die traurige Bilanz dieser Fehlentscheidung. Der bis dahin noch fehlende „besondere Anlaß zum Eingreifen"[14] in Preußen war gefunden.

Hier schaltete sich nun ein Mann aktiv in das Geschehen ein, der bald darauf auch beim Reichstagsbrand, der tags darauf erlassenen Notverordnung und bei der Kontroverse um die Hintergründe dieser folgenschweren Brandstiftung eine tragende Rolle spielen sollte. In der auf den „Altonaer Blutsonntag" folgenden Nacht nämlich erhielt Altonas Polizeipräsident Eggerstedt, wie sich Severing in seinen Memoiren erinnerte, einen Anruf aus dem preußischen Innenministerium. In dem Gespräch erkundigte sich die Person am anderen Ende der Leitung, die sich als „preußischer Innenminister" meldete, nach dem Verlauf der Unruhen. Am Telefon in Berlin war jedoch nicht der Preußische Innenminister, sondern ein Regierungsrat aus der politischen Gruppe des Ministeriums, Rudolf Diels.[15]

Am 18. Juli teilte der nationalsozialistische Landtagspräsident Kerrl von Papen schriftlich das Scheitern aller Koalitionsverhandlungen mit und forderte den Reichskanzler zur Beseitigung des „Notstands" in

36

Preußen auf. Unverblümt stellte Kerrl fest, daß eine Mehrheitsbildung an der Weigerung des Zentrums gescheitert sei, einem nationalsozialistischen Ministerpräsidenten „völlige Freiheit in der Bildung des Kabinetts und der Festlegung des Regierungsprogramms" zuzubilligen – eine unzumutbare Forderung, mit der ein Scheitern der Koalitionsverhandlungen vorprogrammiert war. Tatsächlich hatte man sich zu diesem Zeitpunkt längst über die Einsetzung des Essener Oberbürgermeisters Franz Bracht[16], eines Verbindungsmannes Thyssens und der Ruhrindustrie, als Reichskommissar für Preußen geeinigt.[17] Im Namen der NSDAP regte Kerrl an, „ob nicht bis zur Wiederherstellung verfassungsmäßiger Zustände in Preußen die Polizeigewalt besser vom Reich übernommen wird".[18] Ähnlich äußerte sich Hitler in einem Brieftelegramm, in dem der NS-Führer gegen die Ereignisse in Altona protestierte. Es schloß mit den Worten: „Es ist alleräußerste Zeit, daß von seiten der Reichsregierung diesem unverantwortlichen Treiben einer auf Tumulte hinsteuernden Polizeipolitik ein Ende bereitet wird."[19]

Nachdem bereits die meisten Morgenzeitungen ein bevorstehendes Eingreifen der Reichsregierung in Preußen gemeldet hatten[20], traf Reichskanzler Franz von Papen am 20. Juli 1932 morgens um 10 Uhr in der Reichskanzlei mit dem stellvertretenden preußischen Ministerpräsidenten und Minister für Landwirtschaft Hirtsiefer sowie den preußischen Ministern Severing (Inneres) und Klepper (Finanzen) zu einer Besprechung zusammen, zu der er sie bereits am 18. Juli mit einer formlosen Büroeinladung gebeten hatte[21]. Bei dieser Besprechung verkündete von Papen, „daß die Reichsregierung seit einiger Zeit mit Sorge die Dinge in Preußen beobachte. Sie sei dabei zu dem Ergebnis gekommen, daß die öffentliche Sicherheit und Ordnung in Preußen nicht mehr gewährleistet erscheine, und der Reichspräsident habe sich daher entschlossen, auf Grund des Abs. 1 und 2 des Artikels 48 der Reichsverfassung eine Verordnung zu erlassen, die ihn, den Reichskanzler, zum Reichskommissar für das Land Preußen bestellt. Kraft dieser Vollmacht enthebe er den Preußischen Ministerpräsidenten Otto Braun und den Preußischen Innenminister Severing ihrer Ämter und betraue mit der Führung des Innenministeriums den Essener Oberbürgermeister Dr. Bracht."

Wie der damalige Staatssekretär im preußischen Innenministerium, Wilhelm Abegg, berichtet, habe von Papen bereits bei dieser Besprechung „den Erschienenen unter dem Siegel strengster Verschwiegenheit eröffnet", er, Abegg, „als Leiter der Preußischen Polizei und Beamtenschaft, hätte mit den Kommunisten konspiriert, um ihnen die Fortsetzung ihrer illegalen Tätigkeit unter dem Deckmantel der Legalität zu ermöglichen". Ähnliches habe bereits zuvor die Scherl-Presse berichtet.[22] Auf Abegg war auch eine Anspielung von Papens in seiner Rundfunkansprache vom selben Abend gemünzt, in der er erklärte: „Wenn beispielsweise hohe Funktionäre des preußischen Staates ihre Hand dazu bieten, Führern der kommunistischen Partei die Verschleierung illegaler Terrorabsichten zu ermöglichen [...], dann wird die Autorität des Staates von oben her in einer Weise untergraben, die für die Sicherheit des Reiches unerträglich ist."[23]

Schon vor dem 14. Juli hatte Reichswehrminister von Schleicher dem Reichspräsidenten die Nachricht von einem „besorgniserregenden Zusammenarbeiten" von Sozialdemokraten und Kommunisten in Preußen zugetragen. Die entscheidende Rolle spielten dabei Informationen über eine Unterredung, die am 4. Juni 1932 im Beisein von Diels zwischen Abegg und den kommunistischen Politikern (und späteren NS-Kollaborateuren) Ernst Torgler (Fraktionschef der KPD im Reichstag) und Wilhelm Kasper (Fraktionschef der KPD im Preußischen Landtag) stattgefunden hatte. Diese Informationen hatte kein anderer als eben jener Regierungsrat Rudolf Diels dem Reichswehrminister zugespielt.[24] Aufschluß über Diels' Rolle gibt ein Vermerk der Reichskanzlei vom 25. Juli 1932 über eine Besprechung, die am Vorabend des „Preußenschlags", am 19. Juli 1932 um Mitternacht in Diels' Privatwohnung stattgefunden hatte; neben Diels hatten Staatssekretär Planck, Oberbürgermeister Dr. Bracht sowie die Beamten Dr. Landfried, Dr. Schütze[25] und Wienstein (Protokollführer) daran teilgenommen.[26] Der Aufzeichnung zufolge erhob Diels in dieser Besprechung gegen Staatssekretär Abegg „den Vorwurf eines Konspirierens mit kommunistischen Führern". Abegg hatte demnach angeblich den KPD-Führern Torgler und Kasper „vor ungefähr zwei Wochen" (in Wahrheit hatte das Treffen am 4. Juni, also bereits vor 6 1/2 Wochen, stattgefunden) in einer Unterredung in Diels' Beisein eine Art Stillhalteabkommen zur Verhinderung der Einsetzung eines Reichskommissars angeboten und beiden die Beschlagnahme von fingierten Dokumenten, welche die Legalität der KPD unter Beweis stellen sollten, durch die preußische Polizei vorgeschlagen. Im Auftrag Abeggs habe Diels sodann den Chef der Polizeiabteilung im preußischen Innenministerium, Ministerialrat Klausener, falsch informieren müssen.

Doch Diels belastete nicht nur Abegg, sondern auch dessen Vorgesetzen, den preußischen Innenminister Severing, indem er erklärte, dieser habe von der Unterredung gehört, Abegg aber nur intern getadelt. Eine Information über die Besprechung zwischen Abegg, Kasper und Torgler lancierte Diels dann in die Scherl-Presse.[27] Der Skandal blieb nicht aus, und der nötige Vorwand für die Absetzung der preußischen Regierung war geschaffen.[28]

Zurück zu den Ereignissen am 20. Juli: Der preußische Innenminister Severing weigerte sich, freiwillig zurückzutreten. Das nahm von Papen zum Anlaß, um den längst vorbereiteten Ausnahmezustand über Groß-Berlin und die Provinz Brandenburg zu verhängen. Bereits um 11 Uhr wurden sowohl die Verordnung über die Einsetzung des Reichskommissars in Preußen als auch über den Ausnahmezustand verkündet. Zum Inhaber der vollziehenden Gewalt wurde der Militärkreisbefehlshaber von Berlin-Brandenburg, Generalleutnant von Rundstedt, ernannt, dem damit auch die Befehlsgewalt über die preußische Polizei übertragen war.[29]

Nach ausgiebigen Beratungen beschlossen die inzwischen zu einer Sitzung versammelten preußischen Minister, ihren Widerstand gegen den Staatsstreich der Reichsregierung auf einen schriftlichen Protest und die Einreichung einer Klage beim Staatsgerichtshof zu beschränken. Als die noch verbliebenen preußischen Minister sich weigerten, einer Einladung zu einer Kabinettssitzung unter von Papens Vorsitz Folge zu leisten – u. a. weil von Papen diese mit „Preußischer Ministerpräsident" unterzeichnet hatte –, nahm der Reichskanzler dies zum Anlaß, sie wegen mangelnder Bereitschaft zur Zusammenarbeit ebenfalls für abgesetzt zu erklären.

Der Pflicht zum Widerstand, so glaubte man auf Seiten der preußischen Regierung wie auch im Lager von SPD- und Gewerkschafts-Führung, hatte man damit Genüge getan. Das Angebot der verfeindeten KPD, den Staatsstreich mittels der gemeinsamen Durchführung eines Generalstreiks abzuwehren[30], wurde von Gewerkschafts- wie von SPD-Führung zurückgewiesen.[31] Einmal mehr rächte sich hier die gegen die SPD gerichtete „Sozialfaschismus"-Kampagne der KPD, die es den sozialdemokratischen Führern leicht machte, kommunistische Angebote als bloße Propaganda abzutun. Statt zum Widerstand aufzurufen, vertrösteten die sozialdemokratischen Führer ihre kampfbereite Anhängerschaft mit dem Verweis auf die Anrufung des Staatsgerichtshofs und auf die bevorstehenden Reichstagswahlen. „Der Kampf um die Wiederherstellung geordneter Rechtszustände in der deutschen Republik ist zunächst mit aller Kraft als Wahlkampf zu führen", hieß es in einem Aufruf des Parteivorstandes, der in Flugblättern bekannt gemacht wurde: „Strengste Disziplin ist mehr denn je geboten. Wilden Parolen von unbefugter Seite ist Widerstand zu leisten! Jetzt vor allem mit konzentrierter Kraft für den Sieg der Sozialdemokraten am 31. Juli."[32] Dem entsprach auch das Argument der Gewerkschaftsführer, man dürfe sich vom Gegner nicht die Stunde des Handelns vorschreiben lassen[33], weshalb man es ablehnte, den Staatsstreich mit der Proklamierung eines Generalstreiks zu beantworten – eine Entscheidung, die bei einem großen Teil der Parteibasis, vor allem beim Reichsbanner, der sozialdemokratischen Kampforganisation, überwiegend auf Unverständnis und Mißbilligung stieß.[34]

Bereits am 25. Juli wies der Staatsgerichtshof den Antrag Preußens auf Erlaß einer Einstweiligen Verfügung ab und gab damit Brachts umfangreichen, den Bedürfnissen eines autoritären Staates entsprechenden strukturellen Änderungen und der personellen Durchsetzung des Staats- und insbesondere des Polizeiapparats mit NS-Sympathisanten und Kollaborateuren in Preußen freien Raum. Papen enthob die preußischen Minister jetzt auch ihrer Funktionen im Reichsrat und übertrug diese Vollmachten ebenfalls Bracht und seinen kommissarischen Ministern. Im anschließenden Prozeß stellte der Staatsgerichtshof fest, die Verordnung des Reichspräsidenten vom 20. Juli 1932 zur Wiederherstellung der öffentlichen Sicherheit und Ordnung im Gebiet des Landes Preußen sei „mit der Reichsverfassung vereinbar, soweit sie den Reichskanzler zum Reichskommissar für das Land Preußen bestellt und ihn ermächtigt, preußischen Ministern vorübergehend Amtsbefugnisse zu entziehen und diese Befugnisse selbst zu übernehmen oder anderen Personen als Kommissaren zu übertragen. Diese Ermächtigung durfte sich aber nicht darauf erstrecken, dem Preußischen Staatsministerium und seinen Mitgliedern die Vertretung des Landes Preußen im Reichstag, im Reichsrat oder sonst gegenüber dem Reich oder gegenüber dem Landtag, dem Staatsrat oder gegenüber anderen Ländern zu entziehen. Soweit den Anträgen hiernach nicht entsprochen wird, werden sie zurückgewiesen."[35] Eine Pflichtverletzung Preußens gegenüber dem Reich im Sinne von Abs. 1 des Art. 48 RV konnte der Staatsgerichtshof nicht feststellen, während er die Voraussetzungen für Abs. 2 (Gefährdung oder Störung der öffentlichen Sicherheit und Ordnung) dagegen als erfüllt ansah.

Mit dieser nur scheinbar salomonischen Entscheidung gab der Staatsgerichthof dem Papen-Putsch nachträglich seinen juristischen Segen.

Für die weitere Entwicklung, die zu Hitlers Inthronisierung am 30. Januar 1933 mit den bekannten Folgen führte, war dies von zentraler Bedeutung. Denn damit war die demokratische Bastion Preußen, das zwei Drittel des Gebietes und der Bevölkerung des Reiches umfaßte und gegen dessen Widerstand ein Umsturz der politischen Verhältnisse kaum möglich erschien, als politischer Faktor und – durch die Neutralisierung seiner 50.000 Mann starken Polizeitruppe – auch als Machtfaktor zur Verteidigung der Republik ausgeschaltet.[36]

Der geduldete Staatsstreich

Im Verfahren vor dem Staatsgerichtshof im Oktober 1932 kamen interessante Einzelheiten über die Vorgänge im Vorfeld des „Preußenschlags" zur Sprache. Großen Raum nahm hier unter anderem eine Unterredung ein, die zwischen dem damaligen Reichsinnenminister, Freiherrn von Gayl, und dem Preußischen Innenminister Severing Mitte Juni 1932 stattgefunden hatte.[37] Wie er selbst zugab, hatte Severing in diesem Gespräch der Papen-Regierung die Vereinigung der Polizeikräfte Preußens mit den Machtmitteln des Reiches unter einer gemeinsamen Leitung empfohlen. Damit war er fraglos den Bestrebungen der Reichsregierung entgegengekommen, der es vorrangig um die Kontrolle über die preußische Polizei ging. Severing hatte also aus freien Stücken den Verzicht seiner Regierung auf das einzige ihr zur Verfügung stehende Machtmittel angeboten, um es einer offenkundig mit den Nationalsozialisten kooperierenden Rechtsregierung in die Hände zu legen.

Bezeichnenderweise wurde in keiner Sitzung des Preußischen Staatsministeriums zur Bedrohung Preußens durch die Pläne der Reichsregierung Stellung genommen, geschweige denn Abwehrmaßnahmen beraten. Dabei waren schon lange vor dem 20. Juli Gerüchte über die beabsichtigte Einsetzung eines Reichskommissars in Umlauf. Auf eine Empfehlung eines seiner leitenden Beamten im Preußischen Innenministerium hin, präventiv den Staatsgerichtshof anzurufen, weil es für diesen leichter sei, „ein Urteil zu fällen, solange noch nicht eine vollendete Tatsache geschaffen sei und noch keine Verordnung mit der Unterschrift des Reichspräsidenten vorliege", reagierte Severing lediglich mit einem Votum an sein Kabinett. Darin verwies er lakonisch darauf, daß der verfassungswidrige Charakter einer solchen Maßnahme doch auf der Hand liege.[38]

Am 16. Juli schließlich teilte Severing dem SPD-Vorstand in einer Besprechung mit, daß es deutliche Anzeichen für einen bevorstehenden Eingriff von Papens in Preußen gebe. Dabei betonte er nicht nur explizit die Zuverlässigkeit der Berliner Polizei, sondern räumte auch die Möglichkeit eines beschränkten Widerstands gegen die freilich in ihrer Gefechtsstärke überlegene Reichswehr ein. Dennoch kam das höchste Gremium der SPD nach eingehenden Beratungen „einmütig zu dem Ergebnis, bei allem, was kommen möge, die Rechtsgrundlage der Verfassung nicht zu verlassen".[39]

In der Vergangenheit ist unter Historikern darüber gestritten worden, ob eine Abwehr des „Preußenschlags" – etwa durch einen Generalstreik – möglich gewesen wäre.

Zwei Faktoren können in diesem Zusammenhang als gesichert gelten: Auch wenn nach Severing von der preußischen Polizei laut alliierten Bestimmungen nur 30.000 Mann kaserniert und kampfbereit für einen bewaffneten Einsatz zur Verfügung standen[40], so war dies doch ein Potential, das auch eine an Kampfkraft überlegene Reichswehr im Konfliktfall beeindrucken mußte. Daß dieses Potential „trotz aller Zersetzungsversuche" mehrheitlich nach wie vor loyal zur preußischen Regierung stand, bezweifelte auch Severing nicht. So soll sich die Führung der Polizei, insbesondere in Berlin, durchaus für einen Widerstand eingesetzt haben.[41] Weiterhin lassen Berichte über die damalige Stimmung in den Reihen des Reichsbanners, der Kader der „Eisernen Front" und anderer SPD-Kampfverbände nur den Schluß zu, daß ein Großteil der aktiven SPD-Anhänger im Gegensatz zur Parteiführung nur auf ein Signal zur Gegenwehr wartete.[42]

Auch Georg Bernhard, der scharfsichtige und gut informierte ehemalige Chefredakteur der „Vossischen Zeitung", früheres Mitglied der SPD, beklagte den Mangel an Zivilcourage des verantwortlichen sozialdemokratischen Innenministers Severing: „Er erklärte, nur der Gewalt zu weichen, und wich – einem Nichts."[43] Tatsächlich war Papens Aktion ein Husarenstück, das der Herrenreiter nur deshalb wagen konnte, weil er den mangelnden Widerstandswillen der SPD-Führung kannte. Daß alles in Papens Sinn „programmgemäß und ohne Zwischenfälle"[44] verlief, versetzte selbst die Drahtzieher der Aktion in Erstaunen. „Der Einsatz, den Herr von Papen in dem Augenblick wagte", so urteilte Bernhard, „war unendlich viel höher, als der Einsatz gewesen wäre, den die preußischen Minister bei der Verteidigung ihrer Rechte riskiert hätten. Man hat hernach das unverzeihliche Verhalten des Ministers Severing damit entschuldigt, daß sein Befehl an die preußische Schutzpolizei den Bürgerkrieg heraufbeschworen hätte. In Wirklichkeit war das gar nicht sicher. Es war im Gegenteil sehr fraglich, ob der Reichspräsident es gewagt haben würde, der abwehrbereiten Schutzpolizei wirklich die Reichswehr gegenüberzustellen. Viel wahrscheinlicher ist es, daß der Reichspräsident, den man mit sehr komplizierten juristischen Gründen zur Genehmigung der Aktion bewogen hatte, seinerseits die größten Gewissensbisse gehabt haben würde, die Reichswehr zu alarmieren. Denn dann hätte er die Verantwortung für den Bürgerkrieg getragen, und zwar für einen Bruderkampf, dessen Ausgang äußerst zweifelhaft gewesen wäre. Niemand konnte voraussagen, ob die über das ganze Reich verstreute Reichswehr gegenüber der Schutzpolizei und den Arbeiterbataillonen wirklich Erfolg gehabt hätte. Und wenn von seiten Preußens das, was ein Teil der preußischen Minister dem Minister Severing und dem Polizeipräsidenten zu suggerieren versuchte, geschehen wäre, wenn nämlich die preußische Regierung den Reichskanzler, den Doktor Bracht und – wenn es hätte sein müssen – sogar den Reichspräsidenten kurzerhand verhaftet hätte, und zwar wegen der von diesen offen bekundeten hochverräterischen Absicht gegen die preußische Verfassung, die Minister des größten Bundesstaates gewaltsam am Regieren zu hindern, so hätten vielleicht sogar noch in dieser entscheidenden Stunde die preußische und die deutsche Republik gerettet werden können."[45] Bernhards Urteil läßt an Deutlichkeit nichts zu wünschen übrig: „Die volle Verantwortung für diese Kapitulation im Vollbesitz aller Machtmittel trifft die Sozialdemokratie."[46] Die deutsche Tragödie nahm ihren Lauf.

Der Aufstieg des Rudolf Diels

In den Schriftsätzen der Reichs- wie der Preußischen Regierung im Zusammenhang mit dem Verfahren „Preußen contra Reich" spielte die Diels-Abegg-Affäre eine zentrale Rolle. Der spätere Gestapo-Chef Diels warf seinem Vorgesetzten nicht nur vor, den Kommunisten Torgler und Kasper eine einvernehmliche Zusammenarbeit angeboten zu haben. Abegg, so behauptete Diels weiter, habe seinem Gesprächspartner darüber hinaus geraten, kommunistische Terrorakte künftig zu verschleiern. Ausdrücklich habe ihn Abegg, behauptete Diels, zur Geheimhaltung der Besprechung verpflichtet. Durch diese „höchst bedenkliche, wenn nicht subjektiv, so doch objektiv an Hochverrat grenzende Unterhaltung" sei er, Diels, in schwerste Gewissenskonflikte gebracht worden.[47]

Eine völlig andere Darstellung des Gesprächsverlaufs gab Abegg. Danach soll Diels selbst unter Hinweis auf seine guten Beziehungen zum Vorsitzenden der kommunistischen Fraktion im preußischen Landtag (und späteren NS-Kollaborateur) Wilhelm Kasper[48] die Anregung für die Besprechung gegeben haben. In dem Gespräch habe er, Abegg, die Kommunisten vielmehr dazu aufgefordert, „Ruhe und Frieden zu halten und von Terrorakten abzusehen". Im anderen Fall drohte Abegg nicht nur mit einem verschärften Einschreiten der Polizei, sondern auch mit der möglichen Verhängung von Ausnahmebestimmungen. Als Torgler darauf verwies, die KPD habe sich doch bereits mehrfach von solchen Terrorhandlungen distanziert, habe Abegg in scherzhafter Form eine eindeutigere Form der Distanzierung gefordert, etwa in der Form eines „Geheimbefehls", wie es bei der KPD „bei wirklich wichtigen und bedeutsamen Sachen" üblich sei.[49] Im Falle ordnungsgemäßen Verhaltens würde die preußische Polizei die KPD nicht hindern, für ihre Ideale einzutreten.

Der durchgängige Plan der ganzen Verhandlung sei gewesen, so erläuterte Abegg in einem Nachkriegs-Schreiben an den Nürnberger Staatsanwalt Hans Sachs, „durch gemeinsame Anstrengung das Aufkommen des offensichtlich verhängnisvollen Nationalsozialismus zu verhindern."[50] Von der Unterredung habe Abegg seinen Vorgesetzten, den preußischen Innenminister Severing, nur deshalb nicht unterrichtet, weil er dessen „ständige Unentschlossenheit, vor allem den völligen Mangel an durchgreifender Energie kannte" und die Angelegenheit dadurch „von vornherein zum Scheitern gebracht worden wäre".[51]

Diels' Beschuldigung, Abegg habe den Kommunisten zur Verschleierung von Terrorakten geraten, entpuppt sich bei einem Vergleich mit Diels' eigener Darstellung des angeblichen Gesprächsverlaufs als offenkundig falsch. Ohne inhaltlichen Bezug zur vorangegangenen angeblichen Äußerung Abeggs zitiert Diels Torgler mit den Worten: „ihm sei […] die Anregung des Herrn Staatssekretärs nicht recht verständlich. Es wäre doch nicht möglich, daß die Kommunisten in einer Periode der größten Gefahr ihre Kampftaktik abstoppten". Eine solche Äußerung Torglers kann aber nur dann gefallen sein, wenn Abegg die beiden KPD-Führer zuvor im Gespräch zur Mäßigung des kommunistischen Vorgehens aufgefordert hatte.[52]

Trotz seiner vorgeblichen staatspolitischen Bedenken gegen diese Unterhaltung empfing Diels den kommunistischen Fraktionsführer Torgler nur zwei Wochen später, am 20. Juni 1932, erneut im Innenministerium, um sich mit diesem in aller Ruhe über die Besprechung vom 4. Juni auszutauschen.[53]

Diels' Aufgabe bestand also ganz offensichtlich darin, der Reichsregierung den benötigten „Beweis" für eine angeblich geplante Einheitsfront der Arbeiterparteien in Preußen und damit den gesuchten Vorwand für die staatsstreichartige Absetzung der Regierung in Preußen zu liefern. Daß ein Bündnis von SPD und KPD angesichts der offenen Feindschaft zwischen den beiden Parteien zum damaligen Zeitpunkt völlig unrealistisch war, braucht nicht besonders betont zu werden. Die Unfähigkeit von SPD und KPD zur Herstellung eines solchen Abwehrbündnisses erlaubte es den Drahtziehern des Putsches ja im Gegenteil erst, ihre Staatsstreichpläne in die Tat umzusetzen.

In der Folge wurde Diels, der „noch nicht einmal in dem normalen Alter eines Regierungsrats der allgemeinen Verwaltung" war, laut Darstellung der Preußischen Regierung vor dem Staatsgerichtshof, nach von Papens Staatsstreich „zunächst für den Posten des Polizeivizepräsidenten in Berlin in Aussicht genommen". „Es ist dann", so die Darstellung der Preußischen Regierung weiter, „infolge besonderer, einstweilen nicht zu erörternder Umstände nur zu einer – rechtlich nach Ansicht der Antragsteller unzulässigen – Beförderung zum Oberregierungsrat gekommen, und zwar ist Diels unter Überspringung einer grossen Anzahl lebens- und dienstälterer Beamte im M. d. I. mit ausgezeichneten Zeugnissen, soweit bekannt, als einziger befördert worden."[54] Das heißt im Klartext: Für seine Zuträgerdienste und für den Verrat an seinem Vorgesetzten Abegg wurde Diels von den neuen Machthabern im August 1932 durch eine außerplanmäßige Beförderung belohnt.

Im Vorfeld der am 6. November bevorstehenden Reichstagswahlen ließ Diels überraschend im „8 Uhr-Abendblatt" dementieren, belastende Äußerungen gemacht zu haben, die eine geheime Zusammenarbeit von Abegg mit den Kommunisten betrafen. Diels suchte sogar den Rechtsbeistand von Abegg, Dr. Ernst Feder auf, um dieses späte Dementi abzugeben.[55]

Die Preußische Regierung dementierte sofort offiziell den Zeitungsbericht, erzwang eine Gegendarstellung und verwies darauf, daß die Aussagen von Diels seinerzeit protokolliert worden seien. Feder bestätigte jedoch Diels.[56]

45

Die Regierung von Papen trat am 17. November 1932 zurück. Ein Kabinett unter Hitler lehnte von Hindenburg allerdings (noch) ab, stattdessen ernannte er am 3. Dezember 1932 von Papens Rivalen von Schleicher zum neuen Reichskanzler.

Kurz nach der „Machtergreifung" Hitlers, Mitte Februar 1933, machte der neue kommissarische Preußische Innenminister Göring Diels zum faktischen Leiter der Politischen Polizei, aus der die Gestapo mit Diels als erstem Chef hervorging.[57]

Vom „Preußenschlag" zu Hitlers Machtantritt

Mit der Preisgabe der republikanischen „Festung" Preußen und ihres polizeilichen Machtpotentials war eine entscheidende Weichenstellung für die zukünftige politische Entwicklung getroffen worden.

Bei den Reichstagswahlen am 31. Juli 1932 erhielten die bürgerlichen Parteien, einschließlich der SPD, die Quittung für ihre inkonsequente Politik. Eindeutiger Wahlsieger war die NSDAP, die 37,4 % der Stimmen erhielt und ihre Mandate von bisher 107 auf nun 230 mehr als verdoppeln konnte. Sie bildete damit die stärkste Fraktion und stellte den Reichstagspräsidenten (Göring). Von den anderen Parteien erreichte die DNVP 5,9 % der Stimmen und 37 Mandate (1930: 7,0 %, 41 Mandate), DVP 1,2 %, 7 Mandate (1903: 4,5 %, 30), SPD 21,6 %, 133 Mandate (1930: 24,5 %, 143), KPD 14,6 %, 89 Mandate (1930: 13,1%, 77) Zentrum und BVP 15,7%, 97 Mandate (1930: 14,8%, 87), DDP 1 %, 4 Mandate (1930: 3,8 %, 20).[58]

Der Wahlausgang bedeutete allerdings auch eine schwere Niederlage für von Papens Präsidialkabinett, dessen einzige sichere Stützen, DNVP und DVP, so dezimiert wurden, daß sie durch eine Koalition von Zentrum und NSDAP ohne weiteres ausgeschaltet werden konnten. Während Nazis und Katholiken Kontakt zueinander aufnahmen, um die Möglichkeiten einer Zusammenarbeit zu sondieren, bemühten sich von Schleicher und von Papen, die NSDAP in ein gut abgesichertes Präsidialkabinett einzubeziehen, das von jeder parlamentarischen Kontrolle befreit sein sollte. Der Plan scheiterte einerseits daran, daß sich Hitler weigerte, die Regierung von Papen zu tolerieren oder sich an ihr zu beteiligen. Er verlangte vielmehr „die Staatsführung in vollem Umfange für sich und seine Partei"[59], was Hindenburg aber noch ablehnte. Als sich die Vergeblichkeit aller Bemühungen zur Einbindung Hitlers in ein

Kabinett abzeichnete, unternahm von Schleicher den Versuch, einen kooperativen Teil der NSDAP um Gregor Strasser von der Münchener Führung abzuspalten, was schließlich am 13. August zum endgültigen Scheitern der Gespräche mit Hitler führte.

Das wahre Gesicht des Nationalsozialismus hatten spätestens die Morde von Potempa enthüllt. In dem oberschlesischen Ort waren in der Nacht vom 9. zum 10. August 1932 fünf uniformierte SA-Männer in die Wohnung eines kommunistischen Arbeiters eingedrungen und hatten diesen vor den Augen seiner Mutter bestialisch ermordet. Der Bruder des Getöteten wurde schwer verletzt. Die zunächst gegen die Täter verhängte Todesstrafe wurde auf Betreiben von Papens und unter dem Einfluß der nationalsozialistischen Propaganda in eine lebenslängliche Zuchthausstrafe umgewandelt. Angesichts dieser Verbrechen erscheint es wie ein Hohn, daß die Reichsregierung unter von Papen am 20. Dezember 1932 ein „Gesetz über Straffreiheit" beschloß, das eine weitgehende Amnestie für SA-Täter bedeutete.

Die Verbrechen der NSDAP und ihrer Schlägerbanden hinderten eine Mehrheit der Reichstagsabgeordneten nicht daran, am 30. August 1932 den zweiten Mann in der NS-Hierarchie, Hermann Göring, als Nachfolger des SPD-Politikers Paul Löbe zum Reichstagspräsidenten zu wählen. Die Wahl Görings, der auch die Stimmen des Zentrums erhielt, hatte zur Folge, daß die Sozialdemokratie vom Präsidium und allen Schriftführerämtern ausgeschlossen wurde.

Noch vor Eröffnung des neuen Reichstags hatte von Papen vom Reichspräsidenten von Hindenburg eine Pauschalvollmacht zur Auflösung des Reichstags erwirkt. Von Papen präsentierte sie Göring, als das Parlament dem Reichskanzler auf Antrag der KPD am 12. September 1932 mit 512 zu 42 Stimmen das Vertrauen entzog. Neuwahlen wurden für den 6. November 1932 festgesetzt.

Diese Wahlen brachten einen deutlichen Einbruch der NSDAP, deren Stimmenanteil um 2 Millionen von 37,4 auf 33,1 Prozent zurückging. Statt bisher 230 stellte die Hitler-Partei nun „nur" noch 196 Abgeordnete. Gleichzeitig war auch die Wahlbeteiligung von 84 % auf 80,6 % zurückgegangen. Zu einem nicht unerheblichen Teil waren die Einbußen der NSDAP sicher auf den sich abzeichnenden wirtschaftlichen Aufschwung zurückzuführen, der insbesondere diejenigen, die zuvor aus Protest die NSDAP gewählt hatten, nun bewog, ihre Stimme wieder einer der traditionellen Parteien zu geben.

Trotz dieser schlechten Ausgangsbedingungen beharrte Hitler auf seinen von Hindenburg abgelehnten Forderungen. Doch die Weigerung des Reichspräsidenten, ein Präsidialkabinett Hitler zu akzeptieren, stürzte die NSDAP in eine schwere Krise. Der Weg zur Macht schien blockiert, gleichzeitig hatten die Wahlen deutlich gemacht, daß die nationalsozialistische Bewegung ihren Zenit überschritten hatte und bereits rückläufige Tendenzen zeigte. Daneben beunruhigte die NS-Funktionäre die sich dramatisch verschlechternde finanzielle Situation der Partei. Einflußreiche Gönner drohten, sich von der NS-Bewegung abzuwenden. Außerdem spürte die Parteiführung zunehmenden Unmut aus den Reihen der SA. Er galt vor allem dem argwöhnisch verfolgten Legalitätskurs Hitlers, der mit dem starren Festhalten an der Forderung nach der Kanzlerschaft für seine Person einherging – ein Verlangen, auf das von Hindenburg sich vorerst nicht einlassen wollte. Nach dem Rücktritt von Papens betraute er am 3. Dezember 1932 von Schleicher mit der Kanzlerschaft. Überall im Reich begannen unzufriedene SA-Leute ihrer Empörung über die – wie sie meinten – zum Scheitern verurteilte Politik der Parteiführung Luft zu machen.

Von der Depression, die nach den Novemberwahlen in allen Parteigliederungen herrschte, berichtet auch Goebbels in seinem Tagebuch. Am 23. Dezember 1932 vermerkte der NS-Chefpropagandist: „Die Vergangenheit war schwer, die Zukunft ist dunkel und trübe; alle Aussichten und Hoffnungen vollends entschwunden."[60] Parteiaustritte begannen sich zu häufen.[61] Auch die Finanzlage der Partei hatte einen kritischen Punkt erreicht, verschlangen doch sowohl die Partei wie die SA immer größere Summen (z. B. war Hitler ständig im Flugzeug unterwegs), ganz zu schweigen von den vielen kostspieligen Wahlkämpfen der letzten Monate. Auch eine große Anzahl von NS-Presseorganen gerieten zunehmend in finanzielle Bedrängnis, wurden zahlungsunfähig oder konnten ihre Redakteure nur noch mit größten Schwierigkeiten bezahlen. Manche NSDAP-Ortsgruppen standen aufgrund der daraus resultierenden Spannungen kurz vor dem Auseinanderbrechen.[62]

Diese prekäre Situation wurde durch das schlechte Abschneiden der NSDAP bei den Kommunalwahlen in Sachsen und Thüringen noch unterstrichen. Gegenüber den bereits verlustreichen Reichstagswahlen vom 6. November büßte sie in Sachsen eine Woche später noch einmal 20% ihrer Stimmen ein.[63] Und bei den Gemeinderatswahlen in Thüringen verlor sie am 4. Dezember sogar rund 40% ihrer Stimmen vom Sommer.[64] So wurde zunehmend deutlich, daß die Ergebnisse der letzten Reichstagswahl kein einmaliger Ausrutscher gewesen waren, sondern den Beginn eines weitreichenden Abwärtstrends anzeigten. Eine partei-interne Analyse der NSDAP im Anschluß an die Novemberwahlen kam zu dem alarmierenden Schluß, die Partei habe ihr Wählerpotential voll ausgeschöpft. Protestwähler und Opportunisten würden aufgrund aus-bleibender Erfolge das Interesse und die Geduld an der NSDAP verlie-ren. Angesichts der entmutigenden Ergebnisse kam die interne Analy-se zu dem Schluß, es dürfe „jedenfalls nicht mehr zu einer Wahl kommen". Sollte sich die NSDAP dem Wählerwillen erneut stellen, „wären [die Folgen] nicht auszudenken". Mit Blick auf die Zukunft warnte die Studie: „Mit Worten, Plakaten und Flugblättern ist nichts mehr zu machen. Es muß jetzt gehandelt werden." Was das konkret hieß, blieb freilich dahingestellt. Ausgedrückt wurde nur ganz allgemein die Hoffnung, „die Stimmung im national-sozialistischen Lager [werde sich] zur alten Kampfesfreudigkeit wandeln", wenn es Hitler nur gelän-ge, „eine politische Umgestaltung in Deutschland zu vollbringen und damit als ein Mann der Tat vor das deutsche Volk zu treten".[65]

Auch der von der NS-Führung hochgespielte Sieg bei den Landtags-wahlen im Zwergstaat Lippe am 15. Januar 1933 brachte nicht die er-hoffte Wende. Mit Hilfe einer massiven Wahlpropaganda hatten die Na-tionalsozialisten einen Stimmenanteil von 39,5 % erhalten, was eine Steigerung von lediglich 5 % gegenüber der Reichstagswahl vom 6. No-vember 1932 (34,7%) bedeutete.

Die Zersetzungsprozesse innerhalb der SA ließen sich durch diesen zweifelhaften Erfolg nicht kaschieren. Wie es in der SA stand, brachte eine Revolte in Mittelfranken an den Tag. Unter Führung des SA-Grup-penführers Wilhelm Stegmann war dort bereits während des Wahl-kampfs in Lippe eine Rebellion innerhalb der SA ausgebrochen, die sich vordergründig gegen den Gauleiter von Mittelfranken, Julius Streicher, richtete. In Nürnberg mußte gar „die Polizei den Gauführer Streicher und das braune Haus gegen den Ansturm der Rebellen schützen."[66] In Wirklichkeit galt der Unmut der fränkischen SA jedoch dem Lega-litätskurs der Parteiführung. Stegmann warnte, die SA dürfe nicht län-ger nur „Feuerwehr" oder „Palastwache" für die Partei spielen. Statt weiter den „Legalitätsfimmel" zu pflegen, sei es an der Zeit, den Kampf um die Macht „brutaler und revolutionärer" zu führen.[67] Nach Steg-manns Ausschluß aus der NSDAP gründete dieser im Januar 1933 das Freikorps Franken, das im Januar 6-7.000 Mitglieder zählte, was be-deutete, daß „nahezu die gesamte fränkische SA zu Stegmann überge-laufen" war.[68]

Stegmanns Revolte war symptomatisch für die Unzufriedenheit, die im Januar 1933 als Folge der Enttäuschungen der vorangegangen Monate in der SA herrschte. Die Hilferufe des fränkischen SA-Führers nach seinem Parteiausschluß fielen auf fruchtbaren Boden. In der Folge kam es zum wiederholten Aufbegehren der SA in Hessen, Stuttgart und München. In Berlin warteten Anhänger Gregor Strassers den ganzen Januar über vergeblich auf ein Signal zum Losschlagen gegen die Parteiführung um Hitler.[69] Auch außerhalb der SA, in der politischen Organisation der Partei, machten sich Auflösungserscheinungen bemerkbar. Sogenannte „Notgemeinschaften" bildeten sich in den Gauen Baden und Hessen-Nassau-Süd. In Anlehnung an das Beispiel Stegmanns, mit dem man auch in Kontakt getreten war, wurde Ende Januar 1933 ein „Freikorps Oberrhein" gegründet. Im Gau Rheinpfalz sympathisierten die führenden Funktionäre um Gauleiter Josef Bürckel offen mit dem „deutschen Sozialisten" Strasser.[70]

Während sich von Schleicher noch erfolglos um die Basis für eine zukünftige Regierungspolitik bemühte, entfaltete Ex-Kanzler von Papen eine geheime Vermittlungstätigkeit zwischen von Hindenburg und Hitler, zunächst mit großindustrieller Unterstützung, dann mit Hilfe Joachim von Ribbentrops und des Sohns des Reichspräsidenten, Oskar von Hindenburg. Hitler zeigte sich nun bereit, seine Ansprüche etwas zurückzuschrauben. Ein durch von Papen initiiertes Treffen im Haus des Bankiers von Schröder in Köln am 4. Januar 1933 brachte eine prinzipielle Einigung über ein gemeinsames Vorgehen zur Durchsetzung einer Regierungsübernahme Hitlers.

Die Beziehungen Hitlers zur Wirtschaft hatten sich anfangs sehr zögernd entwickelt, und die Mittel flossen spärlich. Doch das anfängliche Mißtrauen der Industriekapitäne gegenüber dem „sozialistischen" Wirtschaftsprogramm der NSDAP hatte sich spätestens nach der Reichstagswahl vom November 1932 gelegt. Denn bei gleichzeitigen starken Verlusten der NSDAP hatten die Kommunisten ihren Stimmenanteil kräftig erhöhen können, wodurch die Furcht vor einer „Roten Revolution" angeheizt wurde.

Sprechender Beleg für dieses Umschwenken der deutschen Industrie ist eine Petition an den Reichspräsidenten vom 19. November 1932, in der Hindenburg um „die Übertragung der verantwortlichen Leitung eines mit den besten sachlichen und persönlichen Kräften ausgestatteten Präsidialkabinetts an den Führer der größten nationalen Gruppe" ersucht wurde. Hitler, so führten die Unterzeichner aus, werde eine „vom parlamentarischen Parteiwesen unabhängige Regierung" bilden.[71]

In einer Situation, in der Finanzen und Zuversicht der NSDAP ihren Tiefstand erreicht hatten und die Partei vor der Spaltung stand, war dies ein ermutigendes Signal. Die Belege für die sich häufenden Zersetzungserscheinungen in der SA im Januar 1933 und massive Finanzprobleme lassen den Schluß zu, daß nur Hitlers Ernennung zum Reichskanzler am 30. Januar 1933 der wachsenden Unzufriedenheit seiner Anhänger ein Ende setzte.

Die Machtübertragung auf Hitler erfolgte zu einem Zeitpunkt, als sich das Ende der wirtschaftlichen Talfahrt abzuzeichnen begann. Doch die NSDAP profitierte nicht nur von der neu einsetzenden weltwirtschaftlichen Konjunktur, sondern insbesondere von dem Arbeitsbeschaffungsprogramm, das die Regierung Schleicher in einer letzten Amtshandlung durchgesetzt hatte.[72] Dennoch war sich Hitler, wie seine Rede vom 20. Februar 1933 vor führenden Industriellen (vgl. Anm. 83) belegt, nicht sicher, daß die NSDAP bei zukünftigen Wahlen tatsächlich eine Mehrheit erhalten würde.

Auf dem „legalen" Weg zur Macht

Durch von Papens geschicktes Lavieren war es gelungen, in Geheimverhandlungen zwischen Hitler, Göring, von Papen, Hugenberg, dem „Stahlhelm"-Führer Seldte und unter Vermittlung von Ribbentrops und des Hindenburg-Sohns Oskar den „sozialen General" von Schleicher zu isolieren und dem Reichspräsidenten die Unausweichlichkeit eines Präsidialkabinetts Hitler vor Augen zu führen, dem von Papen selbst als Vizekanzler angehören wollte.[73] Ganz ohne Täuschung konnte von Papen die Vorbehalte des deutschnationalen Parteiführers Hugenberg nicht überwinden, den er mit dem Angebot des Ministerpostens für die Ressorts Wirtschaft und Landwirtschaft köderte. So verschwieg er ihm zunächst, daß Hitler die Auflösung des Reichstags und die anschließende Ausrichtung von Neuwahlen zur Bedingung für eine Regierungsübernahme gemacht hatte. Als Reichskanzler, erklärte Hitler, brauche er ein vom Reichstag verabschiedetes Gesetz, das seiner Regierung die gesetzgebende Gewalt übertrage. Angesichts der hierfür notwendigen Zweidrittelmehrheit sowie der Sitzverteilung im Reichstag führte der einzige Weg zu dem von Hitler geforderten Gesetz über Neuwahlen, bei denen Hitler hoffte, mit seinem Amtsbonus als Reichskanzler und mit Hilfe der Machtmittel, die der Regierung zur Verfügung standen, den Stimmenanteil der NSDAP kräftig auszuweiten. Sollten ihm die Wahlen die parlamentarische Grundlage für die Annahme eines „Ermächtigungsgesetzes" bescheren, so konnte er ohne weitere Rücksicht auf den Reichstag – und ohne auf die Notstandsvollmachten des Reichspräsidenten angewiesen zu sein – neue Gesetze erlassen. Es blieb ein gewagtes Spiel für den NS-Führer, aber es war seine vielleicht letzte Chance: Entweder mußte die NSDAP ihren Stimmenanteil vom November 1932 (33,1 %) kräftig steigern, oder sie mußte ausreichende Unterstützung der anderen bürgerlichen Parteien vom Zentrum bis zur DNVP erhalten und zugleich die sozialistische Linke, SPD und KPD, die im November 37,3 % der Stimmen erhalten hatte, unter 33,3 % drücken, oder es mußte etwas ganz Außerordentliches geschehen...

Hugenberg sträubte sich aus guten Gründen gegen Neuwahlen, die seiner Partei nur Verluste bringen konnten. Auf Drängen von Papens willigte er schließlich doch ein. Daß neben Hitler als Reichskanzler in dessen Kabinett nur zwei weitere Nationalsozialisten vertreten waren, Wilhelm Frick als Innenminister und Hermann Göring als Minister ohne Geschäftsbereich (und kommissarischer preußischer Innenminister), beschwichtigte allerdings die Bedenken der Koalitionäre.

Kurz vor Mittag des 30. Januar 1933 schwor Hitler den Eid: „Ich werde meine Kraft für das Wohl des deutschen Volkes einsetzen, die Verfassung und die Gesetze des Reiches wahren."

In der Kabinettssitzung am Nachmittag des 30. Januar 1933[74] lehnten Hitler und Hugenberg die ihnen von Reichspräsident von Hindenburg nahegelegte Einbeziehung des „Zentrums" in die neue Regierung ab. Um sein Kabinett, das nur von einer Minderheit des Parlaments unterstützt wurde (November 1932: NSDAP 33,1 % der Stimmen, 196 von 584 Abgeordneten, DNVP 8,8 %, 52 Abgeordnete), von der Tolerierung durch das „Zentrum" (11,9 %, 70 Abgeordnete) unabhängig zu machen, stellte Hitler schon jetzt die Erwägung an, die KPD (16,9 %, 100 Abgeordnete) zu verbieten, ihre Reichstagsmandate zu kassieren und sich auf diese Weise die Mehrheit im Reichstag (248 von dann nur noch 484 Abgeordneten) zu sichern. Da aber für den Fall eines Verbots der KPD zum damaligen Zeitpunkt noch der Ausbruch eines Generalstreiks zu befürchten war, beharrte Hitler statt dessen auf seiner Forderung nach der Auflösung des Reichstags und der Ausschreibung von Neuwahlen. Hugenberg hingegen setzte sich für ein sofortiges Verbot der KPD ein; er vertrat die Ansicht, es werde auch nach Neuwahlen

„nicht möglich sein, um die Unterdrückung der KPD herumzukommen", und er ziehe dies jedenfalls Neuwahlen vor.[75] Über die von Hitler befürchtete Möglichkeit eines Generalstreiks waren die Meinungen im Kabinett durchaus geteilt. Auch Seldte, Papen, Blomberg, Neurath und Schwerin-Krosigk rieten zu einem Aufschub des KPD-Verbots und befürworteten eine Auflösung des Reichstags, zumal ihnen Göring und Hitler versicherten, auch nach Neuwahlen werde die aktuelle Zusammensetzung des Kabinetts nicht geändert werden.[76]

Am Abend des 30. Januar wurde Hitlers Ernennung zum Reichskanzler triumphal mit Fackelzügen der „nationalen Rechten" gefeiert. In einer Kabinettssitzung am darauffolgenden Morgen schlug Hitler vor, die Verhandlungen mit dem „Zentrum" über eine Tolerierung des Kabinetts nicht weiterzuführen und statt dessen durch Neuwahlen eine Mehrheit hinter die Regierung zu bringen. Unterstützt wurde diese Forderung auch von Vizekanzler von Papen, der im Kabinett offen für die Abschaffung des parlamentarischen Systems eintrat. „Es sei am besten", so von Papen, „schon jetzt festzulegen, daß die kommende Wahl zum Reichstag die letzte sein solle und eine Rückkehr zum parlamentarischen System für immer zu vermeiden sei".[77] Noch am gleichen Tag genehmigte Reichspräsident von Hindenburg die Pläne des Hitler-Papen-Kabinetts und verfügte mit Wirkung vom 1. Februar 1933 die Auflösung des Reichstags, die er vier Tage zuvor von Schleicher verweigert und somit dessen Rücktritt unumgänglich gemacht hatte. Die Neuwahlen zum Reichstag wurden auf den 5. März 1933 festgesetzt.

Unmittelbar nach der Machtübertragung an Hitler entfesselte die neue Regierung eine umfassende Propagandakampagne, die an der bereits eingeschlagenen, eindeutig antikommunistischen Stoßrichtung keinerlei Zweifel mehr ließ. Die nach dem relativen Erfolg der KPD bei den Novemberwahlen 1932 einsetzende panikartige Furcht vor der „Roten Revolution" verstanden die Nazis geschickt für ihre Zwecke zu nutzen. Am Abend des 1. Februar 1933 richtete Hitler über den Rundfunk einen „Aufruf an das deutsche Volk", in welchem er die unmittelbare Drohung eines kommunistischen Umsturzes beschwor und mit dem Schlagwort „14 Jahre Marxismus haben Deutschland ruiniert" seine Mission zur Rettung von Familie, Ehre und Treue, Volk und Vaterland, Kultur und Wirtschaft – „bis zum ewigen Fundament unserer Moral und unseres Glaubens" – eindrucksvoll glaubhaft zu machen versuchte. Von Hindenburgs zweifelhafter Mythos und „Gott" wurden dazu angerufen, „das Christentum als Basis unserer gesamten Moral" gefeiert, die

„nationale Disziplin zum Regenten unseres Lebens" erhoben.[78] In einem „unbarmherzigen Krieg", so der neue Reichskanzler und NS-Führer, sei die „kommunistische Zersetzung zu beseitigen".

Daß dies keine leeren Worte waren, hatten die neuen Machthaber bereits bewiesen. Ein Erlaß Görings vom 1. Februar 1933 („Polizeierlaß") untersagte alle kommunistischen Demonstrationen und Kundgebungen unter freiem Himmel in Preußen, tags darauf erfolgte die Ausdehnung des Verbots durch Reichsinnenminister Frick auf das gesamte Reichsgebiet. Am 2. Februar überfiel und durchsuchte die Politische Polizei den Sitz des Zentralkomitees der KPD in Berlin, das Karl-Liebknecht-Haus. Auch das sozialdemokratische Zentralorgan „Vorwärts" wurde von den neuen Machthabern verboten, als es einen gegen die neue Regierung gerichteten Aufruf der SPD veröffentlichte.

Das NS-Regime entsteht

Bereits in einer Kabinettssitzung am 1. Februar 1933 hatte Göring unter Berufung auf die angebliche Zunahme kommunistischer Terrorakte erklärt, die „bestehenden Gesetze reichten nicht aus, um insbesondere gegen die Presse durchzugreifen". Deshalb sei es notwendig, eine „sogenannte Schubkastenverordnung möglichst bald in Kraft zu setzen", die bereits seit vorigem Dezember bereitlag.[79] Die „Verordnung des Reichspräsidenten zum Schutz des deutschen Volkes" vom 4. Februar 1933[80], die sich wieder einmal auf den seit Brünings Zeiten viel strapazierten Ausnahmeartikel 48 der Weimarer Verfassung berief, stellte jede Kritik an der Regierungspolitik unter Strafe. Sie erlaubte die Vorkontrolle und das Verbot aller politischen Versammlungen und Demonstrationen unter freiem Himmel, durch die „eine unmittelbare Gefahr für die öffentliche Sicherheit" bestehe (Abschnitt I, § 1), ließ einen weitgehenden Ermessensspielraum für Polizeibehörden und Reichsinnenminister Frick (§§ 2-6) und verfügte einschneidende Beschränkungen der Pressefreiheit (Abschnitt II), indem sie unter anderem die Beschlagnahme von Druckschriften aller Art vorsah, „deren Inhalt geeignet ist, die öffentliche Sicherheit oder Ordnung zu gefährden" (§ 7) bzw. sich gegen Anordnungen oder Organe des neuen Staats wende. Die Aufforderung zum Streik in einem „lebenswichtigen Betrieb" sollte mit Verbot, im Wiederholungsfall mit Gefängnisstrafen geahndet werden können. Mögliche Beschwerden gegen Versammlungs- und Presseverbote sollten, wie ausdrücklich verfügt wurde, keine aufschiebende Wirkung haben und konnten erst auf dem Instanzenweg das zuständige Reichsgericht erreichen (§ 10). Die einseitige Kontrolle des bevorstehenden Wahlkampfes zugunsten der neuen Regierung war damit gesichert. Durch lange Verbotsfristen war die Verordnung überdies ein dauernd wirksames Instrument endgültiger Gleichschaltung.

Ferner verbot die Verordnung das Geldsammeln zu politischen Zwecken (§ 14) und verfügte Gefängnisstrafen für Personen, die an verbotenen Versammlungen leitend oder redend teilnahmen, verbotene Druckschriften herausgaben, verlegten oder verbreiteten oder von der Existenz solcher Schriften wußten, ohne Anzeige zu erstatten (§§ 16-21). Damit war die „legale" Inhaftierung aller politischen Gegner möglich. Auch die Möglichkeit der Schließung aller in diesem Zusammenhang „verdächtigen" Räumlichkeiten (§ 23) sah die Verordnung explizit vor. So war bereits fünf Tage nach Hitlers Ernennung zum Reichskanzler eine ganze Reihe von Grundrechten der Weimarer Verfassung zur Disposition der neuen Machthaber gestellt.

Gestützt auf diese Notverordnung verschärfte die Hitler-Regierung ihren Kampf gegen die Kommunistische Partei. Am 3. Februar umriß Hitler vor den höchsten militärischen Befehlshabern des Heeres und der Marine in kaum zu überbietender Deutlichkeit seine Ziele: „Ausrottung des Marxismus mit Stumpf und Stiel", vor allem mittels der NSDAP – und „straffste autoritäre Staatsführung". Wie schon in seinem Buch „Mein Kampf", der selten gelesenen Bibel des Nationalsozialismus, verkündete Hitler den Militärs, „höchstes Ziel" sei die „Eroberung neuen Lebensraums im Osten und dessen rücksichtslose Germanisierung".[81] Was dies in der Perspektive zu bedeuten hatte, mußte jedem der Anwesenden klar sein. Die Vernichtung des Kommunismus im eigenen Land, die Zerstörung der parlamentarischen Demokratie waren demnach nur der Ausgangspunkt und die Basis, um durch die Mobilisierung der gesamten „Volksgemeinschaft" zu einer expansiven Außenpolitik überzugehen, die in einen umfassenden Eroberungskrieg gen Osten münden sollte.

Für die NSDAP und Hitler galt es, auf einen Wahlsieg am 5. März hinzuarbeiten. Die folgenden Wochen zeigten, daß die Nationalsozialisten sich dabei systematisch aller Mittel der Propaganda und der staatlichen Repression zu bedienen wußten. Mit einer Riesenkundgebung im Berliner Sportpalast eröffnete Hitler am 10. Februar 1933 den Wahlkampf, wobei er gegen „Novemberverbrecher", „Parlamentarismus",

„Marxismus", „Pazifismus" und „entartete" Kultur wetterte und wort-reich die kommenden Segnungen einer „nationalen Revolution" pries. Eine starke Wehrmacht, so der Reichskanzler, sei unabdingbare Grund-lage für die Sicherung des Weltfriedens.

Die von Goebbels pompös inszenierte Propagandakampagne der NSDAP stand dank Zuwendungen vor allem aus Kreisen der Schwer-industrie auf ungleich stabilerer Basis als alle vorangegangenen Wahl-kampagnen der Hitler-Partei. Einen Schwerpunkt der Propaganda bil-deten Rundfunk-Direktübertragungen von NS-Wahlveranstaltungen. Der Rundfunk, in dessen Schlüsselstellungen nun nach und nach Na-tionalsozialisten einrückten, entwickelte sich zum bestimmenden In-strument der nationalsozialistischen Massenpropaganda (und endete im „Volksempfänger", der sogenannten „Goebbels-Schnauze"). Auch hier bewährte sich die NS-Technik der „schleichenden Machtergreifung", indem zunächst neutrale oder rechtsstehende Direktoren, Intendanten und Abteilungsleiter in Spitzenpositionen belassen und nur einige we-nige Schlüsselpositionen mit bekennenden Nationalsozialisten besetzt wurden. Wie in anderen staatlichen und gesellschaftlichen Bereichen verließ man sich auch hier mit Erfolg auf die Angst vor Entlassung und Berufsschwierigkeiten, diesen „ersten Schrittmacher der Gleichschal-tung."[82]

Auf Einladung Görings und des ehemaligen Demokraten und Reichs-bankpräsidenten Hjalmar Schacht, der Hitler schon vor 1933 wichtige Vermittlerdienste zu Hochfinanz und Industrie geleistet hatte, fand am 20. Februar ein geheimgehaltenes Treffen von etwa 25 führenden In-dustriellen im Reichspräsidentenpalais statt. Darin erläuterte der Reichs-kanzler seine politischen Ziele: Ausschaltung der Weimarer Verfassung, Ende der parlamentarischen Demokratie und des Mehrparteienstaates, Vernichtung des Kommunismus, Aufbau der Wehrmacht. Diese For-derungen verband Hitler mit dem Versprechen einer „ruhigen Zukunft" für die Wirtschaft. Prophetisch verkündete der Reichskanzler: „Wir ste-hen jetzt vor der letzten Wahl. Sie mag ausgehen, wie sie will, einen Rückfall gibt es nicht mehr, auch wenn die kommende Wahl keine Ent-scheidung bringt. So oder so, wenn die Wahl nicht entscheidet, muß die Entscheidung eben auf einem anderen Wege fallen. [...] Bringt die Wahl keine Lösung, gut. Deutschland wird nicht zugrunde gehen."[83]

Die versammelten Wirtschaftsführer zeigten sich von diesem Zu-kunftsszenario nicht wenig beeindruckt, was sich unter anderem in großzügigen Geldspenden durch die anwesenden Industriellen beziehungsweise die von ihnen repräsentierten Unternehmen niederschlug.[84]

Daß die NS-Führung unter keinen Umständen gewillt war, die ihr einmal in die Hände gefallene Regierungsgewalt wieder abzugeben, machte Reichsinnenminister Wilhelm Frick in einer NS-Versammlung am 24. Februar in Hamburg in aller Deutlichkeit klar: „Wenn wider Erwarten die Wahlen am 5. März der heutigen Reichsregierung nicht auch mindestens 51 Prozent das Vertrauen aussprechen, dann wird sie trotzdem auf ihrem Platz ausharren. Denn das steht fest, wenn schon die Nationalsozialisten und ihre Verbündeten nicht diese Mehrheit erzielen, dann wird es noch unmöglicher sein, daß sich auf der anderen Seite eine Mehrheit zusammen findet. Dann ist aber der Staatsnotstand gegeben, der der Reichsregierung die Vollmachten gibt, am Platz zu bleiben."[85]

Der Aufbau des Geheimen Staatspolizeiamtes

Unmittelbar am Tag der Vereidigung Hitlers als Reichskanzler wurde der Reichstagspräsident und im Weltkrieg hochdekorierte Fliegerhauptmann Hermann Göring an Stelle des Reichskommissars Bracht zum kommissarischen Preußischen Innenminister ernannt und stieg damit zum obersten Herrn über die preußische Polizei auf. Diese Machtposition nutzte Göring, seinerzeit nach Hitler unbestritten zweiter Mann in der NS-Hierachie, um die von der Hitler-Regierung im ganzen Reich eingeleiteten Sondermaßnahmen in Preußen durchzusetzen. Zu den von Göring verfügten Maßnahmen gehörten unter anderem die Ablösung zahlreicher Beamter in Schlüsselstellungen, die Einsetzung nationalsozialistischer Polizeipräsidenten, der Erlaß von Presseverboten und die Nutzung aller staatlichen Mittel für die nationalsozialistische Wahlkampagne zu den vorgezogenen Reichstagswahlen am 5. März 1933. Von der Machtfülle seines neuen Amtes machte Göring umgehend und rigoros Gebrauch. Bereits am 30. Januar und nochmals am 2. Februar 1933 ließ er Demonstrationen der KPD gegen die neue Regierung verbieten.

Sowohl im preußischen Beamtenapparat im allgemeinen wie auch konkret in der preußischen Polizei kam es nach dem 30. Januar zu einer Reihe von einschneidenden personellen wie strukturellen Veränderungen.[86] Eine der wichtigsten Veränderungen betraf die Position des Leiters der Polizeiabteilung im Preußischen Innenministerium, die bisher der dem „Zentrum" nahestehende Ministerialdirektor Erich Klausener innehatte. Klausener wurde durch den ruhrländischen Eisen- und Stahl-arbeitgeberfunktionär Ludwig Grauert, einen Freund und Förderer der Nazis, ersetzt. Als Chef der preußischen Polizei war dieser für deren Neuorganisation und personelle Säuberung weitgehend verantwortlich. Weiterhin wurden die republikanischen Polizei- und Personalreferenten Regierungsrat Gay und Oberregierungsrat Meydam durch die NS-Vertrauensleute im Polizeipräsidium Berlin, die Kriminalkommissare Arthur Nebe und Erich Liebermann von Sonnenberg, ersetzt. Mit besonderen Aufgaben wurden die Vertrauensleute von Göring, Ministerialdirektor Dr. Erwin Schütze und Oberregierungsrat Diels, betraut. Eine Schlüsselstellung erhielt der SS-Gruppenführer Ost, Kurt Daluege, bislang Angestellter bei der Berliner Müllabfuhr, der als Kommissar z. b. V. (zur besonderen Verwendung) für Polizeifragen im Preußischen Innenministerium mit der Sonderaufgabe der personellen und organisatorischen Integration der Polizei in den nationalsozialistischen Führerstaat betraut wurde. Offiziell Anfang Februar wurde daneben Polizeimajor a. D. Wecke zum Präsidenten der technischen Versuchsanstalt der Polizei, des Instituts für Technik und Verkehr, ernannt. Wecke stellte im Auftrag Görings eine modern ausgerüstete Sonderpolizeigruppe, die „Landespolizeigruppe Wecke z. b. V." auf, die in Zusammenarbeit mit der Politischen Polizei und mit Daluege Sonderaufträge Görings ausführte.

Gleichzeitig begann Göring in Preußen mit dem Ausbau der bisherigen Politischen Polizei-Abteilung I (früher IA) zur Geheimen Staatspolizei (Gestapo), die mit der offiziellen Umbenennung im April 1933 zu einem vorläufigen Abschluß kam. Mit der neuen „Politischen Polizei" schuf sich der zweite Mann in der NS-Hierarchie eine wirkungsvolle Waffe für die Durchführung des inneren Terrors und den Gleichschaltungskurs der NSDAP. Mit dem Aufbau der neuen Behörde beauftragte Göring – wie schon erwähnt – jenen jungen Oberregierungsrat und Leiter der Polizeiabteilung des Preußischen Innenministeriums, der bereits von Papen beim Preußenschlag wichtige Zuträgerdienste geleistet und sich damit die außerplanmäßige Beförderung zum Oberregierungsrat verdient hatte: Rudolf Diels.

Die entscheidenden personellen Veränderungen in der Politischen Polizei (in der politischen Gruppe der Polizeiabteilung im Preußischen Innenministerium und im Polizeipräsidium Berlin) und in deren Exekutive hatten bereits im Anschluß an von Papens Staatsstreich im Juli 1932 stattgefunden. Systematisch war die Politische Polizei danach von NS-

Sympathisanten und Kollaborateuren durchsetzt worden. Unmittelbar nach dem 30. Januar blieben die Personalveränderungen in den politisch-polizeilichen Behörden in Preußen daher auf die Auswechslung von Schlüsselpositionen begrenzt.[87] Laut Christoph Graf war die „Säuberung" der Politischen Polizei von demokratischen bzw. republiktreuen Führungskräften in den ersten zehn Wochen der NS-Machtübernahme praktisch abgeschlossen.[88]

Im Laufe des Februar 1933 zog Göring in Preußen die Schraube der Repression immer fester an, und die polizeilichen Maßnahmen erhielten zunehmend terroristischen Charakter. Eine erste Eskalation stellte der berühmt-berüchtigte „Schießerlaß" vom 17. Februar 1933 dar.[89] Danach hatte die Polizei bei Zusammenstößen jeden Anschein einer feindlichen Haltung gegen Mitglieder von SA und Stahlhelm zu vermeiden, deren „nationale Propaganda" vielmehr zu unterstützen und gegen deren Gegner mit allen Mitteln der Gewalt ohne Rücksicht auf die Folgen vorzugehen. Ausdrücklich wurde darin der Schutz und die Unterstützung „jeder Betätigung für nationale Zwecke und jeder nationalen Propaganda mit allen Kräften" gefordert und die Polizei zum schärfsten Kampf gegen „staatsfeindliche Organisationen" angewiesen, unter denen nicht allein „kommunistische Terrorakte und Überfälle" verstanden werden sollten. Den Beamten wurde eingeschärft, „daß die Unterlassung einer Maßnahme unter Umständen schwerer wiegt als begangene Fehler in der Ausübung". Explizit erging an alle Adressaten die Zusicherung, daß „Polizeibeamte, die in Ausübung dieser Pflichten von der Schußwaffe Gebrauch machen, [...] ohne Rücksicht auf die Folgen des Schußwaffengebrauchs" von ihm, Göring, gedeckt würden, daß dagegen Beamte, die „in falscher Rücksichtnahme" versagten, dienststrafrechtliche Folgen zu gewärtigen hätten.

Damit hatte die Hitler-Regierung praktisch die Grenze zum Polizeistaat überschritten. Erst ein weiterer Erlaß Görings vom 22. Februar jedoch enthüllte die ganze terroristische Tragweite des Schießerlasses: Aufgrund eines Erlasses „über Einberufung und Verwendung von Hilfspolizei" wurden zahlreiche Angehörige rechtsradikaler Verbände, vor allem SA und SS, mit Hilfspolizeifunktionen betraut und dazu in Parteiuniform mit weißer Armbinde eingesetzt. Außer der Terrorisierung und Einschüchterung des politischen Gegners erfüllte dieser Göringsche Erlaß noch eine weitere Funktion, indem er für eine erste Beschäftigung der aktivitäts- und postenhungrigen Parteigänger auf der Straße sorgte. Von den rund 50.000 mit Gummiknüppel und Pistole ausgerüsteten

„Hilfspolizisten" kam nur ein Fünftel aus dem deutschnationalen „Stahl-helm", gut die Hälfte waren SA-Mitglieder; den Rest stellte die SS. Sofort stieg die Zahl wilder Verhaftungen sprunghaft an, politische Gegner wurden immer häufiger von SA-Kommandos „auf der Flucht erschossen". Mit den beiden Erlassen Görings vom 17. und 22. Februar 1933 betraute das neue Regime die braunen Schlägertrupps nicht nur mit polizeilichen Funktionen, sondern stellte ihnen faktisch einen Freibrief zum Töten aus. SA und SS wurden geradezu angewiesen, den Terror gegen politische Gegner, insbesondere der radikalen Linken, noch zu intensivieren, was wesentlich zur Einschüchterung all jener beitrug, die sich von der lärmenden NS-Propaganda noch nicht freiwillig hatten gewinnen lassen.

In seinem Erlaß vom 22. Februar schrieb Göring den Einsatz der Hilfspolizei auch „im Falle von Unruhen und anderen polizeilichen Notständen" vor, womit er – fünf Tage vor dem Reichstagsbrand – zweifellos „eine bewundernswerte Voraussicht"[90] bewies. Ebenfalls im Februar verfügte Göring die Aufstellung einer motorisierten und schwer bewaffneten Sonderpolizeitruppe zum angeblichen Schutz der Regierung vor bewaffneten Überfällen unter Führung des Majors der Schutzpolizei Walter Wecke, der oben schon genannten „Landespolizeigruppe Wecke z. b. V".[91]

Bevorzugte Zielscheibe Görings und seines neugeschaffenen geheimpolizeilichen Apparats war die Parteizentrale der KPD in Berlin, das nach dem von Freikorpsmitgliedern 1919 ermordeten Führer des Spartakus-Bundes und KPD-Mitbegründer benannte „Karl-Liebknecht-Haus". Bereits unter dem nach dem Papen-Putsch eingesetzten Polizeipräsidenten Dr. Melcher (DNVP) war die KPD-Zentrale mehrfach polizeilich durchsucht worden. Nach Ablösung Melchers durch den nationalsozialistischen Konteradmiral a. D. Magnus von Levetzow am 15. Februar 1933 wurde das Karl-Liebknecht-Haus am 17. Februar 1933 auf Befehl ihres Chefs Rudolf Diels erneut von der Politischen Polizei besetzt und durchsucht.[92] Trotz eifrigen Bemühens konnten Diels' Beamte jedoch kein die KPD belastendes Material entdecken. Am 23. Februar durchsuchten sie schließlich nochmals den von ihnen seit sechs Tagen besetzt gehaltenen Sitz des KPD-Zentralkomitees. Diesmal freilich – den offiziellen Verlautbarungen zufolge – mit ungeahntem Erfolg.

Am 24. und 25. Februar 1933 berichtete die Presse über einen Fund von „vielen hundert Zentnern hochverräterischen Materials", den die Polizei in der Parteizentrale der Kommunisten sichergestellt habe. Auffällig ist die allen Meldungen gemeinsame Erwähnung unterirdischer Gänge und Katakomben, die sich – übertragen auf andere kommunistische Lokalitäten und Einrichtungen – auch in der Presseberichterstattung der kommenden Wochen wiederfinden sollte.[93]

Nach einer Meldung vom 26. Februar berichtete der Staatsanzeiger für Württemberg am 27. Februar 1933: „Im Zentralhaus der KPD, dem Karl-Liebknecht-Haus, das seit zwei Tagen polizeilich geschlossen ist, wurden einem Bericht Berliner Morgenblätter zufolge zahlreiche unterirdische Gewölbe mit großen Mengen hochverräterischen Materials gefunden. Ferner wurde ein unterirdischer Gang aufgedeckt, durch den bisher bei allen Durchsuchungen von der Polizei gesuchte Personen verschwanden. Die Katakomben und der unterirdische Gang waren bis jetzt der Polizei bei allen Durchsuchungen entgangen."

Mehr Details waren einer Meldung des Conti-Büros Berlin vom 26. Februar 1933 zu entnehmen, den die „Frankfurter Zeitung" am 28. Februar (Abendblatt und Erstes Morgenblatt) veröffentlichte: „Schon in früheren Jahren fiel es auf, daß bei politischen Zusammenstößen gesuchte Personen ins Karl-Liebknecht-Haus liefen und bei Durchsuchungen dort nicht mehr gefunden werden konnten. Obwohl man nachforschte, konnte man bisher nicht entdecken, auf welchem Weg die Gesuchten das Haus wieder verließen.

Man entdeckte jetzt im sogenannten Wachraum, in dem eine kommunistische Wache lag, unter den Schlafpritschen eine Falltür, durch die man über eine Leiter in einen Kellerraum kam. Von diesem Kellerraum aus geht ein Labyrinth von Gängen nach allen Richtungen. Ferner schließt sich ein unterirdischer Gang zur Bartelstraße an, der dort in einem Haus endet und das unbemerkte Betreten und Verlassen des Karl-Liebknecht-Hauses ermöglichte.

In den unterirdischen Räumen lagen viele hundert Zentner hochverräterischen Materials, das auf den Druckmaschinen im Karl-Liebknecht-Haus gedruckt worden sein dürfte. In den Druckschriften wird zum bewaffneten Umsturz, zur blutigen Revolution aufgerufen. Schriften über die russische Revolution dienen zur Anlernung und Ausbildung der kommunistischen Staffelführer. Es wird gezeigt, wie zunächst bei Ausbruch einer Revolution überall angesehene Bürger festgenommen und erschossen werden sollen. Andere Schriften enthalten weitere Ratschläge und Anordnungen. Die gefundenen Geheimräume waren von den der Polizei bekannten Kellern des Hauses auf geschickte Weise getrennt worden. Man hatte sie mit verkleideten Türen, Regalen und großen Zeitungsballen verrammelt, so daß sie bei den zahlreichen Durchsuchungen des Hauses bisher nicht gefunden wurden."

„Unter Hunderten von Zentnern beschlagnahmter Zersetzungsschriften", so der „Amtliche Preußische Pressedienst" vom 28. Februar 1933, „fanden sich die Anweisungen zur Durchführung des Terrors nach bolschewistischem Muster. Hiernach sollen Regierungsgebäude, Schlösser, Museen und lebenswichtige Betriebe in Brand gesteckt werden. Es wird ferner die Anweisung gegeben, bei Unruhen und Zusammenstößen vor den Terrorgruppen Frauen und Kinder vorzuschicken, nach Möglichkeit sogar solche von Beamten der Polizei. Durch Auffindung dieses Materials ist die planmäßige Durchführung der bolschewistischen Revolution gestört worden."[94]

In einem offiziellen Kommuniqué (Görings) wurde ausdrücklich eine Veröffentlichung der „Dokumente" „in allerkürzester Frist" angekündigt, was freilich nicht geschah!.

Bereits am 14. Februar war die Kriminalpolizei – „mit einem ziemlich starken Aufgebot", wie die „Frankfurter Zeitung"[95] wußte – in eine von der KPD im Reichstag abgehaltene Besprechung mit Angestellten mehrerer Berliner Betriebe eingedrungen und hatte „alle Anwesenden nach Waffen und Schriftstücken durchsucht". „Eine Anzahl von Schriftstücken" wurde den Versammelten „abgenommen und beschlagnahmt. Die Einladungen waren ordnungsgemäß abgestempelt worden. Zu der Aktion der Polizei hatte der Reichstagspräsident Göring die Genehmigung erteilt. Die Polizei griff ein, weil der dringende Verdacht bestanden haben soll, die Versammlung befasse sich mit Vorbereitungshandlungen zum Hochverrat."

Wenige Tage später, am 23. Februar, machte Wilhelm Pieck bei einer Wahlkundgebung der KPD im Berliner Sportpalast auf die Absichten der NS-Führung aufmerksam, ein vorgetäuschtes Attentat gegen Hitler zu inszenieren: „Von bestimmter Seite wird das Gerücht verbreitet, daß aus den Reihen der Kommunisten ein Attentat auf Hitler vorbereitet würde. Ich sage von dieser Stelle: Wir Kommunisten sind Gegner von Attentaten und individuellen Terrorakten. Aber wir erinnern an die bestellten ,Attentate' in Italien, die zum Anlaß beispielloser Arbeiterverfolgungen genommen wurden, und fordern alle Arbeiter zur höchsten Wachsamkeit auf." Kurz darauf, noch während Piecks Rede, erklärte die Polizei die Versammlung für aufgelöst.[96] Konkreter äußerte sich der Vorsitzende der KPD-Reichstagsfraktion, Ernst Torgler, in einer Rede vor dem Preußischen Staatsrat am selben Tag. Darin wies Torgler auf einen

„amtlichen preußischen Erlaß" hin, in dem der Versuch gemacht worden sei, den Überfall auf eine „Zentrums"-Versammlung mit dem Reichsminister a. D. Stegerwald „so darzustellen, als ob das kommunistische Provokateure in SA-Uniform waren".[97] „Zu dieser Darstellung", so Torgler, „passen Mitteilungen und Gerüchte, die uns in diesen Tagen zugegangen sind und die uns andeutungsweise zeigen, was für die nächsten Tage bis zum 5. März noch alles zu erwarten ist. Man hat uns mitgeteilt, daß ein paar Tage vor der Wahl – ich weiß nicht: am 2. oder 3. März – ein Attentat auf Herrn Adolf Hitler in Szene gesetzt wird. Es wird ihm dabei nichts passieren; aber es soll so in den Zielen dem Hödel-Attentat auf Wilhelm I. mit dem Sozialistengesetz im Gefolge ähneln, es soll so eine ideologische Vorbereitung für eine wüste Hetze gegen die Kommunisten und die Kommunistische Partei, die ideologische Basis für Mandatskassierungen und andere Verbote, die man beabsichtigt und die auf solche Weise ihre Vorbereitung finden sollen, geschaffen werden.

Noch etwas anderes! Wir haben in Erfahrung gebracht, daß der Stahlhelmführer Herr von Mosorowicz oder Morozowicz[98] – ich bitte um Entschuldigung, wenn ich den guten deutschen Namen nicht fließend aussprechen kann – neulich in einem Gespräch mit einem anderen Stahlhelmführer darauf hingewiesen hat, daß bis zur Wahl noch mit allerhand Komplikationen zu rechnen sei, daß die Kommunisten noch alles mögliche machen werden. Darauf hat der andere zweifelnd gefragt: Wenn sich die Kommunisten nun nicht provozieren lassen? – Nun, dann wird man die Komplikationen schon so machen, daß es nach außen so aussieht. [...] Ich mache schon jetzt die Öffentlichkeit darauf aufmerksam und benutze – wie wurde doch gesagt? – die letzte parlamentarische Tribüne, um diese Dinge und diese Ankündigungen der Öffentlichkeit zu unterbreiten."[99] Wenige Tage später, am 26. Februar 1933, erfuhr der Schriftsteller Walter Mehring, Mitarbeiter der von Carl von Ossietzky herausgegebenen Zeitschrift „Die Weltbühne", aus Kreisen der politischen Rechten: Ein „überraschendes Geschehnis" stehe bevor, das die „vorher berechnete Gelegenheit zur Verfolgung aller freiheitlich Gesinnter" bieten werde.[100]

Bereits einen Tag nach Hitlers Kür zum Reichskanzler, am 31. Januar, hatte der NS-Propagandaexperte Joseph Goebbels in seinem Tagebuch notiert: „Vorläufig wollen wir von direkten Gegenmaßnahmen [gegen die KPD] absehen. Der bolschewistische Revolutionsversuch muß zuerst einmal aufflammen. Im geeigneten Moment werden wir dann zuschlagen."[101] In der Nacht vom 27. zum 28. Februar 1933 ging das Reichstagsgebäude in Berlin in Flammen auf, laut Hitler, Göring und Goebbels angebliches „Signal" zum kommunistischen Aufstand. Die Nazis schlugen nun zu!

Anmerkungen zu Kapitel 1

1   *Karl Dietrich Bracher,* „Stufen totalitärer Gleichschaltung: die Befestigung der nationalsozialistischen Herrschaft 1933/34", in: VfZ 1/1956, 30-42, Zitat 35.

2   Auf die verschiedenen vorangegangenen Versuche der NSDAP, die Macht in Deutschland zu erobern, kann hier nicht eingegangen werden, erwähnt sei nur der Putschversuch am 9. November 1923.

3   Amtliche Mitteilung über die Polizeiaktion gegen Alarmvorbereitungen der SA in Preußen vom 17. März 1932.

4   „Haussuchungen in ganz Preußen", in: „Vossische Zeitung", 17. 3. 1933 (Abendausgabe).

5   „SA und SS aufgelöst", in: „Vossische Zeitung", 14. 4. 1932.

6   *Braun,* Von Weimar bis Hitler, 245. Vgl. *Hagen Schulze,* Otto Braun oder Preußens demokratische Sendung, Frankfurt a. M.- Berlin-Wien 1977, 725-734.

7   So Dr. Armin Roth im Vorwort zu: Das Reichskonkordat vom 20. 7. 1933, München 1933, 3 (das Vorwort ist datiert mit „in den Tagen der Schlacht von Tannenberg", also ca. 23. - 31. 8. 1933).

8   Besprechungen in dieser Richtung hatten bereits im Mai 1932 stattgefunden. Nachdem ihm (offenbar) General von Schleicher „die Unterstützung einer nach rechts erweiterten Regierung Brüning zugesichert" hatte, forderte Hindenburg mit Nachdruck die Auflösung des Reichstags und die Aufhebung des SA-Verbots und entzog damit Brüning das Fundament für jede weitere Regierungstätigkeit (*K. D. Bracher,* „Stufen der Machtergreifung", in: *Bracher/Sauer/Schulz,* Die nationalsozialistische Machtergreifung, 459).

9   Bracher, Die Auflösung der Weimarer Republik, 481-526. Das SA-Verbot vom 14. April 1932 („Notverordnung zur Sicherung der Staatsautorität") bezog sich auch auf die SS sowie auf alle dazugehörigen Stäbe und Einrichtungen, die SA-Reserven, Motor-, Marine- und Reiterstürme, Flieger-, Kraftfahr- und Sanitätskorps, Führerschulen, SA-Kasernen und Zeugmeistereien.
Am 14. April folgte neben umfangreichen Haussuchungen und Beschlagnahmungen auch die vorübergehende Besetzung der NS-Zentrale, des „Braunen Hauses" in München.

10   „Wieder Parteiuniformen", in: „Vossische Zeitung", 15. 6. 1932 (Abendausgabe); „Was Papens ‚Zweite' bringt", in: ebd., 16. 6. 1932 (Morgenausgabe); „Wiederkehr der SA" und „Innenminister Gayl erläutert", in: ebd., 16. 6. 1932 (Abendausgabe).

11   Karl Dietrich Erdmann/Hans Booms (Hg.), Akten der Reichskanzlei. Weimarer Republik. Das Kabinett von Papen. 1. Juni bis 3. Dezember 1932, 2 Bde., bearb. von Karl-Heinz Minuth, Boppard 1989, 22f. Hierzu und zum Folgenden siehe insbesondere die Analyse des Papen-Staatsstreichs in: Bracher, Die Auflösung der Weimarer Republik, 573-600, und Wolfgang Benz/Immanuel Geiss, Staatsstreich gegen Preußen. 20. Juli 1932, Düsseldorf o. J. (1982).

12   So z. B. Alfred Rosenberg und Goebbels, der Papen unmißverständlich dazu aufforderte, in Preußen „neue Wege zu gehen" (Joseph Goebbels, „Die Frage Preußen", in: „Der Angriff", 11. 6. 1932, zit. nach Bracher, Die Auflösung der Weimarer Republik, 505). Ähnliche

Töne schlug Hugenberg an, als er am 18. Juli 1932 in einer Rede in Siegen die Beseitigung des „marxistischen Spuks" in Preußen und die Ersetzung der Regierung Braun durch einen Reichskommissar forderte (nach *Cuno Horkenbach* [Hg.], Das Deutsche Reich von 1918 bis heute, Berlin 1930ff., 248; zit. nach *Bracher*, Die Auflösung der Weimarer Republik, 510).

13 Zit. nach *Arnold Brecht* (Hg.), Preußen contra Reich vor dem Staatsgerichtshof, Berlin 1933, 38. Nach Brecht hat von Gleichen die Echtheit dieses Briefes nicht nur nicht bestritten, sondern Brecht gegenüber sogar explizit bestätigt.

14 Aussage des Reichsinnenministers von Gayl, vgl. Kabinett von Papen (s. Anm. 11), XLV u. 240.

15 *Severing*, Mein Lebensweg, Bd. 2, 346; *Graf*, Politische Polizei, 54.

16 Die Vorverhandlungen mit Bracht hatte – offenbar in von Schleichers Auftrag – Generalleutnant von Rundstedt geführt (Vgl. *Graf*, Politische Polizei, 53). Der Zentrumsmann Bracht war 1923-24 Staatssekretär in der Reichskanzlei und davor preußischer Ministerialdirektor. Im Dezember 1932 bekleidete Bracht für kurze Zeit das Amt des Innenministers im Kabinett von Schleicher.

17 Goebbels nennt in seinem „Tagebuch" zum 18. Juli den Namen Brachts (*Joseph Goebbels*, Vom Kaiserhof zur Reichskanzlei, München 1934, Anm. V/13, 130).

18 Kabinett von Papen (s. Anm. 11), 241ff.

19 Ebd., 245f.

20 Zum „Preußenschlag" vgl. u. a. *Wolfgang Benz/Immanuel Geiss*, Staatsstreich gegen Preußen (s. Anm. 11).

21 Siehe hierzu und zum Folgenden v. a. die Darstellung bei *Arnold Brecht* (Hg.), Preußen contra Reich vor dem Staatsgerichtshof (s. Anm.13).

22 Schreiben von Wilhelm Abegg an Staatsanwalt Hans Sachs vom 6. 10. 1948, Staatsarchiv Nürnberg, KV-Anklage Organisation, Nr. G 250. Während Diels seinerzeit leugnete, Urheber dieses Gerüchts gewesen zu sein, habe er sich, so Abegg, nach dem Krieg „in grösserem Kreise damit gerühmt […], mich zur Strecke gebracht zu haben" (ebd.).

23 Zit. nach einem Protestschreiben von Abeggs Rechtsanwalt Dr. Ernst Feder an Reichskanzler von Papen vom 27. 7. 1932, Bundesarchiv, R 43 I, 2081.

24 Siehe hierzu insbesondere *Graf*, Politische Polizei, 54ff.; auch *Ludwig Dierske*, War eine Abwehr des „Preußenschlages" vom 20. Juli 1932 möglich?, München 1957, 202 f.; *Henning Grund*, Preußenschlag und Staatsgerichtshof im Jahre 1932, Baden-Baden 1976; *Joachim Petzold*, „Der Staatsstreich vom 20. Juli 1932 in Preußen", in: ZfG, 4, 1956, H. 6, 1146-1186; *Wolfgang Benz/Immanuel Geiss*, Staatsstreich gegen Preußen. 20. Juli 1932 (s. Anm. 11). In seinem ersten Memoirenband (*Papen*, Der Wahrheit eine Gasse, 216) berichtet Papen von Erzählungen von Schleichers, wonach dieser über die Verhandlungen Abeggs von einem hohen Beamten im preußischen Innenministerium informiert worden sei. Im 1968 erschienenen zweiten Band seiner Memoiren (*Papen*, Vom Scheitern einer Demokratie 1930-1933, 233) spricht Papen davon, daß „der Ministerialrat Diels vom preußischen Innenministerium Material über eine Zusammenarbeit, die zwischen preußischer Regierung und der KPD beabsichtigt war, beschafft und vorgelegt hatte" .

25 Landfried und Schütze wurden nach dem „Preußenschlag" zu Ministerialdirektoren befördert. Nach: „8-Uhr-Abendblatt", 4. 11. 1932, Titelseite.

26 Bundesarchiv, R 43 I, 2280, Abdruck in: *Graf*, Politische Polizei, Dok. Nr. 6, 407f. Auf diese Besprechung nimmt offenbar auch Diels' Schwester Bezug, die angab (pers. Mitteilung Frau E. Bremser an Christoph Graf), „der Plan für den 20. Juli 1932 [sei] in Diels' Wohnung und unter dessen Mitwirkung gemacht worden" (vgl. *Graf*, Politische Polizei, Anm. 23, 56f.).

27 Nach: „Alles nur Erfindung?", in: „8-Uhr-Abendblatt", 4. 11. 1932.

28 Daß Diels Abegg tatsächlich beschuldigte, belegen die amtlichen Protokolle und Erklärungen. Daß die Anschuldigungen falsch waren, wurde unter Berufung auf Diels durch die Zeugen Torgler, Kasper, Abeggs Rechtsanwalt Dr. Feder sowie die Redakteure Dr. Misch und

Dr. Eyck von der „Vossischen Zeitung" bestätigt. Vgl. „Schweigen um Diels...", in: „8-Uhr-Abendblatt", 5. 11. 1932, 3. Beiblatt.

29 *Graf*, Politische Polizei, 69.

30 „Appell der Kommunistischen Partei Deutschlands an alle Arbeiter Deutschlands" („Rote Sturmfahne"), Wortlaut abgedruckt bei *Joachim Petzold*, „Der Staatsstreich vom 20. Juli 1932 in Preußen", in: ZfG, 4, 1956, H. 6, 1146-1186, hier 1169.

31 Vgl. hierzu besonders: „Vorwärts", 21. 7. 1932, nach *Bärbel Hebel-Kunze*, SPD und Faschismus. Zur politischen und organisatorischen Entwicklung der SPD 1932-1935, Frankfurt a. M. 1977, 53. Als „unehrliches Einheitsfrontmanöver" („Vorwärts", 18. 6. 1932, nach *Hebel-Kunze*, 53) hatte man bereits ein an den Bezirksvorstand der SPD und die Berliner Führung von ADGB und Reichsbanner gerichtetes Angebot der KPD-Bezirksleitung Berlin-Brandenburg (Wortlaut in: „Die Rote Fahne", 17. 6. 1932, nach *Hebel-Kunze*, 53) abgetan, in dem diese eine gemeinsame Demonstration gegen Faschismus und Papen-Regierung vorschlug.

32 „Vorwärts", 21. 7. 1932.

33 Vgl. dazu und insgesamt zur Begründung des Verzichts auf aktiven Widerstand *Severing*, Mein Lebensweg, Bd. 2, 352-359, und *Braun*, Von Weimar zu Hitler, 253-258.

34 Dies geht beispielhaft aus der Schilderung des Vorwärts-Mitarbeiters Henning Duderstedt (*Duderstedt,* Vom Reichsbanner zum Hakenkreuz, 121f.) hervor.

35 RGZ 138, Anh. 1 ff. (2f.), zit. nach *Henning Grund*, Preußenschlag und Staatsgerichtshof im Jahre 1932, 85. Entgegen dem ausdrücklichen Spruch des Staatsgerichtshofs vom 25. Oktober 1932 übertrug die „Verordnung des Reichspräsidenten zur Herstellung geordneter Regierungsverhältnisse" (RGBl., I, 1933, 43) vom 6. 2. 1933 auch die wenigen, laut Urteil bei der preußischen Regierung verbliebenen Befugnisse dem Vizekanzler und Reichskommissar für Preußen von Papen und dessen Beauftragten. Eine neuerliche Klage der verdrängten preußischen Regierung wurde vom Staatsgerichtshof nicht mehr behandelt und schließlich mit Schreiben vom 25. März 1933 von den preußischen Altministern faktisch zurückgenommen (*K. D. Bracher*, „Stufen der Machtergreifung", in: *Bracher/Sauer/Schulz*, Die nationalsozialistische Machtergreifung, 57).

36 Durch eine Verordnung Hindenburgs vom 18. November 1932 wurden die Rechte des bereits weitgehend entmachteten Staatsministeriums noch weiter eingeschränkt, und dieses verlor selbst noch das Begnadigungsrecht. Nach dem 30. Januar 1933 löste die Hitler-Regierung den Preußischen Landtag auf und übertrug die Rechte des dagegen protestierenden Preußischen Staatsministeriums wegen Pflichtverletzung gegenüber dem Reich aufgrund von Art. 48, Abs. 1 auf Vizekanzler von Papen und seine Beauftragten.

37 Vgl. insbesondere *Arnold Brecht* (Hg.), Preußen contra Reich vor dem Staatsgerichtshof, 61.

38 Ministerialdirektor Dr. Badt vor dem Staatsgerichtshof, zit. nach ebd..

39 Nach *Severing*, Mein Lebensweg, Bd. 2, 347.

40 Ebd., 354.

41 Vgl. *Bracher*, Die Auflösung der Weimarer Republik, 520, Anm. 172.

42 Eine Reihe von beeindruckenden Beispielen für die Widerstandsbereitschaft in den Reihen der SPD-Basis liefert insbesondere *Erich Matthias*, „Die Sozialdemokratische Partei Deutschlands", in: *Matthias/Morsey* (Hg.), Das Ende der Parteien, 99-278, hier 127ff.

43 *Bernhard*, Die deutsche Tragödie, 296.

44 *Papen*, Der Wahrheit eine Gasse, 218.

45 *Bernhard*, Die deutsche Tragödie, 297f.

46 Ebd., 298.

47 Zit. aus „Anlagenheft zu der Erwiderung der Reichsregierung vom 25. 8. 1932", Spruchgerichtsakte Rudolf Diels, 488-89, Bundesarchiv Koblenz. Siehe dazu die ausführliche Darstellung bei *Graf*, Politische Polizei, 54-64.

48 Kasper „komme oft zu ihm [Diels] und habe sich immer als ein der Einwirkung zu-

gänglicher, vernünftiger Mann gezeigt." Zit. nach „Alles nur Erfindung?", in: „8-Uhr-Abend-blatt", 4. 11. 1932.

49   Erklärung der preußischen Regierung, zit. nach einer Zusammenfassung von Carl Severing für den Staatsanwalt Hans Sachs vom 13. 8. 1948 (Spruchgerichtsverfahren gegen Rudolf Diels, Bundesarchiv Koblenz, Z 42 IV/1960). Vgl. auch Erklärung des preußischen Staatsministeriums vom 10. 8. 1932, Bundesarchiv R 43 I, 2080, Nachweis bei *Graf*, Politische Polizei, 58.

50   Schreiben von Wilhelm Abegg an Staatsanwalt Hans Sachs vom 6. 10. 1948 (s. Anm. 22).

51   Ebd. In diesem Zusammenhang geht Abegg auch mit seiner Partei, der SPD ins Gericht, wobei er insbesondere die „fanatische Gegnerschaft" beklagt, „mit der die deutsche Sozialdemokratie den Kommunisten gegenüberstand. Alle Kräfte der S.P.D. haben sich im Kampfe gegen die K.P.D. erschöpft, sodass die Rechte mehr oder weniger in Ruhe gelassen, meist kaum berücksichtigt worden ist, trotz der offensichtlichen, gerade von dieser Seite heranziehenden Gefahr."

52   Darstellung der Besprechung vom 4. 6. 1932 durch den Reichskommissar von Preußen für den Staatsgerichtshof in Leipzig, zit. nach der Wiedergabe von Carl Severing in einem Schreiben an den Staatsanwalt Hans Sachs vom 13. 8. 1948 (Spruchgerichtsverfahren gegen Rudolf Diels, Bundesarchiv Koblenz, Z 42 IV/1960).

53   Ebd.

54   Erklärung der preußischen Regierung, zit. nach einer Zusammenfassung von Carl Severing für den Staatsanwalt Hans Sachs vom 13. 8. 1948 (s. Anm. 52).

55   „Enthüllungen über die Vorgeschichte des 20. Juli! Was hat Oberregierungsrat Diels in Wirklichkeit ausgesagt?" in: „8 Uhr-Abendblatt", 1. 11. 1932, Titelseite.

56   „Was war vor dem 20. Juli?", in: „8 Uhr-Abendblatt", 2. 11. 1932; „Erfundene ‚Enthüllungen' des 8 Uhr-Abendblattes über die Vorgeschichte des 20. Juli'!", in: „8 Uhr-Abendblatt", 3. 11. 1932.

57   *Graf*, Politische Polizei, 118, 319; *Diels*, Lucifer ante portas, 13.

58   Nach: *E. R. Huber*, Dokumente zur deutschen Verfassungsgeschichte, Bd. 3, Stuttgart 1966, 606f.

59   Aufzeichnung des Staatssekretärs Dr. Meißner über eine Besprechung Hindenburg/Hitler am 13. August 1932, in: *Thilo Vogelsang*, Reichswehr, Staat und NSDAP, Stuttgart 1962, 479.

60   Die Tagebücher von Josef Goebbels. Sämtliche Fragmente. Teil I, Bd. 2, Hg. von *Elke Fröhlich*, München u. a. 1987, 272-315; vgl. die taktisch redigierte Fassung in *Joseph Goebbels*, Vom Kaiserhof zur Reichskanzlei, München 1934, 196-229.

61   Hierzu und zum Folgenden siehe *Kissenkoetter*, Gregor Strasser und die NSDAP, 159-190.

62   *Turner*, Hitlers Weg zur Macht, 98.

63   *Kissenkoetter*, Gregor Strasser und die NSDAP, 159.

64   Ebd., 171.

65   „Stimmungsberichte der Reichspropagandaleitung" (November 1932), zit. nach *Turner* Hitlers Weg zur Macht, 101f.; vgl. auch *Childers,* The Limits of National Socialist Mobilization, 254f.

66   *Hoegner,* Flucht vor Hitler, 37.

67   Siehe Anm.62, 100.

68   Siehe Anm. 63, 184.

69   Siehe Anm. 62, 100.

70   Siehe Anm. 63, 185 ff.

71   Initiatoren des Schreibens waren der ehemalige Reichsbankpräsident Hjalmar Schacht und die Bankiers Kurt Freiherr von Schröder (Bankhaus Stein) und Friedrich Reinhart, Bankdirektor der Commerz- und Privatbank Berlin. Alle drei waren Mitglieder des auf Initiative

von Hitlers Wirtschaftsberater Wilhelm Keppler im Frühjahr 1932 gebildeten wirtschaftlichen Beraterkreises der NSDAP (Keppler-Kreis). Zu den 16 Unterzeichnern des Schreibens gehörten u. a. Ewald Hecker (Ilseder Hütte), Eberhard Graf von Kalckreuth (Reichslandbund), Erwin Merck (Deutsche Bank), Friedrich Reinhart (Commerz- und Privatbank), August Rostberg (Wintershall), Freiherr Kurt von Schröder (Bankhaus Stein). Unterstützt wurde die Petition ferner von Fritz Springorum (Hoesch), Paul Reusch (Gutehoffnungshütte), Fritz Thyssen (Vereinigte Stahlwerke) und Albert Vögler (Vereinigte Stahlwerke). Vgl. insbes. *Broszat*, Die Machtergreifung, 198ff.

72   Die Arbeitsbeschaffungspläne des Kabinetts Schleicher waren einer der Hauptgründe, weshalb die Vertreter der Schwerindustrie dem „sozialen General" das Vertrauen entzogen hatten und auf Hitlers Seite übergegangen waren. Hauptgedanke des Schleicherschen Konzepts, das den Vorstellungen einer kleinen, relativ heterogenen Interessengruppe von Industriellen entsprach, war die Wiederbelebung der Wirtschaft auf dem Wege der Wiederherstellung der Kaufkraft durch Arbeitsbeschaffung der öffentlichen Hand. Die Stabilisierung der Tariflöhne und soziale Zugeständnisse sollten die Mitarbeit der Gewerkschaften sichern. Durch eine Spaltung der NSDAP sollten gleichzeitig deren kooperationswillige Teile in die Regierungspolitik eingebunden, die revolutionären Bestrebungen in der Arbeiterschaft dagegen entschieden bekämpft werden.

73   Als Reaktion auf die Agrarreformpläne seines Kabinetts zur Ansiedlung des ostelbischen Grundbesitzes war von Schleicher gegen Ende des Jahres 1932 immer stärker in die Schußlinie der ostelbischen Junker geraten. Deren Widerstand hatte sich noch verstärkt, nachdem am 20. Januar 1933 Zentrumsabgeordnete in der Budget-Kommission die Osthilfe zur Sprache gebracht hatten. Wie sich herausstellte, verwandten zahlreiche Nutznießer staatlicher Subventionen – zu denen auch Hindenburgs alter Freund Oldenburg-Januschau gehörte – diese nicht etwa zur Abzahlung ihrer Schulden, sondern zum Kauf von teuren Autos und für kostspielige Reisen an die Riviera. In diesem Zusammenhang befürchtete Drohungen der NSDAP, die Gelder für die Hindenburg-Wahl nachzuprüfen (*Braun*, Von Weimar zu Hitler, 439), sowie ein offenbar von Werner von Alvensleben lanciertes Gerücht eines angeblich unmittelbar bevorstehenden Putsches der Reichswehr unter von Schleicher und Hammerstein trugen mit dazu bei, die letzten Vorbehalte des Reichspräsidenten gegen die Ernennung des „österreichischen Gefreiten" zum Reichskanzler zu zerstreuen.

74   „Niederschrift über die Ministerbesprechung am 30. Januar 1933 [17 Uhr] …", in: Der Prozeß gegen die Hauptkriegsverbrecher vor dem Internationalen Militärgerichtshof. Nürnberg 14. November 1945 - 1. Oktober 1946 (IMT), Nürnberg 1947, Bd. 25, 374 (Doc. Nr. PS 351); Akten der Reichskanzlei, Bundesarchiv Koblenz, R 43 II/291 und 289. Auszugsweise abgedr. in: *Broszat*, Die Machtergreifung, 202-204.

75   Ebd.

76   Ebd., 375.

77   Kabinettssitzung vom 31. Januar 1933, 16 Uhr, Akten der Reichskanzlei, Bundesarchiv Koblenz, R 43 II/291 und 289, zit. nach *Broszat*, Die Machtergreifung, 202-205.

78   Text in: Die Gesetzgebung des Kabinetts Hitler, Hg. von *Werner Hoche*, Heft 1, Berlin 1933, 18ff.; Dokumente der Deutschen Politik, Bd. I: Die nationalsozialistische Revolution 1933, Berlin 1939, 5ff.

79   Kabinettssitzung vom 1. Februar 1933, 11.30 Uhr, Akten der Reichskanzlei, Bundesarchiv Koblenz, R 43 II/291 und 289, zit. nach *Broszat*, Die Machtergreifung, 205.

80   RGBl., I, 1933, 35ff.

81   Vgl. *Hofer* (Hg.), Der Nationalsozialismus, 180-181, sowie *Michalka* (Hg.), Das Dritte Reich. Dokumente zur Innen- und Außenpolitik, Bd. 1, 23f.

82   *K. D. Bracher*, „Stufen der Machtergreifung", in: *Bracher/Sauer/Schulz*, Die nationalsozialistische Machtergreifung, 68.

83   Text der Rede in: IMT, Bd. 35, 42ff. (Anm. I/10).

84   So soll die vom ehemaligen Reichsbankpräsidenten Hjalmar von Schacht verwaltete

„Wahlkasse" mindestens 3 Millionen Reichsmark, möglicherweise sogar das Zwei- oder Dreifache erbracht haben (Affidavit von Schnitzler, IMT, Bd. 36, 521f.).

85 Zit. nach „Kocherbote", Amtsblatt für Stadt und Bezirk Gaildorf, 25. 2. 1933.

86 Dies und das Folgende nach der ausführlichen Darstellung der Personalveränderungen im Polizeiapparat bei *Graf*, Politische Polizei, 112ff.

87 Ebd., 119 f. Vgl. dazu die Behauptung von *Diels* (Lucifer ante portas, 124) betreffs Übernahme republikanischer Beamter in die Politische Polizei.

88 *Graf*, Politische Polizei, 120. Vgl. auch *Wolfgang Sauer*, „Die Mobilmachung der Gewalt", in: *Bracher/ Sauer/Schulz*, Die nationalsozialistische Machtergreifung, 685-966, hier: 865.

89 Ministerialblatt für die Preußische innere Verwaltung, I, 1933, 169.

90 *Wolfgang Sauer*, „Die Mobilmachung der Gewalt" (s. Anm. 88), 866.

91 Vgl. Dimitroff-Dokumente, Bd. 1, 564; *Graf*, Politische Polizei, 389.

92 Vgl. den Bericht des damaligen KPD-Reichstagsabgeordneten Wilhelm Koenen, abgedr. in: Braunbuch gegen Reichstagsbrand und Hitlerterror (Braunbuch I), 94.

93 So eine Meldung des Conti-Nachrichtenbüros vom 3. 3. 1933 unter der Schlagzeile „Unterirdische Gänge auch in Cottbus aufgedeckt. – SA-Uniformen für Spitzel. Zahlreiche Waffen beschlagnahmt" (Bundesarchiv Koblenz, ZSg. 116/68). Gleichzeitig wurde in der Presse auf „kommunistische Spitzel oder Provokateure in SA-Uniform" aufmerksam gemacht, „die den Zweck verfolgen, das Ansehen der NSDAP im Ausland zu schädigen" („Frankfurter Zeitung" vom 9. 3. 1933, Abendblatt und Erstes Morgenblatt), während sich parallel Meldungen über angeblich bei Kommunisten gefundene Spreng- und Brandmittel häuften („Frankfurter Zeitung" vom 4. 3. 1933, Zweites Morgenblatt), hier: entsprechende Funde in Berlin und Hannover.

94 „Amtlicher Preußischer Pressedienst", 28. 2. 1933, zit. nach „12 Uhr Blatt", 28. 2. 1933, auch abgedr. in Braunbuch I, 93.

95 „Frankfurter Zeitung", 16. 2. 1933, Abendblatt und Erstes Morgenblatt, Bericht vom 15. 2. 1933.

96 „Die Rote Fahne", 26./27. 2. 1933; der Wortlaut der Rede ist abgedr. in: *Wilhelm Pieck*, Gesammelte Reden und Schriften, Bd. V, Berlin (Ost) 1972, 6-15, Zitat 13.

97 Am 22. Februar 1933 schleuderten SA-Leute einen mit Eisenspänen gefüllten Kanonenschlag in eine Versammlung mit dem ehemaligen Reichsarbeitsminister Stegerwald in Krefeld und mißhandelten diesen schwer. Durch die Explosion wurde ein Orchestermitglied verletzt. Über den „Amtlichen Preußischen Pressedienst" hatte Göring zu diesem Vorfall erklären lassen, „daß sich Gruppen von Provokateuren mit dem Ziele gebildet haben, innerhalb der NSDAP und anderer Verbände Provokationen hervorzurufen, die Einigkeit der nationalen Verbände zu stören und Zusammenstöße mit der Polizei herbeizuführen. [...] Es liegen ausreichend Beweise dafür vor, daß in letzter Zeit die Kommunisten in der Uniform der SA oder anderer nationaler Verbände Terrorakte schon hervorgerufen haben." Zit. nach einem Bericht des"Kölner Tageblatts", abgedr. in: „Frankfurter Zeitung", 23. 2. 1933, Zweites Morgenblatt.

98 Bei dem Genannten handelt es sich offenbar um den Stahlhelm-Landesführer von Brandenburg und Jungstahlhelm-Reichsführer Rittmeister a. D. von Morozowicz. Als „Beauftragter" des Stahlhelm bei der Obersten SA-Führung und „Wehrstahlhelm-Reichsführer" spielte von Morozowicz im Zuge der „Gleichschaltung" des Wehrverbandes in den NS-Staat eine entscheidende Rolle. Als Belohnung für seine Verdienste bei der von ihm geleiteten Eingliederung der jüngeren Stahlhelm-Mitglieder (unter 35 Jahren) in die SA wurde Morozowicz von der Obersten SA-Führung zum SA-Gruppenführer ernannt. Vgl. *Klotzbücher*, Der politische Weg des Stahlhelm; *Duesterberg*, Der Stahlhelm und Hitler; *Seldte* (Hg.), Der Stahlhelm, Bd. 2.

99 Preußischer Staatsrat, 5. Sitzung vom 23. Februar 1933, Drucksache Nr. 38, 39, Zitat 103f. Torglers Rede wurde auszugsweise zitiert im Braunbuch II, 158 (der Name des von Torgler benannten Stahlhelmführers ist hier mit von Morozowicz wiedergegeben) sowie in "The

Manchester Guardian", 28. 8. 1933, auch in „The Manchester Guardian Weekly", 1. 9. 1933.
– In einer Artikelserie für „Die Zeit" schrieb Torgler später, das Gerücht, „wonach noch vor
der Wahl ein Attentat auf Hitler erfolgen würde", sei ihm von verschiedenen Seiten, „so auch
von Friedrich Stampfer, dem Chefredakteur des Vorwärts", zugetragen worden (*Ernst Torgler*,
„Der Reichstagsbrand und was nachher geschah", in: „Die Zeit", 21. 10. 1948).

100   Zit. nach *Drobisch*, Reichstag in Flammen, 13. Mehring (1896-1981) riet daraufhin Carl
von Ossietzky und Hellmut von Gerlach vergeblich, Bertolt Brecht und Helene Weigel hingegen erfolgreich zur Flucht. Am Abend des 27. Februar floh der Schriftsteller selbst mit dem
Zug nach Paris; nach *Eberhard Adamzig*, „Lebens- und Werkchronik Walter Mehrings", in:
Text + Kritik (Hg. von *Heinz Ludwig Arnold*), Bd. 78 Walter Mehring , München 1983, 65-
71, hier 66.

101   *Joseph Goebbels*, Vom Kaiserhof zur Reichskanzlei, München 1934, 254.

2 Der Reichstag brennt!

„Anläßlich der Eröffnung des Reichstages findet im Berliner Dom regelmäßig ein Gottesdienst statt. An ihm pflegt neben Abgeordneten, Ministern, auch der Reichspräsident teilzunehmen. Der Predigt lag diesmal das Bibelwort zugrunde: ‚Ich bin gekommen, das Feuer anzuzünden, was wollt' ich lieber, als brenne es schon.‘ Scherz, Satire, Ironie – oder tiefere Bedeutung?"

Diese Meldung brachte am 11. Dezember 1932 „Entscheidung. Die Wochenzeitung für nationalrevolutionäre Politik", herausgegeben von Ernst Niekisch[1], dem dieses Bibelzitat in Verbindung mit der Eröffnung des deutschen Reichstages offenbar nicht ganz geheuer vorkam.

Vor dem Brand

Der Nachmittag des 27. Februar 1933 war erfüllt von seltsamen Aktivitäten der Polizei. Gegen 15 Uhr, 6 Stunden vor dem Reichstagsbrand, verfaßte Rudolf Diels, seit dem 23. Februar 1933 Leiter der nun dem Preußischen Innenministerium (Göring) angegliederten Berliner Politischen Polizei und späterer erster Leiter des Geheimen Staatspolizeiamtes (Gestapa), folgendes Polizeifunk-Telegramm, das gegen 18 Uhr an alle Polizeidienststellen in Preußen abgesetzt wurde[2]:

„Kommunisten sollen am Tage der Reichstagswahl bezw. kurz vor- oder nachher zugleich mit dem Ziele der Entwaffnung planmäßige Überfälle auf Polizeistreifen und Angehörige nationaler Verbände unter Benutzung von Schuß-, Hieb- und Stichwaffen, sowie behelfsmäßigen Waffen aller Art beabsichtigen. Überfälle auf Angehörige nationaler Verbände sollen besonders rücksichtslos durchgeführt und Aktionen derart getarnt werden, daß Urheber nicht erkennbar sind. Geeignete Gegenmaßnahmen sind sofort zu treffen, kommunistische Funktionäre erforderlichenfalls in Schutzhaft nehmen."

Unterschrift: „Abt. I gez. Diels"; gestrichen und ersetzt durch: „Lkpa. Berlin".

„Angenommen: 27. 02. 1933, 14 Uhr 59, Befördert: 27. 02. 1933, 18 Uhr".[3]

An alle Polizeidienststellen außerhalb Preußens wurde das Funktelegramm mit einem nicht als Befehl, sondern als Empfehlung formulierten Schlußsatz abgesetzt:

„Empfehle geeignete Gegenmaßnahmen bereits jetzt und eventuell Schutzhaft für kommunistische Funktionäre."

Unterschrift: „Abt. I gez. Diels"; gestrichen und ersetzt durch: „Lkpamt Berlin".[4]

„Angenommen: 27. 02. 1933, 14 Uhr 59, Befördert: 27. 02. 1933, 18 Uhr".[5]

Die Verhaftungsaktion in der darauffolgenden Nacht hatte der Chef der Politischen Polizei, Rudolf Diels, also bereits am Nachmittag des 27. Februar in die Wege geleitet.

Bereits ab 13 Uhr (bis zum 28. 2. 1933 um 13 Uhr) war die dem Reichstagsgebäude am nächsten gelegene Polizeiwache, die Brandenburger Tor-Wache, dem Kommando des Leutnants der Schutzpolizei Emil Lateit unterstellt worden, der eigentlich in der Schutzpolizei-Inspektion Linden arbeitete und bei seiner Vernehmung am 14. März angab, daß er vor dem Brand „noch niemals im Reichstagsgebäude war"[6], jedoch persönliche Erfahrungen bei Großbränden mitbrachte (beim Brand des Blücher-Palais am Pariser Platz sowie bei vier weiteren Bränden[7]). Im sogenannten „Südtor-Häuschen" des Brandenburger Tors standen Lateit am 27. Februar immerhin 36 (oder 38[8]) Polizisten zur Verfügung, und am Nachmittag war der Wache auch noch ein „Schnellkraftwagen"(Lastkraftwagen) zur Verfügung gestellt worden.[9] Als Grund für diese Maßnahmen nannte Lateit eine Veranstaltung der SPD (zum 50. Todestag von Karl Marx), die allerdings im ca. 3 1/2 km entfernten Sportpalast (Potsdamer Straße Ecke Pallasstraße) in Schöneberg stattfand. Angeblich rechnete man im Anschluß an diese Veranstaltung mit „Gefährdungen der Bannmeile" im Regierungsviertel, eine sowohl in Hinblick auf die handzahme SPD als auch auf die späte Tageszeit ziemlich abwegige Befürchtung.

Die SPD-Veranstaltung, die um 19.30 Uhr begonnen hatte, wurde bereits um 20.15 Uhr von der Polizei aufgelöst. Um 21 Uhr, kurz vor der gegen 21.08 Uhr entdeckten Reichstagsbrandstiftung, stellte Lateit die Brandenburger Tor-Wache überraschend unter „erhöhte Abrufbereitschaft"![10] Ob dies aus eigener Initiative oder auf höhere Anweisung geschah, ließ sich bislang nicht klären.

Die Entdeckung des Brandes und die dabei getroffenen Feststellungen

Im folgenden werden die Entdeckung des Brandes sowie der Brandverlauf anhand der Anklageschrift des Leipziger Reichstagsbrandprozesses geschildert (*kursive Schrift*).[11] Zwischenüberschriften, Anmerkungen, Richtigstellungen und Quellenangaben [normale Schrift] ergänzen diese Darstellung nach dem heutigen Forschungsstand (zu den Raumbezeichnungen siehe die Abbildungen auf den Seiten 80/81).

In der Darstellung der Anklageschrift fällt auf, daß alle Tatsachen ignoriert wurden, die auf mehrere Täter hinweisen, so zum Beispiel die bereits vor dem Eintreffen der Feuerwehr im Reichstagsgebäude gefundene Brandfackel und auch die eigenartigen Vorgänge um die Öffnung von Portal II.

Wie eine detaillierte Prüfung der Zeitangaben für die Ereignisse am Abend des 27. Februar anhand der originalen Ermittlungsakten ergab, müssen etliche Angaben der Anklageschrift korrigiert werden. Die Ergebnisse sind verblüffend:

Dem „Täter" van der Lubbe stand für seine Brandstiftung im Reichstagsgebäude noch weniger Zeit zur Verfügung, als bisher angenommen wurde, nämlich nur etwa 12 - 13 Minuten. Die Anklageschrift versuchte dies zu verdecken, indem der Zeitpunkt für van der Lubbes Einstieg willkürlich früher angesetzt wurde (21.03 Uhr statt richtig ca. 21.08 Uhr), während gleichzeitig der Zeitpunkt seiner Verhaftung einige Minuten nach hinten verlegt wurde (21.30 Uhr statt richtig ca. 21.22 - 21.23 Uhr) – wodurch sich eine für die Rekonstruktion des Ablaufs der Brandstiftung wesentliche Zeitdifferenz von ca. 12-13 Minuten ergibt!

Weiterhin ergab ein Vergleich der Untersuchungsakten mit den Bekundungen der NS-Führer Graf von Helldorf, Göring und Goebbels vor dem Leipziger Reichsgericht sowie mit den ersten Pressemeldungen, daß Göring, Goebbels und Hitler weit früher am Brandort eingetroffen waren, als sie offiziell einräumten. Sie wurden telefonisch vom Brand im Reichstag verständigt, bevor dieser überhaupt ausgebrochen war! Wer diese Telefonanrufe tätigte, konnte anhand der Akten nicht geklärt werden. Es können jedoch nur van der Lubbes Mittäter gewesen sein. Die früheste Brandmeldung erhielt jedenfalls SA-Führer von Helldorf, nach eigenem Bekunden aus dem Geschäftszimmer der SA-Gruppe Berlin-Brandenburg in der Hedemannstraße!

Die in der historischen Literatur oft geäußerte Ansicht, Göring, Goebbels und Hitler seien von der Reichstagsbrandstiftung „überrascht" worden, muß wohl nun endgültig ins Reich der Legende verwiesen werden.

Die ersten offiziellen Brandmeldungen

Am Montag, den 27. Februar 1933, kam der Schriftsetzer Werner Thaler in Berlin abends aus der Richtung vom Brandenburger Tor am Reichstagsgebäude vorbei. Er überquerte hier die Simsonstraße, die südlich des Reichstagsgebäudes entlang führt, und ging an der Südwestecke des Reichstagsgebäudes vorbei auf die große Auffahrt zu, die sich in der Mitte der Westseite nach dem Königsplatz zu befindet (Lichtbildermappe IV Bild 20). Als er dort nach seiner Schätzung um 9.07 oder 9.08 Uhr abends vorbeikam, hörte er vom Reichstagsgebäude her ein Klirren. Er sah an dem Gebäude empor, konnte aber von seinem Standpunkt aus wegen der herrschenden Dunkelheit zunächst nichts erkennen. Da ihm aber das Klirren sofort verdächtig vorkam, lief er die Auffahrt etwa bis zur Mitte empor. Jetzt bemerkte er, daß eine Person gerade im Begriff war, durch das unmittelbar rechts neben der Auffahrt liegende Fenster in das Hauptgeschoß des Reichstagsgebäudes einzusteigen. Zugleich gewahrte er noch einen Schatten, von dem er den Eindruck hatte, daß es sich um eine zweite Person handelte, die gleichfalls durch das Fenster stieg.

[In seiner Vernehmung durch die Brandkommission am 14. März 1933 hatte Thaler angegeben, zwei Gestalten auf dem Balkon gesehen zu haben, die in den Reichstag gekrochen seien. „Ich bemerkte aber im Hauptgeschoss auf einem Balkon und zwar auf dem ersten südlich der Freitreppe, 2 Gestalten. Die eine stand aufrecht und eine kroch durch die dunkle Öffnung in gebückter Haltung hindurch, ich konnte diese Gestalt gerade noch verschwinden sehen. Unmittelbar darauf folgte die 2. Gestalt der ersten in gebückter Haltung nach." Nach etwa 3 Minuten bemerkte Thaler in den Räumen unter dem Einstiegsfenster „helle, sich vorwärts bewegende Lichtscheine, als wenn brennende Fackeln getragen werden. Ich habe durch die vergitterten Fenster hindurch deutlich 2 brennende Fackeln gesehen, die sich nach der Simsonstr. zu vorwärts bewegten, und zwar in einem Abstand von etwa 2 - 3 m." Auf Nachfrage betonte er: „Ich bleibe dabei, dass ich 2 Personen habe ein-

74

steigen sehen, zumal ich später auch 2 Lichtscheine im Erdgeschoss bemerkt habe. Zu sehen war im Erdgeschoss keine Gestalt, weil die matten Scheiben einen Durchblick nicht zuliessen." In dem das Protokoll abschließenden Vermerk des Kriminalassistenten Rudolf Schulz heißt es: „Auch auf den Hinweis, dass er vielleicht den Schatten der einsteigenden Person als 2. Gestalt angesehen haben könnte, blieb Thaler bei seiner Angabe, dass er tatsächlich 2 Gestalten habe einsteigen sehen."[12]

Thalers Beobachtung wird durch die Aussagen des Filmleiters Erich Neusser und seiner Frau Ernie bestätigt, die am Abend des 27. Februar in dem von ihrem Fahrer gelenkten Auto auf dem Wege von ihrer Wohnung in der Cunostraße 67a in Schmargendorf zum Weinbergsweg beim Rosenthaler Platz in Berlin-Mitte unterwegs waren. Bei der Fahrt auf den Reichstag zu sah das Ehepaar Neusser Feuer im Reichstags-Restaurant und hatte den Eindruck von „zwei oder mehreren beweglichen Flammen", von Feuerscheinen, die „sich hin und her bewegten und von Personen getragen sein mussten".[13]]

Der Zeuge Thaler lief nun die Rampe herunter an die Südwestecke des Reichstagsgebäudes und sah dort einen Schutzpolizeibeamten, dem er die Worte zurief: „Hallo, da ist jemand eingestiegen." Da Thaler ziemlich aufgeregt war und in bayrischer Mundart rief, besteht die Möglichkeit, daß der Beamte den Ruf nicht verstanden hat. Der Zeuge Thaler lief nun schleunigst wieder die Reichstagsrampe hinauf. Hier stand jetzt oben auf der Rampe der Polizeioberwachtmeister Buwert von dem 28. Polizeirevier mit einem Zivilisten. In diesem Augenblick sah der Zeuge Thaler nach seiner Armbanduhr, die 9.10 Uhr abends anzeigte.[14]

Der Zeuge Buwert hatte von 8 bis 10 Uhr abends Postendienst am Reichstag, und zwar hatte er auf die West- und Südseite zu achten, während der Polizeiwachtmeister Poeschel auf der Nord- und Ostseite Streife zu gehen hatte.

Das Klirren der Fensterscheiben war auch von dem Studenten Flöter gehört worden, der gleichfalls zu dieser Zeit an der Westseite des Reichstagsgebäudes vorbeiging. Als dieser Zeuge sich an dem Laternenpfahl gegenüber den Fenstern des Reichstagsrestaurants befand und das Klirren vernahm, sah er, wie ein Mann wiederholt in die Scheibe eines Fensters des Restaurants im Hauptgeschoß des Reichstags trat. In der rechten Hand hielt dieser Mann einen Feuerbrand. Eine zweite Person will Flöter nicht beobachtet haben. Dieser eilte nun sofort zu einem Schutzpolizeibeamten, der in der Nähe des Laternenpfahls an der Nordwestecke des Reichstagsgebäudes stand. Gleichzeitig stellte er durch einen Blick auf seine Uhr fest, daß es 5 bis 9 Minuten nach 9 Uhr war. [Nach Flöters Angaben bei seiner Vernehmung vor dem Reichsgericht war es 21.05 Uhr oder 21.08 Uhr, als er das Klirren gehört hatte.[15]] Er teilte nun dem Beamten seine Wahr-

75

nehmung mit. Dieser Schutzpolizeibeamte scheint der Polizeioberwachtmeister Buwert gewesen zu sein, der allerdings den Zeitpunkt, in dem er von einem Zivilisten auf das Scheibenklirren aufmerksam gemacht worden sein will, auf etwas früher, nämlich 9.04 oder 9.05 Uhr abends, angibt. [Buwert sprach aber auch von der möglichen Zeit 21.10 Uhr.[16]] *Der Zeuge Buwert lief nun sofort die Westfront des Reichstagsgebäudes entlang auf die große Freitreppe zu, während der Zeuge Flöter nach Haus gegangen sein will.*

Ungefähr zu derselben Zeit war auch der Kaufmann Kuhl mit seiner Ehefrau und den Eheleuten Freudenberg auf einem Spaziergang aus der Richtung Moabit über den Königsplatz gekommen. Als diese Personen am Bismarckdenkmal vor der Westseite des Reichstagsgebäudes angelangt waren, bemerkten sie an einem Fenster im Hauptgeschoß des Reichstagsgebäudes rechts von der Freitreppe einen Feuerschein. Darauf liefen sie näher an die große Rampe heran und sahen jetzt, wie an einer Portiere Flammen empor züngelten. Die Zeugin Freudenberg beobachtete dabei deutlich, wie die brennende Portiere nach einigen Sekunden auf den Boden herunterfiel. Die Zeugen riefen nun „Schupo! Feuer! Im Reichstage brennt es!" Es kam dann auch alsbald ein Schutzpolizeibeamter von Norden herangeeilt. Dieses scheint der schon oben erwähnte Zeuge Buwert gewesen zu sein, der inzwischen auch von dem Zeugen Flöter benachrichtigt worden war. Der Ehemann Kuhl und die Eheleute Freudenberg entschlossen sich nun, während die Ehefrau Kuhl an der Reichstagsrampe zurückblieb, am Brandenburger Tor einen Feuermelder zu suchen, um die Feuerwehr zu alarmieren. Sie liefen die Südfront des Reichstagsgebäudes entlang, dann aber nicht zum Brandenburger Tor, sondern auf das Haus der Ingenieure in der Friedrich Ebertstraße zu, da sie sahen, wie aus diesem Hause gerade eine Anzahl Personen herauskam; dort war nämlich gerade eine Sitzung beendigt. Auf ihren Ruf „Feuer, der Reichstag brennt am Bismarckdenkmal" versuchte zunächst der Nachtpförtner Schaeske, die Feuerwehr zu benachrichtigen. Da sich dieser aber in der Aufregung in der Fernsprechnummer irrte, nahm ihm der Versorgungsanwärter Lück, der in dem Haus der Ingenieure in der Garderobe geholfen hatte, den Hörer ab und alarmierte [um 21.14 Uhr] *seinerseits die Feuerwehr.*

Inzwischen war der Zeuge Buwert auf der Rampe an der Westseite des Reichstagsgebäudes zurückgeblieben. Währenddessen bemerkte er durch das eine Fenster des Hauptgeschosses südlich der Rampe an der gegenüberliegenden Seite des Restaurationsraumes einen Gegenstand schnell hochbrennen und dachte sich sofort, daß dies ein Vorhang sein müsse. Bei näherem Hinsehen sah er jetzt auch, daß die Scheiben des ersten Fensters zertrümmert waren. Er mochte etwa zwei bis vier Minuten auf der Rampe gestanden haben, als er weiter beobachtete, wie plötzlich an den Fenstern des Erdgeschosses, die unter der Einstiegstelle liegen, ein Feuer-

76

schein vorbei huschte, ohne daß jedoch Buwert eine Person erkennen konnte. Es sah aber so aus, als ob ein Mensch mit einer Fackel durch die Räume eilte. Dieser Lichtschein bewegte sich in einem ziemlich schnellen Tempo vom ersten zum zweiten, dritten, vierten und fünften Fenster des Erdgeschosses. Da jetzt der Zeuge Buwert überzeugt war, daß es sich um einen Brandstifter handelte, schoß er mit seiner Pistole in das fünfte Fenster des Erdgeschosses hinein, um den Brandstifter zu treffen. Darauf verschwand dann alsbald der Lichtschein.

Zu dieser Zeit kam ein Reichswehrsoldat heran, den der Zeuge Buwert mit einer Feuermeldung zur Polizeiwache am Brandenburger Tor schickte. [Dabei handelte es sich um den 30jährigen Reichswehrsoldaten Feldwebel Bertling, der in Richtung Lehrter Bahnhof am Reichstagsgebäude vorbeikam. Bertling führte jedoch Buwerts Auftrag nicht aus, sondern beauftragte, als er an einem Hotel vorbeilief, einen davor postierten Hausdiener, die Feuerwehr zu alarmieren.[17]] *Ferner forderte er [Buwert] einen von zwei Streifenbeamten, die auf den Schuß von der Siegesallee gleichfalls herangeeilt waren, auf, die Feuerwehr zu alarmieren. Dieser Beamte lief darauf schräg über den Königsplatz und gab [um 21.14 Uhr] von dem öffentlichen Feuermelder in der Moltkestraße aus Feueralarm.*

Der Zeuge Buwert ging nun wieder die Reichstagsrampe hinunter, um sich die Einstiegstelle etwas näher anzusehen. In diesem Augenblick bemerkte er den schon oben erwähnten Polizeiwachtmeister Poeschel, der um die Nordwestecke des Reichstagsgebäudes herumsah. Der Zeuge Buwert rief ihn herbei und teilte ihm mit, daß es im Reichstag brenne. Der Zeuge Poeschel bemerkte dabei auch seinerseits durch ein Fenster des Hauptgeschosses hellen Feuerschein. Nunmehr eilte Poeschel schnell zu dem auf der Nordseite des Reichstags befindlichen Portal V und setzte den Nachtpförtner Wendt, der hier seit 3/4 8 Uhr abends Dienst tat, von dem Brand in Kenntnis [nach Aussage Wendts um „21.10 Uhr oder noch etwas später"[18]]. *Der Zeuge Wendt lief darauf, nachdem er, wie er behauptet, schnell das Portal V hinter sich abgeschlossen hatte, zusammen mit dem Zeugen Poeschel auf die Rampe an der Westseite und sah dort, daß es in den im Hauptgeschoß gelegenen Restaurationsräumen des Reichstages brannte. Er eilte darauf schleunigst um die Nordwestecke nach dem Portal V zurück und machte* [nach Aussage von Adermann[19] um ca. 21.15 Uhr] *telefonisch dem Botenmeister Prodöhl und dem Nachtpförtner Adermann vom Präsidentenhaus von dem Brande Mitteilung. Den letzteren ersuchte er auch, den Direktor des Reichstags, Geheimrat Galle, sofort von dem Brand in Kenntnis zu setzen.* [Adermann benachrichtigte nach dem Anruf von Wendt persönlich Reichstagsdirektor Galle, der im Zwischengeschoß des Reichstagspräsidentenpalais (Präsidentenhaus) wohnte. Wendt betätigte allerdings nicht – weder jetzt noch später – den am Portal V befindlichen direkten Feuermelder.[20]]

Mittlerweile war auch die nächste Polizeiwache am Brandenburger Tor alarmiert worden. Hier hatte um 9.15 Uhr abends nicht der von dem Zeugen Buwert beauftragte Reichswehrsoldat [Bertling], *sondern ein unbekannt gebliebener Zivilist Meldung erstattet, daß es im Reichstag brennt.* [Lateit: „Der Zivilist sagte kurz und ohne besondere Aufregung; ,Im Reichstag brennt's'."[21] Eigenartigerweise wurden die Personalien dieses ca. 22jährigen Mannes, der „mit Sportmütze, schwarzem Mantel und Schaftstiefeln [!]" gekleidet war, nicht festgestellt[22], und die Person später nicht ermittelt.]

Dieser Zeitpunkt [21.15 Uhr] *steht genau fest, da ein entsprechender Vermerk in das Tagebuch der Polizeiwache eingetragen worden ist.* [23] *Der Führer der Brandenburger-Tor-Wache, Polizeileutnant Lateit, sprang sofort mit dem Zivilisten sowie den Polizeiwachtmeistern Losigkeit und Graenig auf einen bereitstehenden* [sic!] *Kraftwagen und fuhr, nachdem er den übrigen Polizeibeamten Befehl erteilt hatte, sogleich nachzukommen, voraus.* [Die Brandenburger Tor-Wache war zwar für die Sicherung des Regierungsviertels zuständig, für das Reichstagsgebäude jedoch nicht. Zuständig wäre nach den Worten Lateits eigentlich die Tiergarten-Wache in der Karlstraße gewesen, die aber nach Lateits Angaben mit der genannten SPD-Veranstaltung im Sportpalast voll ausgelastet gewesen sei. Diese Aussage erscheint insofern eigenartig, als die SPD-Veranstaltung in Schöneberg stattfand – also ziemlich weit vom Brandenburger Tor entfernt – und bereits vor einer Stunde, um 20.15 Uhr aufgelöst worden war! Die Beamten der Großen Tiergarten-Wache scheinen auch nicht besonders stark beschäftigt gewesen zu sein. Nach ihrer nachweislich um 21.20 Uhr durch Polizei-Oberwachtmeister Schmidt von der Brandenburger Tor-Wache erfolgten Benachrichtigung rückten sie bereits um 21.22 Uhr aus. Vom Sportpalast zurückkehrende Kräfte wurden ab 21.23 Uhr zum Reichstag befohlen.[24]]

Erste Maßnahmen

Etwa 9.17 Uhr abends traf der Kraftwagen mit den genannten Polizeibeamten an der Westseite des Reichstagsgebäudes ein. Hier bemerkte der Zeuge Lateit von dem Bürgersteig vor der Freitreppe aus im Hauptgeschoß rechts neben dieser durch ein Fenster starken Feuerschein und Flammen, die bis zur Decke empor züngelten. Auch die danebenliegenden Fenster rechts und links waren von dem Feuerschein erhellt. Der Zeuge Lateit diktierte sofort dem Zeugen Graenig eine Mel-

dung, die dieser zur Brandenburger-Tor-Wache zurückbringen sollte und die folgenden Wortlaut hatte: „21.17 Uhr Feuer im Reichstag. Verstärkung erforderlich." [Der Lastkraftwagen fuhr nun sofort zur Brandenburger Tor-Wache zurück, um Verstärkung heranzuholen. Graenig begab sich ebenfalls dorthin zurück. Um 21.20 Uhr gab Polizei-Oberwachtmeister Schmidt von der Brandenburger Tor-Wache aus die Brandmeldung an die Schutzpolizei-Inspektion Tiergarten weiter, die nach den Worten Lateits „eigentlich zuständig war". Diese Meldung lautete: „Im Reichstag Feuer, Brandenburger Torwache ist ausgerückt, Feuerwehr benachrichtigt." Um 21.25 Uhr machte Schmidt an die Inspektion Linden, die Große Tiergarten-Wache sowie die Wachen 1 und 16 folgende Meldung: „Um 21.20 Uhr im Reichstag Feuer ausgebrochen. Es liegt Brandstiftung vor. Feuerwehr ist benachrichtigt."[25]]

Nachdem jetzt der Zeuge Buwert sich bei Lateit gemeldet und diesem mitgeteilt hatte, daß die Feuerwehr bereits alarmiert sei, eilte Lateit zusammen mit dem Zeugen Losigkeit an der Südseite bei Portal II vorbei zur Ostseite des Reichstagsgebäudes, wo er bei Portal III, das verschlossen war[26] *klingelte, aber sofort weitereilte nach dem auf der Nordseite gelegenen Portal V. Der Zeuge Poeschel hatte sich ihnen angeschlossen.*

An dem Portal V kam der Zeuge Lateit mit den anderen Polizeibeamten gegen 9.20 Uhr abends an [nach der Aussage von Lateit, der 2 Minuten für den Lauf um das Gebäude ansetzte, könnte das bereits um 21.19 Uhr gewesen sein[27]] *und traf hier den Zeugen Wendt, der ihm mitteilte, daß der Hausinspektor schon die Schlüssel suche.* [Scranowitz und Prodöhl, die zusammen zum Portal V kamen, waren also seit spätestens 21.19 Uhr im Reichstag. Am Portal V wurden gewöhnlich in der Nacht <u>sämtliche</u> Schlüssel aufbewahrt, mit Ausnahme des Schlüssels von Portal I, der sich im Inspektionszimmer von Scranowitz befand.[28]] *Bei Eintritt in das Portal V nahm Lateit einen leichten Brandgeruch wahr. Nach einigen Sekunden erschien dann auch der Hausinspektor, Oberverwaltungssekretär Scranowitz. Dieser hatte von seiner Reichstagsufer 5 gelegenen Wohnung aus* [um ca. 21.15 Uhr] *gesehen, wie die Feuerwehr an seinem Haus vorbei auf das Reichstagsgebäude zu gefahren war. Er hatte sich sofort mit dem Zeugen Wendt telefonisch in Verbindung gesetzt und von diesem erfahren, daß es im Reichstagsrestaurant brenne. Darauf war er schnell zum Reichstag nach Portal V geeilt.* [Er wurde begleitet vom Botenmeister, Kanzleisekretär Prodöhl, der ebenfalls im Beamtenhaus, Reichstagsufer 5 wohnte.[29]]

Die Zeugen Lateit, Losigkeit, Poeschel und Scranowitz liefen nun, nachdem letzterer schnell die nötigen Schlüssel an sich genommen hatte, durch die Halle des

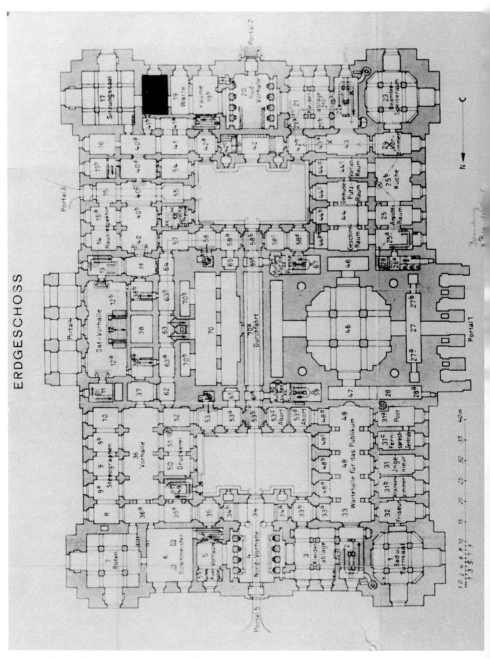

Grundrisse des Reichstagsgebäudes.

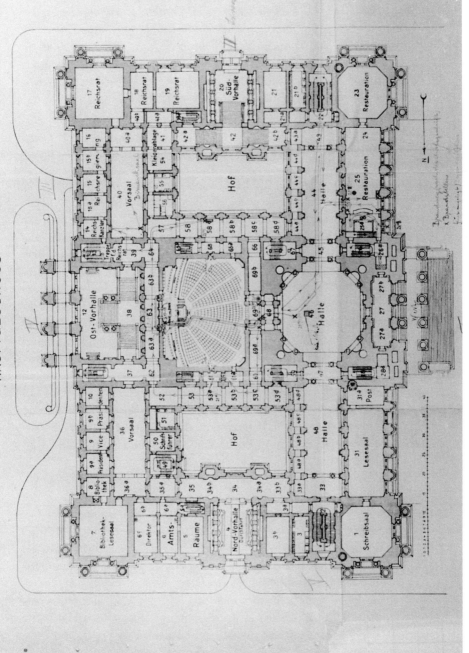

HAUPTGESCHOSS

81

Portals V die Treppe E 2 hinauf, die im Hauptgeschoß an der Nordseite der Wan-delhalle einmündet. Diese Halle selbst lag im Dunkel, es war aber ein starker Brandgeruch zu spüren. Im Sturmschritt durcheilten die genannten Zeugen die Räume H 48, 47 und kamen auf diese Weise in die große Kuppelhalle H 46, in der das Kaiser-Wilhelm-Denkmal steht. Diese Halle wird von dem Westumgang des Plenarsaales durch eine doppelseitige Glastür getrennt, deren rechter Flügel stets, auch in der Nacht, offen steht (Lichtbildermappe IV Bild 9).

Der Brand des Plenarsaals

Der Zeuge Lateit bemerkte nun durch diese Tür hindurch rechts und links helle Flammen. Er eilte darauf schnell in den Westumgang hinein (H 69) und sah hier die beiden Portieren rechts und links von unten her brennen, und zwar die rechte Portiere etwa 50, die linke Portiere etwa 75 cm hoch. An der linken Seite, also nach Norden zu, stand an der Holzbekleidung eine Tafel angelehnt, hinter der es gleichfalls brannte. Zwischen den beiden Portieren lag am Boden ein dunkler Ge-genstand, den der Zeuge Lateit zunächst als ein Kissen angesprochen hatte, der sich aber später als der zum Teil verbrannte Mantel des Angeschuldigten van der Lubbe erwies (Lichtbildermappe IV Bild 39 u. 40). Als der Zeuge Lateit hier in dem Raum H 69 stand, gewahrte er links vorwärts in der Türöffnung einen wei-teren Feuerschein. Er glaubt sich bestimmt zu erinnern, daß diese Tür offenge-standen habe und nicht etwa von ihm erst geöffnet worden sei. [Scranowitz blieb in der Wandelhalle zurück.] Mit einem Sprung war Lateit in dieser Türöff-nung und blickte nun in den Plenarsaal hinein. Es muß dies um 9.21 Uhr bis 9.22 Uhr abends gewesen sein. [Lateit setzte diese Zeit auf ein bis zwei Mi-nuten nach seinem Eintritt in Portal V an, das wäre also etwa um 21.20 - 21.21 Uhr gewesen.]

Dem Zeugen Lateit bot sich, als er in den Plenarsaal hineinschaute, nun fol-gendes Bild dar: Die Westfront, durch die er eingetreten war, sowie die beiden schmalen Seiten des Plenarsaals rechts und links lagen völlig im Dunkel. Erleuchtet war der Saal nur durch einen Feuerschein, der von der gegenüberliegenden Seite, wo sich der Präsidentensitz befindet, herkam. Über die ganze Breite dieses am höchsten gelegenen Sitzes war eine gleichmäßig zusammenhängende Feuermasse von etwa 3 Meter Breite und etwas größerer Höhe zu sehen. Hinter dieser Feuer-masse und über sie hinaus züngelten Flammen hoch, bei denen man im Gegen-satz zu der vorher beschriebenen Feuermasse einzelne Flammenstrahlen unter-scheiden konnte. Sie boten den Anblick einer flammenden Orgel, an der die einzelnen Flammen wie Pfeifen in die Höhe bis zur Holzverkleidung an der Wand hinaufragten. Was der Zeuge Lateit hier wahrgenommen hat, waren offenbar die drei hinter dem Präsidentensitz angebrachten großen Vorhänge, die brannten. Außer der Brandstelle auf dem Präsidententisch und dahinter sah Lateit keine weiteren Brandstellen, insbesondere auch keine Flammen zwischen oder an den Abgeordnetensitzen. Der Raum war auch nicht mit Rauch angefüllt, so daß der Zeuge Lateit die Brandstellen klar und genau beobachten konnte. Es herrschte nicht die geringste Zugwirkung, vielmehr flackerten die Flammen am Präsidium und die brennenden Portieren am Umgang ganz ruhig und kerzengerade.

Die vorstehend geschilderten Beobachtungen des Zeugen Lateit über die Brandausdehnung im Plenarsaal müssen als durchaus zuverlässig gelten, da Lateit gerade in Brandsachen ein besonders gut geübtes und geschultes Auge hat.

Der Zeuge Lateit sah nur einige Sekunden in den Plenarsaal hinein, da ihm inzwischen klargeworden war, daß Brandstiftung vorlag. Er lief daher schleunigst wieder aus dem Plenarsaal hinaus und sah jetzt den Zeugen Losigkeit neben sich stehen. Diesem rief er zu: „Brandstiftung, Pistole raus, kommen Sie mit!" Der Zeuge Losigkeit machte seinerseits noch einen Sprung nach vorwärts und sah gleichfalls, allerdings nur mit einem kurzem Blick, in den Plenarsaal hinein. Er konnte die Abgeordnetensitze erkennen und sah, daß sie unversehrt waren. Irgendwelche Flammen zwischen den Sitzen hat auch er nicht bemerkt. Dagegen will er ein Feuer auf der linken Ecke des Stenographentisches wahrgenommen haben. Wenn er, anders als der Zeuge Lateit, keine weiteren Flammen auf und hinter dem Präsidententisch bemerkt hat, so mag dies darauf zurückzuführen sein, daß er nur einen ganz kurzen Blick in den Plenarsaal geworfen hat.

Der Zeuge Lateit eilte nun denselben Weg durch die Wandelhalle über die Treppe H 2 zum Portal V zurück, um die äußere Absperrung des Reichstagsgebäudes in die Wege zu leiten. [Diese äußere Absperrung war insbesondere an Portal V nötig geworden, wie aus der Aussage von Nachtpförtner Wendt vor dem Reichsgericht hervorgeht: „Unten am Portal kam ein Haufen Zivil hereingestürmt, die in das Haus hineinwollten. Die habe ich zurückgedrängt. Dabei haben mir die Schupobeamten geholfen, als ich aus dem Portal V herauskam, und dann haben sie das Portal besetzt. Dann kam wohl die Feuerwehr."[30] Bei den genannten Schupobeamten handelte es sich um 15 Beamte der Brandenburger Tor-Wache, die inzwischen mit dem Lastkraftwagen eingetroffen waren[31] und ab ca. 21.21 - 21.22 Uhr die Portale des Reichstags besetzten sowie die Fenster beobachteten. Lateit hörte, „wie die Feuerwehr unten an der Treppe ankam", als er (um ca. 21.21 Uhr) gerade die Treppe H 2 erreichte. Er wies nun die Feuerwehr an, „Großalarm" zu geben und teilte Wachtmeister Poeschel zur Unterstützung Losigkeits für die „innere Absperrung" des Ge-

Blick in den ausgebrannten Plenarsaal.

bäudes ein. Poeschel, Losigkeit und Scranowitz wurden von Lateit beauftragt, nach weiteren Brandherden zu suchen. Lateit selbst telefonierte aus dem Reichstag mit der Brandenburger Tor-Wache.[32]]

Er [Lateit] lief [dann] um die Westseite des Gebäudes herum nach der Südseite zu, wo er jetzt durch das Fenster links neben dem Portal II gleichfalls einen Feuerschein wahrnahm.

[An der Nordwestecke (zwischen den Portalen V und I) traf er auf einen Teil seiner Beamten, unter ihnen Polizeiwachtmeister Lendzian. Dies geschah wieder eine Minute später, also gegen 21.22 Uhr. Vor den brennenden Restaurationsräumen will Lateit nach seiner eigenen Aussage Feuerwehrleuten (vom Zug 6) begegnet sein, die unschlüssig waren, wie in das Gebäude einzudringen sei, und die auf den Schlüssel für Portal I warteten. Lateit habe sie angewiesen, durch das Fenster einzusteigen.

Nach Aussage von Oberbrandmeister Puhle stiegen die ersten Feuerwehrleute etwa um 21.23 Uhr durch ein von ihnen eingeschlagenes Fenster in das Restaurant ein[33] (siehe Abschnitt „Der Einsatz der Feuerwehr"). Eine diesbezügliche Anweisung Lateits bestritt Puhle allerdings später. Jedenfalls waren seit der Ankunft des Löschzugs um 21.18 Uhr bis zur ersten Aktion, dem Einschlagen des Fensters, zweifellos mindestens 4 Minuten vergangen.]

Nachdem er [Lateit] mehrere Polizeibeamte zur Besetzung der Portale eingeteilt hatte, begab er sich zur Brandenburger-Tor-Wache zurück, um seiner vorgesetzten Dienststelle, der Polizeiinspektion Linden, telefonisch über die Brandstiftung Meldung zu erstatten. Diese Meldung erfolgte, wie aus dem Tagebuch der Polizeiwache festgestellt ist, um 9.25 Uhr abends.

[Der vorstehende Passus der Anklageschrift entspricht ganz offensichtlich nicht den Tatsachen. Das Tagebuch der Brandenburger Tor-Wache, auf das hier Bezug genommen wurde, liegt in den Akten weder im Original noch in Kopie vor. Es wurde von Lateit zur Politischen Polizei (Abteilung I) mitgenommen, wo dieser noch in der späten Brandnacht Bericht erstatten mußte[34], und ist seither verschollen. Die genannte Meldung erfolgte nachweislich bereits um 21.20 Uhr, und zwar nicht durch Lateit, sondern durch Polizei-Oberwachtmeister Schmidt von der Brandenburger Tor-Wache aus.[35] Lateit begab sich auch nicht zurück zur Brandenburger Tor-Wache, sondern betrat laut seinen ersten Aussagen nach dem Brand um 21.22 Uhr durch das Portal II das Reichstagsgebäude erneut, da er an der Südseite des Reichstags einen neuen Brandherd entdeckt hatte.[36] Der kurz zuvor zur Bewachung des

Portals II (äußere Absperrung) eingesetzte Polizeiwachtmeister Lendzian hatte das Portal II bereits offen vorgefunden.[37] Botenmeister Prodöhl habe das Tor von innen „geöffnet" (nicht aufgeschlossen). Prodöhl sagte aus, er habe auf seinem Weg zu Portal II „innerhalb des Reichstags in den Garderobenräumen [...] etwa gegen 21.30 Uhr" und vor dem Beginn der Durchsuchung des Gebäudes einen Polizei-Offizier (dies kann nur Lateit gewesen sein) mit mehreren Beamten angetroffen.[38]

Es hätte jedenfalls wenig Sinn gemacht, wenn Lateit zum Telefonieren zur Wache zurückgekehrt wäre. Erstens konnte er auch vom Reichstagsgebäude aus telefonieren, in dem sich nachweislich in der Nähe der Portale V und II funktionsfähige Telefone befanden[39], was er nach Aussage von Poeschel auch tat (Gespräch um ca. 21.21 Uhr mit der Brandenburger Tor-Wache).[40] Nach den Polizeiakten telefonierte Lateit erst um 21.34 Uhr erneut, diesmal mit seinen vorgesetzten Dienststellen.[41] Zweitens war er zu diesem Zeitpunkt der einzige Polizeioffizier am Brandort.[42] Drittens aber belegen seine Schilderungen des Brandstadiums in den an Portal II angrenzenden Räumen den frühen Zeitpunkt seiner Beobachtungen (s. unten).

Die gesamte Episode, Lateits angebliche kurzzeitige Rückkehr zur Brandenburger Tor-Wache betreffend, wurde also offenbar fingiert, um die Tatsache zu verdecken, daß das Portal II um 21.22 Uhr offen war (siehe Abschnitt „Das Geheimnis von Portal II").]

Der Zeuge Scranowitz, der, wie oben erwähnt, zusammen mit den Zeugen Lateit, Losigkeit und Poeschel vom Portal V in das Reichstagsgebäude eingedrungen war, hatte sich in der Wandelhalle von diesen Zeugen getrennt, um den an der Treppe H 26a befindlichen elektrischen Schalter für die große Krone in dem Kuppelsaal einzuschalten. Als er durch den Raum H 47 eilte, gewahrte er zwischen dem Kaiser-Wilhelm-Denkmal und der großen Glastür zu dem Westumgang des Plenarsaales auf dem Teppich ein kleines Feuer, das er austrat (Lichtbildermappe IV Bild 9). Dabei fiel sein Blick auch durch die Glastür in den Westumgang hinein, wo er einen Feuerschein sah. Er schaltete nun zunächst das elektrische Licht der großen Krone im Kuppelsaal ein und lief dann, um mit der inzwischen an der Westseite des Reichstagsgebäudes vorgefahrenen Feuerwehr Verbindung herzustellen, auf die erste Tür des Reichstagsrestaurants in Halle H 44 zu. Als er diese Tür, die auch nachts nicht verschlossen ist, öffnete, schlug ihm eine helle Flamme entgegen. Zugleich bemerkte er, wie das gegenüberliegende Fenster des Restaurationsraumes in diesem Augenblick [um 21.22 Uhr] von einem Feuerwehrmann eingeschlagen wurde. Dadurch entstand nach seiner Angabe ein Zugwind und eine Art Stichflamme, die ihm entgegenschlug. Er machte daher die Tür sofort wieder

zu und eilte nun durch die Wandelhalle zurück in den Westumgang des Plenar-
saales hinein.

Hier gewahrte er, daß die beiden Portieren rechts und links brannten und daß an
dem linken Pfeiler die sonst dort hängende Tafel auf den Boden gestellt war. Hin-
ter dieser Tafel brannte es ebenfalls. Ferner bemerkte er noch, daß der Vorhang hin-
ter der Telefonzelle in einer Höhe von ungefähr zwei Metern in Flammen stand.
Darauf beobachtete er weiter durch die linke Tür des Westumgangs (H 69), die
zum Plenarsaal führt und mit mattierten Glasscheiben versehen ist, einen flackern-
den Feuerschein. Er öffnete daher mit kurzem Ruck die Tür und hatte das Ge-
fühl, als ob dadurch ein Luftzug zu ihm heraus entstand. Er blickte nun den Bruch-
teil einer Sekunde in den Plenarsaal hinein und schloß darauf sofort wieder die Tür,
um mit möglichster Beschleunigung die Feuerwehr heranzuholen. Der kurze Blick
in den Plenarsaal genügte aber dem Zeugen, dem als langjährigen Reichstagsbe-
amten das Innere des Saales in allen Einzelheiten genau vertraut ist, um folgen-
des Bild zu gewinnen:

Das Präsidentenpult brannte in seiner vollen Ausdehnung, während auf den da-
neben befindlichen Schriftführertischen keine Flammen zu sehen waren. Hinter
dem Präsidentensitz brannten die drei Vorhänge in ruhig flackernder Flamme, so
daß man die einzelnen Flammenstrahlen gut unterscheiden konnte. Diese Flam-
men reichten bis an das Schlußgesims der Holzverkleidung hinauf. Die drei großen
Flächen auf der Präsidentenseite über der Holzverkleidung, die mit dickem Gobe-
linstoff bespannt waren, schienen völlig unversehrt zu sein. Außer diesen oben be-
schriebenen Flammenbildern bemerkte der Zeuge Scranowitz jetzt noch weitere
Flammen auf den Regierungs- und Reichstagsbänken. Diese Flammen stellten
einzelne völlig in sich abgeschlossene Brandherde dar, und zwar waren es Flam-
menbündel in Pyramidenform mit einer Basis von etwa 30 bis 50 cm und einer
Höhe von 50 bis 60 cm. Diese Flammenbündel standen über der ganzen Breite
der Estrade. Ebensolche Flammenbündel sah Scranowitz auf den vorderen Abge-
ordnetensitzen, und zwar seiner Schätzung nach bis zur dritten Reihe. Die Zahl
der Flammenbündel auf der Estrade und den vordersten Abgeordnetensitzen schätzt
der Zeuge Scranowitz auf fünfzehn. Weiter erblickte er auf dem Rednerpult einen
Flammenkomplex von demselben Ausmaß wie auf dem Präsidentensitz. Diese
Flamme auf dem Rednerpult war auf beiden Seiten von den brennenden Portieren
des tiefer gelegenen Stenographenraumes flankiert. Die brennenden Portieren lo-
derten auffällig hoch wie zwei Zypressen hinauf und züngelten besonders lebhaft
und bewegt. Als letzten Feuerherd bemerkte der Zeuge Scranowitz auf dem Tisch
des Hauses eine Flammenpyramide von ungefähr demselben Ausmaß wie die übri-
gen Flammenbündel. Keinesfalls will der Zeuge irgendein Feuer hinter der 3. Reihe
der Abgeordnetensitze wahrgenommen haben. Seine Beobachtungen sind auch

Die geborstene Verglasung der Kuppel.

nicht durch eine größere Rauchentwicklung behindert gewesen. Ebensowenig ist ihm aufgefallen, daß ihm ein ungewöhnliches Maß von Hitze entgegengeströmt wäre.

Seine Wahrnehmungen muß der Zeuge Scranowitz in der Zeit zwischen 9.21 und 9.24 Uhr abends gemacht haben. Denn er hat in den Plenarsaal später als der Zeuge Lateit hineingesehen. Dies ist, wie oben dargelegt, um 9.21 Uhr gewesen. Nach dem Zeugen Scranowitz hat, wie noch weiter unten geschildert werden wird, der Zeuge Klotz um 9.24 Uhr in den Plenarsaal hineingeblickt. [Wie oben dargestellt, sah Lateit um 21.20 - 21.21 Uhr in den Plenarsaal. Als nach ihm dann Scranowitz in den Plenarsaal blickte, waren die Feuerwehrleute von Portal V dort noch nicht eingetroffen. Nach seinem Blick in den Plenarsaal ging Scranowitz zum Restaurationsraum, in den er nach Öffnen einer Tür hineinschaute. Genau zum gleichen Zeitpunkt schlug Brandmeister Puhle dort die Scheibe ein. Dies war etwa um 21.23 Uhr. Demnach läßt sich der Blick von Scranowitz in den Plenarsaal auf ca. 21.22 Uhr datieren.]

Van der Lubbes Verhaftung

Nachdem der Zeuge Scranowitz [um ca. 21.22 Uhr] *schnell die Tür zum Plenarsaal geschlossen hatte, eilte er zusammen mit dem Zeugen Poeschel, der inzwischen in dem Kuppelsaal zurückgeblieben war, in den Südumgang hinein. Hier bemerkten sie, wie in dem Raum H 58a ein Ledersofa und in dem Raum H 58 ein Klubsessel schwelten (Lichtbildermappe IV Bild 11 und 11 a).* [An den Klubsessel gelehnt fand Scranowitz eine Fackel (Länge eines Unterarms, etwa 5 cm dick), die er austrat.[43] Da die Feuerwehr zu diesem Zeitpunkt den Südumgang noch gar nicht erreicht hatte, muß diese Fackel von anderen Personen in den Reichstag gebracht worden sein! Die ausgetretene Fackel wurde dann später auch von Oberbranddirektor Gempp unter dem Sessel entdeckt.[44] Auch in der ersten offiziellen Verlautbarung des „Amtlichen Preußischen Pressediensts" nach dem Brand, am Morgen des 28. Februar, ist die Rede von „Teerpräparaten und Brandfackeln, die man in Ledersessel unter Reichstagsdrucksachen,

Eingestürzte Zwischendecke im Plenarsaal.

an Türen, Vorhänge, Holzverkleidungen und andere leicht brennbare Stellen gelegt hatte". In einem Zeitungsbericht ist sogar die Rede davon, daß nach Augenzeugenberichten Helfer van der Lubbes „mit brennenden Fackeln in der Hand geflohen wären".[45] Erst am 17. Mai 1933 wurde von Kriminalsekretär Meyer bei einer erneuten Durchsuchung des Reichstagsgebäudes im Brandschutt des Plenarsaals der Rest einer Brandfackel gefunden. Es mag sich hier um die von Scranowitz und Gempp genannte Fackel gehandelt haben. Leider fehlt in den Akten die Skizze mit dem genauen Fundort.[46] In den amtlichen Aufstellungen der am Brandort gesicherten Beweismittel fehlt allerdings jeglicher Hinweis auf den Fund von Brandfackeln.]

Sie [Scranowitz und Poeschel] *sahen sodann in den dunklen Raum H 57 hinein, als ihnen dort aus einer Nische in erschöpftem Zustande der Angeschuldigte van der Lubbe mit entblößtem Oberkörper, nur mit Hose, Hosenträger und Schuhen bekleidet, entgegenkam (Lichtbildermappe IV Bild c). Er wurde sofort von dem Zeugen Poeschel festgenommen, der ihn alsbald zur Brandenburger Tor-Wache brachte. Bei seiner Festnahme hatte van der Lubbe das jetzt in dem Hauptband I Hülle Bl. 54 der Akten befindliche Flugblatt „Auf zur Einheitsfront der Tat!" bei sich.*

[Van der Lubbe wurde nach den Angaben Lateits, der aber selbst nicht Augenzeuge war, um ca. 21.30 Uhr festgenommen. Die Festnahme muß jedoch früher erfolgt sein, denn nach einem Polizeitelegramm vom Brandabend war van der Lubbe um 21.25 Uhr bereits verhaftet.[47] Auch Reichstagsdirektor Galle, der schon um ca. 21.20 Uhr in der Kuppelhalle gewesen sein muß[48], sah laut seinem Bericht den Polizeibeamten Poeschel zusammen mit dem verhafteten van der Lubbe bereits vor 21.25 Uhr in der Kuppelhalle.[49] Nach der Aussage von Poeschel erfolgte die Festnahme nach Lateits Blick in den Plenarsaal (21.20 - 21.21 Uhr) und bevor die ersten Feuerwehrleute den Plenarsaal erreicht hatten.[50] Da die Feuerwehr am Portal V um ca. 21.19 - 21.20 Uhr vorgefahren war und Brandmeister Klotz um ca. 21.24 Uhr in den Plenarsaal hineinsah, muß die Verhaftung van der Lubbes also um ca. 21.22 - 21.23 Uhr erfolgt sein.

Unmittelbar nach van der Lubbes Verhaftung kam es im brennenden Reichstagsgebäude zu einem erstaunlichen Vorfall, der bei den Vernehmungen weder von Polizeiwachtmeister Losigkeit noch von Hausinspektor Scranowitz mit einem Wort erwähnt wurde und erst am 15. Verhandlungstag, dem 13. Oktober 1933 bekannt wurde. Losigkeit sagte überraschend aus (er bezog sich dabei auf den Zeitpunkt, nachdem er

Ausgebranntes Sofa, in dem vermutlich eine Fackel steckte. Polizeifoto.

Poeschel, der van der Lubbe abführte, zur Treppe geleitet hatte): „Darauf rief der Hausmeister: ‚Kommen Sie sofort mit mir mit, da unten, glaube ich laufen noch welche!' […] ‚Da unten laufen noch welche, ich habe noch mehr gesehen.' […] Ich folgte ihm dann. […] Er hat das wohl deshalb gesagt, weil ein Täter schon gefaßt wurde, und er war von Anfang an der Meinung, daß noch mehrere im Hause sein müßten. […] In diesem Augenblick war ich der einzige Polizeibeamte im Reichstagsgebäude.“[51] (Lateit und Poeschel hatten das Gebäude kurz zuvor verlassen.) Weitere Täter habe Losigkeit jedoch nicht gefunden. Vom Oberreichsanwalt Dr. Werner noch am gleichen Verhandlungstag auf den Vorfall angesprochen, erklärte Scranowitz: „Ich habe gesagt: Das kann nicht einer machen, da müssen mindestens 6 bis 8 Mann sein.“[52] Darauf Dr. Werner: „Das war eine Vermutung von Ihnen, aber gesehen haben Sie nichts?“ Scranowitz antwortete ausweichend: „Nein, denn das konnte in der kurzen Zeit nach meiner damaligen Überzeugung kein Mensch fertig kriegen.“[53] Scranowitz konnte allerdings am Brandabend etwa um 21.23 Uhr nicht wissen, wann van der Lubbe in das Reichs-

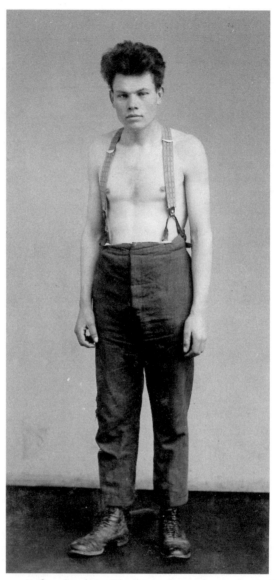

In diesem Aufzug (nackter Oberkörper) wurde van der Lubbe festgenommen. Erstes Polizeifoto; weder Schnittwunden noch Brandverletzungen sind erkennbar.

tagsgebäude gelangt war und deshalb auch die Feststellung „in der kurzen Zeit" gar nicht treffen! (Der Oberreichsanwalt wechselte nun auch sofort das Thema seiner Befragung.) Zu ergänzen ist, daß sich Scranowitz vor seiner Äußerung gegenüber Losigkeit nach den übereinstimmenden Aussagen von Lateit, Losigkeit und Poeschel von diesen entfernt hatte und für etwa zwei Minuten verschwunden war.[54] Er mag währenddessen tatsächlich weitere Täter gesehen haben, über die er später nicht sprechen wollte oder durfte.

Nach van der Lubbes Verhaftung führte Poeschel laut eigenen Angaben diesen durch das Portal V zu Fuß zur Brandenburger Tor-Wache, wo sie nach Aussage Lateits um 21.35 Uhr eingetroffen sein sollen.[55] Bemerkenswert ist, daß Poeschel den halbnackten, in Schweiß gebadeten van der Lubbe <u>allein</u> im Polizeigriff und zu Fuß durch die Frostnacht zur Brandenburger Tor-Wache abgeführt haben will. Poeschel berichtete von „reichlich hinzugeströmten Zuschauern".[56] Das stimmt mit den Angaben von Wendt überein, wonach sich vor Portal V eine Menschenmenge eingefunden hatte, unter anderem auch Zeitungsreporter. Den Autoren ist jedoch nur eine einzige (wohl nicht von einem Au-

Van der Lubbe beim Verhör während der Voruntersuchung. Rechts von ihm sein Dolmetscher.

genzeugen stammende) Zeitungsmeldung bekannt[57], die über den merkwürdigen Abtransport Lubbes durch Poeschel berichtete, obwohl dieser doch wohl einiges Aufsehen hätte erregen müssen!

Ganz im Gegensatz hierzu berichtete die „Frankfurter Zeitung": „Der Brandstifter wurde unter starker polizeilicher Bedeckung sofort in die Wache am Brandenburger Tor gebracht."[58] Eher mit dieser Meldung übereinstimmend sagte Polizeiwachtmeister Losigkeit aus, beim Transport van der Lubbes vom Reichstag „übernahm der Oberwachtmeister Martini der 4. SI.Ld (Schutzpolizei-Inspektion Linden) die weitere Deckung bis zur Brandenburgertorwache."[59]

Auch über die näheren Umstände des anschließenden Transports van der Lubbes von der Brandenburger Tor-Wache zum Polizeipräsidium ist den Autoren kein einziger Zeitungsbericht bekannt, obwohl sich nach Angabe von Lateit vor der Wache eine Menschenmenge versammelt hatte! Der „Tag" vom 28. Februar bestätigt das: „Die Wache am Brandenburger Tor, in der die Schutzpolizei vorläufig den gefaßten Brandstifter untergebracht hat, ist dicht umlagert. Die Polizei muß sogar von Zeit zu Zeit die Menschenmenge zurückdrängen, um die Straße frei zu machen." Demzufolge hätte auch dieser Abtransport einiges Aufsehen erregen müssen.

Fest steht nur, daß van der Lubbe erst um 22.30 Uhr in das Polizeigefängnis eingeliefert wurde.[60] Vorausgesetzt, Lateits Angabe für van der Lubbes Einlieferung in die Brandenburger Tor-Wache (21.35 Uhr) war zutreffend, so befand sich van der Lubbe also eine knappe Stunde in der Brandenburger Tor-Wache und wurde dort, wie verschiedene Zeitungen berichteten, von Beamten der Politischen Polizei verhört.]

Der Einsatz der Feuerwehr

[Nach der Ausrückordnung der Berliner Feuerwehr von 1926, die noch 1933 gültig war, standen öffentliche Gebäude, so auch das Reichstagsgebäude, unter dem 3. Alarm. Das heißt, sofort nach der ersten Brandmeldung hätten drei Löschzüge, und zwar die Züge 6 (Stettin), 4 (Hafenplatz) und 7 (Moabit) ausrücken müssen. Dies geschah nicht. Die Alarmierung und der Einsatzablauf der Einsatzkräfte erfolgten nicht nach den geltenden Anordnungen und Richtlinien.[61] Die Gründe hierfür konnten bislang nicht geklärt werden.]

Von der Feuerwehr war der Zug 6 (Stettin) aus der Linienstraße – Führer Ober-

brandmeister Puhle – zuerst an der Brandstätte eingetroffen. Dieser Zug war um 9.14 Uhr abends durch die Hauptwache in der Lindenstraße alarmiert worden[62]*, die ihrerseits, wie schon oben erwähnt, durch den Versorgungsanwärter Lück vom Haus der Ingenieure telefonisch von dem Brand in Kenntnis gesetzt worden war. Nach der normalen Zeit von etwa 30 Sekunden rückte der aus vier Wagen beste-hende Feuerwehrzug 6 aus und langte nach einer Fahrzeit von 3 bis 4 Minuten, also etwa um 9.18 Uhr abends an der Nordostecke des Reichstags an. Von dort wurde er an die Westseite des Gebäudes dirigiert, wo der Zeuge Puhle sich* [erst um ca. 21.22 Uhr] *entschloß,* [das Fenster einzuschlagen und] *das in den Restaurationsräumen im Hauptgeschoß ausgebrochene Feuer zu bekämpfen.*

Einige Sekunden später als der Zug 6, nämlich um 9 Uhr 14 Min. 30 Sek. [nach einer Auskunft der Feuerwache Moabit um 21.15 Uhr[63]]*, wurde von dem öffentlichen Feuermelder in der Moltkestraße der Zug 7 (Moabit) – Füh-rer Brandmeister Klotz – alarmiert. Dieser gleichfalls aus vier Wagen bestehende Zug traf gegen 9.19 Uhr abends an der Südwestecke des Reichstagsgebäudes ein, wo kurz vorher der Zug 6 angekommen war. Da der Zeuge Klotz sah, daß sich dieser Zug hier an der Westseite zum Feuerangriff anschickte, entschloß er selbst sich, ohne an der Südwestecke anzuhalten, sofort weiterzufahren, um von einer anderen Seite durch ein Portal das Feuer von innen anzugreifen. Einen Augen-blick hielt er am Südportal II an, wo aber der Brandmeister Wald die Tür ver-schlossen vorfand. Darauf fuhr Klotz mit drei Wagen, während der vierte, von dem Zeugen Wald geführte Wagen zurückblieb, um das Reichstagsgebäude herum, an der Ostseite vorbei nach dem Nordportal V.*

Da die Fahrt um das Gebäude einschließlich des kurzen Aufenthalts am Por-tal II etwa 1 Minute gedauert hat, muß der Zeuge Klotz mit seinem Wagen um 9.20 Uhr vor dem Nordportal eingetroffen sein. Nachdem er hier die Anordnung gegeben hatte, einen Schlauch fertig zu machen und nachzurollen, eilte er im Lauf-schritt zusammen mit den Feuerwehrleuten Kiessig und König, von denen der Letztgenannte eine Eimerspritze mitnahm, über die Treppe E 2 in die Wandel-halle. [Brandmeister Wald berichtet, nach der Verhaftung van der Lub-bes, also um ca. 21.22 - 21.23 Uhr, „wurde von irgend einer Seite der Befehl gegeben, dass sämtliche Tore geschlossen werden sollten, weil vermutet wurde, dass noch mehr Brandstifter im Hause wären. Diese Massnahme behinderte doch etwas das Vorbringen der Schläuche, weil die Tore zu gehalten wurden. Erst auf meinen Einspruch hin wurden die Tore geöffnet. Es trat immerhin eine Verzögerung von etwa 2 Min. ein."[64]]

Der Zeuge Klotz hatte eigentlich die Absicht, durch die Wandelhalle hindurch zu laufen, um zu dem Brandherd an der Westseite des Gebäudes zu gelangen.

Hiervon wurde er jedoch abgelenkt, als er in der großen Wandelhalle (Raum H 46) zwischen dem Kaiser-Wilhelm-Denkmal und der großen Glastür, die zu dem Westumgang des Plenarsaals führt, auf dem Boden eine Glimmstelle erblickte und außerdem durch die Glastür hindurch helle Flammen und starken Brandgeruch wahrnahm. Er bemerkte, wie hier ein Vorhang links an der Telefonzelle bis zur Decke sowie diese selbst und die Holzverkleidung der linken Tür des Raumes H 69 brannte. Er machte sich daher zunächst an das Ablöschen dieser lichterloh brennenden Stellen, riß den Vorhang hinter der Telefonzelle herunter und spritzte mit der Eimerspritze die Telefonzellenverkleidung, die Decke und die Türverkleidung ab.

Nachdem dieses Feuer gelöscht war, öffnete er die mit Milchglasscheiben versehene linke Tür, die von dem Raum H 69 in den Plenarsaal hineinführt, um festzustellen, ob das Feuer sich weiter ausgebreitet hätte. Da er, wie oben erwähnt, um 9.20 Uhr an dem Nordportal eingetroffen war und zu dem Eindringen in das Gebäude und dem Löschen des Feuers in dem Raum H 69 etwa 4 Minuten gebraucht hatte, muß er um 9.24 Uhr abends die Tür zum Plenarsaal geöffnet haben. Als er dies tat, schlug ihm eine außerordentliche Hitze entgegen. Zugleich nahm er einen starken Luftzug wahr, der von dem Inneren des Plenarsaales zu ihm herausströmte. Der Saal selbst lag in diesem Augenblick völlig im Dunkeln und war ganz mit dichtem, undurchsichtigem Qualm angefüllt, so daß der Zeuge Klotz irgendwelche Einzelheiten des Saales nicht bemerken konnte. Durch den dichten Nebel sah er nur links oben, also an der Nordostecke des Saales, anscheinend auf einer Empore, einen Feuerschein. Alles in allem gewann er den Eindruck, daß es in dem Plenarsaal in seiner ganzen Breite schwelen mußte, und zwar schon längere Zeit, nach seiner Erfahrung sicherlich mehr als eine halbe Stunde. Anderenfalls wäre, wie er meint, die große Hitze, die ihm entgegenschlug, nicht zu erklären gewesen.

Da der Zeuge Klotz bei dieser Sachlage befürchten mußte, daß infolge des Sauerstoffzutritts durch die von ihm geöffnete Tür eine Stichflamme zu ihm herausschlagen könnte, schloß er die Tür zum Plenarsaal sofort wieder zu. Er eilte darauf durch den Vorraum H 69 und die Wandelhalle zu der Treppe H 2 zurück und half den Feuerwehrleuten, die den Schlauch heranbrachten, diesen bis zu dem Westumgang in den Raum H 69 vorzuschaffen. Hier begann die Feuerwehr um 9.27 Uhr abends gegen die Außenverkleidung des Plenarsaales das erste Wasser aus dem großen Schlauch zu geben. In diesem Augenblick ist nun offenbar der Plenarsaal ruckartig in Flammen aufgegangen. Denn der Zeuge Klotz bemerkte jetzt, wie es hinter der linken Milchglastür, die zum Plenarsaal führt, feuerrot wurde, und nahm zugleich auch durch die Milchglasscheiben der rechten Tür, die er vorher im Dunkeln überhaupt nicht gesehen hatte, sowie durch die Türspalten und

Polizisten und Feuerwehrleute in einem Wandelgang des Reichstagsgebäudes.

eine Holzverzierung dieselbe Feuerröte wahr. Nunmehr versuchte der Zeuge Klotz wiederum durch die linke Glastür in den Plenarsaal einzudringen. Als er diese Tür öffnete, sah er jetzt den ganzen Plenarsaal in der vollen Ausdehnung des Bodens und auch in der Höhe der Seitenwände in hellen Flammen stehen. Der gesamte Raum war zu dieser Zeit ein einziges Flammenmeer. Außerdem verspürte der Zeuge Klotz jetzt, im Gegensatz zu seinen Wahrnehmungen bei dem ersten Betreten des Plenarsaales, eine außerordentlich starke Zugwirkung in den Plenarsaal hinein. Er ließ nunmehr Wasser in den Saal geben und dann auch noch weitere Wasserschläuche nachziehen.

Inzwischen war auch der Brandmeister Wald mit dem vierten Wagen des Zuges 7 (Moabit), der zunächst an der Südseite des Reichstagsgebäudes zurückgeblieben war, am Portal V angelangt und hatte alsbald fünften Feueralarm angeordnet. [Nach den vorliegenden Akten wurde <u>kein 5. Alarm</u> ausgelöst![65]] *Während er noch damit beschäftigt war, den Schlauch seines Wagens durch die Nordvorhalle hineinzubringen* [ca. 21.20 Uhr], *kam ihm ein Polizeioffizier – anscheinend der Zeuge Lateit – aus dem Reichstag entgegen* [ca. 21.21 Uhr], *der ihm zurief, daß es an allen Ecken brenne und daß er dafür sorgen solle, daß mehr Feuerwehr herankomme. Darauf ließ der Zeuge Wald durch den Posten am Feuermelder des Portals V sofort zehnten Feueralarm weitergeben.* [Dieser Feuermelder am Portal V wurde nachweislich <u>nicht</u> betätigt. Der 10. Alarm wurde erst 11 Minuten später, um 21.32 Uhr von Oberbrandmeister Puhle ausgelöst[66], nach der Explosion des Plenarsaals und 18 Minuten nach der ersten Brandmeldung. Damit wurden die Züge 2 (Fischerbrücke), 1 (Hauptwache), 32 (Keibel), 4 (Hafenplatz), 3 (Luisenstadt), 5 (Urban), 41 (Wedding) und 9 (Ranke, Brandmeister Thies) alarmiert, weiterhin der Chef der Berliner Feuerwehr, Oberbranddirektor Gempp, die Branddirektoren Lange und Tamm sowie Oberbaurat Meusser.[67]]

Später wurde dann sogar fünfzehnter Alarm angeordnet. [Dies geschah erst weitere 10 Minuten später, nämlich um 21.42 Uhr durch den inzwischen am Brandort eingetroffenen Oberbaurat Meusser[68], woraufhin auch die Züge 10 (Suarez), 13 (Friedenau), 14 (Steglitz), 35 (Lichtenberg) und 43 (Stockholm) ausrückten.[69]] *Im ganzen erschienen daher nach und nach 15 Feuerwehrzüge an der Brandstelle.* [Es kamen auch Feuerlöschboote auf der Spree[70], wobei anhand der vorliegenden Akten weder zu klären war, wann diese erschienen, noch wer sie alarmiert hatte.]

Der zuerst eingetroffene Zug 6 hatte sofort die Bekämpfung des Feuers von der Westseite des Reichstagsgebäudes in Angriff genommen. Hier hatte der Führer des Zuges, der Zeuge Puhle, alsbald nach seinem Eintreffen die Steckleitern anlegen lassen und war mit einigen anderen Feuerwehrleuten durch das zweite Fenster des

Von der Feuerwehr eingeschlagene Scheibe zur Restauration. Manipuliertes Polizeifoto aus den Ermittlungsakten. Rechts davon wäre das angebliche Einstiegsfenster van der Lubbes zu sehen gewesen, dieser Teil des Fotos fehlt.

Restaurationsraumes im Hauptgeschoß, von der Rampe aus gesehen, nach Zer-trümmerung der Scheibe in das Reichstagsrestaurant eingestiegen, ohne jedoch dabei zu bemerken [und ohne, daß es ihm gemeldet worden wäre], *daß bereits das erste Fenster eingeschlagen war.*

[Puhle wollte sogar nicht ausschließen, daß das Fenster erst später eingeschlagen worden sei.[71] Ein weiteres Indiz dafür, daß vor dem Eindringen der Feuerwehr kein Fenster eingeschlagen war, liefert eine Aussage von Hausinspektor Scranowitz. Dieser lief nach seinem Blick in den Plenarsaal zum Restaurationsraum, um „mit der an der Westseite vorgefahrenen Feuerwehr Verbindung herzustellen. (...) Als ich nun diese Restauranttür, die nach innen zu geht, aufdrückte, schlugen mir Flammen entgegen. In dem Moment, in dem ich die Restauranttür aufklinkte, gewahrte ich, wie das gegenüberliegende Fenster des Restaurants von einem Feuerwehrmann (Puhle) eingeschlagen wurde. Durch den jetzt offenbar entstehenden Zug schlug eine spitze Flamme, die ich als Stichflamme bezeichnen möchte, auf mich zu und es gab einen Zugwind, so daß ich die Tür eiligst wieder schloß."[72] Wäre nun vorher schon ein Fenster eingeschlagen gewesen, so hätte die Zugwirkung allerdings sofort beim Öffnen der Restauranttür eintreten müssen! Eine weitere Unstimmigkeit liefert die Aussage des Polizeibeamten Buwert, der zwar (nach einer Berichtigung seiner Aussage) die von van der Lubbe eingeschlagene Scheibe gesehen haben will, doch: „Die zerbrochene Fensterscheibe war vom oberen Fensterflügel."[73] Mit den Füßen hätte van der Lubbe sie dort wohl nicht eintreten können. Schließlich findet sich in den Ermittlungsakten zwar ein Foto, welches das von der Feuerwehr eingeschlagene Fenster mit innen liegenden Scherben zeigt; es handelt sich jedoch offenbar um eine Ausschnittsvergrößerung, die das rechts daneben befindliche Fenster, durch das van der Lubbe eingestiegen sein soll, nicht mehr zeigt! Ein Foto des angeblichen Einstiegsfensters van der Lubbes im Zustand vor der Neuverglasung, die offenbar schon am nächsten Tag, dem 28. Februar erfolgte, findet sich in den Akten nicht.]

Da der Zeuge Puhle, wie schon oben bemerkt, mit seinem Zug 9.18 Uhr abends an der Nordostecke des Reichstagsgebäudes eingetroffen war und bis zur Einschlagung des Fensters 5 Minuten vergangen waren, muß er um 9.23 Uhr abends den Restaurationsraum betreten haben. Bei dem Einsteigen sah er die gegenüberliegende, zur Wandelhalle führende Tür und die Holzverkleidung in Flammen stehen. Der Vorhang an dieser Tür war schon heruntergebrannt. Außerdem bemerkte der Zeuge Puhle rechts neben dem Fenster, durch das er eingestiegen war, eine Portiere zusammengeballt liegen, unter der es schwelte. Als die frische Luft durch das

Fenster hinzutrat, gab es an dieser Stelle einen zischenden Laut und eine helle Flamme. Dieser Brandherd, der sofort gelöscht wurde, muß eine ganze Zeit geschwelt haben, da in der eichenen Platte des an diesem Fenster stehenden Tisches ein etwa zentimetertiefes ausgekohltes Loch zu sehen war. Weiter bemerkte der Zeuge Puhle auf dem hinter dem Schanktisch stehenden Tisch eine Brandstelle, die aber nicht mehr brannte. Die Feuerwehrleute machten sich nun an das Ablöschen der Tür, was in verhältnismäßig kurzer Zeit erledigt war.

[Der Feuerwehrmann Polchow, der sofort nach Puhle in den Restaurationsraum eingedrungen war, wurde von diesem beauftragt, im Raum hinter dem Schanktisch nach weiteren Brandherden zu suchen. Polchow ging dort eine Treppe hinunter und fand an der unteren Tür eine eingeschlagene Scheibe.[74] Hier stieß er auf ihm entgegenkommende Polizeibeamte.[75] Dabei handelte es sich mit großer Sicherheit um Lateit und seine Beamten, die ab ca. 21.22 Uhr mit gezogener Pistole den Südflügel, wie auch die Kellerräume des Reichstagsgebäudes durchsuchten und genau zur gleichen Zeit wie Polchow (ca. 21.23 - 21.24 Uhr) die Tür mit der eingeschlagenen Scheibe am unteren Ende der Treppe erreichten (siehe unten).]

Der Zeuge Puhle benutzte die Zeit, während der der Schlauch vorgebracht wurde, um einen Augenblick den einen Flügel der brennenden Tür zu öffnen. Dies muß ungefähr um 9.24 Uhr abends gewesen sein. Irgendeine Zugwirkung will er dabei seiner Erinnerung nach nicht wahrgenommen haben. Einige Minuten später, um 9.27 Uhr, betrat er durch die schon fast abgelöschte Tür die Wandelhalle und lief in den Kuppelsaal hinein, wo er an dem Kaiser-Wilhelm-Denkmal den Zeugen Klotz traf, der ihm mitteilte, daß der ganze Plenarsaal brenne.

Darauf dirigierte der Zeuge Puhle sofort einen zweiten Schlauch von der Restauranttür aus heran und ließ auch den ersten, schon im Restaurant liegenden Schlauch vorziehen. Beim Durchbringen des ersten Schlauches durch die Tür bemerkte er jetzt plötzlich einen ganz erheblichen Zug, der von der Außenfront her in das Innere des Gebäudes hineinging.

Nach Ansicht des Zeugen ist diese starke Zugwirkung etwa eine Minute nach seinem zweiten Heraustreten in die Wandelhalle, also ungefähr um 9.28 Uhr, aufgetreten. Als der Zeuge Puhle jetzt in dem Kuppelsaale stand, sah er bereits helle Flammen aus dem Plenarsaal herauskommen. Seiner Erinnerung nach waren in diesem Augenblick schon die ganze Holzverkleidung zwischen den beiden zu dem Saal führenden Türen und die Türen selbst von den Flammen ergriffen. Er gewann dabei den Eindruck, daß die Holzverkleidung vom Saale her schon lichterloh durchgebrannt sein müßte. Da ihm nun klargeworden war, daß das Feuer im Plenarsaal nur auf seinen Herd beschränkt werden könnte, gab er Anweisung,

101

daß die anderen ankommenden Feuerwehrzüge den Plenarsaal von der Südseite her angreifen sollten.

Inzwischen war der Zeuge Lateit von der Brandenburger-Tor-Wache wieder zum Reichstagsgebäude zurückgeeilt. Als er hier bei dem Südportal II anlangte, war dieses kurz zuvor von dem Zeugen Scranowitz geöffnet worden. Lateit stürzte nun mit dem dort stehenden Botenmeister Prodöhl und mehreren Polizeibeamten durch das Portal II von Süden her in das Innere des Gebäudes, wo ihnen von links aus der Garderobe des Erdgeschosses Rauch entgegenkam. In dieser Garderobe sahen sie die Waschtoilette und ein Stück Läufer brennen (Lichtbildermappe IV Bild 6 und 7). [Wie schon oben ausgeführt, war Lateit in der Zwischenzeit nicht auf der Brandenburger Tor-Wache gewesen, sondern hatte das Reichstagsgebäude durch das offene Portal II um ca. 21.22 Uhr erneut betreten. Er fand in den Restaurationsräumen 5 Brandherde vor[76], von denen 3 gelöscht werden konnten.[77] Hätte Lateit die Restaurationsräume erst nach dem angeblichen Öffnen des Portals II durch Scranowitz – etwa um 21.30 Uhr – betreten, so hätten die 5 Brandherde bereits gelöscht sein müssen, da die Feuerwehr (Puhle) um 21.23 Uhr durch das Fenster in die Restaurationsräume eingedrungen war und von dort aus das Feuer bekämpfte. Daß Lateit noch vor Puhle, also ab 21.22 Uhr in den Räumen gewesen sein muß, legt auch die Tatsache nahe, daß Puhle von einer Brandstelle auf einem Tisch berichtete, „die aber nicht mehr brannte".[78] Weiterhin kann Lateits Zusammentreffen mit dem Feuerwehrmann Polchow (s. oben) ziemlich genau auf 21.23 - 21.24 Uhr datiert werden.]

Sie [Lateit, Prodöhl und die Polizeibeamten] *drangen dann weiter in dem Erdgeschoß nach Westen vor, wo sie in dem Vorzimmer zum Beamtenkasino (E 24) eine größere Brandstelle, aus der noch Flammen herausschlugen, wahrnahmen (Lichtbildermappe IV Bild 5). Ferner bemerkten sie hier, daß die Scheiben der Speisendurchgabe zerschlagen waren (Lichtbildermappe IV Bild 4 und 5)* [wobei die Scherben fein säuberlich aus dem Rahmen entfernt worden waren]. *Der Zeuge Lateit rief daraufhin ein gerade vorbeifahrendes Feuerwehrfahrzeug heran. Er drang nun mit Prodöhl in die Küche ein. Am unteren Ende der aus einem angrenzenden Raum ins Erdgeschoß führenden Treppe H 24 fand er eine weitere eingeschlagene Scheibe in einer Tür.* [Die Glasscherben lagen auf der Seite der Treppe, die Scheibe war also vom Erdgeschoß her eingeschlagen worden. Die Scherbenreste waren nicht aus dem Rahmen entfernt worden![79]]

Nachdem der Zeuge Lateit mit seinen Begleitern dann noch weiter planmäßig den ganzen Südflügel des Gebäudes abgesucht und darauf wieder die Wandelhal-

le im Hauptgeschoß betreten hatte, fand er dort am Südende, gleich hinter der Trep-
pe H 22, eine graue Sportmütze, ein Stück Seife und einen Selbstbinder liegen,
die, wie später festgestellt worden ist, Eigentum des Angeschuldigten van der Lubbe
sind (Lichtbildermappe Bild 42 und 43). [In der Wandelhalle erfuhr Lateit
von der Verhaftung van der Lubbes und erhielt – vor Abschluß der
Durchsuchung des gesamten Reichstagsgebäudes – von Polizei-Oberst
Niehoff den Befehl, seinen Dienst in der Brandenburger Tor-Wache
wieder aufzunehmen.[80] Niehoff wurde erst um 21.35 Uhr alarmiert. Um
21.36 Uhr wurde ein Wagen der Fahrbereitschaft zu seiner Wohnung
gesandt[81], so daß er erst einige Minuten später am Reichstag eingetroffen sein kann.] *Als der Zeuge Lateit darauf sich wieder zur Brandenburger-Tor-
Wache zurückbegab* [wo er ca. um 21.45 Uhr eingetroffen sein muß und
dort den um 21.35 Uhr eingelieferten van der Lubbe vorgefunden haben
will], *sah er jetzt, wie aus der Kuppel des Reichstagsgebäudes Feuerfunken her-
aussprühten. Diese Feuerfunken in der Reichstagskuppel sind von anderen Personen zuerst um 9.30 bis 9.35 Uhr abends beobachtet worden.*

*Inzwischen war nämlich, wie aus den Bildern 13 bis 19 und 21 der Lichtbil-
dermappe IV zu erkennen ist, der gesamte Plenarsaal ein Opfer der Flammen geworden.* [Ungefähr um 21.27 - 21.28 Uhr erfolgte eine Verpuffung im
Plenarsaal; die gläserne Staubdecke und das darüber befindliche schräge
Glasdach wurden zerstört, im weiteren Verlauf zersprang auch die Verglasung der Kuppel des Reichstagsgebäudes.] *Als das Feuer endlich gelöscht
war, zeigte es sich, daß die Holzverkleidung des Plenarsaales an allen vier Seiten
völlig abgebrannt war, so daß die bloßen Mauern zu erkennen waren. Von den
Tribünen, die gleichfalls ausgebrannt waren, standen nur noch die Stützpfeiler und
die Grundreste. Die Staubdecke des Plenarsaales fehlte vollständig, so daß der Blick
in die große Kuppel, in der fast alle Fenster zersprungen waren, frei war. Große
Teile der Eisenkonstruktion hingen von der Decke in den Saal herunter. Über der
Wand an der Seite des Präsidiums bog sich ein Teil der oberen Staubdecke in den
Saal hinein. Der gesamte Boden des Plenarsaales war über und über mit völlig ver-
kohlten Holzresten und Eisenteilen bedeckt. Der Zustand des Plenarsaales vor dem
Brande ergibt sich aus den Bildern 30 bis 35 der Lichtbildermappe IV und aus den
Bildern in der Hülle Band R III Blatt 179.*

Van der Lubbes Schilderungen

Im folgenden wird die Schilderung der Brandstiftung durch van der
Lubbe laut Darstellung der Anklageschrift vom 24. 7. 1933 (*in kursiver*

Schrift) wiedergegeben.[82] (Die entsprechende Darstellung in der Urteilsbegründung ist wesentlich weniger detailliert.) Im Abschnitt III a („Die Zeitspanne, die dem Angeschuldigten van der Lubbe zur Verfügung stand") der Zusammenfassung („III Die tatsächliche Würdigung des Sachverhalts") heißt es:

Nach den Aussagen des Oberwachtmeisters Buwert hat er die Meldung des Zivilisten, der das Klirren der Fensterscheibe gehört hat, um 9.04 Uhr oder 9.05 Uhr abends erhalten. Da von der Wahrnehmung des Einsteigens bis zur Meldung an den Zeugen Buwert ebenfalls eine kleine Zeitspanne verstrichen sein muß, wird man die Beobachtung des Einsteigens mindestens 1 Minute früher einsetzen [!] können, also auf etwa 9.03 Uhr abends. [...] Die erste Wahrnehmung des Brandes im Plenarsaal ist dann durch den Zeugen Lateit um 9.21 bis 9.22 Uhr abends erfolgt. Würde man von der Voraussetzung ausgehen, daß entgegen den Angaben des Angeschuldigten van der Lubbe die Brandlegung im Plenarsaal als erste erfolgt wäre, so würde für die Entwicklung des Brandes bis zur ersten Zeugenwahrnehmung durch Lateit eine Zeitspanne von etwas nach 9.03 bis 9.21 oder 9.22 Uhr, also im Höchstfall etwa 18 bis 19 Minuten, zur Verfügung gestanden haben.[83]
[Die hier für die Brandstiftung angesetzte Zeitspanne ist viel zu lang. Verfälschend wirkt sich insbesondere aus, daß der Zeitpunkt für die Wahrnehmung des Fensterklirrens (Einstieg van der Lubbes) durch die Zeugen Flöter und Thaler (um ca. 21.08 Uhr) durch die willkürlich ausgewählte Angabe Buwerts (21.05 Uhr) ersetzt wurde, obwohl dieser 21.05 oder 21.10 Uhr für sein Zusammentreffen mit Flöter angegeben hatte[84], wobei die Zeit für den Einstieg van der Lubbes dann auch noch hypothetisch auf 21.03 Uhr zurückgerechnet wurde. Geht man jedoch von der realistischen Zeit (21.08 Uhr) für van der Lubbes angeblichen Einstieg (Klirren des Fensters) aus und rechnet von hier bis zu Lateits Blick in den Plenarsaal (21.20 - 21.21 Uhr), ergibt sich eine Zeitspanne für van der Lubbes Brandstiftungen im Reichstag von nur 12 - 13 Minuten!

In den folgenden Abschnitten der Anklageschrift – III b), „die Lüftungsverhältnisse, die zur Zeit des Brandes im Plenarsaal geherrscht haben" und III c), „die Einrichtung des Plenarsaales, insbesondere das Vorhandensein etwaiger leicht brennbarer Gegenstände" – wird eine Alleintäterschaft van der Lubbes aus brandtechnischen Gründen ausgeschlossen. Zu Punkt b) wird im wesentlichen nur festgestellt,] *daß sämtliche künstlichen Lüftungsanlagen [...] zur Zeit des Brandes im Plenarsaal außer Betrieb gewesen sind und infolgedessen eine fühlbare Luftströmung im Plenarsaal von unten nach oben oder umgekehrt nicht vorhanden gewesen sein kann.* [Der

Brand kann also durch die Lüftung nicht angefacht worden sein. In Punkt c) bezieht sich die Anklage auf Brandversuche mit dem Mobiliar des Plenarsaals sowie auf die Gutachter Prof. Josse, Dipl.-Ing. Wagner und Dr. Schatz. Alle drei Gutachter hielten es für ausgeschlossen, daß van der Lubbe den Brand allein entzündet haben könnte,] *wenn nicht eine besondere Vorbereitung des* [Plenar-]*Saales für die Inbrandsetzung vorhergegangen wäre. Die dem Angeschuldigten van der Lubbe zur Verfügung stehende* [und zu lang angesetzte] *Zeit habe für eine derartige Vorbereitung nicht ausgereicht.*

[Die schriftliche Urteilsbegründung vom 23. 12. 1933 weicht teilweise in der Schilderung des Sachverhalts von der im folgenden weiter zitierten Darstellung der Anklageschrift ab. Die entsprechenden Stellen wurden (in Anführungszeichen und normaler Schrift) eingefügt. Dabei fällt insbesondere auf, daß van der Lubbe unterstellt wurde, er habe flüssiges Brandmittel mit sich geführt – eine durch nichts begründete Annahme. Erstaunlicherweise wird auch hier die im Reichstagsgebäude gefundene Brandfackel nicht erwähnt.]

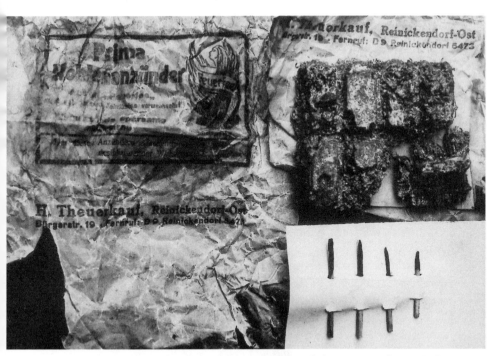

Von van der Lubbe verlorene Kohlenanzünder und deren Verpackung. Polizeifoto.

Nach der Darstellung des Angeschuldigten van der Lubbe soll nun die Brand-
stiftung im Reichstag von ihm im wesentlichen in folgender Weise ausgeführt wor-
den sein:

Schon unterwegs auf dem Wege zum Reichstagsgebäude hatte van der Lubbe
von den vier Paketen Kohlenanzünder, die er bei der Firma Stoll [Fa. Hermann
Stoll, Müllerstraße 48a] *am Vormittag gekauft hatte, die Umhüllung gelöst,*
um sich nicht bei der Ausführung der Tat damit aufhalten zu müssen. Er trug je
ein Paket Kohlenanzünder in den beiden Außentaschen des Mantels und je ein
Paket in den Außentaschen seines Jacketts. Nachdem er sodann an der Westseite
des Reichstagsgebäudes eingetroffen war, kletterte er alsbald rechts von der großen
Auffahrt nach Übersteigung des Geländers an der Außenseite des Gebäudes empor
und gelangte nach Überwindung der Brüstung auf diese Weise auf den Balkon vor
dem ersten Fenster der Restaurationsräume im Hauptgeschoß (Lichtbildmappe IV
Bild 20, 22, 23). An der Fassade sind hier auch später auf der Oberseite der ein-
zelnen Steinquader deutliche Fingerspuren, die auf dem Lichtbild Nr. 23 der Licht-
bildermappe IV durch weiße Quadrate kenntlich gemacht sind, sowie an den un-
teren Seiten der Steinquader einige Abstoßungen, die man als Kletterspuren
ansprechen kann, festgestellt worden. Die Fingerabdrücke haben sich allerdings für
eine daktyloskopische Behandlung nicht als geeignet erwiesen. Die Augenscheins-
einnahme der Einstiegstelle hat später auch ergeben, daß ein gewandter Mensch
unter Benutzung der Einschnitte der einzelnen Steinquadern sehr wohl bis zum
Balkon der Restaurationsräume hinaufklettern kann, wenn man auch erheblich
leichter und einfacher von der großen Rampe vor dem Portal I auf dem Hauptsims
der Freitreppe entlang zu der Einstiegstelle gelangen kann.

[Urteilsschrift: „Am Abend des 27. Februar 1933 pünktlich um 21
Uhr kletterte der Angeklagte van der Lubbe, wie die vorgefundenen
Kletterspuren bestätigen, an der mit breiten Fugen versehenen Mauer
des Erdgeschosses an der Westseite des Reichstagsgebäudes in der Nische am Südende der Säulenvorhalle zu dem ersten Fenster des Hauptgeschosses, das zum Restaurationsraum des Reichstages gehört, hinauf."]

Auf dem Balkon vor dem ersten Fenster des Restaurationsraumes nahm van der
Lubbe, wie er angibt, ein Paket Kohlenanzünder aus der Manteltasche heraus,
machte die Umhüllung ab und steckte diese Kohlenanzünder an. Da die Koh-
lenanzünder infolge des herrschenden Windzuges nicht sofort anbrennen wollten,
verbrauchte er dabei etwa 6 Streichhölzer. Von dem Untersuchungsrichter befragt,
aus welchem Grunde er die Kohlenanzünder schon vor dem Einsteigen auf dem
Balkon angesteckt habe, wo er doch damit habe rechnen müssen, daß dieses Feuer
von vorübergehenden Personen gesehen werden könnte, hat der Angeschuldigte van

der Lubbe erklärt, er habe keine Zeit verlieren wollen, da er angenommen habe,
daß er unter Umständen von Leuten, die sich im Innern des Gebäudes aufhielten,
hätte gefaßt werden können. Mit den Kohlenanzündern in der Hand will dann
van der Lubbe die 8 mm starke Doppelscheibe des ersten Fensters des Restaurationsraumes (H 25 a), rechts von der großen Auffahrt, eingetreten haben. [Offen-
bar meldeten mit dieser Formulierung auch die Verfasser der Anklageschrift Zweifel daran an, daß van der Lubbe das Fenster eingetreten habe
(s. oben)!] *Er mußte dabei mehrfach zutreten, bis die Scheiben zertrümmert*
waren. Infolge der dadurch verursachten Verzögerung brannte der Kohlenanzün-
der schnell ab, so daß sich van der Lubbe die Finger verbrannte und gleich, nach-
dem er in den Restaurationsraum eingestiegen war, die ganze Tafel auf den hin-
ter der Theke stehenden Holztisch warf. Bei dem Einsteigen kann er einen
unmittelbar am Fenster stehenden Tisch benutzt haben. [Urteilsschrift: „Die
Scherben der eingetretenen Scheibe fanden sich später auf diesem Tisch
und am Boden des Restaurationsraums."]

Auf dem vorerwähnten Holztisch hinter der Theke fand sich später etwa auf der
Mitte der Tischplatte eine angekohlte, nicht sehr in die Tiefe gehende Brandstelle
von etwa 30 x 20 cm Umfang, die von mehreren kleinen Brandflecken umgeben
war. Nachdem der Angeschuldigte van der Lubbe dort den Rest des Kohlenan-
zünders hingeworfen hatte, nahm er, wie er angibt, aus der Jackettasche ein zwei-
tes Paket Kohlenanzünder heraus, wickelte das Papier ab, ließ dieses fallen und
steckte den Kohlenanzünder an dem noch auf dem Tisch hinter der Theke bren-
nenden anderen Kohlenanzünder an. In dem dadurch entstandenen Lichtschein
bemerkte er nun an der Ostseite des Restaurationsraumes rechts von dem Schank-
tisch den Vorhang an der Tür zu der Wandelhalle, der nach seiner Angabe an bei-
den Seiten unten hochgerafft war. Er steckte nun zunächst [Urteilsschrift: „mit
weiteren Kohlenanzündern und einem Brandmittel, über das unten
noch zu sprechen sein wird"[85]] *den zusammengerafften Teil links von der Tür*
an und wartete, bis die Flammen etwas hochzüngelten. Gleich darauf zündete er
auch den rechten Teil des Vorhanges unten ebenfalls an. Wie später die Augen-
scheinseinnahme ergeben hat, und auch aus den Bildern 2 (b), 47 und 72 der
Lichtbildermappe IV zu ersehen ist, sind die beiden Teile dieses Vorhanges, der
aus Plüschstoff bestanden haben soll, vollständig niedergebrannt. Durch das Feuer
sind auch die Türflügel, die Türpfosten, die Holzverkleidung daneben sowie der
Fußboden vor der Tür stark in Mitleidenschaft gezogen worden. Als der Vorhang
an dieser Tür brannte, will der Angeschuldigte van der Lubbe mit demselben Koh-
lenanzünder zurück nach dem Vorhang an dem gegenüberliegenden Fenster ge-
laufen sein. Es handelt sich dabei um das, von der Rampe aus gesehen, zweite
Fenster an der Westseite des Restaurationsraumes, durch das später die Feuerwehr

eingestiegen ist. Hier steckte van der Lubbe den Vorhang an der linken Seite unten gleichfalls an. [Urteilsschrift: „Da sie imprägniert waren, brannten sie nicht."] *Um dies tun zu können, zog er den glatt herunterhängenden Vorhang zwischen dem an dieser Stelle stehenden Tisch und der Fensterscheibe hoch und hielt den unteren Teil des Vorhangs an die Flammen des auf den Tisch gelegten Kohlenanzünders (Lichtbildermappe IV Bild 1 [a]). Nunmehr nahm er aus einer Jackettasche das dritte Paket Kohlenanzünder heraus, wickelte es aus, brach von dem Kohlenanzünder ein Stück ab und entzündete dieses, während er den Rest in seine Manteltasche steckte, an dem auf dem Tisch brennenden Kohlenanzünder. Darauf will er versucht haben, auch den rechten Teil des Vorhanges am Fenster gleichfalls in Brand zu setzen. Die Augenscheinseinnahme hat aber später ergeben, daß diese rechte Vorhanghälfte keine Brandspuren aufweist, während bei dem linken Vorhang an dem unteren Ende, unregelmäßig über die ganze Breite verteilt, ausgebrannte Stellen von etwa 59 bis 60 cm Höhe festgestellt sind. Auf dem links an dem Fenster stehenden Tisch, auf den van der Lubbe die Kohlenanzünder gelegt hat, fand sich ungefähr in der Mitte der Tischplatte eine etwa 5 cm tiefe und 20 x 40 cm breite verkohlte Stelle. Außerdem wurden dort auf dem Tisch nach der Tat noch einige zerkrümelte Reste eines Feueranzünders gefunden.*

Mit dem abgebrochenen Stück Kohlenanzünder aus dem dritten Paket scheint der Angeschuldigte van der Lubbe dann wieder zu der gegenüberliegenden Ostseite des Restaurationsraumes gegangen zu sein. Hier hat sich später zwischen der ersten Tür neben dem Schanktisch und der rechts daneben befindlichen zweiten Tür unter einem dort an der Wand angebrachten Lautsprecher am Fußboden unmittelbar an der Holzleiste eine etwa 25 x 40 cm große angekohlte Stelle gefunden. Auch war die Fußleiste an der Holzverkleidung geschwärzt (Lichtbildermappe IV Bild 47). Der Angeschuldigte van der Lubbe hält es für möglich, daß er hier den Rest des Kohlenanzünders hat fallen lassen. Die ferner auf dem Sims an der Wand zwischen der zweiten und dritten Tür später gefundenen Kohlenanzünderkrümel können dort, wie van der Lubbe annimmt, beim Herumlaufen abgefallen sein.

Bemerkt sei hier, daß der Angeschuldigte van der Lubbe anfangs die Brandlegungen im Restaurationsraum in anderer Reihenfolge geschildert hatte. Er hat nämlich zunächst angegeben, er habe zuerst den Vorhang am Fenster und sodann später die Portiere an der Tür zur Wandelhalle angesteckt.

Den weiteren Verlauf der Brandstiftung hat der Angeschuldigte van der Lubbe bei seinen polizeilichen Vernehmungen im wesentlichen wie folgt dargestellt: Nachdem er den Rest des Kohlenanzünders aus dem dritten Paket an dem brennenden Vorhang der Ausgangstür zur Wandelhalle angesteckt gehabt habe, sei er mit diesem in der Hand durch die Tür in die Wandelhalle (H 44 und 45) hineingegan-

gen. Hier sei er nun zunächst in schnellem Lauf bis in den Raum H 46, wo das Kaiser-Wilhelm-Denkmal steht, dann links an die große Eingangstür, und da er hier nichts Brennbares gefunden habe, zurück durch die Wandelhalle nach der Treppe H 22 gelaufen. Kurz vorher habe er wieder kehrtgemacht und sei nach der Tür zum Restaurationsraum geeilt, durch die er zuvor die Wandelhalle betreten hätte (Lichtbildermappe IV Bild 48) – Hier habe er, sei es in der Wandelhalle vor dieser Tür, sei es mehr nach der Treppe H 22 zu, den Kohlenanzünder fallen gelassen, da ihm dieser die Finger verbrannt hätte. Er habe sich jetzt seinen Mantel, sein Jackett, seine Weste und sein Oberhemd ausgezogen, so daß er am Oberkörper nur noch mit dem Unterhemd bekleidet gewesen sei. Er will sich hier seiner Kleidung deshalb entledigt haben, weil er sein Oberhemd habe anstecken und als Feuerträger benutzen wollen. Das Paket Kohlenanzünder, das er noch in seiner Manteltasche gehabt hätte, habe er als Reserve zurückbehalten wollen. Er habe sich dann sein Jackett wieder angezogen und sein Oberhemd an einer Ecke an dem noch brennenden Stück Kohlenanzünder angesteckt.

Sodann lief van der Lubbe nach seiner vor der Polizei gegebenen Schilderung, nachdem er seine übrigen ausgezogenen Kleidungsstücke auf dem Teppich der Wandelhalle zurückgelassen hatte, mit dem brennenden Hemd in der Hand durch dieselbe Tür, durch die er gekommen war, in den Restaurationsraum (H 25) zurück, und zwar durch den brennenden Vorhang hindurch. Er ging nun zunächst durch die kleine, mit Schnitzwerk versehene Tür rechts am Schanktisch, die nach der Tür zur Wandelhalle zu liegt und unverschlossen war (Lichtbildermappe IV Bild 47), machte aber alsbald wieder kehrt und ging nunmehr an dem Schanktisch vorbei in den links davon befindlichen kleinen Raum H 26a, der den Kellnern als Aufenthaltsraum dient.

Vor dem Untersuchungsrichter hat der Angeschuldigte van der Lubbe später erklärt, er könne sich nicht mehr erinnern, wohin er zunächst aus dem Restaurationsraum gelaufen sei, ob er sofort in den Raum H 26a oder zunächst in die Wandelhalle und darauf durch die brennende Portiere in das Restaurant zurückgeeilt sei.

In dem Raum H 26a befindet sich in einer Nische ein alter Eisschrank, der seit Jahren zur Aufbewahrung von Wäsche (Tischtücher und Servietten) benutzt wird. Dieser Schrank soll, wie der Ökonom des Reichstagsrestaurants Jürgens sowie die Kellner Marten und Weinhold, die die beiden Schlüssel zu diesem Schrank in Verwahrung hatten, übereinstimmend bekundet haben, verschlossen gewesen sein. Durch Versuche ist allerdings festgestellt worden, daß das eine Türschloß nicht ganz zuverlässig ist, sondern daß bei hastigem Schließen immerhin die Möglichkeit besteht, daß der Schrank nicht ordnungsmäßig verschlossen wird. Der Angeschuldigte van der Lubbe behauptet seinerseits, daß die obere rechte Tür des Schrankes damals unverschlossen gewesen sei. Es kann dahingestellt bleiben, ob dies wirklich der Fall gewesen ist, oder ob van der Lubbe zur Öffnung der rechten Schranktür einen falschen Schlüssel oder irgendein sonstiges Werkzeug benutzt hat, worauf einige an dem Schloß gefundene Kratzspuren hinweisen, die nicht mit dem Originalschlüssel verursacht sein können. Jedenfalls will van der Lubbe, nachdem er zunächst vergeblich versucht hatte, den in dem Schrank liegenden Stapel Tischtücher anzustecken, das oberste Tischtuch aus dem Schrank herausgenommen, es auseinandergefaltet und an der einen Seite mit den Resten seines brennenden Hemdes, das inzwischen fast vollständig verbrannt war, angesteckt haben.

Hier sei erwähnt, daß der Zeuge Jürgens später bei der Bestandsaufnahme festgestellt hat, daß außer den von der Polizei sichergestellten 3 Tischtüchern im ganzen noch 5 Tischtücher gefehlt haben.

Mit dem an der einen Seite brennenden Tischtuch lief der Angeschuldigte van der Lubbe nach seiner Darstellung nun die Treppe H 24 [Eine Treppe H 24 gab es nicht. Es handelt sich hier offenbar um einen Tippfehler, und H 26 ist gemeint.] *hinunter, die in das Erdgeschoß führt. Diese Treppe mündet an einer holzverkleideten, mit Glasscheiben versehenen Tür, deren Verkleidung etwa 37 cm vom Ende der Treppe in den angrenzenden Raum E 25 a vorspringt. An der rechten Seite dieser Türverkleidung befindet sich ein langes schmales Glasfenster (Lichtbildmappe IV Bild 3). Da die Tür verschlossen war und die übrigen Scheiben durch Eisenstäbe gesichert waren, trat van der Lubbe die vorerwähnte, an der rechten Seite befindliche Glasscheibe mit dem Fuß ein. Sodann stieg er durch das eingeschlagene Fenster hindurch, indem er das brennende Tischtuch hinter sich herzog.* [Wie oben geschildert, stellte Polizeileutnant Lateit fest, daß das Fenster nicht von der Treppe, sondern vom Erdgeschoß her eingetreten worden war. Diese Unstimmigkeit wurde auch in der Urteilsbegründung nicht korrigiert!]

Auf diese Weise gelangte er in den Raum E 25a hinein, der zur Aufbewahrung von Tafelsilber dienen soll. Bei der Augenscheinseinnahme fanden sich hier später an der aus Fliesenbelag bestehenden Wandbekleidung dicht neben der eingeschlagenen Fensterscheibe eine angeblakte Stelle und auf dem Fußboden einige brandige Reste (Lichtbildmappe IV Bild 3).

Der Angeschuldigte van der Lubbe lief nun, wie er angibt, weiter in den Küchenvorraum E 25 und sodann in die Küche E 25b hinein (Lichtbildmappe IV Bild 52). Die Türen zu diesen beiden Räumen waren unverschlossen. Als van der Lubbe in der Küche anlangte, war das Tischtuch schon so weit verbrannt, daß das Feuer seine Hand zu berühren drohte. Er ließ infolgedessen das Tischtuch fallen, kann sich aber nicht mehr erinnern, ob er es auf den in der Küche stehenden Hackklotz gelegt oder an anderer Stelle hat niederfallen lassen. Ersteres scheint zuzu-

treffen, da später auf dem Hackklotz ein Brandfleck von etwa 7 x 8 cm Größe festgestellt worden ist. In der Küche zog sich jetzt der Angeschuldigte van der Lubbe, wie er sich zu erinnern glaubt, sein Jackett und sein Unterhemd aus, zog ersteres wieder an und hielt das Unterteil des Hemdes über den brennenden Rest des Tischtuches, bis das Hemd Feuer fing. Da die Tür von der Küche zu dem nächsten Raum E 24, dem Vorraum zum Beamtenheim, verschlossen war, zertrümmerte er, um in diesen Raum einzudringen, die Scheiben der Speisendurchgabe mit einem dort stehenden Teller (Lichtbildermappe IV Bild 4 und 5).

Sodann stieg er durch die Speisendurchgabe in den Vorraum E 24 hinein. Hier muß ein Stück des brennenden Hemdes heruntergefallen sein, da von diesem später auf dem Linoleumfußbodenbelag ein halbverkohlter Stoffrest sowie ein Brandfleck zu sehen waren (Lichtbildermappe IV Bild 5). Van der Lubbe hörte nun plötzlich ein Geräusch, durch das, wie er bei einer seiner polizeilichen Vernehmungen angegeben hat, seine „Andacht" etwas abgelenkt worden sei. Offensichtlich handelt es ich bei diesem Geräusch um den Schuß, den in diesem Augenblick der Zeuge Buwert auf den Lichtschein im Erdgeschoß hin von der Rampe an der Westseite des Reichstagsgebäudes abgegeben hat [um ca. 21.10 Uhr]. Das Geschoß fand sich auch später hier auf dem Fußboden, ebenso am Fenster das Einschußloch.

Der Angeschuldigte van der Lubbe ging darauf, wie er angibt, aus dem Raum E 24 durch die Drehtür in den Garderobenraum der Abgeordneten (E 43) und lief dann auf einen dort stehenden Tisch zu. Hier angekommen, war sein Unterhemd nach seiner Angabe bereits so weit abgebrannt, daß das Feuer seine Hand bedrohte. An dieser Stelle muß auch ein Stück des Hemdes abgefallen sein, da hier später halb verkohlte Stoffreste und ein Brandfleck auf dem Fußboden bzw. dem Läufer gefunden worden sind (Lichtbildermappe IV Bild 6). Van der Lubbe lief nun mit dem brennenden Hemdenrest noch durch die Räume E 43a und 42b in den Raum E 21a hinein. Hier befindet sich ungefähr in der Mitte eine Waschtoilette mit einer Marmorplatte und zwei Waschstellen (Lichtbildermappe IV Bild 7). Auf den beiden Waschbecken dieser Waschtoilette liegen, wie der Zeuge Scranowitz bekundet hat, stets zwei Stapel Servietten, die zum Händeabtrocknen bestimmt sind, und zwar jeder Stapel zu 20 Stück. Außerdem hingen an den seitlich an der Täfelung angebrachten Haken je zwei Handtücher. Links von der Waschtoilette stand ein Papierkorb, der zur Aufnahme der benutzten Servietten bestimmt gewesen ist. Der Angeschuldigte van der Lubbe will nun die oberste Serviette von dem linken Stapel genommen, sie entfaltet und an dem brennenden Hemdenrest angesteckt haben. Beide Stücke warf er dann vor die Waschtoilette auf den Steinfußboden und stellte den leeren Papierkorb darüber. Er will dabei nicht besonders berechnet haben, daß sich dieses Feuer auf die dort hängenden Handtücher ausdehnen würde. Jedenfalls sind die beiden über dem Brandherd hängenden Handtücher und von dem linken Stapel Servietten 7 oder 8 Stück verbrannt. Von dem Papierkorb sind später nur noch verkohlte Reste des Rohrgeflechts und die stockzwingenartigen Metallkuppen der Füße gefunden worden. Außerdem waren der linke untere Teil des Waschtisches und der Wandbekleidung angekohlt (Lichtbildermappe IV Bild 7).

Van der Lubbe will nun aus diesem Raum irgend etwas Brennbares mitgenommen haben. Anfangs hat er behauptet, er habe etwa 4 Handtücher genommen. Später hat er dann von einem Tischtuch gesprochen, das er dort gefunden habe. Wie jedoch der Zeuge Scranowitz bekundet hat, sollen an dieser Stelle Tischtücher nicht gelegen haben. Darauf hat der Angeschuldigte van der Lubbe vor dem Untersuchungsrichter erklärt, er wisse nicht mehr, ob er Tischtücher oder Handtücher oder etwas Ähnliches mitgenommen habe. Jedenfalls sei es ein großes Tuch gewesen. Dieses will van der Lubbe an dem Feuer einer Serviette in Flammen gesetzt haben. Er lief dann nach seiner Angabe, dieses Tuch hinter sich her schleifend, die Treppe E 22 empor, die zu dem Wandelgang im Hauptgeschoß führt. Es ist anzunehmen, daß dabei ein Stück von dem brennenden Tuch abgefallen ist, da hier später auf dem Treppenläufer ein Brandfleck festgestellt worden ist (Lichtbildermappe IV Bild 8).

Van der Lubbe kam nun in die Wandelhalle und erkannte an dem dort stehenden Kaiser-Wilhelm-Denkmal, daß er bereits vorher dort gewesen sei. Wie er angibt, habe er jetzt auch seine in der Wandelhalle abgelegten Kleidungsstücke gesehen, seinen Mantel und seine Weste aufgenommen, dagegen seine Mütze, seinen Selbstbinder und ein Stück Seife dort liegengelassen. Diese letztbezeichneten Gegenstände sind später, wie schon erwähnt, dort von dem Zeugen Lateit gefunden worden. Vor dem Untersuchungsrichter hat van der Lubbe übrigens erklärt, es bestehe die Möglichkeit, daß er jetzt zum erstenmal die Wandelhalle betreten habe. In dieser lief er sodann nach seiner Angabe in die Kuppelhalle H 46 und dort auf die große Tür zu, die nach dem Westumgang des Plenarsaales führt. Unweit dieser Tür will er das nun wieder ziemlich abgebrannte Tuch hingeworfen und an dem noch vorhandenen Feuer seine Weste angesteckt haben. Diese brannte aber, wie er angibt, schlecht, so daß er nun noch sein Jackett anzündete. [Urteilsschrift: „Schon vorher, am Eingang der Wandelhalle und in der Kuppelhalle mußte er sich seiner Oberkleider entledigen, da diese offenbar infolge eines mitgeführten selbstentzündlichen Brandmittels, von dem sich Spuren in seinem Mantel haben nachweisen lassen, in Brand geraten waren."] *Hier ist später in der Mitte zwischen dem Rücken des Kaiser-Wilhelm-Denkmals und der Eingangstür zum Westumgang eine Brandstelle von etwa 1/4 qm Größe festgestellt worden (Lichtbildermappe IV Bild 9). Diese Brandstelle ist, wie schon bemerkt, von dem Zeugen Scranowitz gelöscht worden. Außerdem sind an dieser Stelle später von dem Zeugen Klotz einige kleine Brandreste der Weste oder des Jacketts, eine Rolle weißer Zwirn, 2 Stück Bleistifte sowie eine Westen- oder Hosenschnalle gefunden worden (Lichtbildermappe IV Bild 38).*

Der Angeschuldigte van der Lubbe lief nun, nachdem er seine Weste und sein Jackett angezündet hatte, mit nacktem Oberkörper durch die Wandelhalle in den Nord- oder Westumgang des Plenarsaales hinein. Aus seiner Darstellung geht aber nicht klar hervor, ob er zuerst unmittelbar von dem Kuppelsaal durch den Raum 68 in den Westumgang oder durch die Räume H 47, 48, 48 d und 53 d in den Nordumgang gelangt ist. Jedenfalls sind sowohl in dem Westumgang als auch in dem Nordumgang verschiedene Brände angelegt worden.

In dem Westumgang will van der Lubbe an der Tür zur Wandelhalle eine Platte gesehen haben, die er für eine Schranktür gehalten hat. Bei dem Versuch, diese Tür zu öffnen, stellte er fest, daß es sich um eine Holztafel handelte, und daß sich hinter dieser gleich die Holztäfelung der Wand befand. Er nahm nun diese Holztafel, weil er sie einmal angefaßt hatte, herunter und stellte sie auf den Boden. Sodann will er etwas Brennbares zwischen diese Tafel und die Wandtäfelung auf den Fußboden gelegt haben und gleich darauf weitergelaufen sein. Ob er hier auch die an dem Eingang aus dem Vorraum (H 68) in den Westumgang (H 69) angebracht gewesenen beiden Portieren in Brand gesteckt habe, will er sich nicht erinnern können. Er hält dies aber für möglich. Tatsächlich ist die linke Portiere — gesehen mit dem Blick nach dem Plenarsaal — bis auf einen ganz geringen Rest abgebrannt, während der rechte Vorhang zum Teil angebrannt ist. Ferner ist, wie bei der von dem Untersuchungsrichter vorgenommenen Augenscheinseinnahme festgestellt worden ist, die über der hier befindlichen linken Fernsprechzelle befindlich gewesene Portiere angebrannt und die hintere Friesverkleidung dieser Fernsprechzelle vollständig abgebrannt (Lichtbildermappe IV Bild 10).

Vor dem Untersuchungsrichter hat van der Lubbe erklärt, es bestehe die Möglichkeit, daß er jetzt erst aus dem Westumgang durch die große Wandelhalle in den Restaurationsraum und dann von dort aus in die Erdgeschoßräume gelaufen sei.

In dem Nordumgang befinden sich zwei Türen, die in den Plenarsaal hineinführen, und zwar links die sogenannte „Ja-Tür" und rechts eine Tür, vor der sich Fernsprechzellen befinden. In der Mitte zwischen diesen beiden Türen steht ein großes Holzpult, auf dem sich die Abgeordneten in die Anwesenheitslisten einzutragen hatten. In den Fächern dieses Pultes und oben darauf lagen gewöhnlich Drucksachen (Lichtbildermappe IV Bild 49). Vor der Ja-Tür will der Angeschuldigte van der Lubbe aus seiner Manteltasche von dem noch darin steckenden Kohlenanzünder, der inzwischen zerbröckelt war, eine Handvoll genommen und auf sein auf den Boden gelegtes brennendes Jackett getan haben. Alsdann sah er, daß auf dem vorbezeichneten Pult verschiedene Drucksachen lagen. Hiervon legte er dann noch zwei Stapel auf die Brandstelle hinauf. Da er nun aber in der Hand keinen Feuerträger mehr hatte, versuchte er jetzt, auch seinen Mantel anzustecken, der aber nach seiner Angabe nicht richtig brennen wollte. Vor der Ja-Tür fand man später in dem Teppich ein etwa 60 x 70 cm großes Brandloch (Lichtbildermappe IV Bild 50). Die Füllung der anderen, aus dem Nordumgang in den Plenarsaal hineinführenden Tür war vollkommen verkohlt, während die unmittelbar daneben befindlichen Telefonzellentüren stark angekohlt waren.

Die nächste Brandstelle hat der Angeschuldigte van der Lubbe am Präsidium an der Ostseite des Plenarsaales angelegt. Bei einer seiner polizeilichen Vernehmungen hat er angegeben, er könne nicht mehr sagen, wie er dort hingekommen sei. Vor dem Untersuchungsrichter hat er erklärt, er sei von dem Nordumgang aus in den Ostumgang des Plenarsaales hineingelaufen. Er behauptet, zu dieser Zeit nur noch irgendeinen brennenden Stoff, vielleicht die Reste seiner brennenden Jacke, in der Hand gehabt und damit einen Vorhang am Präsidium angesteckt zu haben. Einen Kohlenanzünder will er bestimmt nicht mehr zur Verfügung gehabt haben. Wie er weiter angegeben hat, sei er darauf in den Plenarsaal hineingegangen und hier an einen Tisch gelangt. In unmittelbarer Nähe dieses Tisches habe er eine kurze Gardine gefunden, von der er den Eindruck gehabt habe, daß sie eine Tür darstelle. Bei dieser Gardine handelt es sich augenscheinlich um einen der doppelteiligen Vorhänge, die an den Treppen angebracht gewesen sind, die von dem vor dem Rednertisch liegenden Stenographenraum zu dem im Erdgeschoß befindlichen Raum 63 führen. Wenigstens ist später zusammen mit dem Mantel des Angeschuldigten van der Lubbe in dem Westumgang des Plenarsaales ein angebranntes Stück Stoff gefunden worden, das von dem Tapezierer Borchart als ein Teil der Vorhänge wiedererkannt worden ist, die sich an den Treppen des Stenographenraums befanden. Der Angeschuldigte van der Lubbe will nun diesen Vorhang abgerissen, ihn an dem vorher angezündeten Vorhang angesteckt und dann, ihn hinter sich herschleppend, durch den Plenarsaal nach der anderen Seite, also nach der Westseite des Saales, gelaufen sein. Wie er behauptet, habe er erst jetzt im Schein des brennenden Vorhanges bemerkt, daß er sich in einem großen Saal befunden hätte, ohne sich aber dabei bewußt gewesen zu sein, daß dies der Sitzungssaal des Reichstags sei. Er sei nun wieder in den Westumgang gekommen und habe jetzt erkannt, daß er hier schon einmal gewesen sei. In dem Raum H 69 habe er aber nicht bemerkt, daß dort etwas gebrannt hätte. Er nähme daher an, daß der von ihm vorher dort an der Tafel angelegte Brand inzwischen erloschen gewesen sei. Er will sich auch nicht erinnern können, ob er etwa jetzt erst die beiden Vorhänge rechts und links von dem Eingang zu H 69 angesteckt habe. Daß dies möglich sei, gibt *er zu. Hier an dem Westumgang zum Plenarsaal hat van der Lubbe nach seiner Schilderung den mitgeschleppten brennenden Vorhang niedergelegt und ist dann aus dem Westumgang wieder zurück quer durch den Plenarsaal zum Präsidium gelaufen. Wie er angibt, habe er sich dann dort irgendein weiteres brennendes Stück gegriffen und sei mit diesem Feuerbrand aus dem Saal in den Ostumgang und sodann in den Südumgang gelaufen.*

In dem Südumgang des Plenarsaales hat der Angeschuldigte van der Lubbe, wie er angibt, einige Fenstervorhänge an dem dort stehenden Ledersofa unten angesteckt und den Rest eines Vorhangs auf das Sofa geworfen (Lichtbildermappe IV Bild 11 und 51). Er gibt auch die Möglichkeit zu, daß er vorher das Sofa etwas verschoben habe, um an den einen Vorhang besser herankommen zu können. Er glaubt, an einem Fenster zwei Gardinen und an einem anderen Fenster noch einen weiteren Vorhang angezündet zu haben.

Sodann will van der Lubbe nochmals nach dem Ostumgang, aber nicht ganz bis zum Präsidium des Plenarsaales, gelaufen sein. In dem Ostumgang habe er jetzt plötzlich Stimmen gehört, die jedoch noch ziemlich weit entfernt gewesen seien. Er sei darauf zunächst durch den Ostumgang nach dem Bismarcksaal (H 40) gelaufen und hier auf die links gelegene Tür zugegangen, die er jedoch verschlossen vorgefunden habe (Lichtbildermappe IV Bild 12 a). Nun sei er zu der gegenüberliegenden Tür, die in den Südumgang (H 57) führt, gegangen, und habe dort unmittelbar vor der Tür einen Feuerbrand, den er noch in der Hand gehabt habe, fallen gelassen.

Wie die Ortsbesichtigung später ergeben hat, ist der untere Teil des rechten Flügels dieser Tür auf der Seite zum Bismarcksaal in voller Breite und in einer Höhe von 0,50-1,20 m angebrannt und angekohlt gewesen, ebenso der untere Teil des anderen feststehenden Türflügels. Außerdem war der unmittelbar vor dem Eingang liegende Teppich in einer Länge von 1,18 m und einer Breite von 0,36 m ausgebrannt (Lichtbildermappe IV Bild 12).

Der Angeschuldigte van der Lubbe will nun wieder in den Südumgang gelangt sein und dort irgend etwas Brennbares unter einen Ledersessel gesteckt haben (Lichtbildermappe IV Bilder 11 a und 51). Hierauf sei er durch dieselbe Tür in den Bismarcksaal zurückgeeilt und dann alsbald festgenommen worden.

In dem Bismarcksaal sind später auf dem Teppich noch drei verschiedene Brandstellen gefunden worden, die zunächst den Eindruck erweckt haben, als ob zwischen ihnen eine Markierung bestünde, die auf eine ausgegossene Flüssigkeit zurückgeführt werden könnte (Lichtbildermappe IV Bild 12 a). Die Untersuchung dieser vermeintlichen Gießspur durch Professor Dr. Brüning hat aber nichts ergeben, was auf die Verwendung von flüssigen Brennstoffen, wie Petroleum, Benzin oder Spiritus, hätte schließen lassen können. [Dies läßt sich aus dem Gutachten Dr. Brünings nicht zwingend schließen. Vgl. hierzu Kapitel 5, Teil 1.]

Der Angeschuldigte van der Lubbe hat erklärt, daß seine Angaben über den bei der Tat zurückgelegten Weg zum Teil auf Kombinationen beruhten. Jedenfalls glaube er, zur Durchführung der Tat im ganzen etwa 15 bis 20 Minuten gebraucht zu haben. Wie ein später mit dem Angeschuldigten van der Lubbe unternommener Versuch gezeigt hat, ist es möglich, in dieser Zeit den von ihm beschriebenen Weg im Laufschritt zurückzulegen und dabei die von ihm bezeichneten Brandstellen anzulegen.

Van der Lubbe hat weiter angegeben, er sei von vornherein entschlossen gewesen, einen sehr großen Brand zu entfachen und seine Absicht unter allen Umständen auszuführen. Er behauptet ferner, er habe auch mit der Möglichkeit gerechnet, ergriffen zu werden und hätte sich sogar festnehmen lassen, wenn ihm nach Vollendung der Tat ein unbemerktes Entkommen möglich gewesen wäre.

Van der Lubbes Widersprüche[86]

Bei seiner Vernehmung in der Nacht vom 27. zum 28. Februar durch Kriminalkommissar Heisig äußerte van der Lubbe über seine Verhaftung: „Ich bin gleich mit der Polizei mitgegangen und habe nicht versucht zu entkommen. Ich bin allein der Polizei entgegengegangen. Ich konnte auch zum Ausgang entkommen. Meine Jacke hing an dem Riegel. Wenn ich hätte wegkommen wollen, hätte ich es tun können."[87] (Dabei blieb allerdings unklar, was der Verweis auf die Jacke bedeuten sollte.)

Noch dezidierter erklärte er am 13. März 1933, „daß ich schon, als ich den Plan faßte, das Reichstagsgebäude anzuzünden, entschlossen war, meine Absicht unter allen Umständen auszuführen, und rechnete von vornherein damit, daß ich bei der Tat ergriffen würde. Ich war sogar entschlossen, mich unter allen Umständen festnehmen zu lassen, auch dann, wenn mir nach der vollkommen gelungenen Tat ein unbemerktes Entkommen möglich gewesen wäre. Ich habe übrigens damit gerechnet, daß ich einen sehr großen Brand entzünden würde. Ich habe mir gesagt, daß ich im Reichstagsgebäude schon genug Brennbares finden würde, um einen großen Brand zuwege zu bringen. Wäre ich bei der Tat gleich zu Anfang überrascht worden, so hätte ich mich, ohne zu flüchten, gleich festnehmen lassen und erklärt, daß ich das Reichstagsgebäude in Brand stecken wollte."[88]

Wie bereits die Anklageschrift bemerkte, sind die Aussagen van der

116

Lubbes zum Hergang der Brandstiftung in sich nicht schlüssig. Schon bei den Vernehmungen über seinen angenommenen Weg ins Reichstagsgebäude verwickelte er sich in zahlreiche Widersprüche, die es zweifelhaft erscheinen lassen, ob er überhaupt auf dem geschilderten Weg ins Gebäude gelangt ist. So sagte er dem Protokoll der Vernehmung am 28. Februar zufolge aus, er sei „an einem etwa mannshohen Gesims hochgeklettert und auf einen kleinen Balkon gestiegen", habe das „Glas der Balkondoppeltür" eingetreten und sei „in ein Zimmer" gelangt, in dem er das erste Feuer legte.[89] Dagegen liest man im Protokoll der Vernehmung durch den Untersuchungsrichter Vogt am 5. Mai, er sei „den tiefen Einschnitt entlanggegangen, der sich zwischen dem Kellergeschoß und der Auffahrt befindet", und dann „am Kellergeschoß, Erdgeschoß bis in das Hauptgeschoß hinaufgeklettert, in dem sich das Restaurant befindet", und über den Balkon dorthin gelangt.[90] Da seine unterschiedlichen Aussagen mit den örtlichen Gegebenheiten nicht in Einklang zu bringen waren, wurde Lubbe schließlich mit einem Foto konfrontiert und vor das Gebäude geführt; er sagte nun aus, er müßte sich „dahin berichtigen, daß ich doch über das auf dem Lichtbild erkennbare Geländer und zwar da an der Stelle, wo links in der Ecke ein Drahtgitter gespannt ist, von dem Geländer aus an dem Drahtgitter entlang auf den Mauervorsprung an den unteren vergitterten Fenstern gestiegen und dann unter Benutzung der Fugen der einzelnen Quadern an dem Erdgeschoß zum Hauptgeschoß (Balkon vor dem Restaurationsraum) aufgestiegen bin. Ich habe vorher geglaubt, daß man zwischen dem Eisengeländer und dem Kellergeschoß entlanggehen könne. Darauf ist der Irrtum in meiner vorherigen Aussage zurückzuführen. Ich nahm an, daß dies Geländer sich an der eigentlichen Auffahrt befand, und daß der Zwischenraum zwischen diesem Geländer und dem Kellergeschoß des Reichstagsgebäudes ein sehr viel größerer sei."[91]

Damit war es erst fünf Wochen nach der Tat und nach zahlreichen Vernehmungen gelungen, van der Lubbe zu einer halbwegs plausiblen Erklärung für den Einstieg mittels einer Wand-Klettertour zu bringen. Betrachtet man den angeblichen Tatort und die konkreten Umstände, so erscheint es dennoch fraglich, ob van der Lubbe, am Brandabend in derben Stiefeln und mit Wintermantel bekleidet, bei Dunkelheit, Frost und Schnee erst über einen schwankenden Zaun aus mehreren Reihen Stacheldraht, dann rund 4,50 m die Wand hinauf und über eine rund 30 cm vorstehende und 40 cm hohe Wandbrüstung zwischen Erd- und Hauptgeschoß klettern konnte. Auf die naheliegende Idee, Lubbe selbst noch einmal diese Klettertour nachvollziehen zu lassen, wurde allerdings verzichtet. Bereits die Anklage meldete Zweifel an Lubbes Darstellung seines Einstiegs an: *Die Augenscheinseinnahme der Einstiegstelle hat später auch ergeben, daß ein gewandter Mensch unter Benutzung der Einschnitte der einzelnen Steinquadern sehr wohl bis zum Balkon der Restaurationsräume hinaufklettern kann, wenn man auch erheblich leichter und einfacher von der großen Rampe vor dem Portal I auf dem Hauptsims der Freitreppe entlang zu der Einstiegstelle gelangen kann.* Diese Aussage läßt sich auch heute noch überprüfen: Tatsächlich ist es auch für einen sportlich ungeübten Menschen ohne Schwierigkeiten möglich, in wenigen Sekunden von der Freitreppe über den breiten Sims zum Restaurationsfenster zu balancieren.

Auf die Tatsache, daß es höchst zweifelhaft ist, ob van der Lubbe überhaupt ein Fenster eingeschlagen hat, wurde bereits weiter oben ausführlich eingegangen.

In immer neue Schwierigkeiten stürzte van der Lubbe seine Vernehmungsbeamten auch bei dem Versuch, ihn zu einer Aussage zu bringen, in der die vielen Brandlegungen in Haupt- und Erdgeschoß in einer nachvollziehbaren und von einer Einzelperson zu bewältigenden Reihenfolge erscheinen. Auffällig ist, daß er allein über die Brandlegungen im Restaurant einigermaßen präzise Angaben machte, bei allem weiteren aber in zunehmende Verwirrung geriet. Bezüglich einer Ortsbesichtigung am 11. März heißt es nach 10 Seiten detaillierter Wegbeschreibung plötzlich: „Vermerk: van der Lubbe brachte inzwischen zum Ausdruck, dass der bisher von ihm beschriebene Weg nicht der richtige sein kann."[92] Am nächsten Tag berichtete er dann, „dass meine Angaben über den bei der Tat zurückgelegten Weg, über die benutzten Brennmittel und deren Brenndauer, als auch über die in Frage kommenden Zeiten, zum Teil auf meinen Kombinationen beruhen. Mag es nun in Wirklichkeit gewesen sein, wie es wolle. [...] Ich werde meiner Überzeugung nach auch in Zukunft nicht in der Lage sein, eine noch genauere Beschreibung über die Tatausführung abzugeben, wenigstens nicht in wesentlichen Punkten."[93] Dem folgte noch ein Vermerk: „Es war ursprünglich beabsichtigt, zum Zwecke der möglichst genauen Ermittlungen der Zeit der Tatausführung, van der Lubbe den Weg so durchlaufen zu lassen, wie er seiner Ansicht nach zurückgelegt wurde. Infolge der aber inzwischen aufgetauchten diesbezüglichen Zweifel wurde davon zunächst Abstand genommen." Dessen ungeachtet ließ man ihn am 13. März nach Verlesung des Protokolls vom Vortage einen detaillierten, nach Räumen gegliederten Zeitplan unterschreiben, der sich auf „ca. 15 bis 16 1/2 Minuten" summierte[94], während es am Vortage noch hieß, „auf alle Fälle ist die Zeit bei der Tatausführung meiner Schätzung nach auf 20 Minuten anzunehmen, mindestens aber eine Viertelstunde." Bereits am 12. März heißt es: „Aus seinen Antworten ergab sich, dass er sich ganz gut der einzelnen Handlungen erinnere, dass er sich aber – was er ganz besonders betonte – über den zeitlichen Zusammenhang (Reihenfolge) der einzelnen Handlungen nicht klar ist."[95] Ähnlich verwirrend waren seine Erklärungen dem Protokoll zufolge am 5. Mai vor dem Untersuchungsrichter: „Dann bin ich bestimmt aus der Restauration herausgelaufen. [...] Es muß so sein, aber ich kann mich nicht daran erinnern. An das Herausgehen aus dem Raum kann ich mich nicht genau erinnern. Ich weiß auch nicht, wohin ich vom Restaurant aus gegangen bin. Es kann möglich sein, daß ich gleich in den Keller gelaufen bin, ich weiß das aber nicht genau."[96]

Völlig unmöglich war es schließlich, ihn auf eine plausible Aussage über den Brand um den und im Plenarsaal festzulegen. Am 12. März 1933 vermerkte ein Protokoll: „Zu der Brandstelle am Umgang des Plenarsaals, am Eingang von der Westseite her, geführt, erklärte van der Lubbe, er wisse nicht, auf welchem Wege er hierher gekommen ist. [...] Er könne sich nicht erinnern, ob er den hier befindlichen grossen Vorhang angesteckt hat, halte es aber für möglich. [...] Den Weg von hieraus weiter kann ich nicht angeben, ich weiss auch nicht, was ich von hieraus als Feuerträger benutzt habe." Zum Plenarsaal hieß es: „Ich kann beim besten Willen nicht sagen, welchen Weg ich vor meiner Ankunft am Präsidium zurückgelegt habe. Ich weiss nur anzugeben, dass ich die Treppe am Portal 4 [Ostportal] heraufgelaufen bin. Auf welchem Wege ich in den Plenarsaal gelangt bin, kann ich nicht angeben. [...] Ich weiss bestimmt, dass ich einen Vorhang angesteckt habe, der sich im Plenarsaal befand."[97]

Bereits nach Schluß der Vernehmung vom 8. April hatte der Vernehmer Marowsky sich nur noch mit einem Vermerk zu helfen gewußt: „v. d. Lubbe macht bei seiner vorstehenden Vernehmung einen durchaus unglaubwürdigen Eindruck. Er verwickelt sich des öfteren in Widersprüche, macht ganz präzise Angaben und stößt diese sofort wieder um, sobald sie im Protokoll niedergelegt sind. Er verbessert sich dauernd und erwähnt zwischendurch, daß er in einer früheren Vernehmung auch schon mal so ausgesagt hat. Man gewinnt den Eindruck von ihm, daß er dauernd nachdenkt, um nur das noch einmal auszusagen, was er bereits in einer früheren Vernehmung auch schon mal so ausgesagt hat. Seine heutige Aussage über die Brandlegung im Reichstag, hauptsächlich im Plenarsaal und seinen danach zurückgelegten Weg zur Bismarckhalle, dürfte mit seinen früheren Angaben nicht mehr übereinstimmen."[98] Kriminalkommissar Heisig sagte am 22. September vor dem Reichsgericht bezüglich van der Lubbes aus, es seien „verschiedene Widersprüche aufgetaucht, [...] es stimmte nicht alles ganz genau, er korrigierte sich auch öfters, er war sich seiner Sache nicht ganz sicher"; auf die Frage, ob er die Tat allein gemacht oder Mittäter gehabt habe, „gab er keine genügenden Auskünfte".[99]

Auch Untersuchungsrichter Vogt mußte am 27. September 1933, als Zeuge befragt, eingestehen: „Ich glaube, es wird nicht möglich sein, auch wenn die sämtlichen Beamten, die ihn über den Brandweg vernommen haben, gefragt werden und wenn die gerichtlichen Protokolle darüber verlesen werden, ein klares Bild zu bekommen, wie er gelaufen sein will."[100]

Schließlich lieferten auch die Gutachten der Brandsachverständigen den Nachweis dafür, daß van der Lubbes Schilderungen nicht stimmen konnten. Für die Entwicklung des Brandes im Plenarsaal mußte mehr Zeit zur Verfügung gestanden haben als jene 2 Minuten, die sich nach van der Lubbes Angaben, er habe auf seinem Weg durch den Reichstag den Plenarsaal zuletzt angezündet, errechneten. Daher verfiel man auf die Hypothese, er habe den Plenarsaal vielleicht zuerst in Brand gesetzt und die anderen Brandherde erst später angelegt. Doch auch dies brachte keine Lösung des Problems, sondern nur noch mehr Widersprüche[101] (siehe dazu Kapitel 5, Teil 1).

Ergänzt werden muß, was der Polizeibeamte Hancken von der Schutzpolizei-Inspektion Linden in Vertretung Lateits noch in der Brandnacht berichtete: „Das Anlegen der einzelnen Brandstellen läßt eine gewisse Planmäßigkeit erkennen und zwar hatte der Brandstifter anscheinend das Ziel, den Weg zu der großen Brandstelle (großer Sitzungssaal) dadurch zu versperren, daß er die zu diesem führenden Türen in Brand zu setzen versuchte."[102] Eine solche Planmäßigkeit wäre allerdings nur ortskundigen Tätern möglich gewesen!

„Überraschung" beim Abendessen um 21 Uhr

Das im Sommer 1933 erschienene „Braunbuch"[103] hatte die NS-Führer bezichtigt, direkt in die Brandlegung im Reichstagsgebäude verwickelt zu sein. Konkret als Brandstifter genannt wurden als Anstifter der SA-Obergruppenführer Edmund Heines, zum Zeitpunkt der Brandstiftung Polizeipräsident von Breslau, sowie als dessen Helfer Oberleutnant a. D. Paul Schulz sowie der SA-Gruppenführer von Berlin-Brandenburg, Graf von Helldorf. Durch den Druck der internationalen Öffentlichkeit bedingt, wurde es unumgänglich, die im „Braunbuch" Beschuldigten vor dem Reichsgericht zu vernehmen. Alle drei konnten ein Alibi vorweisen. SA-Untergruppenführer Karl Ernst wurde erst 1934 im „Weißbuch" als Leiter des Brandstifterkommandos genannt, zu spät für den Reichstagsbrandprozeß. Das Ergebnis der Zeugenvernehmungen von Helldorf sowie von Göring und Goebbels, die ebenfalls genötigt wurden, vor dem Reichsgericht aufzutreten, war allerdings erstaunlich:

Etwa um 21 Uhr, während ihres (nicht gemeinsamen) Abendessens, erhielten der Führer der SA von Berlin-Brandenburg, Graf von Helldorf, Reichstagspräsident Göring sowie Goebbels und Hitler die Nachricht vom Brand im Reichstagsgebäude – ein paar Minuten zu früh!

Während verschiedene Zeitungsmeldungen sowie die schriftliche Urteilsbegründung des Reichsgerichts glauben machen wollten – offenbar um Göring zu decken –, der Preußische Ministerpräsident habe das brennende Reichstagsgebäude erstmals gegen 22 Uhr durch Portal II betreten, ergibt die nachfolgende Rekonstruktion ein völlig anderes Szenario. Demnach hatte Göring den Reichstag vor diesem Zeitpunkt bereits zweimal betreten.

Bereits um etwa 21.19 Uhr, nur 5 Minuten nach der ersten Brandmeldung bei der Feuerwehr, betrat Göring durch das Portal V den Reichstag. Er „verfügte sofort nach seinem Eintreffen an der Brandstelle sämtliche Maßnahmen und übernahm die Leitung aller Aktionen".[104] (Van der Lubbe war zu diesem Zeitpunkt noch nicht verhaftet!) Kurz vor 21.30 Uhr trafen Hitler, Goebbels, von Papen und Diels am Reichstag ein und betraten diesen unter Görings Führung durch das Portal II. Nach einem Gespräch mit dem erst um 21.42 Uhr eingetroffenen Chef der Berliner Feuerwehr, Oberbranddirektor Gempp, betrat Göring gegen 22 Uhr erneut den brennenden Reichstag durch Portal II. Dies war Görings dritter Eintritt in das brennende Gebäude.

Von Helldorf

Bei seiner Vernehmung vor dem Reichsgericht am 20. 10. 1933 verwickelte sich der damalige SA-Führer von Berlin-Brandenburg, Graf von Helldorf, in auffällige Widersprüche.[105]

Er, von Helldorf, sei den ganzen Nachmittag über in der Hedemannstraße 31/32 in seinem Büro tätig gewesen, dann um 19 - 19.30 Uhr zusammen mit seinem Stabsführer Prof. von Arnim in das Restaurant Klinger, Rankestr. 26, zum Essen gefahren. Etwa um 19.30 Uhr habe man dort gemeinsam das Abendessen eingenommen. Noch <u>während</u> dieses Abendessens, etwa gegen 20.30 Uhr, sei ein Telefongespräch „vom Geschäftszimmer der SA-Gruppe" gekommen – der Reichstag würde brennen. Wie Senatspräsident Dr. Bünger darauf (ausnahmsweise) sehr treffend bemerkte, brannte zu diesem Zeitpunkt der Reichstag allerdings noch gar nicht. Von Helldorf korrigierte sich nun auf eine Zeit zwischen 20.30 und 21 Uhr, schließlich auf „ungefähr gegen 9". Aber auch zu dieser Zeit brannte der Reichstag noch nicht.[105a] Von Helldorf ergänzte darauf, daß ihm schon vorher aufgefallen sei, daß von der dem Restaurant gegenüberliegenden Feuerwache Rankestraße „dauernd" Wagen herausfuhren.

Zu der von von Helldorf genannten Zeit können allerdings noch gar keine Löschzüge unterwegs gewesen sein. Die Meldung zum Ausrücken der Feuerwehr traf in der Feuerwache Rankestraße erst um 21.32 Uhr ein, und der Zug 9 (Rankestraße) kann von dort aus erst etwas später ausgerückt sein.

Nach der telefonischen Brandmeldung will von Helldorf seinen Stabsführer von Arnim im Auto zum Reichstag geschickt haben. Von Helldorf selbst sei danach (um ca. 21.08 Uhr) zu Fuß in seine Wohnung gegangen, die ca. 3 Minuten vom Restaurant entfernt lag. Ungeachtet eines Hinweises von Bünger, daß van der Lubbe erst zwischen 21.03 und 21.09 in das Reichstagsgebäude eingestiegen sei, sagte von Helldorf aus, er sei dann in seiner Wohnung um 21.11 Uhr eingetroffen. Dies wäre dann immerhin noch 3 Minuten vor der ersten Brandmeldung bei der Feuerwehr gewesen! Unter den Bedingungen rechtsstaatlicher Prozeßführung hätten von Helldorfs Zeitangaben zwar nicht ihn selbst, aber die SA schwer belastet. Doch er korrigierte sie nicht, denn er fühlte sich offenbar sehr sicher! Das weitere Verfahren gab ihm recht.

Nach seiner Aussage habe von Helldorf um 22 Uhr zu Hause die telefonische Nachricht von Arnims erhalten, daß seine Anwesenheit am Reichstagsgebäude nicht erforderlich sei. Von Helldorf sei dann gegen 23 Uhr in die Hedemannstraße gefahren, um mit seinen Unterführern eine Besprechung abzuhalten, an der unter anderen die SA-Untergruppenführer Karl Ernst und Prätzel teilnahmen. Angeblich ohne Weisung seiner Vorgesetzten habe von Helldorf nun die Anweisung gegeben, Funktionäre der KPD und SPD zu verhaften mit der folgenden vor Gericht vorgetragenen Begründung: „Nach unserer Auffassung sind verbrecherische Elemente im Staat allgemein Marxisten, und nachdem der Reichstag von der Hand von Verbrechern in Brand gesteckt war, gab es für mich keinen Zweifel, daß die Täter in den Reihen der Marxisten zu suchen waren. Ich habe aus diesem Grunde eine Reihe von hervorragenden oder bekannteren Funktionären der KPD und sicherheitshalber auch der SPD festsetzen lassen." Nach den übereinstimmenden Aussagen von Schäfer, von Arnim, Göring und Goebbels (s. unten) soll von Helldorf seine Maßnahmen allerdings erst nach einem Gespräch im Preußischen Innenministerium mit Göring angeordnet haben, an dem außer von Helldorf auch die SA-Untergruppenführer Karl Ernst und Prätzel teilgenommen hätten.

Wie der Vorsitzende Richter Bünger darlegte, wurde von Helldorf am 20. Oktober nur zu dem vom „Braunbuch" erzeugten Beweisthema vernommen, „ob er an dem Brande beteiligt ist." Doch obwohl er sich infolge seiner Zeitangaben hochgradig verdächtig machte, ging Präsident Bünger den Ungereimtheiten in von Helldorfs Aussage nicht weiter nach. Dem Angeklagten Dimitroff wurde sogar das Wort entzogen, als er versuchte, den Sachverhalt durch Nachfragen aufzuklären.[106]

Die nach Helldorf vernommenen SA-Führer Schäfer und von Arnim versuchten, das schiefe Bild zurechtzurücken.

Der SA-Standartenführer (Standarte 7) Gustav Schäfer, der im Anschluß an von Helldorf vernommen wurde, sagte aus, er sei mit von Helldorf und von Arnim bis 20.30 Uhr „auf" der SA-Gruppe (Hedemannstraße) gewesen. Nachdem Schäfer vom Reichstagsbrand erfahren habe, sei er wieder zur Gruppe gefahren. Inzwischen seien Gruppenführer von Helldorf und die SA-Untergruppenführer Ernst und Prätzel ins Innenministerium zu Göring befohlen worden, von wo sie um 0.00 - 0.30 Uhr zurückgekommen seien. Erst jetzt, so Schäfer, soll die Alarmbereitschaft für die gesamte SA befohlen worden sein.[107]

Nach der Aussage des anschließend vernommenen SA-Stabsführers Achim von Arnim seien er und von Helldorf noch später, nämlich erst nach 21 Uhr, von der Hedemannstraße zum Restaurant Klinger gefahren. Erst um 21.30 Uhr hätten sie dort vom Reichstagsbrand erfahren. Von Arnim sei dann erst um 22 - 22.30 Uhr zum brennenden Reichstag gefahren. „Graf Helldorf war müde und wollte, so viel ich mich entsinnen kann, schlafen gehen." Auch er selbst, von Arnim, sei dann nach Hause gefahren. Um 22 - 22.30 Uhr habe er von Helldorf telefonisch darüber informiert, daß dessen Anwesenheit am brennenden Reichstag nicht notwendig sei. Eine Stunde später, also um 23 - 23.30 Uhr, sei ein Anruf vom Innenministerium gekommen, Gruppenführer von Helldorf sowie die Untergruppenführer Ernst und Prätzel hätten sich dort zu einer Besprechung einzufinden. Gegen Mitternacht habe von Helldorf dann aus dem Innenministerium bei von Arnim angerufen und diesen angewiesen, den Gruppenstab und die Standartenführer zusammenzurufen.[108]

Schließlich vernahm das Reichsgericht am 20. Oktober 1933 auch noch den Kaufmann Wilck, Besitzer von „Klinger's Wein- und Austernstuben", Rankestr. 26. Wilck sagte aus, von Helldorf sei am 27. Februar von „kurz vor 8" ... „oder etwas früher" ... „bis gegen 10 Uhr" in seinem Restaurant gewesen. Er bestätigte damit die entlarvenden Aussagen von Helldorfs und widersprach den Aussagen von Schäfer und von Arnim. Er, Wilck, sei von 20.15 bis 21.15 Uhr auf einer Versammlung im Landwehrkasino gewesen und habe hier vom Reichstagsbrand erfahren. Als Wilck von seinem Restaurant aufbrach, war von Helldorf, laut Wilck, bereits im Restaurant anwesend, als er zurückkehrte, habe von Helldorf dort noch immer gesessen.[109]

Bei der Bewertung der Aussagen von Helldorfs, Schäfers und von Arnims muß man sich vor Augen halten, daß von Helldorf zu dieser Zeit der oberste SA-Führer von Berlin-Brandenburg war und daß die SA seit dem 22. Februar nach einem Erlaß Görings als Hilfspolizei eingesetzt werden konnte. Weiterhin sollte es sich ja beim Reichstagsbrand – wie es am Brandabend seit ca. 21.30 Uhr aus den Radios tönte – um das von den Nazis längst erwartete Signal der Kommunisten zum Volksaufstand handeln. Vor diesem Hintergrund ist die atypische, völlige Untätigkeit der Berlin-Brandenburger SA-Führung in der Brandnacht besonders verwunderlich. Es ist zu vermuten, daß die Berliner SA und insbesondere auch ihr Führer von Helldorf in der Brandnacht auf keinen Fall besonders in Erscheinung treten wollten, weil abzusehen war, daß der Verdacht der Brandstiftung sofort auf die SA fallen würde. Der Bericht eines SA-Mannes in Goebbels' „Angriff" am 28. Februar bestätigt diese Vermutung: Am Brandort erschienene SA-Leute durften die Polizeiabsperrungen zum Reichstag nicht passieren. Es sei Anweisung gegeben worden, sich nur für den Fall bereitzuhalten, daß man gebraucht würde. Nach der Löschung des Feuers seien die SA-Leute in ihr Sturmlokal abgerückt und vorerst in Bereitschaft geblieben. Schließlich wurden dann aber fast alle SA-Leute bis zum nächsten Morgen um 6.30 Uhr nach Hause entlassen.[110] Besonders festzuhalten bleibt die Aussage von Helldorfs, er habe die Brandmeldung telefonisch von seiner SA-Gruppe um ca. 21 Uhr erhalten. Dieselbe Meldung erhielten gegen 21 Uhr auch Göring und Goebbels.

Göring

Göring arbeitete am Brandabend im Ministerium des Innern. Er setzte kurz vor dem Reichstagsbrand unliebsame Beamte ab. Nach den erhaltenen Polizeifunk-Telegrammen befahl der „Innenminister (Kommissar des Reiches)" vor dem Brand folgendes:

– „die Zuleitungskabel zum Rundfunksender Königsberg sind zu sichern [20.05 Uhr]
– Polizeidirektor Mulack in Tilsit wird sofort beurlaubt [20.16 Uhr]
– Landrat Menzel in Weilburg wird sofort beurlaubt [20.25 Uhr]
– Landrat Kaiser in Hanau wird sofort beurlaubt [20.29 Uhr]
– Landrat Unckell in Oels; Landrat Brandes in Waldenburg werden sofort beurlaubt [20.32 Uhr]
– Landrat Rudnitzki in Angerburg wird sofort beurlaubt [20.36 Uhr]
– Regierungsrat Schoeny in Köln wird sofort beurlaubt [20.40 Uhr]".[111]

Dem entsprechend erklärte der Führer des „SS-Kommandos Göring", Görings Leibwächter Weber, bei seiner Vernehmung vor dem Reichsgericht auf die Frage, womit Göring zur Zeit der Brandmeldung im Ministerium gerade beschäftigt war, daß „gerade zu dieser Zeit die Umbesetzungen der Stellen waren und dergleichen."[112] Göring bestätigte in seiner Aussage am 4. November 1933 vor dem Reichsgericht[113], er habe am 27. Februar bis abends im Innenministerium gearbeitet. Gegen 21 Uhr („um 9 herum") habe man ihm wie gewöhnlich eine Mahlzeit (ein paar Brötchen und ein Glas Bier) ins Zimmer gebracht.

Beim Essen habe er telefonisch die Nachricht erhalten, daß der Reichstag brenne. Unklar bleibt, von wem der Anruf kam; jedenfalls müssen mehrere Anrufe im Preußischen Innenministerium eingegangen sein. Der Nachtpförtner im Reichstagspräsidentenpalais Adermann gab an[114], er sei etwa um <u>21.15 Uhr</u> vom Nachtpförtner am Portal V des Reichstags, Wendt, telefonisch über den Brand informiert worden und habe daraufhin u. a. auch im Innenministerium bei Göring angerufen. Es habe sich dessen Sekretärin, Fräulein Grundmann, gemeldet.[115] Auch Hausinspektor Scranowitz erfuhr nach eigener Aussage um ca. <u>21.15 Uhr</u> vom Brand. Da er daraufhin sofort zum Reichstagsgebäude geeilt sei, habe er seine Frau beauftragt, Göring zu informieren.[116] Ganz im Widerspruch dazu und auch zur Aussage Görings sagte Weber am 18. Oktober 1933 vor dem Reichsgericht unter Eid aus, die Brandmeldung sei erst um 21.30 Uhr im Innenministerium eingetroffen.[117] Wie auch aus dem folgenden hervorgeht, kann Webers Angabe jedoch auf keinen Fall richtig sein.

Göring gab weiter an, nach der telefonischen Nachricht sei er zusammen mit Weber im Auto vom Preußischen Innenministerium (Unter den Linden 72-74) sofort zum Reichstag gefahren. Laut Weber dagegen habe Görings Adjutant, Major Jacobi, nach der Brandmeldung einen Kraftwagen bestellt; Göring, Jacobi und Weber seien um 21.35 - 21.36 Uhr vom Innenministerium zum Reichstag abgefahren.[118] Auch diese Zeitangabe Webers kann auf keinen Fall stimmen.

Görings Wagen soll dann laut dessen Angabe zwischen Brandenburger Tor und Reichstag an einer Polizeikette kurz angehalten worden sein, bis man ihn, Göring, erkannt habe. Auch diese Angabe Görings kann nicht stimmen, denn Absperrungen im Umkreis des Reichstags-Gebäudes wurden von Polizei-Hauptmann Nicolai erst um 21.41 Uhr vorgenommen.[119]

Wie Göring weiter aussagte, habe er am Reichstag zuerst versucht, durch das Portal gegenüber dem Reichstagspräsidentenpalais in den Reichstag zu gelangen, um den unterirdischen Gang zwischen Reichstag und Reichstagspräsidentenpalais zu kontrollieren. (Dabei kann es sich nur um Portal III oder IV an der Ostseite gehandelt haben.) Das Portal sei aber verschlossen gewesen und Feuerwehrleute hätten sich gerade bemüht, es zu öffnen. Er habe noch gerufen: „Schlagt doch das Tor ein!" Zu diesem Zeitpunkt kann jedoch noch keine Feuerwehr an diesen Portalen gewesen sein. Um ca. <u>21.18 Uhr</u> klingelten allerdings die Polizeibeamten Lateit und Losigkeit erfolglos am verschlossenen Portal III an der Ostseite des Reichstagsgebäudes. Offenbar bezog sich Görings Bemerkung auf diese.

Weber sagte über das folgende Geschehen weiter aus, Göring „selbst begab sich sofort ins Reichstagsgebäude, während ich den Auftrag bekam, von der Einfahrt des Präsidentenhauses aus den Verbindungsgang zu kontrollieren."[120] Jacobi habe am Reichstag den Befehl zur Durchsuchung des unterirdischen Ganges zwischen Reichstagsgebäude und Reichstagspräsidentenpalais gegeben.[121] Dazu vermerkte Kriminalassistent Schulz, „Weber versuchte mit 3 uniformierten Beamten vom Reichstagsgebäude [Portal II oder IV] aus in diesen Gang einzudringen und zwar etwa 10 Minuten nach der Feuermeldung im MDI. [...] Da er vom Reichstagsgebäude nicht eindringen konnte, begab er sich zum Präsidentenhaus."[122] Nach dieser Angabe wären Göring und Weber also spätestens 10 Minuten nach der telefonischen Brandmeldung im Preußischen Ministerium des Innern am Portal III oder IV eingetroffen. Trafen sie hier mit Lateit und Losigkeit zusammen, muß dies um ca. 21.18 Uhr geschehen sein. Die Brandmeldung wäre dann – 10 Minuten früher – um 21.08 Uhr im MdI eingegangen, 6 Minuten früher als die erste Brandmeldung bei der Feuerwehr! Bemerkenswert ist auch, daß Göring, Jacobi und Weber offenbar als erste Maßnahme den unterirdischen Gang kontrollieren wollten! Nach seinen erfolglosen Bemühungen, durch Portal III oder IV ins Reichstagsgebäude zu gelangen, will Göring schließlich mit seiner „Begleitung" zu Fuß zum Portal II gelaufen sein. Auch diese Angabe kann nicht der Wahrheit entsprechen, denn Göring betrat den brennenden Reichstag zuerst durch das Portal V.

Görings erster Eintritt in das brennende Reichstagsgebäude durch Portal V

Der Nachtpförtner des Reichstags, Wendt, sagte am 20. März 1933 aus, zuerst sei am Portal V des Reichstags Hausinspektor Scranowitz erschienen, dann Polizeileutnant Lateit – und weiter: „Inzwischen war auch Geheimrat Galle mit seiner Frau hereingekommen, auch der Botenmeister Prodöhl. Es kamen dann noch weitere Schutzpolizisten, die das Tor besetzten. Auch der Minister Göring kam durch das Portal V, den Reichskanzler [Hitler] habe ich nicht kommen sehen."[123] Leider machte Wendt hierzu keine Zeitangabe. Scranowitz, Lateit, Galle und Prodöhl betraten jedenfalls alle gegen 21.19 Uhr den Reichstag durch das Portal V, so daß Göring auch zu dieser Zeit – kurz vor oder mit den ersten Feuerwehrleuten – durch das Portal V den Reichstag betreten haben muß. Bezeichnend ist, daß (nach dem genannten Protokoll) Untersuchungsrichter Wernecke die Vernehmung Wendts sofort in eine andere Richtung lenkte, nachdem der Name Göring gefallen war!

Wie Wendt dann am 3. Mai 1933 vor dem Untersuchungsrichter aussagte, hatten bei ihm inzwischen wegen privater Äußerungen zum Reichstagsbrand mehrere (erfolglose) Haussuchungen stattgefunden.[124] Bei seiner Vernehmung vor dem Reichsgericht am 13. Oktober 1933 las Rechtsanwalt Sack Wendt seine obengenannte Aussage vom 20. März (mit der Nennung von Göring) vor und fragte dann: „Also können Sie sich entsinnen, wann ungefähr der Geheimrat Galle kam. Er muß nach dieser Schilderung sehr schnell dagewesen sein." Darauf Wendt: „Herr Geheimrat Galle kam, wie die erste Feuerwehr kam, oder war es schon etwas früher als die Feuerwehr. Präsident: Etwas früher? Zeuge Wendt: Ja." Weil Dimitroff zu dieser Zeit von der Verhandlung ausgeschlossen war, verlas am 17. Verhandlungstag (16. 10. 1933) Reichsgerichtsrat Dr. Lersch eine Zusammenfassung dessen, was in der Abwesenheit Dimitroffs verhandelt worden war. Über Wendts Aussage heißt es darin bezüglich des ersten Eintreffens von Personen an Portal V, zuerst sei „Scranowitz in dem Portal V erschienen. [...] Auch Galle sei bald darauf erschienen. Kurz danach auch Minister Göring."[125]

Wendt, der mit seiner Aussage vor dem Reichsgericht auch den NSDAP-Abgeordneten Albrecht belastet hatte, wurde dann am 3. Dezember wegen „Dienstpflichtverletzung und Trunkenheit" entlassen.[126]

Der von Wendt angegebene sehr frühe Zeitpunkt für Görings Eintreffen am brennenden Reichstag wird von einer im „Angriff" am 28. Februar 1933 zitierten „amtlichen Bekanntgabe" bestätigt: „Der preußische Innenminister Göring und sein Kommissar Daluege waren bereits mit der Feuerwehr im Reichstag erschienen", also um ca. 21.19 Uhr. Damit übereinstimmend berichteten die „Berliner Morgenpost" und die „Berliner Allgemeine Zeitung" am Morgen nach dem Brand: „Reichstagspräsident Göring war schon sehr früh im Gebäude eingetroffen."[127] Im „Tag" hieß es: „Reichsminister Göring war schon wenige Minuten nach Entdeckung des Riesenbrandes herbeigeeilt."[128]

Die zweifellos interessanteste und entlarvendste Meldung brachte aber das offizielle NSDAP-Organ „Völkischer Beobachter " am 28. Februar 1933: „Reichsminister Pg. Goering in Begleitung des S.S.-Gruppenführers Daluege, der gleichzeitig mit der Feuerwehr [also um ca. 21.19 Uhr] am Reichstag eintraf, begab sich in das brennende Gebäude, alle Begleitung ablehnend [!]."[129]

Was wollte Göring allein im brennenden Reichstagsgebäude, noch bevor überhaupt nach Brandstiftern gesucht worden war und etwa 3-4 Minuten vor der Verhaftung van der Lubbes?

Vor dem Reichsgericht schilderte Göring – auch hiermit seine frühe Ankunft am Brandort verratend – einen Blick in den brennenden Plenarsaal, angeblich nach seinem Eintritt in den Reichstag durch Portal II (richtig: durch Portal V): „Nun bog ich auf den Plenarsaal zu. Was ich sah, war ungefähr folgendes. Der Plenarsaal stand in Flammen, aber es war doch noch im ersten Moment zu erkennen, daß hier verschiedene Brandherde waren. Später sind sie ja alle festgestellt worden. Für mich sah es so aus, als ob es in großen Zügen 4 oder 5 Brandherde ungefähr gewesen wären. Oben die Diplomatenloge brannte in dem Augenblick noch für sich, noch gar nicht angetastet von dem Feuer unten, aus sich heraus. Ebenso sah man deutlich den Brand, am weitesten fortgeschritten, beim Präsidentensitz und konnte noch immer wieder zwischen den einzelnen Brandherden Stellen sehen, die noch nicht erfaßt waren."

Nachdem vorstehend nachgewiesen werden konnte, daß Göring das brennende Reichstagsgebäude bereits um ca. 21.19 Uhr – vor der Explosion des Plenarsaals – durch Portal V betrat, ist es sehr wahrscheinlich, daß seine Schilderung der Brandsituation im Plenarsaal auf eigener Anschauung beruht. Seine Wahrnehmung reiht sich nahtlos in den von anderen Zeugen geschilderten Brandverlauf ein:

Um 21.20 - 21.21 Uhr sah Lateit durch die offenstehende Eingangstür im Plenarsaal das Präsidentenpult sowie die Vorhänge brennen. Die Anklageschrift spricht hier vom „Anblick einer flammenden Orgel". Um ca. 21.22 Uhr schaute Scranowitz in den Saal; er bemerkte das lichterloh brennende Präsidentenpult sowie ca. 15 Flammenbündel auf den Abgeordnetenbänken. Um 21.24 - 21.25 Uhr blickte Brandmeister Klotz in den Plenarsaal, der nun schon mit dichtem Rauch gefüllt war. Göring muß also zu ungefähr derselben Zeit wie Lateit (oder sogar noch früher) in den Plenarsaal geblickt haben, also etwa um 21.20 - 21.21 Uhr, unmittelbar nach seinem ersten Betreten des Reichstags.

Göring schilderte dem Reichsgericht sogar den weiteren Brandverlauf im Plenarsaal: „Aber schon in den nächsten 10 Minuten einigte sich das Feuer. Der grosse Durchbruch kam in dem Augenblick, wo oben die Kuppel gesprengt wurde und ein kolossaler Zug entstanden war, so dass die Flammen oben hinausschossen. Es waren sofort zwei Dinge zu sehen. Erstens: der Plenarsaal war nicht mehr zu retten; er brannte lichterloh. Zweitens war zu erkennen, dass es sich um eine Brandstiftung von grossen Ausmassen handelte."[130] Görings Angabe „in den nächsten 10 Minuten" erscheint bemerkenswert präzise, wenn man annimmt, daß er den Brand im Plenarsaal ungefähr zur gleichen Zeit wie Lateit (21.20 - 21.21 Uhr) beobachtet hatte, denn die Kuppel stürzte um 21.27 - 21.28 Uhr in sich zusammen. Auch bei einer Vernehmung in Nürnberg durch Robert Kempner am 13. Oktober 1945 bestätigte Göring seinen Blick in den brennenden Plenarsaal vor dem Einstürzen der Kuppel:

„Kempner: Sie waren zu einer ziemlich frühen Zeit am Reichstag. Ich sah, wie Sie die Treppe herunterkamen.[131]

Göring: Ja. Als ich kam, brannte die Halle [Plenarsaal]. Ich verlor fast mein Leben dort. Es war nur ein glücklicher Zufall. Wenn ich nicht mit meinem Gürtel an der Telefonzelle hängengeblieben wäre, wäre ich ziemlich übel verbrannt worden.

Kempner: Standen Sie nicht auf dem Platz vor der großen Treppe?

Göring: Natürlich, ich blieb dort für Stunden. Aber als ich zuerst dort ankam, stand die große Halle [Plenarsaal] in Flammen, und die linke Kuppel brach gerade zusammen."[132]

Es bleibt (nach rechtsstaatlichen Grundsätzen) unverständlich, warum weder Bünger noch die anderen Juristen des Reichsgerichts nach dem äußerst bemerkenswerten Augenzeugenbericht Görings weiter nachfragten, was der Preußische Ministerpräsident genau gesehen hatte, gab es doch bis zu dessen Aussage nur drei Zeugen, die den Brand im Plenarsaal selbst im Frühstadium gesehen hatten, nämlich Lateit, Scranowitz und Klotz. Man kann nur vermuten, daß Bünger und die anderen Juristen durchaus erkannten, daß Göring ein Stadium des Brandes im Plenarsaal schilderte, das zeitlich vor den Beobachtungen der anderen Zeugen lag. Wenn sie dennoch schwiegen, dann sehr wahrscheinlich aus begründeter Angst vor dem Ende 1933 sehr mächtigen NS-Reichsminister. Nicht nur Dimitroff, sondern sogar die Mitglieder des Reichsgerichts mußten offenbar um ihr Leben fürchten. Anders läßt sich jedenfalls nicht erklären, daß es Göring ohne Widerspruch gestattet wurde, vor dem Reichsgericht Morddrohungen gegen Dimitroff und die anderen angeklagten Kommunisten auszustoßen. Nach rechtsstaatlichen Grundsätzen hätten solche Äußerungen regelmäßig zu einer Bestrafung führen müssen.

Görings zweiter Eintritt in das brennende Reichstagsgebäude durch Portal II

Einem Bericht des Londoner „Times"-Reporters Douglas Reed zufolge muß Göring samt seinem Gefolge kurz vor 21.30 Uhr durch Portal II das brennende Reichstagsgebäude erneut betreten haben. Das Portal II war, wie oben dargelegt, seit ungefähr 21.22 Uhr offen, ohne daß später festgestellt werden konnte, wer es aufgeschlossen hatte. Möglicherweise war es Göring. Reed berichtete:

„Ich rannte über die Straße und kam zu Portal II – dem Abgeordneten-Eingang –, gerade als eine stattliche Figur in einem voluminösen Trenchcoat und mit weichem Hut vor mir aufgetaucht war und mit mehreren Begleitern das Gebäude betrat. Ich mischte mich unter sie. Im Inneren waren bereits ein oder zwei Polizisten, und Feuerwehrleute brachten gerade einen Schlauch durch den Türeingang. Der energische Mann im Trenchcoat trat resolut auf und zeigte alle Anzeichen ärgerlicher Empörung. In einer Telefonzelle nahe dem Eingang entdeckte er einen Mann, der telefonierte, stürzte sich auf ihn und verlangte mit Donnerstimme zu wissen, was er dort suche. Dieser Mann, ein Zeitungsmann, der gerade mit seinem Büro telefonierte, erlebte eine unschöne halbe Minute, bevor er seine Beschäftigung erklären konnte. Von seinem mächtigen Befrager – General Göring, der gerade eilig aus dem Preußischen Ministerium des Innern Unter den Linden angekommen war – wurde ihm definitiv geboten, von der Bildfläche zu verschwinden." Reed, der natürlich nicht wissen konnte, daß Göring keineswegs direkt aus dem Preußischen Innenministerium gekommen war, fährt in seiner Schilderung fort: „Es war also möglich, sich im Gebäude in vollkommener Sicherheit zu bewegen und, soweit es die große Hitze erlaubte, das Feuer zu beobachten, das den Sitzungsraum [Plenarsaal] verzehrte, der eine Flammenmasse war. Unglücklicherweise wurde diese Möglichkeit abrupt verkürzt, denn ich wurde durch die Nachwirkung von General Görings Befehl, den Mann, den er in der Telefonzelle gefunden hatte zu entfernen, aus dem Gebäude gefegt: Die Presse, so befahl er, hat hier nichts zu suchen. Es war jetzt ungefähr 21.30 Uhr."[133]

Übereinstimmend mit dieser Schilderung Reeds berichtete Reichstagsdirektor Galle am 7. März 1933, er, Galle, „begegnete in der Kuppelhalle dem Herrn Präsidenten Göring, der vom Portal 2 her kam und mir mitteilte, daß er in einer Telefonzelle einen Fremden bemerkt hätte, der sich als Journalist ausgab und angeblich seiner Redaktion Mitteilungen von dem Brande machte. Der Mann ist später meines Wissens nicht mehr gesehen worden und offenbar unbemerkt aus dem Hause entkommen, obgleich Anweisung gegeben war, daß niemand aus dem Hause herausgelassen werden dürfe. Nach dem Herrn Präsidenten erschienen später noch die Herren Reichskanzler Hitler und Vizekanzler von Papen, die von mehreren Herren – unter anderen vom Herrn Polizeipräsidenten von Levetzow – begleitet waren, an der Brandstelle und verweilten längere Zeit im Hause."[134]

Aufschluß über die geschilderte Episode mit den Reportern gibt eine Meldung der „Telegraphen-Union". Danach wurden am Brandabend „zwei Personen festgenommen, die ein Telephongespräch mit dem ‚Vorwärts' führten und diesem mitteilten, die Brandstiftung sei von Göring angestiftet worden. Beide Personen erklärten, daß sie den Befehl, diese Nachricht zu verbreiten, vom ‚Vorwärts' erhalten hätten." Friedrich Stampfer, der Chefredakteur des „Vorwärts", dementierte die Meldung umgehend.[135] Erstaunlich ist, daß sich über diesen Vorgang keine Unterlagen in den Ermittlungsakten finden ließen. Vor dem Reichsgericht sagte Göring über seinen Eintritt mit „Begleiter" durch das Portal II in das Reichstagsgebäude weiter folgendes aus: „Hinterher kamen noch ein paar Polizeioffiziere und Wachtmeister, vielleicht 10 oder 12 Personen, mit einer Schlauchleitung, die gerade hereingetragen wurde. Beim Hereingehen, unten in der Garderobe, wurde ich schon auf einen Brandherd aufmerksam gemacht, den berühmten Brandherd bei der Toilette. Ich kümmerte mich nicht darum, sondern stürzte nach oben und nahm sofort die Richtung – zunächst eigentlich nach der Bibliothek. Denn zwei wertvolle Dinge – rein materiell gesehen – hatte der Reichstag: das eine war seine Bibliothek, und das andere waren die Gobelins, die in einem Raum hinter der Diplomatenloge aufbewahrt wurden. Hier gab ich – ich weiß auch nicht mehr genau, an wen, aber ich glaube an den Hausinspektor [Scranowitz] – die Anweisung, die Gobelins müßten gerettet werden, und hörte, daß sie bereits, schon leicht angesengt, gerettet worden wären. Dann war meine erste Frage nach der Bibliothek, aber ich hörte, daß der Feuerherd dort nicht war."

Göring wurde gegen 21.30 Uhr im brennenden Reichstag gesehen

Hausinspektor Scranowitz schilderte in einem Bericht vom 1. März 1933 seine Begegnung mit Göring im brennenden Reichstag: Nach der Verhaftung van der Lubbes (ca. 21.22 - 21.23 Uhr) habe Scranowitz die Schlüssel zum Portal I aus der Hausinspektion geholt (die er dann Prodöhl gab, der das Portal I öffnete). „Dann öffnete ich Portal 2 und benachrichtigte dort die Feuerwehr, daß der Plenarsaal brenne und daß sie mit Schläuchen durch das Portal 2 könnten. Auch an dieses Portal stellte ich einen Polizisten. Beiden Polizisten wie auch unseren Nachtpförtnern, gab ich die Weisung, niemanden aus dem Hause herauszulassen. Darauf lief ich wieder nach der Wandelhalle und half der Feuerwehr, die inzwischen den Brand im Restaurant gelöscht hatte, Schläuche zum Plenarsaal zu schaffen. In der Wandelhalle traf ich Herrn Direktor Galle und etwas später den Herrn Reichstagspräsidenten Göring. Beiden Herren machte ich Meldung über den Stand des Brandes und über die Verhaftung des einen Brandstifters."[136] Bei diesem Gespräch gab Göring Scranowitz offenbar die Anweisung, wertvolle Gobelins sowie die Bibliothek vor dem Feuer zu retten.

Mit der Darstellung von Scranowitz übereinstimmend erklärte Hilfsamtsgehilfe Sass, er sei „ungefähr gegen 21.30 Uhr" durch Portal V in den Reichstag gelangt und habe dort Galle und in der Wandelhalle Göring getroffen, von dem er „den Auftrag bekam, sofort nach Portal II zu gehen, dieses zu besetzen und keinen Menschen hereinzulassen." Portal II sei allerdings bereits offen gewesen, „und die Feuerwehr hatte bereits 4–5 Schläuche in den Reichstag gelegt."[137]

Scranowitz sagte dann am 16. März 1933 aus, er habe nach seinem Öffnen des Portals II noch einmal in den brennenden Plenarsaal geschaut, der jetzt, „etwa 10 Minuten" nach seinem ersten Blick in den Saal, bereits in hellen Flammen stand: „Einzelne Einrichtungsgegenstände waren überhaupt nicht mehr zu erkennen, es war alles ein Feuermeer." Dies muß kurz vor der Verpuffung im Plenarsaal, also vor 21.27 - 21.28 Uhr gewesen sein. Anschließend habe Scranowitz der Feuerwehr geholfen, bis ihm – wohl auf Görings Hinweis – eingefallen sei, „daß die wertvollen Gobelins im Obergeschoß gefährdet sein könnten."[138] Sein Gespräch mit Göring kann also auch nach diesen Angaben auf ca. 21.30 Uhr datiert werden.

Erhärtet wird diese Datierung durch die Angabe des Wachtmeisters Losigkeit. Dieser begab sich nach der Festnahme van der Lubbes um ca. 21.22 - 21.23 Uhr mit Scranowitz zur Hausinspektion, um den Schlüssel für Portal I zu holen. Danach ging er mit Prodöhl durch die Wandelhalle zum Portal I, das er zusammen mit Prodöhl öffnete. Er durchsuchte nun mit Prodöhl einige Räume im Erdgeschoß und kam dann in die Wandelhalle zurück. Losigkeit berichtete: „Inzwischen war bereits Minister Göring erschienen."[139] Auch diese Beobachtung kann auf ca. 21.30 Uhr datiert werden.

Scranowitz führte in einem Bericht vom 1. März 1933 detailliert aus, wie er nach Görings Anweisung versuchte, unter Einsatz seines Lebens die Gobelins und die Bücher zu retten: „Ein Trupp Wehrleute bekam etwas später von einem Baumeister der Wehr [wohl Meusser] den Auftrag, im ersten Obergeschoß nach weiteren Brandherden zu suchen und festzustellen, ob die Feuerwehr vom Dach angreifen könne. Da letzteres nicht möglich war, nahm ich den Trupp [u. a. Polizeiwachtmeister Lendzian] mit mir nach O 69, um die Gobelins zu retten. Beim Öffnen der Tür schlug uns eine derartige Hitze mit Funkenregen durch die Oberlichtscheiben, die schon alle zersprungen und heruntergestürzt waren, entgegen, daß es uns nicht möglich war, auch nur einen Schritt in diesen Raum zu tun. Ich ließ auf Anraten des Brandmeisters die Tür öffnen, damit durch Zugluft der Raum abkühle. Wir suchten daraufhin das ganze erste Obergeschoß ab, fanden aber keinen Brandherd mehr. Darauf begab ich mich wieder nach dem Hauptgeschoß und zeigte der Wehr den Weg nach der Regierungs- und Diplomatenloge. Die Räume waren so stark verqualmt, daß die Wehr Gasmasken benutzen mußte und ich beim Verlassen derselben zusammenbrach. Ich schleppte mich die Treppe 11 hinunter bis zum ersten Absatz, wo ich nicht mehr weiterkonnte und von dem SS-Mann Herrn Weber[140], Begleiter des Herrn Präsidenten Göring, und einem Feuerwehrmann nach H 36 gebracht wurde. Nachdem ich mich wieder erholt hatte, traf ich in der Wandelhalle Kanzleisekretär Prodöhl mit mehreren Bauräten und Feuerwehrleuten. Sie baten mich, sie zum 2. Obergeschoß zu führen, um dort alles abzusuchen. Da ich noch Brandstifter im Hause vermutete – nach Hörensagen sollte ein Polizist auf einen fliehenden Menschen geschossen [haben] –, bat ich einen Polizisten, uns zu begleiten. Wir teilten uns in 2 Trupps. Neue Brandherde haben wir nicht gefunden. Allerdings konnten wir den Korridor nach der Kuppelseite wegen starken Rauchs und großer Hitze nicht gehen. Darauf ging ich mit meinem Trupp nach I. O 69, um nochmals zu versuchen, die Gobelins zu retten. Es gelang im letzten Augenblick. Einen großen Gobelin mußte ich aus dem Rahmen schneiden. Den größten Gobelin konnte ich aus dem provisorischen Rahmen (mit Stoff bezogen) erst entfernen, als der Stoffbezug des Rahmens an der Oberkante Feuer fing. Ich mußte deshalb den Spannrahmen des Gobelins zerschlagen lassen, um so schnell wie möglich den Raum mit den Gobelins zu verlassen, da die Seitenwand nach dem Plenarsaal zum Teil eingestürzt, zum Teil so nach innen gebogen war, daß man jeden Augenblick den Zusammensturz der ganzen Wand erwarten konnte. Nach Beendigung dieser Arbeiten brach ich wegen Einatmen von Rauchgasen wieder zusammen. Nachdem ich mich kurze Zeit erholt hatte, ging ich mit meinem Trupp zum Dachgeschoß, das als Bücherspeicher benutzt wird. Brandherde konnte ich dort nicht feststellen. Ich wollte nun zum Bücherspeicher Dachgeschoß 19. Als ich die Tür aufschloß, die Dachgeschoß 15b mit 16 verbindet, schlugen uns so starke Rauchgase entgegen, daß die Tür sofort wieder geschlossen werden mußte. Weil wir dort einen neuen Brandherd vermuteten, gingen wir denselben Weg zurück, um vom 2. Obergeschoß bei Zimmer 62 weiter vordringen zu können. Trotz Gasmasken konnte auch die Feuerwehr nicht in den Bücherspeicher hinein und haben es erst später mit Sauerstoffapparaten bewerkstelligen können. Dann ging ich in die Wandelhalle zurück, wo ich mich erst auf einer Bank erholen mußte." Scranowitz mußte dann von einem Arzt versorgt werden. Der Hausinspektor berichtete weiter: „Gegen 5 Uhr morgens war ich außerstande, weiter zu arbeiten und verabredete mich mit Herrn Kriminalkommissar Bunge zu Dienstag früh 9 Uhr zwecks Fortsetzung der Arbeiten, die auf Befehl von Reichsminister Göring aufs genaueste durchgeführt werden sollten. Wir hatten auf Anordnung des Herrn Reichsministers Göring den Pförtnern die Weisung erteilt, niemand außer Feuerwehr, Polizei und Hausangestellten in den Reichstag hereinzulassen, bis sie von uns, respektive Herrn Reichsminister Göring anderen Auftrag bekämen. In meiner Wohnung erlitt ich einen Nervenzusammenbruch, so daß meine Frau den Arzt nochmals rufen mußte."

Görings dritter Eintritt in das brennende Reichstagsgebäude durch Portal II

Göring sagte vor dem Reichsgericht aus, am Portal II habe er den Chef der Berliner Feuerwehr, Oberbranddirektor Gempp, rufen lassen, der ihm gesagt habe, er sei auch gerade erst gekommen, und es sei der 10. Alarm gegeben worden. Dies kann jedoch weder bei Görings erstem Eintritt in das Gebäude durch Portal V, noch bei seinem zweiten Eintritt durch Portal II gewesen sein. Nachweislich war Gempp erst mit dem 10. Alarm um 21.32 Uhr verständigt worden und traf erst um ca. 21.42 Uhr am Brandort ein, denn er wohnte seinerzeit in der Hauptfeuerwache, Lindenstr. 40/41 in Berlin SW (Kreuzberg). Nach der Aussage von Gempp fand sein Gespräch mit Göring kurz vor 22 Uhr statt. Erst danach – also um ca. 22 Uhr oder später – habe Göring durch das Portal II (erneut) das Reichstagsgebäude betreten.[141]

135

Zusammenfassend kann bezüglich Görings Anwesenheit am Brandort folgendes festgestellt werden:

Die von Göring vor dem Reichsgericht vorgetragenen Einzelschilderungen von Sachverhalten entsprachen offenbar weitgehend den Tatsachen, lediglich ihre zeitliche Abfolge wurde stark verfälscht. Für diese ganz offensichtlich zielgerichtete Manipulation gab es eigentlich nur einen plausiblen Grund: Göring versuchte zu verdecken, daß er bereits viel früher als offiziell angegeben im brennenden Reichstagsgebäude anwesend war. Sollte der morphiumsüchtige Göring etwa doch am Tatort in den Flammen geschwelgt, also „wie weiland Nero die Laute gespielt"[142] haben?

Göring betrat nachweislich das brennende Reichstagsgebäude zuerst durch das Portal V gegen 21.19 Uhr. Demzufolge entsprach auch sein Augenzeugenbericht über die Brandsituation im Plenarsaal offenbar eigener Beobachtung. Dann hätte er – unter Berücksichtigung der Zeit von der telefonischen Brandmeldung im Preußischen Innenministerium (MdI) bis zur Ankunft an Portal III oder IV (10 Minuten) sowie des anschließenden Fußmarschs von dort zum Portal V (1 Minute) – auf jeden Fall vor allen offiziellen Brandmeldungen bei Feuerwehr und Polizei (21.14-21.15 Uhr) und vor den zwei obengenannten (nachweislichen) Anrufen im MdI (die um 21.15 Uhr erfolgten) benachrichtigt worden sein müssen! Ein bisher unbekannter Anrufer hätte demnach spätestens um ca. 21.08 Uhr, der Zeit, als van der Lubbe von den ersten Zeugen am Reichstag bemerkt wurde, im MdI den Brand gemeldet haben müssen! Dieser rekonstruierte Zeitpunkt stimmt allerdings mit Görings eigener Bekundung für die Zeit der Brandmeldung im MdI („um 9 herum") recht gut überein. Die Frage stellt sich nun hier genauso wie bei von Helldorf: Wer setzte die NS-Spitzen so früh ins Bild?

Stimmen die Angaben von Goebbels (siehe unten), so betraten er und Hitler den Reichstag gemeinsam um ca. 21.26 - 21.27 Uhr durch das offene Portal II, wo sie Göring empfing und zum brennenden Plenarsaal geleitete.

Wie durch mehrere Zeugenaussagen belegt ist, hielt sich Göring um ca. 21.30 Uhr im südlichen Wandelgang auf. Hier erteilte er Scranowitz seine Anweisungen zur Rettung der Gobelins.

Kurz vor 22 Uhr schließlich fand Görings Gespräch mit Oberbranddirektor Gempp vor dem Portal II statt. Danach ging Göring durch das Portal II erneut in den Reichstag.

Am Morgen nach dem Brand berichteten verschiedene Zeitungen

über Görings drittes Betreten des brennenden Gebäudes, das sie offenbar mit seiner Ankunft an der Brandstätte gleichsetzten: „Kurz nach 22 Uhr traf der preußische Innenminister Göring an der Brandstelle ein."[143] Ähnlich verfälschend stellte es auch die schriftliche Urteilsbegründung so dar, als sei Göring erst kurz vor 21.42 Uhr am Brandort eingetroffen: „Es war [...] zehnter Alarm durchgegeben [um 21.32 Uhr] und daraufhin der Oberbranddirektor Gempp an der Brandstelle erschienen [um 21.42 Uhr]. Gempp erhielt auf seine Meldung [die erst um ca. 22 Uhr erfolgte] bei dem in diesem Augenblick gleichfalls [allerdings nicht aus dem Preußischen Innenministerium, sondern bereits aus dem Reichstagsgebäude] eintreffenden Polizeiminister Göring die Weisung, sich in seinen Anordnungen durchaus nicht stören zu lassen, er, Gempp, habe hier die Verantwortung. Gempp befahl darauf sofort die 15. Alarmstufe [um 21.42 Uhr]."

Hitler und Goebbels

Göring schloß seine Schilderung des Brandabends am 4. November 1933 vor dem Reichsgericht folgendermaßen: „Ich ordnete sofort an, dass der Führer [Hitler] zu benachrichtigen und ihm zu berichten sei. Das war bereits geschehen. Der Führer kam auch gleich. Die zweite Anordnung, die ich sofort traf, war die, dass ich alle zuständigen Beamten in den Reichstag rief, den Polizeipräsidenten und die anderen Herren. Ich ging dann zunächst ins Präsidentenzimmer und liess mir kurz Vortrag halten. Mittlerweile kam, wie gesagt, der Reichskanzler an, und in seiner Begleitung Vizekanzler von Papen." Der „Amtliche Preußische Pressedienst" meldete damit übereinstimmend noch in der Brandnacht: „Auf die ersten Meldungen von dem Brande trafen auch Reichskanzler Hitler und Vizekanzler von Papen ein."

Bereits am 18. Oktober 1933 hatte Torglers Verteidiger, Rechtsanwalt Sack, anläßlich der Vernehmung von Adermann, am Abend des 27. Februar Nachpförtner im Reichstagspräsidentenpalais, dem Reichsgericht eine seltsame Geschichte aufgetischt. Es ging in der Verhandlung gerade um SA- und SS-Führer, die im Reichstagspräsidentenpalais bei Göring offenbar ein- und ausgingen. Sack: „Der Zeuge scheint sich zu irren. Diese Leute können gar nicht Besucher des Reichstagspräsidenten gewesen sein, denn der Herr Reichstagspräsident war damals die wenigste Zeit im Präsidentenpalais. Soweit ich informiert bin, hat dort jemand anders gewohnt, nämlich ein Herr Dr. Hanfstaengl." Es handelte sich dabei um Ernst „Putzi" Hanfstaengl, seit 1931 Auslandspressechef der NSDAP und alter Freund des „Führers".[144] Der Name Hanfstaengl fiel hier zum erstenmal im Reichstagsbrandprozeß. Auch in den Akten der umfangreichen Voruntersuchung tauchte er nicht auf.

Zu diesem Zeitpunkt der Verhandlung war völlig unklar, was Sack mit seiner Angabe bezweckte. Adermann widersprach jedenfalls; SA- und SS-Führer seien Görings Besucher gewesen. Zu Hanfstaengls angeblicher Anwesenheit im Reichstagspräsidentenpalais schwieg Adermann, obwohl er es eigentlich hätte besser wissen müssen.

Adermann sollte eigentlich schon am Tag zuvor, nämlich am 17. Oktober vor dem Reichsgericht aussagen[145], war aber völlig überraschend (und unüblich während eines laufenden Prozesses) an diesem Tag zum Gestapa bestellt worden, wo er von Kriminalassistent Bauch über die Zugangsmöglichkeiten zum Reichstagspräsidentenpalais vernommen wurde.[146] Offensichtlich wurde Adermann im Gestapa für seine eidlichen Falschaussagen bzw. sein Schweigen zu Sacks Hanfstaengl-Geschichte vor dem Reichsgericht präpariert. Adermann hatte jedenfalls noch am 7. April 1933 folgendes ausgesagt: „In den letzten Wochen vor dem Brande wohnten im Obergeschoß als Gäste von Herrn Minister Göring Frau Milde, Herr von Cranzow und ein Prinz zu Wied, sowie eine Hausangestellte, deren Namen ich nicht kenne. Im Zwischengeschoß wohnt Herr Geheimrat Galle mit Frau und im Erdgeschoß wohnt die Hausmeisterin Frau Puschke."[147] Kein Wort von Hanfstaengl.

Nach Sacks Vorarbeit präsentierte Joseph Goebbels dann bei seiner Vernehmung am 9. November 1933 eine überraschende Geschichte: Hitler sei am Brandabend als Gast zum Abendessen bei ihm gewesen. (Laut Eintrag in Goebbels' Tagebuch war Hitler um 21 Uhr zum Abendessen eingeladen.[148]) Hanfstaengl habe dann aus dem Reichstagspräsidentenpalais in Goebbels' Wohnung angerufen und ihm vom Brand berichtet[149], so habe auch der „Führer" vom Brand erfahren. Hanfstaengl bereitete seine Geschichte auch noch anekdotisch auf, um die Glaubwürdigkeit zu erhöhen: Goebbels habe den Anruf zuerst für einen Scherz gehalten, etc.[150]

Hanfstaengl habe am Telefon berichtet: „Ich sitze hier im Zimmer dem Reichstag gegenüber, und ich sehe die Flammen des Brandes aus der Kuppel herausschlagen."[151] Tatsächlich beobachteten die ersten Zeugen „Feuerfunken in der Reichstagskuppel" zuerst um 21.30 bis 21.35 Uhr, nach der Explosion des Plenarsaals. Unter Berücksichtigung der von Goebbels selbst angegebenen Fahrtzeit von 30 Minuten von seiner Wohnung bis zum Reichstagsgebäude hätten Hitler und Goebbels danach etwa um 22.00 - 22.05 Uhr am Reichstag eintreffen müssen. Dieser Zeitpunkt läßt sich allerdings mit den weiteren Angaben von Goebbels nicht in Einklang bringen.

Auf die Frage von Präsident Bünger, wann der Telefonanruf von Hanfstaengl eingegangen sei, antwortete Goebbels: „Ich weiß nicht genau, um welche Minutenzeit es gewesen ist", ergänzte jedoch auf Vorhalt von Helldorfs Aussage: „Ich nehme durchaus an, daß er genau um diese Zeit wie ich beim Abendessen gesessen hat." – Das wäre dann aber vor 21 Uhr gewesen!

Goebbels weiter: „Wir haben dann die Polizeiwache am Brandenburger Tor angerufen [die, wie hier nochmals festgehalten werden muß, für den Reichstag eigentlich gar nicht zuständig war!] und haben da die Bestätigung dafür erhalten, daß es sich tatsächlich um einen Großbrand handle und daß die Anwesenheit des Reichskanzlers und meiner Person unmittelbar im Reichstag erforderlich sei. Daraufhin sind wir sofort vom Abendessentisch aufgestanden, haben uns ins Auto gesetzt und sind in einem rasenden Tempo [die Straßen waren vereist!] zum Reichstag gefahren." Präsident Bünger fragte nun Goebbels: „Sie waren also ziemlich schnell nach Ausbruch des Brandes, der ja ungefähr 9 Uhr 4 erfolgt ist, am Brandort?" Darauf Goebbels, ohne auf die falsche Zeitangabe Büngers einzugehen: „Ich glaube wohl, daß wir eine halbe Stunde später im Reichstag waren." (Goebbels wohnte seinerzeit am Reichskanzlerplatz – heute Theodor-Heuss-Platz – in Charlottenburg.) Danach wären Goebbels und Hitler etwa um 21.34 Uhr im Reichstag gewesen, was ziemlich genau mit einer Meldung des „Tag" übereinstimmt: „Etwa gegen 1/2 10 Uhr trafen auch Reichskanzler Hitler, mit dem Propagandachef der NSDAP, Dr. Goebbels, und Prinz August Wilhelm, Vizekanzler von Papen, Polizeipräsident v. Levetzow, Polizeivizepräsident Dr. Mosle mit dem Leiter der Politischen Polizei, Oberregierungsrat Dr. Diels, und dem Leiter der Pressestelle im Polizeipräsidium, Regierungsrat Dr. Bloch, an der Brandstelle ein."[152]

Eine Meldung des „Völkischen Beobachters" (Norddeutsche Ausgabe) vom 1. März 1933 läßt hingegen die erst während des Reichstagsbrandprozesses von Goebbels präsentierte Geschichte eines gemeinsamen Abendessens mit Hitler am Brandabend fraglich erscheinen: „Reichskanzler Hitler ist gekommen. Von der Stätte schwerer Arbeit hinweggeeilt, um sich an Ort und Stelle von der Schwere des Brandes

zu überzeugen. Dr. Goebbels und Oberführer Ernst begleiten ihn."
Demnach kam Hitler zusammen mit Goebbels und SA-Führer Karl
Ernst von „schwerer Arbeit".

Goebbels erklärte vor dem Reichsgericht weiter: "Wir fuhren die Sie-
gesallee herunter am Siegesdenkmal vorbei, und gleich an der Tür von
Portal 2 stand der Ministerpräsident Göring, der damalige Preussische
Innenminister. Gleich als mein Parteifreund Göring uns entgegentrat,
erklärte er: ‚Es handelt sich um ein kommunistisches Attentat; einer der
Täter ist schon gefunden, es ist ein holländischer Kommunist, den haben
wir schon in Gewahrsam genommen, man ist gerade im Begriff, ihn einer
Vernehmung zu unterziehen.' "

Präsident Bünger sprach Goebbels nun auf die oft zitierte Äußerung
Hitlers gegenüber dem englischen Journalisten (und Geheimdienst-

Hitler in der Wandelhalle des brennenden Gebäudes im Gespräch mit Sefton
Delmer. Dahinter v. l. Goebbels und Prinz August Wilhelm von Preußen, rechts
vorn Göring.

Mitarbeiter) Sefton Delmer an, der ebenfalls außerordentlich früh am Brandort erschienen war: „Haben Sie eine Äußerung des Herrn Reichskanzlers, die vielfach erwähnt worden ist, an Ort und Stelle gehört, eine Äußerung, die sich auf die Urheberschaft des Brandes bezog?" Darauf Goebbels: „Jawohl. Das war aber auch ganz natürlich; denn es war uns schon am Eingangsportal vom Preußischen Ministerpräsidenten mitgeteilt worden: ‚Es handelt sich um ein kommunistisches Attentat, und ein holländischer Kommunist ist schon gefaßt.' Als Herr von Papen nun auf unsere Gruppe zutrat und seiner Bestürzung und seiner Verwunderung Ausdruck gab, da erklärte der Reichskanzler ihm gegenüber: ‚Das ist ein Zeichen dafür, wie die Situation wirklich ist. Hier blutet die Situation wirklich aus. Hier kann man sehen, vor welcher Gefahr Deutschland steht, und das deutsche Volk kann davon überzeugt sein, daß ich es für meine nationale Pflicht halte, die deutsche Nation vor dieser Gefahr zu erretten.' "

Den Worten von Goebbels zufolge wäre also Göring der Urheber der Bezichtigung der Kommunisten gewesen. Göring, der Hitler nach seinem Eintreffen am Brandort noch gar nicht angesprochen haben will, zitierte Hitlers Äußerung allerdings etwas anders: „Hier hat die Kommune ein Fanal angezündet! Hier hat sie nach aussen das bewiesen, was sie im Innern immer getrieben hat! Hier sehen Sie das Zeichen des Himmels, hier sehen Sie, wohin es führt, wohin es geführt hätte, wenn diese Gesellschaft zur Herrschaft gekommen wäre, wenn diese Gesellschaft regieren könnte oder wenn man diese Gesellschaft laufen liesse!"[153]

Der „Völkische Beobachter" (Norddeutsche Ausgabe) lieferte am 1. März 1933 eine weitere Version: „Der Kanzler selbst ist sehr ruhig. Als ihn ein Journalist [wohl Sefton Delmer] anreden will, bemerkt er nur: ‚Was Deutschland und Europa vom Kommunismus zu erwarten hat, das sehen Sie hier. Diese Tat wurde der K.P.D. aber von einem unglücklichen Geist eingegeben. Unsere Faust wird jetzt hart und schwer auf sie niederfallen.' "

Gleichgültig welche Darstellung der Wahrheit entspricht: Eine wirkliche Überraschung kann der Reichstagsbrand für die NS-Führer nach Lage der Dinge nicht gewesen sein. Dazu waren sie viel zu früh am Ort des Geschehens. Einen weiteren interessanten Beleg hierfür liefert das Goebbels-Tagebuch. Dort findet sich bezüglich der Ankunft von Goebbels und Hitler am Reichstag folgender Eintrag: „Über dicke Feuerwehrschläuche gelangen wir durch das Portal 2 in die große Wandelhalle. Auf dem Wege dahin kommt Göring uns entgegen. [...] Das

141

Plenum bietet ein einziges Bild der Verwüstung. Die Flammen schlagen zur Decke herauf, die jeden Augenblick einzustürzen droht."[154] Auch Goebbels will also <u>vor</u> dem Einsturz der Decke des Plenarsaals, also vor 21.27 - 21.28 Uhr in den Plenarsaal geblickt haben. Zweifellos ist Goebbels' Tagebuch keine historische Quelle, der man vertrauen sollte; unbestritten enthält es jedoch neben einer Fülle von Propaganda auch wahre Elemente. Warum sollte der NS-Chefpropagandist bei der Schilderung eines derartigen Details des Reichstagsbrandes aber gelogen haben, zumal er sich damit selbst belastete?

Sollte die Schilderung von Goebbels eine Wiedergabe dessen sein, was der NS-Propagandaminister selbst gesehen und erlebt hat, so hätte er – unter Berücksichtigung einer Fahrzeit von ca. 30 Minuten von seiner Wohnung bis zum Reichstagsgebäude (nach eigener Angabe) – bereits vor 21 Uhr vom Brand erfahren! Auch Goebbels und Hitler hätten demnach die Nachricht vom Reichstagsbrand erhalten, bevor dieser überhaupt ausgebrochen war!

Hanfstaengl, der offenbar ein Alibi für Goebbels und Hitler liefern mußte, wurde beim Reichstagsbrandprozeß nicht als Zeuge vernommen, bestätigte die Geschichte aber später in seinen Memoiren halbherzig.[155] Er sei an diesem Abend zu Goebbels eingeladen gewesen, habe aber wegen einer Erkältung absagen müssen. Nach seinem Anruf bei Goebbels und der Mitteilung, daß der Reichstag brenne, habe er die Überraschung von Goebbels am Telefon zunächst für echt gehalten. Hanfstaengl schränkte diese Aussage dann jedoch dahingehend ein, daß ihm im weiteren Verlauf der Ereignisse allmählich klar geworden sei, daß Goebbels bei dem Telefonat Theater gespielt habe und daß Goebbels' „dringende Einladung für ihn nichts anderes gewesen war als ein Versuch, für sich und Hitler ein Alibi zu schaffen".[156]

Die sehr berechtigten Zweifel an Hanfstaengls und Goebbels' Darstellung werden verstärkt durch die Äußerungen von Martha Dodd, der Tochter des damaligen amerikanischen Botschafters in Berlin, die in ihren Memoiren schrieb:

„Ich versuchte herauszufinden, was Hanfstaengl über den Brand wußte. Er sagte, er sei am Abend des Brandes bei einem offiziellen Abendessen gewesen und nach einem netten Abend ziemlich früh nach Hause gegangen. Um zwölf Uhr, sagte er, habe ihn Göring in großer Aufregung angerufen und ihm mitgeteilt, das Gebäude stehe in Flammen. Er sei zu Görings Haus [also entweder zum Innenministerium oder zum Reichstagspräsidentenpalais] geeilt und sie hätten besprochen, was zu tun sei. An diesem Punkt brach die Geschichte jedesmal ab, wurde konfus oder unzusammenhängend. Wir alle wußten, daß der einzige sichere Weg zum Gebäude direkt in Görings Heim führte. Diels wußte dies auch, doch Diels war zu klug, um damals darüber zu reden."[157]

Als schließlich 1936 Konrad Heidens Buch „Adolf Hitler"[158] in englischer Übersetzung erschien, das Hanfstaengl „einen in das Reichstagsbrandkomplott verwickelten Mittäter" nannte, erhob er über seinen Anwalt Kenneth Brown erfolgreich Klage dagegen. Die Behauptung durfte nicht wiederholt werden.[159]

Vizekanzler von Papen

Den genannten Aussagen und zahlreichen Zeitungsberichten zufolge war auch von Papen sehr früh am brennenden Reichstag erschienen. In seiner Autobiographie[160] heißt es, er habe am Abend des 27. Februar ein Essen zu Ehren des Reichspräsidenten Hindenburg in einem Klub Ecke Voßstraße veranstaltet. In die Fenster sei plötzlich der „Lichtschein des riesenhaften Reichstagsbrandes" gefallen. Aus dem geöffneten Fenster hätten dann von Papen und von Hindenburg „die in Schwaden von Rauch und Feuer getauchte Kuppel des Wallot-Baues" gesehen. Von Papen habe sich nun zum Reichstagsgebäude begeben: „Das brennende Parlament fand ich in weitem Umkreise von der Polizei abgesperrt, und in einem der halb ausgebrannten Wandelgänge traf ich Göring." Diese Schilderung erscheint denkbar unglaubwürdig. Einen Lichtschein aus der brennenden Kuppel konnte man frühestens nach 21.30 Uhr sehen, von der Voßstraße aus wahrscheinlich erst etliche Minuten später. In der damaligen Presse wurde aber übereinstimmend angegeben, daß von Papen kurz nach oder sogar zur gleichen Zeit wie Hitler und Goebbels, also kurz vor 21.30 Uhr am Reichstag eintraf. Der „Völkische Beobachter" (Norddeutsche sowie Münchener Ausgabe) meldete am 1. März 1933 sogar: „Goering, der preußische Innenminister und der Vizekanzler von Papen waren als erste im brennenden Reichstag erschienen. Der Kanzler [Hitler] war wenige Minuten später mit Dr. Goebbels ebenfalls eingetroffen." War auch von Papen in die Pläne zur Reichstagsbrandstiftung eingeweiht? Erstaunlicherweise fehlt in seinem Bericht jeder Hinweis auf Hitler und Goebbels. Nur von Göring ist die Rede, der ihm zugerufen habe: „Das kann nur ein Attentat der Kommune gegen unsere neue Regierung sein!"

Diels und die Politische Polizei

Der Chef der Politischen Polizei, Diels, sowie sein Adlatus Schnitzler trafen nach ihren eigenen Schilderungen bereits vor Hitler und Goebbels, also vor 21.30 Uhr, am brennenden Reichstag ein.

Diels, der schon am Nachmittag vor dem Brand so geschäftig den angeblich drohenden kommunistischen Volksaufstand zu verhindern suchte, will nach seinen Memoiren[161] vom Reichstagsbrand im Café Kranzler (seinerzeit Unter den Linden) bei einem „Rendezvous" (möglicherweise ebenfalls beim Essen) überraschend von seinem Adlatus, Regierungsassessor Dr. Heinrich Schnitzler (alias Schneider) erfahren haben.

Letzterer schilderte die Ereignisse 1949 in einer anonym erschienenen Beitragsserie[162] wie folgt: „Heute, am 27. Februar, beendet Diels seine Arbeit früher. Gegen 21 Uhr fährt er weg. [...] Er stellt mir bereitwilligst seinen Wagen zur Fahrt zum Potsdamer Bahnhof zur Verfügung, wenn ich ihn erst am Kaffee Kranzler abgesetzt hätte. Ich fahre von dort weiter in Richtung Brandenburger Tor. Dort stockt der Verkehr; es muß also etwas los sein. Anscheinend brennt es irgendwo, denn man hört das Geläute und die Hupen der anrückenden Feuerwehr. Ein Schutzpolizeioffizier, der sich um die Verkehrsregelung am Brandenburger Tor bemüht, klärt mich auf, daß der Reichstag brenne und daß eben Großalarm gegeben worden sei. Tatsächlich sieht man, daß die große Glaskugel des Reichstages rot erleuchtet ist und daß Qualm entweicht. Sofort fahre ich zum Portal V des Reichstagsgebäudes, um genauere Informationen einzuholen. Ein Feuerwehroffizier gibt mir kurz Auskunft über die Lage, und schon sitze ich wieder im Wagen und zurück geht's zum Kaffee Kranzler." Schnitzler will Diels hier zusammen mit einer jungen Dame angetroffen haben. Diels und Schnitzler hätten sich daraufhin mit dem Wagen zum Reichstagsgebäude begeben.

Zu diesen Angaben von Schnitzler ist folgendes anzumerken: Eine Fahrt vom Polizeipräsidium (Alexanderplatz) zum Café Kranzler (Unter den Linden) dauert nur wenige Minuten, ebenso eine Fahrt von dort zum Brandenburger Tor. Von der Brandenburger Tor-Wache aus wurde um 21.20 Uhr das Feuer weitergemeldet. Schnitzler erwähnte in seinem Bericht keine Absperrungen, so daß er auf jeden Fall vor 21.41 Uhr, dem Beginn der Absperrungen, am Portal V gewesen sein muß. Nimmt man für die 5 Autofahrten großzügig eine Fahrtzeit von je 5 Minuten an, so deutet Schnitzlers Schilderung auf seine und Diels' Ankunft am brennenden Reichstag vor 21.30 Uhr hin. In der Kuppel des Reichstags sah man aber erst nach 21.30 Uhr das erste Feuer, so daß dieses Detail seiner Schilderung nicht stimmen dürfte.

Schnitzler schilderte nun ebenfalls einen Blick in den brennenden Plenarsaal: „Als wir dort [am brennenden Reichstagsgebäude] angekommen sind, versuchen wir zunächst, uns einen Überblick über den Umfang der Katastrophe zu machen. Das gelingt uns aber nicht, denn alles geht wild durcheinander und in dem riesigen Bau, nur mangelhaft beleuchtet, kann man sich nicht schnell orientieren. Jedenfalls genügt ein Blick in den brennenden Plenarsitzungssaal, um uns die verheerende Gewalt des Feuers vor Augen zu führen und um festzustellen, daß hier nichts mehr zu retten sei."

Auch die Darstellung von Diels in seinen Memoiren deutet auf eine sehr frühe Ankunft am Reichstagsgebäude hin: „Als ich mit Schneider [d. i. Schnitzler] in das brennende Gebäude eindrang, mußten wir, obwohl wir noch wenig Publikum vorfanden, schon über die prallen Schläuche der Berliner Feuerwehren hinwegsteigen." Die Politische Polizei wäre demnach bereits zu einem Zeitpunkt am Brandort erschienen, als es noch keinerlei Anzeichen für einen politischen Hintergrund des Brandes gab!

Sehr erstaunlich ist die im Text umittelbar folgende Bemerkung von Diels: „Es waren auch schon Beamte meiner Abteilung dabei, Marinus van der Lubbe zu vernehmen." Diels behauptete demnach, daß Beamte der Politischen Polizei schon sehr früh im brennenden Reichstag anwesend waren und van der Lubbe dort vernommen hätten![163] Ähnlich äußerte sich auch von Papen in seinen Memoiren: „Als ich nach dem Krieg in Regensburg interniert war, lag auf meiner Stube ein ehemaliger Kriminalkommissar des preußischen Innenministeriums namens Heisig. Er war damals als erster im brennenden Reichstag eingetroffen."[164]

Schnitzler über den weiteren Ablauf: „Am Portal V [richtig: am Portal II] findet in der Zwischenzeit [kurz vor 21.30 Uhr] der Aufmarsch der ‚Prominenten' statt. Es erscheint Adolf Hitler mit finsterem Blick. Hermann Göring ist bereits ein paar Minuten vorher eingetroffen und befindet sich in seinem Dienstzimmer als Präsident des Reichstages. Auch Franz von Papen und Frick sind mir noch in Erinnerung. Die ganze Prominenz versammelt sich im Zimmer des Reichstagspräsidenten. Auch Diels wird zugezogen. Die Besprechung mag vielleicht eine halbe oder auch eine ganze Stunde gedauert haben." Schnitzler habe nun den

Auftrag erhalten, telefonisch die Polizeifunkstationen folgendermaßen zu benachrichtigen: „Sämtliche kommunistischen Abgeordneten des Reichstages, der Länderparlamente und Stadtverordnetenversammlungen sind zu verhaften. 2. Alle kommunistischen Zeitungen sind sofort zu verbieten. 3. Alle kommunistischen Funktionäre sind festzunehmen." Gegen Mitternacht habe dann eine „Pressebesprechung" im Innenministerium bei Göring stattgefunden.

Bei Diels heißt es: „Kurz nach meinem Eintreffen im brennenden Reichstag hatte sich die nationalsozialistische Prominenz eingefunden. In ihren großen Wagen kamen Hitler und Goebbels angefahren; Göring, Frick und von Helldorf fanden sich ein; Daluege, der Chef der Polizei fehlte unter ihnen." Diels berichtete also, daß Hitler und Goebbels <u>nach</u> ihm am Reichstag eintrafen. Nach der oben angegebenen Rekonstruktion müssen Hitler und Goebbels kurz vor 21.30 Uhr am Reichstag eingetroffen sein. Insofern wären Diels' Zeitangaben schlüssig. Die Formulierung „Göring, Frick und von Helldorf fanden sich ein" deutet darauf hin, daß sich zumindest Göring und Frick zu diesem Zeitpunkt bereits im Reichstag befanden, während es sich bei der Nennung von Helldorfs wohl um eine Erinnerungstäuschung handelt. Auch war Daluege seinerzeit noch nicht Chef der preußischen Polizei.

Diels berichtet dann Erstaunliches: „Auf einem in den Plenarsaal vorspringenden Balkon waren Hitler und seine Getreuen versammelt. Hitler hatte sich mit beiden Armen auf die steinerne Brüstung gestützt und starrte schweigend in das rote Flammenmeer." Hier wird wohl – etwas blumig – des „Führers" Blick in den brennenden Plenarsaal geschildert.

Diels will dann erst <u>nach Mitternacht</u> in das Polizeipräsidium am Alexanderplatz zurückgekehrt sein, wo van der Lubbe vernommen wurde.

„Daily Express"-Reporter Sefton Delmer

Der „Daily Express" meldete am 28. Februar 1933 auf der Titelseite: „Der Reichstag letzte Nacht in Flammmen. ,Daily Express'-Korrespondent begleitet Hitler in das lodernde Gebäude".[165] Es folgt ein Augenzeugenbericht von Sefton Delmer[166], der wohl als erster die berühmt-berüchtigt gewordenen Äußerungen Hitlers im brennenden Reichstag wiedergab.

An Delmers Bericht ist bemerkenswert, daß er am Anfang seines Beitrags für den Ausbruch des Feuers eine falsche Zeit, nämlich 21.45 Uhr angibt. (Da sich diese Zeit auch in Delmers späteren Memoiren wiederfindet, kann es sich nicht um einen Druckfehler handeln.) Alle weiteren Angaben wurden nur relativ zu diesem falschen Zeitpunkt gemacht. Delmer wäre „fünf Minuten nach Ausbruch des Feuers" am Reichstag gewesen und hätte die Kuppel brennen sehen. (Dies ist natürlich in jeder Hinsicht völlig unmöglich.) Nach weiteren 20 Minuten sei Hitlers schwarze Limousine aufgetaucht sowie ein weiterer Wagen mit Hitlers Leibgarde. Im Gefolge Hitlers sei Delmer in den Reichstag gelangt. „Hauptmann Göring [...] kam in der Wandelhalle zu uns."[167] Weiter heißt es dann, Göring habe nun zu Hitler gesagt: „Das ist zweifellos das Werk von Kommunisten, Herr Kanzler. Eine Anzahl kommunistischer Abgeordneter waren hier im Reichstag zwanzig Minuten bevor das Feuer ausbrach anwesend. Es gelang uns, einen der Brandstifter festzunehmen."[168] Man habe nun einen Raum betreten, wo Göring auf die Überreste von Eichentäfelung gedeutet und gesagt habe: „Herr Kanzler, hier können Sie selbst sehen, wie sie das Feuer gelegt haben. Sie hingen mit Benzin getränkte Tücher über das Mobiliar hier und zündeten sie an."[169] Die Gruppe ging dann durch einen weiteren, mit Rauch gefüllten Raum und erreichte einen Teil des Gebäudes, der in Flammen stand. „Feuerwehrleute schütteten gerade Wasser in die rote Masse. Hitler schaute ihnen für einige Momente zu."[170] Dann sei man auf von Papen getroffen. Hitler habe nun seine in die Geschichtsschreibung eingegangenen Äußerungen gemacht:

„Das ist ein gottgegebenes Zeichen. Wenn sich herausstellt, daß dieses Feuer, wie ich glaube, ein Werk der Kommunisten ist, dann kann uns jetzt nichts mehr aufhalten, diese Mörderpest mit eiserner Faust zu zermalmen. [Weiter zu Delmer:] Gebe Gott, daß dies das Werk der Kommunisten ist. Sie sind Zeuge des Beginns einer großen neuen Epoche in der deutschen Geschichte. Dieses Feuer ist der Anfang. Sie sehen dieses brennende Gebäude. Wenn Europa auch nur für zwei Monate unter den Einfluß dieses kommunistischen Geistes geriete, würde alles brennen wie dieses Gebäude."[171]

In seinen Memoiren berichtete Delmer 1961 weitere Details.[172] Er habe die Nachricht vom Reichstagsbrand durch Angestellte einer Tankstelle erhalten, die er ganz allgemein gebeten habe, ihn zu benachrichtigen, falls irgend etwas Bemerkenswertes passiere. Nach dem Telefonanruf der Tankstelle – der Reichstag brenne – sei er die 1 1/2 Meilen (ca. 2,4 km) von seinem Büro zum Reichstagsgebäude gerannt (sein Wagen sei zu weit entfernt in einer Garage geparkt gewesen, ein Taxi habe er nicht bekommen können) und sei dort um 21.45 Uhr angekommen. Vor dem Gebäude habe er Douglas Reed von der „Times" getroffen, der gerade von Göring aus dem Reichstag herausgeworfen worden war. Für diesen Rauswurf hatte Reed eine genaue Zeit angegeben, nämlich 21.30 Uhr (siehe oben), so daß Delmer wesentlich früher als um 21.45 Uhr (wie von ihm angegeben) am Reichstag gewesen sein muß!

Delmer berichtete weiter, zwei schwarze Mercedes-Limousinen mit Hitler und Goebbels seien am Reichstag vorgefahren. Delmer sei dann zum Portal II gegangen, wo Göring wartete. Der damalige Kommandeur von Hitlers Leibgarde, des „SS-Wachbataillons Berlin", Sepp Dietrich, habe ihm gestattet, mit in das Gebäude zu kommen. Hitler habe Delmer persönlich begrüßt (!). Von diesem Zusammentreffen existiert ein Foto, das Delmer im Gespräch mit Hitler und daneben Goebbels, Göring und Prinz August Wilhelm zeigt.[173]

Hitler, Göring, Goebbels und Delmer besichtigten nun zusammen den brennenden Reichstag. Delmer dazu: „Durch Wasserpfützen, verbrannten Schutt und durch Wolken von übelriechendem Rauch machten wir unseren Weg durch Zimmer und Korridore. Jemand öffnete eine gelbe gefirnißte Eichentür, und für einen Moment blickten wir in den funkelnden Ofen des Plenarsaals. Obwohl die Feuerwehr kräftig mit ihren Schläuchen sprühte, tobte das Feuer in der Kuppel mit einer Wut, die uns dazu brachte, diese Tür eiligst wieder zu schließen."[174] Delmers Schilderung stimmt an diesem Punkt ziemlich genau mit der von Goebbels überein. Es ist kaum vorstellbar, daß Delmer, Hitler und Goebbels nach der Explosion der Decke des Plenarsaals (um ca. 21.29 Uhr) in diesen hineinschauten, weil das Herabstürzen der Eisenkonstruktion der ganzen Kuppel drohte. Anzusetzen wäre hier (entsprechend der Tagebucheintragung von Goebbels) eine Zeit vor 21.27 - 21.28 Uhr. Auch aus diesem Grund muß die Zeitangabe von Delmer für seine Ankunft am brennenden Reichstag falsch sein.

In der Folge geriet Delmer in Verdacht, bereits im voraus vom Reichstagsbrand gewußt zu haben. In dem Buch „Das Vaterland" von Heinz Liepmann heißt es: „Der ständiger Begleiter und Freund Hitlers, der englische Journalist Delmer, telegraphierte an seine Zeitung einige Minuten vor Entdeckung des Brandes über den Brand und die Täter."[175]

Das Geheimnis von Portal II

In der schriftlichen Urteilsbegründung des Reichsgerichts heißt es:
An der Vorbereitung und Anlegung dieses Brandes im Plenarsaal sind mindestens ein, wahrscheinlich mehrere Mittäter van der Lubbes beteiligt gewesen. Einer dieser Täter hat das Reichstagsgebäude kurz vor oder nach 21 Uhr durch das Südportal II, das von anderer Hand aufgeschlossen und aufgeriegelt und hinter ihm wieder ordnungsmäßig verschlossen wurde, verlassen und sich eiligen Laufs in Richtung Königsplatz entfernt. [...]
[Der Zeuge] Bogun, der kurz vor oder nach 21 Uhr von einem Vortrag aus dem Haus der Ingenieure gegenüber der Südostecke des Reichstagsgebäudes kam und in Richtung Königsplatz auf dem dem Portal II des Reichstagsgebäudes gegenüberliegenden Fußwege der Simsonstraße am Tiergarten entlang ging, hörte, als er etwa 20 m von diesem Portal entfernt war, von dorther plötzlich ein Rasseln. Er sah, daß sich der eine Flügel des unbeleuchteten Portals öffnete und ein großer Mann mit blassem Gesicht, Hut, dunklem Mantel und hellerer Hose heraustrat. Der Mann stutzte einen Augenblick, schien ihm zu zwei Frauen hinüberzusehen, die Bogun auf dem Fußweg entgegenkamen und mit der Hand ein Zeichen zu geben schienen, und lief dann eilends in Richtung Königsplatz davon, an dem zweiten Kandelaber an dem Reichstagsgebäude sich nochmals umsehend. Eine ähnliche Wahrnehmung machte auch die Zeugin Frau Kuesner. Sie kam um dieselbe Zeit – ihre Zeitangabe kurz vor 21 Uhr ist nach den gegebenen Unterlagen nur eine Schätzung – die Hermann-Göring-Straße vom Platz am Brandenburger Tor her, auf der Tiergartenseite in Richtung auf die Südostecke des Reichstagsgebäudes zu, um den der Ostfront des Reichstagsgebäudes gegenüberliegenden Nationalen Klub aufzusuchen. An der Simsonstraße auf etwa 50 m Entfernung sah sie, daß sich der mit einer weißen Tafel versehene östliche Flügel des ihr wohlbekannten unbeleuchteten Portals II plötzlich nach innen öffnete und eine männliche Person, die sie nicht näher erkennen konnte, schnell die Stufen hinabsprang und sich nach dem Königsplatz zu eiligst entfernte.

Anzumerken ist hier noch, daß der Beleuchter Scholz, der regelmäßig abends alle Beleuchtungen auszuschalten hatte, bei seinem Rundgang am Brandabend zwischen 20.40 - 20.45 Uhr „die kleine Verbindungstreppe zwischen der Reichsratsgarderobe im Hauptgeschoß zur Regierungsgarderobe im südlichen Erdgeschoß noch erleuchtet" vorfand.[176] Diese Treppe befand sich in unmittelbarer Nähe des Portals II.

Wer den Reichstag durch das Portal II gegen 21 Uhr verließ, konnte bis heute nicht geklärt werden. Das Portal wurde jedoch kurz vor 21.22 Uhr noch ein zweites Mal geöffnet, was die Untersuchungsbehörden und das Reichsgericht vertuschten: Wie oben dargestellt, konnte Brandmeister Wald um ca. 21.18 - 21.19 Uhr das Reichstagsgebäude durch das Portal II nicht betreten. Es war verschlossen. Der kurz vor 21.22 Uhr zur äußeren Absperrung eingesetzte Wachtmeister Lendzian fand das Portal jedoch bereits offen vor, und Polizeileutnant Lateit betrat um 21.22 Uhr durch das Portal II das Reichstagsgebäude. In der Hauptverhandlung vor dem Reichsgericht konnte oder sollte nicht geklärt werden, wer das Portal von innen geöffnet hatte. Statt dessen wurde Lateit dazu veranlaßt, seine diesbezügliche Aussage zu widerrufen: Lateit wurde bereits in der Brandnacht von der Politischen Polizei (Abteilung I) zur Berichterstattung zitiert. Er nahm dabei Unterlagen der Polizei mit, darunter das Tagebuch der Brandenburger Tor-Wache, welches seither verschollen ist. In den Polizeiprotokollen aus der Brandnacht heißt es mit der Zeitangabe 3.15 Uhr in Bezug auf Lateit, daß er „sich zur Zeit bei Abtlg. I zur Berichterstattung befindet", und weiter: „Unterlagen durch den Führer der Brdbg. Tor-Wache zur Abtlg. I mitgenommen".[177] Ein Ergebnis dieses Besuchs bei der Politischen Polizei war offenbar, daß Lateit den Namen Göring in keiner einzigen Aussage erwähnen durfte, obwohl er diesem mit Sicherheit begegnet sein muß. Darüber hinaus wurde Lateit anläßlich einer Vernehmung durch den Untersuchungsrichter Vogt am 14. März 1933 dazu gebracht, seine frühere Aussage zu widerrufen, nach der er um 21.22 Uhr das bereits offene Portal II betreten hatte.[178] Vor dem Reichsgericht stotterte sich Lateit dann mehr schlecht als recht um Meineide herum, was allerdings vom Vorsitzenden Bünger toleriert wurde.[179] Daß Lateit aber tatsächlich um 21.22 Uhr den Reichstag durch das Portal II betreten haben muß, läßt sich – wie oben dargestellt – eindeutig nachweisen.

Wer das Portal II kurz vor 21.22 Uhr aufschloß, konnte bisher nicht geklärt werden. Lateit berichtete am 28. Februar, Kanzleisekretär Prodöhl habe ihm dort geöffnet.[180] Prodöhl gab am 8. März an, soweit ihm bekannt sei, habe Hilfsamtsgehilfe Sass das Tor aufgeschlossen.[181] Dieser wiederum sagte am gleichen Tag aus: „In der Wandelhalle traf ich den Präsidenten des Reichstages, Minister Göring, von dem ich den Auftrag bekam, sofort nach Portal II zu gehen, dieses zu besetzen und keinen Menschen hereinzulassen. Als ich von der Innenseite des Reichstages nach dem Portal II kam, war dieses bereits offen und die Feuerwehr hatte bereits 4-5 Schläuche in den Reichstag gelegt. Wer das Portal II geöffnet hat, kann ich nicht sagen."[182] Die Spuren enden also hier bei Göring.

Hausinspektor Scranowitz sagte bei allen Vernehmungen ab dem 28. Februar 1933 aus, er habe das Portal II aufgeschlossen. Nach der Verhaftung van der Lubbes (um 21.22 - 21.23 Uhr) sei er zusammen mit Wachtmeister Losigkeit zur Hausinspektion (diese lag im Erdgeschoß neben Portal III, am anderen Ende des Gebäudes) gegangen, um von dort den Schlüssel zu Portal I zu holen. Diesen habe er dann an Losigkeit und Prodöhl übergeben, die das Portal I aufschlossen. Scranowitz selbst habe nun (nachdem er zwischenzeitlich eine brennende Waschtoilette gelöscht hatte) um ca. 21.30 Uhr das Portal II aufgeschlossen.[183] Diese Darstellung kann aber ebenfalls nicht stimmen, weil das Portal II um 21.30 Uhr bereits offen war. Scranowitz hatte also gelogen. Es bleibt zu klären, ob Scranowitz das Portal vielleicht bereits vor 21.22 Uhr aufgeschlossen hatte: Als Lateit um 21.20 - 21.21 Uhr in den brennenden Plenarsaal schaute und danach den Reichstag verließ, hatte sich Scranowitz nach den übereinstimmenden Aussagen von Lateit, Losigkeit und Poeschel bereits vorher von ihnen entfernt.[184] Für wenige Minuten befanden sich in dem brennenden Gebäude (in der Nähe des Plenarsaals) nur Scranowitz, Losigkeit, Poeschel, (der noch nicht entdeckte) van der Lubbe und Göring. Poeschel spürte van der Lubbe auf. Losigkeit patrouillierte vor dem Plenarsaal, verließ aber für kurze Zeit seinen Posten, als Poeschel und Scranowitz um ca. 21.22 - 21.23 Uhr den verhafteten van der Lubbe anbrachten und führte diesen zusammen mit Poeschel bis zum Portal V ab.[185] Nach der oben dargestellten Rekonstruktion blickte Scranowitz etwa um 21.22 Uhr in den brennenden Plenarsaal (laut der diesbezüglich bemerkenswert unpräzisen Anklageschrift zwischen 21.21 und 21.24 Uhr). Das geschah offensichtlich unmittelbar nachdem Poeschel und Losigkeit van der Lubbe abgeführt hatten. Es muß festgehalten werden, daß Scranowitz kurz vor 21.22 Uhr für etwa zwei Minuten verschwunden war.[186] Als er wieder erschien, rief er Losigkeit zu: „Da unten laufen noch welche." Also war er im unteren Stockwerk gewesen, wo sich die Tür zu Portal II befand. Damit besteht also die Möglichkeit, daß er vor 21.22 Uhr das Portal II aufschloß. Aber warum war es nötig, dies zu vertuschen, wenn es so war? Und was tat Göring zu dieser Zeit? Über dessen Aktivitäten von seinem Blick in den brennenden Plenarsaal um ca. 21.20 - 21.21 Uhr bis zu seiner Begrüßung von Hitler und Goebbels am Portal II kurz vor 21.30 Uhr war bisher nichts herauszufinden.

Ganz offensichtlich mußte vertuscht werden, daß Göring, Hitler und Goebbels bereits verdächtig früh im brennenden Reichstag waren. Hätte sich doch sonst jeder gefragt, wer die NS-Spitzen „rechtzeitig" benachrichtigt hatte und ob es zu diesem frühen Zeitpunkt der Benachrichtigung (um ca. 21 Uhr) überhaupt schon gebrannt hatte.

Bezeichnend ist auch, daß laut den vorliegenden Protokollen keiner der im Verfahren und bei der Verhandlung vor dem Reichsgericht vernommenen Zeugen auch nur ein Wort über die Anwesenheit von Hitler und Goebbels im brennenden Reichstag verlor.[187]

Anmerkungen zu Kapitel 2

1   Der „Nationalbolschewist" Ernst Niekisch (1889-1967) leistete aus dem Untergrund Widerstand gegen die NS-Diktatur, wurde 1937 verhaftet und wegen Hochverrats zu lebenslänglichem Zuchthaus verurteilt; 1945 kam er halb gelähmt und fast erblindet in Freiheit.
2   Die Originale mit eigenhändiger Unterschrift von Diels blieben erhalten, weil die Polizeifunk-Telegramme entgegen dem Wunsch des Gestapa vom Reichsgericht nach dem Reichstagsbrandprozeß nicht wie gewünscht zurückgegeben, sondern zu den Akten genommen wurden (Notiz von Grauert vom 1. 11. 1933 zur Vorbereitung der Aussage Görings vor dem Reichsgericht, St 65, Bd. 203, Bl. 253).
3   Polizeifunktelegramm vom 27. 2. 1933, St 65, Bd. 202 (169), Bl. 120, auch abgedr. in: Dimitroff-Dokumente, Bd. 1, 20.
4   Polizeifunktelegramm vom 27. 2. 1933, St 65, Bd. 202 (169), Bl. 121.
5   Offenbar auf der Basis dieses Telegramms meldete die Telegraphen-Union am 28. Februar (Abenddienst): „Kommunistischer Gewaltplan gegen nationale Verbände und Polizei aufgedeckt, TU. Berlin, 28. Febr. Wie der politischen Polizei bekanntgeworden ist, beabsichtigt die Kommunistische Partei, am Tage der Reichstagswahl, bezw. an den Tagen vor und nachher planmässig angelegte Überfälle auf Angehörige der nationalen Verbände, insbesondere der SA und SS durchzuführen und hierbei etwaige bewaffnete Angehörige dieser Organisationen rücksichtslos unter Anwendung von Waffengewalt unschädlich zu machen. Die gesamte Aktion soll derart durchgeführt werden, dass die Urheber nach Möglichkeit nicht als Kommunisten erkannt werden. Auf Streifgängen befindliche Polizeibeamte sollen durch vorgehaltene Pistolen zur Abgabe der Schusswaffen gezwungen werden. Polizeilicherseits sind die nötigen Massnahmen getroffen." (Bundesarchiv Koblenz, ZSg. 116, Bd. 68).
6   Vernehmung Emil Lateit vom 14. 3. 1933, St 65, Bd. 53, Bl. 117. Daß Lateit die am Reichstag und in der Brandenburger Tor-Wache im Dienst befindlichen Beamten nicht gut kannte, wird durch seinen ersten Bericht für die Polizei deutlich, in dem er am 28. Februar mehrere Namen falsch schrieb, so „Buwer" statt „Buwert", „Losichkeit" statt „Losigkeit" und „Preschel" statt „Poeschel" (Lateit, Emil „Bericht, betrifft Brandstiftung im Reichstagsgebäude am 27. 2. 1933" vom 28. 2. 1933, in: „Akten des Polizei-Präsidiums zu Berlin. Aufsichtsdienst aus besonderen Anlässen", Brandenburgisches Landeshauptarchiv, Rep. 30 Bln C 7520, Bl. 61 [gestempelte Nummer]. Abschrift dieses Protokolls in St 65, Bd. 109, Bl. 13). Vor dem Reichsgericht berichtete Lateit dann am 11. 10. 1933 erstaunlicherweise von angeblichen früheren Einsätzen, bei denen er durch Portal III in den Reichstag gelangt sein wollte (Stenographische Protokolle, 14. VT., 27, 32).
7   Vernehmung Emil Lateit vom 14. 3. 1933, St 65, Bd. 53, Bl. 124; Stenographische Protokolle, 14. VT., 11. 10. 33, 91.
8   Ebd., 162.

9   In der Urteilsschrift (23) ist von einem „zufällig bereitstehenden Kraftwagen" die Rede!

10   Vernehmung Emil Lateit vom 14. 3. 1933, St 65, Bd. 53, Bl. 112-125; Zeugenvernehmung Lateit, Stenographische Protokolle, 14. VT., 11. 10. 1933.

11   „Anklageschrift in der Strafsache van der Lubbe und Genossen" vom 24. 7. 1933. „Zweiter Teil: Der objektive Sachverhalt, E. Die Brandstiftung im Reichstagsgebäude, I. Die Entdeckung des Brandes und die dabei getroffenen Feststellungen", 54-71.

12   Vernehmung W. Thaler vom 14. 3. 1933, St 65, Bd. 53, Bl. 185f.

13   Vernehmungen Erich und Ernie Neusser sowie ihres Kraftwagenführers Wegener durch die Gestapa-Reichstagsbrandkommission vom 24. 10. 1933, St 65, Bd. 112, Bl. 132-140.

14   Aussage W. Thaler vom 28. 2. 1933, St 65, Bd. 1, Bl. 17 , abgedr. in: Dimitroff-Dokumente, Bd. 1, 49f.

15   Flöter konnte sich nicht mehr genau entsinnen, wie er seine Uhr gestellt hatte. Zeugenvernehmung Hans Flöter, Stenographische Protokolle, 13. VT., 10. 10. 1933.

16   Karl Buwert gab in seiner Aussage vom 28. 2. 1933 21.05 oder 21.10 Uhr für sein Zusammentreffen mit Flöter an. St 65, Bd. 1, Bl. 6; abgedr. in: Dimitroff-Dokumente, Bd. 1, 45.

17   Bertling gab eine Zeit von 21.05 Uhr an, zu der er Flammen in der Restauration gesehen haben will. Dies muß jedoch später gewesen sein, denn Bertling hörte, als er vom Reichstagsgebäude wegging, den von Buwert abgegebenen Schuß. Vernehmung Franz Bertling vom 28. 2. 1933, St 65, Bd. 111, Bl. 236.

18   Aussage Albert Wendt vom 20. 3. 1933, St 65, Bd. 53, Bl. 173R.

19   Vernehmung Paul Adermann vom 7. 4. 1933, St 65, Bd. 46 (46), Bl. 29R.

20   Hätte Wendt den Feuermelder betätigt, wäre dies bei der Feuerwehr registriert worden. Oberbranddirektor Gempp stellte denn auch vor dem Reichsgericht fest: „Es war auffallend, daß keiner der beiden Melder im Reichstag gezogen war" (Aussage Gempp, Stenographische Protokolle, 16. VT., 14. 10. 1933, 152).

21   Vernehmung Emil Lateit vom 14. 3. 1933, St 65, Bd. 53, Bl. 114.

22   Ebd., Bl. 112-125; Vernehmung Lateit, Stenographische Protokolle, 14. VT, 11. 10. 1933.

23   Eine Kopie dieses aus verschiedenen Gründen äußerst wichtigen Tagebuchs der Brandenburger Tor-Wache findet sich nicht in den Reichstagsbrandakten. Die Anklageschrift bezieht sich offenbar auf die Aussage Lateits.

24   „Akten des Polizei-Präsidiums zu Berlin. Aufsichtsdienst zu besonderen Anlässen", Brandenburgisches Landeshauptarchiv, Rep. 30 Bln C 7520, Bl. 61 [gestempelte Nummer].

25   Ebd., Bl. 59, 62 (gestempelte Nummern); in seiner Vernehmung vom 14. 3. 1933 (St 65, Bd. 53, Bl. 114f.) gab Lateit die Zeit für die erste Meldung mit 21.20 Uhr richtig an!

26   Lateit gab bei seiner Vernehmung am 14. 3. 1933 an, daß "unser Einsatz immer durch das Portal III erfolgt" (Bl. 115), ähnlich äußerte er sich auch vor dem Reichsgericht (Stenographische Protokolle, 14. VT., 11. 10. 1933, 32). Dem widersprechend sagte er jedoch bei seiner Vernehmung am 14. 3. 1933 aus, daß er „vorher noch niemals im Reichstagsgebäude war" (Bl. 117); ähnlich beantwortete er die Frage bei der Verhandlung, ob er anläßlich des Brands zum erstenmal im Reichstagsgebäude gewesen sei, mit „Jawohl" (Stenographische Protokolle, 14. VT., 11. 10. 1933, 99).

27   Vernehmung Emil Lateit vom 14. 3. 1933, St 65, Bd. 53, Bl. 116. Die Zeitangabe 21.19 Uhr für Lateits Ankunft an Portal V ist realistischer, denn um 21.19 - 21.20 kam bereits die Feuerwehr an das Portal V. Lateit war aber mit Sicherheit am Portal V, noch bevor die Feuerwehr eingetroffen war.

28   Vernehmung Alexander Scranowitz vom 16. 3. 1933, St 65, Bd. 53, Bl. 144R.

29   Vernehmung Eduard Prodöhl vom 8. 3. 1933, St 65, Bd. 55, Bl. 60.

30   Stenographische Protokolle, 15. VT., 13. 10. 1933, 129.

31   Lateit, Emil „Bericht, betrifft Brandstiftung im Reichstagsgebäude am 27. 2. 1933" vom 28. 2. 1933 (s. Anm. 34, Bl. 61). Abschrift in St 65, Bd. 109, Bl. 13.

32   Nach der Aussage von Helmut Poeschel vom 28. 2. 1933 gab Lateit telefonisch an die

Brandenburger Tor-Wache „Großfeuer" durch und forderte Verstärkung an (St 65, Bd. 109, Bl. 16f.). Da das Tagebuch der Wache nicht mehr vorhanden ist, kann der genaue Zeitpunkt für dieses Telefonat nicht festgestellt werden. Es muß um ca. 21.21 Uhr stattgefunden haben.

33 Aussage Emil Puhle vom 18. 3. 1933, St 65, Bd. 53, Bl. 141-143.

34 „Akten des Polizei-Präsidiums zu Berlin. Aufsichtsdienst aus besonderen Anlässen", Brandenburgisches Landeshauptarchiv, Rep 30 Bln C 7520, Bl. 59f. [gestempelte Nummer].

35 Ebd., Bl. 59 (gestempelte Nummer).

36 Aussage Emil Lateit vom 28. 2. 1933, St 65, Bd. 109, Bl. 15. Auch im genannten ersten Bericht Lateits für die Polizei ist von einer kurzzeitigen Rückkehr Lateits zur Brandenburger Tor-Wache nicht die Rede.

37 Aussage Fritz Lendzian vom 14. 3. 1933, St 65, Bd. 53, Bl. 131.

38 Aussage Eduard Prodöhl vom 8. 3. 1933, St 65, Bd. 55, Bl. 60; ähnlich auch in seiner Aussage vom 23. 3. 1933, St 65, Bd. 53, Bl. 191-193.

39 Es gab offenbar mindestens zwei funktionierende Telefone im brennenden Reichstag, eines an der Pförtnerloge von Nachtpförtner Wendt am Portal V und ein weiteres am Portal II (zu letzterem siehe Abschnitt „Görings zweiter Eintritt in das brennende Reichstagsgebäude durch Portal II").

40 „Der Leutnant begab sich darauf ans Telefon und gab Grossfeuer durch." Aussage Helmut Poeschel vom 28. 2. 1933, St 65, Bd. 109, Bl. 16R.

41 Lateits Meldung: „Feuer im Reichstag an 5 Stellen ausgebrochen. Plenar(sitzungs)saal in hellen Flammen", in: „Akten des Polizei-Präsidiums zu Berlin. Aufsichtsdienst aus besonderen Anlässen", Brandenburgisches Landeshauptarchiv, Rep 30 Bln C 7520, Bl. 59, 65 (gestempelte Nummern). Auch dieses Telefongespräch muß aus dem Reichstag geführt worden sein, denn Lateit war erst um ca. 21.45 Uhr wieder zurück auf der Brandenburger Tor-Wache (siehe Anm. 42). Damit übereinstimmend sagte Lateit aus, er habe den verhafteten van der Lubbe auf der Wache bereits vorgefunden, wo dieser laut Tagebuch um 21.35 Uhr eingeliefert worden sei.

42 Lateit widerrief seine früheren Aussagen bei der richterlichen Vernehmung am 14. 3. 1933 insofern, als er nun erstmals erklärte, er sei zwischen dem Verlassen des Gebäudes durch Portal V und dem Wiederbetreten durch Portal II zur Brandenburger Tor-Wache zurückgelaufen, um von dort aus (telefonisch) der Inspektion Linden die Brandstiftung zu melden. Dies sei im Tagebuch der Wache mit der Zeitangabe 21.25 Uhr festgehalten worden. (Diese falsche Darstellung wurde auch in die Urteilsschrift übernommen. Nachweislich richtig ist jedoch, daß Lateits Meldung an die Inspektion Linden erst um 21.34 Uhr erfolgte!) „Abweichungen" seiner Aussage von früheren Vernehmungen erklärte Lateit damit, daß er früher nicht im Zusammenhang gehört worden sei und ihm „damals bei den Zeiten ein Versehen unterlaufen" sei (St 65, Bd. 53, Bl. 122, 125). An diese angebliche Eintragung in das Tagebuch der Wache, welches übrigens weder im Original noch in Kopie vorgelegt wurde, konnte sich Lateit bei der mündlichen Verhandlung vor dem Reichsgericht am 11. 10. 1933 kaum noch erinnern. Statt dessen sprach er von einer Eintragung „37", was wohl 21.37 Uhr heißen sollte, wie selbst der Präsident bemerkte. Der Präsident las nun Lateit seine Aussage vom 14. 3. vor, aber Lateit bestätigte die hier angegebene Zeit 21.25 Uhr nicht ausdrücklich, sondern stotterte herum (Stenographische Protokolle, 14. VT., 55f.). Ohne danach gefragt zu werden, gab er dann nochmals bezüglich seiner früheren Aussagen an: „Ich bin an dem Abend vernommen worden, da ist mir ein Irrtum unterlaufen" (87). Die ganze Geschichte diente offenbar nur zur Verdeckung der Tatsache, daß Lateit um 21.22 Uhr das Portal II erstaunlicherweise offen vorgefunden hatte. Tatsächlich fuhr Lateit um 21.15 Uhr von der Brandenburger Tor-Wache ab und scheint um 21.37 Uhr (nachdem van der Lubbe bereits um 21.35 Uhr dort eingeliefert worden war) wieder dort zurück gewesen zu sein. Lateit wurde dann offenbar erst viel später, um 22.30 Uhr, zu einem zweiten Einsatz (Absperrmaßnahmen am Brandenburger Tor) eingesetzt (Stenographische Protokolle, 14. VT., 11. 10. 1933, 95, 161f.). Um 23 Uhr muß sich

Lateit dann wieder auf der Wache befunden haben, da er zu diesem Zeitpunkt die Meldung des Zeugen Bogun entgegennahm.

43   Bericht Alexander Scranowitz vom 1. 3. 1933, St 65, Bd. 53, Bl. 34ff.; Aussage Alexander Scranowitz vom 16. 3. 1933, St 65, Bd. 53, Bl. 148.

44   Aussage Walter Gempp, Stenographische Protokolle, 16. VT., 14. 10. 1933, 153.

45   „Die Brandstiftung im Reichstagsgebäude", in: „Der Tag", 1. 3. 1933, 1. Beiblatt.

46   „Bericht des Kriminalsekretärs der Brandkommission Meyer über die Ergebnisse der Durchsuchung des Brandschutts im Plenarsaal des Reichstages" vom 17. Mai 1933, St 65, Bd. 111 (81), Bl. 201; abgedr. in: Dimitroff-Dokumente, Bd. 1, 260.

47   Telegramm von Polizeihauptwachtmeister Lück vom 27. 2. 1933 (verlesen), Stenographische Protokolle, 14. VT., 11. 10. 1933, 184.

48   Aussage Willi König vom 15. 3. 1933, St 65, Bd. 53, Bl. 138R.

49   Bericht Reichstagsdirektor Galle vom 7. 3. 1933, St 65, Bd. 53, Bl. 163-167.

50   Vernehmung Helmut Poeschel vom 17. 3. 1933, St 65, Bd. 53, Bl. 153-155.

51   Stenographische Protokolle, 15. VT, 37-46.

52   Man beachte hier die zahlenmäßige Übereinstimmung der vermuteten Täter mit Görings Angaben (vgl. Kap. 7).

53   Stenographische Protokolle, 15. VT, 175

54   Aussage Emil Lateit vom 14. 3. 1933: „Den Hausinspektor, der vor Verwirrung und Erregung kein Wort mit mir gesprochen hatte, hatte ich in der Wandelhalle verloren" (St 65, Bd. 53, Bl. 17); Aussage Erich Losigkeit vom 14. 3. 1933: „Als wir die Kuppelhalle mit dem Kaiser-Wilhelm-Denkmal erreicht hatten, - ich lief immer hinter Leutnant Lateit hinterher – verloren wir den Hausinspektor; er wollte nach Lichtschaltungen suchen. Ich habe ihn dann im weiteren Verlauf der Vorgänge nicht mehr zu sehen bekommen" (St 65, Bd. 53, Bl. 126f.). Losigkeit traf Scranowitz erst wieder, als dieser zusammen mit Poeschel van der Lubbe anbrachte; Aussage Helmut Poeschel vom 28. 2. 1933: „Der Hausinspektor war inzwischen weitergegangen, ich stellte den jg. Mann [van der Lubbe] allein" (St 65, Bd. 109, Bl. 16).

55   Aussagen Emil Lateit vom 2. 3. 1933 (St 65, Bd. 53, Bl. 20R-22) und 14. 3. 1933 (St 65, Bd. 53, Bl. 123). Bei der letztgenannten Vernehmung bezog sich Lateit auf eine Eintragung im verschwundenen Tagebuch der Wache.

56   Vernehmung Helmut Poeschel vom 28. 2. 1933, St 65, Bd. 53, Bl. 16.

57   Im „Tag" vom 28. 2. 1933 heißt es unter der Überschrift „Brand-Attentat auf das Reichstags-Gebäude": „Der Täter wurde sofort im halbbekleideten Zustand von den Beamten zur Wache am Brandenburger Tor gebracht, wo er, umgeben von Beamten, saß."

58   „Das Reichstagsgebäude in Brand gesteckt", in: „Frankfurter Zeitung", 28. 2. 1933.

59   Aussage Erich Losigkeit vom 28. 2. 1933, St 65, Bd. 109, Bl. 14. Die Inspektion Unter den Linden war um 21.20 Uhr alarmiert worden.

60   Einlieferungsanzeige von van der Lubbe ins Polizeigefängnis, unterschrieben von Zirpins, St 65, Bd. 1, Bl. 15.

61   Auskunft des Feuerwehrmuseums Berlin.

62   Vermerk Kriminalassistent Rudolf Schulz vom 7. 3. 1933, St 65, Bd. 53, Bl. 62.

63   Ebd..

64   Aussage Franz Wald vom 7. 3. 1933, St 65, Bd. 53, Bl. 61.

65   Vermerk Kriminalassistent Rudolf Schulz vom 7. 3. 1933; St 65, Bd. 53, Bl. 62.

66   Aussage des Sachverständigen Dr. Wagner, Stenographische Protokolle, 14. VT., 11. 10. 1933, 176-180. Kurz darauf gab offenbar auch Oberbranddirektor Gempp den 15. Alarm, der dann aber nicht mehr registriert wurde, weil der 15. Alarm ja bereits angeordnet war.

67   Vermerk Kriminalassistent Rudolf Schulz vom 7. 3. 1933; St 65, Bd. 53, Bl. 62.

68   Aussage des Sachverständigen Dr. Wagner, Stenographische Protokolle, 14. VT., 11. 10. 1933, 176-180.

69   Vermerk Kriminalassistent Rudolf Schulz vom 7. 3. 1933; St 65, Bd. 53, Bl. 62.

70 St 65, Bd. 53, Bl. 171. Eine Meldung über Feuerlöschboote findet sich beispielsweise auch im „Angriff" vom 28. 2. 1933 in dem Beitrag „Das Fanal des blutigen Bürgerkriegs".

71 Vernehmung Emil Puhle vom 1. 3. 1933, St 65, Bd. 53, Bl. 14f.

72 Vernehmung Alexander Scranowitz vom 16. 3. 1933, St 65, Bd. 53, Bl. 145R-146.

73 Vernehmung Karl Buwert vom 28. 2. 1933, St 65, Bd. 1; abgedr. in: Dimitroff-Dokumente, Bd. 1, 48.

74 Aussage Emil Puhle vom 18. 3. 1933, St 65, Bd. 53, Bl. 142R.

75 Aussage Fritz Polchow vom 3. 3. 1933, St 65, Bd. 53, Bl. 15R-16R.

76 Aussage Emil Lateit vom 28. 2. 1933, St 65, Bd. 109, Bl. 15.

77 Ebd., Bl. 13; abgedr. in: Dimitroff-Dokumente, Bd. 1, 47-49.

78 Aussage Emil Puhle vom 18. 3. 1933, St 65, Bd. 53, Bl. 141-143; abgedr. in: Dimitroff-Dokumente, Bd. 1, 134-137.

79 Bericht Emil Lateit vom 28. 2. 1933, St 65, Bd. 109, Bl. 13; abgedr. in: Dimitroff-Dokumente, Bd. 1, 47-49; Aussage Emil Lateit vom 28. 2. 1933, St 65, Bd. 109, Bl. 15; Vernehmung Emil Lateit vom 14. 3. 1933, St 65, Bd. 53, Bl. 112-125.

80 Aussage Emil Lateit vom 2. 3. 1933, St 65, Bd. 53, Bl. 20R-22.

81 Eingehende und ausgehende Fernsprüche, in: „Akten des Polizei-Präsidiums zu Berlin. Aufsichtsdienst aus besonderen Anlässen", Brandenburgisches Landeshauptarchiv, Rep 30 Bln C 7520, Bl. 65 (gestempelte Nummer).

82 „Anklageschrift in der Strafsache van der Lubbe und Genossen" vom 24. 7. 1933. „Zweiter Teil: Der objektive Sachverhalt, E. Die Brandstiftung im Reichstagsgebäude, II. Die Darstellung des Angeschuldigten van der Lubbe", 75-92.

83 Ebd., „III. Die tatsächliche Würdigung des Sachverhalts", 100.

84 Aussage Karl Buwert vom 28. 2. 1933, St 65, Bd. 1, Bl. 6.

85 Lubbe führte aber außer den Kohlenanzündern keine weiteren Brandmittel bei sich!

86 Zu diesem Abschnitt vgl.: *Jürgen Schmädeke/Alexander Bahar/Wilfried Kugel*, „Der Reichstagsbrand in neuem Licht", in: Historische Zeitschrift, Bd. 269 (1999), Heft 3, 608-618.

87 Vernehmung Marinus van der Lubbe, Nacht 27./28. 2. 1933, St 65, Bd. 5, Bl. 49.

88 Vernehmung van der Lubbe vom 12./13. 3. 1933, St 65, Bd. 53, Bl. 209R-210; abgedr. in: Dimitroff-Dokumente, Bd. 1, 113.

89 Vernehmung van der Lubbe vom 28. 2. 1933, St 65, Bd. 1, Bl. 60.

90 Vernehmung van der Lubbe vom 5. 5. 1933, St 65, Bd. 6, Bl. 56f.

91 Ebd., Bl. 67f.

92 Vernehmung van der Lubbe vom 11. 3. 1933, St 65, Bd. 53, Bl. 207.

93 Vernehmung van der Lubbe vom 12. 3. 1933, ebd., Bl. 210.

94 Vernehmung van der Lubbe vom 13. 3. 1933, ebd., Bl. 210R.

95 Vernehmung van der Lubbe vom 12. 3. 1933, ebd., Bl. 207R.

96 Vernehmung van der Lubbe vom 5. 5. 1933, St 65, Bd. 6, Bl. 53f.

97 Vernehmung van der Lubbe, St 65, Bd. 53, Bl. 208f.

98 Vernehmung van der Lubbe vom 8. 4. 1933, St 65, Bd. 6, Bl. 76.

99 Stenographische Protokolle, 2. VT., 22. 9. 1933, 55, 73.

100 Stenographische Protokolle, 6. VT., 27. 9. 1933, 152ff.

101 Vgl. z. B. das schriftliche Gutachten von Branddirektor Wagner vom 22. 5. 1933, St 65, Bd. 56, Bl. 2 (Umschlag), teilweise abgedr. in: *W. Hofer u. a.,* Der Reichstagsbrand, Bd. 1.

102 Hancken, „Bericht über die Entstehung des Feuers und die getroffenen Maßnahmen", in: „Akten des Polizei-Präsidiums zu Berlin. Aufsichtsdienst aus besonderen Anlässen", Brandenburgisches Landeshauptarchiv, Rep 30 Bln C 7520, Bl. 60 (gestempelte Nummer).

103 Braunbuch über Reichstagsbrand und Hitlerterror (Braunbuch I), Basel 1933.

104 Mitteilung des „Amtlichen Preußischen Pressediensts" am Morgen des 28. 2. 1933.

105 Vernehmung Graf Helldorf, Stenographische Protokolle, 20. VT., 20. 10. 1933, 34-53.

105a Für die frühzeitige Informiertheit Helldorfs spricht ein Bericht des Auslandsredakteurs

der „Telegraphenunion", Nicolas von Behr, der bereits um 19.50 Uhr in der Berliner Hauptre-
daktion einen Telefonanruf des SA-Obergruppenführes von Armin erhalten haben will. Dieser habe ihm empfohlen, sich wegen aller Einzelheiten über den Brand im Polizeipräsidium
Berlin zu erkundigen, wo das Ereignis sicherlich schon bekannt sei. (Erklärung Behrs vom
14.5.1969, Depositum Walther Hofer.)
106 Die Wiedergabe der Aussagen von Helldorfs in den Stenographischen Protokollen ist
zumindest gekürzt, wenn nicht manipuliert worden. Es fehlen beispielsweise Helldorfs spärliche Aussagen über die Séance am Vorabend des Reichstagsbrandes beim „Hellseher" Hanussen, wie sie von beim Prozeß anwesenden Zeitungskorrespondenten berichtet wurden (z.
B. in der „Neuen Zürcher Zeitung" vom 20. 10. 1933). Die Tonaufzeichnung der Aussage
von Helldorfs ist im Deutschen Rundfunkarchiv nicht mehr vorhanden.
107 Vernehmung Gustav Schäfer, Stenographische Protokolle, 20. VT., 20. 10. 1933, 53ff.
108 Vernehmung Achim von Arnim, ebd.. 62f.
109 Vernehmung Wilck, ebd., 64-66.
110 „Alarm im Sturmlokal", in: „Der Angriff", 28. 2. 1933.
111 St 65, Bd. 202 (169), Bl. 204-212.
112 Stenographische Protokolle, 19. VT., 18. 10. 1933, 163-179.
113 Stenographische Protokolle, 31. VT., 4. 11. 1933, 31-181.
114 Bei seiner Vernehmung vor dem Reichsgericht gab Adermann an, er hätte bei Göring
schon um 21.10 Uhr angerufen (19. VT., 18. 10. 1933, 39-41). Dies widersprach jedoch – wie
auch der Präsident Bünger bemerkte – seinen vorherigen Aussagen und ist aufgrund des zeitlichen Ablaufs gänzlich unwahrscheinlich.
115 Vernehmung Paul Adermann vom 7. 4. 1933, St 65, Bd. 46, Bl. 29R.
116 Vernehmung Alexander Scranowitz vom 16. 3. 1933, St 65, Bd. 53, Bl. 144R.
117 Aussage Walter Weber, Stenographische Protokolle, 19. VT., 18. 10. 1933, 95-101.
118 Ebd., S. 95-101.
119 „Akten des Polizei-Präsidiums zu Berlin. Aufsichtsdienst aus besonderen Anlässen",
Brandenburgisches Landeshauptarchiv, Rep 30 Bln C 7520, Bl. 62R (gestempelte Nummer).
120 Vernehmung Walter Weber vom 21. 4. 1933, St 65, Bd. 46, Bl. 44.
121 Stenographische Protokolle, 19. VT., 18. 10. 1933, 95-101.
122 Vermerk Rudolf Schulz vom 16. 3. 1933, St 65, Bd. 53, Bl. 168f.
123 Aussage Albert Wendt vom 20. 3. 1933, St 65, Bd. 53, Bl. 174R.
124 Vernehmung Albert Wendt vom 5. 5. 1933, St 65, Bd. 55, Bl. 178.
125 Stenographische Protokolle, 17. VT., 16. 10. 1933, 24f.
126 Stenographische Protokolle, 53. VT., 13. 12. 1933, 42.
127 „Brandstiftung: Reichstags-Gebäude in Flammen", in: „Berliner Morgenpost", 28. 2.
1933; genauso in: „Berliner Allgemeine Zeitung", 28. 2. 1933.
128 „Die Brandstiftung im Reichstagsgebäude", in: „Der Tag", 1. 3. 1933, 1. Beiblatt.
129 „Der Reichstag in Flammen!", in: „Völkischer Beobachter", Münchner Ausgabe, 28. 2.
1933.
130 Stenographische Protokolle, 31. VT., 4. 11. 1933, 95-101.
131 Robert M. W. Kempner war 1933 Justitiar der Polizeiabteilung im Preußischen Innenministerium. Am Abend des 27. Februar 1933 nahm Kempner an einer Abschiedsfeier für
einen Kollegen im Restaurant Schlichter in der Lutherstraße teil. Auf die telefonische Nachricht vom Brand eilte Kempner sofort zum Brandort, wo er Göring, dem Ministerialdirektor
Grauert und Görings Pressechef Sommerfeldt begegnete. Vgl. *Robert M. W. Kempner*, Ankläger einer Epoche. Lebenserinnerungen, Frankfurt a. M. 1983, 109f.
132 Vernehmung Hermann Göring in Nürnberg durch Robert M. W. Kempner, 13. 10.
1945, Dokument Nr. 3593 PS; abgedr. in: *Wolff*, Der Reichstagsbrand, 42-46.
133 *Douglas Reed*, The Burning of the Reichstag, London 1934. Die zitierte Passage (16f.)
lautet im Original: „Running across the road, I came to Portal Two – the Deputies' entrance

– just as a massive figure in a voluminous trench-coat and a soft hat turned up in front passed, with several companions, into the building, and I added myself to them. There were already one or two policemen inside, and firemen were bringing a hose through the doorway. The energetic man in the trench-coat was of resolute mien, and bore all the signs of angry indignation. In a telephone cabin near the entrance he detected a man telephoning, pounced on him, and demanded in a voice of thunder to know what he was doing there. This man, a newspaper man telephoning to his office, went through an unpleasant half-minute until he was able to make his business clear, and was peremptorily ordered to make himself scarce by his massive interrogator – General Göring, just arrived hotfoot from the Prussian Ministry of the Interior in Unter den Linden. [...] Thus it was possible to move about within the building in perfect safety, and, in so far as the great heat permitted this, to watch the fire consuming the session chamber, which was a mass of flames. Unfortunately, the opportunity to do so was abruptly curtailed, for I was swept out of the building by the backwash of General Göring's order for the expulsion of the man he had found in the telephone cabin: The Press, he ordered, had no business there. It was now about 9.30 p. m." (Übersetzung W. K.)

Es gibt in Reeds Darstellung eine Unstimmigkeit. Er will nämlich kurz nach 21 Uhr mit dem Auto am Reichstag vorbeigefahren sein (15). Dann heißt es: „Putting my head through the open window of my car, I saw the great four-square mass of the Reichstag, a hundred yards to my left, surmounted by a ball of fire. Flames were leaping high through the glowing metal framework of the central cupola; clouds of sparks and ashes rose into the air and were distributed by the wind over the snow-clad Tiergarten, its trees bathed in a sombre red glow. A meagre throng of Berliners, the accumulation of a few minutes, watched the fire from a respectful distance" (16). Feuer aus der Kuppel konnte man aber erst um 21.30 - 21.35 Uhr sehen. Weiterhin gibt Reed in einem Zeitplan (159) an, Göring hätte den Reichstag um 21.35 Uhr erreicht. Dies widerspricht seiner zitierten Schilderung, nach der Reed bereits um 21.30 Uhr von Göring aus dem Reichstag herausgeworfen worden sei.

134 „Bericht des Direktors beim Reichstag [Galle] über den Brand im Reichstagsgebäude am 27. Februar 1933" vom 7. 3. 1933, St 65, Bd. 53, Bl. 163-167.

135 „Um ein Telephongespräch mit dem ‚Vorwärts' ", in: „Frankfurter Zeitung", 1. 3. 1933.

136 Bericht Alexander Scranowitz vom 1. 3. 1933, St 65, Bd. 53, Bl. 34ff.

137 Aussage Albert Sass vom 8. 3. 1933, St 65, Bd. 55, Bl. 61R.

138 Vernehmung Alexander Scranowitz vom 16. 3. 1933, St 65, Bd. 53, Bl. 148R-149.

139 Aussage Erich Losigkeit vom 14. 3. 1933, ebd., Bl. 129f.

140 Weber benötigte zum Durchsuchen des Ganges und des Reichstagspräsidentenpalais nach eigener Angabe ca. 30 Minuten. Danach hätte er sich in den Reichstag begeben (Stenographische Protokolle, 19. VT., 18. 10. 1933, 176f.).

141 Aussage Walter Gempp, Stenographische Protokolle, 16. VT., 14. 10. 1933, 146f., 162f.

142 Vernehmung Hermann Göring, Stenographische Protokolle, 31. VT., 4. 11. 1933, 33.

143 „Feuer im Reichstag", in: „Berliner Börsen-Zeitung", 28. 2. 1933.

144 Z. B. hatte Hitler nach dem mißglückten Münchner Putsch von 1923 Unterschlupf in Hanfstaengls Haus gefunden.

145 Das Stenographische Protokoll vom 18. VT. (17. 10. 1933) vermerkt hinter dem Namen des Zeugen Adermann: „(noch nicht erschienen)".

146 Vernehmung Paul Adermann vom 17. 10. 1933, St 65, Bd. 19, Bl. 267.

147 Aussage Paul Adermann vom 7. 4. 1933, St 65, Bd. 46, Bl. 28-31.

148 Die Tagebücher von Joseph Goebbels. Sämtliche Fragmente (Hg. *Elke Fröhlich*), Teil 1, Bd. 2, München 1987, 383.

149 Hanfstaengl behauptete später (Zwischen Weißem und Braunem Haus, 294f.), er hätte durch das Fenster gesehen: „Das Riesengebäude stand in Flammen!" Weiter heißt es dann noch, „das ganze Gebäude steht in Flammen." Dies deutet darauf hin, daß H. den Brand gar nicht persönlich beobachtete, denn das ganze Gebäude stand keineswegs in Flammen.

150 Aussage Joseph Goebbels, Stenographische Protokolle, 34. VT., 9. 11. 33, 5f.

151 Ebd.

152 „Die Brandstiftung im Reichstagsgebäude", in: „Der Tag", 1. 3. 1933, 1. Beiblatt.

153 Vernehmung Hermann Göring, Stenographische Protokolle, 31. VT., 4. 11. 1933, 101.

154 Siehe Anm. 148.

155 Hanfstaengls Angaben sind notorisch unzuverlässig. Nicht einmal die englische Version seiner Memoiren (Hitler. The Missing Years, London 1957 / Unheard Witness, Philadelphia – New York 1957) stimmt inhaltlich in allen Punkten mit der späteren deutschen Fassung (Zwischen Weißem und Braunem Haus, München 1970) überein.

156 *Hanfstaengl*, Zwischen Weißem und Braunem Haus, 296.

157 *Dodd*, Through Embassy Eyes, 59.

158 Das Braunbuch II (1934, 328f.) und das im Weißbuch (1934, 115ff.) abgedruckte „Ernst-Testament" hatten Hanfstaengls Verwicklung in die Reichstagsbrandstiftung erklärt. Auf letztere Quelle bezog sich Heiden vorsichtig in seinem Buch „Adolf Hitler" (Zürich 1936, 402).

159 *Hanfstaengl*, Zwischen Weißem und Braunem Haus, 296.

160 *Papen*, Der Wahrheit eine Gasse, 302f. Aus von Papens Autobiographie geht hervor, daß er die Autobiographie von Diels [1950] bereits kannte.

161 *Diels*, Lucifer ante portas, 192-195.

162 Anonymus *(d. i. Heinrich Schnitzler)*, „Der Reichstagsbrand in anderer Sicht", in: Neue Politik, 10. Jg., Nr. 2 (20. 1. 1949) - 6 (18. 3. 1949).

163 Nach Lateits Aussagen (Stenographische Protokolle, 14. VT., 11. 10. 33) trafen die Beamten der Politischen Polizei erst ca. um 21.35 Uhr in der Brandenburger Tor-Wache ein.

164 *Papen*, Der Wahrheit eine Gasse, 303.

165 „The Reichstag In Flames Last Night. ,Daily Express' Correspondent Accompanies Hitler Into Blazing Building", in: „Daily Express", 28. 2. 1933, Titelseite.

166 Denis Sefton Delmer, geb. 1904 in Berlin, war der Sohn australischer Eltern und britischer Staatsbürger. 1928-1933 war er Berliner Korrespondent des „Daily Express". Er kannte viele prominente Nazis und schrieb deutschfreundliche Berichte. Ab 1941 arbeitete er für den britischen Nachrichtendienst.

167 „Captain Göring […] joined us in the Lobby."

168 „This is undoubtedly the work of communists, Herr Chancellor. A number of communist deputies were present here in the Reichstag twenty minutes before the fire broke out. We have succeeded in arresting one of the incendiaries."

169 „Here you can see for yourself, Herr Chancellor, the way they started the fire. They hung cloths soaked in petrol over the furniture here and set it alight."

170 „Firemen were pouring water into the red mass. Hitler watched them for a few moments."

171 „This is a God-given signal! If this fire, as I believe, turns out to be the handiwork of Communists, then there is nothing that shall stop us now crushing out this murder pest with an iron fist. God grant that this is the work of the Communists. You are witnessing the beginning of a great new epoch in German history. This fire is the beginning. You see this flaming building. If this Communist spirit got held of Europe for but two months it would be all aflame like this building." So der Originaltext bei *Sefton Delmer*, „Nothing Shall Stop Us Now", in: „Daily Express", London, 28. 2. 1933 (Übersetzung W. K.).

172 *Sefton Delmer*, Trail Sinister, London 1961, 185-189. Delmer verwertete auch die Autobiographien von Diels (1950) und von Papen (1952). Die Memoiren des britischen Geheimdienstlers Delmer entstanden später als die englische Version (1957) der Erinnerungen Hanfstaengls (nach seiner Flucht aus Deutschland 1937 während des 2. Weltkriegs Berater von US-Präsident Roosevelt bei der psychologischen Kriegsführung), so daß man davon ausgehen muß, daß Delmer seine Version auch der von Hanfstaengl angeglichen hat.

173 U. a. im Bildarchiv Preußischer Kulturbesitz sowie beim Ullstein Bilderdienst Berlin.

174 „Across pools of water, charred debris, and through clouds of evil smelling smoke we made our way across rooms and corridors. Someone opened a yellow varnished oak door, and for a moment we peeped into the blazing furnace of the debating chamber. It was like opening the door of an oven. Although the fire brigade were spraying away lustily with their hoses, the fire was roaring up into the cupola with a fury which made us shut that door again in a hurry." *Sefton Delmer*, Trail Sinister, 188 (Übersetzung: W. K.).

175 *Heinz Liepmann*, Das Vaterland, Amsterdam 1933, 170. Die englische Ausgabe des Buches erschien ein Jahr danach: *Heinz Liepmann/Emile Burns*, Murder – Made in Germany, New York/London 1934. Sefton Delmer berichtete in seinen Memoiren, er habe in London gegen dieses Buch Klage erhoben.

176 Bericht Reichstagsdirektor Galle vom 7. 3. 1933, St 65, Bd. 53, Bl. 166.

177 „Akten des Polizei-Präsidiums zu Berlin. Aufsichtsdienst aus besonderen Anlässen", Brandenburgisches Landeshauptarchiv, Rep 30 Bln C 7520, Bl. 59f. (gestempelte Nummern).

178 Vernehmung Emil Lateit vom 14. 3. 1933, St 65, Bd. 53, Bl. 125: „Abweichungen meiner früheren Vernehmungen von meiner heutigen Aussage erklären sich dadurch, daß ich nicht im Zusammenhang gehört worden bin und mir damals bei den Zeiten ein Versehen unterlaufen ist."

179 Aussage Emil Lateit, Stenographische Protokolle, 14. VT, 27, 32.

180 Aussage Emil Lateit vom 28. 2. 1933, St 65, Bd. 109, Bl. 15.

181 Aussage Eduard Prodöhl vom 8. 3. 1933, St 65, Bd. 55, Bl. 60R.

182 Aussage Albert Sass vom 8. 3. 1933, St 65, Bd. 55, Bl. 61R.

183 Aussagen Alexander Scranowitz vom 28. 2. 1933 (St 65, Bd. 53, Bl. 35), 1. 3. 1933 (St 65, Bd. 53, Bl. 34ff.) und 16. 3. 1933 (St 65, Bd. 53, Bl. 148).

184 Aussage Emil Lateit vom 14. 3. 1933: „Den Hausinspektor, der vor Verwirrung und Erregung kein Wort mit mir gesprochen hatte, hatte ich in der Wandelhalle verloren" (St 65, Bd. 53, Bl. 17); Aussage Erich Losigkeit vom 14. 3. 1933: „Als wir die Kuppelhalle mit dem Kaiser-Wilhelm-Denkmal erreicht hatten, – ich lief immer hinter Leutnant Lateit hinterher – verloren wir den Hausinspektor; er wollte nach Lichtschaltungen suchen. Ich habe ihn dann im weiteren Verlauf der Vorgänge nicht mehr zu sehen bekommen" (St 65, Bd. 53, Bl. 126f.). Losigkeit traf Scranowitz erst wieder, als dieser zusammen mit Poeschel van der Lubbe anbrachte; Aussage Helmut Poeschel vom 28. 2. 1933: „Der Hausinspektor war inzwischen weitergegangen, ich stellte den jg. Mann [van der Lubbe] allein" (St 65, Bd. 109, Bl. 16).

185 Aussage Erich Losigkeit vom 28. 2. 1933, St 65, Bd. 109, Bl. 14.

186 In seiner Aussage vom 16. 3. 1933 (St 65, Bd. 53, Bl. 145R) bestätigte Scranowitz, sich von der Gruppe entfernt zu haben: „Ich sah jetzt im Umgang des Plenarsaals Feuerschein. Als ich diesen Lichtschein sah, sagte ich mir gleich, daß ich zunächst einmal das elektrische Licht anmachen müsse. Ich lief daher […] durch den Kuppelsaal zurück nach der Treppe H 26a [die zum Erdgeschoß führte und die auch van der Lubbe benutzt haben soll] und schaltete die große Krone ein. Auf Vorhalt: Ob inzwischen Polizeibeamte zu dem Plenarsaal hin vordrangen, habe ich nicht beobachtet."

187 1940 bezeugte der frühere NS-Senatspräsident Hermann Rauschning, kurz nach dem Brand habe Göring im Rahmen einer Unterredung mit Nazi-Größen in der Wandelhalle der Reichskanzlei Details über die Brandstiftung erzählt und geschildert, wie „seine Jungens" durch einen unterirdischen Gang aus dem Palais des Reichstagspräsidenten in den Reichstag gelangt und dabei fast entdeckt worden seien (*Rauschning*, Gespräche mit Hitler, Zürich 1940). Nach 1945 benannte vor allem Robert Kempner, Mitankläger bei den Nürnberger Prozessen, Göring als den eigentlichen Urheber des Reichstagsbrandes, wobei er sich neben Informationen von Rudolf Diels auf Zeugnisse des ehemaligen Generalstabschefs des Heeres, Franz Halder, sowie Görings einstigem Fliegerkameraden, General von Freyberg-Eisenberg berief. Vgl. vor allem: *Robert Kempner*, Hermann Göring als Organisator des Reichstagsbrandes, in: Wasserburg/Waddenhorst (Hrsg.), Wahrheit und Gerechtigkeit im Strafverfahren, Heidelberg 1984, 365-375.

3 Vom Reichstagsbrand zur Reichstagswahl

Bereits während das Reichstagsgebäude brannte und bevor irgendwelche gesicherten Informationen über die Täter vorlagen, bezichtigten Hitler und Göring die Kommunisten der Tat. Noch in der Brandnacht gab der Amtliche Preußische Pressedienst bekannt:

„Am Montagabend brannte der Deutsche Reichstag. Der Reichskommissar für das Preußische Ministerium des Innern, Reichsminister Göring, verfügte sofort nach seinem Eintreffen an der Brandstelle sämtliche Maßnahmen und übernahm die Leitung aller Aktionen. Auf die ersten Meldungen von dem Brande trafen auch Reichskanzler Adolf Hitler und Vizekanzler v. Papen ein.

Es liegt zweifellos die schwerste bisher in Deutschland erlebte Brandstiftung vor. Die polizeiliche Untersuchung hat ergeben, daß im gesamten Reichstagsgebäude, vom Erdgeschoß bis zur Kuppel, Brandherde angelegt waren. Sie bestanden aus Teerpräparaten und Brandfackeln, die man in Ledersessel, unter Reichstagsdrucksachen, an Türen, Vorhänge, Holzverkleidungen und andere leicht brennbare Stellen gelegt hatte. Ein Polizeibeamter hat in dem dunklen Gebäude Personen mit brennenden Fackeln beobachtet. Er hat sofort geschossen.

Es ist gelungen, einen der Täter zu fassen. Es handelt sich um den 24jährigen Maurer van der Lubbe aus Leiden in Holland, der einen ordnungsgemäßen holländischen Paß bei sich hatte und sich als Mitglied der holländischen kommunistischen Partei bekannte.

Der Mittelbau des Reichstags ist völlig ausgebrannt, der Sitzungssaal mit sämtlichen Tribünen und Umgängen ist vernichtet, der Schaden geht in die Millionen.

Diese Brandstiftung ist der bisher ungeheuerlichste Terrorakt des Bolschewismus in Deutschland. Unter Hunderten von Zentnern Zersetzungsmaterial, das die Polizei bei der Durchsuchung des Karl-Liebknecht-Hauses entdeckt hat, fanden sich die Anweisungen zur

Durchführung des kommunistischen Terrors nach bolschewistischem Muster.

Hiernach sollen Regierungsgebäude, Museen, Schlösser und lebenswichtige Betriebe in Brand gesteckt werden. Es wird ferner die Anweisung gegeben, bei Unruhen und Zusammenstößen vor den Terrorgruppen Frauen und Kinder vorzuschicken, nach Möglichkeit sogar solche von Beamten der Polizei. Durch Auffindung dieses Materials ist die planmäßige Durchführung der bolschewistischen Revolution gestört worden. Trotzdem sollte der Brand des Reichstags das Fanal zum blutigen Aufruhr und zum Bürgerkrieg sein. Schon für Dienstagfrüh, 4 Uhr, waren in Berlin große Plünderungen angesetzt. Es steht fest, daß mit diesem heutigen Tage in ganz Deutschland die Terrorakte gegen einzelne Persönlichkeiten, gegen das Privateigentum, gegen Leib und Leben der friedlichen Bevölkerung beginnen und den allgemeinen Bürgerkrieg entfesseln sollten.

Der Kommissar des Reichs im Preußischen Ministerium des Innern, Reichsminister Göring, ist dieser ungeheuren Gefahr mit den schärfsten Maßnahmen entgegengetreten. Es wird die Staatsautorität unter allen Umständen und mit allen Mitteln aufrechterhalten. Es kann festgestellt werden, daß der erste Angriff der verbrecherischen Kräfte zunächst abgeschlagen worden ist. Zum Schutze der öffentlichen Sicherheit wurden noch am Montagabend sämtliche öffentlichen Gebäude und und lebenswichtigen Betriebe unter Polizeischutz gestellt. Sonderwagen der Polizei durchstreifen ständig die hauptsächlich gefährdeten Stadtteile. Die gesamte Schutzpolizei und Kriminalpolizei in Preußen ist sofort auf höchste Alarmstufe gesetzt worden. Die Hilfspolizei ist einberufen.

Gegen zwei führende kommunistische Reichstagsabgeordnete [Wilhelm Koenen, Mitglied des ZK der KPD und Abgeordneter des Preußischen Landtags, und Ernst Torgler, Abgeordneter und Fraktionsführer der KPD im Reichstag] ist wegen dringenden Tatverdachts Haftbefehl erlassen. Die übrigen Abgeordneten und Funktionäre der Kommunistischen Partei werden in Schutzhaft genommen. Die kommunistischen Zeitungen, Zeitschriften, Flugblätter und Plakate sind sind auf vier Wochen für ganz Preußen verboten. Auf 14 Tage verboten sind sämtliche Zeitungen, Zeitschriften, Flugblätter und Plakate der Sozialdemokratischen Partei, da der Brandstifter aus dem Reichstag die Verbindung mit der SPD zugegeben hat. Durch dieses Geständnis ist die kommunistisch-sozialdemokratische Einheitsfront offenbare Tatsache geworden.

Sie verlangt von dem verantwortlichen Hüter der Sicherheit Preußens ein Durchgreifen, das von seiner Pflicht bestimmt wird, die Staatsautorität in diesem Augenblick der Gefahr aufrechtzuerhalten. Die Notwendigkeit der schon früher eingeleiteten besonderen Maßnahmen (Schießerlaß, Hilfspolizei usw.) ist durch die letzten Vorgänge in vollem Maße bewiesen. Durch sie steht die Staatsmacht ausreichend gerüstet da, um jeden weiteren Anschlag auf den Frieden Deutschlands und damit Europas zu verhindern und das Feuer dieses Aufstandes im Keime zu ersticken. Reichsminister Göring fordert in dieser ernsten Stunde von der deutschen Nation äußerste Disziplin. Er erwartet die restlose Unterstützung der Bevölkerung, für deren Schutz und Sicherheit er sich mit eigener Person verbürgt hat." Mit der haltlosen und völlig unbegründeten Beschuldigung der Kommunisten, Urheber der Brandstiftung im Reichstagsgebäude zu sein, knüpfte die Hitler-Regierung an Vorfälle an, die nur kurze Zeit zurücklagen. Bereits am 12. September 1932, unmittelbar nach der Auflösung des Reichstags durch Reichspräsident von Hindenburg, hatte ein angeblicher Sprengstoffanschlag auf das Reichstagsgebäude für Aufregung gesorgt. Am 13. September gab der Berliner Polizeipräsident folgende amtliche Verlautbarung heraus: „Auf Grund einer eingegangenen zuverlässigen Nachricht hat in der Nacht vom 12. zum 13. September um 23 Uhr 30 Minuten der stellvertretende Leiter der Abteilung I, Regierungsrat von Werder, eine Durchsuchung im Reichstag angeordnet, da der dringende Verdacht eines Sprengstoffattentats vorlag. […] Die Durchsuchung war um 1 Uhr 30 Minuten beendet. Die Keller des Reichstags und die Fraktionsräume der Kommunistischen Partei sind durchsucht worden. […] Hinweise auf ein Sprengstoffattentat sind aber nicht gefunden worden."[2]

In einem Zeitungsbericht heißt es weiter: „In den Fraktionszimmern der Kommunistischen Partei wurden zwei Zersetzungsschriften sowie ein Buch, das sich mit Eisenbahnbau beschäftigt, beschlagnahmt. […] Als gegen 3 Uhr morgens der inzwischen benachrichtigte kommunistische Führer Torgler im Reichstag erschien, fand er die Behältnisse in den Räumen der kommunistischen Fraktion geöffnet und die Akten durchwühlt. Im Reichstag wollte zunächst, bis zum Vorliegen des oben wiedergegebenen Polizeiberichts, niemand an die groteske Version glauben, daß tatsächlich nicht nach Akten, sondern nach Sprengstoffen gesucht worden sei."[3] Der Vorfall wurde von der KPD in einer Sitzung des Überwachungsausschusses des Reichstages zur Sprache gebracht, wobei selbst Reichstagspräsident Göring gegen die Aktion protestierte, von der er angeblich nicht unterrichtet worden sei. Auf Antrag der KPD verurteilte der Ausschuß die polizeiliche Durchsuchung des Büros der kommunistischen Fraktion als eklatanten Bruch der Abgeordnetenimmunität und verlangte die sofortige Bestrafung der für die Durchführung der Untersuchung Verantwortlichen.

Mitte Februar lenkte Göring, inzwischen kommissarischer Preußischer Innenminister, erneut das Augenmerk der Öffentlichkeit auf die angeblich verdächtigen Aktivitäten der KPD-Fraktion im Reichstag: Am 14. Februar 1933 drang die Kriminalpolizei in die Räume der kommunistischen Reichstagsfraktion ein. Äußerer Anlaß war diesmal eine Versammlung der KPD mit Angehörigen verschiedener Berliner Betriebe. Alle Anwesenden wurden nach Waffen und Schriftstücken durchsucht. „Eine Anzahl von Schriftstücken" wurde den Versammelten „abgenommen und beschlagnahmt". Die „Frankfurter Zeitung" schrieb dazu: „Die Polizei griff ein, weil der dringende Verdacht bestanden haben soll, die Versammlung befasse sich mit Vorbereitungshandlungen zum Hochverrat".[4]

Die Idee eines kommunistischen Anschlags auf das Reichstagsgebäude lag also inzwischen gleichsam in der Luft. Hier schob man aber offenbar den Kommunisten unter, was die rechtsextremen Gegner der Weimarer Republik bereits seit Jahren vorgeführt hatten, nämlich politische Morde und Bombenattentate – unter anderem auch auf das Reichstagsgebäude![5]

Unabhängig davon, ob die geschilderten Polizeiaktionen gegen die KPD von langer Hand geplant waren oder nicht, so dürfte ihre Wirkung in jedem Fall die Bereitschaft von Teilen der Bevölkerung erhöht haben, der an sich absurden Behauptung einer kommunistischen Brandstiftung am Reichstagsgebäude Glauben zu schenken.

Scheinbar bestätigt wurden die der KPD unterstellten Absichten schließlich durch angebliche Funde von entsprechendem Aufstandsmaterial im Karl-Liebknecht-Haus am 23. Februar, auf die der Amtliche Preußische Pressedienst in seiner Mitteilung dann auch ausdrücklich Bezug nahm. Neu war indessen die Behauptung, der Reichstag sei im Auftrag einer sozialdemokratisch-kommunistischen Einheitsfront in Brand gesetzt worden. Mangels Glaubwürdigkeit ließ man diesen Teil der amtlichen Verlautbarung allerdings schon bald in der Versenkung verschwinden.

Die Verhaftungsaktion

Entgegen der großspurigen Ankündigung der NS-Führung, sie der Öffentlichkeit vorzulegen, wurden die am 23. Februar 1933 im Karl-Liebknecht-Haus angeblich aufgespürten „kommunistischen Aufstandspläne" nie publik gemacht.[6] Obwohl sich „unter den Hunderten von Zentnern Zersetzungsmaterial", das Diels' Politische Polizei in den unterirdischen Katakomben der KPD-Parteizentrale aufgespürt haben wollte, angeblich „Anweisungen zur Durchführung des kommunistischen Terrors nach bolschewistischem Muster"[7] befanden, wobei namentlich Brandanschläge auf öffentliche Gebäude etc. genannt wurden, hatte Göring, als kommissarischer Preußischer Innenminister zuständig für alle Fragen der inneren Sicherheit in Preußen, keinerlei Veranlassung gesehen, etwa das Reichstagsgebäude, das doch offensichtlich als hochgefährdet gelten mußte, besonders zu schützen.

Noch in der Brandnacht wurden im gesamten Deutschen Reich etwa 5.000 führende Oppositionelle[8] – überwiegend Mitglieder der KPD, aber auch bereits Sozialdemokraten und andere Gegner des neuen Regimes – aufgrund vorbereiteter Verhaftungslisten vielfach aus ihren Betten heraus verhaftet, mißhandelt und zum Teil in neu entstehenden „wilden" Konzentrationslagern interniert[9]; hierzu dienten zunächst auch zahlreiche SA-Lokale und -Heime oder von der braunen Soldateska „eroberte" Gebäude der politischen Gegner. Zu den Opfern dieser ersten großen Verhaftungswelle gehörten auch der Herausgeber und Chefredakteur der „Weltbühne", Carl von Ossietzky, der Schriftsteller Ludwig Renn und der Reporter Egon Erwin Kisch.[10] Allein in Preußen wurden innerhalb der nächsten beiden Monate rund 25.000 Personen verhaftet, darunter auch der Schriftsteller Erich Mühsam und der Pazifist Lehmann-Rußbüldt (Liga für Menschenrechte). Fundierte Schätzungen gehen von über 100.000 Inhaftierten im gesamten Deutschen Reich aus.[11]

Wer den Befehl für die Verhaftungsaktion in der Brandnacht erteilt hatte, an der sich auch die aus SA, SS und Stahlhelm bestehende sogenannte „Hilfspolizei" beteiligt hatte[12], ließ sich auch später vor dem Reichsgericht nicht zweifelsfrei klären, da sich die Verantwortlichen in entscheidenden Punkten widersprachen. Eine entscheidende Rolle im Rahmen der Verhaftungsaktion spielte zweifellos der Führer der SA-Gruppe Berlin-Brandenburg, Graf Wolf von Helldorf. Gegen 23 Uhr will Helldorf, angeblich auf eigene Initiative, den Befehl zur Verhaftung der kommunistischen und sozialdemokratischen Führer und Funktionäre erteilt haben – so erklärte er zumindest in seiner gerichtlichen Vernehmung am 20. Oktober 1933.[13] In seinem spektakulären Auftritt am 4. November lud dann Göring die Verantwortung für die Verhaftungsaktion auf seine breiten Schultern, indem er erklärte, Helldorfs zum Teil bereits erfolgte Anordnung „befehlsmäßig übernommen und ihm [Helldorf] als Befehl und als Anordnung der Staatsautorität noch einmal bekräftigt...“ zu haben.[14] Wieder eine andere Version tischte einige Tage später Goebbels dem Gericht auf. Nachdem der NS-Propagandachef gemeinsam mit Hitler, Göring und wohl auch Papen die Brandherde betrachtet und zugesehen habe, „wie die Feuerwehr versuchte, den Brand zu löschen“, habe man sich „dann in das Dienstzimmer des Reichstagspräsidenten zurück[gezogen]. Da wurde eine kurze Beratung abgehalten, was notwendig wäre, um der akuten Gefahr der Anarchie in Deutschland zu begegnen. Es wurde dann beschlossen, daß augenblicklich zuerst die kommunistische Presse, und etwas später, daß jetzt auch die sozialdemokratische Presse im Interesse von Ruhe und Ordnung zu verbieten sei und daß die kommunistischen Hauptfunktionäre in Haft genommen werden müßten.“[15]

Eine eingehende Schilderung der „Polizeiaktion gegen die KPD“ in der Brandnacht brachte das Conti-Nachrichten-Büro am 28. Februar[16], wobei als Leiter der Aktion der von Göring erst wenige Wochen zuvor zum faktischen Chef der neuorganisierten Politischen Polizei berufene Oberregierungsrat Rudolf Diels genannt wurde[17:]

„Die Polizeiaktion, die heute nacht unter Leitung von Oberregierungsrat Diels, dem neuen Leiter der Abteilung I (Politische Polizei) des Berliner Polizeipräsidiums, durchgeführt wurde, ist die grösste kriminalpolizeiliche Sonderaktion in Deutschland seit vielen Jahren. In Berlin allein wurden ausser den Beamten der politischen Polizei sämtliche Kriminalbeamte des Polizeipräsidiums und der Polizeiämter, sowie der Polizeireviere nachts geweckt und auf schnellstem Wege ins Polizeipräsidium beordert. Dort wurden die Beamten eingeteilt und unter starker Zuhilfenahme von uniformierter Polizei auf Bereitschaftswagen in die einzelnen Stadtteile gebracht, wo dann von Haus zu Haus nach den aufgestellten Listen die Verhaftungen der verdächtigen KPD-Führer vorgenommen wurden. Ebenso wie in Berlin wurden in Preussen die Aktionen durchgeführt, nachdem durch Polizeifunk alle Polizeistationen verständigt worden waren. Gegen die Mitglieder des Zentralkomitees der Kommunistischen Partei ist Haftbefehl erlassen worden, und es dürfte im Augenblick bereits eine Reihe weiterer Verhaftungen vollzogen sein. Ein Teil der Parlamentarier der KPD hat sich allerdings der Verhaftung durch Flucht entzogen, doch werden alle Grenzen scharf überwacht, so dass es den Flüchtigen kaum gelingen dürfte, Deutschland zu verlassen." Auch über eine Aktion im „Vorwärts"-Gebäude, wo neben der „in Druck befindlichen Nummer des Vorwärts" weitere Schriften beschlagnahmt wurden, wußte das Conti-Nachrichten-Büro zu berichten:

„Die Polizeiaktion im Vorwärts-Gebäude war, wie wir von unterrichteter Seite erfahren, dadurch veranlasst worden, dass der politischen Polizei zu Ohren gekommen war, dass der Vorwärts die Schuld an der Brandstiftung im Reichstagsgebäude Nationalsozialisten zuschieben wollte, während das Gegenteil bereits amtlich festgestellt worden war"[18] – das heißt, von Göring behauptet worden war.

Für die Schutzpolizei, die gegen 21.15 Uhr vom Feuer im Reichstag erfahren hatte, galt ab 22.16 Uhr die „Große Alarmstufe" – mit dem besonderen Hinweis, daß die Politische Polizei „bei Durchsuchungen und Festsetzung kommunistischer Funktionäre weitestgehend zu unterstützen ist."[19] Ein um 23.32 Uhr aufgegebener Funkspruch des Preußischen Innenministeriums von Göring an alle Polizeibehörden und den Höheren Polizeiführer West in Recklinghausen ordnete die Beschlagnahme von Flugblättern und Druckschriften der SPD und KPD sowie das Verbot aller „kommunistischen periodischen Druckschriften" an.[20]

Wie der nach Frankreich emigrierte ehemalige Chefredakteur der angesehenen „Vossischen Zeitung", Georg Bernhard[21], 1933 berichtete, erschienen einige Tage nach dem Brand in der Pariser Zeitung „L'Intransigeant" die Bekenntnisses eines SA-Mannes, der nach Frankreich desertiert war und berichtete, er und seine Kameraden hätten am 27. Februar den Befehl erhalten, „abends in unseren Unterkunftsstätten zu bleiben. Es wurde uns ausdrücklich untersagt, uns in Gruppen auf den Straßen zu zeigen. Lediglich die Geldsammler mit ihren Sammelbüchsen, die Hilfspolizisten und diejenigen, die Sonderaufträge hatten, waren berechtigt, auszugehen. Wir wußten nicht, was dieser Befehl bedeuten sollte. Wir warteten. Plötzlich um 11 Uhr abends befahl man uns: ‚Alle zusammen im Laufschritt zum Brandenburger Tor. Ohne Waffen. Absperrungsdienst. Der Reichstag brennt'." „Der Chef der Berliner Gruppe, E… [Karl Ernst]" habe den Befehl gegeben, „wir sollten uns in die verschiedenen Teile der Stadt begeben und an den Straßenecken und überall das Gerücht verbreiten, die Kommunisten hätten den Reichstag angezündet. Man habe dafür schon Beweise und man würde das auch schon am nächsten Morgen in den Zeitungen lesen" Demnach war also, wie Bernhard treffend bemerkte, „in der Leitung der nationalsozialistischen Partei – mindestens in der örtlichen Berliner Leitung – bereits am Morgen bekannt [...], daß am Abend etwas geschehen würde, und daß, noch bevor das Ergebnis irgendeiner Untersuchung bekannt sein konnte, die Hitlerjugend [recte: die SA] den Auftrag hatte, in Berlin zu verbreiten, die Kommunisten hätten den Reichstag angezündet."[22]

In der Kabinettssitzung am Vormittag des 28. Februar erklärte Hitler, „daß jetzt eine rücksichtslose Auseinandersetzung mit der KPD dringend geboten sei. Der psychologisch richtige Moment für die Auseinandersetzung sei nunmehr gekommen."[23] Am selben Tag wurde Haftbefehl gegen 24 Mitglieder des Zentralkomitees, gegen Bezirkssekretäre und Chefredakteure der KPD erlassen, u. a. gegen Franz Dahlem, Wilhelm Florin, Wilhelm Pieck, John Schehr, Ernst Thälmann und Walter Ulbricht.

Die Verhaftungslisten

Von erheblicher Bedeutung für die Klärung der Frage, ob die NS-Führung vom Reichstagsbrand überrascht wurde, wie Hitler noch in der Brandnacht verkündet hatte und wie Göring und Goebbels später vor dem Reichsgericht behaupteten, oder ob diese Überraschung nur gespielt war, ist das Zustandekommen der Verhaftungslisten, die den polizeilichen Aktionen in der Brandnacht zugrunde lagen. Von den Vertretern der „Alleintäter-These" wurde die Bedeutung dieser Verhaftungslisten heruntergespielt, indem man darauf hinwies, daß derartige Listen bereits unter dem SPD-Minister Carl Severing und später unter von Papen erstellt worden seien. Außerdem habe Göring selbst vor Gericht geprahlt, die Verhaftungsaktion in der Brandnacht sei nur deshalb so erfolgreich verlaufen, weil er, Göring, auf ein Ereignis wie den Reichstagsbrand vorbereitet gewesen sei.

In seiner Darstellung vor dem Reichsgericht am 4. November 1933 räumte Göring in aller Offenheit ein, dem angeblich drohenden kommunistischen Umsturz durch die scharfe Überwachung der Kommunisten vorgebeugt zu haben. Über die „ganzen kommunistischen Funktionäre" habe er aufgrund der Vorarbeit des von Papen eingesetzten früheren Reichskommissars Bracht „so genau Bescheid" gewußt.

„Am 24. November hat mein Amtsvorgänger schon den bescheidenen Versuch unternommen, einen Geheimerlass herauszugeben, nach dem die Regierungspräsidenten beauftragt waren, die Wohnungen und Unterschlupfe derjenigen Personen festzustellen, die als Hauptagitatoren, Unruhestifter und Rädelsführer bereits hervorgetreten oder als solche verdächtigt seien, also Feststellung der Personalien, Unterschlupfe, Wohnungen usw. Diesen Erlass habe ich nun sofort nicht nur erneuert, sondern ihn vor allen Dingen nachprüfen lassen, habe also sofort Beamte rumgeschickt, um das zu überprüfen. Ich möchte überhaupt betonen: am 30. Januar wurde ich Minister und am 1. Februar hatte ich bereits in meinem Ministerium zwei Herren, Ministerialdirektor Schütze und Ministerialrat Diehls [sic!], von allen anderen Aufgaben abgesondert und sie ausschließlich mit dieser Aufgabe betraut. Also von vornherein war schon am ersten Tage diese Parole ganz klar ausgegeben worden, und die beiden Herren haben sofort alles andere liegen und stehen lassen und sind mit ganzer Energie in diesen Kampf hineingestiegen. Es ist das also sofort angeordnet worden, und auf diesen Erlaß ist es in erster Linie zurückzuführen, daß ich im Augenblick des Reichstagsbrandes in der Lage war, über Tausende von Adressen zu verfügen. Nun war man aber auch hier nicht etwa erst durch den Brand auf die Idee gekommen, sogenannte Stichbefehle herauszugeben, sondern das war auch alles vorher geschehen. Man muß ja immer bedenken, daß ich beabsichtigt hatte, den Kommunismus zu vernichten, ich mußte also doch die Vorarbeiten dazu einleiten, und die waren auch eingeleitet worden. Diese Verfügung gab mir nun die Möglichkeiten dazu im Zusammenhang mit den fortgesetzten Durchsuchungen. Die gingen Tag für Tag. Selbstverständlich war mir klar, daß ein Teil davon erfolglos verlaufen mußte, denn ich wußte ja, wie auf der anderen Seite gearbeitet wurde. Wenn ich trotzdem immer wieder das Karl-Liebknecht-Haus in bestimmtem Turnus habe untersuchen lassen, so habe ich das selbstverständlich getan, damit die Bevölkerung fühlte: hier wird dauernd aufgepasst."[24]

Bei dem von Göring erwähnten „Geheimerlaß" seines „Amtsvorgängers", dem nach dem „Preußenschlag" durch von Papen eingesetzten kommissarischen Innenminister und Zentrumsmann Franz Bracht, handelt es sich aller Wahrscheinlichkeit nach um den „Geheimerlaß II 1250/95 vom 24. November 1932 über die Festlegung der Adressen von Führern radikaler Organisationen", den sogenannten „Ministerialerlaß über Festnahmekarteien".[25] Mit diesem Erlaß hatte Bracht bereits vor der Regierungsübernahme Hitlers die flächendeckende Erfassung von Oppositionellen verfügt.

Schenkte man Göring Glauben, so wären diese Listen also unmittelbar nach der Machtübernahme der Regierung Hitler am 30. Januar 1933 aktualisiert und ergänzt worden und stünden in keinerlei direktem Zusammenhang mit dem Reichstagsbrand. Eine Reihe von Indizien spricht gegen diese Behauptung Görings. Demnach wurden die Verhaftungslisten tatsächlich erst unmittelbar vor dem Reichstagsbrand fertiggestellt. So erklärte etwa Robert Kempner, seinerzeit Justitiar der Polizeiabteilung im Preußischen Innenministerium und Rechtsberater der Liga für Menschenrechte, in einem Leserbrief an „Die Zeit" vom 20. 3. 1971: „Zwischen dem 18. und 27. Februar 1933 hatte ich Diels nochmals gesprochen. Bei dieser Gelegenheit erzählte er mir, er sei mit der Aufstellung von Listen von Feinden des neuen Regimes zum Zwecke ihrer Verhaftung beschäftigt; darunter seien auch sozialdemokratische Freunde von mir und Mitglieder der Liga der Menschenrechte." Dabei habe Diels Kempner unmißverständlich zu verstehen gegeben, daß die Zusammenstellung von Verhaftungslisten im Zusammenhang mit einer Aktion erfolge, die unmittelbar bevorstehe.[26]

Die Ergänzung bereits bestehender Verhaftunglisten *unmittelbar vor dem Brand* durch „Namen vor allem von Personen, die sich kulturpolitisch mißliebig gemacht hatten", bezeugte auch der spätere Direktor des Verwaltungsgerichts in Frankfurt am Main, Dr. Alois Becker, der vom 1. Januar bis 19. März 1933 als Dezernent für Nationalsozialismus und bürgerliche Parteien in der Abteilung IA des Polizeipräsidiums Berlin tätig war und bereits vor 1933 Zeuge der engen Verbindung von Rudolf Diels zu führenden Nationalsozialisten wurde.[27]

Von besonderer Bedeutung für die Frage, ob die Verhaftungslisten, die in der Nacht vom 27. zum 28. Februar 1933 zum Einsatz kamen, in einem direkten Zusammenhang zum Reichstagsbrand stehen, ist eine Anweisung des in Recklinghausen stationierten „Höheren Polizeiführers West". Am 11. Februar 1933 hatte Göring „zur Bekämpfung der kommunistischen Gefahr"[28] einen ihm persönlich verantwortlichen „Höheren Polizeiführer West" als Sonderkommissar des Ministers des Innern für die Provinzen Rheinland und Westfalen eingesetzt, der, „mit besonderen Vollmachten ausgestattet und Göring direkt unterstellt, die Steuerung aller Polizeiaktionen über den Kopf aller Zwischeninstanzen hinweg ermöglichte".[29] Das bedeutete konkret die Befehlsgewalt über sämtliche Polizeiorganisationen und Weisungsrecht in allen Polizeiangelegenheiten.

Am 18. Februar 1933 richtete der „Höhere Polizeiführer West/Sonderkommissar des Ministers des Innern", Polizeigeneral Arthur Stieler von Heydekampf, ein Schreiben folgenden Inhalts an „alle staatlichen Polizeiverwalter, Gemeindepolizeiverwalter aller kreisfreien Städte und Landräte":

„Bis zum 26. Februar 1933 ersuche ich ergebenst hier Listen vorzulegen, in denen aufzuführen sind 1.) die Führer der K.P.D. (Bezirks- und Unterbezirksführer) und bekanntgewordene Ersatzleute. 2.) Entsprechendes für die kommunistischen Nebenorganisationen: R.G.O., Kampfbund gegen den Faschismus, verbotener R.f.B., Sportorganisationen, kulturelle Organisationen (z. B. Freidenker) und ähnliche. 3.) Die Führer der Freien Gewerkschaften."[30]

Das Datum dieses Schreibens entspricht nicht nur auffällig genau dem von Robert Kempner angegebenen Zeitpunkt seiner Unterredung mit Diels. Es widerlegt auch Görings Behauptung, die Verhaftungslisten seien schon unmittelbar nach dem 1. Februar 1933 auf den neuesten Stand gebracht worden. Tatsächlich wurden solche Listen erst am 18. Februar 1933 von den entsprechenden unteren Polizeidienststellen angefordert. Erst recht aufhorchen läßt jedoch der Termin, den der Höhere Polizeiführer West den ihm unterstehenden Dienststellen zur Vorlage dieser Listen setzte: der 26. Februar 1933. War es nur ein „blinder Zufall", daß genau einen Tag später der Reichstag brannte und noch in der Brandnacht mit Hilfe eben dieser Listen eine großangelegte polizeiliche Verhaftungsaktion stattfand?

Bemerkenswert ist in diesem Zusammenhang die Aussage Beckers, daß am Samstag, dem 25. Februar 1933, „meine Wohnung um 16 Uhr von SA umstellt war.[31] Ich bekam zu gleicher Zeit einen Anruf, sofort zum Polizeipräsidium zu kommen, es würde mich ein Major Wecke im Auftrag von Göring erwarten. Wecke verlangte von mir die Herausgabe von drei Bänden mit Lebensläufen führender Nationalsozialisten. Göring habe davon gehört.[32] Ich führte ihn in mein Nebenzimmer und zeigte ihm die Regale mit dem Bemerken, daß es sich nicht um drei Bände handele – diese seien nur Auszüge, die auf meinem Tisch lägen – sondern um mehrere Hundert Aktenbündel."[33] Bei dem von Wecke im Auftrag Görings beschlagnahmten Unterlagen handelte es sich nach Auskunft von Dr. Becker um „eine Sammlung von Material, das der Innenminister und Polizeipräsident A. Grzesinski durch eine Sonderkommission zusammengetragen hatte. Ihr Inhalt war für die Staatsführung von großer Tragweite."[34]

Als Dr. Becker die Übergabe verweigerte, habe sich Wecke in telefonische Verbindung mit Göring gesetzt. „Dieser ordnete an", so Dr. Becker weiter, „daß sofort auf einem Lastwagen die Akten zu verladen seien ... Ich ließ sämtliche Aktenstücke, die schwerwiegende Belastungen für Hitler, Röhm, Göring, einen großen Teil der damaligen Oberpräsidenten und Polizeipräsidenten enthielten, einzeln notiert und verlangte von Wecke die Quittung für die Übergabe."[35]

Wecke ließ Dr. Becker bestellen, „dass er die Akten nicht vernichten, sondern in seinen Mußestunden sich in dieser ‚Geheim-Bücherei' ergehen werde. Am späten Abend ließ sich Wecke noch die Agenten- und Spitzellisten von der Kriminalpolizei aushändigen."[36]

Alle diese Aktivitäten deuten darauf hin, daß es den neuen Machthabern darum ging, die bei der Politischen Polizei vorhandenen Unterlagen kurz vor dem Brand zu „säubern", zu ergänzen und so auf den ihren Plänen entsprechenden neuesten Stand zu bringen.

Daß auf diesen Listen auch Mitglieder der NSDAP, SA und SS verzeichnet waren, ergibt sich aus ihrer offenbar letzten Aktualisierung vor Hitlers Machtantritt im Zusammenhang mit dem sogenannten „Planspiel Ott" vom 25./26. November 1932.[37] Mit diesem Planspiel, das auch eine Notverordnung zur Verfügung des Ausnahmezustandes vorsah (Entwurf vom 24. 11. 1932), hatte die Reichswehrführung im Anschluß an den Streik bei den Berliner Verkehrsbetrieben (BVG)[38] prüfen wollen, ob das Militär in der Lage wäre, einen von freien Gewerkschaften und R.G.O. (der KPD nahestehende „Revolutionäre Gewerkschafts-Opposition") geführten, teilweise auch von der SA sowie von NSDAP-Mitgliedern unterstützten Generalstreik niederzuhalten. Als Ergebnis des Planspiels hatte das Reichswehrministerium bei einer Besprechung am 14. Dezember 1932 entsprechende Schutzhaftlisten vom Reichs- und Preußischen Innenministerium angefordert[39], wofür offenbar der oben bereits erwähnte Geheimerlaß Brachts vom 24. November 1932 die rechtliche Grundlage bildete.

Daß die Nationalsozialisten mit der Zusammenstellung der nach dem Reichstagsbrand verwendeten Verhaftungslisten kaum etwas zu tun gehabt hätten, „da die nationalsozialistischen Minister bei ihrer Amtsübernahme diese Listen bereits vorfanden"[40], wie Heinrich Bennecke unter Berufung auf Rudolf Diels meinte, ist also eine Desinformation. Zahlreiche Indizien sprechen vielmehr dafür, daß die Verhaftungslisten für die Polizeiaktion in der Brandnacht in den Tagen unmittelbar vor dem Reichstagsbrand auf den letzten Stand gebracht wurden.

In seiner Vernehmung vor dem Internationalen Militärgerichtshof in

Nürnberg hat Göring dies im übrigen selbst eingeräumt, wenn er dabei auch einen direkten Zusammenhang der geplanten Verhaftungsaktion mit dem Reichstagsbrand abstritt:

„Göring: […] Verhaftungen fanden im Zusammenhang mit dem Reichstagsbrand verhältnismäßig wenige statt. Die Verhaftungen, die Sie auf den Reichstagsbrand zurückführen, sind die Verhaftungen der kommunistischen Funktionäre. Diese wären, das habe ich häufig gesagt und betone es noch einmal, völlig unabhängig von diesem Brande ebenfalls verhaftet worden. Der Brand hat ihre Verhaftung nur beschleunigt, die sorgfältig vorbereitete Aktion überstürzt und dadurch sind eine Reihe von Funktionären entkommen.

Justice Jackson: Mit anderen Worten, Sie hatten Listen der Kommunisten schon fix und fertig, als das Feuer im Reichstag ausbrach, und zwar von Personen, die verhaftet werden sollten. Stimmt das?

Göring: Wir hatten die Listen der kommunistischen Funktionäre, die verhaftet werden sollten, vorher bereits zum großen Teil festgelegt. Es war völlig unabhängig von dem Brande im Deutschen Reichstag.

Justice Jackson: Diese Verhaftungen wurden unmittelbar nach dem Reichstagsbrand durchgeführt?

Göring: Im Gegensatz zu meiner Absicht, es noch wenige Tage hinauszuschieben und programmmäßig laufen zu lassen, um dadurch alle richtig zu erfassen, wünschte der Führer in der Nacht, daß nun die Verhaftungen sofort und augenblicklich erfolgen sollten. Das hatte den Nachteil, daß dies, wie ich eben sagte, etwas überstürzt geschah.

Justice Jackson: Sie und der Führer trafen sich an der Brandstätte, stimmt das?

Göring: Das ist richtig.

Justice Jackson: Und an Ort und Stelle entschlossen Sie sich, alle Kommunisten verhaften zu lassen, die Sie listenmäßig erfaßt hatten?

Göring: Ich betone noch einmal, der Entschluß ihrer Verhaftung stand schon tagelang vorher fest, nur der Zeitpunkt der sofortigen Verhaftung erfolgte in dieser Nacht. Mir wäre es lieber gewesen, einige Tage programmäßig zu warten, dann wären mir nicht noch einige wichtige erwischt.“ [41]

Demnach stützte sich die Verhaftungsaktion in der Brandnacht nicht allein auf die Listen, die Görings Amtsvorgänger Bracht mit dem Geheimerlaß vom 24. November 1933 hatte anfertigen lassen, womit der Preußische Ministerpräsident seiner eigenen Aussage vor dem Reichsgericht vom 4. November 1933 widersprach. Wenn die Verhaftungslisten, wie Göring behauptete, zum Zeitpunkt des Reichstagsbrandes bereits fix und fertig vorlagen und die Verhaftung der darauf Verzeichneten längst beschlossene Sache war, dann stellt sich allerdings die Frage: Worauf wartete die Hitler-Regierung noch? Was wäre der „programmäßige" Anlaß oder Zeitpunkt für die geplante Verhaftungsaktion gewesen, wenn der Reichstagsbrand vom 27. Februar 1933 den Nazis nicht – laut Görings Darstellung – in die Quere gekommen wäre und sie zu „überstürztem" Handeln gezwungen hätte?[42]

Das unbewachte Reichstagsgebäude

Am 15. Februar 1933 war der nach dem Papen-Putsch eingesetzte Polizeipräsident Dr. Melcher (DNVP) durch den nationalsozialistischen Konteradmiral a. D. Magnus v. Levetzow ersetzt worden. Obwohl dieser Göring am 26. Februar 1933 über das angeblich in den „Katakomben" des Karl-Liebknecht-Hauses gefundene Material „zur Durchführung des Terrors nach bolschewistischem Muster" informiert hatte, unternahm Göring, als Reichstagspräsident Hausherr im Reichstagsgebäude sowie als kommissarischer Preußischer Innenminister oberster Dienstherr der preußischen Polizei, keinerlei Anstalten, um das Reichstagsgebäude gegen etwaige terroristische Angriffe zu schützen. „Wäre die Mitteilung über das angeblich im Karl-Liebknecht-Haus gefundene Material zutreffend" gewesen, so stellt das im Sommer 1933 erschienene Braunbuch richtig fest, „so hätte sich Göring zumindest der Vorschubleistung zu einem schweren Verbrechen schuldig gemacht."[43]

Da es sich bei den angeblichen Funden im Karl-Liebknecht-Haus aber um eine Propagandalüge handelte, hatte der Reichstagspräsident und kommissarische Preußische Innenminister keine Terrorakte aus dieser Richtung zu befürchten. Dennoch wäre es im Sinne der Glaubwürdigkeit der eigenen Propaganda nur folgerichtig gewesen, Göring hätte das Reichstags- und andere öffentliche Gebäude zumindest zum Schein gegen die behauptete Gefährdung durch die Kommunisten sichern lassen. Dies hätte im übrigen auch dem von ihm selbst vor dem Reichsgericht verkündeten Prinzip entsprochen, die Bevölkerung fühlen zu lassen: „Hier wird dauernd aufgepaßt!" Hinzu kommt, daß dem Preußischen Innenminister auch die kleineren Brände im Berliner Schloß und im Rathaus zu Ohren gekommen sein dürften, zu denen sich van der Lubbe später bekannte. Wenn Göring dennoch auf eine Sicherung des Reichstagsgebäudes verzichtete, so bleiben als Erklärung für dieses Verhalten nur zwei Möglichkeiten. Reine Gedankenlosigkeit bzw. Schlamperei mag man – auch angesichts der bevorstehenden Wahlen – dem auf Hochtouren laufenden Apparat der NSDAP kaum unterstellen. So bleibt nur eine Version: Eine Bewachung des Reichstagsgebäudes hätte zweifelsohne die Brandstiftung erschwert, wenn nicht unmöglich gemacht. Der Verzicht Görings auf einen Schutz des Gebäudes erscheint demnach nur unter der Voraussetzung sinnvoll, daß die Nationalsozialisten selbst beabsichtigt hätten, das Gebäude in Brand zu stecken.

Die Reichstagsbrandverordnungen vom 28. Februar 1933

Der Reichstagsbrand diente der Hitler-Regierung als Anlaß für umfassende polizeiliche und gesetzliche Maßnahmen, mit denen die elementarsten bürgerlichen Grundrechte faktisch beseitigt wurden. Nachdem bereits unmittelbar nach der Brandmeldung ca. 5.000 Personen verhaftet worden waren, erging am Tag darauf die Anweisung zur Schließung und polizeilichen Durchsuchung aller Verkehrslokale der KPD. Gleichzeitig wurden sämtliche Flugblätter, Zeitungen, Zeitschriften und Plakate der beiden Arbeiterparteien zunächst für die Dauer von 14 Tagen verboten. Am 1. März wurde das seit Anfang Februar bestehende Verbot kommunistischer Versammlungen unter freiem Himmel per Anordnung des Berliner Polizeipräsidiums „ab sofort bis auf weiteres" auf „sämtliche Versammlungen der KPD (einschließlich geschlossene) und ihrer Hilfs- und Nebenorganisationen" ausgeweitet. Von ungleich größerer Tragweite als diese – an sich schon sehr weitreichenden – polizeilichen Verbote waren jedoch die erlassenen sogenannten „Brand-Notverordnungen": die „Verordnung des Reichspräsidenten zum Schutz von Volk und Staat" vom 28. Februar[44] und die bereits tags zuvor, am Nachmittag des 27. Februar (!) vom Hitler-Kabinett beschlossene „Verordnung des Reichspräsidenten gegen Verrat am Deutschen Volke und hochverräterische Umtriebe"[45], mit denen wesentliche Bestimmungen der Weimarer Verfassung für die gesamte Dauer des Dritten Reiches außer Kraft gesetzt werden sollten.[46]

Neun Stunden nach Beginn der Massenverhaftungen begründete Hitler seinen neuesten Gewaltakt vor dem Kabinett.[47] Er stellte fest, der psychologisch richtige Augenblick für eine durch keine rechtlichen Er-

175

wägungen mehr behinderte Abrechnung mit dem Kommunismus sei nun gekommen; seit der Brandstiftung zweifle er nicht mehr daran, daß die Regierung die Mehrheit der Wähler gewinnen werde. Hitler versprach dann die sofortige Wiederherstellung des Reichstagsgebäudes, für die er zwei Jahre veranschlagte. Im Anschluß daran bekräftigte Göring den Befund, daß van der Lubbe mindestens sechs oder sieben Mittäter gehabt haben müsse, freilich im Sinne einer kommunistischen Verschwörung und in Anlehnung an die Schreckensnachrichten aus dem Karl-Liebknecht-Haus. Zu Hitlers Forderung nach einer scharfen Verordnung erklärte dann Reichsinnenminister Frick, er habe ursprünglich die Verordnung vom 4. Februar ergänzen wollen, habe nun aber, ausgehend von der Verordnung vom 20. Juli 1932, eine eigene „Verordnung zum Schutze von Volk und Staat" entworfen.[48] Die so rasch aus dem Boden gestampfte Verordnung, gegen deren § 2 (Recht zum Eingriff in die Länder) allein von Papen schwachen Einspruch erhob, wurde vom Kabinett schon wenige Stunden später endgültig verabschiedet.[49]

Die Notverordnung vom 28. Februar 1933 „zum Schutze von Volk und Staat", die ihrem Wortlaut nach „zur Abwehr von *kommunistischen* staatsgefährdenden Gewaltakten" dienen sollte, aber sofort gegen *alle* politischen Gegner angewendet wurde, „die mit den Kommunisten zusammenarbeiten und deren verbrecherische Ziele, wenn auch nur mittelbar, unterstützen und fördern" – wie es in einer Ausführungsbestimmung des Preußischen Innenministeriums vom 3. März 1933 hieß[50] –, gründete sich formal auf den Art. 48, Abs. 2 der Weimarer Verfassung. Dieser räumte dem Reichspräsidenten das Recht ein, „wenn im Deutschen Reiche die öffentliche Sicherheit und Ordnung erheblich gestört oder gefährdet wird, die zur Wiederherstellung der öffentlichen Sicherheit und Ordnung nötigen Maßnahmen [zu] treffen, erforderlichenfalls mit Hilfe der bewaffneten Macht ein[zu]schreiten. Zu diesem Zweck darf er vorübergehend die in den Artikeln 114 (Freiheit der Person), 115 (Unverletzlichkeit der Wohnung), 117 (Unverletzlichkeit des Briefgeheimnisses), 118 (Recht der freien Meinungsäußerung), 123 (Versammlungsrecht), 124 (Recht zur Gründung von Vereinen usw.) und 153 (Unverletzlichkeit des Eigentums) festgesetzten Grundrechte ganz oder zum Teil außer Kraft setzen." Die Ausschaltung der verfassungsmäßigen Rechte ist später mit der ergänzenden Verordnung „Zur Abwehr heimtückischer Angriffe gegen die Regierung der nationalen Erhebung" vom 21. März 1933[51] und dem Gesetz „gegen heimtückische Angriffe auf Staat und Partei und zum Schutze der Parteiuniformen" vom 20. Dezember 1934[52] vervollständigt worden. Zusammen mit der Notverordnung vom 28. Februar bildeten diese Verordnungen die pseudolegale Machtbasis des „Dritten Reiches", die bis zu dessen Ende bestehen blieb.

Das zweite Anliegen der Schöpfer der Notverordnung vom 28. Februar war das Recht zur „vorübergehenden Ablösung" der Länderregierungen, das in den §§ 2 und 3 festgehalten wurde und den Beginn zur Beseitigung der bundesstaatlichen Grundstruktur und der Gleichschaltung der Länder bildete. (Damit bot die Verordnung zweifellos auch eine mögliche Grundlage für den offenen Staatsstreich, falls die Regierung der „nationalen Erhebung" bei den Reichstagswahlen am 5. März keine Mehrheit erhalten hätte.[53]) § 5 schließlich führte für Verbrechen, die nach dem Strafgesetzbuch mit Gefängnis oder höchstens mit lebenslangem Zuchthaus bestraft werden konnten, die Todesstrafe ein.

Obwohl die Weimarer Verfassung formal weiter bestehen blieb, waren damit ihre wesentlichen Prinzipien außer Kraft gesetzt und „die absolute Rechtlosigkeit des Individuums für die nächsten 12 Jahre besiegelt [...]. Geheime Verhaftung, Festhalten jeder verdächtigen oder mißliebigen Person auf unbestimmte Zeit und ohne Anklage, ohne Beweise, ohne Verhör, ohne Rechtsbeistand waren ohne weiteres möglich geworden. Es war die unwiderrufliche Ablösung des Rechtsstaats durch den Polizeistaat."[54] Die zweite am 28. Februar erlassene „Verordnung des Reichspräsidenten gegen Verrat am Deutschen Volke und hochverräterische Umtriebe"[55] verschärfte die Vorschriften gegen Landesverrat und Verrat militärischer Geheimnisse und verschaffte den Machthabern die pseudolegale Basis zur Rechtfertigung der kommenden Massenverhaftungen und -verfolgungen.

Sie sah die Einführung der Todesstrafe (§ 1) sowie die Androhung hoher Zuchthausstrafen für „Verrat jedweder Art", worunter auch das Ausstreuen von Gerüchten und falschen Nachrichten gefaßt wurde (§§ 2, 3). Weitere Strafen wurden in einem zweiten Abschnitt für „hochverräterische Umtriebe" angedroht. Darunter fiel auch die Abfassung, Herstellung, Verbreitung und sogar Lagerung von Schriften, die zum Aufstand oder auch zum „Streik in einem lebenswichtigen Betrieb, Generalstreik oder anderen Massenstreik" aufreizten, „oder in anderer Weise hochverräterisch sind" (§ 6). „Hochverrat" im Sinne der neuen Machthaber und strengstens unter Strafe gestellt war damit also jede Form oppositioneller politischer oder gewerkschaftlicher Meinungsäußerung.

Es waren diese beiden Verordnungen vom 28. Februar und nicht erst das vielbeschworene Ermächtigungsgesetz Wochen später, „die – mit einer ungeprüften und tatsachenwidrigen Auslegung der Reichstagsbrandstiftung begründet – die Verfassung durch den permanenten Ausnahmezustand ersetzt und den großen Rahmen für Dauerterror und totalitäre Gleichschaltung aller Lebensbereiche geschaffen haben", urteilt Karl Dietrich Bracher. Aus ihren Bestimmungen „hat Hitler die Machtbefugnisse gewonnen, mit deren Hilfe er die Gegner auszuschalten, die Partei um Hugenberg und Papen zu überspielen und die totale Alleinherrschaft zu errichten vermochte."[56]

Der Ursprung der Notverordnungen

Hans Mommsen schrieb 1964 in einem Aufsatz, die Genesis der Notverordnung vom 28. Februar 1933 liege im Dunklen, aber: „Sicher ist, daß sie spontan zustande kam und daß es keine Pläne in dieser Richtung vor dem Reichstagsbrand gegeben hat."[57] In Wirklichkeit hatte sie ihre Vorbilder nicht nur in den Notverordnungen Eberts vom 26. September 1923 und von Papens vom 20. Juli 1932, auf die Mommsen selbst verweist. Auffällig ist auch ihre Ähnlichkeit mit einem Notverordnungsentwurf vom 24. November 1934[58] im Rahmen des oben bereits im Zusammenhang mit den Verhaftungslisten erwähnten „Planspiels Ott" (25./26. November 1932), in dem die Reichswehrführung die Einsatzfähigkeit der Reichswehr zur Niederschlagung eines etwaigen Generalstreiks prüfen wollte. „Die Änderungen Fricks waren vor allem im Vergleich zur Notverordnung des Planspiels gering", schrieb Heinrich Bennecke dazu schon 1968 in einem Aufsatz. „Es handelte sich um einige Ergänzungen und Abänderungen."[59] In die Ausarbeitung der administrativen Vorbereitungen für den in der Notverordnung vorgesehenen Ausnahmezustand, die sich aus dem Planspiel ergaben, war auch das Reichs- und Preußische Innenministerium einbezogen. Vertreter der Innenbehörde bei einer Besprechung im Reichswehrministerium am 14. Dezember 1932 war der damalige Oberregierungsrat Rudolf Diels.[60] Am 27. Februar 1933 „zogen Göring und Frick die durch das Planspiel Ott neu bearbeitete Notverordnung hervor und wendeten die bei der Besprechung im Reichswehrministerium angeforderten Schutzhaftlisten an, deren Grundlagen in den Polizeipräsidien ohnehin vorhanden waren." Die oben zitierte Anordnung des „Höheren Polizeiführers West" galt also offensichtlich – kurz vor der Brandstiftung – einer letzten Aktualisierung dieser Listen. Dazu war es, wie Bennecke anmerkt, nun „vielleicht [...] nötig, von diesen Listen die Nationalsozialisten zu streichen", die im Februar 1933 – anders als noch wenige Monate zuvor – nicht mehr zum Kreis der Personen gehörten, gegen die sich eine derartige Verhaftungsaktion richten konnte. Was sich am 28. Februar 1933 bei der morgendlichen Ministerbesprechung abspielte, war also nicht die „Improvisation" einer Notverordnung, sondern vielmehr die letzte Aktualisierung eines Entwurfs, der seit einem Vierteljahr bereitlag.[61]

Der gravierendste, die Tragweite des politischen Umschwungs charakterisierende Unterschied zum Verordnungsentwurf des „Planspiels Ott" sowie zu den Verordnungen vom 26. September 1932 und vom 20. Juli 1932[62] war, daß 1933 kein militärischer, sondern ein ziviler Ausnahmezustand in Kraft trat (§§ 2 und 3 der „Verordnung zum Schutz von Volk und Staat"). Dessen Herr war nicht die als innenpolitischer Machtfaktor noch weitgehend autonome Reichswehrführung, sondern die Reichsregierung, also Hitler als Reichskanzler.[63] Anders als in den bis dahin üblichen Bestimmungen ermächtigte der neugefaßte § 2 der Verordnung „zum Schutz von Volk und Staat" die Reichsregierung pauschal zur Wahrnehmung von Landesbefugnissen, wenn „in einem Lande die zur Wiederherstellung der öffentlichen Sicherheit und Ordnung nötigen Maßnahmen nicht getroffen [werden]". „Damit besaß ein ziviler Ausnahmezustand erstmals reichsweite Gültigkeit, und die exekutive Macht der Reichsregierung war generell gestärkt worden, ohne daß Ausnahme-Instanzen wie Militärbefehlshaber oder ziviler Reichskommissar eingeschaltet wurden", so das Urteil der Autoren einer jüngst in den „Vierteljahrsheften für Zeitgeschichte" veröffentlichten Studie. Mit der Verordnung vom 28. Februar „wurde damit gleichsam die Grenze zwischen Ausnahme und neuer Normalität des totalitären Staates überschritten, so daß der Begriff ‚Ausnahmezustand' in der Tat fragwürdig wird."[64]

Die alles andere als spontane und improvisierte Ausarbeitung der für die Machtergreifung und die Herrschaftspraxis des Dritten Reiches gleichermaßen zentralen Notverordnung durch die Nazis wird auch durch das Zeugnis des bereits erwähnten seinerzeitigen Regierungsrates in der Abteilung IA des Berliner Polizeipräsidiums, Dr. Alois Becker, unterstrichen. Dieser berichtet:

„Am Donnerstag vor dem Reichstagsbrand [also am 23. Februar] fand unter Leitung von Oberregierungsrat Dr. Diels eine Besprechung der Dezernenten der Abteilung IA sowie des Leiters der Abteilung Kriminalpolizei und seines Vertreters bei der Abteilung IA über eine geplante Verordnung statt, in der vorgesehen war, die Rechtsgarantien für die bürgerlichen Freiheiten aufzuheben und jede richterliche Nachprüfung bei Verhaftungen auszuschalten. Diels stellte bei Beginn der Besprechung einen gewissen Körner[65] vor, der im Auftrag von Göring die Durchführbarkeit der Verordnung bei der Polizei erkunden sollte. Regierungsrat Dr. Becker erhob aus rechtsstaatlichen Gründen mehrmals Einspruch, er verlangte die Aufrechterhaltung des befristeten, richterlichen Nachprüfungsrechts und wandte sich gegen die Ausklammerung der Politischen Polizei aus der Verantwortung einer verfassungstreuen Verwaltung."[66]

Der hier von Dr. Becker erwähnte Wegfall des richterlichen Nachprüfungsrechts bei Verhaftungen ist tatsächlich einer der wesentlichen Bestandteile der „Brandverordnung" vom 28. Februar 1933 (§ 1), vor allem aber der dazugehörigen Durchführungsverordnung vom 3. März 1933[67]. Er bildet zugleich einen wesentlichen Unterschied zu früheren Notverordnungen der Weimarer Republik.

Unübersehbar ist, daß von den Vorbereitungen des Papen-Staatsstreichs vom 20. Juli 1932 bis zur Inszenierung des Hitler-Staatsstreichs durch die Reichstagsbrand-Notverordnung vom 28. Februar 1933 im Hintergrund immer wieder Rudolf Diels in einer Schlüsselrolle auftaucht. Von der auf das „Planspiel Ott" folgenden Vorbereitung des Ausnahmezustandes im November/Dezember 1932 über die Notverordnungs-Besprechung am 23. Februar 1933 führt Diels' erkennbare Spur bis zu den von ihm persönlich unterzeichneten Anweisungen zur Verhaftung kommunistischer Funktionäre am Nachmittag des 27. Februar, also schon mehrere Stunden vor dem Reichstagsbrand.

Die Reichstagswahl vom 5. März 1933

Schon in seiner ersten Kabinettssitzung vom 30. Januar 1933 hatte Hitler erwogen, die KPD zu verbieten, ihre Reichstagsmandate zu kassieren und „auf diese Weise die Mehrheit im Reichstag zu erreichen".[68] Nur aus Angst vor dem Ausbruch eines Generalstreiks im Falle eines KPD-Verbots beharrte er zum damaligen Zeitpunkt stattdessen aber auf seiner Forderung nach Auflösung des Reichstages und Neuwahlen. Bereits Anfang Februar waren alle kommunistischen Versammlungen unter freiem Himmel verboten worden, zahlreiche Ausschreitungen und Repressalien gegen Kommunisten wurden seither geduldet oder sogar inszeniert. Nach dem Reichstagsbrand hatte Göring neben der zeitweiligen Schließung von Museen und Schlössern vor alllem das Verbot der kommunistischen und sozialdemokratischen Presse im gesamten Reichsgebiet, die Schließung aller Gebäude im kommunistischen Besitz und die Verhaftung aller kommunistischen Abgeordneten und Parteifunktionäre angeordnet, für die Polizei den Alarmzustand befohlen und zu ihrer „Unterstützung" am 28. Februar einen Verband von 2.000 SA- und SS-Leuten auf den Straßen Berlins in Marsch gesetzt.[69] Alle deutschen Grenzstellen hatten am 28. Februar Anweisung erhalten, den „Grenzübertritt kommunistischer Funktionäre und früherer Abgeordneter" zu verhindern und diese festzunehmen.[70] Soweit sie nicht bereits das Land verlassen oder untergetaucht waren, befanden sich unmittelbar vor der Wahl fast alle kommunistischen Kandidaten in Haft.

Auf ein formelles Verbot der KPD noch vor den Reichstagswahlen verzichtete die Hitler-Regierung indes selbst nach dem Reichstagsbrand. Ein mögliches Motiv hierfür könnte – neben der Angst vor einem Generalstreik – die Befürchtung gewesen sein, daß im Falle eines KPD-Verbots deren Stimmen der SPD zugefallen wären und damit das Gewicht der Opposition im Reichstag verstärkt hätten. Andererseits gibt es Hinweise darauf, daß sich nun die DNVP, deren Vorsitzender Hugenberg in der Kabinettssitzung vom 30. Januar noch für ein solches Verbot und gegen Neuwahlen votiert hatte – oder zumindest Teile der Partei um den DNVP-Fraktionsvorsitzenden im Reichstag Oberfohren –, gegen ein sofortiges KPD-Verbot wandte[71], mußte doch die drohende Ausschaltung der KPD jetzt auch die Position der DNVP entscheidend verschlechtern. Denn ein anderer möglicher Effekt eines Verbots der KPD vor den Wahlen war, daß der NSDAP die absolute Mehrheit zugefallen wäre. Die DNVP hätte damit ihre Schlüsselstellung verloren und ihre Unentbehrlichkeit für die NSDAP eingebüßt, zumal die Reichstagsbrandpropaganda einseitig zugunsten der Nationalsozialisten zu Buche schlug.

Hitlers Entscheidung, die Kommunistische Partei nicht sofort zu verbieten, erwies sich auch insofern als geschickter Schachzug, als damit der Schein der Legalität selbst unter den Bedingungen des Ausnahmezustands weiter aufrechterhalten wurde. Während SA und SS ihren Terror gegen die Linke in den Tagen unmittelbar vor der Wahl noch steigerten, setzte die NSDAP-Führung auf das allmähliche Wirken ihrer auf Hochtouren laufenden Propagandamaschine, insbesondere auf die Wähler aus den Mittelschichten.

Bereits unmittelbar nach dem Reichstagsbrand hatte Goebbels den 4. März 1933 pathetisch zum „Tag der erwachenden Nation" erklärt.[72] Am Vorabend der Reichstagswahl, zwischen 20 Uhr und 21.30 Uhr, sprach Hitler 1 1/2 Stunden lang über alle deutschen Rundfunksender. Gegenüber der angeblich drohenden bolschewistischen Gefahr empfahl sich die Nazi-Partei als Retterin der Kultur und des deutschen Volkes vor dessen drohendem Untergang in Chaos und Anarchie. In apokalyptischen Beschwörungen eines unmittelbar bevorstehenden kommunistischen Umsturzes wurde das deutsche Volk vor die Alternative „Bolschewismus oder Nationalsozialismus", „Chaos oder Ordnung" gestellt.

Trotz Terror, Propaganda „und selbst einzelnen greifbaren Wahlfälschungen"[73] gelang es der NSDAP auch diesmal bei weitem nicht, eine Mehrheit der aufgepeitschten und zu höchster Wahlbeteiligung mobilisierten Bevölkerung für sich zu gewinnen; obwohl die Rekordwahlbeteiligung von 88,8 % in erster Linie der NSDAP zugute kam. Die Wahlergebnisse schufen für Reichstag und Preußischen Landtag beinahe die gleichen Kräfteverhältnisse (in Klammern die Zahl der Abgeordneten)[74]:

Reichstagswahl	März 1933		Nov. 1932
NSDAP	43,9 %	(288)	33,1 %
SPD	18,3 %	(119)	20,4 %
KPD	12,3 %	(81)	16,9 %
Zentrum	11,2 %	(74)	11,9 %
Kampffront Schwarz-Weiß-Rot	8,0 %	(53)	8,5 % (DNVP)
BVP	2,7 %	(18)	3,1 %
DVP	1,1 %	(2)	1,9 %
Staatspartei (vormals DDP)	0,9 %	(6)	1,0 %
Christl. soz. VD	1,0 %	(4)	1,2 %
Sonstige	0,6 %	(2)	2,0 %

Obwohl die NSDAP nur 43,9 % der Stimmen errang, verfügte sie zusammen mit den 8 % der Kampffront Schwarz-Weiß-Rot unter von Papen (DNVP und Stahlhelm) mit 51,9 % der Stimmen über eine knappe parlamentarische Mehrheit. Da die Ergebnisse der Wahl in verfassungswidriger Form auch auf die Länderparlamente übertragen wurden, gelang es der „nationalen Regierung" in der Folge, auch in den Ländern die Macht an sich zu reißen. In erster Linie unter Berufung auf die Reichstagsbrandverordnung vom 28. Februar wurden zwischen dem 6. und 10. März in den Ländern Hamburg, Bremen, Lübeck, Baden, in Bayern, Sachsen und Württemberg die gewählten Länderregierungen aus dem Amt gedrängt und durch willfährige Reichskommissare ersetzt.

Mit der Durchführungsverordnung zur „Verordnung des Reichspräsidenten zum Schutz von Volk und Staat" vom 28. Februar 1933 wurden „aufgelöst und verboten […] mit sofortiger Wirkung der ‚Kampfbund gegen den Faschismus', sämtliche kommunistische Sportvereine einschließlich der Arbeiterschützenvereine sowie alle Hilfs- und Nebenorganisationen der KPD einschließlich ihrer Jugendorganisationen" und deren Vermögen beschlagnahmt. „Das gleiche gilt für die KPD-Opposition und ihre Hilfs- und Nebenorganisationen."[75] Am 6. März 1933 folgte das Verbot, KPD-Schriften herzustellen und zu vertreiben, am 9. März 1933 die Kassierung der kommunistischen Reichstagsmandate.

Trotz des geringen Stimmenanteils des durch von Papen geführten konservativen Wahlblocks wurde der Wahlausgang auch im konservativ-monarchistischen Lager wie ein Sieg gefeiert. Symptomatisch für die Stimmung in diesen Kreisen ist ein Brief Hermann Röchlings, des Eigentümers der Völklinger Stahlwerke und Vorsitzenden der Fachgruppe Eisenschaffende Industrie für das Saargebiet, vom 7. März 1933 an Franz von Papen:

„Der Wahlerfolg ist ja entsprechend der Riesenfackel des Reichstagsbrandes sehr groß. Infolgedessen läßt sich jetzt ja auch verschiedenes erreichen, was vor dem Reichstagsbrande praktisch unmöglich gewesen wäre. Ich glaube, daß sich ein ganzer Teil der Versäumnisse, die in Weimar gemacht worden sind, jetzt reparieren läßt, wenn die Sache bald in die Hand genommen wird. Als die wichtigste Maßnahme sehe ich an, daß die Reichsregierung sich soweit wie irgend möglich in den Besitz der Verfügung über die gesamten Polizeikräfte der Länder setzt, und zwar sollte hier nicht ein vorübergehender – sondern ein Dauerzustand geschaffen werden. […] Wenn man dann weiter noch die gesamte Justiz auf das Reich übernehmen könnte, wenigstens soweit die Bundesstaaten sie abgeben wollen, so wäre auf einmal eine ungeheure Vereinfachung des ganzen Länderapparates erreicht. […] Erwünscht wäre es natürlich, daß die Beseitigung des Dualismus Reich und Preußen endgültig verankert würde."[76]

Es ist bemerkenswert, wie klar der Saarindustrielle die Bedeutung des Reichstagsbrandes erfasste, mit dessen Hilfe sich nun gleichsam in einem Streich die demokratischen Errungenschaften der Weimarer Republik hinwegfegen ließen, was zuvor, wie Röchling treffend erkannte, „praktisch unmöglich gewesen wäre". Röchling glaubte, „daß die vorstehenden Gedanken bei den Vorstellungen, die die Nationalsozialisten über die Staatsführung haben, auf starke Gegenliebe stoßen werden". Er könne sich nicht vorstellen, „wann wieder ein Zeitpunkt käme, der so günstig für eine solche Entwicklung wäre wie der jetzige". Einem Irrtum unterlag Röchling allerdings, wenn er meinte, daß „alles ohne 2/3 Mehrheit erreicht werden" könne.[77] – Polizei und Justiz unterstanden immer noch den Ländern und mußten durch die sogenannte Gleichschaltung erst dem Innenminister Frick und dem Justizminister Gürtner unterstellt werden. Statt der von Röchling und anderen Vertretern der Schwerindustrie erhofften Restauration autoritärer Herrschaft kam der totalitäre Staat.[78]

Die Eröffnungssitzung des neu gewählten Reichstags in der Krolloper am 21. März 1933 fand ohne die 81 Abgeordneten der kommunistischen Fraktion statt. Obwohl ins amtliche Verzeichnis der Reichstagsmitglieder aufgenommen, waren sie entgegen der Weimarer Verfassung (Art. 20) vom Reichstagspräsidenten überhaupt nicht eingeladen worden. Aufgrund der Notverordnungen vom 28. Februar verfolgt, verhaftet – in Oranienburg und Dachau richtete die SA zur gleichen Zeit die ersten Konzentrationslager für politische Gefangene ein – oder in die Illegalität gedrängt, wurden sie ihrer Mandate ohne ein förmliches Verbot ihrer Partei beraubt. Durch die Kassierung der kommunistischen Mandate, die erst nachträglich durch das „Vorläufige Gesetz zur Gleichschaltung der Länder mit dem Reich"[79] vom 31. März 1933 legalisiert wurde, standen den 288 Abgeordneten der nationalsozialistischen Fraktion nur noch 278 nicht nationalsozialistische Abgeordnete gegenüber – ähnlich war die Situation im Preußischen Landtag. Zusammen mit den Abgeordneten der Kampffront Schwarz-Weiß-Rot (DNVP und Stahlhelm) verfügte die NSDAP im Reichstag über 341 von 643 Abgeordneten. Selbst nach der Kassierung der 81 kommunistischen Mandate (NSDAP: nun 341 von 566 Abgeordneten) fehlten ihr damit zu der für die Erringung der parlamentarischen Kontrolle notwendigen Zweidrittelmehrheit immer noch 37 Stimmen. Dennoch verkündete Hitler bereits in der ersten Kabinettssitzung nach den Wahlen am 15. März, die „Durchbringung des Ermächtigungsgesetzes im Reichstag mit Zweidrittelmehrheit werde nach seiner Auffassung keinerlei Schwierigkeiten begegnen".[80] Zuvor hatte der nationalsozialistische Reichskanzler seinem kleineren Koalitionspartner die Zusicherung gegeben, an der konservativen Ministermehrheit des Kabinetts nicht zu rütteln. Den verfassungsfeindlichen Zweck des geplanten Gesetzes sprach der für Verfassungsfragen zuständige Reichsinnenminister Frick in aller Offenheit aus: „Das Ermächtigungsgesetz werde so weit gefaßt werden müssen, daß von jeder Bestimmung der Reichsverfassung abgewichen werden könne."

Auch nach der Kassierung der kommunistischen Mandate war die Regierung zur Erlangung einer notwendigen Zweidrittelmehrheit für die parlamentarische Absegnung des geplanten Gesetzes auf die Unterstützung eines erheblichen Teils der oppositionellen Abgeordneten angewiesen. Verständlicherweise richtete sich Hitlers Augenmerk hier insbesondere auf die katholische Zentrumsfraktion. In einer weiteren Ministerbesprechung am 20. März warb Hitler um Verständnis für die Bitte des Zentrums, „es möge ein kleines Gremium gebildet werden, das über die Maßnahmen fortlaufend unterrichtet werden solle. Nach seiner Ansicht solle man diese Bitte erfüllen; dann sei auch nicht daran zu zweifeln, daß das Zentrum dem Ermächtigungsgesetz zustimmen werde. Die Annahme des Ermächtigungsgesetzes durch das Zentrum werde eine Prestigestärkung gegenüber dem Auslande bedeuten."[81]

Erforderlich für die Annahme des Gesetzes war darüber hinaus, daß nicht mehr als ein Drittel der Abgeordneten der Sitzung fernblieben. Zur Lösung dieses Problems bediente sich das Kabinett eines Geschäftsordnungstricks. Danach galten als anwesend auch die „unentschuldigt" fehlenden Abgeordneten[82], eine eindeutige Verletzung des Artikels 76 der Weimarer Verfassung.

Zwei Tage vor der Abstimmung über das Ermächtigungsgesetz demonstrierte die Hitler-Regierung mit dem sogenannten „Tag von Potsdam" die Einheit zwischen Hitlers neuem Deutschland und der mythisch verklärten Tradition Preußens. Dabei erwies der nationalsozialistische Reichskanzler Adolf Hitler in einem feierlich inszenierten Festakt in der Potsdamer Garnisonkirche dem greisen Generalfeldmarschall und Reichspräsidenten von Hindenburg seine Reverenz. „Die Versöhnung des alten Preußen mit der jungen ‚Bewegung' schien vollzogen zu sein, das konservative und bürgerliche Deutschland vereinigte sich mit der Partei des Reichskanzlers und ahnte nicht, daß alles von Goebbels bewußt als ‚Rührkomödie' geplant und organisiert worden war, um die konservativen Partner Hitlers in Sicherheit zu wiegen und die Seriosität des ‚Führers' zu unterstreichen."[83]

Mit 441 gegen 94 Stimmen verabschiedete der Reichstag am 23. März 1933 das sogenannte „Gesetz zur Behebung der Not von Volk und Reich" (Ermächtigungsgesetz), das der Regierung vier Jahre lang das Recht einräumte, Gesetze ohne die Mitwirkung des Reichstages und des Reichsrates zu erlassen, und beschloß damit formell seine eigene Entmachtung. Außer dem Zentrum und der BVP hatten auch die Reste der Deutschen Staatspartei dem Gesetz ihre Zustimmung gegeben, während die 91 Abgeordneten der SPD dieses eine Mal standhaft geblieben waren. Gerade im Rahmen der von Hitler verfolgten Legalitätstaktik kam der Unterstützung des Zentrums – insbesondere im Hinblick auf das Ausland – eine kaum zu unterschätzende Bedeutung zu. „Es war ein innenpolitisches Vorspiel zu jener verhängnisvollen Befriedungspolitik, mit der in der Folge auch ausländische Regierungen, ihnen voran der konkordatswillige Vatikan, Hitler durch Konzessionen zu beschwichtigen, seine Machtergreifung durch Vertragsbindungen einzuzäunen und gleichzeitig ihrerseits – im Falle von Zentrum, Vatikan und RK [Reichskonkordat]: kulturpolitische – Konzessionen zu erlangen hofften"[84], urteilt Karl Dietrich Bracher. Nachdem das katholische „Zentrum" mit der parlamentarischen Absegnung des Ermächtigungsgesetzes Hitlers Legalitätsanspruch gebilligt und damit dessen Diktatur international hoffähig gemacht hatte, erkannte der Vatikan nach 1933 durch das Reichskonkordat als erster „Staat" das nationalsozialistisch regierte Deutschland völkerrechtlich an.

Wie zuvor der Reichstag ließ auch der gleichgeschaltete Reichsrat das Ermächtigungsgesetz unter Fricks Regie am selben Abend einstimmig passieren. „Die Diktatur war legalisiert, der Reichstag hatte seine Schuldigkeit getan und konnte sich auf unbestimmte Zeit vertagen. Die Regierung allein war nun unumschränkter Gesetzgeber und Vollzieher, Exekutive und Legislative zugleich, Gewaltenteilung und Rechtsstaat waren beseitigt, die vollzogenen Tatsachen nachträglich *ad hoc* in Form gebracht."[85] Dennoch ist entgegen einer weitverbreiteten Ansicht festzuhalten, daß das sogenannte „Ermächtigungsgesetz" vom 24. März 1933 in erster Linie formale Bedeutung hatte. Mit dieser Entscheidung des Reichstags wurde vielmehr nur vollzogen, was bereits Wochen zuvor in die Wege geleitet worden war, oder um mit den Worten von Karl Dietrich Bracher zu sprechen: Diese Entscheidung „lieferte die juristisch wie psychologisch gewiß wichtige, legalistische Staffage für jene Ausschaltung der Verfassung, die Hitler schon drei Wochen zuvor mit den entscheidenden Verordnungen vom 28. Februar gesichert hatte."[86]

Am 29. März 1933 erließ die Hitler-Regierung auf Grundlage des Ermächtigungsgesetzes das „Gesetz über Verhängung und Vollzug der Todesstrafe"[87], das bestimmte: „§ 5 der Verordnung des Reichspräsidenten zum Schutz von Volk und Staat gilt auch für Taten, die in der Zeit zwischen dem 31. 1. und dem 28. 2. begangen sind". Die damit sanktionierte rückwirkende Anwendung eines Gesetzes, das zum Zeitpunkt der Tat keine Rechtsgültigkeit besaß, bedeutete einen eklatanten Bruch des in Art. 116 der Weimarer Verfassung verankerten Rechtsprinzips „nulla poena sine lege" (keine Strafe ohne Gesetz)! Als sogenannte „Lex van der Lubbe" sollte dieses Gesetz traurige Berühmtheit erlangen.

Anmerkungen zu Kapitel 3

1   „Amtlicher Preußischer Pressedienst" vom 28. 2. 1933, zit. nach Dimitroff-Dokumente, Bd. 1, Dok. 11, 37f. Der Text wurde am 28. 2. von verschiedenen Zeitungen in zum Teil leicht modifizierter bzw. gekürzter Form veröffentlicht. Eine fast vollständige Wiedergabe des Textes findet sich z. B. im „12 Uhr Blatt", 28. 2. 1933, hier fehlt allerdings der Verweis auf das Karl-Liebknecht-Haus als angeblicher Fundort des beschlagnahmten Zersetzungsmaterials. Vgl. auch Braunbuch I, 93.

2   „Polizei sucht im Reichstag nach Sprengstoff", in: „Berliner Tageblatt", 13. 9. 1932 (Abendausgabe); „Polizei im Reichstag", in: „8 Uhr-Abendblatt", 13. 9. 1932.

3   „Polizei sucht im Reichstag nach Sprengstoff", in: „Berliner Tageblatt", 13. 9. 1932 (Abendausgabe). Eine eigenartige Rolle in der Affäre spielte der spätere Gestapo-Chef Rudolf Diels, seinerzeit Oberregierungsrat in der Polizeiabteilung des preußischen Innenministeriums, der gegenüber dem für die umstrittene Polizeiaktion verantwortlichen Regierungsrat Friedrich von Werder, seit dem 20. Juli 1932 stellvertretender Abteilungsleiter I des Polizeipräsidiums Berlin, auf Distanz ging. Laut einem Aktenstück aus dem Preußischen Innenministerium, das in die Hände des Untersuchungsausschusses geriet, soll Diels erklärt haben, „er könne das Verhalten der Polizei nicht billigen und ersuche, dem zuständigen Beamten im Polizeipräsidium, Regierungsrat von Werder, zu eröffnen, daß von ihm erwartet werde, daß er künftighin gesetzliche und verfassungsmäßige Schranken der Polizeigewalt gewissenhaft beobachten werde" (nach: „Bomben im Reichstag", in: „Berliner Tageblatt", 28. 9. 1932 (Abendausgabe). Vgl. ferner „Protest gegen Dr. Bracht" in: „Berliner Tageblatt", 29. 9. 1932 (Morgenausgabe). Eine auf Antrag von KPD und SPD gegen von Werder beantragte Dienstenthebung und Eröffnung eines Dienststrafverfahrens blieb erfolglos. Stattdessen wurde von Werder per 1. 11. 1932 kommissarisch und am 25. März 1933 endgültig zum Polizeipräsidenten von Bielefeld ernannt. Vgl. *Graf*, Politische Polizei, 390, dort auch Kurzbiographie von Friedrich von Werder.

4   „Frankfurter Zeitung", 16. 2. 1933 (Abendblatt und Erstes Morgenblatt), vom 15. 2. 1933.

5   Durch Bombenattentate gegen Finanzämter, Landratswohnungen und Krankenkassengebäude hatte im Sommer 1929 die u. a. von der „Organisation Consul", aber auch von der NSDAP beeinflußte bäuerliche Bewegung der „Schwarzen Fahne" (Claus Heim, Herbert Volk) auf sich aufmerksam gemacht. Die Aktionen wiesen deutliche Analogien zu früheren Terrorakten nationaler Kreise auf. Die frühesten Unternehmungen dieser Art waren die Sprengung verschiedener Bedürfnisanstalten in Berlin-Charlottenburg mit Dynamit und ein mißglückter Anschlag auf die Siegessäule 1921 in Berlin, die damals noch vor dem Reichstagsgebäude stand. Auch diesen Anschlag sollten angeblich Kommunisten verübt haben – als Auftakt zu einem „mitteldeutschen Aufstand". Tatsächlich handelte es sich dabei um eine Provokation nationaler Kreise (*Jacob*, Wer? Aus dem Arsenal der Reichstagsbrandstifter, 26). In der Nacht zum 1. September 1929 zerstörte ein Sprengstoffanschlag auf den Reichstag die Fensterscheiben von Keller und Erdgeschoß an der Nordseite des Gebäudes. In der Nähe des Tatorts wurde an einem Straßenbahnmast eine Klebemarke einer rechtsradikalen Organisation gefunden, die mit einem Hakenkreuz versehen war und die Aufschrift trug: „Großdeutschland erwache!" Der Anschlag soll von dem früheren Adjutanten Kapitän Ehrhardts, Leutnant Hartmuth Plaas, verübt worden sein („Bomben-Anschlag auf das Reichstags-Gebäude", in: „Berliner Tageblatt", 2. 9. 1929 (Abendausgabe), Titelseite. Vgl. auch *Jacob*, Wer? Aus dem Arsenal der Reichstagsbrandstifter, 27). Während sich Hitler von den Bombenlegern distanzierte, wurden die Attentate in Goebbels' „Angriff" bagatellisiert. Im Preußischen Landtag machte sich der (später als Präsident des Volksgerichtshofs berüchtigte) NS-Abgeordnete Dr. Roland Freisler zum Anwalt der zu langjährigen Zuchthausstrafen verurteilten Bombenleger und trat für deren Amnestierung ein. Schließlich wurden die Attentäter begnadigt und freigelassen (*Justinian* [d. i. *Erich Kuttner*], Reichstagsbrand, 38).

6   Auch die 1933 vom Leiter des Gesamtverbandes deutscher antikommunistischer Vereinigungen, Adolf Ehrt, herausgegebene Broschüre „Bewaffneter Aufstand" („Enthüllungen über den kommunistischen Umsturzversuch am Vorabend der Revolution"), Eckhart-Verlag, Berlin/Leipzig, enthält außer einer kruden Mischung aus altbekannten kommunistischen Verlautbarungen und offenkundigen Fälschungen keinerlei „Beweise" für die angeblich im Karl-Liebknecht-Haus gefundenen hochverräterischen Dokumente.

7   Meldung des Amtlichen Preußischen Pressedienstes vom 28. 2. 1933, zit. nach Dimitroff-Dokumente, Bd. 1, 37f.

8   In einer Rede in den Ausstellungshallen am Berliner Funkturm am 2. März äußerte Göring: „Das haben die Kommunisten nicht gedacht, dass 48 Stunden später schon 2000 ihrer Obergauner hinter Schloss und Riegel sitzen." Zit. nach Conti-Nachrichtenbüro, 2. 3. 1933 (Bundesarchiv Koblenz, ZSg 116/68). Bereits in den Tagen vor dem Reichstagsbrand waren vereinzelt Funktionäre und Mitglieder der KPD, u. a. in Altona, von der Politischen Polizei verhaftet worden. Vgl. Aussage des Kriminalsekretärs August Mallach, Deutsch-Krone, im Reichstagsbrandprozeß (Stenographische Protokolle, 47. VT., 101f.) und Aussage des Kriminalsekretärs Staeglich, Altona (47. VT., 160 ff.).

9   Allein für die Reichshauptstadt werden weit über 100 derartiger Inquisitionsstätten angenommen. Vgl. *Laurenz Demps*, „Berlin als Exerzierfeld des Terrorismus im Jahre 1933", in: Staatliche Kunsthalle Berlin, Bericht 1983, 105–114, nach *Longerich*, Die braunen Bataillone, 172, 265, Anm. 30.

10   Als Kisch gegen fünf Uhr früh von zwei Kriminalbeamten in seinem Ausweichquartier in der Berliner Motzstraße aufgespürt wurde, interessierten sich die Kripo-Leute nachdrücklich für Kischs Beziehungen zu „Holland". Vgl. *Klaus Haupt/Harald Wessel*, Kisch war hier. Reportagen über den „Rasenden Reporter", Berlin (Ost) 1987, 194–200.

11   Nach *Longerich*, Die braunen Bataillone, 172.

12   Offenbar noch an der Brandstätte hatte Görings Pressechef Oberregierungsrat Sommer-

feldt erklärt, „die gesamte Polizei sei aufgeboten und die Hilfspolizei sei einberufen worden".
Zit. nach Conti-Nachrichten-Büro, 28. 2. 1933, Bundesarchiv Koblenz, ZSg. 116/68.
13   Stenographische Protokolle, 20. VT., Aussage Graf von Helldorf. Auf Widersprüche und
Fehler in Helldorfs Aussagen wies der Dezernent im Geheimen Staatspolizeiamt Berlin (Gestapa), Hans Schneppel, am 24. Oktober in einem Schreiben an seinen Chef Diels hin. Diese
wären vermieden worden, so Schneppel, wenn Helldorf der Aufforderung des Gestapa zur Abstimmung seiner Aussagen Folge geleistet hätte (St 65, Bd. 134, Bl. 46).
14   „Als Graf Helldorf von dem Brand hörte, war ihm wie jedem von uns klar, daß die Kommunistische Partei es gewesen sein mußte. Er hat nun in seiner nächsten Umgebung schon die
Anordnung getroffen. Aber ich betone noch einmal: Ich habe ihn dann selbstverständlich in
mein Zimmer geholt und ihm gesagt, daß ich ihn jetzt bitten müsse, seine SA ebenfalls zur
Verfügung zu stellen, es müßten jetzt alle verhaftet werden, – worauf er mir auch gesagt hat,
das habe er zum Teil schon angeordnet..." Er, Göring, habe also, noch bevor Helldorfs Anordnung ausgeführt worden sei, „die Anordnung befehlsmäßig übernommen und ihm [Hell-
dorf] als Befehl und als Anordnung der Staatsautorität noch einmal bekräftigt ..." Stenographische Protokolle, 31. VT., 4. 11. 1933,121.
15   Stenographische Protokolle, 34. VT., 9. 11. 1933, Aussage Goebbels.
16   Conti-Nachrichten-Büro, 28. 2. 1933 (Tagesausgabe), Bundesarchiv Koblenz, ZSg
116/68.
17   Mitorganisator der Massenverhaftungen in der Brandnacht war der Diels-Mitarbeiter
und -Intimus Dr. Heinrich Schnitzler. Vgl.: *Anonymus* (d. i. ders.), „Der Reichstagsbrand in
anderer Sicht", in: „Neue Politik", Zürich, 1949, Nr. 2ff.).
18   Einem Bericht der Telegraphen-Union zufolge waren während der Löscharbeiten im
Reichstagsgebäude zwei (namentlich nicht bekannte) Personen festgenommen worden, „die
ein Telephongespräch mit dem ‚Vorwärts' führten und diesem mitteilten, die Brandstiftung
sei von Goering angestiftet worden." Beide Personen hätten erklärt, „daß sie den Befehl, diese
Nachricht zu verbreiten, vom ‚Vorwärts' erhalten hätten" – was vom Chefredakteur des „Vorwärts", Friedrich Stampfer, umgehend in allen Punkten dementiert wurde („Frankfurter Zeitung", 1. 3. 1933, Zweites Morgenblatt). Untersuchungsberichte der Polizei zu diesem Vorfall finden sich in den Reichstagsbrandakten erstaunlicherweise nicht.
19   Bericht des Kommandos der Schutzpolizei an R. Diels über Maßnahmen nach der Brandstiftung, St 65, Bd. 135, abgedr. in: Dimitroff-Dokumente, Bd. 1, Dok. 5, 22-24.
20   Funkspruch des Preußischen Innenministeriums an alle Polizeibehörden und den Höheren Polizeiführer West in Recklinghausen, St 65, Bd. 135, abgedr. in: Dimitroff-Dokumente, Bd. 1, Dok. 4, 21f.
21   Georg Bernhard (1875 - 1944); Publizist und Wirtschaftsjournalist, von 1920 bis 1930
Chefredakteur der „Vossischen Zeitung", von 1929 bis 1933 Professor für Bank-, Börsen- und
Geldwesen an der Handelshochschule Berlin, Mitarbeit im Vorstand der DDP, ab 1928 Mitglied des Reichstags, emigrierte 1933 nach Paris, trat im September desselben Jahres als Zeuge
im „Londoner Gegenprozeß" auf. Gründer und Herausgeber des „Pariser Tageblatts" (1936-
1940: „Pariser Tageszeitung"). 1941 Flucht nach New York, dort Mitarbeit im American Jewish Congress.
22   *Bernhard*, Die deutsche Tragödie, 9f.
23   Niederschrift über die Ministerbesprechung vom 28. 2. 1933, abgedr. in: *Konrad Rep-
gen/Hans Booms* (Hg.), Die Regierung Hitler, Teil 1, 128-131.
24   Stenographische Protokolle, 31. VT., 81f. In Übereinstimmung damit hat Görings damaliger Privatsekretät im PMdI, Ludwig Grauert, in einer Nürnberger Vernehmung 1946 die
Vorbereitung solcher Verhaftungslisten nach dem 30. 1. 1933 zugegeben und die Verantwortung dafür auf Schütze und Diels abgeschoben. Nürnberger Vernehmung Grauerts vom 1. 7.
1946 im Centre de Juive Contemporaire, Sign. CCCXIX-2, 3554ff. Vgl. *W. Hofer u. a.*, Der
Reichstagsbrand (Neuausgabe), 162.

25 St 65, Bd. 171, Bl. 253 (Schreiben des Leiters der Polizeiabteilung im Preußischen Innenministerium Ludwig Grauert vom 2. 11. 1933) u. Bl. 255 (Akten Sommerfeldt). Der Text dieses Erlasses befand sich unter den Dokumenten, die Görings Pressereferent Sommerfeldt und der Leiter der Polizeiabteilung im Preußischen Innenministerium Ludwig Grauert ihrem Chef zur Vorbereitung seines Auftritts vor dem Reichsgericht am 4. 11. 1933 zusammengestellt hatten.

26 So Robert M. W. Kempner gegenüber dem Autor Alexander Bahar in Gesprächen am 24. August und 15. September 1990 in Locarno (Schweiz).

27 Persönliche Mitteilung 1973, vgl. *W. Hofer u. a.*: Der Reichstagsbrand (Neuausgabe), 162f. Vgl. auch Schreiben Beckers an Robert Kempner vom 1. 9. 1972 und Aussage Alois Becker vor dem Amtsgericht Frankfurt am Main vom 5. 12. 1956 (beide Dokumente im Depositum Walther Hofer). Dagegen behauptete Rudolf Diels, „daß die 'Listen' der Severingschen Polizei nach dem 30. Januar 1933 keiner Ergänzung bedurften" (*Diels*: Lucifer, 205).

28 Stenographische Protokolle, 57. VT, 23. 12. 1933, mündliche Urteilsbegründung, 31-50, Zitat 35.

29 Erlaß des Preußischen Ministers des Innern, II C I 41 Nr. 150/33; Bundesarchiv, P 135/3736, fol. 1a. Vgl. die Ausführungsbestimmungen vom 28. Februar 1933, ebd., fol. 11f. Am 14. März 1933 wurde auch ein „Höherer Polizeiführer im Osten" eingesetzt (vgl. den Erlaß Görings II C I 41 Nr. 150 IX/33 vom 31. Mai 1933), der die Vollmachten beider Kommissare mit Wirkung vom 10. Juni 1933 aufhob, ebd., fol. 27 (nach *Wolfgang Sauer*, „Die Mobilmachung der Gewalt", in: *Bracher/Sauer/Schulz*, Die nationalsozialistische Machtergreifung, 685-966, hier: 866).

30 Stadtarchiv Herdecke, Sig. Ende neu/Reg 7, Fach 4, XVI, Polizeiangelegenheiten (abgedr. in *W. Hofer* u. a.: Der Reichstagsbrand [Neuausgabe], 488). Eine weitere Ausfertigung dieses Schreibens befindet sich im Nordrhein-Westfälischen Staatsarchiv in Münster in einer Akte des Landratsamts Tecklenburg zur Sicherheitspolizei (Kreis Tecklenburg, Landratsamt Nr. 1800). Noch am 27. 2. 1933 empfahl auch das Württembergische Landeskriminalpolizeiamt beim Polizeipräsidium in Stuttgart auf Anregung eines Oberamtes in einem mit „Eilt! Vertraulich!" deklarierten Schreiben an sämtliche Oberämter, Polizeidirektionen und Polizeiämter Württembergs die Einrichtung von Karteien mit den Personalien „der politisch zweifelhaften Persönlichkeiten, […] hauptsächlich kommunistischen Funktionären" (Kreisarchiv Schwäbisch Hall, 1/1076).

31 Dr. Becker vermutet, daß bei dieser Aktion auch der Verbindungsmann der SA im Polizeipräsidium Berlin, SA-Sturmbannführer Wilhelm Ohst, seine Finger mit im Spiel gehabt hatte. Befragung Dr. Beckers durch Christoph Graf vom 30./31. 1. 1973 (Depositum Walther Hofer).

32 Dieser Vorgang wird durch Görings Aussage vor dem Reichsgericht bestätigt. Mit Bezug auf die Zeit unmittelbar nach seiner Ernennung zum Preußischen Innenminister am 30. Januar 1933 erklärte Göring: Ich „ließ […] die Akten vom Polizeipräsidium abholen, und zwar nun nicht die Akten der kommunistischen Führer zunächst einmal, sondern unsere Akten, d. h. die Akten von mir und anderen bekannten Führern der nationalsozialistischen Bewegung" (Stenographische Protokolle, 31. VT., 47-50).

33 Aussage Dr. Alois Eugen Becker vor dem Amtsgericht Frankfurt am Main vom 5. Dezember 1956, in: Staatsanwaltschaft bei dem Landgericht Berlin/Aufhebungssache van der Lubbe/Geschichtlich wertvoll 7060/2 P Aufh 9/66 Bd. 1, Bl. 69-71, Zitat: Bl. 3 (Kopie auch im Depositum Walther Hofer).

34 Schreiben Dr. Beckers an Robert Kempner vom 1. 9. 1972 (Kopie im Depositum Walther Hofer).

35 Siehe Anm. 33.

36 Siehe Anm. 34.

37 Gegen den Willen der Gewerkschaftsführung hatte die von der KPD dominierte revo-

lutionäre Gewerkschaftsopposition (RGO) zwischen dem 3. und 7. 11. 1932, einschließlich des Tags der Reichstagswahl, dem 6. November, mit einem Streik bei den Berliner Verkehrsbetrieben (BVG) den Verkehr in Berlin anfangs völlig und in den letzten Tagen weitgehend lahmgelegt. Aus Gründen der politischen Opportunität hatte sich dem Streik seinerzeit auch die NSDAP angeschlossen.

38   *Fritz Arndt*, „Vorbereitungen der Reichswehr für den militärischen Ausnahmezustand", in: Zeitschrift für Militärgeschichte, 4, 1965, 195-203, hier: Dok. 2 („Verordnung des Reichspräsidenten"), 199.

39   Vgl. hierzu: *Heinrich Bennecke*, „Die Notverordnung vom 28. Februar 1933. Zur Problematik der zeitgeschichtlichen Forschung und Darstellung", in: Politische Studien, 19, 1968, 33-45. Siehe auch: *Fritz Arndt* /Anm. 38), Dok. 2 („Verordnung des Reichspräsidenten"), 199, sowie Dok. 9-11, 202f.

40   *Heinrich Brennecke* (Anm. 39), 41.

41   Zit. nach: Der Prozeß gegen die Hauptkriegsverbrecher vor dem Internationalen Militärgerichtshof, Nürnberg (IMT), Nürnberg 1947, Bd. IX, 481f.

42   Verschiedenen zeitgenössischen Berichten zufolge soll eine entsprechende NS-Aktion ursprünglich für den Tag der Reichstagswahl, in der Nacht vom 5. auf den 6. März, geplant gewesen sein. In diesem Fall hätte Göring sogar die Wahrheit gesagt.

43   Braunbuch I, 110.

44   RGBl., 1933, I, 83.

45   Den Entwurf hatte Reichsjustizminister Gürtner bereits am 25. 2. vorgelegt und in einem Begleitschreiben mitgeteilt: „Der an der Verordnung in erster Linie interessierte Herr Reichswehrminister ist mit ihrem Erlaß in der vorgeschlagenen Fassung einverstanden". Es sei erwünscht, daß „die Verordnung noch vor dem 5. März 1933 veröffentlicht wird." Vgl. Niederschrift über die Kabinettssitzung vom 27. Februar 1933, 18.15 Uhr, Akten der Reichskanzlei, R 43 I/1459, 617-628, Bundesarchiv Koblenz, abgedr. in: *Konrad Repgen/Hans Booms* (Hg.), Die Regierung Hitler, Teil 1, Nr. 30, 119ff., hier 123f.

46   „Verordnung des Reichspräsidenten zum Schutz von Volk und Staat", abgedr. in: Dimitroff-Dokumente, Bd. 1, 35f.

47   Niederschrift der Ministerbesprechung vom 28. Februar 1933, 11 Uhr, Akten der Reichskanzlei, Bundesarchiv Koblenz R 43 I/1459, 755-760, abgedr. in: *Konrad Repgen/Hans Booms* (Hg.), Die Regierung Hitler, Teil 1, Nr. 32, 128-131.

48   Siehe ebd.

49   Niederschrift der Ministerbesprechung vom 28. Februar 1933, 16.15 Uhr, Akten der Reichskanzlei, Bundesarchiv Koblenz R 43 I/1459, 755-760, abgedr. in: *Konrad Repgen/Hans Booms* (Hg.), Die Regierung Hitler, Teil 1, Nr. 32, 128-131. Zur Entstehungsgeschichte der Notverordnung vgl. auch *Thomas Raithel/Irene Strenge*, „Die Reichstagsbrandverordnung vom 28. Februar 1833", in: VjZ, Heft 3/2000, 413-460.

50   Zit. nach *Gerhard Werle*, Justiz-Strafrecht und polizeiliche Verbrechensbekämpfung im Dritten Reich, Berlin/New York 1978, 67.

51   RGBl., I, 1933, 135.

52   RGBl., I, 1934, 1269.

53   Darauf weisen zu Recht auch *Thomas Raithel/Irene Strenge* hin (s. Anm. 49, hier: 418).

54   *K. D. Bracher*, „Stufen der Machtergreifung", in: *Bracher/Sauer/Schulz*, Die nationalsozialistische Machtergreifung, 86.

55   RGBl., I, 1933, 85.

56   *Bracher*, Nationalsozialistische Machtergreifung und Reichskonkordat, 22.

57   *Mommsen* , Reichstagsbrand, 399.

58   Ehemals Deutsches Zentralarchiv, Abteilung Merseburg. Der Entwurf ist abgedr. in: *Fritz Arndt* (s. Anm. 38).

59   *Heinrich Bennecke*, „Die Notverordnung vom 28. Februar 1933. Zur Problematik der zeit-

geschichtlichen Forschung und Darstellung", in: Politische Studien 19, 1968, 33-45, Zitat 43.

60 Siehe dazu: *Fritz Arndt* (Anm. 38).

61 Mommsen, der 1964 den Zusammenhang mit dem Planspiel Ott offenkundig noch nicht kannte, verwies 1986 („Van der Lubbes Weg in den Reichstag der Ablauf der Ereignisse", in: *Backes u. a.*, Reichstagsbrand, 51f.) immerhin darauf und erkannte, daß diese Verordnungsentwürfe genau „von der in der Brandnacht beschworenen Situation ausgingen", einem Generalstreik und bewaffneten Aufstand von KPD, Teilen der SPD und der Freien Gewerkschaften entgegenzutreten. Von „spontanem" Zustandekommen der Brandverordnung vom 28. 2. 1933 ist nun nicht mehr die Rede.

Thomas Raithel/Irene Strenge (siehe Anm. 49, Zitat: 447) vertreten die Auffassung, „daß die formalen Ähnlichkeiten zwischen der RtBVO [Reichstagbrandverordnung, Notverordnung des Reichs- präsidenten zum Schutz von Volk und Staat − d. A.] und einer Reihe von Weimarer Ausnahmezustands-Verordnungen insgesamt weit größer sind, als bislang in der Regel bekannt ist. Die Übereinstimmungen in wesentlichen Grundelementen und teilweise auch im Wortlaut betreffen nicht allein die Verordnung vom 20. Juli 1932 anläßlich des Preußenschlags sowie den Verordnungsentwurf vom ‚Planspiel Ott' im November 1932, sondern gehen zurück bis in die ersten Jahre der Republik und bis zur Musterverordnung von 1919."

Auf die Funktion des Verordnungsentwurfs vom November 1932 („Planspiel Ott") als mögliche Vorlage für die Verordnung vom 28. 2. 1933 hatten die Autoren in Anlehnung an Heinrich Bennecke bereits in einem Beitrag in der „Historischen Zeitschrift"hingewiesen *(Jürgen Schmädeke/Alexander Bahar/Wilfried Kugel", „Der Reichstagsbrand in neuem Licht", in: HZ 269 [1999], 603-651).* Mit Bezug auf diese Darstellungen weisen Raithel/Strenge „die enge Parallelisierung der Verordnungen" als „nicht haltbar" zurück (414, Anm. 9). „Vor allem die Abweichungen in den Strafnormen sprechen − neben einigen ungewöhnlichen Details in anderen Abschnitten − gegen die […] These, der Planspiel-Entwurf habe der RtBVO als Vorlage gedient. […] Insgesamt ist die RtBVO den Verordnungen vom 26. 9. 1932 [Verordnung des Reichspräsidenten zur Wiederherstellung der öffentlichen Sicherheit und Ordnung für das Reichsgebiet *(reichsweiter militärischer Ausnahmezustand)*, RGBl.,1932, I, 905f.] und vom 20. 7. 1932 [Verordnung des Reichspräsidenten, betreffend die Wiederherstellung der öffentlichen Sicherheit und Ordnung in Groß Berlin und Provinz Brandenburg *(militärischer Ausnahmezustand über die Region Berlin)*, RGBl., 1932, I, 377f.] deutlich näher."

Tatsächlich weisen alle drei hier angesprochenen Verordnungen − bei jeweils vorhanden Differenzen − eine Reihe von signifikanten Übereinstimmungen mit der Verordnung vom 28. Februar auf. Ob unter formalen Gesichtspunkten die Verordnungen vom 26. 9. 1923 und vom 20. 7. 1932 der Reichstagsbrandverordnung „deutlich näher" sind als der Verordnungsentwurf des „Planspiels Ott", wie Raithel/Strenge behaupten, sei hier dahingestellt und ist nach Ansicht der Autoren auch nicht entscheidend. Von ungleich größerer Bedeutung für die Frage nach dem Ursprung der „Verordnung des Reichspräsidenten zum Schutz von Volk und Staat" vom 28. 2. 1933 ist die feststellbare politisch-exekutive Linie, die vom „Planspiel" und von Brachts „Ministerialerlaß über Festnahmekarteien" vom 24. 11. 1932 über die bei der Besprechung im Reichswehrministerium am 14. 12. 1932 angeforderten Schutzhaftlisten bis hin zu deren offenbar letzter Aktualisierung durch die NS-Machthaber unmittelbar vor dem Reichstagsbrand führte.

62 Gemeint sind die Verordnung des Reichspräsidenten zur Wiederherstellung der öffentlichen Sicherheit und Ordnung für das Reichsgebiet *(reichsweiter militärischer Ausnahmezustand)*, RGBl., 1923, I, 905f.; und die Verordnung des Reichspräsidenten, betreffend die Wiederherstellung der öffentlichen Sicherheit und Ordnung in Groß Berlin und Provinz Brandenburg *(militärischer Ausnahmezustand über die Region Berlin)*, RGBl.,1932, I, 377f.

63 In der Befehlshaberbesprechung vom 1. März 1933 soll Reichswehrminister Blomberg erwähnt haben, daß die reichsweite Ausdehnung der Reichstagsbrandverordnung auf die „Zielklarheit" Hitlers zurückgehe und daß ursprünglich „militärische Unterstützung geplant ge-

wesen sei" (nach: Notizen des Generals der Infanterie Curt Liebmann, in: IfZ München, Zeugenschrifttum ED 1 Curt Liebmann, Bl. 44, Kopien der an das Bundesarchiv-Militärarchiv in Freiburg abgegebenen Originale). „Demnach war zunächst ein regionaler militärischer Ausnahmezustand in der Diskussion und damit eine Verordnung, die jener vom 20. Juli 1932 noch näher gekommen wäre als die spätere RtBVO [Reichstagbrandverordnung]"(*Thomas Raithel/Irene Strenge* [s. Anm. 49], Zitat 431). Offenbar zweifelte Hitler jedoch an der Loyalität der Reichswehr, weshalb er schließlich dem – ihm ungleich mehr Kompetenzen verleihenden – zivilen Ausnahmezustand den Vorzug gab. Dies beweist allerdings noch nicht, wie Raithel/Strenge suggerieren, „daß tatsächlich die Verordnung vom 20. Juli [der militärische Ausnahmezustand über die Region Berlin] als Vorbild gedient haben könnte", begründeten doch die meisten – als Vorbild in Frage kommenden – Ausnahmeverordnungen der Weimarer Republik, darunter auch die Verordnungsentwürfe im Rahmen des „Planspiels Ott", im Unterschied zur Verordnung vom 28. 2. 1933 den militärischen und nicht den zivilen Ausnahmezustand.

64   *Thomas Raithel/Irene Strenge* (s. Anm. 49), Zitat 448f.

65   Paul („Pilli") Körner, Staatssekretär und späterer Vertreter Görings im Vierjahresplan-Büro. Zu Körners Rolle bei der Vorbereitung der Massenverhaftungen vgl. auch *Robert M. W. Kempner*, Ankläger einer Epoche, 99.

66   Niederschrift Dr. Alois Becker für Dr. Robert Kempner, 1972 (Depositum Walther Hofer). Becker widerspricht damit der apologetisch gefärbten Nachkriegsdarstellung Ludwig Grauerts, 1933 Ministerialrat und seit Mitte Februar Leiter der Polizeiabteilung im Preußischen Innenministerium Görings, der in einer Besprechung im Preußischen Innenministerium in der Brandnacht, an der – neben Grauert – Hitler, Göring, von Papen und Goebbels teilgenommen haben sollen, die erste konkrete Anregung für die spätere Verordnung gegeben haben will. Er habe eine „Notverordnung gegen Brandstiftungen und Terrorakte" vorgeschlagen, allerdings „mit der Abfassung und Ausfertigung […] selbst nichts zu tun gehabt". Die Ausarbeitung übernahm dann offenbar das Reichsministerium des Innern, wie die Vorlage eines Entwurfs durch Frick am folgenden Tag zeigt. (Vgl. „Darstellung Grauerts über den Reichstagbrand" vom 3. 10. 1957; Protokoll eines Gesprächs mit Fritz Tobias, in: Archiv des Instituts für Zeitgeschichte München, ZS/A7: Sammlung Tobias, Bd. 6: „Grauert, Ludwig".)

67   Durchführungsverordnung zur „Verordnung des Reichspräsidenten zum Schutz von Volk und Staat" vom 28. Februar 1933, § 2; zit. nach: Runderlaß des württembergischen Innenministeriums, Polizeikommissar für das Land Württemberg von Jagow, vom 13. März 1933, Nr. P.A. 2437/18 (Kreisarchiv Schwäbisch Hall).

68   Niederschrift der Ministerbesprechung vom 30. Januar 1933, 17 Uhr, Akten der Reichskanzlei, Bundesarchiv Koblenz, R 43 I/1459, 241-246, abgedr. in: *Konrad Repgen/Hans Booms* (Hg.), Akten der Reichskanzlei. Die Regierung Hitler, Teil 1, 1ff.

69   Niederschrift der Ministerbesprechung vom 28. 2. 1933, 11 Uhr, Akten der Reichskanzlei; Bundesarchiv Koblenz, R 43 I/1459, 755-760, abgedr. in: ebd., 128-131, Zitat 130.

70   Funkspruch der Politischen Polizei vom 28. 2. 1933, St 65, Bd. 1, abgedr. in: Dimitroff-Dokumente, Bd. 1, Dok. 8, 33.

71   „Kabinettsberatung über das KPD-Verbot", Meldung des „Neuen Telegraphendienstes", Früh-Depesche vom 22. 2. 1933. Vgl. Reichslandbundarchiv 387, Bd. 26, S. 50, zit. nach *Ernstgert Kalbe*, „Die Rolle der Reichstagsbrandprovokation bei der Konsolidierung der faschistischen Diktatur in Deutschland", in: ZfG, Heft 5, 1960, 1021-1068, hier 1025.

72   *Joseph Goebbels*, „Der Tag der erwachenden Nation!", in: „Völkischer Beobachter" (Münchner Ausgabe), 28. 2. 1933.

73   *Karl Dietrich Bracher*, „Stufen der Machtergreifung", in: *Bracher/Sauer/Schulz*, Die nationalsozialistische Machtergreifung, 29-368, Zitat 93.

74   Nach: *E. R. Huber*, Dokumente zur deutschen Verfassungsgeschichte. Bd. 3, Stuttgart 1966, 606f.

75 Siehe Anm. 67.

76 Bundesarchiv Koblenz, R 53, Nr. 75, Bl. 212f. (Röchling am 7. 3. 1933 an von Papen). Zit. nach Petzoldt, Franz von Papen, 180.

77 Ebd., Bl. 213.

78 Mit diesem wußte sich der Förderer der „Deutschen Front" im Saarland freilich hervorragend zu arrangieren. Der Saarindustrielle wurde zu einer Schlüsselfigur der Schwerindustrie des Dritten Reiches und stieg im Zweiten Weltkrieg sogar zum Wehrwirtschaftsführer auf. *Benz/Graml/Weiß* (Hg.), Enzyklopädie des Nationalsozialismus, 875.

79 RGBl., I, 1933, 153 (§ 10).

80 Amtliche Niederschrift vom 18. 3. 1933, in: IMT, Bd. 31, 402-409.

81 Ebd., 411f.

82 Als Entschuldigung galten nur Urlaub oder eine „Erkrankung, die dem Abgeordneten die Teilnahme […] tatsächlich unmöglich macht"(vgl. §§ 2a und 32 der Geschäftsordnung, Reichstags-Handbuch, VIII. Wahlperiode 1933, 8, 32).

83 *Hildebrand*, Das Dritte Reich, 6.

84 *Bracher*, Nationalsozialistische Machtergreifung und Reichskonkordat, 38

85 *K. D. Bracher*, „Stufen der Machtergreifung", in: *Bracher/Sauer/Schulz*, Die nationalsozialistische Machtergreifung, 29-368, Zitat 167.

86 Ebd., 154.

87 RGBl., I, 1933, 151; abgedr. in: Dimitroff-Dokumente, Bd. 1, 155.

4 Amtliche Ermittlungen und Gegenermittlungen

Die Reichstagsbrandkommission unter Diels

Noch in der Brandnacht ernannte Göring, kommissarischer Preußischer Innenminister und damit Herr über die gesamte preußische Polizei, eine „Sonderkommission zur Untersuchung des Reichstagsbrandes" aus den Reihen der umorganisierten Politischen Polizei.[1]

Die Leitung dieser ersten provisorischen Kommission übertrug Göring dem Kriminalkommissar Helmut Heisig. Das kam nicht von ungefähr, denn dieser hatte nach eigener Angabe bereits in den Jahren 1931 und 1932 in Berlin bezüglich Brandstiftungen an Litfaßsäulen ermittelt.[2] Heisig, dem die Kriminalssistenten Bauch, Wessely, Gast, Holzhäuser und Roeder zugeteilt waren[3], führte in der Brandnacht das erste „Gespräch" mit van der Lubbe und leitete die Ermittlungen bis zum 3. März 1933. Der daneben ebenfalls eingesetzte Kriminalkommissar Dr. Walter Zirpins[4] nahm zwischen dem 28. Februar und dem 2. März 1933 die ersten offiziellen Vernehmungen van der Lubbes sowie anderer Brandzeugen vor und verfaßte am 3. März 1933 einen vorläufigen „Abschlußbericht", der allerdings nur einen Zwischenbericht der polizeilichen Vorermittlungen bis zu dem Zeitpunkt (3. März) darstellte, als van der Lubbe dem Untersuchungsrichter vorgeführt wurde.

Am 4. März 1933 wurde die eigentliche „Reichstagsbrandkommission" gebildet und im Reichstagsgebäude untergebracht. Erst jetzt erfolgte eine klare Aufgabentrennung zwischen der rein brandtechnischen und der politischen Untersuchung. Die Kommission erhielt dementsprechend zwei Leiter: Kriminalkommissar Walter Bunge ermittelte mit drei Beamten[5] bezüglich der Brandstiftung als solcher. Kriminalkommissar Dr. Rudolf Braschwitz führte mit neun Beamten[6] „die Ermittlungen nach den Tätern und ihrer Hinterleute."[7]

Wie Bunge später vor dem Leipziger Reichsgericht aussagte, waren schon am Brandabend „Beamte der politischen Abteilung mit der Durchsuchung entweder des ganzen Gebäudes oder eines Teils des Gebäudes befaßt."[8] Zu seiner weiteren Tätigkeit bemerkte er: „Ich habe mich mit der Sache nur gut drei Wochen befaßt. Ich bin dann ausgeschieden, weil meine Mitwirkung tatsächlich nicht mehr notwendig war. Die Spurensicherung war vollzogen und zu Ende. Die Sache kristallisierte sich immer mehr als eine politische Angelegenheit heraus und wurde dementsprechend in der Folge von der Abteilung I weiterbehandelt."[9]

Bereits bei der Spurensicherung am Reichstagsgebäude wurden also laut Bunges Aussage die Fachleute des zuständigen Ressorts weitgehend und bei den weiteren Ermittlungen in den folgenden Wochen vollständig durch die von Göring ernannte „Brandkommission" der Politischen Polizei verdrängt.

Ab Ende März / Anfang April 1933 leitete de facto nur noch Dr. Rudolf Braschwitz die Reichstagsbrandkommission.

Von der Politischen Polizei zum Geheimen Staatspolizeiamt (Gestapa)

Die preußische „Politische Polizei" war bis zur Machtübernahme Hitlers eine Abteilung (I, früher IA) des Polizeipräsidiums Berlin, die wie dieses zugleich orts- und landespolizeiliche Funktionen ausübte. Als zentrale Nachrichtensammelstelle für Hoch- und Landesverrats-Angelegenheiten befaßte sie sich vorrangig mit der Überwachung verfassungsfeindlicher links- und rechtsradikaler Bestrebungen. Unmittelbar nach dem 30. Januar 1933 wurde sie unter der Leitung von Rudolf Diels organisatorisch und räumlich aus dem Polizeipräsidium Berlin herausgelöst und dem Innenministerium Görings angegliedert. Hierzu äußerte Diels in einem Lebenslauf vom 2. September 1935:

„Nach dem 20. Juli 1932 wurden meine Befugnisse zur Bekämpfung des Kommunismus bedeutend erweitert, und ich konnte mich bereits damals im engsten Einvernehmen mit den führenden Männern der NSDAP der Vorbereitung der Niederwerfung des Kommunismus in Deutschland widmen."[10] Der beträchtlichen Erweiterung ihrer Kompetenzen entsprechend, wurde der Personalbestand der neuen Politischen Polizei erheblich aufgestockt. Nach dem zitierten Lebenslauf war

Diels nun „aufgrund der schon in Erwartung der Machtergreifung getroffenen Vorbereitungen im preußischen Staatsgebiet unter dem Befehl [...] Görings in der Lage mitzuhelfen, die kommunistische Gefahr mit Beschleunigung und lückenlos zu beseitigen."[11]

Schon am 1. Februar 1933 wurde Diels nach eigenen Angaben „von allen anderen Aufgaben abgesondert und [...] ausschließlich mit dieser Aufgabe betraut."[12] Zu diesem Zweck beauftragte ihn Göring mit der Gründung einer Sonderabteilung der Politischen Polizei „zur Bekämpfung des Kommunismus", die, mit entsprechenden Sachbearbeitern aus dem Polizeipräsidium Berlin ausgestattet, im „Horst-Wessel-Haus", dem ehemaligen „Karl-Liebknecht-Haus", untergebracht wurde.[13] Damit die neue Abteilung die ihr gestellte Spezialaufgabe zur Zufriedenheit ihres obersten Chefs Göring erfüllen konnte, erhielt Diels, der gleichzeitig weiterhin Leiter der gesamten Abteilung I beim Polizeipräsidium blieb, Kontingente der „Hilfspolizei" zugeteilt, die laut Erlaß Görings vom 22. Februar aus den Verbänden der SA, SS und des Stahlhelm bestanden.[14] Am 23. Februar setzte Göring den Nationalsozialisten Magnus von Levetzow als neuen Berliner Polizeipräsidenten ein. Leiter der nun dem Innenministerium Görings angegliederten Politischen Polizei wurde Rudolf Diels.

Bereits am darauffolgenden Tag ließ Göring durch den neu ernannten Chef der Polizeiabteilung im Preußischen Innenministerium Ludwig Grauert per Schnellbrief an die Oberpräsidenten und Regierungspräsidenten Preußens seine Absicht zur Schaffung einer zentralen Geheimpolizeibehörde verkünden, um, wie es darin hieß, „das politische Nachrichtenwesen zu vereinheitlichen und zu verbessern und die Beobachtung und Bekämpfung der staatsfeindlichen Organisationen und Bestrebungen zusammenzufassen und zu verstärken".[15]

Am 26. April 1933 ging die Politische Polizei per Gesetz im neu gegründeten Preußischen Geheimen Staatspolizeiamt (Gestapa)[16] auf. Obwohl Göring formell als Chef der neuen Behörde fungierte, wurde sie de facto von Diels geleitet, der am 18. November 1933 sogar zum Polizeivizepräsidenten von Berlin ernannt wurde. Die Ausrichtung des neuen Amtes als geheimpolizeiliches Instrument zur Bekämpfung kommunistischer und republikanischer „Staatsfeinde" wird an den von Göring verfügten personellen Veränderungen besonders deutlich. So wurden von der alten in die neue Abteilung I in erster Linie diejenigen Kriminalbeamten übernommen, die sich bereits vor 1933 als aktive Kollaboranten und Sympathisanten des Papen-Regimes und der NSDAP erwiesen hatten, darunter die Assessoren Dr. Heinrich Schnitzler und Günther Janich im Verwaltungsdienst, die Inspektionsleiter Futh, Heller und Bonatz sowie die Kriminalkommissare Rudolf Braschwitz und Helmut Heisig im Außendienst.

Die ermittelnden Kriminalkommissare

„Göring hatte die Kriminalkommissare Heller, Braschwitz, Zirpins und Heisig als eine Sondergruppe für die Untersuchung des Falles eingesetzt", berichtet Rudolf Diels in seinen Memoiren. Diels' Behauptung, er sei „zu irgendwelchen Anweisungen dieser Beamten [...] nicht befugt" gewesen, diese seien als „Hilfsbeamte der Reichsanwaltschaft" vielmehr direkt dem Oberreichsanwalt bzw. Göring unterstellt gewesen, entspricht allerdings nicht der Realität.[17] Tatsächlich wirkte Diels, der in seinen Memoiren eine Reihe von Einzelheiten über die Untersuchung berichtet, an deren Lenkung – überwiegend im Hintergrund – entscheidend mit.[18]

Alle im folgenden vorgestellten, von Göring mit der Untersuchung des Reichstagsbrandes betrauten Beamten standen entweder schon vor oder seit der NS-Machtübernahme in mehr oder weniger engem Kontakt zu nationalsozialistischen Organisationen und wurden von der Politischen Polizei in das neugegründete Gestapa übernommen. Sie alle machten später Karriere in berüchtigten Polizeiinstitutionen des NS-Regimes und in der SS. Nach 1945 avancierten sie, teilweise unter falscher Angabe ihrer Vergangenheit, allesamt zu glaubwürdigen und unvoreingenommenen Zeugen für die „Alleintäterschaft" van der Lubbes und für die Unschuld der Nationalsozialisten am Reichstagsbrand, wie im letzten Kapitel detailliert dargestellt wird.

Offizieller Leiter der von Göring eingesetzten Reichstagsbrandkommission[19] war der Kriminalkommissar *Dr. Rudolf Braschwitz*, promovierter Zahnarzt, Sympathisant der NSDAP und bereits seit Januar 1933 Förderndes Mitglied der SS. Vor der Machtübernahme hatte Braschwitz nach eigenen Worten „auf höhere Weisung" als Beamter der Politischen Polizei zeitweilig der DDP, SPD und der Vereinigung Demokratischer Polizeibeamten angehört.[20]

Eine wichtige Rolle in der Voruntersuchung des Brandes spielte daneben Kriminalkommissar *Dr. Walter Zirpins*.[21] Während Zirpins' Tätigkeit im Rahmen der Kommission offenbar mit dem Abschlußbericht vom 3. März 1933 beendet war, wurden die weiteren Ermittlungen faktisch von Kriminalkommissar *Helmut Heisig* geleitet – seit August 1932 Mitglied der Nationalsozialistischen Arbeitsgemeinschaft der Kriminalbeamten.[22] Offenbar als Vertrauensmann seines direkten Vorgesetzten in der Abteilung I des Polizeipräsidiums, dem kurz zuvor zum zuständigen Dezernenten für die Überwachung der SPD und ihrer Nebenorganisationen bestellten Regierungsassessor Dr. Heinrich Schnitzler, war Heisig bereits im August 1932 an Kontaktaufnahmen mit der Berliner NS- und SA-Führung zur Errichtung eines gegenseitigen Nachrichtendienstes und zur gemeinsamen Bekämpfung des Marxismus beteiligt, wie er selbst in einem Schriftsatz vom 26. Oktober 1933 erklärte. „Sofort nach Einrichtung dieser Dienststelle", so heißt es dort, „trat ich mit Dr. Schnitzler in Verbindung, um in gemeinsamen Besprechungen ein einheitliches zweckmäßiges Vorgehen zu gewährleisten. Man kam dahin überein, daß für diese Bestrebungen am zweckmäßigsten eine Fühlungnahme mit der NSDAP zum Ziele führen würde. […] In der Folgezeit ist denn auch in dieser Richtung verfahren worden. Die durch Dr. Schnitzler geschaffene Verbindung hat dazu geführt, daß die gestellte Aufgabe schneller und gründlicher gelöst werden konnte."[23]

Parallel zur Reichstagsbrandkommission, die im wesentlichen die kriminalistische Kleinarbeit zu erledigen hatte, waren weitere Mitarbeiter der Politischen Polizei mit Ermittlungen befaßt. Vor allem für die Beschaffung von belastendem politisch-ideologischem Material gegen die Kommunisten war der Kriminalrat *Reinhold Heller* zuständig, Kommunismus-Experte der Politischen Polizei und zum Zeitpunkt des Reichstagsbrandes rechte Hand von Rudolf Diels. „Von den alten Fachkennern der Politischen Polizei", so Diels über seinen damaligen Adlatus, „hatte der Kriminalrat Heller schon vor 1933 in der absonderlichen politischen Kriminalistik eine Art Weltruf erlangt. Unter seiner Anführung konnte sich 1933 die routinierte Arbeit der Politischen Polizei wirksamer entfalten als vorher."[24] Hellers Aufgabe bestand in erster Linie darin, kommunistische Aufstands- und Terrorpläne für die Zeit des Reichstagsbrandes nachzuweisen und damit das Reichsgericht und die Öffentlichkeit von der geistigen Urheberschaft der Kommunisten zu überzeugen.

Als KPD-Dezernent in der Exekutive des Gestapa 1933/34 nahm Heller eine Schlüsselstellung bei der Zerschlagung der KPD ein. Auf Hellers Initiative hin erfolgte nach der Darstellung von Diels beispielsweise auch die erneute Durchsuchung des Karl-Liebknecht-Hauses wenige

Tage vor dem Reichstagsbrand.[25] Hellers Beiträge zu den polizeilichen
Vorermittlungen und der gerichtlichen Voruntersuchung des Reichstagsbrandes bestanden in einer Reihe von „vertraulichen" bzw. „streng
geheimen" Informationen an die untersuchenden Behörden bzw. an andere Polizeidienststellen. Charakteristisch für diese Informationen ist
ihre Mischung aus Fakten einerseits sowie völlig vagen und phantastischen Versatzstücken andererseits. So berichtete Heller etwa korrekt
über illegale und geheime Aktivitäten der Kommunisten auf nationaler
und internationaler Ebene, etwa über deren Publikationspläne und In-
formationsbeschaffung in Deutschland, was darauf schließen läßt, daß er
über gute Spitzelverbindungen im Umfeld der KPD verfügte. Andererseits versorgte er die Behörden mit eindeutig erfundenen Behauptungen über Hintermänner bzw. Mittäter van der Lubbes aus dem Kreis
„ausländischer Kommunisten" und „russischer Juden".[26] Heller lieferte damit im wesentlichen die „Gründe, die es gestattet hätten, die Anklage [...] auf einem kommunistischen Hintergrund zu führen", wie Rudolf Diels seinen damaligen Mitarbeiter noch nach dem Krieg lobte.[27]

Ein weiterer enger Mitarbeiter von Diels im Dezernat für Linksextremismus des neugeschaffenen Gestapa war der bereits genannte Regierungsassessor *Dr. Heinrich Schnitzler*, der in der Nacht des Reichstagsbrandes die Verhaftungsaktionen mitorganisierte. Bereits im Anschluß
an von Papens Staatsstreich vom 20. Juli 1932 hatte Schnitzler in dem
Verfahren „Preußen contra Reich" vor dem Staatsgerichtshof die
preußische SPD-Regierung schwerer Verfehlungen bzw. Unterlassun-
gen im Kampf gegen den Kommunismus bezichtigt und behauptet, seine
Vorschläge für Maßnahmen gegen die KPD seien von seinen Vorgesetzten wiederholt abgelehnt worden.[28]

Schnitzler hatte laut einem Schreiben des Gestapa „bereits vor der
Machtübernahme durch die NSDAP Verbindung mit der SA aufgenommen [...], um eine Zusammenarbeit mit der Politischen Polizei zur
gemeinsamen Bekämpfung der staatsfeindlichen Bestrebungen anzu-
bahnen. Während des Ausnahmezustandes im Juli 1932 hat er den Militärbefehlshaber des Wehrkreises III bei der Durchführung der erfor-
derlichen Maßnahmen mit anerkennenswertem Eifer, Umsicht und
Energie unterstützt. Der damalige Reichskommissar Bracht hat ihm aus
diesem Anlaß seine besondere Anerkennung ausgesprochen."[29]

Polizeiliche Vorermittlungen ohne Einschaltung des Staatsanwalts

Schon die Auswahl der Brandkommission aus „Göring genehmen und willfährigen Leuten", aus den „Kommunistentötern" der alten Abteilung I, aus NS-Sympathisanten und -Verbindungsleuten legt den Verdacht einer tendenziösen Untersuchung des Brandes nahe.[30] Umso mehr gilt dies für den Ablauf des gesamten polizeilichen Vorermittlungsverfahrens.

Laut einer Meldung des Amtlichen Preußischen Pressedienstes, die noch in der Brandnacht bekanntgegeben wurde, handelte es sich bei der Brandstiftung im Reichstagsgebäude um den „bisher ungeheuerlichsten Terrorakt des Bolschewismus in Deutschland".[31] Begründet wurde diese Aussage unter anderem mit der Behauptung, der im brennenden Reichstag festgenommene Holländer Marinus van der Lubbe habe ein kommunistisches Flugblatt „Auf zur Einheitsfront der Tat!" bei sich getragen und „sich als Mitglied der holländischen Kommunistischen Partei" bekannt – eine freie Erfindung – sowie mit dem Hinweis auf die angeblich wenige Tage zuvor im Karl-Liebknecht-Haus, der Zentrale der KPD, entdeckten, trotz mehrfacher Ankündigung jedoch niemals veröffentlichten „Anweisungen zur Durchführung des kommunistischen Terrors nach bolschewistischem Muster". (Ebenfalls frei erfunden war die Behauptung, van der Lubbe habe „in seinem Geständnis auch seine Beziehungen zur S.P.D. zugegeben".[32]) Mit dieser Konstruktion wurde erreicht, daß die Reichstagsbrandstiftung den Straftatbestand der Vorbereitung zum Hochverrat und den des Hochverrats erfüllte, Straftatbestände, die seinerzeit laut Gerichtsverfassungsgesetz (GVG § 134) in erster und zugleich letzter Instanz in den Zuständigkeitsbereich des Reichsgerichts fielen. Für die Strafverfolgung war daher der Oberreichsanwalt zuständig (GVG § 143), dem in solchen Fällen die alleinige Leitung der Ermittlungen oblag und dessen Anordnungen alle Staatsanwälte im Deutschen Reich Folge zu leisten hatten. Alle Polizei- und Sicherheitsbeamten waren weisungsgebundene Hilfsbeamten des Oberreichsanwalts (GVG § 152).[33] In Übereinstimmung mit dieser Rechtslage meldete die „Vossische Zeitung" in ihrer Abendausgabe vom 28. Februar 1933:

„Oberreichsanwalt Dr. Werner ist aus Leipzig mittags in Berlin eingetroffen. Der Oberreichsanwalt wird die Ermittlungen in der Angelegenheit des Brandes leiten."[34]

Wie aus allen zugänglichen Ermittlungs- und Gerichtsakten hervorgeht, spielte Oberreichsanwalt Dr. Werner jedoch bei den Ermittlungen zum Reichstagsbrand in den ersten Tagen keine Rolle. Die ersten Vernehmungen van der Lubbes wurden von Kriminalkommissar Zirpins am 28. Februar bis 2. März durchgeführt, vom 11. bis 13. März folgten Ortstermine mit Kriminalkommissar Bunge. Laut Bericht der „Frankfurter Zeitung" vom 2. März.1933 (Zweites Morgenblatt) teilte Oberreichsanwalt Werner am 1. März 1933 dem Vorstand der Sozialdemokratischen Partei mit, daß „ihm die Ermittlungsakten noch nicht vorlägen". Am 4. März 1933 zitierte die „Frankfurter Zeitung" aus einer amtlichen Mitteilung der Politischen Polizei: „Der Täter ist 24 Jahre alt und führte einen ordnungsgemäßen holländischen Paß bei sich. Nach den bisherigen polizeilichen Ermittlungen steht es außer Frage, daß er in Verbindung mit der Kommunistischen Partei steht. Van der Lubbe ist im übrigen der Polizei als kommunistischer Agent bekannt. [...] Er hat die Brandstiftung hinsichtlich seiner eigenen Beteiligung in weitem Umfang zugestanden. [...] Die polizeilichen Ermittlungen über Marinus van der Lubbe sind abgeschlossen. Die weiteren Untersuchungen werden vom Oberreichsanwalt und dem Untersuchungsrichter des Reichsgerichts geführt."[35] Der Oberreichsanwalt wurde also tatsächlich erst nach Abschluß der polizeilichen Ermittlungen in das Ermittlungsverfahren einbezogen. Van der Lubbes erste Vernehmung vor dem Untersuchungsrichter fand nachweislich erst am 4. März 1933[36], also 5 Tage nach seiner Festnahme statt, obwohl § 128 der Strafprozeßordnung vorschrieb, daß jeder vorläufig Festgenommene „unverzüglich" dem zuständigen Richter vorgeführt und spätestens am Tage nach der Vorführung vernommen werden mußte. Bei dieser Vernehmung wurde van der Lubbe eröffnet, „daß gegen ihn die Untersuchungshaft beschlossen werde, da er der Brandstiftung in mehr. Fällen und der Vorbereitung zum Hochverrat dringend verdächtig und als wohnungslos – u. Ausländer – da ein Verbrechen vorliegt bei der erwartenden hohen Strafe fluchtverdächtig sei".[37]

Ein verdrängter Untersuchungsrichter

Nach den Bestimmungen der Strafprozeßordnung war mit der Zuständigkeit des Reichsgerichts die Durchführung einer gerichtlichen Voruntersuchung durch einen Untersuchungsrichter vorgeschrieben, die nunmehr auch auf Antrag des Oberreichsanwalts eröffnet wurde.

Als Untersuchungsrichter stand bereits am 2. März 1933 der Landgerichtsdirektor Dr. Braune fest, wie dem Protokoll der Kabinettssitzung vom selben Tag zu entnehmen ist. Laut Sitzungsprotokoll erklärte Göring in Anwesenheit von Reichsjustizminister Gürtner: „Die Polizei werde alsbald die Untersuchung gegen den Attentäter an das Reichsgericht abgeben müssen. Untersuchungsrichter sei der Landgerichtsdirektor Dr. Braune, der früher die Untersuchungen gegen Mitglieder der N.S.D.A.P. geführt habe. Er sei immer in schärfster Form gegen die Partei vorgegangen. Wenn auch angenommen werden müsse, daß er sachlich unbeeinflußt arbeiten würde, so sei er doch kaum als Persönlichkeit geeignet, diese wichtige Angelegenheit zu bearbeiten."

Auch Hitler hielt nach dem Wortlaut des Protokolls „für bedenklich, wenn der Landgerichtsdirektor Dr. Braune die Untersuchung führe. Nicht weil er von ihm eine unsachliche Einstellung annehme", so der Reichskanzler diplomatisch abwiegelnd, sondern aus vorgeblich fachlichen Gründen. So habe Dr. Braune, führte Hitler weiter aus, frühere Untersuchungen „denkbar schlecht geführt" und „in dem Prozeß gegen die Offiziere vor dem Reichsgericht eine traurige Rolle gespielt".[38]

In der Kabinettssitzung vom 7. März 1933 teilte der Staatssekretär im Justizministerium Schlegelberger dann mit, die Voruntersuchung gegen van der Lubbe wegen Hochverrats und Brandstiftung sei „heute eröffnet worden".[39]

Göring und Hitler hatten mit ihren Interventionen offensichtlich Erfolg. Anstelle des unliebsamen Landgerichtsdirektors Dr. Braune, der als Untersuchungsrichter offenbar nicht in Erscheinung trat[40], leiteten im weiteren der stramm deutschnationale Reichsgerichtsrat Paul Vogt und dessen Stellvertreter, Landgerichtsrat Dr. Wernecke, die vorgerichtlichen Untersuchungen. Bereits in den ersten Tagen nach dem Brand haben führende NS-Politiker also nicht nur die polizeilichen Vorermittlungen beeinflußt, sondern auch in die gerichtliche Voruntersuchung eingegriffen, indem sie einen politisch nicht genehmen Untersuchungsrichter durch opportune Kollegen austauschen ließen.

Politische Polizei am Tatort

Laut seiner Darstellung vor dem Reichsgericht hatte Kriminalkommissar Heisig noch in der Brandnacht im Polizeipräsidium die erste Vernehmung mit dem im brennenden Reichstag festgenommenen Holländer durchgeführt.

Am 2. Verhandlungstag sagte Heisig unter Eid als Zeuge aus[41], er sei der erste Beamte gewesen, der van der Lubbe eingehend zur Tat vernommen habe. Nach seiner Festnahme im Reichstagsgebäude habe die Schutzpolizei van der Lubbe zu einer ersten Feststellung seiner Personalien und zur Aufnahme des Sachverhalts in die nahe am Reichstag gelegene Brandenburger Tor-Wache gebracht. Gleich darauf sei van der Lubbe ins Polizeipräsidium überführt worden. Von dort habe man den Festgenommenen ihm, Heisig, als Kriminalkommissar vom Dienst der Abteilung IA, Politische Kriminalpolizei, überstellt:

„Van der Lubbe wurde mir sofort nach seiner Festnahme überbracht. Ich war noch im Dienst. Es kann vielleicht 1/2 oder 3/4 12 Uhr gewesen sein; das weiß ich nicht mehr. Jedenfalls unmittelbar nach seiner Festnahme ging der Transport sofort in mein Dienstzimmer, damals noch im Polizeipräsidium, und ich begann sofort in der Gegenwart meines Sekretärs mit der Vernehmung."[42] Laut Heisig gab van der Lubbe, der „etwas deutsch sprach", bereits in diesem ersten Verhör seine politischen Motive und die alleinige Ausführung der Brandstiftung zu.[43]

Während seiner Aussage vor dem Reichsgericht wurde Heisig von Torglers Verteidiger, Rechtsanwalt Dr. Sack, nochmals darauf angesprochen, ob er wirklich der erste Beamte gewesen sei, der van der Lubbe vernommen hatte, was Heisig ausdrücklich bejahte.[44] Auch am folgenden Tag wurde dieser Punkt nochmals ausführlich erörtert. Offenbar war die zeitliche Unstimmigkeit aufgefallen, die sich aus dem Vergleich von Heisigs Angaben mit dem Zeitpunkt der Festnahme van der Lubbes im Reichstagsgebäude ergab. Van der Lubbe war nach Schätzungen der Ermittlungsbehörden etwa um 21.30 Uhr – tatsächlich wohl schon gegen 21.23 Uhr – festgenommen worden. Um 21.35 Uhr wurde er laut Aussage Lateits in die Brandenburger Tor-Wache eingeliefert.[45] Laut dem in den Originalakten erhaltenen Einlieferungsschein traf van der Lubbe um 22.30 Uhr im Polizeipräsidium ein.[46] Erst zwischen 23.30 Uhr und 23.45 Uhr wurde der Holländer laut Aussage von Kriminalkommissar Heisig dann von diesem im Polizeipräsidium vernommen. Es stellt sich die Frage, wo van der Lubbe die Zeit zwischen seiner Einlieferung in die Brandenburger Tor-Wache und seiner Ankunft im Polizeipräsidium, immerhin etwa eine Stunde, verbracht hatte.

Vom Vorsitzenden zur Ergänzung seiner Aussage vom Vortag aufgefordert, erklärte Heisig zu van der Lubbes Verbleib: „Er ist zur Brandenburger Torwache gekommen, einer Wache, auf der nur Schutzpolizei sitzt, die den Streifendienst in der Bannmeile versieht. Auf der Wache ist er selbstverständlich auch gefragt worden; denn der Schutzpolizeibeamte, der ihn festnimmt, muß sich nach seinen Personalien erkundigen, weiterhin, ob er irgendwelche Mittäter hat oder ob irgendwelche anderen Momente in Frage kommen, die ein sofortiges Einschreiten notwendig machen. Das alles nimmt natürlich Zeit in Anspruch. Der Beamte muß ferner einen Bericht durchgeben. Das dauert alles eine Weile. Dann muß der Transportwagen bestellt werden, der den Festgenommenen nach dem Polizeipräsidium einliefert." Nochmals versicherte Heisig: „Der erste Beamte jedenfalls, der den van der Lubbe eingehend zur Sache vernommen hat, bin ich gewesen, und zwar in Gegenwart meines Sekretärs und vieler anderer Herren des Ministeriums und unseres höchsten Vorgesetzten, die dabei waren." [47]

Am 14. Verhandlungstag wurde vor Gericht der Leutnant der Schutzpolizei Lateit vernommen, in der Brandnacht Führer der Brandenburger Tor-Wache. Lateit, der um 21.15 Uhr von einem Zivilisten alarmiert wurde, war als einer der ersten in das brennende Gebäude eingedrungen und hatte die meisten Absperr- und Durchsuchungsmaßnahmen geleitet. Etwa um 21.45 Uhr (siehe Kap. 2) wurde Lateit vom inzwischen eingetroffenen General der Schutzpolizei Niehoff zur Brandenburger Tor-Wache zurückbeordert, um dort wieder die Führung zu übernehmen. Zurück auf der Wache, unterzog Lateit den festgenommenen van der Lubbe einer Vernehmung, über die er noch in der Brandnacht auf höheren Befehl einen Bericht anfertigte. [48] Vor Gericht wurde Lateit auch zur Dauer der Befragung van der Lubbes vernommen:

„Präsident: Wie lange hat denn diese ganze Befragung oder dieses ganze Gespräch zwischen Ihnen und van der Lubbe gedauert? Ein paar Minuten?

Zeuge Lateit: Nicht mal! – Es kamen nachher auch gleich Beamte der Politischen Abteilung, und ich hatte ausserdem so viel zu tun, Herr Präsident. Es sammelten sich die Leute draussen bei mir vor dem Brandenburger Tor. Da standen Pressevertreter in rauhen Mengen. Die wollten alle Auskunft haben usw. [...].

Präsident: Und die Beamten der Politischen Abteilung kamen inzwischen an. Und wer hat ihnen den van der Lubbe übergeben? Haben Sie das gemacht?

Zeuge Lateit: Nein, das hat Oberwachtmeister Schmidt gemacht." [49]
(Lateit war zu diesem Zeitpunkt noch im Reichstag.)

205

Anders als es Heisig geschildert hatte, wurde van der Lubbe der Politischen Polizei nicht erst um 22.30 Uhr im Polizeipräsidium vorgeführt. Die Politische Polizei war offenbar schon etwa um 21.35 Uhr (dem Zeitpunkt, als van der Lubbe dort eintraf; vgl. Kap. 2) auf der Brandenburger Tor-Wache, noch bevor es, wie Lateit bezeugte, Informationen über politische Motive für die Brandstiftung gab. Noch seltsamer mutet vor diesem Hintergrund die Aussage Lateits an, er habe bereits während seines Einsatzes im Reichstagsgebäude gewußt, daß Beamte der Politischen Polizei „in kurzer Zeit" eintreffen würden. Woher hatte Lateit dieses Wissen? Daß der Festgenommene van der Lubbe auf der Brandenburger Tor-Wache von Beamten der Abteilung I in Empfang genommen worden sei, sagte auch Polizeiwachtmeister Helmut Poeschel – der van der Lubbe im brennenden Reichstag festgenommen hatte – vor dem Untersuchungsrichter aus.[50] Übereinstimmend mit den Aussagen Lateits und Poeschels und damit im Widerspruch zu Heisigs Darstellung vor dem Reichsgericht meldeten verschiedene Zeitungen, so auch der „Staatsanzeiger von Württemberg" vom 28. Februar 1933: „Er [van der Lubbe] wurde gegen 9 Uhr festgenommen und einem zweistündigen Verhör in der Polizeiwache im Brandenburger Tor von Beamten der Politischen Polizei unterzogen. Um 11 Uhr wurde er ins Polizeipräsidium abtransportiert."[51]

Gestapo-Chef Rudolf Diels schrieb in seinen Memoiren, er sei vor Hitler und Goebbels (also vor 21.27 Uhr, siehe Kap. 2) am brennenden Reichstag eingetroffen.[52] „Als ich mit Schneider [i. e. Heinrich Schnitzler] in das brennende Gebäude eindrang, mußten wir, obwohl wir noch wenig Publikum vorfanden, schon über die prallen Schläuche der Berliner Feuerwehren hinwegsteigen. Es waren auch schon Beamte meiner Abteilung dabei, Marinus van der Lubbe zu vernehmen. Mit nacktem, verschmiertem und schwitzendem Oberkörper saß er schwer atmend vor mir."[53] Sollte das stimmen, wären Diels' Beamte schon etwas nach 21.22 Uhr im brennenden Reichstagsgebäude gewesen!

Zusammen mit Lateits und Poeschels Zeugenaussagen ist Diels' Schilderung ein deutliches Indiz dafür, daß Heisig vor dem Reichsgericht falsch aussagte, als er das erste Verhör van der Lubbes durch die Politische Polizei ins Polizeipräsidium verlegte.

Das erste Verhör van der Lubbes durch die Politische Polizei fand demnach entgegen den Behauptungen Heisigs nicht erst ab 23.30 Uhr im Polizeipräsidium statt, sondern entweder unmittelbar nach van der Lubbes Festnahme gegen 21.23 Uhr noch im Reichstagsgebäude (Diels) bzw. im Anschluß daran auf der Brandenburger Tor-Wache (Lateit).

Welche Gründe hatte Heisig, diesen Sachverhalt vor dem Reichsgericht falsch darzustellen?[54] Sollte die Politische Polizei, entgegen den Beteuerungen der ermittelnden Beamten, vom Reichstagsbrand gar nicht überrascht worden sein? Hatte sie womöglich bereits auf die Verhaftung van der Lubbes gewartet? Was geschah in der Zeit zwischen van der Lubbes Verhaftung und seinem Eintreffen im Polizeipräsidium um 22.30 Uhr? Dazwischen lag immerhin eine Stunde, in der sich van der Lubbe in den Händen von Beamten der Politischen Polizei befand.

Rufen wir uns hierzu nochmals Heisigs Aussage vor dem Reichsgericht in Erinnerung: „Der erste Beamte jedenfalls, der den van der Lubbe eingehend zur Sache vernommen hat, bin ich gewesen, und zwar in Gegenwart meines Sekretärs und vieler anderer Herren des Ministeriums und unseres höchsten Vorgesetzten [offenbar Göring!], die dabei waren."[55]

Dieses erste Verhör fand aber offensichtlich nicht im Polizeipräsidium, sondern entweder bereits auf der Brandenburger Tor-Wache oder sogar schon im brennenden Reichstagsgebäude statt. Der damalige Vizekanzler von Papen berichtet dazu in seinen Memoiren: „Als ich nach dem Krieg in Regensburg interniert war, lag auf meiner Stube ein ehemaliger Kriminalkommissar des preußischen Innenministeriums namens Heisig. Er war damals als erster im brennenden Reichstag eingetroffen, hatte alle Vernehmungen des van der Lubbe durchgeführt ...."[56]

Das vertuschte frühzeitige Eintreffen der Politischen Polizei am Brandort ist ein gewichtiges Indiz dafür, daß man von höherer Stelle aus vorzeitig Vorkehrungen für diesen Abend getroffen hatte. Bemerkenswert ist ferner, daß der Einsatzleiter der Wache, Polizeileutnant Lateit, lediglich für die Zeit vom 27. Februar, 13 Uhr, bis 28. Februar, 13 Uhr zur Brandenburger Tor-Wache abkommandiert worden war.[57]

Was sagte van der Lubbe bei seinem ersten Verhör in der Brandnacht?

Von seinem „Gespräch" mit „dem Reichstagsbrandstifter van der Lubbe in der Nacht vom 27. 2. zum 28. 2. 1933" ließ Kriminalkommissar Heisig ein (weder von ihm selbst noch von van der Lubbe unterzeichnetes) maschinenschriftliches Protokoll[58] anfertigen, das auch dem Reichsgericht vorlag. Durch das Auffinden des originalen Stenogramms dieses „Gesprächs"[59] in den Ermittlungsakten ist nun erstmals eine kritische Prüfung von Heisigs Gesprächsbericht möglich. Bei diesem handelte es sich laut Gerichtspräsident Bünger um die „Aufzeichnungen, die ja von Ihnen stammen, die damals die Stenotypistin stenographiert hat" – und Heisig präzisierte: „Jawohl. Das sind die Sachen, die da stenographiert worden sind, das sind wörtliche Aufzeichnungen. Sie sind natürlich nicht ganz lückenlos, weil man ja verschiedenes nicht verstand und man sich erst durch Rückfragen über den Sinn seiner Aussagen informieren mußte. Dann sind aber die Sachen sofort ins Stenogramm diktiert worden."[60]

Vergleicht man den von Heisig angefertigten Gesprächsbericht mit dem Original-Stenogramm, so fällt auf, daß in Heisigs Bericht verschiedene Äußerungen van der Lubbes fehlen, die im Stenogramm enthalten sind, bzw. verschiedene Passagen nicht mit dem Original übereinstimmen. So beginnt Heisigs Gesprächsbericht mit der Frage:

„Womit hast Du Feuer gemacht?
Mit Hausbrand-Kohlenanzünder.
Warum hast Du den Reichstag angezündet?
Ich wollte darauf aufmerksam machen, daß der Arbeiter die Macht haben will."

Das Original-Stenogramm hingegen, dessen Anfang fehlt, beginnt unvermittelt so:

„2 Stück 15 Pfg. [durchgestrichen; es handelt sich offenbar um den Kaufpreis für Kohlenanzünder]

Was eingeworfen ins Schloß [durchgestrichen] Womit Feuer gemacht Hausbrand [Kohlenanzünder] ins Schloß geworfen"

Dann teilte Lubbe verschiedene Details der Brandstiftung im Schloß mit, um schließlich auf die Frage Heisigs „Warum angezündet?" zu antworten: „Aufmerksam daß die Arbeiter die Macht haben wollen".

Beim Anfang von Heisigs Bericht handelt es sich also nicht nur um eine stark verkürzte Wiedergabe des stenographierten Textes; entscheidend ist, daß die Fragen Heisigs – und damit auch van der Lubbes Antworten – sich nicht auf die Brandstiftung im Reichstagsgebäude, sondern auf die vorhergegangene Brandstiftung im Schloß bezogen, eine eindeutige Manipulation! Weiterhin fehlt in Heisigs Bericht die sich im Stenogramm an diese Passage anschließende Aufzählung der verschiedenen kleineren Brandstifungen van der Lubbes: „Zuerst Wohlfahrtsamt ... 2.) Ratskeller, 3.) Schloß. Das war am Sonnabend ... Sonntag nichts. 4.) Schule (oder ‚Schon') zurückgekommen von Potsdam".

Das ist deshalb bemerkenswert, weil im weiteren Verlauf des Verfahrens immer nur von drei kleineren Brandstiftungen van der Lubbes die Rede war, eine vierte Brandstiftung wird weder in einem der späteren Vernehmungsprotokolle van der Lubbes, noch überhaupt in der Voruntersuchung oder im Prozeß vor dem Reichsgericht erwähnt.

Interessant ist auch eine andere Passage im Original-Stenogramm, wo van der Lubbe auf die Frage nach seinem Aufenthalt in Berlin angibt: „Montag, 20. durch Wedding gelaufen [die letzten drei Wörter im Stenogramm durchgestrichen]. Arbeit gehabt vom Fröbelasyl."

In Heisigs Bericht wurde daraus: „Montag, den 20. 2. 33 habe ich Arbeit gehabt vom Fröbelasyl". Van der Lubbe Erwähnung, er sei am 20. 2. durch den Wedding[61] gelaufen, fehlt dagegen.

Es fehlt ebenfalls die folgende Passage aus dem Original-Stenogramm, in der es um van der Lubbes Wanderung nach Spandau am Tag vor dem Reichstagsbrand geht, deren Sinn sich aber auch aus dem Kontext nicht erschließen läßt:

Heisig: „Hast Du hier jemand etwas erzählt [im Stenogramm unterstrichen]?

Vielleicht [?] am Sonnabend? [v. d. L.:] Nichts gesagt und nichts erzählt. [H.:] Warum nach Spandau? [v. d. L.:] Ich wollte der Polizei doch zeigen, daß du das bist."

Das Original-Stenogramm bricht am Ende – van der Lubbe schildert gerade seine Ankunft auf dem Berliner Alexanderplatz am Nachmittag des Brandtages um 16 Uhr – unvermittelt mit den Worten ab „Von hier ...“; der Rest der Seite wurde abgeschnitten. Sowohl der Anfang als auch das Ende der originalen stenographischen Mitschrift des Verhörs wurden also beseitigt. Warum?

Heisigs Bericht von der ersten Vernehmung van der Lubbes in der Brandnacht wurde demnach ganz offensichtlich teilweise manipuliert, wenn auch Sinn und Zweck dieser Manipulationen nicht in allen Fällen eindeutig erkennbar sind.

Der polizeiliche „Abschlußbericht" vom 3. März 1933

Die weiteren „offiziellen" Vernehmungen van der Lubbes nach dem Brand wurden von Kriminalkommissar Dr. Walter Zirpins durchgeführt. Zirpins verhörte den Holländer am 28. Februar, 1. und 2. März 1933[62] und verfaßte auch den polizeilichen „Abschlußbericht" vom 3.

März 1933.[63] Nach 1945 hat Zirpins immer wieder darauf hingewiesen, daß van der Lubbe ihm in den ersten Vernehmungen freimütige, ausführliche, präzise und durch Tatortbesichtigungen verifizierte Angaben über den Hergang der Brandstiftung sowie über seine Person, seine Biographie usw. gemacht habe. Van der Lubbe, so betonte Zirpins, habe sich in gutem, leicht verständlichem Deutsch unter Ablehnung eines Dolmetschers mit ihm unterhalten. Aus diesen Vernehmungen habe Zirpins die feste Überzeugung von der Alleintäterschaft van der Lubbes gewonnen, die er auch in seinem Abschlußbericht niedergelegt habe. „Das politische Gleis", d. h. die offizielle NS-These von der kommunistischen Urheberschaft, sei aber mit seinen kriminalistischen Ermittlungsergebnissen von der Alleintäterschaft Lubbes „nicht in Deckung zu bringen" gewesen. Hinweise auf Hintermänner van der Lubbes habe er damals von seinem Kollegen Heisig erhalten, weitere Spuren habe er aber nicht zu verfolgen gehabt. Die „Frage, ob van der Lubbe Hintermänner hatte, habe ich – da mein Auftrag nur die Vernehmung van der Lubbes betraf, nur mit Vorbehalt weiterer Klärung beantworten können und die Möglichkeit offenlassen müssen".[64] In seiner Nachkriegsvernehmung vor dem Amtsgericht Hannover im Jahr 1961 erklärte Zirpins:

„Mir kam es damals nur darauf an, die Täterschaft des v. d. Lubbe objektiv kriminalistisch zu klären. Ich glaube nicht, daß er bei der Tat Helfer gehabt hat. Das gilt auch für die drei anderen Brände ausser dem Reichstagsbrand. Ob hinter den Taten des van der Lubbe subjektiv gesehen Hintermänner oder gar eine Organisation standen, kann ich nicht sagen. Das festzustellen, gehörte damals nicht zu meiner Aufgabe. In der kurzen mir zur Verfügung stehenden Zeit hätte ich das damals auch nicht ermitteln können."[65]

Tatsächlich liegt das Schwergewicht des Abschlußberichts vom 3. März 1933 nicht auf der später von Tobias und Mommsen einseitig in den Vordergrund geschobenen Bemerkung, wonach van der Lubbe die Tat zweifellos „allein ausgeführt" (nicht: verursacht!) habe, sondern auf dem zweiten Teil. In diesem reiht der Verfasser ausführlich angebliche Argumente und Zeugnisse für eine kommunistische Hintermännerschaft aneinander[66] und stellt fest:

„Lubbe ist, wie schon oben gesagt, seit seinem 16. Lebensjahr Kommunist [...]. So ein Bursche, der schon von sich aus bereit ist, umstürzlerische Machenschaften vorzubereiten, konnte der kommunistischen Partei für ihre Ziele nur zu willkommen sein. In ihren Händen war van der Lubbe ein vorzügliches Werkzeug, das in dem Glauben, selbst zu schieben, geschoben wurde. Kein Wunder also, wenn sich die KPD seiner mit Freuden bedient hat, zumal es ihr nachher möglich war, von der Tat abzurücken. Dieser dringende Verdacht, daß van der Lubbe im Auftrage von kommunistischen Führern gehandelt hat, wird durch unzweideutige Hinweise bestätigt."[67]

Es folgen eine Reihe von angeblichen Argumenten und Zeugnissen für eine kommunistische Brandurheberschaft, deren fingierter Charakter offenkundig ist, so insbesondere, wenn im weiteren von Zirpins ein „dringender Tatverdacht, Anstifter zu sein" vor allem gegen die beiden Reichstagsabgeordneten Ernst Torgler und Wilhelm Koenen erhoben wird. Die Zweckkonstruktion dieser Beschuldigung wird durch die Tatsache verstärkt, daß es sich bei den drei angeblichen Zeugen für eine Verwicklung der beiden kommunistischen Politiker in die Brandstiftung um die drei NS-Politiker Kurt Frey, Berthold Karwahne und Stefan Kroyer[68] handelt. Diese hatten bezeugt, am Mittag des 27. Februar 1933 van der Lubbe im Gespräch mit Torgler vor dem Fraktionszimmer der KPD im Reichstag (später auch noch den ebenfalls angeklagten Popoff im Gespräch mit Torgler) gesehen zu haben. Für die Beurteilung dieser Konstruktion entscheidend ist die Tatsache, daß van der Lubbe noch in der Brandnacht den angeblichen Augenzeugen vor bzw. anstelle einer ordentlichen Gegenüberstellung gezeigt wurde.[69]

Um ein konstruiertes bzw. fingiertes, von Zirpins gegen van der Lubbe und Dimitroff verwendetes Belastungsmoment handelt es sich offenbar auch bei der ebenfalls in den Abschlußbericht aufgenommenen Aussage der NS-Zeugen Arlt und Merten. Am 1. März erschienen Walter Arlt und Paul Merten und erklärten, daß sie „bereits vor 8 Tagen" Anzeige erstattet hätten, da ihnen am 17. Februar – also zehn Tage vor dem Brand – ein „Russe" und „zwei Holländer bei heimlichen Gesprächen und der Übergabe von Geldpaketen aufgefallen" seien. Am 23. Februar hätten sie diese Gruppe wieder beobachtet, dazu einen weiteren Mann, den sie nicht zuzuordnen vermochten. Sie meinten, das könne mit dem Reichstagsbrand in Zusammenhang stehen. Bei der Gegenüberstellung erkannten sie van der Lubbe nicht wieder, und dieser betonte in der Vernehmung vom 2. März, daß er am 17. Februar ja noch nicht in Berlin gewesen sei. Dennoch wurde die Anzeige in Zirpins' Schlußbericht angeführt, um auf Hintermänner aus Holland hinzuweisen.[70]

Im weiteren Verlauf des Strafverfahrens war von dieser Anzeige nicht mehr die Rede.

Dagegen erinnerte sich der einstige mitangeklagte Kommunist und spätere bulgarische Minister Blagoj Popoff des Falles. In einem 1966 gegebenen Interview erklärte Popoff, ihm und Dimitroff sei spätestens nach der Verhaftung von Dimitroffs Mitarbeiter Georgi Lambreff im November 1932 klar gewesen, daß sie von der preußischen Polizei überwacht wurden. Dimitroff habe daraufhin beständig die Wohnung gewechselt. Die Bulgaren bemerkten, daß sich in Lokalen „verdächtige Personen an uns heranmachten oder uns auch auf der Straße verfolgten". Sie hätten vorerst nichts befürchtet, da ihre „Papiere in Ordnung waren". Aber:

„Als wir am 17. Februar feststellten, daß wir am Potsdamer Platz von mindestens zwei Personen verfolgt wurden, und aufgrund unserer konspirativen Praxis auseinanderliefen, waren wir erstaunt, daß niemand kam, um nach unseren Papieren zu fragen. Dimitroff war überzeugt, einen unserer Verfolger schon früher – möglicherweise schon im Bayernhof – gesehen zu haben [...]. Spätestens an diesem Abend des 17. wußten wir, daß uns die Polizei Spitzel auf die Fersen gesetzt hatte."[71]

Popoff vermutete, daß die beiden Beobachter Arlt und Merten gewesen seien. Während es sich beim Zeugen Arlt um den 1930 in die NSDAP eingetretenen späteren Amtsrat Walter Arlt in der Präsidialkanzlei des Führers und Reichskanzlers handeln könnte, dürfte der Zeuge Merten gemäß einem Zeugnis von 1946 identisch sein mit dem 1932 in Partei und SA und später in die SS eingetreten Paul Merten, der 1942 den polnischen Widerstandsgenerals Rowecki verhaftete und dafür vom Reichsführer SS, Himmler, persönlich belohnt wurde.[72]

Die mutmaßliche Beobachtung der bulgarischen Kommunisten durch die preußische Politische Polizei bereits seit November 1932 sowie die Tatsache, daß Arlt und Merten ihre Anzeige bereits am 17. Februar, also eine Woche vor dem Brand, erstattet haben wollen, sind schwerwiegende Indizien für eine frühzeitige Einplanung Dimitroffs und seiner Mitarbeiter durch die NS-Behörden. Mit der Einbeziehung der drei Bulgaren sollte ganz offensichtlich ein Aufhänger zur Bezichtigung des internationalen Kommunismus konstruiert werden.

Der Abschlußbericht von Zirpins sowie auch dessen späterer Auftritt vor dem Reichsgericht widerlegen eindeutig dessen von Fritz Tobias und Hans Mommsen übernommene Nachkriegsbehauptung, er habe schon damals die These von der Alleintäterschaft van der Lubbes vertreten. Tatsächlich vertrat Zirpins lediglich die These einer alleinigen Tatausführung durch van der Lubbe, wobei er den Holländer als von

212

kommunistischen Hintermännern gelenktes Werkzeug hinstellte.[73] Während die NS-Führung auf propagandistischer Ebene von kommunistischen Mittätern sprach, mußte man auf kriminalistischer Ebene vorsichtiger agieren. Da man kommunistische Mittäter unmöglich vorweisen konnte, zog man es vor, auf eine vage, kaum widerlegbare Hintermännerversion auszuweichen. Auf dieses Manöver ausgerichtet war auch das von den Kommissaren Zirpins und Heisig in ihren Vernehmungsprotokollen und im Abschlußbericht von Zirpins gezeichnete Bild des Holländers. Damit dessen alleinige Tatausführung einigermaßen glaubhaft erschien, präsentierten ihn die beiden als aussagefreudigen „fixen Jungen" mit angeblich ausgezeichnetem Orientierungsvermögen.

Die kleineren Brandstiftungen

Bereits vor dem Reichstagsbrand hatte die Presse über die Brandstiftung im Berliner Stadtschloß vom 25. Februar 1933 berichtet.[74] Für diese wie für zwei weitere, bis dahin öffentlich nicht bekannte Brandstiftungen vom selben Tag – am Berliner Rathaus und am Wohlfahrtsamt in Neukölln – soll van der Lubbe nach seiner Festnahme von sich aus die Verantwortung übernommen haben. Van der Lubbes Geständnis wurde anschließend durch entsprechende Tatortbefunde bestätigt.

Nach seinen eigenen Angaben[75] will van der Lubbe am Sonnabend, dem 25. Februar, gegen 18.30 Uhr den Zaun vor dem Wohlfahrtsamt Neukölln überstiegen haben. Ein halbes Päckchen am Vorabend gekaufter Kohlenanzünder habe er durch das offenstehende Fenster einer Toilette geworfen, wo es ohne größeren Schaden anzurichten ausbrannte; weitere Kohlenanzünder habe er auf das schneebedeckte Dach der Baracke geworfen, deren Brand von Passanten bemerkt wurde und durch einen Polizisten mühelos gelöscht werden konnte. Auch die Kohlenanzünder, die er anschließend an der Rückseite (Jüdenstraße) des Berliner Rathauses in ein offenstehendes Fenster der Kellerwohnung des Rathausbediensteten Richard Kiekbusch warf, konnte vom Wohnungsinhaber gelöscht werden und verursachte nur verhältnismäßig geringen Schaden am Fußboden. Da Kiekbusch den Brand für die Folge einer Fahrlässigkeit hielt, erstattete er keine Anzeige. Etwa gegen 20 Uhr muß van der Lubbe am Berliner Schloß eingetroffen sein. An einem neben dem Eosander-Portal stehenden Baugerüst will er aufs Dach geklettert sein und von oben Kohlenanzünder in ein offenstehendes Dachfenster geworfen haben. Der dadurch verursachte Fensterbrand in dem im Schloß untergebrachten Institut für Völkerrecht der Berliner Universität wurde frühzeitig von dem wachhabenden Feuerwehrmann Hermann Schulz entdeckt, der ihn gemeinsam mit dem herbeigerufenen Kollegen Waldemar Maaß von der Feuerwache des Schlosses löschte, noch bevor größerer Schaden entstanden war.

Am nächsten Tag wiesen die Funde von Resten der Kohlenanzünder, der Papierumhüllung und von abgebrannten Streichhölzern – auch in der Laube auf dem Dach des im Schloß wohnenden Pensionärs Otto Schönfelder[76] – auf Brandstiftung hin. In der Presse wurde nur die Brandstiftung am Schloß gemeldet.[77] Die Kriminalbeamten Heisig und Zirpins gaben denn auch an, erst durch Lubbes Selbstbezichtigung den Zusammenhang zwischen den vier Bränden erkannt zu haben.[78]

Der offensichtliche Dilettantismus der drei kleinen Brandstiftungen steht in krassem Gegensatz zu dem so völlig anders verlaufenen Großbrand im Plenarsaal des Reichstagsgebäudes.

Laut dem Protokoll der polizeilichen Vernehmung vom 2. März 1933 durch Kriminalkommissar Zirpins soll van der Lubbe zu den Motiven für die Wahl seiner Ziele für die Brandstiftungen folgendes ausgesagt haben:

Er habe eingesehen, daß die Arbeiter von sich aus nichts gegen die Regierung der „nationalen Konzentration" unternähmen. „Von allein werden die Arbeiter in der heutigen Zeit vor den Wahlen nicht bereit sein, aus sich selbst heraus gegen das System anzukämpfen, das der einen Seite Freiheit und der anderen Unterdrückung gibt. Meine Meinung war, daß unbedingt etwas geschehen mußte, um gegen dieses System zu protestieren. Da nun die Arbeiter nichts unternehmen wollten, wollte ich eben etwas tun. Ich wollte nicht Privatleute treffen, sondern etwas, was dem System gehört. Geeignet waren also öffentliche Gebäude, z. B. das Wohlfahrtsamt; denn das ist ein Gebäude, in dem die Arbeiter zusammenkommen, dann das Rathaus, weil es ein Gebäude des Systems ist, weiter das Schloß. Letzteres, weil es im Zentrum liegt, und wenn es gebrannt hätte, hohe Flammen gegeben hätte, die weit sichtbar gewesen wären. Da diese 3 Brände nun nicht funktioniert haben, also der Protest nicht zustande gekommen war, habe ich den Reichstag gewählt, weil das ein Zentralpunkt des Systems war."[79]

Vor dem Reichsgericht war van der Lubbe später auch nicht annähernd dazu in der Lage, diese Argumentation zu wiederholen. Seine Neigung zu spontanen Gewaltakten hatte der Holländer allerdings bereits durch eine Aktion gegen die Zahlstelle des Wohlfahrtsamts in seiner Heimatstadt Leiden unter Beweis gestellt. Der Anschlag auf das Wohlfahrtsamt mag eine Wiederholung dieser Tat mit anderen Mitteln gewesen sein. Die übrigen Attacken richteten sich gegen auffallend große Gebäude, in den Augen des Holländers Symbole des verhaßten „Systems".

Die grundsätzliche Verschiedenheit der dilettantisch ausgeführten kleineren Brände an Wohlfahrtsamt, Rathaus und Schloß und dem Großbrand im Plenarsaal blieb auch den Ermittlungsbehörden nicht verborgen, worauf man sich offenbar entschloß, die erfolglosen kleineren Brandstiftungen in Schloß und Wohlfahrtsamt etwas gefährlicher erscheinen zu lassen.

Während die beiden Zeugen für die Brandlegung im Schloß, Hermann Schulz und Waldemar Maaß, in ihren Vernehmungen vor dem Vertreter des Untersuchungsrichters, Landgerichtsrat Dr. Dietrich, vom 17. März 1933[80] sich noch sehr sachlich über diesen vergleichsweise unbedeutenden Kleinbrand geäußert hatten, ergänzten beide ihre Aussagen in einer weiteren Vernehmung durch denselben Richter am 22. April um einen bis in die Formulierung hinein nahezu identischen Zusatz:

Hermann Schulz: „Ich ergänze sie [die Aussage vom 17. März 1933] noch dahin: Die von mir bekundete Ausdehnung des Brandes zu dem Zeitpunkt, als ich ihn bemerkte, war so gross, dass, wenn ich nicht den Brand gesehen und gelöscht hätte, das Feuer sich in Kürze auf den gesamten Dachstuhl des Schlosses ausgebreitet hätte, in dem der fragliche Aufbau liegt, und zu dem das Feuer von der Brandstelle unmittelbaren Zugang hat."[81]

Auch der Maschinenmeister Richard Kiekbusch, der am 28. Februar gegenüber der Kriminalpolizei ausgesagt hatte, den Brand im Wohlfahrtsamt für die Folge einer Fahrlässigkeit gehalten zu haben[82], ergänzte diese Aussage gegenüber dem Vertreter des Untersuchungsrichters, Landgerichtsrat Dr. Dietrich, am 22. April 1933:

„Ich ergänze sie [die Aussage vom 28. Februar 1933] noch dahin: Das von mir bekundete Feuer war in dem Zeitpunkt, als ich es bemerkte, so vorgeschritten, dass, wenn ich es nicht gesehen und gelöscht hätte, es in Kürze den Fussboden des ganzen Zimmers und den Zimmerinhalt ergriffen hätte."[83]

Durch diesen kleinen Kunstgriff hatte man zwei verhältnismäßig unbedeutende Schwelbrände zu potentiellen Großbränden befördert und damit eine künstliche Feuerspur von den kleineren Bränden an Wohlfahrtsamt, Rathaus und Schloß zu dem vernichtenden Großbrand im Plenarsaal des Reichstagsgebäudes gelegt. Wenn van der Lubbe diese kleinen Brände so erfolgreich alleine gelegt hatte, so war nicht auszuschließen, daß auch der Brand im Reichstagsgebäude sein alleiniges Werk war.

Tatsächlich gab es keine Zeugen, die van der Lubbe bei den „kleinen" Brandstiftungen beobachtet hatten. Auch Spuren, wie Fingerabdrücke etc., die eine eindeutige Zuordnung der Tat erlaubt hätten, lagen nicht vor. Anders als es der ehemalige Assessor im Geheimen Staatspolizeiamt Dr. Heinrich Schnitzler (alias Schneider) in seiner Nachkriegsdarstellung schilderte, hat van der Lubbe die sogenannten „kleinen Brände" zudem nicht erst am Morgen nach der Brandstiftung – in einer Art Anfall von Reue „auf Grund der ihm zuteil gewordenen anständigen Behandlung bei der Abtlg. IA" [Politische Polizei] – gestanden.[84] Nach der glaubwürdigen Aussage des Zeugen Lateit hatte van der Lubbe die Brandstiftung im Berliner Schloß bereits wenige Minuten nach seiner Festnahme zugegeben:

Auf der Brandenburger Tor-Wache „meldete mir mein Wachhabender, dass van der Lubbe schon unter anderen den Brand im Schloss angelegt haben solle und einen weiteren Brand im Dom geplant haben solle."[85] Auf Nachfrage des Präsidenten, ob der Zeuge van der Lubbe auch gefragt habe, ob er das Rathaus angesteckt habe, erklärte Lateit hingegen: „Nein, vom Rathaus habe ich nicht gesprochen."[86]

Neben dem Brandstiftungsversuch am Schloß gab van der Lubbe bei den ersten Vernehmungen durch Kriminalkommissar Heisig[87] in der Nacht vom 27. auf den 28. Februar und Zirpins am 28. Februar 1933[88] auch die an Rathaus und Wohlfahrtsamt zu.

Trotz verschiedener Widersprüche zwischen den Aussagen van der Lubbes, der Darstellung in Zirpins' Abschlußbericht und den Tatortbefunden ist das Gericht dieser Sache nicht weiter nachgegangen. Auch eine Ladung der vom Zeugen Oberwachtmeister Karl Albrecht[89] anläßlich des Brandes im Wohlfahrtsamt über den Polizeistreifenmelder unterrichteten Kriminalbeamten unterblieb.[90] Warum hat Schnitzler nach dem Krieg versucht, van der Lubbes Geständnis betreffs der kleineren Brände auf einen späteren Zeitpunkt zu datieren?[91] Tatsächlich hatte die Politische Polizei Marinus van der Lubbe bereits einige Zeit vor dem Reichstagsbrand beobachtet (siehe hierzu Kap. 6). Hatte sie womöglich auch schon vor dem 27. Februar gewußt, daß Lubbe die Brandstiftungen an Wohlfahrtsamt, Schloß und Rathaus verübt hatte?

„Alleintäter" ohne Spuren

Laut einer Auskunft des Preußischen Meteorologischen Instituts vom
1. April 1933 herrschte am Abend des 27. Februar 1933 strenges Win-
terwetter:
„Der Erdboden war an unbegangenen und unbefahrenen Stellen
während des ganzen 27. Februar und der ganzen Nacht vom 27. zum
28. Februar mit einer etwa 7-8 cm hohen Schneedecke bedeckt. Es
herrschte Frostwetter. Am 27. Februar schwankte die Temperatur zwischen −1 1/2 Grad und −5 1/2 Grad Celsius. In der Nacht vom 27. zum
28. Februar lag sie dauernd zwischen −1 1/2 und −3 Grad Celsius."[92]
Betrachtet man den angeblichen Einstiegsort in das Reichstagsgebäude, erscheint es extrem fraglich, ob van der Lubbe, am Brandabend in
derben Stiefeln und mit einem Wintermantel bekleidet, bei Dunkelheit,
Frost und Schnee erst über einen schwankenden Zaun aus mehreren
Reihen Stacheldraht, dann rund 4,50 Meter die Wand hinauf und über
eine rund 30 Zentimeter vorstehende und 40 Zentimeter hohe Wandbrüstung zwischen Erd- und Hauptgeschoß klettern konnte. Auf die naheliegende Idee, van der Lubbe selbst noch einmal diese Klettertour
nachvollziehen zu lassen, wurde allerdings verzichtet. Man begnügte sich
mit einem Foto, auf dem die angeblichen Fingerspuren des Täters mit
Kartonstreifen markiert wurden.[93] Rätselhaft bleibt, weshalb man lediglich unbrauchbare Fingerabdrücke, aber keine Fußspuren sicherte,
die sich auch an schneebedeckten Stellen vor dem Reichstagsgebäude
hätten feststellen lassen müssen.
Bemerkenswert ist ferner, daß von dem Fenster im Restaurant, das van
der Lubbe bei seinem Einstieg ins Gebäude eingetreten haben will, kein
Tatortfoto existiert. Die in den Ermittlungsakten erhaltenen Fotos von
der Einstiegsstelle[94] wurden erst nach dem Einsetzen neuer Scheiben
aufgenommen. Das einzige Foto aus der Brandnacht, welches das Einstiegsfenster der Feuerwehr zeigt, ist eine Ausschnittsvergrößerung. Für
van der Lubbes Behauptung, auf dem angegebenen Weg ins Reichstagsgebäude gelangt zu sein, gibt es demnach keinerlei materielle Beweise.
Van der Lubbes Behauptung, Alleintäter gewesen zu sein, die er in verschiedenen Vernehmungen wiederholte, läßt sich mit den Ergebnissen
der Spurensicherung nicht in Einklang bringen. Im Gegensatz zur späteren Aussage von Kriminalkommissar Bunge vor dem Reichsgericht,
die Spurensicherung an der Fassade des Reichstagsgebäudes sei am Mor-

gen des 28. Februar unter seiner Leitung erfolgt[95], beweisen die fortlaufenden Berichte der Brandkommission KJ I,8, daß der angebliche Kletterweg van der Lubbes an der Außenwand des Reichstagsgebäudes erst am 1. März 1933 untersucht wurde, also zwei Tage nach dem Brand[96], nach einem Lokaltemin mit van der Lubbe[97] und nachdem in der Zwischenzeit bereits Gruppen von Schaulustigen vom Hausinspektor Scranowitz durch das Reichstagsgebäude geführt worden waren. Erst bei dieser Gelegenheit wollen die Beamten dann auf dem Balkon Reste von zusammengekehrten Kohlenanzündern und abgebrannten Streichhölzern gefunden haben, die „offensichtlich anläßlich des Wiedereinsetzens der Scheiben im Restaurationsraum und mit den zersplitterten Glasscheiben auf der Balustrade auf einen Haufen gelegt worden" seien.[98] Die Scheiben des angeblich von Lubbe eingetretenen Restaurantfensters waren demnach eingesetzt worden, noch bevor dort eine Spurensicherung stattgefunden hatte. Ausgerechnet die Einstiegsstelle wurde also nicht untersucht. Wollte man eine allzu genaue Prüfung der Frage vermeiden, ob und wie jemand nur mit den Füßen die zwei je 8 Millimeter dicken oberen Glasscheiben einer Balkontür[99] zerschlagen konnte?

Kriminalkommissar Bunge sagte aber nicht nur hinsichtlich des Zeitpunkts der Spurensicherung die Unwahrheit. In seiner Vernehmung vor dem Reichsgericht behauptete er überdies, daß die Spurensicherung keine verwertbaren Fingerspuren festgestellt habe. Zwar habe man Fingerspuren „an den sieben breiten Fugen zwischen den einzelnen Quadern"[100] der angeblichen Kletterstelle festgestellt, Papillarlinien hätten sich jedoch nicht unterscheiden lassen, „in diesem körnigen Gestein würden sich Papillarlinien nicht abdrücken". Auf die Frage des Präsidenten, ob nicht oben Spuren gewesen seien, „wo man vielleicht hätte Papillarlinien erkennen können, am Glas?" antwortete Bunge: „Die Spurensicherung ist nachher vorgenommen worden, von den dazu bestellten Spezialbeamten. Ich war jedenfalls davon überzeugt, daß sich damit nichts anfangen ließ."[101] Der fortlaufende Bericht der Brandkommission KJ, I,8 vom 28.2.33[102] straft Bunge Lügen. Aus diesem Bericht geht eindeutig hervor, daß in den Räumen im Erdgeschoß unter Leitung von Kriminalkommissar Helmut Müller Fingerspuren gesichert wurden: „Heute, am Dienstag den 28. 2. 33 wurden weitere fotografische Aufnahmen gemacht. Außerdem wurden unter Leitung von Krim. Kom. Helmut Müller von den Beamten seiner Dienststelle Spurensicherungen – insbesondere die Sicherung von Fingerabdrücken in Erdgeschoßräumen – vorgenommen."

Detaillierte Angaben hierzu finden sich im Bericht des Erkennungsdienstes vom 3. März 1933:

„Hinter dem Büffet des Restaurationsraumes befindet sich eine Wäschekammer, von der nach rechts eine Treppe in die Küchenräume im Erdgeschoß führt. Die Treppe, die in halber Höhe im rechten Winkel nach rechts abbiegt, ist durch eine Tür verschlossen. Die Tür ragt etwas in den Kühlraum der Küche hinein, an der rechten Seite befand sich ein schmales Glasfenster. Diese Scheibe war von dem Täter eingeschlagen worden, die Splitter befanden sich im Kühlraum. In etwa einer Entfernung von 75 cm von dem Türrahmen entfernt, war auf dem Fliesenboden des Kühlraumes eine Brandstelle sichtbar, auf der noch geringe Reste von verbranntem Stoff lagen. Fingerspuren konnten an den Splittern der Scheibe nicht gesichert werden, wohl aber an der Verkleidung des eingeschlagenen Fensters (s. Spurensicherungsbericht). [...] Ein weiterer Brandherd wurde in dem Vorraum des Beamtenheimes im Erdgeschoß gefunden. [...] Da dieser Vorraum von den dahinter liegenden Küchenräumen durch eine Tür, die verschlossen war, abgetrennt ist, hatte der Täter, um in diesen Raum zu gelangen, die Scheibe eines Schiebefensters, das sich rechts neben der verschlossenen Tür in Tischhöhe befindet und das offenbar zur Ausgabe der Speisen dient, mit Hilfe eines Porzellantellers, der auf dem vor dem Schiebefenster stehenden kleinen Holztisch gestanden hatte und noch Spuren von Spinat aufwies, eingeschlagen. Der Teller war durch das Einschlagen der starken Scheibe zerbrochen. [...] An den Tellerresten konnten brauchbare Fingerspuren gesichert werden (s. Spurensicherungsbericht)."[103]

In seiner Vernehmung durch Kriminalkommissar Zirpins vom 1. März 1933[104] berichtete van der Lubbe, wie er vom Reichstagsrestaurant über eine Treppe ins Erdgeschoß des Gebäudes hinuntergerannt war: „Die Treppe führte in eine Küche im Erdgeschoß. Sie war aber abgeschlossen durch einen Türvorbau. Die Tür selbst war mit Stäben gesichert und abgeschlossen. Ich schlug daher eine Seitenscheibe ein und zwängte mich durch. Der Pullover war jetzt ausgebrannt, und ich warf ihn auf die Fliesen. Da ich nun kein Licht hatte, zog ich mir mein Hemd aus und entzündete es an den brennenden Resten.

Die Küchenräume bin ich schnell durchgelaufen und kam bis an eine verschlossene Tür. Neben derselben befand sich ein Schiebefenster zur Speisedurchgabe. Da ich es eilig hatte und das Fenster nicht aufbekam, habe ich es mit einem Teller, der dort stand, eingeschlagen. Ich kletterte durch das Fenster durch und kam in eine Art Restauration."

Van der Lubbe hatte also nicht nur das Glasfenster am Rahmen des Türvorbaus in der Küche eingeschlagen, an dessen Verkleidung Fingerspuren gesichert wurden. Er hatte auch den im Bericht der Brandkommission erwähnten Teller zum Einschlagen des Schiebefensters an der Durchreiche in der Küche benutzt. Da van der Lubbe bei seiner Verhaftung keine Handschuhe getragen hatte, mußte der Holländer, sollte er die Tat wirklich alleine begangen haben, an diesem Teller Fingerspuren hinterlassen haben.

Hierzu der bereits erwähnte Spurensicherungsbericht des Erkennungsdienstes IX,2 vom 2. 3. 33[105]: „Der Tatort (Reichstag) wurde am 28. 2. 33 von dem Krim. Komm. Müller, dem Krim. Ass. Liebert und dem Unterzeichneten [Kriminalassistent Wibbelburg] eingehend nach Tatspuren (insbesondere Fingerabdrücke) untersucht. Wie am Tatort festgestellt wurde, hatte der Täter [Lubbe] eine Seitenscheibe der vom Restaurant nach der Küche führenden Türe[106] zertrümmert und ist durch die Öffnung in die Küche eingestiegen. An dem Rahmen dieser Tür, rechts an der nach der Küche zugekehrten Seite, konnte in ca. 1.80 m Höhe eine brauchbare Griffspur einer rechten Hand, rechter Mittel-, Ring- und Kleinfinger durch Einstauben mit Rußpulver und Abziehen mit einer Berliner Folie gesichert werden.

In der Küche hatte der Täter dann die Scheibe eines Schiebefensters zertrümmert. Hierzu hat er wahrscheinlich einen Teller benutzt. Von diesem Teller wurden durch den Kriminalsekretär Kapell brauchbare Fingerabdrücke gesichert.

Trotz der eingehendsten Untersuchung war es nicht möglich, noch weitere Fingerabdrücke zu sichern. Die gesicherten Fingerspuren wurden nunmehr mit den Fingerabdrücken des festgenommenen van der Lubbe eingehend verglichen, ohne daß eine Identität festgestellt werden konnte. Durch Vergleiche mit den Abdrücken der hiesigen Einfinger-Sammlung konnten gleiche Abdrücke nicht festgestellt werden. Die unverdächtigen Personen konnten nicht restlos ausgeschaltet werden. Da anzunehmen ist, daß zumindest die an dem erwähnten Türrahmen gesicherte Spur von einem Mittäter herrührt, wurden beide Spuren in die hiesige Spurensammlung eingelegt."

Obwohl van der Lubbe laut den erhaltenen Vernehmungsprotokollen selbst ausgesagt hatte, das Schiebefenster in der Küche mit einem dort vorgefundenen Teller zertrümmert zu haben, wies dieser Teller aber nicht seine, sondern fremde Fingerabdrücke auf. Und auch an einem weiteren Ort, der Türe vom Restaurant zur Küche im Erdgeschoß, deren

Seitenfenster Lubbe eigenhändig eingeschlagen haben will, ließen sich nicht seine Fingerabdrücke sichern, sondern diejenigen eines Dritten. Leider geht aus den Berichten der Spurensicherung nicht hervor, ob die gesicherten Fingerabdrücke von ein- und derselben oder von verschiedenen Personen stammten. Auch ein Vergleich dieser Fingerspuren mit den Fingerabdrücken des Restaurant- und Küchenpersonals fand allem Anschein nach nicht statt. Warum nicht? Und was sollte die Bemerkung bedeuten: „Die unverdächtigen Personen konnten nicht restlos ausgeschaltet werden"?

Die Tatsache, daß sich unter den gesicherten Fingerspuren keine einzige des angeblichen „Alleintäters" befindet, erhärtet die von dem chemischen Gutachter Dr. Schatz ausgesprochene Vermutung, daß van der Lubbe an der eigentlichen Brandstiftung möglicherweise überhaupt nicht beteiligt war (siehe Kap. 5, Teil 1). Der Verdacht liegt nahe, daß Lubbes „Einstieg" lediglich vorgetäuscht wurde, weil man eine Begründung dafür brauchte, daß er überhaupt ohne fremde Hilfe ins Gebäude kommen konnte. Dies wirft auch ein eigenartiges Licht auf die Vernehmungsprotokolle, in denen sich van der Lubbe einer Reihe von Handlungen bezichtigt hatte, bei denen er erstaunlicherweise jedoch keine ihm zuzuordnenden Fingerspuren hinterließ.

Weder aus dem fortlaufenden Bericht der Brandkommission noch aus anderen Unterlagen geht hervor, daß die bedeutsamen gesicherten Fingerspuren pflichtgemäß von den ermittelnden Kriminalisten weiterverfolgt worden wären. Sie werden weder in den Akten an anderer Stelle nochmals erwähnt, noch kommen sie in der Hauptverhandlung vor dem Reichsgericht auch nur mit einem einzigen Wort zur Sprache. Dieses wichtige, für die Existenz von Mittätern sprechende Beweismittel mußte allem Anschein nach vertuscht werden.

Am 14. Verhandlungstag stellte der Sachverständige Dr. Wagner an Lateit folgende Frage:

„Dr. Wagner: [...] Sind an van der Lubbe, der ja, wie er selbst gesagt hat, etwa 4 bis 5 Scheiben einschlagen mußte, die dauernd mit spitzen Zacken bedeckt sein mußten, irgendwelche Blutspuren bemerkt worden? Er ist ja doch ungefähr durch drei Öffnungen gekrochen, mit ziemlicher Geschwindigkeit, die seitlich mit spitzen, sehr leicht schneidenden Scherben besetzt waren. (Präsident: Nur zwei!) [...] Ist da nichts festgestellt worden?

Zeuge Lateit: Nein. Er war ja bereits auf der Wache, und der Beamte von der politischen Polizei war bereits vor mir da, soweit ich orientiert bin. Während meiner Zeit ist mir nichts gemeldet worden. Ich persönlich habe keine Blutspritzer bei ihm im Gesicht gesehen, und die Hände habe ich nicht untersucht [...].

Präsident: Haben Sie an den Scherben oder den im Holz stecken gebliebenen Glassplittern irgendwelches Blut gesehen?

Zeuge Lateit: Nein, Herr Präsident. Diese Sachen gehören ja an und für sich nicht zu meiner Aufgabe. Ich habe lediglich schnell untersucht und wußte [sic!], daß in kurzer Zeit Beamte der politischen Abteilung eintrafen. Das ist ja auch geschehen. Ich traf später schon auf Kommissionen.“[107]

Falls dem Präsidenten Dr. Bünger der Widerspruch zwischen Lateits Aussage und der Darstellung von Heisig bis dahin noch nicht aufgefallen war, so hätte er spätestens an dieser Stelle hellhörig werden müssen. Doch auch jetzt versäumte es der Gerichtspräsident, dem offenkundigen Widerspruch zwischen den beiden Aussagen nachzugehen. Hatte er ihn tatsächlich nicht bemerkt, oder wollte er ihn nicht bemerken?

Daß van der Lubbe beim Durchsteigen der von ihm eingeschlagenen Fenster in der Tür zur Küche und in der Speisendurchgabe keine Verletzungen davontrug, erklärte er am 1. März damit, daß er jeweils auch die noch stehengebliebenen Splitter herausgeschlagen habe. Nach Aussage von Polizeileutnant Lateit waren zwar die Scherben an der Essensausgabe in der Küche fein säuberlich aus dem Rahmen entfernt worden. In der zum Erdgeschoß („Keller“) führenden Tür hingegen war dies jedoch nicht der Fall. Dennoch konnte Lateit weder an den eingeschlagenen Fenstern noch an den Kleidern van der Lubbes irgendwelche Blutspuren feststellen, auch am Körper des Holländers fanden sich keinerlei Verletzungsspuren.[108]

Bemerkenswert ist ferner, daß die Glasscherben der Tür zum Erdgeschoß nach Aussage Lateits auf der Seite der Treppe lagen, was bedeutet, daß die Scheiben von unten her eingeschlagen wurden.[109] Van der Lubbe hatte dagegen behauptet, diese Scheiben eingeschlagen zu haben, als er aus dem Restaurant die Treppe zur Küche herabkam. Die Scherben hätten sich demnach auf der anderen Seite der Tür befinden müssen!

Der Vorsitzende Bünger hatte für Lateits Angaben eine seltsame Erklärung parat, die allerdings in der Anklageschrift nicht auftaucht: „Das erklärt sich so [...], daß van der Lubbe nicht die Treppen, die da sonst sind, gegangen ist, sondern oben vom Speisezimmer oder Restaurationssaal die kleine Wendeltreppe runtergegangen ist und dann erst an den

Abschluß der Glastür gelangt ist."[110] Dies ist ein weiteres Indiz dafür, daß die Angaben van der Lubbes über seinen Weg durch das Reichstagsgebäude nicht der Wahrheit entsprechen können.

Brandmittelfunde im Reichstagsgebäude

Am 28. Februar 1933 strahlte die Reichsrundfunkgesellschaft einen „Hörbericht von der Brandstätte im Reichstagsgebäude"[111] aus, in dessen Verlauf der Schriftsteller und Radiojournalist Wulf Bley ein Interview mit dem Leiter der Berliner Feuerwehr, Oberbranddirektor Walter Gempp, führte. Leider ist das Original der Tonaufnahme nach Auskunft des Deutschen Rundfunkarchivs „im Laufe der Zeit – wie so viele andere auch – verlorengegangen" und „zumindest in der ARD nicht mehr greifbar"[112], so daß zur Rekonstruktion von Gempps Aussage auf zeitgenössische Presseberichte zurückgegriffen werden muß. Die Norddeutsche Ausgabe des „Völkischen Beobachters" berichtete am 1. März, offenbar in Auszügen, über dieses Interview. Demnach beantwortete Gempp die Frage nach der Zahl der Brandherde mit den folgenden Worten:

„Ja, schon der erste Zug aus der Linienstraße fand in dem Erfrischungsraum zwei Brandherde. Als die losgehen wollten, hörte der Führer, daß ein dritter Brandherd entstand. In den Wandelgängen an einem Klubsessel war eine Wachsfackel angebracht, um den Sessel und die anschließende Täfelung in Brand zu stecken. In den Vorsälen zum Sitzungssaal war der Fußboden mit Benzin begossen, standen Anzünder und Kohlenanzünder, also zahlreiche Brandherde lagen vor. Von den Herden, die im Sitzungssaal selbst waren, haben wir nichts mehr feststellen können."

Nach dem Berliner „8-Uhr-Abendblatt" vom 28. Februar 1933 betonte Gempp, daß „vermutlich aus einer Gießkanne heraus auf den Boden wahrscheinlich Petroleum ausgegossen worden" sei.

Nicht nur Gempp, auch der damalige SPD-Stadtrat und Feuerwehrdezernent Ahrens hatte die Gießspur von ausgegossenem Brennmaterial in der Vorhalle des Plenarsaals bemerkt, wie er später vor dem Reichsgericht bestätigte.[113] Diese Beobachtungen hatten auch in eine Meldung des Amtlichen Preußischen Pressedienst vom 28. Februar 1933 Eingang gefunden, wo es, in Übertreibung der Aussagen Gempps, hieß: „Die polizeiliche Untersuchung hat ergeben, daß im gesamten Reichstagsgebäude, vom Erdgeschoß bis zur Kuppel, Brandherde angelegt waren. Sie bestanden aus Teerpräparaten und Brandfackeln, die man in Ledersessel, unter Reichstagsdrucksachen, an Türen, Vorhänge, Holzverkleidungen und andere leicht brennbare Stellen gelegt hatte."[114]

Die „Vossische Zeitung" vom 28. Februar 1933 meldete: „Es hat sich inzwischen herausgestellt, daß noch an sieben bis acht weiteren Stellen Brandherde in Gestalt von Benzinflaschen vorhanden sind. Man muß damit rechen, daß etwa 20 bis 30 Brandherde vorhanden sind. Die Täter müssen ausreichend Zeit gehabt haben, ihre Brandstiftung vorzubereiten."

Noch an der Brandstätte erklärte Görings Pressechef, Oberregierungsrat Sommerfeldt, die Brandherde seien „so raffiniert angelegt gewesen, dass die kommunistische Moskauer Arbeit unverkennbar sei".[115]

Bestätigt wurden die Beobachtungen von Gempp und Ahrens durch einen Bericht der Spurensicherung[116], in dem die Gießspur in der Bismarckhalle explizit erwähnt wird:

„In der sogenannten Bismarckhalle, am Ende des südlichen Umgangs, befinden sich folgende Brandstellen:

a) an der Innenseite der Tür zum südlichen Umgang, unten am Öffnungsflügel und auf dem Teppich darunter (s. Bild 12),

b) ein kleiner Brandfleck, eine kurze Strecke dahinter, auf dem Teppich,

c) ein grösserer Brandfleck auf dem Teppich unweit der Tür des Zimmers des Staatssekretärs der Reichskanzlei.

Es erweckte hier den Eindruck, als bestünde zwischen den drei einzelnen Brandstellen auf dem Teppich eine Markierung, die auf eine ausgegossene Flüssigkeit zurückgeführt werden könnte. Ein verdächtiger Geruch war aber nicht wahrzunehmen. (s. Bild 12 a)."

Die Beobachtungen von Gempp und Ahrens sprechen eindeutig dafür, daß an der Brandstiftung mehrere Täter beteiligt gewesen sein müssen. Schließlich verfügte Marinus van der Lubbe weder über eine Gießkanne noch über Petroleum, sondern nur über einige Pakete von Kohlenanzündern der Marke „Feuerfee"[117]. Da Gempps Aussage jedoch der offiziellen Propaganda entsprach, wonach van der Lubbe kommunistische Mittäter gehabt habe, hatten die nationalsozialistischen Machthaber an ihr „zunächst nichts auszusetzen".[118] Die Beobachtungen von Gempp und Ahrens wurden durch die zeitgenössischen Aussagen der an den Löscharbeiten beteiligten Feuerwehrleute weitestgehend bestätigt.

Ein verschwundener Brandbericht

Auffällig ist, daß sich nach den Presse- und Rundfunkberichten über Äußerungen Gempps unmittelbar nach dem Brand keinerlei Hinweise auf eine Beteiligung des Oberbranddirektors an den Untersuchungsarbeiten zum Brandverlauf und der Brandurheberschaft mehr finden. Obwohl zum Zeitpunkt des Brandes amtierender und für die Löscharbeiten verantwortlicher Leiter der Berliner Feuerwehr, gibt es keine Anzeichen dafür, daß Gempp zu einem Lokaltermin oder gar zur Erstellung eines Sachverständigen-Gutachtens herangezogen wurde, beides Tätigkeiten, die eindeutig in den Zuständigkeitsbereich des Oberbranddirektors gefallen wären.

Bereits am 28. Februar erging ein Erlaß Hitlers an Göring, in dem Polizei und Feuerwehr für ihren Einsatz im brennenden Reichstag gelobt wurden:

„Bei dem ruchlosen Anschlage, der gestern von kommunistischer Verbrecherhand gegen das Gebäude des Deutschen Reichstags verübt wurde, haben der rasche Einsatz der Berliner Feuerwehr, die umsichtige Leitung und die aufopfernde Einsatzbereitschaft bewirkt, daß die Gefahr der völligen Vernichtung des Gebäudes im Laufe weniger Stunden gebannt und das Feuer auf seinen Herd beschränkt werden konnte. Nicht minder hat das tatkräftige Eingreifen der Polizei bewirkt, daß sich die Löscharbeiten ungestört vollzogen und die Verfolgung der verbrecherischen Tat erfolgreich aufgenommen wurde. Ich nehme gern Anlaß, allen an dem Rettungswerk Beteiligten meinen besonderen Dank und meine warme Anerkennung auszusprechen und bitte Sie, Herr Minister, diesen Dank der Berliner Feuerwehr und Polizei zur Kenntnis zu bringen."[119] Göring versah das Schreiben noch am selben Tag mit dem nachfolgenden Kommentar und leitete es an den Berliner Oberbürgermeister weiter: „Den in der Anlage beigefügten Erlaß des Herrn Reichskanzlers übersende ich ergebenst mit der Bitte, den darin zum Ausdruck gebrachten Dank an die Berliner Feuerwehr zu übermitteln. Ich nehme sehr gerne Veranlassung, auch meinerseits der Berliner Feuerwehr, von deren aufopfernder Tätigkeit ich Zeuge war, meine Anerkennung auszudrücken."

Die beiden Schreiben gingen am 8. März 1933 bei der Berliner Feuerwehr ein und wurden mit der „Bekanntmachung I vom 10. März 1933" den Beamten mit einem Zusatz Gempps zur Kenntnis gebracht: „Vorstehende Erlasse bringe ich den Beamten zur Kenntnis." In der Vorlage für diesen Zusatz Gempps hatte es noch geheißen: „Vorstehende Erlasse bringe ich *unter Anerkennung der von allen Beteiligten geleisteten Arbeiten, die das Feuer auf seinen ursprünglichen Herd beschränkten,* den Beamten zur Kenntnis.“[120] Die hier von den Autoren kursiv wiedergegebene Passage wurde von Gempp persönlich gestrichen! Offensichtlich teilte er also nicht die Meinung Hitlers und Görings, womit er sich allerdings in direkten und gefährlichen Widerspruch zu den NS-Machthabern setzte.

Wie Gempp später vor dem Reichsgericht angab, hatte am 28. Februar 1933 eine Einsatzbesprechung über den Brand mit leitenden Beamten der Feuerwehr stattgefunden, in deren Folge ein Protokoll über den Brandverlauf erarbeitet worden sei. „Diese Meldung ist vorbereitet worden durch den Herrn Baurat Kosant. Ich habe sie dann durchgelesen, habe sie unterschrieben und habe sie nach Kenntnisnahme durch den Herrn Oberbürgermeister durch einen Sonderboten direkt zu Herrn Ministerpräsidenten Göring geschickt. Ich nehme an, daß Herr Ministerpräsident Göring diese Meldung spätestens um 1/2 12 Uhr vorliegen hatte“.[121] Dieser Bericht lag aber weder dem Reichsgericht noch dem zuständigen Brandkommissariat Bunges vor, das am 6. März 1933 vom Zentralamt der Feuerwehr einen Brandbericht erbat. Bezeichnenderweise wurde Bunges Kriminalisten daraufhin jedoch nicht der von Gempp erwähnte Brandbericht vom 28. Februar übermittelt, sondern ein von Oberbaurat Meußer gezeichneter Brandberichtsauszug vom 5. März über das Ausrücken der Feuerwehr zum Reichstagsgebäude.[122] Da sich der originale, von Gempp unterzeichnete Brandbericht auch in den Ermittlungsakten nicht finden läßt, muß angenommen werden, daß er in Görings Ministerium verschwand. Man kann daher nur vermuten, daß dieser Bericht Informationen enthielt, die den NS-Machthabern nicht genehm waren und die Gempps weiteres Schicksal entscheidend beeinflussen sollten.

Am 16. März 1933 berichtete die Pariser Zeitung „Le Populaire“: „Zwei Tage nach dem Brand hat die preußische Kriminalpolizei die Wohnung des Direktors der Feuerwehr durchsucht. Man unterzog ihn einem strengen Verhör, und danach sind alle ‚Abweichungen‘ im Bericht der Feuerwehr verschwunden.“

Am 24. März 1933, also knapp 4 Wochen nach dem Reichstagsbrand, wurde Gempp durch den nationalsozialistischen Staatskommissar Dr. Julius Lippert[123] ohne Angabe eines Grundes „von seinen Dienstgeschäften als Leiter der städtischen Feuerwehr entbunden und bis auf weiteres beurlaubt"[124]. Ende April wurde Gempp dann, wegen angeblicher materieller Verfehlungen beim Ankauf eines Autos durch den Stadtrat und Feuerwehrdezernenten Ahrens, endgültig beurlaubt, nachdem man ihn zuvor der Duldung kommunistischer Umtriebe in seinem Dienstbereich beschuldigt hatte. In Wirklichkeit jedoch hatte die Verfemung des Oberbranddirektors seitens der NS-Machthaber andere Gründe. Wie auch Gempps Familienangehörige bezeugten[125], waren es Gempps antinationalsozialistische Haltung und wohl auch seine freimütigen Äußerungen zum Reichstagsbrand, durch welche er in den Augen des neuen Regimes untragbar geworden war. In seiner bereits zitierten Studie betont Wolfgang Wippermann, Gempp habe sich „wiederholt und zugleich sehr nachdrücklich [...] gegen die zunehmende Politisierung der Feuerwehr und damit, wenn auch vielleicht unbewußt, gegen den totalen politischen Anspruch der neuen nationalsozialistischen Machthaber und ihrer Anhänger gewandt."[126]

Eine Verfügung Gempps vom 20. März 1933, die das „Abhalten von politischen Versammlungen, das Halten politischer Propagandareden und jede Provokation politisch anders Denkender" im gesamten Bereich der Berliner Feuerwehr strikt untersagte[127], ist beredter Ausdruck dieser couragierten Haltung. „Gempp begründete dieses mehr als bemerkenswerte Verbot, das sich in der konkreten Situation vor allem, ja ausschließlich gegen die Nationalsozialisten richtete und richten mußte, mit dem Hinweis auf die Bewahrung der innerhalb der Feuerwehr ‚unerläßlichen Kameradschaft'."[128] „Mir ist kein weiterer Fall bekannt", so Wolfgang Wippermann weiter, „daß ein Leiter einer Behörde nach der sog. Reichstagsbrandverordnung vom 28. 2., nach dem Wahlsieg der NSDAP vom 5. März und wenige Tage vor dem Ermächtigungsgesetz den bereits herrschenden Nationalsozialisten politische Agitation verboten hat. Eine ähnlich mutige und anständige Haltung bewies Gempp, indem er am gleichen Tag (20. März 1933) das Abschiedsschreiben des ausgeschiedenen sozialdemokratischen Stadtrats Ahrens in den Feuerwehr-Bekanntmachungen veröffentlichen ließ."[129]

Bereits einen Tag zuvor, am 19. März 1933, hatte die NSDAP-Ortsgruppe Markgraf in einem Schreiben unter Hinweis auf „bereits laufende Anschuldigungen" gegen Gempp die „sofortige Beurlaubung des Oberbranddirektors Gempp" gefordert, der „immer ein Gegner unserer Bewegung gewesen" sei und „auch öffentlich seine Abneigung gegen unseren Reichskanzler zum Ausdruck gebracht" habe.[130] Am 24. März, also knapp vier Wochen nach dem Reichstagsbrand, wurde Gempp dann seines Dienstes enthoben. Staatskommissar Dr. Lippert teilte der Öffentlichkeit als Begründung für diesen Schritt am nächsten Tag mit: „Oberbranddirektor Gempp hat es nicht nur geduldet, sondern durch sein Verhalten geradezu gefördert, dass die Berliner Feuerwehr in einer Weise kommunistisch durchseucht wurde, die eine besonders schwere Gefährdung der öffentlichen Sicherheit darstellt. Weitergehende Vorwürfe gegen den Oberbranddirektor können ausserdem zu einem Disziplinarverfahren Anlass geben".[131]

Die im letzten Satz angedeuteten Vorwürfe wurden erst über einen Monat später, am 29. April 1933 dahingehend konkretisiert, „dass Gempp sich im Jahre 1931 bei der Beschaffung eines Kraftwagens für die Stadt entgegen den bestehenden Dienstvorschriften nicht der Mitwirkung des Fuhrparks bedient und gegen die Beachtung äusserster Sparsamkeit in der Wirtschaftsführung verstossen habe".[132] Diese Anschuldigung wurde im Laufe der nächsten Monate auf weitere Punkte ausgedehnt.

Unter dem Titel „Was der Chef der Feuerwehr erzählte" war jedoch bereits am 21. April 1933 in der Straßburger Zeitung „La République" ein Artikel erschienen, der andere Gründe für Gempps faktische Kaltstellung nannte. Darin wurde behauptet, Gempp sei deshalb beurlaubt worden, weil er in einer „Besprechung mit seinen Inspekteuren und Brandleitern" folgendes mitgeteilt habe:

Die Feuerwehr sei viel zu spät alarmiert worden.

Als sie im Reichstag eintraf, hätten sich im Gebäude bereits zwanzig SA-Männer befunden.

Göring habe ihm (Gempp) ausdrücklich verboten, sofort die höchste Alarmstufe zu verkünden.

Im Reichstagsgebäude habe er (Gempp) „große Mengen nicht mehr verwendeten Brandstiftungsmaterials" gesehen, die „einen ganzen Lastwagen gefüllt haben würden".

Der gleiche Artikel erschien wenige Tage später, am 25. April 1933, in der „Saarbrücker Volksstimme" und wurde anschließend in verschiedenen anderen ausländischen Zeitungen abgedruckt.[133] Der Beitrag ließ keinen Zweifel daran, daß mehrere Täter den Reichstag in Brand gesteckt hatten, wobei zumindest nahegelegt wurde, daß diese unter den Nationalsozialisten zu suchen seien. Daß Gempp von der Existenz mehrerer Brandstifter und einer „vorbereiteten politischen Brandstiftung" (K. H. Gempp) aus guten Gründen fest überzeugt war, bestätigen auch seine Familienangehörigen, so insbesondere seine Witwe[134], sein Sohn

Karl Heinz Gempp[135] und sein Schwiegersohn, der ehemalige Mainzer Landesbranddirektor Dr. Karl L. Schaefer.[136] So soll sich Gempp nach Angaben seines Sohnes in privaten Gesprächen deutlicher als in öffentlichen Verlautbarungen über die vermutete rechtsextreme Herkunft der Brandstifter geäußert haben. Gempps Äußerungen, wonach mehrere Brandstifter am Werk gewesen sein müßten, bekräftigten auch der erste offizielle, später ausgeschaltete Gutachter Prof. Theodor Kristen[137] sowie verschiedene an den Löscharbeiten beteiligte Feuerwehrleute.

Gempps „Dementi"

Erst am 12. Juni erschien im „Völkischen Beobachter" unter der Überschrift „Wieder eine Auslandshetze entlarvt! Der ehemalige Chef der Berliner Feuerwehr, Branddirektor Gempp, verwahrt sich gegen französische Lügenmeldungen" ein Dementi der Meldungen von „La République", das angeblich von Gempp stammte und fast ausschließlich aus angeblichen wörtlichen Zitaten bestand.

Darin wurde unter anderem behauptet, es sei „glatter Unsinn, daß Herr Minister Goering mir verboten haben soll, sofort die höchste Alarmstufe zu verkünden". Tatsächlich habe Gempp selbst „sofort nach Eintreffen am Brandherd eine der Ausdehnung des Feuers entsprechende Alarmstufe angeordnet (15. Alarmstufe), die zur Bekämpfung des Feuers voll ausgereicht" habe. „Von irgendwelchen markanten Brandstiftungsmaterialien, die herumgelegen haben sollen, habe ich nichts gesehen."

Der Artikel endete mit dem folgenden Kommentar:

„Damit sind die Hetzlügen des deutschfeindlichen Blatts restlos widerlegt. Es bleibt noch zu bemerken, daß die Gründe, die zur Einleitung eines Disziplinarverfahrens gegen den ehemaligen Branddirektor geführt haben, auf ganz anderem Gebiete liegen, und zwar nicht auf politischem, sondern auf materiellem."

Bereits die Verfasser des Braunbuchs hielten dieses Dementi Gempps für wenig glaubhaft und sahen in dem gegen Gempp eingeleiteten Disziplinarverfahren, über das auch in anderen deutschen Zeitungen berichtet worden war, den Versuch der Nationalsozialisten, den „unbequemen" Gegner Gempp durch „kriminelle Beschuldigungen zur Strecke zu bringen."[138]

Offenbar als Reaktion gab Gempp am 14. 9. eine Erklärung vor der

Politischen Polizei (Abteilung III, Nachrichtendienst) ab, in der er explizit die ihn betreffenden Aussagen des Braunbuchs dementierte. Insbesondere erklärte Gempp, in der am Tag nach dem Brand stattgefundenen Besprechung mit leitenden Ingenieuren „nicht darüber Klage geführt [zu haben], daß die Feuerwehr zu spät alarmiert worden sei. Davon, daß beim Eintreffen der Feuerwehr bereits eine zwanzig Mann starke SA.-Abteilung anwesend gewesen sein soll, ist mir nichts bekannt. Wenn ich es nicht selbst gesehen hätte [sic!], so wäre ich sicher davon in Kenntnis gesetzt worden. Daß mir der jetzige Herr Ministerpräsident Göring verboten haben soll, die höchste Alarmstufe zu verkünden, ist ein glatter Unsinn. Daß in den nicht zerstörten Teilen des Reichstagsgebäudes große Mengen nicht mehr verwendeten Brandstiftungsmaterials herumgelegen hätten, ist nicht der Fall gewesen. So weit ich mich erinnere, befanden sich an einzelnen Stellen kleine Mengen Brandstiftungsmaterial, und zwar ein nicht vollständig abgebrannter Kohlenanzünder an einem Fenster des Restaurationsgebäudes und eine Fackel unter einem der Klubsessel in der Wandelhalle.

Ich erkläre, daß meine Beurlaubung und das gegen mich eingeleitete Disziplinarverfahren mit dem Reichstagsbrand nicht das Geringste zu tun haben. [...]

Daß mein Dementi erst am 18. Juni 1933 [recte: 12. Juni] erfolgt ist, ist darauf zurückzuführen, daß ich erst an jenem Tag die Behauptungen einer Auslandszeitung erfahren habe. Auch die Behauptung, daß ich aus Furcht vor Gefängnisstrafe mich dem Verlangen des Herrn Ministerpräsident Göring gebeugt hätte, ist unzutreffend. Richtig ist, daß sich der Herr Ministerpräsident in keiner Weise in die von mir gegebenen Anordnungen eingemischt hat."[139]

Der Tenor des Textes, die sprachlich ungelenke Form sowie die bloße Aneinanderreihung dementierender Aussagen nähren den Verdacht, daß es sich hierbei um eine bestellte, wenn nicht sogar vorbereitete Erklärung handelte. Bezeichnenderweise ging diese über das formale Dementi der Gempp vom Braunbuch zugeschriebenen Aussagen kaum hinaus und erwähnte beispielsweise mit keinem Wort die ihm vom „Völkischen Beobachter" und dem Berliner „8-Uhr-Abendblatt" vom 28. Februar zugesprochenen Äußerungen über die Wahrnehmung ausgegossenen Brandmaterials (Benzin bzw. Petroleum).

Am 14. Oktober wurde Gempp als Zeuge – und nicht etwa als Sachverständiger, wie es seiner früheren Stellung entsprochen hätte – vor dem Reichsgericht vernommen. Gempps Name fehlte in der Zeugenliste der

Anklagebehörde, seine Ladung wurde erst nachträglich in der Haupt-verhandlung auf Antrag von Dimitroff beschlossen. Gegenstand seiner Vernehmung waren freilich nicht Ablauf und Ursachen des Brandes, sondern die ihm im Braunbuch und in der ausländischen Presse zuge-sprochenen Erklärungen.

Gleich eingangs wies Gempp darauf hin, zu diesem Komplex bereits mehrmals vernommen worden zu sein, einmal von dem Vertreter des Staatskommissars Dr. Lippert, der Gempps Entlassung verfügt hatte, und ein zweites Mal von der Gestapo.[140]

„Ich habe in beiden Fällen diese Behauptungen als glatten Unsinn er-klären müssen [sic!]". Zwar erklärte Gempp, er habe bei seinem Ein-treffen im Reichstag keine SA gesehen, schränkte diese Aussage jedoch bereits im nächsten Moment wieder ein, indem er präzisierte: „zumin-dest ist es keine grössere Anzahl gewesen; es ist vielleicht möglich ge-wesen, dass einer oder der andere da war; daran kann ich mich nicht er-innern. Jedenfalls eine grössere Anzahl war sicherlich nicht da."[141] Ähnlich doppeldeutig erklärte er: „Grössere Mengen von Brandmateri-al habe ich ebenfalls nicht" gesehen.[142] Was die ihm vom Braunbuch zu-gesprochenen Äußerungen über die Behinderungen und Verzögerun-gen der Löscharbeiten betrifft, so dementierte Gempp diese zwar glaubhaft, hielt aber immerhin fest: „Es war auffallend, daß keiner von den beiden [recte: drei] Meldern im Reichstag gezogen war."[143]

Im weiteren Verlauf der Vernehmung erklärte er auf Nachfrage des Oberreichsanwalts jedoch, neben einer „Fackel, die sich unter einem Klubsessel in der Wandelhalle befand", im Bismarcksaal auch „Spuren, die von flüssigem Brandmaterial herrührten", entdeckt zu haben. „Be-sonders im Vorsaal des Bundesrats war eine lange Gasse von ausgegos-senem Brennmaterial zu sehen […].[144] Sie ging von einer Tür zu ande-ren. Es war eine ununterbrochene Brandspur. Man konnte das ganz deutlich sehen. Einige Stellen im Teppich waren schon vollständig aus-gebrannt."[145] Die Spur, so Gempp in der weiteren Vernehmung, habe nach „Benzin oder Benzol" gerochen.[146]

Auch in der anschließenden Befragung durch den chemischen Sach-verständigen Dr. Schatz blieb Gempp bei dieser Feststellung. Zwar konnte er „nicht mit Bestimmtheit sagen", daß diese Flüssigkeit nach einem „Gemisch zwischen Benzin, Benzol und faulem Kohl" gerochen habe, wie der Sachverständige vermutete; er „habe nur, so weit es ging, einmal die Nase heruntergehalten und gerochen und glaubte, daß es Ben-zin oder Benzol sei."[147]

Die spätere Behauptung Hans Mommsens, Gempp habe die Aussage betreffs der Wahrnehmung eines Benzin- oder Benzolgeruchs vor dem Reichsgericht zurückgezogen, als ihn der Sachverständige Dr. Schatz aufforderte, diese Aussage zu präzisieren[148], entspricht also eindeutig nicht der Wahrheit.

Auch seine Aussage über die Entdeckung einer Wachsfackel unter einem Klubsessel im Wandelgang widerrief Gempp vor dem Reichsgericht nicht. Als ihm der Oberreichsanwalt nahelegte, hierbei könne es sich womöglich um eine Fackel gehandelt haben, die einer der Feuerwehrleute bei einem Patrouillengang oben auf dem Gang gebraucht und anschließend dorthin gelegt habe, wies Gempp dies entschieden zurück:

„ORA Dr. Werner: Ist es da nicht möglich, daß diese Brandfackel tatsächlich von der Feuerwehr herrührt? Es ist ja oben auf dem Dach tatsächlich eine Brandfackel gefunden worden, und zwar eine unangebrannte, von der, wie man jetzt vielleicht schon sagen kann, feststeht, daß sie die Feuerwehr bei ihrem Patrouillengang oben auf dem Dach verloren hat. Nun könnte ja vielleicht einer dieser Leute, die auch mit einer Fackel oben Feststellungen gemacht haben, mit der abgebrannten Fackel herunter gekommen sein, und da sie aufgebraucht und nicht mehr zu verwenden war, hätte er sie irgendwo hingelegt.

Zeuge Gempp: Das ist nicht anzunehmen. Dann hätte der betreffende Feuerwehrmann sie sicher nicht unter ein brennbares Stück, d. h. unter einen Klubsessel gelegt."[149]

Gempp beharrte auf Nachfrage des Oberreichsanwalts auch darauf, daß es sich um eine Fackel gehandelt habe, wie sie bei der Feuerwehr in Gebrauch sei[150]:

„Ich glaube sicher, daß auch Fackeln normalisiert sind und man wenig andersartige Fackeln hat, denn ich habe die Fackeln, wie sie bei der Feuerwehr verwendet werden, bei vielen anderen Gelegenheiten schon gesehen."[151]

Anschließend hielt Rechtsanwalt Teichert Gempp nochmals die in der Auslandspresse – z. B. in „Le Populaire" vom 16. März 1933 (siehe oben) – erschienenen Mitteilungen vor, wonach dieser in einer Versammlung am 28. Februar erklärt haben sollte, „man habe von Ihnen von bestimmter Stelle aus verlangt, Sie sollten Veränderungen in dem Protokoll vornehmen. Ist diese Behauptung wahr oder unwahr?" Worauf Gempp – erneut sprachlich doppeldeutig – antwortete:

„Die muss ich ebenso als glatten Unsinn erklären."[152]

Warum wurde dann aber dieses „Protokoll", der von Gempp abge-

Der Leiter der Berliner Feuerwehr, Oberbranddirektor Gempp (mit Mütze), bei den Löscharbeiten in der Brandnacht.

zeichnete und per Sonderboten an Göring gesandte Brandbericht, der Brandkommission vorenthalten? Und warum verzichtete das Reichsgericht trotz der bekannten Vorwürfe der Auslandspresse auf die Vorlage und Verlesung des Originals?

Wenn Gempp laut dem stenographischen Protokoll seiner Aussage vor dem Reichsgericht die ihm von ausländischen Presseberichten zugesprochenen Äußerungen auch teilweise dementierte, so hielt er jedoch gerade an seinen Beobachtungen von Brandmittelfunden fest. Dies ist umso bemerkenswerter, als der Oberbranddirektor in mehrfacher Hinsicht unter schwerem Druck stand. Daß Gempp dennoch im wesentlichen zu seinen Beobachtungen stand, macht sein Zeugnis bedeutsam, enthält es doch gewichtige Indizien für die Existenz mehrerer Täter. Diese Version war den Richtern des Reichsgerichts und den nationalsozialistischen Machthabern inzwischen jedoch nicht mehr genehm. Zu diesem Zeitpunkt hatte man nämlich nur einen Täter, Marinus van der Lubbe. Da sich kommunistische Mittäter nicht vorweisen ließen, war man deshalb inzwischen auf eine vage Hintermännerthese ausgewichen. Nur zu vermuten ist, „daß es zwischen der Aussage Gempps vor dem Reichsgericht und seinem weiteren Schicksal, insbesondere seiner endgültigen Versetzung in den Ruhestand, irgendwelche Verbindungen und Bezüge gibt."[153]

Am 20. Verhandlungstag wurde auch der ehemalige SPD-Stadtrat und Feuerwehrdezernent Wilhelm Ahrens zur „Widerlegung" der angeblich von ihm verbreiteten Meldungen über die nicht konformen Äußerung Gempps vor dem Reichsgericht vernommen. Ahrens war seit März 1933 vom Amt suspendiert und wegen angeblicher materieller Verfehlungen im Zusammenhang mit denselben Vorwürfen gegen Gempp bereits in Haft gewesen.[154]

Obwohl er – ähnlich wie Gempp und die am selben Tag wie dieser vernommenen Feuerwehrleute – hinsichtlich des von ihm erwarteten Dementis unter starkem Druck stand, bestätigte auch Ahrens, daß ihm in der Brandnacht im Bismarcksaal eine Gießspur von flüssigem Brennmaterial aufgefallen sei.[155]

Exkurs: Der Fall Gempp – Krimineller oder unbequemer Mitwisser?

Fritz Tobias hatte in seinem bereits erwähnten „Werk" über den

Reichstagsbrand den Versuch unternommen, Gempp infolge seiner Verwicklung in den sogenannten „Minimax-Prozeß" von 1937/38 als gewöhnlichen Kriminellen hinzustellen[156], eine These, der sich andere Vertreter der Alleintäter-These in der Folge anschlossen. Nach einem Monstre-Korruptionsprozeß ohne jeglichen politischen Hintergrund, so Tobias, sei Gempp ausschließlich dafür bestraft worden, daß er sich über Jahre hinweg, und zwar bereits vor 1933, als Berliner Oberbranddirektor vom Direktor der Firma Minimax, Friedrich Gunsenheimer, mit hohen Summen habe bestechen lassen. Die Aufdeckung der Straftaten habe bereits vor der NS-Machtergreifung begonnen, womit jeder Zusammenhang mit dem Reichstagsbrand von vornherein ausgeschlossen sei. Tatsächlich wurde das erste Ermittlungsverfahren gegen den Vorstand der Firma Minimax AG, wie die diesbezügliche Anklageschrift feststellte, aber erst „im Februar 1933" eingeleitet.[157]

In seiner Gempp-Studie weist Wolfgang Wippermann im einzelnen nach, daß Gempp von den Nazis – wie bereits von Walther Hofer und seinen Mitarbeitern dargestellt[158] – aus politischen Gründen verfolgt wurde. Demnach waren die nachträglich für Gempps Beurlaubung genannten „materiellen" Gründe nur vorgeschoben. Diese zog man erst aus dem Ärmel, nachdem es nicht gelungen war, den nur „beurlaubten" Gempp wegen der angeblichen Duldung „kommunistischer Umtriebe" ganz aus dem Amt zu entfernen. Doch auch die – laut Wippermann ungerechtfertigte – Anschuldigung Gempps vom 25. März 1933, dieser habe bei der Anschaffung eines Mercedes-Dienstwagens gegen die „Grundsätze sparsamer Wirtschaftsführung verstoßen", erzielten nicht die gewünschte Wirkung und hatten weder die Einleitung eines Disziplinar- noch eines Strafverfahrens zur Folge.

Die weiteren Bemühungen der Nationalsozialisten, Gempp aus dem Amt zu drängen, wurden denn auch nicht einmal mehr versuchsweise mit dem Vorwurf „materieller Verfehlungen" bemäntelt, wie Wippermann überzeugend nachgewiesen hat. Am 7. Juli wurde Gempp durch „den Staatskommissar zur Wahrnehmung der Geschäfte des Bürgermeisters", Hafemann, mitgeteilt, daß gegen ihn wegen Verstoß gegen § 4 des Gesetzes zur „Wiederherstellung des Berufsbeamtentums" vom 7. April 1933 ermittelt werde.[159]

Nach dem Wortlaut dieses Gesetzes konnten „Beamte, die nach ihrer bisherigen politischen Betätigung nicht die Gewähr dafür bieten, daß sie jederzeit rückhaltlos für den nationalen Staat eintreten [...] aus dem Dienst entlassen werden."[160] Im Schreiben Hafemanns wurde dem unpolitischen preußischen Beamten, der niemals einer politischen Partei angehört hatte, der DVP nur nahegestanden haben soll, vorgeworfen, „marxistische" und „kommunistische" Umtriebe bei der Feuerwehr „geduldet" und „durch Ihr Verhalten geradezu gefördert", „national eingestellte Feuerwehrbeamte gegenüber denen mit marxistischer Gesinnung zurückgesetzt zu haben" sowie „in weitestem Masse den Wünschen des ehemaligen, marxistischen Stadtrats Ahrens" entgegengekommen zu sein.

„Tatsächlich ist Gempp erst aufgrund des Erlasses des preußischen Ministerpräsidenten Göring vom 6. Februar 1934, der am 23. Februar 1934 mitgeteilt und am 31. Mai 1934 rechtskräftig wurde, in den Ruhestand versetzt worden".[161] Gempps Entlassungsverfahren, „das eindeutig und ausschließlich politisch motiviert war", zog sich – von der Beurlaubung bis zur Entlassung – über 14 Monate hin und war damit offenbar eines der längsten Verfahren, die nach dem „Gesetz zur Wiederherstellung des Berufsbeamtentums" geführt wurden.[162]

Durch den Rückgriff auf das berüchtigte „Gesetz zur Wiederherstellung des Berufsbeamtentums" rückt aber auch der ganze folgende langwierige Korruptionsprozeß in ein anderes Licht, nämlich in dasjenige einer politisch bedingten und willkürlichen NS-Justizpraxis.

Schon die Anklageschrift belegte, daß das ganze Verfahren gegen Gempp erst infolge seiner aus politischen Gründen erfolgten Suspendierung und Beurlaubung in Gang gebracht wurde: „Die Aufdeckung der Straftaten gelang im Mai 1933 aufgrund von Beschuldigungen, die gegen den ehemaligen Berliner Oberbranddirektor Gempp im Rahmen der Diziplinaruntersuchung nach seiner aus politischen Gründen erfolgten Beurlaubung erhoben worden waren."[163]

Die Gempp im sogenannten Minimax-Prozeß zur Last gelegten Verfehlungen schließlich beschränkten sich im wesentlichen darauf, daß er nicht für alle von der Firma Minimax erhaltenen Geldzahlungen Gegenleistungen in Form von Gutachten, Artikeln etc. nachweisen konnte bzw. das Gericht die von Gempp angegebenen Honorare für überhöht hielt. Außerdem hatte Gempp wohl nicht alle Beträge versteuert und seine nebenberuflichen Tätigkeiten dem zuständigen Stadtrat Ahrens nur gesprächsweise mitgeteilt. „Im Kern ging es beim ,Fall' Gempp also um die ,Nebentätigkeit' eines Beamten, die zu Problemen führte und auch heute noch führt"[164], urteilte Wolfgang Wippermann.

„Der Reichstagsbrand wurde vor Gericht zwar mit keinem Wort erwähnt, wohl aber die politisch begründete Beurlaubung und Entlassung

Gempps aufgrund des § 6 BBG (Gesetz zur Wiederherstellung des Berufsbeamtentums)."[165]

Obwohl der ehemalige Leiter der Berliner Feuerwehr nach Darstellung seiner Witwe nachweisen konnte, „dass die Firma Minimax, die seinerzeit infolge gewisser bereits Jahrzehnte alter, grundlegender Patente auf dem Gebiet des chemischen Schaumlöschverfahrens eine Monopolstellung einnahm, keineswegs bei der Vergebung von Aufträgen zum Nachteil der Stadt Berlin bevorzugt worden war, ferner dass seine Mitarbeit auf dem Gebiet des in der Entwicklung befindlichen, neuen Luftschaumlöschverfahrens mit Genehmigung des städtischen Dezernenten geschehen und, da eine behördliche Forschungsstelle damals nicht existierte, diese Tätigkeit auch im allgemeinen fachlichen Interesse gelegen war, wurde er verurteilt. Wie in Tausenden anderen Fällen, hatte man damit auch hier einen überzeugten Gegner des Nationalsozialismus auf kaltem Wege zur Strecke gebracht".[166]

Wegen der Annahme von „Bestechungsgeldern" in Höhe von 15.600 RM wurde Gempp neben 16 weiteren Feuerwehrbeamten schließlich am 1. Juli 1938 mit zwei Jahren Zuchthaus bestraft (wobei er für die Summe von 14.400 RM Gutachter- oder Artikelhonorare nachweisen konnte) und noch am Tag der Urteilsverkündung verhaftet. Am 2. Mai 1939 wurde Gempp in seiner Zelle im Gefängnis tot aufgefunden. Bereits vor und noch während des Prozesses waren verschiedene angeklagte Beamte der Feuerwehr gestorben (wie es hieß durch eigene Hand, um so die Pension für ihre Angehörigen zu sichern).[167]

Insgesamt ist anhand der Prozeßakten festzustellen, daß Anklage und Urteil verschiedentlich eine negative Voreingenommenheit gegenüber Gempp erkennen lassen. So wurde zum Beispiel der Grundsatz „in dubio pro reo" (im Zweifel für den Angeklagten) in sein Gegenteil verkehrt, Tatbestandsmerkmale und Zeugnisse willkürlich zu Ungunsten des Angeklagten ausgelegt.[168]

Auch von Gempps Angehörigen, insbesondere von seinem Sohn, wurde der gegen Gempp geführte Prozeß als „rein politische Angelegenheit", die Korruptionsvorwürfe als „völlig unberechtigt" und als „Vorwand zur öffentlichen Diskreditierung des politisch nicht genehmen" Beamten bezeichnet. Gempp sei 1933, schon vor seiner Beurlaubung, verschiedentlich von der Politischen Polizei bzw. Gestapo vernommen, sein Haus sei im Herbst 1933 durchsucht worden, doch sei offenbar kein Belastungsmaterial gefunden worden. Nur in Unkenntnis der Möglichkeiten habe man eine Rehabilitierung Gempps nach

1945 versäumt.[169] Nach Auffassung seines Sohnes Karl Heinz Gempp, der die Leiche seines Vaters in der Zelle identifizieren mußte, war Gempp eindeutig erdrosselt worden, ob von eigener oder von fremder Hand. Von einem „einwandfrei nachweisbaren Freitod" Gempps[170] kann daher keineswegs die Rede sein. Doch selbst wenn Gempp von seinen Peinigern „nur" in den Tod gehetzt wurde, so wäre damit seine konsequente und zielstrebige Ausschaltung als unbequemer Mitwisser um die Hintergründe der Brandstiftung keineswegs widerlegt. Gempp, so seine Witwe in ihrem nicht veröffentlichten Leserbrief an den „Spiegel" vom 26. Dezember 1959, „hatte wegen der zahlreichen Brandherde und der überraschend schnellen Brandausbreitung im Plenarsaal die feste Überzeugung gewonnen, dass bei der Brandlegung zehn bis fünfzehn Mann mitgewirkt haben mussten. Er sah die von Anfang an zahlreiche SA geschäftig beim Aufräumen helfen, was den Nachweis der einzelnen Brandherde und die Ermittlungen über die Brandausweitung erschweren musste. Die anwesende NS-Prominenz tat zwar sehr empört, doch konnte Gempp auch leise Bemerkungen derart hören, man hätte die Quasselbude ruhig abbrennen lassen sollen. Dass die Tätigkeit der Feuerwehr zur Einkreisung des Feuers geführt hatte, schien keineswegs überall Beifall zu finden. Als mehrere Journalisten den Oberbranddirektor dann nach der Brandursache fragten, hat er in seiner Erregung geäussert, dass hier eine ‚ganz grosse Gemeinheit im Spiele' sein müsse. In der Auslandspresse ist diese Äusserung aufgegriffen und in bekannter Weise erläutert worden. Diese Veröffentlichungen hatten wochenlange Verhöre des Oberbranddirektors zur Folge. Hätte man nicht grösstes Aufsehen im Ausland befürchtet, wäre wohl Gempp damals schon von der Bildfläche verschwunden. Mit seiner Gegenwart suchte die Partei das gute Gewissen der SA zu beweisen."[171]

Die von Protagonisten der Alleintäter-These in Anlehnung an die NS-Propaganda vertretene Auffassung, Gempp sei ein einfacher Krimineller gewesen, der lediglich wegen seiner Verwicklung in einen Korruptionsskandal verfolgt worden sei, kann damit als endgültig widerlegt gelten. „Der durch und durch unpolitische ‚preußische Beamte' Gempp", urteilt Wolfgang Wippermann, „war [...] zweifellos kein Widerstandskämpfer. Ihn als bloßen Kriminellen abzustempeln, halte ich jedoch nicht nur für anmaßend-arrogant, sondern zugleich für sachlich falsch. Gempp wurde eindeutig aufgrund politischer Motive beurlaubt und entlassen [...] Gempp kann als Opfer des nationalsozialistischen Regimes angesehen werden. An seinem Schicksal kann beispielhaft verdeutlicht werden, daß jeder, der sich nicht völlig anpaßte, der irgendwie ‚störend' war, verfolgt werden und in die Maschinerie dieses im Kern totalitären Staates geraten konnte."[172]

Grundlage für Gempps mangelnde Anpassungsbereitschaft an das neue Regime war zweifellos das Pflichtbewußtsein des „fachkundigen, aber zugleich bewußt und gewollt unpolitischen preußischen Beamten", unter dessen Leitung „die Berliner Feuerwehr ihren überaus guten Ruf wahren und noch weiter ausbauen [konnte]. Sie galt in ganz Deutschland, ja in ganz Europa als vorbildlich."

Auch in der letzten überlieferten Äußerung Gempps kommt diese Haltung zum Ausdruck. Nach der „Reichskristallnacht", „als die Synagogen unter Aufsicht der Feuerwehr abbrannten", sah er seinen schon in der Nacht des Reichstagsbrandes aufgekommenen Verdacht bestätigt, „dass man seinerzeit nicht das Ablöschen, sondern das Abbrennen des Reichstages von ihm erwartet" hatte.[173]

SA am Brandort

Gempps durch seine Witwe überlieferte Beobachtung, wonach zahlreiche Mitglieder der SA bei den Aufräumarbeiten nach dem Brand geholfen und dabei möglicherweise auch Beweismittel beseitigt hatten, wird durch die zeitgenössischen Äußerungen des Oberbranddirektors weitgehend bestätigt. So hat Gempp die ihm am 21. April 1933 von der Straßburger Zeitung „La République" zugesprochene und wenige Tage später von der „Saarbrücker Volksstimme" wiederholte Behauptung, im Reichstagsgebäude hätten sich beim Eintreffen der Feuerwehr bereits zwanzig SA-Männer befunden[174], bezeichnenderweise nie vollständig dementiert. In seiner Erklärung vor der Politischen Polizei am 14. September hatte er nur angeben, es sei ihm nicht bekannt, „daß beim Eintreffen der Feuerwehr bereits eine zwanzig Mann starke SA.-Abteilung anwesend gewesen sein soll". Vor dem Reichsgericht erklärte Gempp zwar zunächst, er habe bei seinem Eintreffen im Reichstag weder SA noch „größere Mengen von Brandmaterial" gesehen, schränkte diese Aussage hinsichtlich der SA dann jedoch wieder mit dem Nachsatz ein: „Zum mindesten ist es keine größere Anzahl gewesen".

In Wirklichkeit dementierte Gempp damit lediglich die ihm zugeschriebene Zahlenangabe von 20 SA-Männern, und auch dies nicht besonders überzeugend. Sicher ist, daß sich spätestens mit dem Eintreffen von Göring an der Brandstätte, also zu einem sehr frühen Zeitpunkt des Brandes, verschiedene höhere SA- und SS-Führer im bzw. am Reichstagsgebäude befunden haben müssen. SA-Prinz August Wilhelm tauchte dabei in Zivil auf. Ein massierter Einsatz der SA am Brandort läßt sich hingegen nicht belegen und scheint auch ganz bewußt vermieden worden zu sein.[175]

Der „Feuerwehrbericht"

In einem vom damaligen Oberbranddirektor Wissell am 11. Oktober 1955 an das Institut für Zeitgeschichte gesandten „Bericht über den Reichstagsbrand am 27. Februar 1933"[176], der die Erinnerungen von Feuerwehrleuten wiedergibt, die damals an den Löscharbeiten teilnahmen, heißt es, daß ein Feuerwehrmann, der auf der Suche nach der zentralen Lichtschaltung von einem Abstellraum des Reichstagsrestaurants eine Treppe hinab ins Erdgeschoß ging, dort einen Windfang mit zerschlagenen Scheiben erblickte: „Aus diesen Öffnungen starrten dem Feuerwehrmann mehrere Pistolenläufe entgegen, die von Personen gehalten wurden, die in nagelneuen Polizeiuniformen steckten und den Feuerwehrmann aufforderten, sofort zurückzugehen, da sie sonst von der Schußwaffe Gebrauch machen würden." Der Feuerwehrmann habe daraufhin den Rückzug angetreten und den Sachverhalt sofort seinem Zugführer mitgeteilt. In einer Unterrichtsstunde des damaligen Oberbaurates Meußer nach dem Brand mit den Feuerwehrleuten des Löschzuges 6 habe Einmütigkeit bestanden, daß die Brandstifter ihre Brandmittel durch den unterirdischen Heizungstunnel gebracht haben müßten, der „vom Reichstagsgebäude zum Amtsgebäude Görings (Reichstagspräsidentenpalais) führte". Weiterhin wurde vermutet, „daß die im Windfang befindlichen Personen in Polizeiuniform [...] den Auftrag hatten, den Rückzug der Brandstifter zu decken" (S. 5). Aufgrund der zahlreichen Brandherde und der geringen Zeitspanne, in der sich der Brand entwickelt hatte, sei man zu dem Ergebnis gekommen, daß mehrere Brandstifter am Werk gewesen sein müßten. Auch eine Reihe weiterer Merkwürdigkeiten waren in dieser Unterrichtsstunde zur Sprache gekommen, wie unter anderem die Tatsache, daß die Feuerwehr beim Eintreffen an der Brandstelle sämtliche Portale des Reichstagsgebäudes verschlossen vorgefunden hatte und daß außerdem keiner der drei Feuermelder in den Pförtnerlogen des Reichstags betätigt worden war.

Wenige Tage nach dieser Besprechung habe Meußer einen erneuten Unterricht über den Brand abgehalten, dessen Sinn darin bestanden habe, „daß Meußer offensichtlich von höherer Stelle beauftragt worden war, die in der ersten Besprechung erarbeiteten Thesen als falsch hinzustellen". Kurze Zeit danach seien in einem der erhalten gebliebenen Sitzungssäle des Reichstagsgebäudes Vernehmungen durchgeführt worden, wobei unter anderem die Feuerwehrleute Emil Puhle, Fritz Polchow und Erich Nest vom Löschzug 6 vernommen worden seien.

Der spätere Branddirektor Fritz Polchow, der als junger Feuerwehrmann bei den Löscharbeiten im Reichstag mitgewirkt hatte, und sein Kollege, Brandmeister Erich Nest, berichteten 1960 übereinstimmend, wie sie – im Dunkeln nach einem Lichtschalter suchend – auf der Treppe vom Reichstagsrestaurant ins Erdgeschoß plötzlich auf – nach Angaben Nests: zwei – Polizisten gestoßen seien. Von diesen mit der Waffe bedroht und zum Rückzug aufgefordert, sei Polchow und Nest nichts anderes übriggeblieben, als sich zurückzuziehen.[177] Polchow will sein Erlebnis sowohl seinem Truppführer, dem Brandmeister Lutosch, als auch seinem Zugführer Emil Puhle gemeldet haben. Noch an Ort und Stelle soll sich Lutosch laut Polchow von der Anwesenheit der Polizisten überzeugt haben. Auch in seiner Vernehmung durch die Kriminalpolizei wenige Tage nach dem Brand will Polchow von diesem Erlebnis berichtet haben. In der Hauptverhandlung vor dem Reichsgericht wurde Polchow dagegen nicht als Zeuge vernommen.

Wie die jetzt verfügbaren Akten zeigen, gab der Feuerwehrmann Polchow seine Begegnung mit den „Polizisten" auch am 3. März vor dem Kriminalkommissar Bunge von der Brandkommission KJ I,8 zu Protokoll (wobei in diesem Protokoll die Pistolen nicht erwähnt werden): „Nachdem ich eine hinter der Theke befindliche Treppe hinuntergegangen war, dort eine zertrümmerte Scheibe entdeckt und zugleich auf mir von unten entgegenkommende Polizeibeamte gestossen war, kehrte ich nach oben zurück." [178]

Bisher[179] hatten sich die Autoren der im „Feuerwehrbericht" vertretenen Auffassung angeschlossen, bei diesen Polizeibeamten könne es sich um Mittäter gehandelt haben, die die Aufgabe hatten, den Rückzug der Brandstifter zu decken. Doch nach gründlicher Überprüfung und Neuberechnung aller für das Brandgeschehen im Reichstagsgebäude am 27. Februar 1933 relevanten Zeiten – unter anderem auf der Basis bisher unbekannter Vernehmungsprotokolle – muß diese Interpretation revidiert werden. Danach läßt sich der Zeitpunkt des von Polchow geschilderten

Zusammentreffens exakt bestimmen. Bei den Polizeibeamten, denen Polchow begegnete, handelte es sich sehr wahrscheinlich um Polizeileutnant Lateit mit seinen Beamten, die ab ca. 21.22 Uhr mit gezogener Pistole den Südflügel wie auch die Kellerräume des Reichstagsgebäudes durchsuchten und vermutlich zur gleichen Zeit wie Polchow (ca. 21.23 - 21.24 Uhr) die Tür mit der eingeschlagenen Scheibe am unteren Ende der Treppe erreichten.

Ein zweiter Tatverdächtiger

1962 hatte Fritz Tobias behauptet: „An der Tatsache ist nicht zu rütteln, daß man während des Brandes trotz eifrigem Suchen keine weitere Menschenseele außer van der Lubbe und dem Pförtner Albert Wendt im Reichstagsgebäude angetroffen hatte."[180] Bereits die Herausgeber der 1972 und 1978 erschienenen zweibändigen Dokumentation „Der Reichstagsbrand" hatten nachgewiesen, daß diese Behauptung nicht der Wahrheit entspricht.

Am 16. Sitzungstag wurden bei der Vernehmung des Brandmeisters Klotz das Ende des Brandes und das Abrücken der Feuerwehr erörtert. Auf der Suche nach dem Namen des Polizeihauptmannes blätterte Gerichtspräsident Bünger in den Akten und las dann laut vor:

„Dann das nächste Telegramm: Zusatzmeldung zu WE 14 – so ist das vorige bezeichnet – 28. 2. 02.15 Uhr, Neubauer, Feuerwehr mit Ausnahme einer Brandwache von 4 Zügen 00.55 Uhr abgerückt. Ein 37 Jahr [sic!] Schornsteinfeger – das bezieht sich wohl auf etwas anderes? – ebenfalls noch als der Tat verdächtig infolge seines eigenartigen Verlassens festgenommen."[181]

Ohne auf diesen Punkt einzugehen, lenkte Torglers Verteidiger Sack die Verhandlung mit einer Frage an den Zeugen wieder zurück zum gerade behandelten Gegenstand, dem Abrücken der Feuerwehr.

Wie die Personenfeststellung auf dem Revier 28 (Brandenburger Tor-Wache) ergab, handelte es sich bei dem Festgenommenen um den Bezirksschornsteinfegermeister Wilhelm Heise[182], Pflügerstraße 23, Neukölln, geboren am 11. 4. 1895 in Chicago. Zur Festnahme Heises gab der Polizeiwachtmeister Hans Steinbeck zu Protokoll:

„Gegen 21.30 [Uhr] kam ich mit einem Kommando der dritten Bereitschaft vom Sportpalast. In der Nähe des Lehrter Bahnhofs bemerkten wir den Brand des Reichstagsgebäudes, und unser Kommandoführer, Offiziersanwärter Hertel. 3. SI. Tg, gab Anweisung, dorthin zu fahren. Der anwesende Bereitschaftsführer, Polizeihauptmann Kurzhals, ordnete dann unsere Beteiligung an der Absperrung an.

Mir fiel der Abschnitt an der Ecke Hindersinstr. – Platz der Republik zu. Gegen 0.20 Uhr bemerkte ich links vom Portal eine dunkle Gestalt, die sich aus dem Schatten des Gebäudes loslöste. Bei näherer Betrachtung gewahrte ich einen Schornsteinfeger, der auf meine Frage, woher er komme und was er hier schaffe, keine befriedigende Antwort geben konnte. Da er auch keinerlei Ausweispapiere bei sich führte, wurde er nach Absprache mit Hauptmann Kurzhals durch mich dem Revier 28 zugeführt. Dort machte er in der Zelle mehrmals (3mal) Selbstmordversuche, indem er sich mittels seines Halstuches und später mit einer Schnur, die der Abdichtung seines Ärmels diente, zu erhängen suchte. Die Person wurde auf dem Revier als der RY 1/I2/3/ [?] als Mieter wohnhaft, festgestellt. Bei der Festnahme erschien Heise leicht angetrunken, er roch nach Alkohol. Auf dem Weg zur Wache torkelte H. auffälliger als anfangs, ich hatte den Eindruck, als ob er starke Trunkenheit vortäuschen wollte.

Zum Schluß möchte ich noch bemerken, daß der Platz der Republik bzw. die nähere Umgebung des Reichstagsgebäudes für das Publikum abgesperrt war. Heise muß sich also während der Absperrung bereits im Reichstagsgebäude oder im Schatten der linken Seite der Freitreppe, wo ich ihn gewahrte, versteckt gehalten haben. Von der Stunde meines Eintreffens bis zur Festnahme waren ca. 2 3/4 Stunden vergangen."[183]

Bei seiner Festnahme trug Heise Ausrüstungsgegenstände eines Schornsteinfegers sowie 9 Universalschlüssel bei sich.[184] Er war angetrunken und gab an, „häufig im Reichstag tätig zu sein".[185] Heise wurde der Politischen Polizei am 28. Februar, 3.00 Uhr vorgeführt und bereits um 4.45 entlassen[186], nachdem die nationalsozialistischen Reichstagsabgeordneten Kurt Frey und Berthold Karwahne sowie ihr österreichischer Freund Kroyer bei einer Gegenüberstellung erklärt hatten, daß Heise nicht mit jener Person identisch sei, die sie zusammen mit dem Reichstagsabgeordneten der KPD und späteren Angeklagten im Reichstagsbrandprozeß, Torgler, im Reichstag gesehen hätten.[187]

In der polizeilichen Vernehmung gab Heise eigenartigerweise an, bereits am Nachmittag „durch ein Telefongespräch" vom Reichstagsbrand erfahren zu haben, nachdem er in einem Café mehrere Glas Wein (oder Bier) getrunken habe. Er sei sodann mit dem Taxi „gegen 5 Uhr" zum Reichstag gefahren, „um mir den Brand anzusehen". Politisch sei er „ganz rechts eingestellt", gehöre jedoch keiner Partei an.[188]

Danach befragt, warum er sich eine Taxe genommen habe (also wohl, warum er sich zum Reichstag begeben habe), antwortete Heise laut dem stenographischen Protokoll, „daß es sich hier um eine Berufssache handelte und jeder Kollege bei einem Brand zur Unterstützung der Verhinderung einer weiteren Ausdehnung verpflichtet ist. Wenn mir vorgehalten wird, daß ich den Reichstag ja gar nicht kenne und doch ortsunkundig bin, erwidere ich, daß ich doch brandtechnische Kenntnisse habe und die Schornsteine wie Feuerstellen genau kenne." [!]

Nur wenige Zeitungen berichteten von Heises Festnahme. Bereits am 28. Februar hatte die „Frankfurter Zeitung" (Zweites Morgenblatt) die Verhaftung eines „verdächtigen jungen Mannes" gemeldet, der „von der Polizei an Ort und Stelle festgenommen worden" sei. Auch der Berliner „Lokalanzeiger" vom 28. Februar (Morgenausgabe) erwähnte die Festnahme eines zweiten Mannes, schilderte den Vorgang aber wesentlich detaillierter. Danach hätten die Beamten der als erstes alarmierten Brandenburger Tor-Wache „aus der Richtung des Parlamentsgebäudes mehrere Personen davonlaufen" sehen. „Sie eilten ihnen nach, konnten aber nur einen von ihnen fassen, den sie sofort in Haft nahmen und zur Wache brachten".

Der „Völkische Beobachter"meldete in seiner Norddeutschen Ausgabe vom 1. März: „Im Laufe der Nacht wurde durch zahlreich eingesetzte Kriminalbeamte und Beamte der Schutzpolizei noch ein Mann entdeckt, der als Amerikaner identifiziert worden sein soll. Inwieweit er mit der Brandstiftung zusammenhängt, werden die weiteren Untersuchungen ergeben." Im Reichstagsbrandprozeß wurde der „Schornsteinfeger" nur noch einmal erwähnt, nämlich als Karwahne die Gegenüberstellung im Polizeipräsidium schilderte:

„Es wurde mir zunächst ein Mann in schwarzer Kleidung gegenübergestellt. Ob das ein blauer Anzug war oder ein richtiger Schornsteinfegeranzug, vermag ich nicht zu sagen. Ich wurde also dem Mann gegenübergestellt und gefragt, ob ich ihn im Reichstag gesehen habe. Ich mußte das verneinen."[189]

Am 7. Dezember 1933 forderte der „Internationale Untersuchungsausschuß" in Paris in einem Telegramm an den 4. Strafsenat „die Einvernahme des Schornsteinfegers, dessen Name nicht bekanntgegeben wurde, dem Gericht aber sehr wohl bekannt ist".[190] Auch diese Eingabe blieb freilich ohne Erfolg.

Das „Alibi" des Dr. Albrecht

Daß in Richtung nationalsozialistischer Täter nicht ermittelt werden durfte, belegt auch der Fall des Reichstagsabgeordneten Dr. Albrecht.

Am 20. März 1933 gab der als Zeuge vernommene Reichstagspförtner Wendt zu Protokoll: „Als die Feuerwehr bereits im Nordportal war [21.19 Uhr] und ich beim Durchbringen der großen Schläuche mit half, kam ein Herr mit Hut im Sakkoanzug ohne Mantel aus der Garderobe heraus. Unter dem Arm hatte er eine flüchtig zusammengeraffte Aktenmappe, auf die er noch ein paar Bücher und eine Zigarrenkiste geklemmt hielt. Ich kannte ihn nicht, hielt ihn an, worauf er mir einen Abgeordnetenausweis zeigte [Randbemerkung im Protokoll: Dr. Albrecht] und sich als Abgeordneter der NSDAP legitimierte, worauf er durch das Portal V herausging. Es rief jemand: ‚Es soll niemand das Haus verlassen.‘ Dies wird ein Schupobeamter gerufen haben, ich selbst habe den Ruf ‚Herr Abgeordneter, Herr Abgeordneter‘ nicht getan. Daraufhin sah ich, wie mehrere Polizeibeamte hinter ihm herliefen und ihn nach einigen Schritten zurückbrachten. Er wurde zu einem in der Nordhalle stehenden höheren Polizeioffizier [wohl Lateit] geführt, zeigte dort seinen Abgeordnetenausweis und wurde wieder entlassen. Nach geraumer Zeit kam derselbe Mann wieder ins Portal V herein und wollte wieder in die Garderobe zurück. Meiner Erinnerung nach sagte er, er wolle noch etwas holen, es sei eine wichtige und eilige Sache. Ich erwiderte darauf, daß niemand ins Haus dürfe. Meiner Meinung nach war derselbe Polizeioffizier, der diesen Abgeordneten vorher herausgelassen hatte, neben mir und erklärte auch, daß niemand mehr in das Haus hineindürfe. Der Abgeordnete ist dann auch fortgegangen."[191]

Offenbar eilte Albrecht also noch vor der Verhaftung van der Lubbes (ca. 21.23 Uhr) aus dem Reichstag. Wie er dort hineingekommen war, wurde auch im weiteren Verlauf der Ermittlung nicht geklärt. Dem Untersuchungsrichter gegenüber gab Albrecht an, in seiner Pension in unmittelbarer Nähe des Reichstags wegen einer Grippe zu Bett gelegen zu haben, als ihn das Zimmermädchen über den Brand im Reichstag informierte. Notdürftig bekleidet sei er daraufhin durch Portal V in das brennende Gebäude geeilt, um sein Familienstammbuch und andere wichtige Unterlagen vor den Flammen zu retten. In seiner Vernehmung vor Gericht am 13. November wiederholte Albrecht diese Darstellung.[192] Er habe in seiner Pension krank zu Bett gelegen. Da habe das Hausmädchen durch die Türe gerufen: „Der Reichstag brennt!" Trotz seiner Erkrankung sei er aus dem Bett gesprungen, da er in einem Wandschrank in den Räumen der NSDAP neben dem Plenarsaal wichtige Familienpapiere verwahrt gehabt habe, die er unbedingt vor den Flammen habe retten wollen. Er habe sich sehr schnell angezogen, ohne Hut, Kragen und Krawatte sei er sofort zum Reichstag hinübergestürzt. Am Portal V habe man ihn erst passieren lassen, als er seine Abgeordnetenkarte vorgezeigt habe. Schnell habe er aus dem verqualmten Raum die Papiere herausgeholt und „stürmte in grösster Eile den Weg zurück und aus dem Reichstag heraus. So habe ich tatsächlich, wie es nachher in der Zeitung hieß, fluchtartig den Reichstag verlassen." Am Portal V sei er von Polizisten [tatsächlich war es der Pförtner Wendt] angerufen worden. Er sei bereits draußen gewesen, als man ihn nochmals zurückgeholt habe. Worauf er sich einem Polizeileutnant [wohl Lateit] gegenüber nochmals auswies. Nachdem er die Sachen in die Pension gebracht hatte, so Albrecht weiter, habe er nochmals durch die Absperrung hindurchgehen wollen, dies sei ihm jedoch nicht geglückt.

Als der Pförtner von Portal V, Wendt, in seiner Vernehmung vor dem Reichsgericht versicherte, daß nach dem Alarm außer Feuerwehr und Polizei niemand mehr das Reichstagsgebäude durch Portal V betreten habe und damit Albrechts Behauptung widersprach, sprang der Stellvertreter des Oberreichsanwalts Dr. Parrisius für den derart bedrängten NSDAP-Abgeordneten in die Bresche. Die Polizei habe noch am selben Abend in Albrechts Pension eingehende Ermittlungen vorgenommen. Dabei seien Albrechts Zimmermädchen und Pensionswirtin als Zeugen von der Polizei vernommen worden und hätten dessen Angaben für richtig befunden. Diese Darstellung wurde vom Kriminalassistenten Bauch als vernehmendem Beamten sofort bezeugt. Dr. Albrecht sei bis zum Ausbruch des Brandes auf seinem Zimmer gewesen. Gerichtspräsident Dr. Bünger gab sich mit dieser Auskunft zufrieden. Um weitere unangenehme Fragen Dimitroffs abzuwürgen, der Albrecht bereits zuvor zugesetzt hatte, verwies Bünger auf eine untersuchungsrichterliche Vernehmung Albrechts vom 24. März, mit der ja alles „aufgeklärt und erledigt"[193] sei, da sie mehr Gewicht habe als eine Vernehmung allein durch die Brandkommission. Eine Vorladung der genannten Alibizeugen hielt er danach nicht mehr für notwendig.

Gegen Ende des Prozesses beantragte Dimitroff, das Gericht möge den Pförtner des Portals V, Wendt, nochmals zum Fall Albrecht vernehmen, da Dr. Albrecht nach Wendts Aussage nicht in der von Albrecht beschriebenen Weise in das Reichstagsgebäude gelangt sein könne. Doch bevor Wendt auf Dimitroffs Antrag hin nochmals als Zeuge vor dem Reichsgericht aussagen sollte, gab der Oberreichsanwalt am 35. Verhandlungstag bekannt, Wendt sei wegen Unzuverlässigkeit aus dem Dienst entlassen worden, da er im Dienst das Portal verlassen habe und beim Trinken erwischt worden sei. Der Oberreichsanwalt schloß daraus, daß Wendt aufgrund der ihm damit nachgewiesenen Unzuverlässigkeit als Zeuge nur eingeschränkt glaubwürdig sei. Für den Vorsitzenden Dr. Bünger war der Fall damit erledigt. Eine erneute Zeugenvernehmung Wendts erachtete er in Übereinstimmung mit Werner als nicht mehr sinnvoll und beendete die Beweisaufnahme.[194]

Die Vernehmungsprotokolle des Zimmermädchens Maria Hessler und der Pensionswirtin Elisabeth Berkemeyer, den beiden angeblichen Alibizeugen Albrechts, können freilich auch bei großzügiger Auslegung zugunsten Albrechts dem an ein Alibi zu stellenden Anspruch kaum gerecht werden. So konnte die Pensionswirtin Berkemeyer ihre Meinung, Albrecht habe eine halbe Stunde vor dem Brand noch im Bett gelegen, nicht begründen. Sie mutmaßte lediglich, dies von ihrem Zimmermädchen Maria Hessler erfahren zu haben. Maria Hessler wiederum konnte „auch nicht mehr sagen, ob Dr. Albrecht ungefähr eine halbe Stunde vor dem Brande in seinem Zimmer gelegen hat."[195] Von einem Alibi Albrechts kann also nicht die Rede sein.

Die hier zu beobachtende Praxis, Hinweise auf Tatverdächtige in NS-Kreisen nicht weiterzuverfolgen bzw. solche Spuren zu verwischen, wurde auch von dem ehemaligen Gestapo-Mitarbeiter Walther Pohlenz in einer kriminalpolizeilichen Befragung in der damaligen sowjetischen Besatzungszone (SBZ) im Jahr 1948 bezeugt. So bestätigte Pohlenz, der 1933 eng mit Kriminalassistent Marowsky, seinerzeit Mitarbeiter der Brandkommission der Politischen Polizei, zusammengearbeitet hatte, „daß ein Kriminalkommissar Heisig formell mit der Untersuchung des Reichstagsbrandes beauftragt war. Im Verlaufe dieser Untersuchung, die zeitweise in Richtung der wirklichen Täter, die in der SA zu suchen waren, liefen, wurden alle zusammengetragenen Unterlagen von diesem K. K. Heisig sofort eingezogen, und er gab die Anordnung, eine andere Spur zu verfolgen. P. ist der Auffassung, daß Heisig nicht aus eigenem Antrieb so gehandelt, sondern auf Anordnung einer Höheren Stelle (Graf Helldorf) diese Anweisung gegeben hat."[196]

Frühzeitiger Dienstschluß

Schon bald nach dem Reichstagsbrand waren Gerüchte und Spekulationen über einen vorzeitigen Dienstschluß des Reichstagspersonals am Brandabend aufgekommen. So hieß es im Braunbuch I, Göring habe „am Tage des Brandes auch dafür gesorgt, dass die Reichstagsbeamten vor Beendigung der Amtszeit den Reichstag verliessen [...]. Der nationalsozialistische Hausinspektor befahl ihnen, den Dienst für diesen Tag zu beenden, da doch nichts zu tun sei. Im Monat März brachten die grössten Auslandszeitungen die Mitteilung, dass die Reichstagsbeamten am 27. Februar vorzeitig beurlaubt worden seien. Die Hitler-Regierung hat nicht gewagt, diese Meldung zu dementieren."[197] Tatsächlich hatte z. B. „Le Populaire" am 15. März 1933 gemeldet, der Hausinspektor habe seinen Untergebenen „am Tage des Feuers [...] erlaubt, den Reichstag gegen 17 Uhr zu verlassen. Eine Übertretung der Dienstvorschrift." Eine Notiz in den seit 1990 zugänglichen Akten von Gestapo, Reichsgericht und Oberreichsanwalt (St 65) hält fest, die Zeitschrift „Oeuvre" habe ein Telegramm ihres Straßburger Korrespondenten veröffentlicht. Dieser „habe aus absolut zuverlässiger Quelle" u. a. erfahren: „Am Tage des Attentats hätten die Reichstagsbeamten freibekommen und seien um 13 Uhr heimgeschickt worden, ‚weil nichts mehr zu tun wäre'. Dieser Befehl sei eine ausgesprochene Verletzung der Dienstvorschriften gewesen. Die betreffenden Beamten hätten später, um ihr Gewissen zu entlasten, diese Tatsache dem Verwaltungsdirektor Galle zur Kenntnis gebracht."[198]

Im Leipziger Prozeß widersprachen Hausinspektor Alexander Scranowitz sowie der Direktor des Reichstages, Geheimrat Galle, dieser Darstellung entschieden.

Zwar läßt sich der angegebene, so frühzeitige Dienstschluß der Reichstagsbeamten am Brandtag auf Grund der Reichstagsbrandakten nicht verifizieren. Immerhin belegen die Akten aber, daß das Personal des Maschinenhauses an diesem Abend früher als gewöhnlich Feierabend machte. So sah der Dienstplan für das Heizungspersonal am 27. Februar 1933 eine erste Schicht von 6-14 Uhr und eine zweite von 14-21 Uhr vor.[199] Danach wäre im Kesselhaus, Maschinenhaus und im Zentralheizungsraum des Reichstages am 27. Februar planmäßig Dienst bis 21 Uhr gewesen. Laut Aussage des Nachtpförtners Paul Adermann vor dem Untersuchungsrichter hatten die Heizer vor dem Brand aber tatsächlich „meistens bis gegen 22 Uhr im Maschinenhaus und im Gang zu tun".[200]

Die Heizer indes gaben über-einstimmend an, das Haus am 27. Februar 1933 zwischen 20 Uhr und 20.30 Uhr verlassen zu haben.[201]

Aus den Vernehmungen des Reichstags-Verwaltungspersonals geht darüber hinaus eindeutig hervor, daß am Brandabend Boten und Verwaltungspersonal auf Anordnung der Botenmeisterei bereits um 19 Uhr Dienstschluß hatten, also eine Stunde früher als gewöhnlich.[202] Die Bediensteten der Botenmeisterei Erich Sedletzki, Werner Pape, Johann Scheer und Arthur Kindler sagten in der Voruntersuchung übereinstimmend aus, am 27. Februar ihren Dienst um 19 Uhr beendet zu haben, und zwar nachdem der Vertreter des Botenmeisters, Max Kunze, gegen 19 Uhr Dienstschluß „angesagt"[203] hatte – oder, wie sich der KPD-Fraktionsdiener Sedletzki ausdrückte – „Feierabend gebot".[204] Kunze selbst sagte dagegen aus: „Am 27. Februar 33 vertrat ich den Botenmeister während des Nachmittagsdienstes von 14-19 Uhr". Das von Kunze als üblich suggerierte Dienstende (19 Uhr) läßt sich durch den von Botenmeister Eduard Prodöhl für den Untersuchungrichter angefertigten Dienstplan für den 27. Februar 1933[205] nicht belegen. In dieser Liste sind alle „Beamten und Angestellten [verzeichnet], die am Brandtage vormittags und nachmittags Dienst getan haben".[206] Der Vormittagsdienst (Tour II) endete demnach um 2 Uhr nachmittags, woran sich der Nachmittagsdienst (Tour I) anschloß. Als Dienstzeit ist hier „nachm. bis Büroschluß" angegeben, wobei diese Zeiten ausweislich der Liste gleichermaßen für das Personal der Botenmeisterei wie für die Pförtner Gültigkeit hatten. Als diesthabende Pförtner sind in der Tabellenspalte „Tour I nachm. bis Büroschluß" folgende Namen verzeichnet: Wutstrack (Präsidentenhaus), Woköck (Portal II), Drescher (Portal III) und Hornemann (Portal IV).

Hornemann gab in seiner Vernehmung vor dem Untersuchungsrichter am 17. März 1933 an: „Ich habe nur Tagedienst, und zwar von 8 bis 14 bezw. von 14 bis 20 Uhr. Am 27. Februar habe ich von 14 bis 20 Uhr Dienst gehabt."[207] Ausweislich der Liste müßten die Dienstzeiten für die Pförtner aber mit denen für das Personal der Botenmeisterei identisch gewesen sein. Das wird durch die Aussage von Erich Sedletzki in seiner Vernehmung vom 13. März 1933 im Prinzip bestätigt: „Mein Dienst war so geregelt, daß ich die eine Hälfte und Heigelmann die andere Hälfte des Tages Dienst hatte, d. h. Heigelmann hatte vormittags von 8-14 Uhr und ich von 14-19 oder 20 Uhr Dienst: Es kam auch vor, daß der Dienst länger währte."[208]

Der am 27. Februar für 19 Uhr angeordnete Dienstschluß entsprach demnach keineswegs dem Normalfall. Die von Sedletzki und Pape gebrauchte auffällige Formulierung, Kunze habe an diesem Tag um 19 Uhr Dienstschluß „angesagt" bzw. „geboten", erhärtet den Verdacht, daß der Stellvertreter des Botenmeisters seine Untergebenen an diesem Abend tatsächlich früher als gewöhnlich in den Feierabend schickte.

Ein Vergleich sowohl der Aussagen des im Reichstagsgebäude beschäftigten Personals als auch der in den Ermittlungsakten erhaltenen Dienstpläne und Aussagen des Personals läßt daher den Schluß zu, daß zumindest ein Teil des Reichstagspersonals am Brandabend zwischen ein und zwei Stunden früher Dienstschluß hatte, als es der vor dem Brand geübten Praxis entsprach.

Gegen 19 Uhr hatte das Personal das Reichstagsgebäude verlassen. Gegen 20.30 Uhr hatten auch die letzten Heizer das Kesselhaus und Maschinenhaus verlassen. Um 20.45 Uhr beendete der Beleuchter Rudolf Scholz seinen Rundgang durch das Gebäude. Zu diesem Zeitpunkt wurde die gesamte Beleuchtung ausgeschaltet. Erst um 22 Uhr startete in der Regel der Nachtpförtner, der ab 20 Uhr den Dienst in der Pförtnerloge des Nordportals versah, seinen ersten Kontrollgang.

„Es war also am 27. Februar so eingeteilt, daß von der Beendigung meines Rundgangs um 1/2 9 Uhr bis zum Beginn des 1. Kontrollganges des Nachtwächters um 10 Uhr keine Kontrolle des inneren Hauses stattfand"[209], bestätigte der Beleuchter Scholz im Prozeß vor dem Reichsgericht.

Der unterirdische Gang

Die erste Vermutung, daß die Reichstagsbrandstifter – sechs bis acht Täter seien es gewesen[210] – den Tatort durch den unterirdischen Heizungstunnel verlassen hätten, der das Reichstagsgebäude durch den Keller des Reichstagspräsidenetenpalais mit dem Heizungsgebäude (Kesselhaus) verbindet, stammt bezeichnenderweise von Göring selbst. Am 1. März 1933 berichtete die "Frankfurter Zeitung" (Zweites Morgenblatt) über eine Kabinettssitzung. „Als Unterlage für seine Beratungen hat dem Reichskabinett ein ausführlicher Bericht des kommisarischen preußischen Innenministers Göring [...] gedient. Über den Bericht [...] wird von zuständiger Stelle der Regierung folgendes mitgeteilt": Es seien „Leute mit Fackeln" gesehen worden, „die deshalb nicht von der Polizei hätten festgenommen werden können, weil sie offenbar durch die unterirdischen Heizungsanlagen zwischen dem Reichsparlament und dem Palais des Reichstagspräsidenten entkommen seien". Schon kurz darauf muß Göring die Unbedachtheit dieser Äußerung bewußt geworden sein, denn in einer Rundfunkrede am 1. März 1933 sprach er nur noch von einem „unterirdischen Gang im Karl-Liebknecht-Haus […], der bisher nur als etwas Sagenhaftes gegolten hat."[211]

Bei seiner Vernehmung vor dem Reichsgericht am 4. November 1933 äußerte Göring, als Reichstagspräsident Hausherr im Reichstagspräsidentenpalais: Die Mittäter van der Lubbes „waren eiskalt längst entschlitzt. Ich weiß auch, wo. Meiner Überzeugung nach haben sie den unterirdischen Gang benutzt. Dieser Gang führt nicht zum Reichstagspräsidentenpalais [dies entspricht nicht der Wahrheit], sondern geht nach hinten, zum Maschinenhaus. Es war eine Leichtigkeit, in der Dunkelheit über die Mauer zu verschwinden und sich dünnzumachen. So glaube ich, ist es gewesen. Das ist meine Auffassung."[212]

In dem im Sommer 1933 erschienenen „Braunbuch über Reichstagsbrand und Hitlerterror" wurde diese Äußerung des Preußischen Ministerpräsidenten gegen ihren Urheber gekehrt. Für die Autoren des Braunbuchs stand fest: Der für die Brandstiftung verantwortliche SA-Trupp transportierte die Brandstiftungsmaterialien von Görings Palais durch den unterirdischen Heizungstunnel ins Reichstagsgebäude und gelangte nach vollbrachter Tat von dort wieder zurück ins Reichstagspräsidentenpalais. Das Leipziger Reichsgericht dagegen hat diese Möglichkeit in seinem Urteil vehement bestritten (siehe unten).

Die heute vollständig vorliegenden Vernehmungsprotokolle des Personals von Reichstag, Kesselhaus, Maschinenhaus sowie Reichstagspräsidentenpalais erlauben nun erstmals eine minutiöse Rekonstruktion der örtlichen Gegebenheiten. Daraus ergibt sich, daß die Möglichkeit der Benutzung des unterirdischen Ganges durch einen Brandstiftertrupp am Brandabend keineswegs auszuschließen ist. Im Gegensatz zu Görings Behauptung führte der unterirdische Gang von beiden Enden aus direkt in den Keller des Präsidentenpalais. Wie eine vor dem Umbau 1997 vorgenommene Ortsbesichtigung[213] bestätigte, mündete zum einen der vom Kesselhaus kommende unterirdische Gang von Osten in den Keller des Präsidentenpalais. Ein zweiter Abschnitt des Ganges begann dann an der Westseite dieses Kellers, unterquerte die Ebertstraße und mündete in den Keller des Reichstagsgebäudes. Aus der ebenerdigen Durchfahrt des Präsidentenpalais führte zwar, schräg gegenüber der Pförtnerloge, eine Treppe in dessen Keller. Dieser war allerdings auch über weitere Treppen und von der Gartenseite her zugänglich. Es war also jederzeit möglich, ohne die Pförtnerloge passieren zu müssen, aus den oberen Etagen des Palais in den Keller und den Gang zu gelangen.[214]

Die Protokolle der Vernehmungen und des Prozesses bestätigen ferner, daß die Nachtpförtner im Reichstagspräsidentenpalais, Paul Adermann und Richard Wiehle, bereits einige Zeit vor dem Brand nachts Schritte im unterirdischen Gang gehört hatten. Adermann sagte am 3. März 1933 aus, daß er fünf bis sechs Wochen vor dem Brand erstmals Laufgeräusche im Gang gehört habe. Drei bis vier Wochen vor dem Brand sei in der Nacht zwischen 21.30 und 1 Uhr im Beamtenhaus stark geklopft worden: „Es hörte sich mitunter so an, als wenn jemand mit einer Ramme auf das Pflaster schlägt."[215] Adermann meldete dies der „Hauspolizei", die wiederholt gewacht habe. In diesen Nächten seien dann jedoch keine Klopfgeräusche zu hören gewesen. Adermann stellte nun unter den Laufbohlen im Gang kurze Hölzchen auf, die beim „Belaufen" entweder umfallen oder zerbrechen mußten. Immer wenn Adermann von da an die Laufgeräusche vernahm und nachsah, waren die Hölzchen umgefallen.[216] Zehn bis zwölf Tage vor dem Brand, berichtet Adermann über das letzte derartige Erlebnis, „hörte ich Schritte vom Reichstag zum Beamtenhaus. Ich beeilte mich besonders, schloß schnell die schwarze Tür auf und hörte nun deutlich, wie jemand nach dem Beamtenhaus hin lief, die dort zum Maschinenhaus führende Tür zuwarf und abschloß".[217] Für die Tür vom Gang zum Maschinenhaus besaß er keinen Schlüssel. Adermann meldete seine Wahrnehmungen pflichtschuldig seinen Vorgesetzten, aber auf Anordnung von Reichstagsdirektor Reinhard Galle (der im Reichstagspräsidentenpalais wohnte) wurden Adermanns Wahrnehmungen nicht ins Kontrollbuch eingetragen.[218] Als Erklärung hierfür gab Galle am 16. Mai 1933 zu Protokoll, er habe an eine Sinnestäuschung Adermanns geglaubt.[219]

Dem Nachtpförtner des Reichstages, Wilhelm Mennerich, war bereits Ende 1932 verschiedentlich aufgefallen, daß im Reichstag Licht eingeschaltet war, das beim jeweils zuvor zurückgelegten Kontrollgang noch nicht gebrannt hatte. Auch habe er ein Türklappen gehört, ohne jedoch jemanden zu sehen. Auch Mennerich teilte seine Wahrnehmungen dem Reichstagsdirektor mit, der dem Nachtpförtner vorwarf, er habe „Gespenster" gesehen.[220] Mennerich wurde von Galle am 20. Mai 1933 mit Wirkung zum 18. Juni 1933 entlassen.[221] Als er von dem Untersuchungsrichter vernommen werden sollte, habe Mennerich laut Galle erklärt, er müsse für seine Vernehmung erst die Genehmigung von

252

Göring einholen. Mennerich sei dann auch tatsächlich von Göring empfangen und hierbei von diesem wegen einer gegen den Hausinspektor
Scranowitz erhobenen Verdächtigung zurechtgewiesen worden.[222] Die
Genehmigung Görings für seine Aussage vor dem Untersuchungsrichter hat Mennerich aber offenbar nicht erhalten. Zumindest findet sich
in den Ermittlungsakten kein Protokoll einer untersuchungsrichterlichen Vernehmung des Nachtpförtners.

Den Ermittlungsakten sind weitere, bisher unbekannte Informationen
zu entnehmen: Die Türen vom unterirdischen Heizungstunnel zum
Reichstagsgebäude und zum Maschinenhaus wurden normalerweise
vom Personal der Spätschicht zum Dienstschluß, also in der Regel um
21 Uhr abgeschlossen. Tagsüber waren nach übereinstimmenden Aussagen mehrerer Angestellter alle Türen zum unterirdischen Gang unverschlossen. Die Verbindungstür vom Reichstagsgebäude zum unterirdischen Gang wurde gewöhnlich von einem Angestellten des Maschinenhauses abgeschlossen, die Tür zum Kesselhaus von einem Heizer,
die Tür zum Reichstagspräsidentenpalais vom dortigen Nachtpförtner.

Am Abend des 27. Februar, dem Abend der Brandstiftung, bot sich
bezüglich der drei Zugänge zum unterirdischen Verbindungsgang folgende Situation:

Spätdienst (14-21 Uhr) im Kesselhaus hatten am 27. Februar Gustav
Krüger, Erich Fehrmann, Erhard Cyron und Johann Wittkowski. Die
(rote) Tür unterirdischer Gang/Kesselhaus wurde nach eigener Aussage
vom Heizer Johann Wittkowski um 20.30 Uhr abgeschlossen, den
Schlüssel habe er beim Portier abgegeben.[223]

Spätdienst (14-21 Uhr) im Zentralheizungsraum des Reichstagsgebäudes hatten am 27. Februar Paul Weigmann, Paul Fraedrich und Rudolf Scholz. Die Tür unterirdischer Gang/Reichstagsgebäude wurde
vom Werkführer Weigmann um 20 Uhr mit dem Kellerschlüssel abgeschlossen. „Der Hauptschlüssel des Hauses", so Weigmann, „paßt aber
auch." Den Kellerschlüssel habe er – wie üblich – „in der zur Heizung
herunterführenden Tür in der Durchfahrt zwischen Nord- und Südhof,
und zwar in der Eisentür stecken gelassen. Diesen Schlüssel nimmt dann
der Beleuchter Scholz nach seinem letzten Rundgang an sich und gibt
ihn bei dem Pförtner im Portal 5 ab".[224] Beleuchter Rudolf Scholz machte ab 20 Uhr einen Rundgang durch das Reichstagsgebäude, um das
Licht abzuschalten. Nach Ende seines Rundgangs gab er dann um ca.
20.40 Uhr den Schlüssel am Portal 5 ab.[225]

Einziger Nachtpförtner im Reichstagspräsidentenpalais war am 27. Fe-

253

Zugang zum unterirdischen Gang im Keller des
Reichstagspräsidentenpalais. Nachkriegsaufnahme.

Lokaltermin im unterirdischen Gang.

bruar ab 20 Uhr Paul Adermann. Der Nachtpförtner hatte Kontrollgänge zu absolvieren, bei denen er acht Steckuhren zu betätigen hatte.
Vier dieser Uhren lagen in dem zur Spree hin (Reichstagsufer) gelegenen Garten des Präsidentenhauses, den Adermann nach eigenen Aussagen zuerst abging. Die fünfte Uhr befand sich in der Tordurchfahrt vom
Reichstagsufer zum Hof des Kesselhauses, die sechste Uhr im Maschinenhaus und die siebente in der Garage des Präsidentenhauses. Adermanns Pförtnerzimmer lag im tiefen Erdgeschoß des Präsidentenhauses.[226] Um an die achte Tür, die Verbindungstür vom Keller des
Präsidentenhauses zum unterirdischen Gang, zu gelangen, mußte er von
der Pförtnerloge aus die Hauseinfahrt und dann einen kleinen abgeschlossenen Vorraum durchqueren.[227] Über eine steinerne Treppe gelangte er von hier aus nach unten in den Keller. „Diese Kellertreppe
schließt ab mit einer schwarzen eisernen Tür. Diese Tür führt unmittelbar in den unterirdischen Gang, der den Reichstag mit dem Kesselhaus verbindet und der unter dem Präsidentenhaus diesen Ausgang in
die Einfahrt des Präsidentenhauses herauf hat. Vor dieser schwarzen Tür,
die zu dem unterirdischen Gang führt, hängt die 8. Steckuhr, die ich als
letzte zu bedienen habe.“[228]

Um von der Durchfahrt des Präsidentenhauses in den unterirdischen
Gang zu gelangen, waren also zwei Türen zu passieren, die erste zur Kellertreppe, die zweite zum Gang selbst.

In seiner Vernehmung am 7. April 1933 gab Adermann weiter zu Protokoll: „Die […] schwarze Tür, die den Gang zum Präsidentenhaus hin
schließt, stand, wenn ich auf dem ersten Rundgang gegen 22.30 Uhr
dorthin kam, immer noch offen, so daß ich sie erst nach Beendigung der
Kontrolle im Gang selbst abschloß.“[229] Der erste Rundgang Adermanns
habe deshalb erst so spät stattgefunden, weil die Heizer in der Zeit vor
dem Brand meist bis gegen 22 Uhr im Maschinenhaus und im Gang zu
tun gehabt hätten.

Am Brandabend startete Adermann seinen ersten Rundgang nach eigenen Angaben allerdings noch später, und zwar erst um 0.45 Uhr. In
der Voruntersuchung am 11. März 1933 erklärte Adermann ausdrücklich: „In der Brandnacht habe ich die Uhren erst ab 0.45 gesteckt, weil
eine Verwandte des Präsidenten Göring im Präsidentenhause wohnte
und erst um 23 Uhr nach Hause kam. Es bestand die generelle Anordnung für den Fall, daß Besuch im Hause weilte oder vorübergehend Besuch anwesend war, die Uhren nicht gesteckt würden. Ich mußte mich
vielmehr solange der jeweilige Besuch außerhalb des Hauses war, am Tor

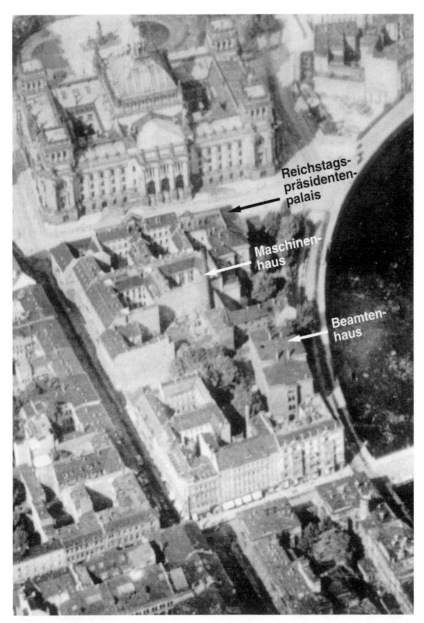

Reichstagsgebäude und Reichstagspräsidentenpalais. Der unterirdische Gang verlief vom Reichstagsgebäude unter dem Reichstagspräsidentenpalais bis zum Maschinenhaus (Schornstein). Von dort aus gab es durch Keller eine Verbindung über das Beamtenhaus bis zur öffentlichen Straße Reichstagufer.

aufhalten, um den oder die betreffenden Besucher, da sie keinen Hausschlüssel hatten, zu erwarten."[230] „In den letzten Wochen vor dem Brande wohnten im Obergeschoß als Gäste von Herrn Minister Göring Frau Milde, Herr von Cranzow und ein Prinz zu Wied, sowie eine Hausangestellte, deren Namen ich nicht kenne. Im Zwischengeschoß wohnt Herr Geheimrat Galle mit Frau und im Erdgeschoß wohnt die Hausmeisterin Frau Puschke."[231]

Der im Original erhaltene, von den Steckuhren gestempelte Papierstreifen[232] beweist – übereinstimmend mit Adermanns eigenen Angaben –, daß er in der Nacht vom 27. zum 28. Februar 1933 seinen ersten Rundgang erst um 0.44 Uhr antrat und die Tür zum Gang mit der 8. Steckuhr erst um 1.06 Uhr erreichte. Frühestens zu diesem Zeitpunkt hätte er also die Verbindungstür vom Keller des Reichspräsidentenpalais zum unterirdischen Heizungsgang abschließen können.

Erst nach einem nochmaligen eingehenden Verhör durch Beamte des Geheimen Staatspolizeiamtes[233] wurde Adermann am 18. Oktober vor dem Reichsgericht vernommen. Wahrheitswidrig und im Widerspruch zu seinen früheren Aussagen gab er nun unter Eid an, seinen ersten Rundgang bereits um 21.45 Uhr angetreten zu haben.[234] Diese Aussa-

Reichstagsgebäude und Reichstagspräsidentenpalais von der Spreeseite aus gesehen

258

ge ist allerdings insofern nicht völlig falsch, als Adermann in der Brandnacht zwischen 21.31 Uhr und 21.53 Uhr – ausweislich der Stempel auf dem noch erhaltenen Steckstreifen – mehrmals zwei der vier Steckuhren betätigte, die sich in dem zum Reichstagsufer hin gelegenen Garten des Präsidentenhauses befanden. Diese beiden Uhren waren die ersten, die Adermann gewöhnlich auf seinem Rundgang passierte. Stempelabdrücke der Steckuhren 3-8 fehlen hingegen für diesen Zeitraum, was bedeutet, daß es sich hierbei nicht um einen vollständigen Rundgang des Nachtpförtners handelte und Adermann insbesondere nicht an der Tür zum unterirdischen Gang war. Unklar ist, was Adermann in der Zeit zwischen 21.31 Uhr und 21.53 Uhr im Garten zu tun hatte und warum er dabei obendrein die Steckuhren mehrfach in kurzen Abständen hintereinander betätigte.[235] Eigenartig ist ferner Adermanns Aussage vor dem Reichsgericht, die Pförtner hätten vor Dienstantritt immer einen „Kontrollzettel" bekommen, „einen großen Zettel vom Hause [Hauptbüro] aus. Da stehen jedesmal andere Zeiten drauf, und nach diesen Zeiten müssen wir uns richten."

Dies war auch dem Gerichtspräsidenten nicht geheuer. Auf dessen verwunderte Nachfrage: „Ja, was steht denn drauf?", präzisierte der Zeuge:

„Da stehen die Uhrzeiten drauf, wann wir stecken müssen." Darauf Bünger: „Aber so, daß Sie etwa um 11 die 8. Uhr stecken?" Zeuge Adermann: „So ungefähr. Es kann mitunter später sein oder auch etwas früher, je nachdem die Anfangszeit der ersten Steckuhr ist."[236]

Diese erstaunliche Aussage würde bedeuten, daß Adermann seinen ersten Rundgang am Brandabend nicht eigenmächtig oder als Folge des Brandes im Reichstagsgebäude erst um 0.45 Uhr angetreten hat, sondern daß ihm dieser späte Zeitpunkt – den er durch seine falsche Zeitangabe vor dem Reichsgericht verschleierte – bereits vor dem Brand durch den erwähnten „Kontrollzettel" vorgegeben worden ist!

Auch wenn verschiedene Fragen offen bleiben, so geht aus den vorliegenden Akten jedenfalls eines klar hervor: Die Verbindungstür zwischen dem Reichstagspräsidentenpalais und dem unterirdischen Gang muß in der Nacht vom 27. zum 28. Februar 1933 bis 1.06 Uhr unverschlossen gewesen sein.

Unabhängig davon hätten Personen, die mit den Verhältnissen im Reichstag vertraut waren, jedoch auch leicht bei verschlossener Tür vom unterirdischen Gang aus in das Reichstagspräsidentenpalais gelangen können: Am 11. März 1933 erklärte Adermann, zu der „Tür in den Verbindungsgang zwischen Reichstagsgebäude und Kesselhaus [...] ist ein Schlüssel vorhanden, welcher an unserem Nachtwächterbund sich befindet. Ein zweiter Schlüssel lag zur jeweiligen Benutzung in einem kleinen Loch in der Mauer des Verbindungsganges. Dieser Schlüssel wurde von den Heizern benutzt, wenn diese die Heizung im Präsidentenhaus anstellen mußten, was jeden Tag geschah."[237]

Weiterhin gab es laut einer Aktennotiz von Krim[iminal]. Ass[isstent]. Kynast von der Brandkommission vom 13. Juli 1933 für die inneren Türen des Reichstagsgebäudes ursprünglich 27 Hauptschlüssel. Davon waren drei in Verlust geraten, und zwar nach den Akten im Archiv des Reichstages bereits vor dem 31. August 1921.[238] Laut Maschinenmeister Eugen Mutzka paßten die Hauptschlüssel auch für alle Türen zum unterirdischen Gang (allerdings nicht für die Hauptportale des Reichstags). Übereinstimmend mit Göring vermutete auch Mutzka: „Es besteht demnach also die Möglichkeit, daß jemand, der im Besitz eines Hauptschlüssels ist und sich im Reichstagsgebäude befindet, durch den Gang hindurch bis in den Hof des Kesselhauses und von dort über die Mauer des Hofes ins Freie gelangen kann."[239]

Wie sich darüber hinaus bei einer Besichtigung des Ganges am 24. Juni 1997, also vor dem Umbau des Reichstagspräsidentenpalais herausstellte, führte außerdem ein ausgeschilderter Notausgang vom unterirdischen Heizungstunnel in einen Kellerraum, dessen Fenster sich zum Garten des Präsidentenhauses hin öffnete. Dieser Garten grenzt an eine öffentliche Straße (Reichstagsufer) an der Spree.[240] Auch auf diesem Weg müßte es also möglich gewesen sein, unbemerkt durch Görings Keller in den und aus dem unterirdischen Gang zu gelangen. Schließlich endete der Gang zwar im Maschinenhaus, doch von dort führten Kellerräume weiter bis zum Beamtenhaus, Reichstagsufer 5.[241] Es war demnach auch möglich, von der Straße aus über das Beamtenhaus in Görings Palais und von dort aus in das Reichstagsgebäude zu gelangen. Diese Tatsachen kamen im gesamten Verfahren vor dem Leipziger Reichsgericht nicht zur Sprache.

Die Situation am Brandabend

Am Abend des 27. Februar spielte sich folgendes Szenario ab: Bis 20 Uhr waren alle Türen zum unterirdischen Gang unverschlossen. Um 20 Uhr wurde die Verbindungstür vom Gang zum Reichstagsgebäude abgeschlossen. Um 20.30 Uhr verließ das Personal das Maschinenhaus, zirka 30 bis 90 Minuten früher als gewöhnlich. Die Tür vom Gang zum Maschinenhaus ist nun auch verschlossen. Im unterirdischen Gang kann also ab 20.30 Uhr kein Personal mehr gewesen sein.

Der Schlüssel zur Verbindungstür Heizungstunnel/Reichstagsgebäude steckte zwischen 20 Uhr und zirka 20.35 Uhr unbewacht „in der zur Heizung herunterführenden Tür in der Durchfahrt zwischen Nord- und Südhof" (Eisentür). Die Verbindungstür vom Heizungstunnel zum Reichstagspräsidentenpalais blieb unverschlossen.

Zudem fanden zwischen 20 und 22 Uhr in der Regel weder im Reichstagsgebäude noch im Reichstagspräsidentenpalais Kontrollgänge des Nachtwächters statt. Die Möglichkeit, daß in der Zeit zwischen 20.30 Uhr und 21 Uhr Brandstifter durch den unterirdischen Gang in das Reichstagsgebäude eindrangen, den Plenarsaal präparierten und sich auf demselben Weg wieder unbemerkt entfernten, war also durchaus gegeben.

Daß dies auch praktisch möglich war, wird durch die folgende Aussage des Nachtpförtners Adermann bestätigt: „Wenn die betreffende Person auf Strümpfen pp. den Gang hindurchgeht, und vor allem die in dem Gang liegenden Laufbretter meidet und nebenher geht, so können wir das Hindurchgehen nicht bemerken."[242] Und an anderer Stelle heißt es weiter: „Ich kann [...] nicht sagen, daß es ausgeschlossen ist, daß jemand, der zu den beiden den Gang nach dem Reichstag und dem Maschinenhaus abschließenden Türen Schlüssel hat, in der fraglichen Zeit [20-21 Uhr] durch den Gang geschlichen und dann von dem Hof des Maschinenhauses aus über die Mauer nach dem franz. Gymnasium und der Dorotheenstr. hin entwichen ist."[243]

Kronzeuge für die Behauptung, wonach alle Türen zum unterirdischen Gang kurz nach der Brandstiftung verschlossen gewesen seien, war der Führer des „SS-Kommandos Göring", der Drogist Walter Weber. Von Weber liegt eine Aussage vom 21. April 1933 vor, die von den Ermittlungsbeamten in keiner Weise hinterfragt wurde:

„Am 27. Februar hatte ich Dienst im Ministerium des Innern des SS-Kommando Göring. Als die telefonische Meldung vom Reichstagsbrande eintraf, ordnete Ministerpräsident Göring, der noch im Ministerium arbeitete, sofort Fahrt zum Reichstag an. Er selbst begab sich sofort ins Reichstagsgebäude, während ich den Auftrag bekam, von der Einfahrt des Präsidentenhauses aus den Verbindungsgang zu kontrollieren. Ich bekam drei Schupobeamte mit. Die Tür von der Einfahrt in den Gang[244] war verschlossen. Wir durchschritten den Gang bis zu der Tür, die ihn nach dem Reichstagsgebäude hin abschließt. Auch diese Tür fanden wir abgeschlossen. Da die Tür fest verschlossen war, war für mich dieser Auftrag erledigt. Wir gingen nun den Gang in entgegengesetzter Richtung und durchsuchten die angrenzenden Kellerräume, fanden hier alles in Ordnung und durchsuchten schließlich das Reichstagspräsidenten-Palais vergeblich."[245]

Ein Vermerk des Kriminalassistenten Rudolf Schulz vom 11. März 1933 liefert zusätzliche Informationen: „Weber hatte Auftrag von Hauptmann Jacoby, vom M[inisterium] d[es] I[nneren], den Verbindungsgang nachzusehen. Weber versuchte mit 3 uniformierten Beamten vom Reichstagsgebäude aus in diesen Gang einzudringen und zwar etwa 10 Minuten nach der Feuermeldung im MdI. Bis zum Reichstagsgebäude hatte Weber ein Auto benutzt. Da er vom Reichstagsgebäude nicht eindringen konnte, begab er sich zum Präsidentenhaus, wo ihm die Kastellanin Wwe. Frieda Puschke geb. Hahndorf die vom Präsidentenhaus in den Verbindungsgang führende Tür aufgeschlossen hat."[246]

Weber, der angeblich alle Türen verschlossen vorfand, will im Reichstagspräsidentenpalais nichts Außergewöhnliches festellt haben. Die

Durchsuchungsaktion durch Weber und seine Begleiter dauerte zirka 30 Minuten, die Durchsuchung des unterirdischen Ganges etwa 7-8 Minuten.[247] Bei den „drei Schupobeamten" handelte es sich laut einer Bemerkung des Untersuchungsrichters Parrisius um die Beamten Kollatz, Hoge und Lange. Die Durchsuchung des Ganges durch Weber und die drei Beamten muß während Adermanns unerklärlicher Abwesenheit vom Präsidentenhaus (siehe oben) stattgefunden haben, da nicht er selbst, sondern die Kastellanin Frau Puschke Weber die Tür geöffnet hatte.[248]

Verwirrend verlief die spätere Vernehmung Webers durch den Gerichtspräsidenten Bünger vor dem Leipziger Reichsgericht:

„W[eber]: Ich meldete mich bei der Kastellanin, forderte die Schlüssel an. Sie schloß dann die Tür auf und wir gingen in den Kellergang vor.

P[räsident]: Halt mal! Den Kellergang vom Präsidentenhaus zum Reichstag? Nach dem Reichstag hin? (Wird bejaht) Und wie Sie da ankamen, war da der Zugang zu dem Gang hin im Präsidentenhaus verschlossen?

W[eber]: Der Kellergang?

P[räsident]: Nein, der Zugang vom Präsidentenhaus zu dem großen Gang, zum Heizungsgang.

W[eber]: Der war verschlossen. Die Kastellanin schloß die Tür auf, Frau Puschke."[249]

In den verwirrenden Fragen des Präsidenten ging unter, daß man, um vom Reichstagspräsidentenpalais in den unterirdischen Heizungsgang zu kommen, mindestens zwei Türen passieren mußte, nämlich 1) die Tür von der Einfahrt des Reichstagspräsidentenpalais zum Keller und 2) die Tür vom Keller in den unterirdischen Gang. Zwar hatte Weber in seiner oben zitierten Aussage vom 21. April 1933 angegeben, beide Türen verschlossen vorgefunden zu haben. In seiner Aussage vor dem Reichsgericht sprach er aber offensichtlich nur von einer Tür. Vorausgesetzt, daß es am 27. Februar nicht zu gravierenden Abweichungen vom üblichen Procedere gekommen war, konnte Weber nur die erste Tür, die von der Einfahrt des Reichstagspräsidentenpalais in den Keller des Hauses führte, verschlossen vorgefunden haben. Nur diese Tür also konnte die Kastellanin aufgeschlossen haben. Die zum unterirdischen Heizungsgang führende Eisentür im Keller des Reichstagspräsidentenpalais muß indes – wie oben dargelegt – offen gewesen sein. Ein Schlüssel für diese Tür wäre demnach gar nicht benötigt worden!

Entweder hatte Weber die Wahrheit gesagt, und die Verbindungstür vom Keller des Reichstagspräsidentenpalais zum unterirdischen Gang war tatsächlich verschlossen, als er die Kellerräume kontrollierte. In diesem Fall hätte jemand ausgerechnet an diesem Abend die Tür entgegen der von Adermann bezeugten Praxis verschlossen haben müssen, bevor der Nachtpförtner seinen Kontrollgang antrat. Oder Weber hatte gelogen, und die Tür war, wie es der Regel entsprach, zu diesem Zeitpunkt unverschlossen. Welches Motiv hätte Weber haben können, die Unwahrheit zu sagen? Jemandem, der mit der Praxis der Nachtpförtner nicht vertraut war, mußte eine unverschlossene Tür zum unterirdischen Heizungstunnel natürlich verdächtig erscheinen. Wollte Weber diesen Verdacht zerstreuen? Trotz der Unstimmigkeiten in Webers Aussagen wurden seine drei Begleiter, die namentlich bekannten Schupobeamten Kollatz, Hoge und Lange, in der Voruntersuchung nicht vernommen. Ihre Vernehmung vor dem Reichsgericht wurde unter Hinweis auf die Aussage Webers vom Senat nicht für notwendig befunden.[249]

Warum behauptete weiter Adermann vor dem Reichsgericht wahrheitswidrig, er habe seinen Kontrollgang am Brandabend bereits um 21.45 Uhr angetreten? Sollte damit etwa der Eindruck erweckt werden, der Nachtpförtner hätte die Tür vom Reichstagspräsidentenpalais zum Gang bereits verschlossen gehabt, als Weber seine angebliche Durchsuchungsaktion begann?

Bei der weiteren Vernehmung vor dem Reichsgericht gab Weber an, daß auch die Tür, die vom unterirdischen Heizungsgang ins Reichstagsgebäude führte, verschlossen gewesen sei. Dagegen konnte er sich eigenartigerweise nicht daran erinnern, ob auch die vom anderen Ende des Tunnels ins Kesselhaus führende Tür abgeschlossen war. Auffällig ist auch, daß Weber zwar angeblich das Reichstagspräsidentenpalais durchsucht, dabei aber die Kellerräume von Görings Residenz ausgespart hatte.

Doch was besagt es schon, wenn Weber im Reichstagspräsidentenpalais nichts Außergewöhnliches feststellt haben will. Wenn dort tatsächlich – wie verschiedentlich behauptet wurde – Görings SS-Stabswache[250] oder seine SA-„Ehrenwache"[251] mit Männern aus dem Stab von Karl Ernst[252] einquartiert war – warum hätte Weber, der doch selbst Chef des „SS-Kommandos Göring" war, dies dem Untersuchungsrichter bzw. dem Reichsgericht und damit der Öffentlichkeit verraten sollen?

Abgesehen von der Parteilichkeit dieses Zeugen und der Tatsache, daß sich Webers Behauptungen nicht mit den durch die Akten belegten Tatbeständen in Einklang bringen lassen, werden sie auch durch andere Zeugenaussagen nicht bestätigt. So sagte am 2. März 1933 etwa der Obermaschinenmeister Eugen Mutzka aus: „Ob die eisernen Türen des Ganges am Brandabend tatsächlich abgeschlossen waren, kann ich nicht angeben. Nach dem Ablöschen des Feuers waren die Türen offen, weil ein Polizeibeamter mit einem Suchhund den Gang abgesucht hatte.“[253] Einen weiteren Hinweis auf diesen Polizeibeamten und seinen Hund sucht man in den Akten vergeblich.

In der Urteilsschrift wurde eine Benutzung des unterirdischen Gangs im Rahmen der Reichstagsbrandstiftung kategorisch ausgeschlossen:

„Daß der vom Reichstagsgebäude zum Kesselhaus unter der Hermann Göring-Straße hindurchführende unterirdische Gang von den Tätern zum Kommen und Gehen nicht benutzt ist, hat die Beweisaufnahme mit Sicherheit ergeben. Der Gang ist vom Reichstagsgebäude aus über verwickelte Gänge und Treppen durch den im Keller untergebrachten Maschinenraum hindurch zu erreichen und dort wie an seinem anderen Ende nach dem Kesselhaus zu durch eiserne Türen verschlossen. Er hat unter der Dienstwohnung des Reichstagspräsidenten eine Abzweigung, deren Zugang in der Einfahrt dieses Gebäudes gegenüber der Pförtnerloge liegt und die ebenfalls durch eine eiserne Tür abgeschlossen ist. Alle diese Türen wurde von dem Zeugen Weber und den ihn begleitenden Schutzpolizeibeamten unmittelbar nach Entdeckung des Brandes ordnungsgemäß verschlossen vorgefunden [!]. Der Gang besteht aus einem engen Röhrentunnel von knapp Mannshöhe, durch den auf der einen Seite die dicken Rohre der Luftheizung laufen, während auf der anderen Seite sich ein schmaler Fußweg befindet. Dieser Weg ist mit Eisenplatten belegt, die bei Benutzung des Ganges, auch wenn das noch so vorsichtig geschieht, hörbar klappern [!]. In der ständig besetzten Pförtnerloge des Präsidentenhauses ist dieses Klappern, wie sich beim Ortstermin ergeben hat, deutlich zu hören. Die Zeugen Wutstrack und Adermann, die am Brandtage vor und nach 20 Uhr Dienst in der Pförtnerloge des Präsidentengebäudes gehabt und ihren Platz nicht verlassen haben, bekunden, daß an diesem Tage der Zugang vom Präsidentenhause überhaupt nicht benutzt ist [!]. Solange das Maschinenpersonal Dienst hatte, war eine unbemerkte Benutzung des Ganges zum Betreten des Reichstagsgebäudes durch Fremde ausgeschlossen. Nach Dienstschluß des Maschinen- und Kesselpersonals sind nach Angabe der Zeugen keinerlei Geräusche von Schritten in dem Gange gewesen [!]. Es ist deshalb völlig ausgeschlossen, daß irgendeiner der Täter diesen Gang benutzt haben könnte, um in das Reichstagsgebäude hinein- oder aus ihm herauszugelangen. Insbesondere ist aufgrund der Bekundungen der Zeugen auch die gänzliche Haltlosigkeit der Unterstellung dargetan, es seien SA-Stoßtrupps zum Zwecke der Brandlegung von der Dienstwohnung des Reichstagspräsidenten aus durch diesen Gang in das Reichstagsgebäude und wieder zurück gelangt. Es ist dies eine jener ohne jeden tatsächlichen Anhaltspunkt aus der Luft gegriffenen Behauptungen, deren Erfinder sich schon durch ihre Annahme, der Gang diene der Verbindung von Reichstagspräsidentenwohnung und Reichstagsgebäude, mit den örtlichen Verhältnissen in Widerspruch setzen. Diese Erfinder übersehen aber vor allem, daß die Abzweigung zur Präsidentenwohnung dort unmittelbar gegenüber der Pförtnerloge mündet. Diese ist stets besetzt, eine unbemerkte Benutzung des Nebenganges daher überhaupt unmöglich. Daß eine Benutzung nicht stattgefunden hat, haben sämtliche diensthabenden Pförtner unter Eid bekundet [!]".[254]

Die hier bemühten „Argumente" bedürfen wohl keiner weiteren Widerlegung. Bezeichnend ist, daß sich das Reichsgericht überhaupt zu einem derart umfänglichen und grob wahrheitswidrigen Statement genötigt sah.

TEIL 2 GEGENERMITTLUNGEN IM AUSLAND

Nicht der im Reichstagsbrandprozeß mitangeklagte Ernst Torgler wurde auf Seiten der deutschen Kommunisten zur Hauptfigur im Kampf gegen die nationalsozialistische „Reichstagsbrandlüge", sondern der Mann, dessen Name noch heute als Synonym für den kommunistischen Agitations- und Propagandaapparat (AgitProp) der Weimarer Republik steht: Willi Münzenberg, von seinen Kritikern auch der „rote Hugenberg" genannt.[1] Er schuf das polemisch als „Münzenberg-Konzern" bezeichnete Konglomerat von Verlagen, Zeitungen und Filmgesellschaften („Berlin am Morgen", „Die Welt am Abend", „Arbeiter Illustrierte Zeitung", Meshrabpomfilm), als dessen Leiter der geniale Organisator außerhalb der direkten Kontrolle des Parteiapparats der KPD stand. Diese Position verschaffte Münzenberg nicht nur ein großes Maß an Unabhängigkeit, sondern auch einen Einfluß, der weit über seine Stellung als Mitglied des Deutschen Reichstags und des Zentralkomitees der KPD hinausging.

In dieser exponierten Lage war Münzenberg das natürliche Haßobjekt der neuen Machthaber, die alles daran setzten, den marxistischen Gegenspieler von Goebbels in ihre Gewalt zu bringen. Unmittelbar nach dem Reichstagsbrand flüchtete Münzenberg mit Hilfe von Freunden über Saarbrücken nach Paris und entging damit seiner drohenden Verhaftung durch die Politische Polizei. Bereits am 28. Februar waren die Büros der IAH, des Verlages und der zu Münzenbergs Unternehmen gehörenden Tageszeitungen von der Polizei besetzt worden. Mit sofortiger Wirkung hatte man die Veröffentlichung aller Druckschriften verboten und sämtliche Konten gesperrt. Münzenberg selbst wurde per Haftbefehl gesucht.

In Paris machte sich Münzenberg, neu ernannter Chef der westeuropäischen Agitprop-Abteilung der Komintern[2], sofort an die Arbeit, um von hier aus den Kampf gegen das Hitlerregime zu organisieren. Mit französischen Gesinnungsfreunden gründete er das „Internationale Hilfskomitee für die Opfer des Hitlerfaschismus" (auch „Weltkomitee für die Opfer des Hitler-Faschismus"), dem u. a. Louis Gibarti, Lord Marley (Vorsitzender), Henri Barbusse und Albert Einstein (Ehrenvorsitzender) angehörten.[3] Als Sekretär fungierte Otto Katz.

Das Marley-Komitee war der vollendete Ausdruck des Münzenbergschen Systems der politischen Nutzung von unpolitischen oder bürgerlich-liberalen prominenten Fellow-travellers. Die bekannten Persönlichkeiten – englische Herzoginnen und amerikanische Journalisten, weltbekannte Wissenschaftler, Künstler oder Schriftsteller –, die sich für die humanitären Ziele des Komitees einsetzten, wußten häufig nicht, daß die Fäden hinter den Kulissen vom führenden Propagandisten der Komintern gezogen wurden. Umso wirkungsvoller waren freilich die Aktionen, die von diesem Forum gegen die NS-Machthaber gestartet wurden.

Als Reaktion auf die nationalsozialistischen Bücherverbrennungen vom 10. Mai 1933 rief Münzenberg gemeinsam mit Heinrich Mann und einigen anderen in Paris anwesenden deutschen Schriftstellern zur Gründung einer „Deutschen Freiheitsbibliothek" auf. Über den französischen Dichter Paul Nizan lernte er den Westschweizer Verleger Pierre Levi kennen, der ihm seine Verlagsräume und den Namen seines Verlages „Éditions du Carrefour" zur Verfügung stellte.

Zu Münzenbergs Pariser Mitarbeitern gehörten unter anderem Otto Katz, den Münzenberg von der Moskauer Zentrale der IAH zur Mitarbeit angefordert hatte, der ebenfalls nach Paris geflohene ehemalige Redakteur der inzwischen verbotenen Münzenberg-Zeitung „Berlin am Morgen", Bruno Frei, sowie Alexander Abusch, alias Reinhard, zuletzt Redakteur der KPD-Bezirkszeitung „Ruhr-Echo" in Essen. Zusammen mit Abusch und Frei als Redakteuren gründete Münzenberg in bewußter Anspielung auf Goebbels' NS-Postille „Angriff" eine Wochenzeitung, den „Gegen-Angriff"[4], dessen erste Nummer am 1. Mai 1933 herauskam. Weitere Mitarbeiter Münzenbergs waren Gustav Regler, Arthur Koestler, Hans Siemsen u. a. Die Tätigkeit des Münzenberg-Kreises in Paris, der in enger Zusammenarbeit mit dem Marley-Komitee zur Vorbereitung des Londoner Gegenprozesses stand, wurde, wie entsprechende polizeiliche Informationsmeldungen beweisen, von der NS-Geheimpolizei genauestens verfolgt.[5]

In ihrer Münzenberg-Biographie schildert Babette Gross, ehemalige Kampf- und Lebensgefährtin Willi Münzenbergs, eindrucksvoll die Atmosphäre jener Zeit:

„In jenen ersten Monaten vereinigte sich die ausländische Presse in einem allgemeinen Protest, formte sich eine Front der Ablehnung und des Mißtrauens, wie sie in solcher Geschlossenheit in den späteren Jahren niemals wieder zustande kam. Noch hatte die leidige Gewöhnung die Gemüter nicht abgestumpft, die Ohren nicht taub gemacht für die erschreckenden Gerüchte, die von Scharen deutscher Emigranten über die Grenzen getragen wurden. Der Reichstagsbrand und seine Folgen hatten im Ausland einen Schock hervorgerufen. Seit dem 28. Februar brachte die Weltpresse täglich Berichte über den Terror in Deutschland; sie veröffentlichte einander widersprechende Erklärungen der Reichsregierung und kommentierte sie mit ätzender Schärfe."[6]

An der geschlossenen Presse-Kampagne gegen das Hitler-Regime hatte Münzenberg entscheidenden Anteil. „Daß er Kommunist war, schien dabei eher etwas Zufälliges zu sein, etwas, das nicht von entscheidender Bedeutung war", schreibt Babette Gross. „Es sah aus, als seien vor der allgemeinen Entrüstung die politischen Zugehörigkeiten in den Hintergrund getreten. Man fand sich in der entschiedenen Ablehnung."[7]

Die Braunbücher

Der Reichstagsbrand und seine Folgen hatten die Augen der Welt auf die Geschehnisse in Deutschland gelenkt. Münzenberg erkannte sofort, welche Chancen sich damit der antifaschistischen Propaganda boten. Münzenbergs Anstrengungen gipfelten in drei politisch sehr wirksamen, wenn auch viel umstrittenen Publikationen: den beiden Braunbüchern und dem Weißbuch, sowie dem Londoner Gegenprozeß.

Besonders nachhaltigen Einfluß auf die Meinungsbildung über Hitler-Deutschland erzielte, nicht zuletzt wegen seiner unmittelbaren politischen Aktualität, das als Braunbuch I bekannt gewordene „Braunbuch über Reichstagsbrand und Hitlerterror". Münzenberg gelang es, hierfür das „Weltkomitee für die Opfer des Hitler-Faschismus" als Herausgeber zu gewinnen, dessen Präsident Lord Marley auch das Vorwort verfaßte. Es erschien im Sommer 1933 und bildete die Grundlage für den anschließenden Londoner Gegenprozeß im September. Im April 1934, drei Monate nach Ende des Leipziger Reichstagsbrandprozesses, folgte Braunbuch II: „Dimitroff contra Göring. Enthüllungen über die wahren Brandstifter" mit einem Vorwort von Denis Nowell Pritt, der im Londoner Gegenprozeß den Vorsitz geführt hatte. Hauptsächlicher Verfasser war Otto Katz alias André Simone, der – laut offizieller SED-Darstellung – von Alexander Abusch beraten worden sein soll. An der Vorbereitung des Buches soll sich darüber hinaus auch Bertolt Brecht beteiligt haben. In seiner unmittelbaren propagandistischen Wirkung kam das zweite Braunbuch allerdings nicht annähernd an die seines berühmteren Vorgängers heran. Beide Bücher wurden zunächst in deut-

269

scher Sprache in Paris herausgegeben, in Tarnausgaben in Deutschland verbreitet und danach in mehrere Sprachen übersetzt.[8]

Im Anschluß an die Niederschlagung des sogenannten „Röhm-Putsches" am 30. Juni/1. Juli 1934, bei der sich Hitler seiner Gegenspieler aus der SA entledigte, erschien ebenfalls in der Éditions du Carrefour das „Weißbuch über die Erschiessungen des 30. Juni", in dem die Autoren versuchten, einen Zusammenhang zwischen den Morden an der SA-Führung um Röhm und dem Reichstagsbrand dokumentarisch zu belegen.

Die Arbeiten am Braunbuch I begannen im April 1933[9] und waren bereits im Sommer desselben Jahres abgeschlossen. Von den rund 380 Seiten des Braunbuches beschäftigen sich nur rund ein Drittel mit dem Reichstagsbrand, der weitaus größere Teil dokumentierte erstmals den Terror des NS-Regimes gegen seine politischen und „rassischen" Gegner. Der Eindruck des Buches beruhte nicht zuletzt auf den Abscheu und Entsetzen hervorrufenden Bildern der gemarterten, verstümmelten und grausam getöteten Opfer der braunen Machthaber. Der Umschlag, eine Fotomontage von John Heartfield, zeigte Göring als Schlächter vor dem Hintergrund des brennenden Reichstags. Das Vorwort verfaßte Lord Marley.

Die redaktionelle Leitung des Kapitels über den Reichstagsbrand lag laut Babette Gross in den Händen von Otto Katz, der zusammen mit einem holländischen Journalisten in die Niederlande fuhr, um Nachforschungen im Kreis der Familie, der Freunde und politischen Gesinnungsgenossen van der Lubbes anzustellen. Während Katz van der Lubbes Biographie über weite Strecken korrekt darstellte, bediente er sich zur Dokumentation von dessen vermuteten NS-Kontakten einer überflüssigen Finte. „Um die Anstiftung van der Lubbes durch SA-Leute überzeugend zu machen, suchte Katz nachzuweisen, daß van der Lubbe homosexuell gewesen und schon früher mit gleich veranlagten führenden Nationalsozialisten in Verbindung gekommen sei." Zu diesem Zweck konstruierte Katz laut Babette Gross eine Verbindung van der Lubbes zu einem früheren Vertrauensmann des SA-Chefs Ernst Röhm, Georg Bell, dessen Verwicklung in den Reichstagsbrand den Braunbuch-Autoren zu Ohren gekommen war. Von einer Verbindung van der Lubbe/Bell hatte erstmals „Le Populaire" – allerdings noch ohne sexuellen Hintergrund – am 16. März 1933 berichtet.

Bell, so das Braunbuch, habe Marinus van der Lubbe dem SA-Chef als Lustknaben zugeführt, in der Folge sei dieser zum Werkzeug bei der

Brandstiftung geworden. Als Beweis für diese abenteuerliche Konstruktion verwies man auf eine – nicht mehr existierende – angebliche „Liebesliste" des SA-Chefs, auf der sich laut der protokollarischen Aussage eines mit Bell befreundeten Journalisten, „W. S.", unter „ungefähr 30 Namen" auch der Vorname „Rinus" befunden habe, „hinter dem in Klammern ein holländischer Name, beginnend mit ‚van der' stand".[10] Wie die stenographischen Protokolle des Londoner Gegenprozesses zeigen, stammte diese Idee allem Anschein nach aber nicht von Katz selbst, dieser war vielmehr dem anonymen Journalisten aus Berlin auf dem Leim gegangen, der sich als „Mitarbeiter von Linksblättern" ausgab. Am 16. September sagte dieser Unbekannte vor dem Untersuchungsausschuß in London aus[11], wobei er auf die angebliche Liebesliste Röhms zu sprechen kam, die ihm Röhms damaliger außenpolitischer Mitarbeiter Dr. Georg Bell etwa im Januar 1932 gezeigt haben soll. Auf dieser Liste, die der Zeuge „vielleicht nur 10 Sekunden in der Hand" gehalten haben will, seien etwa 20-30 Namen verzeichnet gewesen, darunter auch der Name des Berliner SA-Führers „Ernst". „Es war etwa 3/4 der Liste, ziemlich am Ende der Liste, da stand deutlich der Name Marinus van der …, und nun konnte ich nicht genau lesen, ob L-uebbe oder Stuebbe oder sonst etwas derart, aber deutlich -uebbe. Darunter stand Holland. Aber da mir der Name Marinus sehr ungewöhnlich vorkam und ich ihn nicht kannte, dachte ich zuerst, es sei ein Pseudonym. Ich sagte das zu Bell. Nach dieser Unterhaltung machte er das Dokument wieder zu." Laut Angabe des Zeugen, dessen übrige Aussagen zur Affäre Bell – soweit nachprüfbar – der Wahrheit entsprechen (siehe Kap. 8, Teil 3), habe Bell sich mit diesem Dokument gegen „irgendwelche Undankbarkeiten Röhms" abgesichert.[12]

Der ominöse Zeuge vor dem Londoner Untersuchungsausschuß dürfte mit dem im Braunbuch durch die Kürzel „W. S." bezeichneten angeblichen Freund Bells identisch sein, dessen Angaben Otto Katz offenbar ungeprüft übernommen hatte. Dieses fragwürdige Vorgehen, das Katz nach Angaben von Babette Gross „persönlich besonders schwere Kritik eingetragen" habe, blieb selbstverständlich nicht ohne Folgen. Schon 1933 gaben holländische Freunde van der Lubbes ein sogenanntes „Rotbuch"[13] heraus, in dem sie die Behauptungen des Braunbuchs über van der Lubbes Homosexualität entschieden zurückwiesen. Darüber hinaus unterstrichen sie van der Lubbes Zugehörigkeit zu der rätekommunistisch ausgerichteten „Gruppe Internationaler Kommunisten Hollands", durch die der Holländer in Kontakt mit Berliner

Gesinnungsgenossen von der Allgemeinen Arbeiterunion (AAU) gekommen sei.

Wie eine Durchsicht der lange Zeit in Moskau unter Verschluß gehaltenen Ermittlungsakten ergab, ist die Behauptung der – an sich für die Frage der Reichstagsbrandstiftung irrelevanten – Homosexualität van der Lubbes indes nicht völlig aus der Luft gegriffen. In den Akten finden sich die Aussageprotokolle von zwei Angestellen einer städtischen Berliner Wärmehalle, die bezeugten, van der Lubbe mehrfach in Gesellschaft von eindeutig homosexuellen Kreisen zugehörigen Personen gesehen zu haben.

Falsch war darüber hinaus die Nennung der SA-Führer Wolf Heinrich Graf Helldorf und Edmund Heines sowie des ehemaligen Freikorpsführers Paul Schulz als unmittelbare Tatbeteiligte, wobei sich die Braunbuch-Autoren nur auf das dem ehemaligen Führer der DNVP-Reichstagsfraktion zugeschriebene „Oberfohren-Memorandum"stützten (siehe Kap. 8, Teil 1).

„All das gründete sich auf Deduktion, Intuition und Bluff. Das einzige, was wir mit Sicherheit wußten, war, daß irgendwelche Nazikreise es irgendwie zustande gebracht hatten, das Gebäude abbrennen zu lassen. Alles andere waren Schüsse ins Blaue, die aber ins Schwarze trafen"[14] – mit diesen berühmt gewordenen Sätzen avancierte der Schriftsteller Arthur Koestler später zum Kronzeugen für die angebliche Lügenpropaganda des Braunbuchs. Obwohl Babette Gross und Alfred Kantorowicz Koestlers pointiert formuliertem Urteil später im Großen und Ganzen zustimmten, sind hier doch einige entscheidende Korrekturen notwendig. Koestlers nur scheinbar vernichtendes Urteil über das Braunbuch dürfte von seinen späteren Erfahrungen mit den Verbrechen des Stalinismus im spanischen Bürgerkrieg, die zur Abkehr des Spanienkämpfers von den Idealen des Kommunismus führten, nicht ganz unbeeinflußt sein. Denn abgesehen davon, daß Koestler an der Entstehung der Braunbücher laut Babette Gross selbst gar keinen Anteil hatte, sind in beiden Braunbüchern so viele verifizierbare Angaben und Informationen im Hinblick auf eine nationalsozialistische Täterschaft enthalten, daß Koestlers pauschales Urteil bei einer vorurteilsfreien Analyse nicht aufrechtzuerhalten ist.

Die Bedeutung von Braunbuch I hat am treffendsten Babette Gross charakterisiert:

„Das ‚Braunbuch' war Werkzeug gezielter Propaganda und wurde bewußt unter diesem Gesichtspunkt zusammengestellt. Doch haben die

Kritiker, die es als ‚kommunistisches Machwerk' und ausgekochte ‚Fälschung' hinstellen, die Umstände der Entstehung und den Charakter des Braunbuches verfehlt. Münzenberg und seine Mitarbeiter mußten schon deshalb versuchen, nahe bei den Fakten zu bleiben und möglichst konkrete Informationen zu liefern, weil sie auf die Wirkung der dokumentarischen Evidenz setzten. Der in dem anonymen, von Münzenberg stammenden Vorwort[15] des Buches erhobene Anspruch, ‚jede Behauptung dieses Buches stützt sich auf dokumentarisches Material', war nicht einfach erlogen, wenn auch gewiß der Sache nach manchmal irreführend; abgesehen von amtlichen deutschen Verlautbarungen bestand dieses ‚Dokumenten'-Material überwiegend aus den Berichten politischer oder jüdischer Flüchtlinge aus Deutschland oder kommunistischer Vertrauensleute, und man hatte wenig Möglichkeiten, ihre Angaben und Erzählungen zu überprüfen und eine historisch einwandfreie Dokumentation vorzulegen. Daß Münzenbergs Büro in so starkem Maße Durchlaufstelle von deutschen Emigranten war und er über so gute Verbindungen verfügte, machte diese Sammlung von zeitgenössischen Berichten und Informationen erst möglich, und seine anfeuernde Leitung, die bald einen großen Kreis auch freiwilliger Mitarbeiter zum Zusammentragen der Unterlagen gewann, war die beherrschende Antriebskraft."[16]

Daß die damalige politische Situation eine quellenkritische Sichtung und Überprüfung der in aller Eile zusammengetragenen Unterlagen und Berichte gar nicht erlaubte, wird von einigen besonders lautstarken Kritikern dieses „kommunistischen Machwerks" gern übersehen. Tatsächlich liefert das Braunbuch in verschiedenen Punkten Anlaß zu berechtigter Kritik.[17] Seine Mängel können jedoch nicht darüber hinwegtäuschen, daß sich die darin enthaltenen Hypothesen auf zwei grundlegende, bereits damals durch Fakten reichlich untermauerte Behauptungen stützen:

„Erstens seien die Brandstifter durch einen unterirdischen Gang gekommen, der das Reichstagsgebäude mit dem benachbarten Wohnsitz des Reichs[tags]präsidenten Hermann Göring verbindet. Daraus wurde gefolgert, daß nur Nationalsozialisten, angestiftet durch Göring, die Täter sein konnten. Zweitens könne, falls er als Brandstifter in Frage komme, van der Lubbe niemals Alleintäter gewesen sein. Er müsse Mithelfer gehabt haben."[18]

An der Richtigkeit dieser Hypothesen hat auch Koestler im Rückblick nie gezweifelt: „Aber wie wurde es gemacht? Wer hatte van der

Lubbe überredet, als Sündenbock aufzutreten, wer hatte den Plan ausgedacht, wer davon gewußt, und wer waren die aktiven Helfershelfer? Die Brandstifter konnten nur durch den unterirdischen Gang gekommen sein, der Görings Amtspalais mit dem Reichstag verband; diese Tatsache und Görings sich widersprechende Aussagen überzeugten uns, daß der preußische Ministerpräsident am Komplott beteiligt war. Wie aber konnten wir den naiven Westen von der Wahrheit einer so phantastischen Geschichte überzeugen? Wir hatten keine unmittelbaren Beweise, keinen Zugang zu den Zeugen und nur unterirdische Verbindungen mit Deutschland. Kurz, wir hatten nicht die leiseste Vorstellung von den konkreten Umständen. Wir mußten uns aufs Raten verlassen, aufs Bluffen und auf unser intuitives Wissen um die Methoden und die Denkart unserer Gegner in der totalitären Verschwörung."[19]

Daß Münzenberg bei der Abfassung des Braunbuchs gezwungen gewesen sei, „der Phantasie grössten Spielraum einzuräumen"[20], erscheint aus heutiger Sicht hingegen weit übertrieben. Wie die überwiegende Weltmeinung waren Koestler sowie Münzenberg und die redaktionellen Mitarbeiter des Braunbuchs von der nationalsozialistischen Miturheberschaft am Reichstagsbrand grundsätzlich überzeugt. „Gerade deshalb", so Babette Gross, „riskierte er [Münzenberg] es, die Einzelheiten der ‚Beweisführung‘ im ‚Braunbuch‘ auf resolute Kombinationen und Behauptungen zu stützen. Die Annahme, bei der ganzen Reichstagsbrand-Kampagne Münzenbergs sei es um eine vorsätzliche kommunistische Fälschungsaktion gegangen, ist durch nichts begründet."[21]

Die Auflagenhöhe des Braunbuchs I beziffert Babette Gross mit höchstens 25.000 Exemplaren für die bei Éditions du Carrefour erschienene deutsche und französische Ausgabe, während die Übersetzungen in weiteren 12 Ländern die Zahl von 70.000 Exemplaren kaum überschritten hätten; die Höhe der russischen Auflage sei unbekannt.[22]

Eine ganz entscheidende Rolle spielte das erste Braunbuch im Leipziger Reichstagsbrandprozeß, wo an manchen Tagen stundenlang nur über darin geäußerte Behauptungen verhandelt wurde, während seine Aushändigung dem Mitangeklagten Dimitroff trotz mehrerer Anträge verweigert wurde. Auch die Einvernahme der SA-Führer Graf von Helldorf, Schulz und Heines sowie der NS-Koryphäen Göring und Goebbels als Zeugen vor dem Reichsgericht geht wohl in erster Linie auf das Braunbuch zurück.

Der Londoner Gegenprozeß

Um die kommunistischen Angeklagten im Leipziger Reichstagsbrandprozeß zu unterstützen, hatte die Komintern beschlossen, ausländische Anwälte, die mit dem Kommunismus sympathisierten, als Verteidiger der Angeklagten nach Leipzig zu entsenden. Doch die NS-Behörden hatten sich geweigert, diese Anwälte zuzulassen. Das brachte Münzenberg auf die Idee, mit Hilfe einer Kommission internationaler Juristen einen Gegenprozeß zu arrangieren. Bereits im April 1933 hatte das „Weltkomitee für die Opfer des Hitler-Faschismus" eine juristische Internationale Untersuchungskommission für den Reichstagsbrand eingesetzt. Im Sommer 1933 stimmte die Leitung der Komintern in Moskau Münzenbergs Vorschlag zu und stattete ihn mit den dafür notwendigen Vollmachten und finanziellen Mitteln aus. Während Münzenberg selbst im Hintergrund blieb, lag die organisatorische Leitung des Projekts in den Händen von Otto Katz, der von Paris aus die Fäden zog, wo sich mit Hilfe von Clara und André Malraux, Jean Genois und dem Italiener Chiaramonte ein besonders aktiver Kern von Unterstützern gebildet hatte. Mit Hilfe des Marley-Komitees in England gelang es ihm, eine Reihe prominenter Juristen für Münzenbergs Plan zu gewinnen. Gleichzeitig bemühte sich Louis Gibarti in Amerika um Unterstützung für den bevorstehenden Prozeß. Tatsächlich gelang es Münzenbergs Emissären, eine Reihe hochkarätiger Juristen für die Mitarbeit an dem Londoner Prozeß zu gewinnen:

Sir Stafford Cripps, späterer britischer Schatzkanzler, erklärte sich bereit, die Eröffnungsrede zu halten; Denis Nowell Pritt, ein in internationalen Angelegenheiten erfahrener Jurist, King Councellor und späteres Parlamentsmitglied der Labour Party, übernahm den Vorsitz. In den USA wurde Arthur Garfield Hays gewonnen, bekannter Vorkämpfer der Civil Liberties-Bewegung und ehemaliger Verteidiger von Sacco und Vanzetti, aus Schweden kam Georg Branting, der Sohn des ersten sozialistischen Ministerpräsidenten Hjalmar Branting, aus Frankreich der renommierte Strafverteidiger Gaston Bergéry sowie Maître Moro-Giafferi, aus Holland Dr. Betsy Bakker-Nort, aus Belgien Maître Pierre Vermeylen und aus Dänemark Vald Hvidt. Italien war durch den ehemaligen Ministerpräsidenten Francesco Nitti vertreten, Spanien durch den Universitätsprofessor Louis Hymenez de Assuna. Seine Teilnahme zugesagt hatte auch der Präsident des Schweizer Nationalrats, Johannes Huber, der auch bei der Vorkonferenz am 2. September in Paris zugegen, dann aber durch parlamentarische Angelegenheiten verhindert war.

Bis Mitte September 1933 wurden von der Untersuchungskommission mehr als hundert Zeugen vernommen. Während die Kommission von Sachverständigen in der ganzen Welt unterstützt wurde, leisteten die Behörden in Frankreich, England und den Niederlanden „keinen Beistand; im Gegenteil, sie bereiteten allerlei Schwierigkeiten, von der Verweigerung der Einreisevisa für geladene Zeugen bis zum direkten politischen, wirtschaftlichen und polizeilichen Druck. Amtliche Stellen in England unternahmen verschiedene Versuche, um die Durchführung des Prozesses auf englischem Boden überhaupt zu verhindern".[23]

Der Gegenprozeß fand in London vom 14. bis 18. September 1933 statt. Am 20. September wurde ein „Bericht der Juristischen Kommission des Internationalen Untersuchungsausschusses über die Ergebnisse der öffentlichen Sitzungen vom 14. bis 18. September in London" veröffentlicht.[24] Am gleichen Tag, dem 20. 9. 1933, begann der Leipziger Reichstagsbrandprozeß.

Im Vorfeld des Gegenprozesses reiste Torglers Anwalt Dr. Alfons Sack nach Paris, wo er sich am 8. September mit Branting und Hays traf. An dem Gespräch, zu dem Sack mit zwei Referendaren erschienen war, nahm an Stelle von Münzenberg Otto Katz teil, der sich als österreichischer Journalist Fritz Breda vorstellte. Den Vorschlag, das beim Untersuchungsausschuß vorhandene Beweismaterial gegen die Nationalsozialisten im Prozeß zu verwenden, lehnte Sack dabei kategorisch ab. Stattdessen bemühte er sich, seine Gesprächsteilnehmer von der Objektivität des Reichsgerichts zu überzeugen. Am 15. September traf sich Dr. Sack im Londoner Park Lane-Hotel erneut zu einer Unterredung mit Dr. Georg Branting.[25]

Vom 14. bis 18. September tagte unter dem Vorsitz von Denis Nowell Pritt im Sitzungssaal der Law Society in London die „Internationale juristische Untersuchungskommission über den Reichstagsbrand". Im Rahmen dieser öffentlichen Sitzungen trat eine Reihe prominenter deutscher Emigranten als Zeugen auf, darunter die Sozialdemokraten Dr. Paul Hertz, Albert Grzesinski und Rudolf Breitscheid, Adolf Philippsborn, Parlamentskorrespondent der „Vossischen Zeitung" von 1928-1933, der ehemalige Reichstagsabgeordnete der DDP (1928-1930) und Chefredakteur der „Vossischen Zeitung" (1920-1930), Prof. Georg Bernhard, der Dichter Ernst Toller, die Kommunisten Otto Kühne und Albert Norden sowie der ehemalige KPD-Reichstagsabgeordnete Wilhelm Koenen, der zusammen mit Torgler eine halbe Stunde vor Entdeckung des Brandes das Reichstagsgebäude verlassen hatte, die Schwester Dimitroffs und andere. Eine Unterkommission, bestehend aus Frau Dr. Bakker-Nort, Georg Branting und Maître Vermeylen reiste darüber hinaus nach Amsterdam, wo sie die Aussagen einer Reihe von Zeugen entgegennahm. Ein Versuch der Kommission, die geheime Anklageschrift der Reichsanwaltschaft vom 24. Juli 1933 zu erhalten, mißlang, so daß die juristischen Untersuchungen in Unkenntnis der darin enthaltenen Anschuldigungen stattfinden mußten.[26] Eine Kopie der Anklageschrift gelangte erst Ende 1933 ins Ausland und wurde zuerst in einer Broschüre als „Nachtrag zum Braunbuch I"[27] und später dann im Braunbuch II ausgewertet.

Am Vorabend des Leipziger Prozesses gab Denis Nowell Pritt das Ergebnis der Untersuchungskommission in einem Abschlußbericht bekannt. Obwohl vorsichtiger und zurückhaltender in den Schlußfolgerungen, folgte die Untersuchungskommission dabei weitgehend den Thesen und Kombinationen des ersten „Braunbuches", von dem sich Cripps noch bei der Prozeßeröffnung distanziert hatte.

Es bleibt jedoch festzuhalten, daß die Kommission durchaus nicht in allen Punkten der Argumentation des „Braunbuchs" folgte. Dabei zog sie allerdings auch Behauptungen in Zweifel, deren Stichhaltigkeit sich aufgrund der mittlerweile zugänglichen Ermittlungsakten weitgehend untermauern läßt.

„Es verlautete", so heißt es etwa im Abschlußbericht, „daß der Reichs[tags]präsident die Auslösung der ‚höchsten Alarmstufe' verboten hätte, das heißt die Anforderung der größtmöglichen Unterstützung. Weiterhin verlautete, daß ein Teil der Reichstagsbeamten am Tage des Brandes früher als gewöhnlich vom Dienst fortgeschickt wurde. Die der Kommission vorliegenden Zeugenaussagen und Dokumente können keine dieser Behauptungen stützen, obwohl es auf Grund des Beweismaterials wahrscheinlich ist, daß von der Entdeckung des Brandes bis zum Eintreffen des ersten Feuerwehrfahrzeuges etwa 20 Minuten vergingen."[28]

Auch hinsichtlich der Echtheit des sogenannten „Oberfohren-Memorandums" äußerte sich die Kommission zurückhaltend, indem sie einerseits die Richtigkeit der darin geäußerten Behauptungen durch Zeugenaussagen bestätigt sah, andererseits aber auch die von verschiedenen Zeugen geäußerten Zweifel an der persönlichen Autorschaft Oberfohrens nicht verschwieg. Zusammenfassend gelangte die Untersuchungskommission zu den folgenden „endgültigen Schlußfolgerungen":

„1. daß van der Lubbe kein Mitglied, sondern ein Gegner der Kommunistischen Partei ist; daß kein wie auch immer gearteter Zusammenhang zwischen der Kommunistischen Partei und dem Reichstagsbrand festgestellt werden kann; daß die Angeklagten Torgler, Dimitroff, Popoff und Taneff nicht nur als unschuldig an dem ihnen zur Last gelegten Verbrechen betrachtet werden sollten, sondern daß sie sich auch nicht mit der Brandstiftung des Reichstags befaßt haben oder in irgendeiner Art und Weise, direkt oder indirekt mit dieser in Verbindung stehen;

2. daß die in ihrem Besitz befindlichen Dokumente, mündlichen Zeugenaussagen und die anderen Materialien zu der Feststellung führen, daß van der Lubbe das Verbrechen nicht allein begangen haben kann;

3. daß es nach der Untersuchung aller Möglichkeiten des Ein- und Ausganges in den oder aus dem Reichstag sehr wahrscheinlich ist, daß

Eröffnung des Londoner Gegenprozesses am 13. September 1933. Sitzend v. l.: Garfield-Hays (USA), Bakker-Nort (Niederlande), D. N. Pritt (England), Vald Huidt (Dänemark), M. P. Vermeylen (Belgien).

die Brandstifter den unterirdischen Gang benutzt haben, der vom Reichstag in das Haus des Reichstagspräsidenten führt; daß das Ereignis eines solchen Brandes in der besagten Zeit für die Nationalsozialistische Partei von großem Vorteil war; daß aus diesen Gründen sowie weiteren, auf die im dritten Teil des Berichts hingewiesen wurde, gewichtige Grundlagen für den Verdacht bestehen, daß der Reichstag durch führende Persönlichkeiten der nationalsozialistischen Partei oder in ihrem Auftrag in Brand gesetzt wurde.

Die Kommission ist der Ansicht, daß jedes Gerichtsorgan, das in dieser Sache die Rechtsprechung ausübt, diesen Verdacht genau untersuchen sollte. Wenn sich während des Prozesses und nach dem Prozeß in Leipzig irgendeine Notwendigkeit für ein erneutes Zusammentreten dieser Kommission ergeben sollte, um die während der Verhandlung in Leipzig erläuterten Fakten oder weitere zugängliche Fakten in Betracht

Rechtsanwalt Dr. Sack (Mitte) im Gespräch mit Georg Branting während des Londoner Gegenprozesses.

zu ziehen und auf deren Grundlage einen weiteren Bericht auszuarbeiten, sollten alle Anstrengungen unternommen werden, um die Kommission wieder zusammenzurufen."[29]

Das Urteil im Londoner Gegenprozeß war für Münzenberg ein großer Erfolg, zugleich macht es deutlich, wie weitgehend die Weltöffentlichkeit damals von der nationalsozialistischen Urheberschaft am Reichstagsbrand überzeugt war. „Als am nächsten Tag, dem 20. [recte: 21.] September 1933, in Leipzig die Angeklagen in den Gerichtssaal geführt wurden, hatten viele hunderte ausländischer Zeitungen bereits den Londoner Urteilsspruch veröffentlicht, der die kommunistischen Abgeordneten von jeder Schuld freisprach."[30]

Bereits unmittelbar nach Ankündigung des Gegenprozesses hatten die nationalsozialistischen Machthaber diesen als „marxistische Propaganda" denunziert. In der Folge konzentrierten sich die Angriffe der NS-Presse vor allem auf die Person Münzenbergs. So höhnte der „Völkische Beobachter" vom 21. September 1933[31]: „Unter der Gruppe von Galgenvögeln" in der ehemaligen kommunistischen Reichstagsfraktion „fiel ein emsiges, schmächtiges Männchen auf, das in ewiger Geschäftigkeit hin- und herflitzte. In einem schmalen, kessen Lausbubengesicht ein paar schrägstehende verschmitzte Augen und in den Winkeln des verkniffenen Mundes jene hämischen Falten, die den überlegenen Zyniker bekundeten: Kein Geistesriese, aber pfiffig, verschlagen und mit einem wahrhaft jüdischen Geschäftsgeist ausgestattet." Zur Rolle Münzenbergs als Chef eines weitverzweigten Presse- und Verlagsimperiums hieß es: „Münzenberg war schrankenloser Diktator, und hinter einer jovialen, etwas saloppen Art verbarg sich ein kühl berechnender, ränkespinnender Kopf, dem jedes Mittel zur Verfolgung seiner dunklen Absicht recht war."

„Bei allen Bemühungen, Person und Charakter Münzenbergs zu verunglimpfen", schreibt Babette Gross, mußten ihm seine Feinde doch widerwillig „das Zeugnis eines unerhört geschickten und erfolgreichen Agitators" ausstellen.[32] Daß „Münzenberg auch bei staats- und kulturtragenden Schichten Europas Nachbeter" gefunden hatte[33], wurde von seinen Feinden als ganz besonders provozierend empfunden. Münzenbergs Erfolg irritierte und erzürnte die braunen Machthaber ganz ungemein und ließ sie zusehends nervöser werden. Die Anti-Münzenberg-Hetze kulminierte in dem von Adolf Ehrt, dem Leiter des Gesamtverbandes deutscher antikommunistischer Vereinigungen e.V., im nationalsozialistischen Eckart-Verlag herausgegebenen Buch „Bewaffneter Aufstand"[34], das zu Beginn des Londoner Gegenprozesses erschien und dem darüber hinaus eine Ausstellung im Reichstagsgebäude in Berlin gewidmet war. Das darin veröffentlichte Material, das man bei Haussuchungen im Karl-Liebknecht-Haus, der Parteizentrale der KPD, gefunden haben wollte, sollte die Kommunisten als „Terroristen und Brandstifter" entlarven. Tatsächlich stellte es eine Mischung aus allgemein bekannten kommunistischen Büchern und Broschüren sowie offensichtlichen Fälschungen dar. Für die angebliche Vorbereitung des kommunistischen Umsturzversuches, die das Buch zu enthüllen vorgab, fand sich darin kein einziger Beleg. Am Eröffnungstag des Londoner Gegenprozesses wurde das Buch in den Schaufenstern der deutschen Buchhandlungen ausgestellt und vor Prozeßbeginn in Leipzig feierlich der gesamten Auslandspresse überreicht, bei der es jedoch so gut wie keine Beachtung fand.

Anmerkungen zu Kapitel 4

TEIL 1   DIE OFFIZIELLEN ERMITTLUNGEN

1   Dies berichtete u. a. die „Frankfurter Zeitung" am 28. 2. 1933 (2. Morgenblatt), mit einer Meldung noch vom 27. 2.

2   Bei diesen Brandstiftungen war (wie auch beim Reichstagsbrand), nach den Angaben von Gisevius, Diels und des Entwicklers des Brandmittels, SA-Führer Hans Georg Gewehr eine selbstentzündliche Flüssigkeit verwendet worden (siehe dazu Kapitel 7). Am 26. Oktober 1933 wandte sich ein SA-Mann an das Reichsgericht mit der Behauptung, Kommunisten hätten schon 1931/32 eine selbstentzündliche Brandflüssigkeit bei Litfaßsäulenbrandstiftungen verwendet. („Wir sprachen damals im Sturm über diese Brandstiftungen, wobei ein Kamerad diese Flüssigkeit erwähnte, und wir zu der Überzeugung kamen, daß die KPD-Kaders mit dieser Flüssigkeit ausgerüstet systematisch die Litfaßsäulen in Brand steckten." Brief von Werner Kleinow, Potsdam [Obertruppenführer im Sturm 22/7] vom 26. 10. 1933 an das Reichsgericht [anläßlich des Berichts und der Vorführung von Schatz], St 65, Bd. 23, Bl. 194f.). Daraufhin forderte der Oberreichsanwalt die diesbezüglichen Polizeiakten an. In einer Antwort des Gestapa wiegelte Heisig am 8. November 1933 ab: „In keinem Falle konnte [...] ein chemisches Mittel nachgewiesen werden, das als Zeitzündung benutzt worden wäre, vielmehr ist meistens Petroleum verwendet worden oder die Litfaßsäulen wurden mit Streichhölzern oder Brennmittel angezündet. Festnahmen von Verdächtigen sind zwar erfolgt, ein Nachweis der Täterschaft aber nicht geglückt" (Antwort des Gestapa [Heisig] vom 8. 11. 1933 an den Oberreichsanwalt, St 65, Bd. 23, Bl.196R). Die angeforderten Polizeiakten – die bis heute in den Archiven nicht gefunden werden konnten – wurden dem Oberreichsanwalt nicht übersandt.

3   Schreiben vom 2. 3. 1933, St 65, Bd. 109, Bl. 259.

4   Zirpins gab am 6. 7. 1961 bei einer Vernehmung vor dem Amtsgericht Hannover an: „Ich war damals nicht Sachbearbeiter für den Reichstagsbrand. Mir war nur von meinem Vorgesetzten Min. Rat Dr. Diels die Sonderaufgabe zugewiesen worden, v. d. Lubbe zu verhören. Ich habe ihn nur zweieinhalb Tage zum Verhör gehabt. [...] Ich habe dann nachher mit der Bearbeitung des Falles nichts mehr zu tun gehabt. [...] Heisig gehörte zu der Sonderkommis-

sion für den Reichstagsbrand [...]. Ich war nicht Mitglied dieser Kommission." Diese Angabe von Zirpins ist offenbar richtig bis auf die Tatsache, daß er bis zum 3. 3. 1933 außer van der Lubbe auch andere Brandzeugen verhörte.

5   Kriminalsekretär Jauer, Kriminalassistent Rudolf Schulz und eine Schreibhilfe.

6   Kriminalsekretär Raben, die Kriminalassistenten Bauch, Wessely, Krollick, Holzhäuser, Roeder, Gast sowie zwei Schreibhilfen.

7   Schreiben Braschwitz' vom 11. 3. 1933 an den Untersuchungsrichter des Reichsgerichts, St 65, Bd. 109, Bl.106R.

8   Vernehmung Bunge, Stenographische Protokolle, 27. VT., 824.

9   Ebd.

10   SS-Personalakten Rudolf Diels, Bundesarchiv Berlin, ehem. Berlin Document Center.

11   Ebd.

12   Stenographische Protokolle, 31. VT., 82.

13   Das Karl-Liebknecht-Haus, die Parteizentrale der KPD, wurde auf Anordnung Görings am 8. März 1933 beschlagnahmt bzw. der Verfügungsgewalt des preußischen Staates unterstellt. Es wurde der Politischen Polizei, „und zwar ihrer neugegründeten Abteilung zur Bekämpfung des Bolschewismus" zur Verfügung gestellt. Am selben Tag ließ der Berliner SA-Chef, Obergruppenführer Graf von Helldorf, das Hakenkreuzbanner und die Reichskriegsflagge auf dem Gebäude hissen (Conti-Nachrichtenbüro vom 8. 3. 1933, Bundesarchiv Koblenz, ZSg 116, Bd. 68 u. 27).

14   Vgl. *Graf*, Politische Polizei, 121. Siehe auch Kapitel 1.

15   Schreiben Grauerts vom 24. 2. 1933; Bundesarchiv Koblenz, Best. 403, Bd. 16862, **31f.**

16   Die Abkürzung Gestapa geht auf den Einfall eines Postbeamten zurück, der für die neue Behörde einen Laufstempel erfinden sollte (vgl. *Höhne*, Mordsache Röhm, 164).

17   *Diels*, Lucifer ante portas, 202.

18   Dies geht aus den Akten des Reichsgerichts, des Oberreichsanwalts und der Po**litischen** Polizei eindeutig hervor und wird auch durch verschiedene zeitgenössische Zeugenaussagen bestätigt. Vgl. hierzu insbesondere *W. Hofer u. a.*, Der Reichstagsbrand (Neuausgabe), 175ff. Daß die Aufträge an die Brandkommision vom seinerzeitigen Chef der Gestapa, also konkret: von Diels erteilt wurden, bestätigte auch die Vernehmung der Kriminalkommissare Heisig und Braschwitz vor dem Leipziger Reichsgericht (Stenographische Protokolle, 36. VT., 254).

19   In einer Notiz an den Untersuchungsrichter vom 11. März 1933 (St 65, Bd. 109, Bl. 106R) schilderte Braschwitz die Arbeitsteilung zwischen der Politischen Polizei und dem Branddezernat Bunges. Demnach bearbeitete Kriminalkommissar Bunge mit seinen Mitarbeitern (siehe Anm. 5) die "Brandstiftung als solche". Die "Ermittlungen nach Tätern und Hintermännern" führte Kriminalkommissar Dr. Braschwitz (I Ad II) mit seinen Beamten (siehe Anm. 6). Heisig, der sich zu diesem Zeitpunkt zu Nachforschungen in Holland aufhielt, wird darin nicht erwähnt . Laut einem Vermerk vom 2. März 1933 (St 65, Bd. 109, Bl. 259) lag allerdings die Bearbeitung der Brandstiftung im Auftrag Braschwitz' in seinen Händen.

20   SS-Personalakten Braschwitz, Bundesarchiv Berlin, ehem. Berlin Document Center.

21   Zirpins war nur anfänglich in die Ermittlungen eingebunden (vgl. Anm. 4). Vor dem Reichsgericht erklärte sein Kollege Dr. Braschwitz dazu, daß „zunächst [...] Herr Zirpins und Herr Heisig als leitende Beamte tätig" waren, bevor er [Braschwitz] „mit eingesetzt" wurde, „weil die Arbeit sich ja häufte" (Stenographische Protokolle, 36. VT., 254).

22   SS-Personalakten Helmut Heisig, Bundesarchiv Berlin, ehem. Berlin Document Center.

23   Ebd.

24   *Diels*, Lucifer ante portas, 188.

25   Ebd.

26   Bundesarchiv, Akten Sack, I/VI/43 u. I/IX/74ff., ZStA, RMdI, 25795/7, Bl. 72 u. /8, 1ff.; MA 644 (Polizeipräsidium Berlin, Gestapa: Kommunistische Propaganda), 7127f., 7143, 7150f.

27   *Diels*, Lucifer ante portas, 202.

28   Denkschrift des Reichskommissars Bracht vom 5. 8. 1932, Bundesarchiv, R 43 I/2283, Bl. 97ff.; Schreiben Schnitzlers an Ministerialrat Dr. Schütze, Ministerium des Innern, vom 2. 8. 1932 in G.St.A., Rep. 90 P, Nr. 5, Bl. 6ff., auch Nachlaß Heinrich Schnitzler.

29 Gestapa an Regierungsvizepräsident Egidi vom Preußischen Staatsministerium, 17. 3. 1934, gez. Volk, G.St.A., Rep. 90 P, Nr. 5, Bl. 6ff.

30 Mitteilungen von Dr. Alois Becker, Dr. Robert Kempner, Johannes Stumm, 1973 und 1974. Vgl. auch *W. Hofer u. a.*, Der Reichstagsbrand (Neuausgabe), 174, Anm. 120.

31 Der vollständige Wortlaut ist abgedr. in: Dimitroff-Dokumente, Bd. 1, Dok. 11, 37f.

32 Zit. nach Meldung des „Amtlichen Preußischen Pressediensts" vom 28. Februar 1933. In seiner ersten Vernehmung durch Kriminalkommissar Heisig in der Brandnacht gab van der Lubbe lediglich an, früher, ungefähr drei Jahre lang, Mitglied der holländischen SPD gewesen zu sein, die dort „Allgemeine Bauarbeitergewerkschaft" heiße. Heisigs Frage, ob er Bekannte bei der KPD habe, verneinte er ausdrücklich: „Nein. In Leiden habe ich Bekannte bei der K.P." (St 65, Bd. 5., Bl. 46-53, Zitat Bl. 48).

33 Vgl. Strafprozeßordnung nebst Gerichtsverfassungsgesetz und anderen ergänzenden Gesetzen, zwölfte, neubearbeitete Auflage, mit Einleitung und Erörterungen von Dr. Friedrich Doerr, München 1930, 47f., 51ff.

34 Die gleiche Meldung erschien am folgenden Tag, dem 1. März 1933, auch im „Völkischen Beobachter". Vgl. auch „Frankfurter Zeitung", 1. 3. 1933 (Abendblatt/Erstes Morgenblatt).

35 „Frankfurter Zeitung", 4. 3. 1933 (Zweites Morgenblatt).

36 Vernehmung durch Amtsgerichtsrat Pieper, Amtsgericht Berlin-Mitte am 4. 3. 1933 (St 65, Bd. 1, Bl. 83-84). Abweichend zu den vorherigen Vernehmungen durch die Kriminalkommissare Heisig und Zirpins gab van der Lubbe bei dieser Vernehmung keine politischen Motive für seine Brandstiftungen an Schloß, Rathaus und Reichstag an. „Nach dem Motiv nochmals befragt erklärte der Beschuldigte: Auf die Frage, ob er durch die Brände die Lage der Arbeiter verbessern wollte, erkläre ich: ‚Ich habe mir gar nichts dabei gedacht'. Wenn mir vorgehalten wird, daß Zeugen mich gesehen haben wollen, wie ich mit anderen Personen zusammen zum Reichstagsgebäude gegangen bin, so erkläre ich, ‚es ist nicht wahr'." Die „Frankfurter Zeitung" meldete am 5. März 1933 (Zweites Morgenblatt): „Berlin, 4. März. Der Vernehmungsrichter im Polizeipräsidium, Landgerichtsrat Pieper, hat heute mittag gegen den Holländer Marinus van der Lübbe [sic!] Haftbefehl wegen Brandstiftung in vier Fällen und wegen Vorbereitung zum Hochverrat erlassen. Van der Lübbe ist geständig, am Samstag, dem 25. Februar, den Versuch gemacht zu haben, im Wohlfahrtsamt Neukölln [sic!], im Berliner Schloß und im Berliner Rathaus Feuer anzulegen sowie am Montag, dem 27. Februar, die Brandstiftung im Reichstagsgebäude verübt zu haben."

37 St 65, Bd. 1, Bl. 84; vgl. auch Strafprozeßordnung nebst Gerichtsverfassungsgesetz und anderen ergänzenden Gesetzen (s. Anm. 33), 128. Im Abschlußbericht der Politischen Polizei vom 3. März 1933 heißt es: „van der Lubbe […] wird nach seiner am 27. 2. 33 erfolgten Festnahme heute dem Vernehmungsrichter vorgeführt, Lubbe hat sich mit der polizeilichen Überhaft einverstanden erklärt" (St 65, Bd. 109, abgedr. in: Dimitroff-Dokumente, Bd. 1, Dok. 29; 70-78).

38 Hierbei handelt es sich um den Ulmer Offiziersprozeß von 1930, bei dem Hitler seinen sogenannten Legalitätseid leistete. Niederschrift über die Ministerbesprechung am 2. März 1933, mittags 12 Uhr, in der Reichskanzlei. Vgl. *Konrad Repgen/Hans Booms* (Hg.), Regierung Hitler, Teil 1, 146-147.

39 Niederschrift über die Ministerbesprechung am 7. März 1933, 16.15 Uhr, in der Reichskanzlei. Vgl. ebd., 165. Demgegenüber meldete die „Frankfurter Zeitung" am 13. 3. 1933 unter Berufung auf das Wolffsche Telegraphenbüro: „Der Untersuchungsrichter des Reichsgerichts hat entsprechend dem Antrag des Oberreichsanwalts vom 6. März am 10. März die Voruntersuchung gegen van der Lübbe wegen eines vollendeten Unternehmens des Hochverrats in Tateinheit mit vollendeter und versuchter schwerer Brandstiftung eröffnet."

40 Die originalen Ermittlungsakten (St 65) liefern jedenfalls keinerlei Hinweise auf eine Tätigkeit Dr. Braunes als Untersuchungsrichter in diesem Fall. Die erste untersuchungsrichterliche Vernehmung van der Lubbes nahm nicht Dr. Braune, sondern Landgerichtsrat Pieper vor.

41 Stenographische Protokolle, 2. VT., 53ff.

42 Ebd., 53.

43 St 65, Bd. 5 (5), Bl. 46-53. Das stenographische Protokoll des Verhörs ist abgedr. in: Di-

mitroff-Dokumente, Bd. 1, Dok. 6, 24-32.

44   Stenographische Protokolle, 2. VT., 71-72.

45   Vernehmung Lateit vom 2. 3. 1933, St 65, Bd. 53, Bl. 20R-22. Tatsächlich war für den Reichstag nach den Worten Lateits nicht die Brandenburger Tor-Wache, sondern die Tiergarten-Wache in der Karlstraße zuständig. Siehe hierzu Kap. 2.

46   Der Einlieferungsschein ist unterzeichnet von Zirpins; St 65, Bd. 1, Bl. 15.

47   Stenographische Protokolle, 3. VT., 62f.

48   Lateit, Emil: „Bericht, betrifft Brandstiftung im Reichstagsgebäude am 27. 2. 1933" vom 28. 2. 1933 in: „Akten des Polizei-Präsidiums zu Berlin. Aufsichtsdienst aus besonderen Anlässen", Brandenburgisches Landeshauptarchiv, Rep 30 Bln C 7520, Bl. 61 [gestempelte Nummer]. Abschrift dieses Protokolls in St 65, Bd.109, Bl.13 (abgedr. in: Dimitroff-Dokumente, Bd. 1, 47-49; hier fälschlich als „Protokoll der Aussage E. Lateit über seinen Einsatz während des Reichstagsbrandes" bezeichnet).

49   Stenographische Protokolle, 14. VT., 73. Lateit erwähnt die Politische Polizei auch an einer weiteren Stelle: „Ausserdem habe ich ihn [van der Lubbe] nicht viel gefragt, weil mir bereits gemeldet wurde, daß bereits Beamte der Politischen Polizei unterwegs wären" (ebd., 72).

50   St 65, Bd. 2, Bl. 55.

51   Nahezu identisch meldete die „Frankfurter Zeitung" vom 1. 3. 1933 (Abendblatt und Erstes Morgenblatt): „Er wurde gegen 21 Uhr festgenommen und einem zweistündigen Verhör in der Polizeiwache Am Brandenburger Tor von Beamten der politischen Polizei unterzogen." Vgl. auch „Frankfurter Zeitung" vom 28. 2. 1933 (Zweites Morgenblatt), „Der Tag", 28. 2. 1933, „Berliner Morgenpost", 28. 2. 1933.

52   *Diels*, Lucifer ante portas, 193.

53   Ebd., 192.

54   In seinem anonym erschienen Beitrag „Der Reichstagsbrand in anderer Sicht" (in: Neue Politik, 10. Jg., Nr. 2-6, Zürich 1949) hat Diels' Mitarbeiter Heinrich Schnitzler (alias Schneider), der über den tatsächlichen Ablauf unterrichtet gewesen sein muß, die Darstellung Heisigs übernommen.

55   Stenographische Protokolle, 3. VT., 62f.

56   *Papen*, Der Wahrheit eine Gasse, 303; genauso berichtete Rudolf Diels in seinen Memoiren (Lucifer ante portas, 192) von seiner Ankunft am brennenden Reichstagsgebäude: „Es waren auch schon Beamte meiner Abteilung dabei, Marinus van der Lubbe zu vernehmen."

57   Vernehmung Emil Lateit vom 14. 3. 1933, St 65, Bd. 53, Bl.117.

58   St 65, Bd. 5, Bl. 46-53.

59   Ebd., Bl. 54 (Hülle). Der im folgenden auszugsweise wiedergegebene Text der Vernehmung basiert auf Transkriptionen des Original-Stenogramms von Horst Grimm und Volker Dammer.

60   Stenographische Protokolle, 2. VT., 62.

61   Der Wedding war aber die Heimat des SA-Sturms 17, der verschiedentlich mit der Brandstiftung im Reichstagsgebäude in Verbindung gebracht wurde. Auch der „Sondersturm 101", dessen Mitglied Hans Georg („Heini") Gewehr bezichtigt wurde, an der Brandstiftung beteiligt gewesen zu sein, war im Wedding stationiert (vgl. Kap. 7).

62   Vernehmung vom 28. 2. 1933, St 65, Bd. 1 u. Bd. 63, abgedr. in: Dimitroff-Dokumente, Bd. 1, Dok. 12, 39-43; Vernehmung vom 1. 3. 1933, St 65, Bd. 1, abgedr. in: Dimitroff-Dokumente, Bd. 1, Dok. 20, 54-57; Vernehmung vom 2. 3. 1933, St 65, Bd. 1, abgedr. in: Dimitroff-Dokumente, Bd. 1, Dok. 26, 65-68.

63   St 65, Bd. 109, abgedr. in: Dimitroff-Dokumente, Bd. 1, Dok. 29, 70-78.

64   Erklärung Zirpins vom 26. Dezember 1951, zit. nach *Tobias*, Reichstagsbrand, 83. Vgl. auch Zeugenaussage Zirpins im Rechtsstreit Gewehr-Gisevius vor dem Amtsgericht Hannover, Protokoll vom 6. Juli 1961, Schreiben Zirpins an Fritz Tobias vom 9. Februar 1960; Kopie im Institut für Zeitgeschichte, Zeugenschrifttum.

65   Zeugenaussage Zirpins vor dem Amtsgericht Hannover vom 6. Juli 1961, 87 AR 757/61, Abschrift in ZS-A7, Institut für Zeitgeschichte, München.

66   Es bleibt verwunderlich, wie Tobias einerseits Zirpins dafür loben kann, daß er es gewagt habe, „seine so unpopuläre, ja provozierende Erkenntnis von Lubbes Alleintäterschaft niederzuschreiben", gleichzeitig aber durchaus bemerkt, daß dieser in seinem Abschlußbericht

„unglücklicherweise [...] nachzuweisen versuchte, daß van der Lubbes ‚Hintermänner' in der Führung der KPD zu suchen seien" (*Tobias*, Reichstagsbrand, 77).

67   Abschlußbericht der Politischen Polizei vom 3. März 1933, St 65, Bd. 109; abgedr. in: Dimitroff-Dokumente, Bd. 1, Dok. 29, 70-78.

68   Siehe die Kurzbiographien von Karwane, Frey und Kroyer in Kap. 6 bzw. im Anhang.

69   Urteilsschrift, 46.

70   Aktenauszüge Sack I/I/33. Vermerk über die Gegenüberstellung: Sack I/I/33 R; Vernehmung vom 2. März: Sack I/I/57ff., auch *Tobias*, Reichstagsbrand, 604; Schlußbericht: St 65, Bd. 109, Sack I/I/67ff., auch *Tobias*, Reichstagsbrand, 612.

71   Aussage des Bevollmächtigten Ministers a. D. Blagoi Popoff vom 24. März 1966, Stenogramm durch Stojne Krstar, Übersetzung. Zit. nach *W. Hofer u. a.*, Der Reichstagsbrand (Neuausgabe), 171f.

72   Ebd., 172.

73   Mommsens Behauptung, ausgerechnet Zirpins sei Zeuge und Beispiel dafür, daß „die kriminalpolizeilichen Ermittlungen [...] nicht behindert oder gesteuert worden" seien (*Mommsen*, Reichstagsbrand, 360), entbehrt somit jeder faktischen Grundlage.

74   Der Brand wurde dem Polizeiamt Berlin-Mitte am 26. Februar 1933 gemeldet; Vermerk des Kriminalassistenten Nagel vom 26. 2. 1933; St 65, Bd. 63, Bl. 5 u. 5R.

75   Vernehmung durch Kriminalkommissar Zirpins vom 28. 2. 1933, St 65, Bd. 63, Bl. 44-47.

76   Aussage Otto Schönfelder vom 17. 3. 1933, St 65, Bd. 63.

77   Dies geht aus einer Meldung des Conti-Nachrichten-Büros vom 4. März 1933 hervor, wo erwähnt wird, van der Lubbe habe gegenüber dem Untersuchungsrichter auch Brandstiftungen im Rathaus und im Wohlfahrtsamt gestanden: „Die beiden übrigen Fälle der Brandstiftung sind der Öffentlichkeit bekannt" (Conti-Nachrichten-Büro, Südd. Corr. Büro, Bundesarchiv Koblenz, ZSg 116/68).

78   Anklageschrift, 46-54; Stenographische Protokolle 6. VT., 3ff., 21f., 121; 7. VT., 21ff., 43ff., 51ff., 55ff., 62ff., 64ff.; Urteilsschrift, 14f.

79   St 65, Bd. 1 u. Bd. 63, Bl. 50-52, Zitat Bl. 50f.

80   St 65, Bd. 63, Bl. 63-65 R.In gleicher Weise sagte auch Waldemar Maaß aus: „Ich ergänze sie [die Aussage vom 17. März 1933] noch dahin: Die von mir bekundete Ausdehnung des Brandes zu dem Zeitpunkt, als ich ihn bemerkte, war so gross, dass, wenn ich nicht den Brand gesehen und [durchgestrichen und ersetzt durch: mit] gelöscht hätte, das Feuer sich in Kürze auf den gesamten Dachstuhl des Schlosses ausgebreitet hätte, in dem der fragliche Aufbau liegt, und zu dem das Feuer von der Brandstelle unmittelbaren Zugang hat." Ebd.

81   Ebd., Bl. 83-84.

82   Vernehmung Kiekbusch durch Kriminalassistent Wessely vom 28. 2. 1933, St 65, Bd. 63, Bl. 14 u. 14 R.

83   St 65, Bd. 63, Bl. 84 u. 84R.

84   Anonymus (d. i. *Heinrich Schnitzler*), „Der Reichstagsbrand in anderer Sicht", in: Neue Politik, 10. Jg., Nr. 2-6, 1949; Zitat: Nr. 4, 18. Februar 1949.

85   Von dem angeblichen Plan, den Dom in Brand zu stecken, ist später nicht mehr die Rede. Es besteht jedoch eine auffällige Analogie zur Bezichtigung von Lubbes Mitangeklagtem Dimitroff – in Verwechslung mit dessen Namensvetter Stefan Dimitroff –, Urheber des Anschlags auf die Kathedrale in Sofia zu sein.

86   Stenographische Protokolle, 14. VT., 67ff.

87   Dimitroff-Dokumente, Bd. 1, 24.

88   St 65, Bd. 63, Bl. 43-52 (Vernehmung vom 28. 2. 1933), Bl. 53ff. (Abschlußbericht vom 3. 3. 1933).

89   Stenographische Protokolle, 7. VT., 21f.

90   Ebenso unterblieb an den drei kleineren Brandorten eine Untersuchung auf Rückstände einer selbstentzündlichen Flüssigkeit (Phosphor in Schwefelkohlenstoff), wie sie der chemische Gutachter Dr. Schatz an allen Brandstellen des Plenarsaals im Reichstagsgebäude vorfand. Bezüglich der Brandstiftung im Schloß meldete der Berliner „Lokal-Anzeiger" am 27. 2. 1933 (Abendausgabe): „Dort versuchten vorläufig noch unbekannte Täter mit Hilfe von Chemikalien ein größeres Feuer zu entfachen. [...] Bei der Untersuchung der Brandursache

wurde festgestellt, daß es sich einwandfrei um eine von langer Hand vorbereitete Brandstiftung handelte. Die Täter [...] hatten [...] mit Chemikalien getränkte Würfel in Brand gesteckt und in der Nähe des Fensters und auf der Fensterbank niedergelegt." Wie die Zeitung weiter mitteilte, traf dieser Brandanschlag das Institut für Völkerrecht der Berliner Universität, das im Südflügel des Schlosses untergebracht war!

91 Siehe Anm. 85.

92 St 65, Bd. 54, Bl. 79.

93 St 65, Bd. 229, Foto 23.

94 St 65, Bd. 228 (195), Fotomappe; Bild 22 zeigt zwei unversehrte Einstiegsfenster (van der Lubbe; Feuerwehr), Bild 23 den angeblichen Kletterweg des Täters, auch das hier abgebildete Fenster ist unversehrt.

95 Stenographische Protokolle, 27. VT., 43-53.

96 Fortlaufender Bericht der Brandkommission vom 1. 3. 1933, St 65, Bd. 53.

97 Lokaltermin am 28. Februar mit van der Lubbe (unter Leitung von Kriminalkommissar Zirpins). An einer zweiten Begehung am selben Tag nahm u. a. Dr. Richard Lepsius teil, Luftschutzbeirat der Stadt Berlin, als stellvertretender Vorsitzender der „Fachgruppe Luftschutz des Vereins Deutscher Chemiker" auch Mitglied des Luftschutzbeirats im Preußischen Innenministerium (vgl. Degeners Wer ist's?, Berlin 1935, 959). Wie Lepsius später vor dem Reichsgericht aussagte, diente ihm als Legitimation ein vom Reichskommissar für Luftfahrt „auf einer Visitenkarte von mir mit Rotstift" ausgestellter „Ausweis" (Stenographische Protokolle, 14. VT., 186ff.). Unklar bleibt, welche Funktion dieser ominöse „Sachverständige" zu erfüllen hatte. Lepsius, NSDAP-Mitglied seit 1. Mai 1933, wurde später „Reichswirtschaftsrichter" und erreichte den Rang eines NSKK-Obergruppenführers (Bundesarchiv Berlin [ehem. BDC], Par-teistatistik). Nach W. Hofer u. a., Der Reichstagsbrand (Neuausgabe), Anm. 155, 237.

98 St 65, Bd. 63, Bl. 3-5 KJ I,8 (Brandkommissariat): Fortlaufender Bericht, 28. Februar/1. März 1933, darin: „4 Abdrücke, von der Außenwand, an welcher der Täter v. d. L. in das Reichstagsgebäude eingestiegen ist."

99 St 65, Bd. 229, Foto 37: Bild einer solchen Scheibe. St 65, Bd. 53, Bl. 3, KJ I,8 (Brandkommissariat), Fortlaufender Bericht, 28. 2. 1933: „Der Täter erklärte, [...] nach Eintreten der 8 mm starken Fensterscheiben (Doppelfenster) hier eingedrungen zu sein."

100 Stenographische Protokolle, 27. VT., 44.

101 Ebd., 43f.

102 Fortlaufender Bericht der Brandkommission vom 28. Februar 1933, St. 65, Bd. 53.

103 Ebd.

104 St 65, Bd. 1. Das Stenographische Protokoll des Verhörs ist abgedr. in: Dimitroff-Dokumente, Bd. 1, 54-57.

105 Spurensicherungsbericht des Erkennungsdienstes IX,2 vom 2. März 1933, Nr. 1287/33, St 65, Bd. 53 (53), Bl. 59.

106 Hier handelt es sich um die Tür am unteren Ende der Treppe von der Restauration im Hauptgeschoß (H 25/26) zur Küche im Erdgeschoß (E 25).

107 Stenographische Protokolle, 14. VT., 99f.

108 Ebd, Vernehmung Lateit.

109 Ebd., 83f.

110 Ebd., 84.

111 Reichsrundfunkgesellschaft, Sign. 302.2804/09, Deutsches Rundfunkarchiv (DRA), Frankfurt/M.

112 Schreiben von Andreas Rühl, DRA, vom 11. März 1996 an Alexander Bahar.

113 Stenographische Protokolle, 20. VT., 20. 10. 1933, Aussage abgedr. in: Dimitroff-Dokumente, Bd. 2., Dok. 142, 293ff.

114 Abgedr. in: Dimitroff-Dokumente, Bd. 1, 37f., Zitat 37.

115 Zit. nach Conti-Nachrichten-Büro, 28. 2. 1933, Bundesarchiv Koblenz, ZSg. 116/68.

116 Bericht des Erkennungsdienstes KJ IX,2 vom 3. März 1933, St 65, Bd. 53, Bl. 8-12, Zitat Bl. 11R.

117 Fortlaufender Bericht der Brandkommission vom 1. März 1933, St 65, Bd. 53, Bl. 5. Bei Diels fälschlich „Fleißige Hausfrau".

118 *Wolfgang Wippermann*, „Oberbranddirektor Walter Gempp: Widerstandskämpfer oder Krimineller? Kein Beitrag zur Reichstagsbrandkontroverse", in: *Wolfgang Ribbe* (Hg.): Berlin-Forschungen III, Berlin 1988, 207-230, Zitat 216.
119 Feuerwehrmuseum Berlin, auch abgedr. in: „Völkischer Beobachter" (Norddeutsche Ausgabe), 2. 3. 1933.
120 Feuerwehrmuseum Berlin.
121 Stenographische Protokolle, 16. VT., 161ff. Bereits 1933 wies Georg Bernhard auf diesen verschwundenen Brandbericht Gempps hin: „Merkwürdig auch, daß der Oberbrandmeister der Berliner Feuerwehr, der ein umfangreiches Protokoll über die näheren Begleitumstände des Brandes aufgenommen hatte, einer der ersten Beamten war, die dem neuen Regime zum Opfer fielen" (*Bernhard*, Eine deutsche Tragödie, 8).
122 St 65, Bd. 53, Bl. 170-171.
123 Dr. Julius Lippert, Chefredakteur und Fraktionsführer der NSDAP im Berliner Stadtparlament, war am 13. März 1933 von Göring zum Kommissar zur besonderen Verwendung beim Oberbürgermeister der Stadt Berlin ernannt worden.
124 „Berliner Börsen Courier", 25. 3. 1933 (Abendausgabe), zit. nach *W. Wippermann* (s. Anm. 118), 220. Unter der Schlagzeile „Oberbranddirektor Gempp beurlaubt" berichtete die „Vossische Zeitung" vom selben Tag (Morgenausgabe): „Welche Motive den Staatskommissar veranlaßt haben können, den bewährten Leiter der Berliner Feuerwehr, der seit 27 Jahren im Dienst der Stadt Berlin steht, zu beurlauben, weiß man nicht. Das aber weiß man, daß Gempp, der im 55. Lebensjahr steht, die Berliner Feuerwehr zu einer Beschützerin der Berliner Bevölkerung gemacht hat. Tausende von Ausländern haben hier in Berlin das Feuerlöschwesen studiert und das Werk Gempps voller Neid anerkannt. [...] Der beurlaubte Oberbranddirektor war nicht nur ein glänzender Führer, der bei zahlreichen Bränden und sonstigen schweren Katastrophen in kritischen Momenten seine Geistesgegenwart bewahrte, sondern er hat sehr oft, wenn es nötig war, selbst mit angefaßt. Wenn er endgültig von seinem bisherigen Posten scheiden sollte, wäre es im Interesse der Berliner Feuerwehr sehr zu bedauern."
125 Vgl. *W. Hofer u. a.*, Der Reichstagsbrand (Neuausgabe), 331f.
126 *W. Wippermann*, (s. Anm. 118), 217.
127 Bekanntmachung 1 (der Berliner Feuerwehr), Nr. 65 vom 20. März 1933, im Archiv der Berliner Feuerwehr, erwähnt bei *W. Hofer u. a.*, Der Reichstagsbrand (Neuausgabe), 332.
128 *W. Wippermann*, (s. Anm. 118), 219.
129 Bekanntmachung 1 (der Berliner Feuerwehr), Nr. 68 vom 20. März 1933, im Archiv der Berliner Feuerwehr, erwähnt bei *W. Wippermann*, ebd.
130 Schreiben der NSDAP-Ortsgruppe Markgraf an die Gauleitung Groß-Berlin vom 19. März 1933. Vgl. dazu die Festschrift „125 Jahre Berliner Feuerwehr", Berlin 1976, sowie *W. Hofer u. a.*, Der Reichstagsbrand (Neuausgabe), 332.
131 „Berliner Lokalanzeiger", 25. 3. 1933; zit. nach einem unveröffentlichten Leserbrief von Frau Milly Gempp an den „Spiegel" vom 26. Dezember 1959 (Abschrift im Berliner Feuerwehrmuseum).
132 Ebd.
133 Der Artikel aus der „Saarbrücker Volksstimme" wurde auszugsweise u. a. auch im Braunbuch I, 111, veröffentlicht.
134 Unveröffentlichter Leserbrief von Frau Milly Gempp an den „Spiegel" vom 26. 12. 1959 als Reaktion auf die entsprechende Folge der Reichstagsbrand-Serie von Fritz Tobias. Die Stellungnahme wurde bezeichnenderweise nicht abgedr. und mit dem Hinweis auf gleichlautende kommunistische Quellen beantwortet. Der Brief von Frau Gempp wurde offenbar jedoch an Fritz Tobias weitergeleitet, der am 23. September 1976 eine Abschrift des Briefes zusammen mit einem Begleitschreiben an den damaligen Leiter des Berliner Feuerwehrmuseums, Seidel, sandte (Abschrift des Briefes von Milly Gempp und Begleitschreiben von Fritz Tobias im Berliner Feuerwehrmuseum).
135 Persönliche Mitteilung Karl Heinz Gempp, 13. 2. 1976 (vgl. hierzu auch die Festschrift „125 Jahre Berliner Feuerwehr", Berlin 1976, 93, 171). Nach *W. Hofer u. a.*, Der Reichstagsbrand (Neuausgabe), 331.
136 Persönliche Mitteilungen von Dr. K. L. Schaefer 1968-1972; vgl. *W. Hofer u. a.*, Der Reichstagsbrand (Neuausgabe), 331.

137 Erklärung von Prof. Theodor Kristen vom Februar 1969, veröffentlicht in: ebd., 94f.
138 Braunbuch I, 112f.
139 St 65, Bd. 132, Bl. 162.
140 Stenographische Protokolle, 16. VT., 14. 10. 1933, 146. Beide Protokolle fehlen in den Reichstagsbrandakten (St 65)!
141 Ebd. Demgegenüber zitierte die „Arbeiterzeitung", Wien, am 19. Oktober 1933 nach dem originalen Wortlaut der Rundfunkübertragung der Schallplattenaufnahme von diesem Verhandlungstag: „Ich weiß nicht, ob es zwanzig waren, aber einige SA.-Leute waren da." Auch folgende von der „Arbeiterzeitung" wiedergegebene Äußerung Gempps findet sich nicht im offiziellen Prozeßprotokoll. Als Gempp gefragt wurde, warum er den Artikel in der „Saarbrücker Volksstimme" vom 25. April 1933 erst am 18. Juni [recte: 12.] dementiert habe, antwortete er: „Ich wurde telephonisch in das Büro des Staatskommissars Lippert berufen, wo ich mit seinem Stellvertreter sprach und wo mir der Artikel aus der Saarbrücker 'Volksstimme' vorgelesen wurde, und dann mußte ich erklären, daß alles ‚Unsinn' ist."
142 Stenographische Protokolle, 16. VT., 146.
143 Ebd., 152
144 Ebd., 153.
145 Ebd., 155. Die Gießspuren von flüssigem Brennmittel hatte Gempp in verschiedenen Zeitungsinterviews erwähnt. So im „8-Uhr-Abendblatt" vom 28. Februar 1933: „Man konnte an verschiedenen Stellen wahrnehmen, daß vermutlich aus einer Gießkanne heraus auf den Boden wahrscheinlich Petroleum ausgegossen worden war. Eine Tür war zum größten Teil mit Petroleum begossen, von dort floß der Brennstoff auf dem Teppich weiter bis zur Hälfte des Raumes. Die gleiche Wahrnehmung konnte man im Vorsaal zum Bundesrat machen." Eine weitere Bestätigung findet sich in der „Vossischen Zeitung" vom 28. Februar unter der Titelzeile „Im abgesperrten Reichstag": „Das weitere zeigt uns ein Kriminalkommissar, der gerade seinem Chef, Regierungsdirektor Scholz [recte: Scholtz], Bericht erstattet hat. Unter der angekohlten Tür war Benzin ausgegossen worden und die Flüssigkeit war meterweise geschüttet worden, so daß sich von der brennenden Tür aus das Feuer über die Teppiche fortpflanzen sollte." Die „Gießspur" taucht auch im Bericht des Erkennungsdienstes vom 3. März 1933 (St 65, Bd. 53, Bl. 11R) auf, wo es – mit Bezug auf die „Bismarckhalle, am Ende des südlichen Umgangs" – heißt: „Es erweckte hier den Eindruck, als bestünde zwischen den drei einzelnen Brandstellen auf dem Teppich eine Markierung, die auf eine ausgegossene Flüssigkeit zurückgeführt werden könnte."
146 Stenographische Protokolle, 16. VT., 155.
147 Ebd., 157.
148 Vgl. *Mommsen*, Reichstagsbrand, 372.
149 Stenographische Protokolle, 16. VT., 157f.
150 Ebd., 158.
151 Ebd., 153ff.
152 Stenographische Protokolle, 16. VT., 171.
153 *W. Wippermann* (s. Anm. 118), 223.
154 Laut einer Meldung der „Frankfurter Zeitung" vom 4. 3. 1933 (Zweites Morgenblatt) war Ahrens bereits in der Nacht vom 2. zum 3. März 1933 „zusammen mit seinem Sohn festgenommen worden, und zwar, wie es heißt, im Zusammenhang mit einer Haussuchung, die in der dem Stadtrat und seinem Sohn gehörenden Buchdruckerei stattgefunden hat".
155 Stenographische Protokolle, 20. VT., 204. Vernehmung abgedr. in: Dimitroff-Dokumente, Bd. 2, 293ff.
156 *Tobias*, Reichstagsbrand, 284f.
157 Anklageschrift, 41; Strafsache gegen Gunsenheimer und andere, Landgericht Berlin; Bundesarchiv Koblenz, Kl. Erw. 551F; Archiv der Berliner Feuerwehr, 1.9.1.1..
158 Vgl. hierzu das Kapitel „Die Beseitigung unbequemer Mitwisser", in: *W. Hofer u. a.*, Der Reichstagsbrand (Neuausgabe), 330-341, sowie auch den erwähnten Aufsatz von *W. Wippermann* (s. Anm. 118).
159 Schreiben des Oberbürgermeisters (i. V. Staatskommissar zur Wahrnehmung der Geschäfte des Bürgermeisters, Hafemann) an Gempp (ohne Anrede) vom 7. Juli 1933. Berliner Feuerwehrmuseum (1.7.1.7).

160 RGBl., I, 175; auch abgedr. in: *Johannes Hohlfeld*, Dokumente der deutschen Politik und Geschichte von 1848 bis zur Gegenwart, Bd. 4, Berlin 1951, 53-55.

161 Abschrift der Verfügung des Oberbürgermeisters vom 23. 2. 1934, Berliner Feuerwehrmuseum (1.7.1.7), zit. nach *W. Wippermann* (s. Anm. 118), 223.

162 Ebd., 223.

163 Anklageschrift, 94.

164 Vgl. *W. Wippermann* (s. Anm. 118), 227.

165 Ebd. Unter Berufung auf den § 6 des Gesetzes wurden im Dritten Reich auch zahlreiche „Nichtarier" entlassen.

166 Unveröffentlichter Leserbrief von Frau Milly Gempp an den „Spiegel" vom 26. Dezember 1959, 3 (Abschrift im Berliner Feuerwehrmuseum).

167 *W. Wippermann* (s. Anm. 118), 225.

168 Z. B. Anklageschrift, 232ff.; Urteilsschrift 253f., 274ff., 301ff.

169 Persönliche Mitteilung Karl Heinz Gempp, vgl. *W. Hofer u. a.*, Der Reichstagsbrand (Neuausgabe), 338.

170 *Tobias*, Reichstagsbrand, 292.

171 Siehe Anm. 166.

172 *W. Wippermann* (s. Anm. 118), 228.

173 Siehe Anm. 166.

174 Der Artikel aus der „Saarbrücker Volksstimme" wurde u. a. auszugsweise auch im Braunbuch I, 111, veröffentlicht.

175 Vgl. Kap. 2. Die Aussage Lateits vor dem Reichsgericht vom 11. Oktober 1933 (St 65, Bd. 100; Stenographische Protokolle, 14. VT.), wonach bis 23 Uhr weder SA- noch SS-Leute am Reichstag gewesen seien, muß in dem Sinne interpretiert werden, daß SA und SS am Reichstag nicht massiert zum Einsatz kamen. Auch in der Presse finden sich keinerlei Hinweise auf einen Großeinsatz der SA am Brandabend, während am Morgen des 28. Februar laut einem Bericht der „Frankfurter Zeitung" vom 1. März 1933 [Abendblatt/Erstes Morgenblatt] „mit den Polizeibeamten [...] auch Hilfsbeamte der Polizei mit Armbinden am Tatort erschienen" waren. Die durch Erlaß Görings vom 11. Februar 1933 geschaffene Hilfspolizei setzte sich zum überwiegenden Teil aus SA- und SS-Mitgliedern zusammen. Die vom Prinzen zu Löwenstein in einem Schreiben an Teichert, den Verteidiger Dimitroffs, Popoffs und Taneffs, geäußerte Beobachtung, er, Löwenstein, habe selbst gesehen, daß bereits gegen 21.45 Uhr der ganze Komplex von der SA besetzt gewesen sei, läßt sich dagegen nicht verifizieren (Schreiben von Hubertus Prinz zu Löwenstein vom 13. Oktober 1933 [Bundesarchiv Berlin, R 3002: Reichsgericht Generalia, Sig. 3002/238]). Eine vom „ Internationalen Untersuchungsausschuß" in Paris per Telegramm am 7. Dezember 1933 beantragte Einvernahme Löwensteins durch das Reichsgericht blieb ohne Erfolg (abgedr. in: Dimitroff-Dokumente, Bd. 1, Dok. 287, 740-743).

176 Bericht über den Reichstagsbrand am 27. Februar 1933 („Feuerwehrbericht") vom 11. 10. 1955 (Institut für Zeitgeschichte München, ZS A7; Berliner Feuerwehrmuseum); siehe dazu: *Wolff*, Der Reichstagsbrand, 31-33. Vgl. *W. Hofer u. a.*, Der Reichstagsbrand (Bd. 2, 209-212, Neuausg. 285-288); *Tobias*, Reichstagsbrand, 292.

177 Schreiben von Branddirektor Fritz Polchow vom 14. Juli 1960 und 19. September 1969 (Kopie von letzterem im Depositum Walther Hofer, Schweizerisches Bundesarchiv), abgedr. in: *W. Hofer u. a.*, Der Reichstagsbrand (Neuausgabe), 117-121; Schreiben von Brandmeister Erich Nest vom 14. Juli 1960, abgedr. in; ebd. (Bd. 1, 235-237). Von der Begegnung mit den Polizisten erfuhren auch mehrere weitere Feuerwehrmänner (ebd. 236, 238, 241, Neuausg. 121f.), vgl. etwa das Schreiben von Brandobermeister i. R. Emil Dupke vom 26. Juni 1971 (Kopie im Archiv Schmädeke/Zipfel), abgedr. in: ebd. (Neuausgabe), 121-123. Im Prozeß wurden Polchow und Nest nicht vernommen.

178 St 65, Bd. 53, Bl. 15R. Tobias seinerseits zitiert im Anhang seines Buches zwar einige Bruchstücke aus den Aussagen Polchows und Puhles, doch unter Auslassung der den „Feuerwehrbericht" bestätigenden Angaben Polchows über die Polizisten-Begegnung, die dieser 1960 noch einmal bestätigt hat (*Tobias*, Reichstagsbrand, 671).

179 *Jürgen Schmädeke/Alexander Bahar/Wilfried Kugel*, „Der Reichstagsbrand in neuem Licht", in: Historische Zeitschrift, Bd. 269, Heft 3.

180 *Tobias*, Reichstagsbrand, 460.
181 Stenographische Protokolle, 16. VT., 77. Vgl. auch: *W. Hofer u. a.*, Der Reichstagsbrand (Neuausgabe), 277.
182 Wilhelm Heise stellte am 1. Februar 1937 einen Antrag auf Aufnahme in die NSDAP, Eintritt 1. März 1937, Ortsgruppe Schmargendorf, Mitglieds-Nr. 3909885 (Bundesarchiv Berlin, ehem. BDC). Laut Auskunft der Schornsteinfegermeisterschaft e. G. Berlin, Herr Werner Sturm, war Heise nach dem Reichstagsbrand weiterhin als Schornsteinfeger tätig. Nach dem Krieg ließ er sich in Pritzwalk nieder.
183 Bericht des Polizeiwachtmeisters Hans Steinbeck vom 28. Februar 1933, St 65, Bd. 109, Bl. 80, abgedr. in: Dimitroff-Dokumente, Bd. 1, 32f.
184 Siehe ZPA, Sofia, 146/3/151 (nach: Dimitroff-Dokumente, Bd. 1, Anm. 1, 33). Das hier genannte Dokument lag den Autoren nicht vor.
185 StA Potsdam, Polizeipräsidium Berlin, Nr. 7520, vgl. Dimitroff-Dokumente, Bd. 1, Anm. 1, 33.
186 Laut dem von Heisig unterschriebenen und offenbar von Diels paraphierten Einlieferungsbescheid wurde „ein Brandstifter vom Reichstag" um 3 Uhr nachts „vom Revier 28 (Reichstag)" in das Polizeipräsidium ("Abteilung I. Dauerdienst") eingeliefert ("Tatbestand: Brandstifter vom Reichstag"); St 65, Bd. 109, Bl. 17.
187 St 65, Bd. 1.
188 Stenographisches Protokoll der Vernehmung in St 65. Eine Kopie des Stenogramms wurde den Autoren von Hersch Fischler überlassen.Das Stenogramm ist undatiert, Band- und Blattangaben wurden leider nicht vermerkt.
189 Stenographische Protokolle, 24. VT., 36. Vgl. auch die Darstellung bei *Sack*, Der Reichstagsbrandprozeß, 36.
190 Abgedr. in: Dimitroff-Dokumente, Bd. 1, Dok. 287, 740-743.
191 St 65, Bd. 53, Bl. 174R-175.
192 Stenographische Protokolle, 37. VT. (Zitate nach *Kugler*, Geheimnis des Reichstagsbrandes, 165).
193 Stenographische Protokolle, 37. VT., 121ff., Zitat 151. Vgl. auch *W. Hofer u. a.*, Der Reichstagsbrand (Neuausgabe), 282f.
194 Stenographische Protokolle, 53. VT., 41f.
195 Aussagen Elisabeth Berkemeyer vom 27. 2. 1933 und Maria Hessler vom 26. 10. 1933, Notiz über fernmündliche Auskunft von E. Berkemeyer vom 26. 10. 1933, St 65, Bd. 110, Bl. 7-9.
196 Vernehmung Walter Pohlenz vom 27. November 1948 in Berlin, Krim.-Insp. A-K., Krim.-Kom. Ringel u. Hentschel (Bundesarchiv Berlin, Außenstelle Hoppegarten; 2 C 19839, Bd. 3, Bl. 118). Graf Helldorf wird u. a. auch von dem ehemaligen Berliner SA-Führer und Flugkapitän a. D. Heinz Geiseler als einer der Verantwortlichen für den Reichstagsbrand und für die Ermordung von Mittätern bezeichnet (Schreiben an das Kammergericht Berlin vom 16. 12. 1966, in: Akten KG Berlin, Sonderheft 1a 1 W 6 AR 3.66., Kopie im Depositum W. Hofer, Schweizerisches Bundesarchiv, Bern).
197 Braunbuch I, 110.
198 St 65, Bd. 111, Bl. 10 (Abschrift, o. D.).
199 St 65, Bd. 55, Bl. 26. Dies wird u. a. bestätigt durch die beeidigte Aussage des Heizers Erhard Cyron ("Am 27. Februar 33 hatte ich die Abendschicht von 14 Uhr bis 21 Uhr"), St 65, Bd. 46, Bl. 39. In eigenartigem Widerspruch hierzu steht die Behauptung des technischen Betriebsleiters, Ing. Heinrich Risse: „Der Dienst regelt sich derart, daß im allgemeinen wochentags im Kesselhaus zwei Schichten, und zwar von 6 bis 14 und von 14 Uhr bis 20 Uhr antreten, während im Maschinenhaus und in der Heizzentrale die Schichten im allgemeinen von 7 bis 14 und von 14 bis 20 Uhr wechseln" (Vernehmung Heinrich Risse vom 8. 3. 1933, St 65, Bd. 46, Bl. 13). Offenbar sollte durch diese Falschaussage verheimlicht werden, daß das Heizpersonal am Brandabend den Dienst früher als gewöhnlich beendet hatte.
200 Vernehmung Adermann, St 65, Bd. 46, Bl. 28-31, Zitat Bl. 29.
201 Vernehmung des Heizpersonals vor dem Untersuchungsrichter, St 65, Bd. 46.
202 St 65, Bd. 55, Bl. 86ff.
203 Vernehmung Erich Sedletzki vom 13. März 1933 (St 65, Bd. 55, Bl. 88-90), Verneh-

mung Werner Pape vom 13. März 1933 (St 65, Bd. 55, Bl. 90). Sowohl Sedletzki als auch Pape gaben an, am 1. bzw. 2. März 1933 beurlaubt, Sedletzki darüber hinaus, am 10. März zum 1. April 1933 gekündigt worden zu sein.

204 Vernehmung Erich Sedletzki am 24. April 1933 vor dem Untersuchungsrichter (St 65, Bd. 55, Bl. 138).

205 St 65, Bd. 53, Bl. 194R, 195.

206 Vernehmung Eduard Prodöhl durch den Untersuchungsrichter am 23. März 1933 (St 65, Bd. 53, Bl. 191-193R, Zitat Bl. 192R).

207 Ebd., Bl. 156-157, Zitat Bl. 156.

208 Vernehmung Erich Sedletzki vom 13. März 1933, St 65, Bd. 55, Bl. 88-90.

209 Vernehmung Rudolf Scholz vom 17. 3. bzw. 29. 4. 1933, St 65, Bd. 53, Bl. 157-160, Zitat 160.

210 Rundfunkrede von Hermann Göring am 1. 3. 1933, Tonaufzeichnung im Deutschen Rundfunkarchiv (Frankfurt/M.); Protokolle der Ministerbesprechungen vom 28. 2. und 2. 3. 1933, abgedr. in: *Konrad Repgen/Hans Booms* (Hg.), Die Regierung Hitler, Teil 1, 129, 146.

211 Die Rede ist abgedr. in: *Axel Friedrichs*, Die nationalsozialistische Revolution, Berlin 1938, 26.

212 Stenographische Protokolle, 31. VT., 4. 11. 1933, 103f.

213 Eine frühere Begehung fand bereits am 2. Dezember 1975 statt; siehe dazu: *W. Hofer u. a.*, Der Reichstagsbrand (Bd. 2, 265-269; Neuausgabe 322-326).

214 Falsch ist somit auch die Behauptung von Fritz Tobias, vom unterirdischen Gang aus habe ein „Stichtunnel", der gegenüber der Pförtnerloge endete, ins Palais geführt.

215 Eine eher skurrile Erklärung für diese Klopfgeräusche gab der Maschinist Mutzka, der vertraulich zu Protokoll gab, die Klopfgeräusche seien von dem geistig behinderten Sohn des Botenmeisters im Reichstagsgebäude, Prodöhl, verursacht worden, der „in den Abendstunden wiederholt mit Händen und Fäusten auf den Tisch in seiner Stube getrommelt hat" (St 65, Bd. 53, Bl. 48).

216 Aussage Adermann vom 3. 3. 1933, St 65, Bd. 46, Bl. 22.

217 Aussage Adermann vom 7. 4. 1933, St 65, Bd. 46, Bl. 28-31. In seiner Aussage für das Amtsgericht Hannover vom 30. 8. 1971 schilderte der Heizer Heinrich Grunewald die Gefahr, in die sich Adermann durch seine Aussagen gebracht hatte: „Seine Stellung und sein Leben standen auf dem Spiel" (Amtsgericht Hannover, Gesch.-Nr. 46 Bs 18/71; Kopie im Depositum Walther Hofer, Schweizerisches Bundesarchiv).

218 Aussage Adermann vom 14. 5. 1933, St 65, Bd. 46, Bl. 55-56.

219 Brief Galles an Untersuchungsrichter Wernecke vom 16. 5. 1933, St 65, Bd. 46, Bl. 58R.

220 Aussage Mennerich vor der Politischen Polizei vom 4. 3. 1933, St 65, Bd. 46, Bl. 23.

221 Mennerich soll den Hausinspektor Scranowitz verdächtigt haben, 1930 einen Diebstahl von Tafelsilber und Büchern im Reichstagsgebäude begünstigt zu haben; Vernehmung Galle vor dem Untersuchungsrichter LGR Wernecke vom 25. 9. 1933, St 65, Bd. 26, Bl. 34-35.

222 Ebd. Vgl. hierzu auch Anm. 220.

223 Aussage Wittkowski, St 65, Bd. 46, Bl. 40f.

224 Aussage Weigmann vom 20. 4. 1933, St 65, Bd. 46, Bl. 38.

225 Aussage Rudolf Scholz vom 2. 3.1933, St 65, Bd. 53, Bl. 33.

226 Aussage Adermann vom 7. 4. 1933; St 65, Bd. 46, Bl. 28-31.

227 Vgl. Vernehmung Adermann vom 3. 3. 1933 durch Kriminalassistent Rudolf Schulz, Notiz Schulz, St 65, Bd. 53, Bl. 43.

228 Vernehmung Adermann vom 7. 4. 1933, St 65, Bd. 46, Bl. 28 R-29.

229 Aussage Adermann vom 7. 4. 1933, ebd., Bl. 28-31.

230 Aussage Adermann vom 11. 3. 1933, ebd., Bl. 25.

231 Aussage Adermann vom 7. 4. 1933, ebd., Bl. 28-31. Aufgrund dieser Aussage erscheint es mehr als unwahrscheinlich, daß Ernst „Putzi" Hanfstaengl am 27. Februar 1933 im Reichstagspräsidentenpalais gewohnt hat, wie Rechtsanwalt Sack während des Reichstagsbrandpro-

zesses am 18. 10. 1933 (Stenographische Protokolle, 19. VT., 146–150) erstmals behauptete und wie Goebbels am 8. November vor dem Reichsgericht wortreich darlegte. Danach hätten er und Hitler gemeinsam bei Goebbels zu Abend gegessen, als sie durch den angeblich im Reichstagspräsidentenpalais krank zu Bett liegenden Hanfstaengl telefonisch von der Nachricht über den Brand des Reichstagsgebäudes überrascht worden seien.

232 Kuvert mit acht originalen Steckuhrstreifen vom 20./21. - 27./28. 2. 1933; St 65, Bd. 53, Bl. 96f.

233 Adermann sollte eigentlich am 17. 10. 1933 vor dem Reichsgericht vernommen werden. Stattdessen wurde er an diesem Tag in das Gestapa zitiert. St 65, Bd. 19, Bl. 267: Vernehmung am 17. Oktober durch das Geheime Staatspolizeiamt, Brandkommission Reichstag; dazu auch: Stenographische Protokolle, 18. VT., 17. 10. 1933, 182 („erst morgen" Vernehmung des Zeugen Adermann) und: Dimitroff-Dokumente, Bd. 2, 280, Anm. 2.

234 Stenographische Protokolle, 19. VT., 18. 10. 1933, 35. Hierbei räumte Adermann entgegen seinen früheren Aussagen erstmals ein, die Tür sei (vom Maschinenpersonal) „mitunter schon verschlossen" gewesen, „wenn ich den ersten Gang machte. Mitunter war sie offen; dann haben wir sie zugeschlossen." Auf Nachfrage des Präsidenten jedoch: „Also die oben beschriebene, schon eben erwähnte schwarze Tür, die den Gang zum Präsidentenhaus schließt, stand, wie Sie damals gesagt haben, immer noch auf. (Zeuge: Ja.) Das ist richtig. (Zeuge: Ja.) So daß Sie erst nach Beendigung der Kontrolle im Gang selbst abschlossen." – „Zeuge Adermann: Habe ich selbst abgeschlossen" (ebd., 38).

235 Die Stempel der Steckuhr 1 lauten zweimal auf die Zeit 21.39 Uhr, einmal auf 21.40 Uhr und einmal auf 21.53 Uhr, die Steckuhr 2 stempelte um 21.32 Uhr und um 21.39 Uhr. Daneben finden sich auf dem Steckuhrstreifen verschiedene, dicht nebeneinanderliegende Stempelzeiten ohne Angabe der jeweiligen Steckuhr, die in dieser Form auf den anderen Stempelstreifen nicht auftauchen (St 65, Bd. 53, Bl. 96).

236 Stenographische Protokolle, 19. VT., 33f.

237 Aussage Adermann vom 11. 3. 1933, St 65, Bd. 46, Bl. 24.

238 Aktennotiz vom 13. 7. 1933, St 65, Bd. 11, Bl. 27; entsprechend auch die Aussage des Reichstags-Maschinenmeisters Mutzka, daß „ein paarmal [...] ein Hauptschlüssel verschwunden war" und es für einen Betriebsfremden kein Kunststück war, in den Gang zu gelangen, sofern er sich einen Hauptschlüssel habe beschaffen können, von denen es „wohl gegen 20" gab; St 65, Bd. 71, Bl. 101; Stenographische Protokolle, 18. VT., 17. 10. 1933, 188f.

239 Vernehmung Eugen Mutzka vom 21. 4. 1933, St 65, Bd. 5, Bl. 87f.

240 Besichtigung des Reichstagpräsidentenpalais und des unterirdischen Ganges durch einen der Autoren (W. K.) am 24. Juni 1997 (Fotos und Video im Besitz der Autoren).

241 Vgl. dazu die Aussage Denschel, St 65, Bd. 55, abgedr. in: Dimitroff-Dokumente, Bd. 1, 95f., letzter Satz. Diese Angabe Denschels wurde bestätigt durch Herrn Reinhold Thielitz, Rantum/Sylt, der angibt, als Kind in diesem Gang mit dem Sohn von Denschel gespielt zu haben (Interview mit Wilfried Kugel vom 10. August 1996, Tonaufzeichnung vorhanden).

242 Aussage Adermann vom 11. 3. 1933, St 65, Bd. 46, Bl. 24f.

243 Aussage Adermann vom 7. 4. 1933, ebd., Bl. 28–31.

244 Also nicht etwa die Verbindungstür zwischen Reichstagspräsidentenpalais und dem unterirdischen Gang, sondern die Tür, die vom Eingangsbereich des Palais zu einem kleinen verschlossenen Vorraum führte. Von diesem gelangte man über eine Treppe hinab zur (schwarzen) Tür, die den unterirdischen Gang abschloß.

245 Aussage Weber vom 21. 4. 1933, St 65, Bd. 46, Bl. 44.

246 Vermerk von Kriminalassistent Rudolf Schulz vom 13. 3. 1933, St 65, Bd. 53, Bl. 169.

247 Vernehmung Weber, Stenographische Protokolle, 19. VT., 176ff.

248 Adermann verließ seine Pförtnerloge um ca. 21.15 Uhr, um Reichstagsdirektor Galle, der im Zwischengeschoß des Hauses wohnte, persönlich über den Reichstagsbrand zu benachrichtigen. Später verließ er seine Loge , um nach dem Feuer im Reichstag zu sehen.

249 Stenographische Protokolle, 19. VT., 176ff.

250 Nach der Aussage Adermanns vor dem Reichsgericht (Stenographische Protokolle, 19. VT., 141) bestand Görings Stabswache aus sechs Mann. Adermanns Behauptung, diese Stabswache sei immer in Görings Wohnung am Kaiserdamm geblieben, auch wenn Göring sich anderswo aufhielt, erscheint dagegen unglaubwürdig.

251 Die Existenz dieser von Karl Ernst bereitgestellten „Ehrenwache" gab Göring erst 1945 beim Nürnberger Kriegsverbrecherprozeß zu.

252 Vgl. Verhör Görings vom 13. 10. 1945, abgedr. in: *Wolff*, Der Reichstagsbrand, 43; Verhör Görings vom 18. 3. 1946, in: Der Prozeß gegen die Hauptkriegsverbrecher vor dem Internationalen Militärgerichtshof Nürnberg (IMT), Bd IX, 302.

253 Aussage Mutzka vom 2. 3. 1933, St 65, Bd. 46, Bl. 21.

254 Urteilsschrift, 57f.

TEIL 2 GEGENERMITTLUNGEN IM AUSLAND

1 1889 in ärmlichen Verhältnissen geboren, wurde Münzenberg als Barbierlehrling und Fabrikarbeiter mit der ganzen Härte des Proletarierdaseins um die Jahrhundertwende konfrontiert. Bereits als Fünfzehnjähriger trat er dem Arbeiterbildungsverein „Propaganda" in Erfurt bei, wo er sich mehr und mehr von den als spießbürgerlich begriffenen Idealen und Vorstellungen der alten SPD und der Gewerkschaften löste. Seit 1910 lebte Münzenberg als Apothekergehilfe in Zürich. Hier fand er Kontakt zu Lenin und die Bolschewiki. Als pazifistischer Unruhestifter aus der Schweiz ausgewiesen, kehrte Münzenberg inmitten der Revolutionswirren am 12. November 1918 nach Deutschland zurück, wo er einer der Gründer des Spartakusbundes, der KPD und der Kommunistischen Jugendinternationale wurde. Lenin persönlich beauftragte den geborenen Organisator 1921 mit dem Aufbau der Internationalen Arbeiterhilfe (IAH) zur Unterstützung der Hungernden in Sowjet-Rußland.

2 *Arthur Koestler*, Die Geheimschrift, München 1954, 331; bestätigt von Prof. Alfred Kantorowicz (Zusammenfassung eines Gesprächs mit Christoph Graf und Barbara Stoller-Trinks vom 8. März 1973, Depositum Walther Hofer).

3 Weitere Mitglieder waren Ellen Wilkinson (M. P.) für England, Arthur Garfield Hays für Amerika, Henri Barbusse und Romain Rolland für Frankreich, Ernst Toller und Willi Münzenberg für Deutschland sowie Prof. Salda für die Tschechoslowakei.

4 *Babette Gross*, Willi Münzenberg, 255.

5 Mikrofilme mit „Informationsmeldungen" der Politischen Polizei im Institut für Zeitgeschichte, München, 867150f., nach *Babette Gross*, 256, Anm. 1.

6 Ebd., 256.

7 Ebd., 257.

8 *Klaus Mammach*, Widerstand 1933-1939, Berlin (Ost) o. J., 73.

9 Mitteilung Prof. Alfred Kantorowicz, siehe Anm. 1.

Nach Babette Gross arbeiteten am Braunbuch Otto Katz (alias André Simone) und dessen Frau, Hans Schulz, Alfred Kantorowicz, Gustav Regler, Max Schroeder, Hans Siemsen sowie (möglicherweise) Alexander Abusch mit. (In einem Schreiben an Barbara Stoller-Trinks vom 15. 6. 1973 erinnert sich Bruno Frei an die Mitarbeit von Alexander Abusch, Gustav Regler, Arthur Koestler und Albert Schreiner [Dokumentationsarchiv des Österreichischen Widerstands, 20126/1126]). Arthur Koestler, der später zum Kronzeugen für die angebliche „Lügenpropaganda" des Braunbuchs avancierte, war laut Babette Gross (Zusammenfassung eines Gesprächs mit Christoph Graf und Barbara Stoller-Trinks vom 13. Juni 1973, Depositum Walther Hofer) „an den Braunbüchern nicht direkt beteiligt" Dies bestätigt indirekt auch Koestler selbst, wenn er schreibt: „Als ich in Paris ankam, war die erste Runde des Duells schon gewonnen; die Nazis waren in der Defensive. Sie hatten sich gezwungen gesehen, Göring und Goebbels als Zeugen zu rufen – in einem verzweifelten Versuch, sich vor der Weltmeinung reinzuwaschen" (*Arthur Koestler*, Als Zeuge der Zeit, Bern 1982, 194) Regler nennt darüber hinaus Wilhelm Koenen als Mitarbeiter, was von Babette Gross nicht bestätigt wird. Gustav Regler war „das Kapitel über die Nazi-Folterkammern anvertraut worden"(*Regler*, Das Ohr des Malchus, 216),

Alfred Kantorowicz, selbst Jude, bearbeitete nach eigener Aussage das Kapitel über die Judenverfolgungen (Mitteilung Prof. Alfred Kantorowicz, siehe Anm. 1). Aufgenommen wurden Beiträge von Martin Andersen Nexö, Sherwood Anderson, Henri Barbusse, André Gide, Michael Gold, Egon Erwin Kisch, Beverley Nichols, Romain Rolland, Lincoln Steffens, Ernst Toller, Ellen Wilkinson.

Nachdem Willi Münzenberg infolge seines Bruchs mit Stalin bei der Komintern in Ungnade gefallen war, wurde auch sein Anteil am Zustandekommen der Braunbücher in der Geschichtsschreibung des „real existierenden Sozialismus" verleugnet. Nach Klaus Mammach (Widerstand 1933-1939, Berlin [Ost] o. J., 70) etwa oblag die Gesamtredaktion des Braunbuchs „Alexander Abusch, der sich auf Beschluß der Führung der KPD nach Paris begeben hatte, um im Juni/Juli 1933 das Autorenkollektiv des Braunbuchs anzuleiten. Er und Otto Katz, Sekretär des Internationalen Untersuchungsausschusses zur Aufklärung des Reichstagsbrandes, waren die Verfasser des Hauptteils des Buches. An der Ausarbeitung beteiligten sich ferner Rudolf Feistmann, Albert Norden und Max Schroeder. Einbezogen wurden auch Schriftsteller und Publizisten, u. a. Bruno Frei, Alfred Kantorowicz, Bodo Uhse und Friedrich Wolf."

10   Braunbuch I, 57.

11   Bei dem mysteriösen Journalisten handelte es sich möglicherweise um den notorischen Märchenerzähler Harry Schulze-Wilde, der auch unter dem Pseudonym Werner Schulz schrieb, was das Kürzel „W. S." erklären könnte. Wilde lebte bis zum Reichstagsbrand als Journalist in Berlin, danach in Paris und befand sich zur Zeit des Londoner Gegenprozesses in Holland, wo er im Auftrag von Theodor Plivier über den Reichstagsbrand recherchiert haben will. Der in London aufgetretene Journalist war – damit übereinstimmend – aus Holland angereist.

12   Protokolle über die Zeugenvernehmungen der Internationalen Untersuchungskommission in London, 16. September 1933, Sign. 15 J 86/33, Bd. 2. Vgl. auch Bundesarchiv Berlin, R 3003, 15 J 86/33, Oberreichsanwalt beim Reichsgericht, Bd. 1-2, Protokolle über die Sitzungen der Londoner Untersuchungskommission.

13   Roodboek, Amsterdam 1933.

14   *Arthur Koestler*, Als Zeuge der Zeit, Bern 1982, 197.

15   Hier ist das Editorial gemeint, das Vorwort stammt von Lord Marley.

16   *Babette Gross*, 257f.

17   Auf „einige Fehler" („a few errors") des Braunbuchs hatte bereits eine in „The Manchester Guardian Weekly" am 8. September 1933 erschienene Rezension unter dem Titel „The Case Against the Nazis. More Evidence" hingewiesen.

18   *Babette Gross*, Manuskript zur Biographie „Willi Münzenberg", 380 (Institut für Zeitgeschichte, ED 217/1). Diese wie auch andere Passagen, in denen Babette Gross ihre Überzeugung von der nationalsozialistischen (Mehr-)Täterschaft zum Ausdruck brachte, fehlen in der veröffentlichten Fassung ihres Buches. Sie wurden offenbar auf Wunsch der Redaktion der „Vierteljahrshefte für Zeitgeschichte", in deren Schriftenreihe das Buch erschien, gestrichen bzw. umgeschrieben.

19   *Arthur Koestler*, Als Zeuge der Zeit, Bern 1982, 193f. / Die Geheimschrift, München 1954, 206.

20   *Erich Wollenberg*, „Dimitroffs Aufstieg und Ende [V. Teil]", in: „Echo der Woche", München, 12. 8. 1949. Nach Mitteilung von Babette Gross gehörte der Autor nie zum Münzenberg-Kreis (Aussage Babette Gross, siehe Anm. 10).

21   *Babette Gross*, 260

22   Klaus Mammach (Widerstand 1933-1939, Berlin [Ost] o. J., 70), als Vertreter der DDR-Geschichtsschreibung, spricht hingegen von insgesamt „etwa 135.000 Exemplaren, einschließlich jener speziell für die Verbreitung in Deutschland angefertigten Dünndruck-Kleinausgaben in etwa 45.000 Exemplaren".

23   *Pritt*, Der Reichstagsbrand, 24f.; *Stojanoff*, Reichstagsbrand, 159.

24   Abgedr. in: Dimitroff-Dokumente, Bd. 1, 534-555.

25   Nach St 65, Bd. 201, Bl. 195ff..

26   *Stojanoff*, Reichstagsbrand, 160.

27   „Anklage gegen die Ankläger. Die Widerlegung der geheimen Anklageschrift des Reichs-

tagsbrand-Prozesses", Paris 1933; im Vorwort heißt es: „Die Anklageschrift im Reichstags-brandprozeß, monatelang geheim gehalten, ist im Besitz des Untersuchungsausschusses zur Aufklärung des Reichstagsbrandes. Kämpfende Antifaschisten haben sie unter Lebensgefahr im Leipziger Reichsgericht photographiert und über die Grenze gebracht."

28   The Burning of the Reichstag. Official Findings of the Legal Commission of Inquiry, London, Sept. 1933. Chairman: D. N. Pritt, K.C.; abgedr. in: Dimitroff-Dokumente, Bd. 1, 534-555, Zit. 553.

29   Ebd., Zit. 555.

30   *Babette Gross*, 263.

31   Berliner und Norddeutsche Ausgabe, zit. nach ebd., 263.

32   Ebd., 263.

33   „Kölnische Zeitung", 1. 10. 1933 (Übernahme eines Berichts der NS-freundlichen holländischen Zeitung „Telegraaf"), zit. nach *Babette Gross*, 264.

34   *Adolf Ehrt*, Bewaffneter Aufstand! Enthüllungen über den kommunistischen Umsturz-versuch am Vorabend der nationalen Revolution, Berlin-Leipzig 1933.

5 Der Leipziger Reichstagsbrandprozeß

TEIL 1 DIE BRANDTECHNISCHEN GUTACHTEN

Da vom kriminalistischen und juristischen Standpunkt aus weder ein Geständnis noch ein Teilgeständnis genügt, um einen strafrechtlichen Vorgang zu klären, sondern materielle Beweise zur Klärung des objektiven Sachverhalts notwendig sind, kommt bei der Feststellung einer Brandursache den technischen Gutachten ganz entscheidende Bedeutung zu. Im vorliegenden Fall galt dies umso mehr, als van der Lubbes Geständnis, das die Grundlage für den von Kriminalkommissar Walter Zirpins redigierten Abschlußbericht der Politischen Polizei vom 3. März 1933 bildete, derart gravierende Mängel aufwies, daß es zur Klärung des Sachverhalts völlig ungeeignet war. So war van der Lubbe weder während der Voruntersuchung noch während der Hauptverhandlung vor dem Leipziger Reichsgericht in der Lage, den Verlauf der Brandstiftung im Reichstagsgebäude schlüssig darzustellen. Sowohl bei seinen Vernehmungen als auch bei diversen Lokalterminen im Reichstagsgebäude verwickelte sich der Angeklagte in zahllose Widersprüche.

Aufgrund der gesetzlichen Vorschriften und der gerichtlichen Praxis mußten die polizeilichen Ermittlungsorgane umgehend folgende Gutachten einholen:

– Eine feuertechnische Expertise über die Entwicklung, den Ablauf des Feuers und die aufgefundenen Brandspuren bzw. -materialien. Die Erstellung eines solchen Gutachtens lag damals in der Kompetenz des Leiters der Berliner Feuerwehr, Oberbranddirektor Walter Gempp.

– Eine Beurteilung der thermodynamischen und bautechnischen Gegebenheiten, anhand derer sich feststellen ließ, ob das Geständnis des mutmaßlichen Brandstifters mit den objektiven Fakten übereinstimmte. Zuständig hierfür war die feuertechnische Kommission des Staatlichen Materialprüfungsamtes Berlin, der Prof. Dr. Theodor Kristen vorstand. Diese Kommission wurde üblicherweise auch vom Polizeipräsidium eingesetzt.

– Mit der Klärung von Detailfragen – wie etwa der Beurteilung chemischer Phänomene – wurden die zuständigen Institute beauftragt, wie etwa die Chemisch-Technische Reichsanstalt (Oberregierungsrat Dr. Franz Ritter) und die Preußische Landesanstalt für Lebensmittel, Arzneimittel und gerichtliche Chemie (Prof. Dr. August Brüning).

Doch abweichend von der üblichen Praxis übernahm im vorliegenden Fall nicht nur eine ad hoc gebildete Brandkommission der Politischen Polizei die Ermittlungen. Von den obengenannten zuständigen Experten wurde der Leiter der Berliner Feuerwehr, Walter Gempp, unmittelbar nach Beginn der Untersuchung kaltgestellt. Der Leiter der feuertechnischen Kommission des Staatlichen Materialprüfungsamtes, Prof. Kristen, wurde zwar um die Erstellung eines Gutachtens gebeten. Doch „Gutachten sowie Abschrift sind spurlos verschwunden, nachdem Behördenstellen davon Kenntnis genommen hatten".[1]

Die Gutachten von Gempp und Kristen ersetzte man durch die Expertise des als Nachfolger von Gempp neu ernannten (Ober-)Branddirektors Wagner und durch die des Direktors des Instituts für Thermodynamik an der Technischen Hochschule Berlin, des Geheimen Regierungsrats Prof. Dr. Emil Josse. Zur Klärung von Detailfragen wurden außerdem noch vor Eröffnung der Hauptverhandlung der bei Gericht akkreditierte Chemiker Dr. Wilhelm Schatz sowie die Chemiker Dr. Brüning und Oberregierungsrat Dr. Franz Ritter hinzugezogen. Das Gutachten des letzteren wurde allerdings laut einem handschriftlichen Vermerk von Landgerichtsdirektor Parrisius in der Anklage nicht verwendet.[2]

Trotz der Verwüstungen durch den Brand fanden Feuerwehr und Sachverständige im Reichstagsgebäude Spuren verschiedener Brandmittel, die nicht von van der Lubbe stammen konnten, der ja unstrittig nur Kohlenanzünder und Textilien (Kleider, Gardinen etc.) für seine Brandlegungsversuche benutzt hatte.

Oberbranddirektor Gempp und der ehemalige Stadtrat und Feuerwehrdezernent Ahrens bemerkten eine Gießspur von Benzin oder Benzol in der Bismarckhalle.

Noch bevor die Feuerwehr dort eingetroffen war, fand Hausinspektor Scranowitz auf einem Klubsessel in der Wandelhalle eine brennende Fackel, die er austrat. Die erloschene Fackel wurde später auch vom

Leiter der Berliner Feuerwehr Gempp unter dem Sessel bemerkt.

Dr. Schatz fand Rußspuren, die von Mineralölprodukten stammten, und zwar in dem Gang zur Stenographenloge, im Plenarsaal, den Ablüftungskanälen sowie in der sogenannten Gießspur im Bismarcksaal.

Schatz konnte weiterhin oxydierte Reste von Phosphor an allen Brandstellen des Plenarsaals, an der Decke des Ganges zur Stenographenloge, den Entlüftungsklappen im Erdgeschoß, der Gießspur im Bismarcksaal und in van der Lubbes Manteltasche nachweisen.[3]

Diese Funde lassen sich mit den Angaben des Brandstifters Marinus van der Lubbe nicht in Einklang bringen, der vor Gericht die Verwendung von flüssigen Brandmitteln kategorisch bestritt und immer wieder beteuerte, daß er selbst nur Kohlenanzünder, seine Kleider sowie im Reichstag vorgefundene Materialien (Papier, Textilien etc.) zur Brandlegung benutzt habe.

Aufgrund dieser Befunde und umfangreicher Brandexperimente, bei denen sich das Mobiliar des Plenarsaals (Bestuhlung, Teppiche etc.) als schwer entflammbar erwies[4], schlossen die genannten Sachverständigen van der Lubbe als Einzeltäter aus und konstatierten, daß mehrere Brandstifter, „die ihr Handwerk verstanden" (Prof. Josse), am Werk gewesen sein mußten.

Bereits vor Beginn der Hauptverhandlung lagen dem Gericht die Stellungnahmen der Gutachter vor. Den wesentlichen Inhalt ihrer Gutachten mußten die Sachverständigen aufgrund des deutschen Strafprozeßrechts mündlich bei der Verhandlung vortragen. Eventuell bis dahin aufgetretene neue Gesichtspunkte konnten – ergänzend oder korrigierend – in die Aussage einbezogen werden. Erst am 22. Verhandlungstag, am 23. Oktober 1933, kamen die Sachverständigen zu Wort, wobei die Ausführungen von Prof. Josse, seinem Assistenten Ingenieur Werner, von Dipl.-Ing. Wagner und Dr. Schatz im wesentlichen ihre bereits in den schriftlichen Gutachten getroffenen Feststellungen bestätigten. Trotz der auf ihnen lastenden Erwartungen hielten sich die Experten in ihren Ausführungen weitestgehend an den objektiven Sachverhalt und wichen Fragen, die eindeutig ihre Kompetenz überschritten – wie etwa nach der möglichen Schuld der mitangeklagten Kommunisten –, aus.

Das Gutachten des Thermodynamikers Prof. Josse

In seiner Expertise wies der Sachverständige Prof. Josse[5] auf die Verschiedenartigkeit der Brandentwicklung im Plenarsaal einerseits sowie im Restaurant, in den angrenzenden Räumen im Erdgeschoß und in der Wandelhalle andererseits hin. In letzteren sei die Ausdehnung des Brandes insgesamt verhältnismäßig gering gewesen. Im Plenarsaal dagegen, wo van der Lubbe gar keine Kohlenanzünder, sondern lediglich brennende Lappen als Feuerträger benutzt haben will, habe sich der Brand außerordentlich rasch ausgebreitet und ein erhebliches Ausmaß erreicht. Während Josse nicht ausschloß, daß die verhältnismäßig geringfügigen Brände im Restaurant und in der Wandelhalle tatsächlich auf van der Lubbes Zündeleien zurückzuführen seien, schloß er diese Möglichkeit für das Feuer im Plenarsaal aus.

Der Anklageschrift zufolge „will der Angeschuldigte van der Lubbe im Plenarsaal lediglich einen Vorhang hinter dem Präsidium angesteckt, dann eine kleinere Gardine – anscheinend am Stenographenraum – heruntergerissen haben und diese nach Anzündung als Feuerträger hinter sich herschleppend quer durch den Plenarsaal nach der gegenüberliegenden Seite zum Westumgang gelaufen sein. Er behauptet ferner, bei seinem Rückweg durch den Plenarsaal keinen Feuerbrand mehr in der Hand gehabt zu haben. Insbesondere bestreitet er, bei der Brandlegung im Plenarsaal noch irgendwelche Feueranzünder verwendet zu haben."[6]

Van der Lube selbst gab an, den für die Brandentwicklung ausschlaggebenden Brand im Plenarsaal zuletzt, also kurz vor seiner Festnahme, gelegt zu haben. „Er hat demnach den Plenarsaal etwa um 9.16 Uhr abends betreten. Nach seiner Schilderung kann er sich dort nicht länger als 2 Minuten aufgehalten haben."[7]

Gegen 21.20 bis 21.21 Uhr (siehe Kap. 2) hatte Polizeileutnant Lateit den Plenarsaal betreten und in dem nach eigenen Angaben rauchfreien Raum eine gleichmäßig zusammenhängende Feuermasse von etwa 3 Meter Breite und etwas größerer Höhe beobachtet, die sich über die ganze Breite des Präsidentensitzes erstreckte. Hinter dieser Feuermasse und über sie hinaus züngelten Flammen hoch, bei denen man einzelne Strahlen unterscheiden konnte, die den Anblick einer flammenden Orgel boten – offenbar die drei hinter dem Präsidentensitz angebrachten, brennenden Vorhänge. Eine besondere Hitzeeinwirkung oder Zugwirkungen will Lateit nicht verspürt haben. Lateits Angaben wurden vom Zeugen Losigkeit bestätigt, der allerdings nur kurz in den Plenarsaal hineingesehen hatte. In der Anklageschrift heißt es: „Er konnte die Abgeordnetensitze erkennen und sah, daß sie unversehrt waren. Irgendwelche Flammen zwischen den Sitzen hat auch er nicht bemerkt."[8]

Als Hausinspektor Scranowitz ein bis zwei Minuten später in den Raum sah, hatte sich das Feuer bereits erheblich ausgeweitet. Der Präsidententisch und das Rednerpult brannten in voller Ausdehnung, außerdem die Portieren des Stenographenraums und die drei Vorhänge hinter dem Sitz. Weitere Flammen beobachtete er auf den Regierungs- und Reichsratsbänken, und zwar einzelne, völlig in sich abgeschlossene Flammenbündel in Pyramidenform mit einer Basis von etwa 30 bis 50 cm und einer Höhe von 50 bis 60 cm. Solche Flammenbündel sah Scranowitz auch auf den vorderen Reihen der Abgeordnetensitze bis etwa zur dritten Reihe. Die Zahl der Flammenbündel auf der Estrade und den vordersten Abgeordnetensitzen schätzte Scranowitz auf fünfzehn. Einen Flammenkomplex von denselben Ausmaßen wie auf dem Präsidententisch erblickte er auf dem Rednerpult. Scranowitz will weder eine stärkere Rauchentwicklung bemerkt haben, noch sei es ungewöhnlich heiß gewesen. Als Brandmeister Klotz gegen 21.24 Uhr die Tür zum Plenarsaal öffnete, schlug diesem bereits eine außerordentliche Hitze entgegen und er nahm einen starken Luftzug wahr, der aus dem Plenarsaal herausströmte. Der Saal selbst lag völlig im Dunkeln und war mit dichtem, undurchsichtigem Qualm erfüllt. Klotz, der nur auf einer Empore einen leichten Feuerschein bemerken konnte, hatte den Eindruck, daß es in dem Saal in seiner ganzen Breite schwelen mußte. Laut Anklageschrift bemerkte Klotz kurz nach 21.27 Uhr, wie es hinter der roten Milchglastür zum Plenarsaal feuerrot wurde. Als er die Tür öffnete, hatte sich der ganze Plenarsaal bereits in ein Flammenmeer verwandelt. Außerdem verspürte Klotz nun eine außerordentlich starke Zugwirkung in den Plenarsaal hinein.

Die genannten Beobachtungen der Zeugen Lateit, Scranowitz und Klotz veranlaßten den Gutachter Prof. Josse zu folgender Feststellung:

„Die außerordentlich rasche Entwicklung des Brandes im Plenarsaal innerhalb von 10 Minuten von der ersten Brandlegung bis zur völligen Entflammung des ganzen Saales im Gegensatz zu dem Brand im Restaurant, wo das mit einem besonderen Zündmittel angelegte Feuer innerhalb von 16 Minuten nur einen begrenzten Umfang angenommen hatte, läßt klar erkennen, daß die Bedingungen für die Entwicklung des Brandes im Plenarsaal ganz anders waren, und zwar daß im Plenarsaal Brennstoffe anderer Art oder anderer Menge eingebracht worden waren, die Be- und Entlüftungsverhältnisse bei der Brandstiftung und während des Brandes andere waren."[9]

Nach einer eingehenden Untersuchung der Lüftungsanlage im Plenarsaal kam Josse zu dem Schluß, „daß sie auf der Abluftseite während des Brandes bestimmt nicht in Betrieb gewesen ist, und daß auf der Zuluftseite die beiden Ventilatoren wahrscheinlich ebenfalls nicht im Betrieb gewesen sind, daß sie aber – wenn man einmal voraussetzt, daß sie im Betrieb gewesen wären – bei der Verwendung von Kohlenanzündern, etwa in ähnlichen Mengen wie im Restaurant, keinesfalls den eingetreten Brandverlauf hätten verursachen können."[10] Wäre die Lüftungsanlage in Betrieb gewesen, so hätte sich das laut Josse im Gegenteil vermutlich sogar eher negativ auf die Brandentwicklung ausgewirkt.

Aufgrund der erheblichen Zerstörungen, die Josse an den gegen den Plenarsaal zu gelegenen Rabitzwänden im 1. Obergeschoß feststellen konnte (der Durchbiegung der T-Eisen sowie der Einwirkungen auf die Außenwände der Abluftkanäle), schloß der Experte, „daß diese Zerstörungen von einer im Plenarsaal aufgetretenen Verpuffung verursacht worden sind"[11], worunter „eine Explosion von verhältnismäßig geringer Explosionsgeschwindigkeit und geringem Explosionsdruck" zu verstehen sei.[12] Die stärksten Auswirkungen dieser Verpuffung konnte Josse an der Wand des Präsidiums feststellen, weshalb sich „der Hauptherd des Brandes im Plenarsaal an der Front des Präsidiums" befunden haben müsse.[13]

Die zu dieser Verpuffung notwendig gewesene, verhältnismäßig große Menge von brennbaren Gasen könne, so Josse, nur von Brennstoffen herrühren, die vor dem Brand in den Plenarsaal eingebracht worden seien und die in sehr kurzer Zeit die zur Verpuffung erforderliche Gasmenge liefern konnten. Bei den brennbaren Gasen, die mit dem Luftsauerstoff des Plenarsaals das explosive Gemisch gebildet hätten, konnte es sich nach Ansicht des Gutachters nicht um Schwelgase aus dem brennenden Mobiliar des Plenarsaals gehandelt haben, weil dieses einerseits nicht die hierfür notwendige Menge an Kohlenoxyd hätte liefern können, andererseits auch die zur Verfügung stehende kurze Zeit zum Erreichen der Schweltemperatur gar nicht ausgereicht hätte.

Da die Abluftkanäle „in allen ihren Teilen und bis in die äußersten Ecken mit Ruß bedeckt"[14] gewesen seien (Prof. Josse errechnete eine Gesamtmenge von mindestens 40 kg Ruß allein an der Innenfläche der Ablufkanäle[15]), sei es wahrscheinlich, so der Gutachter, „daß die verwendeten Brennstoffe mit stark rußender Flamme brannten".[16] Eine solche Rußentwicklung trete bei der Verbrennung von Benzin, wesentlich stärker bei der von Petroleum, besonders stark jedoch bei der Verbrennung von Benzol auf. Dies gebe „immerhin einen Weg, festzustellen, welche flüssigen Brennstoffe dort möglicherweise verwendet worden sind", so der Gutachter in seiner Aussage vor dem Reichsgericht am 23. Oktober 1933.[17] „Die Entzündung der an verschiedenen Stellen im östlichen Drittel des Plenarsaales niedergelegten Brennstoffe" führte Josse auf die Verwendung von Zündschnüren oder ausgelegte Filmstreifen zurück, „da zwischen den einzelnen beobachteten Flammenbildern etwa 2 Minuten vergangen sind, und die Anzahl der Brandstellen im Plenarsaal in dieser Zeit zugenommen hat, ohne daß jemand im Saal beobachtet worden ist."[18]

Durch die Verpuffung seien die Staubdecke und das unmittelbar darüber gelegene Glasschutzdach zerstört worden, was zu der von Brandmeister Klotz beobachteten ruckartigen Entflammung der unteren Gasschichten im Plenarsaal geführt habe. Infolge des dadurch verursachten großen Auftriebs sei dann die von Klotz wahrgenommene starke Zugwirkung in den Plenarsaal hinein aufgetreten. Die plötzlich freiwerdende große Explosionswärme und Verbrennungswärme habe daraufhin sämtliche – durch die vorangegangene unvollkommene Verbrennung bereits vorgewärmten – Holzverkleidungen an den Wänden und Tribünen sowie die Bestuhlung „in ganz kurzer Zeit auf die Entzündungstemperatur gebracht und entzündet".[19]

Aus der ganzen Entwicklung des Brandes im Plenarsaal schloß Josse, diese müsse „wohl durchdacht und vorbereitet" gewesen sein, wobei auch die Wahl der Brennstoffe mit Vorbedacht erfolgt sein müsse. Denn: „Nur durch eine Verpuffung konnte die Staubdecke und das darüber befindliche Glasschutzdach als Ganzes zerstört werden, die Holzeinrichtungen im Plenarsaal auf Entzündungstemperatur gebracht und die für die rasche Entwicklung des Brandes ausreichenden Luftmengen infolge der Zugwirkung zugeführt werden."[20] Wäre die Verpuffung nicht eingetreten, so der Gutachter, „so hätten die einzelnen Brandstellen von der Feuerwehr bald gelöscht werden können – ebenso wie im Restaurant, wo der Brand länger angedauert hatte, und in den Umgängen des Plenarsaales – und die Zerstörungen durch den Brand wären verhältnismäßig gering gewesen."[21]

Der wesentliche Zweck der Brandlegungen an den verschiedenen Stellen in den Umgängen zum Plenarsaal bestand nach Auffassung von Josse darin, „die Aufmerksamkeit der Ankommenden von dem Brand im Plenarsaal abzulenken, was auch tatsächlich erreicht worden" sei.[22]

Zur Rolle des Angeschuldigten van der Lubbe bei der Brandstiftung führte der Gutacher weiter aus:

„Die Anlegung des Feuers im Plenarsaal kann von van der Lubbe erfolgt sein. Aus technischen Gründen ist es aber ganz ausgeschlossen, daß auch die Vorbereitungen zu dem Brande von ihm im Plenarsaal getroffen worden sind. Diese müssen vielmehr vorher von Anderen ausgeführt worden sein."[23]

Das Gutachten des (Ober-)Branddirektors Wagner

Der Sachverständige Dipl.-Ing. Wagner, Nachfolger Gempps als Leiter der Berliner Feuerwehr, setzte sich in seinem Gutachten[24] ausführlich mit den Sauerstoffverhältnissen im Plenarsaal auseinander. Aufgrund der Größe des zudem mit der Umgebung durch zahlreiche Türen – zum Teil Pendeltüren – verbundenen Raumes habe ein Brand im Plenarsaal laut Wagner einen anderen Verlauf nehmen müssen als Brände in Räumen von gewöhnlicher Größenordnung. Während üblicherweise das Primärstadium eines Brandes wegen bald eintretenden Sauerstoffmangels rasch in ein Schwelfeuer mit starker Qualmentwicklung übergehe, habe „bei einer Brandlegung im Plenarsaal geraume Zeit ein Sauerstoffmangel nicht zu herrschen und aus diesem Grunde für eine gewisse Zeitspanne eine nennenswerte Rauchentwicklung infolge unvollkommener Verbrennung nicht einzutreten" brauchen.[25]

„Im Vergleich zu Bränden in anderen Räumen war also bei den Verhältnissen im Reichstag ohne weiteres damit zu rechnen, daß das Primärstadium (helles Feuer ohne Qualm) verhältnismäßig lange dauern, das Qualmstadium verhältnismäßig kurz, nur wenige Minuten, sein konnte und hierauf nach Vernichtung der ausgedehnten Glasflächen sehr schnell das dritte Stadium der vollkommenen Verbrennung eintreten mußte."[26]

Dennoch erschien es Wagner fraglich, „ob auch beim Vorhandensein ausreichenden Sauerstoffs in der Primärperiode das Feuer die Ausdehnung gewinnen konnte, die Lateit und Scranowitz beschrieben haben, wenn man lediglich die Brandlegung durch eine Person mit den geschilderten Zündmitteln zugrunde legt". Fraglich sei weiter, so der Sachverständige, „ob nach dem Qualmstadium unter Zugrundelegung der ersten Ausdehnung des Feuers plötzlich der ganze Riesenraum ebenfalls wieder in nur wenigen Minuten in Brand gesetzt werden konnte, ohne daß hierzu besondere Hilfsmittel erforderlich" waren.[27]

Zwar seien im Plenarsaal „brennbare Gegenstände in überaus reichem

Maße vorhanden" gewesen: „Die eingebauten Estraden, die Täfelung, die Säulen und reichen Schnitzereien boten an sich einem Feuer ausgiebige Nahrung. Auch das Gestühl mit seinen fast 600 Sitzen stellte eine bedeutende Menge Brennstoff dar." Andererseits dürfe jedoch „nicht übersehen werden, daß es sich bei diesen brennbaren Gegenständen nicht um sogenannte leicht brennbare Stoffe handelte, die sehr schnell in Brand zu setzen sind. Es fehlten im Gegenteil diese Stoffe völlig bzw. konnten sie, soweit nicht eine Vorbereitung in Frage kam, nur in ganz verschwindend geringem Umfange vorhanden gewesen sein, z. B. Papierreste."[28]

Gerade an den Stellen, wo laut Aussagen der Zeugen die ersten Brandherde festgestellt worden seien, „befanden sich auf dem Platz des Präsidenten und den rechts und links sich anschließenden Plätzen für die Regierung Tische und Stühle aus starkem Kiefernholz mit Eiche furniert. Die Schreib- bzw. Sitzflächen waren mit Rindleder bezogen. Diese Gegenstände können jedenfalls keineswegs zu solchen gerechnet werden, die leicht in Brand zu setzen sind. Im eigentlichen Saal vor der Estrade waren nach den erhaltenen Angaben die Sektoren 1 und 7, also die ganz links und ganz rechts vom Präsidentensitz gelegenen, vollständig mit Vorkriegsstühlen belegt, die aus massivem Eichenholz bestanden und mit Rindleder gepolstert waren. Auch in den Sektoren 2-6 bestanden die ersten 10 Reihen aus den alten Vorkriegseichenstühlen, die ebenfalls mit Rindleder bezogen waren. Lediglich in den hinteren Reihen waren 84 Stühle aus Rotbuchenholz untergebracht, bei denen die Sitze aus Birkenholz gefertigt waren und die Bespannung anscheinend aus Kunstleder bestand."[29]

Um zu ermitteln, wie sich die Tische und Pulte des Plenarsaals verhalten, wenn man versucht, sie mit verschiedenartigen Zündmitteln in Brand zu setzen, waren in der Voruntersuchung umfangreiche Brandversuche unternommen worden. In seinen gutachterlichen Äußerungen vor dem Reichsgericht am 23. Oktober 1933[30] schilderte Wagner die Ergebnisse dieser Experimente:

Man habe auf verschiede Weise versucht, die Eichenstühle älterer Bauart mit einem Kohlenanzünder der gleichen Art, wie ihn van der Lubbe verwendet hatte, in Brand zu setzen. Aber noch „nach Verlauf der 18 Minuten waren die Spuren verhältnismäßig gering, zum Teil nur ganz leichte Ankohlungen".[31] Weder das Leder noch das Holz dieser Stühle seien in nennenswertem Umfang in Brand geraten. „Wir haben", so Wagner weiter, „um stärkere Mittel zu erproben, die gleiche Stuhlart dann dadurch in Brand zu setzen versucht, daß Filmrollen von etwa 500 bis 700 g Gewicht unter die Stühle gelegt und entzündet wurden, so daß in einer sehr heißen Flamme von gewaltigem Ausmaß etwa 1 Minute und 25 Sekunden die Stühle völlig von Flammen umhüllt waren. Auch diese Angriffsmöglichkeiten durch starkes, heißes Feuer genügten nicht, um den Stuhl so in Brand zu setzen, daß er später aus eigener Kraft weiterbrennen konnte. Es wurden dann die gleichen Versuche wiederholt mit den Stühlen neuerer Bauart. Bei diesen zeigte sich, daß beim Auflegen der Kohlenanzünder die Brandspuren am Holz zwar etwas besser, aber immerhin auch nicht so waren, daß ein Weiterbrennen aus eigener Kraft möglich gewesen wäre. Lediglich der anderen Polsterung, die aus Kunstleder bestand und im übrigen schlechter war, teilte sich das Feuer etwas besser mit, so daß ohne Ablöschung die Möglichkeit bestand, daß die Polsterung langsam weitergeglimmt und schließlich vielleicht nach längerer Zeit in offenes Feuer übergegangen wäre. Es wurde nur ein Kohlenanzünder auf den Stuhl neuerer Bauart gelegt und die Flammeneinwirkung beobachtet, und hierbei zeigte sich unterschiedlich, daß das Kunstleder sehr leicht aufflammte. Nach dem Ablauf des Brennens waren die Kunstlederstühle in dem Teil zwischen hochgeklapptem Sitz und Rückenlehne, der durch seine kaminartige Bauart essenartig wirkte, in Brand geraten und brannten aus eigener Kraft sehr heftig. Diese Stühle hätten also unter Umständen weiterbrennen können."[32] (Sie befanden sich jedoch in den hinteren Reihen.)

Auch Brandexperimente an den Teppichen, wie sie sich im Saal und in der Bismarckhalle befanden, hätten nicht zu wesentlich anderen Ergebnissen geführt. Nachdem die brennbare Flüssigkeit (Benzin, Benzol oder Petroleum) verbrannt war, sei der Teppich nur an den Stellen verkohlt gewesen, wo sich zuvor die Flüssigkeit befunden hatte. „Im übrigen war er selbst nicht in Brand geraten."[33] Die Flammenentwicklung habe auch nicht zu einem Aufflammen der auf die Teppiche gestellten Stühle und Tische (Schreibpulte) geführt. Erst „als wir einen Stofflappen, Reste eines Kleidungsstückes hineinwarfen, wurde die Flamme so heftig, daß von dem Tisch, der allerdings nicht massiv, sondern furniert war, nach etwa fünf Minuten die Furniere sich lösten und der Tisch anfing, selbst aus eigener Kraft zu brennen" und auch nach Entfernen des Brennmaterials selbständig hätte weiterbrennen können.[34] Derartige Schreibpulte mit furnierten Tischbeinen, zu denen je zwei Stühle gehörten, so Wagner weiter, hätten sich im Plenarsaal jedoch jeweils nur in der ersten Reihe der Abgeordnetensitze jedes Sektors befunden.

In seinem Gutachten wies Wagner auch darauf hin, daß die von Lubbe zur Brandlegung im Plenarsaal angeblich verwendeten Stofflappen – oder auch Kohlenanzünder – „nur in den hintersten Reihen an der Kunstlederpolsterung zünden können. An diesen Stellen wurden jedoch weder von Lateit, noch von Scranowitz oder Klotz Brandherde wahrgenommen. Es muß als ausgeschlossen angesehen werden", so der Gutachter, „daß ein Brennen der Kunstpolsterung, die an sich leicht brennt, von den 3 Zeugen übersehen worden ist, um so mehr, als die Angaben, namentlich von Lateit und Scranowitz, ganz bestimmt dahingehend lauten, daß das Feuer bei ihrer Anwesenheit auf ganz bestimmte Teile in der Nähe der Präsidentensitze eng begrenzt und jedenfalls weiter als bis zur 3. Reihe noch nicht vorgedrungen war.

Selbst wenn Lubbe allenthalben brennbare Stoffreste o. dgl. bei seinem Hin- und Herlaufen im Plenarsaal weggeworfen hätte, muß es als ausgeschlossen angesehen werden, daß einer dieser Brandreste das Eichengestühl und die Rindlederpolster im vorderen Teil des Plenarsaales in der Nähe des Präsidentensitzes hätte auch nur vorübergehend in Brand setzen können.

Da die Schilderung der einzelnen Brandherde von etwa 15 pyramidenförmigen Flammenbündeln spricht, die völlig in sich abgeschlossen waren, kann es sich hier nicht um Brandherde handeln, die durch brennende Stofflappen entstanden waren, sondern es müssen andere Gegenstände oder Zündsätze diese Erscheinung hervorgerufen haben.

Nimmt man an, daß die Angaben des Lubbe, daß er die Vorhänge hinter dem Präsidentensitz nur mit Lappen in Brand gesteckt habe, zutreffen, so hätten die Beobachtungen der Zeugen Lateit und Scranowitz sich nur auf die Vorhänge und deren allernächste Umgebung erstrecken können, denn ein Überspringen des Brandes von den Vorhängen auf den Präsidententisch oder die Lederpolsterung muß in der Kürze der Zeit ebenfalls als ausgeschlossen angesehen werden."[35]

Weiterhin kam Wagner zu dem Ergebnis, daß eine Brandentwicklung „in der von den Zeugen Lateit und Scranowitz angegebenen Weise [...] auf alle Fälle nur denkbar [gewesen wäre], wenn der gesamte Saal sorgfältig vorher präpariert war. Ohne eine solche Präparierung, zu der Lubbe weder die Zeit noch das Material zur Verfügung gehabt hatte, wäre jedenfalls der geschilderte Verlauf des Brandes nicht möglich gewesen."[36]

Zwar hielt Wagner die Wahrscheinlichkeit dafür, daß „Lubbes Angaben über seinen Weg und seine Tätigkeit unmittelbar nach dem Einsteigen nicht stimmen", für „sehr gering". Der Vollständigkeit halber spielte er aber auch ein von diesen Angaben abweichendes Szenario durch, nach dem Lubbe „die Brandlegung im Plenarsaal als eine seiner ersten Tätigkeiten vorgenommen" haben könnte. Auch in diesem Fall, so der Sachverständige „hätte er in ihrer Wirkungsweise hier unbekannte Brandsätze in größerem Umfang mit sich führen müssen". Obwohl Lubbe in diesem Fall etwas mehr Zeit als die zuvor angenommenen zwei Minuten für eine Präparierung des Plenarsaals zur Verfügung gehabt hätte, hielt es Wagner für sehr unwahrscheinlich, daß es dem Holländer selbst in 10-15 Minuten gelungen wäre, den Plenarsaal so vorzubereiten, daß der Brand sich in der von den Zeugen geschilderten Weise hätte entfalten können. „Mit Stofflappen und Kohlenanzündern allein wäre es auch in einer Viertelstunde nicht gelungen, das Eichengestühl der vorderen Reihen, auf die ja der Brand zunächst beschränkt war, in Brand zu setzen. Eine Inbrandsetzung mit Stofflappen hätte eine vorhergehende langwierige Vorbereitung des Saales mit allen möglichen leichter in Brand zu setzenden primären Brandherden erfordert, wofür sicherlich 10-15 Minuten nicht ausgereicht hätten."[37] Eine ausschließliche Verwendung von brennbaren Flüssigkeiten mit einem niedrigen Entflammungspunkt (Benzin, Benzol, Äther etc.) schloß Wagner ebenfalls aus. „Bei Verwendung solcher Stoffe hätte das Bild vielmehr so sein müssen, daß alle die Stellen, die mit feuergefährlichen Flüssigkeiten getränkt waren, ziemlich gleichzeitig zur Aufflammung gekommen wären und Lateit und Scranowitz sich einem geschlossenen Brandherd von ganz anderem Ausmaß und anderen Aussehen gegenüber befunden hätten, selbst wenn einer sich nur auf die vorderen Teile des Saales beschränkt hätte. Jedenfalls hätte der Eindruck geschlossener Flammenbündel beim Vorliegen solcher Verhältnisse bei dem Zeugen Scranowitz auf keinen Fall entstehen können."[38]

Die Ergebnisse seiner Untersuchung faßte Wagner wie folgt zusammen: „Alle theoretischen Erwägungen und praktischen Erfahrungen sprechen dagegen, daß bei der zur Verfügung stehenden Zeit der Brand im Plenarsaal den Umfang annehmen und so verlaufen konnte, wie er von den Zeugen beschrieben worden ist, wenn nicht eine besondere Vorbereitung des Saales für die Inbrandsetzung vorhergegangen war.

Die dem Lubbe zur Verfügung stehende Zeit reichte für eine derartige Vorbereitung nicht aus. Hieraus muß gefolgert werden, daß zu der Präparierung des Plenarsaals für die in Aussicht genommene Brandstiftung mehrere Personen erforderlich waren und auch diese einen längeren Zeitrum benötigten."[39]

Als wahrscheinliches Szenario nahm Wagner an, daß im Plenarsaal zahlreiche Brandherde angelegt wurden, „die die Eigenschaft hatten, ein Feuer sehr schnell über den ganzen Raum zu verbreiten bzw. an zahlreichen Stellen verteilt Brandherde entstehen zu lassen. Was für Stoffe hierfür verwendet worden sind, hat sich nachträglich nicht ermitteln lassen. Es ist möglich, daß Zündsätze oder Brennmaterialien benutzt worden sind, die leicht zum Aufflammen neigten und nach Entzündung des ersten Brandherdes durch die von diesem ausgehende strahlende Hitze fortlaufend nacheinander zur Aufflammung kamen, wenn die Hitzewelle eine Intensität erreicht hatte, die zur Entzündung der weiteren Brandherde ausreichte. Es ist aber auch möglich, daß die einzelnen vorbereiteten Brandherde durch miteinander verbundene Zündbrücken z. B. Zündschnüre oder ähnliche Materialien in Verbindung gebracht wurden und auf diesem Wege allmählich eine Übertragung von einem primären Brandherd aus in verhältnismäßig kurzer Zeit stattfand."[40] Während der Sachverständige in seinem Gutachten eine Verwendung von Explosivstoffen für unwahrscheinlich erklärte[41] und es für durchaus möglich hielt, daß die festgestellten Druckerscheinungen durch „das schnelle Aufflammen größerer Mengen leicht brennbarer Stoffe und die damit verbundene plötzliche Hitzesteigerung" verursacht worden sein könnten[42], schloß er sich in seinen gutachterlichen Äußerungen vor dem Reichsgericht dann allerdings der Auffassung Josses an, „daß doch unter Umständen starke Verpuffungen stattgefunden haben durch Ansammlung von brennbaren Gasgemischen, die dann ein explosives Gemisch bildeten und starke Drücke zur Folge hatten".[43]

Das Gutachten des Brandsachverständigen Dr. Ritter

Angesichts der Zeitverhältnisse und nach verschiedenen Brandversuchen in der Wilmersdorfer Feuerwache gelangte auch der Brandsachverständige Dr. Franz Ritter[44] zu der Feststellung, es bedurfte „gründlicher Vorbereitungen, um in dem Plenarsaal einen Brand zu erzeugen, der sich in verhältnismäßig kurzer Zeit so weit entwickelt, daß er den ganzen Saal erfaßt."[45] Es sei „deshalb wahrscheinlich", so der Experte, „daß die Vorbereitungen zum Brand im Plenarsaal nicht durch van der Lubbe, sondern durch andere getroffen worden sind. Vielen der Brandlegungen van der Lubbes kommt eine ernsthafte Bedeutung für die Inbrandsetzung bedeutender Teile des Reichstags wohl kaum zu. Man gewinnt vielmehr fast den Eindruck, daß die Handlungen van der Lubbes ein Manöver darstellten, die Lösch- und Polizeimannschaften, deren schnelles Eintreffen zu erwarten war, aufzuhalten und von dem Hauptbrand im Plenarsaal abzulenken."[46]

Aufgrund der Angaben der Zeugen Scranowitz, Klotz und Puhle über die Brandentwicklung im Plenarsaal entwarf Dr. Ritter folgenden mutmaßlichen Brandverlauf: „Zunächst sind mindestens 15 Brandherde angelegt worden, die miteinander durch verhältnismäßig schnell wirkende Zündleitungen verbunden waren. Daß die Zündung der Brandherde einzeln erfolgt ist, erscheint ausgeschlossen, weil zwischen dem Beobachten des ersten Brandes am Präsidentensitz und dem Aufflammen der übrigen 15 Brandherde nur wenige Minuten verflossen sind und diese Zeit wohl nicht dazu ausgereicht hätte, die in der Zwischenzeit neu hinzugekommenen 15 Brandherde einzeln zu entzünden. Die Brandherde müssen mit einem schnell und intensiv brennenden Stoff ausgestattet gewesen sein, sonst könnte man weder die in ganz wenigen Minuten erfolgte Verqualmung noch die Inbrandsetzung des ganzen über 8 000 m^3 fassenden und mit schwer entzündlichem massivem Eichenholz getäfelten und ausgestatteten Saales erklären." Als Ursache für die Zerstörung der Staubschutzdecke sowie der darüber liegenden Glasdecke nahm Ritter eine „vielleicht aus mehreren Verpuffungen zusammengesetzte Explosion" an. „Dadurch war der Saal in eine Art Schornstein verwandelt, der eine außerordentlich starke Luftzufuhr zum Brand erzeugte und Luft von unten her, z. B. auch aus der Wandelhalle, stark nachsaugte. Damit war das Schicksal des Saales bestimmt."[47]

„Daß leichtsiedende Mineralöle wie etwa Benzin zur Brandstiftung benutzt wurden", hielt Ritter aufgrund der verhältnismäßig langsamen Ausbreitungsgeschwindigkeit des Brandes für „nicht wahrscheinlich". Als nicht unmöglich betrachtete Ritter dagegen die Brandlegung „mit einem schwereren Benzin, wie man es etwa zum Maschinenreinigen benutzt, oder mit Petroleum".[48] Auch die Benutzung von Zelluloid-Filmrollen war nach Ansicht Ritters nicht unwahrscheinlich, da diese für einen Brandstifter zwei große Vorteile böten: Erstens könne man die Brandlegung beliebig lange Zeit vorher vornehmen, ohne daß der Geruch sie verrate oder sie infolge von Verdampfung oder Versickerung der Flüssigkeit an Wirkung verliere. „Zweitens kann man die Übertragung von einer Rolle auf andere, in gewissem Abstand liegende, in einfachster Weise dadurch erreichen, daß man einige Meter Film von jeder Rolle abwickelt und die Enden miteinander verknüpft."[49]

Die Gutachten des chemischen Sachverständigen Dr. Schatz

Am schwierigsten war die Situation für den chemischen Gutachter Dr. Schatz – nicht nur weil der Großbrand im Plenarsaal das dortige Inventar weitgehend zerstört hatte und Schatz erst viel zu spät zu den Untersuchungen herangezogen worden war, wie dieser in verschiedenen Schriftsätzen an das Gericht auch unmißverständlich zum Ausdruck brachte.[50]

Anläßlich eines Schriftgutachtens[51] hielt Schatz am 16. Mai 1933 im Reichstag Rücksprache mit dem Untersuchungsrichter, Reichsgerichtsrat Vogt. Bei dieser Gelegenheit nahm Schatz die Brandschäden im Reichstagsgebäude in Augenschein. Am 20. Mai besichtigte er die Brandwirkungen nochmals und schlug Vogt ein Gutachten vor, der ihm daraufhin den Auftrag erteilte, alle notwendigen Untersuchungen durchzuführen.[52] Am 26. Juni 1933 legte Schatz ein erstes schriftliches Gutachten vor, in dem er ausführte, daß nicht nur die Abluftkanäle des Plenarsaals durchgehend mit Ruß bedeckt gewesen seien. Auch am Deckengewölbe des Ganges E 63 über den Ausgängen des Stenographenraumes im Plenarsaal habe er eine starke, an den Wänden herablaufend schwächer werdende Rußschicht feststellen können; ebenso sei auch im Stenographenraum selbst der Putz, soweit noch vorhanden, mit einer erheblichen Rußschicht bedeckt gewesen.[53] „Alle Beobachtungen der Zeugen und die festgestellten Rußbeschläge weisen darauf hin, daß zur Brandlegung im Plenarsaal eine Kohlenstoffwasserflüssigkeit verwendet wurde. Die einzige hierfür in Betracht kommende Flüssigkeitsart kann nur ein Petroleumderivat gewesen sein, und als solche sind Leuchtpetroleum oder Schwerbenzin (Autotreibstoff) anzusprechen, weil diese die einzigen schwadenbildenden Flüssigkeiten sind und auch nur allein eine Wirkung haben, wie sie beobachtet worden ist."[54] Petroleumartige „flüchtige Rückstände" konnten Schatz und sein Assistent Dr. Specht mittels einer chemischen Untersuchung an den Rußbeschlägen des Entlüftungsschachts, am Gewölbe des Ganges E 63 im Ausgangsbereich des Stenographenraumes sowie an Teppichresten im Stenographenraum feststellen.

Weiter wies Schatz auf den eigenartigen Umstand hin, daß sich das Feuer im Plenarsaal innerhalb von zwei Minuten nicht unwesentlich ausgebreitet hatte, „und zwar ganz entgegengesetzt der allgemeinen Regel. Es lief in Einzelfeuern an Einrichtungsgegenständen ab, die wohl benachbart, aber nicht in unmittelbarem Zusammenhang, ja sogar in verschiedener Höhe standen. Als wichtig und auffällig ist hierbei hervorzuheben, daß die mehrere Meter höher gelegenen Gegenstände eher als die tiefer gelegenen brannten. Besonders hervorgehoben sei weiter, daß kein einziger der Zeugen Feuer auf dem Fußboden wahrgenommen hat."[55]

Mit Bezug auf van der Lubbes Behauptung, er habe das Feuer mit seinen brennenden Kleidungsstücken in den Plenarsaal gebracht und im übrigen Kohlenanzünder benutzt, stellte der Gutachter fest: „Die Brandlegung auf die von van der Lubbe angegebene Weise, Übertragen des Feuers mit seinen Kleidungsstücken auf die Möbelstücke des Plenarsaales oder mit den Kohlenanzündern, hätte niemals zu der Brandwirkung führen können, wie sie eingetreten ist. Denn einmal war das in Brand gesetzte Material – Eichenholz und Leder – nicht zur Weiterleitung des Feuers geeignet, das andere Mal standen die beobachteten Brandstellen im Anfangsstadium des Brandes nicht im Zusammenhang, sondern waren isoliert. Es hätte einer erheblichen Zeit bedurft, solche Einzelbrände ohne Anwendung leichtbrennbarer Stoffe in Gang zu bringen."[56]

Bereits in diesem ersten Gutachten sprach Schatz deshalb die Vermutung aus, daß Tische und Stühle im Plenarsaal mit „petroleum- oder schwerbezingetränkt gewesenem Material (Lumpen, Werg oder dgl.) belegt gewesen" waren und „entweder mit einer selbstentzündlichen Flüssigkeit begossen" wurden, „oder es ist mit Zündschnüren oder Filmstreifen verbunden gewesen – letzteres halte ich für wahrscheinlicher –, die an einem Ende angezündet, in wenigen Sekunden das Feuer auf das getränkt und auf Tischen und Stühlen verstaut gewesene Material überleiteten."[57] An anderer Stelle spezifizierte Schatz die erwähnte „selbstentzündliche Flüssigkeit" wie folgt: „Die Entzündung des petroleumgetränkten Materials könnte aber auch durch eine selbstentzündliche Flüssigkeit erfolgt sein, und zwar pflegt man hierzu eine Auflösung von Phosphor in Schwefelkohlenstoff zu verwenden.[58] Bei dieser Zündungsart hätte der Täter die Vorrichtungen im Plenarsaal unmittelbar nach ihrer Fertigstellung verlassen können. Eine alleinige Benutzung solcher Flüssigkeit schließt aus, weil der Phosphor sich erst nach Verflüchtigung des Lösungsmittels unter Sprühen entzündet und keine nennenswerte Flamme entwickelt."[59]

Eine Alleintäterschaft van der Lubbes hielt der Gutachter schon aus zeitlichen Gründen für ausgeschlossen: „Die grundverschiedene Art der Brände im Restaurant und im Plenarsaal weist nicht nur auf die Anwendung verschiedener Brandmittel, sondern auch auf die Betätigung mehrerer Personen hin."[60]

Begreiflicherweise hatte Schatz, wie aus seinem Gutachten vom 26. Juni. 1933 hervorgeht, zunächst ausschließlich nach Kohlenwasserstoffverbindungen und deren Derivaten gesucht, aber bereits die Verwendung einer „selbstentzündlichen Flüssigkeit" vermutet.

In seiner Aussage in der Hauptverhandlung vor dem Reichsgericht am 23. Oktober 1933 äußerte Schatz dann die feste Überzeugung, „daß im Plenarsaal mit einer selbstentzündlichen Flüssigkeit gezündet worden ist"[61], bestehend aus „Zündstoff" und „Lösungsmittel", deren Zündzeitpunkt chemisch einstellbar sei. Weiterhin gab Schatz bekannt, daß er in Gegenwart des Zeugen Kynast und des Kriminalassistenten Meyer im Plenarsaal an vier Stellen (unter den Vorhängen hinter dem Präsidentensitz, Erdproben an der Stelle, wo früher der sogenannte Tisch des Hauses stand; von den Rußbeschlägen in der Entlüftung und vom Ruß unten im Gang vor dem Stenographenraum) Proben entnommen habe. „Es ist festgestellt worden, daß in allen vier Proben einwandfrei Erdöle, Kohlenwasserstoffe vorhanden sind. Es ist aber weiter festgestellt worden, daß die Verbrennungsprodukte des Zündstoffes selbst vorhanden sind und auch heute noch nachweisbar sind".[62]

Den „künstlich erzeugten Brand im Plenarsaal" unterschied Schatz von den „natürlichen Bränd[en]" im Umgang und im Restaurant. „Ich habe hier nichts von einer Brennflüssigkeit feststellen können, meistens nur Naphtalin [Bestandteil der Kohlenanzünder] gefunden."[63]

Lediglich in der bereits von Gempp festgestellten Gießspur im Bismarcksaal sei ebenfalls „einwandfrei Mineralöl, also die Reste von Petroleum oder Erdöl, festgestellt worden, daneben wiederum dieser Zündstoff, die Verbrennungsprodukte des Zündstoffs."[64]

In allen Proben sei außerdem Naphtalin enthalten, was nach Schatz' Überzeugung darauf hindeutete, „daß die Brandlegung im Plenarsaal in der Weise stattgefunden hat, daß Kohlenanzünder mit Naphtalin mit besagter selbstentzündlicher Flüssigkeit getränkt worden sind. Diese Einrichtung würde sich je nach der Stärke des Lösungsmittels des selbstentzündlichen Stoffes in einer Zeitspanne von 20 Minuten bis zu einer halben Stunde selbst entzünden, ohne daß überhaupt ein Mensch einen Finger dazu krümmt."[65] Aus Sicherheitsgründen gab Schatz den Namen der Zündflüssigkeit öffentlich nicht bekannt, stellte aber – auch auf Nachfrage Dimitroffs – fest, daß diese in jedem Fall erst kurz vor Ausbruch des Brandes in den Plenarsaal eingebracht worden sein mußte.[66]

Van der Lubbes Behauptung, er habe den Vorhang vom Stenographenraum zur Ausbreitung des Feuers im Plenarsaal benutzt, indem er ihn bei seinem Lauf durch den Saal hinter sich hergezogen habe, erschien dem Gutachter in dieser Form nicht glaubhaft. Dieser Vorhang sei für eine Brandlegung völlig ungeeignet, da er nicht brenne, „d. h. dieser eine Überwurf, der aus Baumwolle besteht, brennt wohl ab, aber der Hauptvorhang besteht aus Tuch, und zwar aus Wolle, die mit Magnesium als Feuerschutz getränkt ist. Also wenn Lubbe behauptet, er hätte den Vorhang brennend durchs Lokal gezogen und damit Feuer gezündet, so kann es nicht stimmen, daß oben am Ende am Westausgang nur ein Stück des Vorhanges gelegen haben könnte. Denn, ich wollte mal annehmen, daß er unten den ganzen Vorhang angezündet hätte, dann wäre der Überwurf weggebrannt, und er hätte oben mit dem Tuch ankommen müssen. Aber man hat nur ein Stück gefunden." Allerdings sei es nicht ausgeschlossen, so Schatz weiter, „daß diese Vorhänge bei der Brandlegung doch zum Durchtränken mit der Flüssigkeit usw. eine Rolle gespielt haben."[67]

Während Schatz in der Verhandlung vom 23. Oktober noch dargelegt hatte, Verbrennungsprodukte jener selbstentzündlichen Flüsigkeit hätten sich an der Brandspur im Futter von Lubbes Manteltasche nicht feststellen lassen[68], revidierte er seine Feststellung in einem weiteren gutachterlichen Schreiben vom 26. Oktober 1933.[69] Darin teilte der Gutachter dem Reichsgericht mit, die von ihm eine Woche zuvor „im Beisein des Kriminalassistenten Kynast und eines Schupobeamten entnommenen Stoffteile des van der Lubbe'schen Mantels nochmals eingehend auf Verbrennungsprodukte des von mir im Plenarsaal festgestellten Zündstoffes und seines Lösungsmittels untersucht" zu haben. Dabei seien „neben dem bereits in höchster Oxydationsstufe festgestellten Verbrennungsprodukt des Lösungsmittels auch noch nicht oxydierte Verbrennungsprodukte [vermutlich: noch nicht in die höchste Oxydationsstufe übergegangene Verbrennungsprodukte] des Zündstoffes gefunden worden". Bei den ersten in erheblicher Eile durchgeführten Untersuchungen habe man nur auf die Zwischen- und höheren Oxydationsstufen des Zündstoffes geprüft, weil man davon ausgegangen war, „daß die niederen infolge Lagerns des Mantels an der Luft bereits in die höheren übergegangen sein könnten. Es ist demnach auch in dem Stoff der Manteltasche van der Lubbe's, wie auch in den anderen Objekten gefunden worden: Phosphorige-Säure-Anhydrid und Schwefelsäure-Anhydrid." Demnach stehe einwandfrei fest, „daß in der Tasche des Mantels von van der Lubbe Zündstofflösung (Phosphor in Schwefelkohlenstoff) verbrannte." Völlig unklar blieb, wie diese dorthin gelangt war.

Van der Lubbe müsse zumindest, folgerte der Gutachter bei seiner Aussage vor dem Reichsgericht, „mit dieser Flüssigkeit in Verbindung gekommen" sein. Da die Brandbildung in der Tasche nicht erheblich sei, wolle er nicht ausschließen, daß der Holländer „sie vielleicht zufällig aufgegriffen hat".[70] In jedem Fall, so Schatz, schließe die Art und Weise der Brandlegung aus, „dass van der Lubbe in der von ihm angegebenen Zeit und Art die Brandlegung allein und auch sonst ohne Hilfe durchführen konnte". Eine Mitwirkung des Holländers an der Brandstiftung sei sehr wahrscheinlich darauf beschränkt gewesen, „daß er nur die ihm bereitgestellte Zündflüssigkeit nach vorhergegangener Instruktion auf die von anderen Personen im Plenarsaal ausgelegt gewesenen Kohlenanzünder und petroleumgetränkten Stoffe auszugießen hatte. Solches konnte in wenigen, etwa 5 bis 6 Minuten geschehen. Diese Ansicht würde mit der des Herrn Geheimrat Josse übereinstimmen, der ja annimmt, daß bei getroffenen Vorbereitungen im Plenarsaal die Zündung durch van der Lubbe allein erfolgen konnte."[71] Wie Schatz weiter ausführte, wurden auch an den Entlüftungsklappen Verbrennungsprodukte von Phosphor und Schwefel festgestellt: Phosphorige-Säure-Anhydrid, Metaphosphorsäure, Schwefelsäure-Anhydrid und Schweflig-Säure-Anhydrid.[72] Obwohl dem Reichstagsingenieur Risse „weissgraue Anflüge an Klappen der Be- bezw. Entlüftungsanlagen des Plenarsaals im Erdgeschoß" bereits am Brand-abend und am nächsten Tag aufgefallen seien, habe ihn dieser erst am letzten Tag seiner Untersuchungen im Reichstagsgebäude auf diese aufmerksam gemacht und ihm den Anflug einer dieser Klappen bei seiner Abreise zur Untersuchung übergeben.[73]

Deutliche Kritik äußerte Schatz abschließend an der Praxis der Ermittlungsbehörden: „Es ist sehr bedauerlich, daß alle wertvollen Feststellungen erst während der Verhandlung von mir getroffen werden konnten. Eine eingehendere Information und frühere Beschäftigung mit der Materie hätte das gleiche Ergebnis im Ermittlungsstadium gebracht. Bei Ermittlung von Brandursachen muß man alle Vorgänge mit durchleben und Zeugen selbst hören."[74]

Unter Ausschluß von Presse und Öffentlichkeit führte Schatz in einer Verhandlungspause am 23. Oktober[75] die von ihm genannte selbstentzündliche Flüssigkeit vor, die er schließlich am 31. Oktober[76] vor dem Reichsgericht namentlich bekannt gab: „Ich möchte mich, um dem Rät-

selraten ein Ende zu machen, heute dahin äußern, daß als Zündstoff –
oder ich will so sagen: daß die Verbrennungsprodukte von elementarem
Phosphor und elementarem Schwefel von mir an nunmehr bis jetzt sieben verschiedenen Stellen festgestellt worden sind und noch feststellbar
sind." (Neu hinzugekommen waren aufgrund weiterer Untersuchungen: die Eisenträger über den Vorhängen des Präsidententisches, Rußan-
flüge im Gang, Rußbeschläge der Entlüftungsanlagen.[77])

Eine umfassende Darstellung seiner Untersuchungsergebnisse präsentierte Schatz unter Berufung auf seinen Sachverständigeneid dann in
einem bisher nur auszugsweise bekannten Ergänzungsgutachten vom 8.
November 1933[78], in dem er die von ihm bisher vorgetragenen Feststellungen präzisierte und teilweise auch korrigierte. Gleich eingangs
wies der Chemiker – auch dies wieder eine deutliche Kritik an den Ermittlungsbehörden – darauf hin, daß er erst „im Laufe der Berliner Verhandlungen [...] durch die Aussagen der Zeugen Lateit, Losigkeit, Scranowitz und Klotz Anhaltspunkte dafür" bekommen habe, „daß die
Zündung bzw. Ausbreitung der Feuerherde im Plenarsaal des Reichstages nicht der Art gewesen sein konnte, die man aufgrund der Informationen im Vorverfahren anzunehmen geneigt war."

Aufgrund des ihm vorliegenden Bildmaterials habe er anfänglich annehmen müssen, „daß die einzelnen Brandherde auf den Stühlen in un-
unterbrochener Reihenfolge auf den ersten beiden Stuhlreihen der Abgeordneten und auf den Regierungs- und Reichsratssitzen beobachtet
worden waren. Wäre es an dem gewesen, so hätte eine Zündung mit
Filmstreifen oder Zündschnüren ohne viel Mühe erfolgen können. „Da
aber durch die ersten Zeugen bekundet wurde, daß die Brandherde ganz
wahllos, zum Teil mit größeren Zwischenräumen, auf die zweite, dritte und vierte Sitzreihe, auf die Stuhlreihe der Reichsregierung und des
Reichsrates verteilt gewesen seien, erschien mir schon dadurch eine
Zündung mittels Filmstreifen oder Zündschnüre[n] als unwahrscheinlich, weil umständlich." Eine Reihe weiterer Beobachtungen der Zeugen seien ebenfalls Anzeichen dafür, „daß die Brandstellen nicht einzeln
mechanisch, sondern nur durch selbstentzündliche Mittel angezündet
worden sein konnten".[79] Aufgrund der festgestellten starken Rußablagerungen schloß Schatz, daß im Plenarsaal „der Oberflächenbrand in der
ersten Phase durch brennende Kohlenwasserstofflüssigkeiten wie Petroleum, Schwerbenzin oder eine ähnliche wie Schwefelkohlenstoff eingeleitet worden sein musste".[80] In dem „spontan auftretenden Nebel im
Anschluß an das Verlöschen der Flammen" und der „sich gleichzeitig

steigernden Wärmeentwicklung" sah der Gutachter „Anzeichen dafür, daß sich in der ersten Brandphase chemische Vorgänge abgespielt haben mußten, die nur in der Oxydierung elementaren Phosphors gesucht werden" könnten. Dieser entzünde sich an der Luft von selbst und verbrenne je nach Sauerstoffvorrat zu Phosphorigsäure-Anhydrid und Phosphorsäure-Anhydrid. Beide Oxydationsprodukte trieben als dichte weiße Nebel ab. Unter außerordentlicher Erhitzung zögen diese Stoffe gierig die beim Verbrennen ebenfalls entstehende Luftfeuchtigkeit an, „um in phosphorige Säure, Meta- und Orthophosphorsäure überzugehen". Diese würden sich ihrerseits wieder an „erreichbare Metalle und Kalk des Mörtels oder Kalkstaub in Kleidern, Vorhängen, Teppichen und dergl. binden, wodurch sie später auffindbar werden."[81]

Daß „zur Zündung der Brandherde im Plenarsaal und an dessen Westausgang eine selbstentzündliche Flüssigkeit gebraucht worden sein mußte", bewiesen weitere in der Zwischenzeit durchgeführte Untersuchungen. An allen <u>28</u> Brandherden im Plenarsaal, so Schatz, seien die Oxydationsprodukte des benutzten Brandmittels – Phosphor gelöst in Schwefelkohlenstoff – nachgewiesen worden. „Das gesamte Material enthielt die Verbrennungsprodukte von Phosphor und Schwefel aus dem Schwefelkohlenstoff in den verschiedensten Oxydationsstufen, abwechselnd lag das eine in der niedersten, das andere in der höchsten Stufe vor, je nachdem wie weit die Einwirkung des Luftsauerstoffs vollzogen war. Nur in dem Material, in dem gleichzeitig Erdölrückstände festgestellt worden waren, wie in den Erden unter den Vorhängen des Präsidentensitzes, aus dem Raum vom Tisch des Hauses und in den Russbeschlägen der Entlüftungsschächte, fanden sich phosphorige- neben schwefliger-Säure vor, weil hier die Einwirkung des Luftsauerstoffs infolge Einschlusses der Verbrennungsprodukte in die Erdölrückstände verhindert worden war."[82]

Auch die Vorhänge hinter dem Präsidententisch, so Schatz, müßten mit der Zündflüssigkeit benetzt gewesen sein. Darauf deute sowohl der Nachweis der Verbrennungsprodukte von Phosphor und Schwefel in der Erde unterhalb der Vorhänge sowie an den Eisenträgern darüber. Nur durch deren Benetzung mit Brandflüssigkeit sei schließlich auch das Brennen der Wollvorhänge im Westausgang des Plenarsaals zu erklären, die nach Bekunden des Zeugen Lateit beide schräg von außen oben nach innen unten gebrannt hatten, was nach Schatz „für ihr Anspritzen durch eine Person in gleicher Stellung und Gesichtsrichtung" sprach.[83]

Auch auf die in van der Lubbes rechter Manteltasche verbrannte Zündflüssigkeit kam der Sachverständige nochmals zu sprechen. „Es ist nicht ausgeschlossen, ja sogar wahrscheinlich, daß auch die übrigen Kleider van der Lubbes von dem Feuer ergriffen worden sind und er sich dieser aus diesem Grund entledigte."[84]

Es stehe „nach allem außer Zweifel, daß der Plenarsaal und Stenographenraum unter dem Präsidium mit einer Lösung von Phosphor in Schwefelkohlenstoff, also durch eine Zeitzündung, in Brand gesetzt wurden und daß die überaus schnelle Ausbreitung des Feuers auf den ganzen Plenarsaal in kaum 5 Minuten durch abgedunsteten Schwefelkohlenstoff aus der Phosphorlösung, durch das aus Kohlenanzündern angetriebene Naphtalin und schließlich durch erdölartige Flüssigkeiten, wie Petroleum, Schwerbenzin nach der Art, wie ich es in meinem ersten Gutachten geschildert habe, verursacht worden ist.

Produkte der Phosphor-Zündflüssigkeit, deren Zündungsdauer sich durch Steigerung oder Senkung des Gehalts an Phosphor annähernd regeln lässt, waren bis zum Westausgang des Plenarsaales – Vorhänge und Mantel van der Lubbe's – festzustellen."

Lediglich im Restaurationsraum, in den Umgängen zum Plenarsaal und in den Erdgeschoßräumen (Küche u. a.) habe er „unmittelbare Spuren der Zündlösung nicht mehr feststellen können, weil das hierzu nötige Untersuchungsmaterial nicht mehr vorhanden war und solches nur noch an einer Stelle und zwar unterhalb der verbrannten Vorhänge am Ausgang des Restaurationsraumes in die Wandelhalle von mir selbst entnommen werden konnte, jedoch verlief die Untersuchung hier negativ."[85]

„Trotz dieses negativen Untersuchungsbefundes und trotz des bedauerlichen Umstandes, dass die notwendigen Untersuchungen infolge meiner verspäteten Hinzuziehung nicht mehr durchführbar waren [sic!]" wollte Schatz „die Möglichkeit, dass die Zündflüssigkeit in den Umgängen des Plenarsaales und im Restaurationsraum auch benutzt worden sein kann, nicht völlig ausschliessen."[86] Diese Vermutung begründete er mit verschiedenen, in seinem schriftlichen Gutachten detailliert benannten „Anzeichen, die auf die Verwendung der Zündflüssigkeit auch im Restaurationsraum hindeuten". Der negative Befund schließe daher die Verwendung der Zündflüssigkeit in diesen Räumen nicht aus, so der Gutachter, der auch hier mit Kritik an der Praxis der Ermittlungsbehörden bei der Spurensicherung nicht sparte: „Positive Feststellungen wären möglich gewesen, wenn ich die Untersuchungen wenige Tage nach dem Brand durchzuführen Gelegenheit gehabt hätte und die Überführungsstücke in ihrer ursprünglichen Lage verblieben wären [!]".[87]

Van der Lubbes mutmaßlichen Anteil an der Brandstiftung vermochte Schatz aufgrund dieser Befunde weiter zu reduzieren: Wolle man „nun als zutreffend unterstellen, – ich selbst möchte es fast tun – dass auch im Restaurationsraum die Phosphorlösung gebraucht würde, so würde hieraus folgendes geschlossen werden können: van der Lubbe könnte in diesem Fall an der Brandlegung weder im Restaurationsraum noch überhaupt wenig oder so gut wie gar nicht beteiligt gewesen sein".[88]

Im anschließenden Teil seiner Expertise begründete Schatz detailliert, wie er zu diesem Schluß gelangte und warum er van der Lubbes Darstellung von seinem angeblichen Einstieg und Lauf durchs Reichstagsgebäude für völlig unnatürlich und daher unglaubwürdig hielt[89]:

„Es müssen Gründe vorhanden gewesen sein, die van der Lubbe diesen umständlichen Weg durch das Erdgeschoss gehen liessen. Die Annahme ist nicht von der Hand zu weisen, daß van der Lubbe entweder von einer durch andere Personen im Reichstag auszuführenden Brandstiftung gewußt hat und bestrebt war mitzutun, oder er hat einen entsprechenden, zu bestimmter Zeit (21 Uhr) zu erledigenden Auftrag zur Brandlegung gehabt, ohne zu wissen, daß im Reichstag von anderer Seite bereits etwas geschehen war. [...] Man könnte annehmen, daß man van der Lubbe zu bestimmter Zeit in den Reichstag geschickt hat, um für die durch andere ausgeführte Brandstiftung einen Prügelknaben zu stellen. [...] Zündlösung und sonstiges Brandmaterial muß sich beim Einsteigen van der Lubbes bereits im Innern des Reichstages befunden haben."[90]

Interessant ist auch, daß Schatz die von Scranowitz und Gempp beobachtete Fackel erwähnte, deren Existenz Anklageschrift und Urteil verschwiegen. (Der Hausinspektor des Reichstagsgebäudes Scranowitz spricht in seinem Bericht vom 1. März 1933 sogar von zwei Fackeln, die er am Brandabend ausgetreten habe – die eine in der Wandelhalle beim Kaiser-Wilhelm-Denkmal, die andere im West- oder Südumgang, an einem Sessel.[91] Die Fackelreste tauchen erstaunlicherweise laut der Liste der gesicherten Beweismittel später nicht auf.) „Das Auffinden der Fackel im Südumgang", so der Sachverständige, „würde aber auch dafür sprechen, dass die versuchte Brandlegung an dieser Stelle von Personen, die im Plenarsaal tätig waren, durchgeführt wurde. Leider war auch hier infolge Fehlens der Überführungsstücke nicht mehr festzustellen, ob die

Phosphor-Schwefelkohlenstofflösung gebraucht worden ist oder nicht, diese Möglichkeit ist jedoch nicht ausgeschlossen."[92]

Schatz gelangte zu dem Schluß, es sei für van der Lubbe „allein nicht möglich gewesen, die erforderliche Menge Zündlösung und sonstigen Brandmaterials beim Einklettern in den Restaurationsraum mitzuführen und in der kurzen Zeit nach vorgefasstem Schema die einzelnen Brandstellen zu schaffen, denn es war dunkel. Für die Verteilung des Brandmaterials im Plenarsaal auf 28 Stellen waren nach den angestellten Versuchen allein 20-25 Minuten erforderlich, und ich bin der Überzeugung, dass nach der Zahl der Brandherde im Plenarsaal, im Restaurationsraum und sonst zu urteilen, mindestens 2-3 Personen tätig gewesen sein müssen."

Das Gutachten schließt mit der Feststellung: „Zündlösung und sonstiges Brandmaterial muß sich beim Einsteigen van der Lubbes bereits im Innern des Reichstages befunden haben."[93]

Bezeichnenderweise ist das von Schatz vor dem Reichsgericht erstmals am 23. Oktober 1933 erwähnte, jedoch nur unter Ausschluß der Öffentlichkeit namentlich genannte Brandmittel – Phosphor, gelöst in Schwefelkohlenstoff – identisch mit jener Substanz, die von der Berliner SA bereits seit 1931 unter anderem zur Zerstörung gegnerischer Plakate eingesetzt worden war.[94]

Zusammenfassung der Gutachten

Faßt man die Aussagen sämtlicher Gutachten zusammen, so kann als Ergebnis festgestellt werden:

Die Gutachter Josse, Wagner, Ritter und Schatz stimmen darin überein, daß der Brand im Plenarsaal aufgrund seines Verlaufs mit anderen Mitteln verursacht worden sein muß als die vergleichsweise harmlosen Brände in den anderen Räumen des Gebäudes. Aufgrund der starken Rußentwicklung hielt Josse die Verwendung von Benzin, Petroleum oder Benzol für möglich: Brennstoffe, die, vor dem Brand in den Plenarsaal eingebracht, in sehr kurzer Zeit die zur Verpuffung erforderliche Gasmenge liefern konnten. Wagner nannte ebenfalls „Benzin, Benzol oder Petroleum" als mögliche Brandmittel. Ritter schloß wohl die Verwendung eines leichtsiedenden Mineralöls (Benzin) aus, hielt jedoch die Verwendung eines „schwereren Benzins, wie man es etwa zum Maschinenreinigen benutzt, oder Petroleum" für möglich. Allein „Leuchtpetroleum oder Schwerbenzin (Autotreibstoff)" kamen schließlich nach Schatz' Auffassung für die Brandlegung im Plenarsaal in Frage.

Während es Josse, Wagner und Ritter im Gegensatz zu Schatz für wahrscheinlich hielten, daß van der Lubbe die kleineren Brände im Restaurant, in den Umgängen des Plenarsaals etc. weitgehend selbst angelegt hatte, vertraten alle Gutachter die Ansicht, daß Lubbes Anteil an der Brandstiftung im Plenarsaal eher unbedeutend war. Alle Gutachter kamen zu dem Ergebnis, daß es einer einzelnen Person mit den polizeilich festgestellten, untauglichen Mitteln (Kohlenanzünder, Stofflappen) in der festgestellten kurzen Zeitspanne auf keinen Fall möglich war, einen Raum von der Größe des Plenarsaals so zu erhitzen, daß es zum Großbrand kommen konnte. Der Plenarsaal, so die Gutachter übereinstimmend, müsse bereits von fremder Hand für eine Brandlegung präpariert gewesen sein, als van der Lubbe ihn gegen 21.16 Uhr betrat.

Die von den Zeugen Lateit, Scranowitz und Klotz geschilderte eigenartige Entwicklung des Brandes im Plenarsaal, insbesondere die rasche Zunahme von (gegeneinander) abgeschlossenen Brandherden, veranlaßte die Gutachter darüber hinaus zu der Annahme, daß bei der Brandlegung im Plenarsaal mit Mitteln gearbeitet wurde, die eine schnelle räumliche Übertragung des Feuers ermöglichten. In Erwägung gezogen wurden „Zündschnüre oder Filmstreifen" (Josse), „Zündbrücken, z. B. Zündschnüre oder ähnliche Materialien" (Wagner), „Zelluloid-Filmrollen" (Ritter), „Zündschnüre oder Filmstreifen" bzw. eine „selbstentzündliche Flüssigkeit" (Schatz).

Zum gleichen Ergebnis waren im übrigen auch Prof. Kristen und seine Mitarbeiter von der Staatlichen Materialprüfungsanstalt gekommen, deren Expertise auf ungeklärte Weise verschwunden ist. „Aus dem Gutachten ging einwandfrei hervor, daß der Holländer van der Lubbe nicht allein der Täter sein konnte. Die zahlreichen Brandstellen waren sorgfältig und fachmännisch vorbereitet und konnten nur durch mehrere Leute mit Brandfackeln oder dergleichen systematisch angesteckt sein. Mit den bei van der Lubbe gefundenen primitiven Kohlenanzündern war das Inbrandsetzen des Reichstagsgebäudes in so kurzer Zeit nicht möglich."[95]

Bei allen Brandsachverständigen bestand darüber Einigkeit, daß mehrere Täter den Brand im Plenarsaal angelegt haben mußten. Die Selbstbezichtigungen van der Lubbes wurden dadurch Lügen gestraft. Weder hatte van der Lubbe die nötigen Brandmittel noch die notwendige Zeit, um den Großbrand im Plenarsaal allein zu legen.

Die Darstellung des Brandlegung in der Anklageschrift

Bereits die Anklageschrift ließ keinen Zweifel daran, daß aufgrund der übereinstimmenden Aussagen der Gutachter eine Alleintäterschaft van der Lubbes auszuschließen sei:

Hiernach sind also die beiden Sachverständigen, Professor Josse und Branddirektor Wagner, ganz unabhängig von einander und auf Grund verschiedener Erwägungen zu demselben Ergebnis gelangt, daß die Brandlegung im Plenarsaal nicht so erfolgt sein könne, wie es von dem Angeschuldigten van der Lubbe geschildert worden sei, sondern daß vielmehr diese Brandlegung sorgfältig vorbereitet gewesen und diese Vorbereitung unmöglich von dem Angeschuldigten van der Lubbe selbst, sondern vorher von anderen Personen vorgenommen worden sein müßte. [...] Über die Art und Weise, wie der Plenarsaal für die Brandlegung vorbereitet worden ist und welche Zündmittel dabei verwendet worden sind, haben die mit großer Sorgfalt vorgenommenen Aufräumungsarbeiten im Plenarsaal keine Anhaltspunkte erbracht. Insbesondere sind dabei irgendwelche Gegenstände, die nicht zu den früheren Baulichkeiten gehört haben oder sonstige Sachen, die von Erheblichkeit hätten sein können, in dem Brandschutt nicht gefunden worden.[96]

Unterschlagen wurde hier allerdings der bereits vor dem Eintreffen der Feuerwehr von Hausinspektor Scranowitz erfolgte Fund einer Brandfackel, der durch die Aussage des Chefs der Berliner Feuerwehr Gempp bestätigt wurde. Reste einer Brandfackel fanden sich zwar später im Brandschutt[97], wurden allerdings in der Liste der gesicherten Beweismittel nicht aufgeführt.

Die Anklageschrift führte weiter aus:

Ebensowenig haben sich Spuren feststellen lassen, die darauf hindeuten könnten, daß zu der Brandlegung irgendwelche leicht brennbaren Flüssigkeiten, wie z.B. Petroleum, Benzin, Benzol oder Äther, verwendet worden sind. Solche Spuren konnten weder in dem Plenarsaal noch sei den anderen Brandstellen gefunden werden. Nach alledem ist man also, da der Brand den Plenarsaal vollständig zerstört hat, hinsichtlich der Art der dabei benutzten Stoffe im wesentlichen auf Vermutungen angewiesen. Nach Ansicht des Sachverständigen Wagner ist es möglich, daß Zündsätze oder Materialien benutzt worden seien, die leicht zum Aufflammen neigten und nach Entzündung des ersten Brandherdes durch die von diesem ausgehende strahlende Hitze fortlaufend nacheinander der zur Aufflammung gekommen seien. Ebenso sei es aber auch möglich, daß die einzelnen vorbereiteten Brandherde durch miteinander verbundene Zündbrücken, so z.B. durch Zündschnüre oder ähnliche Materialien, in Verbindung gebracht worden seien, so daß auf diesem Wege allmählich eine Übertragung von einem primären Brandherd auf andere Stellen in verhältnismäßig kurzer Zeit stattgefunden haben könnte

Über die bei der Brandlegung im Plenarsaal vermutlich verwandten Brandstoffe hat sich auch der Sachverständige Gerichtschemiker Dr. Schatz in seinem Gutachten eingehend geäußert. Dieser Sachverständige, der, im übrigen ebenso, wie Professor Josse und Dr. Wagner, zu der Feststellung gelangt, daß der Brand im Plenarsaal von mehreren Personen sachgemäß vorbereitet worden sein müsse, ist der Ansicht, daß das Feuer im Plenarsaal unter Verwendung einer leicht brennbaren, stark rußenden Flüssigkeit angelegt worden sei. […] Verwendet worden sei wahrscheinlich ein Petroleumderivat, wofür zwei Arten in Betracht kämen, nämlich entweder Leuchtpetroleum oder Schwerbenzin in Gestalt eines Autobetriebsstoffes. Nach Ansicht des Sachverständigen Dr. Schatz hat sich die Brandlegung und der weitere Verlauf des Brandes im Plenarsaal in folgender Weise abgespielt: Tische und Stühle sind mit einem mit Petroleum oder Schwerbenzin getränkten Material (Lumpen, Werg oder dergleichen) belegt gewesen. Bei den Stühlen kann dieses Material zwischen den aufgeklappten Sitzen und den Lehnen angebracht gewesen sein. Dieses so verstaute Material muß dann entweder mit einer selbstentzündlichen Flüssigkeit begossen worden oder mit Zündschnüren oder Filmstreifen verbunden gewesen sein. Letzteres hält Dr. Schatz für wahrscheinlicher.[98]*

Eine von Gempp und Ahrens beobachtete Gießspur von flüssigem Brandmaterial wurde in der Anklageschrift folgendermaßen entwertet:

In dem Bismarcksaal sind später auf dem Teppich noch drei verschiedene Brandstellen gefunden worden, die zunächst den Eindruck erweckt haben, als ob zwischen ihnen eine Markierung bestünde, die auf eine ausgegossene Flüssigkeit zurückgeführt werden könnte (Lichtbildermappe IV Bild 12 a). Die Untersuchung dieser vermeintlichen Gießspur durch Professor Dr. Brüning hat aber nichts ergeben, was auf die Verwendung von flüssigen Brennstoffen, wie Petroleum, Benzin oder Spiritus, hätte schließen lassen können.[99]

Aus „der Art und Weise, wie sich der Brand im Plenarsaal entwickelt hat", ergebe sich jedenfalls zweifelsfrei, so die Anklageschrift in ihrem Fazit, *daß der Angeschuldigte van der Lubbe bei der Brandstiftung im Reichstag irgendwelche Mittäter gehabt haben muß.*[100]

Die Würdigung der brandtechnischen Gutachten im Urteil des Reichsgerichts

Dieser Einschätzung konnte sich auch das Reichsgericht in seinem Urteil nicht entziehen, das, anders als im politischen Teil, zu den brandtechnischen Fakten erstaunlich sachlich ausfiel und zu dem Schluß kam:

„Aus den vorstehend erörterten Wahrnehmungen der Zeugen von den Ereignissen am und im Reichstagsgebäude, insbesondere dem Brandablauf, und den von den Sachverständigen gewonnenen Feststellungen der Grundlage des Brandes ergibt sich, daß die Darstellung des Angeklagten van der Lubbe von seiner Betätigung bei der Brandstiftung unrichtig ist, soweit der Senat sie nicht seinen Feststellungen oben zugrunde gelegt hat."

Als „unzweifelhaft widerlegt" erkannte das Gericht „die Angabe van der Lubbes, er habe den Brand im Plenarsaal ebenfalls allein, lediglich mit Hilfe einer brennenden Gardine oder dergleichen hervorgerufen, die er von einem von ihm am Präsidium in Brand gesetzten Vorhang abgerissen und quer durch den Saal bis zum Westumgang hinter sich hergeschleift habe. Daß eine derartige Inbrandsetzung des Saales bei dem im Saal vorhandenen schwer entflammbaren Material schon an sich nicht möglich ist, ist bereits aus den obigen Erörterungen zu den Gutachten der Sachverständigen zu entnehmen. Dazu reichte auch die van der Lubbe zur Verfügung stehende Zeit gar nicht aus. Darüber hinaus steht auf Grund dieser Gutachten im wesentlichen fest, in welcher Weise der Brand vorbereitet und entfacht ist. Auch diese Vorbereitungen können mit Rücksicht auf die erforderliche Bereitstellung des Materials und die dazu erforderliche Ortskenntnis durch van der Lubbe allein nicht bewerkstelligt sein, wenn er daran überhaupt beteiligt gewesen ist. Eine Mitwirkung van der Lubbes in dem Plenarsaal durch Durchtragen einer Brandfackel oder dergleichen wäre angesichts der angewandten Selbstentzündung völlig überflüssig gewesen. Auch ein Betreten des Saales durch van der Lubbe ist dem Senat daher nicht glaubhaft."

Unter Hinweis auf die erheblichen Unterschiede zwischen den Brandabläufen im Restaurationsraum und im Erdgeschoß einerseits sowie im Plenarsaal andererseits faßte das Gericht die angenommene tatsächliche Brandentwicklung wie folgt zusammen:

„Nach den übereinstimmenden und überzeugend begründeten Gutachten der über die Frage der Entstehung des Brandes im Plenarsaal vernommenen Sachverständigen Professor Dr. Josse, Dr. Werner, Oberbranddirektor Wagner und Dr. Schatz [ergibt sich] mit Sicherheit, daß der Brand im Plenarsaal sich nicht in natürlicher Weise entwickelt hat, daß die festgestellte Entwicklung vielmehr auf die Einbringung künstlicher Brennstoffe durch mindestens einen, wahrscheinlich aber mehrere Mittäter van der Lubbes und die Verwendung einer selbstentzündlichen Flüssigkeit zurückzuführen ist. Der Saal mit seiner in der

Hauptsache aus Stühlen, Tischen und Abgeordnetensitzen bestehenden Einrichtung enthielt zwar eine Menge brennbares, aber, wie die vom Sachverständigen Wagner vorgenommenen Brandversuche ergeben haben, durchweg schwer entflammbares Material. Irgendwelche Prasselgeräusche, wie sie der Brand von Holz stets hervorruft, sind auch von keinem der Zeugen, die in den Plenarsaal gesehen haben, wahrgenommen worden. [...] Da in dem Ruß der Entlüftungsanlagen und in der Erde am Präsidententisch sowie am Tisch des Hauses gleichzeitig Naphtalin und Erdölrückstände festgestellt werden konnten, ist anzunehmen, daß die Phosphor-Schwefelkohlenstofflösung in Verbindung mit den aus einem Gemisch von Sägemehl und Rohnaphtalin bestehenden Kohlenanzündern verwendet ist, derart, daß die Tische und Sitze mit einer zur Ausbreitung des Feuers dienenden Ausbreitungsflüssigkeit wie Petroleum oder Schwerbenzin getränkt oder mit derartig getränkten Lappen oder getränktem Werg belegt und die Kästen an den Abgeordnetensitzen mit derartig getränkten Stoffen gefüllt worden sind. Diese Ausbreitungsflüssigkeit ist dann durch mit der Zündlösung getränkte Kohlenanzünder, die eine auf 20 Minuten bis zu einer Stunde je nach Mischung einstellbare Zeitzündung ermöglichten, in Brand gesetzt. Nach der vorgesehenen Zeit flammten, wie der Augenschein bestätigt hat, die mit dieser Flüssigkeit versehenen Stoffe wie Kohlenanzünder, Lappen oder dgl. von selbst auf und setzten damit die untergelegte leicht brennbare Ausbreitungsflüssigkeit in Brand."[101]

Mit seinen Ausführungen zur Brandentstehung und zum Brandverlauf folgte das Gericht damit weitestgehend den Gutachtern, insbesondere dem chemischen Sachverständigen Dr. Schatz.

Brüning contra Schatz?

Zum vermeintlichen Kronzeugen für eine angebliche Alleintäterschaft van der Lubbes avancierte nach 1945 der gerichtliche Sachverständige Professor Dr. August Brüning, Direktor der Preußischen Landesanstalt für Lebensmittel, Arznei und gerichtliche Chemie in Berlin, der die Räume außerhalb des Plenarsaals untersucht hatte. Laut Anklageschrift untersuchte Brüning auch die von Gempp und Ahrens bezeugte Gießspur von Brennmaterial in der Bismarckhalle: „Die Untersuchung dieser vermeintlichen Gießspur durch Professor Dr. Brüning hat aber nichts ergeben, was auf die Verwendung von flüssigen Brennstoffen, wie Petroleum, Benzin oder Spiritus, hätte schließen lassen können.“[102]

Liest man das gesamte Gutachten Prof. Brünings[103], so wird klar, daß dieses sich *ausschließlich* auf Proben von Brandherden *außerhalb des Plenarsaales* bezog, die, von einem Mitarbeiter Brünings am Vormittag des 28. März entnommen, zum Teil auch von Kriminalkommissar Bunge „eingereicht“ wurden, weil – so Brüning – in der Brandnacht „das hierzu erforderliche Verpackungsmaterial nicht zur Stelle war“.[104] Die Brandherde im Plenarsaal hatte Brüning (anders als Tobias' suggestive Darstellung nahelegt[105]) folglich weder selbst untersucht, noch hat der Gutachter dort irgendwelche Proben entnommen. Aus seinem an die Politische Polizei adressierten Gutachten geht lediglich hervor, daß er in der Nacht vom 27. zum 28. Februar, gegen 1.30 Uhr, verschiedene Brandherde außerhalb des Plenarsaals besichtigte. „Hierbei konnten Feststellungen, die auf Verwendung von Brennmitteln wie Petroleum, Benzin und Spiritus schließen lassen, auf Grund einer Sinnenprüfung [Aussehen, Geruch, Geschmack] nicht getroffen werden. Das gilt auch von der sog. Gießspur in der Bismarckhalle, die besonders eingehend geprüft wurde“.[106]

Am folgenden Tag wurden von dem Chemiker der Preußischen Landesanstalt, Dr. Miermeister, im Rahmen einer nochmaligen Tatortbesichtigung, Proben entnommen, allerdings wieder nur von Brandherden außerhalb des Plenarsaals – Küche, Restaurant, Südumgang –, 6 davon aus der Bismarckhalle. Das Gutachten Brünings gibt allerdings keine Auskunft darüber, von welchen Brandstellen des Teppichs in der Bismarckhalle diese Proben stammen. Die sogenannte Gießspur wurde hier bezeichnenderweise nicht erwähnt. Die entnommenen Proben unterzog der Chemiker einer Destillation in strömendem Wasserdampf und erhielt jeweils einige Tropfen gelbes Öl, das anschließend mit Äther aufgenommen wurde. Nach der Verdunstung des Äthers wurde der Rückstand mit Schwefelsäure gereinigt. „Die erhaltenen geringen gereinigten Ölmengen (1 Tropfen) rochen schmierölartig und ließen auch beim Kauen mit Brotrinde keinen Geschmack nach Petroleum- oder Benzinrückständen erkennen.“[107]

Das von einem der Brandherde – den Brüning nicht näher bezeichnet – „in der Bismarkhalle entnommene große Läuferstück war an der Oberfläche mit großen streifigen Brandstellen bedeckt, von denen einige an den Rändern sehr scharf abgegrenzt waren und strichförmig verliefen“. Um zu klären, „ob die scharf begrenzten strichförmigen Ränder der Brandspuren rein äußerlich durch eine Gießspur mit einem Brennmittel, das zur Entzündung gebracht worden ist, hervorgerufen sein können", unternahm Prof. Brüning folgendes Brandexperiment: Er setzte unbeschädigte Stücke des Läufers aus der Bismarckhalle mit Benzin in Brand. Aufgrund des sich dabei ergebenden optischen Bildes – scharf begrenzte, nicht strichförmige Ränder – war für ihn bewiesen, daß „die äussere Beschaffenheit des in Rede stehenden Brandherdes in der Bismarckhalle nicht von einer zur Entzündung gebrachten Giessspur eines Brandmittels hervorgerufen sein kann."[108] Ob die übrigen Brandstellen in der Bismarckhalle ebenfalls strichförmige Ränder aufwiesen bzw., ob sich darunter auch solche mit nicht strichförmig verlaufenden Rändern befanden – dazu gibt Brünings Gutachten keine Antwort.

„Nach diesen Untersuchungsbefunden", folgert der Gutachter, „haben sich somit keine Anhaltspunkte dafür ergeben, daß an den eingangs erwähnten Brandherden im Reichstagsgebäude, von denen Beweisstücke sichergestellt worden waren [die Gießspur in der Bismarckhalle, dies sei nochmals festgehalten, wurde hier nicht erwähnt!], ein flüssiges Brennmittel wie Petroleum oder Benzin verschüttet worden ist. Die bei der Untersuchung des von den Brandherden auf dem Teppich stammenden Beweismaterials auftretenden geringen Ölmengen mit einem schmierölartigen Geruch sind als Verunreinigungen des Teppichs bzw. als Bestandteile der Wollfaser anzusprechen, wie durch besondere Versuche gezeigt worden ist. Sie stehen somit zu einem Brennmittel nicht in Beziehung."[109]

Zum Nachweis von Schwefelkohlenstoff war die von Brüning angewandte Methode „Sinnenprüfung" allerdings völlig untauglich.[110] Da nutzten auch Brennversuche mit Benzin am Teppich nichts. Schatz hingegen konnte mit chemischen Verfahren in der sogenannten „Gieß- oder Laufspur" in der Bismarckhalle nicht nur „einwandfrei Mineralöl, also die Reste von Petroleum und Erdöl" feststellen, sondern darüber hinaus die „Verbrennungsprodukte der Phosphor-Schwefelkohlenstofflösung"[111] nachweisen.

Im Gegensatz zu Brüning machte Schatz seine weiteren Funde darüber hinaus im Plenarsaal. Nicht in den von Brüning untersuchten Räumen, sondern dort entwickelte sich der eigentliche Großbrand. Über dessen Entstehung vermag Brünings Expertise daher keine Auskunft zu geben.

Die Expertise des Instituts für Thermodynamik der TU Berlin

In der unter der Leitung des Schweizer Historikers Prof. Walther Hofer publizierten Dokumentation „Der Reichstagsbrand" wurde 1972 ein Gutachten des Instituts für Thermodynamik an der TU Berlin abgedruckt.[112] Darin kam Prof. Karl Stephan, heute Professor am Institut für Thermodynamik an der Universität Stuttgart, übereinstimmend mit dem Urteil des Reichsgerichts zu dem Schluß, daß Marinus van der Lubbe den Brand im Reichstag unmöglich in der ihm zur Verfügung stehenden Zeit allein verursacht haben konnte. Seine Ergebnisse faßte Prof. Stephan folgendermaßen zusammen:

„Es steht außer Frage, daß die früheren Gutachter Josse[113], Wagner[114] und Schatz[115] in einer Reihe von strittigen Punkten zum Tathergang bei der Brandlegung am 27. 2. 1933 unterschiedliche Auffassungen vertraten. Trotzdem stimmten sie alle darin überein, daß ein einzelner Täter in so kurzer Zeit und ohne nennenswerte Hilfsmittel ein Großfeuer des beobachteten Ausmaßes nicht entfachen konnte, es sei denn, der Plenarsaal wäre präpariert gewesen. Auch Prof. Kristen und seine Mitarbeiter kamen zur gleichen Schlußfolgerung.[116] Die vorliegende Studie bestätigt, wenn auch auf gänzlich anderem Weg, die früheren Resultate. Da in der Wärmetechnik seit 1933 erhebliche Fortschritte zu verzeichnen sind, brauchten wir uns allerdings nicht in dem Maße wie die früheren Gutachter auf die Erfahrung zu stützen. Wir konnten unsere Untersuchungen vielmehr auf neuere Erkenntnisse und Rechenmethoden aufbauen. Unsere Ergebnisse lassen sich folgendermaßen zusammenfassen:

Die Glasteile der Decke hielten nur einem geringen Überdruck stand, und es bedurfte unabhängig von der Art der Befestigung keines erheblichen Überdrucks, um die Glasdecke und das Schutzdach zu zerstören. Es ist sehr wahrscheinlich, daß dieser Überdruck durch den Druckanstieg bei der Verbrennung hervorgerufen wurde. Nach Einsturz der Glasdecke und des Schutzdachs konnte sich der Plenarsaal nur dann in ein Flammenmeer verwandeln, wie es Zeugen schilderten, wenn zuvor die Einrichtung auf Zündtemperatur erhitzt wurde. Dazu mußten selbst bei vorsichtiger Schätzung außer den Portieren noch 200 kg Holz völlig verbrannt sein. Wie unsere und auch andere Versuche[117] ergaben, ist es aber ausgeschlossen, eine derartige Holzmenge in Form von Tischen, Stühlen u. a. in 10 Minuten ohne andere Hilfsmittel als Kohlenanzünder und Stoffetzen zu verbrennen. Vermutlich brannte im Plenarsaal in der ersten Brandphase auch gar nicht eine derartige Holzmenge, sonst hätten die von den Zeugen beschriebenen Brände größer sein müssen. Die Inneneinrichtung konnte durch die von den Zeugen geschilderten Brände in 10 Minuten auch nicht auf Zündtemperatur erhitzt werden, es hätte also nach Einsturz der Glasdecke und des Schutzdaches der Saal nicht in Flammen aufgehen dürfen. Wenn dies doch geschehen ist, so mußten leicht entzündbare Substanzen im Plenarsaal vorhanden gewesen oder vorher eingebracht worden sein. Dieses Resultat wird vollauf bestätigt, wenn man berechnet, nach welcher Zeit die Inneneinrichtung ihre Zündtemperatur hätte erreichen können. Selbst wenn man bei dieser Rechnung annimmt, daß die Ostwand des Plenarsaals unmittelbar nach der ersten Brandlegung eine geschlossene Flammenfront bildete, hätte nicht einmal die erste Stuhlreihe nach Einsturz von Glasdecke und Schutzdach in Flammen aufgehen können; es sei denn, es hätten sich andere leicht entzündbare Substanzen in ausreichender Menge im Plenarsaal befunden.

Auf Grund der in dieser Studie gewonnenen Ergebnisse kann es keinen Zweifel darüber geben, daß es unmöglich war, in wenigen Minuten ohne nennenswerte Hilfsmittel den gesamten Plenarsaal in ein Flammenmeer zu verwandeln."[118]

Selbst unter der extremen Annahme, daß im Plenarsaal optimale Bedingungen für die Ausbreitung des Brandes herrschten, hätte nach den Berechnungen von Prof. Stephan „frühestens nach etwa 30 Minuten der größte Teil des Plenarsaals in Flammen stehen dürfen".[119] In einem Beitrag in der „Welt" vom 7. Februar 2000 faßte Prof. Stephan die Bedeutung der Expertise des Thermodynamischen Instituts der TU Berlin nochmals zusammen:

„Es ist verständlich, daß den Vertretern der These von der Alleintäterschaft die Sachverständigengutachten [von 1933] nicht paßten. Fritz Tobias hat sogar vom Versagen der Sachverständigen gesprochen. Brandphänomene und ihre Auswirkungen lassen sich durchaus mit physikalischen und chemischen Gesetzen beschreiben und durch die heute vielfach von Brandbehörden, Versicherungen oder Feuerwehren verwendeten mathematischen Modelle nachbilden. Damit sich ein Feuer von anfänglichen Brandherden aus weiter ausbreitet, ist notwendige Voraussetzung, daß die Umgebung der Brandherde auf Zündtemperatur erhitzt wird. Für Eichenholz, das in überreichem Maße im Plenarsaal verwendet worden war, liegt diese bei rund 300 Grad Celsius.

Die für diese Erhitzung des Eichenholzgestühls erforderliche Wärme lieferten, wie aus den von Zeugen beobachteten Brandnestern zu schließen ist, im Wesentlichen die Brandherde auf dem Präsidententisch und in den Portieren, beide an der Ostseite des Plenarsaals. Ausgehend von diesem Sachverhalt hat das Institut für Thermodynamik der Technischen Universität Berlin 1972 ein mathematisches Modell erarbeitet und festgestellt, dass selbst unter der extremen Annahme, van der Lubbe sei es gelungen, die ganze Ostwand des Plenarsaals sofort in eine einzige Flammenwand zu verwandeln, die erste Stuhlreihe sich frühestens nach 15, die hintere sogar erst nach 48 Minuten hätten entzünden können. 30 Minuten hätte ein Einzelner mindestens gebraucht, um den riesigen Plenarsaal ohne Hilfsmittel in Brand zu setzen, hatten die Gutachter 1933 geschätzt. Hätte van der Lubbe die Brände allein gelegt, so hätte er viel mehr Zeit gebraucht, als er hatte."[120]

TEIL 2 DER PROZESSVERLAUF

Vorbereitungen

Im Zuge der Massenverfolgungen und Polizeirazzien im Anschluß an den Reichstagsbrand waren am 9. März 1933 aufgrund der Anzeige des NS-Sympathisanten Johann Helmer, Kellner im Restaurant „Bayernhof", die unter falschem Namen in Berlin lebenden Exilbulgaren Georgi Dimitroff, Blagoj Popoff und Vasil Taneff verhaftet worden. Von den dreien war lediglich Dimitroff, der bis zum Beginn des Jahres 1933 das in Berlin befindliche Westeuropäische Büro des Exekutivkomitees der Kommunistischen Internationale (EKKI) geleitet hatte, eine einigermaßen bekannte politische Größe. Van der Lubbe, Torgler, Dimitroff, Popoff und Taneff wurden nach ihrer Verhaftung in Untersuchungshaft genommen.[1] Untersuchungsrichter war der Reichsgerichtsrat Paul Vogt, NSDAP-Mitglied seit 1932, der sich bereits als Untersuchungsrichter im Tscheka-Prozeß – dem größten Verfahren gegen die KPD während der Weimarer Republik – durch seine parteiischen Untersuchungen einen Namen gemacht hatte.[2] Die am 7. März 1933 eröffnete richterliche Voruntersuchung gegen „van der Lubbe und Genossen" verlief von Anfang an einseitig, nachdem die NS-Machthaber den Brand frühzeitig zum Signal für den angeblich beabsichtigten kommunistischen Aufstand erklärt hatten. Hinweisen auf nationalsozialistische Mittäter

Dimitroff, Popoff und Taneff (v. l.) nach der Verhaftung. Polizeifoto.

van der Lubbes, die es gab, durfte oder wollte der weisungsgebundene Untersuchungsrichter nicht nachgehen. Wenn er in wenigen Einzelfällen scheinbar Spuren in Richtung auf nationalsozialistische Täter verfolgte, so war dies ausschließlich der vom „Braunbuch" und dem Londoner Gegenprozeß mobilisierten Weltöffentlichkeit zu verdanken.

Bereits am 22. März trat Vogt mit der folgenden, grob wahrheitswidrigen Erklärung an die Presse:

„Die bisherigen Ermittlungen haben ergeben, daß der als Brandstifter des Reichstagsgebäudes verhaftete holländische Kommunist van der Lubbe in der Zeit unmittelbar vor dem Brand nicht nur mit deutschen Kommunisten in Verbindung gestanden hat, sondern auch mit ausländischen Kommunisten, darunter solchen, die wegen des Attentats in der Kathedrale von Sofia im Jahre [1925] zum Tode bzw. schwerer Zuchthausstrafe verurteilt worden sind. Die in Frage stehenden Personen befinden sich in Haft. Dafür, daß nichtkommunistische Kreise mit dem Reichstagsbrande in Beziehung stehen, haben die Ermittlungen nicht den geringsten Anhalt ergeben."[3]

Nicht nur letzteres entsprach nicht der Wahrheit. Der Attentäter auf die Kathedrale in Sofia (1925) war ein gewisser Stefan Dimitroff! Die irrige Behauptung, der beschuldigte Georgi Dimitroff sei mit diesem identisch, hatte der Mitarbeiter der Presseabteilung der NSDAP, Dr. Dröscher, aufgestellt.[4] Es ist charakteristisch für die Vorgehensweise Vogts – und wirft ein Licht auf die gesamten untersuchungsrichterlichen Ermittlungen –, daß er diese Behauptung an die Presse weitergab, ohne sie im geringsten auf ihren Wahrheitsgehalt überprüft zu haben.

Unter völliger Mißachtung der strafgesetzlich vorgeschriebenen Unschuldsvermutung erhob Vogt in einer vom 1. April datierten öffentlichen Aufforderung an die Bevölkerung zur Übermittlung von Angaben über die politische Betätigung Dimitroffs (der für die Tatzeit ein Alibi vorweisen konnte[5]), Taneffs und Popoffs in Deutschland, unter anderem die durch nichts bewiesene Behauptung, die drei Bulgaren hätten „mit dem Reichstagsbrandstifter in Verbindung gestanden".[6]

Darüber hinaus war Vogt auch für vielerlei in der Strafprozeßordnung nicht vorgesehene Schikanen verantwortlich, denen die Beschuldigten in der Untersuchungshaft ausgesetzt waren. So blieben sie zum Beispiel auf dessen Anordnung während des größten Teils der sechsmonatigen Untersuchungshaft Tag und Nacht gefesselt.[7] Für die eigene Verteidigung dringend benötigte Unterlagen wurden ihnen ungeachtet mehrfach geäußerter Bitten verweigert. Erst nach vielen Eingaben und Bitten wurde dem Angeschuldigten Dimitroff täglich eine halbstündige Befreiung von den Fesseln gestattet. Offenbar unter dem Druck der Ermittlungsbehörden legte Dimitroffs Wahlverteidiger, Rechtsanwalt Werner Wille, bereits am 8. Juli 1933 sein Mandat nieder.[8] Zahlreiche Anträge ausländischer Rechtsanwälte, als Wahlverteidiger zugelassen zu werden – was rechtlich durchaus möglich gewesen wäre –, wurden abschlägig beschieden. Schließlich wies das Reichsgericht den Beschuldigten Pflichtverteidiger zu, die wohl das Vertrauen des Gerichts, nicht aber das der Angeklagten besaßen.

Untersuchungsrichter Vogt hielt ständig Kontakt mit der Preußischen Staatsregierung, die er darüber informierte, „daß der 4. Strafsenat, der den Fall van der Lubbe abzuurteilen hat, in seiner Zusammensetzung durchaus unzuverlässig sei, daß ferner der Ankläger ein ganz junger Hilfsrichter sei, dem diese schwierige Aufgabe kaum zugemutet werden könne". Auf Vogts Warnung hin fanden „beim Reichskanzler Besprechungen" statt, in deren Folge das Preußische Staatsministerium es für notwendig erachtete festzustellen, ob denn „der 4. Strafsenat umbesetzt worden ist" und „wer die Anklage vertritt".[9]

Wie die hier zitierte Aktennotiz weiter belegt, waren außer den zuständigen juristischen Stellen wie Reichsgericht, Oberreichsanwaltschaft und Reichsjustizministerium auch die Preußische Staatsregierung und Görings Politische Polizei, Goebbels' Propagandaministerium, ja sogar Hitler persönlich in die Vorbereitungen des Prozesses involviert, dem die NS-Machthaber allergrößte Bedeutung beimaßen und für den sie eigens die Strafprozeßordnung reformiert hatten.[10] „Ausgang und Verlauf des Verfahrens" seien, so Göring in einem Schreiben an Goebbels, „von einer derartigen polititischen Tragweite, daß unbedingt alles vermieden werden muß, was einem die Politik der Preußischen Staatsregierung und der außerpreußischen Länder nach dem 28. Februar d. J. rechtfertigenden Ergebnis dieses Prozesses abträglich sein könnte."[11] Bezüglich der Prozeßführung kam es bereits im Vorfeld zu schwerwiegenden Meinungsverschiedenheiten zwischen dem Preußischen Ministerpräsidenten bzw. Görings Politischer Polizei und dem Reichspropagandaministerium, gegen dessen versuchte Einflußnahme auf die Verhandlung und insbesondere auf den „Herrn Oberreichsanwalt" Göring, mit Unterstützung von Diels, am 21. September 1933 energisch bei Goebbels protestierte. Während letzterer auf dem Standpunkt stehe, „daß in der Hauptverhandlung möglichst viele Belastungszeugen aus früheren Kommunistenprozessen nochmals vernommen werden müßten, um durch eine mehrmonatige Dauer des Verfahrens das Interesse der öffentlichen Meinung, namentlich des Auslands, abzulenken und einschlafen zu lassen", vertrat Göring in einem vom Gestapa vorbereiteten Entwurf die Ansicht, „der formaljuristische Erfolg" wie auch „der Eindruck dieser Verhandlungen auf die öffentliche Meinung der ganzen Welt wird wesentlich davon abhängen, daß es einer geschickten Prozeßleitung des Gerichts gelingt, die Verhandlungen binnen kürzester Frist zu Ende zu führen", eine Ansicht, die auch Reichsanwaltschaft und Reichsgericht teilten.[12]

Wie der tatsächliche Verlauf des Prozesses – u. a. die zeitraubende Verlesung etlicher Urteile betreffs früherer kommunistischer „Terrorakte" etc. – zeigt, konnte sich Göring, der van der Lubbe am liebsten ohne Prozeß öffentlich gehängt hätte[13], letztlich jedoch nicht gegen das Goebbels-Ministerium durchsetzen.

In der Folge ergriffen die staatlichen Machtorgane außerordentliche Maßnahmen, um den Prozeß gegen politische „Störungen" abzuschotten. Um den 6. September 1933 fanden im Geheimen Staatspolizeiamt (Gestapa) und im Polizeipräsidium Leipzig Besprechungen statt, in denen Fragen der Sicherung des Prozesses und der Überwachung seiner Teilnehmer erörtert wurden. Auf Anregung von Gestapa-Chef Diels erließ der Reichsminister der Finanzen am 19. September eine spezielle Verfügung über die Verstärkung der Post- und Zollkontrolle. Darüber hinaus schloß die Leitung des Gestapa mit der Hauptverwaltung der Deutschen Reichsbahngesellschaft eine Übereinkunft zur Überwachung einreisender ausländischer Journalisten.[14] Ferner wies das Geheime Staatspolizeiamt alle Staatspolizeistellen an, jegliche politische Aktionen gegen den Reichstagsbrandprozeß „schärfstens" zu beobachten und „rücksichtslos" zu unterbinden.[15] „Um eine Störung" des Prozesses zu vermeiden, sperrte das Reichsluftfahrtministerium in der Zeit vom 17. September bis zum 7. November 1933 sogar den Luftraum über Leipzig.[16] Während der Hauptverhandlung überprüfte und überwachte die Politische Polizei Besucher, Journalisten, verhaftete „verdächtige" Personen, kontrollierte Briefe und hörte Telefongespräche ab.[17] Dabei machte sie auch vor Rechtsanwälten, dem Oberreichsanwalt und selbst den Richtern des Reichsgerichts nicht Halt. Sogar die Telefongespräche von Reichsgerichtsrat Dr. Walter Froelich, der seinerzeit auch Präsident des Verwaltungsgerichts des Völkerbundes (Vorläuferorganisation der UNO) war, wurden abgehört.[18]

Die Anklage und der Prozeßbeginn

Am 21. September 1933 um neun Uhr eröffnete der Vorsitzende des für Hoch- und Landesverrat zuständigen 4. Strafsenats des Reichsgerichts[19], Senatspräsident Dr. h. c. Wilhelm Bünger[20], die Hauptverhandlung. Als Beisitzer fungierten die Senatsmitglieder und Reichsgerichtsräte Hermann Coenders – der sich durch besondere Schärfe gegenüber tatsächlichen oder vermeintlichen kommunistischen Zeugen auszeichnen sollte –, Dr. Walter Froelich und Dr. Emil Lersch. Ergänzungsrichter waren die Landgerichtsdirektoren Gerhard Rusch (Berichterstatter des Senats) und Dr. Full.

Die Anklage vertraten Oberreichsanwalt Dr. Karl August Werner, der bereits im Zusammenhang mit dem Hochverratsverfahren gegen den Verfasser der „Boxheimer Dokumente", Werner Best, aus seinen Sympathien für die NS-Bewegung keinen Hehl gemacht hatte[21], und – als Stellvertreter – der spätere stellvertretende Chefankläger beim Volksge-

Kurz nach der Eröffnung des Prozesses in Leipzig. Vernehmung van der Lubbes am ersten Verhandlungstag, 21. September 1933.

richtshof unter dem Präsidenten Georg Thierack, Landgerichtsdirektor Dr. Heinrich Parrisius. Vertreter der Regierungsstellen im Prozeß war der Bayerische Justizminister und Reichsjustizkommissar, Staatsrat Dr. jur. Hans Frank.[22]

Als Frucht ihrer Arbeit präsentierte die Oberreichsanwaltschaft am 24. Juli 1933 eine 235seitige Anklageschrift, in der versucht wurde, mit einer Fülle von abenteuerlichen Hypothesen und Anklagezeugen die Behauptung eines unmittelbar bevorstehenden kommunistischen Aufstands im Februar 1933 zu untermauern und die Verwicklung der Angeklagten in dessen angebliche Vorbereitung nachzuweisen.

Fallen gelassen hatte man indes die Behauptung von der angeblichen Einheitsfront zwischen Sozialdemokraten und Kommunisten im Zusammenhang mit der Brandstiftung am Reichstagsgebäude. Von der ursprünglich behaupteten Mitschuld der SPD war in der Anklageschrift wie auch später während des Prozesses nicht mehr die Rede.

Angeklagt wurden der Maurer und Invalide Marinus van der Lubbe aus Leiden (Niederlande), der Vorsitzende der kommunistischen

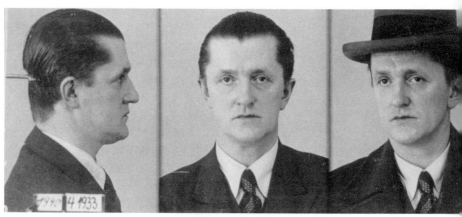

Torgler nach der Verhaftung. Polizeifoto.

Reichstagsfraktion, Ernst Torgler, und die drei bulgarischen Emigranten Georgi Dimitroff, Schriftsteller und führendes Mitglied der Kommunistischen Internationale und der Bulgarischen Kommunistischen Partei (BKP), sowie die Mitglieder des ZK der BKP, der Student der Rechtswissenschaft Blagoj Popoff und der Schuhmacher Vasil Taneff. Ihnen allen warf die Anklage vor:

a) es unternommen zu haben, die Verfassung des Deutschen Reiches gewaltsam zu ändern,

b) vorsätzlich eine Räumlichkeit, welche zeitweise zum Aufenthalt von Menschen dient, und zwar zu einer Zeit, während welcher Menschen in derselben sich aufzuhalten pflegen, nämlich das Reichstagsgebäude, in Brand gesetzt zu haben, und zwar indem die Brandstiftung in der Absicht begangen worden ist, um unter Begünstigung derselben Aufruhr zu erregen.

Van der Lubbe wurde darüber hinaus angeklagt,

c) den Entschluß, ein Gebäude, nämlich das Wohlfahrtsamt in Berlin-Neukölln, welches fremdes Eigentum ist, in Brand zu setzen, durch Handlungen betätigt zu haben, welche einen Anfang der Ausführung dieses beabsichtigten, aber nicht zur Vollendung gekommenen Verbrechens enthalten,

d) vorsätzlich Gebäude, welche zur Wohnung von Menschen dienen, nämlich das Rathaus und das Stadtschloß, in Brand gesetzt zu haben, und zwar indem auch diese Brandstiftungen in der Absicht begangen worden sind, um unter Begünstigung derselben einen Aufruhr zu erregen. [23]

Nach den von der Hitler-Regierung rückwirkend erlassenen Gesetzen stand auf die hier vorgeworfenen Verbrechen – Brandstiftung und Hochverrat – (zwingend) die Todesstrafe.

Die Angeklagten Popoff und Taneff sprachen wenig bzw. kein Deutsch und waren daher darauf angewiesen, von ihrem Wortführer Dimitroff mitverteidigt zu werden, der sich noch in der Haft mit der deutschen Strafgesetzgebung und -prozeßordnung vertraut gemacht hatte. In einer Vielzahl von Anträgen bemühte sich Dimitroff um die Zulassung eines ausländischen Verteidigers seiner Wahl. Das Gericht lehnte jedesmal ab. Torgler und seine Frau suchten vergeblich nach einem Anwalt, der bereit wäre, den ehemaligen KP-Fraktionschef vor dem Reichsgericht zu verteidigen.[24] Am 25. Juli ernannte das Gericht als Offizialverteidiger für Torgler einen Dr. Hübner und für van der Lubbe Dr. Philipp Seuffert, Rechtsanwalt am Reichsgericht. Ein Versuch des von Lubbes Familie beauftragten holländischen Juristen Benno Wilhelm Stomps, die Verteidigung Marinus van der Lubbes mit zu übernehmen, scheiterte an der Apathie des Angeklagten, der bei einem Besuch des Juristen in seiner Zelle keinerlei Reaktion zeigte.[25] Bereits zu Beginn der Hauptverhandlung machte van der Lubbe, der bis dahin Tag und Nacht in Ketten zugebracht hatte, einen physisch zermürbten und apathischen Eindruck. Mit seinem Pflichtverteidiger sprach der Holländer während des gesamten Prozesses kein Wort. Dieser verteidigte seinen Mandaten ohne besonderes Engagement und Interesse für die an diesem zu beobachtenden physischen und psychischen Veränderungen, meldete später in seinem Plädoyer allerdings Zweifel an der rückwirkenden Anwendbarkeit der Todesstrafe bezüglich van der Lubbes Brandstiftungen an.

Die drei Bulgaren wurden von Dr. Paul Teichert verteidigt, Rechtsanwalt am Landgericht Leipzig und langjähriges aktives „Stahlhelm"-Mitglied, der sich darauf beschränkte, die Alibis der bulgarischen Angeklagten zu festigen und so auf einen Freispruch hinzuarbeiten. Noch vor Beginn der Hauptverhandlung ersetzte Torgler seinen Pflichtverteidiger durch den ihm unter merkwürdigen Umständen zugespielten NS-Staranwalt Dr. Alfons Sack.[26] Anders als der ehemalige KPD-Fraktionsführer Torgler, der sich von seinem Anwalt nicht politisch, sondern ausschließlich als privat Beschuldigter verteidigen ließ, nutzte Dimitroff

Gerichtspräsident Dr. Wilhelm Bünger während einer Verhandlung.

den Gerichtssaal als Tribüne für seine politischen Anklagen gegen den Nationalsozialismus. Der rhetorisch beschlagene Bulgare bestand grundsätzlich darauf, sich selbst verteidigen zu dürfen, wobei er allerdings mit seinem Offizialverteidiger zusammenarbeitete. Das Resultat war überzeugend und provozierte das Gericht derart, daß es Dimitroff fünfmal für jeweils mehrere Tage von der Verhandlung ausschloß.[27]

Zweimal wechselte der Prozeß seinen Schauplatz. Vom 21. September bis zum 7. Oktober fand er im Hauptverhandlungssaal des Leipziger Reichsgerichts statt. Vom 10. Oktober bis zum 18. November wurden die Verhandlungen im Reichstagsgebäude in Berlin, in dem vom Brand unversehrten Saal des Haushaltsausschusses fortgesetzt, damit das Gericht die Möglichkeit hatte, den Sachverhalt vor Ort in Augenschein zu nehmen. Vom 23. November bis zum 23. Dezember, dem 57. und letzten Verhandlungstag, wurde der Prozeß dann im Gebäude des Reichsgerichts in Leipzig weitergeführt. Insgesamt wurden 254 Zeugen und sieben Sachverständige vernommen. Die beinahe 280 Stunden während Verhandlung füllt ein Protokoll von 7.363 Seiten.[28]

Das Gericht beim Hitlergruß zu Beginn der Sitzungsperiode in Berlin, 10. Oktober 1933.

Wie sicher die NS-Machthaber ihrer Sache zunächst waren, zeigt die scheinbar volle Öffentlichkeit, in der sie den Prozeß durchführen ließen. 82 Korrespondenten internationaler Zeitungen sowie 42 Vertreter NS-naher oder gleichgeschalteter deutscher Blätter waren zum Prozeß zugelassen. Außergewöhnlich war die Errichtung eines Sonderpostamts mit Telefon- und Telegrammverbindungen in die ganze Welt. Gleichzeitig sollte die Direktübertragung der Verhandlung über das von der neuen Regierung massiv genutzte „Massenmedium" Rundfunk der ganzen Welt die Rechtsstaatlichkeit und Legalität der deutschen Justiz einprägsam vor Ohren führen. Parallel dazu wurde – auf Wunsch des Reichspropagandaministeriums – die gesamte Hauptverhandlung auf Wachswalzen aufgezeichnet. Die weitere Entwicklung des Verfahrens, insbesondere die entlarvende Bloßstellung von Gericht, Oberreichsanwaltschaft und Politischer Polizei durch das unerwartet schlagfertige und unerschrockene Auftreten des Mitangeklagten Dimitroff veranlaßte die Machthaber freilich sehr bald, die Rundfunkübertragungen stark zu reduzieren und sie schließlich ganz einzustellen. Auch die anfangs um-

Tonaufzeichnung auf Wachsplatten während des Prozesses.

Ankündigung der öffentlichen Rundfunkübertragung vom Prozeß an einem
Berliner Kaufhaus.

fangreiche Berichterstattung in der deutschen Presse wurde mehr und mehr reduziert. Bei der Auswahl der Zuschauer war man dagegen von Anfang an vorsichtiger. Nur ein gut vorsortiertes Publikum kam in den Genuß der 120 für jeden Verhandlungstag ausgegebenen Zuhörerkarten, vornehmlich Repräsentanten zentraler Behörden, der NS-Bewegung, Diplomaten sowie Angehörige der „besseren Kreise".

Absprachen vor dem Prozeß

Die Absurdität des von der Anklage – nach Vorgabe der NS-Machthaber – erhobenen Vorwurfs, die Angeklagten hätten mit dem Reichstagsbrand das Signal zum kommunistischen Aufstand („Aufruhr") geben wollen, lag auf der Hand. Weder während der Vorermittlungen noch im Laufe der Hauptverhandlung vor dem Reichsgericht gelang es der Anklage, überzeugende Beweise für diese Behauptung vorzulegen. Die Anklage gegen den Kommunismus war „nicht nur juristisch falsch", sondern „auch politisch absurd", befand 1933 Lenins einstiger Kampfgefährte Leo Trotzki, der fragte: „In welcher Absicht soll die Kommunistische Partei den Reichstag angezündet haben? Die offizielle Antwort lautet: Sie gab damit das Signal zum Aufstand. Durch die oftmalige Verwendung erlangte diese Formel fast schon den Schein eines Inhalts. In Wirklichkeit ist sie leer. Ein Signal ist nur dann ein Signal, wenn sein Sinn denen klar ist, für die es bestimmt ist [...]. Die Schlußfolgerung ist klar: Ein Signal, von dem niemand etwas weiß, ist kein Signal. Die brennende Reichstagskuppel kündigte nichts an und rief niemanden auf."[29]

Auch den Einwand, es könnte sich „vielleicht, wenn schon nicht um ein technisches, so doch um ein sozusagen ‚moralisches' Signal gehandelt,, haben, ließ Trotzki nicht gelten: „Ginge es um das Stabsgebäude der Nazis oder sagen wir um das Polizeipräsidium, so hätte die Brandstiftung den Schein eines politischen Sinns; vorausgesetzt selbstverständlich, daß sie von anderen im voraus sichergestellten Angriffshandlungen begleitet wäre. Der Brand des Reichstags aber, also eines ‚neutralen' Gebäudes, das allen Parteien offen steht, konnte den Massen gar nichts sagen. Die Feuersbrunst konnte auch aus zufälligen Ursachen ausgebrochen sein. Wieso und warum hätte die Röte über der Parlamentskuppel bei den Massen den spontanen Zusammenschluß zum sofortigen Aufstand hervorrufen sollen?[30] [...] Kein Wunder, wenn außer

Göring und seinen Agenten niemand den Brand als Aufstandssignal aus-
legte. [...]

Vor allem drängt sich die Frage auf: Warum soll das Signal zum Aufstand der deutschen Arbeiter von vier Ausländern gegeben worden sein?
Ein Belastungszeuge versuchte eine Erklärung für dieses Rätsel zu liefern: Indem sie Ausländer vorschob, habe die Kommunistische Partei
die Aufmerksamkeit von sich ,ablenken' wollen. Wir stoßen hier auf dieselbe Absurdität: Die Partei, die doch im Interesse des Aufstands die Aufmerksamkeit der Massen auf sich lenken müßte, wäre darauf bedacht gewesen, die ,Aufmerksamkeit von sich abzulenken'. [...] Konnte die
deutsche Kommunistische Partei als Helfershelfer Lubbes niemand anderen finden als gerade ein Mitglied des Präsidiums der Kommunistischen Internationale?" Dies hätte nur dann einen Sinn ergeben, wenn
gerade nicht das Ziel gewesen wäre, „ ,die Aufmerksamkeit von sich abzulenken', sondern im Gegenteil: zu zeigen, daß die Brandstiftung das
Werk der gesamten Kommunistischen Internationale sei. [...] Konnte
eine solche Demonstration irgend jemandem von Nutzen sein? Jedenfalls nicht den deutschen Kommunisten und nicht Moskau. Warum wäre
dann aber die Wahl auf Dimitroff gefallen? Und wer soll diese Wahl getroffen haben?

Man muß anerkennen", so Trotzkis Resümee, „daß auch vom Standpunkt der politischen Ziele des Prozesses diese Auswahl die unglückse-
ligte aller möglichen ist."[31]

Diese in der Tat phantastische und absurde Konstruktion war offenkundig der Beweisnot der Anklage entsprungen, die trotz intensiver ein-
seitiger Ermittlungen keine kommunistischen Mittäter van der Lubbes
finden konnte, aber nach den Vorgaben doch präsentieren mußte. In der
Hauptverhandlung vor dem Reichsgericht sollte sich diese Manipulation schließlich als Bumerang für die NS-Machthaber erweisen.

Schon bald nach Prozeßbeginn begann sich abzuzeichnen, daß eine
Verurteilung der angeklagten Kommunisten angesichts des Mangels an
Beweisen und der offensichtlichen Unglaubwürdigkeit der meisten Be-
lastungszeugen kaum möglich sein würde. In einem Geheimbericht vom
6. Oktober 1933 über eine Pressekonferenz vom 4. Oktober 1933 in
Leipzig führte Görings Pressechef Martin H. Sommerfeldt aus, daß eine
Verurteilung der angeklagten Kommunisten unwahrscheinlich sei. „Mit
großer Wahrscheinlichkeit werden sowohl Torgler wie auch die drei
Bulgaren freigesprochen werden." Die Beweise würden nicht ausreichen. Sommerfeldt, der sich mit Staatssekretär Funk, Rechtsanwalt Dr.

Carl vom Berg (Görings rechter Hand), Göring selbst, dem Ober-reichsanwalt Werner sowie von Dohnanyi vom Reichsjustizministeri-um abgesprochen hatte, fuhr nach Leipzig, „um der Presse in ihrer Be-richterstattung neuen Kurs zu geben." „Die Presse wird langsam darauf hinarbeiten, daß die Verurteilung Torglers und der Bulgaren an und für sich gar nicht so wichtig ist, sondern daß dieser Prozeß an sich die Ver-urteilung des Kommunismus überhaupt darstellt. Der Oberreichsanwalt ist mit dieser Neuorientierung der Presse völlig einverstanden. Er be-grüßte aber auch den Umstand, daß die Presse jetzt vollkommene Frei-heit erhält, den Prozeß in gewisser Weise zu kritisieren. Er hat auch einer Kritik seiner eigenen Person zugestimmt. […] Auf der Pressekonferenz, die ich am Mittwoch abend im Beisein von Oberregierungsrat Volk (Ge-stapa) und Rechtsanwalt Dr. vom Berg abhielt, habe ich der Presse die verabredete Freiheit in ihrer Berichterstattung gegeben. Die deutsche Presse wird sich in Zukunft täglich mit Rechtsanwalt vom Berg, Ober-regierungsrat Volk und Rechenberg in Verbindung setzen und entspre-chend der neuen Richtung arbeiten."[32] Diese Notiz enthüllt, daß den NS-Machthabern frühzeitig bewußt war, daß die gegen die angeklagten Kommunisten präsentierten angeblichen „Beweise" unglaubwürdig wirkten und ein Freispruch unvermeidbar war. Im Falle eines Ange-klagten scheint ein Freispruch darüber hinaus sogar gewollt, zumindest jedoch von Anfang an geplant gewesen zu sein. Wie aus einer Notiz in den Unterlagen des Geheimen Staatspolizeiamts hervorgeht, war dem Verteidiger Torglers, Dr. Sack, bereits vor Übernahme seines Mandats von der Anwaltskammer zugesichert worden, „daß ihm ein Angeklag-ter zugewiesen werden würde, der bestimmt mit einem Freispruch da-vonkommen würde".[33] Noch präziser äußerte sich Gestapa-Chef Diels in einem vom 9. Dezember datierten Schreiben: Dr. Sack habe „auf be-sonderen höheren Wunsch die Verteidigung übernommen […], und zwar auf Grund eines Schreibens des Präsidenten Voss[34] vom Anwalts-verein als Vertrauensmann des Reichsjustizministers. Das Schreiben lag hier vor. In dem Schreiben heißt es, daß Herr Dr. Sack die Verteidigung eines Angeklagten übernehmen solle, der freigesprochen würde."[35]

So blieb bereits in der Anfangsphase des Prozesses als einziger zu ver-urteilender Angeklagter der im brennenden Reichstagsgebäude aufge-griffene Holländer Marinus van der Lubbe übrig. Aufgrund des am 29. März 1933 erlassenen und rückwirkend geltenden „Gesetzes über Ver-hängung und Vollzug der Todesstrafe"[36] stand dessen Hinrichtung im Falle eines Schuldspruchs so gut wie fest.

„Verschwörung" im „Bayernhof"

Für die in Sommerfeldts Geheimbericht dargelegte Zielrichtung des Prozesses im Sinne der NS-Machthaber, nämlich die Anklage des internationalen Kommunismus, eignete sich ganz besonders die Denunziation des Zeugen Johann Helmer. Motiviert von der ausgesetzten Belohnung von 20.000 Reichsmark für die Ermittlung von Mittätern, hatte am 7. März der im Lokal „Bayernhof" als Kellner beschäftigte Helmer Anzeige erstattet: Seit einiger Zeit habe er im Lokal einen Kreis von Ausländern beobachtet, der ihm verdächtig erschien. In unregelmäßigen Abständen habe sich diese Runde häufiger im Lokal getroffen. Darunter will Helmer auch van der Lubbe erkannt haben. Als am 9. März die verdächtigen Ausländer wieder erschienen, verständigte Helmer, wie zuvor verabredet, die Polizei. Die Kriminalassistenten Gast und Holzhäuser nahmen daraufhin folgende Personen fest: Georgi Dimitroff, dessen Aufenthalt in Deutschland und Berlin seit langem polizeibekannt war, sowie seine Landsleute Blagoj Popoff und Wassil Taneff – letzteren, obwohl er nach eigener wie auch nach Helmers späterer Aussage am Abend der Verhaftung zum ersten Mal im „Bayernhof" eingekehrt war.

Die Ermittlungsbehörden scheuten keine Mühe, um über die Zusammenkünfte im „Bayernhof" die Verstrickung des Holländers mit dem „internationalen Kommunismus" in die Brandstiftung zu untermauern, wobei es sie keineswegs irritierte, daß van der Lubbe als Anhänger einer moskaukritischen rätekommunistischen Splittergruppe[37] längst mit der Kommunistischen Partei Hollands und damit auch mit der Kommunistischen Internationale gebrochen hatte.

Die Vernehmungen des Personals verliefen allerdings enttäuschend, nur zwei Kollegen Helmers hielten es nach Vorlage eines Fotos und Gegenüberstellung für möglich, daß van der Lubbe im Lokal gewesen sein könnte. Die anderen erinnerten sich zwar der Bulgaren, konnten aber den Holländer nicht wiedererkennen.[38] Auch Gäste wurden vernommen. Deren Aussagen waren aber so dürftig, daß sie nicht einmal in der Anklageschrift aufgeführt wurden. Der Kellner Helmer schmückte bei weiteren Vernehmungen seine Angaben aus: Seit Mai 1932 habe van der Lubbe wiederholt an den Zusammenkünften teilgenommen, etwa bis Weihnachten oder Neujahr. Er wußte, welche Kleidung der Holländer getragen hatte und prophezeite, er werde ihn mit Bestimmtheit wiedererkennen. Um zu bekunden, wie sicher er in seinem Urteil sei, schreckte Helmer auch vor plumpen Übertreibungen nicht zurück:

„Eher würde er, der Zeuge, seine Frau nicht wiedererkennen, als den Angeschuldigten van der Lubbe."[39]

Spätestens nach Helmers Aussagen über den Zeitraum der Zusammenkünfte hätte der Fall „Bayernhof" zu den Akten gelegt werden müssen. Kriminalkommissar Heisig war ja eigens nach Holland entsandt worden, um van der Lubbes persönliche Verhältnisse zu klären. Es mußte bekannt sein, daß dieser im Juni, dann nach einem weiteren Gerichtstermin von Mitte Juli bis Anfang Oktober 1932 in Haft gewesen war, anschließend regelmäßig seine Rente in Empfang genommen und danach bis Ende Januar 1933 im Krankenhaus gelegen hatte.[40] Dennoch setzte die Anklage in blindem Eifer den Geschäftsführer, beide Zapfer und zehn Kellner des „Bayernhof" auf die Zeugenliste.[41] Am 7. November 1933 wiederholte Helmer seine Behauptungen vor dem Leipziger Reichsgericht.[42] Van der Lubbe, so Helmer, habe er in der Zeit von Mai bis Oktober 3 bis 6 mal in diesem Kreis gesehen, letztmals sei dieser im Oktober oder Anfang November 1932 im „Bayernhof" gewesen. – Die Urteilsschrift hält hierzu fest: „Daß aber seine [Helmers] Bekundung über van der Lubbes Aufenthalt im Bayernhof – ganz abgesehen von dem für einen Verkehr in einem derartigen Lokal kaum geeigneten Äußeren van der Lubbes – tatsächlich kaum richtig sein kann, ergibt die Feststellung, daß van der Lubbe in der fraglichen Zeit von Mai bis Anfang November, vom 12. bis 21. Juni und vom 14. Juli bis 2. Oktober in seiner Heimat in Haft gewesen ist und daß er zwischendurch am 29. Juni dort einer Gerichtsverhandlung beigewohnt und im Oktober bis Anfang November allwöchentlich seine Rente auf der Post in Leiden persönlich abgehoben hat. Es ist schwerlich denkbar, daß und weshalb van der Lubbe in der Zwischenzeit drei- bis sechsmal in Berlin im Bayernhof gewesen sein sollte."[43]

Den Angeklagten Dimitroff hingegen will Helmer noch am Vorabend des Brandes gesehen haben. Selbst als ihm Dimitroffs Verteidiger Teichert vorhielt, daß sein Mandant an diesem Abend unmöglich in Berlin gewesen sein konnte – Dimitroff hielt sich am 26. und 27. Februar auf einer Konferenz der Kommunistischen Partei Jugoslawiens in München auf –, wich der Zeuge nicht von seiner Darstellung ab. Am folgenden Tag wurden Helmers Kollegen vernommen.[44] Sie brachten das Lügengebäude zum Einsturz. Zwar entsannen sie sich der Bulgaren, entschieden und einhellig bestritten sie dagegen, van der Lubbe gesehen zu haben. Das war für Helmer besonders peinlich, da er zuvor eingeräumt hatte, daß seine Bekundungen zum Teil nicht auf eigener Kenntnis, sondern

auf Angaben eben dieser Kollegen beruhten. Am 15. November schließlich hielt Dimitroffs Anwalt Teichert dem Zeugen vor, daß die Kopf-
prämie in Höhe von 20.000 Mark Helmers Denunziation ausgelöst habe.
Nun völlig in die Ecke gedrängt, entlarvte sich Helmer im weiteren Verlauf der Verhandlung zusehends als ein von der Polizei bestellter
Zeuge.[45]

In der Urteilsschrift hieß es bezüglich Helmers: „Die Bekundungen
des Zeugen Helmer halten einer objektiven Nachprüfung nicht stand."[46]

Der Verdacht drängt sich auf, daß Helmer, seit Jahren Nationalsozialist, zur Beobachtung Dimitroffs und seines Kreises angesetzt war. Die
Denunziation van der Lubbes wurde von der Reichstagsbrandkommission dankbar hingenommen, erleichtere sie ihr doch die Aufgabe,
den kommunistischen Zusammenhang herzustellen. Doch offenbar un-
zureichend präpariert und seiner Aufgabe intellektuell nicht gewachsen,
überzog Helmer seine Aussagen über den Holländer derart, daß die Haltlosigkeit seiner Bezichtigungen zu einem nicht unwichtigen Argument
für den Freispruch der Bulgaren werden sollte.[47] Von einem anschließenden Meineidsverfahren gegen Helmer ist allerdings nichts bekannt.

Untergeschobene Beweismittel

In einem offiziösen Radiobericht war noch während der Brandnacht
die Behauptung aufgestellt worden, van der Lubbe habe bei seiner Verhaftung neben einem ordnungsgemäßen holländischen Paß auch ein
Mitgliedsbuch der holländischen Kommunistischen Partei bei sich getragen.[48] Von Dimitroffs hartnäckigen Fragen bedrängt und mit den
Aussagen der Beamten konfrontiert, mußte Göring vor dem Reichsgericht zugeben, daß diese Behauptung nicht der Wahrheit entsprach:

„Wenn in dieser ersten Nacht auch Dinge mitgeteilt worden sind, die
vielleicht nicht so rasch von den Beamten nachzuprüfen waren, wenn
bei einem Beamten vielleicht durch Abgabe einer Erklärung im Protokoll von einem solchen Mitgliedsbuch die Rede war, und der Beamte
es noch nicht nachprüfen konnte und er es vielleicht für eine Tatsache
gehalten hat, so wurde mir das selbstverständlich mitgeteilt. Ich habe
diese Erklärung der Presse schon am nächsten Vormittag gegeben; da
war selbstverständlich die abschließende Untersuchung noch nicht ganz
fertig. Mir ist das also im Protokoll mitgeteilt worden. Wo sich da der
Beamte getäuscht hat, d. h. wo er eine Mitteilung noch nicht nachge-

prüft hatte, das entzieht sich meiner Kenntnis, ist an sich ja auch belanglos, weil es hier im Prozeß doch festgestellt zu sein scheint, daß er kein Buch gehabt hat. Das ist ja das Entscheidende."[49]

Bezüglich der Verhaftung van der Lubbes im brennenden Reichstagsgebäude heißt es in der Anklageschrift: „Er wurde sofort von dem Zeugen Poeschel festgenommen, der ihn alsbald zur Brandenburger-Tor-Wache brachte. Bei seiner Festnahme hatte van der Lubbe das jetzt in dem Hauptband I Hülle Bl. 54 der Akten befindliche Flugblatt ‚Auf zur Einheitsfront der Tat!' bei sich."[50]

Dieses Flublatt war erstmals in der Niederschrift des „Gesprächs zwischen Kriminalkommissar Heisig und dem Reichstagsbrandstifter van der Lubbe in der Nacht vom 27. 2 zum 28. 2. 1933"[51] erwähnt worden. Auf dem Rand des Flugblattes ist handschriftlich das Wort „Georgenkirche" vermerkt [die Handschrift ist allem Anschein nach nicht die van der Lubbes]. Auf die Fragen Heisigs an Lubbe, warum er Georgenkirche auf den Rand geschrieben, warum er dieses Blatt bei sich habe bzw. warum es interessant sei, antwortete Lubbe laut Protokoll unbestimmt: „Ich habe mehrere, aber die sind nicht so interessant. Das ist die Politik der KPD. Ich wollte es mitnehmen nach Holland und sehen, was in Holland die KP dazu meint [!]." Kurz darauf fügte er hinzu: „Ich habe es von der Straße aufgesammelt." Auch in dem von Kriminalkommissar Zirpins redigierten „Abschlußbericht" der Politischen Polizei vom 3. März 1933 wurde das Flugblatt erwähnt. „Bei seiner Festnahme hatte er das beigefügte kommunistische Flugblatt in der Tasche."[52] Rätselhaft blieb allerdings, wie das kommunistische Flugblatt in den Besitz des Angeklagten gekommen war. In seiner von Zirpins aufgenommenen Aussage vor der Politischen Polizei vom 28. Februar 1933 erwähnte Polizeiwachtmeister Helmut Poeschel, der van der Lubbe im brennenden Reichstagsgebäude festgenommen und durchsucht hatte, ein solches Flugblatt mit keinem Wort.[53] Am 15. Verhandlungstag wurde Poeschel hierzu vor dem Reichsgericht vernommen.[54] Auf die Frage Torglers, ob er außer dem Paß „irgendetwas aus Papier Bestehendes, was man als Mitgliedsbuch, als Mitgliedskarte oder etwas Ähnliches ansprechen kann", bei Lubbe gefunden habe, entspann sich folgender Disput:

„Zeuge Poeschel: Nein, ich habe nur den Paß gefunden.
Angekl. Torgler: Nur den Paß?
Zeuge Poeschel: Nur den Paß.
Angekl. Torgler: Keine Zeitung, kein Flugblatt, kein nichts?
Zeuge Poeschel: Nein.

Auf zur Einheitsfront der Tat!

Werktätige Berlins! Arbeiter, Arbeiterinnen aus der SPD., dem Reichsbanner, der SAJ., Gewerkschaftskollegen u. -kolleginnen!

Faschistischer Terror rast über Deutschland. Die blutigen Scheußlichkeiten von Potempa und Eisleben bedrohen das Leben unserer Klasse und jedes einzelnen von uns. Dem Ausbeuterpack wird kein Haar gekrümmt. Aber darbenden Rentenempfängern und hungernden Erwerbslosen, frierenden Betriebsarbeitern und notgepeitschten Proletarierostfern gilt der Mordskoll des Faschismus. Am Grabe zertrümmerter Arbeiterorganisationen und bankrotter Gewerkschaftskassen wollen die Schmalzjunker und die Bankfürsten, die in- und ausländischen Tributländer und die schwerindustriellen Feinde des Tarifvertrages ihr „Drittes Reich" aufrichten. Wir sollen die Rechnung bezahlen, wir sollen verbluten, damit der Reichtum der schwerkapitalistischen Ausbeuter seine „Ordnung" der Barbarei und Zerstörung aufrechterhalten kann.

Wir Kommunisten appellieren an euch: Macht Schluß mit dieser unseligen Sabotage der antifaschistischen Einheit durch eure Führer! Wir verlangen von euch keine Aufgabe eurer Organisationszugehörigkeit, keine Preisgabe eurer prinzipiellen Ueberzeugung. Wir geben unserem Einheitsfrontangebot an euch nur die einzige Grundlage: Die Kampfbereitschaft und die gemeinsame Tat gegen alle Angriffe des Faschismus!

Vier antifaschistische Kampfmaßnahmen

Verteidigung des Arbeiterlebens und -eigentums vor.

Maske herunter von diesem Geschwätz über „Nichtangriffspakt"

Wenn unsere Hand gemeinsam den Hebel pack und die Fabriksirenen das gellende Signal zum Aufbruch geben,
wenn wir gemeinsam den ehernen Schutzwall des roten Massenselbstschutzes formieren,
wenn Deutschlands Arbeiterschaft über alle Saboteure der antifaschistischen Kampfeinheit hinweg zum Schlag ausholt,

dann ist es aus mit dem blutigen Regiment der Herrenklubler und ihrer Banden!
dann wird es sich zeigen, daß Deutschland nicht Italien ist!
dann wird die Einheitsfront der Tat den Sieg an ihre roten Fahnen heften!

KPD., Bezirk Berlin-Brandenburg

Rote Fahnen heraus für Liste 3

Das bei van der Lubbe angeblich gefundene Flugblatt. Vorderseite, Reproduktion nach dem Original in den Ermittlungsakten.

Angekl. Torgler: Dankeschön.

ORA Dr. Werner: Hat der Herr Zeuge den Paß aufgemacht? Konnte da etwas drinliegen? Haben Sie das Paßbuch aufgemacht?

Zeuge Poeschel: Ich habe das Paßbuch aufgemacht, habe aber weiter nicht hineingesehen.

LGDir. Parrisius: Haben Sie denn die Taschen ganz genau durchsucht? Können Sie mit aller Bestimmtheit sagen, daß van der Lubbe außer dem Paß kein anderes Schriftstück gehabt hat? Er soll im Besitz eines Flugblatts gewesen sein.

Zeuge Poeschel: Der Angeklagte ist selbst auf der Brandenburger-Tor-Wache noch einmal durchsucht worden.

LGDir. Parrisius: Ich meine die Durchsuchung, die Sie vorgenommen haben. Haben Sie alle Taschen durchsucht? – Sie haben gesagt, Sie hätten nur abgetastet und den Paß bemerkt. Oder haben Sie in alle Taschen, auch in die Seitentaschen – die hatte er ja nicht – hineingegriffen?

Zeuge Poeschel: Nein, hineingegriffen habe ich nicht. Aber es ist ja gar nicht möglich, daß er noch etwas bei sich gehabt hat, denn bei der Abführung konnte er nichts wegwerfen, und auf der Wache selbst ist er gründlich durchsucht worden.

LGDir. Parrisius: Da ist aber ein Flugblatt gefunden worden. Ich weiß nicht, ob auf der Wache oder nachher. – Haben Sie in die Hosentaschen hineingegriffen?

Zeuge Poeschel: Nein, ich habe sie abgetastet.

LGDir. Parrisius: Und in der Gesäßtasche haben Sie den Paß gefunden? (Zeuge: Ja.) Es kann also möglich sein, daß er in der Hosentasche noch irgendetwas Zusammengefaltetes gehabt hat.

Zeuge Poeschel: Das stimmt. Aber ich habe auch auf der Brandenburger-Tor-Wache nicht gesehen, daß da irgend etwas gefunden wurde."

Nach diesen vergeblichen Bemühungen des Anklagevertreters versuchte auch der Gerichtspräsident sein Glück.

„Präsident: Wieviel Taschen kamen in Frage?

Zeuge Poeschel: Zwei Hosentaschen und eine Gesäßtasche.

Präsident: Und Sie sagen, Sie haben alle drei zunächst abgetastet. (Zeuge: Jawohl.) Und Sie haben den Eindruck gehabt, daß da nichts drin war. (Zeuge: Jawohl.) Den Paß haben Sie nicht aufgemacht, so daß da vielleicht doch …

Zeuge Poeschel: Ich habe ihn aufgemacht, aber nicht weiter hineingesehen.

Präsident: Kann denn da in irgendeiner Seite des Passes noch irgendein Schriftstück gelegen haben? – Sie haben ihn wahrscheinlich doch bloß in der Mitte aufgemacht. Oder haben Sie alle einzelnen Blätter herumgedreht?

Zeuge Poeschel: Alle einzelnen Blätter habe ich nicht herumgedreht."

Themenwechsel. Für den Vorsitzenden Bünger war damit der Fall erledigt. Wie das Flugblatt in den „Besitz" des Angeklagten gekommen war, blieb ungeklärt. Auf die naheliegende Idee, die Kriminalkommissare Heisig und Zirpins, die van der Lubbe angeblich als erste vernommen hatten, zu diesem Beweisthema zu befragen, kam der Vorsitzende nicht. Die Behauptung der Anklage, van der Lubbe habe als Handlanger der Kommunisten mit der Brandstiftung im Reichstagsgebäude das Fanal zum kommunistischen Aufstand geben wollen, hatte damit allerdings nicht an Glaubwürdigkeit gewonnen.

Nachträglich läßt sich auch anhand der Ermittlungsakten nicht feststellen, wer das bezeichnete kommunistische Flublatt wo gefunden haben will bzw. ob van der Lubbe dieses „Beweisstück" bei seiner Verhaftung tatsächlich bei sich getragen hatte. Ein Verweis in den Ermittlungsakten, das Flugblatt habe sich in van der Lubbes Manteltasche befunden, kann ebenfalls nicht der Wahrheit entsprechen, denn van der Lubbes Mantel wurde erst am 2. März 1933 im Westumgang des Reichstagsgebäudes gefunden[55], also drei Tage nach der erstmaligen Erwähnung des Flugblatts. Man darf wohl annehmen, daß man dem Holländer das besagte Flugblatt, das eine Einheitsfront von KPD, SPD, dem Reichsbanner, der SAI und der Gewerkschaften forderte, untergeschoben hatte, um damit die Propaganda-Behauptung zu stützen, beim Reichstagsbrand habe es sich um das Signal für einen beabsichtigten, angeblich auch von Sozialdemokraten unterstützten Aufstand gehandelt.

Einer offenkundigen Manipulation machten sich die ermittelnden Kriminalisten auch im Falle Dimitroffs schuldig. Kriminalkommissar Braschwitz, der die ersten Vernehmungen Dimitroffs durchgeführt hatte, erfüllte am 36. Verhandlungstag, dem 11. November 1933, die bedeutende Aufgabe, anhand von angeblich in Dimitroffs Besitz gefundenen und beschlagnahmten Dokumenten nachzuweisen, daß Dimitroff sich als wichtiger Funktionär der Komintern entgegen seiner Behauptung illegal auch mit deutschen Angelegenheiten befaßt habe.[56] So sei er an antifaschistischen Einheitsfront-Aufrufen und -Aktionen beteiligt gewesen und mithin als Drahtzieher der Reichstagsbrandstiftung anzusehen.

Von seinem Kriminalassistenten Kynast darauf aufmerksam gemacht, wollte Braschwitz „eines Tages" auf einem bei Dimitroff gefundenen Stadtplan „schwer zu entdeckende", „feingliedrige Einzeichnungen" gefunden haben, „die man offenbar mit Bleistift vorgenommen hatte. Die Einzeichnungen waren derart, daß man sie nur mit der Lupe erkennen konnte", und zwar „nicht nur bei der holländischen Vertretung, sondern unter anderem auch beim Reichstag". Diesem Umstand habe Braschwitz deswegen besondere Bedeutung beigemessen, „weil wir bei Dimitroff unter anderem zwei Postkarten derselben Gebäude, nämlich Reichstag und Schloß, gefunden haben."[57]

Im Laufe der Vernehmung von Kriminalkommissar Braschwitz vor dem Reichsgericht wurden, vor allem durch die kritischen Fragen und Einwürfe Dimitroffs, weitere entlarvende Ungereimtheiten und Pannen aufgedeckt: So bestritt Dimitroff nicht nur den Besitz verschiedener ihm zur Last gelegter Schriftstücke, auch die ersten Vernehmungsprotokolle waren von ihm nicht unterzeichnet, weiter behauptete er, verschiedene Schriftstücke seien ihm während der ersten drei Wochen seiner Untersuchungshaft überhaupt nicht vorgelegt worden, was Braschwitz indirekt zugab bzw. zumindest nicht dementierte.[58] Bereits früher, als ihm die Kreuze auf dem Stadtplan vorgehalten worden waren, hatte Dimitroff entschieden bestritten, daß er auf seinem Plan solche eingezeichnet habe, unter anderem mit dem einleuchtenden Argument, er wisse auch ohne diese Markierungen, wo sich Schloß und Reichstag befänden. Dimitroff beschuldigte die Kriminalisten, diese Einzeichnungen vorgenommen zu haben.[59]

Am 36. Verhandlungstag stellte Dimitroff die für Braschwitz peinliche Frage:

„Wie kommt es, daß in dem Moment der Vernehmung, als dieser Reiseplan mir gezeigt worden ist – in meiner Nähe war Herr Tarapanoff, der bulgarische Dolmetscher –, die Kreuze ganz klar und ohne Lupe zu sehen waren, während sie jetzt nur mit der Lupe zu sehen sind?"[60]

Doch Braschwitz beharrte darauf, die Einzeichnungen seien unverändert und immer nur mit der Lupe erkennbar gewesen.

Tatsächlich bestätigte aber der Dolmetscher Tarapanoff am 52. Verhandlungstag auf Beweisantrag unter Zeugeneid die Aussage Dimitroffs:

„Ich habe Einsicht genommen und ich habe mit den bloßen Augen die Kreuze sehen und unterscheiden können", ohne darauf aufmerksam gemacht worden zu sein.[61]

Braschwitz' Gehilfe, Kriminalassistent Steinbach, der am selben Ver-

handlungstag als Zeuge vernommen wurde, aber offenbar nur ungenügend eingeweiht war, machte das Malheur seines Vorgesetzten komplett, indem er diesen nicht voll bestätigen konnte, ja sogar verschiedentlich in Widerspruch zu ihm geriet und sich auch selbst in
Widersprüche verwickelte. So mußte er zugeben, daß er die Durchsuchung und Beschlagnahme von Dimitroffs Besitztümern in dessen Abwesenheit durchgeführt hatte, und daß kein Verzeichnis erstellt worden
sei. In Bezug auf ein laut Braschwitz bei Dimitroff gefundenes Bela-
stungsdokument mußte er sogar erklären, er könne nicht genau sagen,
ob dieses Schriftstück wirklich dabeigewesen sei.[62]

Bezüglich des Stadtplans und der Ansichtskarten erklärte er, er habe
diese in Dimitroffs Zimmer aus einer verschlossenen Aktentasche herausgenommen, dabei aber „nichts weiteres gesehen."[63]

Entgegen der Behauptung von Braschwitz, Steinbach selbst habe ihm
mitgeteilt, „daß unter anderem eine Art Pharus-Plan [Stadtplan von Ber-
lin] aufgefunden sei, in dem merkwürdige Aufzeichnungen vorhanden
wären", blieb dieser eine Bestätigung schuldig. Ganz im Gegenteil gab
er offen zu: „Ich selbst habe es (die Einzeichnungen) nicht gesehen",
trotzdem er den Plan „ausgebreitet und angesehen" habe.[64]

Die ganze Sache wurde daraufhin durch Landgerichtsdirektor Rusch
diensteifrig als „Mißverständnis" erklärt und nicht mehr weiter behandelt. Der begründete Verdacht Dimitroffs, die belastenden Materialien
bzw. Einzeichnungen seien seinen Besitztümern untergeschoben worden, wurde von Braschwitz natürlich vehement bestritten und vom Gericht zurückgewiesen. Unwidersprochen blieb hingegen Dimitroffs
Feststellung, daß über die in seiner Wohnung von der Polizei gefundenen und beschlagnahmten Schriftstücke mit ihm als Besitzer dieser Sachen nicht gesprochen worden sei.[65] Allein dies wirft ein seltsames Licht
auf die Untersuchungsmethoden der Politischen Polizei gegenüber Dimitroff und stellte eine klare Verletzung der entsprechenden Bestimmungen der Strafprozeßordnung dar.

Unterlassene Ermittlungen: Lubbes „Schlafgenosse" in Hennigsdorf

Eine zentrale Rolle im Verfahren spielte der später berühmt gewordene Komplex „Hennigsdorf", wurden hier doch – bereits damals für
objektive Beobachter mühelos erkennbar – wichtige Spuren verwischt.

Vorausgesetzt, die in der Anklageschrift angenommenen Daten (Abreise van der Lubbes aus Leiden am 3. Februar 1933 und Ankunft in Berlin am Nachmittag des 18. Februar 1933) treffen zu, dann hätte van der Lubbe vor seiner Ankunft in Berlin 15mal übernachten müssen. Lediglich zwei dieser Übernachtungen konnten die mit den Ermittlungen betrauten Beamten feststellen, darunter ein Aufenthalt in einem Polizei- bzw. Obdachlosenasyl in Glindow.

In dem als hinreichend angesehenen „Itinerar" van der Lubbes, wie es die Anklageschrift präsentierte, klafften also erhebliche Lücken.[66]

Auch das in der Urteilsschrift zusammengefaßte Ergebnis von 52 Tagen Beweisaufnahme lieferte keine neuen Erkenntnisse.

Da van der Lubbe selbst wiederholt bekundet hatte, den Entschluß zur Brandstiftung im Reichstag erst am Vormittag des 27. Februar 1933 gefaßt zu haben[67], wäre eine minutiöse Feststellung seiner Aktivitäten in den Stunden und Tagen unmittelbar vor dem Reichstagsbrand ganz besonders wichtig gewesen. Diese blieben jedoch auch nach der Hauptverhandlung vor dem Reichsgericht weitgehend unaufgeklärt. Offiziell konnte nur folgendes ermittelt werden:

Am Sonnabend vor dem Reichstagsbrand – seit van der Lubbes Ankunft in Berlin war genau eine Woche vergangen, die er meist in Neukölln und im Stadtzentrum verbracht hatte – gab es die drei schon erwähnten, ebenso dilettantischen wie erfolglosen Brandstiftungsversuche mit Kohlenanzündern am Neuköllner Wohlfahrtsamt, am Berliner „roten" Rathaus und auf dem Dach des Berliner Stadtschlosses, zu denen sich der Holländer bereits in seinen ersten Vernehmungen bekannt hatte. Am Sonntag, den 26. Februar, wanderte er eigenen Angaben zufolge dann vom Alexanderplatz stundenlang über Charlottenburg nach Spandau – um, wie er angab, eventuell „nach Hause", also nach Holland zurückzukehren. In Spandau will van der Lubbe an einer nationalsozialistischen Demonstration teilgenommen haben, die auf dem Marktplatz stattgefunden haben soll. (Nachweisbar ist eine derartige Kundgebung in Spandau für den 26. Februar indessen nicht.[68])

Jedenfalls sprach van der Lubbe in Spandau nachweislich mit einem jungen Mann, dem Lehrling Rudolf Zunk (geboren am 4. Januar 1917). Dessen Stiefvater meldete sich erst am 15. November 1933 bei der Polizei. Die Vernehmung ergab lediglich, daß sich Lubbe mit Zunk über die KPD und die NSDAP unterhalten habe.[69]

Von Spandau wanderte van der Lubbe dann nach Norden und verbrachte die Nacht zum 27. Februar 1933 (von 18.20 bis 7.45 Uhr) im

Polizeiasyl des über zehn Kilometer von Spandau entfernten Berliner Industrievorortes Hennigsdorf, und zwar – wie in der Anklageschrift nicht erwähnt und erst Monate später bekannt wurde – zusammen mit einem zweiten Mann. Van der Lubbe gab diese Hennigsdorfer Übernachtung bereits bei seiner ersten offiziellen Vernehmung durch Kriminalkommissar Zirpins am 28. Februar an, und Zirpins hielt auch im Protokoll fest, daß dieser Sachverhalt durch eine telefonische Nachfrage beim Hennigsdorfer Polizeirevier bestätigt worden sei.[70] Weitere Nachforschungen fanden aber, ganz im Gegensatz zur minutiösen Verfolgung aller Kontakte van der Lubbes mit tatsächlichen und mutmaßlichen Kommunisten in Berlin-Neukölln, nicht statt.[71]

Erst sieben Monate später, am 27./29. September, kam der Komplex Hennigsdorf im Leipziger Prozeß wieder zur Sprache. Auf die Frage des Vorsitzenden, warum er den Umweg über Hennigsdorf gemacht und nicht in einem Männerheim in Berlin übernachtet habe, gab van der Lubbe keine Antwort, verneinte auch die Frage, ob er in Spandau oder in Hennigsdorf jemanden besucht habe. Konkret danach befragt, was er denn dort gemacht habe, antwortete er nur lapidar: „Nichts".[72] Erst weitere Nachfragen Büngers, die van der Lubbe jeweils nur einsilbig mit „Ja" beantwortete, brachten an den Tag, daß der Holländer in der betreffenden Nacht nicht allein im Hennigsdorfer Asyl gewesen war; doch blieb der Name des zweiten Schlafgastes im Dunkeln.

Am 30. Oktober, dem 27. Verhandlungstag, nahm das Gericht nach längerem Prozedere endlich einen Beweisantrag Dimitroffs an, festzustellen, mit wem van der Lubbe in Hennigsdorf in Verbindung gekommen und was in jener Nacht geschehen sei. Der Kriminalsekretär Gast wurde nach Hennigsdorf entsandt, er legte am 3. November einen Bericht über seine Nachforschungen vor.[73]

Aus diesem Bericht ging unter anderem hervor, daß sich van der Lubbe möglicherweise bereits am Nachmittag des 26. Februar in Henningsdorf aufgehalten und mit drei Frauen und zwei Männern ein Lichtspieltheater aufgesucht hatte. Eine Gegenüberstellung fand allerdings nicht statt. Wörtlich hieß es in dem Bericht: „Am 26. 2. 33 um 18.20 Uhr meldete sich van der Lubbe bei der Ortspolizeibehörde und bat um Nachtquartier, was ihm auch gewährt wurde." Das über nur vier Schlafplätze verfügende Polizeiasyl befand sich „auf dem Hofe des Polizeidienstgebäudes.

Weiter fügte Gast seinem Bericht Fotografien aus dem Übernachtungsbuch („Obdachlosenverzeichnis") bei, in dem sowohl die Namen

der Asylsuchenden als auch der damit befaßten Polizeibeamten verzeichnet waren.

Gast wurde am 11. November vom Gericht befragt. Unter anderem
gab er auf Nachfrage an: „Das Asyl ist ein kleiner Raum im Polizeirevier selbst." Senatspräsident Bünger bestätigte dann am 13. November
auf Drängen Dimitroffs, daß im Asyl „noch einer" war: „Ich weiß nicht,
wie er heißt, der Name endigt auf -witz." Immerhin nannte er nun aus
den Eintragungen in der Odachlosenliste die Namen der beiden Polizeibeamten, die Lubbe am Abend des 26. Februar um 18.20 Uhr ins Asyl
aufgenommen und am nächsten Morgen um 7.45 Uhr entlassen hatten:
Adomeit und Schmidt.

Bei seiner Zeugenvernehmung am 6. Dezember entschlüpfte dann
dem Hennigsdorfer Hauptwachtmeister Adomeit der Name des zweiten Obdachlosen: „Ja, Watschinski", heißt es im Protokoll, und Bünger erklärte nach den Eintragungen im Übernachtungsbuch dem Protokoll zufolge: „Der andere Asylinsasse am 26. Februar hieß Franz
Watschinski. Er kam am selben Tag an, aber schon um 17 Uhr 43 [recte:
17.45 Uhr]. Er ist bezeichnet als Arbeiter aus Rottenbuch." Auf Dimitroffs Nachfrage: „Kann man ihn nicht finden?", beschied ihn der Anklagevertreter Parrisius: „Nein, das kann man nicht", und Bünger ergänzte: „Nach den Personalien wird man ihn kaum finden können, aber
ich muß sagen, nach meiner persönlichen Auffassung ist es auch völlig
überflüssig. Wenn ein fremder Mann mit van der Lubbe zusammen
schläft, von dem er auch sagt, daß er ihn nicht gekannt hätte, und sie
trennen sich am nächsten Tage, was ist dabei Verdächtiges?" In den Berichten der deutschen Presse findet sich über die im Protokoll immerhin rund 20 Seiten einnehmende nochmalige Erörterung des Komple-
xes Hennigsdorf mit dieser Namensnennung im übrigen kein Wort.[74]

Was hier verdächtig ist und den Spekulationen über eine Steuerung
van der Lubbes durch unbekannte Komplizen Nahrung gab, war die
Verschleierungstaktik der deutschen Behörden, für die es auch viele andere Belege gibt.[75]

Erst Dimitroffs Antrag veranlaßte das Gericht, Nachforschungen anzuordnen, acht Monate nach der Tat. Was wußten Anklagevertreter und
Präsident, als sie meinten, nach den Personalien sei der Mann kaum zu
finden? 1969 angestellte Recherchen ergaben, daß es weder in Rottenbuch an der Ammer[76] noch in dem gleichnamigen Weiler bei Schwin-
degg einen Mann oder eine Familie dieses Namens gegeben hat.[77] Dies
war nach den falschen Angaben von Namen und Geburtsort durch den

Vorsitzenden Richter Bünger allerdings auch kein Wunder. Der „Fall Watschinski" verleitete jedenfalls in der Folge zu allerlei Spekulationen und wurde voreilig mit vielen ungeklärten Vorfällen im Umkreis des Reichstagsbrand in Zusammenhang gebracht, ohne daß die wirkliche Identität des ominösen Begleiters jedoch ermittelt werden konnte.[78]

Die Kopien der Originalseiten des Hennigsdorfer Asylbuches in den wieder zugänglichen Ermittlungsakten belegen heute die originale Eintragung: „Franz Waschitzki, geboren am 11. 5. 75 in Hoppenbruch, Beruf: Arbeiter".[79] Der einzige größere Ort namens Hoppenbruch ist ein später eingemeindetes Dorf (1894: 814 Einwohner) südlich von Marienburg in Westpreußen.[80] Über die Person des Franz Waschitzki konnte bis heute nichts näheres in Erfahrung gebracht werden.

Die angebliche kommunistische Verschwörung

Bestellte „Zeugen" der Anklage
Zur Stützung der Anklage gegen Torgler und die Kommunistische Partei spielten Zeugen aus dem Umkreis der NSDAP eine entscheidende Rolle, die Torgler am Nachmittag des 27. Februar zusammen mit van der Lubbe anläßlich einer Besichtigung im Reichstag gesehen haben wollten.

Am Brandabend hatten die nationalsozialistischen Reichstagsabgeordneten Karwahne und Frey zusammen mit ihrem österreichischen Freund, dem Linzer Landesbereichszellenleiter Kroyer, gefeiert, zuletzt im „Kaffee Vaterland" (es war ja Rosenmontag). Vom Reichstagsbrand hatten die drei Nationalsozialisten nach Aussage Karwahnes (eines ehemaligen militanten Anhängers der linken KPD-Opposition[81]) gegen 0.30 Uhr durch die „Tägliche Rundschau" und den Berliner „Lokalanzeiger" erfahren.[82] Laut Kroyer legten die drei „auf die ersten Meldungen keinen Wert. Nachdem jedoch die Morgenzeitungen dieselben Meldungen brachten, begaben wir uns mit einer Kraftdroschke zum Innenministerium."[83] Zuerst hätten sie versucht, am Reichstagspräsidentenpalais zu Göring vorgelassen zu werden, weil sie glaubten, „daß er im Palais anwesend sei". Dort seien sie von einem „Offizier" oder einem „Hauptwachtmeister" ins Innenministerium geschickt worden, wo sie erfolglos verlangt hätten, „vor Herrn Minister Göring zu gelangen". Letzten Endes sei es Karwahne dann gelungen, „mit Herrn Staatskommissar Daluege sprechen zu können", dem Karwahne ihre Beobachtungen vorgetragen habe. Auf Vorschlag Dalueges seien sie dann ins Polizeipräsidium gefahren, um „diese Beobachtungen dort Herrn [Polizei-]Präsidenten Levetzow bezw. der Kriminalpolizei kundzutun". „Dort auf dem Polizeipräsidium fanden wir ebenfalls schon sehr lebhaftes Treiben vor. Wir wurden zunächst hinaufgeführt in ein Zimmer, wo auch bereits verhaftete Personen [!] anwesend waren. Es wurde mir zunächst ein Mann in schwarzer Kleidung gegenübergestellt.[84] Ob das ein blauer Anzug war oder ein richtiger Schornsteinfegeranzug, vermag ich nicht zu sagen. Ich wurde also dem Mann gegenübergestellt und gefragt, ob ich ihn im Reichstag gesehen habe. Ich mußte das verneinen. Später wurde ich dann unbeobachtet in das Vernehmungszimmer geführt, wo der heutige Angeklagte van der Lubbe bereits saß. Lubbe war damals ohne Oberbekleidung. Er war in eine Wolldecke gehüllt, vielleicht damit er nicht frieren sollte. [...] Ich wurde dann so gesetzt, daß ich ihn beobachten konnte, unbeeinflußt, und habe auch einige Minuten – vielleicht 5 Minuten – dort an dem Tisch gesessen, der von Kriminalbeamten umgeben war [nach Heisigs Angabe drängten sich in dem Zimmerchen „etwa 40 bis 50 Personen"], ohne aber zu sprechen, nur den Lubbe zu beobachten, um mich zu versichern über seine Person, um ihn genauer erkennen zu können, um ihn genauer identifizieren zu können." Während Karwahne angab, van der Lubbe zusammen mit Frey gegenübergestellt worden zu sein, hatte Frey in seiner Vernehmung vor dem Untersuchungsrichter ausgesagt, Karwahne, Kroyer und er seien „einzeln und ohne, daß wir uns verständigen konnten, in einen Raum geführt worden, in dem van der Lubbe vernommen wurde."[85] Kroyer wiederum bezeugte in seiner Aussage vor dem Reichsgericht[86]: „Wir [Karwahne, Frey und er selbst] wurden so in das Vernehmungszimmer geführt, dass er gar nicht merkte, dass wir Fremde sind. Wir hatten Gelegenheit, ihn uns genau anzusehen. Ich war sicher drei, vier, fünf Minuten drin und habe mir den Lubbe angesehen."[87] Anders als Karwahne erwähnte Kroyer den Abstecher des Trios zum Reichstagspräsidentenpalais nicht, sondern gab an: „Wir sind dann sofort ins Innenministerium gefahren und haben dort mitgeteilt, was wir am Nachmittag beobachtet hatten. Man erklärte uns dann sofort, wir sollten zum Polizeipräsidium fahren. Wir taten das und sind dann im Polizeipräsidium einvernommen worden."[88] Laut Aussage Karwahnes war dies morgens „vielleicht so gegen 2 bis 3, in der Zeit 2, 1/2 3."[89] Laut Vermerk auf dem Vernehmungsprotokoll erschien Kroyer am 28. Februar um 2.00 Uhr morgens zur Vernehmung.[90] Merkwürdigerweise wurden die Ver-

358

nehmungen von Karwahne, Kroyer und Frey offensichtlich nicht im Polizeipräsidium, sondern in Görings Innenministerium durchgeführt (die Vernehmungsprotokolle sind handschriftlich auf neutralem Papier abgefaßt). Göring äußerte dazu bei seiner Vernehmung vor dem Reichsgericht: „Die drei Leute sind zum Innenministerium gegangen und haben dort ihre Aussage gemacht, und zwar Beamten gemacht, nicht mir."[91] Zu den Gegenüberstellungen hatte man die drei offenbar zum Polizeipräsidium gefahren, aber dann wieder ins Innenministerium zurückgebracht!

Was veranlaßte die drei ortsfremden Nationalsozialisten, mitten in der Nacht, auf bloßen Verdacht hin, den damals zweitmächtigsten Mann im Staat, Göring, in seinem Palais aufzusuchen? Entweder waren die drei am Rosenmontag sturzbetrunken oder sie waren aus irgendeinem Grunde sicher, sich dies erlauben zu können. Man kann nur vermuten, daß das Trio im Innenministerium für seine späteren „Zeugenaussagen" präpariert wurde.

Von Dimitroff bedrängt, der wissen wollte, ob bzw. wann Göring von der Mitteilung seiner drei Parteigenossen Kenntnis erhalten hatte, erklärte dieser vor dem Reichsgericht, sich nicht mehr erinnern zu können, wann er von dieser Mitteilung, einer „unter einer Unmenge anderer Mitteilungen", zum erstenmal erfahren habe, denn: „es sind noch viele Leute gekommen und haben ihre Aussage gemacht [!]"[92] – wohlgemerkt: nicht etwa im Polizeipräsidium, wo sich ein Zeuge unter normalen Umständen melden würde, sondern in Görings Ministerium, das offenbar (zumindest in der Brandnacht) mit der Kriminalpolizei konkurrierte!

Abweichend von dem hier anhand der Ermittlungsunterlagen rekonstruierten Ablauf wurde dieser Sachverhalt in der Anklageschrift wie folgt dargestellt:

„Gegen 4.15 bis 4.30 Uhr nachmittags verließen die Zeugen Karwahne, Frey und Kroyer das Reichstagsgebäude. Als sie am nächsten Morgen in der Zeitung Einzelheiten über den Reichstagsbrand lasen, stieg in ihnen auf Grund der Begegnungen mit dem Angeschuldigten Torgler sofort der Verdacht auf, daß dieser bei der Brandstiftung seine Hand im Spiele haben müßte. Sie wurden darauf im Berliner Polizeipräsidium einzeln dem Angeschuldigten van der Lubbe gegenübergestellt. Dabei erkannten alle drei Zeugen, und zwar vollkommen unabhängig voneinander, den Angeschuldigten van der Lubbe mit aller Bestimmtheit als diejenige Person wieder, in deren Begleitung sie den Angeschuldigten

Torgler am Brandtage bei ihrer ersten Begegnung in dem Raum 038 [vor dem Fraktionszimmer der KPD] getroffen hatten. Sämtliche drei Zeugen erklärten bei dieser polizeilichen Gegenüberstellung übereinstimmend, daß eine Personenverwechslung auf ihrer Seite ausgeschlossen sei."[93] Zwar wurde Frey bei einer späteren Gegenüberstellung unsicher, Karwahne und Kroyer aber blieben bei ihrer Behauptung. In der Anklageschrift wurde also nicht nur der nächtliche Besuch im Innenministerium verschwiegen, auch das Erscheinen der drei Nationalsozialisten im Polizeipräsidium und ihre Gegenüberstellung mit van der Lubbe wurde so dargestellt, als habe es nicht in derselben Nacht, sondern erst am nächsten Vormittag stattgefunden. Mit diesen Manipulationen sollte wohl die höchst eigenartige Tatsache vertuscht werden, daß sich das Trio bereits kurz nach Bekanntwerden des Brandes dem Preußischen Innenminister und zweiten Mann in der NS-Hierarchie als Belastungszeugen zur Verfügung gestellt hatte.

Als am 9. März 1933 aufgrund der Anzeige des NS-Sympathisanten Johann Helmer, Kellner im Restaurant „Bayernhof", die unter falschem Namen in Berlin lebenden Exilbulgaren Georgi Dimitroff, Blagoj Popoff und Vasil Taneff verhaftet wurden, stand das NS-Trio wieder parat – nun mit verteilten Rollen. Diesmal erkannte Frey in Popoff den Mann wieder, der im Gespräch mit Torgler auf einem Ledersofa gesessen habe, während die drei am KPD-Fraktionszimmer vorbeigegangen seien. Karwahne und Kroyer äußerten sich zurückhaltender. Selbst das Reichsgericht mußte die Zeugen Karwahne, Kroyer und Frey nach ihrer Vernehmung in der Hauptverhandlung schließlich als unglaubwürdig einstufen.[94]

Die Reichstagsfraktion der NSDAP hatte aber noch mehr zu bieten. Der Leiter der Presseabteilung, Major a. D. Weberstedt, hatte im Reichstagsgebäude vor Torglers Zimmer zwei Männer gesehen, von denen der größere eine Kiste trug. Das sei, so behauptete er mit Bestimmtheit, van der Lubbe gewesen, sein Begleiter Taneff. Als er am Nachmittag des 27. Februar nochmals an dieser Stelle vorbeigegangen sei, habe er „an derselben Stelle", an der „ich die obenbezeichneten Personen vorher getroffen hatte, einen starken benzolähnlichen Geruch wahrgenommen".[95] Weberstedts Mitarbeiter in der Presseabteilung, Dr. Dröscher, wußte, daß der Beschuldigte Dimitroff identisch sei mit dem Attentäter, der im Jahr 1925 einen Sprengstoffanschlag auf die Kathedrale von Sofia verübt hatte – und eben diesen wollte er mit Torgler zusammen gesehen haben. Wie bereits dargestellt, hatte Dr. Dröscher hier allerdings schlecht recherchiert: Der Attentäter auf die Kathedrale in Sofia war ein gewisser Stefan Dimitroff.[96]

Schließlich meldete sich auch noch der nationalsozialistische Abgeordnete Dr. Ruppin, der am Vormittag des Brandtags verdächtige Aktivität in den Räumen der KPD-Fraktion beobachtet haben wollte. Weberstedt und Dröscher wußten ferner, daß das Zimmer 053a „frisch aufgeräumt gewesen ist".[97] Tatsächlich wurde aufgrund dieser Angaben versucht, Torglers Aktivitäten am 27. Februar „minutiös" aufzuklären. Die Ermittlungsbeamten interessierten sich in diesem Zusammenhang für Inhalt und Gewicht der Aktentaschen, die der Abgeordnete morgens getragen hatte, für Telefongespräche und Besuche im Lauf des Tages, das Verlassen des Reichstagsgebäudes am Abend (wann? mit wem?) bis zum anschließenden Aufenthalt in der Aschinger-Filiale Friedrichstraße und dann noch in der Gastwirtschaft Stawicki in der Nähe des Alexanderplatzes usw.. Nachbarn, Gesprächspartner, Fahrstuhlführer, Garderobiers, Pförtner im Reichstag, Gäste und Personal der Lokale waren zu vernehmen. Klärungsbedürftig war auch, warum, wie Weberstedt festgestellt hatte, in der Nähe des Fraktionszimmers der KPD eine Oberlichtscheibe zerbrochen, die Teile verdächtig verstreut waren. Detailliert fanden all diese Ermittlungen Erwähnung in der Anklageschrift, obwohl offensichtliche Widersprüche (z. B. handelte es sich bei dem Mann mit der Kiste um einen Spediteur) bereits empfindliche Löcher in dieses Belastungsnetz gerissen hatten.

Vor allem auf den Zeugenkreis aus den Reihen der NSDAP stützte der Oberreichsanwalt seine Beschuldigung, daß van der Lubbe und Torgler am Nachmittag des 27. Februar gemeinsam die Brandstiftung vorbereitet hätten.[98]

Andere Mitglieder oder Bedienstete der NSDAP vervollständigten den „Teufelskreis", wie Dimitroff das Komplott nannte, durch das die angeblichen Verschwörer van der Lubbe, Torgler, Popoff, Taneff und Dimitroff belastet werden sollten.

Einer der wichtigsten Zeugen der Anklage für eine hinter dem Reichstagsbrand steckende kommunistische Verschwörung war der Maurer Otto Grothe aus Berlin. Die Aussage dieses Zeugen war von Kriminalkommissar Heisig „vertraulich" und anonym aufgenommen worden. Grothe, angeblich ehemaliges KPD- und RFB (Rotfrontkämpferbund)-Mitglied, beschuldigte zwei Genossen ungarischer bzw. polnischer Herkunft, Leopold Singer und Moris Kempner, ihm in verschiedenen Besprechungen im April detaillierte Angaben über die Vorbereitung und

361

Durchführung der Reichstagsbrandstiftung gemacht zu haben – sowohl über ihre eigene Rolle als auch diejenige der Angeklagten Torgler, Popoff und Taneff. Der Zeuge berichtete über kommunistische Waffenverteilungen, Alarmbereitschaften und sonstige Revolutionsvorbereitungen unmittelbar vor dem Reichstagsbrand, über eine Planungssitzung zwecks Rollenverteilung bei der Brandstiftung am 23. Februar im (damals bereits polizeilich besetzten) Karl-Liebknecht-Haus, über eine letzte Lagebesprechung der verantwortlichen Kommunisten am Nachmittag des 27. Februar, usw. Singer sollte den Reichstagsbrand als „Signal" zum „allgemeinen Losschlagen" bezeichnet, Kempner über die absichtliche Verwendung von Ausländern zwecks Tarnung der Urheberschaft der KPD gesprochen haben. Grothe erwähnte auch den von Lubbe am 26. Februar aufgesuchten Berliner Vorort Henningsdorf als Stützpunkt des RFB, brachte Popoff in Verbindung mit der (von der Anklage fälschlich Dimitroff in Verwechslung mit dem gleichnamigen Attentäter zugeschriebenen) Sprengung der Kathedrale von Sofia – und behauptete, die Torgler verschiedentlich zur Last gelegte Losung „Schlagt die Faschisten, wo ihr sie trefft!" sei wörtlich und physisch gemeint gewesen.

Grothes Aussagen stimmten also genau mit der Linie der Anklage und mit der gesamten Tendenz des Verfahrens, insbesondere auch mit den späteren Aussagen des „Kommunismus-Experten" Heller, überein. Die wesentlichen Punkte waren bereits in den ersten Vernehmungen Grothes vor der Brandkommission am 5., 7. und 19. April 1933 enthalten.[99] Die Tatsache, daß den Aussagen Grothes innerhalb der Anklageschrift ein eigenes, zehnseitiges Kapitel eingeräumt wurde[100], unterstreicht die Bedeutung, welche die Anklage diesem Zeugen beimaß.

Während die von Grothe beschuldigten Kommunisten Kempner und Singer unmittelbar nach der ersten Vernehmung des Zeugen verhaftet wurden, erfolgte die Verhaftung Grothes trotz seiner Zugehörigkeit zur KPD bis zum Mai 1933 erst im Juni/Juli. Offenbar wurde er kurz darauf wieder freigelassen und ihm sogar seine beschlagnahmte Vervielfältigungsapparatur zurückerstattet.

In der Hauptverhandlung vor dem Leipziger Reichsgericht verwickelte sich Grothe trotz massiver Stützungsversuche durch den Präsidenten in seinen langen und konfusen Aussagen in zahllose Widersprüche und Unglaubwürdigkeiten. So war er als angeblicher aktiver Kommunist, RFB-Kameradschaftsführer und Agitpropleiter der „Roten Hilfe" nicht in der Lage, die einfachsten Fragen personeller und organisatorischer Art in bezug auf die KPD zu beantworten. Andererseits schien er jedoch über die Verdachtsmomente und Zusammenhänge um den Reichstagsbrand genau Bescheid zu wissen. Dies alles erhärtet den Verdacht, daß es sich bei diesem Schlüsselzeugen um einen im Sinne der Anklage präparierten Polizeispitzel handelte.[101]

Als Dimitroff am 41. Verhandlungstag den Antrag stellte, „Herrn Heisig und die anderen Beamten, die an diesen Vernehmungen [Grothes] teilgenommen haben, als Zeugen zu vernehmen"[102], wimmelte der Senatspräsident Dimitroffs Antrag zunächst ab, befürwortete ihn dann zwar, ließ ihn jedoch nicht verhandeln. Als Dimitroff am 52. Verhandlungstag die Verhandlung seines Antrags anmahnte, wurde dies von Bünger scharf als „grobe Ungehörigkeit" zurückgewiesen und sein Antrag vom Gericht abgelehnt.[103]

Der Aufgabe eines gedungenen Zeugen nicht gewachsen, wurde Grothe schließlich von fast allen Sekundärzeugen derart eindeutig dementiert, daß er am Ende fallengelassen werden mußte und im Urteil allgemein als unglaubwürdig bezeichnet wurde.[104]

Der „Neuköllner Komplex"

Dem Aufenthalt van der Lubbes in der Neuköllner Arbeitslosenszene in den Tagen unmittelbar vor der Reichstagsbrandstiftung wurde von seiten der Anklage ganz besondere Bedeutung beigemessen, schien es doch möglich, von hier aus eine plausible Brücke von Marinus van der Lubbe zur KPD und zu den kommunistischen Angeklagten zu schlagen. In Neukölln hatte sich van der Lubbe zwischen dem 22. und 24. Februar aufgehalten. Bereits beim Verhör in der Brandnacht hatte er angeben, einen Brandanschlag auf das Wohlfahrtsamt in Neukölln verübt zu haben[105], in der Vernehmung am folgenden Tag berichtete er dann von Gesprächen mit Erwerbslosen vor dem Wohlfahrtsamt (am 22. Februar).[106] Im Rahmen der daraufhin angestellten Ermittlungen meldete sich am 6. März[107] aus Neukölln der Zeuge Ernst Panknin, der angab, van der Lubbe am Wohlfahrtsamt gesehen zu haben. Dem Zeugen war der Ausländer aufgefallen, als er aufrührerische Gespräche mit kommunistischen Erwerbslosen geführt habe. Um diese mit anhören zu können, habe sich Panknin der Gruppe zugesellt. In diesen Gesprächen, so Panknin, habe Lubbe den anderen Personen (unter ihnen Zachow, Bienge und Löwe) auseinandergesetzt, „dass diese Revolution aus der Masse kommen müßte und dass man diese Revolution mit Hilfe von

Brandstiftungen an öffentlichen Gebäuden in erster Linie vorantragen müsse". In diesem Zusammenhang habe Zachow namentlich Siemens und AEG genannt, während Bienge sogar gemeint habe, dass „auch der Reichstag und das Schloss ruhig angesteckt werden könnten". Zachow habe daraufhin erwidert, „dann müsse eben alles in Brand gesteckt werden, nicht nur einzelne Gebäude". Van der Lubbe habe dies mit der Erklärung bestätigt: „So muscht kommen."[108] Nach einer anderen Aussage will Panknin gehört haben, wie sich van der Lubbe bei den Neuköllnern nach der Zentrale der KPD erkundigte. Bienge habe darüber hinaus erklärt, „daß man außer den öffentlichen Gebäuden auch Nationalsozialisten mit Benzin übergießen und anstecken müßte", worauf van der Lubbe wiederum mit den Worten „So muscht komme" begeistert seine Zustimmung signalisiert habe.[109] Bereits wenige Tage später wurden die von Panknin denunzierten Neuköllner Gesprächspartner Lubbes, Paul Zachow, Paul Bienge und Herbert Löwe festgenommen, letzterer auf direkte Veranlassung Panknins nach einer zufälligen Begegnung in einer Wettannahmestelle. Ihrem Denunzianten gegenübergestellt, bestritten in der Voruntersuchung alle Beschuldigten (einschließlich van der Lubbe) die ihnen von Panknin zur Last gelegten Äußerungen.[110] Die durch Panknins Anzeige ausgelösten Ermittlungen durch Braschwitz und seinen Gehilfen Kriminalassistent Marowsky ergaben, daß van der Lubbe bereits am 22. Februar nach Neukölln gegangen war, dort in der Wohnung des Kurt Starker, Mitglied des Erwerbslosenausschusses, übernachtet hatte und am nächsten Spätvormittag ins Zentrum zurückgekehrt war. In der Voruntersuchung konnte der Ablauf dieses Tages durch Zeugenaussagen, die van der Lubbe bestätigte, weitgehend rekonstruiert werden.[111] Die Gespräche in Neukölln wurden vom Geheimen Staatspolizeiamt (Gestapa) immer wieder als eine besonders wichtige Grundlage für die Anklage gegen die KPD herausgestellt. Am 14. Juli wandte sich Gestapa-Chef Rudolf Diels mit einer eindringlichen Beschwerde an den Oberreichsanwalt.[112] Darin lenkte er dessen Augenmerk auf die drei am 10. bzw. 12. März 1933 in Neukölln festgenommenen Kommunisten Paul Zachow, Paul Bienge und Herbert Löwe. „Nach einer einwandfreien Zeugenbekundung" – hiermit meinte Diels offenkundig den Zeugen Panknin – seien diese „am 22. 2. 33 mit van der Lubbe vor einer Zahlstelle in Neukölln zusammengetroffen" und hätten „dort mit van der Lubbe ein Gespräch geführt [...], in dem die Notwendigkeit der Anzündung öffentlicher Gebäude besprochen wurde. Es kam hierbei zum Ausdruck, daß das Anzünden derartiger Gebäude den Zweck verfolge, den kommunistischen Anhängern gewissermaßen ein Signal zu geben, um sich zu sammeln und den Kampf um die Macht zu beginnen." Diels brachte sein Unverständnis darüber zum Ausdruck, „aus welchem Grund diese drei Kommunisten nicht in die Anklage einbezogen worden sind. Bei der bekannten kommunistischen Taktik" sei „zu erwarten, daß dieser Umstand eines Tages für ihre Beweisführung genutzt werden wird". Da man „auf kommunistischer Seite bestrebt" sei, „mit allen erdenklichen Mitteln schon vor der Verhandlung die Öffentlichkeit irrezuführen und die in der Voruntersuchung festgestellten Verbindungen des v. d. Lubbe zu kommunistischen Kreisen abzuleugnen […] scheint es mir von größter Bedeutung zu sein, diese Beziehungen des van der Lubbe in der Anklage deutlich zu unterstreichen". Nachdem bekanntgeworden sei, „daß die drei genannten Neuköllner Kommunisten […] nicht in die Anklage einbezogen worden sind, gestatte ich mir, […] die Anregung, die Frage der Anklageerhebung gegen die drei Neuköllner Kommunisten einer nochmaligen Prüfung unterziehen zu wollen". Angesichts der Bedeutung dieser Umstände, so Diels, sei wohl auch zu prüfen, „ob die Anklage nicht auch für den Fall zu erheben wäre, daß die Genannten in der Verhandlung freigesprochen werden könnten".

Nachdem er offenbar beim Oberreichsanwalt mit seinen Beschwerden die erwünschte Wirkung erzielt hatte, lenkte Diels am 11. August auch die Aufmerksamkeit Görings auf die ungenügende Verwertung dieser Kontakte van der Lubbes in der Anklageschrift und schlug entsprechende Maßnahmen vor.[113] Vom 25. bis 29. September wurde der sogenannte „Neuköllner Komplex" vor Gericht verhandelt und in den Mittelpunkt des Prozesses gerückt. Aus dem Aufenthalt van der Lubbes im Arbeiterviertel Neukölln und seinen Gesprächen mit Erwerbslosen sollte der Beweis konstruiert werden, daß van der Lubbe dort Verbindungen zur Zentrale der KPD aufgenommen und Weisungen der KPD zur Durchführung der Reichstagsbrandstiftung sowie zu den Brandstiftungsversuchen am Wohlfahrtsamt Berlin-Neukölln, am Berliner Rathaus und am Berliner Stadtschloß erhalten habe.

Während der Verhandlung legte Kriminalkommissar Braschwitz ein Vernehmungsprotokoll van der Lubbes vor. Darin hieß es bezüglich der Neuköllner Gespräche:

„B: Bei Ihrer Anwesenheit in Berlin waren Sie doch u. a. auch in Neukölln und haben sich mal 1/2 Stunde lang besonders mit drei Leuten unterhalten vor dem Arbeitsnachweis. […] Wovon haben Sie gesprochen, es war doch wohl die Rede von den öffentlichen Gebäuden, daß man die in Brand stecken müsse, um das Volk aufmerksam zu machen?

L: Ja, das stimmt!"[114]

Auffällig ist dabei sowohl die suggestive Art der Befragung durch Braschwitz, als auch die Tatsache, daß van der Lubbe bei späteren Vernehmungen bestritten hat, er selbst oder einer seiner Neuköllner Gesprächspartner habe gesagt, „man müßte öffentliche Gebäude anstecken".[115]

Eine Schlüsselrolle beim Neuköllner „Komplex" spielte einer der Hauptbelastungszeugen des Oberreichsanwalts, Ernst Panknin, der vor Gericht noch einmal alle Vorwürfe gegen van der Lubbe und seine Gesprächspartner wiederholte.[116] Panknin, seit dem 1. Juli 1933 Mitglied von NSDAP und SA[117], erhielt nach Prozeßende sogar eine Belohnung aus der Kasse der Gestapo.[118]

Verhört wurden auch die von Panknin denunzierten Neuköllner Gesprächspartner van der Lubbes, die daraufhin im Konzentrationslager gelandet waren: Paul Zachow, offenbar Mitglied der Revolutionären Gewerkschafts-Organisation[119], sowie der Arbeiter und KPD-Sympathisant Paul Bienge, beide wegen „Verdachts der Teilnahme"[120] nicht vereidigt. Zachow wie Bienge wiesen – wie bereits in der Voruntersuchung – nicht nur entschieden die letzterem zur Last gelegte Äußerung, „daß man SA-Leute abfangen und mit Benzin übergießen solle" zurück, sondern bestritten auch, daß in den Gesprächen vor dem Wohlfahrtsamt von der Brandlegung öffentlicher Gebäude die Rede gewesen sei. Auf eine Frage Dimitroffs hin kam es zu einem das herrschende deutsche Rechtswesen entlarvenden Wortwechsel. Der Oberreichsanwalt mußte zugeben, daß der Zeuge Bienge vom 10. März bis 12. Juli, dann wieder vom 7. August bis 8. September inhaftiert war, allerdings nicht in gerichtlicher Untersuchungshaft. Als Bienge sich hierzu äußern wollte („Es wurde mir gesagt …"), unterbrach der Präsident, offenbar befürchtend, Bienge könnte Details seiner KZ-Haft mitteilen: „Das weiß ich nicht, ich habe hier bloß festzustellen, daß Sie nicht in gerichtlicher Untersuchungshaft gewesen sind. Alles andere wissen wir nicht und ist für dieses Verfahren zunächst nicht von Bedeutung."[121]

Ein weiterer Zeuge war der kaufmännische Angestellte Walter Jahnecke, bis Juli 1932 KPD-Mitglied, der deutlich machte, daß van der Lubbes politische Ansichten sich keineswegs mit denen der KPD deckten: „Wir wurden überhaupt nicht aus ihm klug", „seine Ansichten waren ganz komisch", und der Holländer selbst habe auf die „Allgemeine Arbeiter-Union"[122] hingewiesen. Dann erwähnte der Zeuge einen in der Presse veröffentlichten Vorfall: eine geplante Erwerbslosenaktion gegen das Neuköllner Wohlfahrtsamt, die von dem Mitglied des Erwerbslosen-Ausschusses Willi Hintze initiiert worden sei. Als man sich im Lokal Schlaffke versammelte, sei Polizei gekommen, habe ihn und andere festgenommen, Hintze aber sei in Freiheit geblieben. Mit dieser Aussage löste Jahnecke die Ladung Hintzes aus.[123] Letzter Zeuge dieses achten Verhandlungstages war der Kellner Kurt Starker, in dessen Wohnung van der Lubbe vom 23. auf den 24. Februar übernachtet und den er auch am darauffolgenden Mittag nochmals aufgesucht hatte.[124] Starkers Vernehmung, die sich bis zum nächsten Vormittag hinzog, erbrachte überraschenderweise, daß dieser als Mitropa-Kellner beruflich mehrmals nach Holland gekommen war.[125] Als Starker jedoch bestritt, jemals in Leiden gewesen zu sein, wo van der Lubbe zeitweilig in der Bahnhofswirtschaft als Aushilfe gearbeitet hatte, ließ man die Sache auf sich beruhen.[126] Starker wurde dann am 30. Mai 1934 von der Gestapo verhaftet. Er habe „für die illegale KPD Geld gesammelt und kommunistische Hetzschriften verbreitet."[127]

Am 21. Oktober wurde der von Jahnecke genannte Diener Willi Hintze als Zeuge aus dem Gefängnis vorgeführt, wo er eine Reststrafe wegen Betrugs verbüßte. Mit seinen offenkundigen Lügen, unter anderem dem Versuch, van der Lubbe über die „Rote Hilfe" mit Torgler in Verbindung zu bringen, machte sich Hintze als Zeuge unmöglich. Im Kreuzverhör durch Torglers Anwalt Sack stellte sich heraus, daß es sich bei Hintze um einen notorischen Lügner mit folgendem Vorstrafenregister handelte: 1927 wegen Betrugs 1 Jahr 6 Monate, 1931 aus dem gleichen Grund 8 Monate. In Neukölln war Hintze als „Schwindelhintze" bekannt. Von Dimitroff nach seiner politischen Richtung befragt, gab der Zeuge unumwunden zu: „Ich habe der Linken Partei ablehnend gegenübergestanden", was von Dimitroff mit der Bemerkung quittiert wurde: „Ablehnend – Selbstverständlich! Sehr gut! (Heiterkeit.)"[128]

In der Urteilsschrift wurde dieser „Zeuge" nicht mehr erwähnt. Die Ermittlungsakten entlarven ihn eindeutig als agent provocateur, der allem Anschein nach bereits vor dem Reichstagsbrand mit der SA in Verbindung stand (siehe dazu Kap. 6, Teil 1).

Zweifellos sollten die tatsächlichen Vorgänge in Neukölln im Prozeß verschleiert werden. Das Hauptaugenmerk der Untersuchung richtete sich auf das mehr oder weniger revolutionäre Gerede der Arbeitslosen und auf die angeblichen Verbindungen van der Lubbes zur KPD, nicht dagegen auf eine lückenlose Feststellung beteiligter Personen und der Aktivitäten van der Lubbes. Nur die Hälfte der in der Zeugenliste der Anklage genannten Gesprächsteilnehmer wurde vom Gericht vernommen. Das Studium der Vernehmungsprotokolle der (kommunistischen) Neuköllner Kontaktpersonen Lubbes führt jedenfalls zu dem Schluß, daß die Neuköllner Szene ein Tummelplatz von Polizeispitzeln war. Nach 1945 berichtete Bienge von den damaligen Versuchen Panknins, ihn und Zachow zum „Losschlagen" zu bewegen. Bezüglich der Neuköllner Szene urteilte Bienge: „Wir hatten es mit Spitzeln zu tun, die uns aufhetzen sollten."[129]

Das auffällige Desinteresse der Anklagebehörden an einer detaillierten Aufklärung der Aktivitäten van der Lubbes in Neukölln läßt den Schluß zu, daß genauere Nachforschungen in Neukölln keineswegs in die erwünschte kommunistische Richtung geführt, sondern im Gegenteil für die Anklagevertretung höchst unerwünschte Spuren zu Polizei und SA zu Tage gefördert hätten.

Das Märchen vom kommunistischen Aufstand

Am 27. November begann der sogenannte politische Teil der Beweisaufnahme, durch den der Nachweis erbracht werden sollte, daß die Kommunistische Partei den Aufstand geplant habe und der Reichstagsbrand das Signal zum Losschlagen gewesen sei. Eine Schlüsselrolle hierbei spielte der „Kommunismusexperte" im Geheimen Staatspolizeiamt Berlin, Kriminalpolizeirat Reinhold Heller, der mit eigenen Erklärungen sowie Zeugenvernehmungen von verfolgten Kommunisten und Untersuchungsbeamten eine kommunistische Aufstandsplanung für die Zeit des Reichstagsbrandes nachzuweisen suchte.[130]

Belastungszeugen aus den Reihen der KPD wurden von der Anklage für diesen Zweck offenbar als besonders überzeugend eingeschätzt. So wurde der vorbestrafte Untersuchungshäftling Otto Kunzack präsentiert, der 1925 bei einer Konferenz in Düsseldorf van der Lubbe als Vertreter einer terroristischen Taktik im holländischen Jugendverband erlebt haben wollte (der Angeschuldigte war damals 15 Jahre alt), und der außerdem Torgler beschuldigte, 1931 an geheimnisvollen Sprengversuchen in einer Höhle teilgenommen zu haben. Findigen Kriminalisten gelang es zwar, die angegebene Höhle zu entdecken, Spuren von Spren-

Auslobung von 20.000 Reichsmark für Hinweise auf kommunistische „Mittäter, Anstifter und Hintermänner des Brandstifters". Plakat vom 3. März 1933, Reproduktion nach dem Original in den Ermittlungsakten.

gungen aber nicht. Dennoch hieß es in der Anklageschrift: „Die von dem Zeugen Kunzack bekundeten Vorgänge beweisen jedenfalls, daß der Angeschuldigte Torgler sich bereits früher innerhalb der Kommunistischen Partei mit Terrorplänen und insbesondere mit Sprengversuchen befaßt hat, und daß ihm daher, abgesehen von seiner kommunistischen Einstellung, eine Beteiligung sehr wohl zuzutrauen ist."[131]

Die unsinnigen Aussagen Kunzacks vermochten allerdings das Gericht nicht zu beeindrucken. Der Häftling hatte sich durch seine Anzeige Vorteile verschaffen wollen. In der Urteilsschrift wurden seine Aussagen „wegen der Persönlichkeit des Zeugen nicht als bewiesen"[132] bezeichnet.

Nicht besser erging es dem Oberreichsanwalt mit dem erst im Oktober in einer Haftanstalt aufgetriebenen Zeugen Lebermann, der bereits 1932 von Torgler unter Mißhandlungen zur Brandstiftung im Reichstagsgebäude aufgefordert worden sein wollte. Dieser Zeuge, in früheren

Gerichtsurteilen als „moralisch minderwertiger Charakter" bezeichnet, war außerdem Morphinist. Der 4. Strafsenat bezeichnete ihn als „völlig unglaubwürdig".[133]

Einen Belastungszeugen gegen Popoff glaubte die Anklage in dem Schlosser Oskar Kämpfer, ehemaliges Mitglied der KPD und der Roten Hilfe Deutschland (RHD), gefunden zu haben. Dessen Auftritt vor Gericht erwies sich für die Anklage indes als Bumerang. Von seinen nationalsozialistischen Nachbarn war Kämpfer beschuldigt worden, Popoff im Jahr 1932 beherbergt zu haben, mit dem Feldstecher habe man das beobachtet. Besonders belastend erschien der Anklage Kämpfers Verhalten vor der Polizei. Als ihm vom Kriminalassistenten Marowsky ein Bild Popoffs vorgehalten wurde, soll er lachend erklärt haben: „Sie suchen wohl jetzt einen Brandstifter des Reichstages. Aber Sie haben sich geirrt, ich kenne keinen und werde auch keinen reinlegen. Von mir kriegen Sie nichts raus." Daraus konstruierte die Anklage: „Aus dieser Bemerkung und dem sonstigen Verhalten ist aber zu entnehmen, daß dieser entgegen seinem Bestreiten den Angeschuldigten Popoff genau kennt." Am 6. November erschienen die Zeugen, am 14. sagte Kämpfer selbst aus. Das Gericht erlebte eine Überraschung. Aus dem KZ Brandenburg vorgeführt, hatte Kämpfer Behauptungen zu bestätigen, wonach Popoff, Taneff und Dimitroff sich bereits im Sommer 1932 mit der Vorbereitung terroristischer Aktionen befaßt hätten.[134] Nach monatelanger zermürbender KZ-Haft war Kämpfer zwei Tage vor seiner Vernehmung durch Beamte des Geheimen Staatspolizeiamts in Anwesenheit des Lagerkommandanten noch einmal verhört und zu der Gerichtsverhandlung mit der Aufforderung, „die Wahrheit zu sagen", entsandt worden. Diese Aufforderung muß sehr nachdrücklich gewesen sein, der Häftling Kämpfer sagte aus, was man von ihm wünschte. Willig bestätigten Kämpfer und seine Ehefrau die Aussagen ihrer NS-Nachbarn, die einige Tage zuvor erklärt hatten[135], Popoff habe im Sommer 1932 bei Kämpfer gewohnt und sich mit der Vorbereitung terroristischer Aktionen befaßt. Bei seinen Selbstbezichtigungen konnte Kämpfer nicht wissen, daß am 7. November russische Zeugen bestätigt hatten, Popoff sei in der fraglichen Zeit weder in Berlin noch überhaupt in Deutschland gewesen. Der zur „Wahrheit" ermahnte Häftling überbot sich nun noch: der Bulgare habe mit einer geheimnisvollen, brennbaren Flüssigkeit (!) hantiert, außerdem habe er sogar Taneff empfangen. Am letzten Tag der Beweisaufnahme kam heraus, daß Kämpfer zehn Vorstrafen hatte. Obwohl bzw. gerade weil der gebrochen und willenlos wirkende Zeuge alles sagte, was die Anklage von ihm hören wollte, war der Gesamteindruck dieses Auftritts für die NS-Machthaber alles andere als positiv, offenbarte er doch, welch ungeheurem Druck das Ehepaar Kämpfer ganz offensichtlich ausgesetzt war. Das Urteil sprach milde von einem „wenig glaubwürdigen Zeugen".[136] Eine gerichtliche Klärung dieser Falschaussage hätte unweigerlich den Tatbestand einer Aussageerpressung zu Tage fördern müssen.

Noch katastrophaler für die Anklage verlief die Vernehmung des Denunzianten und Psychopathen Otto Grothe[137], ehemaliges KPD- und RFB-Mitglied, der in der Voruntersuchung die Kommunisten ungarischer bzw. polnischer Herkunft, Leopold Singer und Moris Kempner, beschuldigt hatte, gemeinsam mit Torgler, Popoff und Taneff die Reichstagsbrandstiftung vorbereitet und durchgeführt zu haben. Vor Gericht verwickelte sich dieser Zeuge in zahllose Widersprüche, so daß er schließlich fallengelassen werden mußte und im Urteil allgemein als unglaubwürdig bezeichnet wurde.

Wie der unglückliche Kämpfer wurden auch viele andere Zeugen aus NS-Konzentrationslagern und Haftanstalten vorgeführt, darunter die bekannten Kommunisten Willi Kerff und Theodor Neubauer, aber auch viele untere oder mittlere Funktionäre der KPD – in der überwiegenden Zahl der Fälle freilich ohne den von der Anklage gewünschten Erfolg. Einer der sogenannten „Arbeiterzeugen" war Erich Schmalfuß, vor dem Reichstagsbrand leitender Funktionär der KPD Falkenstein. Während des Reichstagsbrandprozesses wurde Schmalfuß von der Kriminalpolizei aus dem Konzentrationslager Osterstein geholt, nachdem man ihn dort zuvor schwer mißhandelt hatte, und als Zeuge für die angeblichen Aufstandspläne der KPD vor das Leipziger Reichsgericht gebracht. Wie die meisten der 23 „Arbeiterzeugen" wurde Schmalfuß vor seiner Ausage von der Kriminalpolizei unter Druck gesetzt. Obwohl er wußte, was ihn im Anschluß an seine Vernehmung vor Gericht im KZ erwartete, blieb Schmalfuß standhaft und sagte nicht im Sinne der Anklage aus.[138] Zwar räumte Schmalfuß ein, an der Vermittlung, Sammlung und Verteilung von Waffen an Parteimitglieder beteiligt gewesen zu sein, bemühte sich jedoch, deutlich zu machen, daß seine Genossen und er diese Waffen zum Zweck der Selbstverteidigung benötigt hatten, „um eventuelle Angriffe von Seiten der Faschisten auf ihr eigenes Leben abzuwehren".[139]

Das Kalkül der Anklage, diese Arbeiterzeugen zu Aussagen zu verleiten, mit deren Hilfe sich eine kommunistische Aufstandsplanung belegen ließ, ging nicht auf, da nahezu alle Betreffenden unter Verweis auf die Beschlüsse der KPD einmütig jeglichen individuellen Terror als Kampfmittel der Kommunistischen Partei ablehnten.[140]

„Beweise" für den Aufstand

Um die Behauptung von einem angeblich im Februar 1933 drohenden kommunistischen Aufstand einigermaßen glaubhaft erscheinen zu lassen, hatte das Geheime Staatspolizeiamt bereits vor Beginn des Leipziger Prozesses fieberhafte Aktivitäten entfaltet. Bereits am 27. März 1933 hatte Kriminalkommissar Braschwitz in einem geheimen Rundschreiben des Polizeipräsidiums alle Landeskriminalpolizeistellen aufgefordert, Meldungen über Hinweise auf kommunistische Aktivitäten im Vorfeld des Reichstagsbrandes zu erstatten, die sich mit dem Reichstagsbrand in Zusammenhang bringen ließen.[141] Darin war von angeblichen Mitteilungen „zahlreicher Polizeiverwaltungen" an die bearbeitende Dienststelle die Rede, „aus denen hervorgeht, daß bereits einige Tage vor der Brandlegung des Reichstages in verschiedenen Gegenden Deutschlands Nachrichten verbreitet waren, daß demnächst von kommunistischer Seite eine Aktion durchgeführt werden würde, die den revolutionären Arbeitern ein weithin sichtbares Signal der Erhebung bedeuten würde, in einigen Fällen war auch davon die Rede, daß demnächst der Reichstag zerstört werden würde. Mitteilungen von dieser und ähnlicher Art sind für die Beurteilung der Brandlegung von größter Wichtigkeit, weil der Charakter derartiger Verlautbarungen erkennen läßt, daß es sich bei der Brandlegung des Reichstages ganz offenbar nicht um einen sogenannten individuellen Terrorakt gehandelt hat, sondern um eine Maßnahme, die aus einer offenbar vorbereiteten politischen Situation durch Verbreitung entsprechender Nachrichten entsprungen ist." Das Schreiben schloß mit der Aufforderung: „In Anbetracht der Wichtigkeit der Erfassung derartiger Verlautbarungen wird ergebenst um Feststellung gebeten, ob im dortigen Bereich ähnliche Nachrichten bereits vor der Brandlegung verbreitet waren. Um baldgefällige Mitteilung des Feststellungsergebnisses wird ergebenst gebeten."

Trotz der Vorspiegelung falscher Tatsachen, fingierter Informationen und Gerüchte sowie der suggestiven Formulierung blieb das gewünschte Ergebnis aus. Die in den Ermittlungsakten enthaltenen Antwortscheiben der Kriminalpolizeibehörden von Bielefeld, Bochum, Dessau, Detmold, Dresden, Flensburg, Hamburg, Harburg-Wilhelmsburg,

Kiel, Königsberg, Lübeck, Mecklenburg-Neustrelitz, Nürnberg-Fürth, Recklinghausen und Stuttgart[142] weisen aus, daß die Polizeibehörden offensichtlich nicht in der Lage waren, die geforderten „Beweise" zur Verfügung zu stellen.

Auch erneute Nachfragen des Gestapa in Rundschreiben vom 24. August und 1. September 1933[143] an die Staatspolizeistellen des Reiches brachte so gut wie keine Hinweise. „Über die kommunistischen Umsturzvorbereitungen in der Zeit vor dem Reichstagsbrande ist hier kein Material von besonderer Bedeutung beschlagnahmt. Auch liegt hier kein Tatsachenmaterial vor, aus dem zu entnehmen ist, daß der Reichstagsbrand das Fanal zum Beginn des gewaltsamen Umsturzes sein sollte", berichtete etwa die Staatspolizeistelle des Polizeipräsidiums Osnabrück am 15. September 1933.[144] Bereits am 2. September hatte die Staatspolizeistelle des Polizeipräsidiums Breslau in einem Schreiben mit dem Vermerk „Streng vertraulich!" mitgeteilt: „Tatsachenmaterial für den Schluß, der Reichstagsbrand habe als Fanal das Zeichen zum Beginn des seit langem geplanten Aufstandes geben sollen, liegt hier nicht vor. Es hat sich auch in dieser Hinsicht durch unauffällige vertrauliche Ermittlungen keinerlei Beweismaterial erbringen lassen."[145]

Am 13. September 1933 wandte sich der Oberreichsanwalt daher an Gestapa-Chef Diels und bat um die Benennung eines Kriminalbeamten, der im bevorstehenden Prozeß als Zeuge für angebliche Aufstandsvorbereitungen der KPD im Februar/März 1933 auftreten könne. „Es dürfte jedoch nur ein solcher Beamter in Frage kommen, der aufgrund seiner amtlichen Kenntnis und Erfahrungen ganz bestimmte Bekundungen nach der angegebenen Richtung machen könnte. Vielleicht ist dazu der Kriminalrat Heller[145a] in der Lage, der auch in anderen vor dem Reichsgericht anhängig gewesenen Strafverfahren wertvolle Dienste geleistet hat und schon vor dem Reichsgericht über die Umsturzbestrebungen der KPD als Zeuge vernommen worden ist."[146]

Am 10. November erteilte das Geheime Staatspolizeiamt Heller die Erlaubnis zur Aussage, „sofern Angelegenheiten des inneren Dienstes nicht in Frage kommen".[147]

Während sechs voller Sitzungstage präsentierte dieser „Kommunismusexperte" unermüdlich Materialien zum beabsichtigten Beweis eines kommunistischen Umsturzversuches. Das von Heller in endloser Aneinanderreihung zitierte „Beweismaterial" für einen im Februar/März 1933 angeblich drohenden kommunistischen Aufstand bestand zu einem nicht unwesentlichen Teil aus den vom Gestapa eingeholten Berichten der Polizeidienststellen und Spitzelmeldungen. Einen weiteren bedeutenden Teil nahmen aus dem Zusammenhang gerissene Zitate aus Beschlüssen des EKKI (Exekutivkomitee der Komintern), des ZK der KPD und örtlicher Leitungen der Partei ein, von Parteitagsbeschlüssen und Bezirkskonferenzen, aus Artikeln und Rundschreiben, Flugblättern und Publikationen (darunter sogar ein politisches Gedicht von Johannes R. Becher aus den Jahren 1925/26). Dabei handelte es sich im wesentlichen um allgemeine politische Kampfaufrufe, Streikankündigungen, Appelle zur Massenagitation und zum „Massenselbstschutz", die von Heller verfälschend als konkrete Anweisungen für den bewaffneten Aufstand interpretiert wurden und deren Häufung den konkreten Beweis ersetzen sollte. Für einen eigentlichen, zentral gelenkten Aufstand lieferte das fleißig zusammengetragene Material jedoch nicht den geringsten Anhaltspunkt, ganz zu schweigen für die phantastische Behauptung, die Reichstagsbrandstiftung sei das Signal dazu gewesen. Dies hinderte Heller aber nicht daran, sein Sammelsurium als Beweis für die kommunistische Urheberschaft an dem Brand, für die Anklage gegen Torgler und Dimitroff und gleichzeitig als Rechtfertigung für rigorose Verfolgungs- und Repressionsmaßnahmen gegen die Kommunisten zu präsentieren. Da die meisten Angaben Hellers nicht überprüfbar waren, mußte selbst der Senat Heller verschiedentlich ermahnen, sich auf eigene Wahrnehmungen und auf die Verlesung von Urkunden und publiziertem Material zu beschränken.[148] Nicht nur bei unbefangenen Prozeßbeobachtern, auch bei den beisitzenden Richtern stießen Hellers langatmige Ausführungen zum Teil auf Unverständnis und Ermüdung.[149]

Mit offensichtlichen Manipulationen versuchte Heller, den kommunistischen Fraktionsvorsitzenden Torgler in Zusammenhang mit den angeblichen Aufstandsvorbereitungen der KPD zu bringen. Heller persönlich hatte Torgler am Tag nach dem Brand bei dessen freiwilligem Erscheinen im Polizeipräsidium verhaften lassen. Vor Gericht behauptete Heller, Torgler habe in einer Parteiinstruktorenkonferenz vom 12. Dezember 1932 dazu aufgerufen, man müsse „die Massen zuerst in den Kampf führen", in den „Kampf gegen diese Kapitalmächte mit allen Mitteln". Als Torgler glaubhaft versicherte, er habe an dieser Konferenz gar nicht teilgenommen und wisse nicht einmal von ihr, weigerte sich Heller, seinen entsprechenden Informanten preiszugeben. Prompt half ihm das Gericht aus der Bredouille, indem es einen Antrag auf Feststellung der Identität dieses Informanten ablehnte.[150]

Wie man heute weiß, verfolgten Teile der KPD zum Zeitpunkt des Reichstagsbrandes allenfalls auf unterer Ebene aktivistische Pläne, nicht jedoch auf höherer und höchster Ebene. Hinter dem „verbalen Putschismus" der Parteiführung[151] verbargen sich faktische Konzeptionslosigkeit, Passivität und Unfähigkeit zum bewaffneten Widerstand gegen das NS-Regime sowie vor allem entsprechende Stillhaltebefehle aus Moskau, die alle revolutionären Bestrebungen der Parteibasis nie-derhielten.[152] „Die Kommunistische Partei Deutschlands schritt nicht zum Aufstand [...], – sie erwies sich als kampfunfähig", urteilte seinerzeit bereits Leo Trotzki. Die Kommunistische Partei sei „nur ein passives Objekt in den tragischen Ereignissen, die Deutschlands Antlitz veränderten"gewesen, weil sie sich „nicht nur zum Angriff, sondern auch zur Verteidigung als ohnmächtig erwies, weil sie nichts voraussah, nichts vorbereitete und weder Möglichkeiten noch Anlaß hatte, den Massen ein revolutionäres Signal zu geben".[153]

Auch die Politische Polizei war, wie verschiedene Dokumente belegen, bestens über die Passivität und mangelhafte Vorbereitung der KPD auf die Illegalität unterrichtet. Dies enthüllt eine interne Aufzeichung des zuständigen Gestapa-Dezernats an Rudolf Diels vom 8. Februar 1934 über die Ermordung des Gestapa-Spitzels Alfred Kattner. Als ZK-Sekretariatsangestellter am 3. März 1933 von der Politischen Polizei verhaftet und nach längerer „Schutzhaft" „umgedreht", hatte Kattner dem Gestapa entscheidende Informationen für die Zerschlagung der KPD, u. a. für die Verhaftung des KP-Chefs Thälmann, geliefert. Am 1. Februar 1934 wurde Kattner schließlich – angeblich aus Rache von den Kommunisten – ermordet.[154] Der genannte Bericht liefert nicht nur aufschlußreiche Informationen über die Vernichtung der KPD-Führung und -Infrastruktur durch das Gestapa, er belegt auch die detaillierte Kenntnis der Politischen Polizei von den tatsächlichen Aktivitäten und Plänen der KPD.[155] Die besonders von Heller immer wieder beschworene kommunistische Revolutionsgefahr zur Zeit des Reichstagsbrandes wird darüber hinaus eindrucksvoll durch das geheime Protokoll[156] einer interministeriellen Geheimsitzung vom 5. Februar 1935 widerlegt, welche die geplante Durchführung eines großen Thälmann-Prozesses zum Gegenstand hatte und an der Heller als Vertreter der Gestapo teilnahm.[157] In krassem Gegensatz zu den offiziellen und öffentlichen Behauptungen vertraten die zuständigen Untersuchungsorgane darin die These vertraten, daß das Verfahren gegen Thälmann keineswegs sensationelle Enthüllungen über die Weltgefahr des Kommunismus bringen werde „und daß eine Todes- oder lebenslängliche Zuchthausstrafe für Thälmann rechtlich unmöglich" sei.

Am Fortbestehen der Legende eines im Februar/März 1933 drohenden kommunistischen Aufstand mußte freilich insbesondere die NS-Führung das allergrößte Interesse haben. Das von Hitler und anderen führenden Nationalsozialisten seit dem 30. Januar 1933 ununterbrochen beschworene bolschewistische Chaos, vor dem nur die NSDAP Deutschland in letzter Minute gerettet habe, bildete die entscheidende Legitimationsgrundlage für die von der Hitler-Regierung errichtete terroristische Diktatur. Aus ihrer angeblichen Funktion „Abwehr staatsgefährdender bolschewistischer Terrorakte" bezogen alle bis dahin erlassenen Notverordnungen – insbesondere die sogenannten Brandverordnungen vom 28. Februar sowie das Ermächtigungsgesetz vom 31. März 1933 – ihre hauptsächliche Rechtfertigung.

Welche bedeutende Rolle der kommunistischen Revolutionsrhetorik im Rahmen der NS-Machteroberungspläne zukam, belegt im übrigen auch der in den sogenannten „Boxheimer Dokumenten" umrissene nationalsozialistische Umsturzplan, der im Herbst 1931 durch NS-Überläufer bekanntgeworden war, von der Justiz jedoch nicht verfolgt wurde (siehe oben). Darin waren die Autoren, führende Nationalsozialisten, davon ausgegangen, daß der nationalsozialistischen Diktatur erst ein kommunistischer Umsturzversuch vorausgehen müßte.[158] „Nach dem Wegfall der seitherigen obersten Staatsbehörden und nach der Überwindung der Kommune" sei dann – durch SA bzw. Landeswehren – „die verwaiste Staatsgewalt" zu ergreifen und durch „rücksichtsloses Durchgreifen der bewaffneten Macht" zu sichern.

Welche Schwierigkeiten die NS-Führung hatte, ihre Behauptung von dem „unmittelbar bevorstehenden bolschewistischen Umsturzversuch" durch Dokumente zu beweisen, belegt eindrucksvoll auch ein Bericht[159] von Dr. Eberhardt Taubert vom 31. Dezember 1944.

Darin stellt Taubert, seinerzeit Leiter des Arbeitsgebiets „Antibolschewismus" im Reichspropagandaministerium, fest, „die nationalsozialistische Behauptung, daß die Machtergreifung des Führers einen bolschewistischen Umsturzversuch im letzten Moment verhinderte", sei noch bis kurz vor Beginn des Prozesses „nicht bewiesen worden". „Dieser Beweis [den der Autor erst mit der Veröffentlichung des Buches „Bewaffneter Aufstand" von Adolf Ehrt erbracht sah] war aber sehr sehr wichtig, weil er in den Augen des größten Teiles des Auslandes eine ,Rechtfertigung der nationalsozialistischen Machtergreifung' darstellte

und geeignet war, die einflußreichsten Kreise des Auslandes mit ihr aus-
zusöhnen. So war z. B. bei den englischen Konservativen und bei wei-
ten Teilen der amerikanischen Hochfinanz die Überlegung, daß ohne
die Machtergreifung Adolf Hitlers in Deutschland der Bolschewismus
zur Macht gekommen wäre, die einzige, die zugunsten des sonst mit An-
tipathie betrachteten neuen Regimes in die Waagschale fiel. Faktisch gesehen, d. h., für die Politik der nächsten Monate, aber war es wichtig,
der Weltöffentlichkeit vor Beginn des Reichstagsbrand-Prozesses glaubhaft zu machen, daß die bolschewistischen Revolutionsvorbereitungen
bis unmittelbar zum bewaffneten Aufstand gediehen und die Brandstiftung am Reichstag das kommunistische Fanal war. Man muß sich in die
propagandistische Atmosphäre der damaligen Zeit zurück versetzen, um
die Notwendigkeit einer solchen Aktion von nationalsozialistischer Seite
zu verstehen[!]."

Adolf Ehrts Buch „Der bewaffnete Aufstand"

Tatsächlich enthält das von Adolf Ehrt, Leiter des „Gesamtverbands
deutscher antikommunistischer Vereinigungen" und Mitglied des Evangelischen Presseverbands, 1933 verfaßte Buch „Der bewaffnete Aufstand. Enthüllungen über den kommunistische Umsturzversuch am
Vorabend der nationalen Revolution" nicht den geringsten Beweis für
den behaupteten kommunistischen Aufstand. Soweit es sich bei den von
Ehrt zusammengetragenen Dokumenten nicht um altbekanntes kommunistisches Propagandamaterial (Flugbätter, Aufrufe etc.) handelte,
war es „inhaltlich ebenfalls zum grossen Teil so töricht gefälscht, dass es
selbst ein Laie sofort merken musste"[160], wie Walther Korodi bereits
1936 feststellte. Der Autor dieser Zeilen mußte es wissen, war er doch
seinerzeit Leiter der „Nationalen Abwehrstelle gegen bolschewistische
Umtriebe" und eingefleischter Gegner der KPD. Als Beleg verweist
Korodi auf ein von Ehrt angeführtes Zitat aus der „Zentralen Kampfanweisung an die Terror- und Kampfverbände", die von der „geheimen
Aufstandsleitung der KPD" am 28. Februar 1933 [!] ergangen sein sollte.[161] Korodis Urteil: „Dem Fälscher dieses Aufstandsbefehls ist [...] die
Tatsache entgangen, dass der Reichstagsbrand am 27. Februar gewesen
ist und am 28. Februar bereits sämtliche kommunistischen höheren und
Unterfunktionäre sich in Haft befanden, also nicht die geringste Chance mehr bestand, irgendeine ‚zentrale Kampfanweisung' für einen bewaffneten Aufstand auszuführen."[162]

Dies gilt auch für Ehrts weitere Behauptung: „Noch am selben Tage erging der Befehl für die höchste Alarmstufe. In den kommenden Tagen sollte der Aufstand ausgelöst werden." Wie Korodi treffend bemerkte, waren sich die Autoren offenbar „bei der Fälschung nicht der grotesken Tatsache bewusst, dass am Tage nach dem Reichstagsbrand gar kein Befehl für die höchste Alarmstufe mehr ergehen konnte, da alle bereits verhaftet waren."[163]

Nicht genug der Peinlichkeiten, überführte Ehrt auch noch Göring der Lüge, der nach der Durchsuchung des Karl-Liebknecht-Hauses am 24. Februar 1933 hatte verkünden lassen, „dass es ihm gelungen sei, Hunderte von Zentnern aufsehenerregenden Bürgerkriegsmaterials [in den Katakomben des Karl-Liebknecht-Hauses] zu finden, und eine Fülle von wichtigen Terrorplänen, die im Zusammenhang mit dem Reichstagsbrand zur Ausführung gebracht werden sollten". Korodi hierzu spöttisch: „Herr Ehrt hat offenbar diese amtliche Mitteilung vergessen und führt aus Versehen einen Nachweis, wie gründlich die KPD sämtliches Material, das sie belasten könnte, aus ihren Parteiräumen entfernt hat, und zwar schon seit mehreren Jahren. Ehrt stellt fest, dass die KPD sich schon seit 1930 auf die Illegalität eingestellt habe und erwähnt, dass Ende November 1932 strenge Anweisungen ergingen für die letzten Aufräumungsarbeiten in ehemaligen Parteistellen; ‚alle Archive und Ablagen, vor allem sämtliche Adressen mussten sofort vernichtet werden, auch die Privatwohnungen wurden von Parteimaterial gesäubert'. Ehrt berichtet auch, dass selbstverständlich die Parteistellen alles Wichtige in Geheimschrift verfasst hätten. Dieser Nachweis des Göbbels-Beauftragten kommt einem direkten Nachweis dahingehend gleich, dass es also ausgeschlossen gewesen ist, dass Herr Göring Ende Februar bei der Durchsuchung des Liebknecht-Hauses noch etwas gefunden haben kann, und dass jemals Terrorpläne von solcher Wichtigkeit in unchiffriertem Zustand sich dort befunden haben können."[164]

Als Beweis für die „ungeheuerliche Fülle" des entdeckten Waffenmaterials der KPD zitierte Ehrt „einige besonders typische Fälle aus einer amtlichen Liste über beschlagnahmte Waffen" – die sich ganz besonders grotesk liest. So findet man darin unter der Rubrik „Beschlagnahmte Waffen" auch Posten wie z. B. 4 Feldsteine, 1 Holzknüppel, 1 Spiralfeder, 1 Bohrer, 1 Hundepeitsche, 1 zerbrochener Gummiknüppel etc.[165] Im Kommentar zu den Feldsteinen liest man: „Die Steine sollten als Wurfgeschosse und der Holzknüppel als Schlagwaffe benützt werden. Das gleiche gilt für die Hundepeitsche." Was Wunder, wenn das kurz vor Eröffnung des Leipziger Reichstagsbrandprozesses in mehreren Sprachen erschienene und weltweit verbreitete Buch von Ehrt die internationale Öffentlichkeit nicht überzeugen konnte.

Das NS-Regime auf der Anklagebank

Der Höhere Polizeiführer West

Am 46. Verhandlungstag setzte Kriminalrat Heller seinen langatmigen Vortrag über die angeblichen Aufstandvorbereitungen der KPD vor dem Reichstagsbrand fort. Aufgrund der Einwürfe Dimitroffs konnte das Gericht nicht umhin, Heller zu beauftragen, seine Aussage auf authentische und nachprüfbare Dokumente zu beschränken. Als Dimitroff hartnäckig die Frage stellte, ob Heller denn Dokumente vorweisen könne, „aus denen sich ergibt, daß bewaffnete Trupps oder dgl. schon in Bereitschaft gestanden hätten und daß die Regierung bewaffnete Mannschaften bereitgestellt habe", mußte Heller passen:

„Zeuge Heller: Ein solches Dokument habe ich nicht verlesen, habe ich auch nicht, ist auch nicht nötig.

Angekl. Dimitroff: Haben Sie solche Dokumente überhaupt?

Zeuge Heller: Das kann ich hier nicht beantworten, das weiß ich nicht; darum habe ich mich nicht gekümmert, das gehört nicht zu meinem Aufgabenkreis.

Angekl. Dimitroff: Also, ich frage, Herr Präsident, ob der Zeuge als Berichterstatter der für diese Sache zuständigen Stelle kennt ein Dokument, einen Befehl, ein Rundschreiben, eine Anordnung von der preußischen Regierung oder der Reichsregierung oder der Staatspolizei usw. über eine solche Sache.

Präsident: Das ist die Wiederholung Ihrer vorigen Frage. Das hat der Zeuge bereits beantwortet.

Angekl. Dimitroff: Gibt es ein solches Dokument aus der Zeit vor dem 27. Februar?

Präsident: Sie haben doch schon darauf geantwortet!

Zeuge Heller: Das sind Fragen, die Herr Dimitroff hier angeschnitten hat, welche Maßnahmen der Schutzpolizei betreffen: Die Bereitstellung von bewaffneten Kräften zur Abwehr eines kommunistischen Planes. Die Schutzpolizei ist in den ganzen Monaten des vergangenen Jahres Tag für Tag in Bereitschaft gewesen, um die kommunistischen Terroraktio-

nen bei Demonstrationen und dgl. abzuwehren. Und daß selbstverständlich auch der Höhere Polizeiführer West – ich habe schon ein bis
zwei Meldungen davon zitiert – gerade im Frühjahr d. J. der kommunistischen Gefahr sein Augenmerk gewidmet hat, ist wohl selbstverständlich, und ich spreche damit wohl kein Geheimnis aus. Gerade mit
Rücksicht auf die kommunistische Gefahr ist im Frühjahr d. J. die Polizei in besondere Gruppen eingeteilt worden, und eine dieser Gruppen
ist der Polizeiführer West, dem besonders die Beobachtung der kommunistischen Aufstandsgefahr oblag, und daß dieser maßgebliche Herr,
dieser dem Preußischen Ministerium des Innern maßgebende Herr
Maßnahmen getroffen hat, darauf können Sie sich verlassen."

Mit dieser gewundenen Formulierung, deren Mischung aus Wichtigtuerei und Geheimniskrämerei provozieren mußte, hatte Heller erst
recht die Neugier des Bulgaren geweckt.

„Angekl. Dimitroff: Wer war dieser Herr?

Zeuge Heller: Das kann ich nicht sagen, das weiß ich nicht aus dem
Kopf. ‚Polizeiführer West' heißt es allgemein.

Angekl. Dimitroff: Dann schlage ich vor, Herr Präsident, diesen Herrn
als Zeugen zu laden.

Präsident: Ja, machen Sie, was Sie wollen; aber treten Sie nicht in dieser Weise hier auf!

Angekl. Dimitroff: Ich möchte diesen Namen wissen!

Präsident: Nein! Die Frage wird abgelehnt, weil der Zeuge den Namen
gar nicht kennt, und wenn Sie einen Beweisantrag stellen wollen, dann
genügt die Bezeichnung ‚Polizeiführer West'.

Angekl. Dimitroff: Ich werde diesen Beweisantrag stellen."[166]

Was Heller vor Gericht als Selbstverständlichkeit angesprochen hatte,
daß der „Höhere Polizeiführer West" im Frühjahr 1933 sein Augenmerk auf die „kommunistische Gefahr" gelenkt habe, war demnach keineswegs so selbstverständlich, wie der Kommunismusexperte im Gestapa glauben machen wollte. Wie sich am zögerlichen Verhalten Hellers,
insbesondere aber auch des Vorsitzenden Richters erkennen ließ, hatte
Dimitroff hier einen heiklen Punkt berührt.

Dimitroff ging es offenbar vor allem darum, die Anklage zu dem Ein-
geständnis zu zwingen, daß sie über keine Beweise für die behauptete
Gefahr eines kommunistischen Aufstands im Februar 1933 verfügte. Er
beantragte daher, neben dem inhaftierten KP-Chef Thälmann die ehemaligen Reichskanzler Schleicher und Brüning, den ehemaligen
Reichsminister Hugenberg sowie Vizekanzler von Papen als Zeugen

über die tatsächliche politische Situation in Deutschland zu Beginn des Jahres 1933 zu vernehmen. Als Dimitroff diese Zeugenliste um den „Polizeiführer West" erweitern wollte, konterte Bünger umgehend:

„Ich habe Ihnen erst schon gesagt, daß der Polizeiführer West hinreichend bezeichnet ist."

Worauf Dimitroff seinen Antrag präzisierte:

„Angekl. Dimitroff: Beweisthema: ob wirklich eine authentische Regierungsanordnung, ein Befehl –

Präsident: Lassen Sie das Aufklopfen!

Angekl. Dimitroff: – ein Dokument über einen unmittelbar erwarteten bewaffneten Aufstand am 25., 26. und 27. Februar bestanden hat und vorhanden war oder nicht. Das ist das Beweisthema.

Präsident: Ja, wir haben verstanden."[167]

Nun meldete jedoch Oberreichsanwalt Werner seine Bedenken an:

„Was das Zeugnis des Polizeiführers West anlangt, der darüber aussagen soll, daß keine authentischen Regierungserklärungen zur Abwehr der kommunistischen Gefahr vorgelegen haben, so halte ich auch dieses Zeugnis für völlig überflüssig; denn selbstverständlich ergehen für polizeiliche Maßnahmen nicht jedesmal authentische Regierungserklärungen. Wenn ein Mann wie der Polizeiführer West und überhaupt höhere Polizeistellen eingesetzt werden, um der kommunistischen Gefahr zu begegnen, so setzt man eben verantwortliche Leute an die Stelle, weil man in sie das Vertrauen setzt, daß sie von sich aus die Initiative ergreifen, und man kann niemals von einer Regierung verlangen, daß sie jedesmal für einzelne Aktionen dieser polizeilichen Führer authentische Regierungserklärungen erläßt. Also wenn solche nicht vorhanden sind, so ist das meines Erachtens eine Selbstverständlichkeit, beweist aber nicht, daß die Polizei nicht auf ihrem Posten war; sie war deswegen auf ihrem Posten, weil sie mit einer kommunistischen Gefahr und mit einem kommunistischen Aufstande rechnet."[168]

Mit einer derartigen Rabulistik war Dimitroff freilich nicht beizukommen, der seinen Beweisantrag im Gegenteil nochmals bekräftigte. Damit war eingetreten, wovor Torglers Verteidiger Dr. Sack das Gericht am Vortag gewarnt hatte, als er zu bedenken gegeben hatte, Heller nicht als Zeugen, sondern als Sachverständigen zu qualifizieren, weil sonst die in dessen Aussage anonym bleibenden Polizeiberichte auf Forderung der Verteidiger wie auch der Angeklagten personifiziert werden müßten, wodurch sich der Prozeß zu vielleicht wochenlangen „ganz umfangreichen Auseinandersetzungen" ausweiten könne. Diesen Vorschlag hatte

Heller sofort abgelehnt, während Dimitroff erklärte: „Es wäre überhaupt zweckmäßig, wenn die Quelle immer genau angegeben wird, ob es sich um einen Polizeibericht handelt oder um ein Dokument, eine Urkunde. Ich persönlich habe gar nichts dagegen, daß das ganze Material hier vorgetragen wird und unbedingt besonders in der Presse veröffentlicht wird, den ganzen Prozeß über. Ich bin damit sehr zufrieden."[169]

Am 47. Verhandlungstag kam Heller, der inzwischen Informationen – und wohl auch Anweisungen – eingeholt hatte, erneut auf den am Vortag erörterten Sachverhalt zu sprechen:

„Soweit ich unterrichtet bin, ist die Umorganisation der Schutzpolizei erfolgt, um eben den drohenden kommunistischen Aufruhr zu bekämpfen. Es sind dort mehrere sogenannte Höhere Polizeiführerstellen errichtet worden, und zwar der Höhere Polizeiführer West mit dem Sitz in – ich kann es nicht sagen, ob in Düsseldorf oder Dortmund, dann weiter ein Höherer Polizeiführer Ost mit dem Sitz in Königsberg, ein Höherer Polizeiführer Südost mit dem Sitz, glaube ich, in Breslau, ein Höherer Polizeiführer Nord mit dem Sitz, wenn ich nicht sehr irre, in Kiel und dann natürlich Berlin. Die Umorganisation ist erfolgt, um eben die Schutzpolizei, soweit ich unterrichtet bin, schlagfertiger zu machen, und vor allen Dingen etwa drohenden kommunistischen Aufstandsgelüsten sofort entgegenzutreten."[170]

Ausgerechnet von dem in Frage stehenden Höheren Polizeiführer West wußte Heller nicht einmal, wo dieser stationiert war. Heller nannte Düsseldorf oder Dortmund, doch beides war falsch! Tatsächlich hatte der von Göring bereits am 11. Februar 1933 als Sonderkommissar des Ministers des Innern für die Provinzen Rheinland und Westfalen „zur Bekämpfung der kommunistischen Gefahr"[171] eingesetzte, dem Preußischen Ministerpräsidenten persönlich verantwortliche Höhere Polizeiführer West seinen Amtssitz in Recklinghausen. „Mit besonderen Vollmachten ausgestattet und Göring direkt unterstellt", ermöglichte er diesem „die Steuerung aller Polizeiaktionen über den Kopf aller Zwischeninstanzen hinweg".[172] Er hatte die Befehlsgewalt über sämtliche Polizeiorganisationen und Weisungsrecht in allen Polizeiangelegenheiten.

Wie sich im weiteren Vortrag Hellers herausstellte, war der Höhere Polizeiführer West auch in die Verhaftungsaktion in der Brandnacht eingebunden gewesen:

„In meinem Material, das ich zusammengestellt habe, liegen ein oder zwei Meldungen drin von dem Höheren Polizeiführer West – das ist die offizielle Bezeichnung –, dem die Aufrechterhaltung der Ruhe, Sicherheit und Ordnung oblag, der ständig informiert wurde durch besondere Offiziere. Auch ständig mit dem Preußischen Minister des Innern in Verbindung gestanden hat und dergl. Geschichten. […] im Laufe der Nacht – es mag 2 oder 3 Uhr gewesen sein – wurde von dem Polizeipräsidenten von Levetzow die Anordnung gegeben, und zwar auf Grund einer Kabinettssitzung, glaube ich, weil einhellige Ansicht darüber bestand, daß der Reichstagsbrand nur von linksradikaler Seite angelegt sein könnte, sämtliche maßgebenden kommunistischen Funktionäre, die uns natürlich bekannt waren, festzunehmen, die Wohnungen zu durchsuchen und weitere Maßnahmen für den nächsten Tag vorzubereiten. […] Das muß wie gesagt um 2 oder 3 gewesen sein. An Hand unserer Verzeichnisse wurden dann die einzelnen Kommandos zusammengestellt, und es wurde ein umfangreicher Beamtenapparat – es waren, glaube ich, 700 oder 800 Beamte, die mir zur Verfügung standen – von den anderen Kriminaldienststellen zur Verfügung gestellt."[173]

Auch das stimmte nicht! Die Anordnung wurde nicht, wie Heller behauptete, „um 2 oder 3 Uhr" nachts vom Polizeipräsidenten von Levetzow erteilt, sondern bereits einige Stunden früher direkt von Görings Ministerium. Ein um 23.32 Uhr aufgegebener Funkspruch des Preußischen Innenministeriums an alle Polizeibehörden und den Höheren Polizeiführer West in Recklinghausen ordnete die Beschlagnahme von Flugblättern und Druckschriften der SPD und KPD sowie das Verbot aller „kommunistischen periodischen Druckschriften" an.[174]

Bereits ab 22.16 Uhr galt für die Polizei, die gegen 21.15 Uhr vom Feuer im Reichstag erfahren hatte, die „Große Alarmstufe" – mit dem besonderen Hinweis, daß die Politische Polizei „bei Durchsuchungen und Festsetzung kommunistischer Funktionäre weitestgehend zu unterstützen ist".[175]

Vor Gericht kamen diese Widersprüche freilich nicht zur Sprache. Immerhin wurde am folgenden Verhandlungstag aber beschlossen:

„Es soll eine amtliche Auskunft des ‚Polizeiführers West' eingeholt werden, ob vor dem 28. Februar 1933 eine Anordnung von zentraler Stelle in Hinblick auf einen erwarteten bewaffneten Aufstand der KPD ergangen ist."[176]

Am 53. Verhandlungstag lag dann die angeforderte „amtliche Auskunft" vor, die vor Gericht von Landgerichtsdirektor Rusch als Abschluß der Beweisaufnahme verlesen wurde:

„Landespolizeiinspektion West
Düsseldorf, den 5. 12. 1933
Schnellbrief
Reichstagsbrandprozeß
An den Herrn Oberreichsanwalt in Leipzig
durch den Herrn Preußischen Minister des Innern in Berlin
In Hinblick auf die Gefahr eines bewaffneten Aufstandes der KPD im
Rhein.-westf. Industriegebiet waren dem Höheren Polizeiführer West
zunächst mündlich in einer Besprechung im Ministerium des Innern am
10. und 11. 2. durch den Herrn Ministerpräsidenten Göring, dann durch
den in der Anlage beigefügten Ministerialerlaß vom 11. 2. 1933[177] besondere Vollmachten für den Bereich der Provinzen Westfalen und
Rheinland als ‚Sonderkommissar des Ministers des Innern‘ übertragen
worden. Diese Vollmachten bezweckten eine Zusammenführung sämtlicher Polizeikräfte in den genannten Provinzen unter einheitlicher
Führung, insbesondere auch für Sonderaktionen gegen Kommunisten,
um deren Tätigkeit lahmzulegen. Zu den Aufgaben des Höheren Polizeiführers West, Sonderkommissars des Ministers des Innern, gehörten
im Rahmen der Vollmachten unter anderem auch die ständige Beobachtung der Aufstandsgefahr und die selbständige Anordnung von Vor-
beugungs- und Abwehrmaßnahmen.

Die dem Höheren Polizeiführer West am 11. 2. 1933 erteilten Vollmachten waren in jeder Hinsicht so umfassend und weitreichend, daß
es für den akuten Fall eines Aufstandes keiner Einzelbefehle seitens des
Herrn Ministers des Innern bedurfte.

Unterschrift: Der Höhere Polizeiführer
Von Heydekampf"[178]

Eine Diskussion mußte unterbleiben, da mit der Verlesung die Beweisaufnahme als abgeschlossen galt!.

Bemerkenswert ist die offenbare Eile, die Göring bei der Einsetzung
und Instruierung des Höheren Polizeiführers West hatte walten lassen.
Bereits einen Tag vor Verkündigung des im Schreiben als Anlage genannten, vor Gericht nicht verlesenen Erlasses hatte Göring den neu ernannten Höheren Polizeiführer West, Stieler von Heydekampf, zu sich
ins Preußische Innenministerium bestellt, um ihm seine Anweisungen
persönlich zu geben. Bereits eine Woche nach seiner Einsetzung wandte sich der „Höhere Polizeiführer West/Sonderkommissar des Ministers
des Innern" in Recklinghausen, Polizeigeneral Artur Stieler von Heydekampf, mit dem im folgenden zitierten Rundschreiben an „alle staat-

lichen Polizeiverwalter, Gemeindepolizeiverwalter aller kreisfreien Städte und Landräte":

„Bis zum 26. Februar 1933 ersuche ich ergebenst hier Listen vorzulegen, in denen aufzuführen sind:

die Führer der K.P.D. (Bezirks- und Unterbezirksführer) und bekanntgewordene Ersatzleute.

Entsprechendes für die kommunistischen Nebenorganisationen: R.G.O., Kampfbund gegen den Faschismus, verbotener R.f.B, Sportorganisationen, kulturelle Organisationen (z. B. Freidenker) und ähnliche.

Die Führer der Freien Gewerkschaften.

Die Listen enthalten die Namen nebst Decknamen und Wohnung (auch gegebenenfalls Ausweichquartiere). Ergänzungen und Abänderungen sind laufend nachzureichen.

gez. Stieler v. Heydekampf"[179]

War dies nicht genau das Dokument, dessen Einholung Dimitroff in seinem Beweisantrag gefordert hatte? Wenn die NS-Machthaber im Februar/März 1933 tatsächlich einen unmittelbar drohenden kommunistischen Aufstand befürchtet hatten, wie sie behaupteten, so hätte nichts dagegen gesprochen, dieses Dokument als „Beweis" dafür zu präsentieren, daß die Regierung eine Woche vor dem Reichstagsbrand mit einem geplanten Aufstand gerechnet und umfassende Gegenmaßnahmen zu dessen Abwehr in die Wege geleitet hatte. Wollte man verheimlichen, welcher Art die in Görings Auftrag erfolgten Aktionen des Polizeiführers West kurz vor dem Reichstagsbrand waren, so wie man zuvor versucht hatte, dessen Namen und Amtssitz geheimzuhalten?

Sacks Intervention

Während Heller sich weiter in ermüdenden Vorträgen über eine angeblich vor dem Reichstagsbrand geplante kommunistische Revolution erging, intervenierte Torglers Verteidiger, Rechtsanwalt Dr. Alfons Sack, überraschend und in einer offenbar für die damaligen Verhältnisse gerade noch tragbaren Form.

Sack fürchtete am 27. November 1933, das Verfahren könne sich noch wochenlang so hinziehen. Er erklärte: „Ich verteidige nicht, wogegen ich mich wehre, die Kommunistische Partei, ich verteidige bloß den Angeklagten Torgler, und deswegen bin ich bereit, in meiner Eigenschaft als Verteidiger Torglers auf weitere Beweisanträge zu verzichten. Soweit will ich in meiner Verantwortung als Verteidiger gehen."[180] Tatsächlich stellte Sack nun keine Beweisanträge mehr. Am 4. Dezember 1933 erklärte er erneut: „Ich darf bemerken, meine hohen Herren Richter: vor einer Woche, am Montag, als der Kriminalrat Heller vernommen worden ist, habe ich ja gesagt, daß ich von mir aus keine Beweisanträge mehr stellen werde, nicht einmal gegen Belastungszeugen von früher. Ich wiederhole das bloß noch einmal, damit, falls es am letzten Montag in der Öffentlichkeit nicht verstanden worden ist, nunmehr jeder genau Bescheid weiß, daß von mir keine Beweisanträge gestellt werden."[181] Sack drohte also offenbar damit, nicht mehr mitzuspielen.

Noch am gleichen Tag, dem 4. Dezember, wandte sich Kriminalkommissar Heisig an Sacks Referendar Dr. Hans Jung (Verbindungsmann zum Gestapa) und ließ durch diesen Sack mitteilen, daß der Berliner Polizeipräsident Paul Hinkler ihn zu sprechen wünsche. Sack wehrte zuerst ab, er habe keine Zeit. Heisig kam aber zwei weitere Male, bis Sack schließlich mit Hinkler telefonierte. Sack wurde „in ureigenstem Interesse" nach Berlin beordert, wo er gegen 21 Uhr eintraf. Es folgte eine geheime Unterredung, über deren Inhalt Sack „Schweigegebot" auferlegt wurde.

Erst nachdem Sack später gegenüber Rudolf Diels erklärt hatte, er könne unter den augenblicklichen Verhältnissen nicht plädieren, wurde er durch Diels (!) von seinem Schweigegebot entbunden. Über das geheime Gespräch mit dem Polizeipräsidenten gab Sack – nach einem Bericht vom 9. Dezember 1933 von Diels für Göring – folgende Schilderung:

Der Polizeipräsident habe erklärt, er „könne keine Rücksicht auf frühere freundliche Parteibeziehungen nehmen", „es handele sich um ein dienstliches Gespräch [...]. Dr. Sack habe mit seinem Kopf gespielt, ‚es ginge um seine Birne, seine Birne wackele bedenklich'. Dr. Sack ‚habe bereits durch seine Attacke auf den Ministerpräsidenten Göring[182] mit seiner Birne gespielt', Dr. Sack habe in Leipzig bei der Vernehmung von Kriminalrat Heller versucht, den Zeugen ‚madig' zu machen und erklärt, daß er gegen die politische Beweisaufnahme umfangreiche Gegenbeweisanträge stellen wolle und dabei versteckt mit der Niederlegung der Verteidigung gedroht".[183]

Während des Gesprächs machte sich Sack Notizen. Auf die Vorhaltungen erklärte Sack, „er habe pflichtgemäß durch die Vertrauensperson [Jung] gewissenhaft die Verbindung mit der Behörde ständig aufrechterhalten [...] Dr. Sack erklärte weiter, daß er vor der Vernehmung des Herrn Ministerpräsidenten eine dreistündige Unterredung mit Dr. [Carl] von Berg gehabt habe [...], daß er sofort bei Beginn der Mittagspause den Vertrauensmann Jung, Dr. du Prell als Vertrauensmann des Reichsjustizministers [Franz Gürtner[184]] und Bayerischen Justizministers [Hans] Frank zur Rücksprache gebeten hätte, ebenso Rechtsanwalt Professor Dr. Grimm als Verbindungsmann zum Reichspropagandaminister [Goebbels]. [...] Die Unterredung wurde seitens des Polizeipräsidenten dadurch beendet, daß er Herrn Dr. Sack den Zettel, auf dem er sich die einzelnen Punkte notiert hatte, wegnahm und zerriss, Dr. Sack Schweigegebot auferlegte gegen jedermann mit dem Bemerken, wenn er sich nicht an das Schweigegebot halte, ‚seine Birne wackele, es um sein Leben gehe'. [...] Dr. Sack erklärt, daß er nicht in der Lage sei, sein abschließendes Plädoyer in Leipzig zu halten. Er bittet um Richtlinien für sein Plädoyer umsomehr, da nach Rücksprache mit einem Mitgliede des Senats, Reichsgerichtsrat Dr. [Walter] Froelich, die in Gegenwart der Vertrauensperson Jung geführt worden ist, in dem Plädoyer schwierige Rechtsprobleme erörtert werden müssen. [...] Dr. Sack befindet sich durch diese Unterredung in Gewissenskonflikt, weil er auf besonderen höheren Wunsch die Verteidigung übernommen hat, und zwar auf Grund eines Schreibens des Präsidenten Voss[185] vom Anwaltsverein als Vertrauensmann des Reichsjustizministers. Das Schreiben lag hier vor. In dem Schreiben heißt es, daß Herr Dr. Sack die Verteidigung eines Angeklagten übernehmen solle, der freigesprochen würde."[186]

Am 11. Dezember fertigte Diels eine weitere Vorlage für Göring:

„Dem Herrn Ministerpräsidenten <u>Hier</u> gehorsamst vorgelegt.

Am Freitag, den 15. Dezember 1933 muß Dr. Sack, der auf höheren Wunsch die Verteidigung des Angeklagten Torgler übernommen hat, vor dem Reichsgericht in Leipzig sein Plädoyer halten. Dieses Plädoyer wird allgemein mit großer Spannung erwartet. Dr. Sack befindet sich, wie aus dem anliegenden Bericht hervorgeht, in großer Gewissensnot. Er bittet um Richtlinien für das Plädoyer, da im Interesse des Staates und im Interesse der nationalsozialistischen Rechtsbewegung bedeutsame Rechtsausführungen gemacht werden müssen.

[handschriftlich] Ich bitte, wenn möglich, Sack für einige Minuten empfangen zu wollen. Diels 11. XII. 33"[187]

„Pflichtgemäß" reichte Verteidiger Sack dann den Entwurf für sein Plädoyer am 30. Dezember 1933 zur Begutachtung bei der Geheimen Staatspolizei ein. Regierungsassessor Schneppel fertigte eine Kritik an.[188]

NS-Koryphäen vor Gericht

Es war ein besonderes Charakteristikum des Leipziger Reichstagsbrandprozesses, daß Ankläger und Angeklagter mit zunehmender Dauer
der Verhandlung mehr und mehr die Rollen tauschten: Dimitroff wurde
zum Kläger, die Nationalsozialisten zu Angeklagten.

Bereits vor Eröffnung des Prozesses hatten die Veröffentlichung des
Braunbuchs wie auch der Londoner Gegenprozeß dazu beigetragen, daß
den NS-Machthabern der Wind der öffentlichen Meinung kräftig ins
Gesicht wehte. Das Gericht sah sich daher gezwungen, schon am ersten
Verhandlungstag den Kampf gegen das Braunbuch aufzunehmen, was
von der gleichgeschalteten Presse als „Entlarvung der Braunbuch-
Lügen" bezeichnet wurde. Obwohl Senat und Anklage große Mühe darauf verwandten, die Behauptungen des Braunbuchs zu widerlegen, gelang dies überzeugend nur in wenigen Fällen. Stattdessen sah sich das
Gericht dazu gezwungen, NS-Führer zu laden und deren Alibi für den
Brandabend zu überprüfen. Dies betraf folgende, im sogenannten
„Oberfohren-Memorandum" und dann auch im Braunbuch der Beteiligung am Reichstagbrand Bezichtigten: den verurteilten Fememörder
und schlesischen SA-Obergruppenführer Edmund Heines (mittlerweile Polizeipräsident von Breslau), Graf Wolf von Helldorf, zum Zeitpunkt
des Brandes Führer der SA-Gruppe Berlin-Brandenburg[189] sowie den
ebenfalls wegen Fememordes verurteilten Oberleutnant a. D. Paul
Schulz. Die unter so peinlichen Umständen der Öffentlichkeit Vorge-
führten konnten jedoch für den Brandabend anhand stichhaltiger Alibis
nachweisen, daß sie an der Brandstiftung selbst nicht beteiligt gewesen
sein konnten. Der im Braunbuch[190] als Mitwisser bezeichnete damalige
SA-Untergruppenführer Karl Ernst wurde jedoch nicht vor das Reichsgericht zitiert (siehe dazu Kap. 7).

Die Angst vor dem Braunbuch, das im Prozeß zeitweise praktisch zum
„Kläger" wurde, spiegelte sich auch darin wider, daß man dem Ange-
klagten Dimitroff, der an Geistesgegenwart und rhetorischer Bildung
Richtern wie Anklägern überlegen war, die Aushändigung des Buches
zwecks Vorbereitung seiner Verteidigung trotz mehrfacher Bitten und
Eingaben verweigerte. (Er soll allerdings trotzdem in den Besitz des
Braunbuchs gelangt sein.) Im Laufe der Verhandlung gelang es gerade
Dimitroff, das Gericht mit seinen provozierenden, ins Schwarze tref-
fenden Fragen immer wieder in die Enge zu treiben und den Spieß häufig umzudrehen, so daß sich Senatspräsident Bünger oft nur noch da-

durch zu helfen wußte, daß er Dimitroff zeitweise vom Verfahren ausschloß. In den Augen unbefangener Beobachter standen damit oft nicht
die eigentlich der Brandstiftung bezichtigten Kommunisten, sondern die
nationalsozialistischen Machthaber als Angeklagte da.

Eine solche Umfunktionierung des Reichstagsbrandprozesses war jedoch das letzte, woran die NS-Machthaber Interesse haben konnten.
Man sann daher auf machtvolle Abhilfe. Ein Auftritt des „Führers" persönlich wurde erwogen. In dem bereits teilweise zitierten Geheimbericht vom 6. Oktober 1933 führte Sommerfeldt dazu aus:

„Der Oberreichsanwalt hat privat und vertraulich die größten Bedenken geäußert gegen eine Vernehmung des Herrn Reichskanzlers. [...]
Erfolgt [...] die Freisprechung Torglers und der Bulgaren, so stellt das
eine Blamage des Reichskanzlers dar, während es sich sonst nur um eine
Blamage der Oberreichsanwaltschaft handelt. Der Herr Ministerpräsident [Göring] wird gehört werden. [...] Nicht ganz unbedenklich würde
es sein, wenn ein Richter oder Verteidiger auf die ersten Pressecom-
muniqués nach der Nacht des Brandes hinweist mit der Frage, auf Grund
welchen Materials mitgeteilt sei, dass es sich um etwa 10 Täter handele,
dass alle öffentlichen Gebäude in Brand gesteckt werden sollten, dass bei
dem anschliessenden bewaffneten Aufstand der Massen Frauen und Kinder vor der rebellischen Menge hergeschickt werden würden usw. [...]
In diesem Falle wird vielleicht nichts weiter übrigbleiben, als dass der
Herr Ministerpräsident die Verantwortung für die erwähnten amtlichen
Communiqués auf den damaligen Pressereferenten, Oberregierungsrat
Sommerfeldt ablädt."[191]

Tatsächlich trat Hitler nicht vor dem Leipziger Reichsgericht auf, sondern begnügte sich mit einem inszenierten Auftritt bei einer Rahmen-
veranstaltung, dem Deutschen Juristentag, der vom 29. September bis
zum 2. Oktober 1933 in Leipzig stattfand und für den der Reichstagsbrandprozeß eigens unterbrochen wurde. 15.000 Juristen, ein „Fackel-
zug der Referendare", SA- und SS-Verbände defilierten am Reichsgericht vorbei, an dem ein riesiges Plakat prangte: „Durch
Nationalsozialismus dem deutschen Volk das deutsche Recht". Die
Eröffnung einer „Akademie für deutsches Recht" unter der Leitung von
Dr. Hans Frank II (Reichsjustizkommissar und Leiter des Rechtsamtes
der NSDAP) wurde bekanntgegeben. Hitler verkündete in einer Rede
am 2. Oktober schließlich zum Abschluß der Veranstaltung program-
matisch und drohend, „der totale Staat werde keinen Unterschied dul-
den zwischen Recht und Moral. Nur im Rahmen seiner gegebenen

Weltanschauung könne und müsse eine Justiz unabhängig sein".[192]

Nun mußten Göring und Goebbels statt Hitler im Prozeß auftreten. Göring verlor jedoch gegenüber dem „Kläger" Dimitroff die Kontrolle über sich und geriet in die Defensive, wie sich besonders eindrucksvoll bei einem Rededuell vor dem Reichsgericht zeigte, womit sich die Bedenken von Görings Pressechef Sommerfeldt als nur zu berechtigt erwiesen.

Mit seinen treffsicheren und provozierenden Fragen brachte Dimitroff am 31. Verhandlungstag, dem 4. November 1933, den selbstherrlichen Göring völlig aus der Fassung. Nachdem dieser – mittlerweile Preußischer Ministerpräsident – mit einer Stunde Verspätung zu seiner Vernehmung erschienen war, erhielt er Gelegenheit zu einem nahezu einstündigen Monolog, in dem er in gewohnter Manier gegen den Kommunismus polterte und den Kampf seiner Partei – und natürlich seiner Person – gegen den Bolschewismus großspurig glorifizierte. Die anschließende Frage Dimitroffs, ob nicht die einseitige Untersuchung Spuren, die in eine andere Richtung als die der Kommunisten wiesen, verwischt habe, wies Göring theatralisch empört zurück. Schon im nächsten Moment bestätigte er jedoch den von Dimitroff geäußerten Verdacht:

„Es war ein politisches Verbrechen, und im selben Augenblick war es für mich klar, und ist es heute ebenso klar, daß Ihre Partei die Verbrecher gewesen sind." Und kurz darauf: „Herr Dimitroff, aber noch das zugegeben; wenn sie [die Untersuchung] sich in dieser Richtung hat beeinflussen lassen, so hat sie nur in der richtigen Richtung gesucht."[193]

Im weiteren Verlauf des Disputs verlor Göring zusehends die Contenance. Von Dimitroffs Frage, ob dem Ministerpräsidenten bekannt sei, daß „diese Weltanschauung, diese bolschewistische Weltanschauung [...] diese Sowjetunion, das größte und beste Land in der Welt" regiere, ließ sich Göring zu einem Wutausbruch provozieren. Brüllend wandte er sich an Dimitroff: „Hören Sie mal, jetzt will ich Ihnen sagen, was im deutschen Volke bekannt ist. Bekannt ist im deutschen Volke, daß Sie sich hier unverschämt benehmen und hierhergelaufen kommen, den Reichstag anstecken und dann hier mit dem deutschen Volke noch solche Frechheiten sich erlauben. Ich bin nicht hierhergekommen, um mich von ihnen anklagen zu lassen. (Angekl. Dimitroff: „Sie sind Zeuge!") Sie sind in meinen Augen ein Gauner, der längst an den Galgen gehört!" („Bravo"-Rufe im Zuhörerraum), was Dimitroff mit der Bemerkung quittierte: „Sehr gut, ich bin sehr zufrieden."

Anstatt nun allerdings den Preußischen Ministerpräsidenten ob dessen Grobheiten und der offen geäußerten Morddrohung gegen den Angeklagten zurechtzuweisen, wandte sich der willfährige und machtlose Gerichtspräsident Dr. Bünger gegen den Angeklagten:

„Dimitroff, ich habe Ihnen bereits gesagt, daß Sie keine kommunistische Propaganda – (Der Angeklagte Dimitroff versucht weiter zu sprechen). Wenn Sie jetzt noch ein Wort sprechen, werden Sie weiter hinausgetan –, daß Sie keine kommunistische Propaganda zu treiben haben. Das haben Sie jetzt zum zweitenmal getan und können sich dann nicht wundern, wenn der Herr Zeuge derartig aufbraust wie eben. Ich untersage Ihnen das jetzt aufs strengste. Wenn Sie überhaupt Fragen zu stellen haben, dann rein sachliche Fragen."

Als Dimitroffs daraufhin ein weiteres Mal bemerkte: „Ich bin sehr zufrieden mit dieser Erklärung des Herrn Göring", fühlte sich der Senatspräsident zu einem noch schärferen Vorgehen veranlaßt: „Ob Sie zufrieden sind oder nicht, das ist mir vollkommen gleichgültig. (Angekl. Dimitroff: Sehr zufrieden!)" Worauf dem zunehmend nervöser werdenden Präsidenten der Kragen platzte: „Ich entziehe ihnen jetzt das Wort nach diesen letzten Äußerungen." Dimitroff insistierte: „Ich stelle Fragen." Bünger: „Ich entziehe Ihnen das Wort. Setzen Sie sich hin!" Angekl. Dimitroff: „Ich habe sachliche Fragen zu stellen." Darauf nochmals Bünger: „Ich entziehe Ihnen das Wort."

Geschickt durchkreuzte Dimitroff im weiteren Verlauf der Vernehmung das verzweifelte Bemühen des Präsidenten, einen erneuten Wutausbruch Görings zu verhindern. Maliziös wandte er sich an den wutschnaubenden Göring: „Haben Sie Angst wegen dieser Fragen, Herr Ministerpräsident?"

Worauf sich dieser nun vollends vergaß: „Sie werden Angst haben, wenn ich Sie erwische, wenn Sie hier aus dem Gericht raus sind, Sie Gauner, Sie!"

Selbst diese weitere unverhohlene Drohung veranlaßte Bünger nicht, ein Machtwort zu sprechen. Statt dessen bestrafte er den Angeklagten auf Görings Stichwort „aus dem Gericht raus" mit einer in der damaligen Prozeßordnung nicht vorgesehenen Maßnahme: „Dimitroff wird auf drei weitere Tage ausgeschlossen. Sofort hinaus mit ihm."[194]

Welcher unbefangene Beobachter konnte bei diesen Szenen noch daran zweifeln, daß die Nerven der NS-Gewaltigen blank lagen, die Verhandlung eine Farce war? Der Prozeß entglitt der NS-Führung zusehends. Unübersehbar war nun für die gesamte Weltöffentlichkeit auch

Göring am 4. November 1933 vor dem Reichsgericht, während der Berliner Sitzungsperiode.

Fotomontage von John Heartfield, erschienen in der „Arbeiter-Illustrierten-Zeitung", Prag, 16. November 1933.

die Unsicherheit des Gerichts, das bei seinem ständigen Lavieren zwischen dem Bemühen, den Erwartungen der NS-Führung zu genügen und gleichzeitig den Anschein richterlicher Würde und Unabhängigkeit zu wahren, tatsächlich einen würdelosen und peinlichen Eiertanz vollführte.

Im Ausland wurde Görings Entgleisung allgemein als Bestätigung der Braunbuch-Thesen beurteilt, hatte die NS-Führung hier doch ihr wahres, gewalttätiges Gesicht gezeigt. Eine Verurteilung der kommunistischen Angeklagten war indes nach diesem Auftritt des Preußischen Ministerpräsidenten kaum mehr möglich. „Torgler und Dimitroff nach den Mordphantasien Görings am Galgen hängend – das wäre für die ganze Welt ein unauslöschliches Symbol für den Untergang des Rechts in Deutschland gewesen", urteilte bereits der Autor einer 1934 in Prag erschienen Schrift.[195]

Unbedachte Ausfälle des Preußischen Ministerpräsidenten gegen die Zahlungsmoral der Sowjetunion verursachten darüber hinaus am Rande eine kleine diplomatische Krise, da man ausgerechnet zu Görings Auftritt vor dem Gericht erstmals zwei sowjetische Korrespondenten zugelassen hatte. Die Intervention der sowjetischen Botschaft in Berlin sowie insbesondere die Bedeutung der wirtschaftlichen Beziehungen Deutschlands zur UdSSR zwangen die Hitler-Regierung, die Verleumdungen Görings unverzüglich dementieren zu lassen.[196]

Auch der im März zum Reichspropagandaminister ernannte Goebbels, der bei seiner Vernehmung am 34. Verhandlungstag[197] bewußt die Fehler des aufbrausenden Göring vermied und sich distanziert bis respektvoll in die Rolle eines geladenen Zeugen schickte, dabei sogar Schopenhauer zitierte, zog im Rededuell mit dem gewieften Bulgaren moralisch den Kürzeren, wobei seine Niederlage immerhin nicht ganz so blamabel ausfiel wie die seines Kollegen. Von Dimitroff in die Ecke gedrängt, mußte der gerissene NS-Chefpropagandist sogar gewunden zugeben, daß terroristische Aktivitäten, wie Sprengstoffanschläge, zum Instrumentarium der NS-Bewegung und der Regierung gehörten, und daß die neuen Machthaber die Aushöhlung der Verfassung und die Verfolgung und Beseitigung politischer Gegner auf die Tagesordnung gesetzt hatten. Als Dimitroff Goebbels vorhielt, SA-Mitglieder hätten im Herbst 1932 eine Reihe von Bombenattentaten verübt, widersprach Goebbels nur insoweit, als er einräumte, Außenseiter hätten Provokateure in die SA eingeschleust.

Das Urteil

Der am 23. Dezember 1933, dem 57. und letzten Verhandlungstag, verkündete Urteilsspruch des Reichsgerichts lautete:

„Die Angeklagten Torgler, Dimitroff, Popoff und Taneff werden freigesprochen.

Der Angeklagte van der Lubbe wird wegen Hochverrats in Tateinheit mit aufrührerischer Brandstiftung und versuchter einfacher Brandstiftung zum Tode und dauerndem Verlust der bürgerlichen Ehrenrechte verurteilt.

Die Kosten des Verfahrens fallen, soweit Verurteilung erfolgt ist, dem verurteilten Angeklagten, im übrigen der Reichskasse zur Last." (S. 2)

Daß van der Lubbe den Brand im Reichstag nicht alleine gelegt haben konnte, stand für das Reichsgericht indes außer Zweifel. Zumindest bei der Brandlegung im Plenarsaal mußte er einen oder mehrere Helfer gehabt haben. Dies ergebe sich – so die Urteilsbegründung – nach den „übereinstimmenden und überzeugend begründeten Gutachten der über die Frage der Entstehung des Brandes im Plenarsaal vernommenen Sachverständigen Prof. Dr. Josse, Dr. Werner, Oberbranddirektor Wagner und Dr. Schatz". Das Reichsgericht ließ auch keinen Zweifel daran, wo es diese Mittäter vermutete:

„Nur in den Reihen derjenigen also sind die Täter zu suchen, die an dem Gelingen des Anschlags ein Interesse gehabt hatten, die in dem Kampf um die Macht durch die Machtergreifung Hitlers in den Hintergrund gedrängt waren und für die es gleichermaßen eine Existenzfrage war, dem verhaßten Gegner diese Macht wieder zu entreißen, wie es in der Linie ihres politischen Programms lag, diesen Kampf mit Gewalt durchzuführen und auch vor den äußersten und verbrecherischsten Mitteln nicht zurückzuschrecken. Die Partei aber, deren Ziele und Methoden in dieser Richtung lagen, war die Kommunistische Partei Deutschlands (KPD.), die Partei des Hochverrats [...]. Sie arbeitete, wie das Reichsgericht in zahlreichen Urteilen seit langen Jahren festgestellt hat, auf den gewaltsamen Sturz der Verfassung des Deutschen Reiches hin." (S. 73f.) Der Reichstagsbrand, so das Reichsgericht ganz im Stil der NS-Propaganda, habe das „Fanal" für einen kommunistischen Aufstand sein sollen:

„Die Entwicklung der Dinge war vielmehr von den hinter der Reichstagsbrandstiftung steckenden Kreisen augenscheinlich so gedacht, daß man durch ein weithin sichtbares Fanal, wie es der Brand des Deutschen

Reichstagsgebäudes war, ein die Arbeiterschaft bis in die Reihen der Sozialdemokratie in ihren Tiefen aufrüttelndes Zeichen geben wollte, sie damit aufrührerischen Massenaktionen über den Kopf ihrer zögernden sozialdemokratischen Führer hinweg geneigt machen wollte. Im Falle des Gelingens dieses Planes der Schaffung der revolutionären Situation durch die revolutionierende Wirkung des Brandereignisses sollte nach dem Willen der kommunistischen Urheber die Führung der KPD, die bis dahin vorsichtig im Hintergrund blieb, durch Ausgabe der Generalstreiklosung die Dinge zum bewaffneten Aufstand und dem erstrebten Ziel der Machtergreifung durch die KPD. treiben." (S. 80)

Daß die vermutete Wirkung ausgeblieben sei, sei zum einen dem zögerlichen Verhalten der SPD-Führung zuzuschreiben, zum anderen dem „energischen Eingreifen der Regierung" zu danken, „die sofort nach der Machtübernahme ihr Augenmerk auf diese Dinge gerichtet hatte und, wie die u. a. dem Polizeiführer West vom preußischen Polizeiminister erteilten umfassenden Vollmachten zur Bekämpfung der kommunistischen Gefahr beweisen, vorbeugende Maßregeln getroffen hatte, insbesondere die Verhaftung aller maßgebenden kommunistischen Funktionäre und die Lahmlegung der Führung noch in der Brandnacht, haben den Plan zu Scheitern gebracht." (S. 81)

Diese abenteuerliche, völlig der Argumentation der NS-Machthaber folgende Konstruktion gipfelte in der Feststellung, „daß van der Lubbe im planmäßigen Zusammenwirken mit seinen Mittätern gehandelt hat und ihre auf Entfachung von Aufruhr und Bürgerkrieg zum Zweck der Eroberung der politischen Macht im Wege des gewaltsamen Verfassungssturzes gerichteten Pläne gekannt und ihre Absichten geteilt hat. Seit 8 Jahren stand er in der kommunistischen Bewegung, lebte ganz für ihre Ziele. Ihm als intelligentem Menschen, wie er von allen Beteiligten, die vor der Tat und im Vorverfahren mit ihm zu tun hatten, geschildert wurde, waren die kommunistischen Gedankengänge durchaus geläufig und diese Ziele auch durchaus klar". (S. 89)

Da van der Lubbes Austritt aus der holländischen KP und dessen Zugehörigkeit zu einer der moskauhörigen KPD feindlich gesinnten rätekommunistischen Splittergruppe nicht so recht in dieses Bild paßten, stellte das Gericht apodiktisch fest, „daß der Angeklagte van der Lubbe [...] Kommunist ist und seine Gedankengänge auch trotz ihrer persönlichen Färbung durchaus in den Rahmen der Aufstand[s]pläne der KPD. passen." (S. 74). So habe sich van der Lubbe in der Hauptverhandlung „stets als Kommunist bekannt" und auch „offensichtlich vor der Tat

Verbindung mit Kommunisten gesucht und gehabt" (S. 74f.), wie das Gericht unter Hinweis auf die vermeintlich aufrührerischen Gespräche des Holländers mit Arbeitslosen in Neukölln ausführte.

„Es bestehen daher nach Ansicht des Senats hier Zusammenhänge mit der Tat und Verbindungen van der Lubbes mit kommunistischen Kreisen. Welcher Art diese Verbindungen gewesen sind und wie sie sich weiter ausgewirkt und zu einer Beteiligung van der Lubbes an der Brandstiftung geführt haben, hat sich nicht aufklären lassen." (S. 75)

Dennoch war sich das Gericht sicher: „Der Senat hat nach dem Ergebnis der Hauptverhandlung keinen Zweifel, daß in der Tat die Mittäter des Angeklagten van der Lubbe und deren Hintermänner in den Kreisen der KPD zu suchen sind." (S. 39)

Daß die Frage nach dem Cui bono (Wem nutzt es?) nicht auf die KPD, sondern im Gegenteil in Richtung der regierenden NSDAP wies, deren knappe parlamentarische Mehrheit bei den Reichstagswahlen am 5. März 1933 erst durch die propagandistische Ausnutzung des Brandes möglich wurde, wollte das Reichsgericht nicht gelten lassen. Ganz im Sinne der NS-Machthaber, unbeschadet der Fakten und logischen Zusammenhänge, beantwortete das Reichsgericht diese so essentielle Frage leicht verquast, aber immerhin in Kenntnis des eigentlichen Grundes für die Reichstagsbrandstiftung:

„Eine Welle des Vertrauens schlug dem Führer Adolf Hitler entgegen und gab die Gewähr, daß die für den 5. März angesetzten Neuwahlen für den Reichstag einen überwältigenden Erfolg für die NSDAP bedeuten würden. Es war mit Sicherheit vorauszusehen, daß diese Wahlen ihr nicht nur die Stimmen derer wieder zuführen würden, die bei den Novemberwahlen 1932 aus patriotischer Ungeduld abgeschwenkt waren, sondern darüber hinaus einen erheblichen Stimmenzuwachs bis tief in die Reihen der Linken hinein bringen würden. Die Partei hatte, wie der Zeuge Reichsminister Dr. Goebbels mit Recht ausgeführt hat, den Wahlerfolg in der Tasche. Daß er noch gesteigert wurde durch den Zustrom derer, die aus dem dank des energischen Zufassens der Regierung zum völligen Mißlingen verurteilten verbrecherischen Anschlags erkannten, wie nahe an den Abgrund die Urheber des Verbrechens das deutsche Volk bereits gebracht hatten, gibt nicht einmal den Schein einer Berechtigung, nunmehr den Spieß umzudrehen und nach dem bekannten Wort ‚Haltet den Dieb' den ganzen Anschlag in ein nationalsozialistisches Provokateurstück zu Wahlzwecken umzufälschen." (S. 73) Die vom überwiegenden Teil der ausländischen Presse vertretene

Auffassung, daß die Brandstifter in den Reihen der Nationalsozialisten zu suchen seien, kommentierte das Gericht mit nationalistischer Empörung:

„Jedem Deutschen ist klar, daß die Männer, denen das deutsche Volk seine Errettung vor dem bolschewistischen Chaos verdankt und die es einer inneren Erneuerung und Gesundung entgegenführen, einer solchen verbrecherischen Gesinnung, wie sie diese Tat verrät, niemals fähig wären. Der Senat hält es daher auch für unter der Würde eines deutschen Gerichts, auf die niedrigen Verdächtigungen, die in dieser Beziehung von vaterlandslosen Leuten in Schmähschriften (Braunbuch) im Dienste einer Lügenpropaganda ausgesprochen sind, die sich selber richtet, überhaupt nur einzugehen." (S. 73)

Das Reichsgericht machte also keinen Hehl daraus, daß es sich mit diesem Verfahren in den Dienst der braunen Machthaber gestellt und eine andere als die vorgegebene Richtung gegen die KPD erst gar nicht in Betracht gezogen hatte. „Offenbar war allein den Mitgliedern des Reichsgerichts verborgen geblieben", so der Justizhistoriker Ingo Müller, „daß die NSDAP bei den Wahlen am 5. März 1933 trotz Behinderung der Linksparteien, massiver Eingriffe in die Wahl, brutaler Gewaltakte gegen die KPD und pausenloser Propaganda mit 43,9 % der Stimmen die absolute Mehrheit im Reichstag deutlich verfehlt, den Wahlerfolg also keineswegs ‚in der Tasche' gehabt hatte. Daß das Gericht angesichts des Terrors, der von der NSDAP im Jahre 1933 im ganzen Reich entfesselt worden war, angesichts der Hunderte von Morden, der Tausende illegaler Verhaftungen, der Zerschlagung aller oppositionellen Gruppen und der rücksichtslosen Unterdrückung jeglicher Freiheit von den ‚gesinnungsmäßigen Hemmungen' dieser Partei sprach, kam der Satire nahe."[198]

Strafmildernde Umstände zugunsten des verurteilten van der Lubbe schloß der Senat aus, habe man doch keinen Zweifel, „daß der Angeklagte van der Lubbe die Tat nicht in einem Zustand krankhafter Störung der Geistestätigkeit begangen hat, daß er vielmehr im Sinne des § 51 StGB. für sein Handeln voll verantwortlich ist. Er schließt sich insoweit den übereinstimmenden und überzeugend begründeten Gutachten der medizinischen Sachverständigen Professor Dr. Bonhoefer, Regierungsobermedizinalrat Dr. Schütz und Dr. Zutt an, die bei van der Lubbe keinerlei Anzeichen einer geistigen Erkrankung haben feststellen können". (Siehe Kapitel 6, Teil 2.)

Aufgrund des eilig beschlossenen Gesetzes über Verhängung und Vollzug der Todesstrafe vom 29. März 1933 – dessen § 1 die in der „Verordnung des Reichspräsidenten zum Schutz von Volk und Staat vom 28. Februar" (§ 5) verfügte Todesstrafe für Brandstiftung mit rückwirkender Kraft auch für Taten zwischen dem 31. Januar und dem 28. Februar dekretierte – wurde Marinus van der Lubbe zum Tode verurteilt. Die Zubilligung mildernder Umstände schloß das Gericht unter Berufung auf eben jenen § 5 der Verordnung vom 28. Februar ausdrücklich aus. Laut diesem Paragraphen waren mit dem Tode die Verbrechen zu bestrafen, „die das Strafgesetzbuch in den §§ 81 (Hochverrat), [...], 307 (Brandstiftung) [...] mit lebenslangem Zuchthaus bedroht". (S. 96)

Die juristische Konstruktion mittels eines rückwirkenden Gesetzes erforderte bei den noch an rechtsstaatliche Paragraphenauslegung gewohnten Richtern allerdings einigen argumentativen Aufwand. Abgesehen davon, daß das Reichsgericht die Regierung mit dem Ermächtigungsgesetz vom 23. März auch zum Erlaß verfassungsändernder Gesetze befugt sah, vertrat es in seinem Urteil den Standpunkt, die Todesstrafe gegen van der Lubbe verstoße gar nicht gegen den elementaren rechtsstaatlichen Grundsatz „Nulla crimen, nulla poena sine lege" (kein Verbrechen, keinen Strafe ohne Gesetz). Denn dieser Grundsatz betreffe nur die Strafbarkeit als solche – doch strafbar sei der Tatbestand der Brandstiftung ja schon vor Erlaß des Gesetzes vom 29. März gewesen. Im vorliegenden Fall handele es sich dagegen lediglich um eine rückwirkende Erhöhung der Strafe, die der Gesetzgeber jederzeit beschließen könne, ohne damit gegen rechtsstaatliche Prinzipien zu verstoßen.[199]

Verurteilt auf Grund dieser wahrhaft mörderischen Rechtskonstruktion, wurde der drei Tage vor seinem 25. Geburtstag hingerichtete Marinus van der Lubbe zum ersten Todesopfer justiziablen nationalsozialistischen Unrechts.

Für die NS-Machthaber hatten sich ihre Erwartungen eindeutig nicht erfüllt. Unter dem Druck der Weltöffentlichkeit und des offenkundigen Mangels an Beweisen hatte der weisungsabhängige Oberreichsanwalt selbst auf Freispruch der drei Bulgaren plädieren müssen; der Reichstagsbrandprozeß war bekanntlich Gegenstand verschiedener Kabinettssitzungen und diese Entscheidung ganz sicher kein Alleingang der Anklagebehörde. Bereits mehrere Wochen vor der Urteilsfällung hatte der „Angriff" einen von Goebbels verfaßten oder inspirierten Artikel veröffentlicht, der auf den Freispruch der vier kommunistischen Angeklagten vorbereitete.[200] Dennoch hatte das Gericht mit seinem Urteil „die politische Führung bloßgestellt, die alle Angeklagten öffentlich – auch im Gerichtssaal[201] – der Straftat für schuldig erklärt hatte, nur weil sie Kommunisten und Gegner waren."[202] Ihre Verbitterung über den Ausgang des Prozesses konnten die NS-Machthaber indes nicht verhehlen. Von einem „glatten Fehlurteil" sprach die „Nationalsozialistische Parteikorrespondenz"[203], und der „Völkische Beobachter" berichtete unter der Überschrift „Letzter Anstoß zur Überwindung einer überalterten Rechts- sprechung: Das nationalsozialistische Deutschland wird die Folgerungen zu ziehen wissen".[204] In vertrauter Runde äußerte sich Hitler später abfällig über den Prozeßverlauf und schimpfte über „vertroddelte Richter". Nach Meinung des Diktators hätte van der Lubbe „binnen drei Tagen gehängt werden müssen", stattdessen habe „sich der Prozeß über Wochen hingeschleppt und mit einem lächerlichen Ergebnis geendet".[205]

Unter Hinweis auf diese Reaktionen des nationalsozialistischen Deutschland wird das Urteil des Reichsgerichts bis heute in der juristischen Literatur „wie ein mutiger Akt des Widerstands gegen die damaligen Machthaber"[206] dargestellt.

Bei dieser Einschätzung wird freilich übersehen, daß es nur der Aufmerksamkeit der Weltöffentlichkeit – und damit nicht zuletzt dem „Braunbuch" und dem Londoner Gegenprozeß – zu verdanken war, daß in diesem Verfahren zumindest ein Minimum an rechtsstaatlichen Standards gewahrt blieb, wollten die NS-Machthaber doch die „ausländische Propagandahetze" Lügen strafen, wonach Recht und Gesetz im Deutschland Hitlers mit Füßen getreten würden. „Wenn das Verfahren sich auch deutlich von dem unterschied, was später vor dem Volksgerichtshof stattfand", urteilt Ingo Müller, „hat das Reichsgericht im Reichstagsbrandprozeß mit dessen Vorbereitung und Durchführung, den polemischen Ausfällen gegen die Kommunisten, den tiefen Verbeugungen vor den neuen Machthabern im Urteil und schließlich mit der Anwendung der mörderischen Rechtskonstruktion der rückwirkenden Todesstrafe für Marinus van der Lubbe – wie das Landgericht Berlin, 47 Jahre später, es nannte – ‚politische Zweckjustiz' im Sinne der Nationalsozialisten geübt."[207]

Die Exekution

Auch das Verhalten der deutschen Behörden nach dem Urteil und nach der Exekution van der Lubbes war nicht geeignet, den Verdacht der Manipulation Marinus van der Lubbes durc h die Nazis zu entkräften. Die Gnadengesuche der niederländischen Regierung, eines holländischen Anwalts im Namen der Geschwister des Verurteilten, holländischer Professoren der Theologie und Jurisprudenz sowie des Londoner Untersuchungsausschusses[208] hinderten die NS-Machthaber nicht an der Vollstreckung des Urteils.

Entgegen gegebener Zusicherungen und trotz diplomatischer Interventionen wurde es den Angehörigen sogar verwehrt, mit dem Verurteilten zu sprechen. Jan Markus van der Lubbe berichtete: „Warum hat uns das Gericht nicht einmal nach dem Urteilsspruch erlaubt, daß wir ihn sehen? Warum haben wir seinen letzten Brief nicht bekommen? Warum haben sie uns seine Leiche nicht gegeben? Obwohl sie uns das versprochen hatten [… und] Angehörige unserer Familie mit einem Taxi und einem Sarg nach Leipzig gefahren waren. Die Peuthes [Stiefbrüder] haben sogar ein Visum von der deutschen Botschaft erhalten. Das Visum war der Beweis, daß Berlin uns versprochen hatte, die Leiche zu übergeben. Mr. Stomps [holländischer Rechtsanwalt, der sich um Marinus' Verteidigung bemüht hatte] hat sich vor der Urteilsvollstreckung für Marinus eingesetzt. Er hat immer gesagt, daß man einen Kranken nicht hinrichten darf. Unser Gesandter hat der deutschen Regierung auch vorgehalten, daß Marinus nicht hingerichtet werden dürfe, weil er doch, wenn er wieder gesund sein würde, die Wahrheit sagen könnte. Aber sie haben ihn doch umgebracht."[209]

Am 6. Januar 1934 lehnte Reichspräsident Hindenburg eine Begnadigung van der Lubbes ab.[210] Erst am 9. Januar wurde van der Lubbe die Ablehnung der Begnadigung mündlich mitgeteilt.[211] Am Tag darauf starb Marinus van der Lubbe in Leipzig durch die Guillotine.

Nach der Urteilsvollstreckung forderten die Brüder van der Lubbes über das niederländische Konsulat eine Herausgabe der Leiche des Hingerichteten.[212] Doch der Familie wurde das Recht auf den Toten verwehrt. Eine Notiz des Auswärtigen Amts hält fest: „§ 486 [recte: 454] der Strafprozeßordnung schreibt vor, daß der Leichnam des Hingerichteten den Angehörigen desselben auf ihr Verlangen ‚zur einfachen, ohne Feierlichkeiten vorzunehmenden Beerdigung zu verabfolgen' ist. Aufgrund dieser Bestimmung könnte in der Tat der Transport ins Ausland mit der Begründung abgelehnt werden, daß in diesem Falle die einfache Beerdigung ohne demonstrative Feierlichkeit nicht gewährleistet sei."[213]

Noch am selben Tag erging die mündliche Weisung des Justizministers, daß der Leichnam nicht nach Holland herausgegeben werden solle.[214] In einer Verbalnote bat daraufhin die Gesandtschaft der Niederlande in Berlin am 12. Januar um die Herausgabe der Leiche an Lubbes Angehörige.[215] Eine „Verabfolgung" der Leiche hätte jedoch deren medizinische Untersuchung möglich gemacht. Dies wollte man offenbar vermeiden. Vor dem offenen Bruch eigener Gesetze schreckte man in diesem Fall aber auch zurück. In dem Dilemma fand sich ein makaberer Ausweg: Unter Hinweis auf § 454, Abs. 5 der Strafprozeßordnung lehnte das Auswärtige Amt in seiner Antwort auf die Verbalnote der niederländischen Gesandtschaft die Überführung von Lubbes Leiche ab, bot aber an, die Leiche den Angehörigen in Leipzig zur dortigen Bestattung zu übergeben.[216]

Im Einvernehmen mit dem Reichsjustizministerium und dem Auswärtigen Amt schrieb Oberreichsanwalt Werner am 11. Januar 1934 telegrafisch: „Leiche van der Lubbe kann bis spätestens 13. Januar 12 Uhr aus Anatomischem Institut Leipzig abgeholt werden zur einfachen und ohne Feierlichkeiten in Leipzig selbst vorzunehmenden Beerdigung. Überführung nach Leiden nicht gestattet."[217]

Im Leichenschauhaus wurde dem Stiefbruder des Hingerichteten, Johannes Martin Peuthe, in Anwesenheit eines Vertreters des niederländischen Konsulats (Josephus Ludovicus Christian van Wilderen) durch den Oberreichsanwalt der unbekleidete Leichnam „vorgezeigt". Peuthe durfte dann seinem Bruder zur amtlichen Bestattung das Geleit geben. Zuvor hatten die Erschienenen freilich erklären müssen, sich davon überzeugt zu haben, „daß die Leiche keine anderen Verletzungen als die durch die Hinrichtung entstandenen vorweist".[218] So hatte man schließlich doch noch zwei Zeugen für die „Korrektheit" der deutschen Justiz gefunden.

Selbst Lubbes klägliche Hinterlassenschaften, darunter eine Bibel, wurden nicht an die Hinterbliebenen ausgehändigt, sondern von der Gestapo vernichtet.

Widersprüchliche Angaben liegen über van der Lubbes Gang zum Schafott vor. Am Vortag der Hinrichtung suchte eine Ärztekommission den Verurteilten in seiner Zelle auf, um anschließend dessen Vollstreckungsfähigkeit zu attestieren.[219] Dieser wirkte unruhig und verhielt sich so abweisend, daß ein Gespräch nicht möglich war. Einen Geistlichen habe van der Lubbe laut dessen Bericht aus der Zelle gewiesen, „er habe sogar den Eindruck erweckt, daß er tätlich werden wollte".[220] Das weitere Verhalten des Verurteilten schilderten die Psychiater Bonhoeffer und Zutt aufgrund der Mitteilungen von Dritten. Bei der Bekanntgabe des Vollstreckungsbeschlusses soll van der Lubbe demnach eine „entschlossene, durchaus nicht stumpfe Haltung" gezeigt haben.

Abweichend davon beschreibt ein von Oberreichsanwalt Werner angefertigtes Protokoll vom 9. Januar 1934, nachmittags 17 Uhr, das Verhalten des Verurteilten[221]:

„ORA Werner begab sich mit Regierungsoberinspektor [B?]reemer, dem Gefängnisdirektor Dietze, dem Gefängnisarzt, Medizinalrat Kretzschmar, dem ev. Gefängnisgeistlichen Pastor Kleemann und dem Dolmetscher Meyer-Collings zu v. d. L.

V. d. L. wurden das Urteil, die Ablehnung der Begnadigung und der Vollstreckungstermin mitgeteilt. ORA fragte, ob er noch einen Wunsch habe, v. d. L.: ‚Ich habe keine Wünsche mehr'. ORA empfiehlt v. d. L. dann, sich auf seine letzte Stunde vorzubereiten, der Gefängnisgeistliche sei bereit, ihm geistlichen Zuspruch zu gewähren, v. d. L.: ‚Ich danke Ihnen für Ihre Mitteilung. Ich werde bis morgen warten'."

Laut dem „Protokoll über den Vollzug der Todesstrafe an dem Maurer van der Lubbe"[222] vom 10. 1. 1934 waren bei der Vollstreckung des Urteils um 7.25 Uhr im Hof des Landgerichtsgebäudes außer dem Scharfrichter Alwin Engelhardt mit seinen Gehilfen und den vorführenden Justizwachtmeistern weitere 24 Personen anwesend:

„als Beamte der Reichsanwaltschaft: der Oberreichsanwalt Dr. Werner, der Landgerichtsdirektor Parrisius, als Mitglieder des erkennenden Gerichts: der Senatspräsident Dr. Bünger, der Reichsgerichtsrat Dr. Lersch, der Reichsgerichtsrat Dr. Full, der Landgerichtsdirektor Rusch, als Urkundsbeamter der Geschäftsstelle: der Regierungsoberinspektor Peters, als Gefängnisbeamter: der Gefängnisanstaltsdirektor Dietze, als Mitglieder der Gemeinde: Stadtrat Dr. Nitzsche, Stadtrat Teutsch, Stadtrat Wolanke, Stadtrat Schneider, Stadtrat Dr. Schnauß, Stadtrat Dr. Tetzner, Stadtrat Steinmüller, Stadtverordneter Roth, Stadtverordneter Kropp, Stadtverordneter Reitler, [SA-]Brigadeführer Graf du Moulin, [SA-]Standartenführer Nickel, als durch den leitenden Beamten besonders zugelassen: Kreishauptmann Dönicke, als Verteidiger: der Rechtsanwalt beim Reichsgericht Seuffert, als Geistlicher: der evangelische Gefängnisgeistliche Pastor Kleemann, als Ärzte: Gerichtsobermedizinalrat Dr. Rodewald, Gerichtsmedizinalrat Dr. Kret[z]schmar, als Dolmetscher: Referendar Dr. Meyer-Collings."

Zum Verhalten van der Lubbes, der um 7.28 Uhr, 55 Sekunden unter dem Fallbeil starb, vermerkt das Protokoll: „Der Verurteilte hatte eine gefaßte Haltung und gab keine Erklärung ab."

Wie auch Bonhoeffer und Zutt vom Hörensagen berichteten, äußerte van der Lubbe „auf Befragen des Dolmetschers keine Wünsche. Seine Haltung war wie gewöhnlich"[223], was immer das auch heißen mag.

Im Widerspruch zu dieser Darstellung berichtete das „Braunbuch II", „dass van der Lubbe bei weitem nicht so unbewegt und ohne Regung den letzten Weg gegangen war, wie die amtlichen Nachrichten weismachen wollen". Danach habe einer der Zeugen der Hinrichtung im Kreis enger Freunde berichtet, „dass van der Lubbe, von den Gefängniswärtern begleitet, tatsächlich völlig ruhig am Gefängnishof angelangt sei. Als er die Guillotine erblickt habe, sei eine furchtbare Veränderung in seinem Gesicht vor sich gegangen. Er schien zum ersten Mal zu begreifen, dass es Ernst sei. Seine Augen hätten sich in tödlicher Angst und in Entsetzen geweitet. Als der Oberreichsanwalt mit der Verlesung des Urteils begonnen habe, sei van der Lubbe in markerschütternde Schreie ausgebrochen. Und diese Schreie hätten sich bis zu seinem letzten Atemzuge fortgesetzt. Die Henker hätten van der Lubbe zum Richtplatz schleifen müssen. Er hätte sich mit aller Kraft bis zum letzten Augenblick gewehrt und sich auch mehrere Male losgerissen. Der Zeuge der Hinrichtung erzählt, dass nur einzelne Worte zu verstehen gewesen seien, die van der Lubbe in qualvoller Angst gebrüllt hätte. Soviel der Zeuge verstanden hätte, habe van der Lubbe mehrmals gerufen: ‚Laßt mich doch sprechen! Nicht allein, nicht allein!'

Ein anderer Zeuge der Hinrichtung sei in Ohnmacht gefallen. Er selbst – erzählte der Augenzeuge – hätte die gellenden Schreie van der Lubbes noch tagelang im Ohr gehabt."[224]

Auch das im Braunbuch zitierte „Prager Montagsblatt" berichtete von erheblichem Widerstand des Verurteilten: „Hier eingelaufene Meldungen lassen das traurige Schauspiel der Hinrichtung des angeblichen Reichstagsbrandstifters van der Lubbe doch wesentlich anders erscheinen, als die amtliche deutsche Meldung zugibt. Danach ist der halbirre van der Lubbe vor der Hinrichtung ohne jedes Gift gewesen, das ihn während des ganzen Prozesses in einer Art Dämmerzustand hielt. Als er auf den Hof geführt wurde, tobte und schrie er und musste Schritt für Schritt zum Schafott geschleppt werden. Noch in letzter Minute gelang es ihm, einen Augenblick sich von den vier Wärtern, die ihn zum Fallbeil zerrten, loszumachen. Er schlug dabei einem der Wärter einen Zahn aus. Während der ganzen Zeit brüllte er laut und beschuldigte, wie es in

404

derselben Meldung heisst, ‚mehrere sehr hochstehende Personen der deutschen Regierung' in schärfster Form.‚"

Diese Darstellungen werden im wesentlichen durch die Erklärung eines damaligen Gerichtsreferendars bestätigt, der mit einigen Kollegen morgens gegen 6 Uhr von einem Dienstzimmer aus auf die Richtstätte hinuntersehen konnte. Danach habe der Verurteilte beim Betreten des Hofes laut aufgeschrien und sich heftig gewehrt. Unter dem Eindruck der „fürchterlichen" Szene habe sich der Beobachter – wie auch seine Kollegen – abgewandt, so daß er die Enthauptung selbst nicht sah. Diesem Zeugen zufolge war Lubbes „Protest" Gegenstand heftiger Diskussionen unter den Richtern des Landgerichts.[225] Die Witwe des Senatspräsidenten Bünger erinnerte sich, ihr Mann habe berichtet, daß sich van der Lubbe weigerte, zur Richtstätte zu gehen, und daß er den Richtern zugeschrien habe: „Und die anderen?" Wegen angeblicher Preisgabe der Umstände dieser Exekution soll Bünger mehrfach vernommen und von Diels persönlich verwarnt worden sein.[226]

Van der Lubbes Grab auf dem Leipziger Südfriedhof stand angeblich lange Zeit unter verstärkter Polizeibewachung.[227]

Nachspiel

Trotz ihres Freispruchs wurden Dimitroff und seine beiden bulgarischen Gefährten sofort nach Beendigung des Leipziger Prozesses durch Schutzhaftbefehl[228] im Auftrag des Reichsinnenministeriums weiter in der Haftanstalt Leipzig eingekerkert.[229] In der Folge gelang es jedoch Göring und seiner Gestapo, die drei Bulgaren entgegen Hitlers urspünglichen Anweisungen[230] in ihre Gewalt zu bringen. Am 2. Februar 1934 wurden Dimitroff, Taneff und Popoff in das Gestapo-Gefängnis nach Berlin überführt. Um die Weltöffentlichkeit zu beschwichtigen und Dimitroffs Befürchtungen zu zerstreuen, er und seine Gefährten sollten von der Gestapo gelyncht werden, ließ man zwei Interviews mit Dimitroff zu, in denen dieser auf die Gefahr einer Lynchjustiz aufmerksam machte und mit einem Hungerstreik drohte.[231]

Am 15. Februar 1934 erkannte die Sowjetunion Dimitroff, Popoff und Taneff die sowjetische Staatsbürgerschaft zu[232] und setzte sich auf diplomatischem Weg für eine sofortige Freilassung der bulgarischen Kommunisten als Bürger der UdSSR ein.[233] Um diplomatische Schwierigkeiten zu vermeiden, drängte in der Folge insbesondere das Auswärtige Amt auf die Erfüllung der sowjetischen Forderungen.[234] Reichsaußenminister von Neurath und sein Staatssekretär von Bülow fühlten sich veranlaßt, erneut bei Hitler im Sinne einer Freilassung der drei Bulgaren zu intervenieren – mit Erfolg. Aufgrund der sowjetischen Intervention sowie des Drucks der Weltöffentlichkeit ordnete der Führer und Reichskanzler am 26. Februar 1934 die sofortige Ausweisung der Bulgaren an.[235] Am 27. Februar 1934, also auf den Tag genau ein Jahr nach dem Reichstagsbrand, erreichten die drei bulgarischen Kommunisten mit dem Flugzeug Moskau.

In seinen Memoiren berichtet Rudolf Diels ausführlich über die spannende Vorgeschichte der Abschiebung Dimitroffs und seiner bulgarischen Leidensgenossen nach Rußland.[236]

Diels stellt die Sache so dar, als habe er sich unmittelbar nach dem Leipziger Freispruch vom 23. Dezember 1933 für den von seinem Chef Göring bedrohten Dimitroff eingesetzt. So will der Gestapo-Chef einen von der SA im Auftrage Görings gefaßten Plan zur Ermordung des Bulgaren beim Transport von Leipzig nach Berlin in mutiger und riskanter Intervention verhindert haben. Indem es ihm gelungen sei, eine weitere sichere Verwahrung Dimitroffs zunächst im Leipziger Polizeigefängnis und dann im „kleinen Gefängnis des Staatspolizeiamtes" in Berlin zu erwirken, habe Diels den Bulgaren dem Zugriff von Görings Schergen entzogen. Allerdings war Diels der Meinung:

„Daß er, ein weltberühmter Terrorist, wie die anderen Kommunisten festgehalten wurde, konnte niemand ernstlich empören." Gegen die ihm dann Mitte Februar von Hitler persönlich angekündigte Abschiebung Dimitroffs nach Rußland habe er, Diels, opponiert und für eine Freilassung und Unterstellung Dimitroffs unter Polizeiaufsicht plädiert. Die Empörung Görings über den Abschiebungsentscheid Hitlers will Diels dadurch beruhigt haben, daß er Dimitroff das Versprechen abgenommen habe, vom Ausland aus nicht gegen Göring und Deutschland zu hetzen.

Die zeitgenössischen Archivakten lassen die angeblichen Bemühungen Diels' um Dimitroffs Wohl freilich in einem wesentlich trüberen Licht erscheinen.[237] Danach setzten sich Diels – und in seinem Auftrag dann die Gestapo-Beamten Heller und Heisig – ganz im Sinne und auf Weisung des schwer beleidigten und auf Rache sinnenden Göring bereits vor dem Leipziger Urteil für eine „unverzügliche Rücksistierung solcher [d. h. freigesprochener] Angeklagter an das Geheime Staatspolizeiamt Berlin"[238] ein, während Staatssekretär Pfundter vom Reichsinnenministerium im Auftrage Hitlers zunächst die Belassung Dimitroffs im Leipziger Polizeigefängnis anordnete.

Mitte Dezember 1933 korrespondierte Kriminalrat Heller im gleichen Sinne wie sein Vorgesetzter Diels in dieser Angelegenheit auch mit dem Sicherheitsdienst (SD) des Reichsführers SS, dem Standartenführer Kobelinski, der sich ebenfalls für die weitere Behandlung Dimitroffs interessierte. Auch mit der bulgarischen diplomatischen Vertretung pflegte Heller Kontakte, wobei eine mögliche Abschiebung Dimitroffs nach Bulgarien ins Auge gefaßt wurde. Die Bulgaren zeigten sich jedoch an dem weltberühmt gewordenen Dimitroff keineswegs interessiert.[239]

Auch in den weiteren zähen Verhandlungen über die Freilassung bzw. Abschiebung Dimitroffs setzte sich Diels konsequent und wiederholt voll und ganz im Sinne und direkten Auftrag Görings für eine weitere „Schutzhaft" des Bulgaren gegen die durch außenpolitische Rücksichten bestimmte Bereitschaft aller übrigen beteiligten Ministerien, insbesondere des Auswärtigen Amtes, und schließlich auch Hitlers zur Freilassung Dimitroffs und dessen Abschiebung in die Sowjetunion ein, so z. B. in einer interministeriellen Sitzung im Innenministerium am 4. Januar 1934, über die Heller schriftlich festhielt:

Diels habe eindringlich und ausführlich die Gefährlichkeit des „politischen Verbrechers" Dimitroff geschildert, der vom Ausland aus dank seiner genauesten Kenntnisse der deutschen innenpolitischen Verhältnisse und seiner Einblicke in das deutsche Strafrecht und den deutschen Strafprozeß schwerwiegende antideutsche Kampagnen entfachen könne und werde. Weiter habe Diels, wie er betonte, im Auftrag Görings erklärt, „man könnte die weitere Behandlung Dimitroffs geradezu eine ‚Stilfrage' für den Nationalsozialismus nennen. Die Absicht der maßgebenden preußischen Kreise [d. h. Görings] ginge dahin, Dimitroff in ein Konzentrationslager zu bringen und ihn dort genauso zu behandeln wie die anderen maßgeblichen kommunistischen Funktionäre Thälmann, Schneller usw."[240]

Eine weitere Aufzeichnung über diese Besprechung hielt fest: „Diels übermittelte das dringende Ersuchen des Herrn Preußischen Ministerpräsidenten, Dimitroff unter allen Umständen in Gewahrsam zu behalten und nicht auszuweisen, da er andernfalls eine außerordentlich schädliche Propagandatätigkeit ungehindert ausüben würde. An Popoff und Taneff erklärte er sich für uninteressiert."[241]

Bereits am folgenden Tag wandte sich Diels an den Stabschef der SA, Reichsminister Ernst Röhm, und an den SS-Reichsführer Heinrich

Himmler. In seinen Schreiben nahm er Bezug auf die Besprechung vom Vortag im Reichsinnenministerium, wobei er betonte: „Ich allein habe mich gegen eine Ausweisung und für die Verbringung Dimitroffs in ein Konzentrationslager ausgesprochen." Diels' Schreiben schließt mit der Bitte: „Da die Erörterung im Reichskabinett bevorsteht, wäre ich dankbar, wenn Sie sich ebenfalls in diesem Sinne einsetzen, wodurch Sie zugleich einem besonderen Wunsche des Herrn Ministerpräsidenten entsprechen würden." Diese freundliche Bitte beantwortete Himmler persönlich am 15. Januar seinem „lieben Kameraden Diels" mit der Versicherung:

„Es ist selbstverständlich, dass ich mich in der Angelegenheit ‚Dimitroff' in dem Sinne einsetze, wie es Ministerpräsident Göring und Sie taten."[242]

In weiteren Schriftsätzen vom Januar und Februar 1933 bekräftigte Diels diese Haltung.

Noch am 26. Februar 1934 forderte er in einem von Göring unterzeichneten Schreiben an das Auswärtige Amt und die Reichskanzlei, daß Dimitroff wegen seiner außerordentlichen Gefährlichkeit und der von ihm im Falle seiner Freilassung zu erwartenden „ungeheuerlichen Hetze gegen das nationalsozialistische Deutschland" nicht freizulassen sei. Dies hinderte ihn freilich nicht daran, gleichzeitig Vorschläge über die Forderung möglicher Gegenleistungen im Falle einer Freilassung zu machen.[243] Das Schreiben trägt den Vermerk vom 27. 2.: „Der Herr Reichskanzler hat Kenntnis" und die handschriftliche Notiz: „Die Anweisung […] ist am 27. d. Mts. durchgeführt worden". Göring und Diels haben sich also bis zum letzten Moment dafür eingesetzt, Dimitroff ins KZ zu bringen. Diese Bemühungen drangen bis zu Hitler vor. Um außenpolitische Schwierigkeiten zu vermeiden, hatte sich der Reichskanzler aber auf Anraten von Reichsinnenminister Frick, vor allem aber unter dem Druck der Weltöffentlichkeit[244] und nicht zuletzt wohl aufgrund zweier russischer Verbalnoten vom 15. und 21. Februar 1934 bereits für die Freilassung der Bulgaren entschieden.

Diels' dokumentarisch belegter Einsatz für eine Verbringung Dimitroffs in ein deutsches Konzentrationslager desavouiert nicht nur dessen Nachkriegsdarstellung über angebliche eigene humanitäre Bemühungen als billigen Reinwaschungsversuch. Das Tauziehen innerhalb der NS-Führung um die Freilassung der Bulgaren widerlegt zugleich die von dem US-amerikanischen Historiker Stephen Koch[245] geäußerte Vermutung, die Abschiebung Dimitroffs in die Sowjetunion

sei bereits vor Prozeßbeginn zwischen Hitler und Stalin vereinbart worden – und Dimitroff habe von dieser Absprache gewußt.[246]

Anmerkungen zu Kapitel 5

TEIL 1   DIE BRANDTECHNISCHEN GUTACHTEN

1   Carl Schulz, Erklärung vom 30. Oktober 1969, abgedr. in: *W. Hofer u. a.*, Der Reichstagsbrand (Neuausgabe), 96. Der Ingenieur Carl Schulz war seinerzeit im Staatlichen Materi-
alprüfungsamt Berlin-Dahlem unter Leitung von Prof. Kristen mit praktischen Versuchen im
Baugewerbe und in der Feuerverhütung beschäftigt.
2   Handschriftliche Notiz von Parrisius zu dem Gutachten Dr. Franz Ritter von der „Chemisch-Technischen Reichsanstalt" vom 9. 6. 1933, St 65, Bd. 111 (81), Bl. 149-155; abgedr.
in: Dimitroff-Dokumente, Bd. 1, Dok. 148 (gekürzt), 298-300, hier mit Bandangabe St 65/56.
3   Ergänzungsgutachten des Chemikers Dr. Schatz vom 8. 11. 1933, St 65, Bd. 26, Bl. 147-
162.
4   Protokoll über Brennversuche der Brandsachverständigen in der Küche des Reichstags
vom 25. 4. 1933, St 65, Bd. 55, abgedr. in: Dimitroff-Dokumente, Bd. 1, Dok. 108, 220f.
5   E. Josse: Gutachten betr. die Entwicklung des Brandes am 27. 2. 1933 im Reichstagsgebäude, vom 15. 5. 1933; Bundesarchiv R 43 II/294; abgedr. in: *W. Hofer u. a.*, Der Reichstagsbrand (Neuausgabe), 20-38 (die im folgenden angegebenen Seitenzahlen beziehen sich auf
diese Veröffentlichung).
6   Anklageschrift, 98.
7   Ebd., 102.
8   Ebd., 61 f.
9   Gutachten Josse, 21f.
10   Ebd., 29
11   Ebd., 30.
12   Ebd., 31.
13   Ebd.
14   Ebd., 32f.
15   Zu dieser Zahl gelangte Josse bei der Annahme, „daß der Rußbelag in den Abluftkanälen
eine Stärke von nur 1/10 mm hat, also sehr dünn ist. Daraus ergibt sich aus der Innenfläche der
Kanäle eine Rußmenge von rund 40 kg. Die eingebrachte Brennstoffmenge müßte mindestes
dieser Größenordnung entsprochen haben." Stenographische Protokolle, 22. VT., 23. 10. 1933;
Aussage abgedr. in: *W. Hofer u. a.*, Der Reichstagsbrand (Neuausg.), 39-46, Zitat 40.
16   Ebd., 32.
17   Stenographische Protokolle, 22. VT., 23. 10. 1933; Aussage abgedr. in: *W. Hofer u. a.*,
Der Reichstagsbrand (Neuausgabe), 39-46, Zitat 40.
18   Gutachten Josse, 33.
19   Ebd.
20   Ebd., 34.
21   Ebd.
22   Ebd.
23   Ebd., 37.
24   Gutachten Dipl.-Ing. Wagner, Branddirektor bei der Feuerwehr Berlin, über die Brandstiftung im Plenarsaal des Reichstages am 27. 2. 1933 durch den Holländer Marinus van der
Lubbe, vom 22. 5. 1933; St 65, Bd. 111 (81), Bl. 164-192; Bundesarchiv R 43 II/294; Aussage von Dipl.-Ing. Wagner vor dem Reichsgericht am 22. VT., 23. 10. 1933, abgedr. in: *W.
Hofer u. a.*, Der Reichstagsbrand (Neuausgabe), 47-65 (die im folgenden angegebenen Seitenzahlen beziehen sich auf diese Veröffentlichung).

25 Gutachten Wagner, 52.

26 Ebd.

27 Ebd.

28 Ebd.

29 Ebd., 52f.

30 Aussage Wagner, Stenographische Protokolle, 22. VT., 23. 10. 1933, 161-201 sowie Korrigiertes Stenogramm (Anlage zum 22. VT.), Bl. 5; abgedr. in: *W. Hofer u. a.*, Der Reichstagsbrand (Neuausgabe), 59-65.

31 Ebd., 165.

32 Ebd., 165f.

33 Ebd., 166.

34 Ebd.

35 Gutachten Wagner, 53f.

36 Ebd., 55.

37 Ebd.

38 Ebd.

39 Ebd., 55f.

40 Ebd., 56.

41 Im Gegensatz zu Branddirektor Wagner und den anderen Brandsachverständigen im Prozeß wollte Prof. Georges Urbain von der Pariser Sorbonne eine Verwendung von Explosivstoffen bei der Inbrandsetzung des Reichstagsgebäudes nicht prinzipiell ausschließen. In einem „Chemischen Gutachten zur Anklageschrift", das er für den „Untersuchungsausschuß zur Aufklärung des Reichstagsbrandes" in Paris anfertigte und in einem angefügten Interview verwies der Chemiker, ohne allerdings eigene Untersuchungen vor Ort durchgeführt zu haben, insbesondere auf die Möglichkeit einer Brandstiftung mittels großer Mengen von Schießbaumwolle. „Sie verbrennt ohne für Laien erkennbaren Geruch, mit durchsichtiger Flamme, ohne Rauch, hinterläßt keine Spuren und entwickelt sehr starke Hitze. Ist die Schießbaumwolle nicht komprimiert, so sind nur ausnahmsweise Explosionen hörbar." (Gutachten abgedruckt in: Anklage gegen die Ankläger. Die Widerlegung der geheimen Anklageschrift des Reichstagsbrand-Prozesses [Hrsg.: Weltkomitee für die Opfer des Hitlerfaschismus], Paris 1933, 43-48).

42 Gutachten Wagner, 57.

43 Aussage Wagner, 64.

44 Gutachten des Brandsachverständigen Dr. Franz Ritter vom 9. 6. 1933 ; St 65, Bd. 111 (81), Bl. 149-155, abgedr. in: Dimitroff-Dokumente, Bd. 1, 297-300 (die im folgenden angegebenen Seitenzahlen beziehen sich auf diese Veröffentlichung).

45 Gutachten Ritter, 298.

46 Ebd.

47 Ebd., 299.

48 Ebd.

49 Ebd., 300.

50 Ergänzungsgutachten des Chemikers Dr. Schatz vom 26. 10. 1933; St 65, Bd. 21, Bl 186-190. Ergänzungsgutachten des Chemikers Dr. Wilhelm Schatz vom 8. 11. 1933, St 65, Bd. 26, Bl. 147-162.

51 Schatz unterhielt in Halle/Saale ein „Wissenschaftliches Privat-Institut für naturwissenschaftliche Kriminalistik" und war u. a. gerichtlich vereidigter Sachverständiger für „Schriftvergleichung".

52 St 65, Bd. 56, Bl. 27-45.

53 Schriftliches Gutachten des Gerichtssachverständigen Dr. Schatz vom 26. 6. 1933, St 65, abgedruckt in: *W. Hofer u. a.*, Der Reichstagsbrand, 68-76, Zitat 70 (die im folgenden angegebenen Seitenzahlen beziehen sich auf diese Veröffentlichung).

54 Gutachten Schatz, 71. In seinem chemischen Gutachten zur Anklageschrift, das er im Auftrag des „Untersuchungsausschusses zur Aufklärung des Reichstagsbrandes" in Paris anfertigte, hat der an der Pariser Sorbonne Chemie lehrende Prof. Georges Urbain die von Schatz aufgestellte Hypothese angezweifelt, wonach als Brennstoff Leuchtpetroleum oder Autobenzin verwendet wurde, die beide mit stark rußender Flamme verbrennen. Diese Hypothese lasse

sich nicht mit den Beobachtungen der Zeugen in Einklang bringen, die ausgesagt hätten, daß der Plenarsaal durch den Rauch nicht verdunkelt war. Die von Schatz (aber auch von Josse) festgestellten Rußablagerungen seien kein ausreichendes Indiz für die Verwendung eines stark rußenden Brennstoffs, sondern ließen sich durch eine unvollständig erfolgte Verbrennung – welcher Materialien auch immer – allein hinreichend erklären. Beim Versuch, Schatz zu widerlegen, den er zu Unrecht verdächtigte, mit seiner Hypothese Torgler belasten zu wollen, unterlief Prof. Urbain allerdings ein Fehler. Zwar berichteten die Zeugen Lateit, Scranowitz und Losigkeit, auf die sich Prof. Urbain berief, tatsächlich, daß sie keine Rußentwicklung wahrgenommen hätten. Der Zeuge Brandmeister Klotz, den Prof. Urbain erwähnte und der gegen 21.24 Uhr, also nach den genannten Zeugen, die Tür zum Plenarsaal öffnete, gab jedoch an, daß der Saal mit dichtem, undurchsichtigem Qualm gefüllt gewesen sei. Nach dieser Beobachtung ist die Verwendung von mit rußender Flamme brennenden Brandmitteln entgegen Prof. Urbains Annahme nicht auszuschließen.

Allerdings bezweifelte auch Prof. Urbain nicht, „daß im Sitzungssaale mehrere Brandherde bestanden, die vorher vorbereitet waren. Diese Brandherde mußten gleichzeitig oder wenigstens gleichzeitig angezündet worden sein, denn sonst hätte sich das Feuer nicht so rasch ausbreiten können" (Gutachten und anschließendes Interview abgedruckt in: Anklage gegen die Ankläger. Die Widerlegung der geheimen Anklageschrift des Reichstagsbrand-Prozesses, Paris 1933, 43-48.

55 Gutachten Schatz, 69.
56 Ebd., 70.
57 Ebd., 71. Eine ausschließliche Benutzung von Filmspulen schloß Schatz hingegen ausdrücklich aus (75).
58 Allein aufgrund von Zeitungsberichten („Temps" vom 1. 11. 1933) schloß Prof. Georges Urbain, bei der von Schatz ins Spiel gebrachten selbstentzündlichen Flüssigkeit hätte es sich lediglich um eine unbegründete Hypothese gehandelt. Prof. Urbain war bei der Abfassung seines Gutachtens für den „Untersuchungsausschuß zur Aufklärung des Reichstagsbrandes" in Paris nicht bekannt, daß Schatz diese Hypothese auf entsprechende Brandmittelspuren gründete, die er im Reichstagsgebäude gefunden hatte. Auch die schriftlichen Gutachten von Schatz kannte Urbain nicht.
59 Gutachten Schatz, 74 f.
60 Ebd., 76.
61 Aussage Schatz, Stenographische Protokolle, 22. VT., 23. 10. 1933, abgedruckt in: W. Hofer u. a., Der Reichstagsbrand (Neuausgabe), 77-90 (die im folgenden angegebenen Seitenzahlen beziehen sich auf diese Veröffentlichung).
62 Aussage Schatz, 78.
63 Ebd., 79.
64 Ebd.
65 Ebd., 78. Bei der nachfolgenden Befragung nannte Schatz als Höchstdauer für die Verdunstung des Lösungsmittels und damit bis zur Entzündung des Phosphors „eine Stunde". Am folgenden (23.) Verhandlungstag schloß Schatz dann sogar eine Latenzzeit von bis zu 1 1/2 Stunden bis zur Zündung nicht aus.
66 Ebd., 80, 90.
67 Ebd., 81.
68 Ebd., 91.
69 Ergänzungsgutachten des Chemikers Dr. Schatz vom 26. 10. 1933; St 65, Bd. 21, Bl 186-190.
70 Aussage Schatz, 92.
71 Ergänzungsgutachten Schatz , Bl. 188.
72 Ebd., Bl. 189.
73 Ebd., Bl. 188.
74 Ebd., Bl. 189f.
75 Aussage Schatz, Stenographische Protokolle, 22. VT., 23. 10. 1933, abgedr. in: W. Hofer u. a., Der Reichstagsbrand, 77-90.
76 Aussage Schatz, Stenographische Protokolle, 28. VT., 31. 10. 1933, abgedruckt in: ebd., 91-93 (die im folgenden angegebenen Seitenzahlen beziehen sich auf diese Veröffentlichung).

77 Aussage Schatz, 91.
78 Ergänzungsgutachten des Chemikers Dr. Schatz vom 8. 11. 1933, St 65, Bd. 26, Bl. 147-162.
79 Ebd., Bl. 148f.
80 Ebd., Bl. 150.
81 Ebd., Bl. 151.
82 Ebd., Bl. 152.
83 Ebd., Bl. 153.
84 Ebd., Bl. 155.
85 Ebd., Bl. 156.
86 Ebd., Bl. 156f.
87 Ebd., Bl. 157.
88 Ebd.
89 Ebd., Bl. 158.
90 Ebd., Bl. 158f.
91 St 65, Bd. 53, Bl. 34-37.
92 Ergänzungsgutachten Schatz vom 8. 11. 1933, Bl. 161.
93 Ebd., Bl. 162.
94 Siehe hierzu Kap. 7.
95 Erklärung von Prof. Theodor Kristen vom Februar 1969, abgedr. in: *W. Hofer u. a.*, Der Reichstagsbrand (Neuausgabe), 94f., Zitat 95. Bestätigung durch seinen damaligen Mitarbeiter, Baumeister Carl Schulz (Erklärung vom 28. Oktober 1969; abgedr. in: ebd., 96). Das ursprüngliche Gutachten des Staatlichen Materialprüfungsamtes ist nach den Angaben von Prof. Kristen und Schulz spurlos verschwunden. Eine Rückfrage seitens der Ermittlungsbehörden habe es – auch während der Hauptverhandlung – nicht gegeben. Auch eine Anfrage von Prof. Kristen aus dem Jahr 1965 bei der Bundesanstalt für Materialprüfung in Berlin-Dahlem verlief ergebnislos. Als Erklärung für das spurlose Verschwinden der Gutachten nannte Schulz den Umstand, „daß diese Gutachten den untersuchenden Organen nicht paßgerecht waren. Dasselbe ist auch mit einem Teil der aufgenommenen Lichtbilder der Fall gewesen" (Erklärung Carl Schulz vom 30. 10. 1969, abgedr. in: ebd., 96).
96 Anklageschrift, 120.
97 In einem Bericht des Kriminalsekretärs Meyer, Mitglied der Brandkommission Reichstag, vom 17. 5. 1933 wird ausdrücklich festgehalten, daß im Brandschutt des Plenarsaales „der Rest einer Brandfackel gefunden" wurde (St 65, Bd. 111, Bl. 201; abgedruckt in: Dimitroff-Dokumente, Bd. 1, Dok. 129, 260).
98 Anklageschrift, 120.
99 Ebd., 121.
100 Ebd., 117f.
101 Urteilsschrift, 27f.
102 Anklageschrift, 91. In Anlehnung an diese Darstellung behauptet auch *Mommsen* (Anm. 82, 572), in angeblichem Widerspruch zu dem voreingenommenen Gutachter Schatz habe Prof. Brüning in seinem Gutachten die Verwendung flüssiger Brandmittel ausgeschlossen.
103 St 65, Bd. 54, Bl. 4-10; abgedr. in: Dimitroff-Dokumente, Bd. 1, 97-103, Zitat 102.
104 Ebd., Zitat 98.
105 Unter der Überschrift „War dieser Großbrand wirklich rätselhaft?" zitiert Tobias als Beweis für „die schlichte Wahrheit von der völlig natürlichen Entwicklung des Brandes" aus der Expertise dieses Gutachters unter anderem den Satz: „Nach diesen Untersuchungsbefunden haben sich somit keine Anhaltspunkte dafür ergeben, daß an den eingangs erwähnten Brandherden im Reichstagsgebäude, von denen Beweisstücke sichergestellt worden waren, ein flüssiges Brennmittel wie Petroleum oder Benzin verschüttet worden ist" *(Fritz Tobias*, Legende, 446 f.).
106 Gutachten der Preußischen Landesanstalt für Lebensmittel-, Arzneimittel- und gerichtliche Chemie über die Brandherde außerhalb des Plenarsaals, gez. Prof. Brüning, abgedr. in: Dimitroff-Dokumente, Bd. 1, Dok. 41, 97-103, Zitat 97. (Brüning „analysierte" offenbar alle Proben mit Augen, Nase und Mund.)
107 Ebd., 98.

108 Ebd., 99.

109 Ebd., 102.

110 „Schwefelkohlenstoff: Lösungsmittel, sehr leicht entzündlich, farblos, riecht im reinen Zustand aromatisch, tritt meist mit Verunreinigungen auf und riecht dann unangenehm, leicht flüchtig (Schmelzpunkt 46,3° C), reagiert ab 150° C mit Wasser – es entstehen dann die flüchtigen Gase Kohlendioxid und Schwefelwasserstoff" (*Wlodzimierz Trzebiatowski*, Lehrbuch der anorganischen Chemie, Berlin (Ost) 1966, 341).

111 Aussage Schatz, Stenographische Protokolle, 22. VT., 23. 10, 1933, abgedr. in: *W. Hofer u. a.*, Der Reichstagsbrand (Neuausgabe), 77-90, Zitat 79.

112 Expertise des Instituts für Thermodynamik der Technischen Universität Berlin vom 17. Februar 1970, abgedr. in: ebd., 97-115; im folgenden zitiert als Gutachten Stephan (Seitenangaben nach dieser Veröffentlichung).

113 E. Josse, Gutachten betr. die Entwicklung des Brandes am 27. 2. 1933 im Reichstagsgebäude, Bundesarchiv, R 43 II/294; abgedr. in: *W. Hofer u. a.*, Der Reichstagsbrand (Neuausgabe) 20-38.

114 Dipl.-Ing. Wagner, Gutachten über die Brandstiftung im Plenarsaal des Reichstages am 27. 2. 1933 durch den Holländer Marinus van der Lubbe. Bundesarchiv, R 43 II/294; St 65, Bd. 111 (81), Bl. 164-192; stark gekürzter Abdruck in: Dimitroff-Dokumente, Bd. 1, Dok. 132, 276-278.

115 Schatz, Teile des Gutachtens im Bestand: Bundesarchiv Kl Erw 396/2 (nur dieses Dokument war seinerzeit bekannt).

116 Erklärung von Prof. Dr.-Ing. Theodor Kristen vom Februar 1969, abgedr. in: *W. Hofer u. a.*, Der Reichstagsbrand (Neuausgabe), 94f., Zitat 95. Bestätigung durch seinen damaligen Mitarbeiter, Baumeister Carl Schulz (Erklärung vom 28. Oktober 1969; abgedr. in: ebd., 96).

117 Siehe Anm. 114.

118 Gutachten Stephan, 112f.

119 Ebd., 112.

120 *Karl Stephan*, „Flammenmeer im Reichstag: Van der Lubbe hat es nicht allein gelegt." In dem Beitrag weist der Autor verschiedene gegen diese Modellrechnung erhobene Einwände zurück: „So hat der ,Spiegel' (4/1970) behauptet, die Ergebnisse könnten nicht stimmen, denn der Computer sei mit falschen Daten ,gefüttert' worden. Gemeint waren damit wohl die Zeitangaben der Sachverständigen und Ermittlungsbehörden 1933. Der ,Spiegel' irrt hier. Die Zeitangaben spielen in dem Modell überhaupt keine Rolle, konnten also die ermittelte Mindestzeitspanne von erster Brandlegung bis zur Entstehung des Großbrandes auch nicht beeinflussen." Zu *Alfred Berndt*, „Zur Entstehung des Reichstagsbrandes. Eine Untersuchung über den Zeitablauf", in: VfZ 23 (1975), 77-90, vgl. Kapitel 11.

TEIL 2 DER PROZESSVERLAUF

1 Ein richterlicher Haftbefehl gegen den im brennenden Reichstag festgenommenen van der Lubbe war erst am 4. März 1933 erlassen worden. Am gleichen Tag wurde auch die gerichtliche Voruntersuchung gegen ihn eröffnet (St 65, Bd. 1, Bl. 83-84). Die gerichtliche Voruntersuchung gegen die drei am 9. März verhafteten Bulgaren begann erst am 31. März 1933.

2 *Ingo Müller*, Furchtbare Juristen, 200.

3 St 65, Bd. 2, abgedr. u. a. in: „Berliner Tageblatt und Handels-Zeitung", 23. 3. 1933; wieder abgedr. in: Dimitroff-Dokumente, Bd. 1, Dok. 58, 144.

4 Die Verwechslung erfolgte aufgrund einer Pressemeldung Weberstedts; Bundesarchiv, Akten Sack V/I/I37, Erklärung von Dr. Dröscher.

5 Dimitroff hatte am 26./27. Februar 1933 an einer Konferenz der Kommunistischen Partei Jugoslawiens in München teilgenommen.

6 St 65, Bd. 119, abgedr. in: Dimitroff-Dokumente, Bd. 1, Dok. 74, 170f. Die Aufforderung wurde am 2. April in der Presse veröffentlicht und am 4./5. April an den Berliner Litfaßsäulen angeschlagen (St 65, Bd. 121, nach: ebd., Anm. 1, 171).

7 Dimitroff-Dokumente, Bd. 1, Dok. 83, 87, 199, 248. Die Fesselung begann am 4. April 1933. Am 28. August wies Dimitroff in einem Schreiben an den Senatspräsidenten auf die Rechtswidrigkeit der Fesselung hin, die dem Verhafteten nach § 116 StPO nur dann angelegt

werden dürfe, „wenn es wegen besonderer Gefährlichkeit seiner Person, namentlich zur Sicherung anderer erforderlich erscheint, oder wenn er einen Selbstentleibungs- oder Entweichungsversuch gemacht oder vorbereitet hat" (St 65, Bd. 11, abgedr. in: ebd., Dok. 271, 433f.); vgl. auch Strafprozessordnung nebst Gerichtsverfassungsgesetz und anderen ergänzenden Gesetzen, zwölfte, neubearbeitete Auflage, mit Einleitungen und Erörterungen von Dr. Friedrich Doerr, München 1930, 124. Noch am selben Tag beschloß der 4. Strafsenat, die Fesselung der Angeklagten Torgler, Dimitroff und Popoff aufzuheben, während van der Lubbe (wegen angeblicher tätlicher Angriffe auf Beamte des Untersuchungsgefängnisses) und Taneff (wegen eines Selbstmordversuchs) weiter gefesselt blieben. St 65, Bd. 11, abgedr. in: ebd., Dok. 272, 434f.

8   Schreiben Willes an das Reichsgericht vom 8. 7. 1933, St 65, Bd. 9, abgedr. in: ebd., Dok. 181, 342; vgl. auch die Anmerkungen hierzu.

9   Aktennotiz der Pressestelle des Preußischen Staatsministeriums vom 9. 8. 1933, St 65, Bd. 214, abgedr. in: ebd., Dok. 228, 388.

10   „Verordnung des Reichspräsidenten zur Beschleunigung des Verfahrens in Hochverrats- und Landesverratsangelegenheiten vom 18. März 1933" (RGBl., I, 1933, 131). Die Verordnung „beseitigte den Eröffnungsbeschluß bei Hoch- und Landesverratssachen (Art. 3). An die Stelle des Antrags der Staatsanwaltschaft auf Eröffnung des Hauptverfahrens trat der Antrag auf Anordnung der Hauptverhandlung. Alle in der StPO an die Eröffnung des Hauptverfahrens geknüpften Wirkungen wie z. B. der unbeschränkte Verkehr zwischen Verteidiger und verhafteten Beschuldigten traten nunmehr mit der Einreichung der Anklageschrift ein; alle Wirkungen, die an die Verlesung des Eröffnungsbeschlusses gebunden waren, traten mit dem Beginn der Vernehmung des Angeklagten ein, nach diesem Zeitpunkt konnte der Angeschuldigte z. B. keinen Richter mehr wegen Befangenheit ablehnen" (§ 25 StPO). (*Lothar Gruchmann*, Justiz im Dritten Reich 1933-1940. Anpassung und Unterwerfung in der Ära Gürtner, 1051 f.; hier auch eine detaillierte Darstellung der weiteren Implikationen dieser Verordnung). Im Vorfeld des Prozesses hatte man darüber hinaus sogar die Schaffung eines neuen Gerichtes erwogen, „das nur zur Aburteilung der mit dem Brand des Reichstags zusammenhängenden strafbaren Handlungen eingesetzt würde". Dies wurde vom Reichsjustizministerium jedoch am 10. März 1933 unter Hinweis auf Artikel 105 der Reichsverfassung abgelehnt, der die Einrichtung von Ausnahmegerichten verbot. Eine dafür notwendige Verfassungsänderung hätte seinerzeit noch mit Zweidrittel-Mehrheit vom Reichstag beschlossen werden müssen. Nichts einzuwenden hatte das Ministerium jedoch schon damals gegen die Einrichtung eines Gerichts, dessen „Zuständigkeit für allgemein abgegrenzte Gruppen von strafbaren Handlungen begründet" würde (vgl. Aufzeichnung zur Beschleunigung des Verfahrens, Anlage III zur Kabinettsvorlage Schlegelbergers vom 10. 3. 1933 (die auch die Ablehnung einer rückwirkenden Lex van der Lubbe enthielt) an den Chef der Reichskanzlei, die Reichsminister und das Büro des Reichspräsidenten; Nachlaß Saemisch, Bd. 163, Bundesarchiv Koblenz, Sign. NL 171; zit. nach *Lothar Gruchmann*, 958f.).

11   St 65, Bd. 119, abgedr. in: Dimitroff-Dokumente, Bd. 2, 29f., Anm. 1.

12   Ebd. Den vom Gestapo vorbereiteten und von Diels' Stellvertreter, Oberregierungsrat H. Volk, korrigierten Enwurf des Schreibens übermittelte Diels am 21. September 1933 an Göring. In einem Begleitschreiben übte Diels scharfe Kritik an der Einmischung des Goebbels-Ministeriums. „Sachlich nicht begründet" sei die Schlußfolgerung, die „ausländische Greuelpropaganda" werde „um so eher einschlafen […], je länger und uninteressanter der Prozeß sich hinzöge". Weiter warnte er: „Andererseits ist die innen- und außenpolitische Gesamtlage nicht geeignet, derartige Experimente, die für das Ansehen Deutschlands und seiner verantwortlichen Führer die bedenklichsten Folgen haben könnten, zuzulassen. Das Reichspropagandaministerium, das sich bereits wiederholt mit Angelegenheiten befaßt hat, die als reine Polizeisachen seiner Zuständigkeit nicht unterlagen, dürfte auch mit dem erwähnten Versuch, die Prozeßführung unmittelbar zu beeinflussen, den Rahmen seiner Zuständigkeit erheblich überschritten haben" (St 65, Bd. 119, maschinenschriftlicher Entwurf, abgedr. in: Dimitroff-Dokumente, Bd. 2, Dok. 2, 28f.).

13   Niederschrift über die Ministerbesprechung vom 7. März 1933, 16.15 Uhr, abgedruckt in: *Konrad Repgen/Hans Booms* (Hg.), Akten der Reichskanzlei. Die Regierung Hitler, Teil 1, Dok. 44, 63 f. Ähnlich auch Hitler in der Kabinettssitzung vom 2. März 1933: „Dem Geschrei

[der ausländischen Presse] wäre der Boden entzogen worden, wenn der Täter sofort aufgehängt worden wäre" (abgedr. in: ebd., 146-147, Zitat 147).

14 Gestapa-Aktennotiz vom 13. 9. 1933, St 65, Bd. 141, abgedr. in: Dimitroff-Dokumente, Bd. 1, Dok. 330, 508 f.

15 Funktelegramm des Gestapa an alle Staatspolizeistellen vom 13. 9. 1933; ehemals IML, ZPA, Berlin, St 3/962, abgedr. in: ebd., Dok. 329, 508.

16 Verordnung des Reichsministers für Luftfahrt vom 15. 9. 1933; „Deutscher Reichsanzeiger und Preußischer Staatsanzeiger", 16. 9. 1933, abgedr. in: ebd., Dok. 340, 520.

17 Vgl. hierzu etwa den Bericht von Kriminalassistent Marowsky vom 21. 9. 33 über das Abhören eines Telefongesprächs des bulgarischen Rechtsanwalts S. Decev (St 65, Bd. 141, abgedruckt in: Dimitroff-Dokumente, Bd. 2, Dok. 4, 31).

18 St 65, Bd. 207 (174), Bl. 75. Band 207 der Ermittlungsakten enthält beinahe ausschließlich (illegale) Abhörprotokolle des Geheimen Staatspolizeiamtes (Gestapa).

19 Derselbe 4. Strafsenat hatte im Oktober 1932 den Verfasser der „Boxheimer Dokumente", den NS-Juristen Dr. Werner Best, „aus Gründen mangelnden Beweises hinsichtlich der Anschuldigung des Hochverrats außer Verfolgung" gesetzt (K. D. Bracher, Die Auflösung der Weimarer Republik, 383) sowie Carl von Ossietzky im sogenannten Weltbühnenprozeß verurteilt. Ebenfalls vor dem 4. Strafsenat durfte Hitler in dem Aufsehen erregenden Verfahren gegen die drei Ulmer Reichswehroffiziere seinen sogenannten Legalitätseid leisten.

20 Dr. h. c. jur. Wilhelm Bünger war Mitglied der Deutschen Volkspartei (DVP) und wurde nach einer Karriere als Reichsanwalt im November 1920 in den Sächsischen Landtag gewählt. Von 1924-1927 war er Sächsischer Justizminister, von Februar bis Juni 1929 Volksbildungsminister und von Juni 1929 bis Mai 1930 Ministerpräsident in Sachsen. 1931 wurde er ans Leipziger Reichsgericht berufen, wo er die Leitung des IV. Strafsenats übernahm.

21 Noch vor Einleitung eines Verfahrens hatte Werner erklärt, es sei überhaupt zweifelhaft, ob der Tatbestand des Hochverrats gegeben sei, weil die in den „Boxheimer Dokumenten" dargelegten Pläne die nationalsozialistische Machtergreifung nur nach einem kommunistischen Aufstand vorsähen. W. Heine, „Staatsgerichtshof und Reichsgericht über das hessische Manifest", in: Die Justiz, Bd. 7 (1931/32), 154ff. (Bei den nach ihrem Entstehungsort, dem „Boxheimer Hof" bei Bbürstadt an der Bergstraße, benannten Dokumenten handelte es sich um eine Sammlung von Richtlinien und Maßnahmen, die von führenden Nazies für den Fall eines kommunistischen Putschversuchs und einer nachfolgenden NS-Machtübernahme als Notwendig erachtet wurden. Die „Boxheimer Dokumente" sind abgedr. in: E. Hennig [Hrsg.], Hessen unterm Hakenkreuz, 1983, 435 ff. Nach Ingo Müller, Furchtbare Juristen, 30).

Zur Abhängigkeit des Oberreichsanwalts von den NS-Machthabern zitierte Diels in seinen Memoiren eine angebliche Äußerung Görings, „es wäre idiotisch ihre kleinen Leute anzuklagen. Der Kommunismus soll getroffen werden, die Komintern und die KPD. Was geht Sie überhaupt das Ganze an? Der Oberreichsanwalt ist zuständig für den Prozeß. Er handelt nach meinem Willen." (Rudolf Diels, Lucifer ante portas, 202).

22 „Preußische Zeitung", Königsberg, 14. 9. 1933.

23 Anklageschrift, 4f.

24 Vgl. hierzu auch Kap. 9.

25 Brief von Benno Wilhelm Stomps an Prof. Walther Hofer vom 18. 10. 1972 (Depositum Walther Hofer, Schweizerisches Bundesarchiv, Bern).

26 Der damalige NS-Staranwalt Dr. Alfons Sack verteidigte Georg Bell im sogenannten Tscherwonzenfälscher-Prozeß, vertrat 1931 u. a. von Helldorf, Ernst und Gewehr im „Kurfürstendamm-Prozeß" (der die ersten – unter Leitung von Helldorfs und der Mitwirkung von Karl Ernst und Hans Georg Gewehr begangenen – antisemitischen Ausschreitungen zum Gegenstand hatte), aber auch 1931-1933 den von der SA im Zusammenhang mit dem Reichstagsbrand ermordeten Hellseher Erik Jan Hanussen in zahlreichen Verfahren; ab 1. 5. 1932 NSDAP-Mitglied; am 30. 6. 1934 anläßlich des „Röhm-Putschs" kurzzeitig im „Columbia-Haus" inhaftiert (vgl. Kapitel 9).

27 Sitzungsausschlüsse Dimitroffs: 6. 10. 33 (wegen des Ausrufs: „Die Polizei ist überhaupt komplett unfähig!"); 11. 10. 33 (für drei Sitzungstage wegen Fragen bei der Beweisaufnahme); 1. 11. 33 (wegen Polemik gegen falsche Zeugenaussagen); 3. 11. 33 (für zwei Sitzungstage nach Wortwechsel mit Bünger über Bürgerrechte in der Sowjetunion); 4. 11. 33 (für zwei Sit-

zungstage; trotz vorherigem Ausschluß erschien Dimitroff bei der Vernehmung Görings am selben Tag, wurde jedoch anschließend zum fünften Mal ausgeschlossen).

28 Stenographischer Bericht über die Verhandlung gegen die Reichstagsbrandstifter van der Lubbe und Genossen; zit. als: Stenographische Protokolle, unter Angabe des jeweiligen Verhandlungstages (VT.).

29 *Leo Trotzki,* „Lektion für einen Staatsanwalt", in: *Leo Trotzki,* Schriften über Deutschland, Frankfurt a. M. 1971, 645-651. Zitat 645f.

30 Ebd., 647.

31 Ebd., 647ff.

32 Bericht Sommerfeldt vom 6. 10. 1933, St 65, Bd. 199, Bl. 70-74.

33 St 65, Bd. 109, Bl. 24, Geheimes Staatspolizeiamt, Zweigstelle Leipzig, Notiz vom 18. 9. 33, unterzeichnet von Kriminalkommissar Heisig. Vgl. hierzu auch Kap. 9.

34 Dr. Voss wurde am 30. Juni 1934 ermordet.

35 Aus einem Bericht, den Rudolf Diels am 9. Dezember 1933 für seinen Vorgesetzten Göring verfaßte; St 65, Bd. 200 (167), Bl. 66-71.

36 RGBl., 1933, I, 151; abgedr. in: Dimitroff-Dokumente, Bd. 1, 155. Das Gesetz bestimmte: „§ 5 der Verordnung des Reichspräsidenten zum Schutz von Volk und Staat gilt auch für Taten, die in der Zeit zwischen dem 31. 1. und dem 28. 2. begangen sind". Als sogenannte Lex van der Lubbe sollte dieses Gesetz traurige Berühmtheit erlangen.

37 Van der Lubbe war Sympathisant der „Gruppe Internationaler Kommunisten" (GIC), die in engem Kontakt mit der geistesverwandten „Allgemeinen Arbeiterunion Deutschlands" (AAU) stand. Vgl. hierzu Kap. 6.

38 Anklageschrift, 174f.

39 Ebd., 175.

40 Mitteilung der holländischen Polizei vom 27. 4. 1933, auf Ersuchen Heisigs. Am 21. September wurde dieser Polizeibericht in holländischer Sprache und anschließend in deutscher Übersetzung vor dem 4. Strafsenat verlesen (Stenographische Protokolle, 1. VT., 106ff.).

41 Die „Zeugenliste" im Anhang zur Anklageschrift enthielt 160 Namen.

42 Stenographische Protokolle, 33. VT., 7. 11. 1933, 121f.

43 Urteilsschrift, 64.

44 Stenographische Protokolle, 34. VT., 8. 11. 1933, 151ff.

45 Stenographische Protokolle, 39. VT, vgl. Dimitroff-Dokumente, Bd. 2, Dok. 223, 510-526.

46 Urteilsschrift, 63.

47 Ebd., 62-64.

48 Nach Braunbuch II (Dimitroff contra Göring. Enthüllungen über die wahren Brandstifter), Reprint, Frankfurt a. M. 1981, 21.

49 Stenographische Protokolle, 31. VT., 4. 11. 1933, 123f.

50 Dieses Wahlflugblatt der KPD, Bezirk Berlin-Brandenburg: „Auf zur Einheitsfront der Tat! Werktätige Berlins! Arbeiter, Arbeiterinnen aus der SPD, dem Reichsbanner, der SAI, Gewerkschaftskollegen u. -kolleginen" (Vorderseite), „Unser Sofort-Programm. Arbeiter und Bauern! Her zur einzigen Freiheitspartei" (Rückseite) mit dem handschriftlichen Vermerk „Georgenkirche" auf der Rückseite befindet sich in den Ermittlungsakten (St 65, Bd. 1, Hülle 54). Das Flugblatt war bereits ab Mitte Februar 1933 in Berlin in großen Mengen zur Verbreitung gelangt und von der Politischen Polizei genehmigt worden. Vgl. hierzu auch die Darstellung bei *Anonymus* (d. i. *Walther Korodi), Ich kann nicht schweigen,* 59ff. (Abbildung der Vorderseite des Flugblatts: 61).

51 St 65, Bd. 5, abgedr. in: Dimitroff-Dokumente, Bd. 1, Dok. 6, 24-32.

52 St 65, Bd. 109, abgedr. in: ebd., Dok. 29, 70-78.

53 Aussage Poeschel vom 28. 2. 1933, St 65, Bd. 109, Bl. 16 + 16 R.

54 Vernehmung Poeschel, Stenographische Protokolle,15. VT., 48ff., Zitat 74-76.

55 Laufender Bericht der Brandkommission K J I, 8 vom 2. 3. 1933, St 65, Bd. 53, Bl. 6.

56 Stenographische Protokolle, 36. VT., 191f.

57 Ebd., 205 u. 206f.

58 Ebd., 222, 225.

59 Stenographische Protokolle, 11. VT., 74f.

60 Stenographische Protokolle, 36. VT., 228/30.
61 Stenographische Protokolle, 52. VT., 176f.
62 Stenographische Protokolle, 36. VT., 235.
63 Ebd., 237 u. 239/40.
64 Ebd., 243f.
65 Ebd., 247.
66 Ungeachtet einer Fülle von Unklarheiten sprach Tobias von der „minutiösen Überprüfung von Lubbes Angaben über die Tage und Stunden seines Aufenthaltes in Deutschland und Berlin" (*Tobias*, 314). Ähnlich äußert sich Mommsen im Hinblick auf die Berliner Tage: „Die Kriminalisten der Untersuchungskommission haben alles getan, um das Itinerar van der Lubbes und seine Kontakte mit Dritten zu ermitteln" (*Mommsen*, 370). Es blieben zwar, so räumt er immerhin ein, „einige Lücken, insbesondere [...] über die Nachmittagsstunden des 27. Februar", für eine „angebliche Gleichschaltung" des Holländers seien jedoch, so Mommsen weiter, „nur jene paar Nachmittagsstunden" des 27. Februar geblieben.
67 Anklageschrift, S. 73; Stenographische Protokolle, 8. VT., 154; 42. VT., 141, 152.
68 Die „Spandauer Zeitung" meldete am 27. Februar lediglich, daß am Nachmittag des Vortages im Lustgarten (also im Berliner Stadtzentrum) zum erstenmal ein „Massenaufmarsch der nationalsozialistischen Betriebszellenorganisationen des Gaues Groß-Berlin" mit anschließendem Umzug durch den Berliner Osten stattgefunden habe. Allerdings erlebte Spandau am Sonnabend, den 25. Februar, einen größeren NS-Aufmarsch anläßlich der Beisetzung eines erschossenen SA-Mannes namens Gerhard Schlemminger (genannt Plenk).
69 St 65, Bd. 30 (30), Bl. 165-168.
70 St 65, Bd. 1, Bl. 59 R, abgedr. in: Dimitroff-Dokumente, Bd. 1, 41.
71 Hierzu und zum Folgenden siehe: *W. Hofer u. a.,* Der Reichstagsbrand, Bd. 2, 127-138, Neuausg. 215-223.
72 Stenographische Protokolle, 8. VT., 51.
73 St 65, Bd. 25, Bl. 159-161; auch St 65, Bd. 112, Bl. 174-176, mit Vernehmungen in Hennigsdorf, Bl. 177-189.
74 St 65, Bd. 77, Bl. 107; Stenographische Protokolle, 52. VT., 6. 12. 1933, 261-300. Überprüft wurden neun Berliner und auswärtige Zeitungen vom 6. und 7. Dezember 1933.
75 Siehe dazu insgesamt Kap. 6.
76 Fritz Tobias machte daraus – als handle es sich um eine einwandfrei feststehende Tatsache – Rottenbuch in Oberbayern.
77 „Der Unbekannte aus dem Nachtasyl", in: „Stern", 1969, Nr. 49.
78 Die abenteuerlichste Variante lieferte Harry Wilde, der (nach mehreren Zeitungsbeiträgen, z. T. unter Pseudonymen wie „Schulze-Wilde") in dem mit Hans Otto Meißner verfaßten Bericht „Die Machtergreifung", Stuttgart 1958, nach angeblichen Erzählungen eines SA-Mannes aus dem Stab Helldorf, den Wilde in Paris getroffen haben will, einen „Paul Waschinski" mit allseitigen Beziehungen und Beteiligungen vorstellte. Erstmals hatte Wilde die Waschinski-Story in dem mit Jeff Last verfaßten Roman „Kruisgang der Jeugd", Rotterdam 1939, erfunden. In der Schreibweise folgte er dem Braunbuch II, 270f., 315.
79 St 65, Bd. 25, Bl. 161.
80 Siehe: Neumanns Orts-Lexikon des Deutschen Reichs. Ein geographisch-statistisches Nachschlagebuch für deutsche Landeskunde, 3. Aufl. v. *Wilhelm Keil.* Leipzig/Wien 1894, 357; vgl. Alphabetisches Ortsnamenverzeichnis (Wohnplatzverzeichnis) der Deutschen Ostgebiete unter fremder Verwaltung nach dem Gebietsstand am 1. 9. 1939, Remagen 1955, 280: Hoppenbruch als Stadtteil von Marienburg (heute polnisch: Sztumskie Przedmiescie). Bei *Neumann*, 278, ist noch eine Landgemeinde Großhoppenbruch im Kreis Heiligenbeil/Ostpreußen mit Eisenbahnstation Hoppenbruch aufgeführt. Müllers Großes Deutsches Ortsbuch, 7. Aufl. Wuppertal/Barmen 1938, 457, verzeichnet nur ein Gut Hoppenbruch mit 7 Bewohnern bei der Gemeinde Haßlinghausen im Ennepe-Ruhr-Kreis/Westfalen (dort ist der Name Waschitzki, wie W. Kugel feststellte, nicht nachweisbar) und, 528, ein Dorf Klein Hoppenbruch am Frischen Haff in Ostpreußen.
81 Karwahne trat nach Ausschluß aus der KPD 1926 der KPD-Opposition (Linke KPD) von Iwan Katz bei. Er war u. a. Bürgervorsteher in Hannover, legte dieses Amt aber nach Vereinigung der KPD-O mit der AAU(E) zum „Spartakusbund" (Politisch-wirtschaftliche Ein-

heitsorganisation) im Dezember 1926 nieder. Vgl. Stadtarchiv Hannover, Altregistratur Bürgervorsteher-Kollegium Hannover, Nr. 71; KAZ, Jg. 7, Nr. 94, November 1926 (nach *Otto Langels,* Die ultralinke Opposition der KPD in der Weimarer Republik, Frankfurt a. M. 1984, 105), sowie *Ernst Fischer,* Das Fanal. Der Kampf Dimitroffs gegen die Kriegsbrandstifter, Wien 1946, 28. Laut Fischer soll Karwahne auch den Sturm auf das KPD-Parteihaus in Hannover organisiert haben.

82   Vernehmung Karwahne vom 28. 2. 1933, St 65, Bd. 1, Bl. 23-25.

83   Vernehmung Kroyer vom 28. 2. 1933, 2 Uhr, St 65, Bd. 1, Bl. 27.

84   Hierbei handelte es sich um den im Reichstag festgenommenen Schornsteinfegermeister Wilhelm Heise, der auch Karwahnes Freund Frey, offenbar aber nicht Kroyer gegenübergestellt wurde (vgl. Vernehmung Karwahne und Frey vom 28. 2. 1933, St 65, Bd. 1, Bl. 26 R; Vernehmung Kroyer vom 28. 2. 1933, 2 Uhr, St 65, Bd. 1, Bl. 27). Zu Heise siehe Kap.4/1.

85   St 65, Bd. 2, Bl. 156.

86   Stenographische Protokolle, 25. VT., 21.

87   Ebd.

88   Ebd.

89   Stenographische Protokolle, 24. VT., 40.

90   St 65, Bd. 1, Bl. 27.

91   Stenographische Protokolle, 31. VT., 123f.

92   Ebd., 124.

93   Anklageschrift, 142. Vernehmung von Karwahne, Kroyer u.Frey, St 65, Bd. 1, Bl. 23-27.

94   Urteilsschrift, 43-50.

95   Vernehmung Weberstedt mit Gegenüberstellung van der Lubbe vom 27. 3. 1933 durch Kriminalassistent Marowsky, St 65, Bd. 3, Bl. 17R.

96   Die Verwechslung erfolgte aufgrund einer Pressemeldung Weberstedts; Bundesarchiv, Akten Sack V/I/I37, Erklärung von Dr. Dröscher. In auffälliger Analogie zu dieser Personenverwechslung hatte van der Lubbe unmittelbar nach seiner Verhaftung gegenüber dem ihn vernehmenden Polizeileutnant Lateit erklärt, einen weiteren Brand im Berliner Dom geplant zu haben (Stenographische Protokolle, 14. VT., 67ff., Vernehmung des Zeugen Lateit). Nur einen Tag darauf empfahl zu allem Überfluß der nationalsozialistische Reichstagsabgeordnete Harmony, der sich am Brandabend in der Nähe des Reichstagsgebäudes aufgehalten hatte, wegen der Brandlegung im Reichstag den Kirchen besondere Aufmerksamkeit zu schenken! (St 65, Bd. 3, Bl. 123.)

97   Weberstedt in der Anklageschrift: 150ff. (Belastung Torglers), 182 (Belastung Taneffs); Aussage Ruppin: 154; Aussage Dröscher: 181. Vernehmungen in der Hauptverhandlung: Stenographische Protokolle, 26. VT., S. 161 ff. (Weberstedt); 27. VT., S. 141 ff. (Ruppin); S. 232 ff. (Dröscher).

98   Anklageschrift, 135ff.

99   Bundesarchiv, Akten Sack I/IX/216; IV/II/49; IV/III/218ff. (Vernehmung Singer); Anklageschrift, 187ff.; Stenographische Protokolle, 40. u. 41. VT. (Vernehmung Grothe, Singer, Kempner u. a.).

100   Anklageschrift, Kap. VI „Die Aussagen des Zeugen Grothe", 187-197.

101   Diese Vermutung äußerte neben dem von Grothe beschuldigten Singer (Stenographische Protokolle, 40. VT., 247) im übrigen auch der Schweizer Journalist Ferdinand Kugler in seinem allgemein zuverlässigen Prozeßbericht; *Kugler,* 172. Weitere Indizien und Verdachtsmomente für die Spitzelrolle Grothes bei *W. Hofer u. a.,* Der Reichstagsbrand (Neuausgabe), 191ff. Grothe gab 1944 laut Aussage Georg Koeppens zu, als Spitzel mit dem Polizeipräsidium Berlin und der Gestapo zusammengearbeitet zu haben (ebd., 192, Anm. 186).

102   Stenographische Protokolle, 41. VT., 93f.

103   Stenographische Protokolle, 52. VT., 53ff. u. 121.

104   Urteilsschrift, 52ff.

105   Verhör durch Kriminalkommissar Heisig, St 65, Bd. 1, abgedr. in: Dimitroff-Dokumente, Bd. 1, Dok. 6, 24 ff.

106   Vernehmung durch Kriminalkommissar Zirpins, St 65, Bd. 1, abgedr. in: ebd., Dok. 12, 39 ff.

107 Vernehmung Ernst Panknin vom 6. 3.1933 durch Kriminalkommissar Braschwitz, St 65, Bd. 52, Bl. 1 ff.

108 Vernehmung Ernst Panknin vom 9. 4.1933 vor dem Untersuchungsrichter, St 65, Bd. 52, Bl. 96-98 R, Zitat Bl. 97R.

109 Vernehmung Ernst Panknin vom 10. 3. 1933 durch Kriminalkommissar Braschwitz, St 65, Bd. 52, Bl. 6 R-7.

110 St 65, Bd. 52 (Neukölln), Vernehmungen (durch Braschwitz bzw. Marowsky) vom 13. 3, 16. 3. (Zachow), 16. 3. (Löwe/Zachow), 17. 3. (Löwe), 18. 3. (Bienge).

111 Anklageschrift, 31-45.

112 St 65, Bd. 9, Bl. 376/77.

113 St 65, Bd. 199, nach: Dimitroff-Dokumente, Bd. 2, Anm. 1, 138.

114 St 65, Bd. 5, Bl. 55f. (undatierte Vernehmung van der Lubbes durch Braschwitz, auch abgedruckt bei *Fritz Tobias*, 607ff.); Anklageschrift, 36. Vgl. dazu auch Stenographische Protokolle, 45. VT., 153f. und 42. VT., 72f., sowie 6. VT., 63ff.

115 So z. B. in der Vernehmung durch Kriminalassistent Marowsky vom 27. 3. 1933, St 65, Bd. 3, Bl. 6, 6 R.

116 Panknins diesbezügliche Behauptungen hatte van der Lubbe bereits in der Voruntersuchung entschieden dementiert. Vgl. Vernehmung vor dem Untersuchungsrichter Vogt vom 14. 3. 1933, St 65, Bd. 2, abgedr. in: Dimitroff-Dokumente, Bd. 1, Dok. 48, 118-120.

117 Bundesarchiv, Außenlager Hoppegarten, ZA II 9107; nach *Ferdinand Kugler* (Das Geheimnis des Reichstagsbrandes, 64) soll der Zeuge im Knopfloch das Abzeichen der SA getragen haben.

118 Nach einer Notiz in den Ermittlungsakten wurden Panknin 300 Reichsmark als Belohnung bewilligt und am 25. Januar 1936 von der Kasse des Gestapa überwiesen (St 65, Bd. 198 (165), Bl. 62R).

119 Stenographische Protokolle, 7. VT., 166ff.

120 Stenographische Protokolle, 8. VT., 1ff.

121 Ebd., S. 35.

122 Daß sich van der Lubbe „besonders für die Arbeiterunion interessiert" gezeigt habe, hatte bereits der Zeuge Kurt Kösterke in seiner Vernehmung vor dem Untersuchungsrichter am 12. April 1933 ausgesagt (St 65, Bd. 52, Bl. 128-131, Zitat 130).

123 Stenographische Protokolle, 8. VT., 57ff., Zitate 57, 59/60.

124 Vernehmung Kurt Starker vom 11. 4. 1933 vor dem Untersuchungsrichter (i. V. LGRat Wernecke), St 65, Bd. 52, Bl. 110-113; Anklageschrift.

125 Stenographische Protokolle, 8. VT., 121ff.

126 Ebd., 143f. Vgl. hierzu Kap. 6.

127 Preußisches Geheimes Staatsarchiv, Gestapo, Rep 90P, Nr. 111 (Schutzhäftlinge).

128 Stenographische Protokolle, 21. VT., 181ff., Zitat 202.

129 Erklärung Bienge vom 11. 3. 1963. Auch der im Prozeß mitangeklagte Popoff, der nach dem Krieg als Diplomat in Berlin tätig war, erinnerte sich, von Bienge erfahren zu haben, daß er und Zachow tatsächlich „durch van der Lubbe und seinen Begleiter (!) in die Brandaffäre hineingezogen werden sollten." (Popoff, Erklärung vom 24. 3. 1966, S. 10. Vgl. hierzu auch *W. Hofer u. a.*, Der Reichstagsbrand (Bd. 2, 190).

130 Erklärungen Hellers, Stenographische Berichte, 45. VT. u. 46. VT., 1, 121; Zeugenvernehmungen 46. VT., 121-242; 47.-50. VT., 51. VT, 1, 231; 52. VT., 237-261.

131 Anklageschrift, 163.

132 Ebd., 159-163; Stenographische Protokolle, 29. VT., 142ff., 216ff.; Urteilsschrift, 52.

133 Verhör: Stenographische Protokolle, 28. VT., S. 2 ff.; Gutachten über Morphiummißbrauch und Magenleiden: 52. VT., 22; Urteilsschrift, 52.

134 Stenographische Protokolle, 38. VT., teilweise abgedr. in: Dimitroff-Dokumente, Bd. 2, Dok. 219, 497-506.

135 Stenographische Protokolle, 32. VT, 6. 11. 1933.

136 Anklageschrift, 167; Stenographische Protokolle, 32. VT., 173ff.; 38. VT., 11ff.; Urteilsschrift, 65ff., 70.

137 Stenographische Protokolle, 40./41. VT., abgedr. in: Dimitroff-Dokumente, Bd. 2, Dok. 232, 233.

138 Interview mit Erich Schmalfuß, Mai 1992. Vgl. *W. Hofer u. a.*, Der Reichstagsbrand (Neuausgabe), Anm. 109, 227.

139 Vernehmung Schmalfuß vom 2. 12. 1933, St 65, Bd. 107; teilweise abgedr. in: Dimitroff-Dokumente, Bd. 2, Dok. 274, 656-676, Zitat 667.

140 St 65, Bd. 107. Die Vernehmungen sind teilweise abgedr. in: ebd., Dok. 268, 641-651, u. Dok. 274, 656-676.

141 St 65, Bd. 35. Das Rundschreiben trägt die maschinenschriftlichen Vermerke: „Geheim!", „Einschreiben!" und wurde an 42 Landeskriminalpolizeistellen versandt. Abgedr.in: Dimitroff-Dokumente, Bd. 1, Dok. 61, 150.

142 St 65, Bd. 3, 4, 5, 6 u. 8.

143 St 65, Bd. 204 u. 199, vgl. Dimitroff-Dokumente, Bd. 1, 519; Anm. 2, 455.

144 St 65, Bd. 200, zit. nach: ebd., Dok. 339, 519.

145 Ebd., Dok. 290, 455.

145a Reinhold Heller (geb. 15. 7. 1885), seit November 1932 Kriminalpolizeirat und Leiter der Inspektion KPD im Außendienst der Abteilung I des Polizeipräsidiums Berlin. Eintritt in die NSDAP im März 1933 (offizielles Eintrittsdatum 1. 5. 1933). Am 1. 9. 1933 offiziell ins Gestapa übernommen.

146 St 65, Bd. 199, zit. nach: Dimitroff-Dokumente, Bd. 2, 617, Anm. 1.

147 St 65, Bd. 121, zit. nach: ebd.

148 Z. B. Stenographische Protokolle, 45. VT., 53f. und 61ff.

149 Dies geht aus dem streng vertraulichen Gestapa-Abhörprotokoll eines Telefongesprächs zwischen dem Richter am Reichsgericht Walter Froelich und einem Professor aus Jena hervor. „Froelich: Der Präsident [Bünger] ist sehr schlapp (sich verbessernd) sehr müde. Er nützt die Situationen nicht aus; ihm fehlt die Technik des Verhandelns. [...] Es ist sehr schade, daß nicht eine vernehmungstüchtige Persönlichkeit in der Mitte sitzt. Professor: Was soll man denn unter dem politischen Teil verstehen? Froelich: Der politische Teil ist meiner Ansicht nach vollkommen überflüssig, aber die andern wollen die Tätigkeit der Partei [KPD] in den letzten 20 Jahren aufrollen. Prof: Wann ist es denn nun zu Ende? Froelich: Das läßt sich gar nicht sagen. Ich habe ja wie der [Bünger] nicht die Befugnis mit dem Kerl [Lubbe] so zu reden, wie man müßte." St 65, Bd. 207 (174), Bl. 75.

150 Stenographische Protokolle, 45. VT., 52ff. und 61ff.

151 Vgl. *Ossip K. Flechtheim*, Die KPD in der Weimarer Republik, Frankfurt a. M. 1969.

152 Vgl. hierzu u. a. *Hermann Weber*, Die Wandlung des deutschen Kommunismus. Die Stalinisierung der KPD in der Weimarer Republik, Frankfurt a. M. 1969, Bd. I, 239ff. sowie *Ossip K. Flechtheim*, Die KPD in der Weimarer Republik, 286ff. (hieraus auch das Zitat).

153 *Leo Trotzki*, „Lektion für einen Staatsanwalt", in: *ders.*, Schriften über Deutschland, Frankfurt a. M. 1971, 645-651, Zitat 650.

154 ZStA, RMdI, 25795/9, Bl. 25f. Nach verschiedenen Zeugenaussagen wurde Kattner nicht von Kommunisten, sondern von Gestapo-Agenten als gefährlicher Mitwisser beseitigt. Vgl. dazu auch *Diels*, Lucifer ante portas, 290ff.

155 Vgl.*Graf*, Politische Polizei, 228; *W. Hofer u. a.*, Der Reichstagsbrand (Neuausgabe) 179f.

156 Bundesarchiv Berlin (vormals BDC), Sonderakte Thälmann-Prozeß; ZstA, RMdI, 25795/8.

157 Heller war es auch, der im Juni 1933 den Plan zu einem großen Thälmann-Prozeß bearbeitete.

158 Feststellungen der hessischen amtlichen Pressestelle, abgedruckt in: Das Parlament 3, Nr. 11, 18. 3. 1953.

159 Bundesarchiv; RMVP, G-PA-14, Original im Yivo-Institute for Jewish Research, New York.

160 Anonymus (d. i.*Walter Korodi*), Ich kann nicht schweigen, 74.

161 *Adolf Ehrt*, Bewaffneter Aufstand! Enthüllungen über den kommunistischen Umsturzversuch am Vorabend der nationalen Revolution, Berlin-Leipzig 1933, 173.

162 Anonymus (d. i.*Walter Korodi*), Ich kann nicht schweigen, 80.

163 Ebd., 81.

164 Ebd., 83.

165 *Adolf Ehrt*, 111.

166 Stenographische Protokolle, 46. VT., 28. 11.1933, abgedr. in: Dimitroff-Dokumente, Bd. 2, 604-618, Zitat 607.
167 Ebd., Zitat 610.
168 Ebd., Zitat 611.
169 Stenographische Protokolle, 45. VT., 27. 11. 1933, abgedr. in: ebd., 617, Anm. 2.
170 Stenographische Protokolle, 47. VT., 82.
171 Stenographische Protokolle, 57. VT, 23. 12. 1933, Mündliche Urteilsbegründung, 31-50, Zitat 35.
172 Erlaß des Preußischen Ministers des Innern, II C I 41 Nr. 150/33; Bundesarchiv, P 135/3736, fol. 1a. Vgl. die Ausführungsbestimmungen vom 28. Februar 1933, a. a. O., fol. 11f. Am 14. März 1933 wurde auch ein „Höherer Polizeiführer im Osten" eingesetzt; vgl. den Erlaß Görings II C I 41 Nr. 150 IX/33 vom 31. Mai 1933, der die Vollmachten beider Kommissare mit Wirkung vom 10. Juni 1933 aufhob, a. a. O., fol. 27 (nach *Wolfgang Sauer,* „Die Mobilmachung der Gewalt", in: *Bracher/Sauer/Schulz,* 866).
173 Stenographische Protokolle, 47. VT., 86-91.
174 Funkspruch des Preußischen Innenministeriums an alle Polizeibehörden und den Höheren Polizeiführer West in Recklinghausen, St 65, Bd. 135, abgedr. in: Dimitroff-Dokumente, Bd. 1, Dok. 4, 21f.
175 Bericht des Kommandos der Schutzpolizei an R. Diels über Maßnahmen nach der Brandstiftung, St 65, Bd. 135, abgedr. in: ebd., Dok. 5, 22-24.
176 Stenographische Protokolle, 48. VT., 2-10.
177 Gemeint ist der Erlaß des Preußischen Ministers des Innern (siehe Anm. 172), der vor Gericht nicht verlesen wurde.
178 Stenographische Protokolle, 53. VT., 41.
179 Stadtarchiv Herdecke, Sig. Ende neu / Reg 7, Fach 4, XVI, Polizeiangelegenheiten; als Faksimile abgedruckt in: *W. Hofer u. a.,* Der Reichstagsbrand (Neuausgabe), 488. Eine weitere Ausfertigung dieses Schreibens befindet sich im Nordrhein-Westfälischen Staatsarchiv in Münster in einer Akte des Landratsamts Tecklenburg zur Sicherheitspolizei (Kreis Tecklenburg, Landratsamt Nr. 1800). Noch am 27. Februar 1933 empfahl auch das Württembergische Landeskriminalpolizeiamt beim Polizeipräsidium in Stuttgart auf Anregung eines Oberamtes in einem mit „Eilt! Vertraulich!" deklarierten Schreiben an sämtliche Oberämter, Polizeidirektionen und Polizeiämter Württembergs die Einrichtung von Karteien mit den Personalien „der politisch zweifelhaften Persönlichkeiten, [...] hauptsächlich kommunistischen Funktionären" (Kreisarchiv Schwäbisch Hall, 1/1076).
180 Stenographische Protokolle, 45. VT., 27. 11. 1933, 96-100.
181 Stenographische Protokolle, 50. VT., 4. 12. 1933, 82.
182 Sack hatte am Sonnabend, den 4. November 1933 bei der Verhandlung Göring gefragt, ob die Wahlaussichten für die NSDAP so schlecht gewesen seien, daß sie eines besonderen propagandistischen Coups bedurft hätte. Göring reagierte äußerst gereizt. Am Montag, den 6. November erschien Sack nicht zum Prozeß. Sein Sozius Pelckmann teilte mit, Sack sei „infolge Wahrnehmung auswärtiger Termine vorläufig verhindert zu dem heutigen Termin zu erscheinen" (St 65, Bd. 120 [90], Bl. 128). Sack erschien erst wieder am 8. November, als Goebbels vernommen wurde.
183 St 65, Bd. 120 [90], Bl. 128.
184 Franz Gürtner (1881-1941), 1932-1941 Reichsjustizminister.
185 Dr. Voss wurde am 30. Juni 1934 ermordet.
186 Aus einem Bericht, den Rudolf Diels am 9. 12. 1933 für seinen Vorgesetzten Göring verfaßte; St 65, Bd. 200 (167), Bl. 66-71. Das Schreiben ist von Diels unterzeichnet.
187 St 65, Bd. 143 (113), Bl. 185; teilweise abgedr. in: *W. Hofer u. a.,* Der Reichstagsbrand (Neuausgabe), 206, Anm. 32.
188 St 65, Bd. 200 (167), Bl. 66-71.
189 Zu den Widersprüchen in Helldorfs Aussage siehe Kap. 2.
190 Braunbuch I, 107f.
191 Bericht Sommerfeldt vom 6. 10. 1933, St 65, Bd. 199, Bl. 70-74.
192 „Völkischer Beobachter" (Ausgabe A, Berlin), 5. 10. 1933.
193 Stenographische Protokolle, 31. VT., 4. 11. 1933, 131.

194 Ebd., 134.

195 *Justinian* (d. i. Erich Kuttner), Reichstagsbrand. Wer ist verurteilt?, 43.

196 Am 7. November meldete WTB: „Gegenüber den in einem Teil der ausländischen Presse erschienen falschen Wiedergaben und tendenziösen Interpretationen der Aussagen des Herrn Ministerpräsidenten Göring im Reichstagsbrandprozeß wird festgestellt, daß die Sowjetunion ihren Zahlungsverpflichtungen in Deutschland bisher stets pünktlich nachgekommen ist." („Frankfurter Zeitung und Handelsblatt" [Reichsausgabe], 8. 11. 1933, abgedr. in: Dimitroff-Dokumente, Bd. 2, Anm. 2, 409).

197 Stenographische Protokolle, 34. VT., 9. 11. 1933, 5ff.

198 *Ingo Müller*, Furchtbare Juristen, 43.

199 Auch im Reichsjustizministerium stand man ursprünglich auf dem Standpunkt, daß die Anwendung der Todesstrafe im Fall der Reichstagsbrandstiftung rechtlich unzulässig sei. Dies belegt eine Aufzeichnung „zur Frage der Bestrafung der Täter", die Staatssekretär Schlegelberger am 10. 3. 1933 an den Chef der Reichskanzlei, Staatssekretär Heinrich Lammers, übersandt hatte. Darin wurde die Auffassung vertreten, daß van der Lubbe nach den Bestimmungen des Strafgesetzbuchs (§§ 81–86) nur mit lebenslangem Zuchthaus bestraft werden könne, da die Tat vor Inkrafttreten der Verordnung des Reichspräsidenten zum Schutze von Volk und Staat vom 28. 2. 1933 begangen wurde. Sosehr man dem „Wunsche weiter Volkskreise, die Untat der Inbrandsetzung des Reichstagsgebäudes durch den Tod des Verbrechers gesühnt zu sehen", Verständnis entgegenbringen müsse, „sosehr muß ich doch […] davor warnen, so anerkannte Grundsätze des Rechts wie das Verbot der Rückwirkung strafverschärfender Gesetze in der gerechten Entrüstung über einen Einzelfall zu durchbrechen. […] In keinem Fall ist der Grundsatz der Nichtrückwirkung strafverschärfender Gesetze bisher verlassen worden. " (*Repgen/Booms* [(Hrsg.], Die Regierung Hitler, 217, Anm. 22).

200 Nach *Justinian* (d. i. Erich Kuttner), Reichstagsbrand. Wer ist verurteilt?, 42. „Es hieß in den sehr ruhigen Darlegungen, die das Beweisergebnis abwogen: Die Belastungszeugen und die Entlastungszeugen hielten sich bei diesen vier Angeklagten ungefähr die Waage. Juristisch bedeute das ein ‚non liquet‘, und es dürfe wohl nach dem Grundsatz, daß im Zweifelsfalle für den Angeklagten zu entscheiden sei, die Freisprechung der vier erfolgen."

201 So etwa Göring am 4. 11. 1933 gegenüber Dimitroff (Stenographische Protokolle, 4. VT., 133).

202 *Lothar Gruchmann*, Justiz im Dritten Reich 1933-1940, 957.

203 Zit. nach DR 1934, 19.

204 „Völkischer Beobachter", 24. 12. 1933.

205 *Harry Picker* (Hg.), Hitlers Tischgespräche, 279.

206 *Ingo Müller*, Furchtbare Juristen, 43.

207 Ebd., 44.

208 Auswärtiges Amt, 25 305, Bd. 6, Notiz vom 3. 1. 1934; Bundesarchiv Berlin, Akte des Reichsgerichts R 3002, 904/128 (III Beiheft zu Gen. II, Nr. 65), Bd. 2, Bl. 147.

209 Schreiben von Johannes Markus van der Lubbe an Arno Scholz, 14. 2. 1971, Übersetzung, S. 9.

210 Originalschreiben Hindenburgs vom 6. 1. 1934, St 65, Bd. 68, Bl. 7.

211 St 65, Bd. 68, Bl. 28, Protokoll von ORA Werner vom 9. 1. 1934, nachmittags 17 Uhr.

212 Ebd., Bl. 39, Telegramm aus Leiden vom Beerdigungsunternehmen Lambooy vom 10. 1. 1934, 21.14 Uhr: „Die Familie von Marinus van der Lubbe wünscht ihn hier zu beerdigen. Ersuche Rückantwort wann und wo die Leiche abzuholen ist."

213 Bundesarchiv Berlin, Akte des Reichsgerichts R 3002, 904/128 (III Beiheft zu Gen. II, Nr. 65), Bd 2, Bl. 269. Demgegenüber die Behauptung von *Fritz Tobias* (Reichstagsbrand, 500): „Übrigens wurde grundsätzlich die Leiche eines Hingerichteten den Angehörigen nicht übergeben, sie wanderte regelmäßig in die Anatomie und wurde dann von den Behörden beigesetzt. Natürlich wurde gerade in diesem Fall keine Ausnahme gemacht." Dies mag später, als die jährlich in Deutschland vollstreckten Todesurteile in die Hunderte gingen, geübter Praxis entsprechen. Im Januar 1934 war man indes bemüht, noch ein Stück Rechtsfassade zu wahren.

214 Ebd., Bl. 270.

215 Ebd., Bl. 289f.

216 Schreiben des Auswärtigen Amts vom 13. 1. 1934, St 65, Bd. 202 (169), Bl. 10.

217 St 65, Bd. 68, Bl. 42.

218 St 65, Bd. 68, Bl. 44, Bericht von Oberreichsanwalt Dr. Werner vom 14. 1. 1934 über die Übergabe der Leiche im Anatomischen Institut Leipzig. Vgl. auch die Darstellung im Braunbuch II (Dimitroff contra Göring. Enthüllungen über die wahren Brandstifter), 298.

219 Handschriftliches Schreiben an den Oberreichsanwalt, Leipzig 9. 1. 1934: „Die ärztliche Untersuchung des Strafgefangenen van der Lubbe hat heute ergeben, daß eine Geisteskrankheit bei ihm nicht bestand. Er ist vollstreckungsfähig." Unterschriften: Dr. Kretzschmar, Dr. Rodewald, Bonhoeffer, Schütz, Zutt (St 65, Bd. 68, Bl. 27).

220 *K. Bonhoeffer und J. Zutt*, „Über den Geisteszustand des Reichstagsbrandstifters Marinus van der Lubbe", in: Monatsschrift für Psychatrie und Neurologie, Bd. 89, Heft 4 (August 1934), 185-213, Zitat 207.

221 St 65, Bd. 68, Bl. 28.

222 Ebd., Bl. 29f.

223 *K. Bonhoeffer und J. Zutt*, siehe Anm. 220.

224 Braunbuch II (Dimitroff contra Göring. Enthüllungen über die wahren Brandstifter), 296f.

225 Siegfried Teuscher, Erklärung vom 17. 6. 1967, Archiv des Internationalen Komitees Luxemburg.

226 Doris Hertwig-Bünger, Erklärung vom 12. 9. 1966, Depositum Walther Hofer.

227 *Petr Stojanoff*, Reichstagsbrand. Die Prozesse in London und Leipzig, 291.

228 Schutzhaftbefehl des Polizeipräsidiums Berlin gegen Georgi Dimitroff vom 23. 12. 1933, abgedruckt in: *Hans Joachim Bernhard/Ingeborg Bernhard*, Schon in der Gewalt Görings – und doch befreit. Faktoren, Umstände und Phasen der Befreiung Georgi Dimitroffs und seiner Genossen aus der faschistischen Gewalt (Schriftenreihe des Georgi-Dimitroff-Museums Leipzig Nr. 2), Leipzig 1969, Dok. D 2.

229 Ehemaliges Zentrales Parteiarchiv der Bulgarischen Kommunistischen Partei (ZPA der BKP), Fond 146, Opis 3, Archiv-Einheit 504, Bl. 1.; zit. nach *Hans Joachim Bernhard/Ingeborg Bernhard*, 7; Anm. 5, 43.

230 Vgl. die interne Information der Gestapo vom 22. 12. 1933, Hitler habe angeordnet, die bulgarischen Angeklagten nach dem Freispruch nicht der Gestapo zu übergeben, sondern weiter in der Haftanstalt Leipzig I zu inhaftieren (ehemaliges Zentrales Parteiarchiv der Bulgarischen Kommunistischen Partei, Fonds 146, Opis 3, Archiv-Einheit 250, Bl. 124 und Bl. 117). Diese Anordnung Hitlers ging vermutlich auf das Gespräch mit Reichsaußenminister von Neurath zurück, in dem dieser vor einer Lynchjustiz gegen Dimitroff gewarnt und sich für dessen beschleunigte Ausweisung eingesetzt hatte (ehemals DZA, Sign. Nr. 25305, Bl. 159/161). Nach *Hans Joachim Bernhard/Ingeborg Bernhard*, 12; Anm. 14, 44.

231 1. Interview mit dem Korrespondenten von „Berlingske Tidende", Baron von Schaffalitzky, am 5. 2. 1934 (ZPA der BKP, Fonds 146, Opis 3, Archiveinheit 521, Bl. 17/18). 2. Interview mit dem Reuters-Korrespondenten Bodker am 9. 2. 1934 (ZPA der BKP, Archiveinheit 521, Bl. 38). In beiden Fällen vereinbarten leitende Gestapo-Beamte mit den Korrespondenten die im Interview gestellten Fragen (ZPA der BKP, Fonds 146, Opis 3, Archiveinheit 521, Bl. 33; nach *Hans Joachim Bernhard/Ingeborg Bernhard*, 13; Anm. 30 u. 31, 46f.). Dort auch Abdruck einer Notiz der Gestapo betr. einer Anfrage des Reichspropagandaministeriums zu dem gewährten Interview mit dem Korrespondenten von Reuters (Dok. D 5).

232 *Hans Joachim Bernhard/Ingeborg Bernhard*, Dok. D 6.

233 Eine erste Verbalnote der sowjetischen Botschaft mit der Forderung nach Freilassung und Besuchserlaubnis übergab Botschaftssekretär Hischfeld am 16. 2. 1934, eine zweite Verbalnote, in der unverzüglich Sprecherlaubnis gefordert wurde, am 21. 2. 1934 im Auswärtigen Amt. Niederschrift im Auswärtigen Amt vom 16. 2. 1934 (ehemals DZA, Auswärtiges Amt, Sign. Nr. 25307, Bl. 13); nach *Hans Joachim Bernhard/Ingeborg Bernhard*, 23, Anm. 63, 49.

234 *Hans Joachim Bernhard/Ingeborg Bernhard* , Anm. 65, 50, erwähnen eine entsprechende Notiz des Staatssekretärs von Bülow für den Reichsaußenminister von Neurath vom 17. 2. 1934 sowie eine „streng vertrauliche Besprechung" des Auswärtigen Amtes mit Ministerialrat Diels und Kriminalrat Heller vom Geheimen Staatspolizeiamt und Prokurist Sommer von der Deruluft am 19. 2. 1934 über den geheimen Abtransport der Bulgaren.

235 Schreiben des Staatsekretärs in der Reichskanzlei, Dr. Lammers, an den Preußischen Ministerpräsidenten, Reichsminister General Göring, vom 26. 2. 1934 (ehemals ZPA der SED, Reichssicherheitshauptamt IV, St 3/855/I, Bl. 74); nach *Hans Joachim Bernhard/Ingeborg Bernhard*, Anm. 69, 50.

236 *Diels*, Lucifer, 263 ff.; *Tobias*, 512 ff., schließt sich der Darstellung von Diels im wesentlichen an.

237 Akte des Preußischen Innenministeriums betr. Freilassung der Bulgaren (ehemals Archiv des Dimitroff-Museums Leipzig, Sig. III B, 2831/33); Akten der Reichskanzlei, Bundesarchiv, R 43 II/294; Akten des Auswärtigen Amts, ehemals DZA, Auswärtiges Amt (AA), Nr. 25 305 und 25 307; vgl. auch *W. Hofer u. a.*, Der Reichstagsbrand (Neuausgabe), 193 ff.

238 Akte des Preußischen Innenministeriums betr. Freilassung der Bulgaren (siehe Anm. 237).

239 Ebd.

240 Ebd.; ehemals DZA, Auswärtiges Amt (AA), Nr. 25 305, Bl. 162 f.

241 Bundesarchiv Berlin, Akte des Reichsgerichts R 3002, 904/128 (III Beiheft zu Gen. II, Nr. 65), Bd. 2, Bl. 158.

242 Diels' Briefe tragen das Datum 4. 1. 1933, während Himmler sich auf „Ihren Brief vom 5. 1." bezieht. Akte des Preußischen Innenministeriums betr. Freilassung der Bulgaren (siehe Anm. 237). Ein ähnliches Schreiben soll Diels auch an den Stellvertreter des Führers, Reichsminister Rudolf Heß, gerichtet haben; vgl. *Petr Stojanoff*, Reichstagsbrand – Die Prozesse in London und Leipzig, 299f., der offenbar aus einer geringfügig modifizierten Fassung dieser Briefe zitiert.

243 Akte des Preußischen Innenministeriums betr. Freilassung der Bulgaren (siehe Anm. 237); Akten der Reichskanzlei, Bundesarchiv, R 43 II/294; Akten des Auswärtigen Amts, ehemals DZA, Auswärtiges Amt (AA), Nr. 25 305 und 25 307; vgl. auch *W. Hofer u. a.*, Der Reichstagsbrand (Neuausgabe), 195.

244 Vgl. hierzu u. a. die Gesandtenberichte aus London vom Januar und Februar 1934 (Bundesarchiv, R 43 II/294; Akten des Auswärtigen Amtes).

245 *Stephen Koch*, Double Lives. Spies and writers in the secret Soviet war of ideas against the west, New York/Toronto 1994. Der Autor ist Professor an der Columbia University in New York.

246 Als Quellen für diese Information nennt Koch u. a. die Ex-KPD-Vorsitzende Ruth Fischer und den ehemaligen Kommunisten Peter Semerdjiev. Wie aus einem Brief Ruth Fischers hervorgeht, stützte diese ihre Kenntnis von einer angeblichen Absprache zwischen Stalin und Hitler wesentlich auf – ihr offenbar durch Ernst Torgler übermittelte – Aussage Diels', „daß die ganze Auslieferung Dimitroffs hinter dem Rücken Görings auf Befehl Hitlers durchgeführt wurde" (Brief Ruth Fischers an Ernst Torgler vom 19. 8. 1949, abgedruckt in: *Peter Lübbe*, Abtrünnig wider Willen, 259 ff.). In einem Brief Torglers an Ruth Fischer vom 29. 4. 1950 verwahrte sich dieser gegen seine Nennung als Quelle für die Behauptung, „daß Dimitroff während des Prozesses von den Verhandlungen zwischen GPU und Gestapo gewußt hat und deshalb so unbekümmert auftreten konnte, weil er wußte, daß ihm nichts passieren konnte. Diese Vermutung oder gar diese Behauptung" habe er, Torgler, zum ersten Mal von Bob Edwards vernommen. „Er hat mir nämlich erzählt, allerdings durch einen Dolmetscher, daß er im Februar 1934 in Moskau war, als Dimitroff und die beiden anderen Bulgaren im Lufthansa-Flugzeug in Moskau eintrafen. Er hätte Gelegenheit gehabt, mit Dimitroff zu sprechen, und Dimitroff hätte ihm dabei erzählt, daß er und seine beiden bulgarischen Kameraden gegen drei deutsche Offiziere (Generale) ausgetauscht worden seien. Er hätte auch gewußt, daß Verhandlungen geführt worden seien und daß die Russen sich sehr um ihn bemüht haben. Ich habe noch darauf durch den Dolmetscher etwa sagen lassen, daß mir nach dieser Mitteilung manches im Verhalten von Dimitroff verständlich würde. Ich hätte zwar manches geahnt, aber keine Beweise dafür gehabt. Nach der Schilderung von Edwards sieht es nun so aus, als ob ich ihm das gesagt habe, was ich erst durch ihn erfahren habe" (Brief Ernst Torgler an Ruth Fischer vom 29. 4. 1950, ebd., 272).

6 Das Geheimnis des Marinus van der Lubbe

TEIL 1 WER WAR MARINUS VAN DER LUBBE?

Die folgende Darstellung der Biographie des mutmaßlichen Brandstifters van der Lubbe stützt sich im wesentlichen auf die entsprechenden Abschnitte der Anklageschrift (in *kursiver Schrift* wiedergegeben),
einen Bericht der Polizei Leiden vom 2. März 1933[1], auf die vor Gericht verlesene Schrift seiner Freunde und Familienangehörigen „Wer
ist van der Lubbe"[2] sowie auf ein Gutachten des Neurologen Dr. M. C.
Bolten.[3]

Van der Lubbes Kindheit und Jugend

Die Anklageschrift führte Ende Juli 1933 aus:
[S. 8:] *Der Angeschuldigte van der Lubbe ist am 13. Januar 1909 zu Leiden
in Holland geboren, also jetzt über 24 Jahre alt. Sein Vater* [der reisende Kaufmann Franciscus Cornelius van der Lubbe] *wohnt in Dordrecht und betreibt
dort ein Manufakturwarengeschäft. Seine Mutter* [die in erster Ehe geschie-
dene Petronella van Handel-Peuthe] *ist verstorben. Er hat noch zwei Brüder* [Johannes Markus, genannt Jan, und Cornelius; aus der ersten Ehe
der Mutter stammten ein Mädchen und drei Jungen].
   Weitere Informationen lieferte das Gutachten des Neurologen Dr. M.
C. Bolten: „Es war eine sehr arme Familie: der Vater bot an allerlei
Orten Handelsware feil, die Mutter hatte durchweg eine kleine Bude
auf dem Markt. Es war ein Leben, das im Wandern und Umherziehen
bestand. [...] Die Ehe der Eltern war nicht gerade glücklich: der Vater
kümmerte sich recht wenig um seine Familie, trotz der vom Pfarrer
Voorhoeve ins Werk gesetzten Bemühungen, diesen Zustand zu bes-

sern. Von einer Beaufsichtigung der Kinder und einer Erziehung, wie sie sich gehört, konnte trotz der guten Sorge der Mutter keine Rede sein. Der Vater ließ schließlich seine Familie im Stich, und ihm wurde die elterliche Gewalt entzogen; das hatte zur Folge, daß die Kinder sich noch mehr auf der Straße herumtrieben."[4]

In den ersten Jahren seines schulpflichtigen Alters wurde er in der Vereinigung „Pro Juventute" in s'Hertogenbosch unterrichtet. „Dieser Verein stellte es sich zur Aufgabe, Kinder, die verbrecherisch veranlagt oder der Gefahr des sittlichen Untergangs ausgesetzt sind, zu beaufsichtigen."[5] Die Kinder dürfen beim Pfarrer Voorhoeve in der Küche essen, „und hierbei fällt Marinus auf infolge seiner Schlampigkeit und Unordentlichkeit. Auch ging Marinus in die Sonntagsschule, wo er einer der unartigsten und widerspenstigsten Schüler war. Auf der gewöhnlichen Schule ist er nicht besonders aufgefallen".[6] Im Jahre 1921 starb die Mutter, und Marinus zog zu seiner wesentlich älteren Halbschwester nach Oegstgeest bei Leiden, die dort mit ihrem Mann Sjardijn lebte. „In Leiden geht van der Lubbe noch 1 1/2 Jahre auf eine Schule mit Religionsunterricht, zeigt jedoch dort sehr wenig Lerneifer; wohl aber ist er immer zu haben für Aufwiegeleien und Querköpfigkeiten. Im Alter von 13 oder 14 Jahren wird Marinus Laufbursche bei einem Kolonialwarenhändler; sein Pflegevater Sjardijn will ihn zu einem Zimmermann in die Lehre geben, das gefällt ihm jedoch nicht, und er meldet sich bei einem Maurer, lernt dieses Handwerk und faßt gut zu. Bereits im Alter von 14 oder 15 Jahren fängt Marinus mit der Politik an, und er wird Mitglied des kommunistischen Jugendbundes ‚der Sämann'."[7] Nachdem seine politischen Ansichten immer „zügelloser und wilder" wurden, kam es zum Zerwürfnis mit seinem Pflegevater Sjardijn. Mit 18 Jahren verließ van der Lubbe die Familie seiner Schwester in Oegstgeest.[8]

Am 27. Februar meldete er sich nach Dordrecht ab und gelangte am 19. Juli 1927 wieder in Leiden zur Anmeldung [wo er bei seinem Freund, dem Studenten Piet van Albada, in der Uiterstegracht 56 Unterkunft fand[9]]. *Darauf bestand er als Maurer eine Prüfung, die der deutschen Gesellenprüfung gleichkommt. Soweit festgestellt werden konnte, hat er aber als Maurer in keinem festen Arbeitsverhältnis gestanden. Im Jahre 1929 erlitt van der Lubbe dann bei Bauarbeiten dadurch, daß ihm Kalk in die Augen spritzte, eine Augenverletzung und konnte, nachdem er längere Zeit in ärztlicher Behandlung gewesen war, seinen Beruf als Maurer nicht mehr ausüben, da seine Sehschärfe erheblich nachgelassen hatte.* Dazu Bolten: „Bei einer Balgerei stülpt man ihm einen Kalksack über den Kopf, und er bekommt ungelöschtes Kalk in beide Augen. Er

wird in die Klinik für Augenkranke des Professors van der Hoeve aufgenommen, wo er 5 Monate behandelt und auch einige Male operiert
wird; nach seiner Entlassung aus der Klinik befindet er sich noch lange
Zeit hindurch in Nachbehandlung. Trotzdem ist die Sehkraft auf beiden Seiten sehr herabgesetzt, und van der Lubbe erhält eine Invaliditätsrente, die zwischen 5 und 7 Gulden pro Woche variiert."[10] *Seit diesem Unfall [der eine dauerhafte Trübung der Hornhaut zur Folge hatte]
bezieht er wöchentlich eine Invalidenrente in Höhe von 7 Gulden und 44 Cents.
In der Folgezeit war er meistens arbeitslos und verrichtete nur hin und wieder Aushilfsarbeiten, so als Schlächter, Laufbursche, in der Blumenzwiebelzucht[11] und in
der Bahnhofswirtschaft in Leiden.* Nach Bolten markierte dieser Unfall eine
Zäsur in van der Lubbes Lebenslauf: "Der Unfall bedeutet einen Wendepunkt in seinem Leben, van der Lubbe kann jetzt nicht mehr arbeiten, und er wirft sich mit voller Kraft auf die Politik", was dadurch möglich war, daß er äußerst einfach lebte und mit seiner höchst bescheidenen
Rente auszukommen versuchte.[12]

Reisen ins Ausland

*Zunächst hatte der Angeschuldigte van der Lubbe behauptet, im Jahre 1930
zum erstenmal ins Ausland gegangen zu sein. Später hat er dann angegeben, er
sei schon im Dezember 1928 oder 1929 einmal in Deutschland gewesen. Er sei
damals zu Fuß durch Belgien gewandert und habe sich dabei auch zwei Tage auf
deutschem Gebiet aufgehalten. Über Aachen hinaus sei er aber nicht gekommen.
Im Jahre 1930 will sich der Angeschuldigte van der Lubbe bis August in Leiden
und daran anschließend bis November in Frankreich aufgehalten haben. Nach seiner Angabe hat er in Calais die Absicht gehabt, den Kanal zu durchschwimmen,
dieses Vorhaben aber infolge Sturms aufgeben müssen.* Die holländische Tageszeitung „Het Leuven" hatte für den ersten Niederländer, der den
Kanal durchschwimmen würde, einen Preis in Höhe von 5.000 Gulden
ausgesetzt. Die Durchführung des in der Presse angekündigten Vorhabens scheiterte an den schlechten Wetterverhältnissen und an Lubbes
bescheidenen Mitteln, die ihm nicht erlaubten, sich in einem Hotel einzuquartieren und eine Wetterbesserung abzuwarten.
Im Frühjahr 1931 faßte van der Lubbe den Plan, zusammen mit dem holländischen Kommunisten Hendrik Holwerda [Holwerdas angebliche Mitgliedschaft in der Kommunistischen Partei ist nicht belegt] *eine Reise durch Europa und Rußland zu unternehmen. Zu diesem Zweck beantragte er bei dem*

Bürgermeisteramt der Stadt Leiden einen Auslandspaß für Europa und Asien, der ihm am 14. März 1931 bei seiner Festnahme in Berlin abgenommen wurde. [...]

[S. 10:] *Auf der geplanten Reise wollten van der Lubbe und Holwerda sich ihren Lebensunterhalt durch den Verkauf von Karten verdienen, auf denen sie beide abgebildet waren.* [...] *Der Angeschuldigte van der Lubbe trat dann aber im März oder April 1931 die Reise allein an, während Holwerda in Holland zurückblieb. Van der Lubbe kam auch nur bis nach Berlin, wo er er am 11. bis zum 23. April 1931 in dem Männerheim Alexandrinenstraße 12 ausweislich des dort geführten Fremdenbuches gewohnt hat. Während seines Aufenthaltes in Berlin sprach er am 15. April 1931 bei dem niederländischen Konsulat vor und bat hier um eine Unterstützung sowie um ein Visum nach Moskau. Letzteres wurde ihm verweigert, so daß er seinen Plan nach Rußland zu gehen, aufgeben mußte. Infolge dessen will dann van der Lubbe alsbald von Berlin zu Fuß nach Holland zurückgekehrt sein. Festgestellt ist, daß er in der Zeit vom 28. April bis zum 13. Mai 1931 in Gronau (Westfalen) in Haft gewesen ist. Hier wurde er durch Urteil des Amtsgerichts in Gronau vom 13. Mai 1931 wegen unerlaubten Hausierens mit 50 RM Geldstrafe, ersatzweise 10 Tagen Haft, bestraft. Nach einer Abwesenheit von etwa 3 Monaten traf van der Lubbe dann wieder in Leiden ein.*

Schon im September 1931 begab sich der Angeschuldigte van der Lubbe erneut auf Wanderschaft und will dabei, ohne diesmal Berlin zu berühren, durch Deutschland, Österreich, Jugoslawien und Ungarn bis nach Budapest gekommen sein. Festgestellt ist, daß er am 9. September 1931 im Obdachlosenasyl in Köln übernachtet hat und am 19. September 1931 vom Amtsgericht in Berchtesgaden wegen Bettelns mit 3 Tagen Haft bestraft worden ist, die er vom 19. bis 21. September 1931 verbüßt hat. Von Budapest fuhr er mit der Eisenbahn nach Leiden zurück. Wie aus seinem Paß (S. 13) ersichtlich ist, hat er für diese Rückreise am 5. November 1931 eine Unterstützung von 116,50 Pengö erhalten. Im Januar 1932 wanderte van der Lubbe, wie er angibt, wiederum nach Deutschland und Österreich nach Budapest, wozu er etwa einen Monat gebraucht haben will. Auf dem Rückmarsch gelangte er durch Österreich und die Tschecheslowakei nach Polen, wo er versuchte, die Grenze nach Rußland zu überschreiten. Dabei wurde er abgefaßt und eingesperrt [und wegen unerlaubten Grenzübertritts nach Holland zurückgeschickt]. *Sodann will er über Kattowitz, Beuthen, Breslau, Dresden, Leipzig, Frankfurt a. M., Koblenz, Duisburg und Wesel nach Holland zurückgewandert sein.* Auf dem Rückweg nach Holland hielt sich van der Lubbe unter anderem in Sörnewitz bei Meißen auf, wo er vom 1. zum 2. Juni 1932 übernachtete.

[S. 12:] *In der Nacht zum 4. Juni 1932 hat der Angeschuldigte van der Lubbe in dem städtischen Obdachlosenhaus in Leipzig übernachtet.*

Nach seiner Rückkehr nach Holland wurde van der Lubbe, wie der Polizeiprä-
sident in Leiden berichtet hat, am 12. Juni 1932 in Utrecht festgenommen, da er
inzwischen von dem Bezirksgericht in s'Gravenhage (Scheveningen) wegen Sach-
beschädigung in Abwesenheit zu 3 Monaten Gefängnis verurteilt worden war.
„Anläßlich einer verweigerten Unterstützung" hatte van der Lubbe
„eine Scheibe an dem Gebäude des ‚Maatschappelijk Hulpbetoon'
(Wohlfahrtsamtes) zerstört"[13], eine erklärliche Tat, wenn man weiß, daß
van der Lubbe von der ihm zugebilligten Invaliditätsrente seinen Lebensunterhalt kaum bestreiten konnte.[14] *Am 21. Juni wurde er zunächst*
aus der Haft entlassen, da er gegen das Urteil Berufung eingelegt hatte. Nach
Rechtskraft des Urteils verbüßte er sodann die Strafe vom 14. Juli bis 2. Oktober
1932 in dem Strafgefängnis in s'Gravenhage. Der Rest der Strafe wurde ihm er-
lassen. Als ihm wenig später erneut eine beantragte Unterstützung verweigert wurde, protestierte er dagegen mit einem mehrtägigen Hungerstreik.[15] *Sodann will van der Lubbe bis Mitte Dezember 1932 in Leiden*
verblieben sein. Vom 9. bis 14. November 1932 hat er sich nach dem Bericht des
dortigen Polizeipräsidenten in der Universitätsklinik in Leiden aufgehalten. Vom
20. bis 27. Dezember 1932 ist van der Lubbe nach seiner Angabe im Haag ge-
wesen. Am 4. Januar 1933 ist er wegen Verschlimmerung seines Augenleidens
wieder in die Universitätsklinik in Leiden gekommen und dort bis zum 28. Ja-
nuar 1933 behandelt worden.

Nach seiner Entlassung aus dem Krankenhaus in Leiden begab sich der Ange-
schuldigte van der Lubbe, also Ende Januar oder Anfang Februar 1933 – er selbst
hat zuletzt als Abreisetag den 3. Februar angegeben[16] – erneut auf Wanderschaft.
Er ging, wie er behauptet, zu Fuß über Cleve, Düsseldorf, Essen, Bochum, Dort-
mund, Paderborn, Hameln, Braunschweig, Magdeburg, Burg, Genthin und Pots-
dam nach Berlin. Festgestellt ist, daß van der Lubbe in der Nacht zum 15. Fe-
bruar 1933 in Morsleben, Kreis Neuhaldensleben, und in der Nacht zum 18.
Februar 1933 im Obdachlosenheim in Glindow bei Potsdam übernachtet hat.
Am Sonnabend, den 18. Februar 1933, traf er dann nachmittags in Berlin ein.

Politische Einstellung und Aktivitäten

Über die politische Einstellung und Betätigung des Angeschuldigten van der
Lubbe hat die Voruntersuchung folgendes ergeben: Van der Lubbe ist, wie er selbst
angibt, schon in seinem 16. Lebensjahr Mitglied der CPH (Kommunistische Par-
tei Hollands) geworden. In einer Extraausgabe des Zentralorgans der CPH,
„De Tribune", vom 28. Februar 1933 wurde dagegen festgestellt, daß

van der Lubbe nicht Mitglied der Kommunistischen Partei der Niederlande, sondern lediglich des Kommunistischen Jugendverbands, Ortsgruppe Leiden, gewesen sei, aus dem er zwei Jahre zuvor, also 1931, ausgeschlossen wurde.[17] Van der Lubbe selbst gab in seiner ersten Vernehmung an, in Holland nur Mitglied der Allgemeinen Bauarbeitergewerkschaft gewesen zu sein.[18] In der polizeilichen Vernehmung vom 1. März 1933 sagte er dagegen aus, er habe von seinem 16. bis zu seinem 23. Lebensjahr (1929) der CPH angehört, korrigierte sich dann aber und nannte als Austrittsdatum den März 1931.[19]

Ende 1928 wohnte er in Leiden bei einem Studenten van Almada [richtig: Piet van Albada], *der ursprünglich anarchistischen Ideen zuneigte, aber im Jahre 1928 sich dem Kommunismus zugewandt hatte. Am 15. November 1928 leitete van der Lubbe eine Sitzung des Kommunistischen Jugendverbandes in Leiden. Später trat er dann mehrfach in kommunistischen Versammlungen auf, in denen er Reden hielt und sich an der Diskussion beteiligte.*

Im Oktober 1929 mietete er in Leiden ein Lagerhaus, das er als Versammlungsort für die kommunistische Jugend einrichtete. Er selbst stellte in dieser Zeit auch antimilitaristische Schriften und Zellenzeitungen her. Laut Bericht der Leidener Polizei waren dies „antimilitaristische Pamphlete", „Fabrikzeitungen" und „Schulzeitungen", die er unter Soldaten, Arbeitern und Schulkindern verbreitete.[20]

Nach und nach bemühte sich van der Lubbe, einer der Führer der kommunistischen Bewegung in Leiden zu werden. In der Hauptsache versuchte er, Anhänger unter den Arbeitslosen zu gewinnen, was ihm auch bis zu einem gewissen Grade gelang. Er verursachte wiederholt Unruhen in der Stadt, indem er ohne Erlaubnis Arbeitslosendemonstrationen organisierte. Außerdem veranstaltete er selbst Versammlungen, in denen er die russischen Verhältnisse verherrlichte. In dieser Zeit kam er wiederholt mit der Polizei in Konflikt und wurde, wie seine oben angegebenen Vorstrafen ergeben, auch mehrfach bestraft. Im Bericht der Leidener Polizei hieß es: „Am 20. Januar 1931 organisiert er während eines Umzugs der SDAP [wahrscheinlich: Sozialdemokratische Arbeiterpartei] eine Gegendemonstration; bei dieser Gelegenheit wird er verhaftet und dem Staatsanwalt in s'Gravenhaage vorgeführt."[21] In seiner Vernehmung vom 2. März 1933 gab van der Lubbe weitere Haftstrafen zu Protokoll: 1928 zwei Wochen Gefängnis, „weil ich eine Volksversammlung veranstaltet habe", 1930 ebenfalls zwei Wochen, „weil ich Krawall gegen die Polizei gemacht habe", sowie in Leiden zweimal 3-5 Tage wegen des in Holland verbotenen Ausrufens beim Verkauf kommunistischer Zeitungen.[22] *Anfang 1931 begann sein Einfluß unter den Arbeitslosen nach-*

zulassen. Im März 1931 will er dann aus der Kommunistischen Partei Hollands ausgetreten sein [siehe oben]. *Als einen der Gründe für diesen Schritt bezeichnet van der Lubbe den Umstand, daß die C.P.H nicht zulassen wollte, daß er nach Rußland ginge. Im Winter 1931/32 erschien er aber erneut in kommunistischen Versammlungen und erklärte, nunmehr dem internationalen Kommunismus anzugehören. Im Jahre 1932 machte er gelegentlich eines Streiks von sich reden und besuchte auch wieder kommunistische Versammlungen, in denen er als Diskussionsredner auftrat. Damals vertrieb er außerdem die Zeitung „Spartakus", ein Organ der linken Arbeiteropposition in Holland.* (Der „Spartakus" wurde nach Darstellung Jan van der Lubbes von der „Spartacus-Gruppe", dem radikalen Flügel der „Gruppe Internationaler Kommunisten", herausgegeben, einer der deutschen Allgemeinen Arbeiterunion [AAU] nahestehenden rätekommunistischen Organisation.) *Am 22. Dezember 1932 sprach er im Haag in einer Versammlung streikender Taxichauffeure.*[23]

In seinem Gutachten zeichnete Dr. Bolten ein prägnantes Bild der „politischen" Psychologie van der Lubbes: „Sehr merkwürdig ist die Entstehung von van der Lubbes ,Führerschaft' über die kommunistischen Jugendorganisationen. Als van der Lubbe Leiter wurde, hatte der Verein tatsächlich keine Mitglieder mehr, und daher ging van der Lubbe Mitglieder unter den Leidener Strassenjungen werben. Mit einigen dieser 12 bis 14jährigen Strassenjungens hielt er bei Frau Zijp [recte: Zijn, seiner Zimmerwirtin] regelmäßig Versammlungen ab, wo er seine Jünger ausschimpfte und sie wohl auch schlug, wenn sie nicht nach seiner Pfeife tanzten."[24] Für van der Lubbes Verhalten als politischer „Führer" ist nach Boltens Recherchen folgendes Verhalten charakteristisch: „Selber leugnet er jegliche Obrigkeit und jegliche Autorität, in Versammlungen bekommt er oft Streit mit jedem; von Führung, Ordnung, Richtlinien und Zucht will er nichts wissen, und auf zahlreichen Versammlungen verkündet er, die Arbeiter müssten sich jeglicher Obrigkeit und jeglicher Führung entziehen und vielmehr rein individuell handeln. Sein Mangel an Richtlinien, an Prinzipien und an grundsätzlichen Ideen brachte ihn dann auch mit zahlreichen Anhängern in Konflikt."

In allen Organisationen, denen er zeitweilig angehörte, kam van der Lubbe mit Anhängern wie auch „mit den Führern in Konflikt. Die Zahl seiner Anhänger verminderte sich dann auch meistens schnell, und in Versammlungen kommt er infolge seines opportunistischen Auftretens häufig allein dazustehen. Das einzige, was man bei van der Lubbe wie einen roten Faden verfolgen kann, ist sein Hass gegen den Kapitalismus;

doch zu einer systematischen Entwicklung seiner Ideen und Ansichten befähigt sein wirrköpfiges Hirn ihn nicht. [...]

Viel und heftig hat man debattiert über van der Lubbes vermuteten Verkehr mit Faschisten. Darüber habe ich nichts in Erfahrung gebracht, wohl aber hat man mitgeteilt, dass van der Lubbe in einer Faschistenversammlung in Holland gewesen ist, um sich an der Debatte zu beteiligen; doch aus der Verteidigung seines Standpunkts wurde nichts, denn van der Lubbe fand, dass der Führer der Faschisten nicht gebührlich behandelt würde, und das war für ihn ein Grund, für diesen Führer, dem seines Erachtens Unrecht getan wurde, einzutreten."[25]

Van der Lubbes Verhältnis zur Kommunistischen Partei Hollands (CPH)

[S. 15:] *Bezeichnend ist, was der schon oben genannte Student van Almada* [!] *dem Zeugen* [Kriminalkommissar] *Heisig über die Persönlichkeit des Angeschuldigten van der Lubbe mitgeteilt hat. Van Almada* [!] *hat erklärt, er kenne van der Lubbe schon seit Herbst 1928. In der Kommunistischen Partei Hollands habe sich van der Lubbe vor allem durch seine Tätigkeit in der kommunistischen Jugendbewegung einen Namen gemacht. Die Partei habe bald auch seinen großen Einfluß unter den Erwerbslosen erkannt und ihn in dieser Richtung mit immer größeren Aufträgen betraut. Er, van Almada* [!], *sei zu der Überzeugung gelangt, daß van der Lubbe für die Kommunistische Partei ein geeignetes Objekt zur Durchführung besonderer Aktionen sei und von der Partei vorgeschickt werde, während diese selbst im Hintergrund bleibe. Er habe daher versucht, dies dem Angeschuldigten van der Lubbe klarzumachen und ihn für die Ideen des internationalen Kommunismus zu gewinnen. Van der Lubbe habe sich aber dieser Bewegung nicht angeschlossen, wenn er auch einige Sympathien für sie gehabt haben möge. Die Kommunistische Partei Hollands habe ihm dann nahegelegt, auszutreten, damit sie nicht durch seine Aktionen Schwierigkeiten hätte. Van Almada* [!] *hat aber erklärt, er wisse nicht, ob der Angeschuldigte van der Lubbe dieser Aufforderung nachgekommen sei. Jedenfalls sei er von der Partei kaltgestellt worden. Trotzdem aber habe van der Lubbe immer noch weiter für die Kommunistische Partei gearbeitet.*[26] (Vor dem internationalen Untersuchungsausschuß in London widersprach Piet van Albada später der gleichlautenden Darstellung Heisigs vor dem Leipziger Reichsgericht; siehe unten.)

Zu diesen Angaben des Studenten van Almada [!] *hat der Angeschuldigte van der Lubbe erklärt, es sei nicht richtig, daß er von der Kommunistischen Partei*

Hollands mit immer größeren Aufträgen betraut worden sei. Die Unruhen habe er nicht auf Veranlassung der Partei, sondern vielmehr aus sich selbst heraus herbeigeführt. Auf die Vorstellungen des Almada [!], daß er, van der Lubbe, von der Partei mißbraucht würde, habe er nicht geachtet. Es sei auch unrichtig, daß die C.P.H. ihm den Austritt aus der Partei nahegelegt und ihn dann kaltgestellt hätte. Er habe dies schon früher dem Almada [!] gegenüber bestritten und verstehe nicht, daß dieser das jetzt wiederum behaupten könne.

Gegenüber dieser Einlassung des Angeschuldigten van der Lubbe ist aber von Bedeutung, daß der Händler Jakobus Vink in Leiden, der noch jetzt Mitglied der C.P.H. ist und sich als einen der besten Freunde des Angeschuldigten van der Lubbe bezeichnet, dem Kriminalkommissar Heisig gegenüber die Angaben des Studenten van Almada [!] im wesentlichen bestätigt hat. Auch Vink hat erklärt, er glaube nicht, daß der Angeschuldigte van der Lubbe, nachdem ihm der Austritt aus der Kommunistischen Partei Hollands nahegelegt worden sei, wirklich ausgetreten sei, da er sich noch weiter im Sinne der Partei betätigt habe. (Van der Lubbe selbst gab dagegen an, mit Vink niemals über seinen Parteiaustritt gesprochen zu haben.[27]) *Im übrigen hat Vink den Angeschuldigten van der Lubbe als einen sehr rührigen und eifrigen Kommunisten bezeichnet, der bei seiner Partei sehr angesehen gewesen sei.* (Wie van Albada bestritt auch Vink später vor dem internationalen Untersuchungsausschuß in London, sich in dieser Weise gegenüber Heisig geäußert zu haben; siehe unten.) *Der Schwager des Angeschuldigten van der Lubbe, der Pfleger Sjardijn, hat gleichfalls dem Kriminalkommissar Heisig gegenüber erklärt, daß van der Lubbe „ganz kommunistisch" eingestellt sei.*

Welches große Interesse auch jetzt noch die Kommunistische Partei Hollands an dem Angeschuldigten van der Lubbe nimmt, geht daraus hervor, daß nach seiner Festnahme in der vorliegenden Sache ein Beauftragter der Partei bei dem Händler Vink in Leiden erschienen ist und von diesem einen alten Paß sowie ein Tagebuch des Angeschuldigten van der Lubbe abgeholt hat, offenbar, um diese wichtigen Beweismittel, die die Partei vermutlich belasten konnten, zu vernichten. Auch dieser Darstellung widersprachen sowohl Vink als auch van der Lubbe (siehe unten).

Einseitige Recherchen in Holland

Jene Teile der Anklageschrift, die sich auf angebliche Äußerungen von Bekannten van der Lubbes in Holland bezogen, basierten auf den Recherchen von Kriminalkommissar Helmut Heisig, Leiter der von Göring eingesetzten ersten Sonderkommission zur Aufklärung des Reichstagsbrandes.

Am 4. März 1933 war Heisig zu Nachforschungen in die Heimat des Brandstifters nach Holland gereist, um, wie die Strafprozeßordnung vorschrieb (StPO, § 136, III), die „persönlichen Verhältnisse" des Angeschuldigten zu ermitteln und Einblick in dessen Motive zu gewinnen. Zu diesem Zeitpunkt hatten sich die offiziellen Behauptungen, wonach van der Lubbe bei seiner Verhaftung einen Mitgliedsausweis der kommunistischen Partei Hollands bei sich getragen hatte, bereits als unhaltbar erwiesen. Einziges vorzeigbares Beweismittel für van der Lubbes angebliche Steuerung durch die Kommunistische Partei war ein kommunistisches Flugblatt, das van der Lubbe laut Darstellung der Politischen Polizei bei sich getragen haben soll[28], was er bei der ersten Vernehmung in der Brandnacht durch Heisig auch zugab.

In Holland fand Heisig, was er nach der vorgegeben Stoßrichtung der Ermittlungen finden mußte, die Verbindung des Beschuldigten zu den Kommunisten!

Am 11. März berichtete Heisig auf einer Pressekonferenz in Leiden über die Ergebnisse seiner Nachforschungen in Holland, wobei er van der Lubbe als Werkzeug kommunistischer Helfershelfer und Mitschuldiger darstellte. Nach einem Zeitungsbericht des „Algemeen Handelsbladet" vom 12. März 1933 hatte Heisig eingangs als eine seiner Aufgaben die Klärung der „Ursprünge und Arbeitsweisen der Kommunistischen Partei Hollands und der Gruppe Internationale Kommunisten" genannt.

„Herrn Heisig wurde die Frage gestellt, ob die ganze Brandstiftung nicht von politischen Gegnern der Kommunisten in Szene gesetzt worden sei und man die Mittäter van der Lubbes habe entkommen lassen. Das ist alles Schwindel – lautete die derbe Antwort des deutschen Polizeibeamten. Es war absolut unmöglich, daß Mittäter entkommen sind. Und es steht fest, daß van der Lubbe nach seiner Ankunft in Deutschland am 18. Februar, mit vollkommen gültigem Paß, stets Kontakt mit kommunistischen Kreisen und mit Personen vom linken Flügel der Sozialdemokraten gesucht hat. Man hat in diesen Kreisen willig Gebrauch gemacht von seinem Ehrgeiz, in den Vordergrund zu treten vor seinen wahrscheinlichen indirekten Mithelfern. Aber nach der Meinung des Herrn Heisig hat van der Lubbe ganz allein den Brand gestiftet. Daß er sich nicht über seine Mithelfer äußert, sollte man wohl der Tatsache zuschreiben, daß er nur ganz oberflächlich über politische Versammlungen und Zusammenkünfte der deutschen Kommunisten Bescheid wußte. Daß er am Mittag des Brandtages mit dem Abgeordneten Torgler im Reichstagsgebäude zusammengetroffen ist [dies hatten die NS-Abgeordneten Karwahne, Frey sowie ihr österreichischer Freund Kroyer wahrheitswidrig behauptet[29]], steht inzwischen wohl fest, obwohl er das leugnet."[30] „De Leidsche Courant" berichtete bezüglich der Frage, ob möglicherweise Gegner der Kommunisten als Brandstifter in Frage kämen: „Die Antwort von Herrn Heisig war – und wir hatten natürlich nichts anders erwartet: ‚Schwindel!' Der Kommissar sagte, daß es total ausgeschlossen genannt werden muß, daß – mittelbar oder unmittelbar – andere Gruppen als Kommunisten den Brand verursacht hätten." Das „Leidsch Dagblad" dazu: „Alles Schwindel, urteilte Herr Heisig. Van der Lubbe hat seine kommunistischen Verbündeten selbst gesucht und sie tatsächlich gefunden. Inwieweit diese Personen an der Vorbereitung und an der Tat selbst beteiligt waren, steht noch nicht fest."

Heisig wies also den Verdacht einer NS-Mittäterschaft scharf zurück und behauptete, daß van der Lubbe das Feuer zwar allein angezündet habe, daß seine „wahrscheinlichen indirekten Mithelfer" aber in KPD- und linken SPD-Kreisen zu suchen seien. Das stimmte genau mit Zirpins' vorläufigem „Abschlußbericht" überein, der auf den gemeinsamen Ermittlungen beider Kriminalkommissare beruhte.

Damit äußerte Heisig keineswegs die „Feststellung der Lubbeschen Alleintäterschaft", wie später Fritz Tobias[31] und diesem folgend Hans Mommsen[32] behaupteten, reduzierte aber den Anteil wahrscheinlicher Mittäter auf eine indirekte Mithilfe bei der Tatausführung. Dies entsprach allerdings nicht mehr den offiziellen Verlautbarungen direkt nach dem Brand, in denen noch explizit von bis zu 10 Brandstiftern die Rede gewesen war.[33] In dem Ausweichen auf vage Helfershelfer und Hintermänner spiegelte sich vor allem das Unvermögen der ermittelnden Kriminalisten wider, die Vorgaben der NS-Machthaber zu erfüllen und kommunistische Mittäter des Holländers zu präsentieren. Jedenfalls sah sich der Untersuchungsrichter, Reichsgerichtsrat Vogt, aufgrund der Presseberichte über Heisigs Äußerungen zu folgender Richtigstellung veranlaßt:

„In verschiedenen Zeitungen ist die Nachricht verbreitet worden, daß der Kommunist van der Lubbe das Feuer im Reichstag allein angezündet habe. Das trifft nicht zu. Die Mitteilung des Untersuchungsrichters beim Reichsgericht hat zuverlässige Anhaltspunkte dafür ergeben, daß van der Lubbe die Tat nicht aus eigenem Antriebe begangen hat."[34]

Am 22. September wurde Heisig vor dem Leipziger Reichsgericht als Zeuge vernommen.[35] Seiner Aussage war zu entnehmen, daß er in Holland außer Informationsgesprächen mit Polizeibehörden innerhalb von sechs Tagen vier Gespräche geführt hatte, nämlich mit zwei Freunden van der Lubbes, dem Studenten Piet van Albada (in den Prozeßprotokollen fälschlich „Alverda") und dem Händler Jakobus Vink, weiter mit Lubbes ehemaligem Lehrer van der Meene (offenbar ein reiner Routinebesuch, der zur Ermittlung der politischen Hintergründe nicht viel ergab), sowie mit Lubbes Schwager, dem Wäschereiarbeiter J. L. Sjardijn, Ehemann der wesentlich älteren Halbschwester Marinus van der Lubbes, in dessen Haushalt der Junge nach seiner Schulentlassung für einige Jahre gelebt hatte. Über seine Gespräche in Holland verfaßte Heisig einen Bericht[36], der auch der Darstellung in der Anklageschrift zugrunde gelegt wurde und dem Heisig auch in seiner Aussage vor dem Reichsgericht weitgehend folgte.

Wie Heisig erklärte, begann er seine Ermittlungen bei den „Kommunisten in Leiden und Umgebung, die [...] als besondere Freunde des Marinus van der Lubbe bekannt waren". Zuerst stieß er auf „einen gewissen van Alverda[!]", der ihm erklärt habe, „er sei Anhänger des sogen. Internationalen Kommunismus [„Gruppe Internationaler Kommunisten Hollands", GIC]. Dies ist ein Grüppchen von Kommunisten, das in ganz Holland, wie Alverda [!] mir sagte, etwa 20, in Leyden etwa 5 Mitglieder zählt." Diese Gruppe lehnte es ab, „Weisungen irgendeiner Zentralinstanz entgegenzunehmen [...] Sie lehnten es ab, von Moskau Direktiven zu empfangen".[37] Dem Gerichtspräsidenten Dr. Bünger schien das schon auf ein zu großes Maß an Abweichung hinzudeuten: „Nach dieser Darstellung des Alverda [!] ist diese Internationale Kommunistengruppe nichts anderes und verfolgt nichts anderes als alle Kommunisten; der Unterschied besteht nur in ihrer Selbständigkeit und Unabhängigkeit von Moskau, die Ziele sind aber die gleichen." Diese Klarstellung bestätigte Heisig mit einem eilfertigen „Jawohl [...], Alverda [!] betonte ausdrücklich, das Programm der Internationalen Kommunisten unterscheide sich von jenem der CPH, also der Kommunistischen Partei Hollands nur in der Unabhängigkeit bei der Verfolgung der im übrigen gleichen Ziele." Dann erzählte er, gestützt auf van Albadas angebliche Schilderung, von van der Lubbes rühriger Arbeit in der kommunistischen Jugendbewegung und unter den Erwerbslosen von Leiden und Umgebung, worauf dieser von der CPH mit „immer größeren und wichtigeren Aufgaben betraut" worden sei. Nach seinem Übertritt

von der CPH zur GIC habe van Albada versucht, van der Lubbe herü-
berzuziehen, zumal er zu der Überzeugung gekommen sei, „daß van der
Lubbe für die CPH ein geeignetes Objekt gewesen sei, besonders geeignet, Aktionen durchzuführen, und daß er sich hätte mißbrauchen
oder verführen lassen, Unruhe zu stiften." Die Partei hätte van der Lubbe
„als geeignetes Objekt immer vorgeschickt, sie selbst wäre im Hintergrund geblieben", und van der Lubbe sei immer so anständig gewesen,
„daß er niemals, wenn er irgendwie zur Rechenschaft gezogen wurde,
die Schuld der Partei zugeschoben hätte, sondern sie immer auf sich genommen hat".[38] Nach Heisig habe van Albada weiter erklärt, „er wüßte
genau, daß die CPH, die Communistische Partei Hollands, dem van der
Lubbe im Jahr 1931 den Austritt nahegelegt" habe, er „glaube aber kaum,
daß van der Lubbe diesem Ansuchen nachgekommen wäre, da er sich
weiterhin durchaus im Sinne der CPH betätigt hat, wenn auch nicht so
stark wie früher. Er erklärte mir [...] weiter, daß van der Lubbe sozusagen von der Partei kaltgestellt worden wäre".

Van der Lubbes Austritt aus der CPH sei nach Heisigs Darstellung also
nur ein Scheinaustritt gewesen. Der Angeklagte, so die Unterstellung,
habe weiterhin heimlich und als williges Werkzeug im Sinne des Par-
teiterrors gewirkt. Auch Jakobus Vink, der andere Freund van der Lubbes, mit dem Heisig gesprochen hatte, sei sich nach Angaben Heisigs
nicht sicher, ob van der Lubbe den Austritt vollzogen habe. „Er nähme
das aber nicht an, denn van der Lubbe habe auch weiter nach dem Austritt im Sinne der CPH gearbeitet".[39] Beinahe beiläufig äußerte der Kriminalkommissar, sowohl Albada als auch Vink hätten ihm bestätigt, daß
van der Lubbe gute Kontakte zu hohen Funktionären der CPH unterhalten habe.[40] Vink habe ferner gesagt, daß er am 1. März „einen Vertreter der CPH empfangen hätte [...], der ein Tagebuch und einen alten
Paß des van der Lubbe abgeholt hätte". In dem Tagebuch seien Adressen von Kommunisten verzeichnet gewesen, darunter auch deutsche
Namen.[41]

Einziges „Ermittlungsergebnis" in Holland war also die Behauptung,
van der Lubbe sei 1931 nur zum Schein aus der Kommunistischen Partei ausgetreten, um im Auftrag der Komintern andere Funktionen zu erfüllen.[42] Presseberichte über Heisigs Aussage riefen den Widerspruch
seiner holländischen Informanten hervor. Vor dem in London tagenden
internationalen Untersuchungsausschuß erklärte Albada, Heisigs Kronzeuge für den nur scheinbaren Austritt, van der Lubbe habe die CPH
bekämpft und sei deshalb als notorischer Faschist beschimpft worden; er

habe im Gespräch mit Heisig Kontakte van der Lubbes zu hohen CPH-Funktionären für unmöglich erklärt. Auch Vink meldete sich zu Wort und erklärte kurz und bündig, daß die Erklärungen Heisigs, wie sie von der holländischen Presse wiedergeben wurden, „in absolutem Gegensatz zur Wahrheit stehen".[43]

Der Vorgang erregte derartiges Aufsehen, daß Heisig am 21. Verhandlungstag vor Gericht dazu Stellung nehmen mußte.[44] Auf Vorhalt bestritt er konsequent jeden Einwand und bezeichnete die Vorwürfe Vinks als Lüge. Als Torgler anfragte, ob eine Ladung der beiden Holländer möglich sei, hielt Bünger dies für nicht erforderlich, sei doch „die Wahrheit festgestellt".[45] Auch entsprechende Beweisanträge Dimitroffs zur Vernehmung von Albada, Vink, Holwerda und Harteveld wurden vom Gericht abgelehnt.[46]

Das Braunbuch II resümierte: „Albada und Vink haben öffentlich gegen diese bewussten Fälschungen Heisigs protestiert. Sie haben sich angeboten, als Zeugen vor dem Reichsgericht zu erscheinen. Der Untersuchungsausschuss hat ihre Einvernahme gefordert. Das Reichsgericht hat sie nicht vernommen. Es hat vielmehr den Antrag Dimitroffs, die Holländer Albada und Vink als Zeugen vorzuladen, durch Gerichtsbeschluss abgelehnt. Das Tagebuch wurde niemals von der Kommunistischen Partei abgeholt, sondern von seinem anarchistischen Freunde Harteveld an einem sicheren Orte verwahrt. Harteveld hat es später in dem von einer anarchistischen Gruppe publizierten ‚Rotbuch'[47] veröffentlicht. Weder der Oberreichsanwalt noch der Verteidiger haben Meineidsverfahren gegen Heisig beantragt."[48]

Van der Lubbes letzte Reise

Die Frage, wie van der Lubbe im Februar 1933 nach Berlin gekommen ist, läßt sich bis heute nicht eindeutig beantworten.

Die Anklageschrift führte aus: *Am 4. Januar ist er wegen Verschlimmerung seines Augenleidens wieder in die Universitätsklinik in Leiden gekommen und dort bis zum 28. Januar behandelt worden. Nach seiner Entlassung aus dem Krankenhaus in Leiden begab sich der Angeschuldigte van der Lubbe, also Ende Januar oder Anfang Februar 1933 – er selbst hat zuletzt als Abreisetag den 3. Februar angegeben*[49] *– erneut auf Wanderschaft.* Die Angabe 3. Februar stimmt allerdings nicht mit den Angaben seiner holländischen Freunde und Bekannten überein, die einen erheblich späteren Zeitpunkt nahelegten.[50]

Er ging, wie er behauptet, zu Fuß über Cleve, Düsseldorf, Essen, Bochum, Dortmund, Paderborn, Hameln, Braunschweig, Magdeburg, Burg, Genthin und Potsdam nach Berlin. Festgestellt ist, daß van der Lubbe in der Nacht zum 15. Februar 1933 in Morsleben, Kreis Neuhaldensleben, und in der Nacht zum 18. Februar 1933 im Obdachlosenheim in Glindow bei Potsdam übernachtet hat. Am Sonnabend, den 18. Februar 1933, traf er dann nachmittags in Berlin ein.[51]

In der Hauptverhandlung kam es über die in der Anklageschrift hinaus gemachten Angaben zu keiner weiteren Klärung. Zwar waren der Ankunftstag in Berlin und die Übernachtung in Glindow nach den Meldebüchern der Herbergen nachweisbar, alles andere blieb jedoch im Dunkeln.[52] Die Tatsache, daß es der Politischen Polizei im Laufe ihrer langwierigen Ermittlungen zu van der Lubbes Reise nach Deutschland lediglich gelang, den Ort einer von (nach den Ermittlungsergebnissen) 15 Übernachtungen vor seiner Ankunft in Berlin festzustellen, spricht nicht für ein akribisches Vorgehen.[53]

In der Hauptverhandlung gab van der Lubbe auf Nachfrage des Vorsitzenden an, den größten Teil der Reise von Leiden nach Berlin (über 750 km!) zu Fuß zurückgelegt zu haben. Nur hin und wieder sei er eine kurze Strecke mit der Bahn gefahren oder von einem Wagen mitgenommen worden.[54]

Deutsche Freunde

Nachdem er von der Festnahme seines Bruders in Berlin erfahren hatte, suchte Jan van der Lubbe „am Dienstagabend", dem 28. Februar 1933, die Zimmerwirtin seines Bruders, Frau Zijn, in Leiden auf. „Frau Zijn sagte mir, dass es ,gestern' zwei Wochen her waren, dass Marinus weg war. [...] Sie erinnerte sich [...], dass er am Sonntag Besuch aus Deutschland empfangen hatte. Er war fortgegangen und nicht mehr nach Hause gekommen. Also hat er Leiden am 13. oder 14. Februar 1933 verlassen."[55] Dem niederländischen Juristen Benno Wilhelm Stomps, der 1933 im Auftrag der Familie Nachforschungen im familiären Umfeld van der Lubbes und in dessen Bekanntenkreis durchführte[56], wußte Frau Zijn noch mehr zu berichten. Danach erhielt Marinus, der mit Freunden namens „Fritz" und „Kurt" in Verbindung gestanden habe, an jenem Sonntag Besuch eines Freundes aus Deutschland. Laut Frau Zijn hätten sich die Unterhaltungen ausschließlich um politische Probleme gedreht, denn Marinus sei zutiefst empört gewesen über die „Bombardierung der meuternden Mannschaft" auf dem in Indonesien befindlichen Kreuzer „De Zeven Provincien".[57] Am darauffolgenden Tag habe van der Lubbe Holland in Begleitung eines „Kameraden" in Richtung Essen verlassen.[58] Stomps stellte nachträglich fest, daß es sich bei dem von Frau Zijn genannten Sonntag um den 12. Februar 1933 gehandelt haben muß, denn die Bombardierung der „De Zeven Provincien" hatte am 10. Februar stattgefunden. Jan van der Lubbe berichtete weiter: „In Essen und Berlin gab es ideologische Gruppen der ‚Spartacus'-Opposition. Sie hiessen aber anders. Vielleicht ‚linke Arbeiteropposition'. Mein Bruder hat mir davon erzählt. Er erwähnte auch Freunde, von denen einer ‚Fritz' hiess. Dann gab es noch einen ‚Kurt'. Kurt war Kurier zwischen den deutschen und den niederländischen Gruppen. Ob seine Freunde wirklich so hiessen, weiss ich natürlich nicht. […] Als Marinus aus dem Krankenhaus gekommen war [am 29. Januar], ist der Kurier Kurt nach Leiden gekommen. Sie brauchten junge Leute für die ‚Revolution', für ihre Barrikaden, sie sollten die Regierungsgebäude stürmen. Das klang für einen Kämpfer sehr verlockend."[59]

Jan van der Lubbe wußte auch, daß sein Bruder „oft Post aus Berlin bekam" und daß er mehrmals von einem „Fritz" und einem „Kurt" besucht worden war.[60] Alfred Weiland, Mitglied der rätekommunistischen Allgemeinen Arbeiterunion (AAU), der wenige Tage vor dem Reichstagbrand mit van der Lubbe in Berlin zusammentraf[61], berichtete nach 1945, daß Jan van der Lubbe „damals nach der Verhaftung seines Bruders Marinus dessen Wohnung durchsucht hat und dabei eine Karte aus Berlin gefunden haben will, die Marinus nach Berlin einlud und mit ‚Fritz' unterzeichnet war. Dieser Fritz könnte", vermutete Weiland, „nur der von mir genannte Fritz Hensler [!] sein"[62], der nach Angaben Weilands ebenfalls der AAU angehört haben soll. Diese Vermutung wurde durch Recherchen der Autoren erhärtet. Friedrich („Fritz") Henßler trat bereits im August 1933 in den Bund Nationalsozialistischer Deutscher Juristen (BNDJ) ein und wurde Ende Februar 1934 Mitglied der SA und des NSKK (Nationalsozialistisches Kraftfahrerkorps.) Auf Henßlers Vergangenheit verweist ein Vermerk in seiner Personalakte, wonach er vom Gerichtsassessor Wilhelm Wagener „kommunistischer Betätigung beschuldigt" wurde.[63]

Jan van der Lubbe riet seinem Bruder, die Finger von der Politik zu lassen und nicht nach Deutschland zu gehen. Doch der habe nicht auf ihn gehört. „Bevor Marinus fortgegangen war", so Jan van der Lubbe weiter, „hatte er den Leiter der ‚Spartacus'-Gruppe, Sirach, besucht und ihm erklärt, dass er nach Berlin müsse, weil dort wichtige Dinge passierten. Er sagte auch, dass in Berlin die Kameraden warteten und ihn zu dringender illegaler Arbeit brauchten. Es stände eine [sic!] Generalstreik aller Gegner bevor. Sirach war begeistert und gab Marinus auch einige Adressen in Berlin. In Berlin sollte auch die Zeitung ‚Der Proletarier' erscheinen. Ein Freund von Marinus, Piet Albada, war Redakteur an dieser Zeitung.“[64]

Die „Gruppe Internationaler Communisten" und die „Allgemeine Arbeiter Union"

Durch Piet van Albada und dessen Freunde war Marinus van der Lubbe in Leiden in Kontakt mit den Ideen der verschiedenen linken Gegenströmungen zum offiziellen Parteikommunismus der Komintern, insbesondere mit der GIC („Gruppe Internationaler Communisten") gekommen, einer in Konfrontation zur CPH stehenden rätekommunistischen Splittergruppe, die seit 1927 enge Verbindungen zu deutschen Gesinnungsgenossen pflegte. In der kleinen, radikal antizentralistischen und spontaneistischen GIC, die Parteidisziplin und -hierachie rigoros ablehnte und stattdessen auf die „direkte Aktion" der Arbeiter setzte, fand van der Lubbe eine Organisation, die seinem rebellischen Wesen eher entsprach als die straff organisierte CPH, die er „vermutlich um den März 1931 herum" verließ. Der Bericht der Leidener Polizei vermerkt hierzu: „Er gerät mit seinen ehemaligen Parteigenossen in Konflikt und verurteilt den Kommunismus in Rußland."[65] Auf Versammlungen der Faschisten wie auch der Kommunisten propagierte van der Lubbe nun die Ideen der Zeitschrift „Spartacus", des Organs der „linksgerichteten Arbeiteropposition in den Niederlanden".[66] Die Nähe van der Lubbes zu dem radikaleren Flügel der GIC („Spartacus-groep") um den Herausgeber des „Spartacus" in Amsterdam, Sirach, wurde auch von seinem Bruder Jan bestätigt.[67]

Die GIC unterhielt schon seit Jahren Beziehungen zu der ihr ideologisch verwandten deutschen „Allgemeinen Arbeiter Union" (AAU) in Berlin, einer rätekommunistischen Organisation.[68] Auf beiden Seiten bestand die Absicht, die gegenseitigen Beziehungen zu intensivieren. Im Februar 1933 erschien die erste (und zugleich letzte) deutsche Ausgabe des „Proletarier", einer „Zeitschrift für Theorie und Praxis des Rätekommunismus".[69] Offizieller Verleger dieser Zeitschrift war van der

441

Lubbes Freund und Mentor Piet van Albada, der Mitte Februar von den Mitgliedern der AAU in Berlin erwartet wurde. An seiner Stelle aber erschien um den 20. Februar überraschend Marinus van der Lubbe. Nach den übereinstimmenden Nachkriegszeugnissen[70] der damaligen AAU-Mitglieder und -Redakteure Ernst Biedermann und Alfred Weiland[71] (letzterer als „Internationaler Verbindungsmann" der AAU zuständig für Auslandskontakte) waren die Berliner entsetzt über den Radikalismus ihres holländischen Gesprächspartners. Ihr Mißtrauen war berechtigt, weil es deutliche Hinweise darauf gab, daß sich Spitzel in die Organisation eingeschlichen hatten und die AAU zunehmend in die Schußlinie der NS-Machthaber geriet. So war bereits Anfang Februar 1933 ein Freund Weilands, das AAU-Mitglied Paul Voss, „von der SA verhaftet und der Politischen Polizei übergeben" worden. „Von diesem Zeitpunkt", so Weiland, „hatten wir keine Nachricht mehr von ihm."[72] Weilands Vermutung, daß Voss ermordet wurde[73], haben Nachforschungen im Bundesarchiv bestätigt.[74]

Von der Politischen Polizei beobachtet

Wie Weiland angab, wurde van der Lubbe frühzeitig von der Berliner Politischen Polizei beobachtet. Dies bestätigt auch ein zeitgenössischer Pressebericht: Der „Hannover Kurier" vom 4. März 1933 (Morgenblatt) meldete unter der Überschrift „Ermittlung abgeschlossen": „Über den Brandstifter selbst hört man noch, daß, wenn auch ein Parteiausweis der KPD bei ihm nicht gefunden worden ist, er doch schon längere Zeit von der Polizei in Berlin als kommunistischer Agitator beobachtet wurde."

Aus einem Schreiben des Polizeipräsidenten von Aachen an Untersuchungsrichter Vogt vom 29. März 1933, das sich in den Ermittlungsakten befindet, geht hervor, daß die Aachener Polizei über einen Vertrauensmann Kontakte zu den Gesinnungsgenossen van der Lubbes in Holland unterhielt:

„Vom Polizeipräsidium Abt. I Berlin ging hier ein Funkspruch ein, wonach um umgehende Übersendung der Vorgänge in Sachen Appel ersucht wird und die weitere Tätigkeit einzustellen ist. Wie bereits im Schreiben vom 27. 2. 33 mitgeteilt, wurde ein Vertrauensmann nach Amsterdam entsandt, welcher die Fühlung mit dem ihm bekannten Appel aufgenommen hat. Letzterer wohnt unangemeldet in Amsterdam und verkehrt ausschliesslich in Kreisen internationaler Kommunisten.

Im Gespräch mit dem hiesigen Vertrauensmann hat Appel zugegeben, Lubbe persönlich zu kennen und bedauert er, dass ein derartiger Mann für die Kommunisten verloren geht. Appel sprach die Ansicht aus, dass van der Lubbe in Deutschland zu Tode gemartert würde. Auf die Frage des Gewährsmanns, ob van der Lubbe die Brandstiftung im Auftrage oder aus sich selbst heraus begangen hat, erklärte Appel, dass van der Lubbe ein grosser Idealist sei und die Tat aus sich selbst heraus begangen habe. Appel hat dem Vertrauensmann dann noch die genauen Einzelheiten der Tatausführung geschildert.[75] Aus seinen Ausführungen war zu entnehmen, dass er mehr wusste und aus erklärlichen Gründen mit der Wahrheit zurückhielt. Der Vertrauensmann kommt am Donnerstag, dem 30. 3. 1933 zurück und wird über das Ergebnis seiner gesamten Feststellungen in Amsterdam eingehenden Bericht erstatten. Nach einem Funkspruch aus Hamburg handelt es sich bei dem Genannten Appel um den Schiffbauer Johannes Joachim Wilhelm Appel, geb. am 22. 8. 90 zu Vellahn, Amt Wittenburg. Er meldete sich im Jahre 1926 nach Holland ab. Sein jetziger Aufenthalt ist in Hamburg nicht bekannt.‟[76]

Der hier genannte Jan Appel[77] war Hauptverfasser der für die „Gruppe Internationaler Kommunisten‟ und die AAU richtungsweisenden „Grundprinzipien kommunistischer Produktion und Verteilung‟ (Erstveröffentlichung in deutscher Sprache 1930) und damit einer der geistigen Führer der GIC. Zugleich stellte er für die GIC „die persönliche Verbindung her zu den verschiedenen Gruppen der AAU bzw. der AAU(E)‟.[78]

Spitzel und Provokateure

Alfred Weiland berichtete 1967 in einem Schreiben an den damaligen Herausgeber des „Telegraf‟, Arno Scholz[79]:

„Gegen den 20. Februar 1933 erwarteten wir aus Holland unseren politischen Freund Piet van Albada, mit dem wir ideologische Gespräche führen wollten über die gemeinsame Politik gegenüber den neuen Machthabern, und mit dem wir über die technische Seite der Erscheinung des ‚Proletariers‘ beraten mussten. Wir wollten aus Holland zusätzliches Material einführen und hatten nicht die Absicht, vor den Nazis zu kapitulieren. Anstelle von Albada präsentierte sich überraschenderweise Marinus van der Lubbe, den wir als Freund von Albada kannten, und mit dem mehrere unserer Mitglieder – allen voran Fritz Hensler[80] [!] und Wilfried van Owen[81] (gleichfalls Student) – gesprochen hatten. Sie berichteten mir von van der Lubbe, dass er in Berlin noch andere Organisationen gefunden habe, die wie wir eine harte Linie gegen die Nazis verfolgten.“[82]

Weiland selbst habe sich „zu dieser Zeit im mitteldeutschen Raum Leipzig-Halle-Merseburg damit [beschäftigt], unsere illegale Organisation aufzubauen. Am Donnerstag, den 23. 2. 1933, kam ich nach Berlin zurück und erfuhr, dass meine Freunde mit van der Lubbe in Verbindung getreten waren. Es handelte sich um Fritz Hensler [!], Walter Auerbach[83], Erich Kunze[84] und Wilfried van Owen [an anderer Stelle nennt Weiland ferner den Namen Dr. Otto Oberste-Berghaus sowie einen Arthur M.[85]].

Es wurde mir berichtet, dass van der Lubbe eine rege politische Aktivität in Berlin entwickelte, besonders jedoch in den Arbeitervierteln und bei den Arbeitslosen, wo er einen Zusammenschluss aller oppositionellen Kräfte forderte und ständig in Begleitung Unbekannter erschien. Ich forderte meine Freunde auf, sich noch am selben Tag mit van der Lubbe zu treffen, um zu erfahren, was er wollte. Der Treff zwischen unseren Delegierten und van der Lubbe fand in der Berliner Strasse am Hohenzollernplatz in Neukölln statt, bei einbrechender Dunkelheit in den frühen Abendstunden. Van der Lubbe schlug vor, eine revolutionäre Aktion als Fanal zu starten, da er dafür bereits mehrere Gruppen zur tatkräftigen Unterstützung gefunden hatte. Er trug eine Zeitung in der Hand, die sich für die Erwerbslosen einsetzte, und behauptete, dass sich alle rühren würden, sobald das Fanal gegeben würde. Nach diesen Informationen habe ich verstanden, dass van der Lubbe die Karte spielte, die den Feinden der Demokratie in Deutschland Nutzen bringen würde. Nur die Nazis brauchten sichtbare Unruhen, um vor den Deutschen und der Weltöffentlichkeit als Ordnungsfaktor auftreten zu können. Ich sagte meinen Freunden, dass van der Lubbe wahrscheinlich von jemandem aufgehetzt worden sei. Ich wusste, dass die Kommunisten in jener Zeit alle Mitglieder zu strengster Ruhe aufgefordert hatten. So lauteten auch unsere Direktiven. Wir bereiteten uns alle auf die Illegalität vor. Um genauer zu erfahren, was van der Lubbe plante, und da wir übereinstimmend der Meinung waren, dass an der ganzen Sache etwas nicht stimmte, sollte ich den Mann unter bester Absicherung persönlich sprechen und ohne meine Identität erkennen zu geben. Wir verabredeten mit van der Lubbe einen Treff am Sonnabend, den 25. 2. 1933, an der selben

Stelle in Neukölln. Es war etwa 21 Uhr.[86] Van der Lubbe erschien aufgeregt und begann sofort, uns eine direkte Aktion vorzuschlagen.[87] Ich
wollte wissen, ob er wirklich Holländer war und unsere holländischen
Freunde kannte. Ich konnte feststellen, dass er unsere Adressen besass,
die er von Sirach, dem Redakteur des ‚Spartakus‘ erhalten hatte. [Vgl.
hierzu die weiter oben zitierte Schilderung von Jan van der Lubbe, wonach sein Bruder von Sirach einige Adressen in Berlin erhalten hatte.[88]]
Ich stellte sofort fest, dass van der Lubbe eine Unruheaktion vorschlug,
die nur ein Ziel hatte: die Koalition zu spalten und die Hitler-Regierung zum Sturz zu bringen. ‚Es fehlt den Deutschen an Mut zu beginnen.‘ Als Beispiel nannte van der Lubbe den Aufstand auf dem Kreuzer
‚Sieben Provinzen‘ und behauptete, dass die Zeit für eine Aktion bereits
begonnen hätte, um dem Bürgertum zu beweisen, dass Hitler nur Unruhen gestiftet und Proteste hervorgerufen habe. Van der Lubbe verlangte von uns, loszuschlagen, und alle linksgerichteten Organisationen
würden sich uns anschliessen, unter ihnen die unzufriedene SA [!] und
Reichswehr. Van der Lubbe behauptete, für diese Aktion einflussreiche
Freunde gefunden zu haben. Da ich wusste, dass Hitler gerade auf diese
Art Aktionen gewartet hatte, um seine Drohungen gegen die Arbeiterbewegung wahrzumachen, konnte ich mich nicht zurückhalten und
sagte van der Lubbe wörtlich: ‚Du bist Provokateuren aufgesessen.‘[89]
Darauf bin ich sofort weggegangen. Ich stellte fest, dass der Holländer
an diesem Abend besonders lebhaft redete und sich nicht scheute, jene,
die seine Ansicht nicht teilten, als feige zu bezeichen. Nach Schluss des
Treffs erfuhr ich, dass van der Lubbe einen Teil seiner Gleichgesinnten
in einer ehemaligen antifaschistischen Kneipe getroffen hatte, und dass
in diesem Lokal ausschliesslich SA- und Polizeispitzel verkehrten. So
verstand ich, dass die Polizei von van der Lubbes Aktionen Kenntnis
hatte. Ich warnte meine Freunde und riet ihnen, sich umgehend zu distanzieren.“[90]
Die heute zugänglichen Ermittlungsakten der Reichstagsbrandkommission beweisen, daß die Neuköllner Erwerbslosenszene von Polizeispitzeln (zum Beispiel Ernst Panknin und Willi Hintze) durchsetzt war.
Bei Hintze, später Zeuge der Anklage im Reichstagsbrandprozeß, handelte es sich um einen Spitzel und agent provocateur, der mit der Politischen Polizei und der SA in Verbindung stand. Anderseits läßt sich
eine Verbindung von Hintze zu van der Lubbe nachweisen, so daß der
Verdacht besteht, daß van der Lubbe in Neukölln von Nazi-Spitzeln
überwacht, wenn nicht gar „geführt“ wurde.

Willi Hintze sagte am 3. April 1933 unter Eid aus: „Van der Lubbe ist mir auf dem Polizeipräsidium gegenübergestellt worden. Ich habe in ihm den Mann wiedererkannt, der wiederholt in der Zeit von ca. 15. bis 21. Februar 1933 im Lokal von Schlaffke [Steinmetzstr. 98] gewesen ist und von dem ich hörte, daß er bei Starker [Mitglied des Erwerblosenausschusses] wiederholt übernachtet haben soll. Ich habe das im Erwerbslosenausschuß erfahren. Meine Mutter hat noch Decken auf Bitten des Starker zur Verfügung gestellt. Ich habe selbst gesehen, wie beide Eheleute Starker mit ihm sprachen im Erwerbslosenausschuß bei Schlaffke[91] und habe gehört, wie Frau Starker zu ihm sagte, als im Erwerbslosenausschuß gefragt wurde, bei wem van der Lubbe übernachten könne: er könne bei ihr übernachten. Lubbe ist dann auch mit Frau Starker mitgegangen."[92] Margarete Plaetke, die Lebensgefährtin (nicht Gattin) von Starker sagte aus: „Ich erklärte mich auf Bitten des Kösterke, auch des Hintze [!] bereit, van der Lubbe für eine Nacht in der Wohnung aufzunehmen. […] Durch Hintze erhielt ich dann noch eine Steppdecke für van der Lubbe, der in der Nacht vom 19. zum 20. Februar 1933 – wenigstens ungefähr um diese Zeit herum [richtig: in der Nacht vom 22. zum 23. Februar 1933] – im Zimmer des Starker auf dem Sofa übernachtete."[93] Starker bestätigte dies.[94]

Die Anklageschrift führte hierzu weiter aus:

Am Donnerstag, den 23. Februar 1933, begab sich van der Lubbe, nachdem er gegen 9 Uhr aufgestanden und in der Wohnung des Zeugen Starker Kaffee getrunken hatte, wieder in die Gastwirtschaft von Schlaffke, wo auch Starker, Frau Plaetke und der Polier Krebs anwesend waren.

Dort hielt er sich eine kurze Zeit auf und verabschiedete sich dann gegen 11 Uhr vormittags, wobei er angab, er müsse zum Hauptpostamt am Alexanderplatz gehen, um sich von dort Geld abzuholen. Er will sich darauf nach dem Zentrum der Stadt begeben und unterwegs an den Litfaßsäulen gelesen haben, daß am Abend im Sportpalast eine kommunistische Versammlung stattfinden würde. Wie er weiter angegeben hat, sei er dann, nachdem er sich bei einem Zeitungshändler nach dem Weg erkundigt habe, vom Zentrum durch die Königstraße, Leipziger Straße und Potsdamer Straße nach dem Sportpalast gegangen, wo er gegen 2 Uhr nachmittags eingetroffen sei und sich eine Eintrittskarte zu der am Abend stattfindenden Versammlung der KPD gekauft habe. Von dort will er wieder in der Richtung nach dem Alexanderplatz gegangen sein und sich eine Weile in dem Postamt in der Königstraße aufgehalten haben, um sich aufzuwärmen. Er behauptet, hier Zeitungen und Broschüren gelesen sowie sich auf einem Blatt Papier verschiedene Notizen gemacht zu haben, da er am Abend als Diskussionsredner hätte auftre-

ten wollen. Nach seiner Angabe ist er dann noch in verschiedenen Straßen herumgelaufen und gegen 6 Uhr abends zu der Versammlung im Sportpalast gegangen. Hier hat der kommunistische Abgeordnete Pieck gesprochen. Jedoch ist die Versammlung vorzeitig aufgelöst worden. Danach begab sich van der Lubbe nach dem Männerheim in der Alexandrinenstraße, wo er die Nacht zubrachte.

Nach Weilands Angaben fand dessen erstes Treffen mit van der Lubbe „bei einbrechender Dunkelheit in den frühen Abendstunden"[95] des 23. Februar in der Berliner Straße am Hohenzollernplatz in Neukölln statt. Um 18 Uhr begann die KPD-Veranstaltung im Sportpalast. Für van der Lubbes Teilnahme an dieser Veranstaltung gibt es jedoch keine Zeugen, und die Angaben des Holländers über den Verlauf sind äußerst vage. So wußte van der Lubbe lediglich, daß „ein gewisser Florin sprechen sollte". An die Rede Piecks konnte sich van der Lubbe bezeichnenderweise nicht erinnern. „Wenn mir vorgehalten wird, daß der Abgeordnete Pieck gesprochen hat, so muß ich darauf erwidern, daß ich das nicht weiß, denn ich kann schlecht sehen und habe auch den Redner selbst nicht erkennen können. Ich habe nur die Rede, die durch einen Lautsprecher übertragen wurde, gehört. Es wurde über die Führung der KPD und über das Hitlerprogramm gesprochen. Als die Versammlung aufgelöst wurde, war es etwa 21.30 Uhr."[96] Angesichts des explosiven Inhalts von Piecks Rede an diesem Abend sind diese spärlichen Angaben van der Lubbes besonders verwunderlich. In der letzten Versammlung der Kommunistischen Partei vor fast zwanzigtausend Zuhörern hatte Pieck erklärt: „Von bestimmter Seite wird das Gerücht verbreitet, daß aus den Reihen der Kommunisten ein Attentat auf Hitler vorbereitet würde. Ich sage von dieser Stelle: Wir Kommunisten sind Gegner von Attentaten und individuellen Terrorakten. Aber wir erinnern an die bestellten ‚Attentate' in Italien, die zum Anlaß beispielloser Arbeiterverfolgungen genommen wurden, und fordern alle Arbeiter zur höchsten Wachsamkeit auf."[97]

Es ist eigenartig, daß van der Lubbe über Piecks Rede in seiner Vernehmung nichts zu berichten wußte. Es erscheint daher sehr zweifelhaft, ob van der Lubbe tatsächlich wie behauptet der Veranstaltung im Sportpalast beigewohnt hat. Weilands Angaben wurden durch die Anklageschrift, die sich lediglich auf Lubbes unüberprüfbare Aussagen stützte, jedenfalls nicht widerlegt.

Die Nacht zum 24. Februar 1933 verbrachte van der Lubbe laut seinen eigenen Angaben im Männerheim in der Alexandrinenstraße.

Für den 24. Februar war in der Neuköllner Arbeitslosenszene eine „Aktion" geplant. Darüber sagte der Zeuge Walter Janecke unter Eid aus: Hintze habe auf das Verhalten der Beamten des Wohlfahrtsamtes geschimpft, „denen er die Schuld an dem Selbstmord seines Schwagers [Fikowski, am 21. Februar 1933] zuschob und erklärte, man müsse das Wohlfahrtsamt auf den Leisten hauen. Ferner müsse man SA-Leute beim Verlassen des SA-Lokals in der Jägerstraße überfallen. Hintze sagte, er könne eine Anzahl Waffen besorgen, die er, woher sagte er nicht, billig beschaffen könne. Mit diesen Waffen bewaffnet, sollte zum Wohlfahrtsamt mit Leuten, die er noch beibringen wollte und uns, die er dazu aufforderte, mitzukommen, gezogen werden, um dort Gewaltmaßnahmen gegen die Beamten vorzunehmen. [...] Trotz Vorhaltes entgegenstehender Aussagen bleibe ich dabei, daß Hintze uns alles selbst in Vorschlag gebracht hat. [...] In der vorerwähnten gemeinsamen Besprechung wurde beschlossen, am Freitag, den 24. Februar 1933 sich im Lokal von Schlaffke zu treffen. Wir wollten und sollten Leute dorthin bringen, während Hintze für die Beschaffung von Waffen und ebenfalls von Leuten Sorge tragen sollte".[98] Kurt Starker bestätigte das: „Hintze schimpfte auf das Wohlfahrtsamt. [...] Hintze forderte eine Aktion gegen das Wohlfahrtsamt und einen Teil seiner Beamten. [...] Hintze behauptete, uns sechs Mauserpistolen beschaffen zu können – woher weiß ich nicht – für dieses von ihm vorgeschlagene gewaltsame Vorgehen gegen das Wohlfahrtsamt und die fraglichen Beamten. Er meinte auch, es müsse das SA-Lokal in der Jägerstraße überfallen werden. Mit den fraglichen Waffen und mit Leuten die wir beschaffen sollten, sollte zum Wohlfahrtsamt gezogen und dort die mißliebigen Beamten verprügelt werden. Ich erhob Bedenken dagegen, weil Polizeibeamte im Wohlfahrtsamt stationiert seien. Zur Beseitigung dieser sollten nach Angaben des Hintze jedoch die Waffen dienen. Er meinte, daß die Waffen dazu benutzt werden sollten, etwaigen Widerstand durch Schüsse zu beseitigen."[99] Auch Margarete Plaetke bestätigte, Hintze habe versucht, Starker eine Waffe zu verkaufen.[100] Am 25. 10. 1933 bot sich weiter ein Carl Krebs aus Neukölln zur Aussage an, daß „Hintze selbst versuchte, den Erwerbslosen-Ausschuß zu der bekannten Aktion zu verleiten und auch zu dem Zweck Waffen anbot."[101] Vor dem Reichsgericht stritt Hintze am 21. Oktober 1933 diese Vorwürfe gegen ihn ab.

Stadtinspektor Otto Fank, Zweigstellenleiter des Wohlfahrtsamtes Neukölln, sagte über Hintzes weitere Aktivitäten folgendes aus: Am Donnerstag, den 23. Februar 1933, sei nachmittags bei ihm ein Mann erschienen, der berichtete: „Am folgenden Tage, am Freitagvormittag, werde auf Anordnung der Zentrale der Kommunistischen Partei von

Mitgliedern des Verkehrslokals der Kommunistischen Partei Schlaffke, Neukölln, Steinmetzstraße, ein Überfall auf das Wohlfahrtsamt geplant; es würden am Freitag vor diesem Überfall Hetzblätter [...] verteilt werden, in denen aufgefordert werde, verschiedene dem Namen nach genannte Beamte des Wohlfahrtsamtes aus diesem mit Gewalt zu entfernen." Der Mann habe sich geweigert, seinen Namen zu nennen. Am gleichen Nachmittag wurde im Wohlfahrtsamt ein entsprechendes Flugblatt abgegeben, das Fank dem Bezirksbürgermeister von Neukölln zuleitete. Daraufhin wurde am darauffolgenden Morgen das Wohlfahrtsamt durch Polizeikräfte besetzt. Am Freitagmorgen kurz nach 8 Uhr erschien der Mann wieder und erklärte unter Nennung seines Namens – Hintze –, der Angriff auf das Wohlfahrtsamt würde zwischen 10 und 11 Uhr erfolgen. 6 Kommunisten seien durch die Zentrale der KPD mit Waffen ausgestattet worden. Er sagte, daß er selbst sich unter den im Lokal Schlaffke versammelten Kommunisten befinden würde und bat Fank darum, ihn als Gewährsmann zu schützen. Kurz nach 10 Uhr rief Hintze bei Fank an und teilte mit, daß die Aktion begonnen habe. Tatsächlich hatte sich eine größere Menschenmenge vom Lokal Schlaffke aus in Richtung Wohlfahrtsamt in Bewegung gesetzt. Bei einer anschließenen Polizeirazzia wurde neben anderen auch Hintze verhaftet.[102] Der Vorsteher des 212. Polizeireviers in Neukölln beschrieb in einem Bericht den Einsatz am 24. Februar: Er sei alarmiert worden, da im Schanklokal Schlaffke „illegale Druckschriften in größeren Mengen, die zu Gewalttätigkeiten gegen bestimmte Beamte der Wohlfahrtsstelle aufforderten, an KPD-Funktionäre, sowie Waffen" verteilt würden. Die Polizei verhaftete daraufhin alle Gäste des Lokals, unter ihnen auch Willi Hintze, der „erklärte, der Mittelsmann des Leiters der Wohlfahrtsstelle zu sein und nur zur Beobachtung sich im Lokal aufgehalten zu haben. Herr Pol. Hauptmann Sommer kenne ihn ebenfalls. Er gab dann ferner an, sich um 11 Uhr mit Kommunisten verabredet zu haben, und zwar sollten große Mengen Propagandamaterial verteilt werden. Es wäre dann, wenn ich ihn freiliesse, möglich, die Hauptverteiler zu fassen, desgleichen Abziehapparate pp. zu erfassen." Auf Nachfrage der Polizei erklärte der Leiter der Wohlfahrtsstelle, Fank, die Angaben von Hintze für zutreffend, ebenso bestätigte der Polizei-Hauptmann Sommer, daß Hintze ihm bekannt sei. Daraufhin wurde Hintze aus dem Polizeigewahrsam entlassen mit der Weisung, „sofort Nachricht zu geben, wenn er sichere Anhaltspunkte für ein erfolgreiches Zufassen geben könne."

Der Polizeibericht vermerkt weiter: Hintze „erschien gegen 13 Uhr noch einmal auf der Wache und gab dort einen Stempel und anderes Propaganda-Hetzmaterial ab. Dann rief er gegen 15 Uhr noch einmal an und erklärte, noch nicht zum Ziel gekommen zu sein, er sei gerade im ‚Karl-Liebknecht-Haus‘, käme aber in den Abendstunden bestimmt zum Revier. Er ist dann nicht mehr auf dem Revier erschienen. Ich habe darauf die Abtlg. 1 [IA, die Politische Polizei] verständigt".[103]

Fank berichtete weiter, am Freitag gegen 13 Uhr sei Hintze erneut bei ihm erschienen. Der Angriff auf das Wohlfahrtsamt sei abgeblasen worden, da die Sache „verpfiffen" worden war. Die Beamten sollten nun einzeln überfallen werden. Fank solle um 16 Uhr auf dem Boddinplatz überfallen und auch seine Wohnung demoliert werden. Fank und seine Familie erhielten daraufhin Polizeischutz.[104]

Die Anklageschrift weiß von diesen doch aufsehenerregenden Vorfällen am Freitag, den 24. Februar, im Zusammenhang mit van der Lubbe nichts zu berichten:

Am nächsten Tag, also am Freitag, den 24. Februar 1933, ging der Angeschuldigte van der Lubbe wieder nach Neukölln und besuchte dort den Zeugen Starker. [Starker befand sich zum Beginn der Aktion gegen das Wohlfahrtsamt ab 10 Uhr im Lokal Schlaffke, will dieses jedoch später verlassen haben.[105]] *Er will dabei keinen anderen Zweck verfolgt haben, als sich bei diesem für die erwiesene Gastfreundschaft zu bedanken. Es ist aber auffällig, daß er dies nicht schon bei seinem Abschied am vorhergehenden Tage getan hat, sodaß die Annahme naheliegt, daß er möglicher Weise bei seinem Besuch am Freitag noch irgendwelche besonderen Absichten gehabt hat. Wie van der Lubbe behauptet, ist er dann von der Wohnung des Zeugen Starker aus in der Richtung nach dem Alexanderplatz gegangen. Da ihm aber unterwegs der Gedanke gekommen sei, man müsse etwas gegen die Nationalsozialisten unternehmen, sei er nochmals zurückgewandert und habe sich dort in der Prinz-Handjery-Straße mit einigen jungen Leuten unterhalten* [„die vor den Haustüren standen"[106]]*, denen er auseinandergesetzt hätte, daß man etwas unternehmen und demonstrieren müßte* [„Ich habe an 3 verschiedenen Stellen meinen Plan entworfen, aber keine Unterstützung gefunden, so daß ich diesen Plan wieder aufgab"[!][107]]*. Sodann sei er über den Hermannplatz nach der Alexandrinenstraße gegangen* [„wo ich gegen 21.30 Uhr eintraf"[108]]*. Hier hat er, wie feststeht, die Nacht zum Sonnabend, den 25. Februar, wiederum in dem Männerheim geschlafen.*

Erst an diesem 24. Februar – nach seinem erneuten Besuch bei Starker – will van der Lubbe in den Sinn gekommen sein, etwas konkretes gegen die Nationalsozialisten unternehmen zu müssen.

Daß van der Lubbe versuchte, in den Reihen der Erwerbslosen für ein aktiveres, revolutionäres Vorgehen zu werben, wird im übrigen durch die Aussage Starkers in seiner Vernehmung vor dem Untersuchungsrichter bestätigt. Während des Mittagessens in Starkers Wohnung, in Anwesenheit des Zeugen Jahnecke und Starkers Freundin Margarete Plaetke, soll van der Lubbe erzählt haben, er sei „Anhänger der kommunistischen Partei gewesen, jedoch mit der jetzigen Führung der kommunistischen Partei nicht einverstanden, weil diese zu flau sei. Van der Lubbe zeigte sich sehr informiert über die Bestrebungen der kommunistischen Bewegung und der Arbeiterunion [...]. Van der Lubbe propagierte aktiveres Vorgehen, immer wieder brachte er zum Ausdruck, man müsse was machen, man müsse Revolution machen; er wollte Erwerbslose vor dem Wohlfahrtsamt zusammen ziehen und mit diesen grosse Demonstrationszüge machen, um die Revolution vorwärts zu treiben."[109] Van der Lubbes Aktivismus und Hintzes putschistische Pläne lagen demnach gar nicht so weit auseinander!

Am Sonnabend, den 25. Februar, erhielt der Leiter des Wohlfahrtsamtes, Fank, zwischen 8 und 9 Uhr einen Anruf: „Der Mann fragte mich, als ich den Telefonhörer abnahm, ob ich Fank sei. Ich bejahte das; darauf fragte er mich, ob ich einen gewissen Hintze kenne. Ich verneinte das und fragte den Mann nach seinem Namen. Er nannte mir jedoch seinen Namen nicht, sondern sagte zu mir: ‚Na wenn Sie Fank sind, müssen Sie doch Hintze kennen.' Als ich abermals verneinte, teilte er mir mit, daß Hintze überfallen und durch Messerstiche verletzt sei und sich in der Hedemannstraße befände." Der Anruf kam also höchstwahrscheinlich aus der Berlin-Brandenburger SA-Zentrale in der Hedemannstraße 31/32, wo Graf von Helldorf und Karl Ernst residierten. Aber was hatte der verletzte Hintze dort zu suchen?

Am gleichen Sonnabend, dem 25. Februar, gegen 11 Uhr erschien Hintze ein weiteres Mal bei Fank, der berichtete: „Er [Hintze] teilte mir mit, daß er in der Nacht überfallen und durch Messerstiche verletzt worden sei, und zeigte mir auch seinen Arm, der eine Wunde hatte, aus der Blut kam. [...] Er erzählte mir, er sei von der [Politischen] Polizei IA beauftragt worden, den Drucker von kommunistischen Hetzschriften festzustellen und, wenn möglich, solche Exemplare zu besorgen. Er habe die Druckerei festgestellt und einen Stoß dieser Hetzschriften mitgenommen. Auf dem Wege von der Druckerei sei er überfallen, verletzt und seiner mitgenommenen Druckschriften beraubt worden."[110]

Am gleichen Tag, dem 25. Februar, beging van der Lubbe laut eigenen Angaben die sogenannten „kleinen Brandstiftungen" am Wohlfahrtsamt in Neukölln (ca. 18.30 Uhr), am Berliner Rathaus (ca. 19.15 Uhr) und an dem im Berliner Stadtschloß untergebrachten Institut für internationales Recht (gegen 20 Uhr).

An Hintzes damaliger Rolle als agent provocateur der Politischen Polizei besteht kein Zweifel. Seine hier anhand der Ermittlungsakten dargestellte Verbindung zur SA bestätigte auch Jahnecke in der Nachkriegszeit, der Angaben, Hintze habe mit der SA die Neuköllner Bevölkerung terrorisiert.[110a] Der Zweck bestand offenbar darin, die Neuköllner Erwerbslosen und Kommunisten zu Gewalttaten aufzuhetzen, um sie so der Politischen Polizei ans Messer zu liefern. Über Hintze könnte auch der diesem persönlich bekannte van der Lubbe zu seinen „kleinen" Brandstiftungen verleitet worden sein.

Der Tag vor dem Reichstagsbrand

Die Nacht zum Sonntag, den 26. Februar 1933, verbrachte van der Lubbe laut eigenen Angaben wiederum im Männerheim in der Alexandrinenstraße. Die Anklageschrift berichtet weiter:

Am darauffolgenden Sonntag will van der Lubbe gegen 8 Uhr oder 9 Uhr morgens aufgebrochen und durch den Tiergarten über Charlottenburg nach Spandau gegangen sein. Aus welchem Grunde er sich dorthin begeben hat, ist nicht erkennbar. Er selbst hat zunächst auf Befragen einen stichhaltigen Grund dafür nicht anzugeben vermocht. Später hat er behauptet, er habe den Plan gehabt, nach Holland zurückzuwandern, davon aber nachher Abstand genommen. Diese Angabe verdient jedoch keinen Glauben. Bemerkenswert ist in diesem Zusammenhange, daß die Polizei auf vertraulichem Wege die Mitteilung erhalten hat, daß in Spandau die Fäden für den Fall van der Lubbe zusammenliefen.

Beweise blieben die Kriminalisten auch in der Hauptverhandlung schuldig. Allerdings erklärte van der Lubbe auf die Frage, wo er am Vormittag des 26. gewesen sei: „bei den Nazis"[111], was Verwirrung hervorrief und allgemein so erklärt wurde, daß er eine NSDAP-Kundgebung am Sonntag gemeint hatte (vgl. Kap. 6, Teil 2).

Möglicherweise hat also der Aufenthalt des Angeschuldigten van der Lubbe in Spandau eine ganz besondere Bewandtnis. Auffällig ist auch, daß der Bäcker Worath den Angeschuldigten van der Lubbe am Sonntag gegen 2 Uhr mittags in der Friedrichstraße in der Nähe der Karlstraße gesehen haben will, wie dieser anscheinend auf jemanden gewartet hat. Ob hier möglicherweise eine Personenverwechslung vorliegt, kann dahingestellt bleiben. Der Zeuge Worath wurde vor dem

Reichsgericht nicht vernommen. Entspräche seine Aussage der Wahrheit, so konnte van der Lubbe ohne Benutzung eines Kraftfahrzeugs allerdings kaum abends in Hennigsdorf gewesen sein, wo er laut dem Meldebuch um 18.20 Uhr im dortigen Polizeiasyl eintraf.[112]

Jedenfalls will van der Lubbe die nächste Nacht zum Sonntag [richtig: Montag], *den 27. Februar 1933, in Hennigsdorf bei Spandau zugebracht haben.*[113]

Im Polizeiasyl Hennigsdorf übernachtete gleichzeitig mit van der Lubbe ein gewisser Franz Waschitzki, dessen Identität angeblich nicht zu ermitteln war (siehe hierzu Kap. 5, Teil 2).

Der Tag der Reichstagsbrandstiftung

Über van der Lubbes Aktivitäten am 27. Februar gab die Anklageschrift sehr widersprüchliche Auskünfte:

Am darauffolgenden Tage, also am Montag, den 27. Februar 1933, verließ van der Lubbe morgens — seine Zeitangaben schwanken in dieser Beziehung zwischen 8 und 1/2 9 Uhr vormittags — Hennigsdorf und ging zu Fuß nach Berlin zurück. [Tatsächlich verließ van der Lubbe das Polizeiasyl in Hennigsdorf um 7.45 Uhr.[114]] *Der Angeschuldigte van der Lubbe hat dem Kriminalkommissar Dr. Braschwitz gegenüber angegeben, es sei ihm erst an diesem Morgen beim Aufstehen der Gedanke gekommen, das Reichstagsgebäude anzustecken. Vor dem Untersuchungsrichter hat er erklärt, er habe diesen Entschluß auf dem Wege von Henningsdorf nach Berlin gefaßt. Daß dies außerordentlich unwahrscheinlich ist, soll noch später ausgeführt werden.*

Von Hennigsdorf ist der Angeschuldigte van der Lubbe nach seiner Angabe über Tegel gegen 11 Uhr vormittags in die Müllerstraße gekommen, wo er in dem Geschäft von Hermann Stoll, Müllerstraße 48a, für 30 Pfennig vier Pakete Kohlenanzünder gekauft hat. In der Müllerstraße will er noch in einer Gastwirtschaft etwas gegessen, sich dort aber nur ungefähr 10 Minuten aufgehalten haben. Wie er weiter angegeben hat, sei er darauf von der Müllerstraße durch die Chausseestraße, Friedrichstraße und die Straße Unter den Linden bis zur letzten rechten Querstraße, der Neuen Wilhelmstraße, gewandert. In diese sei er eingebogen und dann durch die Dorotheenstraße zum Reichstagsgebäude gegangen. Dieses habe er sich von allen Seiten genau angesehen, wobei er festgestellt habe, daß an verschiedenen Stellen eine Einstiegmöglichkeit vorhanden sei. An der Westseite des Gebäudes, bei dem Bismarck-Denkmal, sei ihm die Einstiegmöglichkeit am besten erschienen, da an dieser Stelle wenig Menschen vorbeizukommen pflegten. Während er aber zunächst angegeben hatte, erst um 1/2 5 bzw. 5 Uhr nachmittags am

Reichstag angelangt zu sein, hat er später eingeräumt, bereits gegen 2 Uhr mit-
tags dort eingetroffen zu sein.

Nach der Besichtigung der Außenfassade des Reichstagsgebäudes will der An-
geschuldigte van der Lubbe durch den Tiergarten nach dem Potsdamer Platz und
von dort durch die Leipziger und Königstraße zum Postamt C 2 gegangen sein,
wo er gegen 3.30 Uhr nachmittags angekommen sei und sich etwa eine halbe Stun-
de bis 4 Uhr nachmittags aufgehalten hätte. Während dieser Zeit habe er ver-
schiedene Flugblätter gelesen, die von ihm auf der Straße aufgesammelt worden
seien. Darauf sei er über den Alexanderplatz zum Friedrichshain gegangen, wo
er bis gegen 8 Uhr abends verweilt habe. Nunmehr sei er, um seinen Plan, den
Reichstag in Brand zu setzen, auszuführen, über den Alexanderplatz, die Kö-
nigstraße und die Straße Unter den Linden nach dem Reichstagsgebäude zurück-
gewandert, wo er dann kurz vor 9 Uhr abends eingetroffen sein will.

Diese Angaben des Angeschuldigten van der Lubbe können, wie noch weiter
unten näher ausgeführt werden wird, nicht in allen Einzelheiten zutreffen. Al-
lerdings steht fest, daß er sich gegen 2 Uhr mittags am Reichstagsgebäude herum-
getrieben hat. Er ist dabei von dem Amtsgehilfen der Reichstagsverwaltung, dem
Zeugen Schmal, gesehen worden. Dieser verließ einige Minuten vor 2 Uhr mit-
tags, nach Beendigung seines Dienstes, das Reichstagsgebäude durch das an der
Nordseite gelegene Portal V und ging dann um die Nordostecke des Gebäudes
herum, um mit der elektrischen Bahn nach Hause zu fahren. Als er gerade um die
Nordostecke herumgebogen war, bemerkte er den Angeschuldigten van der Lubbe,
der ihm langsam entgegenkam. Dieser trug viel zu kurze Hosen, darüber einen
dunklen Mantel und eine Sportmütze aus Stoff. Seine beiden Hände hielt er in
Brusthöhe vor sich hin und schaute in diese hinein. Der Zeuge Schmal hatte dabei
den Eindruck, als ob van der Lubbe einen Gegenstand in der Hand hielt und sich
etwas ansah oder las. Indessen kann der Zeuge nicht mit Bestimmtheit behaup-
ten, daß van der Lubbe wirklich damals etwas in der Hand gehalten habe.[115]

Vertuschte Kontakte in einer Wärmehalle

Die Darstellung der Anklageschrift kann tatsächlich „nicht in allen
Einzelheiten" der Wahrheit entsprechen, wenngleich sie sich mit den
vom Angeklagten zu Protokoll gegebenen Aussagen deckte. Danach
wollte sich van der Lubbe an diesem Tag angeblich nur einmal (im Postamt C 2) für eine halbe Stunde (15.30 - 16.00 Uhr) aufgewärmt haben.
Wenn man bedenkt, daß an diesem Tag Frost herrschte, erscheint ein
(bis zur Brandstiftung) annähernd 12stündiger Aufenthalt im Freien al-

lerdings sehr unwahrscheinlich. Völlig unvereinbar mit der Darstellung in der Anklageschrift sind die Aussagen des städtischen Angestellten und Leiters der Wärmehalle Ackerstraße 3, Arnold Mehl, und des Aufsehers Fritz Marg, die van der Lubbe bei einer Gegenüberstellung am 23. März 1933 übereinstimmend als die Person wiedererkannten, die sie zuvor mehrmals in der Wärmehalle gesehen hatten.[116] Mehl erinnerte sich daran, daß van der Lubbe „am 27. Februar d. Js., also am Brandtage, bis 15 Uhr in der Wärmehalle anwesend war". Später habe Mehl von Besuchern der Wärmehalle erfahren, „daß am fraglichen Tage van der Lubbe mit einigen jungen Leuten gemeinsam die Wärmehalle verlassen hatte und in Richtung Unter den Linden/Tiergarten gegangen war. Bemerken möchte ich hierzu, daß diese jungen Leute den homosexuellen Kreisen angehören."[117] Ferner erinnerte sich Mehl, „am Tag der Veröffentlichung des Bildes van der Lubbes in der Morgenpost" mit einer unbekannten Person gesprochen zu haben, die ihm „erklärte, den van der Lubbe ebenfalls zu kennen und im Asyl gesprochen zu haben". Diese von ihm detailliert beschriebene Person habe Mehl danach nicht mehr in der Wärmehalle gesehen. „Einige Tage vor dem Reichstagsbrand" wollte auch der Aufseher Fritz Marg den Holländer in der Wärmehalle gesehen haben.[118]

Die Urteilsschrift vermerkte zu van der Lubbes Aufenthalt am 27. Februar 1933 lapidar: „Über sein Tun an diesem Tage steht jedoch außer seinem Weg nach Berlin und dem Aufenthalt am Reichstagsgebäude um 14 Uhr nichts fest."[119] Dies widersprach wahrheitswidrig den Ermittlungsergebnissen.

Hinweise auf Kontakte zu Nationalsozialisten

Die Ermittlungsakten liefern eine Reihe von Hinweisen auf Kontakte van der Lubbes, denen die Ermittlungsbehörden offenbar nicht nachgingen und die deshalb auch im Verfahren vor dem Reichsgericht nicht zur Sprache kamen. Erwähnenswert sind angebliche Kontakte van der Lubbes zu SA-Leuten in Potsdam. (Laut van der Lubbes eigener Angabe kam er über Potsdam nach Berlin; er übernachtete in der Nacht zum 18. Februar 1933 im Obdachlosenheim in Glindow bei Werder, in der Nähe von Potsdam.) „Ein Schupomann soll einer Arbeiterin in Potsdam erzählt haben, dass er den v. d. Lubbe am 22. 2. 33 gesehen habe, wie er mit einem SA-Mann in eine Nazi-Kaserne in Potsdam ging."

(Vermerk in Klammern: „Konkretes trotz Bemühungen nicht festgestellt", handschriftl. Vermerk am linken Rand: „Aufenthalt am 22. 2. war nicht Potsdam."[120])

In die gleiche Richtung führt der Hinweis eines gewissen Ernst Protzek vom 7. März 1933, wonach Lubbe mit einem jungen Mann aus Potsdam herumgezogen sei und auch selbst in Potsdam gewesen sein soll.[121]

Die neue, von den Autoren veranlaßte Transkription des Original-Stenogramms[122] von van der Lubbes erster Vernehmung in der Brandnacht liefert ein weiteres (im offiziellen Protokoll[123] fehlendes) Indiz für einen möglichen Aufenthalt in Potsdam. Im Anschluß an das Geständnis der drei „kleinen Brandstiftungen" heißt es hier: „4. (Schule bzw. schon) [nicht genau zu entziffern] zurückgekommen von Potsdam. Dann habe ich den Reichstag."

Bemerkenswert ist ferner der Bericht der damaligen Neuköllner Gemeindeschwester Mimi Storbeck, den Heinrich Fraenkel 1962 mitteilte: Die Zeugin „hatte sie mit van der Lubbe dienstlich zu tun, als er, wenige Tage vor der Tat, in ihrem Fürsorgebezirk ein Zimmer (in der Zietenstraße 64) mieten wollte und dafür ein Darlehen von 20 Mark benötigte. Er war von zwei jungen Burschen begleitet, die für ihn das Wort führten und deren einer Frl. Storbeck als SA-Mann bekannt war. Als das Gesuch abschlägig beschieden und stattdessen Abschub an die holländische Grenze nebst Reiseproviant angeboten wurde, kamen seine Gefährten, begleitet von einigen anderen rüden Burschen, und ‚machten solchen Krach, daß das Überfallkommando geholt werden mußte'."[124]

Verschiedene Aussagen van der Lubbes über seine Bekleidung zur Zeit der Brandstiftung nähren ebenfalls den Verdacht, daß der Holländer mit der SA in Kontakt stand, ja möglicherweise sogar selbst SA-Uniform trug.

Bei einem Ortstermin am 11. März 1933 im Reichstagsgebäude (anwesend: Kriminalsekretär Raben, Kriminalassistent Wessely, Kriminalsekretär Jauer, die Polizeiwachtmeister Molinsky und Otto) sagte van der Lubbe aus: „Ich war folgendermaßen bekleidet: Strümpfe und Schuhe, Makkounterhose, weiss, Leinenunterhemd (Multon) (van der Lubbe sagt ‚Köper'), Oberhemd aus Leinen, braun, ungefähr in der Farbe wie die Hemden der Angehörigen der NSDAP. Der Anzug bestand aus Weste, Hose, Jackett, alles aus demselben Stoff, Mantel, als Kopfbedeckung eine Mütze."[125] Bei einer Vernehmung durch Untersuchungsrichter Vogt am 5. Mai 1933 nannte Lubbe sein Hemd „ein braunes, so eine Art Sporthemd". „Der Kragen befand sich an dem Sporthemd. Um den Kragen befand sich eine Krawatte."[126]

Lubbes Hemd erinnert fatal an das „Braunhemd" der SA-Uniform, zu dem ja ein brauner Binder getragen wurde. Dieser Verdacht wird durch die Aussage eines gewissen Rudolf Braun, Freund der Tochter des Paul Bienge[127], ebenfalls vom 11. März 1933, erhärtet: „Bienge erzählte, daß der Brandstifter den Brand im Reichstag mit einer braunen Jacke entfacht hätte und diese Jacke dabei verbrannt sei. An dieser braunen Jacke sei, so meinte Bienge, die Zugehörigkeit des Täters zur SA zu erkennen." „Woher Bienge wußte, daß der Täter angeblich eine braune Jacke verbrannt haben sollte, war mir nicht bekannt."[128] Am 8. April 1933 erklärte Braun dann nochmals, „nach dem Reichstagsbrand […] wollte mir Bienge klarmachen, daß van der Lubbe nicht Kommunist, sondern SA-Mann gewesen sei. Er versuchte das auch in späteren Gesprächen. […] In keinem dieser Gespräche hat Bienge erwähnt, daß er van der Lubbe kennengelernt habe."[129]

Lubbe verwendete sein Hemd im Wandelgang, vor der Restaurationstür, als erstes seiner Kleidungsstücke zur Brandstiftung. Er erklärte am 11. März 1933: „Ich habe mich hier meiner Kleidung entledigt, um mein Oberhemd anzustecken und als Feuerträger zu benutzen. Ich hatte zwar ja noch ein Paket Kohlenanzünder in einer Manteltasche, da aber dieser Stoff beim Laufen so schnell abbrannte, daß ich mir dabei die Finger verbrannte, und weil ich außerdem noch Kohlenanzünder in Reserve haben wollte, war ich auf den Gedanken gekommen, das Oberhemd, das m. E. von meinen Kleidungsstücken am langsamsten abbrennen wür- de[130], als Feuerträger zu benutzen. Ich habe mir jetzt, glaube ich, mein Jacket wieder angezogen und habe dann das Hemd am unteren Teil an einer Ecke an dem noch brennenden und mir leuchtenden Stück Kohlenanzünder angesteckt."[131] Mit dem brennenden Hemd in der Hand lief van der Lubbe dann – von außen durch Fenster gut sichtbar – durch den Reichstag.

Die mögliche Schlußfolgerung – van der Lubbe als Brandstifter in SA-Uniform – mag zunächst abwegig erscheinen. Bedenkt man jedoch, daß es zur NS-Propaganda jener Zeit gehörte, von der SA verübte Gewalttaten den Kommunisten in die Schuhe zu schieben, die sich angeblich zur Tarnung in SA-Uniformen kleideten, entbehrt diese Möglichkeit nicht einer gewissen Plausibilität. So führte beispielsweise Göring in einer Rundfunkrede über den „kommunistischen Aufstandsversuch am 1. März" aus: „Am 15. Februar z. B. wird zum erstenmal festgestellt, daß die KPD mit der Bildung von Terrorgruppen in Stärke bis zu je 200 Mann beschäftigt ist. Diese Terrorgruppen in Höhe von 100 bis 200 Mann hatten besonders die Aufgabe, sich mit SA-Uniform zu versehen und dann in dieser Uniform auf Lastautos, Personenautos, Warenhäuser, Einheitspreisläden und übrige Läden Überfälle zu inszenieren, vor allen Dingen darüber hinaus auch bürgerliche Zeitungen zu belästigen, Überfälle auf verbündete Verbände wie Stahlhelm, Überfälle auf verbündete Parteien und nationale Organisationen auszuführen. […] Es war diesen Terrorgruppen besonders gesagt worden, diese SA-Uniformen zu tragen, wenn sie irgendein Verbrechen begingen, und sich dann schleunigst zu entfernen".[132] Ähnliches wußte auch die „Vossische Zeitung" unter Berufung auf Regierungskreise am 1. März zu berichten: „Es hätten sich in dem [im Karl-Liebknecht-Haus angeblich] beschlagnahmten kommunistischen Material bestimmte Pläne befunden […], Angaben über Brandstiftungen in öffentlichen Gebäuden, Anordnungen für Terrorgruppen, die an bestimmten öffentlichen Plätzen, und zwar auch in Uniform von Schupo, SA und Stahlhelm eingesetzt werden sollten."[133]

Verdächtig ist schließlich auch, daß in dem von Kriminalkommissar Heisig vorgelegten Protokoll seines „Gesprächs" mit van der Lubbe in der Brandnacht ausgerechnet jene Passage gestrichen wurde, in der van der Lubbe einen Aufenthalt im Berliner Wedding erwähnte. Es heißt im Original-Stenogramm dieser Vernehmung:

„Montag, 20. durch Wedding gelaufen [die letzten drei Wörter sind im Stenogramm durchgestrichen]. Arbeit gehabt vom Fröbelasyl."[134] In Heisigs Bericht wurde daraus: „ Montag, den 20. 2. 33 habe ich Arbeit gehabt vom Fröbelasyl".[135] Die weitere Erwähnung eines Aufenthalts van der Lubbes im Wedding fand jedoch Eingang in das offizielle Protokoll der ersten Vernehmung. Auf die Frage Heisigs, ob das Wohlfahrtsamt Neukölln die erste Stelle (für van der Lubbes Aktivitäten) gewesen sei, entwickelte sich folgender Wortwechsel:

„Van der Lubbe: Nein, einmal war ich auch woanders in Berlin. Ich bin mal im Wedding gewesen, aber das Stempelbüro war zu.

Heisig: Hast Du dort mit Genossen gesprochen?

Van der Lubbe: Ja, das mache ich öfters.

Heisig: Worüber unterhalten?

Van der Lubbe: Wie das Leben ist, über Wirtschaftslage und über Politik."[136]

Was van der Lubbe im Wedding gemacht und mit wem er dort Gespräche geführt hatte, wurde aber von der Reichstagsbrandkommission nicht weiter recherchiert. Dies ist insofern verdächtig, als Berlin-Wedding die Heimat des SA-Sturms 17 und des SA-„Sonder"-Sturms 101 war, von denen der Sturm 17 bereits sehr früh mit der Brandstiftung im Reichstagsgebäude in Verbindung gebracht wurde (vgl. Kap. 7).

Von der AAU zur SA

Trotz Weilands Warnungen rissen die Kontakte zwischen der AAU und van der Lubbe auch nach dem geschilderten Treffen am Abend des 25. Februar 1933 nicht ab: „Unser Mitglied Fritz Hensler [!], das eine Anzahl Studenten und Künstler um sich versammelt hatte, meinte, mit van der Lubbe in Kontakt bleiben zu können, da er schon im Januar 1933 – wie er sagte „zur Tarnung" – in den nationalsozialistischen Studentenbund eingetreten war und nichts zu befürchten habe. [Tatsächlich trat Henßler am 10. August 1933 dem Bund Nationalsozialistischer Deutscher Juristen (BNSDJ) bei, Ende Februar 1934 dann der SA und dem NSKK.[137]] Wilfried van Owen folgte Henslers [!] Beispiel und ging zur SS, er wollte jedoch mit uns weiter zusammenarbeiten. Es kam eine Zeit der politischen Demoralisierung, der Angst, des Opportunismus und der Charakterlosigkeit. Trotz der guten Beziehungen, die Hensler [!] und Oven [!] zu den Nazis geschaffen hatten, konnten wir nicht erfahren, welches die genauen Absichten van der Lubbes waren, wovon er lebte und welche anderen Kontakte ausser der SA- und Polizeikneipe er in Berlin besass. Als ich am Montag, den 27. 2. 1933, in der Zeitung las, dass am Sonnabendnachmittag ein Feuer im Schloss ausgebrochen war, fragte ich mich, ob es sich nicht um die Aktion handelte, von der van der Lubbe behauptet hatte, dass sie bereits gestartet war. Als der Reichstag am 27. in Flammen stand, war mir alles klar. Obwohl ich im ‚Völkischen Beobachter' einen verzerrten holländischen Namen[138] las, wusste ich sofort, dass es sich nur um van der Lubbe handeln konnte. Mir wurde klar, dass ich richtig vermutet hatte: die Nazis hatten den jungen Mann missbraucht, er war auf eine Provokation hereingefallen. Obwohl wir uns geweigert hatten, mit dem Holländer an einer Aktion teilzunehmen, wurden die linksgerichteten Gruppen unserer Bewegung in den folgenden Tagen mehrfach in den Zeitungen erwähnt. Trotz der Adressen, die van der Lubbe in seiner Tasche trug[139], kam es zu keinem Verhör unserer Mitglieder, die sich mit ihm getroffen hatten und persönliche Kontakte unterhielten. Mir wurde doppelt klar, dass van der Lubbe manipuliert worden war. Wie ich bereits erwähnte, haben viele Leute in jener Zeit des Umbruchs ihre Meinung geändert und den neuen Machthabern ihre Loyalität bewiesen. Ich musste vorsichtig sein und konnte auch keine zusätzlichen Untersuchungen anstellen, um zu erfahren, inwieweit van der Lubbe in Holland und Berlin betrogen worden war.

Charakteristisch für den ganzen Fall ist, dass ich einige Leute, die mit van der Lubbe in Verbindung standen, nicht mehr treffen oder ihre Adressen ausfindig machen konnte. Den Brand und die nachfolgenden Ereignisse nahmen wir nicht ernst, weil wir allgemein auf eine ähnliche Provokation vorbereitet waren. Die einsetzenden Verhaftungen berührten uns überhaupt nicht, obwohl natürlich Freunde von uns aus anderen Gründen verhaftet und sogar totgeschlagen wurden."[140]

Im weiteren Verlauf seiner Erklärung betonte Weiland nochmals den merkwürdigen Umstand, daß er und seine Freunde von den zuständigen Kriminalbeamten nicht in den Prozeß einbezogen, sondern offenbar gezielt davon ferngehalten wurden. „Sie wollten auch ihre Methode, nach der sie die Irreführung van der Lubbes ausgeführt hatten, nicht preisgeben." Für die Wahrheitsfindung entscheidend sei es, so Weiland weiter, herauszufinden, „mit wem van der Lubbe vor seiner Reise nach Deutschland in enger Verbindung stand. Einer davon war jedenfalls Fritz Hensler [sic!] und Piet van Albada."

Weiland berichtete weiter: „Ich muss unterstreichen, dass ich seit jener Zeit Fritz Hensler [!] nicht wiedergesehen habe. Ebenfalls verschwand der Student Wilfried van Owen [!]. 1935 traf ich ihn zufällig im Grunewald wieder – er trug SS-Uniform. Auch Piet van Albada, der Freund van der Lubbes, und der im „Proletarier" als Chefredakteur zeichnete, wurde wegen einer Mittäterschaft weder beschuldigt noch vor dem Gericht vernommen. Albada wurde nur von Kommissar Heisig [in Holland] vernommen, um über die politischen Ideen van der Lubbes auszusagen. [...] Piet van Albada traf ich 1935 in Kopenhagen wieder, wo er mir erzählte, dass er von Holland nach Deutschland gereist sei und keine Schwierigkeiten hatte [!].

Alle diese Tatsachen beweisen, dass die politische Polizei unter keinen Umständen die Allgemeine Arbeiter-Union und ihre holländischen Freunde in die Untersuchung und in den Prozess verwickeln wollte. Sie die Wege durch Berlin und die Kontakte in dieser Stadt, die van der Lubbe berührte, gar nicht [hat] nachprüfen wollen." [141]

Dabei gab es während der polizeilichen Ermittlungen durchaus Hinweise auf van der Lubbes Beziehungen zur AAU. So sagte der – in der Hauptverhandlung vor dem Reichsgericht nicht vernommene – Zeuge Kurt Kösterke aus: „In den Reden, die van der Lubbe führte, bemängelte er, dass die Führung der kommunistischen Partei zu schlapp sei, es müsse was unternommen werden, es müsse demonstriert werden. Van der Lubbe zeigte sich besonders für die <u>Arbeiterunion</u> interessiert."[142]

Es ist bezeichnend, daß die Ermittlungsbehörden diesen Hinweisen nicht nachgingen. Wie aus den Ermittlungsakten hervorgeht, wurde kein einziges AAU-Mitglied im Zusammenhang mit dem Reichstagsbrandprozeß vernommen – weder in der Voruntersuchung noch in der Hauptverhandlung vor dem Reichsgericht. Dazu Weiland: „Obwohl er [van der Lubbe] offensichtlich Kontakt zu seinen Freunden von der AAU, also uns, hatte, kam diese Frage im Prozess nicht zur Sprache. Niemand aus unserem Kreis wurde nach dem Reichstagsbrand verhaftet – und das trotz der Beschlagnahmung des ‚Proletarier'."[143]

Ein Beweisantrag Dimitroffs zur Einvernahme Albadas, Vinks, Holwerdas und Hartevelds als Zeugen im Leipziger Reichstagsbrandprozeß wurde vom Gericht ebenso abgelehnt, wie der Senat eine gleichgerichtete Anfrage Torglers abschmetterte, weil ja „die Wahrheit festgestellt" sei.[144] Wie Weiland 1967 in einem Brief an den Hessischen Rundfunk anläßlich einer Sendung über den Reichstagsbrand schrieb, „geschah nichts, gar nichts!!! Niemand von uns war gefragt, obwohl einige Freunde von mir in dem darauf einsetzenden Massenterror der Nazis totgeschlagen oder in die behelfsmäßig eingerichteten KZs eingeliefert worden waren".[145]

Es scheint beinahe, als sei die Allgemeine Arbeiterunion für die ermittelnden Beamten tabu gewesen. Warum? Sicher, die kleine, politisch unbedeutende AAU, die zudem noch mit der KPD und der Komintern verfeindet war, eignete sich nicht für die erwünschte Belastung des Kommunismus Moskauer Prägung. Daß die Politische Polizei allerdings noch nicht einmal Routineuntersuchungen im Umfeld der AAU anstellte, ist ein deutliches Indiz dafür, daß hier nichts ermittelt werden sollte und durfte.

Erst während des laufenden Reichstagsbrandprozesses sei Weiland schließlich doch noch verhaftet und in dem anschließenden Verhör beiläufig auch zum Reichstagsbrand vernommen worden: „Am 25. November 1933 wurde ich bei einem Besuch in Berlin von der Polizei festgenommen. Nach einem kurzen Aufenthalt im Polizeipräsidium wurde ich auf Anordnung der Reichstagsbrandkommission ins Gefängnis (Untersuchungsgefängnis) nach Leipzig, Beethovenstrasse, gebracht. Dieses Gefängnis wurde die ‚Beethovendiele' genannt. Dort vernahm mich ein Untersuchungsrichter, der mich fragte, ob ich über die Zusammenhänge mit dem Reichstagsbrand etwas wüsste. Ich verneinte, da ich aus Berlin fortgegangen war. Meine Illegalität begründete ich damit, dass ich mich wegen meiner früheren Vergangenheit nicht exponieren wollte. Auf Grund meiner Aussage wurde ich niemandem gegenübergestellt. Der Untersuchungsrichter war sichtbar erleichtert, weil ich nichts auszusagen vermochte. […] Schliesslich brachte man mich ins KZ."[146]

„Wilfried van Owen" gleich Wilfred von Oven?

Das Zeugnis Alfred Weilands legt nahe, daß sich Spitzel in die AAU eingeschlichen hatten. Ein solcher Verdacht lastet insbesondere auf den genannten ehemaligen AAU-Mitgliedern und NS-Überläufern Fritz Henßler und Wilfried van Owen. Bei letzterem, den Weiland erstmals 1967 in einem Schreiben an den „Telegraf"-Herausgeber Arno Scholz erwähnte, könnte es sich um den späteren Privatsekretär von Joseph Goebbels, Wilfred von Oven (geb. am 4. Mai 1912 in La Paz) handeln. Nach eigenen Angaben trat von Oven, bis heute ein glühender Verehrer von Goebbels, im Mai 1931 in die NSDAP und in die SA ein, die er am 1. Mai 1932 (laut SS-Aufnahmeantrag vom 4. Mai 1937) „wegen eines inzwischen behobenen Herzklappenfehlers"[147], oder, wie er im Jahr 1999 erklärte, „wegen der Entmachtung von Stennes und Hitlers Wende zu den bürgerlichen Kreisen"[148] wieder verließ, um ein Redaktions-Volontariat beim jüdischen „Drei-Masken-Verlag"[149] zu absolvieren. Den 30. Januar 1933 will von Oven als Privatsekretär eines linksintellektuellen „Mannes der Feder" erlebt haben.[150] Offenbar sympathisierte von Oven nach seinem Austritt aus NSDAP und SA vorübergehend mit der radikalen politischen Linken, was durch sein Bekenntnis bekräftigt wird, am 5. März 1933 die KPD gewählt zu haben.[151]

In verschiedenen Gesprächen mit der deutschen Journalistin Gabriele Weber 1998 und 1999 erklärte von Oven, der seinen Lebensabend unbehelligt in Bellavista, einem Vorort von Buenos Aires verbringt, „dass er viele linke und linksradikale Leute kannte, vor denen er ‚grossen Respekt' wegen ihres revolutionären Einsatzes gehabt habe."[152] Die Namen der Linken, mit denen er damals sympathisierte, wollte von Oven aber nicht nennen. Dazu befragt, was es mit der Nennung seines Namens im Zusammenhang mit dem Reichstagsbrand auf sich habe, behauptete er, weder Kontakte zu van der Lubbe gehabt zu haben, noch irgendwelche Interna über den Reichstagsbrand zu kennen. Auch der Name Alfred Weiland sage ihm nichts. Die Nennung seines Namens durch Weiland führte Oven auf eine Namensverwechslung zurück, wobei er auf die Existenz einer holländischen von Oven-Linie verwies. Laut dem „Genealogischen Handbuch der Adeligen Häuser"[153] gibt es aber keine holländische Linie dieses seit 1234 am Niederrhein nachgewiesenen und in Preußen seit 1791 anerkannten Adelsgeschlechts. Auch eine Verwechslung mit einem anderen Angehörigen der Familie aus demselben oder einem anderen Ast erscheint nahezu ausgeschlossen.

Auf die Frage, warum er 1933 KPD gewählt habe, erklärte von Oven 1999, „um zu sehen, was passiert".[154] Von Oven, der sich politisch immer am „linken" Flügel der SA angesiedelt sah, die er 1932 auch als „Linksabweichler" verlassen habe[155], will nach seinem SA-Austritt 1932 weder in die NSDAP noch in die SS eingetreten sein. Von Oven verschweigt indes heute, daß er am 4. Mai 1937 einen förmlichen Antrag auf Aufnahme in die SS stellte, der allerdings mit Schreiben vom 15. Mai 1937 vom Führer des SS-Sturmbannes I/6 abgelehnt wurde, da der Antragsteller „durch die Musterungskommission des SS-Oberabschnitts Ost [...] für die SS als ‚ungeeignet' abgemustert" wurde.[156] Im NS-Staat machte Oven dennoch Karriere. Als deutscher Kriegsberichterstatter im Spanischen Bürgerkrieg (im Stab der „Legion Condor") und beim Rußlandfeldzug[157] unterstützte er uneingeschränkt den nationalsozialistischen Krieg, wodurch Goebbels auf ihn aufmerksam wurde. Auf persönlichen Wunsch des Propagandaministers wurde Leutnant von Oven daraufhin als dessen Persönlicher Pressereferent abkommandiert.

Teil 2   Haftpsychose oder Doping?

Van der Lubbe von der Verhaftung bis zur Hinrichtung

Mit Beginn der Verhandlung vor dem Reichsgericht erschien Marinus van der Lubbe apathisch und sehr stark sediert. Wenn er überhaupt sprach, dann mit leiser Stimme, und manchmal kicherte er unmotiviert.

Sein Kopf hing nach vorn herunter, und im späteren Verlauf der Verhandlung wirkte sein Gesicht stark aufgedunsen. Dies stand im krassen Gegensatz zum früheren Erscheinungsbild van der Lubbes, der nach Angaben des Arztes Dr. M. C. Bolten in Holland noch Ende 1932 Kundgebungen organisiert, Reden gehalten und sich als antikapitalistischer Volksführer zu profilieren versucht hatte.[1]

Nach seiner Verhaftung in der Brandnacht war van der Lubbe übereinstimmenden Aussagen der Polizeibeamten zufolge auch lebhaft und sehr gesprächig aufgetreten. Schon auf der Polizeiwache am Brandenburger Tor habe er bereitwillig Erklärungen abgegeben. Seine anschließende Vernehmung auf dem Polizeipräsidium erstreckte sich gar über sechs Stunden: Nach der Aussage von Zirpins vor dem Reichsgericht wurde van der Lubbe zuerst zwei Stunden von Heisig, danach vier Stunden von Zirpins „abgehört".[2] Das offizielle Protokoll der ersten Befragung durch Heisig umfaßt acht Seiten. Auch die kurz nach der Festnahme van der Lubbes von der Polizei angefertigten Fotos zeigen einen keineswegs depressiv oder apathisch wirkenden jungen Mann.

Von den ermittelnden Kriminalkommissaren wurde Marinus van der Lubbe durchweg als aufgeweckte und gesprächige Persönlichkeit geschildert. Zirpins berichtete noch am 3. März 1933: „Über den persönlichen Eindruck, den van der Lubbe machte, ist zu sagen, daß L. über eine (allerdings sicher einseitige) Intelligenz verfügt; er ist ein sogenannter ‚fixer Junge', obwohl er seinem Äußeren nach das Gegenteil zu sein scheint. Er beherrscht die hochdeutsche Sprache, die er aber undeutlich ausspricht, sogar bis in Feinheiten hinein, konnte also nicht nur der Vernehmung folgen, sondern sogar ganze Sätze behalten und inhaltsgetreu, ja sogar wortgetreu wiedergeben. Er verbesserte (besonders bei den ‚Motiven') die niederzulegenden Wendungen, die ihm nicht richtig gewählt erscheinen, selbst."[3] (Diese Aussage ist allerdings mit Vorsicht zu betrachten, mußte Zirpins doch rechtfertigen, daß bei den ersten Vernehmungen van der Lubbes kein Dolmetscher zugegen war.) Ähnlich wie Zirpins äußerte sich auch Kriminalkommissar Heisig bei einer Pressekonferenz in Leiden am 11. März 1933 über van der Lubbe.[4] In der Hauptverhandlung vor dem Reichsgericht berichtete Zirpins weiter, van der Lubbe habe nach Überwindung der ersten Scheu „alles restlos erzählt" und „mußte manchmal sogar zum Schweigen gebracht werden, weil er so viel erzählte". Problematisch sei er erst geworden, „sobald mehrere Personen auf ihn einwirkten", so Zirpins' Versuch, das so offensichtlich veränderte Verhalten des Angeklagten vor Gericht zu er-

klären. „Wenn wir allein waren, zu zwei Personen, ging es sehr gut."[5]
Untersuchungsrichter Vogt, der van der Lubbe erst ab dem 14. März
verhörte, sprach gar von einem „ganz eminenten Gedächtnis" des Angeklagten, einem „Gedächtnis, wie man es selten findet", räumte aber
ein, daß sich der Angeklagte in bestimmten Fällen „bockig" gezeigt habe
und schon damals „vornübergebeugt gesessen" und manchmal einsilbig
nur mit „Ja" oder „Nein" geantwortet habe.[6]

Von einer eher dürftigen Persönlichkeitsentwicklung des Holländers
zeugt dagegen ein Tagebuch, das van der Lubbe während einer Reise
vom 6. September bis zum 24. Oktober 1931 geführt hatte und dessen
Inhalt der holländische Mediziner Dr. M. C. Bolten so analysierte:

„Alles, was in diesem Tagebuch (42 Seiten) steht, ist von einer derart
übermässigen Beschränktheit und Einförmigkeit, dass die Lektüre davon
alles eher als ein Vergnügen ist. Es ist jeden Tag nahezu dasselbe: so-
undsoviele Kilometer zurückgelegt, bei einem Bauern geschlafen, gut
gegessen, entweder mit einem Auto mitgefahren oder nicht: Da hat man
den wesentlichen Inhalt des ganzen Tagebuchs. Der Naturbetrachtung
ist van der Lubbe nicht zugänglich – ein einziges Mal erwähnt er den
Sonnenuntergang – und von Schönheit der Städte will er überhaupt
nichts wissen. Er ist zahlreichen Menschen begegnet und hat auch mit
ihnen gesprochen, doch von irgend einer geistigen Berührung ergibt sich
nichts."[7]

Ebenfalls wenig schmeichelhaft, jedoch alles andere als apathisch, charakterisiert ein Bericht der Leidener Polizei die Persönlichkeit des
Holländers:

„Van der Lubbe ist ein wirrer Kopf. Er hält sich selber offenbar für
einen geborenen Führer, doch fehlen ihm alle Eigenschaften hierfür;
auch ist er dazu nicht reif genug. Er will gern in den Vordergrund treten; gelingt ihm das nicht auf ruhige Weise, dann versucht er durch allerlei Taten (das Halten von Reden auf der Straße und das Organisieren
von Demonstrationen, alles ohne Genehmigung; Querulieren und Widerstand gegen die Polizei, das Verüben von Sachbeschädigungen usw.)
die Aufmerksamkeit auf sich zu lenken. Er tritt bei allen seinen Handlungen als ein ‚frecher Schlingel' auf. Er wurde einige Male wegen Widerstand gegen die Polizei und Sachbeschädigung verurteilt, ebenso auch
wegen Übertretungen (Störung der Ordnung)."[8]

Ganz ähnlich urteilte der Nervenarzt Dr. Bolten: „Van der Lubbe ist
ein Wirrkopf mit stark gestörter kritischer Einsicht. […] Obwohl van
der Lubbe sich stets als ein wiedergeborener Messias, als ein ‚Führer' des

Der sichtbare physische Verfall van der Lubbes während der Verhandlung.

21. 9. 1933: In Ketten bei der Eröffnung des Prozesses.

24. 9. 1933: Mit seinem Dolmetscher Meyer–Collings.

10. 10. 1933: Bei der Vernehmung.

12. 10. 1933: Beim Lokaltermin im Reichstagsgebäude.

20. 10. 1933: Bei der Gegenüberstellung mit Graf Helldorf (l., Rückenansicht).

Physisch zusammengebrochen im Gerichtssaal (undatiertes Foto).

23. 12. 1933: Schlafend bei der Urteilsverkündung (links Torgler).

Volkes und als der Befreier des unterdrückten Proletariats aufspielte, fiel sein Mangel an ausführbaren Ideen und Richtlinien auch bei seinen Geistesverwandten zu sehr ins Auge, so dass zum Schluss niemand mit ihm übereinstimmte, vielleicht mit Ausnahme einiger jugendlicher hirnverbrannter Hitzköpfe." An anderer Stelle heißt es: „Übrigens würde ich van der Lubbe Unrecht tun, wenn ich nicht berichtete, dass er auch sehr gute Charaktereigenschaften hatte: er lebte äußerst mässig, trank nicht und hatte nur sehr geringe materielle Bedürfnisse; ferner war er freigebig und häufig sogar weichherzig. So konnte er von dem wenigen, das er besass, immer noch etwas für kranke oder gebrechliche Kinder entbehren (z. B. Obst). [...] Und für seine Pflegeeltern war er immer sehr herzlich, wie sich u. a. zeigte, als seine Pflegemutter im Krankenhaus lag. Nachtragend war er nicht im geringsten; dass die Polizei ihn wiederholt verprügelt hatte, nahm er durchaus nicht übel."[9]

Als ausschließlich gutmütiger und selbstloser Mensch wurde van der Lubbe von seinen Familienangehörigen und Freunden charakterisiert. Simon Harteveld: „Sie [...] die ihn aus der Nähe miterlebt haben, mochten ihn gern; wegen seiner uneigennützigen, ehrlichen Freundschaft, immer aufgeräumt, bereit für jeden, stets bescheiden, könnte das schwerlich anders sein. Wo er Gefahr für andere sah, opferte er sich selbst auf, ohne einen Gegendienst zu verlangen."[10] Jan van der Lubbe: „Er war ein Idealist, und jedem, der sagte, er wäre Revolutionär, glaubte mein Bruder. [...] Mein Bruder war eine kindliche Natur, er war von besonders grosser Leichtgläubigkeit. Wer ihm sagte, dass die Gesellschaft geändert werden müsste, war sein Freund. Für den ging er durchs Feuer."[11] Jan van der Lubbe (gemeinsam mit P. S. Peuthe): „Daß er der Täter ist, glaube ich [sic!] nicht, doch das wird die Zukunft zeigen. [...] Er ist jedoch im Stande, die Schuld auf sich zu nehmen; und ist er einer der Täter, dann wird er seine Mitschuldigen nie verraten, sondern die gesamte Schuld auf eigene Rechnung nehmen."[12]

Belegt ist, daß der in schwierigen sozialen und familiären Verhältnissen aufgewachsene Halbwaise van der Lubbe schon sehr früh gegen die ihn beengenden gesellschaftlichen Verhältnisse opponiert und sich dabei auch politisch verbalradikal artikuliert hatte. Dies hatte ihn der Kommunistischen Partei Hollands nahegebracht, der er jedoch bereits 1931 den Rücken gekehrt hatte, um sich einer rätekommunistischen Splittergruppe anzuschließen, deren undogmatische und antizentralistische Vorstellungen mehr seinem antiautoritären und undisziplinierten Naturell entsprachen.[13] Van der Lubbe hatte offenbar keine Scheu, vor größeren Menschenmengen als Redner und Agitator aufzutreten. Die Aktennotiz von Kriminalassistent Wessely, van der Lubbe habe am 2. März 1933 um 18 Uhr nach Abschluß der Vernehmung, als er erfuhr, daß er vor dem höchsten deutschen Gericht abgeurteilt werde, „sehr erfreut" erwidert, „daß er dann dort eine flammende Rede halten werde. [...] Eine kommunistische flammende Rede!"[14], mag daher durchaus der Wahrheit entsprechen. Eine solche Rede konnte natürlich keineswegs im Interesse der Prozeßführung gewesen sein. Man darf also vermuten, daß nach einer derartigen Ankündigung Gegenmaßnahmen getroffen wurden. Jedenfalls hielt van der Lubbe vor dem Reichsgericht seine angekündigte Rede nicht, sondern verstummte vielmehr mit Beginn der Verhandlung fast völlig.

Seit dem 16. März 1933 verweigerte van der Lubbe die Aufnahme der Nahrung, er trat also in einen Hungerstreik und wurde daraufhin zwangsernährt.[15] Als Grund gab er an, „er habe jetzt schon drei Wochen mit den Herren zur Klarlegung des Tatbestandes verhandelt, und er habe nun den Wunsch, daß die Sache beschleunigt werde; er wünsche auch nicht, daß die anderen, die mit ihm in Untersuchungshaft wären, durch ihn länger als nötig in der Haft behalten würden. Er habe übrigens diese Methode des Hungerstreiks schon mehrfach inszeniert."[16] In einem Brief an den Direktor der Untersuchungshaftanstalt bat Untersuchungsrichter Vogt am 18. März 1933, „gemäß der heutigen Rücksprache Vorsorge treffen zu wollen, daß ein Selbstmord des van der Lubbe unter allen Umständen verhindert wird."[17] Dann ordnete er eine psychiatrische Untersuchung an. Die beauftragten Psychiater Bonhoeffer und Zutt berichteten von ihren Besuchen am 20., 23. und 25. März 1933: „V. d. Lubbe machte während der Untersuchung stets einen ruhigen, selbstsicheren Eindruck. Er folgte den Unterhaltungen immer mit guter Aufmerksamkeit und sichtlichem Interesse. Sein Gedächtnis, sein Auffassungsvermögen und seine intellektuellen Fähigkeiten erwiesen sich als gut. Er zeigte keinerlei Niedergedrücktheit sondern eher eine gehobene Stimmungslage, neigte zu Äußerungen selbstbewusster Überlegenheit, gelegentlich kam es zu richtigem Lachen."[18] Sofort nach Abschluß der ersten psychiatrischen Untersuchung, also ab dem 25. März 1933 wurde Lubbe auf Anordnung von Vogt in Fesseln gelegt (breite eiserne Handschellen, die durch doppelte Ketten verbunden waren). Nach § 116 Abs. 4 der gültigen Strafprozeßordnung wäre dies nur bei einer besonderen Gefährlichkeit, bei Selbsttötungs- oder Fluchtgefahr zulässig gewesen. Keiner dieser möglichen Gründe war zu diesem Zeitpunkt gegeben, jedoch hatte Vogt ja bereits am 18. März mit seiner Selbsttötungs-Vermutung vorgebaut. Bis zum Verhandlungsbeginn am 21. September 1933 blieb Lubbe fast 6 Monate lang Tag und Nacht gefesselt.

Es ist nicht bekannt, wie lange der erste Hungerstreik van der Lubbes dauerte; am 22. April 1933 jedenfalls erklärte er gegenüber dem Untersuchungsrichter Vogt: „Ich wünsche zu wissen, ob die vom Untersuchungsrichter angeordnete Fesselung wieder aufgehoben wird, andernfalls werde ich sofort in den Hungerstreik treten und keinerlei Erklärungen mehr abgeben."[19] Eine letzte längere Erklärung gab van der Lubbe offenbar am 10. Mai 1933 gegenüber Vogt ab. Am 26. Mai 1933, dem Tag der letzten Vernehmung van der Lubbes durch den Untersuchungsrichter, richtete Vogt an den Direktor des Untersuchungsgefängnisses Moabit die Bitte um besondere Überwachung, wenn den Gefangenen Lubbe, Torgler, Dimitroff und Taneff die Fesseln abgenommen werden (beim Essen und Briefeschreiben). Der immer größer werdenden Gefahr von Selbstmordversuchen müsse unter allen Umständen vorgebeugt werden.[20] Am 14. Juni verweigerte van der Lubbe das Wiederanlegen der Fesseln und wurde daraufhin mit dem Gummiknüppel zusammengeschlagen. Man verlangte, daß Lubbe zukünftig nur noch zum Aus- und Anziehen entfesselt werden solle.[21] Vogt entsprach dieser Bitte bereits am nächsten Tag.[22]

Am 16. August 1933 meldete sich Alfons Sack als Verteidiger Torglers beim Reichsgericht[23] und verlangte als erstes, daß seinem Mandanten die Fesseln abgenommen werden sollten. Daraufhin erkundigte sich Senatspräsident Dr. Bünger offenbar nach der Fesselung aller Angeklagten.

Am 18. August 1933 sah sich der verantwortliche Untersuchungsrichter Vogt genötigt, die illegale Fesselung des Hauptangeklagten gegenüber Bünger folgendermaßen zu begründen[24]: „Lubbe ist [...] gegen Beamte der Strafanstalt tätlich geworden und hat nur mit Mühe überwältigt werden können. Er hat ferner bei einer Vorführung Kriminalbeamte tätlich angegriffen, die sich seiner nur mit Gewalt erwehren konnten."[25] Der genannte Angriff Lubbes auf zwei Beamte des Untersuchungsgefängnisses fand am 14. Juni statt; die Fesseln mußte van der Lubbe aber bereits seit dem 25. März tragen. Ebenso behauptete Vogt in dem Schreiben, „daß die Angeklagten z. B. beim Essen und Briefeschreiben und sonstigen schriftlichen Arbeiten nicht gefesselt" seien. Dies traf jedoch seit dem 15. Juni auf van der Lubbe nicht zu. Der Untersuchungsrichter Vogt belog also den Senatspräsidenten.

Am 24. August 1933 fragte Bünger beim Direktor des Untersuchungsgefängnisses Berlin an: „Ich bitte ergebenst um baldmögliche Äußerung, ob oder wieweit und aus welchen Gründen unter Berücksichtigung der gesetzlichen Voraussetzungen im § 116 Abs. 4 StPO die vom Herrn Untersuchungsrichter angeordnete Fesselung noch für erforderlich gehalten wird. Ist insbesondere auch bei Wegfall oder Milderung der Fesselung Gewähr gegen Entweichen gegeben?"[26]

Die Antwort des Oberstrafanstaltsdirektors von Berlin-Moabit an Bünger vom 25. August 1933 lautete: „Die auf Grund § 116 Abs. 4 StPO vom Herrn Untersuchungsrichter angeordnete Fesselung der Untersuchungsgefangenen [...] ist wohl nicht in erster Linie zur Verhinderung der Entweichung, sondern hauptsächlich wegen der Gefahr der Selbstentleibung erfolgt. Gewähr gegen ein Entweichen würde auch bei Wegfall oder Milderung der Fesselung in hohem Maße geleistet werden können, da die 5 Gefangenen besonders überwacht werden. Die Gefahr einer Selbstentleibung ist nach meinem Empfinden bei Torgler, Dimitroff und Popoff erheblich geringer als bei van der Lubbe und Taneff. Wenn eine Milderung der Fesselung auch bei den letztgenannten beiden Gefangenen in Betracht gezogen werden sollte, so gestatte ich mir ergebenst die Anregung, sie für die Nachtzeit (zwischen Einschluß und Aufschluß) bei ihnen beizubehalten."[27] Daraufhin beschloß das Reichsgericht am 28. August 1933, daß die Fesselung für Torgler, Dimitroff und Popoff aufzuheben sei; und weiter: „Für die Angeklagten van der Lubbe und Taneff bleibt es mit Rücksicht auf die vorgekommenen tätlichen Angriffe van der Lubbes auf Beamte des Untersuchungsgefängnisses und den Selbstentleibungsversuch Taneffs bei den bisherigen Anordnungen."[28]

In den ersten Wochen nach seiner Verhaftung hatte van der Lubbe etwa 4 kg an Körpergewicht zugenommen, was möglicherweise darauf zurückzuführen war, daß er während seiner vorhergehenden Wanderschaft sehr wenig zu essen hatte. Ungefähr beginnend mit dem 1. Juni 1933 trat allerdings ein körperlicher Schwächezustand ein, der sich insbesondere durch den etwa bis zum 10. Oktober (Beginn der Verhandlungen des Reichsgerichts in Berlin) andauernden Abfall seines Körpergewichts um 12,5 kg äußerte.[29] Diese Veränderungen des Körpergewichts wurden (vermutlich durch die Gefängnisärzte) in einer jeweils zum Monatsanfang aktualisierten „Wiegetabelle" festgehalten.[30]

Die Psychiater Bonhoeffer und Zutt berichteten: In van der Lubbes Verhalten „trat aber schon vor Eröffnung der Hauptverhandlung ein vollkommener Wandel ein. Er sagte spontan von sich aus gar nichts, antwortete auch meist auf Fragen nicht oder erst nach langem, oft eindringlichem und energischem Fragen mit einem matten Ja oder Nein. In der Zeit der Hauptverhandlung war sein Verhalten dann bis auf einen einzigen Tag (42. Verhandlungstag) im wesentlichen immer das gleiche. Er nahm an der Verhandlung eigentlich keinen sichtlichen Anteil, sondern saß meistens in gebückter Haltung da, eine Zeit lang sogar so regungslos, daß er die Nase ruhig laufen ließ, ohne etwas dagegen zu tun."[31]

Wann genau vor dem Beginn des Reichstagsbrandprozesses die merkwürdige Veränderung van der Lubbes begann, läßt sich leider weder aus den Akten der Reichstagsbrandkommission, noch aus den Gutachten von Bonhoeffer und Zutt feststellen. Offenbar fanden auch nach dem 26. Mai 1933 gar keine Vernehmungen van der Lubbes mehr statt. Er erhielt auch während der Zeit seiner Untersuchungshaft kein einziges Mal Besuch, weder von Verwandten noch Bekannten.

Schließlich muß festgehalten werden, daß auch Bonhoeffer und Zutt van der Lubbe nach ihrem letzten Besuch am 25. März und bis zur Eröffnung der Verhandlung am 21. September – also über fast sechs Monate – nicht mehr sahen. Diese Faktum wird im späteren Gutachten der beiden Psychiater wie folgt bestätigt: „Als der eine von uns den Angeklagten zum ersten Male nach Erstattung des Gutachtens [am 30. März 1933] wiedersah – es war bei der Eröffnung der Hauptverhandlung im September [am 21. September 1933] [...]"[32]

Also hatten die psychiatrischen Gutachter Bonhoeffer und Zutt ihre Weisheit, daß in van der Lubbes Verhalten schon <u>vor</u> Eröffnung der Hauptverhandlung ein „vollkommener Wandel" eingetreten sei, bestenfalls vom Hörensagen, wenn man nicht gar unterstellen will, daß es sich um eine Gefälligkeit gegenüber den NS-Machthabern bzw. der von diesen gelenkten Prozeßführung gehandelt hat! Damit besteht der begründete Verdacht, daß van der Lubbes Dämmerzustand pünktlich zum Prozeßbeginn eintrat, <u>als der einzig verurteilbare „Reichstagsbrandstifter" der Öffentlichkeit vorgeführt werden mußte</u>! Die Frage ist also berechtigt, ob der auffällige Zustand des Angeklagten erst kurz vor Prozeßbeginn künstlich herbeigeführt wurde.

Bereits während der ersten Sitzungstage, verhielt sich van der Lubbe äußerst apathisch und schweigsam, antwortete praktisch nur mit „Ja", „Nein", „Das kann ich nicht sagen" (im Sinne von „Das weiß ich nicht") oder blieb überhaupt stumm. Vom Beginn der Verhandlung an beklagte auch Gerichtspräsident Bünger, der Angeklagte spreche so leise und undeutlich, daß er nur aus nächster Nähe zu verstehen sei.

Für die ersten Verhandlungstage vermerkt das Protokoll bei allen Aussagen van der Lubbes auch, daß es sich dabei jeweils um Übersetzungen des Dolmetschers handelte, so wie auch gelegentlich Fragen des Vorsitzenden ins Holländische übersetzt wurden. Verschiedene Äußerungen van der Lubbes an den Tagen, als er „erwachte", bestätigen auch, daß er sowohl häufig nichts oder falsch verstand, als auch große Schwierigkeiten hatte, sich auf deutsch zu äußern. Dies steht in krassem Gegensatz zu der Aussage von Zirpins, daß Lubbe die (hoch-)deutsche Sprache bis in ihre Feinheiten beherrscht habe. Zu Beginn des dritten Verhandlungstages wies selbst van der Lubbes sonst nicht sonderlich engagierter Verteidiger Seuffert auf den beklagenswerten Allgemeinzustand seines Mandanten hin, indem er feststellte, „daß der Angeklagte heute einen ganz niedergedrückten Eindruck macht, daß er blaß aussieht und völlig apathisch dasitzt." Seuffert verlangte deshalb die Hinzuziehung eines Arztes zur medizinischen Überwachung und Begutachtung von van der Lubbes Verhandlungsfähigkeit.[33] Bonhoeffer und Zutt beschrieben van der Lubbes Verhalten so: „Er saß in den Verhandlungen und in der Zelle mit herunterhängendem Kopf, halb offenem Munde, die Hände vor sich auf den Oberschenkeln oder auf dem Tisch liegend. Zeitweise mußte ihm das Essen mit dem Löffel gereicht werden."[34] Einen anschaulichen Eindruck von van der Lubbes Zustand vermitteln auch die Beobachtungen des neutralen Prozeßbeobachters Prof. Justus Hedemann und des Schweizer Journalisten Ferdinand Kugler.[35] In seinen stichwortartigen Notizen beschreibt Hedemann van der Lubbe als „völlig vereinsamt, wachsbleich, tief gebeugt", dann „noch verfallener, schmaler, bleicher", dann als „jetzt ganz passiv", „völlig teilnahmslos" und ähnlich. Er vermerkt weiter eigenartige Symptome wie: „van der Lubbe sieht sehr schlecht aus, Backenknochen viel schärfer heraus, Gesichtsfarbe schon leicht ins Grüne" und „Lubbe hängt dicker, mindestens 6 cm langer Schleimfaden aus Nase", sein Verteidiger „klopft ihm [...] auf Rücken u. hält ihm das alte blaue Nastuch an Nase".[36] Das apathisch stumpfsinnige Verhalten, welches so gar nicht zu der früheren Charakterisierung des Angeklagten passen will, bezeugten auch verschiedene zeitweilige Zuschauer des Prozesses wie der holländische Jurist Benno Wilhelm Stomps[37], der sich im Auftrag der Familie van der Lubbes um die Übernahme von dessen Verteidigung bemüht hatte, sowie die gesamte über den Prozeß berichtende Presse.

Van der Lubbes „Erwachen"

Vom 13. Verhandlungstag, dem 10. Oktober 1933 an tagte das Reichsgericht in Berlin. Van der Lubbe war offenbar in der Nacht vom 8. zum 9. Oktober im Auto von Leipzig nach Berlin gebracht worden. Bonhoeffer und Zutt berichteten: „Bei der Ankunft in Berlin wurde das niedrigste Gewicht festgestellt, das er jemals hatte (65,5 kg). Wir sahen ihn am ersten Tage (offenbar angestrengt von der nächtlichen Autofahrt von Leipzig) im Untersuchungsgefängnis in Berlin. Er sah deutlich abgemagert und schlecht aus. Wir trafen ihn gebückt in der Zelle sitzend, die Nase ungeputzt, ein Tropfen hing herunter. Dazu angeregt, griff er in die Tasche, zog sein Taschentuch heraus und putzte die Nase. Er saß vor seinem Eßtopf, griff aber nicht zu. Von sich aus sprach er nichts, folgte aber ganz willig, immer mit gesenktem Kopf, mit unruhigem, leidendem Gesichtsausdruck ins Arztzimmer über den Gang. Hier antwortete er auf Fragen zunächst holländisch, auf Zureden aber wieder so viel Deutsch, daß man ihn ganz gut verstand. Er sah innerlich erregt aus, warf, wenn man in ihn drang, gelegentlich einen hastigen Blick auf die anwesenden Ärzte. Es war von ihm zu erfahren, daß er sich nicht krank fühle, ihm tue nichts weh, der Schlaf sei wie gewöhnlich, er schlafe weder besonders gut noch schlecht. [...] Die Muskulatur und die Haut sind etwas schlaff, die Extremitäten kühl, der Puls ist recht klein und weich, etwa 60 Schläge pro Minute. Die Pupillen sind beiderseits gleich, mittelweit[38] und zeigen normale Lichtreaktion."[39] Van der Lubbe sei unruhig gewesen, aber nun wieder auf ein Gespräch eingegangen. Er begann offenbar, aus seinem Dämmerzustand zu erwachen.[40] In Berlin nahm Lubbes Gewicht plötzlich wieder um 4 kg zu.[41] Auch sein Aussehen verbesserte sich deutlich.

Zehn Tage später, am 20. Verhandlungstag, dem 20. Oktober 1933, wurde vor dem Reichsgericht in Berlin der in der Auslandspresse und im Braunbuch verschiedentlich als Auftraggeber van der Lubbes bezichtigte Graf Wolf von Helldorf als Zeuge vernommen, zum Zeitpunkt des Reichstagsbrandes Führer der SA-Gruppe Berlin-Brandenburg. Den Abschluß von Helldorfs Vernehmung bildete eine Gegenüberstellung mit van der Lubbe, wobei sich die folgende, in der Presse großes Aufsehen erregende Szene abspielte:

„Präsident: van der Lubbe, sehen Sie sich mal den Zeugen an, der neben Ihnen steht. – Nehmen Sie mal den Kopf hin nach den Fenstern zu!! – Nun nehmen Sie den Kopf mal hoch. – Nehmen Sie ihn mal hoch, los, noch ein bißchen höher, und nun sehen Sie mal den Herrn Zeugen an! – Sehen Sie ihm mal ins Gesicht.

RA Seuffert: Sehen Sie mal den Herrn an, ob Sie ihn kennen, ob Sie ihn je gesehen haben. (Dolmetscher übersetzt.)

Präsident: Kennen Sie den Zeugen, der Ihnen gegenüber steht? – Haben Sie ihn schon einmal gesehen? – Nehmen Sie mal den Kopf hoch! – Vorwärts! Noch etwas höher! (Dolmetscher Meyer-Collings übersetzt alle Worte des Präsidenten.) Sehen Sie mal dem Zeugen ins Gesicht! – Haben Sie Angst vor ihm? – Oder warum gucken Sie ihn nicht an? – Man muss doch einen anderen Menschen ansehen, van der Lubbe!

(Der Dolmetscher und der Verteidiger bemühen sich um den Angeklagten.)

Ich will es noch einmal versuchen. Lubbe, nehmen Sie mal den Kopf hoch! Eben haben Sie doch schon angefangen. Jetzt sehen Sie dem Zeugen mal ins Gesicht! Vorwärts!

Herr Verteidiger, reden Sie ihm mal zu! Ich habe keine Mittel mehr.

RA Seuffert: Vielleicht Herr Medizinalrat Dr. Schütz! Er macht es nicht. (Zum Angeklagten:) Sehen Sie ihn doch einmal an! Sie behaupten doch, Sie haben es allein gemacht. Da können Sie es doch gleich zu diesem Zweck feststellen.“

Ungefähr drei Minuten zeigte van der Lubbe keine Reaktion, doch dann die Überraschung:

„Zeuge Graf Helldorf: (laut) Mensch, nimm doch Deinen Schädel hoch, los! So! Siehst Du wohl!

Präsident: Nun sehen Sie mal den Zeugen an. Kennen Sie den Herrn?

Angekl. van der Lubbe: Nein!

Präsident: Also, er kennt ihn nicht.

Nun behalten Sie mal Ihren Kopf so schön hoch wie jetzt! Sie können sich wieder hinsetzen.“[42]

Wie durch ein Wunder hatte van der Lubbe plötzlich den Kopf gehoben und Helldorf angesehen. „Hat die Kommandostimme Erinnerungen in ihm wachgerufen? Hatte er die Stimme seines Herrn erkannt? War der Kommandoruf durch den Nebel durchgedrungen?“[43] Diese Fragen stellten sich nicht nur den Autoren des Braunbuchs II, sondern wohl jedem unbefangenen Beobachter des Leipziger Prozesses. Und so wurde über den Vorfall ausführlich und zum Teil sensationell aufgemacht in der Auslandspresse berichtet.

Eine Überraschung brachte der 37. Verhandlungstag. Wider Erwarten schien van der Lubbe bei der Verhandlung teilweise aus seinem Dämmerzustand zu erwachen. Senatspräsident Bünger: „Am 13. November betrat er den Saal gleich in aufgereckter Haltung, ganz anders als sonst.“[44] Erstmals antwortete van der Lubbe etwas ausführlicher. Eine Frage Dimitroffs, ob er auf seiner Wanderung durch Deutschland mit Kommunisten zusammengekommen sei, beantwortete er mit: „Nein, nicht viel!“ Die Frage, ob er vorher mit jemandem über den Reichstagsbrand gesprochen habe, verneinte er. Im weiteren Verlauf der Verhandlung entspann sich folgender Wortwechsel:

„Präsident: Van der Lubbe, warum haben Sie sich immer so schweigsam verhalten? Heute gehen Sie etwas mehr aus sich heraus, was sehr zu loben ist. Warum haben Sie sich die ganze letzte Zeit über immer so schweigsam verhalten? Es war aus Ihnen nichts herauszukriegen.

Angekl. van der Lubbe: Nein. Das kann ich nicht genau sagen.

Angekl. Dimitroff: Wen will er mit dieser Schweigsamkeit schonen?

Präsident: Ich habe ihn gefragt, weshalb er so schweigsam war. Darauf sagte er, er kann es nicht genau sagen. – Wollen Sie noch etwas direkt fragen? Reden Sie nicht so um die Fragen herum!

RA Seuffert: Herr Präsident, ich weiß nicht, ob es für van der Lubbe günstig ist, wenn ein Mann wie Dimitroff ihm solche Fragen stellt. (Präsident: Ja.) Er ist heute aus sich herausgegangen, und es ist anzunehmen, daß er sich die Sache unter Umständen überlegt hat und vielleicht weiter aus sich herausgeht und spricht. Aber durch derartige Fragen dieses Mannes wird das gewiss nicht erreicht.

Präsident: Nein, darum habe ich das auch gesagt.

Angekl. Dimitroff (zu RA Seuffert): Beeinflussen Sie ihn selbst als sein Verteidiger!

Präsident: Halten Sie jetzt den Mund! Es wird jetzt übrigens eine Pause von einer halben Stunde eintreten.“[45]

Damit hatte Bünger erst einmal weitere Aussagen van der Lubbes abgewürgt. Doch die Pause sollte nichts nützen. Van der Lubbe brachte das Verfahren nun in eine schwere Krise, als er während der Vernehmung des Friseurmeisters Grawe aus Hennigsdorf auf eine Frage des Präsidenten – „Wo sind Sie denn an dem Sonntagvormittag [26. Februar 1933] gewesen?“ – antwortete: „Bei den Nazis.“ Diese Aussage wirkte im Saal wie eine kleine Sensation.

Grawe sprang sofort beflissen ein: „Na ja, da ist er ja bei mir gewesen; ich bin ja einer.

Dolmetscher Meyer-Collings: Erst hat er gesagt: ‚Bei den Nazis‘, und eben hat er noch gesagt: ‚bei Spandau‘. […]

Präsident: Kommen Sie mal hier vor, van der Lubbe!
– Also sehen Sie mich mal an, van der Lubbe. Bei wem sind Sie denn da gewesen?
Angekl. van der Lubbe: Bei niemand.
Präsident: Sie haben doch eben gesagt, Sie wären bei Nazis gewesen. Wo sind Sie denn da gewesen?
Angekl. van der Lubbe: Bei einer Versammlung.
Präsident: In Spandau selbst?
Angekl. van der Lubbe: In Charlottenburg.
Präsident: Charlottenburg? Das liegt doch wieder woanders. Ich denke Sie sind in Hennigsdorf oder in Spandau gewesen. – Sie haben doch bisher ganz etwas anderes gesagt. Sie haben gesagt, Sie wären in Hennigsdorf gewesen. Sind Sie denn den Tag gar nicht in Hennigsdorf gewesen?
Angekl. van der Lubbe: Ja. [...]
Präsident: Und was war das nun mit der Versammlung in Spandau? Wann war die? (Angekl. van der Lubbe schweigt.) War die nachmittags?
Angekl. van der Lubbe: Ja.
Präsident: Um welche Zeit etwa?
Angekl. van der Lubbe: 12 Uhr.
Präsident: War das eine öffentliche Versammlung?
Angekl. van der Lubbe: Ja.
Präsident: Wissen Sie noch in welchem Gasthaus oder in welchem Lokal?
Angekl. van der Lubbe: Kein Restaurant; auf einem Platz.
Präsident: Haben Sie zugehört? Oder was? – Na, nun antworten Sie! Haben Sie da zugehört bei der Versammlung?
Angekl. van der Lubbe: Ja.
Präsident: Es war also eine öffentliche Versammlung auf einem Platz, und da haben Sie zugehört. – Wer hat denn da eine Rede gehalten? Hat da einer eine Rede gehalten, und wer hat da gesprochen?
Angekl. van der Lubbe: Da hat niemand gesprochen.
Präsident: Aber in einer Versammlung pflegt doch einer zu sprechen. War es ein Aufmarsch?
Angekl. van der Lubbe: Ja." [46]
Nachdem van der Lubbes Zusammensein mit Nationalsozialisten am Vortag des Reichstagsbrandes nun bekannt geworden war, versuchte Dimitroff, weitere Fragen zu stellen. Insbesondere wollte er wissen, ob es durch das Schweigen van der Lubbes erst möglich geworden sei, daß

Unschuldige als „Ersatz-Reichstagsbrandstifter" angeklagt werden konnten. Der Präsident wiegelte dies jedoch mit den Worten ab: „Jetzt schweigen Sie. Ich will Ihnen darauf antworten. Das ist ja richtig, was Sie sagen. Der Angeklagte van der Lubbe hat sich eine ganz große Zeit lang schweigsam verhalten. Ich bin aber der Ansicht, dass man an dem ersten Tage, wo er nun mal spricht, ihn auch in der Beziehung, möchte ich sagen, schont. Wenn man aber so auf ihn einredet, wie Sie es versuchen, dann wird der Erfolg – wenn man das als Erfolg bezeichnen will, und ich tue es –, daß er aus sich herausgeht, zunichte. Darum halte ich es für gänzlich unpraktisch, wenn man ihm nun schon Fragen vorlegt, die jedenfalls heute noch nicht vorgelegt zu werden brauchen."[47]

Kurze Zeit später, es ging gerade um Lubbes Zusammensein mit einem jungen Mann in Spandau, verkündete der Präsident dann: „Also mit der Vernehmung von van der Lubbe mache ich für heute Schluß. Setzen Sie (zu dem betreffenden Polizeibeamten) sich mal wieder zu ihm hin."[48]

Kurz darauf, um 14.57 Uhr, wurde die Sitzung beendet – etwa eine Stunde früher als an den Tagen davor und danach!

Der psychiatrische Gutachter Prof. Bonhoeffer sagte über einen Besuch bei van der Lubbe am 16. November (also drei Tage nach dem ersten „Erwachen") nach seinen Notizen dann folgendes aus: „Lubbe wird in seiner Zelle hin- und hergehend angetroffen. [...] Sein Gesichtsausdruck ist mehr bedrückt als früher. Die Mimik – wenn man sich mit ihm unterhält – ziemlich lebhaft. Greift sich gelegentlich an die Stirn, wenn man in ihn dringt, und zeigt auch eine gewisse Unruhe in den Füßen. – Er ging ein bißchen unruhig hin und her. – Er will sich nicht setzen. Als er gefragt wird, ob er müde sei, verneint er das. Die Milch steht vorläufig unberührt auf dem Tisch.[49] [...] Auf die Frage, ob er sich krank fühlt, nickt er, später verneint er es wieder. Auf die Frage, ob er irgendwelche Wünsche habe, ob man etwas für ihn tun könne, fährt er sich mehrfach an die Stirn." Mit Bezug auf die zweite Novemberhälfte heißt es dann auch: „Es kamen doch immerhin gelegentlich Bemerkungen, die sich auf sein körperliches Empfinden bezogen, daß er sich unbehaglich fühlte. Er faßte sich mehr an den Kopf."[50]

Trotzdem machte van der Lubbe während der Verhandlungsperiode in Berlin keine weiteren Aussagen, sondern fiel in die alte Lethargie zurück.

Am 23. November, dem 42. Verhandlungstag, fand der Prozeß zum erstenmal wieder in Leipzig statt, wohin auch van der Lubbe wieder gebracht worden war. An diesem ersten Tag in Leipzig kam es – aufgrund der Unplanmäßigkeit in Lubbes Tagesablauf? – zu einem erneuten, diesmal stündenlangen, letzten „Erwachen", wieder mit überraschendem Resultat:

Am Vormittag, während des Verhörs eines Zeugen bat van der Lubbe plötzlich und unerwartet um das Wort: „Herr Präsident, darf ich eine Frage stellen?

Präsident: Stellen Sie mal eine Frage, aber laut.

Angekl. van der Lubbe: (in einem Gemisch von gebrochenem Deutsch und holländisch sprechend): Wir haben einmal den Prozeß in Leipzig gehabt, dann das zweite Mal in Berlin und jetzt zum dritten Mal wieder in Leipzig. Ich möchte nun fragen, wann endlich das Urteil gesprochen wird. Ich will in das Gefängnis kommen."[51] Und weiter: „Ich bin Angeklagter und ich will ein Urteil haben, daß ich zwanzig Jahre Gefängnis oder den Tod bekomme." Danach protestierte van der Lubbe in wirren Worten gegen einen „Symbolismus", mit dem er „nicht übereinstimmen" könne und dagegen, „daß man symbolisch den Reichstagbrand erklären will".

Mit „Symbolismus" meinte Lubbe offenbar den politischen Teil des Prozesses, mit dem er „nicht übereinstimmen könne". Auch Bonhoeffer und Zutt kamen zu dieser Auffassung: „Aus dem Zusammenhang, in dem diese Ausdrücke gebraucht werden, ergibt sich klar, daß er mit Symbolismus und symbolisch die Tatsache meint, daß man in dem Prozeß sich nicht einfach auf die von ihm zugegebene Brandstiftung beschränkt, sondern die Frage der Mittäterschaft und die politischen Hintergründe untersucht."[52] Lubbes Ablehnung des politischen Prozeßteils ist verständlich, denn diesen unglaubwürdigsten Teil des Prozesses, in dem der Kommunismus angeklagt wurde, den Reichstagsbrand als Fanal oder auch Symbol für einen Volksaufstand herbeigeführt zu haben, konnte außer den NS-Machthabern wohl niemand nachvollziehen.

Nach einer längeren Vernehmung über seine Tatmotive äußerte van der Lubbe dann unter anderem: „Ich kann bloß zugeben, daß ich den Brand angelegt habe. Aber mit der Entwicklung des Prozesses bin ich nicht einverstanden. Ich verlange jetzt von dem Senat, daß ich eine Strafe bekomme. Was hier geschieht, ist ein Verrat an den Menschen, an der Polizei, an der kommunistischen und nationalsozialistischen Partei." Letztere Referenz erschien erneut sehr außergewöhnlich. Die Interpretation von Bonhoeffer und Zutt, daß van der Lubbe hiermit nur seine Ablehnung dagegen ausdrücken wollte, „daß andere mit in das Verfahren hineingezogen werden", war mehr als dürftig.

Lubbes Dolmetscher Meyer-Collings erklärte dann bezüglich der konkreten Reichstagsbrandstiftung im Namen van der Lubbes: „Man sollte ihn doch fragen, wie das im einzelnen gewesen ist. Vorher hat er gesagt: Es ist nicht meine Beschäftigung, zu erzählen, wie das gewesen ist, ich sehe da keinen Segen drin, man kann mich doch fragen. [...] Man soll mich doch fragen, wie das im einzelnen gewesen ist, in welcher Straße und wie ich da gegangen bin. Das verlange ich und ein Urteil."[53] Van der Lubbe bot also plötzlich an, über Details auf Fragen über die Zeit kurz vor dem Reichstagsbrand auszusagen. Präsident Bünger: „Dann werden wir ihn nach der Pause wieder fragen. Dann soll er uns sagen, was er am letzten Tage vor dem Brande gemacht hat."

Über den Fortgang der Verhandlung nach dem Mittagessen berichtete der unabhängige Schweizer Prozeßbeobachter Kugler: „Van der Lubbe ist, nachdem eine Pause eingeschaltet worden war, wie umgewandelt und macht einige beinahe unverständliche Bemerkungen. So sagt er: ‚Ich habe Stimmen in meinem Körper!' Zwei Mal unterbricht der Angeklagte den Vorsitzenden und erzählt dann wieder von Stimmungen, die ihn plötzlich überfielen. Seine Antworten sind nur mehr zögernd, stockend, der Impuls, der so plötzlich über ihn gekommen war, erschien wie weggeblasen. Der Vorsitzende kann ihm seine Antworten wiederum wie früher nur bruchstückweise abringen."[54] Die von Kugler genannten merkwürdigen Äußerungen van der Lubbes lauten nach dem stenographischen Protokoll folgendermaßen:

„Angekl. van der Lubbe: Ich bin eben unten gewesen –

Präsident: Das hat doch damit nichts zu tun.

Angekl. van der Lubbe: Die Stimmen hier in meinem Körper, und da bin ich auch gegen.

Präsident: Was sagt er?

Dolmetscher Meyer-Collings: Er sagt: Ich habe Stimmen hier in meinem Körper.

Präsident: Was für Stimmen sind das? Wo? In der Brust?

Angekl. van der Lubbe: Ja.

Präsident: Was sagen die? Daß die Stimmen ihn haben oder was soll das heißen? Was sagen die Stimmen Ihnen denn?

Angekl. van der Lubbe: Die sagen nur, was los ist, wie lange die Pause dauern wird."

Kurz darauf dann Dolmetscher Meyer-Collings: „Jetzt sprach er von Stimmungen."[55]

Eine Interpretation dieser Aussagen des Angeklagten ist schwierig.

Vermutlich bedeutet „Ich bin eben unten gewesen", daß van der Lubbe während der Mittagspause in eine Zelle geführt wurde, die tiefer als der Verhandlungssaal lag. Über die „Stimmen" oder auch „Stimmungen", von denen er nachfolgend sprach, gab es ausführliche Erörterungen, welche die Vermutung nicht zerstreuen konnten, daß van der Lubbe hierbei von Halluzinationen berichtete. Bonhoeffer äußerte dazu am 6. Dezember 1933 (allerdings nicht aus persönlichem Erleben, sondern nur aufgrund seiner Kenntnis der stenographischen Protokolle): „Wenn man es so liest, wie es hier in dem Protokoll steht, so hat man zunächst den Eindruck, daß es sich tatsächlich vielleicht bei ihm um halluzinatorische Erlebnisse handeln könnte. (Präsident: Halluzinationen!)." Bonhoeffer weiter: „Ob er tatsächlich in dieser Zeit etwa halluzinatorische Erlebnisse hatte, würde ich nicht für ganz unmöglich halten."[56] Diese Möglichkeit führten Bonhoeffer und Zutt allerdings auf eine Haftpsychose zurück. In ihrem späteren Gutachten schrieben sie noch detaillierter: „Wir halten es auch durchaus für möglich, daß es unter den ungewöhnlich belastenden und erregenden Umständen des 42. Verhandlungstages in der Pause zum vorübergehenden Stimmenhören gekommen ist, daß in der Erregung ihm irgendwelche belanglose Gedanken, wie lange die Pause dauere usw., nicht mehr als eigene Gedanken, sondern als Stimmen erschienen sind. Eine Äußerung an anderer Stelle: ‚Ich bin mit deutlichen Bildern und Vorstellungen in der Zelle umhergegangen ...‚ kann auf ähnliche Erlebnisweisen in der optischen Sphäre hinweisen."[57]

Die Psychiater Bonhoeffer und Zutt versuchten später, van der Lubbe über den „Symbolismus" und über die „Stimmen" zu befragen. Diese „Überprüfung einzelner Inhalte durch nachträgliche Befragung des Angeklagten war nicht möglich, da er darauf nicht einging."[58] Kein Wunder, van der Lubbe befand sich bereits am nächsten Tag wieder im gewohnten Dämmerzustand. Ungeklärt blieb auch, warum die „Stimmen" ausgerechnet in der Mittagspause auftraten.

Zurück zum 42. Verhandlungstag: Bünger fing nun an, van der Lubbe langwierig nach dessen Aufenthalt in Berlin-Neukölln zu befragen, wobei dieser schließlich bestritt, daß vor dem Wohlfahrtsamt über Brandstiftungen gesprochen worden war.[59] Nach einiger Zeit fing sich van der Lubbe und antwortete ziemlich ausführlich, wenn auch etwas wirr. Schließlich fragte der Präsident:

„Warum sind Sie denn überhaupt damals aus Holland nach Deutschland gekommen?

Angekl. van der Lubbe: Wegen der neuen Berichte und Aktionen aus Deutschland. [...] Wegen der neuen Berichte von diesen Geschichten der Nationalsozialisten.

Präsident: Zeitungsberichte? Welche Geschichten meinen Sie damit?

Angekl. van der Lubbe: Neue Berichte von den Nationalsozialisten, daß die eine Aktion –, Weil Berichte da waren, deshalb bin ich schließlich gegangen."[60] Als dann Fragen nach Mittätern gestellt wurden, beharrte van der Lubbe vehement darauf, den Brand allein gelegt zu haben, reagierte jedoch mit recht eigenartigen Gegenargumenten:

„Die Mitschuldigen, die mitgeholfen haben sollen, können Sie nicht anführen." – „Können Sie die Mitschuldigen anführen?" – „Wer sollten die Mittäter sein?"[61]

Auf die Frage des Senatspräsidenten Bünger, ob er allein die vielen Brandherde im Plenarsaal in den vorderen Sitzreihen angelegt habe, kam folgende Antwort:

„Angekl. van der Lubbe: Das habe ich doch nicht gesagt, daß ich das getan habe.

Präsident: Ja, wer hat es denn gemacht?

Angekl. van der Lubbe: Ich habe bloß gesagt, was ich weiß, was ich angesteckt habe; das ist der Vorhang.

Präsident: Und wer hat das andere angesteckt?

Angekl. van der Lubbe: Das kann ich gar nicht sagen, wer das angesteckt hat. – Wer soll – [nach Kugler sagte Lubbe aber: „... Es sollen ..."]

Dolmetscher Meyer-Collings: ‚Wer soll?' – fängt er an.

LGDir. Rusch: Beim Untersuchungsrichter hat er auch eine Äußerung gemacht: das müssen die anderen sagen.[62]

Angekl. van der Lubbe: Das habe ich niemals gesagt.

LGDir. Rusch: Oder etwas ähnliches vor dem Untersuchungsrichter!"[63]

Dimitroff wollte nun wissen, ob van der Lubbe die Anklageschrift gelesen und verstanden habe:

„Dolmetscher Meyer-Collings: Im Gefängnis war etwas mit den Stimmungen oder Stimmen von den Leuten. Nachher konnte ich es selbständig nicht mehr lesen, weil da die Wächter waren. Aber ich habe es wohl bis zur Hälfte gelesen.

Präsident: Ob er das verstanden hat, was ihn betrifft!

Angekl. van der Lubbe: Nein, nicht gänzlich. Was ich daraus gelesen habe, habe ich nicht gänzlich verstanden."[64]

Auf die Frage Dimitroffs, ob ein Dolmetscher Lubbe die Anklageschrift übersetzt habe, gab es keine klare Antwort – dies scheint also offensichtlich nicht der Fall gewesen zu sein. Zu diesem eindeutigen Verstoß gegen die Prozeßregeln konstatierte der Präsident: „Es kommt an sich ja nicht darauf an, denn es ist ihm ja nichts verborgen geblieben, was ihm zur Last gelegt wird. Er hat den Tatbestand, der ihn betrifft, ganz genau verstanden."[65]

Als dann die Verhandlung erneut auf das Thema Hennigsdorf kam, äußerte van der Lubbe: „Ich werde jetzt auf einmal so viel gefragt. Ich glaube doch, daß es genug ist." Darauf Präsident Bünger in ungewohnter Konzilianz: „Es ist bereits 1/2 4 Uhr. Ich schließe die heutige Verhandlung."[66]

Büngers mehrfache Ausweichmanöver bei der Vernehmung van der Lubbes fielen unter anderen auch Reichsgerichtsrat Walter Froelich auf, wie aus einem streng vertraulichen Abhörprotokoll des Geheimen Staatspolizeiamtes hervorgeht. Danach äußerte Froelich telefonisch einem Professor aus Jena gegenüber: „Der Präsident [Bünger] ist sehr schlapp (sich verbessernd) sehr müde. Er nützt die Situationen nicht aus; ihm fehlt die Technik des Verhandelns. [...] Es ist sehr schade, daß nicht eine vernehmungstüchtige Persönlichkeit in der Mitte sitzt. [...] Prof: Wann ist es denn nun zu Ende? Froelich: Das läßt sich gar nicht sagen. Ich habe ja wie der [Bünger] nicht die Befugnis mit dem Kerl [Lubbe] so zu reden, wie man müßte."[67]

Saß Bünger die Angst im Nacken, van der Lubbe könnte auspacken? Immerhin war Lubbe beim zweimaligen Erwachen aus seinem Dämmerzustand – sowohl am 13. als auch am 23. November – auf die Nationalsozialisten zu sprechen gekommen, und das keineswegs in negativer Form.

Bereits am 24. November, dem nächsten Verhandlungstag, verfiel van der Lubbe wieder – nun mehr und mehr – in den gewohnten Dämmerzustand. Gegen Ende der Verhandlung aufgenommene Fotos zeigen van der Lubbe mit stark aufgedunsenem Gesicht. Während Oberreichsanwalt Dr. Werner am 13. Dezember sein Plädoyer vortrug, in dem er unter anderem die Todesstrafe für van der Lubbe beantragte, schlief van der Lubbe sogar ein!

Die psychiatrischen Gutachten

Die Gutachten von Bonhoeffer und Zutt

Bereits im März 1933, als van der Lubbe zeitweise die Nahrungsaufnahme verweigerte[68], hatte der Untersuchungsrichter eine Untersuchung durch die Psychiater Prof. Dr. Karl Bonhoeffer und dessen Assistenten Priv.-Doz. Dr. Jürg Zutt von der Psychiatrischen und Nervenklinik der Berliner Charité veranlaßt. Bonhoeffer und Zutt formulierten den erhaltenen Auftrag gewunden so:

„Die Untersuchung wurde nicht veranlasst, weil bestimmte Anhaltspunkte für eine geistige Erkrankung im Verlauf der richterlichen Untersuchung aufgefallen waren, sondern weil mit der Möglichkeit gerechnet werden muss, dass im Hinblick auf das Ungewöhnliche der Tat im weiteren Verlauf des Verfahrens Zweifel an der geistigen Gesundheit des Angeklagten erhoben werden könnten. Es handelte sich also nicht darum, bestimmte Auffälligkeiten des Verhaltens daraufhin zu untersuchen, ob sie als Symptome einer geistigen Erkrankung zu werten sind, sondern darum, in einer allgemeinen psychiatrischen Untersuchung festzustellen, ob überhaupt Anhaltspunkte für eine geistige Erkrankung zu finden sind." Vogt wollte sich also frühzeitig dagegen absichern, daß van der Lubbe später wegen möglicherweise attestierter mangelnder Zurechnungsfähigkeit schuldunfähig gesprochen werden könnte. Warum sollten aber „im weiteren Verlauf des Verfahrens" solche Zweifel auftreten? Und vor allen Dingen: Wer „könnte" diese Zweifel äußern wollen? Ahnte Vogt bereits „hellseherisch" die kommende Verwandlung van der Lubbes?

Das später gern zitierte Fazit der Ärzte nach dreimaliger Untersuchung des Angeklagten am 20., 23. und 25. März 1933 lautete: „Es haben sich keinerlei Anzeichen für eine geistige Erkrankung ergeben. V. d. Lubbe macht den Eindruck eines ganz intelligenten, willensstarken und recht selbstbewußten Menschen. Er ist vollkommen in kommunistischen Ideen befangen. Manche Ungereimtheiten in seiner Vorstellungswelt erklären sich aus der starken kommunistischen Tendenz und dem relativ jugendlichen Alter des Angeklagten. Eine ungewöhnliche Bestimmbarkeit durch fremde Einflüsse liegt sicher nicht vor. Im Verlauf der psychiatrischen Untersuchung ergab sich nicht der Eindruck rückhaltloser Offenheit, sondern bewußter Zurückhaltung."[69]

Warum allerdings der Satz „Eine ungewöhnliche Bestimmbarkeit durch fremde Einflüsse liegt sicher nicht vor" in die Zusammenfassung aufgenommen wurde, ist völlig unklar. Der Haupttext des Gutachtens liefert zu diesem Detail jedenfalls keinerlei Informationen; die Behauptung war also nicht substantiiert. Man kann nur vermuten, daß die Gutachter mit dieser Formulierung eine entsprechende Frage des Untersuchungsrichters Vogt zu beantworten hatten. Doch warum?

Wie bereits geschildert, hatte bei van der Lubbe seit Anfang Juni 1933 ein starker Gewichtsverlust eingesetzt, so daß der Hauptangeklagte zu Beginn der Verhandlung vor dem Reichsgericht in einer schlechten Verfassung war. Nach dem 1. Verhandlungstag setzte sich der Oberreichsanwalt Werner mit dem zuständigen Gefängnisarzt in Verbindung, um zu erreichen, „daß für die Hebung und Kräftigung des körperlichen Zustandes des Angeklagten van der Lubbe etwas getan werden möchte." Der Arzt (Gerichtsmedizinalrat Dr. Kretzschmar) erklärte darauf, „daß er in dieser Richtung schon bisher alles versucht habe, daß der Angeklagte aber so gut wie gar nicht esse und, wenn man ihm etwas vorsetze, es nicht berühre. Der Angeklagte habe anscheinend keinen Appetit" – eine nur zynisch zu nennende „Erklärung"!

Dem 1. Verhandlungstag am 21. September in Leipzig wohnte auch Prof. Bonhoeffer bei, unbekannt ist, ob aus eigener Initiative oder im Auftrag. Wegen van der Lubbes auffälligem Verhalten, das selbst den Senatspräsidenten Bünger irritierte, wurde Bonhoeffer für die nächste Sitzung, den 2. Verhandlungstag am 22. September, um eine gutachterliche Äußerung gebeten. Es ging dabei um drei Fragen, nämlich warum van der Lubbe nicht oder nur einsilbig antwortete, warum er manchmal unmotiviert lachte und warum er so leise sprach.

Auch Bonhoeffer war offenbar überrascht von van der Lubbes Zustand: „Das Bild, das er damals [im März] psychisch bot, wich von dem, was wir in der gestrigen Verhandlung gesehen haben, doch wesentlich ab." Er schränkte aber sofort ein: „Das heißt, wesentlich vielleicht nicht, aber es wich ab, insofern es damals keinerlei Schwierigkeiten bot, mit ihm in Kontakt zu kommen, sich mit ihm zu unterhalten." Eine gewisse Zurückhaltung bei Gesprächen „namentlich über seinen letzten Weg von Holland nach Berlin" sei allerdings schon damals bisweilen zu beobachten gewesen.

Bezüglich des Lachens kam es zu einem grotesken Wortwechsel zwischen Bünger und Bonhoeffer, der wiederum hart an Zynismus grenzte:

„Präsident: [...] Aber ich habe auch beobachtet, daß er gelacht hat, wenn nach meiner Ansicht für ihn überhaupt gar nichts zu lachen war. Das heißt: er saß ganz ernst da ich habe ihn fortwährend vor mir gesehen und auf einmal verzog sich sein Gesicht zum Lachen, und zwar in einem Moment, wo ich mir gar nicht denken konnte, daß er über irgendetwas gelacht hatte, wo mir sogar schien, daß er der Verhandlung gar nicht gefolgt war. Ich hatte den Eindruck einer Art hysterischen Lachens. Wenn es auch nicht auf irgendwelchen geistigen Defekt deutet, läßt sich das Lachen nicht daraus erklären, daß es ein heiteres Temperament [!] ist?

Sachv. Dr. Bonhoeffer: Ich meine nicht, daß er heiteren Temperaments ist.

Präsident: Spöttisches Temperament?

Sachv. Dr. Bonhoeffer: Nein. Wie es schließlich bei einem Jungen auch mal passiert, daß er, wenn ihm irgendeine Situation ein bißchen komisch erscheint, dem Lehrer gegenüber herausplatzt, in einer Situation, die ihm durchaus unsympathisch ist. Ich habe gestern die Situation auch miterlebt, und ich halte es durchaus für möglich, er sieht ja schlecht aus, daß er jetzt erschöpft ist und daß eine gewisse Affektinkontinenz[70] vorliegt. Ein anderer kommt dann leicht ins Weinen; bei ihm springt es leicht ins Lachen über. Es ist möglich, daß sich das vielleicht in der Zeit der Untersuchungshaft gesteigert hat."

Nun wollte Bünger wissen, warum Lubbe so leise sprach. Es kam jedoch zu keiner vernünftigen Erklärung Bonhoeffers, nur zu Mutmaßungen:

„Präsident: [...] Der Angeklagte hat hier dauernd ganz leise gesprochen. Er hat das zwar zum Teil auch in der Voruntersuchung getan, aber, wie ich mir habe berichten lassen, doch nicht so. Wie erklären Sie das? Ist das Verstellung oder ist das Folge von irgendeinem geistigen Zustande, oder will er damit etwas erreichen oder etwas verhindern, oder was ist das? Es ist ja ganz auffallend.

Sachv. Dr. Bonhoeffer: Sehr laut hat er nie gesprochen, aber es ist gar kein Vergleich mit seinem gestrigen Verhalten. [...] Erstens kann in Betracht kommen, daß er körperlich erheblich reduzierter ist, als damals. Eine gewisse Rolle spielt es vielleicht, aber entscheidend ist es nicht. Ich könnte mir denken: er hat der ganzen Situation gegenüber von vornherein eine gewisse man kann nicht sagen: Gleichgültigkeit, aber eine gewisse Überlegenheit gehabt. Die Tatsache, daß er den Anwalt ablehnte [van der Lubbe hatte es abgelehnt, sich von dem holländischen Anwalt Benno Wilhelm Stomps verteidigen zu lassen[71]] – er ist nicht darüber gefragt worden, warum er ihn abgelehnt hat; ich weiß es nicht, alle diese Dinge bedeuten eine gewisse Distanzierung von der ganzen Angelegenheit. Ich könnte mir auch vorstellen, daß das, was er mit den Hungerstreiks seinerzeit inszeniert hat, in Situationen, die ihm unangenehm waren, etwas ähnliches darstellt wie das Verhalten, das er hier vor Gericht darbietet, daß diese reservierende Haltung von ihm eben noch in dieser gesteigerten Form jetzt dargeboten wird."

Auf eine Frage des Oberreichsanwalts schließlich, ob das veränderte Verhalten van der Lubbes vielleicht auf die „Verweigerung bezw. Nichteinnahme von Nahrung" zurückgeführt werden könnte, erwiderte Bonhoeffer: „Es ist durchaus möglich, daß der rein körperliche Schwächezustand hier eine Rolle spielt."

Der Präsident fragte nun weiter: „Könnte auch das leise Sprechen und das unmotivierte Lachen des Angeklagten auf diesen Schwächezustand zurückgeführt werden?

Sachv. Dr. Bonhoeffer: Auch das halte ich für möglich; diese Erscheinung würde in das Gebiet der sogenannten emotionellen Schwäche fallen; sie äußert sich üblicherweise in leichtem Weinen, oft aber auch in der Richtung eines leisen Lachens, das ganz unmotiviert erscheint. Diese Beobachtung kann man häufig machen."[72]

Mit diesen Worten endete die erste gutachterliche Vernehmung Bonhoeffers. Man war sich quasi einig geworden, daß das dramatisch veränderte Verhalten van der Lubbes lediglich auf einen körperlichen Schwächezustand zurückzuführen sei. Demnach hätte sich an der im März konstatierten psychischen Konstitution van der Lubbes im Grunde nichts verändert.

Der Schwächezustand wiederum sei nach Bonhoeffer möglicherweise dadurch ausgelöst worden, daß man van der Lubbe am 26. Mai „das" Gutachten der Brandsachverständigen mitgeteilt habe und dann in der zweiten Junihälfte die Anklageschrift.[73] Am 26. Mai lagen nur die Gutachten von Josse und Wagner vor; die Anklageschrift wurde allerdings erst am 24. Juli 1933 fertiggestellt und kann van der Lubbe erst nach diesem Datum zugestellt worden sein! Die von Bonhoeffer vorgebrachte Begründung war demnach unzutreffend. Am 42. Verhandlungstag äußerte sich van der Lubbe dann folgendermaßen zu der Frage, ob er die Anklageschrift gelesen und verstanden habe: „Im Gefängnis war etwas mit den Stimmungen oder Stimmen von den Leuten. Nachher konnte ich es selbstständig nicht mehr lesen, weil da die Wächter waren. Aber ich habe es wohl bis zur Hälfte gelesen. Präsident: Ob er das verstanden hat, was ihn betrifft!

Angekl. van der Lubbe: Nein, nicht gänzlich. Was ich daraus gelesen habe, habe ich nicht gänzlich verstanden."[74]

Offenbar war Bonhoeffer diese Aussage unbekannt. Mit seiner Diagnose des Angeklagten ist sie jedenfalls nicht in Einklang zu bringen.

Gar nicht in das zurechtgeschusterte psychologische Bild paßten auch völlig unerwartete Symptome, nämlich Erregungszustände, die van der Lubbes Anwalt Seuffert in Form einer Frage an Bonhoeffer offenlegte: „Wenn ich mit dem Angeklagten sprach und zwar mit ihm allein, unter vier Augen, dann fiel mir auf, daß er in der Unterhaltung plötzlich in große Erregung kam und aufbrauste, leidenschaftlich wurde. Diese Erregung klingt dann manchmal wieder ab. Aber sie kommt wieder und zwar das ist das merkwürdige ohne eigentlich erkennbaren Anlaß." Bonhoeffer konnte das nicht bestätigen und nahm dazu keine Stellung. Diese unmotivierten Erregungszustände konnten demnach also erst nach den Untersuchungen im März aufgetreten sein. Seltsamerweise wurden sie während der Verhandlungen nicht beobachtet.

Bonhoeffer und sein Assistent beobachteten van der Lubbe erst wieder, als die Verhandlungen vorübergehend vom 10. Oktober bis 18. November in Berlin stattfanden. Dabei wurde der Angeklagte auch mehrmals in der Zelle besucht. Gegen Ende der Beweisaufnahme, am 52. Verhandlungstag, dem 6. Dezember 1933, erfolgte eine erneute Vernehmung der Sachverständigen[75] „über den Geisteszustand des Angeklagten bei seiner Tat und über seine jetzige Verhandlungsfähigkeit."[76]

Bonhoeffer hatte nun die undankbare Aufgabe, unter den Rahmenbedingungen des inzwischen fest im Sattel sitzenden NS-Regimes zu erklären, wie es zu van der Lubbes merkwürdigem Verhalten während der Verhandlung gekommen war:

„Was nun den Zustand anlangt, der sich dann in der Haft entwickelt hat, und den ich damals hier in den ersten Sitzungstagen miterlebt habe, so bin ich auch heute noch der Meinung das hat sich durch die nachträglichen Untersuchungen, die wir während seines Aufenthaltes in Berlin wieder vorgenommen haben, bestätigt, daß es sich dabei um einen auf dem Boden dieser besonderen Charakterartung erwachsenen Zustand handelt, hervorgegangen aus dieser bewußten Zurückhaltung, die offenbar bei ihm eine Rolle spielte, die aber dann durch einen körperlichen Schwächezustand noch kompliziert wurde. Dieser körperliche Schwächezustand hat sich, wie ich nachher aus der abfallenden Körpergewichtskurve festgestellt habe, bei ihm ungefähr um den 1. Juni herum

entwickelt. Das ist etwa die Zeit, wo ihm das [!] Sachverständigengutachten der Brandsachverständigen mitgeteilt wurde. Am 26. Mai ist ihm
dieses Gutachten mitgeteilt worden, am 1. Juni war die Voruntersuchung abgeschlossen, und in der zweiten Hälfte des Juni ist ihm die Anklageschrift mitgeteilt worden.[77] Seit dieser Zeit sehen wir bei ihm einen
außerordentlichen Abfall des Körpergewichts. Sein Körpergewicht hat
damals im ganzen um 25 Pfund abgenommen. Es ist sehr wahrscheinlich, daß diese Körpergewichtsabnahme, die offenbar nicht durch irgendwelche Krankheit, sondern psychisch bedingt war, aus dieser –
wenn man so sagen will – Trotzreaktion hervorgegangen ist.

Wir haben dann späterhin den Untersuchten noch weiter gesehen.
Wir haben ihn, während die Verhandlungen in Berlin waren, während
seines dortigen Gefängnisaufenthaltes beobachtet. Da hat er an Körpergewicht wieder zugenommen. Wahrscheinlich war diese Zeit des Über-
ganges von hier nach Berlin der tiefste Punkt, der schlechteste Zustand
seines körperlichen Befindens. Er erholte sich dort wieder um 8 Pfund,
und wir sahen auch, daß sich sein Zustand allmählich besserte. Insbesondere in den letzten Wochen – das war wohl in der zweiten Hälfte des
November – hatten wir den Eindruck, daß sich der Affekt in ihm verstärkte, daß irgend etwas in ihm vorging. Es sah so aus, als ob er mit sich
kämpfte, und wir hatten den Eindruck – wir haben auch davon gesprochen, daß wir das eigentlich erwarteten –, daß es bei ihm zur Ausspra-
che kommen würde. Er blieb immer noch einsilbig in seinen Äußerungen, aber es kamen doch immerhin gelegentlich Bemerkungen, die sich
auf sein körperliches Empfinden bezogen, daß er sich unbehaglich fühlte. Er faßte sich mehr an den Kopf. Wir waren zweifelhaft, ob es sich um
einen endogenen Verstimmungszustand mit anschwellender Affektuosität handelte, oder aber, was wahrscheinlicher war, um eine psychisch
bedingte Reaktion auf die ihm mehr und mehr unerträglich werdende
Affektspannung, die dann ja offenbar in der Sitzung vom 23. November, deren Stenogramm ich bekommen habe, zu dieser gewissen Entla-
dung führte, in der dann diese Äußerungen gekommen sind, die ja im
wesentlichen zum Ausdruck bringen wollten, daß er nun endlich den
Wunsch hat, daß diese Situation für ihn aufhört, wo er dann eine Trennung macht zwischen seiner Person und dem, was er als Symbolismus
bezeichnet, womit er wohl das ganze kommunistische Beiwerk meint,
das er ja immer abgelehnt hat.

Die weitere Beobachtung, die wir an van der Lubbe angestellt haben,
hat an dem Urteil über seinen <u>Geisteszustand zur Zeit der Begehung der</u>

<u>Tat</u> nichts geändert. Ich bin nach wie vor der Ansicht, daß sich keine Anhaltspunkte dafür ergeben haben, daß er etwa <u>zur Zeit der Begehung der Tat</u> geisteskrank im Sinne des § 51 gewesen wäre."

Bonhoeffer spezifizierte sein Gutachten also ausdrücklich nur auf den Zustand van der Lubbes zum Zeitpunkt der Begehung der Tat. Auf etliche Nachfragen bezüglich van der Lubbes Verhalten bei der Verhandlung beharrte der Gutachter darauf, es würde sich um einen „sogenannten haftpsychotischen Komplex"[78], verbunden mit einer Art „Trotzreaktion" handeln, also eine reaktive Veränderung auf der Grundlage der Bedingungen von Haft und Verhandlung nebst der damit verbundenen Begleitumstände. Um ein Urteil zur Verhandlungsfähigkeit van der Lubbes drückte sich Bonhoeffer offenkundig. Obwohl Senatspräsident Bünger diese Fragestellung zum Gegenstand der Vernehmung gemacht hatte, fragte er diesbezüglich nur einmal kurz nach, bezeichnenderweise wieder einmal auf Anregung von Dimitroff: „Sie haben gesagt, die neuen Besuche [...] hätten Ihr Gutachten von damals nicht beeinträchtigt." Darauf Bonhoeffer reserviert: „Es handelte sich um die Frage der Zurechnungsfähigkeit zur Zeit der Begehung der Straftat."[79]

Damit endete Bonhoeffers Vernehmung. Zutt, der im Anschluß an Bonhoeffer vernommen wurde, pflichtete dessen Ausführungen bei.[80]

Die explizite Frage nach der Verhandlungsfähigkeit van der Lubbes blieb also unbeantwortet. Erst in der 1934 in der „Monatsschrift für Psychiatrie und Neurologie" veröffentlichten Abhandlung „Über den Geisteszustand des Reichstagsbrandstifters Marinus van der Lubbe" von Bonhoeffer und Zutt findet sich dazu die allerdings zweideutige Passage: „Derartige Haftreaktionen heben nach allgemeiner psychiatrischer Erfahrung die Verhandlungsfähigkeit nicht auf, weil gute Auffassungsfähigkeit nebenher zu gehen pflegt und hinter der abnormen Haltung die intakte Persönlichkeit steht."[81]

In dem genannten Beitrag sahen sich Bonhoeffer und Zutt schließlich auch zu einer Rechtfertigung bezüglich ihrer Beurteilung van der Lubbes gezwungen: „So ist es natürlich zu verstehen, daß jemand, der den van der Lubbe auf der Anklagebank zum ersten Male sah, wie er ohne jegliches äußere Zeichen der Teilnahme den größten Teil der für ihn über Leben und Tod entscheidenden Verhandlung vorübergehen ließ, an seiner geistigen Gesundheit zweifelte. Dies ist denn auch von verschiedenen Seiten geschehen. Es wurden nicht nur aus Laienkreisen in diesem Sinne Stimmen laut, auch von psychiatrischer Seite wurde in der Öffentlichkeit dem <u>Zweifel an der Zurechnungsfähigkeit des Ange-</u>

klagten Ausdruck gegeben. Das sich hierin bekundende lebhafte Interesse an der psychiatrischen Beurteilung des van der Lubbe (gleichgültig, wodurch dieses Interesse wachgerufen wurde) könnte allein schon ein ausreichender Grund zu der vorliegenden Publikation sein."[82]

Was nun Tatsache war, nämlich die „Zweifel an der Zurechnungsfähigkeit des Angeklagten", hatte Untersuchungsrichter Vogt aber bereits Ende März 1933 „vorausgesehen", als es van der Lubbe noch recht gut ging: „Die Untersuchung wurde [...] veranlasst, weil [...] mit der Möglichkeit gerechnet werden muss, dass im Hinblick auf das Ungewöhnliche der Tat im weiteren Verlauf des Verfahrens Zweifel an der geistigen Gesundheit des Angeklagten erhoben werden könnten."[83]

In dem zitierten Zeitschriftenbeitrag findet sich auch eine bemerkenswerte Verfälschung der ursprünglichen gutachterlichen Äußerung Bonhoeffers in der Hauptverhandlung. Bei seiner Vernehmung vor dem Reichsgericht hatte Bonhoeffer am 6. Dezember 1933 noch angegeben: „In der zweiten Hälfte des November hatten wir den Eindruck, daß sich der Affekt in ihm verstärkte, daß irgend etwas in ihm vorging."[84] Lubbe war aber bereits am 13. November zum erstenmal bei der Verhandlung „erwacht", weshalb der Vorsitzende Bünger nachfragte: „Herr Geheimrat, an dem einen Tage ist ja diese Wandlung mit van der Lubbe – für einige Zeit – ganz plötzlich vor sich gegangen. Sie waren damals wohl nicht anwesend. [...] Am 13. November betrat er den Saal gleich in aufgereckter Haltung, ganz anders als sonst."[85]

Das brachte Bonhoeffer in arge Erklärungsnöte: „Es war nicht plötzlich. Ich sagte schon, wir haben es eigentlich kommen sehen, daß es mit ihm anders werden würde. Ich habe ihn am 10. November besucht, und da habe ich hier notiert: Sieht besser aus, die Wangen sind voller, nicht mehr so eingefallen. Die Haltung ist besser. – Das war wohl das nächste Mal!" Von wann diese Notiz stammte, war also offenbar nicht ganz klar. Jedenfalls berichtete Bonhoeffer weiter, van der Lubbe habe am 10. November auf verschiedene Fragen zögerlich mit „Ja", „Nein" oder gar nicht geantwortet, was allerdings keinen Unterschied zum „normalen" Verhalten bei der Verhandlung darstellte. Bonhoeffer ging dann hastig zu Notizen vom 16. November über, als sich van der Lubbe wohl tatsächlich etwas weniger apathisch als sonst gezeigt hatte.

In dem Zeitschriftenbeitrag von 1934 heißt es dann allerdings verfälschend: „Anfang November machte sich dann [bei van der Lubbe] eine zunehmende aber zurückgehaltene Erregung bemerkbar. [...] Am 13. November zeigte er in der Verhandlung ein anderes Wesen."[86]

Offenbar sollte damit der plötzliche Wandel in Lubbes Verhalten vor Gericht verschleiert und als allmähliche Veränderung dargestellt werden. Warum? Van der Lubbes „Erwachen" am 13. November dürfte die Psychiater tatsächlich wohl nicht weniger überrascht haben als den Rest der Prozeßteilnehmer. Die gesamte psychiatrische Diagnose war daher keineswegs so folgerichtig, wie es Bonhoeffer darzustellen versuchte.

In ihrer Abhandlung ließen die Psychiater die Frage offen, ob van der Lubbe, wie er selbst behauptet hatte, Alleintäter gewesen war oder Mittäter hatte. Van der Lubbe sei „ausgesprochen zurückhaltend" gewesen, „wenn man die Zeit kurz vor der Tat mit ihm besprechen wollte." 1953 meinte Zutt jedoch: „Manches spricht für die Annahme, daß ihm die Nationalsozialisten halfen. Doch warum schwieg van der Lubbe?"[87]

Jedenfalls sicherten sich Bonhoeffer und Zutt in ihrem Zeitschriftenbeitrag erneut ab und behaupteten wahrheitswidrig, ihre Gutachten hätten nicht die Verhandlungsfähigkeit van der Lubbes betroffen, sondern nur dessen Zurechnungsfähigkeit zum Zeitpunkt der Tat: „Mit der Frage, die uns zur gutachtlichen Entscheidung vorgelegt war, hatte das eigenartige Verhalten des v. d. L. während der Verhandlung eigentlich nur mittelbar etwas zu tun, insofern wir uns die Frage vorlegen mußten, ob dieser Zustand vielleicht auf eine geistige Erkrankung hinweise, die an der Zurechnungsfähigkeit zur Zeit der Begehung der Tat zweifeln ließ."[88]

Weder die Aussagen der Sachverständigen vor Gericht, noch ihre spätere Darstellung in der „Monatsschrift für Psychiatrie und Neurologie" geben darüber hinaus eine Auskunft über die angewandten ärztlichen Untersuchungsmethoden. Erwähnt wurden Gespräche, die mit dem Häftling in der Zelle geführt wurden, sowie einige Beobachtungen während der Hauptverhandlung. Verschiedene Bemerkungen lassen auch den Schluß zu, daß bei den Gesprächen zwischen Bonhoeffer, Zutt und van der Lubbe in der Zelle weitere Personen anwesend waren, die das Geschehen beobachteten. Außer allgemeinen Bemerkungen über die körperliche Verfassung nach Augenschein machte Bonhoeffer lediglich sporadische Angaben über Gewichtsschwankungen, Pulsschlag und Pupillenreaktion. Nicht einmal die Körpergröße van der Lubbes wurde vermerkt. Auf eine genaue ärztliche Untersuchung – auch von Blut und Urin –, wie sie bei der Bedeutung des Falles und dem auffälligen Verhalten des Angeklagten in der Hauptverhandlung auf jeden Fall erforderlich gewesen wäre, findet sich kein Hinweis. Die ist umso erstaunlicher, als seinerzeit im Ausland immer wieder der Verdacht geäußert wurde, van der Lubbe habe während der Verhandlung unter dem Einfluß von Drogen gestanden. Auf Laboruntersuchungen angesprochen, antwortete Bonhoeffers ehemaliger Assistent Dr. Zutt im Jahr 1966: „Wir haben keine Blutproben gemacht. Wir haben uns auf die Feststellungen anderer Ärzte gestützt. [Nach anderweitigen Blutproben befragt antwortete er:] Daran erinnere ich mich nicht. Ich glaube, daß Bonhoeffer auf die anderen vertraut hat."[89] Um welche Ärzte es sich dabei gehandelt haben könnte, blieb allerdings bis heute unbekannt.

Das Gutachten des Dr. M. C. Bolten

Die ersten Äußerungen Bonhoeffers vor dem Reichsgericht, er habe bei van der Lubbe keine psychischen Anomalien feststellen können, weckten das Interesse des holländischen Psychiaters Dr. M. C. Bolten an dem Fall. Bolten war seinerzeit praktischer Nervenarzt in Haag, Psychiater-Neurologe am städtischen Krankenhaus Haag und Berater des städtischen Sanitäts- und Gesundheitsdienstes für psychiatrische Angelegenheiten. In einer 18seitigen Stellungnahme, die er dem deutschen Reichsgericht übersandte, kritisierte Bolten am 18. Oktober 1933 Bonhoeffers Diagnose vom 22. September. Jeder Psychiater wisse doch „nur all zu gut, daß das Nichtfeststellenkönnen von psychischen Anomalien noch keineswegs beweist, daß sie in der Tat nicht vorhanden sind. Um den psychischen Zustand jemandes beurteilen zu können, ist es gewiß nicht ausreichend, wenn man den Patienten untersucht, sondern man muß auch noch über sehr ausführliche (und, wie sich von selber versteht, zuverlässige) anamnestische und familiengeschichtliche Unterlagen verfügen". Bolten recherchierte aus eigener Initiative und mit Unterstützung des Pfarrers Voorhoeve in s'Hertogenbosch, der Leidener Polizei, der Pflegeeltern van der Lubbes, der Familie Sjardijn in Leiden sowie von Verwandten und Bekannten van der Lubbes Anamnese und Familiengeschichte. Bezüglich des Charakters von Lubbe kam er zu einem ähnlichen Resultat wie Bonhoeffer, der Lubbe in seinem Zeitschriftenbeitrag einen „verworrenen Fanatiker" genannt hatte, „bei dem Geltungsbedürfnis, Aufopferungsfähigkeit, gemütliche Ansprechbarkeit und gesellschaftsfeindliche Trotzeinstellung sich verbinden, bei zwar mindestens durchschnittlicher, aber seinen unzweifelhaft im wesentlichen geistigen Interessen doch nicht gewachsener Intelligenz."

Bolten zufolge habe sich Lubbe schon länger als „wiedergeborener

Messias", „Führer des Volkes" und „Befreier des unterdrückten Proletariats" aufgespielt. Es sei anzunehmen, daß der unterdurchschnittlich intelligente Phantast Lubbe „sich berufen glaubte zur Verrichtung von in seinen Augen großartigen Taten zum Heile des Proletariats".

Auf psychologische Hintergründe hierzu wies ein Bericht der Zeitung „De Rotterdamer" vom 14. Oktober 1933 hin[90], in dem es hieß: „Merkwürdig waren seine bei einem Jungen seines Alters selten vorkommenden und unnatürlichen Äußerungen auf religiösem Gebiet. [...] Sein Rechtsgefühl hat ihn – wie mehrere seiner Schulkameraden erzählen – mit Unrecht zum Kommunismus geführt, obwohl er als Knabe eine innerliche Abscheu hatte für [recte: vor] Kommunismus und Sozialismus. Er hatte diese Abneigung aus religiösen Gründen. ‚Kommunismus und Sozialismus richten nur Unheil an und kehren sich gegen Gott!', so sagte er einmal zu einem Freund, der sein Vertrauen hatte."[91]

Nach Bolten handelte es sich bei van der Lubbes Verhalten um eine Überkompensation von Minderwertigkeitsgefühlen. Allerdings zog dieser gänzlich andere Folgerungen als Bonhoeffer: „Vielleicht ist die Möglichkeit, daß er an beginnender Schizophrenie leidet, nicht auszuschließen. Aufgrund dieser psychischen Anomalien und Defekte muß besagter van der Lubbe m. E. als vermindert zurechnungsfähig angesehen werden."[92]

Das Gutachten des Dr. Schütz

Der Leipziger Nervenarzt, Oberregierungs- und Medizinalrat und möglicherweise auch Gefängnisarzt[93] Dr. Richard Schütz war seit dem 3. oder 4. Verhandlungstag regelmäßiger Besucher der Hauptverhandlung. Am 2. Verhandlungstag war Bonhoeffer über van der Lubbes Zustand vernommen worden. Hatten Bonhoeffers Äußerungen nicht den vollen Beifall der Prozeßleitung gefunden? Oder wie ist sonst zu erklären, daß plötzlich und ohne öffentliche Benennung von Gründen ein weiterer psychiatrischer Gutachter hinzugezogen wurde?

Am 5. Verhandlungstag, dem 26. September 1933, wurde Schütz zum erstenmal als „Sachverständiger" vernommen, nachdem er den Angeklagten van der Lubbe lediglich am Vortage sowie kurz vor dessen Aussage bei der Verhandlung beobachtet hatte! Der Gerichtspräsident wollte wissen, warum van der Lubbe „so zurückhaltend antwortet" und warum er manchmal unmotiviert zu lachen anfing.

Schütz antwortete nur auf die erste Frage, van der Lubbe würde der

Verhandlung sehr wohl folgen. Bei seinem Verhalten handele es sich um eine „zielbewußte Verteidigungshaltung". „Er will den Fragen bewußt ausweichen, mit Absicht, aus seiner politischen Einstellung heraus."[94] Die zweite Frage beantwortete Schütz nicht. Den „Sachverständigen" Lügen strafend, saß van der Lubbe während der Verhandlung vornüber-gebeugt mit gesenktem Kopf da und schwieg auf alle Fragen.

Am 52. Verhandlungstag, dem 6. Dezember 1933, wurde Schütz erneut als Sachverständiger vernommen und gab nunmehr auch ein Gutachten ab.[95] Er hatte van der Lubbe inzwischen mehrfach im Gefängnis besucht, sowohl in Leipzig als auch in Berlin.

Schütz beschäftigte sich mit dem „eigenartigen Bild", das van der Lubbe im Prozeß geboten und das „sehr viel Kopfzerbrechen verursacht" habe in Hinsicht auf die Frage: Geisteskrankheit oder nicht? Bezüglich einer möglichen Geisteskrankheit sei „natürlich in erster Linie an Schizophrenie, an das sog. Spaltungsirresein zu denken gewesen." Dieser Gedanke aber sei in Übereinstimmung mit Professor Bonhoeffer „zur Ablehnung gekommen".

Wie für Bonhoeffer und Zutt bestand auch für den Leipziger Nervenarzt kein Zweifel daran, daß „van der Lubbe z. Zt. der Begehung der Tat voll zurechnungsfähig gewesen ist, daß er zielbewußt gehandelt hat und nach jeder Richtung hin auch entsprechend mit der Zielvorstellung sein Verhalten eingerichtet hat. Van der Lubbe ist natürlich auch heute zurechnungsfähig, vollkommen geistig gesund."[96]

Im Gegensatz zu Bonhoeffer und Zutt erklärte Schütz jedoch nun explizit, van der Lubbe sei „während der ganzen Dauer der Verhandlungen verhandlungsfähig gewesen".[97] Schütz war als letzter psychiatrischer Gutachter vernommen worden und lieferte sozusagen in letzter Minute diese formaljuristisch dringend benötigte gutachterliche Bestätigung der Verhandlungsfähigkeit des Angeklagten, um die sich Bonhoeffer und Zutt gedrückt hatten.

Die von Schütz gelieferte Begründung für Lubbes Verhandlungsfähigkeit war wieder einmal sehr zynisch: Lubbes „Erwachen" am 23. November, so der Gutachter, sei hierfür Beweis genug gewesen.

Posthypnose oder Intoxikation?

Bereits am 2. Verhandlungstag, dem 22. September, stellte van der Lubbes Verteidiger Seuffert an den Gutachter Bonhoeffer die Frage, ob van der Lubbe vielleicht unter einem posthypnotischen Einfluß stehen könnte. Der von Seuffert in der Verhandlung nicht mitgeteilte Anlaß für diese Frage waren anonyme Briefe, die beim Reichsgericht eingegangen waren und in denen behauptet wurde, der „Hellseher" Hanussen habe van der Lubbe hypnotisiert, dieser habe dann unter einem posthypnotischen Zwang den Reichstag in Brand gesetzt und stünde jetzt noch immer unter diesem Einfluß. Seuffert: „Wir haben gestern alle wiederholt erlebt, daß der Angeklagte während seiner ganzen Vernehmung nur leise und ganz zurückhaltende Antworten gegeben hat. Er war daher sehr schwer zu verstehen. Ist es denkbar, liegen irgendwelche Anhaltspunkte dafür vor, daß der Angeklagte etwa unter einem posthypnotischen Einfluß steht, daß also von irgendeiner Seite vorher in gewisser Richtung auf ihn eingewirkt wurde, mit der Folge, der Möglichkeit, daß derartige Befehle die ihm in solchen Zuständen gegeben wurden, noch heute nachwirken?" Bonhoeffer schloß diese Möglichkeit jedoch ohne nähere Erläuterung kategorisch aus.[98]

Bald nach Beginn der Hauptverhandlung erschienen in der Auslandspresse auch Berichte, nach denen das seltsame Verhalten van der Lubbes auf die Verabreichung von Drogen zurückzuführen sei. Um derartige Gerüchte zum Verstummen zu bringen, entschloß sich das Gericht, eine Untersuchung durch neutrale Beobachter zuzulassen. Am Nachmittag des 26. September – Gutachter Schütz hatte am Vormittag erklärt, (der völlig apathische) van der Lubbe könne der Verhandlung gut folgen – durften Dr. Karl Soedermann, Privatdozent für Kriminalistik an der Universität Stockholm, und Johann Josef Luger, Vertreter des Amsterdamer „Telegraaf", van der Lubbe in seiner Zelle besuchen. Am nächsten Morgen standen beide dem Gericht als Zeugen für den Gesundheitszustand des Angeklagten van der Lubbe zur Verfügung. Soedermann – kein Arzt, wie in der Literatur zuweilen fälschlich angenommen – konnte allerdings lediglich bezeugen, er habe keine „Marke", also keine Anzeichen für körperliche Mißhandlungen und auch keine Injektionseinstichnarben auf Lubbes entblößtem Körper feststellen können. Weiter berichtete er: „Ich habe zuerst seine Zelle untersucht und dabei alles in bester Ordnung gefunden. Ich werde gern sagen, daß er besser behandelt wird, als die anderen Gefangenen. Das hat man vom Essen und allem da gesehen." Im Kontrast dazu heißt es dann jedoch: „Er war stark abgemagert." Soedermann weiter: „Während dieser Untersuchung fragte ich: Fühlen Sie sich also körperlich wohl? – Jawohl, ich fühle mich wohl, hat er gesagt. Da habe ich gefragt: Aber vielleicht fühlen Sie sich seelisch nicht wohl? Da fragte er: Was ist seelisch? Da habe ich gesagt: Das kommt von Seele! Dann sagte Lubbe sehr deutlich: Ich fühle mich auch seelisch wohl!"[99]

Rechtsanwalt Sack konfrontierte Soedermann nun mit Behauptungen, wonach van der Lubbe mit langsam wirkenden Giften behandelt werde. Dazu erklärte dieser: „Ja, ich habe mich bei dem Gefängnisvorsteher [Gefängnisdirektor Dietze] erkundigt und habe ihn gefragt, ob Beamte von Berlin mitgekommen sind, welche ihn (van der Lubbe) besonders überwachten. Ich habe ihn auch gefragt, ob van der Lubbe irgendwie nach dem Einnehmen von Essen oder Getränken sich heiterer oder überhaupt merkwürdig zeige. Das hat er aber sehr kräftig verneint."[100] War Soedermann tatsächlich so blauäugig anzunehmen, der Gefängnisdirektor hätte ihm in dieser Situation eine andere Antwort geben können?

Nach seiner Rückkehr stellte Soedermann in Interviews die Möglichkeit einer Hypnose van der Lubbes in Abrede und lobte die Korrektheit des Reichsgerichts.[101] Als er dann in seiner Heimat wegen seines naiven Verhaltens heftig attackiert und von einem schwedischen Arzt darauf aufmerksam gemacht wurde, man könne „auch ohne Injektion auf viel einfachere Art [einen] Menschen dazu bringen, daß er vor Gericht völlig willenlos erscheint u. nichts aussagt, näml. mit Codein", ließ ihn sein verletztes Ehrgefühl nochmals aktiv werden. Sein Vorstoß, „unter Kontrolle 1/2 Liter Urin nach Paris hinschicken zu lassen", wo die „Pariser Kommission" ebenfalls von einer Vergiftung van der Lubbes gesprochen hatte, blieb jedoch erfolglos.

Nur noch ein weiteres Mal streifte die Verhandlung dieses Thema. Am 52. Verhandlungstag erklärte Gutachter Schütz: „Es ist dann weiterhin der Gedanke aufgetaucht, daß das Zustandsbild des van der Lubbe verursacht sein könne durch künstliche Vergiftungen. Ich darf wohl dem Hohen Senat gegenüber betonen, daß dieser Gedanke so abwegig ist, daß ich hierüber kein Wort zu verlieren brauche." Darauf der Präsident: „Auch nach Ihren Beobachtungen?" Schütz: „Auch nach meinen Beobachtungen! Drittens ist dann noch der Gedanke aufgetaucht, daß es sich um einen posthypnotischen Dämmerzustand handeln könne. Auch dieser Gedanke ist vollkommen abwegig nach den Beobachtungen, die wir im Laufe der Zeit seit September gemacht haben."[102]

Damit war das Thema abgeschlossen. Ganz abgesehen davon, daß medizinische Befunde für die Feststellungen der psychiatrischen Gutachter fehlten, fanden offenbar auch keinerlei Untersuchungen von Blut oder Urin van der Lubbes statt, die allein Aufschluß über die Verabreichung von Drogen hätten geben können.

Nicht vor Gericht, sondern erst in ihrem Aufsatz vom August 1934 gingen Bonhoeffer und Zutt – allerdings völlig unqualifiziert – auf die Möglichkeiten von Posthypnose und Intoxikation ein: „Es sind dann noch wunderliche, ärztlich nicht ernst zu nehmende Diagnosen im Publikum, vor allem in der ausländischen Presse, umgegangen, die nur aus der dort herrschenden eigenartigen Atmosphäre des Mißtrauens zu verstehen sind. L. sei im Gefängnis künstlich in Hypnose versetzt worden, sein Verhalten sei auf die Einwirkungen narkotischer Mittel (Skopolamin) zurückzuführen gewesen. Man kann von der abenteuerlichen Unterstellung, die in einer solchen Annahme gegen die Ärzte gelegen ist, absehen. Auch wenn man an die nicht bestehende Möglichkeit glauben wollte, jemand täglich nicht nur durch stundenlange Verhandlungen hindurch, sondern – da das Verhalten im Gefängnis selbst nicht anders war – dauernd durch Wochen und Monate in einem Zustand der Hypnose zu halten, konnte der psychische Habitus in der verhaltenen Affektuosität und der selbständigen Ablehnung niemals ernsthaft an das Bild eines Hypnotisierten denken lassen. Ebenso unsinnig ist die Annahme, daß das Verhalten das Ergebnis von narkotischen Mitteln gewesen sei. Es hat sich, worüber die Beobachtung ja – wie gesagt – keinen Zweifel ließ, nicht um einen Schlafzustand, sondern um einen deutlich affektiv bedingten Abwehrzustand gehandelt. Es bedarf deshalb kaum der Erwähnung, daß sich keine Skopolaminwirkung an den Pupillen fand. Es wäre übrigens auch schwer verständlich, warum sich v. d. L. am 42. Verhandlungstag, an dem er sich ja mehrere Stunden lang ausgesprochen hat, nicht irgendwie zu solchen Beeinflussungen geäußert hätte."[103]

Mit der letzten Bemerkung disqualifizierten sich Bonhoeffer und Zutt allerdings endgültig als Wissenschaftler. Das einzige, was man ihnen zugute halten kann ist, daß sie vermutlich und verständlicherweise keine Lust hatten, im Konzentrationslager zu landen. Denn diese Gefahr bestand, hätten die beiden Psychiater van der Lubbe für verhandlungsunfähig erklärt. Immerhin drückten sie sich aber auch darum, Lubbe eindeutig für verhandlungsfähig zu erklären.

Der festen Überzeugung, van der Lubbe habe unter Drogen gestanden, war jedenfalls sein Mitangeklagter und Mithäftling Popoff. Der berichtete 1966, ihm sei das „nicht normale Verhalten" des Holländers aufgefallen. Lubbe habe „betäubt" gewirkt, sein Gehirn habe „gar nicht mehr arbeiten" können. Popoff habe daher versucht herauszufinden, ob van der Lubbe dasselbe Essen erhielt wie seine Mithäftlinge:

„Im Leipziger Gefängnis hatten wir eine Türklappe, durch welche das Essen hereingereicht wurde. Nach der Suppe wurde ein Korb mit Brot an unser Fenster gestellt. Im Hintergrund des Korbes lag ein in ein Papier eingewickeltes Stück Brot. Eines Tages habe ich mehr aus Spaß versucht, dieses Brot zu nehmen. Unser Betreuer, ein SS-Mann, sagte sofort, ich sollte das liegenlassen. Auf dem Papier, in welches das Brot eingeschlagen war, stand mit Bleistift ‚Lubbe' geschrieben. [...] Sie haben, wie ich meine, van der Lubbe gar nicht erst das Körbchen vor die Tür gesetzt, sie haben ihm sein Stück einfach hineingeschoben. Möglich, daß er die Suppe nicht essen wollte, weil er wußte, daß man darin Mittel am besten verbergen konnte. Brot, so meinte er, erhielten wir alle. Es ist zwischen ihm und unseren SS-Betreuern mehrfach zum Streit gekommen, und das war meistens zur Zeit des Essensausteilens".[104]

Bereits während der Hauptverhandlung, am 27. Oktober 1933, hatte sich ein ehemaliger Oberarzt beim Reichsgericht gemeldet und auf die Möglichkeit einer Bromvergiftung hingewiesen: „Van der Lubbe zeigt in charakteristischer Weise alle typischen Symptome einer chronischen <u>Brom</u>-Vergiftung! Bromsalze (meist Bromkalium) haben Aussehen und Geschmack von Kochsalz. Sie können dem Opfer in ganz unauffälliger Weise mit den Speisen beigebracht werden. Ihre Wirkung nach längerer Darreichung, auch in kleinen Mengen, ist: geistige Abstumpfung bis zur völligen Verblödung, stärkster Gedächtnisschwund, Schleimhautentzündung in Rachen und Nase, verbunden mit dauerndem Nasenlaufen, Direktionslosigkeit der Körperbewegungen, zusammengesunkene Körperhaltung mit besonders typischer Kopfsenkung nach vorn, völlige Apathie, die aus dem Opfer kaum ein Ja oder Nein herausbringen lässt, unvermitteltes blödes Feixen usw."[105]

Die hier angesprochene Möglichkeit einer Bromvergiftung ist in der Tat nicht von der Hand zu weisen, da die an van der Lubbe beobachtete Symptomatik recht gut mit der einer Bromvergiftung übereinstimmt. Hinzu kommt, daß in der damaligen Zeit – anders als heute – bromhaltige Harnstoffderivate zu den wichtigsten Schlafmitteln zählten. Brom reichert sich allerdings im Körper an und führt dadurch bei dauerhafter Verabreichung zu einer chronischen Vergiftung. Diese Anreicherung läßt sich jedoch durch gleichzeitige Zufuhr von normalem Kochsalz vermindern. Eine typische Bromvergiftung äußert sich in Konzentrationsschwäche, Schlaflosigkeit, Halluzinationen, Gewichtsabnahme und

Bromakne.[106] Ein derartiger Hautausschlag in Form braunroter, entzündeter Knötchen wurde jedoch bei van der Lubbe nicht beobachtet, jedenfalls liegen darüber keinerlei Berichte vor. (Auch scharfe Porträtaufnahmen des Angeklagten aus der Zeit der Verhandlung ließen sich leider nicht finden.)

Wurde van der Lubbe hypnotisiert?

Erste Hinweise darauf, daß der „Hellseher" Hanussen den „offiziellen" Reichstagsbrandstifter Marinus van der Lubbe hypnotisiert habe, finden sich in mehreren (teilweise anonymen) Briefen, die dem Reichsgericht im Herbst 1933 anläßlich des Reichstagsbrandprozesses zugesandt wurden.

Am 21. September 1933 richtete eine Person „J. P." ein Schreiben an das Gericht, nach dem van der Lubbe zwei Tage vor dem Reichstagsbrand von einem Hellseher in Trance versetzt und ihm die Tat suggeriert worden sei. In dieser Trance befinde er sich seitdem.[107] Am 29. September 1933 ging ein Schreiben von einer Martha Tanssig beim Reichsgericht ein, in dem es heißt: „Das Verhalten v. d. Lubbes beweist ganz klar, daß er schon bei den Brandlegungen einem hypnotischen Zwange folgen mußte. Er dürfte damals unter dem hypnotischen Banne Hanussens die Brände angelegt haben und jetzt ständig unter dem posthypnotischen Einflusse eines oder einiger Schüler Hanussens stehen. Letzterer mußte diesen Dienst mit dem Tode bezahlen, da man seiner Verschwiegenheit nicht traute. Die Apathie v. d. Lubbes und das Versagen der Sprache wechselnd mit Redegewandtheit und Zeichen von Intelligenz sind typische Zeichen seines Zustandes. Er hat gar keine Ahnung von der Rolle, die er spielen mußte und glaubt, die Brände aus sich selbst heraus angelegt zu haben. [...] Der Zustand v. d. Lubbes ergibt eindeutig, daß seine Hypnotiseure nicht Ärzte waren, sondern Stümper, die ihn auch noch ganz zugrunde richten werden, falls er nicht sofort in ärztliche Behandlung gebracht wird."[108]

Den ersten gedruckten Bericht über eine mögliche „Behandlung" van der Lubbes gab 1935 Walther Korodi[109], 1932/33 Leiter der „Nationalen Abwehrstelle gegen bolschewistische Umtriebe", der 1934 in die Schweiz emigrierte. Korodi berief sich auf mündliche Informationen eines SS-Sturmbannführers Grosse (Mitglied des Sicherheitsdienstes der SS)[110] von 1934: „Hiernach hatte Hanussen im Februar 1933 den Auftrag vom SA-Führer Helldorf [...] bekommen, van der Lubbe hypnotisch zu behandeln, um ihn im Sinne der Ausführung der Reichstagsbrandstiftung zu beeinflussen. Da van der Lubbe, wie auch medizinische Sachverständige im Leipziger Prozeß bestätigt haben, ein außerordentlich leicht zu beeinflussender Mensch gewesen ist, stellte er für Hanussen ein geradezu glänzendes Medium dar. Bei diesen hypnotischen Sitzungen ist laut Aussage Grosses Graf Helldorf stets zugegen gewesen und auch der Brandstifter SA-Führer Ernst. Die Hauptarbeit Hanussens soll hierbei darin bestanden haben, in van der Lubbe sein ohnehin schon überreichlich vorhandenes Geltungsbedürfnis noch zu steigern, und in ihm das Gefühl zu erzeugen, daß er durch die Brandstiftung eine Tat begehe, auf die die ganze Welt ihre Aufmerksamkeit richten werde – ebenso auf seine Person, die über Nacht eine Berühmtheit werde. Selbstverständlich sei von Hanussen und Helldorf dem van der Lubbe immer wieder versichert worden, daß ihm in keinem Falle irgend etwas geschehen würde, sondern daß alle etwaigen Prozeßverhandlungen lediglich Komödie seien. Man würde ihn nach der Verurteilung heimlich ins Ausland schaffen und ihn mit genügend Geldmitteln versehen, damit er sorgenlos leben könne. Über den Zwischenfall Helldorf - van der Lubbe vor dem Leipziger Gericht, wobei bekanntlich van der Lubbe zum erstenmal den Kopf hochnahm, als er von Helldorf angesprochen wurde, berichtete SS-Mann Grosse, daß dies einer der kritischsten Augenblicke gewesen sei, weil aus dem Verhalten van der Lubbes von der Öffentlichkeit mit Recht Verdacht geschöpft wurde, daß zwischen van der Lubbe und Helldorf schon vorher irgendwelche geheime Querverbindungen bestanden haben – was ja auch der Fall war! Das Geheimnis des Verhaltens van der Lubbes vor Gericht, der stets wie geistesabwesend mit gesenktem Kopfe dasaß, klärte Grosse dahingehend auf: Van der Lubbe sei während der Dauer des Leipziger Prozesses nicht etwa durch Gift in jenen Dämmerzustand versetzt worden, sondern sei täglich aufs intensivste hypnotisch behandelt worden, was bei seiner besonderen Eignung hierzu natürlich besten Erfolg zeitigte."[111]

Bei einer Aussage vor der Stadtpolizei Zürich ergänzte Korodi 1935 seine Angaben: „Grosse berichtete über Hanussen und [den] Reichstagsbrand wie folgt: Hanussen, der von der Führung der NSDAP vor der Machtergreifung sehr oft um seinen hellseherischen Rat befragt worden ist, und sehr hoch bezahlt wurde, erhielt im Februar 1933 den Auftrag, das Individuum van der Lubbe hypnotisch zu bearbeiten und ihn in den sogenannten Trancezustand des Pyromanen zu versetzen. Da

Lubbe sowohl ein gutes Medium als auch pyromanisch veranlagt war, gelang die Vorbereitung lt. Aussage Grosses zur Reichstagsbrandstiftung bei van der Lubbe sehr gut. [...] Helldorf war auch bei den hypnotischen Sitzungen vor dem Reichstagsbrand stets dabei, in denen Lubbe zur Brandstiftung vorbereitet wurde."[112]

Die Darstellung Korodis wird unabhängig davon ergänzt durch einen Bericht der Witwe des Senatspräsidenten Wilhelm Bünger: „Während des Prozesses erhielt mein Mann mehrere anonyme Briefe aus Berlin. Einer handelte von der Ermordung Hanussens durch die SA, ein Fall, der mit dem Reichstagsbrand in Verbindung stand. Während eines Gesprächs mit [dem Untersuchungsrichter] Vogt bekam mein Mann den Eindruck, daß van der Lubbe zu Hanussen geführt worden sein mußte. Nachdem mein Mann erlebte, daß van der Lubbe streng isoliert wurde, wurde dieser Eindruck zur festen Überzeugung. Es war klar, daß van der Lubbe durch sein Geltungsbedürfnis und seine schwache Intelligenz für die Komplizen ein leichter Fang gewesen sein mußte. Der Hellseher hatte van der Lubbe vorausgesagt, daß ein Mann in Berlin eine Tat vollbringen würde, so daß er von allen Revolutionären der Welt als Befreier gefeiert würde. [...] Van der Lubbe soll durch Männer von Helldorf und [Gestapo-Chef] Diels nach Berlin gebracht worden sein. In dem Brief stand auch, daß ein anderer Hellseher mitgespielt habe. [...] Wenn ich nicht irre, hieß er Hans Brauner.[113] Der anonyme Brief wurde von den Kriminalbeamten beschlagnahmt. Mein Mann erhielt keine Erlaubnis, van der Lubbe über diesen Fall zu vernehmen, weil sonst der ausländischen Propaganda Vorschub geleistet würde. [Der Stellvertreter des Oberreichsanwalts] Parrisius beruhigte meinen Mann, die Gestapo hätte zugegeben, daß Hanussen auf Grund von Geldangelegenheiten erledigt worden sei. Diese Begründung wurde gegeben, als mein Mann diesen Brauner vorladen wollte."[114]

In einem Bericht von Udo von Mohrenschildt, Mitglied des Gruppenstabs der SA-Gruppe Berlin-Brandenburg und Bruder des Adjutanten von Karl Ernst, Walter von Mohrenschildt, heißt es: „Van der Lubbe [...] wurde im Bereiche des Grafen Helldorf ausfindig gemacht und dem Hellseher Hanussen zugeführt, der ihn hypnotisch beeinflußte."[115]

Sehr interessant ist in diesem Zusammenhang auch ein Brief Jan van der Lubbes, der am 12. März 1933 an seinen Bruder Marinus schrieb[116], „daß ich Dich nicht für voll <u>verantwortlich</u> ansehe, wenn Du Dich wirklich durch das eine oder andere Komplott hast aufhetzen lassen, um an solcher Tat mitzuarbeiten. Ich habe gesagt daß Du [...] dazu imstande bist, um alle Schuld auf Dich zu nehmen, auch wenn Du es <u>nicht</u> getan hast. Ist es so, dann hast Du sicher unter Hypnose oder derartiges gehandelt, da ich <u>Dich allein</u> mit vollem Bewußtsein nicht imstande erachte und das auch für unmöglich halte."[117] Der Bruder vermutete also schon wenige Tage nach der Tat, daß Hypnose im Spiel war. (Hanussens Verstrickungen in die Reichstagsbrandstiftung, s. Kap. 8, Teil 2.)

Die Hinrichtung

Am 9. Januar 1934 fand eine letzte „psychiatrische Untersuchung" van der Lubbes durch fünf Ärzte statt. In dem handschriftlichen Protokoll, addressiert an Oberreichsanwalt Werner, wurde lapidar festgestellt: „Die ärztliche Untersuchung des Strafgefangenen van der Lubbe hat heute ergeben, daß eine Geisteskrankheit bei ihm nicht bestand. Er ist vollstreckungsfähig." Unterschrieben war das „Protokoll" (originale Reihenfolge) vom Gefängnisarzt Dr. Kretzschmar, weiter von Dr. Rodewald, Prof. Bonhoeffer, Dr. Schütz und Dr. Zutt.[118]

Am 9. Januar 1934, nachmittags um 17 Uhr, begab sich Oberreichsanwalt Werner zusammen mit Regierungsoberinspektor [B?]reemer, Gefängnisdirektor Dietze, Gefängnisarzt Kretzschmar, dem evangelischen Gefängnisgeistlichen Pastor Kleemann und dem Dolmetscher Meyer-Collings zu van der Lubbe, dem nun das Urteil, die Ablehnung der Begnadigung durch den Reichspräsidenten Hindenburg sowie der Vollstreckungstermin – der nächste Morgen, 7.30 Uhr – mitgeteilt wurden. Werner fragte van der Lubbe, ob er noch einen Wunsch habe, worauf Lubbe entgegnet habe: „Ich habe keine Wünsche mehr." Der Oberreichsanwalt empfahl dem Verurteilten darauf, sich auf seine letzte Stunde vorzubereiten, der Gefängnisgeistliche sei bereit, ihm geistlichen Zuspruch zu gewähren. Van der Lubbe habe – nach Werners Protokoll – entgegnet: „Ich danke Ihnen für Ihre Mitteilung. Ich werde bis morgen warten."[119]

Die Enthauptung van der Lubbes fand am 10. Januar 1934 um 7.28 Uhr 55 Sekunden durch Scharfrichter Alwin Engelhardt statt. Im offiziellen Hinrichtungs-Protokoll heißt es: „Der Verurteilte hatte eine gefaßte Haltung und gab keine Erklärung ab."[120]

Fazit

In seiner Urteilsbegründung folgte das Reichsgericht den Gutachtern, die ihrerseits willfährig den Vorgaben der Prozeßleitung gefolgt waren: „Der Senat hat auch keinen Zweifel, daß der Angeklagte van der Lubbe die Tat nicht in einem Zustand krankhafter Störung der Geistestätigkeit begangen hat, daß er vielmehr im Sinne des § 51 StGB für sein Handeln voll verantwortlich ist. Er schließt sich insoweit den übereinstimmenden und überzeugend begründeten Gutachten der medizinischen Sachverständigen Professor Dr. Bonhoeffer, Regierungsobermedizinalrat Dr. Schütz und Dr. Zutt an, die bei van der Lubbe keinerlei Anzeichen einer geistigen Erkrankung haben feststellen können."[121]

Medizinische Untersuchungen, die eine Intoxikation van der Lubbes während der Verhandlung hätten nachweisen können, wurden bezeichnenderweise nicht angestellt. Auch eine Obduktion fand nach der Hinrichtung nicht statt, und die Herausgabe von van der Lubbes Leichnam nach Holland wurde verweigert.[122]

Das Thema Hypnose in Verbindung mit dem „Hellseher" Hanussen war nach dessen Ermordung im März 1933 ohnehin offiziell tabu.

Mit ihren oberflächlichen Untersuchungen, den anschließenden Erklärungen über van der Lubbes angeblich volle Zurechnungsfähigkeit zum Zeitpunkt der Tat, ganz besonders aber durch ihre Weigerung, seine offensichtliche Verhandlungsunfähigkeit festzustellen, lieferten die am Prozeß beteiligten Psychiater den Angeklagten van der Lubbe der eigens für ihn geschaffenen rückwirkenden Anwendbarkeit der Todestrafe („Lex van der Lubbe") aus. – Beihilfe zum Mord?

Anmerkungen zu Kapitel 6

Teil 1 Wer war Marinus van der Lubbe?

1   Bericht der Polizei Leiden an den Polizeipräsidenten von Berlin vom 2. 3. 1933, Übersetzung, St 65, Bd. 2, Bl. 125-127.
2   *Cornelius van der Lubbe/Franz C. Peuthe* (Hg.), Wer ist van der Lubbe? Kurze Lebensbeschreibung und Verteidigungsschrift gegen die sensationelle Berichterstattung in der Presse hier zu Lande, im Hinblick auf die Brandstiftung im Deutschen Reichstagsgebäude. Dor-drecht 1933 (deutsche Übersetzung von Meyer-Collings in St 65, Bd. 6, Bl. 79-95). Die Broschüre wurde am 2. Verhandlungstag vom Dolmetscher Meyer-Collings in deutscher Übersetzung verlesen; Stenographische Protokolle, 2. VT., 122-151/160 (im folgenden zit. als Wer ist van der Lubbe?, Seitenangaben nach dem stenographischen Protokoll der Verhandlung).

3   *Dr. M. C. Bolten*, „Verschiedenes über die psychische Konstitution des Marinus van der Lubbe, geboren in Leiden am 13. Januar 1909"; St 65, Bd. 24, Bl. 104 (deutsche Übersetzung im Anhang dazu, Bl. 1-18); Kopie im Sonderarchiv Moskau, Sig. 1431-1-11, 20 S. (im folgenden zitiert als Gutachten Dr. Bolten, Seitenangaben nach der deutschen Übersetzung). Dieses Gutachten (vom 18. Oktober 1933) hatte der praktische Nervenarzt Dr. M. C. Bolten, Psychiater-Neurologe am städtischen Krankenhaus in Den Haag und Berater des städtischen Sanitäts-und Gesundheitsdienstes für psychiatrische Angelegenheiten, aufgrund einer Anamnese bei Bekannten und Verwandten des Angeklagten in eigener Initiative erstellt und dem Reichsgericht zugesandt.

4   Gutachten Dr. Bolten, 3f.

5   Bericht der Polizei Leiden an den Polizeipräsidenten von Berlin (siehe Anm. 1), Bl. 125.

6   Gutachten Dr. Bolten, 4.

7   Ebd.

8   Siehe Anm. 5.

9   Ebd.

10 Gutachten Dr. Bolten, 4.

11 Demgegenüber der Bruder Jan und der Halbbruder P. S. Peuthe: „Auf den Blumenfeldern hat er nie gearbeitet, dazu waren seine Augen zu schlecht" (Wer ist van der Lubbe?, 127).

12 Gutachten Dr. Bolten, 4.

13 Bericht der Polizei Leiden (siehe Anm. 1), Bl. 126 (RS).

14 Wer ist van der Lubbe?, 127.

15 *Simon J. Harteveld* in: ebd., 141.

16 Familienangehörige und Freunde van der Lubbes gaben demgegenüber an, van der Lubbe habe Leiden erst am 13. oder 14. Februar 1933 verlassen.

17 Nach Dimitroff-Dokumente, Bd. 1, Dok. 11, Anm. 2, 38.

18 Gespräch zwischen van der Lubbe und Kriminalkommissar Heisig vom 27./28. Februar 1933, St 65, Bd. 5, Bl. 46-53; abgedr. in: ebd., Dok. 6, 24-32.

19 Vernehmung van der Lubbes durch Kriminalkommissar Zirpins vom 2. 3. 1933, St 65, Bd. 1; abgedr. in: ebd., Dok. 29, 65-68.

20 Bericht der Polizei Leiden an den Polizeipräsidenten von Berlin (siehe Anm. 1), Bl. 125 (RS).

21 Ebd., Bl. 126.

22 St. 65, Bd. 1, abgedr. in: Dimitroff-Dokumente, Bd. 1, Dok. 26, 65-68, Zitat 67.

23 Über die Teilnahme van der Lubbes an dieser Versammlung war auch die deutsche Gesandtschaft in Den Haag informiert, wie eine entsprechende Aussage von Kriminalkommissar Heisig vor dem Reichsgericht belegt (Stenographische Protokolle, 2. VT., 63f.).

24 Gutachten Dr. Bolten, 7.

25 Ebd., 5f.

26 Albadas angebliche Aussage deckt sich seltsamerweise bis in die Formulierung hinein mit einer Meldung, welche die „Frankfurter Zeitung" bereits am 2. 3. 1933 unter Berufung auf das Wolffsche Telegraphenbüro (W.T.B.) veröffentlicht hatte: „Der Versuch der holländischen Kommunisten, Lübbe abzuschütteln, kann aber nicht gelingen, denn nach Auskunft im Haager Polizeipräsidium ist Lübbe, der seine radikalen Ideen der in Holland betriebenen vorsichtigen Parteitaktik nicht unterordnen wollte, von der Parteileitung keineswegs ausgeschlossen, sondern lediglich aus der vordersten Front herausgenommen und kaltgestellt worden".

27 Vernehmung vom 23. 4. 1933, St 65, Bd. 53, Bl. 90-95, Zitat 91.

28 Im Gegensatz hierzu steht die wiederholte Aussage des Polizeibeamten Helmut Poeschel, der van der Lubbe festgenommen hatte und bei diesem außer einem Paß keinerlei Papiere gefunden haben will. Vgl. Aussage Poeschel vom 28. 2. 1933, St 65, Bd. 109, Bl. 16 + 16 R; Vernehmung Poeschel vor dem Reichsgericht, Stenographische Protokolle, 15. VT., 48ff., Zitat

74-76. Siehe hierzu auch Kap. 5, Teil 2.

29 Siehe hierzu Kap. 5, Teil 2.

30 Den hier in einer Übersetzung nach dem niederländischen Original wiedergegebenen Bericht des „Algemeen Handelsbladet" läßt *Tobias* (Reichstagsbrand, 87f.) mit dem Satz enden: „Nach der Meinung des Herrn Heisig hat van der Lubbe ganz allein den Brand gestiftet." Im Original dieses Artikels, aus dem Tobias neben dem hier zitierten lediglich die ersten beiden Sätze zitiert, steht diese Aussage jedoch in einem ganz anderen Zusammenhang.

31 *Tobias*, Reichstagsbrand, 88.

32 *Mommsen*, Reichstagsbrand, 342, Anm. 42.

33 Vgl. etwa die Meldung im „Völkischen Beobachter" (Norddeutsche Ausgabe/Ausgabe A) vom 2. März 1933: „Zehn Brandstifter festgestellt".

34 „Völkischer Beobachter", 15. 3. 1933, zit. nach Tobias, Reichstagsbrand, 88. Das Braunbuch I (99f.) zitiert fast gleichlautend aus einer Mitteilung der Justizpressestelle vom 14. März abends.

35 Stenographische Protokolle, 2. VT., 34-160.

36 Auftrag Heisigs zu Ermittlungen in Holland und Berichte Heisigs, 6.-11. 3. 1933, St 65, Bd. 109, Bl. 250-258.

37 Stenographische Protokolle, 2. VT., 35/40.

38 Ebd., 42.

39 Ebd., 45.

40 Ebd., 46f.

41 Ebd., 47.

42 Ebd., 42.

43 Erklärungen van Albadas und Vinks vom 29. 9. 1933, in: Protokolle des Londoner Untersuchungsausschusses, 967ff., ehem. Zentrales Staatsarchiv Potsdam, zit. nach Fotokopie IfZ, ZS A-7.

44 Stenographische Protokolle, 21. VT., 227ff.

45 Ebd., 236.

46 Am 37. Verhandlungstag lehnte der Senat die von Dimitroff am 30. VT. beantragte Zeugenvernehmung von Albada, Vink und Holwerda ab (Stenographische Protokolle, 30. VT., 3. 11. 1933, abgedr. in: Dimitroff-Dokumente, Bd. 2, Dok. 184, 398-400). Vgl. auch den schriftlichen Beweisantrag Dimitroffs zur Zeugenvernehmung des holländischen KP-Vorsitzenden Luis de Visser sowie von „Almada, Hagefeld und Vink" (gemeint sind Albada, Harteveld und Vink) vom 3. 11. 1933 (ZPA Sofia, 146/3/839; abgedr. in: Dimitroff-Dokumente, Bd. 2, Dok. 185, 401).

47 Roodboek, Amsterdam 1933.

48 Braunbuch II, 49.

49 In einer Vernehmung durch die Kriminalassistenten Marowsky und Wessely vom 24. 3. 1933 hatte van der Lubbe dagegen angegeben, „meiner Rechnung nach Ende Januar von Leyden abmarschiert" und „am 18. Februar in Berlin" eingetroffen zu sein (St 65, Bd. 52, Bl. 59-60). Ähnlich unbestimmt heißt es in der Urteilsschrift: „Ende Januar oder Anfang Februar 1933 begab er sich erneut auf Wanderschaft" (Urteilsschrift, 5).

50 Daß Marinus van der Lubbe später nach Berlin aufgebrochen ist als in der Anklageschrift unterstellt, bestätigten Marinus' Bruder Cornelius und der Halbbruder Franz C. Peuthe in ihrer vor Gericht verlesenen Schrift „Wer ist van der Lubbe?", in der verschiedene Freunde und Familienangehörige van der Lubbes zu Wort kamen. In einem gemeinsamen Beitrag führen darin P. S. Peuthe und Jan van der Lubbe aus: „Eine Woche nach seiner Entlassung aus dem Krankenhaus [28. 1. 1933] zog er nach Deutschland ab. Das ist am Sonntag, den 11. März [sic!] geschehen" (Stenographische Protokolle, 2. VT., 127. – Gemeint war offenbar Sonnabend, der 11. Februar 1933. Die irrtümliche Nennung des Monats März im Stenographischen Protokoll beruhte offenbar auf einem Lesefehler. Der Fehler findet sich auch in den Aktenauszü-

508

gen des Torgler-Anwalts Sack (I/VI/84 R), wo es allerdings „Sonnabend, den 11. 3." heißt.) In der genannten Schrift wird van der Lubbes Freund, der Maurer Simon J. Harteveld, mit den Worten zitiert: „Nach seiner Entlassung [aus dem Krankenhaus] hat er noch einige Tage bei mir gewohnt, um danach seine verhängnisvolle Reise zu unternehmen" (Stenographische Protokolle, 2. VT, 142).

51   Anklageschrift, 13.

52   In den Ermittlungsakten finden sich daneben vage Hinweise auf Übernachtungen van der Lubbes im Obdachlosenasyl in Magdeburg am 15. bzw. 16. Februar 1933 (St 65, Bd. 9, Bl. 51).

53   Ungeachtet der Fülle von Unklarheiten sprach Fritz Tobias von „der minutiösen Überprüfung von Lubbes Angaben über die Tage und Stunden seines Aufenthalts in Deutschland und Berlin" (Tobias, Reichstagsbrand, 314).

54   Stenographische Protokolle, 1. VT., 256-259.

55   Johannes Markus van der Lubbe, Brief an den Verleger Arno Scholz vom 14. Februar 1971, 2f. (Kopie in Sammlung Schmädeke/Zipfel).

56   Stomps hatte am 16. September 1933 einen Antrag an das Reichsgericht auf Zulassung als Wahlverteidiger Marinus van der Lubbes gestellt, den dieses am 18. September 1933 ablehnte. Vgl. Dimitroff-Dokumente, Bd. 1, 582; vgl. auch Stenographische Protokolle, 2. VT., 91-102 (hier auch Vernehmung Stomps).

57   Am 4. Februar 1933 brach auf dem im Hafen von Oleh-Leh (Sumatra) vor Anker liegenden Kreuzer „De Zeven Provincien" eine Meuterei aus. Unmittelbarer Anlaß war die Unzufriedenheit des Schiffspersonals über eine zuvor erfolgte massive Soldkürzung. Dieses Ereignis rief in Holland und in der ganzen Welt Erregung hervor. Am 10. Februar wurde der Kreuzer nach einer dramatischen Verfolgungsjagd bombardiert und ergab sich schließlich dem niederländischen Kriegsschiff „Java". Im Reichstagsbrandprozeß berichtete der Zeuge Jahnecke, van der Lubbe habe in Gesprächen immer wieder auf die Meuterei auf der „De Zeven Provincien" verwiesen (Stenographische Protokolle, 8. VT., 59/60. Vgl. auch 42. VT., 253 u. Urteilsschrift, 10).

58   Benno Wilhelm Stomps, Erklärung vom 4. März 1967 (Vgl. *Intern. Komitee Luxemburg* (Hrsg), Provokation, 171f.). Stomps Äußerungen werden bestätigt durch Jan van der Lubbe.

59   Johannes Markus van der Lubbe an Arno Scholz (siehe Anm. 55), 1f.

60   Erklärung Johannes Markus van der Lubbe, 1, 3, 5, 7, 10.

61   Alfred Weiland, der nach dem Krieg lange Zeit in der ehemaligen DDR als Abweichler in Haft war, meldete sich in Sachen Reichstagsbrand erstmals nach der Veröffentlichung der Tobias-Serie im „Spiegel" 1960 mit einem Leserbrief zu Wort, der allerdings nicht abgedruckt wurde. Darüber hinaus wandte sich Weiland in verschiedenen Briefen u. a. an die Presse, die Berliner Generalstaatsanwaltschaft (Schreiben an die Generalstaatsanwaltschaft beim Landgericht Berlin vom 14. April 1967, Kopie im Depositum Walther Hofer) und den damaligen Bundesinnenminister (Schreiben an den Bundesminister des Innern vom 2. Mai 1967, Kopie im Depositum Walther Hofer, Schweizerisches Bundesarchiv). An Weilands Informationen zeigten die deutschen Strafverfolgungsbehörden jedoch offenbar kein Interesse. Einen direkten persönlichen Kontakt mit van der Lubbe erwähnte Weiland erstmals in einem Schreiben an den „Spiegel"-Herausgeber Rudolf Augstein vom 3. Mai 1960 (Durchschlag des Briefes im Depositum Walther Hofer, Schweizerisches Bundesarchiv) und dann auch in Briefen an Hans Schneider vom 19. und 25. 2. 1963 (Kopien in Sammlung Schmädeke/Zipfel). Zu seiner Rolle bei den Begegnungen mit van der Lubbe erklärte Weiland in einem Brief an Joseph Wulf vom 14. April 1967: „Meine Freunde von der ‚Allgemeinen Arbeiter Union' haben mit van der Lubbe gesprochen, am 25. Februar 1933, es war ein Sonntagfrühnachmittag [tatsächlich war der 25. 2. 1933 ein Samstag], war ich dabei" (Alfred Weiland an Joseph Wulf vom 14. April 1967, Durchschlag in Sammlung Zipfel/Schmädeke). In einem Schreiben an Arno Scholz vom 28. Oktober 1967 (Kopien im Depositum Walther Hofer, Schweizerisches Bundesarchiv,

Bern) gab Weiland für das Treffen mit van der Lubbe (am 25. 2) allerdings eine andere Uhrzeit an (21 Uhr).

62   Schreiben von Alfred Weiland und Ernst Biedermann an den Bundesminister des Innern vom 2. Mai 1967 (Kopie im Depositum Walther Hofer, Schweizerisches Bundesarchiv).

63   Personalakte des Justizministeriums „betreffend Friedrich Henßler" (Bundesarchiv, R 22/Pers/59939). Friedrich Henßler (* 31. 7. 1903 in Prenzlau), Studium der Rechtswissenschaft, November 1933 Gerichtsreferendar, Januar 1934 Gerichtsassessor, Promotion im Oktober 1934 an der Friedrich-Alexander-Universität Erlangen. Ein Antrag Henßlers auf Zulassung zur Rechtsanwaltschaft wurde am 26. Mai 1935 durch den Kammergerichtspräsidenten von Berlin abgelehnt. Während „der Staatspolizeistelle Berlin und dem Bund Nationalsozialistischer Deutscher Juristen, Gau Kammergerichtsbezirk Berlin nach ihren beigefügten Akten" über eine kommunistische Betätigung Henßlers nichts bekannt sei, „wird der Antragsteller von dem Gerichtsassessor Wilhelm Wagener kommunistischer Betätigung beschuldigt." Henßlers Personalakte ist zu entnehmen, daß er nach seiner Promotion im Oktober 1934 offenbar nicht mehr im Justizdienst beschäftigt war. Am 31. März 1939 schied er auch formell aus dem Justizdienst aus, „weil er weder als Anwärter übernommen, noch im Justizdienst planmäßig angestellt ist". Nach *Michael Buckmiller* (901.) emigrierte Henßler (hier: Fritz Henssler) „1936 in die USA und arbeitete für kurze Zeit unter dem Pseudonym ‚Berger' in der von Paul Mattick redigierten Zeitschrift ‚Living Marxism' mit. Unterrichtete an verschiedenen Universitäten Soziologie, zuletzt in Staten Island, N. Y." Er soll 1986 verstorben sein. Die Informationen zur Biographie von Henßler erhielt Buckmiller von Heinz Langerhans († 1976), der 1933 als ehemaliger Anhänger der „Korsch-Gruppe" mit Teilen der Charlottenburger SPD in den Widerstand ging.

64   Johannes Markus van der Lubbe an Arno Scholz, 3.

65   Bericht der Polizei Leiden, St 65, Bd. 2, Bl.125-127, Zitate Bl. 126 + 126R.

66   Ebd., Zitat Bl. 126R.

67   Johannes Markus van der Lubbe an Arno Scholz, 1.

68   Bereits auf dem zweiten Parteitag der zur Jahreswende 1918/19 gegründeten KPD war es im Oktober 1919 zu deren Spaltung gekommen. Ein erheblicher Teil der linksradikalen Kräfte hatte die Partei verlassen und im April 1920 die antiparlamentarisch und rätedemokratisch orientierte „Kommunistische Arbeiter-Partei Deutschlands" (KAPD) gegründet. Das Pendant zur KAPD bildete die im Februar 1920 gegründete „Allgemeine Arbeiter-Union Deutschlands" (AAUD), eine Gewerkschaftsorganisation der Linkskommunisten, von der sich 1921 die AAUE (Einheitsorganisation) abspaltete, die für eine einheitliche, betriebliche und föderalistische Organisation eintrat (vgl. *Boch*, Syndikalismus und Linkskommunismus 1918-1923, 214-224). Interne Streitigkeiten und ideologische Richtungskämpfe führten dazu, daß die Rätekommunisten in der KAPD und der ihr nahestehenden, in verschiedene Untergruppen zersplitterten AAUD bzw. AAU bald nur noch eine kleine Minderheit darstellten. Nach der faktischen Auflösung der KAPD 1922/23 löste sich auch ihre Schwesterorganisation, die Kommunistische Arbeiterpartei der Niederlande (KAPN) auf. Deren Reste verbanden sich 1926 in der „Gruppe Internationaler Kommunisten" (GIC). In Berlin kam es schließlich Ende1931/Anfang 1932 zum Zusammenschluß des größten Teils der wenigen noch verbliebenen Mitglieder der AAUD bzw. AAUE in einer Teil der AAUE „Kommunistischen Arbeiter-Union" (KAU). Die Spaltungsbewegungen innerhalb der radikalen Linken zogen sich bis 1933 hin und wurden von der Politischen Polizei sehr aufmerksam verfolgt. Vgl. insb. *Sylvia Kubina*, Die Bibliothek des Berliner Rätekommunisten Alfred Weiland (1906-1978), Berlin 1995, 7ff., 32ff., sowie *Mergner* (Hg.), Gruppe Internationaler Kommunisten Hollands.

69   „Proletarier. Zeitschrift für Theorie und Praxis des Rätekommunismus". Deutsche Ausgabe. 1. Jg, Nr. 1 (Februar), Amsterdam 1933. Von dieser Zeitschrift ist laut Michael Buckmiller nur eine einzige Nummer erschienen. Vgl. *Korsch*, Krise des Marxismus, hg. v. Michael Buckmiller, 901f. Ein seltenes Original befindet sich im Internationalen Institut für

Sozialgeschichte in Amsterdam (IISG). Im Impressum des Hefts erscheint als Herausgeber die „Gruppe Internationaler Kommunisten Hollands", als verantwortlicher Verleger zeichnete Piet van Albada. Zur Redaktionskommission dieser Ausgabe gehörten – neben Alfred Weiland und Ernst Biedermann – Walter Auerbach, Fritz Henßler und Gertrud Feik (Schreiben Alfred Weilands und Ernst Biedermanns an den Bundesminister des Innern vom 2. Mai 1967; Kopie im Depositum Walther Hofer, Schweizerisches Bundesarchiv, Bern). Nach *Buckmiller* (901f.) „wurde das Heft von Friedrich (Fritz) Henssler [!] und Karl Korsch in Berlin gemacht". Von Henßler stammt laut Buckmiller der ohne Namensnennung veröffentliche Artikel „Die Grundlagen einer revolutionären Krisentheorie" (abgedr. in: *Korsch*, Krise des Marxismus, 591-600).

70   Alfred Weiland, Brief an den „Spiegel" vom 30. 1. 1960; Ernst Biedermann, Brief an „Die Welt" vom 29. 4. 1967; Schreiben Alfred Weilands und Ernst Biedermanns an den Bundesminister des Innern vom 2. 5. 1967; Alfred Weiland, Brief an Arno Scholz vom 28. 10. 1967 (Kopien im Depositum Walther Hofer, Schweizerisches Bundesarchiv, Bern).

71   Alfred Weiland (*7. 8. 1906 Berlin-Moabit †19. 9. 1978 Berlin), Sohn eines kleinen Möbelhändlers, begann sich bereits während seiner Schlosserlehre für die Arbeiterbewegung zu engagieren. Laut eigenen Angaben seit 1920 in der „Freien Sozialistischen Jugend", im Roten „N", in den „Gruppen freier Menschen" (Freikörperkultur) und in der „Gemeinschaft der Freidenker" organisiert. 1925 Kontakte zur NSDAP. Eine NSDAP-Mitgliedskarte auf seinen Namen, deren Daten sich mit denen Weilands decken (Bundesarchiv Berlin, Abt. III /ehemals BDC), nennt als Eintrittsdatum den 29. 7. 1925, als Austrittsdatum den 31. 12. 1925. Weiland selbst hat allerdings später jede Mitgliedschaft in der NSDAP bestritten. Ab 1925/26 in der AAU und in der KAPD aktiv. Berufliche Tätigkeit als Telegraphenarbeiter in Berlin, Ausbildung zum Techniker auf der Abend-Maschinenbauschule. Nebenberuflich schrieb Weiland für verschiedene in- und ausländische linke Zeitungen, u. a. für den „Kampfruf", das Organ der AAU. Ab 1927 Organisationssekretär der KAP-Zentrale in Berlin. 1931 in Zusammenhang mit Streikmaßnahmen beim Telegraphenbauamt entlassen und bis zu seiner Verhaftung im November 1933 arbeitslos. Nach dem Zusammenschluß der Rest-AAUD bzw. AAU und der AAUE Anfang 1932 zur „Kommunistischen Arbeiter-Union" (KAU) Aktivität im Rahmen der Erwerbslosenbewegung. Journalist und Lektor im Neuen Arbeiter-Verlag (NAV), der zunächst Verlag der AAU war und beim Zusammenschluß zur KAU dann von der neuen Organisation übernommen wurde. An diesem Verlag war Weiland beteiligt. Leitender Redakteur des Verlages war Weilands Freund Ernst Biedermann, KAPD-Mitglied. Nach der NS-Machtübernahme wurde der Verlag aufgelöst und das Inventar beschlagnahmt. Weiland wurde ab Frühjahr 1933 steckbrieflich gesucht, im November 1933 in Berlin verhaftet und nach kurzer Untersuchungshaft im Berliner Polizeipräsidium an das Polizeipräsidium in Leipzig überwiesen. Da ihm seine illegale Tätigkeit trotz brutaler Folterungen nicht nachgewiesen werden konnte, wurde das Verfahren in Leipzig eingestellt, Weiland verblieb jedoch in „Schutzhaft". Anfang 1934 zunächst ins KZ Sachsenburg eingewiesen, wenig später in das KZ Hohnstein (Sächsische Schweiz). Nach seiner Haftentlassung 1934 unter Polizeiaufsicht gestellt (bis 1939). Trotzdem nahm Weiland nach eigenen Angaben die illegale Tätigkeit im Rahmen der „Revolutionären Obleute" wieder auf. Er versuchte Verbindungen im Reich und ins Ausland aufzubauen und war als Kurier Mitte der 30er Jahre zu Treffen in Dänemark, vor allem aber in Holland (Henk Canne-Meijer und Piet van Albada, GIC). Nach Hilfsarbeitertätigkeit Ende der dreißiger Jahre Techniker bei den Berliner Askania-Werken (Rüstungsindustrie), Kontakte zu verschiedenen Widerstandsgruppen, u. a. zur kommunistischen Saefkow-Gruppe. Im September 1944 konnte sich Weiland der drohenden Verhaftung nur noch durch den Eintritt in die Wehrmacht entziehen. Unmittelbar nach Kriegsende Rückkehr nach Berlin, im September 1945 Eintritt in die neugegründete KPD. Parallel zu seiner offiziellen Tätigkeit in der KPD/SED sammelte er nicht-„moskautreue" Kräfte, darunter ehemalige Mitglieder der KAPD, KPO, SAPD, der Gruppe „Roter Kämpfer" und Trotzkisten,

in einer „Sozialistischen Arbeitsgemeinschaft" (SAG). Gründung der Zeitschrift „Neues Beginnen. Blätter Internationaler Sozialisten". Flugblattagitation gegen die SED. Nach kurzer Karriere in der KPD/SED, bei der Deutschen Zentralverwaltung für Volksbildung (DVV), Abteilung für kulturelle Aufklärung, war Weiland Referent für ideologische Umerziehung und Vertreter der Presseabteilung in der DVV. Im Januar 1947 baute Weiland im Ostsektor von Berlin das Institut für Publizistik auf, das er jedoch nur für kurze Zeit leitete, bereits im März desselben Jahres wurde er seines Amtes enthoben, gekündigt und des Trotzkismus beschuldigt. Am 11. November 1950 wurde Weiland von Mitarbeitern des damaligen MWD in der Nähe seiner Wohnung im Westsektor in ein Auto gezerrt, in den Ostsektor entführt und anschließend in Berlin-Lichtenberg und Berlin-Karlshorst ein Jahr lang von MWD-Vernehmern brutal verhört. Nach dem Widerruf seiner in den Verhören erpreßten Aussagen wurde eine gegen Weiland erhobene Anklage im November 1951 eingestellt und dieser dem Staatssicherheitsdienst (SSD) überstellt. Am 27. August 1952 wurde Weiland vom Landgericht Greifswald zu 15 Jahren Zuchthaus und 10 Jahren Sühnemaßnahmen wegen „Boykotthetze" und angeblicher Spionage für den amerikanischen Geheimdienst verurteilt. Obwohl sich zahlreiche Prominente und Freunde für seine Freilassung einsetzten, blieb er bis zum 8. November 1958 im Zuchthaus Brandenburg in Haft. Auch nach seiner Entlassung war Weiland, obwohl gesundheitlich schwer angeschlagen, politisch aktiv. Zusammen mit einigen alten Genossen gründete er 1971 das Demokratische Zentrum, das seine Aufgabe insbesondere in der Kritik des „Staatskapitalismus" der realsozialistischen Länder des Warschauer Pakts sah. (Vgl. *Sylvia Kubina*: Die Bibliothek des Berliner Rätekommunisten Alfred Weiland (1906-1978), Biographie A. Weiland, 7-21. Quellen: Entschädigungsamt Berlin, Akte Alfred Weiland Reg. 26 738, Lebenslauf vom 8. 6. 1949, Persönlicher Nachlaß (im Besitz von Barbara Teske); Gefangenentagebuch des Polizeipräsidiums, Sächsisches Staatsarchiv Leipzig PP-S, Nr. 8504. Bd. 3, 1933).

72   Alfred Weiland, Brief an Arno Scholz vom 28. Oktober 1967 (Kopie im Depositum Walther Hofer, Schweizerisches Bundesarchiv).

73   Schreiben an den Bundesminister des Innern vom 2. Mai 1967 (zusammen mit Ernst Biedermann); Depositum Walther Hofer, Schweizerisches Bundesarchiv, Bern.

74   Danach wurde Voss mit Richard Hüttig und 15 weiteren Mitgliedern der Charlottenburger Häuserschutzstaffeln im sogenannten „Ahé-Prozeß" (nach dem am 17. Februar 1933 erschossenen SS-Scharführer Kurt von der Ahé) wegen Mordes und Landfriedensbruchs angeklagt und während der Voruntersuchung im Columbia-Haus in Tempelhof zu Tode gefoltert (Bundesarchiv Berlin, Stiftung Archiv der Parteien und Massenorganisationen der DDR, Bestand KPD, Sig. RY 1/I2/3/136, Bl. 14, 20; RY 1/I2/3/48, Bl. 413). Vgl. auch *Wörmann*, Widerstand in Charlottenburg (42f.), der berichtet, daß von insgesamt 24 Verhafteten 6 vermißt blieben. „Von zweien von ihnen, Paul Voss und Walter Drescher, ist bekannt, daß sie im Columbia-Haus in Tempelhof zu Tode geprügelt worden sind" (ebd., 43). Allerdings gibt Wörmann das Alter von Voss zum Zeitpunkt von dessen Verhaftung mit 29 Jahren an, während dieser damals laut den Akten erst 18 Jahre alt war (RY 1/I2/3/48, Bl. 413). Richard Hüttig (1908-1934), bereits als Sechzehnjähriger Jugendfunktionär beim Rotfrontkämpferbund in Berlin-Charlottenburg, Mitglied im 1929 gegründeten „Kampfbund gegen den Faschismus", seit 1930 Führer der Häuserschutzstaffeln im „kleinen Wedding" in Berlin, wurde am 14. 6. 1934 als erster politischer Häftling im Strafgefängnis Plötzensee hingerichtet.

75   Piet van Albada machte kurz vor seinem Tod im Jahr 1997 eigenartige Aussagen: Von einem niederländischen Filmteam befragt, erklärte er, daß van der Lubbe die Idee gehabt habe, Hitler zu ermorden. Nachdem Albada ihm klargemacht habe, daß dies unmöglich sein werde, da es van der Lubbe mit seinen schlechten Augen niemals gelingen werde, so nahe an Hitler heranzukommen, habe ihn van der Lubbe gefragt, was denn er, Albada, tun würde. Da sei ihm eingefallen, daß einmal jemand gesagt habe, man müsse den Reichstag anzünden. „Und dann sagte ich: Vielleicht würde ich mit einer großen Bombe in den Keller des Reichstags kriechen

und das Ding in die Luft sprengen. Aber ich habe das nur so gesagt. Das brachte ihn wohl auf die Idee. Aber er benutzte kein Dynamit" (zit. nach der Aussage Piet van Albadas in dem Film „Fire and Water", Niederlande 1998). Albadas Behauptung steht allerdings mit den protokollierten Aussagen van der Lubbes im Widerspruch, den Plan zur Brandstiftung im Reichstagsgebäude erst kurze Zeit vorher gefaßt zu haben.

76   St 65, Bd. 3, Bl. 15 + 15R. In den Akten Sack (I/III/15ff.), nach denen das Schreiben bei *W. Hofer u. a.*, Der Reichstagsbrand (Neuausgabe, 206) zitiert wird, ist der Wortlaut nur unvollständig wiedergegeben. In den Ermittlungsakten findet sich ferner ein „Geheimer Bericht" des Kriminalkommissars Brockmüller vom 14. 3. 1933, in dem „Spitzelkontakte zur Zentrale der Internationalen Kommunisten in Amsterdam" erwähnt werden: „Ein neugew. Werkstudent der Uni Leyden habe sich das Vertrauen eines gewissen Jan Appels erschlichen." Der Berichterstatter solle als Spitzel nach Amsterdam entsandt werden (St 65, Bd. 111, Bl. 125-126). Mit einem Schreiben mit dem Vermerk „Geheim" wandte sich der Untersuchungsrichter am 24. März an den Polizeipräsidenten von Aachen und forderte sämtliche Berichte Brockmüllers an. Bereits drei Tage später, am 27. März, meldete der Aachener Polizeipräsident in einem per Eilboten überbrachten Geheim-Schreiben den Vollzug der Anweisungen des Untersuchungsrichters: „Spitzel hat Kontakt mit Appel(s) in Amsterdam aufgenommen" (ebd., Bl. 129).

77   Jan Appel (eigentlich Johannes Joachim Wilhelm, geb. am 22. 8. 1890 in Vellahn, Amt Wittenburg [Mecklenburg], gest. am 4. 5. 1985 in Maastricht; Pseudonyme: Max Hempel, Jan Arndt, Jan Vos), Schiffsbauer in Hamburg, einige Jahre Seefahrt. Seit 1908 in der SPD aktiv. Während des Ersten Weltkriegs führendes Mitglied der Hamburger Linksradikalen, 1919 Vorsitzender der Hamburger KPD, Propagandist der AAU. Anfang 1920 Führungsmitglied der kommunistischen Opposition in Berlin. Im April Mitbegründer der KAPD und einer deren wichtigster Führer. 1926 mit Henk Canne-Meijer Leiter der holländischen KAP und der „Gruppe Internationaler Communisten" (GIC) in Amsterdam. Mitherausgeber der Broschüre „Grundprinzipien der kommunistischen Produktion und Verteilung" (Berlin 1930). 1933 forderte die Hitler-Regierung seine Auslieferung, woraufhin er unter dem Namen Jan Vos in die Illegalität abtauchte. Während des Krieges Mitglied des „Communistenbond Spartacus". 1945 Herausgeber des „Spartakus", eines kleinen Wochenblattes mit sozialistisch-utopistischem Inhalt. Nach einem Unfall, der ihn im Jahr 1948 zwang, aus der Illegalität aufzutauchen, nahmen ihm die niederländischen Behörden das Versprechen ab, sich nicht mehr politisch zu betätigen. Appel lebte 1968 als Rentner in Maastricht. 1975 Teilnehmer des Gründungskongresses des „Courant Communiste Internationale" („Internationale Kommunistische Strömung"), dessen Anhänger er bis zu seinem Tod im Mai 1985 blieb. Vgl. *Olaf Ihlau*, Die roten Kämpfer. Ein Beitrag zur Geschichte der Arbeiterbewegung in der Weimarer Republik und im Dritten Reich, Meisenheim am Glan 1969, 14; *Philippe Bourrinet*, Holländischer Rätekommunismus, 19; *Jan Halkes*, Jan Appel: het leven van en radenkommunist, Amsterdam 1986; *Mergner* (Hg.), Gruppe Internationaler Kommunisten Hollands, 209.

78   *Mergner*, 12.

79   Alfred Weiland, Brief an Arno Scholz vom 28. Oktober 1967 (Kopie im Depositum Walther Hofer, Schweizerisches Bundesarchiv, jede Seite von Weiland unterzeichnet).

80   In demselben Schreiben heißt es zu Henßler: „Durch die Verhaftung von Voß [!] musste die ursprüngliche Form des ‚Proletarier' geändert werden. Und von nun an illegal erscheinen. Die Hauptrolle der Ausgabe übernahm Fritz Henßler, ein Jurastudent, der mit den ‚Gruppen internationaler Kommunisten Hollands' in engster Verbindung stand. Er korrespondierte und sammelte für den ‚Proletarier' Material aus Holland. Dadurch trat er mit dem Chefredakteur des Organs 'van de Linksche Arbeiders Oppositie in Nederland' 'SPARTACUS' [Sirach] in Verbindung. Diese Gruppe vertrat die Ansichten der Rätekommunisten und war eng verbunden mit den 'Gruppen internationaler Kommunisten Hollands', von denen einer der Hauptideologen Piet van Albada war."

81   Den Namen van Owen erwähnte Weiland hier zum erstenmal. Wie weiter unten ausgeführt, könnte es sich um den späteren Privatsekretär von Josef Goebbels, Wilfred von Oven (geb. 1912) handeln.

82   Übereinstimmend mit der Darstellung Weilands hatte auch der Zeuge Walter Jahnecke in der Voruntersuchung ausgesagt, aus van der Lubbes Erklärungen sei hervorgegangen, daß dieser „von Kommunisten in Holland delegiert worden sei, in Deutschland die Verhältnisse zu erforschen". Vernehmung Walter Jahnecke vom 11. 4. 1933 vor dem Untersuchungsrichter, St 65, Bd. 52, Bl. 113 + 113R, Zitat 113R).

83   Laut Weiland war Auerbach Redaktionsmitglied beim „Proletarier", Nr. 1. Vgl. Schreiben an das Internationale Institut für Sozialgeschichte in Amsterdam vom 26. 4. 1967 (AdsS HiKo/NL Weiland 31, Bl. 9), Brief Weilands und Ernst Biedermanns an den Bundesminister des Innern vom 2. 5. 1967 (Depositum Walther Hofer, Schweizerisches Bundesarchiv, Bern). Nach Weiland konnte „Walter A." „als Jude noch rechtzeitig nach den USA emigrieren" (Schreiben Alfred Weiland vom 19. und 25. Februar 1963 an Hans Schneider). Nach Angaben des Karl Korsch-Spezialisten Prof. Michael Buckmiller gehörte „Walter Auerbach, geb. 1908, [...] damals zum engeren Kreis um Korsch". Dagegen sei unsicher, ob er in der Redaktion des „Proletarier" mitgearbeitet habe. Laut Buckmiller war Auerbach von Beruf Bühnenbildner und Fotograf. „Er ging mit seiner Frau Ellen Auerbach [...] zunächst nach Palästina, London, Südamerika, schließlich nach New York (wo sie mit Hensslers in Brooklyn zusammenwohnten), Philadelphia". Auerbach habe sich „mit fotografischen Gelegenheitsarbeiten und Experimenten" durchgeschlagen; „1941 wurde er zur US-Army eingezogen; reiste nach dem Krieg viel durch Europa; lebte in Rom, Spanien und schließlich in Mallorca, wo er 1966 starb" (Brief Prof. Buckmiller an Sylvia Kubina vom 22. Februar 1994; Angaben nach Auskunft von Michael Kubina, Berlin).

84   Erich Kunze verstarb laut Weiland „1946 in der Zone in Borgheide an Tbc". Vgl. hierzu auch das Schreiben Weilands an Hans Mommsen vom 17. Mai 1965 (Durchschlag im Depositum Walther Hofer, Schweizerisches Bundesarchiv, Bern), wo Weiland als Todesjahr 1947 angibt.

85   Dr. Otto Oberste-Berghaus „verstarb im Februar 1962 in Ostberlin an Gehirnschlag"; Arthur M., „ein Jude, ging über Buchenwald nach Schanghai und nach 1945 in die USA" (Schreiben Alfred Weilands vom 19. und 25. Februar 1963 an Hans Schneider).

86   Die sogenannten „kleinen Brandstiftungen" am Wohlfahrtsamt in Neukölln (ca. 18.30 Uhr), dem Berliner Rathaus (ca. 19.15 Uhr) und dem im Berliner Stadtschloß untergebrachten Institut für internationales Recht (gegen 20 Uhr) waren bereits erfolgt!

87   Bereits gegen 19 Uhr war ein Brandstiftungsversuch am Neuköllner Wohlfahrtsamt erfolgt, dessen Ausführung van der Lubbe später gestand.

88   Johannes Markus van der Lubbe an Arno Scholz, 3.

89   Ähnlich äußerte sich Weiland auch in Briefen an Arno Scholz, Herausgeber des „Telegraf", vom 21. Januar 1967 sowie an Dr. H. F. G. Starke, damaliger Chefredakteur der „Welt", vom 14. April 1967 (Kopien im Depositum Walther Hofer, Schweizerisches Bundesarchiv, Bern).

90   Alfred Weiland, handschriftlich unterzeichnete Erklärung vom 28. Oktober 1967 (10 Seiten), Kopie im Depositum Walther Hofer, Schweizerisches Bundesarchiv.

91   Im Lokal Schlaffke fanden seinerzeit immer Mittwoch abends ab 20 Uhr Zellensitzungen der KPD statt. Täglich von 9-13 Uhr hielt sich der Erwerbslosenausschuß im Vereinszimmer auf. (Aussagen von Elsa Schlaffke und Paul Schlaffke am 7. 4. 1933, St 65, Bd. 52, Bl. 87f.).

92   Ebd., Bl. 80.

93   Aussage Margarete Plaetke vom 7. 4. 1933, ebd., Bl. 90.

94   Aussage Kurt Starker vom 11. 4. 1933, St 65, Bd. 52, Bl.111R. Die Übernachtung bei Starker ist in dem Protokoll der Vernehmung van der Lubbes durch Zirpins vom 2. März 1933

nicht erwähnt. Auch in einer Vernehmung durch die Kriminalassistenten Marowsky und Wessely am 24. März 1933 sagte van der Lubbe aus: „Wenn mir weiter vorgehalten wird, ob ich während meines Aufenthalts in Berlin in einer Privatwohnung geschlafen habe oder überhaupt während dieses Aufenthalts bei fremden oder mir bekannten Leuten in einer Privatwohnung vorübergehend war, so muß ich darauf ebenfalls mit ‚nein' antworten" (St 65, Bd. 52, Bl. 59-60, Zitat Bl. 60, im Original unterstrichen). Laut dem Protokoll dieser Vernehmung, das van der Lubbes Unterschrift trägt, will er die fragliche Nacht im Männerheim in der Alexandrinenstraße verbracht haben. Auch in einem Vermerk in den Akten der Reichstagsbrandkommission vom 4. 3. 1933 (St 65, Bd. 53, Bl. 75) findet sich keine Angabe über eine Übernachtung bei Privatpersonen: „Vermerk: van der Lubbe hat nach den eingeholten amtlichen Auskünften an folgenden Stellen übernachtet:

am 17. 2. 33 (Freitag abend) in Glindow, Obdachlosenheim
am 18. 2. 33 (Sonnabend abend) im Männerheim Alexandrinenstr.
am 19. 2. 33 (Sonntag abend) im Fröbelasyl
am 20. 2. 33 (Montag abend) im Fröbelasyl
am 21. 2. 33 (Dienstag abend) im Fröbelasyl
am 22. 2. 33 (Mittwoch abend) im Männerheim Alexandrinenstr.
am 23. 2. 33 (Donnerstag abend) im Männerheim Alexandrinenstr.
am 24. 2. 33 (Freitag abend) im Männerheim Alexandrinenstr.
am 25. 2. 33 (Sonnabend abend) im Männerheim Alexandrinenstr.
am 26. 2. 33 (Sonntag abend) in Hennigsdorf bei Spandau".

95 Handschriftlich unterzeichnete Erklärung vom 28. Oktober 1967 (10 Seiten), Kopie im Depositum Walther Hofer, Schweizerisches Bundesarchiv.
96 Vernehmung Marinus van der Lubbe durch Kriminalassistent Marowsky, 7. 4. 1933, St 65, Bd. 6, Bl. 71-72R, Zitat Bl. 71R.
97 „Die Rote Fahne", 26./27. 2. 1933; der Wortlaut der Rede ist abgedr. in: Wilhelm Pieck, Gesammelte Reden und Schriften, Band V, Februar 1933 bis August 1939, Berlin (Ost) 1972, 6-15, Zitat 13.
98 Aussage Walter Jahnecke vom 7. 4. 1933, St 65, Bd. 52, Bl. 94.
99 Aussage Kurt Starker vom 11. 4. 1933, ebd., Bl. 112.
100 Aussage Margarete Plaetke vom 7. 4. 1933, ebd., Bl. 91.
101 St 65, Bd. 21, Bl. 100.
102 Aussage Otto Fank vom 17. 3. 1933, St 65, Bd. 63, Bl. 71-75.
103 St 65, Bd. 52, Bl. 75.
104 Aussage Otto Fank vom 17. 3. 1933, St 65, Bd. 63, Bl. 71-75.
105 Aussage Kurt Starker vom 11. 4. 1933, St 65, Bd. 52, Bl. 112.
106 Vernehmung Marinus van der Lubbe durch Kriminalassistent Marowsky, 7. 4. 1933, St 65, Bd. 6, Bl. 71-72R, Zitat Bl. 72R.
107 Ebd.
108 Ebd.
109 Vernehmung Kurt Starker vom 11. 4. 1933 vor dem Untersuchungsrichter, St 65, Bd. 52, Bl. 110-113, Zitat Bl. 111R.
110 Aussage Otto Fank vom 17. 3. 1933, St 65, Bd. 63, Bl. 71-75.
110a BStU, DY 30 IV 2/4/21, Bl. 400-411, Zitat 402.
111 Stenographische Protokolle, 37. VT., 171ff.
112 Dies errechnete Torgler in der Hauptverhandlung (Stenographische Protokolle, 42. VT., 235f.). Im Braunbuch II, 271, wurde angenommen, es habe sich um die Spandauer Friedrichstraße gehandelt. (Allerdings gab es dort keine Karlstraße.)
113 Anklageschrift, 72ff.
114 Kopie aus dem Meldebuch des Polizeiasyls Hennigsdorf, St 65, Bd. 25, Bl. 161.
115 Anklageschrift, 74.

116 Vermerk Kriminalassistent Wessely vom 23. 3. 1933, St 65, Bd. 4, Bl. 131f.

117 Vernehmung Arnold Mehl vom 23. 3. 1933, ebd., Bl. 131 u. 131R.

118 Vernehmung Fritz Marg vom 23. 3. 1933, ebd., Bl. 132.

119 Urteilsschrift, 16.

120 Abschrift vom 6. 3. 1933 mit Stempel der Brandkommission, St 65, Bd. 112, Bl. 4. Laut Anklageschrift hielt sich van der Lubbe an diesem Tag in Neukölln auf. Die Möglichkeit, daß es sich bei der Angabe der Zeugin um eine Datumsverwechslung gehandelt haben konnte, wurde von den ermittelnden Kriminalbeamten nicht in Betracht gezogen.

121 St 65, Bd. 110, Bl. 141. Dazu auch eine Bemerkung der Brandkommission vom 25. 10. 1933: „ist möglich" (ebd., Bl. 142).

122 St 65, Bd. 5, Bl. 54 (Kuvert mit Stenogramm).

123 Ebd., Bl. 46.

124 „Der Monat", Nr. 164, Mai 1962, 20.

125 St 65, Bd. 53 (53), Bl. 202-211; Zitat abgedr. in: Tobias, Reichstagsbrand, 606.

126 St 65, Bd. 6 (6), Bl. 56-68. Bezeichnenderweise findet sich in den Ermittlungsakten kein Foto von dieser Krawatte, während von allen anderen am Tatort gefundenen Gegenständen aus dem Besitz des Holländers Abbildungen in den Akten erhalten sind.

127 Zu Paul Bienge siehe Kap. 5, Teil 2.

128 St 65, Bd. 52 (52), Bl. 24-25.

129 Ebd., Bl. 102.

130 Das Oberhemd brannte allerdings am schnellsten. Anzug und Weste wollten überhaupt nicht brennen, denn sie waren aus dickem Wollstoff.

131 St 65, Bd. 53 (53), Bl. 202-211.

132 Abgedr. in: Die nationalsozialistische Revolution, 7. Aufl., Berlin 1942, 25ff., Zitat 27 (vgl. auch die Aussage von Göring vor dem Reichsgericht).

133 Zit. nach Braunbuch I, 70.

134 St 65, Bd. 5, Bl. 54 (Hülle).

135 Ebd., Bl. 46-53.

136 Zit. nach der neuen Transkription des Original-Stenogramms, St 65, Bd. 5, Bl. 54 (Hülle).

137 Personalakte des Justizministeriums „betreffend Friedrich Henßler", geb. 31. 7. 1903, Prenzlau (Bundesarchiv, R 022/059939, fol.1-).

138 Der „Völkische Beobachter" vom 28. 2. 1933 hatte den Namen des im Reichstag festgenommenen Brandstifters fälschlich mit „van Dergen" angegeben. Der zuständige Redakteur teilte der Brandkommission mit, dieser Name sei ihm vom WTB übermittelt worden (St 65, Bd. 133, Bl. 3, 4+4R). Der Name „van Dergen" soll auch dem Journalisten Geoffrey Fraser in der Brandnacht vom Auswärtigen Amt genannt worden sein; vgl. das Telegramm des Internationalen Untersuchungsausschusses an den 4. Strafsenat des Reichsgerichts vom 7. 12. 1933 (St 65, Bd. 204, abgedr. in: Dimitroff-Dokumente, Bd. 2, Dok. 287, 740-742).

139 Eine solche Adressenliste wurden bei van der Lubbe nicht gefunden.

140 Alfred Weiland, handschriftlich unterzeichnete Erklärung vom 28. Oktober 1967 (10 Seiten), Kopie im Depositum Walther Hofer, Schweizerisches Bundesarchiv.

141 Ebd..

142 Vernehmung Kurt Kösterke vor dem Untersuchungsrichter (LGRat Dr. Dietrich) vom 12. 4. 1933, St 65, Bd. 52, Bl. 128-130R, Zitat Bl. 130.

143 Wie Weiland an anderer Stelle ausführt, wurde Anfang März aufgrund des persönlichen Versagens eines Mitarbeiters die Restauflage des „Proletarier" durch die Politische Polizei beschlagnahmt. „Darunter befanden sich allein 500 Exemplare des ‚Proletarier' mit seinem holländischen Impressum" (Schreiben von Alfred Weiland und Ernst Biedermann an den Bundesminister des Innern vom 2. Mai 1967, Depositum Walther Hofer, Schweizerisches Bundesarchiv, Bern).

144   Stenographische Protokolle, 30. VT., abgedr. in: Dimitroff-Dokumente, Bd. 2, Dok. 184, 398ff. Beweisantrag vom 3. 11. 1933, ZPA, Sofia, 146/3/839, abgedr. in: Dimitroff-Dokumente, Bd. 2., Dok. 185, 401. Der Antrag wurde am 37. VT. abgelehnt (nach: Dimitroff-Dokumente, Bd. 2, Anm. 1, 401). Als Torgler am 21. VT. anfragte, ob die Ladung Vinks und Albadas möglich sei, hielt Bünger dies für „nicht erforderlich", sei doch „die Wahrheit festgestellt" (Stenographische Protokolle, 21. VT., 236). Auch die von Dimitroff am 30. Verhandlungstag beantragte Zeugenvernehmung von Albada, Vink und Holwerda (30. VT., 3. 11. 1933, abgedr. in: Dimitroff-Dokumente, Bd. 2, Dok. 184, 398-400) wurde vom Gericht am 37. VT. abgelehnt. Vgl. auch den schriftlichen Beweisantrag Dimitroffs zur Zeugenvernehmung des holländischen KP-Vorsitzenden Luis de Visser sowie von „Almada, Hagefeld und Vink" (gemeint sind Albada, Harteveld und Vink) vom 3. 11. 1933 (ZPA Sofia, 146/3/839, abgedr. in: ebd., Dok. 185, 401).

145   Schreiben Alfred Weilands an den Hessischen Rundfunk vom 22. Februar 1967 (Durchschlag in Sammlung Schmädeke/Zipfel).

146   Siehe Anm. 140.

147   SS-Aufnahme- und Verpflichtungsschein vom 4. 5. 1937; NS-Personalakte Wilfred von Oven, Bundesarchiv (ehemals Berlin Document Center, SM SEE).

148   E-mail von Gabriele Weber an Alexander Bahar vom 22. 4. 1998; Erklärung Gabriele Weber für Michael Rediske, April 1998.

149   E-mail von Gabriele Weber an Alexander Bahar vom 22. 4. 1998.

150   *Oven*, Mit ruhig festem Schritt, 123. Auf Nachfrage, wer denn dieser Mann gewesen sei, nannte von Oven den Namen „von Sementowski" (mündliche Auskunft von Dr. Gabriele Weber).

151   In seinem die NS-Zeit stark verklärenden Spätwerk „Mit ruhig festem Schritt" stellt von Oven (131) diese Entscheidung als Ergebnis einer Wette dar.

152   Siehe Anm. 150.

153   Genealogisches Handbuch der Adeligen Häuser, Adelige Häuser B, Bd. III, Glücksburg 1958, 355-362.

154   Brief von Gabriele Weber an Alexander Bahar vom 28. 2. 1999.

155   Erklärung Gabriele Weber für Michael Rediske, April 1998.

156   NS-Personalakte Wilfred von Oven, Bundesarchiv (ehemals Berlin Document Center, SM SEE).

157   Nach einer Kopie aus der Kartei der Reserveoffiziere (Lt. d. Res.) wurde von Oven mit Wirkung vom 1. August 1942 von der Propagandakompanie 691 in die Berichtskompanie des Oberkommandos des Heeres versetzt (Bundesarchiv, Zentralnachweisstelle Aachen).

TEIL 2   HAFTPSYCHOSE ODER DOPING?

1   *Dr. M. C. Bolten*, „Verschiedenes über die psychische Konstitution des Marinus van der Lubbe", 18. 10. 1933, St 65, Bd. 24, Bl. 104, Übersetzung im Anhang Bl. 1-18 (Kopie auch im Sonderarchiv Moskau, Sig. 1431-1-11, 20 S.). Siehe auch Abschnitt „Das Gutachten des Dr. Bolten".
Bolten, Psychiater-Neurologe am städtischen Krankenhaus in Den Haag und Berater des städtischen Sanitäts- und Gesundheitsdienstes für psychiatrische Angelegenheiten, hatte nach einer Anamnese bei Bekannten und Verwandten van der Lubbes in eigener Initiative ein psychiatrisches Gutachten des Angeklagten erstellt und dieses dem Reichsgericht übermittelt.

2   Vernehmung von Zirpins am 6. VT., abgedr. in: Dimitroff-Dokumente, Bd. 2, 115f.

3   St 65, Bd. 109, Abschlußbericht des Kriminalkommissars Dr. W. Zirpins vom 3. 3. 1933, abgedr. in: Dimitroff-Dokumente, Bd. 1, 70-78, Zitat 76.

4   „Algemeen Dagblad", 12. 3. 1933.

5   Stenographische Protokolle, 6. VT., 44.

6   Ebd., 135, 141, 143, 151.

7   Siehe Anm. 1.

8   Bericht der Polizei Leiden, Bl. 126 (RS) u. 127.

9   Siehe Anm. 1, Zitat 12, 7f.

10   *S. J. Harteveld* in: Wer ist van der Lubbe? (deutsche Übersetzung von Meyer-Collings in St 65, Bd. 6, Bl. 79-95).

11   Johannes Markus van der Lubbe, Brief an den Verleger Arno Scholz vom 14. 2. 1971 (handschriftlich unterzeichnete Übersetzung aus dem Holländischen), 9, 12, Sammlung Schmädeke/Zipfel.

12   Jan van der Lubbe und P. S. Peuthe in: Wer ist van der Lubbe? (siehe Anm. 10).

13   Vgl. hierzu Kap. 6, Teil 1.

14   St 65, Bd. 109, Bl. 49; siehe auch: Bericht von Zirpins, abgedr. in: Dimitroff-Dokumente, Bd. 1, Dok. 29, 70-78.

15   St 65, Bd. 2, Bl. 84.

16   Zit. nach der Aussage von Bonhoeffer; Stenographische Protokolle, 2. VT., 11-12/20. Laut Zeugnis seines Freundes Simon Harteveld hatte van der Lubbe schon früher einmal mit einem Hungerstreik protestiert, als ihm das Leidener Wohlfahrtsamt eine beantragte Unterstützung verweigert habe. Simon J. Harteveld in der vor Gericht verlesenen Schrift „Wer ist van der Lubbe?" (ebd., 141).

17   St 65, Bd. 2, Bl. 94.

18   1. Gutachten von Bonhoeffer und Zutt vom 30. 3. 1933; St 65, Bd. 3, Bl. 58-62, hier: Bl. 59.

19   St 65, Bd. 5, Bl. 154.

20   Dimitroff-Dokumente, Bd. 1, 282.

21   St 65, Bd. 8, Bl. 256.

22   Ebd., Bl. 257.

23   St 65, Bd. 11, Bl. 187.

24   Schreiben von Untersuchungsrichter Vogt an Senatspräsident Bünger vom 18. 8. 1933; abgedr. in: *Tobias*, Reichstagsbrand, 674 (die Quellenangabe „Hauptband IX, Bl. 181" ließ sich von St 65 nicht verifizieren).

25   Schreiben von Vogt an Bünger vom 18. 8. 1933; St 65, Bd. 9, Bl. 181.

26   St 65, Bd. 11, Bl. 204.

27   Ebd., Bl. 273.

28   Ebd., Bl. 274.

29   Aussage Bonhoeffer, Stenographische Protokolle, 52. VT., 131f.

30   *K. Bonhoeffer und J. Zutt*, „Über den Geisteszustand des Reichstagsbrandstifters Marinus van der Lubbe", in: Monatsschrift für Psychiatrie und Neurologie, Bd. 89, Heft 4 (August 1934), 185-213, Zitat 198f.

31   Ebd., 186.

32   Ebd., 197.

33   Stenographische Protokolle, 3. VT., 2f.

34   Siehe Anm. 30, Zitat 200.

35   *Kugler*, Das Geheimnis des Reichstagsbrandes, 25f., 28f., 35f., 89.

36   Handschriftliche Aufzeichnungen des Juristen Justus Hedemann (Bundesarchiv, Kl. Erw. 433), die von Friedrich Zipfel transkribiert wurden, Zitate 46, 47, 82, 88, 96, 112.

37   Schreiben von Benno Wilhelm Stomps an Prof. Walther Hofer vom 18. 10. 1972, Depositum Walther Hofer, Schweizerisches Bundesarchiv, Bern.

38   Es ist unklar, ob „mittelweit" soviel wie „normal" oder soviel wie „mittelmäßig erweitert" im Sinne von „unnormal" bedeuten sollte.

39   Siehe Anm. 30, Zitat 199.

40   Aussage Bonhoeffer, Stenographische Protokolle, 52. VT., 145.

41 Ebd., 131f.
42 Stenographische Protokolle, 20. VT., 58/60-61.
43 Braunbuch II, 239.
44 Stenographische Protokolle, 52. VT., 133-140.
45 Stenographische Protokolle, 37. VT., 95-96/120.
46 Ebd., 171-176.
47 Ebd., 213.
48 Ebd., 216.
49 Der Gedankensprung Bonhoeffers von Lubbes Müdigkeit zur unberührt auf dem Tisch stehenden Milch wirkt hier merkwürdig.
50 Stenographische Protokolle, 52. VT., 141, 132.
51 Stenographische Protokolle, 42. VT., 47f.
52 Siehe Anm. 30, Zitat 204.
53 Stenographische Protokolle, 42. VT., 63.
54 *Kugler*, Das Geheimnis des Reichstagsbrandes, 177.
55 Stenographische Protokolle, 42. VT., 121f.
56 Stenographische Protokolle, 52. VT., 144.
57 Siehe Anm. 30, Zitat 206.
58 Ebd., Zitat 205.
59 Stenographische Protokolle, 42. VT., 144-151.
60 Ebd., 143.
61 Ebd., 154, 155/160, 203.
62 Die Andeutung van der Lubbes in der Voruntersuchung: „Ja, das müssen die anderen sagen, was sie gemacht haben", hatte Untersuchungsrichter Vogt erst bei seiner Vernehmung am 6. VT. (Stenographische Protokolle, 156/160) bekannt gemacht. Sie sei nicht in das Protokoll aufgenommen worden, weil der Dolmetscher sie nicht gehört habe.
63 Stenographische Protokolle, 42. VT., 166/170.
64 Ebd., 194.
65 Ebd., 195/200.
66 Ebd., 241.
67 St 65, Bd. 207 (174), Bl. 75.
68 „v. d. L. verweigert seit dem 16. März 1933 die Aufnahme der Nahrung". Bitte um Genehmigung der Zwangsernährung; St 65, Bd. 2, Bl. 84.
69 1. Gutachten von Bonhoeffer und Zutt vom 30. 3. 1933; St 65, Bd. 3, Bl. 58-62, hier: Bl. 62; vgl. auch *K. Bonhoeffer und J. Zutt*, „Über den Geisteszustand des Reichstagsbrandstifters Marinus van der Lubbe", 185-213, Zitat 197.
70 Eine Unfähigkeit, emotionale Äußerungen willentlich zu kontrollieren.
71 Auf die eindringlichen schriftlichen Appelle von Freunden und Familienmitgliedern, sich von Stomps verteidigen zu lassen, erklärte van der Lubbe am 14. September 1933 laut Vernehmungsprotokoll: „Ich wünsche keinen Verteidiger. Es ist dies mein endgültiger Entschluß. Ich will mir die Sache auch nicht noch einmal überlegen, bleibe vielmehr endgültig dabei, daß ich keinen Verteidiger haben will" (St 65, Bd. 16, Bl. 47). Am zweiten Verhandlungstag, dem 22. September, erhielt Stomps Gelegenheit, van der Lubbe während einer Verhandlungspause in der Zelle zu besuchen. Vor dem Reichsgericht schilderte der Jurist seine Begegnung wie folgt: „Ich bin in die Zelle hereingelassen worden zusammen mit dem Offizialverteidiger und dem Dolmetscher. Dann hat der Offizialverteidiger mich [!] Gelegenheit gelassen, allein mit dem Verdächtigen zu sprechen, das heißt nur in Gegenwart des Dolmetschers. Ich habe auf verschiedene Art und Weise versucht, einige Wörter aus ihm, dem Verdächtigen, herauszukriegen. Er hat sich aber völlig verweigert, mir eine Antwort zu geben. Ich habe ihn gefragt, mich als Verteidiger zu nehmen. Darauf hat er keine Antwort gegeben. Ich habe ihn gefragt, warum er mich nicht als Verteidiger wünscht. Darauf hat er sich auch geweigert, eine Antwort

zu geben. Es kann aber sein [handschriftl. am Rand: ‚richtig: Ich kann aber sagen'] daß er das völlig frei getan hat." (Stenographische Protokolle, 2. VT., 92f.).

72   Ebd., 23-34.

73   Stenographische Protokolle, 52. VT., 131.

74   Stenographische Protokolle, 42. VT., 194.

75   Das diesem mündlichen Gutachten zweifellos zugrundeliegende zweite schriftliche Gutachten von Bonhoeffer und Zutt ist in den vorliegenden Akten der Reichstagsbrandkommission nicht vorhanden!

76   Stenographische Protokolle, 52. VT., 122.

77   Wie bereits geschildert, kann dies frühestens Ende Juli gewesen sein!

78   Stenographische Protokolle, 52. VT., 146-150.

79   Ebd., 156f.

80   Ebd., 161f.

81   Siehe Anm. 30, Zitat 210.

82   Ebd., Zitat 186.

83   1. Gutachten von Bonhoeffer und Zutt vom 30. 3. 1933; St 65, Bd. 3, Bl. 58-62, hier: Bl. 58.

84   Stenographische Protokolle, 52. VT., 132.

85   Ebd., 133/140.

86   Siehe Anm. 30, Zitat 201.

87   „Van der Lubbe – Weihnachtsschlagzeile", in: „Süddeutsche Zeitung", 22. 12. 1953.

88   Siehe Anm. 30, Zitat 208.

89   Niederschrift des Gesprächs mit Prof. Zutt vom 22. 8. 1966, Archiv des Internationalen Komitees Luxemburg, abgedr. in *W. Hofer u. a.*, Der Reichstagsbrand (Neuausgabe), 260.

90   Der Beitrag war mit einem Foto illustriert, welches van der Lubbe mit seinen Kameraden als Schüler einer evangelischen Volksschule zeigte.

91   „De Rotterdamer", 14. 10. 1933, aus dem Holländischen übersetzt von Heinrich Petermeyer (Berliner Korrespondent des „Rotterdamer"), St 65, Bd. 20, Bl. 32.

92   Siehe Anm. 1, Zitat Bl. 18.

93   Dimitroff-Dokumente, Bd. 2, 105.

94   Stenographische Protokolle, 5. VT., 91.

95   In den Akten ist kein schriftliches Gutachten von Schütz überliefert.

96   Stenographische Protokolle, 52. VT., 165.

97   Ebd., 164.

98   Stenographische Protokolle, 2. VT., 11ff., Zitate 11, 23-25, 32-34.

99   Stenographische Protokolle, 6. VT., 2-3/10.

100   Vernehmung Soedermann: Stenographische Protokolle, 6. VT., 2ff., Zitat 11. Das von Tobias (in: *Backes u. a.*, Reichstagsbrand, 485) abgedr. Zitat aus der „Niedersächsischen Zeitung" ist manipuliert. Danach wäre die Frage nicht an den Gefängnisdirektor, sondern an van der Lubbe gestellt und von diesem selbst beantwortet worden.

101   ZStA, AA, Rechtsabt., MF im Institut für Zeitgeschichte, München, MA 194/2.

102   Stenographische Protokolle, 52. VT., 163.

103   Siehe Anm. 30, Zitat 212f.

104   Aussage Popoff vom 24. 3. 1966, zit. nach *W. Hofer u. a.*, Der Reichstagsbrand (Neuausgabe), 259.

105   Schreiben an Senatspräsident Dr. Bünger vom 27. 10. 1933, gez. von Klager, Oberarzt i. R., St 65, Bd. 22 (Sonderarchiv Moskau, Sign. 1431-1-11).

106   Vgl. Meyers Enzyklopädisches Lexikon in 25 Bänden, 9. Aufl., Mannheim 1972, Bd. 4.

107   St 65, Bd. 20, Bl. 220.

108   St 65, Bd. 17, Bl. 102.

109   Walther Korodi, geboren am 8. Juli 1902 in Sächsisch-Reen (Rumänien), NSDAP-Mit-

glied bis Juli 1934, wurde am 30. Juni 1934 anläßlich des sogenannten Röhmputschs als früherer Mitarbeiter des Generals Schleicher verhaftet, nach 23 Tagen jedoch wieder freigelassen. Im Oktober 1935 Flucht aus Deutschland, danach abwechselnder Aufenthalt in der Schweiz, Österreich und Frankreich; im Juli 1938 aus Deutschland ausgebürgert. Korodi lebte nach 1945 in Lörrach und Frankfurt am Main (vgl. Dossier Korodi, Bestand „Polizeiwesen", E 4264 1985/196, Schweizerisches Bundesarchiv, Bern).

110   Ein Artur Grosse, Mitglied der Stabswache von Karl Ernst, wurde am 30. 6. 1934 in Berlin von der Gestapo zwecks Verhinderung ev. Widerstands festgenommen und im „Columbia-Haus" inhaftiert, dann aber wieder freigelassen. Als Geburtsdatum ist der 23. 9. 1906 (Berlin) angegeben („Verzeichnis der im Zuge der Säuberungsaktion festgenommenen Personen", Sig. Gestapa 90 P 114, Pr. Geh. Staatsarchiv). Möglicherweise handelt es sich hierbei um den ehem. bündischen Jugendführer Artur Grosse (geb. 13. 7. 1906 in Berlin). Grosse gehörte mit dem „Nationalbolschewisten" Karl Otto Paetel („Gruppe Sozialrevolutionärer Nationalisten") u. a. zu den Gründungsmitgliedern eines „Arbeitsring Junge Front" und war zeitweise (nach *Louis Dupeux*, Nationalbolschewismus in Deutschland 1919-1933, 294, seit Anfang 1930, laut eigenen Angaben in einem Lebenslauf aus dem Nachlaß vom 7. 12. 1926 bis 31. 8. 1928) Mitglied der NSDAP (Nr. 48406) und der Hitlerjugend (Ausschluß am 5. 7. 1930). Die Namen Paetels und einiger anderer sollen am 30. Juni 1934 von Werner Best von der Liquidierungsliste gestrichen worden sein (vgl. *Paetel*, Reise ohne Uhrzeit, 139-142; 198). Paetel erwähnt in seiner Autobiographie mehrfach einen zu seiner Gruppe gehörenden Artur, den er als ehemaligen SA-Sturmführer bezeichnet (ebd., 123). 1941-1943 war Grosse Mitglied (ab 10. 12. 1942 des Stabes) der Propaganda-Ersatzabteilung/Ausbildungsabteilung, Potsdam, geriet 1945 in Kriegsgefangenschaft (Mitteilung der Deutschen Dienststelle, Berlin, vom 2. 3. 2000).

111   Anonymus (d. i. *Walther Korodi*), Ich kann nicht schweigen, 151-153. Wie Korodi vor der Stadtpolizei Zürich aussagte, soll Lubbe auch „während des [Reichstagsbrand-]Prozesses ständig von Hanussen und Helldorf hypnotisch behandelt worden" sein (Aussage von Walther Korodi vor der Stadtpolizei Zürich vom 5. 11. 1933; Dossier Korodi, Bestand „Polizeiwesen", E 4264 1985/196, Schweizerisches Bundesarchiv, Bern). Dies kann jedoch auf keinen Fall stimmen. Offenbar liegt hier ein Protokollierungsfehler der Stadtpolizei Zürich vor, denn Korodi wußte, daß Hanussen bereits im März 1933 von der SA ermordet worden war.

112   Aussage von Walther Korodi vor der Stadtpolizei Zürich am 5. November 1933, S. 5; Dossier Korodi, Bestand „Polizeiwesen" E 4264 1985/196, Schweizerisches Bundesarchiv, Bern.

113   Hans Brauner war leider nicht zu identifizieren.

114   Brief von Doris Hertwig-Bünger an Edouard Calic vom 12. 9. 1966 (Kopie im Schweizerischen Bundesarchiv, Depositum Walther Hofer, JI 167, 74-76); abgedr. in: *Backes u. a.*, Reichstagsbrand, 298. (Der Amateur-Historiker Tobias behauptet darin ohne Beweis, bei dem genannten Brief handle es sich um eine Fälschung von E. Calic.)

115   Bericht von Udo von Mohrenschildt vom Mai 1976, Schweizerisches Bundesarchiv Bern, Depositum Walther Hofer, JI 167/10-12.

116   Übersetzung im Auftrag des Reichsgerichts.

117   St 65, Bd. 2, Bl. 201.

118   St 65, Bd. 68, Bl. 27.

119   Ebd., Bl. 28.

120   Ebd., Bl. 29f.

121   Urteilsschrift, 90.

122   Vgl. Kapitel 5, Teil 2.

7 Die Reichstagsbrandstifter

TEIL 1 DIE MITWISSER

„Eine Leiche gefunden"

Am 2. November 1933 zwischen 6.15 und 6.30 Uhr bemerkte der Gutsförster Max Kutz auf der Straße nach Hohenstein (bei Garzau, in der Nähe von Strausberg) zwei dunkle Limousinen, viersitzige Personenkraftwagen mit dunklem Anstrich, in denen ca. fünf SA-Leute in Uniform sowie ein nicht uniformierter, mit Revolver bewaffneter Fahrer saßen. Die Wagen hielten am Waldrand. Kurze Zeit darauf beobachtete Kutz, wie zwei SA-Männer aus dem Wald herauskamen. Gegen 14.30 Uhr kehrte der Förster zusammen mit seinem Arbeitgeber, dem Gutsherrn von Rohrscheid, an die Stelle zurück, wo er am Morgen die SA-Männer gesehen hatte, und entdeckte am Rande einer Schonung eine nur notdürftig verscharrte Leiche. Wähend Kutz am Fundort zurückblieb, verständigte Rohrscheid vom Gutshaus aus die Polizei, die den Fundort unter Bewachung stellte.

Gegen 12.30 Uhr war Max Kutz auf der Chaussee Strausberg-Garzau ein dritter Wagen aufgefallen, der in Höhe der von ihm später gefundenen Leiche stand. Der Wagen, in dem nur ein Zivilist saß, habe das Berliner Kennzeichen IA 39653 gehabt. Am nächsten Tag, dem 3. November, meldete die „Strausberger Zeitung": „Eine Leiche gefunden". Am selben Tag, dem 3. November, um 9 Uhr rief der Landjägermeister Lück beim Amtsrichter Etzold in Strausberg an und gab diesem zu verstehen, daß „seiner Ansicht nach richterliche Leichenschau erforderlich sei". Das Berliner Gestapa, so Lück, würde den Fall bearbeiten, telefonische Erörterungen seien „der Verfolgung der Angelegenheit abträglich".[1] Man hatte zwischenzeitlich eine Mordkommission angefordert, die gegen 13 Uhr aus Berlin eintraf. Die Leitung dieser neunköpfigen (!) „Aktiven Mordkommission" hatte der eigentlich für Brandsachen zuständige Kriminalkommissar Walter Bunge – einer der beiden Leiter der

Die Leiche von Adolf Rall.

dem Gestapa unterstellten Reichstagsbrandkommission. In seiner Begleitung befand sich neben anderen[2] auch Kriminalassistent Rudolf Schulz, ebenfalls Mitglied der Reichstagsbrandkommission. Das Berliner Gestapa wußte also offensichtlich bereits <u>vor</u> der Identifizierung der Leiche, worum es ging!

Um 14 Uhr suchte Lück zusammen mit einem Beamten der Berliner Abordnung den Amtsgerichtsrat Etzold in dessen Privatwohnung auf. Erst auf dessen Verlangen gaben die Berliner Beamten widerwillig eine Schilderung des angeblichen Sachverhalts: Man habe die Leiche eines jüdischen (!) Mannes gefunden und der hinzugezogene Prof. Müller-Hess (vom Institut für gerichtliche und soziale Medizin der Universität Berlin) bitte um richterliche Anordnung, daß die Sektion in seinem Institut in Berlin stattfinde. Etzold weigerte sich zunächst, dem Verlangen nachzukommen. Auch bei der anschließenden gemeinsamen Besichtigung des Fundortes stellte sich keines der Mitglieder der Berliner Mordkommission als Gestapa-Mitarbeiter vor, wie Etzold in einer Aktennotiz vermerkte. Man versicherte ihm jedoch nachdrücklich, daß sich das Gestapa des Falles bereits angenommen habe.

Am Fundort hatte man inzwischen die Leiche eines offensichtlich ermordeten Mannes ausgegraben. Der Tote war nackt und wies in der Stirn ein Einschußloch auf. Sein Schädel war von Spatenhieben zertrümmert. Rücken und Gliedmaßen wiesen Quetschungen und Schürfstellen auf. In einem Diktat von Prof. Müller-Hess heißt es: „Die Leiche eines etwa 30jährigen Mannes in Knie- und Ellenbogenbeuge, starke Totenstarre. In der Mitte des Stirnknochens sieht man eine etwa bohnengroße Stelle, die schwärzlich gefärbt ist. In der Mitte ist das Gewebe durchtrennt (Schußverletzung?). Über dem linken Jochbein querverlaufend eine etwa 7 cm lange stark klaffende Durchtrennung der Weichteile. Unten im Grunde fühlt man das durchschlagene Jochbein. Die ganze linke Schädelhälfte ist muldenförmig eingedrückt. Dicht oberhalb der linken Augenbraue eine 7 1/2 cm lange, 2 cm breite klaffende Wunde. Im Grunde der Wunde fühlt man die Knochenränder des durchschlagenen Schädelknochens. Beim Betasten des Kopfes fühlt man mehrere Bruchstellen des Schädeldaches. Die Bruchstellen lassen sich gegenseitig durch Druck bewegen. Die Oberlippe, besonders rechts, stark angeschwollen und blaurot verfärbt. [...] In den Nasenlöchern geronnenes Blut."[3]

In einem Bericht Bunges vom 4. November 1933 heißt es ergänzend: „Bei dem Umharken wurde eine Patronenhülse 7,65 mm [...] gefunden."[4]

Ab 16.30 Uhr, einige Mitglieder der Kommission waren bereits nach Erledigung ihrer Arbeit zurück nach Berlin entlassen worden, führte Bunge Vernehmungen vor Ort durch. Gegen Mitternacht des 3. November war die gesamte Kommission dann wieder zurück in Berlin. Anhand der Fingerabdruckkartei konnte die Leiche am 4. November 1933 schnell als die des 28jährigen Adolf Rall identifiziert werden.[5] Doch bezeichnenderweise noch vor der offiziellen Identifizierung der Leiche hatte bereits am 3. November 1933 eine Haussuchung bei der Mutter Ralls in der Berliner Knesebeckstraße stattgefunden.[6]

Der Fund und besonders die schnelle Identifizierung der Leiche waren den NS-Machthabern höchst unangenehm. Göring persönlich ordnete am Tag nach dem Leichenfund, dem 4. November 1933, sofort die Niederschlagung des „Ermittlungsverfahren[s] gegen Unbekannt wegen Gefangenenbefreiung und Todschlag[!]" „bei der Staatsanwaltschaft Berlin anläßlich der Auffindung der Leiche des Adolf Rall" an.[7]

Berlin, den 4. November 1933.

Betrifft: Ermittlungsverfahren gegen Unbekannt
wegen Gefangenenbefreiung und Todschlag.

Auf Grund der Ermächtigung des Herrn Reichskanzlers vom 25. 4. (Pr. G.SS.113) in Verbindung
mit dem Gesetz vom 22.7. 33 (Pr. G.SS. 270) ordne ich
hiermit die Niederschlagung des Ermittlungsverfahrens an, welches bei der Staatsanwaltschaft Berlin
anläßlich der Auffindung der Leiche des Adolf
R a l l gegen Unbekannt wegen Gefangenenbefreiung
usw. geführt wird.

Der Preußische Ministerpräsident.

Anweisung zur Niederschlagung der Ermittlungen im Mordfall Rall, unterzeichnet von Hermann Göring und Rudolf Diels.

Warum Adolf Rall sterben mußte

Was war geschehen, daß sich der mächtige Minister Hermann Göring persönlich veranlaßt sah, die Niederschlagung des Ermittlungsverfahrens in einem seinerzeit doch wohl eher alltäglichen Mordfall anzuordnen? Was hatte Göring verschreckt? Offenbar war die Angelegenheit brisanter, als es auf den ersten Blick scheinen mochte.

Am 20. Oktober 1933 hatte sich der 28jährige Häftling Adolf Rall, wohnhaft in Berlin-Neukölln, Knesebeckstr. 120 (heute Silbersteinstraße 63), Kraftwagenführer und SA-Mann, bei einem Beamten des Berliner Polizeigefängnisses in der Dircksenstraße (am Alexanderplatz) gemeldet. Er habe wichtige Angaben zum Reichstagsbrand zu machen. Am Morgen des 21. Oktober wurde er von Kriminalassistent Kümmel erstmals vernommen. Nach dem erhaltenen Originalprotokoll gab er folgendes an:

„Ich habe sehr wichtige Angaben im Reichstagsbrandprozeß zu machen. Vor zirka 4 Wochen [also zu Beginn des Reichstagsbrandprozesses, am 21. September 1933!] wollte ich schon Mitteilung darüber machen, kam aber nicht dazu, weil ich von einem Gefängnis in das andere wanderte, zuletzt war ich im Gefängnis in Pritzwalk auf Kommando. Von dort kam ich auf Beschwerde nach Berlin. Die Aussagen, die ich zu machen habe, mache ich nur vor Gericht. Sie sind von großer Wichtigkeit. Ich bitte darum, sofort vorgeführt zu werden, da ich meine jetzige Strafe bald abgesessen habe."[8] (Als Strafende für Rall war der 19. März 1934 vorgesehen.)

Die Reichstagsbrandkommission des Gestapa wurde sofort telefonisch benachrichtigt. Weiterhin wurde Ralls Aussage an den Oberreichsanwalt Karl Werner gesandt. Am 27. Oktober 1933 holte die Gestapo Rall aus dem Strafgefängnis Tegel ab.[9] Sechs Tage später wurde er von Beamten des Geheimen Staatspolizeiamtes ermordet.

Wer war Adolf Rall ?

Adolf Anselm Rall wurde am 7. Juni 1905 in Berlin-Neukölln (Rixdorf) als Kind des Eisenbahn-Obersekretärs Valentin Rall und seiner Ehefrau Marianne (geb. Kaminsky) geboren.[10] Rall erlernte vier oder fünf Jahre lang bei der Firma Maibach den Beruf eines Automobilschlossers. Von dem 18jährigen Rall wurden am 21. April 1924 wegen „Sittlichkeitsverbrechen in Berlin" Fingerabdrücke genommen.[11] 1926 legte er die Führerscheinprüfung für sämtliche Klassen ab. Einige Zeit danach, so gab er an, habe er einen Unfall gehabt, Hüfte und Rücken seien dadurch verkrüppelt. Dann sei er bei der Stadt Berlin als Schreiber tätig gewesen, später als Radiohilfsmonteur und schließlich als Fahrer für elektrische Wagen bei der Stadt Berlin, bevor er Privatchauffeur geworden sei. Später wurde Rall in den Polizeiakten häufiger als Ingenieur bezeichnet, ohne daß diese Qualifikation allerdings nachweisbar wäre. Laut staatsanwaltlicher Notiz war Rall im Besitz eines „Ausweis vom Werwolf"[12], eines rechtsextremen Wehrverbandes.[13]

1928 oder 1929 will Rall für 1 1/2 Jahre als Privatchauffeur Reichsinnenminister Severing gefahren haben. Danach sei er arbeitslos gewesen.[14] Für diese Zeit besteht eine biographische Lücke. Es ist jedoch nicht auszuschließen, daß Rall 1931 – wie Hans Bernd Gisevius später angab – Mitglied der SA-Stabswache von Karl Ernst war, die von April 1931 bis mindestens zum 12. September 1931 Hans Georg Gewehr führte, der insbesondere auch für die Regelung des Einsatzes von Kraftwagen für SA und NSDAP zuständig war (siehe unten).

Am 27. April 1932 (Datum der Ausstellung eines Haftbefehls durch das Amtsgericht Berlin-Charlottenburg) oder früher soll Rall dann in Berlin das Horch-Cabrio des afghanischen Handelsattachés Abdul Medjid Khan gestohlen haben. Dabei sei er mit einem zuvor gestohlenen BMW-Cabrio vorgefahren und habe dies dann vor der Garage stehen lassen. Der Parkwächter Hermann Stark will Rall dabei beobachtet haben: „[Ich] erkenne ihn wieder. Grauer Mantel. S.A. Uniform."[15]

Das Landgericht Berlin schrieb dazu in einem Urteil: „An diesem Tage [27. 4. 1932] seien mehrere seiner Kollegen in der Uniform der Nationalsozialisten[15a] mit einem Horchwagen, an dem eine Hakenkreuzfahne gewesen sei, nach Dresden gekommen und hätten ihn aufgesucht. Er sei dann, wie er zuerst angegeben hat, 2 oder 3 Tage mit diesem Wagen gefahren, der, wie ihm gesagt worden sei, dem Graf Helldorf gehört habe. Später hat der Angeklagte angegeben, er sei nur noch 10 Minuten mit dem Wagen spazieren gefahren, um ihn einmal, wie das unter Schoffeuren üblich sei, zu probieren. Als er in Meißen getankt habe, habe er erfahren, daß der Wagen gestohlen sei."[16]

Rall gab bei der späteren Verhandlung zwar zu, einen Horch-Wagen gestohlen zu haben, allerdings nicht am 27. April. An diesem Tage habe er sich bei der Familie des Uhrmachers Georg Max Seiffert (Dresden, Blasewitzer Str. 42) aufgehalten. Rall sei mit dessen Tochter Käthe befreundet gewesen und habe diese ab und zu besucht, so auch im Frühjahr 1932. Wie Seiffert berichtete, war Rall „damals bei der SA und verkehrte in der Gauleitung Dresden der NSDAP, die sich damals wohl am Neustädter Markt befand. Ich glaube, daß er dort mit einem Herrn Schumann zu tun hatte." Rall habe sich dort auch Geld abgeholt.[17]

Am 29. April 1932 hatte Rall in Sörnewitz bei Meißen getankt und nicht bezahlt. Am 30. April 1932 wurde er in Dresden wegen Betrugs vorläufig festgenommen. Bei seiner Verhaftung war er im Besitz des gestohlenen Horch-Wagens, eines Führerscheins sowie der echten Wagenpapiere. Diese waren auf einen Kommerzienrat Emil Aemann (Wiesbaden, Parkstr. 11) ausgestellt. „Rall hatte damals angegeben, daß er im Auftrage von Herrn Kommerzienrat Aemann mit dessen Wagen für die N.S.D.A.P. fahre."[18] Die Kennzeichen des Wagens waren allerdings gefälscht. Aemann kümmerte sich merkwürdigerweise nicht um seinen sichergestellten Horch und wurde – noch merkwürdiger – auch nicht von der Polizei vernommen.

Vom 30. April bis zum 10. Oktober 1932 war Rall wegen Betrugs und Autodiebstahls inhaftiert.[19] Nach seiner Haftentlassung wollte er zusammen mit 13 Kameraden aus Berlin angeblich zur Fremdenlegion. Nach Ralls Aussage handelte es sich bei diesen 13 Personen offenbar teilweise um dieselben SA-Leute, die schon in Dresden mit dabei gewesen waren.[20] Nach den Polizeiakten stahl Rall am 19. Oktober 1932 um 21.45 Uhr vor dem Anhalter Bahnhof ein Horch-Cabrio.[21]

In Dortmund tankte Rall am 22. Oktober 1932 und ließ den Wagen waschen – wieder ohne zu bezahlen: Er „fahre einen nationalsozialistischen Reichstagsabgeordneten zu Wahlversammlungen".[22] Am 24. Oktober 1932 in Bad Kreuznach dasselbe. Hier logierte Rall bei dem Kaufmann Heinrich Jammers (der nicht vernommen wurde), dem gegenüber er sich als „alter Bekannter und zugleich als Mitglied des Reichstages ausgab."[23] In der Anklageschrift vom 2. März 1933 hieß es: „Der Beschuldigte ist sowohl in Dortmund wie in Kreuznach und auch anderswo immer nur mit einem Begleiter gesehen worden, der übrigens gleich ihm nationalsozialistische Parteiuniform trug."[24] Rall sei nun, so gab er an, nach Marseille gefahren und dort mit seinen Kameraden in die Fremdenlegion eingetreten, danach in Afrika, in der Nähe von Oran gewesen. Wegen Gesundheitsproblemen habe er die Fremdenlegion dann aber wieder verlassen. Am 17. Dezember 1932 wurde Rall in Lörrach „als ehemaliger französischer Fremdenlegionär" festgenommen, daktyloskopiert und fotografiert.[25] Laut einer Fahndungsmeldung vom März 1933 habe sich Rall „im Oktober 1932 in Metz aufgehalten, um sich angeblich für die Fremdenlegion anwerben zu lassen. Am 17. 12. 1932 war er in Lörrach festgenommen. Sein weiterer Verbleib ist unbekannt. Nach einer Mitteilung soll vom 2. Büro in Paris [dem französischen Geheimdienst ‚Deuxième Bureau'] ein ‚Legionskandidat' Adolf Rall, wohnhaft in Berlin, über die Schweiz als Agent nach Deutschland geschickt worden sein. Rall ist beim Betreffen zu beobachten, gegebenenfalls ist gegen ihn einzuschreiten".[26] Offenbar wurde Rall in Lörrach wieder freigelassen, da zu dieser Zeit noch keine Fahndungsmeldung vorlag.

Rall stahl dann am 19. Dezember 1932 vor dem Hauptbahnhof Stuttgart zwischen 22 und 23 Uhr eine dunkelblaue Daimler-Benz-Limousine. Am 21. Dezember 1932 wurde er wegen einer nicht bezahlten Tankrechnung auf einem Bauernhof in Eschenbach (bei Landshut) in Bayern verhaftet und in das Gerichtsgefängnis Landshut eingeliefert.

Bereits am 5. Dezember 1932 war vom Amtsgericht Berlin-Charlottenburg Haftbefehl gegen Rall wegen Autodiebstahls erlassen worden. Am 1. Februar 1933 wurde er von Landshut in das Landgerichtsgefängnis Berlin verlegt. Während des Transportes kam es zu Zwischenfällen. Rall, der sich nicht fesseln lassen wollte, beschimpfte die Beamten und schrie: „Ich Nationalsozialist lass mir das nicht gefallen, Hitler ist am Ruder, Nationalsozialisten sehen meine Behandlung, wir werden euch schon noch helfen, mein Bruder ist Reichstagsabgeordneter."[27]

Am 19. Januar 1933 erhob der Oberstaatsanwalt beim Landgericht III in Berlin Anklage gegen Rall wegen Diebstahls in vier Fällen. Weitere Haft wurde angeordnet. Am 8. Februar 1933 wurde Rall in das Untersuchungsgefängnis Berlin-Moabit eingeliefert.

Am 11. April 1933 wurde Rall vom Landgericht III in Berlin wegen Diebstahls der Daimler-Benz-Limousine in Stuttgart am 19. Dezember 1932 zu einem Jahr Gefängnis unter Anrechnung der Untersuchungshaft verurteilt. Von weiteren Autodiebstählen wurde er mangels Beweises freigesprochen. Am 6. Juli 1933 verwarf das Reichsgericht Ralls Revision gegen das Urteil.

Die Anklage bezüglich des Diebstahls des Horch-Cabrios am 27. April 1932, bei der es offenbar um Verstrickungen der SA und des Grafen Helldorf ging, wurde erstaunlicherweise vom Verfahren abgetrennt, weil Rall angeblich bei der Verhandlung neue Angaben gemacht hatte. Der Hintergrund scheint aber ein anderer gewesen zu sein, denn laut staatsanwaltlicher Notiz gab es in diesem Fall eine „amtliche Auskunft, daß fremde Wagen zur Verfügung gestellt wurden"[28], vermutlich der SA von

Privatpersonen. Dieser Fall wurde für den 12. Dezember 1933 zur Verhandlung angesetzt; der Termin mußte dann allerdings „wegen des Ablebens des Angeklagten aufgehoben" werden.

Am 8. Februar 1933 wurde Rall in das Untersuchungsgefängnis Berlin-Moabit eingeliefert.

Am 2. März 1933 hatte der Generalstaatsanwalt beim Landgericht I in Berlin eine weitere Anklage gegen Rall wegen Autodiebstahls sowie kostenlosen Tankens erhoben.

Nachdem der 2. Strafsenat des Reichsgerichts Ralls Revisionsantrag verworfen hatte, wurde er am 19. Juli 1933 vom Untersuchungsgefängnis in das Zellengefängnis Berlin-Moabit (unter Einzelhaft) verlegt, dann nach Berlin-Plötzensee, am 22. August 1933 in die Strafanstalt Berlin-Tegel und am 6. September 1933 in das Gerichtsgefängnis Pritzwalk. Als Strafende war hier der 19. März 1934 vorgesehen. (Allerdings waren noch zwei Verfahren anhängig.)

In Pritzwalk beschwerte sich Rall am 11. Oktober 1933 über Schikanen und die dauernden Verlegungen. Diese Beschwerde wurde zwar am 23. Oktober von der Berliner Generalstaatsanwaltschaft prinzipiell zurückgewiesen; Rall war jedoch zwischenzeitlich, am 20. Oktober 1933, wieder in die Strafanstalt Berlin-Tegel zurückverlegt worden.[29]

Der Fall Felix Brucks, Strafanstaltsoberdirektor von Berlin-Tegel

Am 20. Oktober 1933, zurück im Gefängnis Berlin-Tegel, meldete sich Rall noch am gleichen Tag: Er habe Angaben zum Reichstagsbrand zu machen. Am 21. Oktober 1933 wurde er dazu erstmals (wie bereits zitiert) vernommen; er wolle nur vor Gericht über den Reichstagsbrand aussagen. Dem Tegeler Gefängnisdirektor, Oberregierungsrat Felix Brucks, gelang es dann aber offenbar unter Mithilfe eines Mithäftlings, Rall zum Reden zu bringen. In einem geheimnisvoll formulierten Schreiben von Brucks an den Oberreichsanwalt hieß es:

„Ende Oktober 1933 habe ich anläßlich des Strafprozesses gegen van der Luppe [sic!], der anläßlich des Brandes im Reichstag wegen Brandstiftung verurteilt wurde, Mitteilungen aus hiesigen Gefangenenkreisen an den Herrn Oberreichsanwalt, z. Zt. damals im Reichstag zu Berlin[30], gelangen lassen, welche Enthüllungen des Strafgefangenen Rall enthielten, wonach die NSDAP verdächtigt wurde, der Brandstiftung nahe zu

Gefängnisdirektor Felix Brucks.

stehen. Diese Enthüllungen waren durch den Gefangenen Stelzner[31] vermittelt worden. Ich habe damals Stelzner zu Protokoll genommen und es dorthin gereicht."[32]

Ralls Aussagen waren an den Oberreichsanwalt geschickt worden. Ob sie dort auch ankamen, ist ungewiß (siehe unten, Abschnitt Gisevius). Eine Auskunft des Strafgefängnisses Tegel belegt den weiteren Fortgang: „Rall befindet sich seit dem 27. 10. 33 bei der Geheimen Staatspolizei im Polizei-Präsidium Berlin."[33] Von Gestapa-Beamten wurde er dann sechs Tage später, am 2. November 1933, ermordet.

Am 6. November 1933 übersandte das Gestapa die Rall-Akten „gemäß Besprechung unter Hinweis auf vorstehenden Erlaß des Herrn Ministerpräsidenten" (gemeint war die Niederschlagung des Verfahrens durch Göring) an die Zentralstaatsanwaltschaft, „z. Hd. des Herrn Staatsanwaltschaftsrat v. Haake."[34] Diese am 1. August 1933 durch den Preußischen Justizminister Kerrl als Sonderreferat geschaffene „Zentralstaatsanwaltschaft"[35] trat laut Aussage ihres Leiters Joel in solchen Fällen in Aktion, „wo die Partei [NSDAP] die ordnungsgemäße Durchführung von Strafverfahren hinderte."[36] Alle kriminellen Übergriffe von Angehörigen der SA, SS und NSDAP vor dem 15. Juli 1933 sollten allerdings amnestiert werden.[37]

Von Haake bestellte nun die Mutter Ralls zu einer Vernehmung. Marianne Rall soll von Haake danach noch öfter aufgesucht haben, wahrscheinlich und verständlicherweise, um sich nach ihrem verschwundenen Sohn zu erkundigen.[38]

Eigenartig ist freilich, daß Werner von Haake im Jahr 1963 gegenüber der Generalstaatsanwaltschaft beim Landgericht Berlin angab, zur Mordsache Rall keinerlei sachdienliche Angaben machen zu können.[39]

Erst am 25. November 1933 teilte das Gestapa dem Strafgefängnis Berlin-Tegel mit, der Strafgefangene Rall sei am 2. November 1933 um 18.35 Uhr beim Rücktransport von der Geheimen Staatspolizei in das Strafgefängnis Tegel entwichen. „Er wurde als Leiche in einem Walde bei Strausberg aufgefunden. Sein Tod ist auf dem Standesamt in Garzau am 7. November 1933 beurkundet."[40] Neben der Vertauschung der Uhrzeit (6 Uhr morgens mit 6 Uhr abends) beachte man die minutengenaue Zeitangabe des Gestapa – für den Mord an Rall! Die Polizei kannte den genauen Todeszeitpunkt jedenfalls nicht.

Am 27. November 1933 leitete das Strafgefängnis Berlin-Tegel („Die Gefängnisexpedition, Schulz" sowie Gefängnisdirektor Brucks) diese Nachricht des Gestapa an die Berliner Generalstaatsanwaltschaft weiter.[41]

Am 8. Dezember 1933 richtete Gefängnisdirektor Brucks eine Anfrage – „Betrifft: den auf der Flucht erschossenen Strafgefangenen Ingenieur Adolf Rall" – an den Generalstaatsanwalt, „ob sich dort die hiesigen Personalakten über Rall befinden, in bejahendem Falle bitte ich um ihre Rücksendung hierher."[42] Doch nichts geschah.

Am 12. Dezember 1933[43] meldete das „Pariser Tageblatt" unter der Überschrift „Ein unbequemer Mitwisser beseitigt" auf der Titelseite:

„Das ‚Pariser Tageblatt' erhält aus einer über jeden Zweifel erhabenen Berliner Quelle[44] eine Mitteilung, die geeignet ist, die im Ausland verbreitete Meinung zu stützen, wonach die wahren Schuldigen an der Brandlegung im Reichstag in den Reihen der Nationalsozialisten zu suchen seien. Im Anfang November meldete sich in einer Berliner Strafanstalt ein dortiger Gefangener namens Rall beim Gefängnisdirektor und sagte aus, er sei Mitglied des SA-Sturm 17 gewesen.[45] Er habe sich vor dem Ausbruch des Reichstagsbrandes in dem unterirdischen Gang befunden, der das Reichstags-Sitzungsgebäude mit dem Gebäude verbindet, in dem der Reichstagspräsident [Hermann Göring] seine Dienstwohnung habe. Er habe selbst mit angesehen, wie von verschiedenen Mitgliedern seines Sturms die Explosivflüssigkeiten hereingeschafft wurden. Als die Aussage des Rall in der Strafanstalt durchsickerte, sagten bei einer Unterhaltung über die Angelegenheit die Gefängnisbeamten: ‚Der Rall wird sich noch um seinen Kopf reden.' Bei seiner Aussage vor dem Gefängnisdirektor hatte sich Rall als Zeuge für den Reichstagsbrandprozeß erboten. Die vom Gefängnisdirektor benachrichtigte [Geheime] Staatspolizei nahm erst in der Strafanstalt selbst mit Rall ein eingehendes Verhör vor und nahm ihn dann zu weiteren Vernehmungen nach dem Berliner Polizeipräsidium am Alexanderplatz mit. In der Anstalt selbst hörte man zunächst nichts weiter von dem Fall. Auch als sich die Gefängnisdirektion nach einiger Zeit über den Verbleib der Personalakten des Rall erkundigte, antwortete man zunächst nicht, sie bekam aber schließlich den Bescheid, der Gefangene sei auf dem Rücktransport vom Alexanderplatz in die Strafanstalt entsprungen. Vor etwa 14 Tagen hat man die Leiche des Rall in der Gegend bei Strausberg gefunden." Diese Meldung wurde am 13. Dezember 1933 von der deutschsprachigen französischen Nachrichtenagentur „Inpress" unter der Überschrift „Brandzeuge ermordet" leicht gekürzt weiter verbreitet.

Am 15. Dezember 1933 verschwanden die Akten Rall dann plötzlich bei der Zentralstaatsanwaltschaft. Eine Aktennotiz besagt: „Zentralbüro ergab: Eine Strafsache gegen Rall (Strafgefang. in Tegel, bei Rückführung von Staatspol. entflohen u. zu Strausberg tot aufgefunden, mit eingef. Bericht des Gef. Direktors in Tegel [Brucks]) hatte ich heute morgen Herrn v. Haake zugefertigt. Bei der Durchsicht der ihm vorliegenden Sachen habe ich sie nicht finden können. Das Gestapa will die Akten morgen 1/2 10 bei mir abholen. Ich bitte sie mir beschleunigt bis dahin zuzusenden."[46]

Das Aktenheft landete dann schließlich in den Reichstagsbrandakten, in die nach Prozeßende (23. Dezember 1933) auch sachbezogene Gestapa-Unterlagen abgeheftet wurden. Auf der vorletzten Seite des Aktenheftes habe sich eine Verfügung „Zur ‚Reichstagsbrand' Sache" befunden, von der man vermutete, sie stamme von Kriminalkommissar Lipik, Abtl. III 2 D, dem Sachbearbeiter des Falles Rall. Aus Organisationsplänen des Gestapa geht hervor, daß Kriminalkommissar Erich Lipik[47] 1934 Dezernent der Abteilung III (Abwehramt), 2 (Landesverrat u. Spionageabwehr Westen) D (Pazifisten, Separatisten, Deserteure, Fremdenlegionäre, Refraktäre) des Gestapa war.[48]

Am 11. August 1934 (sechs Wochen nach der Mordaktion anläßlich des sogenannten „Röhm-Putschs", bei der offenbar etliche Mittäter und

Mitwisser der Reichstagsbrandstiftung ermordet bzw. verhaftet wurden) entfernten die Gestapa-Beamten Futh und [Niels] Raben das Aktenheft Rall aus den Reichstagsbrandakten und legten es offenbar Lipik erneut vor. In den Reichstagsbrandakten verblieb eine Notiz: „Der Inhalt des Aktenheftes bezüglich des Reichstagsbrandes ist für diese Sache ohne Bedeutung. Adolf Rall, der in der Hauptverhandlung des Reichstags-Brandprozesses angeblich Wichtiges angeben wollte, hat später aus- ge-sagt, daß seine Angaben in dieser Angelegenheit erlogen seien und ihm nur daran gelegen war, die langersehnte Freiheit wieder zu erlangen. R. ist inzwischen verstorben."[49]

Daß Rall gelogen haben soll, um früher aus der Haft entlassen zu wer-den, ist allerdings mehr als unwahrscheinlich. Seiner Mutter gegenüber hatte er (vor dem September 1933) angegeben sowie nach dem einzig erhaltenen Vernehmungsprotokoll am 21. Oktober 1933 ausgesagt, er habe seine „Strafe bald abgesessen [nämlich am 19. März 1934]". Eine falsche Angabe zur Strafdauer wäre gegenüber einem Gefängnisbeam-ten wohl sinnlos gewesen. Weiterhin ist die Entfernung des Aktenhef-tes auch deshalb eigenartig, weil in den Reichstagsbrandakten ver-gleichbare Fälle vorliegen, bei denen SA-Leute der Brandstiftung beschuldigt wurden oder sich gar selbst beschuldigten und teilweise auch vernommen wurden, ohne daß diese Akten verschwanden. Jedenfalls verliert sich an dieser Stelle die Spur der Akte mit Ralls Aussagen zur Vorbereitung des Reichstagsbrandes.

Am 27. August 1934 erkundigte sich Ralls Mutter Marianne beim Kri-minalgericht Moabit nach ihrem Sohn, von dem sie seit ihrem letzten Besuch im Gefängnis Berlin-Moabit im August 1933 und seit der Haus-suchung am 3. November 1933 nichts mehr gehört hatte.[50] Am 3. Ok-tober 1934 wandte sich der Strafanstaltsoberdirektor von Berlin-Tegel, Felix Brucks, über Gerichtsassessor Kolb mit dem Vermerk „Persönlich! Geheim!" diesbezüglich an den Generalstaatsanwalt beim Kammerge-richt Berlin: „Der Strafgefangene Adolf Rall [...] ist nach Mitteilung des Geh. Staatspolizeiamtes vom 25. November 1933 vor damals 2 Mona-ten auf dem Transport ins hiesige Strafgefängnis entflohen. Er wurde als Leiche in einem Walde bei Strausberg aufgefunden. [...] Im Hinblick auf die Bedeutsamkeit des Falles, der s. Zt. in einer Pariser Zeitung veröf-fentlicht worden ist, bitte ich ergebenst um die Ermächtigung, falls die Mutter des Rall von hier aus beschieden werden soll."[51] Brucks bezog sich hier also offenbar auf den bereits zitierten Beitrag im „Pariser Tage-blatt", der wahrscheinlich auf seinen eigenen Angaben basierte.

Ralls Mutter wurde daraufhin vom Gestapa mündlich mit der falschen Nachricht beschieden, ihr Sohn sei am 1. November bei einem Gefangenentransport entsprungen und dabei erschossen worden. In einem Schreiben des Gestapa vom 2. August 1935 an den Staatsanwalt von Haake von der Zentralstaatsanwaltschaft wurde dann ebenso wahrheitswidrig behauptet, „daß aufgrund der hiesigen Akten festgestellt werden konnte, daß Rall am 1. November 1933 aus dem Untersuchungsgefängnis Moabit im Einvernehmen mit der Staatsanwaltschaft an das Geheime Staatspolizeiamt zur Einvernahme überstellt wurde. Diese Gelegenheit benutzte Rall zu einem Fluchtversuch. Hierbei wurde er erschossen. Die hierher übersandten Akten reiche ich in der Anlage zurück." Diese Anlage bestand aus zwei Akten.[52] Ob sich das Heft mit den Aussagen Ralls darunter befand, läßt sich heute nicht mehr feststellen.

Am 1. Februar 1938 wurden die Rall-Akten dann vom Gestapa als „geschichtlich wertvoll" und „geheimhaltungsbedürftig" eingestuft.[53]

Bis Anfang der 40er Jahre versuchten sowohl das Amtsgericht Strausberg als auch die Generalstaatsanwaltschaft Berlin die Akten des Falles Rall zurückzubekommen, jedoch ohne Erfolg. Die Antwort des Gestapa lautete regelmäßig: „Akten sind nicht entbehrlich".

Am 22. April 1938 forschte Strafanstaltsoberdirektor Brucks erneut mit einem als „Geheim!" deklarierten Schreiben an den Oberreichsanwalt nach den Rall-Akten:

„Ende Oktober 1933 habe ich anläßlich des Strafprozesses gegen van der Luppe [sic!], der anläßlich des Brandes im Reichstag wegen Brandstiftung verurteilt wurde, Mitteilungen aus hiesigen Gefangenenkreisen an den Herrn Oberreichsanwalt [...] gelangen lassen, welche Enthüllungen des Strafgefangenen Rall enthielten, wonach die NSDAP verdächtigt wurde, der Brandstiftung nahe zu stehen. [...] Ich bitte um möglichst beschleunigte Mitteilung, ob die Personalakten Rall sich dort befinden, im bejahenden Falle um ihre schleunige Zurücksendung."[54] Diese Formulierungen muten für das Jahr 1938 sensationell, wenn nicht gar selbstmörderisch an.

Brucks wußte möglicherweise nicht, daß der frühere Oberreichsanwalt Karl Werner bereits am 12. Oktober 1936 verstorben war. Das Schreiben von Brucks landete im Geheimen Staatspolizeiamt; dessen Bearbeitungsvermerke reichen bis Anfang Mai 1938: „Antworten, daß die Personalakten Rall sich bei der Strafsache gegen van der Lubbe nicht haben ermitteln lassen."[55]

Aus der Personalakte von Brucks geht hervor, daß dieser am 2. Mai 1938 „seinen Erholungsurlaub" antrat. Ein Regierungsrat Dr. Hansen teilte am gleichen Tag dem Generalstaatsanwalt beim Kammergericht mit: „Ich habe die Vorstandsgeschäfte des Strafgefängnisses Tegel in Berlin übernommen"[56] – eine ungewöhnliche Art, auf eine Urlaubsvertretung hinzuweisen! Vertreter von Brucks in der Justizvollzugsanstalt Tegel war bis dahin allerdings ein Gerichtsassessor Kolb. Auch ein Urlaubsantrag von Brucks findet sich nicht in der bis dato penibel geführten Personalakte; ebensowenig ist eine Urlaubsdauer vermerkt. Brucks meldete sich schließlich von seinem „Urlaub" auch nicht zurück zum Dienst. Am 7. Juni 1938 wurde er wegen „Blutzirkulationsstörungen" für vier Wochen dienstunfähig geschrieben. Auch dieses Datum ist merkwürdig, denn danach wäre Brucks die ungewöhnlich lange Zeit von fünf Wochen im Urlaub gewesen.

Am 8. Juni 1938 verstarb der 64jährige Brucks[57], Vater von drei Söhnen, plötzlich „als aktiver Beamter"[58] und ohne ein Testament zu hinterlassen. Der offenbar ursprünglich nach Tegel übersandte Totenschein ist in der Personalakte nicht enthalten; die Todesursache von Brucks ist deshalb heute unbekannt.

Ein Nachruf seiner Mitarbeiter vom 11. Juni 1938 lautet: „Kurz nach seiner Rückkehr aus dem Sommerurlaub, der ihm die in einem Kurort gesuchte Verbesserung seines langjährigen Leidens nicht gebracht hatte, verstarb am 8. Juni 1938 unser Anstaltsvorstand Herr Oberregierungsrat Felix Brucks. 22 Jahre lang hat er die Tegeler Anstalt geleitet. Frohsinn und Humor, unbeirrbare Gerechtigkeit und wohlwollende Güte zeichneten ihn aus und machten ihn zu einem wahrhaft väterlichen Vorgesetzten. Der Verstorbene wird uns in alle Zukunft unvergessen bleiben. Die Gefolgschaft des Strafgefängnisses Tegel."[59] Von Felix Brucks, der politisch nicht engagiert war, ist der Satz überliefert: „Wenn es nötig ist, hebe ich nicht nur das Händchen, sondern wie die Hunde auch das Beinchen."[60] Dies konnte allerdings in der NS-Zeit tödliche Folgen haben.

Der Fall Karl Reineking

Das Wissen um Ralls „Enthüllungen" wurde einem weiteren Mitwisser und mutmaßlichen Mittäter bei der Ermordung Ralls zum Verhängnis.

Karl Reineking[61] (geboren am 5. November 1903 in Oberg/Kreis

Peine) trat am 1. Juni 1932 in den SA-Sturmbann II/208 ein, wohl als Scharführer. Am 15. Juli 1932 wurde er Truppführer. Am 1. September 1932 trat er der NSDAP bei (Nr. 1283667) und wurde zum SA-Sturmführer befördert. Seit dem 20. Februar 1933 arbeitete Reineking bei der Städtischen Polizeiverwaltung Peine. Er wurde mit der Aufstellung der dortigen Hilfspolizei beauftragt und soll im Außendienst für die Verhaftung von ca. 100 Kommunisten und die Durchsuchung von deren Wohnungen verantwortlich gewesen sein.[62]

Reineking erschoß am 4./5. März 1933 in Handorf (Kreis Peine) den 22jährigen SA-Mann Wilhelm Vöste (möglicherweise versehentlich). Eine Untersuchung des Mordes wurde von den NS-Machthabern untersagt. Reineking wurde sofort seiner Funktionen enthoben und am 27. Juni 1933 aus der SA ausgeschlossen. (Erst am 12. Oktober 1933 legte er dagegen Beschwerde ein.)

Reineking kam nun – eigenartigerweise – „auf Anordnung des Stabschef [Röhm] nach Berlin".[63] Ab dem 15. Mai 1933 war er als Beamter

Karl Reineking mit seiner Braut, dahinter Karl Ernst (l.) und Arthur Nebe.

beim Amtsgericht Berlin, Kriminalgericht (Moabit) angestellt. In dieser Eigenschaft war „Justizangestellter Reineking als Urkundsbeamter der Geschäftsstelle" auch im Gefängnis Berlin-Tegel tätig, nachweislich am 18. Oktober 1933 bei einer Vernehmung zur Reichstagsbrandsache.[64] Dort war ab dem 20. Oktober 1933 auch Rall inhaftiert. Reinekings Tätigkeit für das Amtsgericht endete am 27. Oktober 1933.[65] Am gleichen Tag holte die Gestapo Rall aus dem Gefängnis Tegel ab.[66] Reineking in einem Schreiben an die Oberste SA-Führung: „Durch meinen Dienst lernte ich am 27. 10. 33 den Gruppenführer Ernst kennen."[67] (Reineking wurde später sogar dessen Duzfreund.) Am 28. Oktober 1933 bescheinigte der Peiner Bürgermeister Richter „als Polizeibehörde" überraschend: „Der Sturmbannführer II/208 Karl Reineking [...] war [...] in der Polizeiverwaltung der Stadt Peine, und zwar in der Kriminal-Abteilung als Hilfspolizeibeamter tätig. Reineking wurde hauptsächlich mit der Erledigung politischer Sachen betraut. [...] Reineking hat sich in jeder Weise bewährt. Er wird für den politischen Geheimdienst in der Polizei für besonders geeignet erachtet. Seine Führung war tadellos."[68]

Dies war offenbar ein Gefälligkeitszeugnis, denn Reineking war ja zu dieser Zeit aus der SA ausgeschlossen. Eine interne „SA-Führerbeurteilung" sagt dagegen etwas völlig anderes über Reineking aus: „Charakter: nicht offen, Streber; Verhalten gegen Vorgesetzte: nicht einwandfrei (Kriecher); Gesamturteil: kein offener Mensch. Als Formationsführer wie auch in Stäben nicht geeignet."[69]

Reineking erhielt zum 1. November 1933 eine „Einberufung" als Kriminalbeamter (Versorgungsanwärter) zum Gestapa in Berlin.[70] Am 2. November wurde Rall von Beamten des Gestapa (die SA-Uniform trugen) ermordet. Nach einer Aussage von Gisevius unter Berufung auf persönliche Mitteilungen von Reineking selbst sowie dessen Chef, Regierungsrat Arthur Nebe, des Leiters der Exekutivabteilung des Gestapa, waren Reineking und auch Hans Georg Gewehr (siehe unten) an der dem Mord an Rall beteiligt.[71] Am 4. November 1933, zwei Tage nach Ralls Ermordung, richtete Karl Ernst ein Schreiben an die Oberste SA-Führung, in dem es hieß: „Ich darf der Obersten SA-Führung heute melden, daß Reineking der SA einen unerhörten Dienst erwiesen hat, den ich bereit bin, dem Chef der Abteilung II, Gruppenführer Schmid[72], persönlich vorzutragen."[73] War hier von der Ermordung Ralls die Rede? Eine Gestapa-Notiz belegt schließlich, daß „Kriminalassistentenanwärter" Reineking vom „Preussischen Staatsministerium" Mitarbeiter von

Kriminalkommissar Lipik war, dem bereits genannten Gestapa-Sachbearbeiter im Fall Rall.[74]

Am 7. Dezember 1933 wurde Reineking dann auf direkten Befehl von SA-Chef Ernst Röhm wieder als Sturmführer eingesetzt.[75] Er gehörte nun (bis zum 16. März 1934) zum Stab der Obergruppe III (Berlin-Brandenburg, Karl Ernst).[76]

Reineking heiratete am 27. Februar 1934 eine Betty Voigt (geboren am 12. Juli 1911 in Brunne) und soll dadurch zu einem Verwandten von SA-Führer Karl Ernst, mit dem er „eng" befreundet war, geworden sein. Trauzeugen Reinekings waren SA-Führer Karl Ernst und Regierungsrat Arthur Nebe (1894-1945), seinerzeit Leiter der Exekutivabteilung des Gestapa und Reinekings Chef. Reineking bestritt später, daß seine Frau mit Ernst verwandt gewesen sei, daß Ernst Trauzeuge war und daß er selbst zur „besonderen Sorte" gehört habe[77], also (wie Ernst) homosexuell gewesen sei. Von Reinekings Hochzeit existiert allerdings ein Foto, welches das Brautpaar vor Nebe und Ernst zeigt.[78]

Nach dem sogenannten „Röhm-Putsch", am 30. Juni 1934 (Ernst war von der SS ermordet worden), kam es zu einer erneuten Untersuchung gegen Reineking, der daraufhin zum Führer eines Reserve-Sturmbanns degradiert wurde, aber immer noch im Gestapa arbeitete. Der Vorsitzende des Gaugerichts der NSDAP-Gauleitung Süd-Hannover-Braunschweig, Schomerus, berichtete am 17. Juli 1934 (seltsamerweise dem Reichsminister ohne Geschäftsbereich Hanns Kerrl): „Reineking hat bei seinen Vernehmungen mir mit aller Entschiedenheit versichert, daß er für die (ehemalige) Oberste SA-Führung ganz geheime Aufträge ausgeführt und ihr dadurch ungewöhnlich große Dienste geleistet hätte. Als seine Wiederaufnahme als Sturmführer m. W. noch bevorstand, erklärte er, bei den Verdiensten, die er durch die Ausführung von geheimen Aufträgen erworben hätte, könnte man nicht umhin, ihn anzuerkennen. Er erklärte, über den Inhalt der Aufträge und die Art der Ausführung unter allen Umständen strengstes Stillschweigen bewahren zu müssen."[79] Daraufhin wandte sich am 19. Juli 1934 Kerrl in einem Schreiben „Geheim! Persönlich!" an SS-Führer Heinrich Himmler und schlug vor, Reineking aus der SA auszuschließen und aus dem Gestapa zu entfernen. Weiter hieß es: „Ich bitte Dich nochmals, dieses Schreiben streng vertraulich zu behandeln, da ich R. als einen Menschen kenne, der zu allem fähig ist."[80] Am gleichen Tag wandte sich Kerrl in derselben Sache, ebenfalls „Geheim! Persönlich!" an den neuen SA-Chef Lutze.[81] Kurz darauf wurde ein SA-Sondergerichtsverfahren gegen Reineking eingeleitet. Am 12. Oktober 1934 wurde Reineking von der SA „mit Verbot des Tragens des Dienstanzuges beurlaubt"[82], offenbar ebenso von seinem Dienst beim Gestapa. Am 3. Januar 1935 wehrte sich Reineking dagegen mit einem Schreiben an die Oberste SA-Führung. Am 9. Januar 1935 kam ein SA-Sondergericht schließlich zu dem Urteil, das Verfahren sei einzustellen.[83]

Im selben Jahr wurde Reineking – nach Gisevius – „wegen staatsgefährlicher Äußerungen ins Konzentrationslager Dachau eingeliefert".[84] Im Januar 1936 wurde er wegen „Vergehen gegen § 1 des Heimtückegesetzes zu 6 Monaten Gefängnis"[85] verurteilt. Nach einer erhaltenen Notiz war auch sein Vater betroffen: Am 27. Januar 1936 wurden von der großen Strafkammer bei dem Landgericht Berlin „wegen Vergehens gegen § 1, Abs. 1 des Ges. v. 20. 12. 34"[86] verurteilt:

„a) Reineking, Karl jun. zu 6 Monaten Gefängnis, verbüßt am 8. 3. 1936.

b) Reineking, Karl sen. zu 1 Monat Gefängnis, erlassen durch Amnestie vom 23. 4. 1936."[87]

Die entsprechenden Akten wurden durch Kriegseinwirkung offenbar vernichtet.[88]

Karl Reineking jun. wurde jedoch am 8. März 1936 keineswegs aus der Haft entlassen. Am 2. Juni 1936 morgens um 8.30 Uhr starb er im Konzentrationslager Dachau.[89] Er soll sich erhängt haben[89a], vermutlich wurde er ermordet.

Karl Reinekings Bruder Kurt erklärte 1961 bei der Landeskriminalpolizei in Peine „im Anschluß an die Protokollierung seiner Vernehmung" zu dieser Sache: Er habe „seinen Bruder Karl im Juli 1935 letztmalig in Berlin gesehen. [...] Bei dieser Gelegenheit habe ihm sein Bruder erzählt, er habe damals als Angestellter [wohl Beamter] beim Kriminalgericht Berlin-Moabit ‚gewisse Unterlagen' über den Reichstagsbrandprozeß [wohl die Vernehmungsprotokolle von Rall] für sich behalten und nicht weitergeleitet bzw. hätten diese Unterlagen vernichtet werden sollen. Den Verfolgungen seitens Heydrich[90], denen Karl Reineking angeblich deswegen ausgesetzt war, soll er mit der Drohung begegnet sein, daß diese Unterlagen bzw. deren Inhalt veröffentlicht würden, d. h. in ausländischen Zeitungen, wenn ihm – Karl Reineking – etwas zustoße. Um was es sich gehandelt hat, kann Kurt Reineking nicht angeben. Später hat er angeblich gehört, daß im Keller des Karl Reineking, unter Kohlen versteckt, bei einer Haussuchung, irgendwelche Unterlagen gefunden [worden] sein sollen."[91]

Das Zeugnis des Hans Bernd Gisevius

Dr. jur. Hans Bernd Gisevius (1904 - 1974) arbeitete von August bis Dezember 1933 als Gerichtsassessor bei der Politischen Polizei im Polizeipräsidium Berlin unter Diels. Eine Aufnahmeerklärung für die NSDAP vom 11. November 1933 (Eintritt am 9. Juni 1933) enthält die Angabe von Gisevius: „Assessor im Geheimen Staatspolizeiamt".[1] In den Reichstagsbrandakten findet sich ein von seiner Hand für Diels gefertigter (kritischer) „Bericht des nach Leipzig entsandten Dezernenten über das Plädoyer des Herrn Oberreichsanwalts" vom 13./14. Dezember 1933.[2] Ende Dezember 1933 wurde Gisevius in die Polizeiabteilung des Preußischen Innenministeriums, später des Reichsinnenministeriums versetzt, wo er bis Ende Juni 1935 arbeitete. Seit 1940 war er im deutschen Generalkonsulat in Zürich als Vizekonsul tätig. Er arbeitete hier auch für den US-amerikanischen Geheimdienst und gehörte zu den „Verschwörern" des 20. Juli 1944 gegen Hitler.

1946 lieferte Gisevius aus der Schweiz einen Insiderbericht „Bis zum bittern Ende"[3], den er nach eigenen Angaben zwischen 1939 und 1941 geschrieben hatte, und der – trotz etlicher Ungenauigkeiten und romanhafter Ausschmückungen – nicht nur die dargestellten nachweisbaren Fakten zum Fall Rall im wesentlichen wiedergibt, sondern offenbar auch um fehlende Teile ergänzt. Gisevius' Bericht beruht – soweit erkennbar – auf persönlichen Informationen des ersten Gestapa-Chefs Rudolf Diels, des Grafen von Helldorf, des Abwehroffiziers Hans Oster und von Mitarbeitern des Gestapa, insbesondere des Leiters der Exekutivabteilung und späteren Reichskriminalpolizeidirektors Arthur Nebe[4], des Kriminalpolizeirats Hubert Geissel[5] sowie von Karl Reineking (siehe oben). Eine bessere Quelle als Reineking hätte es wohl kaum geben können, denn dieser war sowohl zur Zeit der ersten Vernehmungen Ralls im Strafgefängnis Berlin-Tegel als Urkundsbeamter tätig, als auch später Mitarbeiter des Gestapa-Sachbearbeiters im Fall Rall, Lipik. Und schließlich hatte Reineking sehr wahrscheinlich auch den unbequemen Rall eigenhändig beseitigt. Über die weiteren Dienste von Reineking bei der Unterdrückung von Ralls Vernehmungsprotokollen wird im folgenden noch zu berichten sein.

Gisevius trat vor dem Nürnberger Kriegsverbrecher-Tribunal als einer der Hauptbelastungszeugen auf. Hier legte er auch sein Buch vor. Am

25. April 1946 sagte er <u>unter Eid</u> über die Reichstagsbrandstiftung und die damit verbundene Affäre Rall folgendermaßen aus:

„Justice Jackson: Sie haben über die Untersuchungen ausgesagt, die Sie angestellt haben, als Sie mit der Polizeiverwaltung zu tun hatten; und Sie erwähnten den Reichstagsbrand. Sie haben uns aber nicht die Ergebnisse Ihrer Untersuchungen mitgeteilt. Wollen Sie uns das bitte sagen?

Gisevius: Um es kurz zu sagen, und um zunächst den Tatbestand zu geben, haben wir festgestellt, daß Hitler ganz allgemein den Wunsch nach einem großen Propagandacoup ausgedrückt hatte. Goebbels übernahm es, die nötigen Vorschläge hierfür vorzubereiten, und Goebbels war es, der den ersten Gedanken hatte, den Reichstag anzuzünden. Goebbels sprach hierüber mit dem Führer der Berliner SA-Brigade, Karl Ernst, und regte auch im einzelnen an, wie die Brandstiftung vorgenommen werden könnte.

Man wählte eine gewisse Tinktur, die jeder Feuerwerker kennt. Man verspritzt sie und sie entzündet sich nach einer gewissen Zeit, nach Stunden oder Minuten. Um in den Reichstag hineinzugelangen, benötigte man den Gang, der von dem Reichstagspräsidentenpalais in den Reichstag führte. Es wurde eine Kolonne von zehn zuverlässigen SA-Leuten bereitgestellt, und nunmehr wurde Göring über alle Einzelheiten des Planes ins Bild gesetzt, so daß auch Göring zufällig am betreffenden Abend nicht eine Wahlrede hielt, sondern zu so später Stunde noch an seinem Schreibtisch im Innenministerium in Berlin saß.

Es wurde von Göring erwartet – und er sicherte dieses zu –, die Polizei im ersten Schock so zu instruieren, daß sie auf falsche Spuren gelenkt wurde. Man wollte von Anfang an dieses Verbrechen den Kommunisten in die Schuhe schieben, und in diesem Sinne waren auch jene zehn SA-Leute instruiert worden, die das Verbrechen durchzuführen hatten.

Dies ist in kurzen Worten der Hergang. Um zu sagen, wie wir die Einzelheiten erfuhren, habe ich noch hinzuzufügen, daß einer dieser zehn Mann, die die Tinktur verspritzt hatten, ein notorischer Krimineller war. Er wurde ein halbes Jahr später aus der SA ausgeschlossen, und als er die in Aussicht gestellte Belohnung nicht erhalten hatte, glaubte er, dem damals in Leipzig tagenden Reichsgericht seine Wissenschaft melden zu sollen. Er wurde einem Untersuchungsrichter vorgeführt; dieser setzte ein Protokoll auf. Die Gestapo erfuhr aber hiervon, der Brief an das Reichsgericht wurde abgefangen und vernichtet. Und jener SA-Mann mit Namen Rall, der es verraten hatte, wurde mit Wissen des Angeklagten Göring auf Anordnung des Gestapochefs Diels auf niederträchtige Weise ermordet. Anläßlich der Auffindung der Leiche kamen wir auf die Spur der ganzen Angelegenheit.

Justice Jackson: Was ist aus den zehn SA-Leuten geworden, die den Reichstag in Brand gesteckt haben? Ist noch irgendeiner von ihnen am Leben?

Gisevius: Soweit wir sie uns vorgemerkt hatten, ist keiner mehr am Leben. Die meisten wurden am 30. Juni [1934] unter dem Vorwand des Röhm-Putsches ermordet. Nur einer, ein gewisser Heini Gewehr, wurde in die Polizei als Polizeioffizier übernommen. Wir haben auch seine Spur verfolgt. Er ist im Kriege an der Ostfront als Polizeioffizier gefallen."[6]

Zu dieser Aussage von Gisevius ist folgendes richtigzustellen: Rall kann nicht direkt an der Brandstiftung beteiligt gewesen sein, da er am 27. Februar 1933 in Haft war.[7] Es ist jedoch durchaus möglich, daß die Brandflüssigkeit schon einige Zeit vor der Brandstiftung in den Keller von Görings Reichstagspräsidentenpalais oder sogar in den unterirdischen Gang zum Reichstag geschafft wurde: Im Hinblick auf Ralls Inhaftierungen würde das heißen zwischen dem 10. Oktober und dem 20. Dezember 1932. Ebenfalls nicht auszuschließen ist, daß Rall „nur" an einer Art Generalprobe teilgenommen hatte und dadurch über den geplanten Ablauf der Brandstiftung im Bilde war.

Weiterhin fiel Hans Georg Gewehr nicht an der Ostfront, sondern überlebte den Zweiten Weltkrieg und wurde 1960 in Düsseldorf ermittelt. Auf die Geschichte von „Pistolen-Heini" Gewehr wird weiter unten eingegangen.

Das Schicksal von Ralls Vernehmungsprotokollen

Über die brisanten Vernehmungsprotokolle Ralls, die auf merkwürdige Weise verschwanden, berichtete Gisevius wie folgt (hier zitiert mit Auslassung der erkennbar falschen Passagen sowie unter Hinzufügung von Ergänzungen [in eckigen Klammern]):

„In der Tat war besagter Rall auf Geheiß der Gestapo [am 27. Oktober 1933 von Tegel] nach Berlin beordert und eingehend verhört worden. Diese Vernehmungen hatten sich in Geissels Zimmer abgespielt. Nach ihrer Beendigung wurde der Häftling eines Nachts aus dem Polizeipräsidium abgeholt. Angeblich sollte es sich um eine kurze Gegenüberstellung handeln. In Wirklichkeit mußte er sich in der Prinz-Albrecht-Straße bis aufs Hemd ausziehen. Dann fuhren sie zu viert, den vor Kälte und Angst zitternden Rall unten ins Auto gepfercht, zur Stadt hinaus. Dort, wo die Gelegenheit günstig schien [bei Garzau, in der Nähe von Strausberg], machten sie halt, und was sich dann ereignete, wußte jener unbekannte SA-Mann, er hieß Reineking, scheußlich plastisch zu berichten. [...] Aber welchen Verbrechens hatte sich besagter Rall schuldig gemacht, daß er zunächst tagelang von der Gestapo vernommen und daran anschließend im Nachtdunkel ermordet werden mußte? Und wer war dieser Reineking, der so plötzlich in unserem Gesichtsfeld erschien? [...] Geissel mochte schweigen, soviel er wollte, Reineking war ein um so größerer Schwätzer. Neuling auf gestapistischem Boden, fühlte er sich hochgeehrt, als Nebe sich mehrfach seiner annahm, mit ihm eine Konferenz unter vier Augen abzuhalten. [...] Seine Erscheinung tauchte sichtbar in der Gestapo erst ein paar Tage nach der Ermordung des Rall auf. Damals machte Reineking schon einen unsicheren, zuweilen verworrenen Eindruck. Sein schlechtes Gewissen zeichnete die unbedeutenden Gesichtszüge, das Unruhige und Unstete flackerte bereits in seinen Augen; man spürte, da war jemand, der sich in eine entsetzliche Blutschuld verstrickt fühlte. [...] Er war fest angestellt und saß als Protokollant bei einem märkischen Amtsgericht [richtig: beim Kriminalgericht Berlin-Moabit, dabei aber auch als Protokollant im Gefängnis Berlin-Tegel]. [...] Eines Tages, er war gerade beim Protokollieren [...], da gab es plötzlich eine wohltuende Abwechslung. [...] Dieser Zeuge, der sich so gewichtig am Vernehmungstisch niederließ, kam von selber, aber nicht aus der Freiheit, er meldete sich aus der Untersuchungshaft, und nur unter scharfer Bewachung durfte er ins Zimmer treten. Der Untersuchungsgefangene Rall, der jetzt so redselig seine Memoiren – oder war es nicht sein Todesurteil? – in die Schreibmaschine diktierte, war ein mehrfach vorbestrafter Gewohnheitsverbrecher. [...] Der Mann redete freiweg über den Reichstagsbrand, und zwar nicht bloß vom Hörensagen. [...] Offensichtlich war er einer der Mittäter, der bis in die kleinsten Einzelheiten den Hergang der Tat zu beschreiben wußte. Dafür, daß er nicht log, zeugten die näheren Begleitumstände, die er schilderte, die Namen, die er nannte, die Legitimation, auf die er sich berief, nämlich, daß er bis vor wenigen Monaten Angehöriger der Stabswache des Gruppenführers Karl Ernst gewesen war[8], nicht zuletzt aus der Erwägung, daß im damaligen Stadium des braunen Terrors niemand grundlos Goebbels und Göring bezichtigt hätte. [...] Kein Wunder, wenn der tiefbeeindruckte Amtsrichter [es kann sich hier nur um den Gefängnisdirektor von Berlin-Tegel, Brucks, gehandelt haben] es als seine Pflicht ansah, diese hochwichtige Aussage möglichst wortgetreu zu protokollieren. [...] Es blieb [...] nichts anderes übrig, als das Protokoll auf dem schnellsten Wege nach Leipzig [zum dort tagenden Reichsgericht] zu senden. [...] Reineking konnte es gar nicht abwarten, bis die Vernehmung beendet war. Kaum daß sich der Richter [wohl der Gefängnisdirektor Brucks] entfernt hatte, machte er sich gleichfalls auf den Weg. Er eilte zu seinem zuständigen SA-Führer, hastig stammelte er [unter Bruch der Amtsverschwiegenheit] einige geheimnisvolle Andeutungen, dann stürzten sich beide in ein Auto, und wenige Stunden später meldeten sie sich im Hauptquartier des Berliner Gruppenführers [Ernst]. Dort brauchten sie nicht lange zu warten. Ihre ersten Äußerungen bewirkten, daß sie gleich zu Karl Ernst persönlich heraufbefohlen wurden. [...] Aufgeregt ergriff Gruppenführer Ernst das Telephon. Unter häßlichen Flüchen und saftigen Beschwörungen verhandelte er mit dem Chef der Gestapo [Diels]. Augenscheinlich war auch dieser betroffen. Sie wurden unverzüglich zu ihm gebeten. Bald saß Reineking als Ehrengast in jener sagenumwobenen Behörde, von der er tausend schauerliche Gerüchte gehört hatte. Abermals erzählte er seine Geschichte. [...] Er durfte miterleben, wie Diels seine ersten Anordnungen traf, wie sie Sonderkuriere nach Leipzig sandten, wie sie beratschlagten, auf welche unauffällige Weise man des Rall habhaft werden könne. Schließlich gestatteten sie ihm, mit dabei zu sein, als sie den geschwätzigen Kronzeugen zu sich in den Gewahrsam des Berliner Polizeipräsidiums holten [am 27. Oktober 1933].

Er [Reineking] bekam einen Gestapoausweis, ein leibhaftiger Kriminalrat nannte ihn seinen Mitarbeiter, Geld drückten sie ihm gleichfalls in die Hand, und dann schrieben sie seiner heimischen Behörde einen wohlklingenden Brief, der SA-Mann Reineking sei zu einem Schulungskurs nach Berlin befohlen, bis auf weiteres sei er aus der Justizverwaltung zu beurlauben. [...] Nach wenigen Tagen [am 7. Dezember 1933] zierten ihn [wieder] die Abzeichen eines Sturmführers. [...] Nach der Abholung des Rall dessen Vernehmung. Dann die Abfangung des Leipziger Briefes. Danach eine Haussuchung bei der Geliebten des Rall [richtig: bei seiner Mutter]. Fahndung daselbst nach einer Niederschrift, die der gewiegte Verbrecher vorsorglich hinterlegt hatte. Dramatisches Zwischenspiel, weil die Geliebte [tatsächlich wohl die Mutter] schneller war als die Polizei und das Schriftstück zerriß: das waren jene vielen kleinen Schnitzel, bei deren Zusammenkleben ich Geissel und Reineking beobachtet hatte. [...] Dazwischen fortlaufende Rücksprachen bei Diels, ausführliche Berichterstattungen bei Karl Ernst, eingehende Besprechungen mit den kriminalistischen Bearbeitern des Leipziger [Reichstagsbrand-]Prozesses. Endlich die bedeutsame Mitteilung, der Reichspropagandaminister Goebbels sei außerordentlich dankbar. Die Andeutung, Göring, jawohl Göring, werde diese mutige Hilfeleistung nicht vergessen. Die Zusage, Stabschef Röhm wolle anläßlich seines nächsten Besuches dem Standartenführer [richtig: Sturmführer Reineking] persönlich die Hand drücken."[9]

Der Schilderung von Gisevius kommt deshalb eine besondere Bedeutung zu, weil zur Zeit der Niederschrift die diesbezüglichen Akten zu Rall und Reineking noch nicht vorlagen.

Rekonstruktion der Aussage des Adolf Rall

Im folgenden soll der als gesichert rekonstruierte Kern von Ralls Aussage zum Reichstagsbrand zusammengefaßt werden. Rall selbst sagte aus: „Ich habe sehr wichtige Angaben im Reichstagsbrandprozeß zu machen."[10] Nach Gefängnisdirektor Brucks ging es dabei um „Enthüllungen [...], wonach die NSDAP verdächtigt wurde, der Brandstiftung nahe zu stehen".[11] Der damalige Gestapochef Diels schrieb, Rall hatte „eine Art Selbstanzeige erstattet, in der er einige Kumpane bezichtigte, den Reichstagsbrand vorbereitet zu haben. Er erzählte von einem Lehrgang, in dem er und seine Spießgesellen in der Handhabung von phosphorhaltigen Brandmitteln geschult worden seien. Sie hatten die Wirkung der selbstentzündlichen Stoffe häufig ausprobiert, indem sie dieselben in Hausflure und offenstehende Fenster von öffentlichen Gebäuden geworfen hatten."[12] Ebenfalls nach Diels (zitiert von Augstein) beinhaltete „Ralls Aussage, daß nämlich die SA – unter anderen Karl Ernsts ‚Spezi‘ Heini Gewehr – seit langem Phosphorladungen benutzte".[13] Nach Vernehmungen Gewehrs sah es in den sechziger Jahren auch das Oberlandgericht Düsseldorf für „erwiesen an, daß Rall den Namen ‚Heini Gewehr‘ erwähnt hat". Gewehr selbst habe „ausgeführt, Rall möge sich des Namens des Klägers [Gewehr] entsonnen haben und der Tatsache, daß der Kläger [Gewehr] in einem Standartenführerkreis das Phosphorkampfmittel angeregt habe".[14]

Nach dem „Pariser Tageblatt", das 1933 den Namen Rall zum erstenmal öffentlich nannte und seine Informationen vermutlich von Gefängnisdirektor Brucks hatte, sei Rall „Mitglied des SA-Sturm 17 gewesen. Er habe sich vor dem Ausbruch des Reichstagsbrandes in dem unterirdischen Gang befunden, der das Reichstags-Sitzungsgebäude mit dem Gebäude verbindet, in dem der Reichstagspräsident [Göring] seine Dienstwohnung habe. Er habe selbst mit angesehen, wie von verschiedenen Mitgliedern seines Sturms die Explosivflüssigkeiten hereingeschafft wurden."[15]

Mehr als dieser Umriß der Rall-Aussage, nach der Rall persönlich offenbar nicht an der Reichstagsbrandstiftung selbst, wohl aber an den Vorbereitungen dazu beteiligt war, läßt sich nach dem augenblicklichen Forschungsstand nicht rekonstruieren.

Ralls Bericht nach Gisevius

In seinem Buch „Bis zum bittern Ende" gab Gisevius 1946 eine sehr umfangreiche Schilderung der Aussagen Ralls (vgl. Anhang), von der man jedoch romanhafte Ausschmückungen und eine Vielzahl bisher nicht verifizierbarer Details abziehen muß. Die Darstellung kann insgesamt auch nicht allein auf den Aussagen von Rall basieren. Es ist anzunehmen, daß in den Bericht von Gisevius – wie er auch selbst angab – Informationen aus Gestapa-Kreisen eingeflossen sind und vom Autor mit den Aussagen Ralls vermischt wurden. Immerhin haben sich jedoch einige zentrale Punkte der Darstellung von Gisevius bestätigen lassen. Der Vorwurf, Gisevius habe sich seine gesamte Schilderung nur ausgedacht, ist also völlig unberechtigt.

Hinzu kommt ein weiteres Faktum. Gisevius berichtete 1960 in der „Zeit", der damalige Chef der Exekutivabteilung des Gestapa, Arthur Nebe, seinerzeit auch mit dem Fall Rall befaßt, habe „jahrelang sein Material im eigenen Amte versteckt. Es blieb seine Hoffnung, dieses erste Verbrechen der Nationalsozialisten zur gegebenen Stunde persönlich aufklären zu können. Erst als es mit den Jahren immer ungewisser wurde, wen das Fallbeil zuerst erreichen würde, ließ er sich von mir [Gisevius] dazu bewegen, wenigstens die Anschrift des Drogisten [der die selbstentzündlichen Brandmittel für den Reichstagsbrand bereitstellte] noch an einer anderen Stelle zu deponieren. Erst auf die ehrenwörtliche Versicherung, daß wir keine eigenen Erkundungen einziehen würden [...] wurden diese wenigen Zeilen 1941 zu den ‚Zossener Papieren' genommen. Das war jene Dokumentensammlung des Abwehrgenerals Hans

Oster[16], in der die wesentlichen Unterlagen des militärischen und zivilen Widerstands aufbewahrt wurden."[17] Damit übereinstimmend berichtete John Eppler, damals Angehöriger der Abwehr, einem der Autoren, er habe seinerzeit Unterlagen eingesehen, die Canaris (der Chef der Abwehr) gegen Hitler gesammelt hatte. Er habe persönlich in den „Zossener Papieren" Unterlagen gesehen, nach denen die Nazis den Reichstag angesteckt hätten.[18]

Teil 3   Die mutmasslichen Täter

Daß Göring, Goebbels, Hitler, Helldorf und Diels schon vor dem Brand über die Aktion zumindest informiert gewesen sein müssen, wurde in Kapitel 2 bereits ausführlich dargelegt. Im folgenden soll nun im einzelnen über die konkret der Brandstiftung Verdächtigen behandelt werden.

Der Bericht von Willi Frischauer

Einen bemerkenswert knappen und präzisen Abriß der Brandstiftungsaktion, so wie sie möglicherweise ablief, und einen Hinweis auf die Herkunft der Täter gab 1951 Willi Frischauer, 1933 Berliner Korrespondent der „Wiener Allgemeinen Zeitung":

„Robert Kropp hat mir erzählt, daß die beiden SA-Führer Helldorf und Ernst in den dem Brand vorhergehenden Wochen regelmäßige Besucher im Palais Görings waren. Meine Gewährsmänner, berüchtigte und habgierige Mitglieder der Naziunterwelt, berichteten mir davon, wie die SA-Führung davon unterrichtet worden sei, daß ein etwa 24jähriger Holländer in einem Wirtshaus in Hennigsdorf bei Berlin gemurmelt habe: ‚Die Nazis werden den Kommunisten nie erlauben, ihre Plätze im Reichstag einzunehmen. Und was solle ein Reichstag ohne Kommunisten?' Er stotterte dann noch etwas von ‚den Reichstag niederbrennen', und schon hatte ein Mitglied des SA-Sturms 17 sich zu erkennen gegeben und ihn zur Kaserne gebracht. ‚Er gibt an, den Reichstag in Brand setzen zu wollen!' meldete der SA-Mann. Wohl hatten er und seine Kameraden nie viel von dem Reichstag gehalten, aber die Verhaftung dieses kleinen ausländischen Aufwieglers mußte natürlich nach oben berichtet werden.[1] Die Meldung erreichte Karl Ernst, Ernst gab sie an

Helldorf weiter [der damals noch sein vorgesetzter SA-Führer war], und beide erwähnten den Vorfall an Görings Mittagstisch. ‚Laßt ihn den Reichstag abbrennen, wenn es ihm Spaß macht!‘, sagte Göring und wandte sich anderen, wichtigeren Dingen zu. Da hatte Ernst einen Gedankenblitz. Er befahl dem Sturm 17, van der Lubbe freizulassen, ihn aber zu beobachten. Dann besprach er seinen Plan mit Goebbels, dem er gut gefiel. Wenn Göring sagt: ‚Laßt ihn den Reichstag abbrennen!‘ und wenn der Plan Goebbels gefällt – na, dann soll van der Lubbe eben die alte kommunistische Festung abbrennen, und wir werden ihm dabei noch helfen! Ernst, dem die SA-Ehrenwache vor dem Palais des Reichstagspräsidenten unterstand, wußte, daß ein unterirdischer Gang als Teil der Heizungsanlage das Gebäude mit dem Reichstag verband. Wenn van der Lubbe und einige SA-Männer den Reichstag in Brand setzten, konnten die letzteren unschwer durch diesen Gang entfliehen, Görings Palais erreichen und durch die Hintertür hinausschlüpfen, während Lubbe als der Kommunist verhaftet wurde, der den deutschen Reichstag abgebrannt hatte.“[2]

Tat und Täter nach Ernst Torgler

Der seinerzeit zu Unrecht vor dem Reichsgericht als Reichstagsbrandstifter angeklagte Fraktionsvorsitzende der KPD Ernst Torgler berichtete nach dem Ende des Zweiten Weltkriegs über ein Gespräch, das er am 15. Januar 1934 mit SA-Führer Karl Ernst geführt hatte. Unter Bezugnahme darauf schilderte Torgler Details der Brandstiftung und nannte die Täter. Seine Äußerungen finden sich in einem Brief an Wilhelm Pieck von 1945, in einer 1948 erschienenen vierteiligen Serie für die „Zeit“, in einer 14teiligen Serie für die Mainzer „Allgemeine Zeitung“ von 1950 sowie 1959 in einem Leserbrief an den „Spiegel“, der offenbar stark gekürzt abgedruckt wurde, aber dennoch weitere Details enthielt.

Torgler bezichtigte eine Gruppe von SA-Leuten unter Führung von SA-Führer Karl Ernst der Brandstiftung. Die Darstellung Torglers deckt sich in wesentlichen Punkten mit der Schilderung von Willi Frischauer, weiterhin aber auch mit den Angaben des 1934 im „Weissbuch“ veröffentlichten sogenannten „Ernst-Testaments“ (siehe unten), das Torgler (soweit ersichtlich) zur Zeit der Abfassung seiner Berichte nicht kannte. In der Grundtendenz sowie in verschiedenen Details stimmen

Torglers Berichte auch mit den Forschungsergebnissen der Autoren überein.

Torgler hatte offenbar als einziger Nicht-Nationalsozialist die Möglichkeit, rnit dem mutmaßlichen Führer des Brandstifterkornmandos, Ernst, vor dessen Ermordung über die Tat zu sprechen. Nicht nur aus diesem Grund ist seinen Äußerungen eine große Bcdeutung beizumessen, sondern auch deshalb, weil er nachweislich beim Reichstagsbrandprozeß von höchsten NS-Kreisen geschützt wurde, also wahrscheinlich damals schon ein Kollaborateur war (vgl. Kapitel 9).

Nach seinem Freispruch beim Reichstagsbrandprozeß am 23. Dezember 1933 blieb Ernst Torgler weiter im Keller des Geheimen Staatspolizeiamtes inhaftiert. Dort spielten sich allerdings seltsame Dinge ab. Erst 1959 berichtete Torgler: „Ende 1933/Anfang 1934 hatte mich Dr. Sack [Torglers Anwalt] bei einem Besuch im Gefängnis unvermittelt gefragt, ob ich wohl einmal mit Karl Ernst sprechen würde, der um ein solches Gespräch gebeten hätte.[3] Verwundert sagte ich zu."[4] Am 15. Januar 1934[5] erschien dann aber überraschend zuerst Reichsminister Herrnann Göring höchstpersönlich in Torglers Zelle! In der darauffolgenden Nacht um 1 Uhr[6] folgte ein Besuch des SA-Führers von Berlin-Brandenburg, Karl Ernst (in SA-Uniforrn), der von seinem Adjutanten Walter von Mohrenschildt[7] sowie dem Gestapo-Chef Rudolf Diels begleitet wurde.[8] Zusammen mit Torgler begab man sich in das Dienstzimmer von Diels und feierte dort mit Sekt – offenbar den Freispruch Torglers!

Hier, im Dienstzirnrner des Gestapo-Chefs, fand eine „denkwürdige Unterhaltung" zwischen Torgler und Ernst statt, die Torgler später nur fragmentarisch wiedergab. In dem Brief an Wilhelm Pieck erwähnte er „eine nächtliche Unterredung, in der ich die endgültige Antwort auf die immer noch offene Frage erhielt: Wer hat den Reichstag tatsächlich angesteckt?"[9] In der „Zeit" schilderte Torgler „ein Gespräch, das für mich die Beantwortung der Frage nach den wirklichen Anstiftern des Reichstagsbrandes brachte."[10] In der Mainzer „Allgemeinen Zeitung" hieß es dann: „Dieses Gespräch sollte mir die Antwort auf die Frage nach den wirklichen Reichstagsbrandstiftern geben."[11]

In seinem Brief an Wilhelm Pieck berichtete Torgler 1945 erstmals über das omiöse Gespräch: „Ernst erzählte mir, daß er mit dem SA-Stabschef Röhm und dem Oberleutnant Heines, dem Fememörder, auf Capri gewesen wäre und am 23. Dezember 1933, also dem Tage der Urteilsfällung in Leipzig mit Heines zusammen nicht von der Strippe [dem

Telefon] nach Leipzig losgekommen wären. Röhm hätte sie schon mit ihrem Torgler-Komplex verspottet. Ich fragte Ernst, ob sie denn nicht früh genug die Nachricht von meiner Verurteilung zum Tode bekommen konnten.[12] Er meinte darauf, im Gegenteil, wir waren glücklich, als wir endlich hörten, daß Sie freigesprochen wären. Ich muß offen bekennen, daß mich diese erstaunliche Erklärung zunächst völlig fassungslos machte. […] Mit dem ungläubigsten Gesicht der Welt fragte ich schließlich: ,Welche Gründe haben Sie denn für Ihre rührende Teilnahme gehabt?' Worauf er erwiderte: ,Wenn Sie es auch nicht glauben wollen, es ist schon so, wir haben schon unsere Gründe dafür.' […] Ich versuchte immer wieder, Näheres über die Gründe zu erfahren, aber leider ohne Erfolg."[13] In der „Zeit" ergänzte Torgler die letzte Passage geringfügig: „,Welche Gründe hatten Sie denn dafür, so interessiert an meinem Freispruch zu sein?', fragte ich den halbbetrunkenen SA-Häuptling. Ernst: ,Wir hatten schon unsere Gründe.' Ich: ,Für mich ist es aber außerordentlich wertvoll zu wissen, welcher Art diese Gründe waren. Bitte nennen Sie sie mir doch!' Ernst: ,Nein, das kann ich nicht. Unmöglich!'"[14]

Unter der Zwischenüberschrift „Der wirkliche Brandstifter" erklärte Torgler in der „Zeit" weiter: „Ich habe in der Nacht kein Auge mehr zugemacht. Denn eines war mir klargeworden: ich hatte soeben mit dem wirklichen Reichstagsbrandstifter gesprochen. Was konnte Karl Ernst und mit ihm Heines und Röhm anders veranlaßt haben, um mein Leben zu bangen, als die Tatsache, daß in ihren Reihen die Täter zu suchen waren? Man wird mir hier vielleicht entgegenhalten, daß solche Landsknechtsfiguren – das waren sie zweifellos – niemals solcher kleinbürgerlicher Ressentiments fähig waren! Aber damals fand ich keine weitere Erklärung für das Verhalten von Karl Ernst, und ich finde sie auch heute nicht."[15] In seinem Brief an Pieck erläuterte Torgler dazu: „Nur wer wie ich die besondere Mentalität der Hitlerbanditen kennengelernt und studiert hat, – sie sind ein seltsames Gemisch von niederträchtigster Brutalität und sentimentalem Kleinbürgertum – wird meine Auffassung verstehen, daß die wirklichen Täter nicht wollten, daß ein Unschuldiger für ihre Tat geopfert wurde. Deshalb schickten mir die Röhm, Ernst und Heines Dr. Sack, ihren besten, eitelsten, vielleicht aber auch mutigsten Strafverteidiger, der im übrigen zum engeren Röhm-Kreise gehörte und sicherlich auch die Aufgabe hatte, zu verhindern, daß irgendwelche Spuren auf die wirklichen Täter hin sichtbar wurden. Aber alle diese Erkenntnisse kamen mir leider noch nicht während des Prozesses, sondern erst mit völliger Klarheit nach der Unterhaltung mit Karl Ernst."[16]

Torgler berichtete nun, nach seinen Angaben ausschließlich aufgrund des Gesprächs mit Ernst, detailliert über die Reichstagsbrandstiftung und die Täter. Aus den von ihm zitierten Passagen des Gesprächs lassen sich diese Angaben jedoch nicht ableiten, so daß wohl davon ausgegangen werden muß, daß Torgler den Gesprächsinhalt nicht vollständig wiedergegeben hat. In dem Brief an Pieck hieß es: „Welche Erkenntnisse drängten sich aus diesem Gespräch [mit Karl Ernst] auf und welche Schlußfolgerungen kann man daraus ziehen? Es ergibt sich ein klares Bild von der Reichstagsbrandstiftung, und auch die politischen Zusammenhänge erscheinen in hellster Beleuchtung. Eine Gruppe von 7 bis 8 (vielleicht auch noch weniger) zuverlässigen Aktivisten aus der Berliner SA hat unter direkter Leitung des SA-Gruppenführers Karl Ernst oder mindestens auf seine Anweisung hin die technischen Vorbereitungen für die Brandlegung getroffen, und zwar muß dieses in den späten Nachmittags- oder frühen Abendstunden [des 27. Februar 1933], und zwar zwischen 19 Uhr und 21 Uhr, in der Erwartung geschehen sein, daß um diese Zeit doch niemand mehr den Plenarsaal des Reichstages betritt."[17] Torgler sagte mit dieser (später nicht mehr wiederholten) Bemerkung allerdings auch, daß die Vorbereitungen zur Brandstiftung im Plenarsaal zu einer Zeit getroffen worden sein müssen, als er sich selbst noch im Reichstagsgebäude befand![18] Torgler weiter in der „Zeit": „Mag das Gespräch auch kein eindeutiges Schuldbekenntnis von Karl Ernst enthalten, so bedeutet es doch ein starkes Indiz für meine Auffassung, daß Ernst mit einer kleinen Gruppe ausgewählter Berliner SA-Männer den Plenarsaal des deutschen Reichstages mit selbstentzündbarem oder leichtentflammendem Brandmaterial präpariert und die [...] Mitwirkung van der Lubbes veranlaßt hat. Dabei mag der unterirdische Gang zwischen dem Reichstagspräsidentenpalais und dem Reichstagsgebäude eine Rolle gespielt haben. [...] Der wirkliche Täter war Karl Ernst mit einer Gruppe ausgewählteter SA-Männer, die den Plenarsaal präpariert haben."[19] In der Mainzer „Allgemeinen Zeitung" ergänzte Torgler: „Die wirklichen Täter waren Karl Ernst und eine ausgewählte Gruppe seiner Stabswache. Wie groß diese Gruppe war, kann nicht mit Sicherheit gesagt werden. Es mögen zehn Mann gewesen sein, jedoch hätte auch eine kleinere Zahl zur Präparierung des Plenarsaales ausgereicht. Am Rande des Geschehens agierte der ‚ferngesteuerte' van der Lubbe mit seinen Kohlenanzündern".[20]

Zur Parallelaktion van der Lubbes bemerkte Torgler gegenüber Pieck: „Van der Lubbe ist von einem Beauftragten vielleicht in Hennigsdorf, vielleicht auch auf dem Wege dorthin oder von dorther, zu dem bestimmten Zeitpunkt in das Reichstagsgebäude dirigiert worden, ohne zu ahnen, daß alles bereits sorgfältig vorbereitet war und nur auf den Funken wartete, den er hineinwarf, um alles zum Entfachen zu bringen."[21] In der „Zeit" hieß es[22]: Nach den „kleinen Brandstiftungen" an Wohlfahrtsamt, Rathaus und Schloß „müssen Personen aus dem Kreise der späteren Brandstifter auf ihn [van der Lubbe] aufmerksam geworden sein, die sofort erkannten: ‚Hier haben wir ein geeignetes Werkzeug für unseren Plan.' Einer von ihnen wird ihn nicht aus den Augen gelassen haben und ihn auf der Wanderung nach Hennigsdorf bei Berlin entweder begleitet oder sich als Gleichgesinnter an ihn herangemacht haben, um ihm beizubringen, daß der deutsche Reichstag das allein geeignete Objekt für die von ihm beabsichtigte große Protestaktion wäre. Und Marinus van der Lubbe ist prompt am Morgen des Reichstagsbrandes nach Berlin zurückgewandert, hat sich in der Chausseestrasse[23] mit Kohlenanzündern eingedeckt, am Nachmittag das Reichstagsgebäude von außen betrachtet, um sich den geeigneten Einstiegsort auszusuchen, und ist dann abends zu dem ihm als besonders geeignet angegebenen Zeitpunkt eingestiegen. Wäre er nicht gekommen, hätte der Reichstag auch gebrannt. Dann hätte es ohne ihn gehen müssen."[24] In der Mainzer „Allgemeinen Zeitung" hatte Torgler ausgeführt: War van der Lubbe „das bewußte Werkzeug der eigentlichen Täter, war er ein gekauftes Subjekt, oder war er nur ein Mittäter am Rande des Geschehens, zur entscheidenden Stunde in den Reichstag dirigiert ohne zu wissen, von wem er mißbraucht wurde? [...] Nach meinem Dafürhalten trifft die letztere Möglichkeit zu." Nach den sogenannten „kleinen Brandstiftungen", „im Grunde genommen harmlosen Experimenten müssen Personen aus dem Kreise der späteren Reichstagsbrandstifter auf ihn aufmerksam geworden sein, die sofort erkannten, daß dieser unbeholfene Mensch mit seinen großspurigen Redensarten von einem ‚Protest gegen die bestehenden politischen Zustände' das geeignete Werkzeug für ihren Plan wäre. Einer von ihnen hat van der Lubbe nicht aus dem Auge gelassen und ihn auf seiner Wanderung nach Hennigsdorf bei Berlin begleitet; er hat sich dabei als Gleichgesinnter bekannt, um ihm beizubringen, daß der Deutsche Reichstag das allein geeignete Objekt für die von ihm beabsichtigte große Protestaktion wäre: Er sollte doch am besten am Montagabend gegen 21 Uhr von der Südseite her, wo sich die Auffahrt befände, einsteigen – das wäre gar nicht so schwer und er könnte dann auch gleich anfangen. Und Marinus van der Lubbe wanderte prompt am Morgen des Brandtages nach Berlin zurück, deckte sich in der Chausseestraße mit Kohlenanzündern ein und betrachtete sich am Nachmittage das Reichstagsgebäude von außen, um sich den geeigneten Einstiegsort auszusuchen. Am Abend stieg er dann zu dem ihm als besonders geeignet angegebenen Zeitpunkt in den Reichstag ein, um seine ‚große Tat' zu vollbringen. Wäre er nicht gekommen, dann hätte der Reichstag auch gebrannt".[25] Die „Aufgabe" und „Mitwirkung van der Lubbes" habe darin bestanden, (parallel zum Brand im Plenarsaal) „andere Brände im Gebäude zu entfachen."[26]

Zu den Hintergründen der Brandstiftung äußerte sich Torgler (nur in seinem Brief an Pieck) wie folgt: „Heines war offensichtlich Mitwisser, ebenso der SA-Gruppenführer von Berlin, Graf Helldorf, Röhm der politische Auftraggeber. Die Nazi-Mitglieder der Hitler-Regierung waren entweder, was das wahrscheinlichste ist, vorher informiert, daher befanden sie sich alle in Berlin und nicht in Wahlversammlungen und daher waren alle Verhaftungsmaßnahmen so schnell vorbereitet und getroffen, oder wenn es eine Sonderaktion der Röhmleute war, dann haben sie schnell die von Röhm und Karl Emst gewünschten und erwarteten politischen Konsequenzen gezogen. Denn daß sie etwa zugeben würden, ihre eigenen Leute hätten den Reichstag angesteckt, war ja ohnehin nicht anzunehmen. Das politische Kapital, das aus der Reichstagsbrandstiftung geschlagen werden sollte, lag ja offensichtlich auf der Hand. Mit diesem angeblichen kommunistischen Fanal zum bewaffneten Aufstand sollte das Kleinbürgertum, der gesamte Mittelstand sowie alle besitzenden Kreise in Deutschland in Angst und Schrecken versetzt werden, damit sie sich alle Hitler als dem Retter in die Arme warfen. Hindenburg sollte zur Außerkraftsetzung der Weimarer Verfassung getrieben werden. Das greifbare Ergebnis sollte sein: völlige Verfälschung der Reichstagswahl im Sinne der Nazis und Befreiung aus der deutsch-nationalen Umklammerung."[27]

Torglers „Mutmaßungen" über den Ablauf der Brandstiftung decken sich in so vielen Punkten mit dem von den Autoren recherchierten wahrscheinlichen Hergang, daß es schwer fällt zu glauben, er habe hier bloß gut kombiniert. Woher Torgler sein Wissen hatte – ob nun von Karl Ernst oder auch aus anderen Quellen – ist unklar.

Zweifellos ging es Torgler nach 1945 vor allem darum, sich politisch zu rehabilitieren. In seinem Brief an Wilhelm Pieck von 1945 tritt dieses Motiv besonders zu Tage. Torgler bemühte sich darin um die Rücknahme seines 1935 erfolgten Ausschlusses aus der KPD, was jedoch vom Zentralkomitee der KPD am 1. November 1946 endgültig abgelehnt wurde. Torgler trat dann Anfang 1949 der SPD bei. Er blieb weiter bei seiner Darstellung der Reichstagsbrandstiftung. Erst in seinem (gekürzt abgedruckten) Leserbrief an den „Spiegel"[28] schrieb Torgler 1959 anläßlich der in dem Magazin veröffentlichten Serie, die mit Nachdruck die Legende von der Alleintäteschaft van der Lubbes vertrat: „Damals konnte ich mir Karl Ernsts Besuch einfach nicht anders deuten, als daß in seiner Nähe die vermeintlichen ‚wahren' Täter gesucht werden müßten und Ernst sozusagen von ‚Gewissensbissen' mir – dem unschuldigen Opfer – gegenüber geplagt worden war." Es folgte nun aber keineswegs ein Widerruf der Vermutung, daß Ernst der Täter gewesen sei, sondern nur eine neue Deutung für den Anlaß von dessen Besuch bei Torgler: Ernst könne ihm „in der damaligen Planung eine gewisse Rolle für die Gewinnung der sozialistischen Arbeiterschaft zugedacht haben". Fritz Tobias entstellte dies später in typischer Art so: „Ernst Torgler hat seinen Verdacht gegen Karl Ernst inzwischen korrigiert, wie sich in einem im ‚Spiegel' veröffentlichten Brief ergibt."[29]

Der Ideengeber: Joseph Goebbels

Nach übereinstimmenden Berichten in der Exilpresse sowie von Gisevius, Frischauer und anderen soll Goebbels, der den Wahlkampf für die Reichstagswahlen am 5. März 1933 leitete, eine Provokation geplant haben, die den erwünschten Vorwand liefern sollte, KPD und SPD auszuschalten und so dem Rechtsbündnis die nötige Stimmenmehrheit im Reichstag zu verschaffen. Zuerst sei ein Attentat auf Hitler geplant gewesen, dann aber als zu gefährlich verworfen worden. Schließlich sei Goebbels auf die Idee gekommen, den Reichstag anzuzünden.

Eine „geistige Urheberschaft" von Goebbels an der Reichstagsbrandstiftung ist allerdings anhand von Archivunterlagen oder Zeugenaussagen nicht eindeutig nachweisbar. Allerdings gehörten Provokationen zum typischen Arsenal des NS-Propagandagenies. So war Goebbels auch der geistige Urheber der sogenannten „Kurfürstendamm-Krawallen" im September 1931, den ersten Ausschreitungen gegen Juden in Berlin. Diese Aktion wurde damals von Helldorf, Ernst und Gewehr mit Hilfe der Berliner SA in Szene gesetzt (siehe unten), also denselben Protagonisten wie – sehr wahrscheinlich – bei der Reichstagsbrandstiftung.

Der Hintermann: Hermann Göring

Hermann Göring war nicht nur als einer der ersten – gleichzeitig mit oder sogar vor der Feuerwehr – im brennenden Reichstag, sondern er verbreitete noch in der Brandnacht sowie am nächsten Vormittag und am folgenden Tag überraschende Detailinformationen über die Brandstiftung, die er eigentlich nicht hätte wissen können. Will man nicht annehmen, daß Göring im Morphiumrausch fabulierte, so bleibt nur die Vermutung, daß es sich bei seinen nachweislichen Äußerungen um „Täterwissen" handelte.

Nach Göring sei die Brandstiftung „mindestens eine Stunde vorher sorgfältig vorbereitet worden", also ab ca. 20 Uhr.[30] 6 bis 8 Täter seien beteiligt gewesen.[31] Göring selbst will festgestellt haben, daß im Plenarsaal 20 Brandherde angelegt worden seien.[32] Es seien von der Polizei Benzinflaschen mit glimmenden Lunten gefunden worden[33]; „im Reichstagsrestaurant fand er [Göring] noch die Enden der Lunten, die zur Brandstiftung gedient hatten".[34] Die Polizei habe „drei verschiedene Leute mit Fackeln [...] durch die Hallen laufen sehen."[35] Van der Lubbes Mittäter seien durch den unterirdischen Gang zwischen dem Reichstagsgebäude und dem Reichstagspräsidentenpalais entkommen.[36]

Schließlich brachte Göring sogar sich selbst zuerst als Täter ins Gespräch. Unter Berufung auf Göring persönlich meldete die „Frankfurter Zeitung": „Festgenommen worden seien auch zwei Leute, die gestern abend [am 27. 2. 1933] aus dem Reichstag den Versuch gemacht hätten, nach außen hin zu telephonieren und dabei die Brandstiftung als eine Tat des Reichsministers Göring hinzustellen." Die zwei angeblichen Reporter des „Vorwärts" wurden namentlich nicht genannt und tauchten nach dieser Zeitungsmeldung auch nicht wieder auf! Der „Vorwärts" dementierte die Sache sofort.[37]

Wie einfach war es nun für die Autoren des Braunbuchs, den mutmaßlichen und sehr wahrscheinlichen Tathergang zu rekonstruieren; man brauchte nur aufmerksam die Verlautbarungen des kommissarischen Preußischen Innenministers Göring zu lesen!

Die von Göring genannten Benzinflaschen mit Lunten wurden übrigens im gesamten Reichstagsbrandprozeß nicht wieder genannt. Auch die Reste der einzigen gefundenen Fackel (Aussagen von Scranowitz und Gempp) befanden sich nicht unter den Beweismitteln. Die Fackel wurde darüber hinaus weder in der Anklage- noch in der Urteilsschrift auch nur erwähnt.

557

Gegenüber Gisevius versuchte Diels 1944 in Lugano (Schweiz) Görings Beteiligung zu relativieren; beim Reichstagsbrand habe es einen „Befehlsstrang Goebbels-Ernst-Gewehr" gegeben. „Dabei ließ er das Ausmaß von Hitlers Mitbeteiligung offen, während er Görings Rolle auf eine loyale Hilfestellung hinterher beschränkte."[38]

In einem Brief vom 15. Oktober 1961 teilte Robert M. W. Kempner, seinerzeit Mitankläger bei den Nürnberger Prozessen, dem Landgericht Düsseldorf laut der protokollarischen Zusammenfassung eines Rundfunkinterviews mit Diels am 15. Juli 1946 in Nürnberg ähnliches mit: „Diels differiert mit der Aussage von Gisevius, Göring sei der Anstifter des Reichstagsbrandes gewesen. Nach der Auffassung von Diels wurde der Reichstag durch die Berliner SA mit Hilfe von Goebbels niedergebrannt und Göring war mit den Konsequenzen einverstanden."[39]

Der Organisator: SA-Oberführer Karl Ernst[40]

Soweit festzustellen, tauchten offenbar erstmals Ende 1933 Gerüchte auf, der damalige Führer der SA-Untergruppe Ost von Berlin-Brandenburg, Karl Ernst, sei an der Reichstagsbrandstiftung maßgeblich beteiligt gewesen. In den Akten findet sich eine an den Vorsitzenden Richter im Reichstagsbrandprozeß, Dr. Bünger, gerichtete Postkarte mit einem aufgeklebten Zeitungsausschnitt aus der im Oberlausitzer Grenzgebiet vielgelesenen Warnsdorfer Tageszeitung „Abwehr" vom 23. November 1933. Der Text lautet: „Beschuldigungen gegen Helldorf. Wien, 23. Nov. Der ehemalige nationalsozialistische Abgeordnete Stefan Ehn behauptete gestern in einer hiesigen Versammlung, daß der derzeitige Potsdamer Polizeipräsident Graf Helldorf den Auftrag zur Reichstagsbrandstiftung gegeben und der Berliner Gruppenführer Ernst mit ausgewählten Leuten seiner drei Stürme die Brandstiftung verübt habe. Ehn will eine kleinere Brandstiftung der SA-Leute miterlebt haben."

Nach Gisevius hatte Ernst das Kommando über das „Ding". Dieselbe Darstellung gab auch Rudolf Diels unabhängig voneinander gegenüber den Zeugen Alfred Arndt, Friedrich Strindberg und Curt Riess. Sogar Göring wollte 1945 eine Täterschaft von Ernst nicht ausschließen, leugnete dabei jedoch – trotzig und verlogen bis in den Tod – seine eigene Beteiligung ab. Der damalige Staatssekretär Hindenburgs, Otto Meissner, schrieb in seinen Memoiren: „Göring, mit dem ich während unserer gemeinsamen Internierung im Lager Bad Mondorf über die Behauptungen der nationalsozialistischen Urheberschaft des Brandes sprach, versicherte mir auf sein Wort, daß er daran völlig unbeteiligt gewesen sei, gab aber die Möglichkeit zu, daß ein ‚wildes Kommando‘ einer nationalsozialistischen Organisation, vielleicht auch die Berliner SA-Führer, Graf Helldorf und Karl Ernst, Urheber und Anstifter des Reichstagsbrandes gewesen seien und sich des van der Lubbe hierbei als Werkzeug bedient hätten.“[41] Ganz ähnlich äußerte sich Göring bezüglich des Reichstagsbrandes auch bei einer Vernehmung am 13. Oktober 1945 in Nürnberg: „Was Ernst betrifft glaube ich, daß alles möglich ist. [...] Ernst spielte eine Rolle dabei; ich erinnere mich nicht, wer mir das erzählte.“[42]

Karl Ernst (1. 9. 1904 - 30. 6. 1934), in jungen Jahren Page und Fahrstuhlführer (möglicherweise aber auch „Stricher“) im Berliner „Eden-Hotel“, war kometengleich in der SA aufgestiegen, was er wohl seiner (homo-sexuellen) Freundschaft mit SA-Stabschef Ernst Röhm zu verdanken hatte. Weiterhin soll sich Ernst lange der Gunst erfreut haben, „Lieblings-SA-Führer des Reichskanzlers Adolf Hitler und seines Stabschefs Röhm“[43] gewesen zu sein. Sein Rivale in dieser Gunst war allerdings der (ebenfalls homosexuelle) SA-Führer Graf Helldorf.

Ernst war 1923 mit 18 Jahren in die NSDAP eingetreten. Am 1. April 1931 („Stennesputsch“) zog er als Führer der SA-Untergruppe Ost in die SA-Kaserne in der Hedemannstraße ein. Dienstlokal war auf spezielle Anweisung von Ernst die Gaststätte „Dillan“; der Inhaber war ein Ringvereinsbruder.[44] Am 12. September 1931 leitete Ernst zusammen mit Graf Helldorf die ersten antisemitischen Ausschreitungen auf dem Berliner Kurfürstendamm. Beteiligt waren neben anderen SA-Führern auch Hans Georg Gewehr und Richard Fiedler (siehe unten). Aufgrund „besonderer Verdienste um die Bewegung“ wurde Ernst zur Reichstagswahl am 31. Juli 1932 für den Wahlkreis Berlin als Kandidat der NSDAP aufgestellt. Er wurde Mitglied des Reichstages. Nach der Machtübernahme am 30. Januar 1933 wurde er vom kommissarischen Preußischen Innenminister Göring zum „Preußischen Staatsrat“ ernannt.

Am 20. März 1933 trat Ernst die Nachfolge des dieser Position „enthobenen“ Grafen von Helldorf als Führer der SA-Gruppe Berlin-Brandenburg an. Am 24. März 1933 ließ Ernst den „Hellseher“ Hanussen ermorden, der dem Spieler Helldorf viel Geld geliehen und den geplanten Reichstagsbrand vorher verraten hatte. Dabei setzte er sich in den Besitz der Schuldscheine seines Rivalen von Helldorf.

Ernst wurde dann Führer der SA-Obergruppe III. Damit stand er (mit 29 Jahren) quasi im Rang eines Generals der Wehrmacht[45] und kommandierte ca. 350.000 SA-Leute. Nach der „Grußordnung" hatten jetzt alle Offiziere der Wehrmacht und der Polizei bis hoch zum Generalleutnant bzw. Vizeadmiral den SA-Führer Karl Ernst zuerst zu grüßen. Trauzeugen von Ernsts „Hochzeit" waren 1934 Ernst Röhm und Hermann Göring.

In der SA-Kaserne Hedemannstraße soll Ernst an der Tür zu seinem Dienstzimmer das blaue Siegel eines Mitglieds des Reichstages angebracht haben, was ihm Immunität garantierte. Dies sollte vor eventuellen Polizeiermittlungen schützen, denn schließlich spielten sich in der SA-Kaserne nicht nur alkoholische und homosexuelle Exzesse ab, sondern es wurden auch in größerem Ausmaß NS-Gegner gefoltert.

Ende März 1933 wurde Ernst von Hitler zum „Sonderkommissar des obersten SA-Führers für die Stadt Berlin und Provinz Brandenburg" sowie zum „Standort-Führer Gross-Berlin" ernannt. Ernst soll bei offiziellen Empfängen in Gala-Uniform mit Coburger Hausorden erschienen sein. Hans Georg Gewehr sei Ordonnanz von Ernst gewesen und habe ihn zu allen Veranstaltungen begleitet.

In einem Bericht des „Völkischen Beobachters" vom Brandabend hieß es: „Reichskanzler Hitler ist gekommen. Von der Stätte schwerer Arbeit hinweggeeilt, um sich an Ort und Stelle von der Schwere des Brandes zu überzeugen. Dr. Goebbels und Oberführer Ernst begleiten ihn."[46] Beim Reichstagsbrandprozeß gab Goebbels später an, er sei geradewegs von einem gemeinsamen Abendessen in seiner Wohnung mit Hitler zusammen zum brennenden Reichstag gefahren. Doch niemand hat je behauptet, Ernst habe dort auch zu Abend gegessen. Welche „schwere Arbeit" also beschäftigte Hitler, Goebbels und Ernst vor dem Brand? Nach einer „Spiegel"-Meldung von 1959 habe SA-Führer Achim von Arnim bestätigt, er sei am Brandabend mit Ernst und dessen Adjutanten von Mohrenschildt zusammen gewesen. Sie seien dann zusammen zum Brandort gefahren.[47] Dies kann jedoch auf gar keinen Fall stimmen, da von Arnim nachweislich zusammen mit Helldorf im Restaurant Klinger speiste. Davon, daß Ernst und von Mohrenschildt dabei gewesen seien, wußte allerdings keiner der Zeugen irgendetwas zu berichten (siehe dazu auch Kap. 2).

Es ist also nicht bekannt, womit Ernst sich am Brandabend beschäftigte. Er wurde weder von der Reichstagsbrandkommission noch von der Gestapo, vom Untersuchungsrichter oder vom Reichsgericht vernommen. Ein Grund dafür mag gewesen sein, daß Ernst bis 1934 im Ausland nur als Mitwisser, nicht aber als Mittäter der Brandstiftung bezeichnet wurde.

In einer großangelegten Mordaktion, dem sogenannten „Röhm-Putsch" am 30. Juni/1. Juli 1934[48], ließ Hitler eine Reihe von unliebsamen Konkurrenten und Mitwissern beseitigen.[49] Karl Ernst, der Berlin schon am 29. Juni verlassen hatte, um sich mit seiner „Gattin" zu einer Urlaubsreise nach Teneriffa (anderen Angaben zufolge nach Madeira) einzuschiffen, wurde in Bremen verhaftet und dann in Berlin-Lichterfelde exekutiert. In einem 1934 im Münzenberg-Verlag „Éditions du carrefour" in Paris erschienenen „Weißbuch über die Erschiessungen des 30. Juni 1934" wurde erstmals behauptet, unter den Ermordeten hätten sich drei der Reichstagsbrandstifter befunden, neben Karl Ernst selbst der SA-Oberführer der Gruppe Berlin-Brandenburg Richard Fiedler und Ernsts Adjutant Walter von Mohrenschildt. Als Mitwisser der Brandstiftung seien weiter SA-Chef Ernst Röhm, der SA-Obergruppenführer von Schlesien Edmund Heines[50] sowie der Stabsleiter der SA-Gruppe Berlin-Brandenburg Wilhelm Sander[51] liquidiert worden.

Die Autoren des „Weißbuchs" veröffentlichten drei Dokumente, die eine Täterschaft der SA unter Leitung von Karl Ernst bei der Reichstagsbrandstiftung beweisen sollten: ein „Geständnis" von Karl Ernst vom 3. 6. 1934 mit einer Schilderung der Details der Brandstiftung, dazu eine undatierte „Beilage" mit den Namen der Brandstifter sowie einen diesbezüglichen Brief von Karl Ernst an Edmund Heines vom 5. Juni 1934. Ernst habe die ersten beiden Schriftstücke zu seinem eigenen Schutz gegenüber Göring und Goebbels angefertigt und vor seinem Tode mit der Maßgabe hinterlegt, sie zu veröffentlichen, sollte ihm etwas zustoßen.

Dieses sogenannte „Ernst-Testament" gilt nach unzuverlässigen Angaben von Erich Wollenberg[52] (der dazu vermutlich von Schulze-Wilde „inspiriert" worden war) seit 1949 unter Historikern als eine Fälschung der emigrierten Kommunisten Bruno Frei und Albert Norden. Frei bestritt diese Unterstellung (auch bezüglich Nordens) vehement.[53] Von einem substantiierten Fälschungsvorwurf kann also keine Rede sein. Richard Wolff meinte schon 1956, „das ‚Geständnis' geht in seinem Inhalt an den Kern der Dinge heran. Wir könnten sagen, daß, wenn es echt wäre, die dort mitgeteilten Einzelheiten, die Technik der Vorbereitungen, die Vorberatungen zwischen Goebbels, Göring, Helldorf, Heines, Ernst und eventuell auch Röhm, durchaus so gewesen sein mögen". Jedoch sei „das Ernstsche Schriftstück auf jeden Fall nur mit äußerster Vorsicht zu benutzen."[5][4]

Die drei Dokumente des „Ernst-Testaments" müssen jedenfalls separat betrachtet werden:

Ernsts angebliches „Geständnis" kann inhaltlich nicht ohne weiteres widerlegt werden. Hier wurde berichtet, wie Göring, Goebbels, Helldorf, Ernst und Heines gemeinsam den Plan zur Brandstiftung entwickelten. Zuerst habe man ein Scheinattentat auf Hitler in Erwägung gezogen, diesen Plan auf Protest Görings hin jedoch verworfen. Goebbels habe dann die Idee ins Spiel gebracht, den Reichstag anzuzünden. Ernst seien die technischen Vorbereitungen übertragen worden. Wenige Tage vor dem angesetzten Termin habe Helldorf den Holländer van der Lubbe präsentiert. Dieser sei von Sander betreut und am Brandabend zum Reichstag gebracht worden, während Ernst und seine beiden (im „Geständnis" namentlich nicht genannten) Gehilfen das Brennmaterial – selbstentzündlicher Phosphorstoff und einige Liter Petroleum – vom Präsidentenpalais durch den unterirdischen Gang in den Reichstag geschafft und dort den Brand gelegt hätten. Das Dokument endet mit dem Satz: „Die Beschuldigungen, die in der Weltpresse gegen andere erschienen, sind falsch. Wir Drei haben das Werk allein vollbracht. Ausser Göring, Goebbels, Röhm, Heines, Killinger[55] und Hanfstaengl und Sander hat niemand von unserem Vorhaben gewusst."[56] (Zum vollständigen Text des „Geständnisses" siehe Anhang 2.) Im „Weißbuch" wurde die letzte Seite dieses Dokumentes mit Ernsts Unterschrift faksimiliert wiedergegeben. Bei einem Vergleich mit originalen Schriftstücken von Karl Ernst aus derselben Zeit im Bundesarchiv konnte einer der Autoren (W. K.) keine gravierenden Unstimmigkeiten – weder bezüglich der Unterschrift von Ernst noch bezüglich der Typen der benutzten Schreibmaschine – feststellen.

Anders sieht es mit der „Beilage" aus. Hier wurden „Fiedler" und „von Mohrenschild"(!) als einzige Mittäter von Ernst bei der Brandstiftung genannt. Ein Faksimile wurde nicht abgedruckt. Es fällt auf, daß bei keinem von beiden (weder hier noch im Begleittext des „Weißbuchs") ein Vorname genannt wurde. Dies deutet darauf hin, daß den Verfassern des „Weißbuchs" nur bruchstückhafte Informationen vorlagen. Im Begleittext hieß es zu Fiedler: „SA-Oberführer der Gruppe Berlin-Brandenburg" und zu von Mohrenschild: „SA-Führer im Stabe der Gruppe Berlin-Brandenburg". „Von Mohrenschild" konnte eindeutig als der damalige Adjutant von Karl Ernst, Walter von Mohrenschildt[57] identifiziert werden, der am 1. Juli 1934 in Berlin-Lichterfelde erschossen wurde. Ein SA-Oberführer Fiedler findet sich allerdings auf den Listen der anläßlich des „Röhm-Putschs" erschossenen Personen nicht.

Mit Fiedler war der SA-Führer Richard Fiedler[58] gemeint, der nachweislich anläßlich des „Röhms-Putschs" nicht ermordet wurde, sondern noch 1968 lebte.[59] Die Angabe bezüglich seiner Ermordung im „Weißbuch"war demnach falsch, ist aber anhand der heute vorliegenden Akten dennoch verständlich: Fiedler, der anläßlich des „Röhm-Putschs" am 30. Juni 1934 verhaftet und verhört wurde, war danach vermutlich im KZ Oranienburg inhaftiert und tauchte nachweislich erst wieder im Dezember 1934 (also nach Erscheinen des „Weißbuchs") wieder in der Öffentlichkeit auf. (Er wurde vom SA-Oberführer zum SA-Standartenführer degradiert.) Für die „Weißbuch"-Autoren mußte Fiedler also genauso als „verschwunden" (ermordet) gelten, wie viele andere Opfer der Mordaktion vom 30. Juni/1. Juli 1934. (Fiedlers mögliche Mittäterschaft wurde von Fritz Tobias 1962 mit einem bemerkenswert kargen Dementi abgetan, bei dem nicht zu erkennen war, ob es von Fiedler selbst oder von Tobias stammte: Richard Fiedler könne „nur den Kopf schütteln über die ihm von den Kommunisten angedichtete törichte Rolle".[60])

Die „Beilage" des „Ernst-Geständnisses'" kann allerdings unabhängig vom „Geständnis" entstanden sein.

Schließlich ist der Brief von Ernst an Heines zu werten, von dem nur ein Faksimile der ersten Seite abgedruckt wurde. Der Text ist in einem besonderen Berliner Jargon verfaßt, und führende NS-Führer werden mit Abkürzungen, Umschreibungen oder Spitznamen bezeichnet. Vergleichsmaterial dazu liegt leider nicht vor (fast alle Akten von und über Ernst und Heines wurden 1934 vernichtet), so daß zur Authentizität dieses Schriftstücks zur Zeit keine Aussage gemacht werden kann.

Zusammenfassend ergibt sich die Schlußfolgerung, daß von den drei im „Weißbuch" zitierten angeblichen Schriftstücken Ernsts das „Geständnis" möglicherweise authentisch ist. Zu den beiden anderen Dokumenten kann nichts gesagt werden. Weitere Forschungen hierzu sind also nötig.

„Der Technische Leiter" des Brandes[61]:
„Pistolen-Heini" Gewehr

Vorbemerkung
Hans-Georg Gewehr klagte am 15. Juni 1960 gegen Hans Bernd Gisevius (Rudolf Diels war zu diesem Zeitpunkt bereits tot) auf Unterlassung und Widerruf seiner Behauptungen. Der Klage gab das Landgericht Düsseldorf am 20. Februar 1962 statt. Die Berufung hatte nur insoweit Erfolg, als das Oberlandgericht Düsseldorf am 6. August 1963 Gisevius „nicht zum uneingeschränkten Widerruf, sondern zur Abgabe der Erklärung verurteilte, er könne die Behauptung nicht aufrechterhalten, der Kläger [Gewehr] habe den Brand des Reichstagsgebäudes angelegt oder sei an der Brandstiftung beteiligt gewesen." Der Bundesgerichtshof (BGH) faßte weiter zusammen: „Sollten SA-Angehörige beteiligt gewesen sein, so ist der Kläger [Gewehr], der damals in Berlin SA-Sturmführer war, als Mittäter nicht mit Sicherheit auszuschließen." Am 11. Januar 1966 bestätigte der BGH in der Revision das Urteil des Oberlandgerichts letztinstanzlich, merkte aber an: „Unberührt bleibt das Recht, in Veröffentlichungen über das Ergebnis der bisherigen Ermittlungen und Forschungen unter Darstellung und Würdigung entsprechender Verdachtsmomente zu berichten, wenn dabei, soweit der Name des Klägers [Gewehr] überhaupt genannt wird, dessen Ehrschutz gebührend Rechnung getragen und auf die zu seinen Gunsten sprechenden Umstände hingewiesen wird."[62] In diesem Sinne soll hier anhand des vorliegenden Aktenmaterials der „Fall Gewehr" behandelt werden. Die umfängliche Darstellung der Biographie Gewehrs erscheint den Autoren dabei wegen verschiedener unklarer und heftig umstrittener Details unverzichtbar.

Hans Georg „Heini" Gewehr hatte bereits 1931 für die SA ein selbstentzündliches Brandmittel entwickelt, dessen Zusammensetzung (Phosphor in Schwefelkohlenstoff) exakt mit dem Brandmittel übereinstimmte, dessen Rückstände der chemische Gutachter im Reichstagsbrandprozeß, Dr. Wilhelm Schatz, im ausgebrannten Reichstagsgebäude nachweisen konnte.

Bereits kurz nach dem Reichstagsbrand soll Gewehr in der Auslandspresse als einer der Täter genannt worden sein.[63] (Die entsprechenden Veröffentlichungen konnten von den Autoren leider in der unübersichtlichen, schwer zugänglichen und bisher schlecht erschlossenen Exilpresse nicht gefunden werden.) Gewehr wurde dann im Oktober 1933 von Adolf Rall als Leiter eines SA-Sonderkommandos genannt, welches für die Reichstagsbrandstiftung verantwortlich gewesen sei. Auch der

Hans Georg Gewehr. Aufnahme ca. 1938.

damalige Gestapo-Chef Rudolf Diels und Hans Bernd Gisevius nannten Gewehr nach 1945 mehrfach als Anführer dieses Brandstifter-Trupps
und dessen einzigen Überlebenden.

Gewehr selbst berichtete am 27. März 1960: „Nach dem Reichstagsbrand wurde ich in Parteikreisen gelegentlich, mit Auguren-Lächeln, als
der technische Leiter des Reichstagsbrandes bezeichnet. Ich bin diesen
Äußerungen stets energisch entgegengetreten."[64]

In einem Urteil des Landgerichts Düsseldorf vom 20. Februar 1962
heißt es unter „Tatbestand": „Nach dem Reichstagsbrand am 27. 2. 1933
wurde er [Gewehr] verschiedentlich von SA- oder [NSDAP-]Parteifüh-
rern auf diesen Brand angesprochen mit Bemerkungen wie: ‚Das habt
ihr aber fein gemacht'."[65]

Gewehr selbst sagte 1963 unter Eid vor dem Oberlandgericht Düsseldorf aus: „Ich habe niemals, wenn ich gelegentlich darauf angesprochen

wurde, geäußert, daß ich am Reichstagsbrand beteiligt gewesen sei. Ich habe solche Anzapfungen [!] stets mit einem klaren ‚nein' beantwortet. Ebenso habe ich mich niemals einer solchen Teilnahme gerühmt."[66] Das Urteil des Oberlandgerichts Düsseldorf vermerkt dazu: „Der Kläger [Gewehr] hat allerdings selbst eingeräumt, daß er nach dem Reichstagsbrand von Nationalsozialisten mit ‚Augurenlächeln' auf seine Täterschaft beim Reichstagsbrand angesprochen worden sei"; und an anderer Stelle, „man habe ihn [Gewehr] offenbar gerüchteweise in Zusammenhang mit dem Reichstagsbrand gebracht, wie die Bemerkungen von SA-Führern ihm gegenüber zeigten."[67] Der Frage, was Gewehr wohl bei seiner Aussage mit „Anzapfungen" gemeint haben könnte, ging das Oberlandgericht allerdings nicht weiter nach.

In diesen Kontext passen Aussagen des Polizeikommissars Hans-Georg Krüger, der Anfang Januar 1961 dem Landgericht Düsseldorf berichtete: „Im Jahre 1935 waren Herr Gewehr und der Unterzeichner Teilnehmer eines Anwärterlehrgangs der Schutzpolizei in Suhl/Thüringen. Herr Gewehr galt als ehemaliger SA-Sturmbannführer des Sturmbanns ‚Horst Wessel' in Berlin und war gleichzeitig Off[i]z[iers].-Anwärter der Sch[utz]P[olizei]. Ich erinnere mich, daß Herr Gewehr in angetrunkenem Zustand im Kreise der Pol[izei].-Anwärter, allgemein und geheimnisvoll dunkel andeute[te,] bei dem Brand des Reichstagsgebäudes mitgewirkt zu haben."[68] Vor dem Oberlandgericht Düsseldorf sagte Krüger dann am 7. Juni 1963 unter Eid aus, Gewehr habe erklärt, „ganz so wie es in den Zeitungen geschildert worden sei, sei es bei dem Reichstagsbrand doch nicht zugegangen."[69]

Hans Georg Gewehr, geboren am 19. Mai 1908 in Berlin, lernte Schlosser und legte später ein Examen als Maschinenbautechniker ab.[70] 1919 gehörte er dem „Deutschnationalen Jugendbund" an, 1923 dem „Bismarckorden" und seit dem 1. Mai 1925 dem „Frontbann Nord" in Berlin. Er trat mit knapp 18 Jahren am 1. April 1926 in die SA und am 1. Mai 1926 in die NSDAP (Nr. 36913) ein. Am 1. August 1929 wurde er SA-Scharführer, am 1. Oktober 1930 dann Truppführer.[71]

Gewehr wohnte bei seiner Mutter in Berlin-Halensee (einem Teil von Berlin-Wilmersdorf) und war mit dem am 1. September 1904 in Berlin-Wilmersdorf geborenen, dreieinhalb Jahre älteren Karl Ernst befreundet.[72] Ernst, inzwischen auch Berliner SA-Führer, habe sich nach dem 1. April 1931 anläßlich des sogenannten „Stennesputschs"[73] an seinen „Jugendgefährten" Gewehr mit der Bitte gewandt, er möge eine Stabswache für die SA-Kaserne in der Hedemannstraße aufbauen.[74]

Tatsächlich zog Gewehr daraufhin in das „Gauhaus", bildete und führte diese aus zehn Mann bestehende Stabswache.[75] Gewehr wurde auch „Ordonnanz" von Karl Ernst und begleitete diesen zu allen Veranstaltungen.[76] Auf einem Schreiben Gewehrs an SA-Brigadeführer Wehmann findet sich 1934 folgender handschriftlicher Vermerk: „unmöglicher Mann, pers[önlicher]. Freund (!) von Ernst!"[77]

In Berlin wurde Gewehr als „Heini Gewehr" und „Pistolen-Heini" bekannt.[78] Er selbst äußerte zum Ursprung des Spitznamens „Pistolen-Heini": „Ich hatte nämlich seinerzeit eine Anzahl verschiedener Waffen, darunter z. B. auch Steinschloßpistolen, die ich irgendwo herbekommen hatte und für die ich mich sehr interessierte. Ich verstand eine ganze Menge von Handfeuerwaffen. Das hat mir denn den Namen eingebracht, nicht aber etwa der Umstand, daß ich als SA-Mann ständig um mich geschossen hätte."[79]

Anfang September 1931 war Gewehr „Führer der SA-Stabswache und Wachthabender der Wache des Gauhauses Hedemannstraße 10. Er hat für die äußere Ordnung zu sorgen. Auch fällt ihm die Regelung des Kraftwagenverkehrs zu. Von den Führern der N.S.D.A.P. werden häufig Kraftwagen benutzt. Zum Teil werden diese von Parteifreunden gestellt. Zum Teil werden sie aus einem Ring nationalsozialistischer Kraftwagenführer genommen. Außerdem finden sich vielfach vor dem Hause ohne besondere Bestellung Wagen ein, die auf Fuhren warten oder deren Fahrer anfragen, ob und eventuell wann Fuhren zu leisten sind. Die Zuverlässigkeit dieser Wagenführer hat Gewehr ebenfalls zu prüfen."[80] Man kann nur vermuten, daß Gewehr in dieser Funktion auch den Chauffeur Adolf Rall kennenlernte, der ja zumindest 1932 im Auftrag der SA und von Helldorfs (mit gestohlenen Wagen) fuhr. Nicht auszuschließen ist dies auch aufgrund einer zweideutigen Aussage Gewehrs von 1960: „Während meiner Zeit als Führer der Stabswache gehörte ein Mann namens Rall nicht zu uns."[81] Damit schloß Gewehr eine Bekanntschaft mit Rall also nicht prinzipiell aus!

Die „Kurfürstendamm-Krawalle"

Gewehr, bereits zweimal wegen Körperverletzung bei Schlägereien mit Kommunisten mit Geldstrafen vorbestraft[82], war maßgeblich an den von Karl Ernst und Graf Helldorf am Abend des 12. September 1931 geleiteten ersten antisemitischen Ausschreitungen in Berlin, den sogenannten „Kurfürstendamm-Krawallen", beteiligt. Diese Provokation war nach Polizeiinformationen von Goebbels anläßlich des jüdischen Neujahrsfestes angeregt worden. Goebbels verweigerte am 23. Januar 1932 vor dem Landgericht III zu der Frage, ob er von den Aktionen auf dem Kurfürstendamm vorher Kenntnis hatte, rechtswidrig die Aussage (offenbar zur Vermeidung eines Meineids)[83], wurde aber trotz eines entsprechenden Antrags der Staatsanwaltschaft dafür nicht bestraft. Eine durch „Gau-Sturm-Befehl" (d. h. Befehl der Stabswache) vorbereitete angebliche „Demonstration von Erwerbslosen" auf dem Berliner Kurfürstendamm bestand hauptsächlich aus etwa 500 randalierenden SA-Leuten in Zivil. Diese schrien zuerst (einem Vorsprecher folgend) „Wir haben Hunger!" und „Wir wollen Arbeit!". Darauf folgten Parolen wie „Deutschland erwache!", „Juden raus!", „Juda verrecke!" und „Schlagt die Juden tot!". Danach verprügelten und verletzten die SA-Leute viele jüdisch aussehende Passanten und zerstörten das Café Reimann (Kurfürstendamm 35), indem sie Tische und Stühle aus dem Vorgarten durch die Scheiben in das Café warfen und danach flüchteten. Die Aktion wurde aus einem Opel-Cabriolet geleitet, in dem sich neben dem Fahrer Kühns die Rädelsführer, Oberführer (Gruppenführer der SA-Gruppe Berlin Brandenburg) Graf Helldorf, Unterführer (Stabsleiter und Stellvertreter Helldorfs) Karl Ernst sowie Stabswachenführer Gewehr befanden. Helldorf, Ernst und Gewehr trugen dabei offen ihre NS-Parteiabzeichen sowie eine Art Uniform („Verbots-Uniform"[84]). In dem Opel-Wagen wurde später von der Polizei eine „große lederne Artilleriefahrer-Peitsche"[85] gefunden, die nach Vermutungen der Polizei (dem sadistischen) Helldorf gehörte. Zwei weitere Autos mit SA-Leuten waren beteiligt, nur von einem dieser Wagen identifizierte die Polizei jedoch die Insassen (Brandt und andere „Jungstahlhelm"-Leute). Gewehr und Kühns sowie viele weitere SA-Leute wurden von der Polizei verhaftet. Helldorf und Ernst flüchteten nach Bayern und stellten sich erst am 21. September 1931 der Polizei, von der sie in Untersuchungshaft genommen wurden. Helldorf gab gegenüber der Polizei zynisch an, die Aktion sei „ein Kuckucks-Ei, das man der NSDAP durch Spitzel ins Nest gelegt hatte".[86]

Nach einem Schnellverfahren vom 18. bis 23. September 1931 gegen Gewehr und weitere 32 Angeklagte, dem sogenannten (ersten) „Kurfürstendamm-Prozeß", wurde Gewehr vom Schnellschöffengericht Charlottenburg „wegen schweren Landfriedensbruchs in Tateinheit mit Anreizung zu Gewalttätigkeiten" zu einem Jahr und drei Monaten Ge-

fängnis unter Anrechnung der Untersuchungshaft verurteilt.[87] (Die Anklage hatte drei Jahre Zuchthaus und die Aberkennung der bürgerlichen
Ehrenrechte für drei Jahre gefordert.) Gewehr wurde von dem berüchtigten Dr. Hans Frank II (1946 in Nürnberg hingerichtet) verteidigt, der
seinerzeit beim „Kurfürstendamm-Prozeß" mit Dr. Alfons Sack sowie
dem ebenfalls berüchtigten späteren Präsidenten des Volksgerichtshofs
Dr. Roland Freisler zusammenarbeitete.

Das Verfahren gegen Helldorf, Ernst und den „Jungstahlhelm"-Führer Wilhelm Brandt[88] war abgetrennt worden. Nach der erfolgreichen
Ablehnung der Richter (wegen angeblicher Befangenheit) fand der
zweite „Kurfürstendamm-Prozeß" vom 26. Oktober bis 7. November
1931 vor dem Landgericht III statt. Helldorf und Ernst, vertreten durch
Rechtsanwalt Dr. Alfons Sack, wurden am 7. November 1931 wegen
Landfriedensbruchs zu je 6 Monaten Gefängnis unter Anrechnung der
Untersuchungshaft sowie wegen Beleidigung zu einer Geldstrafe von
100 RM verurteilt. (Die Anklage hatte je 3 Jahre Gefängnis und 300 RM
Geldstrafe gefordert.) Die Haftbefehle gegen Brandt, Helldorf und Ernst
wurden am 7. November 1931 aufgehoben.

Gegen beide Urteile legten sowohl die Staatsanwaltschaft als auch die
Verteidiger Berufung ein. Nach einem Haftentlassungsantrag von Sack
vom 14. November 1931 wurde Gewehr dann am 24. Dezember 1931
aus der Haft entlassen.[89] Er war also 14 Wochen und zwei Tage in Haft
und nicht, wie er später angab, nur 10 Wochen.

Im Berufungsurteil (bezüglich beider vorangegangener Prozesse)
sprach das Landgericht III Berlin am 9. Februar 1932 Gewehr auf Kosten der Staatskasse frei. Helldorf und Ernst wurden nunmehr lediglich
wegen öffentlicher Beleidigung (der Kaufleute Friedrich Deterding und
Hugo Simons) zu je 100 RM Geldstrafe verurteilt.[90] Verurteilt wurden
schließlich wegen Landfriedensbruchs 19 Täter der SA und des „Jungstahlhelm" zu Gefängnisstrafen zwischen 4 und 10 Monaten, unter Anrechnung der Untersuchungshaft.

Gegen das Berufungsurteil vom 9. Februar 1932 beantragte die Staatsanwaltschaft Revision, zog diese allerdings am 8. Juli 1932 wieder
zurück. Auch Rechtsanwalt Sack beantragte die Revision, allerdings
nicht bezüglich der Verurteilungen von Helldorf und Ernst. Die „Weihnachts-Amnestie" für NS-Täter vom 20. Dezember 1932 bereitete dem
Verfahren dann ein Ende. Laut Beschluß vom 3. Januar 1933 wurde das
Verfahren gegen alle Angeklagten auf Kosten der Preußischen Staatskasse eingestellt.[91] In der Berliner Presse war während des „Kurfürsten-

damm-Prozesses" von Sonderrecht für NSDAP-Angehörige die Rede, wohl zutreffend.

Gewehrs erste biographische Lücke

Über Gewehrs Aktivitäten seit seiner Haftentlassung am 24. Dezember 1931 bis zum Ende des SA-Verbots am 16. Juni 1932 liegen keine zeitgenössischen Unterlagen vor, hier besteht also eine zur Zeit nicht aufzuklärende biographische Lücke.

Gewehr berichtete 1960 über die Kurfürstendamm-Krawalle und seine Tätigkeit danach: „Graf Helldorf und Karl Ernst hatten diese Demonstration angeordnet und die Berliner Standarten benachrichtigt. An dem fraglichen Tage wurde ich plötzlich zur Begleitung der beiden im PKW aufgefordert und erlebte, wie die ganze Sache dirigiert wurde. Nach der ,Veranstaltung' wurde ich dahingehend beeinflußt, so auszusagen, als wären wir aufgrund von fernmdl. Anrufen und zur Aufrechterhaltung der Ordnung zum Kurfürstendamm gefahren, um die disziplinlosen, spontanen Ausschreitungen einzudämmen. Während des Prozesses kam es zu Auseinandersetzungen zwischen Graf Helldorf und mir, weil ich auf dem Standpunkt stand, man solle zur Tat stehen. Weiterhin spannte mir Karl Ernst in der Zeit der Untersuchungshaft meine Freundin aus[92], so daß es auch privat zu Spannungen kam."[93]

Gewehr als Führer der SA-Stabswache Berlin-Brandenburg

Gewehr fuhr in seinem Bericht fort: „Als Folge dieser Ereignisse verlor ich das Vertrauen und wurde als Führer der Stabswache abgesetzt. Mein Nachfolger wurde der Truppführer Kurt Eggert[!], der diese Stelle m. E. bis zum Röhmputsch innehatte. Ich kehrte zu meinem alten Sturm 4 in Wilmersdorf zurück (Sturmführer Walter Bergmann)."[94]

Am 7. Juni 1963 sagte Gewehr vor dem Oberlandgericht in Düsseldorf dagegen aus, das Zerwürfnis mit Ernst und von Helldorf habe ihn veranlaßt, sich „im Februar 1932 aus der Stabswache zu entfernen, d. h., ich bin nach meiner Entlassung aus dem Gefängnis nicht mehr in die Hedemannstr. zurückgegangen. Ich lebte dann zum Teil bei meiner Mutter in [Berlin-]Halensee und war dort auch wieder in der SA tätig. [Am 14. April] 1932 kam dann das SA-Verbot, und ich hielt mich dann auch zunächst zurück."[95]

Letztere Angabe Gewehrs bezüglich des Zeitpunkts seines Ausscheidens aus der Stabswache muß falsch sein, denn er war nicht erst im Februar 1932, sondern bereits am 24. Dezember 1931 aus der Haft entlassen worden! Der von Gewehr genannte Kurt Egger (nicht Eggert, geboren am 27. 6. 1910 in Haag/Oberbayern) sagte am 13. Juli 1934 in Stadelheim, wo er anläßlich des „Röhm-Putschs" inhaftiert war, zu seinem Lebenslauf aus: Nach Auflösung eines Arbeitskommandos in Liebenberg, dessen Führer er bis zum 1. September 1931 gewesen sei, kam er (seit dem 7. April 1931 SA-Truppführer) „auf Veranlassung des Oberführers v. Petersdorf (Hptm. a. D.) vom Gausturm Berlin nach Berlin zur Stabswache. Meine dortige Tätigkeit erstreckte sich auf die Begleitung des v. Petersdorf. Später [am 1. Juli 1932] übernahm Graf Helldorf die Berliner SA u. ich wurde dieser Stabswache zugeteilt. [Am 24. Dezember 1932 wurde Egger dann auf Vorschlag von Karl Ernst zum SA-Sturmführer befördert.[96]] Im März 1933 wurde ich auf 5 Wochen als Ordonnanz zum Begleitstab des Führers [Hitler] kommandiert. Ich blieb dort, bis ich als Führer der Stabswache der Gruppe Berlin-Brandenburg zurückversetzt wurde. Am 1. 7. 33 wurde ich als Führer der Stabswache [von Röhm] nach München berufen, wo ich mich bis heute noch befinde."[97] Bei der Fortsetzung der Vernehmung am 2. August 1934 erklärte Egger ergänzend: „Solange ich in Berlin war, war Gruppenführer Ernst mein Vorgesetzter. [...] Mein Verhältnis zu Gruppenführer Ernst war immer rein dienstlich. Ein intimes Freundschaftsverhältnis bestand nicht."[98]

Egger übernahm also erst im April 1933 für zwei Monate die Führung der Stabswache Berlin-Brandenburg! Sollte Gewehrs Angabe zutreffen, daß Egger sein Nachfolger als Leiter dieser Stabswache war, so wäre Gewehr demnach bis zum März 1933 – und damit auch zum Zeitpunkt des Reichstagbrandes (!) – Führer der Stabswache Berlin-Brandenburg gewesen.

Führer des SA-Sturms 101

Biographisch nachweisbar ist Gewehr danach erst wieder am Tag nach der Bekanntgabe der Aufhebung des SA-Verbots, am 15. Juni 1932, als er zum SA-Sturmführer ernannt wurde. In einem persönlichen Lebenslauf Gewehrs von 1937 heißt es: „Nach dem SA-Verbot 1932 führte ich einen Sturm auf dem Wedding und mußte Ende 1932 flüchten."[99]

Gewehr sagte dazu später vor dem Oberlandgericht Düsseldorf unter Eid aus: „Als dieses [SA-]Verbot aufgehoben wurde, erhielt ich einen Sturm auf dem Wedding, wo die Kommunisten sehr stark vertreten waren. Weil es dort zu dauernden Zusammenstößen mit den politischen Gegnern kam, habe ich mich von dort abgesetzt. Im Zusammenhang mit diesen Zusammenstößen wurde ein Ermittlungsverfahren eingeleitet, dem ich mich dann entzog, indem ich mich in Magdeburg, Dessau, Halensee [wohl Berlin-Halensee, bei seiner Mutter] und Quedlinburg aufhielt. Anfang 1933 veranlaßte mich Ernst, wieder nach Berlin zu kommen. Dabei erhielt ich wieder einen Sturm in Steglitz."[100]

Anhand einer erhaltenen polizeilichen Ermittlungsakte ist nachweisbar, daß Gewehr seit dem 5. September 1932 wegen versuchten Totschlags und unbefugten Waffenbesitzes per Haftbefehl von der Polizei „als wahrscheinlicher Haupttäter" gesucht wurde. Zu diesem Zeitpunkt war Gewehr Sturmführer des SA-Sturms 101 in Berlin-Wedding (Sturmlokal in der Ravenéstraße, unweit des Bahnhofs Wedding). Am 5. September waren aus der Wohnung des Schlossers Franz Mager (Sellerstraße 6, Ecke Müllerstraße) Schüsse auf die auf demselben Grundstück liegende Werkzeugschlosserei des Rudolf Wieninger abgegeben worden und hatten einen dort befindlichen Kraftwagen beschädigt. Wieninger und sein Bruder flüchteten vor den Schüssen und riefen die Polizei. NSDAP-Mitglied Mager gab bei seiner polizeilichen Vernehmung an, wegen mehrerer Einbrüche in der Vergangenheit habe er den Schutz durch die SA beansprucht. Die ihm gewährte SA-„Schutzwache", die auch dort übernachtete, bestand am 5. September 1932 aus Sturmführer Gewehr sowie den SA-Leuten Paul Klüdmann und Kurt Schneider, sämtlich Mitglieder der NSDAP und des Sturms 101. Tatsächlich befand sich bei Mager ein bewachtes Waffenlager der SA, wie eine polizeiliche Durchsuchung zutage brachte. Gegen Gewehr lagen seinerzeit Haftbefehle der Polizeireviere 41 und 154 vor. Er flüchtete, und sein Aufenthalt konnte von der Polizei nicht ermittelt werden. Nach einer vertraulichen Mitteilung, die die Polizei erhielt, soll Gewehr an einem „SA-Führerkursus an einem auswärtigen Ort" teilgenommen haben. Vermutlich handelte es sich hier um die SA-Führerschule in Trebbin (bei Berlin)[101], da Gewehr diesen Ort in einem Lebenslauf mit Datum 1932 nannte.[102] Laut den Akten wurde er dann am 20. Dezember 1932 mit der sogenannten „Weihnachts-Amnestie"[103] für NS-Täter straffrei.[104]

Nach einer Meldung des KPD-Organs „Rote Fahne" vom 1. November 1932 war Gewehr vor der Polizei nach Magdeburg geflohen. Der Beitrag berichtete weiter unter Berufung auf den ehemaligen SA-Mann Walter Bischoff vom SA-Sturm 101 folgendes über Gewehrs Treiben: "Dem SA-Mann X, der einige Tage – es war Mitte September [1932] – im Sturmlokal geschlafen hatte und reichlich angetrunken war, dem drückte dieser Gewehr einen Revolver in die Hand und sagte: ‚Hier hast du; mach was du willst. Geh und handle.‘ In solchen Provokationen erging sich Gewehr oft."[105]

Gewehrs zweite biographische Lücke

Anhand der vorhandenen Akten ist eine zweite biographische Lücke Gewehrs erkennbar, die von seiner Amnestie am 20. Dezember 1932 bis zum 5. Oktober 1933 reicht, die Zeit des Reichstagsbrandes umfaßt und auch in mehreren erhaltenen Lebensläufen Gewehrs (von 1934, 1937, 1940 und 1943) keinerlei Erklärung findet.

Gewehr selbst berichtete 1960 über einen Aufenthalt in Magdeburg: „Aus Enttäuschung über das Zerwürfnis zwischen Graf Helldorf, Karl Ernst zu mir [Ende 1931, nach den „Kurfürstendamm-Krawallen"] nahm ich eine Gelegenheit wahr und ging zur Gruppe Mitte (Gruppenführer Schragmüller[106] in Magdeburg). Dort übernahm ich ein kleines Ausbildungslager in Alvensleben Krs. Neuhaldensleben. Die Weihnachts- u. Neujahrsfeiertage verlebte ich im Kreise der Partei in Quedlinburg. Es ist möglich, daß ich meine Abwesenheit von Berlin in irgendeinem Lebenslauf, aus Zweckmäßigkeitsgründen, als politische Flucht getarnt habe."[107] Mit seiner letzten Bemerkung spielte Gewehr auf eine eigene Angabe von 1937 an, nach der er – allerdings erst Ende 1932 und nicht aus politischen Gründen – flüchten mußte.[108] Damit gemeint sein muß seine Flucht vor der Polizei am 5. September 1932, nach der er sich bis zur Amnestie vom 20. Dezember 1932 verborgen hielt (siehe oben). Somit umfaßt Gewehrs biographische Angabe von 1960 den Zeitraum von seiner Haftentlassung nach den „Kurfürstendamm-Krawallen" am 24. Dezember 1931 bis zum Jahreswechsel 1932/33. Es besteht also der begründete Verdacht, daß er bewußt biographische Details verfälschte und verschwieg, nachweislich seine Tätigkeit als Führer des SA-Sturms 101 (Wedding) im Spätsommer 1932. Dies mag seine Erklärung darin finden, daß laut Gisevius in dieser Zeit (1932) die Brandstiftungen der SA („Flächenbrände") „plötzlich Mode wurden".[109] In den 60er Jahren bemühten sich Fritz Tobias und Rudolf Augstein

– offenbar aufgrund der genannten biographischen Angabe Gewehrs –, dessen Lebenslauf glaubwürdig zu illustrieren; das Ergebnis war ziemlich kurios: Augstein referierte gutgläubig, Gewehr sei nach den „Kurfürstendamm-Krawallen" (also Ende 1931) als Stabswachenführer abgesetzt worden, darauf „für etliche Monate nach Magdeburg ins Exil" gegangen und erst „im Monat vor der Machtergreifung", demnach im Dezember 1932, nach Berlin zurückgekehrt.[110] Die sich ergebende Zeitspanne von etwa 12 Monaten für Gewehrs Aufenthalt in Magdeburg ist allerdings nachweislich falsch! Im Unterschied zu dieser Darstellung soll Gewehr nach Tobias lediglich während des SA-Verbots (zwischen dem 14. April 1932 und dem 16. Juni 1932), also für ca. zwei Monate, in einem Ort namens Alvensleben im Kreis Neuhaldensleben-Dönstedt (heute Haldensleben, in der Nähe von Magdeburg) bei dem dortigen SA-Führer Schragmüller eine SA-Schule (mit nicht näher bekanntem Zweck) eingerichtet haben. Er sei direkt nach der Aufhebung des SA-Verbots nach Berlin zurückgekehrt, zum Sturmführer ernannt worden und habe den Sturm 201 in Wedding übernommen.[111] Letztere Angabe war eine Tobias-typische Verfälschung, denn Gewehr führte (nachweislich Anfang September 1932) in Berlin-Wedding nicht den SA-Sturm 201, sondern 101! Jedenfalls ließ Tobias zumindest offen, was Gewehr in den restlichen 10 Monaten vor und nach dem SA-Verbot trieb.

In einem Lebenslauf von 1934 gab Gewehr zu seiner Biographie folgende Stationen an: „Zur Ausbildung besuchte ich folgende [SA-]Schulen: 1931 Grundmühle, 1932 Trebbin, 1933 Döberitz (Elsgr.)."[112] Diese kleinen Orte liegen alle in der Nähe von Berlin. Die von Gewehr selbst und in der Folge von Augstein und Tobias genannten Orte Magdeburg (oder Umgebung), Dessau und Quedlinburg finden sich dagegen in keinem einzigen von Gewehrs erhaltenen Lebensläufen aus der NS-Zeit.

Gewehr am Abend des Reichstagsbrandes

Sicher ist, daß sich Gewehr im Januar 1933 wieder in Berlin befand. Er berichtete 1960: „Kurz vor der Machtübernahme [30. Januar 1933] erhielt ich eine Nachricht von Karl Ernst, daß wir den Streit begraben sollten, er habe sich auch von meiner ehemaligen Freundin getrennt. [!] Wegen des Appells an die größere Sache fuhr ich wieder nach Berlin."[113] Augstein und sein „Freund Tobias"[114] bemühten sich nun – wieder etwas unkoordiniert –, Gewehr ein Alibi für die Zeit des Reichstagsbrandes zu verschaffen! Zweifel an der Wahrheit ihrer Angaben kamen ihnen dabei nicht. Augstein referierte dabei das bereits zitierte Schreiben von Gewehr an Zacharias, in dem Gewehr ausführte: „Von dem Brande des Reichstages erfuhr ich erst durch die Gerüchte, die sich mit Windeseile in Berlin verbreiteten. Als ich mit Straßenbahn (oder Omnibus?) zur Brandstelle eilte, waren schon Stunden vergangen (es war erst am Morgen nach dem Brande). Es gab nicht mehr viel zu sehen. Außerdem kam ich trotz meiner SA-Uniform nicht an die stark abgesperrte Brandstelle heran."[115]

Tobias hingegen ließ Gewehr schon am Brandabend zum Reichstagsgebäude eilen: „Gewehr ist, wie er erklärte, am 27. Februar 1933 von der Nachricht vom Brande in seiner Wohnung in Halensee [bei seiner Mutter] überrascht worden. Er machte sich wie viele Tausende aufgeschreckter Berliner sofort auf, um sich das Schauspiel an Ort und Stelle anzusehen. Als er ankam, stand das Reichstagsgebäude in hellen Flammen. Trotz seiner Uniform als SA-Sturmführer durfte er jedoch die Absperrung der Polizei nicht passieren. Gewehr hat daher gleich unzähligen anderen Berlinern den Brand nur aus der Entfernung gesehen."[116]

Es erhebt sich die Frage: Was für eine seltsame Kumpanei hat eigentlich zwischen dem Verbrecher Gewehr, dem Verfassungsschutzbeamten Tobias und dem Verleger Augstein stattgefunden?

Gewehr selbst konnte sich jedenfalls später vor dem Oberlandgericht Düsseldorf unter Eid nicht genau erinnern, wo er sich in der Nacht des Reichstagsbrandes aufgehalten hatte[117]: „Von dem Brand erhielt ich am selben Abend Kenntnis. Ich weiß nicht mehr, ob ich mich zu dieser Zeit beim Sturm in Steglitz oder bei meiner Mutter in Halensee aufgehalten habe. Ich kam im Laufe der Nacht oder gegen Morgen an der Brandstelle an, die stark abgesperrt war."[118] Dementsprechend bestehen auch bezüglich seiner damaligen Wohnung erhebliche Unklarheiten: Gewehr will bereits im Januar 1933 SA-Sturmführer in Steglitz gewesen sein, er habe im Sturmheim des SA-Sturmes Berlin-Steglitz, in der Markelstraße 9 gewohnt.[119] Dazu im Widerspruch steht allerdings die – von Gewehr selbst nicht ausgeschlossene – Behauptung von Tobias, er habe Ende Februar 1933 in Berlin-Halensee (bei seiner Mutter) gewohnt. In diesem Fall wäre es aber äußerst unwahrscheinlich, daß er zu jenem Zeitpunkt bereits den Sturm in Steglitz führte – es sei denn, er hätte seiner Mutter just an diesem Montagabend, dem Abend des Reichstagsbrandes, einen Besuch abgestattet und auch dort übernachtet, was er allerdings nie erwähnte.

Zu seinem Lebenslauf gab Gewehr ca. 1940 an: „In der Kampfzeit führte ich Stürme auf dem Wedding, in Schöneberg und in Steglitz."[120] Daß Gewehr zumindest im zweiten Halbjahr 1932 den Sturm 101 in Berlin-Wedding führte, ist nachweisbar. Über eine Tätigkeit Gewehrs in Berlin-Schöneberg vor 1935 ist dagegen nichts bekannt. Anhand von SA-Unterlagen nachweisbar ist eine Tätigkeit Gewehrs in Berlin-Steglitz erstmals am 5. Oktober 1933[121], als er zum Sturmhauptführer ernannt wurde.[122] Dort übernahm er den SA-Sturm 21 der Standarte 9, wie ein im „Spiegel"[123] veröffentlichtes Foto von Gewehr in SA-Uniform illustriert, das offenbar aus dessen Privatbesitz stammte. Der linke Kragenspiegel zeigt, daß Gewehr SA-Sturmhauptführer war, auf dem rechten ist die Bezeichnung 21/9 (für Sturm 21, Standarte 9) zu erkennen. Die Aufnahme kann also frühestens am 5. Oktober 1933 entstanden sein, als Gewehr zum Sturmhauptführer befördert wurde! In Berlin-Steglitz soll Gewehr nach Aussage eines Friedrich Kilian die Bürger als „brutaler Schläger" terrorisiert haben.[124] Gewehr gab am 27. März 1960[125] sowie vor dem Oberlandgericht Düsseldorf an, er habe bereits seit Januar 1933 einen Sturm in Berlin-Steglitz geführt. Diese Angabe wurden lediglich von einigen seiner damaligen „Kameraden" bestätigt, unter anderem von Hans du Moulin[126], einem Jugendfreund, sowie vom damaligen Vorgesetzten Gewehrs, dem Standartenführer der SA-Standarte 9, Walter Mahl (NSDAP Nr. 143733). Ein Ernst Frank gab dagegen an, Gewehr habe den Sturm in Steglitz erst <u>nach</u> dem 30. Januar 1933 übernommen und sei „etwa 1/2 Jahr in Steglitz" gewesen.[127] Sollte die Angabe dieser Zeitspanne zutreffen, so hätte Gewehr den Sturm 21/9 in Steglitz frühestens etwa ab Sommer 1933 geleitet haben können, denn ab Februar 1934 (am „Rosenmontag") wurde er von Karl Ernst „nach Italien zur weltanschaulichen Ausbildung der dortigen SA geschickt", wohl eine Art Erholungsurlaub zur Belohnung – aber wofür? Gewehr meinte: „Ich habe dieses Kommando immer als das angesehen, als was es gemeint war, als ein Pflaster und als Geste für die langjährige Jugendfreundschaft mit Karl Ernst."[128] Gewehrs Tätigkeit sei so erfolgreich gewesen, daß der dortige Botschafter Ulrich von Hassell um einmonatige Verlängerung bis zum 30. April 1934 ersucht habe.[129] Am 20. April 1934 wurde Gewehr zum SA-Sturmbannführer befördert. Am 15. Mai 1934 war seine Abordnung nach Rom beendet. Er sei nun Adjutant bei der SA-Standarte in Storkow (bei Berlin) geworden.[130]

Festzuhalten bleibt, daß sich Gewehrs Behauptung, er habe bereits ab Januar 1933 – also auch zur Zeit des Reichstagsbrandes – den Sturm 21/9 in Steglitz geleitet und auch dort gewohnt, nicht verifizieren läßt. Nachweisbar ist Gewehrs Tätigkeit in Berlin-Steglitz erst ab dem 5. Oktober 1933. Sollte Gewehr die Übernahme des Sturms in Steglitz auf Januar 1933 vordatiert haben, um zu vertuschen, daß er tatsächlich (siehe oben) bis März 1933 Führer der Stabswache von Karl Ernst war, diese also auch zum Zeitpunkt des Reichstagsbrandes leitete?

Gewehr nach dem „Röhm-Putsch"

Am 30. Juni 1934 wurde Gewehr von der Gestapo „wegen des Verdachts der Beteiligung an der Röhm-Revolte"[131], insbesondere aber wegen der Durchführung „besonderer Aufträge für [Karl] Ernst"[132] festgenommen. Gewehr gab später selbst zu: „Im Zusammenhang mit der Röhm-Affäre bin auch ich verhaftet worden und war mehrere Tage im Gestapogefängnis [im Columbia-Haus]. Dann kam ich in das KZ in Lichtenberg [recte: Lichtenburg]. Dort war ich bis August 1934, von da aus bin ich in das Gestapo-Hauptquartier gebracht worden und von einem SS-Sturmbannführer vernommen worden. Dieser hat mich u. a. auch gefragt, was ich von dem Reichstagsbrand wisse. Ich habe ihm geantwortet, daß ich nichts davon wisse, wie es auch der Wahrheit entsprach."[133] Zu diesem Verhör erklärte Gewehr 1960 genauer: „Erst nach meiner Entlassung aus dem KZ wurde ich zur Gestapo nach Berlin in die Prinz-Albrechtstr. überstellt und dort einmal vernommen und dann am nächsten Tage entlassen. Bei dieser Vernehmung wollte der SS-Sturmbannf[ührer]. unbedingt wissen, wer den Reichstag angezündet hätte. Er stellte sich vor, daß er extra vom Reichsführer SS [Himmler] käme und mein Protokoll gleich morgen zu diesem ginge."[134]

Davon abweichend gab Gewehr gegenüber Lissigkeit und Rechenberg – ebenfalls im Jahr 1960 – an, die SS habe ihn „über seine Rolle beim Reichstagsbrand vernommen."[135] Rechenberg, Lissigkeit, Krausnick und Graml, die Gewehr Anfang 1960 interviewten, erklärten übereinstimmend, Gewehr habe ihnen gegenüber angegeben, er sei sofort nach seiner Verhaftung, also vor seinem Abtransport in das KZ Lichtenburg, von einem SS-Führer im Auftrag des SS-Reichsführers Himmler über seine angebliche Mittäterschaft am Reichstagsbrand vernommen worden. Gewehr bestritt lediglich diesen Zeitpunkt seiner Vernehmung, nicht allerdings die Tatsache als solche.[136] Nach eigenen Angaben wurde Gewehr später sogar von SS-Chef Himmler persönlich (!) über den Reichstagsbrand befragt. Zu diesem Gespräch sei es aber „rein zufällig" gekommen.[137] Bei seiner Vernehmung vor dem Amtsgericht Hannover erklärte Tobias hierzu, Gewehr habe ihm berichtet, „daß er [Gewehr] Himmler mal gefragt habe, ob er denn wisse, wer den Reichstag angesteckt habe, worauf Himmler ihm erwidert hätte, das wisse er auch nicht".[138]

Zu dem Gepräch befragt, das er im Jahr 1960 (zusammen mit Dr. Krausnick) mit Gewehr geführt hatte, erinnerte sich Hermann Graml, Gewehr habe erklärt: Jahre später, anläßlich eines dienstlichen Zusammentreffens, habe sich Himmler während eines gemeinsamen Mittagessens an ihn [Gewehr] mit den Worten gewandt: „Also Gewehr, nun sagen Sie schon, wie habt Ihr das eigentlich gemacht mit dem Reichstagsbrand?"[139]

Angesichts des Reichsgerichtsurteils, wonach van der Lubbes Hintermänner Kommunisten gewesen seien, und der gleichlautenden offiziellen NS-Propaganda mutet diese Frage des SS-Chefs allerdings äußerst befremdlich an. Wenn Himmler 1934, im Rahmen der von ihm angeordneten Befragung Gewehrs, zu der Überzeugung gelangt wäre, daß dieser nichts mit dem Reichstagsbrand zu tun hatte, warum sollte er sich dann Jahre später bei Gewehr erneut nach dem Hergang der Brandstiftung erkundigen?

Hingegen sei die Darstellung von Gisevius „über seine [Gewehrs] monatelangen Vernehmungen zum Thema Reichstagsbrand nach dem 30. 6. 1934 frei erfunden", so Fritz Tobias.[140] Gewehr kam jedenfalls nach seiner Verhaftung zuerst in das Columbia-Haus und danach in das Konzentrationslager Lichtenburg bei Torgau. Auf einer Gestapo-Liste der seinerzeit Verhafteten heißt es bezüglich Gewehr: „keinesfalls zur Entlassung geeignet".[141] Dennoch wurde Gewehr am 31. August 1934 „wieder entlassen, nachdem die Erhebungen keinerlei Anhaltspunkte für eine solche Beteiligung [am „Röhm-Putsch"] ergeben hatten."[142] Gegenüber Friedrich Strindberg erklärte Rudolf Diels im Oktober oder Anfang November 1957, „daß dieser Heini Gewehr durch eine Reihe toller Zufälle die von den Nazis anläßlich der sogenannten „Röhm-Revolte" vorgenommene Liquidierung des [Reichstags-]Brandstiftertrupps überlebt" habe.[143]

Am 15. September 1934 wurde Gewehr dann erst einmal als Leiter eines SA-Hilfswerklagers in Gütergotz (im Süden Berlins, Kreis Teltow [später umbenannt in Güterfelde])[144] abserviert. Er schied zum 31. März 1935 (angeblich freiwillig[145]) im Rang eines Obersturmbannführers[146] aus der SA aus.[147]

Am 1. April 1935 wurde er dann Feldjäger im Feldjägerkorps und absolvierte vom 23. September 1935 bis zum 21. März 1936 einen „Feldjäger-Führeranwärter-Lehrgang in Berlin-Schöneberg mit fast gutem Erfolg." Am 1. April 1936 trat er dann – erstaunlicherweise nur im Range eines Unterwachtmeisters[148] – der Schutzpolizei bei, wurde aber bereits am 20. April 1936 zum Leutnant, am 20. April 1937 zum Oberleutnant, am 30. April[149] 1938 zum Hauptmann und am 20. April 1943 zum Major der Schutzpolizei befördert.[150]

Im Sommer und Herbst 1937 war Gewehr Lehrer an der Polizeischule in Berlin-Schöneberg. Er nahm vom 13. März bis 27. April 1938 als Hundertschaftsführer der Polizei-Marschgruppe 4 am Einmarsch in Österreich teil[151], ebenfalls 1938 als Kompaniechef am Einmarsch in das Sudetenland, 1939 dann als Kompaniechef am Einmarsch in das spätere „Protektorat Böhmen und Mähren" sowie als Kompaniechef am Polenfeldzug. In Polen kam es zu größeren „Verfehlungen" Gewehrs, die selbst seinen keineswegs zimperlichen NS-Vorgesetzten unangenehm auffielen. In einem Schreiben des Polizeipräsidenten von Berlin an den Kommandeur der Schutzpolizei, Generalmajor Klinger, vom 2. Februar 1940 heißt es: „Gewehr hat bei seinem Einsatz in Polen als Offizier persönlich Erschießungen polnischer Gefangener vorgenommen und zwar derart, daß er die Gefangenen durch Genickschuß tötete und seine Strecke durch Kerbschnitte im Pistolenschaft registrierte. Diese Tatsache bitte ich, zum Gegenstand einer eingehenden Untersuchung zu machen." Weiter soll Gewehr Beinverletzte sowie drei Juden persönlich erschossen haben. In einem Abschlußbericht vom 14. Februar 1940 heißt es: „Der Hauptmann d[er]. Sch[utzpolizei]. Gewehr hat die ihm zur Last gelegten Fälle persönlich vorgenommener Erschießungen von standrechtlich Verurteilten zugegeben." Selbst der damalige Chef der Ordnungspolizei Daluege war mit Gewehrs Verhalten nicht einverstanden, Gewehr „setzte sich jedenfalls dem schweren Verdacht aus, daß er die Art der Vollstreckung aus Beweggründen wählte, die eines Pol[izei].-Offiziers unwürdig sind. Dieser Verdacht verstärkt sich noch dadurch, daß er an dem ihm aus Beutebeständen zur Verfügung gestellten Colt Kerbschnitte anbrachte. [...] Ich bitte, Hauptmann d[er]. Sch[utzpolizei]. Gewehr [...] in meinem Namen eine ernste Mißbilligung auszusprechen."[152]

Seit Anfang 1937 hatte sich Gewehr mit der Protektion von Joseph („Sepp") Dietrich (General der Waffen-SS und Kommandeur der SS-Leibstandarte „Adolf Hitler") bemüht, in die SS aufgenommen zu werden. Erst am 29. Februar 1940 wurde er durch Entscheidung von Himmler rückwirkend zum 20. April 1938 als SS-Hauptsturmführer in die SS aufgenommen (Nr. 353188). Ebenfalls rückwirkend wurde er mit Wirkung vom 30. Januar 1939 zum SS-Sturmbannführer befördert.[153] Es erscheint fast so, als sei die SS-Aufnahme Gewehrs eine Belohnung für seine Brutalitäten in Polen gewesen.

Bis zum 30. April 1941 war Gewehr dann Führer beim Stab im SS-Hauptamt. Am 30. März 1940 wurde er zur SS-Polizei-Division abgeordnet und führte im Herbst 1940 ein Ersatzbataillon der SS-Polizei-Division in Hohenstedt/March. Etwa im Februar 1941 wurde er zurückbeordert und zur Polizeiverwaltung nach Bremen versetzt, wo er Revierführer bzw. Abschnittskommandeur war.

Am 30. April 1941 heiratete Gewehr die 21jährige Gertrud Blaschek.[154] Seit diesem Tag bis zum 1. Januar 1944 war er Führer beim SS-Stab des Oberabschnitts Nordsee, ab dem 1. Januar 1944 dann Führer beim SS-Stab des Abschnitts XIV. Im April 1944 befand er sich in Rußland. Er gehörte zum Polizei-Regiment 11, das in der Nähe von Rowno stationiert war.

Gewehr war Inhaber des Goldenen Parteiabzeichens der NSDAP, des Silbernen Gauehrenzeichens (vermutlich von Berlin) sowie des SS-Totenkopfringes.

Die Gehilfen: SA-Spezialkommando z. b. V. – zur besonderen Verwendung

Der chemische Sachverständige Dr. Schatz hatte bereits in seinem schriftlichen Gutachten vom 26. Juni 1933 vermutet, daß bei der Reichstagsbrandstiftung eine selbstentzündliche Flüssigkeit, nämlich Phosphor in Schwefelkohlenstoff, zur Anwendung gekommen war. Dieser Sachverhalt war jedoch der Öffentlichkeit bis zum 23. Oktober 1933 unbekannt: An diesem Tag begann vor dem Leipziger Reichsgericht die Anhörung der Brandsachverständigen.

Bereits einige Tage zuvor, am 20. Oktober 1933, hatte sich der Häftling Rall in der Stafanstalt Berlin-Tegel gemeldet, um wichtige Aussagen zum Reichstagsbrand zu machen.

Nach der bereits zitierten Meldung des „Pariser Tageblatt" vom 12. Dezember 1933 hatte Rall dann ausgesagt, er sei Mitglied des SA-Sturms 17 gewesen und habe mitangesehen, wie Mitglieder seines Sturms „Explosivflüssigkeiten" in den unterirdischen Gang zwischen Reichstagspräsidentenpalais und Reichstagsgebäude schafften. Dieser SA-Sturm 17 wurde ebenso von Willi Frischauer der Brandlegung bezichtigt. Frischauer gab als Quelle nicht Rall, sondern „berüchtigte und habgierige Mitglieder der Naziunterwelt" an. Es gibt zwei weitere Quellen, die ebenfalls den Sturm 17 der Tat bezichtigten, und zwar vor der zitierten Meldung des „Pariser Tageblatts": Bereits am 22. April 1933 wurden vom Karstadt-Kaufhaus am Berliner Hermannplatz Flugzettel geworfen, auf denen behauptet wurde: „Tatsache ist, das [!] der Reichstag vom SA Sturm 17 Moabit[155] in Brand gesteckt wurde."[156] Ende September 1933 dann meldete das illegal erscheinende Zentralorgan der italienischen kommunistischen Partei (IKP), „L'Unità", in einem redaktionellen Beitrag, „daß der Brand von den Anführern der Faschisten, insbesondere von Hitler und Göring, organisiert war, die sich van der Lubbes, eines Provokateurs in ihren Diensten, sowie anderer Gewährsleute der Hitlerschen Sturmabteilungen (speziell der 17. SA-Truppe[157], Berlin Moabit) bedient hatten. Sie sind durch unterirdische Gänge in den Reichstag eingedrungen, die diesen mit dem Haus des Reichstagspräsidenten, eben Görings, verbinden."[158]

Somit liegen vier – offenbar voneinander unabhängige – Angaben vor, nach denen der SA-Sturm 17 für die Brandlegung verantwortlich war. Über diesen Sturm sind allerdings heute leider nur wenige Informationen verfügbar. In einem Beitrag „Der Nationalsozialismus erobert den Wedding" berichtete Gerhard Starcke 1934: „Der Sturm 17 umfaßte nicht nur den gesamten Wedding, sondern auch das Gebiet um den Stettiner Bahnhof. Er bestand aus zwei Trupps: Trupp 40 (Stettiner Bahnhof) und Trupp 41 (Wedding). Aus dem Traditionssturm 17, dessen Sturmlokal seit jeher das bekannte Lokal [H.] Grahn in der Usedomer Straße [9] war, entstanden zunächst drei Stürme: 40, 41 und 17. [...] Von Sturm 41 wurde dann ein Trupp als Sturm 61 (Gebiet der Sektionen Schillerpark und Zeppelin) abgezweigt."[159]

Erstaunlicherweise findet sich bei Starcke kein Wort über den Sturm 101, dessen Sturmlokal sich in der Ravenéstraße, unweit des Bahnhofs Wedding und nur ca. einen Kilometer entfernt vom Stettiner Bahnhof befand. Auch in dem Buch von Engelbrechtens „Eine braune Armee entsteht"[160] sind für Wedding nur der Trupp R/17 (Stettiner Bahnhof) sowie die Stürme 17 (Stettiner Bahnhof), 40 (Oranienburger Tor) und 41 (Wedding) angegeben. Jedenfalls gehörten alle SA-Stürme im Wedding zum Sturmbann I (Bezirke Mitte und Wedding) der Standarte IV („Standarte Zackig" unter Standartenführer Hans Breuer).

Hans Georg Gewehr führte nun nach seiner Ernennung zum Sturmführer (am 15. Juni 1932) zumindest bis Ende 1932 nach eigener Angabe einen Sturm im Wedding, nämlich nachweislich den Sturm 101. Da dieser Sturm in demselben Stadtteil wie der Sturm 17 operierte, handelte es sich hier sehr wahrscheinlich um ein Sonderkommando, wofür auch die hohe Nummer des SA-Sturms spricht.

Unstrittig sowie durch verschiedene Veröffentlichungen nach 1945 belegt und von Hans Georg Gewehr selbst bestätigt ist, daß dieser ein SA-Kommando „z. b. V.", also „zur besonderen Verwendung" führte, welches sich insbesondere der Brandstiftung widmete. Als erster machte Gisevius 1946 diesen Sachverhalt unter Bezug auf die Aussage Ralls und unter Erwähnung des Namens „Heini" Gewehr bekannt, den Rall genannt habe: Rall sei an der Inszenierung von „Zwischenfällen" beteiligt gewesen, so am „Anstecken von Litfaßsäulen. Diese brannten dann lichterloh in der Nacht, es sah wunderschön aus, die Masse gaffte, die Feuerwehr mußte herbeieilen, die Polizisten schimpften, und zeigte man ein wenig Geschick, so endete das Freudenfeuer in einem wilden Volkstumult. [...] Ja, hätte man 1932, als diese ersten kleinen ‚Flächenbrände' plötzlich Mode wurden, nur ein wenig besser aufgepaßt, hätte die Polizei ein bißchen indiskreter nachgeforscht, warum die Litfaßsäulen gleich so hell brannten, wer weiß, womöglich wäre sie nicht nur der wahlkarnevalistischen Anwendung einer allen Feuerwerkern wohlbekannten Tinktur auf die Spur gekommen. [...] Selbst wenn man die Technik des Feuerzaubers in Erfahrung gebracht hätte, wäre die Polizei noch nicht am Ziel gewesen. Man konnte jene entzündbare Flüssigkeit so zusammenbrauen, daß ein Spielraum von ein bis zwei Stunden blieb, bis die Selbstentzündung erfolgte. Es kam für die Täter lediglich darauf an, unbeachtet das Gift zu verspritzen. [...] Heini Gewehr [...] [wurde] die hohe Ehre zuteil, in historischer Stunde [...] seine pyrotechnischen Fähigkeiten zu erweisen."[161]

Der erste Gestapo-Chef Rudolf Diels ergänzte 1950 die Darstellung von Gisevius: „Nun hatte Rall in seiner Zelle vom Reichstagsbrand vernommen und [...] eine Art Selbstanzeige erstattet, in der er einige Kumpane bezichtigte, den Reichstagsbrand vorbereitet zu haben. Er erzählte von einem Lehrgang, in dem er und seine Spießgesellen in der

Handhabung von phosphorhaltigen Brennmitteln geschult worden seien. Sie hatten die Wirkung der selbstentzündlichen Stoffe häufig ausprobiert, indem sie dieselben in Hausflure und offenstehende Fenster von öffentlichen Gebäuden geworfen hatten."[162]

Denselben Tenor hat eine Mitteilung von Dr. Adolf Arndt, der Diels bereits am 6. Mai 1946[163] im Auftrag des hessischen Justizministers Zinn in Nürnberg befragte: „Diels behauptete, die Brandstiftung sei von der SA durchgeführt. Ich kann mich nicht mehr mit Sicherheit erinnern, ob er sagte, daß der SA-Führer Ernst dazu die Anordnung gegeben habe, glaube es aber. Jedenfalls nannte er den Kläger, den er als Heini Gewehr bezeichnete, als einen der Täter."[164]

In einem Gespräch mit dem Leiter der Textredaktion der Illustrierten „Quick", Friedrich Strindberg, Ende Oktober oder Anfang November 1957 in München gab Diels dann weiter an: „Er habe sich gegen Ende des Krieges (1943 oder 1944) mit Gisevius im neutralen Lugano (Schweiz) getroffen und Gisevius habe seine Erinnerungen [...] mit ihm, Diels, sozusagen abgestimmt, d. h. überprüft, inwieweit sie richtig wären. Diels bestätigte mir also die Wahrheit des Gisevius-Berichts [...], schränkte aber ein, Gisevius habe sich bei der Niederschrift in manchen Details geirrt. Das Wesentliche stimme jedoch. [...] Diels erzählte mir nun seine Versionen über [...] Rall, der [...] vor dem Untersuchungsrichter behauptet hatte, der Reichstag sei mit denselben chemischen Substanzen angezündet worden, die der SA-Trupp von Rall von einem Drogisten in der Müllerstraße [in Berlin-Wedding!] bezogen hätte. (In der sogenannten ‚Kampfzeit‘ seien mit diesem Brandstoff auch Litfaßsäulen und Straßenbahnwagen angezündet worden.) [...] Der wichtigste Hinweis, den Diels mir damals gab, war die Person des Heini Gewehr (Hans Georg Gewehr). Diels versicherte zu wiederholten Malen, daß dieser Gewehr der einzige überlebende Tatzeuge der Brandstiftung sei."[165]

Ähnlich äußerte sich Curt Riess über ein Gespräch mit Diels im Sommer 1957: „Herr Diels erklärte mir, das dieser Gewehr einer der Mittäter in der Reichstagsbrandsache gewesen sei. [...] Jawohl, ich erinnere mich genau daran, daß Diels von jener geheimnisvollen Brandtinktur sprach, die an Berliner Litfaßsäulen ausprobiert worden war, und daß er der Tatsache Erwähnung tat, daß Gewehr diese Brandtinktur benutzte."[166]

Ende 1957 erschien im „Stern" eine Serie „Feuer über Deutschland" von Curt Riess (unter dem Pseudonym Peter Brandes)[167], etwa zur gleichen Zeit auch eine Serie in „Weltbild" mit dem Titel „Ein Toter spricht" unter der Regie von Friedrich Strindberg.[168] In beiden Beiträgen wurde der Fall Rall dargestellt, und die Nazis wurden als Brandstifter bezeichnet.

Ende 1959 erschien dann als Reaktion auf die Beiträge in „Stern" und „Weltbild" im „Spiegel" die zehnteilige Serie „Stehen Sie auf, van der Lubbe. Der Reichstagsbrand 1933 – Geschichte einer Legende / Nach einem Manuskript von Fritz Tobias."[169] Dieses Manuskript von Tobias hatten die damaligen „Spiegel"-Mitarbeiter Paul Karl Schmidt alias Dr. Paul Carell (1933 NSDAP und SA, später SS-Obersturmbannführer, Pressechef Ribbentrops) sowie Günther Zacharias überarbeitet. Marinus van der Lubbe wurde darin zum Alleintäter stilisiert, die heiße Spur Rall / Reineking / Gewehr mit keinem Wort erwähnt.

Nach einer Erwiderung von Gisevius in der „Zeit" unter dem Titel „Reichstagsbrand im Zerrspiegel"[170] sah sich „Spiegel"-Herausgeber Augstein am 27. April 1960 persönlich, unter scharfen Angriffen auf Gisevius, zu einer außerordentlich stillosen Rechtfertigung gezwungen: Gisevius habe „sich zunutze gemacht, daß ein anderes, ähnlich stichhaltiges Märchen bei uns aus Platzmangel (und weil es schon so stank) weggeblieben war: die Rall-Legende, die mit der Gewehr-Legende fällt (und die ohne die Gewehr-Legende nicht steht). [...] Warum wir die Rall-Legende ‚verschwiegen' haben? Weil Diels sie schon vor zehn Jahren derart entblättert hatte, daß ihre Giseviussche Unhaltbarkeit für jeden laienhaften Kenner der Zeitgeschichte gesicherter Besitz ist."[171] Allerdings wurde es nun spannend, denn Augstein verbreitete nicht nur eine Fülle nachweislich falscher Angaben über Rall, Reineking und Gisevius.[172] In seiner Rage über den „Zeit"-Beitrag verriet der „Spiegel"-Herausgeber darüber hinaus Details über Rall und Gewehr, die bis dahin der Öffentlichkeit, ja selbst Gisevius völlig unbekannt gewesen waren:

„Warum Rall sterben mußte? Ich sprach mit Diels darüber, vor zehn Jahren, als Teile seines Rechtfertigungsberichts ‚Lucifer ante Portas' unter dem Serien-Titel ‚Die Nacht der langen Messer fand nicht statt'[173] [1949] im ‚Spiegel' erschienen. Ralls Aussage, daß nämlich die SA – unter anderen Karl Ernsts ‚Spezi' Heini Gewehr – seit langem Phosphorladungen benutzte, hätte in der deutschen und noch mehr in der Weltöffentlichkeit einen verheerenden Eindruck gemacht, wenn Rall vor dem Leipziger Gericht hätte erscheinen können. Die Feinde der SA und des Karl Ernst innerhalb des Regimes hätten sich solch eine Fehlleistung flugs zunutze gemacht. Karl Ernst hatte ein erstrangiges Interesse daran, diesen Zeugen stumm zu machen, der möglicherweise nichts anderes im Sinn hatte, als die Eintönigkeit seines Zuchthäuslerdaseins durch einige Vernehmungsreisen und einen fröhlichen Auftritt vor Gericht zu unterbrechen."[174]

Ganz sicher hätte Ralls Aussage in der deutschen und der internationalen Öffentlichkeit einen „verheerenden Eindruck" gemacht! Augsteins so harmlose wie scheinbar plausible Erklärung krankte jedoch daran, daß die SA nicht im Alleingang, sondern zusammen mit Diels' Gestapa den „Verräter" Rall liquidiert hatte und daß Göring höchstpersönlich die Niederschlagung des Ermittlungsverfahrens im Mordfall Rall anordnete.[175]

Die genannten und wichtigen Informationen von Diels zum Fall Rall hatte Augstein erstaunlicherweise 11 Jahre zurückgehalten, warum?

Gewehr selbst wartete am 27. März 1960 mit bisher unbekannten Details auf: „Während meiner technischen Ausbildung wurde uns im Chemieunterricht gezeigt, wie ein in Lösung befindlicher Stoff nach Verdampfen der Lösung amorph zurückbleibt. Zu diesem Zweck wurde gelber Phosphor in Schwefelkohlenstoff aufgelöst und die Lösung auf ein Blatt Löschpapier gegossen. Nach dem Verdampfen des Lösungsmittels blieb der Phosphor in feinstverteiltem Zustand zurück und verband sich infolge seiner chemischen Affinität sofort mit dem Sauerstoff der Luft. Das Löschpapier brannte also. Dieser Vorführung erinnerte ich mich, und wir benutzten dieses Mittel in der Kampfzeit, um für uns unerreichbare Wahlplakate der KPD zu zerstören. Die Lösung wurde in Flaschen oder alte Glühbirnen gefüllt und auf die Stoff-Transparente geschleudert. Der Brennwert der Lösung war aber so gering, daß nur dünne Stoffe (Transparente) in Flammen aufgingen. Bei Litfaßsäulen war die Lösung ohne Wirkung. Es verblieb nur ein Brandstreifen. Dieses kann heute noch nachträglich durch Versuche bewiesen werden. Dieses ‚Kampfmittel' wurde sehr vertraulich behandelt und nur im Standartenführer-Kreis bekanntgegeben. Es wurde in meiner Zeit auch nur wenig angewendet."[176]

Nachdem Augstein und Gewehr nun schon einmal geplaudert hatten, enthüllte Tobias 1962 in der Buchversion seiner „Spiegel"-Serie weitere bisher unbekannte Details, die wohl auch direkt von Gewehr stammten: „Wie Gewehr heute vermutet, ist sein Name mit dem Reichstagsbrand überhaupt nur dadurch in Verbindung gebracht worden, daß er in der kurzen Zeit seiner Tätigkeit als Führer der Stabswache ein Kampfmittel entwickelt hatte, mit dem man gegnerische Plakate und Transparente, an die man normalerweise nicht herankam, aus der Entfernung beschädigen und günstigstenfalls auch vernichten konnte. Im Zuge seines Ingenieurstudiums [Gewehr war kein Ingenieur, sondern Maschinenbautechniker!] hatte Gewehr die Eigenschaft des Phosphors, sich selbst zu entzünden kennengelernt. Dabei kam ihm der Gedanke, Phosphorlösungen in ausgebrannte Glühbirnen zu füllen, die man dann als Wurfgeschosse benutzen konnte. Man brauchte nur die Glasspitzen der damaligen Vakuum-Glühbirnen unterhalb des Spiegels der Lösungsflüssigkeit abzukneifen, worauf sich die Birne mit der Flüssigkeit vollsog. Die mit Siegellack wieder verschlossenen Glühbirnen wurden gegen die Plakate geschleudert; nach dem Platzen hinterließen sie zunächst nur harmlos wirkende feuchte Flecke, die dann plötzlich nach dem Verdunsten der Lösungsflüssigkeit von selbst aufflammten. Der Effekt dieser ‚Brandbomben' war jedoch praktisch nur gering, da der fein verteilte Phosphor nur eine sehr geringe Temperatur zu entwickeln vermochte.

Nach Gewehrs Ausscheiden aus der Stabswache, in der zu jenem Zeitpunkt die Brand- bzw. Selbstentzündungsflüssigkeit noch als Geheimnis behandelt wurde, mag dieses interessante Kampfmittel durch die von Diels erwähnten Lehrgänge innerhalb der SA und infolge der sich verschärfenden Kampfzeit in Berlin eine zunehmende Verbreitung gefunden haben. Und auf diese Weise mag es auch dem unseligen Rall bekanntgeworden sein."[177]

Auch das Landgericht Düsseldorf fand in dem Zivilprozeß Gewehr gegen Gisevius noch ein Quentchen Wahrheit: „In dieser Zeit, in der sich wiederholt Plakatbrände ereigneten, demonstrierte er [Gewehr] auch einmal vor SA-Führern die Wirkung einer Phosphorlösung, durch die mit ihr in Verbindung gebrachte Stoffe nach Verdampfen des Lösungsmittels ohne weiteres Zutun in Brand gesetzt werden konnten."[178]

Gewehr sagte dann am 7. Juni 1963 unter Eid aus: „Im Jahre 1931 habe ich einmal auf Veranlassung von Ernst bei einer Zusammenkunft von Standarten- und selbständigen Sturmbannführern ein Mittel gezeigt, mit dem man Brände inszenieren konnte. Dieses Mittel bestand aus einer Phosphorlösung. Ich [habe dieses Mittel[179]] einigen Kameraden und auch dem Grafen Helldorf gezeigt. Ich habe dieses Mittel niemals angewandt, weiß auch nicht, ob es sonst schon mal von anderen verwandt worden ist. Ich stelle klar, daß ich dieses Mittel gelegentlich auch einmal an einer Litfaßsäule o. dgl. ausprobiert habe. Ich habe es aber jedenfalls im politischen Kampf nicht regelrecht eingesetzt, jedenfalls nicht während meiner Zeit in der Stabswache [also vielleicht später, zu seiner

Zeit im Sturm 101!]. Daß dieses Mittel später verwandt worden ist, halte ich durchaus für möglich. [...] Ich kann darauf, wie Rall an meinen Namen gekommen sein kann, keine Antwort geben. Ich kann mir das nur so vorstellen, daß einmal ein Standartenführer über meine Demonstrationen mit diesem Brandmittel in irgendeinem Kameradenkreis gesprochen hat. Auf diese Weise kann auch Rall davon gehört haben."[180] Tobias ergänzte sogar gefällig: „Den Namen Rall hat Gewehr, wie nicht anders zu erwarten, niemals gehört. Auch bei Gewehrs Nachfolgern und Kameraden war der Name Rall völlig unbekannt."[181] Dies kann zweifellos nicht der Wahrheit entsprechen.

Zusammenfassend kann folgendes als gesichert festgestellt werden: Gewehr entwickelte 1931/1932 als Führer der Stabswache von Karl Ernst für die SA eine selbstentzündliche Brandflüssigkeit – Phosphor in Schwefelkohlenstoff – und demonstrierte diese im Rahmen von „Lehrgängen" innerhalb der SA. An einem dieser „Lehrgänge" nahm offenbar auch Adolf Rall teil.[182] Diese Brandflüssigkeit stimmt in ihrer Zusammensetzung vollständig mit derjenigen überein, deren Rückstände der Brandsachverständige Dr. Schatz im ausgebrannten Reichstagsgebäude nachweisen konnte. In vier unabhängigen Veröffentlichungen von Zeitzeugen wurden Mitglieder des SA-Sturms 17 (Berlin-Wedding) als Täter für die Reichstagsbrandstiftung bezeichnet. Zumindest für das zweite Halbjahr 1932 ist nachweisbar, daß Gewehr einen SA-„Sonder"-Sturm 101 in Berlin-Wedding (im „Revier" des SA-Sturms 17) führte. Gewehrs Tätigkeit für die SA zur Zeit des Reichstagsbrandes ist bisher vollkommen ungeklärt. Verschiedene Äußerungen Gewehrs und Eggers (siehe oben) lassen sogar vermuten, daß Gewehr noch Ende Februar 1933 Führer der Stabswache von Karl Ernst war. Jedenfalls hatte Gewehr für die Zeit der Reichstagsbrandstiftung kein Alibi.

Das Zeugnis von Bruno Kindt

Die Existenz eines speziellen SA-Brandstifterkommandos wurde auch von anderer Seite bezeugt: Der Physiker, Chemiker und Mineraloge Dr. Bruno Kindt gestand ca. 1937 dem berühmten Bauhaus-Designer Wilhelm Wagenfeld, er sei Mitglied derjenigen Spezialeinheit der SA gewesen, die am 27. Februar 1933 den Reichstag angezündet habe. Kindt selbst sei an der Entwicklung des Brandzünders beteiligt und sichtlich stolz darauf gewesen, in einer von der SA gegründeten naturwissenschaftlich-pyrotechnischen Abteilung zur Vorbereitung der Brandstiftung am Reichstagsgebäude mitarbeiten zu können. Hierzu habe diese SA-Sondereinheit vor Hitlers Machtübernahme Versuche mit Zeitzündern und einer Mixtur aus verschiedenen Chemikalien angestellt, die sich als Brandbeschleuniger eignen sollten. Kindts Gruppe habe mit einem solchen Zünder ein Probefeuer auf dem Berliner Ausstellungsgelände in der Nähe des Funkturms gelegt. Der Brand habe schnell wieder gelöscht werden können. Am Reichstagsbrand selbst will Kindt nicht beteiligt gewesen sein. Er wußte aber davon, daß die brisante chemische Mischung „kanisterweise" durch den unterirdischen Gang vom Palais des Reichstagspräsidenten in den Reichstag gebracht, dort ausgeschüttet und die Kanister auf demselben Weg wieder zurückgebracht und beiseite geschafft worden seien. Wie Wagenfeld weiter berichtete, habe Kindt es sich als Verdienst angerechnet, daß die erforderliche Menge zur schnellen Entzündung des Plenarsaals im voraus richtig berechnet worden sei (siehe Anhang 3 zu diesem Kapitel).

Die Parallelaktion des van der Lubbe

Der Zeuge des Rechtsanwalts Arthur Brandt

1955 übernahm der bekannte Berliner Rechtsanwalt Arthur Brandt auf Bitte von Jan van der Lubbe die Vertretung im Wiederaufnahmeverfahren zur Rehabilitierung von dessen Bruder, worüber auch die Presse berichtete. Daraufhin meldete sich bei ihm ein ehemaliger SA-Mann als Zeuge: „Da meldete sich bei mir ein junger Mann, ich kann seinen Namen nicht nennen[183], Sie werden gleich wissen warum. Gab mir an, dass er sehr gut Bescheid wisse über den Reichstagsbrand und hat mir vertraulich zunächst und dann offiziell vor einem Notar an Eidesstatt folgendes berichtet:

Er gehörte einem SA-Trupp an, am Tage, an dem der Reichstag brannte, bekam er den Auftrag, einen Mann namens van der Lubbe von dem Reichsquartier der SA [gemeint sein kann nur das „Gauhaus" in der Hedemannstraße 10] in einem Lastwagen zum Reichstag zu fahren – einen Mann namens van der Lubbe, ich habe, und so sagte er wörtlich und hat das an Eidesstatt versichert, diesen Auftrag ausgeführt: ‚Ich nahm mit anderen Genossen zusammen van der Lubbe', er hat ihn mir genau beschrieben, er kannte seinen Namen und brachte ihn zum Reichstagsgebäude. ‚Als wir am Eingang, am Portal des Reichstags ankamen [...] stand bereits der Reichstag in hellen Flammen. Ich hatte dann den Auftrag, diesen Mann am Portal des brennenden Reichstags abzuliefern, was ich getan habe. Ich halte mich heute, meinem Gewissen folgend, verpflichtet, Ihnen hiervon Kenntnis zu geben.' Ich habe ihn zunächst zu einem Notar genommen, dort hat er mir an Eidesstatt das alles berichtet und hat es mir beschworen."

Die Aussage dieses Zeugen, so Arthur Brandt weiter, habe ihn in einen Gewissenskonflikt gebracht. Hätte er im Rehabilitierungsverfahren van der Lubbe von dieser Zeugenaussage Gebrauch gemacht, „so hätte ich zwar die völlige Freisprechung des Hingerichteten erreichen können, aber ich hätte gleichzeitig den Namen meines Gewährsmannes preisgeben müssen [...], und die Preisgabe seines Namens hätte seinen sicheren Tod bedeutet".[184] Welche konkreten Anhaltspunkte Brandt für diese Befürchtung hatte, sagte er allerdings nicht.

In einem Beitrag für die Schweizer „Weltwoche" teilte Arthur Brandt weitere Details mit: „Jedenfalls war er [van der Lubbe] kein Mittäter, sondern völlig unschuldig am Brande. Er wurde nämlich durch einen Sondertrupp von SA-Leuten in den Reichstag transportiert und dort den bereits anwesenden Parteigenossen übergeben. Als van der Lubbe im Reichstag eintraf, war das dort deponierte Brandmaterial schon entzündet, und der Reichstag stand in Flammen. Diese der Öffentlichkeit bisher nicht bekannte Tatsache wird durch die Aussage eines der wenigen, vermutlich des einzigen SA-Mannes, welcher die auf Ermordung aller Mitwisser gerichteten Aktionen überlebt hat, einwandfrei bewiesen. Dessen unter Eid vor einem Notar abgegebene Erklärung besagt nichts Geringeres, als dass van der Lubbe, der, wie der Zeuge ausdrücklich hervorhebt, ‚geh- und sehbehindert war und von seinen Kameraden gestützt werden musste', durch einen Nebeneingang in das bereits brennende Reichstagsgebäude gebracht wurde. Der Zeuge wurde, als er seine Überzeugung äusserte, dass van der Lubbe unmöglich der Brandstifter gewesen sein konnte, zunächst verhaftet, dann aber auf Befehl des Chefs der SA, Ernst Röhm, entlassen, nachdem er einen Revers unterschreiben musste, dass er von nichts wisse. Als bei der sogenannten Röhm-Revolte [1934] fast alle erschossen wurden, die zum engeren Kreis der am Reichstagsbrand beteiligten Persönlichkeiten gehörten, darunter auch Karl Ernst, der als Berliner SA-Führer die Brandstiftung geleitet hatte, gelang es dem Zeugen, nachdem er gewarnt worden war, in die Tschechoslowakei zu flüchten. Er hat nunmehr den wahren Sachverhalt bekundet, und mit seinem Eide erhärtet, um als gläubiger Katholik auf

Anraten seines Beichtvaters sein Gewissen zu erleichtern."

Der Transport van der Lubbes, so Arthur Brandt weiter, „geschah offenbar im willenlosen Zustand, nachdem er – wie ja auch während der Gerichtsverhandlung – mit Drogen präpariert wurde".[185]

Am 1. April 1957 erbot sich Arthur Brandt in einem Schreiben an das Landgericht Berlin „ausdrücklich zum Beweise dafür, daß Marinus van der Lubbe von einem Trupp von SA-Leuten in den Reichstag verbracht worden ist, als dieser bereits brannte".[186] Mit Schreiben vom 24. April 1957 an den Generalstaatsanwalt beim Landgericht Berlin stellte Arthur Brandt dann nochmals in Aussicht, den Beweis für van der Lubbes Schuldlosigkeit in mündlicher Verhandlung zu erbringen.[187] Zu dem genannten Beweisantritt kam es aber offenbar nicht. Nach dem Urteil des Berliner Landgerichts vom 21. April 1967, mit dem zwar die Todesstrafe für van der Lubbe aufgehoben wurde, er aber weiterhin als Täter galt, führte Brandt in seiner Beschwerde dagegen erneut aus: „Tatsächlich ist Marinus van der Lubbe, wie ich unter Beweis zu stellen vermag, durch einen Spezialtrupp der S.A. in den Reichstag gebracht worden und wurde dort den im Gebäude befindlichen Nationalsozialisten übergeben, als der Reichstag bereits brannte. Er kommt daher auch aus tatsächlichen Gründen, zumal er durch Drogen präpariert und in einen willenlosen Zustand versetzt worden war, als Täter der Brandstiftung nicht in Frage." Die Beschwerde wurde allerdings verworfen, und Brandt konnte den Beweis für seine Behauptungen nicht antreten.

Hans Bernd Gisevius berichtete 1960 in einem Aufsatz in der „Zeit", die besagte eidesstattliche Erklärung des SA-Mannes gelesen zu haben, „der genauestens beschreibt, wie er Lubbe im Auftrag seiner Vorgesetzten zum Reichstag gebracht hat. Ich habe die Erklärung gelesen und eine Tonbandaufnahme mit ergänzenden Aussagen persönlich angehört."[188] Eine Kopie dieser Tonbandaufzeichnung befand sich im Besitz von Gisevius, der sie aber nach Maßgabe von Brandt nicht verwenden oder veröffentlichen durfte.[189] Immerhin geht aus einem Brief von Gisevius ein weiteres Detail der Aussage des unbekannten Zeugen hervor: „Nach seiner Version hat er [der SA-Mann] ihn [Lubbe] an dem Portal auf der großen Rampe [offenbar Portal I] zur Wandelhalle abgeliefert. Danach wäre Lubbe gar nicht eingestiegen, was durchaus denkbar wäre. Man hätte dann die ganze Szene frisiert."[190]

Tatsächlich zeigt die Rekonstruktion der Vorgänge am Brandabend, daß van der Lubbe sehr wahrscheinlich kein Fenster zur Restauration des Reichstags einschlug, um durch dieses einzusteigen. Bezeichnend ist nämlich, daß die Feuerwehr beim Eindringen ins Reichstagsrestaurant ebenfalls ein Fenster einschlagen mußte, das direkt daneben liegende – angeblich bereits von van der Lubbe – eingeschlagene Fenster dabei jedoch übersehen haben soll (siehe Kap. 2).

Anhang 1: Ralls Bericht nach Hans Bernd Gisevius

Die folgende Darstellung ist eine Zusammenfassung des von Hans Bernd Gisevius in verschiedenen Zeugnissen überlieferten Berichts des im November 1933 von der Gestapo ermorden SA-Mannes Adolf Rall.

Rall sei 1932 in die SA eingetreten und bald in die Berlin-Brandenburger SA-Stabswache [von Graf Helldorf] aufgenommen worden. Er sei an der Inszenierung von „Zwischenfällen" beteiligt gewesen, so am „Anstecken von Litfaßsäulen. Diese brannten dann lichterloh in der Nacht, es sah wunderschön aus, die Masse gaffte, die Feuerwehr mußte herbeieilen, die Polizisten schimpften, und zeigte man ein wenig Geschick, so endete das Freudenfeuer in einem wilden Volkstumult. Was konnte sich der Reichspropagandaleiter [Goebbels] Besseres wünschen, als daß zu guter Letzt die Gummiknüttel der Polizei in Aktion traten. [...] Man konnte jene entzündbare Flüssigkeit so zusammenbrauen, daß ein Spielraum von ein bis zwei Stunden blieb, bis die Selbstentzündung erfolgte. Es kam für die Täter lediglich darauf an, unbeachtet das Gift zu verspritzen. [...] Das aber war das wirklich Neue, womit Ralls Bericht anfing, interessant zu werden. Seine sonstigen Berichte über das Leben und Treiben einer SA-Stabswache hielten sich im Rahmen des gewohnten Schemas. Er sprach über die Tätigkeit seines Rollkommandos, als da waren Saalschlachten, Aufläufe, Keilereien. [...] Der Zuchthäusler wußte anschaulich zu berichten, wie sie eines Abends Ende Februar [...] zu dem Brigadeführer Karl Ernst befohlen worden waren. [Rall war zu dieser Zeit in Haft, kann hier also nicht aus eigener Erfahrung berichtet haben!] Dieser war damals noch Untergebener des Grafen Helldorf, der die Berliner SA-Gruppe leitete [bis zum 20. März, als Ernst seine Nachfolge antrat]. Indessen hatte man zu solch heikler Mission, wie sie jetzt durchgeführt werden sollte, Karl Ernst geeigneter befunden. [...]

Nur zehn Mann hoch [...] waren sie von Ernst empfangen worden. [...] Er hatte gemeint, man würde jetzt ein ‚Ding drehen', wirklich mal eine

Sache, die hinhauen sollte, und sie seien dazu ausersehen, mitzumachen. In den nächsten Tagen wolle man zum vernichtenden Schlag gegen die Kommunisten ausholen. Alles sei vorbereitet. Was fehle, sei lediglich der Anlaß. Den müßten sie jetzt schaffen. Wie sie wüßten, wollten die Kommunisten ganz Deutschland in Schutt und Asche legen. Sie, die Nazis, würden bloß den Reichstag, diese elende Quasselbude, anzünden. Hinterher würden sie behaupten, die Kommune hätte das Feuer gelegt.

Polizei? Um die brauchten sie sich keine Sorge zu machen. Wenn möglich wolle man auch diese für dumm verkaufen. Aber notfalls werde man die Untersuchung in die gewünschte Bahn lenken. In dieser Hinsicht habe der ‚Doktor‘ – das war Goebbels – bereits alles mit Göring [damals kommissarischer Preußischer Innenminister und damit Polizeichef] durchgesprochen.

Die Sitzung, treffender der Befehlsempfang, hatte damit geendet, daß sie so etwas wie einen Räuberhauptmann erhielten. Karl Ernst wollte nur das Oberkommando führen, den Stoßtrupp sollte ein anderer befehligen: dafür fühlte sich der Brigadeführer denn doch zu prominent. Und so wurde dem Sturmbannführer Heini Gewehr, einem Taugenichts von fünfundzwanzig Jahren, die hohe Ehre zuteil, in historischer Stunde seine Gefolgschaftstreue und seine pyrotechnischen Fähigkeiten zu erweisen.

Eine eigentliche Generalprobe fand nicht statt. Hingegen veranstaltete man so etwas wie ein Planspiel. Die Skizzen vom Reichstagsgebäude wurden ausgelegt, und auf dem Papier marschierten die Brandstifter hinter Heini Gewehr her, der als einziger mit Karl Ernst am Tatort beriet. Karl Ernst war Reichstagsabgeordneter, konnte also ohne Schwierigkeiten einen Rundmarsch durchs Gebäude antreten. Da die beiden nicht beabsichtigten, die Feuerwehr mit einer artistischen Meisterleistung zu verblüffen, sondern lieber den Handstreich unter die Devise ‚schnell, aber gründlich‘ stellten, mußten sie auch nicht umständlich umherirren. Nur solche Räumlichkeiten reizten sie zu einer eingehenderen Besichtigung, die leicht entzündliche Gegenstände bargen und bequem erreichbar waren. Das waren das Reichstagsrestaurant, die Wandelhallen und vor allem der holzgetäfelte Sitzungssaal [Plenarsaal]. [...] Dieses Planspiel wurde die paar Tage, die bis zur Galavorstellung verstrichen, öfter wiederholt. Zeit genug hatten sie, denn vorsorglich waren sie nicht mehr beurlaubt worden. Man hatte sie sofort dabehalten und kaserniert, damit die Polizei nicht durch unerwünschte Plaudereien belästigt wurde. [...] Soviel hörte Rall bereits damals, daß es zu ihrer Gastrolle im Innern des Gebäudes noch ein Gegenstück gab, irgend etwas ganz anderes, womit sie nichts zu tun hatten. Was aber damit gemeint war [gemeint war van der Lubbe], wie sich zwei verschiedene Aktionen ergänzen sollten, welch ein ‚Ding‘ Karl Ernst oder der Doktor nebenher ‚drehen‘ wollten, das erzählte man ihm und seinesgleichen nicht. [...]

Am Brandtage hatten sie sich spätnachmittags in Bewegung gesetzt. Erstes Ziel war eine Drogerie im Norden der Stadt. Der Drogist war ein alter Parteigenosse, ein hingebungsvoller SA-Mann. [...] Die Mixtur, die sie abholten [war] gar nicht so viel, wie sich sich ausgemalt hatten. Für jeden gab es nicht mehr als ein würfelförmiges Gefäß, das sie gut in großen Rucksäcken, wie sie zum Tragen von Zeitungen gebraucht wurden, verstauen konnten. Sie staunten ein wenig, daß das genügen sollte, aber der Drogist mußte es wissen.

Gegen sechs Uhr fuhren sie vor dem Palais des Reichstagspräsidenten vor, das gegenüber dem Hauptgebäude [Reichstag] lag und durch einen unterirdischen Gang mit diesem verbunden war. Es standen dort so viele Autos herum, daß ihre Ankunft überhaupt nicht auffiel, ebenfalls nicht die komischen Akten, die sie in das Gebäude hineintrugen. Ob der Pförtner mit im Spiel war, ob er zu jenem Zeitpunkt in seiner Loge saß, ob er gerade ‚dienstlich‘ abberufen war, konnte Rall nicht sagen, er hatte nicht darauf geachtet. Sofort gingen sie in den Keller hinunter. Dort mußten sie eine ziemliche Weile warten. Irgendein verabredetes Zeichen fehlte noch. [...] Aber plötzlich kam mit lautem Gepolter Karl Ernst herunter. Heini Gewehr [...] meldete, alles sei in Ordnung. [...] Sie jagten durch den vielberedeten unterirdischen Gang. [...]

Natürlich vermieden sie es, unnötigen Lärm zu machen. Andererseits hatten sie weder ihre klobigen SA-Schuhe ausgezogen, noch liefen sie auf Gummisohlen, noch hatten sie irgendwelche sonstigen Vorkehrungen getroffen, etwa ihre SA-Kluft mit unkenntlichem Räuber-Zivil vertauscht oder wenigstens ihre Ausweise weggesteckt. Dies hatte seinen guten Grund. Sie waren nämlich beim Befehlsempfang so verblieben, daß sie menschlichem Ermessen nach – man hatte die Tage zuvor gut Ausschau gehalten – niemanden in dem ausgestorbenen Gebäude antreffen würden. Sollten sie trotzdem bemerkt werden – sie splitterten sich in drei verschiedene Gruppen auf, eine zu viert für den Sitzungssaal, zweimal zu zweit für das Restaurant und die Wandelhallen [das sind zusammen nur 8 Mann; Gisevius sprach davor aber von 10!] –, sollte also die eine oder die andere Gruppe wider Erwarten von jemandem gestellt werden, so waren sie harmlose Botenläufer, die hinauf ins nationalsozialistische Fraktionszimmer wollten. Kam es aber zu einem unangenehmen Wortwechsel, dann hatten sie scharf zu schießen. Dies war besser, als entdeckt zu werden. Und hinterher, nachdem die bösen Kommunisten den Reichstag angesteckt hatten, erhöhte es womöglich die braune Dramatik oder die rote Ruchlosigkeit, wenn Unschuldige hatten ihr Leben lassen müssen. [...]

Als sie sich in strammer Haltung bei Karl Ernst zurückmeldeten, bekamen sie [...] Worte wärmster Anerkennung zu hören. Nochmals wurden sie zur Verschwiegenheit angemahnt und [...] eine beachtliche Belohnung wurde ihnen in Aussicht gestellt."[1]

Bei einer Vernehmung am 23. Mai 1960 gab Gisevius allerdings an, er sei „nicht in der Lage, mich auf das Protokoll Ralls aus eigener Kenntnis zu berufen".[2] Seine Informationen beruhten nur auf den mündlichen Mitteilungen von Rudolf Diels, Arthur Nebe, Hubert Geissel, Graf von Helldorf, Hans Oster und Karl Reineking. Gisevius führte dazu weiter aus: „So wichtig aber Ralls protokollarische Aussagen im einzelnen gewesen sein mögen, so mache ich nachdrücklich darauf aufmerksam, dass ich meinen Bericht bewusst nicht auf dieses mir unbekannt gebliebene Protokoll einer fragwürdigen Existenz abgestellt habe. Ich werfe vielmehr die Frage auf, ob Rall gelogen hat, untersuche sie und komme zu dem Ergebnis, dass die Kenntnisse dieses Mittäters logischerweise begrenzt waren. Dann fahre ich fort, dass ‚Ralls spärliche Angaben vollauf genügten, um sozusagen das Gespräch in Gang zu bringen'. Ich schildere den nach Lage der Dinge durchaus plausiblen Vorgang, wie die vom Leiter der Exekutive der Gestapo sozusagen auf frischer Tat ertappten Diels, Geissel, Reineking, Ernst und Genossen nach gewohnter Manier beim Umtrunk mit ihren Heldentaten zu prahlen beginnen. Für einen so erfahrenen [...] Kriminalisten, wie Nebe, war es nicht allzu schwer, ‚genug Anhaltspunkte' für ‚diese oder jene harmlosen Rückfragen bei anderen Beteiligten' zu finden, und wäre es auch bei einer bewegten Dorfhochzeit. Rall hat demnach einem guten Kriminalisten lediglich den entscheidenden Tip gegeben. Niemals hätte Nebe sich mit dieser einen Aussage zufrieden gegeben. Das ist besonders wichtig, weil Nebe als einer der ganz wenigen Eingeweihten in sämtliche Putschpläne, die jemals ernsthaft erörtert wurden, wusste, dass er mit seiner Berufsehre dafür haftete, dass seine Angaben in Sachen Reichstagsbrand sowie über die Möglichkeit einer unverzüglichen Aufklärung im Falle eines Systemwechsels stimmten. Daher auch die planmässige Beschattung Heini Gewehrs bis an die Ostfront."[3]

Anhang 2: Das „Geständnis" von Karl Ernst[4]

Vorbemerkung der Autoren

Ernsts „Geständnis" enthält keine Angaben, die gravierend von der durch die Autoren beschriebenen Vorbereitung und Durchführung der Reichstagsbrandstiftung abweichen und verrät eine sehr gute Sachkenntnis des Verfassers. Allerdings muß auf zwei Differenzen zu der im vorliegenden Buch gegebenen Darstellung hingewiesen werden:

1. Während verschiedene Indizien für eine längerfristige Vorausplanung einer Brandstiftung am Reichstagsgebäude sprechen, wird im „Ernst-Geständnis" angegeben, der Plan zur Reichstagsbrandstiftung sei erst einige Tage nach dem 30. Januar 1933, also etwa drei Wochen vorher entstanden.

2. Die Angabe, Hitlers Auslandspressechef Hanfstaengl habe in Görings Reichstagspräsidentenpalais gewohnt, ließ sich nicht verifizieren. Allerdings kann auch nicht ausgeschlossen werden, daß Hanfstaengl irgendwann einmal im Reichstagspräsidentenpalais nächtigte. Im „Geständnis" ist nur die Rede davon, daß Hanfstaengl der Planung zufolge den Nachtwächter (Adermann) des Reichstagspräsidentenpalais am Brandabend beschäftigen „sollte", um den Brandstiftern ein unbemerktes Eindringen zu ermöglichen. Dagegen wird weder gesagt, ob Hanfstaengl am Brandabend tatsächlich im Reichstagspräsidentenpalais anwesend war (was unwahrscheinlich ist), noch, ob er dort wirklich den Nachtwächter „beschäftigte".[5]

Als weiteres Indiz für eine mögliche Authentizität des „Geständnisses"' kann gelten, daß Ernst selbst hier zum erstenmal als angeblicher Anführer des Brandstiftertrupps erscheint und auch die Namen Röhm, Killinger und Sander als angebliche Mitwisser erstmals genannt werden. Für eine Fälschung auf der Basis von ausländischen Zeitungsberichten und Gerüchten bestand dafür keinerlei Grundlage. Hinzu kommt, daß Killinger beim Erscheinen des „Weißbuchs" am Leben war (er starb erst 1944 durch Selbstmord); es wäre also möglich gewesen, ihn zu diesen Vorwürfen zu befragen. Jedenfalls wäre 1934 die Bezichtigung von Personen, die bis dahin in der (ausländischen) Öffentlichkeit niemand mit dem Reichstagsbrand in Verbindung gebracht hatte und von denen Killinger hätte widersprechen können, für einen Fälscher außerordentlich unklug gewesen.

Ich, Endesunterzeichneter Karl Ernst, SA-Gruppenführer Berlin-Brandenburg, Preussischer Staatsrat, geboren 1. September 1904 Berlin-Wilmersdorf, gebe hiermit eine Darstellung des Reichstagsbrandes, an dem ich beteiligt war. Ich tue dies auf Anraten meiner Freunde, weil

Nachrichten darüber vorliegen, dass Göring und Goebbels einen Schurkenstreich gegen mich planen. Wenn ich verhaftet werde, sind Göring und Goebbels umgehend zu verständigen, dass dieses Dokument sich im Ausland befindet. Das Dokument selbst darf nur veröffentlicht werden, wenn ich oder einer meiner beiden Freunde, die in der Beilage zu diesem Dokument genannt sind, es anordnen, oder wenn ich eines gewaltsamen Todes sterbe.

Ich erkläre, dass ich am 27. Februar 1933 gemeinsam mit meinen beiden in der Beilage bezeichneten Unterführern den deutschen Reichstag in Brand gesetzt habe. Wir haben diese Tat vollbracht in der Überzeugung, dem Führer und der Bewegung dienstbar zu sein. Wir haben sie vollbracht, um dem Führer das Losschlagen gegen den Marxismus, den schlimmsten Feind des deutschen Volkes, zu ermöglichen. Bevor diese Pestbeule nicht völlig ausgerottet ist, kann Deutschland nicht gesunden. Ich bereue meine Handlung nicht. Ich würde sie heute ein zweites Mal begehen. Ich bedaure nur aufs tiefste, dass sie Kreaturen wie Göring und Goebbels ermöglicht hat, hochzukommen, die die SA verraten haben, den Führer täglich verraten und ihm durch Lug und Trug in die Netze ihres Kampfes gegen den Stabschef und die SA zu ziehen versuchen. Die SA ist die schärfste Waffe der Bewegung. Ich bin Nationalsozialist. Ich bin überzeugt, dass der Nationalsozialismus mit der SA lebt und stirbt.

Wenige Tage nach unserer Machtergreifung berief mich Helldorf zu sich, der mir mitteilte, dass am Abend eine Besprechung bei Göring stattfinden würde. Ich fuhr mit Helldorf zu Göring. Unterwegs informierte mich Helldorf darüber, dass etwas unternommen werden müsse, um dem Führer die Möglichkeit zu geben, gegen die Marxisten loszuschlagen. Zu meiner Überraschung war ausser Göring auch Goebbels anwesend, der uns seinen Plan entwickelte. Anlässlich der Wahlversammlung des Führers in Breslau sollte bei der Landung des Führers ein Scheinattentat von zwei Kommunisten gegen ihn begangen werden. Dieses Attentat sollte das Zeichen zum Losschlagen gegen die Marxisten sein. Heines sei nach Berlin berufen, um mit ihm die Details zu besprechen. Die Gruppe Berlin-Brandenburg müsste alle Vorbereitungen treffen. Innerhalb von zwei Tagen würde Helldorf detaillierte Befehle über die Aufgaben seiner Gruppe erhalten.

Wir trafen uns zwei Tage darauf wieder bei Göring, diesmal ohne Goebbels. Göring sprach sich heftig gegen den Attentatsplan aus, weil er fürchtete, dass dies zur Nachahmung reizen könnte. Er sagte auch, dass Goebbels starrköpfig am Attentatsplan festhalte, und bat uns, bei der nächsten Unterredung Goebbels von diesem Plan abzubringen. Er habe Heines verständigt, seine Berliner Reise noch etwas aufzuschieben.

Am nächsten Tage wurde ich telephonisch in Goebbels Wohnung bestellt. Ich kam als letzter an, die anderen hatten sich inzwischen schon geeinigt, den Attentatsplan fallen zu lassen. Göring meinte, man müsste etwas anderes durchführen, vielleicht das Schloss in Brand setzen, oder einen Sprengkörper im Innenministerium explodieren lassen. Goebbels antwortete lächelnd, dann sei es vielleicht besser, den Reichstag anzuzünden, dann könnten wir uns den Parlamentariern noch als Verteidiger der Schwatzbude präsentieren. Göring stimmte sofort zu. Helldorf und ich waren dagegen, weil uns die technischen Schwierigkeiten zu gross erschienen. Wir wiesen darauf hin, dass ein Brand im Schloss leichter zu machen sei, weil dort so gut wie keine Bewachung ist. Wir liessen uns von Göring und Goebbels überzeugen. Wir legten dann nach gründlicher Überlegung die Details fest. Unser Plan war, dass Heines, Helldorf und ich am 25. Februar, acht Tage vor der Wahl, den Brand legen sollten. Göring erklärte, dass er Brandmaterial stellen könnte, das ausserordentlich wirksam sei und wenig Raum einnehme. Wir sollten uns am 25. 2. bis zum Abend im Fraktionszimmer aufhalten und, wenn der Betrieb im Reichstag zuende war, ans Werk gehen. Die technischen Vorbereitungen wurden mir übertragen. Ich suchte Göring am nächsten Tage auf. Ihm waren inzwischen Bedenken gekommen. Er fürchtete, dass es am Sonnabend, wo früher Schluss gemacht wird, auffallen könnte, wenn wir Drei uns solange im Reichstag aufhalten würden. Dann meinte er auch, es wäre falsch, bekannte SA-Führer an der direkten Arbeit teilnehmen zu lassen. Wenn einer entdeckt würde, wäre alles verloren. Wir telephonierten Goebbels, der nach kurzer Zeit erschien. Wir machten ihn mit unseren Bedenken bekannt. Er fand sie nicht stichhaltig.

Unser Plan musste aber trotzdem aufgegeben werden, weil die Beobachtungen, die ich anstellte, ergaben, dass die Kommunisten, deren Fraktionszimmer dem unsern gegenüberlag, immer sehr lange, mitunter bis nach 10 Uhr abends, im Reichstag arbeiteten. Es bestand die Gefahr, dass sie etwas beobachten konnten.

In der Zwischenzeit war der Stabschef nach Berlin gekommen und bei einem gemeinsamen Abendessen mit ihm, Heines und Killinger besprachen Helldorf und ich die ganze Frage mit ihnen. Sie waren völlig einverstanden. Sie rieten uns auch, keinesfalls selbst an der Brandlegung mitzuwirken, weil die Gefahr zu gross sei. Killinger empfahl, die

Schmutzarbeit durch einige SA-Leute machen zu lassen, die man dann verschwinden lassen könnte. Der Stabschef meinte zum Schluss, dass er vorarbeiten würde, um noch vor dem Brande zum Sicherheitskommissar für das ganze Reich ernannt zu werden.

In der nächsten Besprechung, die, wie ich glaube, wieder in Goebbels Wohnung stattfand und wo Helldorf fehlte, da er in einer Wahlversammlung sprach, schlug Göring vor, den unterirdischen Gang zu benutzen, der von seinem Hause zum Reichstag führt. Das wäre der einfachste Weg mit dem geringsten Risiko. Ich wurde beauftragt, geeignete Leute zu finden. Goebbels beantragte, den Brand nicht am 25. Februar, sondern am 27. steigen zu lassen, da der 26. Februar ein Sonntag war, wo nur Morgenblätter erscheinen, und der Brand propagandistisch nicht genügend ausgewertet werden könne. Wir beschlossen, den Brand gegen 9 Uhr abends beginnen zu lassen, damit das Radio noch ausgenützt werden könnte. Göring und Goebbels einigten sich dann über verschiedene Massnahmen, die den Verdacht auf die Kommunisten lenken sollten.

Ich habe mit Helldorf den unterirdischen Gang dreimal begangen, um mich genau zu orientieren. Ausserdem hat mir Göring den Grundriss gegeben, sowie die Diensteinteilung der Beamten, und eine Aufstellung, wann und über welche Wege Kontrollgänge gemacht werden. Bei einem Besuch im unterirdischen Gang wären wir beinahe erwischt worden. Der Wächter, der vielleicht unsere Schritte gehört hatte, machte einen ausserordentlichen Kontrollgang. Wir verbargen uns in einer toten Abzweigung, die der Wächter zu seinem Glück nicht untersuchte. Sonst wäre er heute nicht mehr am Leben. Zwei Tage vor der Tat haben wir in diesem Nebengang das Brandmaterial deponiert, das Göring besorgt hatte. Es bestand aus kleinen Tanks, in denen selbstentzündlicher Phosphorstoff enthalten war, sowie einigen Litern Petroleum. Bei unseren Besuchen im Gang nahmen wir stets den Weg durch das Maschinenhaus, zu dem wir den Schlüssel hatten. Göring hat zu bestimmten Zeiten den Wächter abgelenkt, damit wir unbemerkt kommen und gehen konnten.

Ich habe lange überlegt, wen ich mit der Ausführung betrauen könnte. Ich kam zu dem Schluss, dass ich doch selbst mitmachen müsste, und dass ich nur Männer aus meinem engsten Kreise nehmen könnte. Ich habe Göring und Goebbels davon überzeugt, und sie stimmten zu. Heute nehme ich an, dass sie sich einverstanden erklärten, weil sie glaubten, mich in ihre Hände zu bekommen. Meine Wahl fiel auf zwei Männer, zu denen ich volles Vertrauen hatte. Ich danke ihnen, dass sie mir bei

meiner schweren Aufgabe geholfen haben. Ich habe sie auf mich vereidigt. Sie haben ihren Eid gehalten. Ich wusste, dass ich mich auf sie verlassen kann. Sie sollen selbst entscheiden, ob ihr Name, der auf der Beilage vermerkt ist, veröffentlicht werden darf.

Bei einer unserer Besprechungen teilte Göring mit, dass er Hanfstaengl ins Vertrauen gezogen habe. Hanfstaengl, der in Görings Haus
wohnte, sollte am 27. den Wächter irgendwie beschäftigen, damit wir
ungesehen ins Haus konnten. Wir besassen Schlüssel zu allen Türen.
Göring sollte sich zur angesetzten Zeit nicht zu Hause, sondern im Innenministerium aufhalten.

Wenige Tage vor dem angesetzten Termin erzählte uns Helldorf, dass
in Berlin ein Junge aufgetaucht sei, den man sicher dazu bewegen könnte, den Brand mitzumachen. Der Bursche war ein holländischer Kommunist. Die Welt hat nachher seinen Namen erfahren: van der Lubbe.
Ich habe ihn vor der Aktion nicht gesehen. Helldorf und ich legten alle
Details fest. Der Holländer sollte allein und mit primitiven Mitteln im
Umgang arbeiten. Ich übernahm mit meinen Leuten den Plenarsaal und
einen Teil der Wandelhalle. Der Holländer sollte um 9 Uhr beginnen,
wir eine halbe Stunde vorher.

Die Schwierigkeit bestand darin, die Zeiten genau einzuhalten. Der
Holländer musste zu einer Zeit in den Reichstag eindringen, wo wir ihn
bereits verlassen und der Brand bereits begonnen hatte. Damit sich der
Holländer mit den Örtlichkeiten vertraut machte, schickte ihn Helldorf
einmal mit einer Besichtigung in den Reichstag. Ausserdem prägte er
sich an Hand einer genauen Zeichnung mit Hilfe von Sander, der ihn
abhörte, den Lageplan des Reichstags ein. Wir beschlossen, dass van der
Lubbe durch das Fenster des Reichstags-Restaurants einsteigen sollte,
weil dort der Einstieg am leichtesten zu bewerkstelligen war. Wurde er
dabei erwischt, so kamen wir nicht in Gefahr, auch wenn wir uns um
einige Minuten verspäten sollten. Um sicher zu sein, dass van der Lubbe
nicht in letzter Minute zurückschrecken und den Plan aufgeben würde,
wich ihm Sander den ganzen Nachmittag vor der Aktion nicht von der
Seite. Er brachte ihn an den Reichstag und beobachtete aus angemesse-
ner Entfernung das Einsteigen. Sobald Sander festgestellt hatte, dass van
der Lubbes Einstieg geglückt war, sollte er Hanfstaengl in Görings Palais telefonisch verständigen. Van der Lubbe sollte bis zur letzten Minute vor der Tat in dem Glauben gelassen werden, dass er allein arbeite.

Ich traf meine beiden Gehilfen punkt 8 Uhr an der Ecke Neue Wil-
helm- und Dorotheenstrasse. Unsere Uhren stimmten mit Sanders Uhr

genau überein. Wir waren in Zivil gekleidet. Wenige Minuten später waren wir am Eingang vom Palais. Wir kamen unbemerkt hinein. Hanfstaengl hatte den Wächter beschäftigt. Wir gingen ins Maschinenhaus und stiegen in den unterirdischen Gang. Gegen 8 Uhr 20 erreichten wir den toten Nebengang. Hier mussten wir bis 8 Uhr 40 warten, denn erst um diese Zeit war der fällige Kontrollgang beendet. Um 8 Uhr 40 setzten wir uns in Bewegung. Wir hatten Gummischuhe über die Schuhe gezogen, sodass wir uns fast unhörbar bewegen konnten. Um dreiviertel neun waren wir im Plenarsaal. Einer meiner Gehilfen ging noch einmal zum Nebengang zurück, um den Rest des Brennmaterials heranzuholen. Ich begann mit den anderen im Kaiser-Wilhelm-Saal die Arbeit. Wir legten mehrere Brandherde zwischen Kaiser-Wilhelm-Saal und Plenarsaal, derart, dass wir Stühle und Tische mit dem Phosphorstoff bestrichen, während Vorhänge und Teppiche mit Petroleum getränkt wurden. Kurz vor neun waren wir im Plenarsaal zurück. Punkt 9 Uhr 5 waren wir fertig und traten den Rückweg an. Es war höchste Zeit, die Entzündung des Phosphorstoffs war auf 30 Minuten reguliert. Um 9 Uhr 12 waren wir im Maschinenhaus. Um 9 Uhr 15 kletterten wir über die Mauer. Die Beschuldigungen, die in der Weltpresse gegen andere erschienen, sind falsch. Wir Drei haben das Werk allein vollbracht. Ausser Göring, Goebbels, Röhm, Heines, Killinger und Hanfstaengl und Sander hat niemand von unserem Vorhaben gewusst.

Der Führer hat angeblich erst nachträglich erfahren, dass seine SA den Reichstag in Brand gesteckt hat. Mir ist darüber nichts Sicheres bekannt. Ich diene dem Führer seit elf Jahren. Ich werde ihm treu bleiben bis zum Tode. Was ich getan habe, würde jeder SA-Führer für den Führer tun. Aber der Gedanke ist unerträglich, dass die SA von denen verraten wird, die sie zur Macht getragen hat. Ich glaube zuversichtlich, dass der Führer die dunklen Machenschaften gegen die SA zunichte machen wird. Ich schreibe dieses Dokument zu meinem Schutz gegen die Pläne von Göring und Goebbels. Ich werde es vernichten, wenn die Verräter den gebührenden Lohn empfangen haben.
Berlin, den 3. Juni 1934
(gez.) Karl Ernst
SA-Gruppenführer.

„Beilage"
Diese meine Erklärung darf nur veröffentlicht werden, wenn ich den Auftrag dazu gebe, oder wenn von meinen Kameraden Fiedler oder von

Mohrenschild der Auftrag dazu erteilt wird, oder wenn ich eines gewaltsamen Todes sterben sollte. Meine Kameraden Fiedler und von Mohrenschild, die mir geholfen haben, sollen allein entscheiden, ob ihr Name genannt werden darf oder nicht. Wir Drei haben mit unserer Tat dem Nationalsozialismus den grössten Dienst erwiesen.

Anhang 3: Der Fall Bruno Kindt

„Wir Alten müssen darüber reden" – wie ein „FAZ"-Artikel zum Thema Reichstagsbrand entstand
Von Bert Hauser

Bert Hauser war von 1980 bis 1986 politischer Korrespondent der „FAZ" in Stuttgart. Er arbeitet heute als leitender Redakteur beim Südwestrundfunk in Stuttgart.

Wilhelm Wagenfeld hat mich zum ersten Mal am 3. Juli 1981 im Büro der „FAZ" in Stuttgart angerufen. In den 30er Jahren sei er künstlerischer Leiter der Vereinigten Lausitzer Glaswerke in Weißwasser/Oberlausitz (Sachsen) gewesen. Angesichts der Berichterstattung in den Medien über das laufende Beschwerdeverfahren vor dem Bundesgerichtshof in Sachen van der Lubbe könne er nicht länger schweigen, sagte er. Glaubwürdig wisse er von einem SS-Mann Bruno Kindt, daß der Reichstag am 27. Januar 1933 nicht von dem Holländer van der Lubbe, sondern von einer Spezialeinheit der Nazis angezündet worden sei. Dieser Kindt habe ihm erzählt, er selbst sei an der Entwicklung des Brandzünders beteiligt gewesen. Er, Wagenfeld, sei bereit, dies auch vor jedem Gericht auszusagen.

Mit dem Namen Wagenfeld konnte ich auf Anhieb nicht viel anfangen. Ein Blick in das deutsche „Who's Who" und eine Recherche klärten mich auf: Der Mann war damals 81 Jahre alt. Er war Pionier und eine Kapazität des deutschen Industriedesigns. Von ihm entworfene Produkte werden in fast jedem deutschen Haushalt benutzt. Für seine Arbeit hatte er internationale Preise gewonnen. Produkte aus seiner Hand stehen auch im Museum of Modern Art in New York.

Wilhelm Wagenfeld wurde 1900 in Bremen geboren. Er absolvierte eine Lehre in einer Bremer Silberwarenfabrik als Industriezeichner, ließ sich in Hanau zum Kunsthandwerker ausbilden und gehörte seit 1923 zum Bauhaus in Weimar. Viele seiner Entwürfe für modern gestaltete Massenartikel zählen zu den Klassikern einer neuen Alltagskultur. Sein erster durchschlagender Erfolg war die international bekannte Bauhaus-Leuchte, die jetzt ganz aktuell auf einer der jüngsten Briefmarken der Deutschen Post AG zur Erinnerung an die Gründung der „Hochschule für Gestaltung in Weimar" im Jahr 1919, dem späteren „Bauhaus" zu sehen ist. Ab 1931 arbeitete Wagenfeld für das Jenaer Glaswerk Schott & Gen. Er entwarf damals u. a. das bekannte gläserne Teeservice (eine Neuauflage der gläsernen Kanne ist seit 1997 wieder im Handel) und die von fast jeder Hausfrau benutzten feuerfesten Schüsseln aus „Jenaer Glas". Nebenbei war er Professor an der Staatlichen Kunsthochschule in Berlin.

Anfang 1935 wurde Wagenfeld künstlerischer Leiter der Vereinigten Lausitzer Glaswerke, der damals größten europäischen Glashütte. Dort entstand unter dem Markenzeichen „Rautenglas" eine ganze Serie gläserner Spitzenprodukte, die heute bei Sammlern zum Teil hochbegehrt sind. Und dort hatte er einige Jahre eng mit Dr. Bruno Kindt zusammengearbeitet, der ihm vom Reichstagsbrand erzählte.

Als Wagenfeld sich zum dritten Mal geweigert hatte, der NSDAP beizutreten, wurde er 1944 als „politischer Schädling" an die Ostfront geschickt, wo er in russische Gefangenschaft geriet. Nach dem Krieg erhielt er 1946 wieder eine Professur in Berlin, diesmal an der Hochschule für Bildende Künste. Er wurde auch bald Mitglied der Berliner Akademie der Wissenschaften. Um aber weiter in direktem Kontakt mit der Industrie arbeiten zu können, übersiedelte er 1949 nach Stuttgart, wo er bis 1977 für eine Reihe von Firmen zahlreiche Industrieprodukte entwarf. Besonders fruchtbar war seine Zusammenarbeit mit der Württembergischen Metallwarenfabrik (WMF) in Geislingen. Für sie gestaltete er zum Beispiel die inzwischen wohl millionenfach verbreiteten Salz- und Pfefferstreuer „Max und Moritz" (Glas mit Metalldeckel), verschiedene Bestecke, Gläserserien und formschöne Schalen und Schüsseln aus Edelstahl (Cromargan). Für die Firma Braun in Frankfurt war er maßgeblich an der Entwicklung des „Braun-Design", beteiligt, einer Produktlinie klassisch moderner Radiogeräte und Plattenspieler.

Der Design-Künstler Wagenfeld plagte sich offenbar seit Kriegsende mit der Frage, ob er durch seine erfolgreiche und auch international viel beachtete Arbeit im Dritten Reich zur Legitimation des Regimes beigetragen habe. Seine Rautenglas-Serie und die Jenaer Haushaltsgläser wurden bei der Weltausstellung in Paris 1937 mit dem Grand Prix und der Goldmedaille ausgezeichnet, er selbst wurde in seinem Fachgebiet zu einem Repräsentanten des modernen Deutschland. In einem Brief an Walter Gropius, den Begründer des Bauhauses, schrieb er nach dem Zweiten Weltkrieg, er sehe sich „schuldig an all den Getöteten in diesem Krieg, der durch Europa ging". – Offenbar war dies auch das Motiv, das ihn bewegte, mich als Korrespondenten der „FAZ" in Stuttgart schließlich anzurufen. Die These von der „Alleintäterschaft" des jungen holländischen Kommunisten van der Lubbe beim Reichstagsbrand 1933 wurde Anfang der achtziger Jahre öffentlich kaum noch in Frage gestellt. Selbst bei den höchsten Gerichten der Bundesrepublik schien sie sich durchzusetzen.

Nach den ersten Telefonkontakten besuchte ich ihn in seiner Wohnung in Stuttgart am 15. Juli 1981. Auf die Frage, warum er sich nicht früher zu diesem Thema geäußert habe, erklärte er mir, er kenne die Geschichte zwar sehr glaubhaft, aber eben nur aus zweiter Hand. „Ich hätte geschwiegen, wenn jetzt nicht zunehmend der Eindruck erweckt würde, das Reichsgericht habe in seinem Urteil von 1933 gegen van der Lubbe richtig entschieden", sagte er. Am Telefon hatte er mir erklärt: „Ich denke, wir Alten müssen jetzt darüber reden. Es sind gar nicht mehr so viele da, die darüber noch Bescheid wissen".

Schon seine Wohnung war ein Erlebnis für mich, ein vorweggenommenes Wagenfeld-Museum. Überall standen seine formschönen, schlicht und elegant gestalteten Produkte aus Glas, Metall oder Silber. Seine Frau servierte Tee – selbstverständlich aus der gläsernen Teekanne von 1931. Wagenfeld kam schnell zur Sache: Zu seinem Kronzeugen, seinem vier Jahre älteren Geschäftspartner in Weißwasser, Dr. Bruno Kindt, habe er stets ein gespaltenes Verhältnis gehabt. Sie hätten beide 1935 bei den Vereinigten Lausitzer Glaswerken angefangen, Kindt als technischer Betriebsleiter, er als künstlerischer Leiter, und sie seien formell gleich gestellt gewesen. Kindt habe zwar als Mitglied der SS politischen Einfluß gehabt, trotzdem habe er ihm, Wagenfeld, die Chance gelassen, sich mit seinen künstlerischen Vorstellungen durchzusetzen. Und weil er sich in künstlerischen Fragen überzeugen ließ, habe er den promovierten Chemiker und Pharmakologen Kindt trotz politisch unterschiedlicher Meinungen geschätzt. Gemeinsam brachten sie die defizitären Lausitzer Glaswerke in kurzer Zeit wieder auf Erfolgskurs.

Politisch habe es stets gewisse Spannungen zwischen ihnen gegeben. Die Nazis hätten ihm nachgetragen, daß er sich 1933 sehr entschieden gegen die „Gleichschaltung" der Künstlervereinigung „Werkbund" durch die NSDAP ausgesprochen habe. Gleichwohl habe er sich mit Kindt auch privat getroffen und vieles mit ihm diskutiert, was mit der Firma nichts zu tun hatte. Kindt, Sohn eines „Kreisarztes" aus Greifswald, habe dabei beispielsweise immer wieder von seiner Dienstzeit als Marinesoldat im Ersten Weltkrieg berichtet. Er habe humorvoll geschildert, wie er als „Offiziersaspirant" seine damaligen Offiziere in der Rolle eines vorbildlichen Kellners habe bedienen müssen. Auch habe er sich immer in der Rolle eines Helden gefühlt, wenn er davon erzählen konnte, wie er auf See einmal eine Kriegsflagge vor dem Untergang gerettet habe. Nach Wagenfelds Erinnerung hat Kindt die Marine nach dem Ende des Ersten Weltkriegs als Leutnant verlassen. Mitte der zwanziger Jahre sei er in Berlin Mitglied der NSDAP geworden und nach seiner Kenntnis zunächst bei der SA gewesen.

Sein Gespräch mit Kindt über die Hintergründe des Reichstagsbrandes habe bestimmt vor 1937 stattgefunden, erinnerte sich Wagenfeld. Kindt sei sichtlich stolz darauf gewesen, daß er in einer von der SA gegründeten naturwissenschaftlich-pyrotechnischen Abteilung zur Vorbereitung des Reichstagsbrandes habe mitarbeiten können. Kindt habe damals bei der OSRAM GmbH in Berlin und Weißwasser gearbeitet. Zur Vorbereitung einer Brandstiftung im Reichstag habe die SA-Gruppe vor der Machtübernahme durch Hitler Versuche mit Zeitzündern und mit einer Mixtur aus verschiedenen Chemikalien gemacht, die sich als Brandbeschleuniger eignen sollten. Die Gruppe habe mit einem solchen Zünder ein Probefeuer auf dem Berliner Ausstellungsgelände in der Nähe des Funkturms gelegt. Der Brand habe schnell wieder gelöscht werden können.

Am Reichstagsbrand selbst sei er nicht beteiligt gewesen, habe Kindt weiter berichtet. Er habe aber davon erzählt, daß die brisante chemische Mischung „kanisterweise" durch den unterirdischen Gang vom Palais des Reichstagspräsidenten in den Reichstag gebracht, dort ausgeschüttet und die Kanister auf dem selben Weg wieder zurückgebracht und beiseite geschafft worden seien. Er habe es auch sich als Verdienst angerechnet, daß die erforderliche Menge zur schnellen Entzündung des Plenarsaals im Voraus richtig berechnet worden sei. Für Kindt sei klar gewesen, daß van der Lubbe von den Nazis selbst zum Tatort gebracht worden sei, wo er dann bekanntlich mit Kohleanzündern in der Hand als Brandstifter festgenommen wurde. Über das weitere Schicksal von Bruno Kindt berichtete Wagenfeld folgendes: Bei ihrem vorletzten Zusammentreffen sei es zu einem Eklat zwischen ihnen gekommen. Kindt habe unmittelbar bei Kriegsausbruch mehrere Betriebsführer und Direktoren zusammengerufen und erklärt, da der „Führer" befohlen habe, in Polen einzumarschieren, werde sich nun auch im Werk vieles ändern. Er werde die Glashütte verlassen und seiner Pflicht bei der Marine nachkommen. Wagenfeld hat – so seine Schilderung – erwidert, dies bedeute, daß der 2. Weltkrieg nicht mehr zu vermeiden sei. England und Frankreich müßten bei einem Angriff auf Polen eingreifen. Kindt habe daraufhin einen „Tobsuchtsanfall" bekommen und ihn angeschrien: „Wagenfeld, ich verbitte mir diesen furchtbaren Defaitismus bei Ihnen". Am nächsten Tag habe sich Kindt, „nun doch etwas traurig", in Marineuniform verabschiedet. Wenige Wochen später sei er als Kommandant eines Minensuchbootes ums Leben gekommen

Die Gespräche mit Wagenfeld habe ich im Wesentlichen – zusammen mit anderen Hinweisen auf eine spezielle Brandstiftergruppe der SA, die mir der Generalmajor a. D. Egloff Freiherr von Freiberg aus Allmendingen bei Ulm gegeben hatte – zu einem Artikel für die „FAZ" verarbeitet. Wagenfeld war damit zum erstenmal als möglicher Zeitzeuge ins Gespräch gekommen. Er hatte mich aber gebeten, seinen Namen noch nicht öffentlich zu nennen. Vor Gericht aber würde er aussagen. Dazu ist es nicht gekommen. Der BGH [Bundesgerichtshof] lehnte das Beschwerdeverfahren der Familien van der Lubbe ab. Auch ein vom früheren Ankläger bei den Nürnberger Prozessen, Robert M. W. Kempner, im August 1981 angestrengtes Wiederaufnahmeverfahren kam nicht zustande. Wagenfeld starb 1990. Drei Jahre nach seinem Tod wurde in Bremen eine „Wilhelm Wagenfeld Stiftung" gegründet. Sie betreut zur Erinnerung an diesen „Wegbereiter der Moderne" seit 1998 das „Wilhelm Wagenfeld Haus".

Bleibt nachzutragen, daß die „FAZ" die Veröffentlichung meines Artikels beinahe abgelehnt hätte. Der Herausgeber Johann Georg Reißmüller schrieb mir am 4. August 1981, mein Reichstagsbrand-Manuskript mache ihm einiges Kopfzerbrechen, „nicht das Manuskript als solches, sondern die Frage der Publikation". Seine Bedenken begründete er damit, daß der „agile Herr Kempner" nie Ruhe gebe, ehe er sein Ziel erreicht habe. „Eines seiner Ziele scheint zu sein, die Schuldfrage in der Reichstagsbrand-Affäre in seinem Sinne ein für allemal beantwortet zu wissen".

Das entsprach der damals vorherrschenden öffentlichen Einschätzung des Reichstagsbrandes. Diese Haltung drückte sich auch im Leserbrief des ehemaligen Präsidenten des Bundesarchivs in Koblenz, Dr. Wolfgang A. Mommsen, zu meinem Artikel aus. „Der geschulte Historiker wird über solche Erinnerungsfetzen und -fehler, die ihm stets und ständig den Weg zur historischen Wahrheit erschweren, nur müde lächeln", heißt es in dem Leserbrief vom 26. September 1981. Für Mommsen hatte der Autor Fritz Tobias „nachgewiesen, daß der unglückselige Anarchist van der Lubbe das Reichstagsgebäude in Berlin als Alleintäter und ohne Auftraggeber in Brand gesetzt habe".

Ich konnte die Bedenken des „FAZ"-Herausgebers Reißmüller zerstreuen und ihn davon überzeugen, daß nicht Kempner der Initiator meines Artikels war, sondern ein sehr seriöser älterer Professor, der seinen Beitrag zur historischen Wahrheit leisten wollte. Der Artikel erschien am 1. September 1981, genau 42 Jahre nach Beginn des Zweiten Weltkriegs. Nazis wie Dr. Bruno Kindt glaubten mit diesem Krieg ihre „Revolution" und ihr Zerstörungswerk, das sie mit dem Fanal des Reichstagsbrandes 1933 begonnen hatten, zu einem siegreichen Ende zu bringen. Das Ende ist bekannt, die Verschleierung der Anfänge aber ist noch wirksam.

29. März 1999

Bruno Kindt – die Fakten

Die von Bert Hauser bezeugten Äußerungen Wilhelm Wagenfelds über seine Gespräche mit Bruno Kindt fanden im Beisein von Erika Wagenfeld statt, die seinerzeit gemeinsam mit ihrem Mann freundschaftliche Kontakte zu Bruno Kindt und dessen Familie unterhielt. Erika Wagenfeld bezeugte gegenüber einem der Autoren[6], daß diese Gespräche so stattfanden, wie sie Bert Hauser in seinem oben abgedruckten Text wiedergegeben hat. Wagenfelds Kenntnisse über die Hintergründe des Reichstagsbrands werden auch durch den Entwurf eines Brief von Wagenfeld an Willem Sandberg in Amsterdam vom Oktober 1979 dokumentiert[7]:

„Jetzt las ich grad wieder in dem Wochenblatt ‚Die Zeit' wie man noch heute herumgrübelt über den Reichstagsbrand und jeder Pyrotechniker doch weiß, welche Säuren und Basen in bestimmten und jedem Chemiker bekannten Zusammensetzungen explosive und damit flammbar wirkende Folgen auslösen. Folgen, die mit entsprechenden Mischungen zeitlich genau vorauszubestimmen sind. Und die SA in Berlin hatten doch eine Pyrotechniker-Gruppe, welche für den geplanten Reichstagsbrand systematisch experimentiert hat, weshalb um die Stunde, als van der Lubbe in den Reichstagssaal eingelassen war, die von den Pyrotechnikern durch den Verbindungsgang von Görings Wohnung zum Reichstagssaal im ganzen Saal eingetragene Mischung sich um die gleiche Zeit selbst entzündete in der ganzen Weite des Saals. Kein Einzelner hätte eine solche Brandstiftung bewirken können.

Und mit dem Vorauswissen der Brandwirkung, also ausgehend von dieser Erfolgsrechnung, waren ja auch die Verhaftungslisten aufgestellt, weshalb ja Einzelne, aber nur Wenige gewarnt wurden vorher von den Mitwissern unter den SA Männern. Zu den wenigen rechtzeitig gewarnten gehörte Bert Brecht. Andere Namen derer, die dann auch fliehen konnten, habe ich inzwischen vergessen.

Ich erfuhr diese Geschichte des Reichstagsbrands erst etwa 1937 von einem Pyrotechniker in der Glasindustrie, der selbst um 1932/33 jener Spezialgruppe in Berlin zugehörte."

Eine Rekonstruktion der Biographie[8] von Dr. Bruno Kindt durch die Autoren ergab eine weitgehende Übereinstimmung mit den Angaben Wagenfelds. Demnach arbeitete Kindt, der sein Studium der Physik, Chemie und Mineralogie an der Universität Greifswald 1924 mit der Promotion abgeschlossen hatte, vom 1. November 1928 bis zum 31. Dezember 1934 als Direktionsassistent der Osram GmbH KG, Zweigniederlassung Weißwasser. Am 1. Januar 1935 übernahm er die Leitung der zur Osram gehörenden Vereinigten Lausitzer Glaswerke (VLG) in Weißwasser und war ab 1936 auch Mitglied in deren Aufsichtsrat. Seine hervorgehobene berufliche und damit verbundene gesellschaftliche Stellung als Fabrikdirektor prädestinierte Kindt für eine Vielzahl von ehrenamtlichen Positionen. Bereits 1935 zum Ratsherrn der Stadt Weißwasser berufen, war er ab 1936 Mitglied des Beirats der Hüttentechnischen Vereinigung der deutschen Glasindustrie sowie Mitglied des Berufsschulbeirats. Am 1. Mai 1937 wurde Kindt zum Beisitzer beim Arbeitsgericht Weißwasser berufen. Weitere Ämter übernahm Kindt 1938 und 1939 (Mitglied der Arbeitskammer Schlesien, des Sachverständigen-Ausschusses für die deutsche Hohlglasindustrie, Vizepräsident der Industrie- und Handelskammer Görlitz, Stellvertretender Vorsitzender der Allgemeinen Ortskrankenkasse Weißwasser, Mitglied des Fachausschusses III der deutschen Glastechnischen Gesellschaft).

Im 1. Weltkrieg hatte Kindt in der Kriegsmarine[9] gedient, die er auf eigenen Wunsch am 31. März 1919 als Leutnant zur See a. D. verlassen hatte (nachträglich chargiert zum Oberleutnant zur See a. D. am 16. Januar 1921). Am 1. November 1938 zum Kapitänleutnant der Reserve befördert und am 15. Mai 1939 zum aktiven Kriegsdienst einberufen, übernahm Kindt unmittelbar nach Ausbruch des Zweiten Weltkriegs am 4. September 1939 die Kommandantur eines Vorpostenbootes („Vp 701") in der Nordsee. Nach Aussage von Willi Just, einem Schüler Wagenfelds, dessen Vater im Heizungskeller von Wagenfeld als Maschinist tätig war, lehnte Kindt, den man zum Kriegseinsatz per Los gezogen habe, eine ihm angebotene Freistellung „u. k." als nicht mit seiner Offiziersehre vereinbar ab. „Kindt kam auf ein Vorpostenschiff, ein Minensuchboot. Er wurde in Dänemark an Land gespült, man habe ihn nur an seinem goldenen Ring identifizieren können. Alle 45 Besatzungsmitglieder seien mit in die Luft geflogen."[10]

Laut seinen militärischen Unterlagen bei der Deutschen Dienststelle ist Kind tatsächlich am 21. Oktober 1939 beim Untergang des Bootes „Vp 701" in Stege gefallen.[11] Am 23. November wurde er ausweislich einer Todesanzeige seiner Witwe zusammen mit der gesamten Besatzung seines Schiffes in Stege auf der dänischen Insel Moen bestattet.

Willi Just, der Dr. Kindt sehr gut kannte, beschreibt ihn als einen fortschrittlichen, sympathischen und sehr anständigen Menschen, der auch „sehr spendabel" gewesen sei. Just machte keinen Hehl daraus, daß diese Eigenschaften in Kontrast zu Kindts Funktion als „SS-Offizier" standen.

Bereits Mitte der zwanziger Jahre war Kindt der NSDAP und 1931 der SS beigetreten, wo er 1939 den Rang eines Oberscharführers bekleidete und Fürsorgereferent für den SS-Abschnitt XXI war. Kindts Nähe zum NS-Staat wird auch durch die Übernahme einer Reihe von politischen Ämtern dokumentiert:

1938 wurde er ehrenamtlicher Mitarbeiter des Amtes für technische Wissenschaften der NSDAP, 1939 Mitglied des Hauptbeirates des Fachamtes Steine und Erden der deutschen Arbeitsfront sowie Mitarbeiter der Kommission für Wirtschaftspolitik der NSDAP.

In der Tatsache, daß Kindt Mitglied der SS und nicht, wie von Wagenfeld berichtet, SA-Mann gewesen war, wird man kaum einen wirklichen Widerspruch erkennen können. 1931, als Kindt in die SS eintrat, war diese noch kaum mehr als eine Unterabteilung der SA. Erst 1934, spätestens nach der Berufung Himmlers zum Chef der Polizeien aller deutschen Länder und schließlich auch der preußischen Geheimen Staatspolizei (20. 4. 1934) trat die SS aus dem Schatten der SA heraus und löste diese nach deren Ausschaltung infolge der Niederschlagung des sogenannten „Röhmputschs" am 30. Juni 1934 als führende paramilitärische Organisation im NS-Staat ab. Zum fraglichen Zeitpunkt 1932/33 war Kindt zwar offiziell für die Osram in Weißwasser als Direktionsassistent tätig. Da die Osram ihren Sitz in Berlin hatte, kann man jedoch davon ausgehen, daß sich Kindt schon allein aus beruflichen Gründen häufig in der damaligen Reichshauptstadt Berlin aufhielt, also durchaus Mitglied jener SA-Pyrotechniker-Gruppe gewesen sein kann, die seinem Geständnis zufolge den Reichstagsbrand vorbereitet hatte. Unvollständig bleibt das Bild insofern, als sich die Angaben zu Kindts politischen Aktivitäten bislang nicht durch Originalakten belegen lassen. In den Unterlagen des Bundesarchivs (Bestände des ehemaligen Berlin Document Center) fanden sich laut Auskunft keinerlei Hinweise auf seine Person.

Anmerkungen zu Kapitel 7

Teil 1 Die Mitwisser

1   Vermerk des Amtsrichters Etzold vom 3. 11. 1933; Preußisches Geheimes Staatsarchiv, 2.5.1 Nr. 12740 (Bd. 32), Rep. 84a, Bl. 1f.

2   Weitere Mitglieder waren: Staatsanwaltschaftsrat Dr. Ludwig, Kriminalkommissar Quoss vom Gestapa sowie die Kriminalassistenten Kraft, Tornau, Thiem, Gutau und Sch[...]bon.

3   Diktat K. K. Quoß am Tatort; Preußisches Geheimes Staatsarchiv, 2.5.1 Nr. 12739 (Bd. 2), Rep. 84a, Bl. 3.

4   Bericht „Objektiver Tatbestand" von Walter Bunge vom 4. 11. 1933; Preußisches Geheimes Staatsarchiv, 2.5.1 Nr. 12739 (Bd. 2), Rep. 84a, Bl. 4.

5   Bericht des Erkennungsdienstes vom 4. 11. 1933; ebd., Bl. 6.

6   Brief von Marie Rall an die Auskunftstelle des Kriminalgerichts Berlin-Moabit vom 27. 8. 1934; Preußisches Geheimes Staatsarchiv, 2.5.1 Nr. 12738 (Bd. 1), Rep. 84a, Bl. 35; Vernehmung von Eduard Heinrich Rall vom 26. 9. 1962, Akten der Generalstaatsanwaltschaft Berlin, P(k) Js 6/68.

7   Schreiben in: Preußisches Geheimes Staatsarchiv, 2.5.1. Nr. 12739, Rep. 84a, Bl. 127. Görings Anweisung ist von Rudolf Diels gegengezeichnet, der dann 1949 in seinen Memoiren das Eingreifen Görings in die Ermittlungen verschwieg. Um der ganzen Sache einen möglichst alltäglichen Anstrich zu verleihen, behauptete er wahrheitswidrig, Roland Freisler, seinerzeit Staatssekretär des Justizministers Kerrl und damit in der NS-Hierachie weit unter Göring stehend, habe die Ermittlungen einstellen lassen (*Diels*, Lucifer ante portas, 293f.). Es ist bezeichnend, daß Diels ausdrücklich betonte, Göring habe an der Einstellung derartiger Ermittlungsverfahren kein Interesse gehabt, weil „er fürchtete, auf diese Weise von Freisler und der SA überspielt zu werden".

8   St 65, Bd. 112 (82), Bl. 126f.

9   Brandenburgisches Landeshauptarchiv, Rep. 12B, Berlin III, Bd. 1, Bl. 282.

10   Bei einer staatsanwaltschaftlichen Vernehmung gab Rall an, er sei unehelich geboren und, obwohl die Mutter lebte, im Waisenhaus aufgewachsen. Einer Pflegemutter sei er weggelaufen und daraufhin in eine Erziehungsanstalt gekommen. Handschriftliches stichwortartiges Protokoll u. a. einer Vernehmung Adolf Ralls, ohne Datum [wahrscheinlich Notizen des

Staatsanwalts bezüglich der Klage gegen Adolf Rall vom 19. 1. 1933, 2 doppelseitig beschriebene Blätter], Brandenburgisches Landeshauptarchiv, Rep. 12B, Berlin III, Bd. 2 [lose einliegend].

11 Preußisches Geheimes Staatsarchiv, 2.5.1 Nr. 12739 (Bd. 2), Rep. 84a.

12 Werwolf: Rechtsextremer Wehrverband, entstanden nach dem 1. Weltkrieg (ca. 30-40.000 Mitglieder).

13 Siehe Anm. 10.

14 Ebd.

15 Ebd., Bl. 2.

15a In der Zeit vom 14. April bis zum 16. Juni 1932 war die SA verboten, es wurden allerdings sogenannte „Verbots-Uniformen" getragen, die den SA-Uniformen ähnelten.

16 Urteil der XIII. Großen Strafkammer des Landgerichts III in Berlin vom 11. April 1933 in der Strafsache Rall; Brandenburgisches Landeshauptarchiv, Rep. 12 B, Berlin III, Bd. 1 (lose einliegend).

17 Vernehmung Georg Seifert vom 16. 11. 1933; Brandenburgisches Landeshauptarchiv, Rep. 12 B, Berlin III, Bd. 2, Bl. 1.

18 Notiz des Kriminalamts Dresden vom 2. 8. 1932, ebd., Bd. 1, Bl. 46.

19 Anklageschrift vom 2. 3. 1933, ebd., Bd. 2, Bl. 168a.

20 Siehe Anm. 10, Bl. 1R.

21 Bericht der Gendarmerie-Station Essenbach vom 22. 12. 1932, Brandenburgisches Landeshauptarchiv, Rep. 12B, Berlin III, Bd. 1, Bl. 120.

22 Siehe Anm. 19.

23 Ebd.

24 Ebd.

25 Preußisches Geheimes Staatsarchiv, 2.5.1 Nr. 12739 (Bd. 2), Rep. 84a.

26 Geheimes Rundschreiben Nr. 12 des Polizeipräsidenten Berlin, LKPAmt (I) vom 22. März 1933 (Rall war zu diesem Zeitpunkt bereits in Haft); Bundesarchiv, Außenlager Hoppegarten, ZC 18315, Bl. 4.

27 Ein Reichstagsabgeordneter Rall läßt sich in der fraglichen Zeit nicht nachweisen. Weiter hieß es in dem Bericht des Gendarmerie-Obermeisters Johann Peindt, „dass sich Rall auf dem Transportwege durch sein Geschrei stets als Nationalsozialist bezeichnete, anscheinend von Nationalsozialisten Hilfe hoffend, ihn zu befreien, obwohl derselbe lt. Mitteilung eines hiesigen Gefängnisbeamten Kommunist sein soll. Er soll in der franz. Fremdenlegion nach seiner eigenen Aussage gewesen sein." Bericht der Gendarmerie-Station Landshut vom 1. 2. 1933, Brandenburgisches Landeshauptarchiv, Rep. 12B, Berlin III, Bd. 1, Bl. 156f.

28 Siehe Anm. 10, Bl. 2R.

29 Dies ist eine noch heute bei deutschen Behörden übliche Praxis, um Konflikte zu vermeiden.

30 Das Reichsgericht verhandelte vom 10. Oktober bis 18. November 1933 in Berlin.

31 Stelzner konnte leider nicht identifiziert werden.

32 Schreiben von Felix Brucks an den Oberreichsanwalt vom 22. 4. 1938; St 65, Bd. 34 (34), Bl. 256.

33 Nachricht des Strafgefängnisses Berlin-Tegel („i. A. Schulz") vom 11. November 1933 an das Amtsgericht Dresden; Brandenburgisches Landeshauptarchiv, Rep. 12 B, Berlin III, Nr. 12739, Bd. 1, Bl. 282.

34 Schreiben des Gestapa vom 6. 11. 1933 an die Zentralstaatsanwaltschaft; ebd., Bd. 2, Bl. 128.

35 Mitglieder der „Zentralstaatsanwaltschaft" waren die Staatsanwälte von Haake und Joel. Dr. Günther Joel (geb. am 19. 4. 1903) wurde am 1. 5. 1933 Mitglied der NSDAP (Nr. 3216914). 1938 von Justizminister Gürtner als Verbindungsmann zum Reichssicherheitshauptamt (SS, SD u. Gestapo) bestimmt, 1941 Ministerialrat, SS-Obersturmführer im Reichs-

sicherheitshauptamt, 1943 Generalstaatsanwalt in Hamm und SS-Obersturmbannführer. (Bundesarchiv, Außenlager Hoppegarten, ZA V 27, Bl. 129f.; vgl. auch *H. Heiber*, „Zur Justiz im Dritten Reich", in: VjZ 1955, 283; *Müller*, Furchtbare Juristen, 181f., 212f.). Am 4. 12. 1947 wurde er in Nürnberg als Kriegsverbrecher zu 10 Jahren Gefängnis verurteilt, u. a. wegen Kenntnis und juristischer Mittäterschaft am Polen- und Judenstrafrecht (Hinrichtungen, Kzs). (Bundesarchiv, Außenlager Hoppegarten, Zentral-Archiv Z/C 15037, Bd. 9, Bl. 94-107, „Fall 3, Juristen Prozess, Band 2"). Im Januar 1951 amnestiert und entlassen, Syndikus-Anwalt eines großen Konzerns (*P. A. Steininger/K. Leszycynsky*, Fall 3, Verlion (Ost) 1969, 256f.).

Werner von Haake (geb. am 24. 11. 1902 in Berlin) wurde ebenfalls am 1. 5. 1933 Mitglied der NSDAP (Nr. 3473313). Am 1. 7. 1933 Staatsanwaltschaftsrat, 1933-35 1. Staatsanwalt bzw. Oberstaatsanwalt bei der Zentralen Staatsanwaltschaft im Preußischen bzw. Reichsjustizministerium, Mai 1941 Ministerialrat. Auch er wurde 1941 SS-Obersturmführer im Reichssicherheitshauptamt. Haake wurde – soweit den Autoren bekannt – in Nürnberg nicht verurteilt (Bundesarchiv, Außenlager Hoppegarten).

Haake und Joel spielten bei der „Verrechtlichung des Terrors" im Dritten Reich eine entscheidene Rolle, wie ihre Namen auf dem Protokoll der Sitzung einer Runde von Spitzenjuristen aus Justizministerium und Gestapo am 4. 6. 1937 zeigten, wo Regeln für „verschärfte Vernehmungen" bis hin zum „Einheitsstock" aufgestellt wurden (Protokoll abgedr. bei *I. Staff (Hg.)*, Justiz im Dritten Reich. 2. Aufl. 1978, 106ff.; vgl. auch *Müller*, Furchtbare Juristen, 183f. Haake und Joel wurden in der 60er Jahren von der Berliner Generalstaatsanwaltschaft zum Mordfall Rall vernommen und gaben wahrheitswidrig an, keine sachdienlichen Angaben machen zu können (Ermittlungsakten der Berliner Generalstaatsanwaltschaft zum Mordfall Rall P[k] Js 6/68).

36 Aussage Günther Joel bei den Nürnberger Prozessen, zit. nach: *Diels*, Lucifer ante portas, 312f.

37 Aussage Werner von Haake am 10. 7. 1963; Akten der Generalstaatsanwaltschaft Berlin, P(k) Js 6/68, Bl. 29-31.

38 Vernehmung Eduard Heinrich Rall vom 26. 9. 1962; ebd.

39 Siehe Anm. 37.

40 Brandenburgisches Landeshauptarchiv, Rep. 12 B, Berlin III, Bd. 2, Bl. 11.

41 Ebd., Bl. 6, 11, 12.

42 Schreiben von Felix Brucks an den Generalstaatsanwalt beim Landgericht vom 8. 12. 1933; ebd., Bl. 15.

43 Im laufenden Reichstagsbrandprozeß war am 6. Dezember die Beweisaufnahme gerade abgeschlossen worden.

44 Vermutlich stammten die Informationen vom Direktor des Strafgefängnisses Berlin-Tegel, Felix Brucks, der in dem Beitrag auch direkt erwähnt wurde.

45 Es kann sich um den „Sonder"-Sturm 101 gehandelt haben, der im „Revier" des Sturms 17 („Stettiner Bahnhof") in Berlin-Wedding angesiedelt war und von Hans Georg Gewehr geführt wurde. Für Ralls Mitgliedschaft in diesem Sturm kommt wegen dessen Inhaftierungen nur die Zeit zwischen dem 10. Oktober 1932 und dem 21. Dezember 1932 in Betracht.

46 Preußisches Geheimes Staatsarchiv, 2.5.1 Nr. 12738 (Bd. 1), Rep. 84a, Bl. 6.

47 Erich Lipik, geb. am 3. 7. 1897 in Berlin, war Kriminalkommissar im Polizeipräsidium Berlin. Er wurde 1933 in die Abteilung IA (Politische Polizei), dann in das Gestapa übernommen und von Daluege und SS-Führer Henze mit verschiedenen Sonderaufgaben betraut. Am 1. 5. 1933 trat er der NSDAP bei (Nr. 3474552). Im Januar 1934 wurde er Außendienstführer der Bewegungsabteilung III des Gestapa und war dann (nachweislich ab 4. 7. 1934) im Abwehramt HA III 2 D tätig. 1934 wurde er Mitglied der SA, später dann der SS (Nr. 50039). 1945 war er SS-Sturmbannführer. Preußisches Geheimes Staatsarchiv, Rep. 90, Abt. P, Nr. 4; *Graf*, Politische Polizei, 364f.

48 Preußisches Geheimes Staatsarchiv, Rep. 90, Abt. P, Nr.4, Bl. 71f.

49 St 65, Bd. 112 (82), Bl. 128.

50 Brief von Marie Rall an die Auskunftstelle des Kriminalgerichts Berlin-Moabit vom 27. 8. 1934; Preußisches Geheimes Staatsarchiv, 2.5.1 Nr. 12738 (Bd. 1), Rep. 84a, Bl. 35.

51 Ermittlungsakte Mordsache Adolf Rall; ebd., Bl. 32.

52 Schreiben des Gestapa vom 2. 8. 1935 an die Zentralstaatsanwaltschaft (von Haake); ebd., Bl. 45.

53 Aktennotiz vom 1. 2. 1938; ebd., Bl. 53.

54 Schreiben von Felix Brucks an den Oberreichsanwalt vom 22. 4. 1938; St 65, Bd. 34 (34), Bl. 256.

55 Ebd.

56 Personalakte Felix Brucks, Senator für Justiz, Berlin, Bl. 136.

57 Brucks wurde am 1. 6. 1874 in Berlin geboren.

58 Blätter für Gefängniskunde, Jg. 69, Nr. 2, Juni/Juli 1938.

59 Siehe Anm. 56, Bl. 138.

60 *Werner Maser/Harald Poelchau*, Pfarrer am Schafott der Nazis, Rastatt 1982, 34.

61 Alle Angaben zu Karl Reineking, soweit nicht anders gekennzeichnet, aus: Akten der Generalstaatsanwaltschaft Berlin P(K) Js 6/68; Ermittlungen gegen Willi ("Schweinebacke") Schmidt wegen Mord.

62 Bundesarchiv, Außenlager Hoppegarten, ZA II 10156, Bl. 13.

63 Ebd., Bl. 7.

64 Vernehmung vom 18. 10. 1933, St 65, Bd. 20 (20), Bl. 85-86. Dies bestätigt Gisevius' Darstellung, wonach Reineking seinerzeit Protokollant bei einem märkischen Amtsgericht gewesen sei und widerlegt Tobias (Der Reichstagsbrand, 533), der diesen Sachverhalt bestritt. - Berlin liegt zweifellos in der Mark Brandenburg, oder auch in Preußen, wie man will.

65 Siehe Anm. 62, Bl. 36f.

66 Genau dieses Datum wurde für Ralls Überstellung zum Gestapa auch von Gisevius angegeben. Aussage Hans Berndt Gisevius vom 23. 5. 1960 vor der Staatsanwaltschaft Düsseldorf, Nordrhein-Westfälisches Hauptstaatsarchiv, Zweigarchiv Schloß Kalkum, Ger. Rep. 372, Nr. 990, 992, 993.

67 Schreiben von Karl Reineking an die Oberste SA-Führung vom 3. 1. 1935 (Geheimregistratur); Bundesarchiv (ehem. Berlin Document Center, SA-P).

68 Zeugnis des Bürgermeisters von Peine für Karl Reineking vom 28. 10. 1933; Bundesarchiv, Außenlager Hoppegarten, ZA II 10156, Bl. 13.

69 Ebd., Bl. 28.

70 Lebenslauf Karl Reineking vom 16. 1. 1935; ebd., Bl. 36f.

71 Aussage Hans Berndt Gisevius vom 23. 5. 1960, siehe Anm. 66.

72 Wilhelm Schmid, Chef der Personalabteilung der SA.

73 Schreiben von Karl Ernst an die Oberste SA-Führung vom 4. 11. 1933; Bundesarchiv (ehem. Berlin Document Center, SA-P).

74 Gestapa-Notiz vom 14. 12. 1934; Preußisches Geheimes Staatsarchiv, Rep. 90, Abt. P, Nr. 4, Bl. 218.

75 Schreiben des Chefs des Stabes an Karl Reineking vom 7. 12. 1933; Bundesarchiv (ehem. Berlin Document Center, SA-P).

76 Schreiben des Stabschefs der SA vom 7. 12. 1933; Bundesarchiv, Außenlager Hoppegarten, ZA II, 10156, Bl. 23.

77 Siehe Anm. 67.

78 Bundesarchiv (ehem. Berlin Document Center, SA-P).

79 Schreiben von Schomerus an Reichsminister Kerrl vom 17. 7. 1934; Bundesarchiv (ehem. Berlin Document Center, SA-P). Aus diesem Schreiben geht nicht hervor, daß die neuerliche Untersuchung gegen Reineking von Kerrl ausging, wie. Tobias später phantasierten(Der Reichstagsbrand, 544).

80 Schreiben von Reichsminister Kerrl an Reichsführer SS Himmler vom 19. 7. 1934; Bundesarchiv (ehem. Berlin Document Center, SA-P).

81 Schreiben von Reichsminister Kerrl an SA-Chef Lutze vom 19. 7. 1934; ebd.

82 Schreiben des Stabsführers der Gruppe Berlin-Brandenburg an die Oberste SA-Führung vom 29. 10. 1934; ebd.

83 Beschluß des SA-Sondergerichts vom 9. 1. 1935; ebd..

84 *Gisevius*, Bis zum bittern Ende, Bd. 1, Zürich 1946, 94.

85 Schreiben des Rechtsamts der Obersten SA-Führung an die Gruppe Berlin-Brandenburg vom 29. 4. 1936; Bundesarchiv (ehem. Berlin Document Center, SA-P).

86 „Heimtückegesetz" § 1, Abs. 1: „Wer vorsätzlich eine unwahre oder gröblich entstellte Behauptung tatsächlicher Art aufstellt oder verbreitet, die geeignet ist, das Wohl des Reichs oder das Ansehen der Reichsregierung oder das der Nationalsozialistischen Deutschen Arbeiterpartei oder ihrer Gliederungen schwer zu schädigen, wird, soweit nicht in anderen Vorschriften eine schwerere Strafe angedroht ist, mit Gefängnis bis zu zwei Jahren und, wenn er die Behauptung öffentlich aufstellt oder verbreitet, mit Gefängnis nicht unter drei Monaten bestraft." (Gesetz vom 20. Dezember 1934, RGBl. I, 1934, 1269.)

87 Bei der Datumsangabe für die Amnestie handelt es sich vermutlich um einen Tippfehler.

88 Vermerk der Staatsanwaltschaft Berlin vom 11. 11. 1960; Generalstaatsanwaltschaft Berlin, 3. P. (k) Js 212/60.

89 Mitteilung des Amtsgerichts Dachau vom 27. 6. 1936 (Beglaubigte Abschrift des Standesamtes Neuruppin aus dem Sterberegister des Standesamtes Prittelbach vom 12. 12. 1953); Akten der Generalstaatsanwaltschaft Berlin P(K) Js 6/68; Ermittlungen gegen Willi („Schweinebacke") Schmidt wegen Mord, Bd. 1, Bl. 68.

89a Bericht des LKP, Nebenstelle Peine vom 10. 5. 1961, Akten der Generalstaatsanwaltschaft Berlin P(K) Js 6/68, Bd. 1, Bl. 79.

90 Diese Verfolgungen von Seiten des Chefs des Sicherheitsdienstes (SD) der SS, Reinhard Heydrich, dürften nach dem 19. Juli 1934 eingesetzt haben, als sich Kerrl mit der Bitte um Hilfe an SS-Chef Himmler wandte.

91 Bericht des LKP, Nebenstelle Peine, vom 10. 5. 1961; Akten der Generalstaatsanwaltschaft Berlin P(K) Js 6/68; Ermittlungen gegen Willi („Schweinebacke") Schmidt wegen Mord, Bd. I, Bl. 77.

TEIL 2 DIE TAT

1 Aufnahme-Erklärung für die NSDAP; Nachlaß Gisevius, ETH Zürich, Archiv für Zeitgeschichte.

2 St 65, Bd. 200 (167), Bl. 42-50.

3 *Gisevius*, Bis zum bittern Ende, Bd. 1, 11-126 (insbesondere 87-110). Wegen eines Rechtstreits mit dem von Gisevius als mutmaßlichen Reichstagsbrandstifter genannten Hans Georg Gewehr konnte die ungekürzte Fassung seines Buches seit der letzten Auflage 1954 nicht mehr erscheinen.

4 Arthur Nebe (1894 - 1945) war 1924 Kriminalkommissar bei der Berliner Polizei. 1931 trat er in die NSDAP und SA ein. Er war Verbindungsmann der Berliner Kriminalpolizei zur NSDAP, insbesondere zu Daluege. Im April 1933 Kriminalrat und Leiter der Exekutivabteilung des Gestapa. 1936 Chef der Reichskriminalpolizei, nach deren Integration in das 1939 gegründete Reichssicherheitshauptamt (RSHA) Chef des Amtes V im RSHA. SS-Gruppenführer und als Kommandeur der Einsatzgruppe B im Ostfeldzug. Ab 1941 an Massenmorden beteiligt. 1944 gehörte Nebe zum Kreis der Verschwörer gegen Hitler. Er wurde am 21. 3. 1945 in Berlin hingerichtet.

5   Hubert Geissel (geb. am 17. 2. 1891), seit 1. 8. 1932 Kriminalrat, arbeitete seit Juli 1933 im Gestapa. Er war Mitglied der SA, seit Ende 1934 Dezernent in der Hauptabteilung III, B3, ebenso wie Lipik und Reineking, ab 1936 in der Abt. IV (Abwehramt) (Preußisches Geheimes Staatsarchiv, Rep. 90, Abt. P, Nr. 4, Bl. 71ff.; *Graf*, Politische Polizei, 345).

6   Vernehmung Hans Bernd Gisevius vom 25. 5. 1946; in: Der Prozeß gegen die Hauptkriegsverbrecher vor dem Internationalen Militärgerichtshof, Nürnberg 1947, Bd. XII, 276-278.

7   Nach den Dokumenten der Strafakte Rall im Brandenburgischen Landeshauptarchiv (Rep. 12B, Berlin III, Bd. 1 und 2) war Rall zweifelsfrei zur Zeit der Reichstagsbrandstiftung am 27. Februar 1933 in Haft. Er wurde am 21. Dezember 1932 bei Landshut verhaftet. Sowohl auf dem diesbezüglichen Protokoll vom 22. Dezember 1932 als auch auf der Anklageschrift des Berliner Oberstaatsanwalts vom 19. Januar 1933 steht der Vermerk „Haft!". In einer Anzeige der Polizei Landshut vom 1. Februar 1933 heißt es: „in Untersuchungshaft". Auch ein Schreiben des Oberstaatsanwalts vom 27. Februar 1933 läßt nur den Schluß zu, daß Rall zu diesem Zeitpunkt im Untersuchungsgefängnis Berlin-Moabit in Haft war. Damit übereinstimmend lautet ein Vermerk auf der Anklageschrift vom 2. März 1933: „Haft in anderer Sache!" Bei einem Haftprüfungstermin am 4. März 1933 wurde die Aufhebung der Haft für Rall abgelehnt.

8   Dies ist nicht möglich, da Rall seit dem 21. 12. 1932 inhaftiert war, Ernst jedoch erst am 20. 3. 1933 SA-Gruppenführer wurde.

9   *Gisevius*, Bis zum bittern Ende, Bd. 1, 86-91.

10   St 65, Bd. 112 (82), Bl. 126f.

11   St 65, Bd. 34 (34), Bl. 256.

12   *Diels*, Lucifer ante portas, 305f.

13   *Rudolf Augstein*, Brief an die „Spiegel"-Leser, in: „Der Spiegel", 18/1960, 15, 17.

14   Urteil des Oberlandgerichts Düsseldorf vom 6. 8. 1963 in der Berufungssache Gewehr gegen Gisevius, Bl. 23f. Die Richter schlußfolgerten: „Wenn schon Rall in seinem Geständnis die SA der Täterschaft am Reichstagsbrand bezichtigte, so mußte er, um dieses Geständnis glaubwürdig zu machen, Namen nennen. Die Benennung des Klägers [Gewehr] lag wegen dessen Kenntnis des Phosphormittels und wegen dessen mehrfacher Demonstration dieses Mittels vor Standartenführern nahe. Wenn also der Name des Klägers als möglicher Mittäter in die Diskussion eindrang, so kann das – mangels jeglicher anderer Anhaltspunkte – nur auf den Äußerungen Ralls beruhen."

15   „Pariser Tageblatt", 12. 12. 1933.

16   Hans Oster (1888 - 1945) war ab 1933 im Reichswehrministerium tätig und wurde später Chef der Zentralabteilung der Abwehr und Stellvertreter des Chefs der Abwehr, Wilhelm Canaris. Oster ließ 1939/40 den Alliierten Informationen über die deutschen Angriffspläne zukommen und half auch Juden. 1943 wurde er beurlaubt. Als Mitverschwörer vom 20. 7. 1944 wurde er am 9. 4. 1945 gehängt.

17   *Hans Bernd Gisevius*, „Reichstagsbrand im Zerrspiegel", in: „Die Zeit", 25. 3. 1960, 3.

18   Persönliche Mitteilung von John Eppler an W. K. vom 3. 4. 1995.

Teil 3   Die mutmasslichen Täter

1   Von einer Verhaftung van der Lubbes während der Zeit seines Aufenthalts in Berlin noch vor dem Reichstagsbrand ist nichts bekannt. Allerdings konnte (oder durfte) van der Lubbes Biographie für diese Zeit schon von der Reichstagsbrandkommission nur sehr lückenhaft ermittelt werden (vgl. Kap. 5, Teil 1).

2   *Frischauer*, Ein Marschallstab zerbrach, 99 (Originalausgabe: „Goering", London 1951).

3   Der oberste SA-Führer von Berlin-Brandenburg meldete sich demnach höflich bei dem

Häftling Torgler zum Besuch in dessen Zelle an!

4 Leserbrief von Ernst Torgler, in: „Der Spiegel", 4. 11. 1959, 66.

5 Schreiben Torglers an W. Pieck vom 14. 12. 1945, Bundesarchiv Berlin, DY 30/IV214/277, Bl. 13-22, Zitat Bl. 17.

6 Siehe Anm. 4.

7 Nachdem er vorher seinen dritten Besucher nicht gekannt haben wollte, erinnerte sich Torgler erst 1959 in seinem Leserbrief an den „Spiegel"(siehe Anm. 4) an Walter von Mohrenschildt.

8 Karl Ernst, Walter von Mohrenschildt und Richard Fiedler wurden 1934 vom „Weißbuch" – einem zitierten „Geständnis"(dessen Authentizitzät umstritten ist) von Ernst folgend – als die Reichstagsbrandstifter bezeichnet.

9 Siehe Anm. 5, Zitat Bl. 17R.

10 *Ernst Torgler*, „Der Reichstagsbrand und was nachher geschah", in: „Die Zeit", 11. 11. 1948 (Folge 4); inhaltlich übereinstimmend auch *ders.*, „So fing es an: Der Reichstag brennt!", in: „Allgemeine Zeitung", Mainz, 25./26. 3. 1950.

11 *Ernst Torgler*, „So fing es an: Der Reichstag brennt!", in: „Allgemeine Zeitung", Mainz, 25./26. 3. 1950.

12 Torglers Freispruch stand nachweislich schon vor Prozeßbeginn fest (siehe dazu Kapitel 9). Torgler erweckte aber hier und später den Anschein, er habe davon nichts gewußt!

13 Siehe Anm. 5, Zitat Bl. 17R, 18.

14 Siehe Anm. 10.

15 *Ernst Torgler*, „Der Reichstagsbrand und was nachher geschah", in: „Die Zeit", 11. 11. 1948 (Folge 4). In der Mainzer „Allgemeinen Zeitung" (1./2. 4. 1950) lautete die Passage:„Die Unterhaltung mit Karl Ernst beschäftigte mich so sehr, daß ich in dieser Nacht nicht mehr zum Schlafen kam. Über eines war ich mir klar: Ich hatte soeben mit dem wirklichen Reichstagsbrandstifter gesprochen – mit dem ‚Mephisto' des Reichstagsbrandes, um Dimitroffs Worte zu gebrauchen. Was konnte denn Menschen wie Ernst, Heines und Röhm verlanlassen, um mein Leben zu bangen, wenn es nicht das Bewußtsein war, die eigentlichen Täter in ihrem engen Kreise zu haben? Man wird mir vielleicht entgegenhalten, daß solche Landsknechtsnaturen – das waren diese SA-Führer ohne Zweifel – niemals derartiger Empfindungen fähig sein konnten. Aber ich fand damals keine andere Erklärung für das Verhalten von Karl Ernst; auch heute stehe ich noch auf dem gleichen Standpunkt."

16 Siehe Anm. 5, Zitat Bl. 18f.

17 Ebd.

18 Nach eigenen Angaben verließ Torgler am Brandabend das Reichstagsgebäude zwischen 20.10 und 20.20 Uhr, nach Aussage des Nachtpförtners Albert Wendt vom 20. 3. 1933 (St 65, Bd. 53, Bl. 173) erst zwischen 20.40 und 20.45 Uhr.

19 *Ernst Torgler*, „Der Reichstagsbrand und was nachher geschah", in: „Die Zeit", 11. 11. 1948 (Folge 4).

20 *Ernst Torgler*, „So fing es an: Der Reichstag brennt!", in: „Allgemeine Zeitung", Mainz, 1./2. 4. 1950. Eine Woche später (ebd., 8./9. 4. 1950) erwähnte Torgler in derselben Serie noch einmal „mein nächtliches Gespräch mit Karl Ernst im Gestapo-Haus […] und meine dabei gewonnenen Erkenntnisse". (

21 Siehe Anm. 5, Zitat Bl. 18f.

22 Siehe Anm. 19.

23 Laut Anklageschrift und schriftlicher Urteilsbegründung kaufte van der Lubbe die Kohlenanzünder in der Müllerstraße!

24 Siehe Anm. 19, 4. 11. 1948 (Folge 3).

25 Siehe Anm. 20, 18../19. 3. 1950.

26 Siehe Anm. 20.

27 Siehe Anm. 5, Zitat Bl. 18f.

28   Siehe Anm. 4.

29   *Tobias*, Reichstagsbrand, 512. Inwieweit die Kürzungen des Leserbriefs durch den „Spiegel" vor der Veröffentlichung möglicherweise dieser Verfälschung vorgearbeitet hatten, konnte nicht festgestellt werden, weil den Autoren der originale Wortlaut des Briefs nicht vorliegt.

30   Protokoll der Ministerbesprechung vom 28. Februar 1933, 11 Uhr; abgedr. in: *Konrad Repgen/Hans Booms* (Hg.), Die Regierung Hitler, Teil 1, 129.

31   Protokolle der Ministerbesprechungen vom 28. 2. und 2. 3. 1933, abgedr. in: ebd., 129, 146; Rundfunkrede Görings am Abend des 1. März 1933, Tonaufnahme im Deutschen Rundfunk-Archiv (Frankfurt a. M.).

32   Rundfunkrede Görings am Abend des 1. März 1933, siehe Anm. 4; "Deutsche Zeitung", 28. 2. 1933.

33   „Berliner Tageblatt" und „Lokal-Anzeiger", 28. 2. 1933.

34   „Deutsche Zeitung", 28. 2. 1933.

35   Rundfunkrede Görings am Abend des 1. März 1933, siehe Anm. 4. Von den Fackelträgern ist auch in der „Deutschen Zeitung" (28. 2. 1933) die Rede.

36   Bericht über eine Regierungsmitteilung zum Bericht von Göring vor dem Reichskabinett am 28. 2. 1933, in: „Frankfurter Zeitung", 1. 3. 1933 (2. Morgenblatt); "Vossische Zeitung", 1. 3. 1933.

37   „Frankfurter Zeitung", 1. 3. 1933 (2. Morgenblatt, Titelseite und S. 2). Der „Völkische Beobachter" (Norddeutsche Ausgabe) meldete am 2. 3. 1933 unter der Überschrift „Zehn Brandstifter festgestellt" ebenfalls, die zwei Leute hätten versucht, „die Angelegenheit als Aktion des Reichsministers Göring" hinzustellen. Dies sei neben anderen Einzelheiten dem Reichskabinett von Reichsminister Göring vorgetragen worden.

38   Schriftsatz der Anwälte von Gisevius an das Landgericht Düsseldorf vom 28. 8. 1961, 40; Nachlaß Gisevius, ETH Zürich, Archiv für Zeitgeschichte.

39   Brief von Robert Kempner an das Landgericht Düsseldorf vom 15. 10. 1961.

40   Nach der Ermordung von Ernst anläßlich des sogenannten Röhm-Putschs 1934 wurden alle verfügbaren Akten über Ernst vernichtet, so daß eine Rekonstruktion seines Lebenswegs heute nur sehr lückenhaft möglich ist.

41   *Meissner*, Staatssekretär unter Ebert-Hindenburg-Hitler, 283.

42   „As far as Ernst is concerned, I think anything is possible. [...] Ernst played a part in it; I don't remember who told me that." Vernehmung Hermann Göring vom 13. 10. 1945 in Nürnberg durch R. M. W. Kempner; Document No. 3593 PS (der deutsche Originaltext liegt nicht vor); abgedr. in: *Wolff*, Der Reichstagsbrand, 42-46.

43   Anonymus (d. i. *Walther Korrodi*), Ich kann nicht schweigen, 107.

44   Die Ringvereine waren in den 20er und 30er Jahren in Berlin eine Art Mafia von Berufsverbrechern.

45   „Vergleichende Übersicht der Ränge", in: *Robert Wistrich*, Wer war wer im Dritten Reich, München 1983, 305.

46   „Im brennenden Reichstag", in: „Völkischer Beobachter" (Ausgabe A, Norddeutsche Ausgabe), 1. 3. 1933.

47   Brief von L. Kroeber-Kenneth, in: „Der Spiegel", 2. 12. 1959, 57.

48   Vgl. u. a. *Charles Bloch*, Die SA und die Krise des NS-Regimes 1934; *Max Gallo*, Der schwarze Freitag der SA, München/Wien/Zürich 1972; *Jacques Delarue*, Geschichte der Gestapo, Düsseldorf 1964; *Heinz Höhne*, Mordsache Röhm. Hitlers Durchbruch zur Alleinherrschaft 1933-34, Reinbek 1984; *Peter Longerich*, Die braunen Bataillone. Geschichte der SA, München 1989; *Otto Gritschneder*, „Der Führer hat Sie zum Tode verurteilt…". Hitlers „Röhm-Putsch-Morde" vor Gericht, München 1993.

49   Ohne Gerichtsverfahren, ja ohne die Betroffenen auch nur anzuhören, ließ Hitler zunächst sieben hohe SA-Führer „wegen Hoch- und Landesverrates" erschießen und löste damit die „Nacht der langen Messer" aus. Göring, Himmler und Heydrich ließen die auf vor-

bereiteten „Reichslisten unerwünschter Personen" verzeichneten wirklichen oder vermeintlichen Gegner ermorden. Dazu gehörte, wie bereits Zeitgenossen sofort klar war, auch eine Reihe von Personen, die beim besten Willen nicht zum Umfeld des in Ungnade gefallenen SA-Chefs zu rechnen waren, die also an dessen angeblicher „Meuterei" keinen Anteil gehabt haben konnten: der ehemalige Reichskanzler und Reichswehrminister General von Schleicher und Frau, Schleichers ehemaliger Staatssekretär und Chef des Ministeramtes General Ferdinand von Bredow, der frühere Reichsorganisationsleiter der NSDAP Gregor Strasser, die Papen-Mitarbeiter Oberregierungsrat Herbert von Bose und Edgar Julius Jung, Schriftsteller und Verfasser der berühmten „Marburger Rede" des Vizekanzlers (gehalten am 17. Juni 1934 vor dem Universitätsbund Marburg), der langjährige Leiter der Polizeiabteilung im Preußischen Innenministerium und Leiter der Katholischen Aktion Erich Klausener, der frühere bayerische Ministerpräsident und Generalstaatskommissar in Bayern Gustav von Kahr sowie der bereits erwähnte Dr. Fritz Gerlich, ehemaliger Chefredakteur der „Münchner Neuesten Nachrichten" und Herausgeber der katholischen Zeitschrift „Der gerade Weg". Sogar Hitlers Beichtvater, Prof. Dr. Bernhard Stempfle, wurde ermordet.

50   Edmund Heines (geb. am 21. 7. 1897 in München), 1921 Eintritt in SA und NSDAP, 1930 Mitglied des Reichstags (Wahlkreis Liegnitz), ab 1931 SA-Führer in Schlesien, 1933 SA-Obergruppenführer und Preußischer Staatsrat, 1934 Führer der SA-Obergruppe III (Sitz Breslau), Polizeipräsident von Breslau, am 30. 6. 1934 in Bad Wiessee erschossen (nach *Erich Stockhorst*, Wer war was im 3. Reich, Kettwig 1967, 185).

51   Wilhelm Sander (* 14. 6. 1895, † 1. 7. 1934), SA-Stabsführer (Liste der im Zusammenhang mit dem Röhm-Putsch Hingerichteten, NS 23 Oberste SA-Führung, Bundesarchiv Berlin).

52   Erich Wollenberg (15. 8. 1892 - 6. 11. 1973), Funktionär und Militärspezialist der KPD, zeitweilig in der Sowjetunion (u. a. Kommandeur bei der Roten Armee). Redakteur der „Roten Fahne". Im Dezember 1932 zum Komintern-Verlag nach Moskau versetzt. 4. 4. 1933 Parteiausschluß wegen Opposition zur ZK-Linie. Im Juli 1934 Flucht von Moskau nach Prag. Im Herbst 1938 Weiteremigration nach Paris, dort journalistische Tätigkeit. Verfolgung durch KPD und Gestapo. 1940 Flucht nach Marokko, 1940-1942 dort interniert. 1946-1951 außenpolitische Redaktion für „Echo der Woche" (Hrsg. Schulze-Wilde). Ab 1964 in Hamburg (Biografisches Handbuch der deutschsprachigen Emigration nach 1933, Bd. I, München-New York-London-Paris 1980, 834).

53   Wollenberg: „Das sogenannte ‚Ernst-Testament' wurde nach dessen Ermordung am 30. Juni 1934 von einer Gruppe nach Paris emigrierter deutscher Kommunisten, darunter Bruno Frei und Konny Norden [Albert Norden] verfaßt und erst dann veröffentlicht, als Dimitroff es in Moskau persönlich redigiert hatte." (*Erich Wollenberg*, „Dimitroffs Aufstieg und Ende. V. Phantasie, Fälschungen und Irrtümer um den Reichstagsbrand – eine vergebliche Hoffnung für Millionen Russen", in: „Echo der Woche", München, 12. 8. 1949). Wollenberg lebte allerdings 1934 nicht in Paris, sondern in Prag (siehe Anm. 25). Seine Angaben konnten daher nur auf dem Hörensagen beruhen. Das „Echo der Woche" wurde seit 1947 von Harry Schulze-Wilde herausgegeben („Das Buch der Freunde. Herausgegeben vom Komitee zum 70. Geburtstag von Harry Schulze-Wilde", o. O. 1969). Der notorische Märchenerzähler Schulze-Wilde behauptete dann in den 50er Jahren gegenüber Richard Wolff nur noch, Albert Norden sei der Verfasser des „Ernst-Testaments" gewesen. Otto Strasser habe ihm dies 1933 in Prag erzählt und als Quelle „den Oberkellner Franz eines Café Boulevard angegeben" (*Wolff*, Der Reichstagsbrand). – Eine denkbar unglaubwürdige Geschichte, die typisch für Schulze-Wilde ist! Bruno Frei erklärte dazu in einem Brief vom 21. 7. 1973 an Barbara Stoller-Trinks, Wollenbergs Angaben seien „pure Erfindung". „Norden [...] hatte mit Münzenbergs Verlag nichts zu tun. Ich hatte mit dem ‚Weiss-Buch' nicht das Geringste zu tun. Ich glaube, es war Andre Simone [Otto Katz], der damit zu tun hatte" (Dokumentationsarchiv des Österreichischen Widerstands, 20126/1126).

54 *Wolff*, Der Reichstagsbrand.

55 Manfred Freiherr von Killinger (* 14. 7. 1886, † 1944 [Selbstmord]), Freikorpskämpfer, Mitglied der Organisation Consul, 1927 Eintritt in die SA, NS-Landtagsabgeordneter in Sachsen, ab März 1933 Reichsbeauftragter für Ordnung und Sicherheit im Freistaat Sachsen, anschließend Ministerpräsident von Sachsen, Gesandter in Bukarest und (1940) in Preßburg, Mitglied des Volksgerichtshofes und des Reichstages. SS-Obergruppenführer (vgl. auch die Kurzbiographie in: *Otto Gritschneder*, „Der Führer hat Sie zum Tode verurteilt...", 136).

56 Weißbuch über die Erschiessungen des 30. Juni 1934, 117.

57 Walter von Mohrenschildt (* 6. 6. 1910 Dresden, † 1. 7. 1934 Berlin-Lichterfelde), NSDAP Nr. 193 868, Adjutant von Karl Ernst. (Bundesarchiv Berlin, ehem. Berlin Document Center, Liste der im Zusammenhang mit dem Röhm-Putsch Hingerichteten, NS 23 Oberste SA-Führung).

58 Richard Fiedler (geb. am 24. 4. 1908 in Berlin), von Beruf Schlosser, 3 Semester Höhere Maschinenbauschule, 1924-1926 Frontbann Nord unter Gauführer Kurt Daluege; seither mit diesem eng befreundet und per „Du". Eintritt in die SA 1925 (24. 10.), NSDAP 1926 (9. 4., Nr. 33 777). 1928-1930 enger Freund von Horst Wessel. 1929 Sturmführer des Sturms 1 Alexanderplatz, Standarte IV. Am 12. 9. 1931 an den „Kurfürstendamm-Krawallen" beteiligt. 1931 Sturmbannführer I/4 in Berlin-Wedding. ab 15. 9. 1931 Führer der Standarte VI, ab 15. 4. 1933 Führer der Untergruppe Berlin-Ost (offenbar trat F. die Nachfolge von Ernst an, der am 20. 3. 1933 anstelle von Helldorf Gruppenführer wurde), ab 5. 9. 1933 Führer der Brigade 32 (Berlin-Mitte). Ab 12. 11. 1933 Mitglied des Reichstags (Wahlkreis Merseburg) Am 30. 6. 1934 anläßlich des „Röhm-Putschs" verhaftet, danach wahrscheinlich im KZ Oranienburg. 15. 10. 1934 zur Verwendung der Obersten SA-Führung. Dezember 1934 Brigadeführerschule in München. 14. 2. 1935 - 20. 8. 1936 Führer der Standarte 138 (Duisburg). 1935-36 Ratsherr der Stadt Duisburg. 30. 1. 1937 Brigadeführer, 1. 3. 1937 (15. 9. 1936) Führer der Brigade 38 (Halle), Gruppe Mitte. Ratsherr der Stadt Halle. 1. 6. 1939 Versetzung zur Gruppe Hessen als Führer der Brigade 49 (Frankfurt a. M.). 30. 7. 1939 Ausscheiden aus der SA, 1. 8. 1939 Eintritt in die SS (Nr. 337 769). Ab 30. 8. 1939 Führer des SS-Abschnitts XVII (Münster i. Westfalen), ab 16. 9. 1940 Führer des SS-Abschnitt XXXXIII, Litzmannstadt, ab 21. 6. 1941 Obersturmführer der Waffen-SS, Division „Das Reich", ab 29. 9. 1942 SS-Ersatz-Bataillon „Westland", ab 1. 10. 1942 SS-Division „Wiking", ab 1. 2. 1943 SS-Rekruten-Depot „Debica", ab 5. 4. 1943 SS-Polizei-Division. Am 1. 9. 1943 bei Leningrad verwundet. Ab 9. 11. 1943 Hauptsturmführer der Waffen-SS, ab 4. 5. 1944 Vertreter des Höheren SS- und Polizeiführers in Dänemark, ab 3. 6. 1944 im Personalhauptamt. 23. 6. 1944 Brigadeführer der Waffen-SS, SS- und Polizeiführer für das Gebiet Montenegro; zum Generalmajor der Polizei ernannt. Ab 24. 6.1944 im SS-Führungshauptamt, ab 7. 12. 1944 Vertretung des Obergruppenführers Mazuw als Höherer SS- und Polizeiführer Ostsee. 31. 1. 1945 Oberabschnittsbereich Warthe; im Einsatz mit der SS-Junkerschule Treskau. 14. 2. 1945 Strasburg/Pommern (Bundesarchiv Berlin, ehem. Berlin Document Center).
Bemerkenswert sind folgende Parallelen in den Biographien von Fiedler und Gewehr, die sich (vermutlich gut) gekannt haben müssen: 1908 in Berlin geboren, Schlosserlehre, Studium Maschinenbau, „Bismarckorden", 1925-1926 „Frontbann Nord", SA-Eintritt mit 18 Jahren, SA-Führerkurs in Grundmühle, 12. 9. 1931 Beteiligung an den „Kurfürstendamm-Krawallen", 30. 6. 1934 Verhaftung anläßlich des „Röhm-Putschs", Übertritt zur SS (Gewehr 1940 rückwirkend zum 20. 4. 1938, Fiedler am 1. 8. 1939), Polizeidienst (Gewehr 1943 Major, Fiedler 1944 Generalmajor).

59 Schreiben Richard Fiedlers vom 29. 9. 1968 an die Generalstaatsanwaltschaft Berlin; ebd., Bl. 68.

60 *Tobias*, Reichstagsbrand, 251.

61 So wurde Gewehr nach eigener Angabe bisweilen in Kreisen der NSDAP bezeichnet; Brief von Hans-Georg Gewehr an Günther Zacharias vom 27. 3. 1960 (beglaubigte Abschrift);

Institut für Zeitgeschichte, ZS 1752, Akz. 2735/61, Bl. 5; gleichlautend äußerte sich Gewehr auch gegenüber Rudolf Augstein („Brief an die ‚Spiegel'-Leser" in: „Der Spiegel", 18/1960, 15, 17) und Fritz Tobias (Vernehmung von Fritz Tobias am 6. 7. 1961, Amtsgericht Hannover, 87 AR 757/61, Bl. 14).

62 Urteil des Bundesgerichtshofes vom 11. 1. 1966, VI ZR 221/63, 11; teilweise abgedr. in: Nachschlagewerk des Bundesgerichtshofs in Zivilsachen, Nr. 22 zu Art. 5 Grundgesetz, 1966, 13-15, Bl. 620f.

63 Nach einem Brief von Dr. Alfred Martin vom 26. 11. 1960. Martin (geb. am 9. 5. 1908), seit 1925 SA-Mitglied, war zur Zeit des Reichstagsbrandes SA-Führer im Stab der SA-Gruppe Berlin-Brandenburg; im Oktober 1933 beim Gestapa eingestellt; 1935 dort Kriminalkommissar (Hauptabteilung II, Außendienst); NSDAP-Mitglied; Träger des goldenen Parteiabzeichens; nach 1945 Kriminalrat. Martin kannte Gewehr seit 1930 persönlich. Der Brief wurde auszugsweise zitiert im Schriftsatz der Anwälte von Gewehr an das Landgericht Düsseldorf vom 20. 12. 1960, 33; weitere Angaben: Bundesarchiv (ehcm. Berlin Document Center, Mappe Polizei-Gestapo, O. 864, Verzeichnis der männlichen Gestapo-Mitarbeiter vom 25. 6. 1935, Bl. 7); Erklärungen vom 17. 8. und 18. 8. 1961 vor dem Landgericht Düsseldorf im Verfahren Gewehr gegen Gisevius 6 O 160/60.

64 Siehe Anm. 61.

65 Urteil des Landgerichts Düsseldorf vom 20. 2. 1962, Gewehr gegen Gisevius, Bl. 2.

66 Protokoll der öffentlichen Sitzung des 4. Zivilsenats des Oberlandgerichts Düsseldorf vom 7. 6. 1963 in Sachen Gisevius gegen Gewehr, Bl. 8.

67 Urteil des Oberlandgerichts Düsseldorf vom 6. 8. 1963 in der Berufungssache Gewehr gegen Gisevius, Bl. 28, 26.

68 Brief von Hans-Georg Krüger an das Landgerichts Düsseldorf, eingegangen am 6. 1. 1961; Akten des Landgerichts Düsseldorf, Gewehr gegen Gisevius, 6 O 160/60, Bl. 11.

69 Siehe Anm. 66, Bl. 3.

70 Bundesarchiv, Außenlager Hoppegarten, ZM 772, Akte 16, Lebenslauf (undatiert, ca. 1940); Bundesarchiv (ehem. Berlin Document Center, SSD).

71 Offenbar wahrheitswidrig behauptete Gewehr später: „1927 - 1930 war ich [wohl bezüglich SA und NSDAP] völlig inaktiv, da ich in dieser Zeit an einem städtischen Technikum sechs Semester Maschinenbau studierte" (Brief von Hans-Georg Gewehr an Günther Zacharias vom 27. 3. 1960, siehe Anm. 61, Bl. 3).

72 Gewehr dazu: „Karl Ernst [...] kannte ich aus gemeinsam verbrachter Jugendzeit in Halensee"; ebd.

73 SA-Führer Walther Stennes und seine Unterführer erklärten Hitler am 1. April 1931 als Obersten SA-Führer für abgesetzt. Die hitlertreue SS schlug die Revolte nieder. Danach wurde die SA von den Stennes-Anhängern gesäubert.

74 SS-Aufnahmegesuch Gewehrs vom 11. 1. 1937 (mit Lebenslauf), Institut für Zeitgeschichte, Zeugenschrifttum, Hans Georg Gewehr; Tobias, Reichstagsbrand, 546f.

75 Brief des Gauschatzmeisters Berlin an den Reichsschatzmeister der NSDAP vom 1. 12. 1936 (Institut für Zeitgeschichte, München; Zeugenschrifttum, Hans Georg Gewehr). Gewehr dazu: „Karl Ernst berief mich um das Jahr 1931 zum Führer seiner Stabswache. Diese zehn Mann starke Wache hatte die Aufgabe, die Ordnung im Gauhaus, Hedemannstr., aufrecht zu halten, die Besucher abzufertigen und den einzelnen Referenten zuzuweisen" (Brief von Hans-Georg Gewehr an Günther Zacharias vom 27. 3. 1960, siehe Anm. 61, Bl. 3).

76 Akten Helldorf, Bundesarchiv (ehem. Berlin Document Center).

77 Bundesarchiv, Außenlager Hoppegarten, ZM 772, Akte 16.

78 Urteil des Landgerichts Düsseldorf vom 20. 2. 1962, Gewehr gegen Gisevius, Bl. 2; Urteil des Oberlandgerichts Düsseldorf vom 6. 8. 1963 in der Berufungssache Gewehr gegen Gisevius, Bl. 2a.

79   Protokoll der öffentlichen Sitzung des 4. Zivilsenats des Oberlandgerichts Düsseldorf vom 7. 6. 1963 in Sachen Gisevius gegen Gewehr, Bl. 10.

80   Urteil des Schnellschöffengerichts Berlin-Charlottenburg vom 18./19./22./23. 9. 1931 („Kurfürstendamm-Prozeß"), Landesarchiv Berlin, A Rep. 358-01, Akte 20, Bd. 1, Bl. 49 (Film A 289).

81   Brief von Hans-Georg Gewehr an Günther Zacharias vom 27. 3. 1960, siehe Anm. 61.

82   Siehe Anm. 78.

83   Aktenvermerk des Kriminalkommissars Feistel vom 4. 10. 1931, Akten Helldorf, Bundesarchiv (ehem. Berlin Document Center); s. auch Urteil des Landgerichts III Berlin vom 9. 2. 1932 („Kurfürstendamm-Prozeß"), Landesarchiv Berlin, A Rep. 358-01, Akte 20, Bd. 4, Bl. 97-99 (Film A 290); Aktennotiz über die Aussageverweigerung von Goebbels am 23. 1. 1932, Landesarchiv Berlin, A Rep. 358-01, Akte 20, Bd. 3, Bl. 49a (Film A 290).

84   In der Zeit vom 14. April bis zum 16. Juni 1932 war die SA verboten, es wurden allerdings sogenannte „Verbots-Uniformen" getragen, die den SA-Uniformen ähnelten.

85   Urteil des Landgerichts III Berlin vom 9. 2. 1932 („Kurfürstendamm-Prozeß"), Landesarchiv Berlin, A Rep. 358-01, Akte 20, Bd. 4, Bl. 96 (Film A 290).

86   Siehe Anm. 80. Vgl. auch „Kurfürstendamm-Krawalle – Lockspitzelarbeit", in: „Der Angriff", 3. 11. 1931, sowie in: „Deutsche Zeitung", 3. 11. 1931.

87   Siehe Anm. 80.

88   Brandt sagte im Vorverfahren aus, „er verweigere die Aussage über eine Person, von der er über die bevorstehenden Ereignisse am Kurfürstendamm unterrichtet worden sei, da er sonst eine ganze politische Organisation [wohl die SA oder NSDAP] verdächtigen müsse." Siehe Anm. 85.

89   „Handschriftliche Notizen des Sachbearbeiters", Landesarchiv Berlin, A Rep. 358-01, Akte 20, Bd. 7 (Anhang), Bl. 48.

90   Siehe Anm. 85.

91   Beschluß des Landgerichts III Berlin vom 3. 1. 1933, Landesarchiv Berlin, A Rep. 358-01, Akte 20, Bd. 4 (Anhang), Bl. 19.

92   Nach der Aussage von Hans du Moulin, eines Jugendfreundes von Gewehr, vom 26. 5. 1961 vor dem Landgericht Düsseldorf, sei (der homosexuelle!) Karl Ernst wegen einer Hildegard Dorloff mit Gewehr verfeindet gewesen. Ernst war allerdings sofort nach den „Kurfürstendamm-Krawallen" aus Berlin nach Bayern geflohen! (Eidliche Aussage von Gewehr vor dem Oberlandgericht Düsseldorf am 7. 6. 1963, Bl. 6.)

93   Brief von Hans-Georg Gewehr an Günther Zacharias vom 27. 3. 1960, siehe Anm. 61, Bl. 3f.

94   Ebd.

95   Siehe Anm. 79, Bl. 7.

96   Vernehmung von Konrad gen. Kurt Egger durch die Bayerische Politische Polizei am 2. 8. 1934; Personalakte Kurt Egger, Bundesarchiv Berlin (ehem. Berlin Document Center).

97   Vorführungsnote der Bayerischen Politischen Polizei von Konrad Anton (gen. Kurt) Egger vom 13. 7. 1934; ebd.

98   Siehe Anm. 96.

99   Lebenslauf vom 11. 1. 1937; Bundesarchiv (ehem. Berlin Document Center, SSO).

100   Siehe Anm. 79, Bl. 7.

101   *Engelbrechten*, Eine braune Armee entsteht, 263.

102   Bundesarchiv, Außenlager Hoppegarten, ZM 772, Akte 16.

103   Reichsgesetz über Straffreiheit vom 20. Dezember 1932; § 1,4.

104   Strafsache gegen Klüdmann und Genossen, Landesarchiv Berlin, A Rep. 358-01, Akte 11326 (Film A 735).

105   „Sturmführer Gewehr verteilt Revolver", in: „Die Rote Fahne", 1. 11. 1932 (1. Beilage).

106   SA-Gruppenführer (Gruppe Mitte, Magedburg) Konrad Schragmüller (geb. am 11 .3. 1895) wurde am 1. 7. 1934 beim sogenannten „Röhm-Putsch" in Berlin-Lichterfelde erschossen.

107   Brief von Hans-Georg Gewehr an Günther Zacharias vom 27. 3. 1960, siehe Anm. 61.

108   „1932 führte ich einen Sturm auf dem Wedding und musste Ende 1932 flüchten." (Gesuch um Aufnahme in die SS vom 11. 1. 1937; Bundesarchiv Berlin [ehem.Berlin Document Center, SSO]).

109   *Gisevius*, Bis zum bittern Ende, Bd. 1, 97, 99.

110   „Der Spiegel", 18/1960, 15.

111   *Tobias*, Reichstagsbrand, 545.

112   Bundesarchiv, Außenlager Hoppegarten, ZM 772, Akte 16.

113   Siehe Anm. 61, Bl. 4.

114   Siehe Anm. 110.

115   Siehe Anm. 61; genauso „Der Spiegel", 18/1960, 15.

116   *Tobias*, Reichstagsbrand, 547.

117   Urteil des Oberlandgerichts Düsseldorf vom 6. 8. 1963 in der Berufungssache Gewehr gegen Gisevius, 33.

118   Siehe Anm. 79, Bl. 7.

119   Aussage Hans du Moulin vom 26. 5. 1961 vor dem Landgericht Düsseldorf; Urteil des Oberlandgerichts Düsseldorf vom 6. 8. 1963 in der Berufungssache Gewehr gegen Gisevius, Bl. 11, 33.

120   Lebenslauf (undatiert, ca. 1940), Bundesarchiv (ehem. Berlin Document Center, SSO).

121   Stellenbesetzungs- und Dienstalterliste, Stand vom 1. XI. 33, Standarte 9, Sturm 21/9 Sturmf.: Sturmhptf. Hans Georg Gewehr, gefördert: 5. 10. 33; Staatsanwaltschaft Düsseldorf, Strafsache Gewehr 8 Js 3483/60, Bl. 164-167. Bei Aussagen aus den frühen 60er Jahren von damaligen „Kameraden" Gewehrs, dieser habe bereits ab Januar 1933 einen Sturm in Berlin-Steglitz geführt, handelt es sich vermutlich eher um Gefälligkeiten. Die Aussagen stimmen auch untereinander nicht überein.

122   Lebenslauf Hans Georg Gewehr vom 3. 9. 1934, Bundesarchiv, Außenlager Hoppegarten, ZM 772, Akte 16.

123   „Der Spiegel", 18/1960, 15.

124   Bericht vom 16. 2. 1961, StA Berlin 2P Aufh 473/55 (Urteilsaufhebungssache van der Lubbe), Bl. 181.

125   „Kurz vor dem 20. Jan. 1933, nachdem ich von der SA-Gruppe ‚Mitte' (Schragmüller) zurücküberwiesen war, erhielt ich einen SA-Sturm in Berlin-Steglitz. Das SA-Sturmheim war in der Markelstr. 9. [...] Bisher war ich Sturmführer. Jetzt erst wurde ich zum Obersturmführer [...] befördert" (Brief von Hans-Georg Gewehr an Günther Zacharias vom 27.3.1960, siehe Anm. 61, Bl. 1).

126   Aussage von Hans du Moulin vom 26. 5. 1961 vor dem Landgericht Düsseldorf.

127   Vernehmung von Ernst Frank, Staatsanwaltschaft Düsseldorf, Strafsache Gewehr 8 Js 3483/60, Bd. 1, Bl. 187.

128   Siehe Anm. 61, Bl. 4.

129   Siehe Anm. 122.

130   Protokoll der öffentlichen Sitzung des 4. Zivilsenats des Oberlandgerichts Düsseldorf vom 7. 6. 1963 in Sachen Gisevius gegen Gewehr, Bl. 7.

131   Brief des Gauschatzmeisters Berlin an den Reichsschatzmeister der NSDAP vom 1. 12. 1936; Institut für Zeitgeschichte, München; Zeugenschrifttum, Hans Georg Gewehr.

132   Geheimes Staatspolizeiamt „Verzeichnis der im Zuge der Säuberungsaktion festgenommenen Personen", Preußisches Geheimes Staatsarchiv, 90 P 114.

133   Siehe Anm. 130, Bl. 8.

134   Siehe Anm. 61, Bl. 2.

135 Vernehmung Friedrich Strindberg vom 15. 11. 1960 durch das Bayerische Landeskriminalamt; Nordrhein-Westfälisches Hauptstaatsarchiv, Zweigarchiv Schloß Kalkum, Ger. Rep. 372, Nr. 990, 992, 993; Urteil des Oberlandgerichts Düsseldorf vom 6. 8. 1963 in der Berufungssache Gewehr gegen Gisevius, Bl. 26.

136 Siehe Anm. 130, Bl. 9f.

137 Urteil des Oberlandgerichts Düsseldorf vom 6. 8. 1963 in der Berufungssache Gewehr gegen Gisevius, Bl. 18f., 28, 42.

138 Vernehmung Fritz Tobias vor dem Amtsgericht Hannover am 6. 7. 1961; Protokoll der Sitzung, Bl. 14. Diese Darstellung wirkt denkbar unglaubwürdig. Man könnte eher vermuten, daß Himmler Gewehr diese Frage stellte.

139 Gedächtnisprotokoll von telefonischen Gesprächen zwischen Alexander Bahar und Hermann Graml, zuletzt am 30. 6. 2000.

140 Urteil des Landgerichts Düsseldorf vom 20. 2. 1962, Gewehr gegen Gisevius, Bl. 10.

141 Siehe Anm. 132.

142 Siehe Anm. 131.

143 Vernehmung Friedrich Strindberg vom 15. 11. 1960, siehe Anm. 135.

144 Siehe Anm. 131.

145 In seinem Brief an Günther Zacharias vom 27. 3. 1960 (siehe Anm. 61, Bl. 4) schrieb Gewehr: „[…] trat ich Anfang 1935 offiziell aus der SA aus. […] Zum Abschied Beförderung zum SA-Obersturmbannführer."

146 Dies entsprach dem Rang eines Oberstleutnants der Polizei oder Reichswehr.

147 Lebenslauf Hans Georg Gewehr vom 22. 4. 1940; Bundesarchiv (ehem. Berlin Document Center, SSO).

148 „Ich brauchte für mich eine Bewährung. Daher habe ich meinen Dienst als Polizei-Unterwachtmeister-Anwärter auf eigenen Wunsch angetreten und mich regelrecht emporgedient" (Brief von Hans-Georg Gewehr an Günther Zacharias vom 27. 3. 1960, siehe Anm. 61).

149 Wahrscheinlich ein Tippfehler: Die Beförderungen fanden offensichtlich jeweils zu „Führers Geburtstag" am 20. April statt.

150 Tabellarischer Lebenslauf, undatiert (ca. 1943), Institut für Zeitgeschichte, München; Zeugenschrifttum, Hans Georg Gewehr.

151 Bundesarchiv, Außenlager Hoppegarten, ZM 772, Akte 16.

152 Department of the Army, US Army Intelligence and Security Command, I-Film XE 148464 I 8D 001, I-Film 3469, Bl. 22f., 32, 37.

153 Brief des Reichsführers SS (persönlicher Stab) an den Chef des SS-Personalhauptamtes vom 29. 2. 1940; Bundesarchiv (ehem. Berlin Document Center).

154 1960 gab Gewehr dann an, er habe am 4. 3. 1950 in Düsseldorf geheiratet. Von einer vorherigen Scheidung ist allerdings nichts bekannt (Brief von Hans-Georg Gewehr an Günther Zacharias vom 27. 3. 1960, siehe Anm. 61, Bl. 2).

155 Der Stadtteil Moabit gehört zum Bezirk Berlin-Tiergarten, grenzt aber südlich unmittelbar an den Bezirk Berlin-Wedding.

156 Mit Gummistempel gedruckter anonymer Flugzettel, St 65, Bd. 178, Bl. 36.

157 Eine 17. SA-Truppe gab es nicht. SA-Trupps waren SA-Stürmen untergeordnet. Gemeint war also vermutlich der SA-Sturm 17. Möglicherweise liegt hier auch ein Übersetzungsfehler aus dem Italienischen vor.

158 „L'Unità", Nr. 12, 1933; Übersetzung abgedr. in: Dimitroff-Dokumente, Bd. 2, 148.

159 Starcke, Der Nationalsozialismus erobert den Wedding, 80.

160 Engelbrechten, Eine braune Armee entsteht.

161 Gisevius, Bis zum bittern Ende, Bd.1, 97, 99.

162 Diels, Lucifer ante portas, 305f.

163 Arndt gab als Datum für sein Gespräch mit Diels den Tag an, als „Funk wegen der in der

Reichsbank gesammelten Goldplomben vernommen wurde". Dies war am 6. 5. 1946.

164   Aussage Dr. Adolf Arndt vom 9. 6. 1961 vor dem Amtsgericht Bonn in der Sache Gewehr gegen Gisevius; Nordrhein-Westfälisches Hauptstaatsarchiv, Zweigarchiv Schloß Kalkum, Ger. Rep. 372, Nr. 990, 992, 993; siehe auch: Leserbrief von Dr. Adolf Arndt in „Die Zeit", 14. 4. 1960, 30.

165   Vernehmung Friedrich Strindberg vom 15. 11. 1960 durch das Bayerische Landeskriminalamt, siehe Anm. 135.

166   Vernehmung Curt Riess vom 21. 6. 1961 durch das Landgericht Düsseldorf in der Sache Gewehr gegen Gisevius; Nordrhein-Westfälisches Hauptstaatsarchiv, Zweigarchiv Schloß Kalkum, Ger. Rep. 372, Nr. 990, 992, 993.

167   *Peter Brandes* (d. i. *Curt Riess*), „Feuer über Deutschland", in: „Der Stern", 43-52/1957.

168   „Ein Toter spricht", in: „Weltbild", November 1957-Januar 1958.

169   *Fritz Tobias*, „Stehen Sie auf, van der Lubbe. Der Reichstagsbrand 1933 – Geschichte einer Legende. Nach einem Manuskript von Fritz Tobias", in: „Der Spiegel", 43/1959 - 1-2/1960.

170   *Hans Bernd Gisevius*, „Reichstagsbrand im Zerrspiegel", in: „Die Zeit", 4. 3. 1960 - 25. 3. 1960.

171   *Rudolf Augstein*, Brief an die „Spiegel"-Leser, in: „Der Spiegel", 18/1960, 16f.

172   Hier eine Auswahl von Augsteins Falschinformationen: Gisevius sei nicht Beauftragter des Gestapa beim Leipziger Reichstagsbrandprozeß gewesen (das Gegenteil ist nachweisbar!); Karl Ernst habe für den Brandabend ein Alibi gehabt (nicht nachweisbar!); Rall habe nachweislich niemals der Stabswache von Karl Ernst angehört (nicht nachweisbar!); Karl Reineking sei nicht in Dachau ermordet worden, seine Spur verliere sich (Reineking starb in Dachau am 2. 6. 1936 nach Ablauf seiner Haftzeit); Lubbes Tage vor dem Brand seien von der Polizei „minutiös" rekonstruiert worden (gerade das war nicht möglich!).

173   *Rudolf Diels*, „Die Nacht der langen Messer fand nicht statt", in: „Der Spiegel", 12. 5. 1949 - 7. 7. 1949.

174   Siehe Anm. 171, 15, 17.

175   Um das zu vertuschen, machte Rudolf Diels in seinen Memoiren (Lucifer ante portas, 294) wahrheitswidrig den Ernst-Freund Dr. Roland Freisler, damals Staatssekretär im Preußischen Innenministerium, für die Einstellung des Ermittlungsverfahrens im Mordfall Rall verantwortlich.

176   Brief von Hans-Georg Gewehr an Günther Zacharias vom 27. 3. 1960 (siehe Anm. 61, Bl. 5); genauso auch der Schriftsatz der Anwälte von Gewehr an das Landgericht Düsseldorf vom 10. 10. 1960, 6.

177   *Tobias*, Reichstagsbrand, 546f.

178   Urteil des Landgerichts Düsseldorf vom 20. 2. 1962, Gewehr gegen Gisevius, Bl. 2

179   Der Text des Protokolls ist an dieser Stelle verstümmelt.

180   Protokoll der öffentlichen Sitzung des 4. Zivilsenats des Oberlandgerichts Düsseldorf vom 7. 6. 1963 in Sachen Gisevius gegen Gewehr, Bl. 8.

181   Siehe Anm. 177.

182   Vom 30. April 1932 bis zum 10. Oktober 1932 saß Rall im Gefängnis. Am 21. Dezember 1932 wurde Rall erneut verhaftet. Gewehr war von April 1931 bis mindestens zum 12. September 1931 Führer der Stabswache. Über seine Aktivitäten ist für die beiden Zeitspannen seit seiner Haftentlassung am 24. Dezember 1931 bis zum 15. Juni 1932, sowie auch von seiner Flucht vor der Polizei am 5. September 1932 bis zur Amnestie am 20. Dezember 1932 fast nichts bekannt. Der SA-Schulungskurs in Brandstiftung unter Gewehr, an dem Rall wohl teilnahm, kann also nur entweder zwischen April 1931 und dem 12. September 1931 oder zwischen dem 24. Dezember 1931 und dem 30. April 1932 oder zwischen dem 10. Oktober 1932 und dem 21. Dezember 1932 stattgefunden haben.

183   Den Namen seines Informanten gab Arthur Brandt bis zu seinem Tod im Jahre 1989

nicht preis. Auch seinen beiden Töchtern gegenüber soll er ihn nie genannt haben. Immerhin konnten beide jedoch bestätigen, daß diese Angelegenheit ihren Vater zeit seines Lebens sehr beschäftigt und ihm schwere Gewissensqualen verursacht habe. Nach Aussage beider Töchter hatte Helga Brandt, damals ein junges Mädchen, ihren Vater seinerzeit sogar bei einem Besuch des Zeugen nach Bremerhaven begleitet. Zusammen mit dem Zeugen, einem großen, schlanken Mann, jedoch ohne Begleitung der Tochter, sei ihr Vater dann zum Notar gegangen. „Er hat das alles meinem Vater unterzeichnet". Nach der Erinnerung von Helga und Inge Brandt soll das ungefähr 1953 gewesen sein. Hier scheinen sich die beiden Schwestern jedoch zu irren. Am 29. September 1955 beantragte Arthur Brandt im Auftrag von Jan van der Lubbe die Aufhebung des Reichsgerichtsurteils gegen Marinus van der Lubbe. Mit Schreiben vom 1. April 1957 an das Landgericht Berlin erklärte er erstmals, den Beweis dafür antreten zu können, daß van der Lubbe von einem Trupp von SA-Leuten in den brennenden Reichstag gebracht wurde. Der besagte Zeuge kann sich also nur im Zeitraum zwischen September 1955 und April 1957 bei Arthur Brandt gemeldet und seine notariell beglaubigte Erklärung abgegeben haben. Diese Erklärung, so die beiden Schwestern, habe ihr Vater später sicher zerrissen, da man sie nach seinem Tod unter seinen Papieren nicht habe finden können. An den Namen des Notars in Bremerhaven kann sich Helga Brandt nach eigenen Worten nicht mehr erinnern. (Gespräch von Inge und Helga Brandt mit Rechtsanwalt Gerhard Jungfer in Lugano am 5. 11. 1995. Ihre in diesem Gespräch gemachten Aussagen bestätigten beide Schwestern mündlich und schriftlich 1998 und 1999 gegenüber Alexander Bahar.) "Unser Vater hat weder uns noch unserer Mutter Informationen über diesen Zeugen anvertraut! Meine Schwester erinnert sich nur an den Ort: ‚Bremerhaven', aber nicht an den Namen des Notars", versicherte ihre Schwester Inge schriftlich noch im Jahr 1999 gegenüber einem der Autoren (Schreiben von Inge Brandt an Alexander Bahar vom 18. 1. 1999).

184 Interview des Südwestfunks mit Dr. Arthur Brandt von 1979; Abschrift aus dem Besitz von Rechtsanwalt Gerhard Jungfer, Berlin.

185 *Arthur Brandt,* "Van der Lubbe ist unschuldig", in: „Die Weltwoche", 17. 6. 1966.

186 Schreiben von Arthur Brandt vom 1. 4. 1957 an das Landgericht Berlin, Original im Besitz von Rechtsanwalt Gerhard Jungfer, Berlin.

187 Staatsanwaltschaft beim Landgericht Berlin, Aufhebungssache van der Lubbe 2 P Aufh. 9/66, Bd. 1, Bl. 115-117.

18 8 *Gisevius,* „Reichstagsbrand im Zerrspiegel", in: „Die Zeit", 25. 3. 1960.

189 Dieses Tonband befindet sich leider heute nicht mehr im Nachlaß von Gisevius.

190 Schreiben von Hans Bernd Gisevius an Eduard Calic vom 5. 11. 1967 und 4. 12. 1967; Nachlaß Gisevius, Archiv für Zeitgeschichte, ETH Zürich.

Anhänge 1-3

1 *Gisevius,* Bis zum bittern Ende, Bd. 1, 95-102.

2 Aussage Hans Bernd Gisevius vom 23. 5. 1960 vor der Staatsanwaltschaft Düsseldorf; Nordrhein-Westfälisches Hauptstaatsarchiv, Zweigarchiv Schloß Kalkum, Ger. Rep. 372, Nr. 990, 992, 993.

3 Ebd.

4 Weißbuch über die Erschiessungen des 30. Juni, Paris 1934, 111-117.

5 Der Nachtwächter des Reichstagspräsidentenpalais Adermann war am Brandabend nachweislich angewiesen, auf seine üblichen Rundgänge so lange zu verzichten, bis dort wohnende Gäste Görings (die keine Schlüssel besessen haben sollen) eingetroffen seien. Allerdings war der Zugang zu dem unterirdischen Gang, der zum Reichstagsgebäude führte, nicht nur vom Reichstagspräsidentenpalais aus, sondern auch vom Maschinenhaus und vom Beamtenhaus her (das an einer öffentlichen Straße [Reichstagsufer] lag) möglich. Im „Geständnis" wird angegeben, daß man bei den Vorbereitungen zur Brandstiftung den Gang vom Maschinenhaus her betrat, für das man Schlüssel besessen habe. Der Nachtwächter im Reichstagspräsidentenpalais habe nur während der Passage durch den Keller dieses Gebäudes abgelenkt werden müs-

sen. Bei der Aktion am 27. Februar seien jedoch Gummischuhe getragen worden, so daß der Nachtwächter die Eindringlinge wohl nicht hätte hören können.

6   Gegenüber Alexander Bahar in verschiedenen Gesprächen im Frühjahr 1999.

7   Original im Besitz von Erika Wagenfeld, Stuttgart.

8   Die folgenden Angaben verdanken die Verfasser Lutz Stucka, Ortshistoriker von Weißwasser. Sie basieren auf den handschriftlichen Notizen von Herrn Heinrich Küllmann (seit 1935 Ortschronist von Weißwasser) nach persönlichen Gesprächen mit Dr. Kindt, Zeitungsberichten der „Neuesten Nachrichten" vom 22. 11. 1939, 19. 12. 1939 und 21. 10. 1940 (zum Tod von Bruno Kindt) sowie auf einem von Kindts Witwe, Frau Margarete Kindt, verfaßten Lebenslauf ihres verstorbenen Mannes. Dieser wurde am 9. Februar 1940 an Heinrich Küllmann übergeben. Im Bundesarchiv konnten hingegen keine Unterlagen zu Bruno Kindt ermittelt werden.

9   Der militärische Werdegang von Bruno Kindt konnte anhand der bei der Deutschen Dienststelle in Berlin vorhandenen Unterlagen exakt rekonstruiert werden. Alle diesbezüglichen Angaben: Deutsche Dienststelle, schriftliche Mitteilung vom 2. März 2000.

10   Persönliche Mitteilung von Willi Just (Jg. 1908), Fliegermajor a. D., Kelchglasmachermeister, Weißwasser, vom 20. 1. 1999 an einen der Autoren (A. B.).

11   Deutsche Dienststelle, schriftliche Mitteilung vom 2. März 2000.

8 Ermordete Mitwisser

Daß viele Todesfälle, die sich nach dem Reichstagsbrand ereigneten, Morde zur Beseitigung unbequemer Mitwisser gewesen seien, ist kein neuer Verdacht. Die dem Brand folgenden Monate und Jahre durchzieht eine ganze Serie von Morden, überraschenden Selbstmorden und plötzlichen Todesfällen von Personen, deren Namen als Beteiligte oder Mitwisser in Sachen Reichstagsbrand genannt wurden. Obwohl hier sicher – den Zeitumständen entsprechend – vieles spekulativ ist, bleibt ein weites Feld offener Fragen. Zu denen, deren Tod mit dem Reichstag in Verbindung gebracht wurde, gehören Dr. Ernst Oberfohren (Fraktionsvorsitzender der DNVP im Reichstag) und dessen mutmaßlicher Mörder, des weiteren Walter Gempp (Oberbranddirektor, ehemaliger Chef der Berliner Feuerwehr), Richard Breiting[1] (ehemaliger Hauptschriftleiter der „Leipziger Neuesten Nachrichten", ein Freund des Vorsitzenden Richters im Leipziger Reichstagsbrandprozeß, Dr. Bünger), der SA-Mann Adolf Rall, der Agent und ehemalige Röhm-Vertraute Dr. Georg Bell sowie der am 30. Juni 1934 anläßlich der Niederschlagung des sogenannten „Röhm-Putschs" erschossene Köpenicker SA-Standartenarzt Dr. Erwin Villain.[1a] Verschiedene Indizien und zeitgenössische Zeugnisse weisen allerdings darauf hin, daß sich unter den Opfern dieser sowie einer anderen nationalsozialistische Mordaktion – der „Köpenicker Blutwoche" vom Juni 1933[1b] – weitere unbequeme Mitwisser um die Hintergründe der Reichstagsbrandstiftung befanden (siehe Kapitel 7). Die Fälle Rall und Gempp wurden bereits an anderer Stelle ausführlich behandelt (Kapitel 4 bzw. 7). Im vorliegenden Kapitel sollen vier weitere Todesfälle näher beleuchtet werden, bei denen ein Zusammenhang mit Kenntnissen über die Hintergründe des Reichstagsbrandes anhand zahlreicher Indizien ebenfalls besonders naheliegt.

TEIL 1 DER FALL OBERFOHREN

Am 26. und 27. April 1933 veröffentlichte die angesehene englische Zeitung „Manchester Guardian" einen Aufsehen erregenden anonymen Bericht über den Reichstagsbrand, in dem behauptet wurde, Goebbels und Göring hätten den Reichstagsbrand als Mittel zur NS-„Machtergreifung" geplant. Beauftragte Görings, ausgewählte SA- und SS-Führer unter Leitung des Reichstagsabgeordneten und SA-Führers von Schlesien, Heines, seien durch den unterirdischen Gang vom Reichstagspräsidentenpalais in den Reichstag eingedrungen, hätten dort den Brand gelegt, sich danach durch denselben Gang wieder in das Reichstagspräsidentenpalais zurückgezogen und seien von dort aus entkommen.

Detailliert wertete der Bericht deutsche Zeitungsberichte zur Brandstiftung aus und wies auf die darin enthaltenen Widersprüche hin.

„Eine vertrauliche Denkschrift, die sich mit dem Reichstagsbrand beschäftigt, kursiert zur Zeit in Deutschland", kommentierte das liberale Blatt den Text. „Sie ist handgeschrieben, da der Terror jede öffentliche Erwähnung oder Erörterung unmöglich macht. Aber es ist ein ernster Versuch, einen wohlabgewogenen Rechenschaftsbericht über die Ereignisse zu geben, unternommen von jemandem, der mit den deutschnationalen Kabinettsmitgliedern in Fühlung steht. Trotz ein oder zwei geringfügigen Ungenauigkeiten ist es zumindest der erste bedeutende Beitrag zur Lösung des Rätsels von dem Reichstagsbrand."[1c]

Zehn Tage später, am 7. Mai 1933, starb der später als Verfasser angenommene deutschnationale Politiker Ernst Oberfohren, angeblich durch Selbstmord.

Der volle Wortlaut der Denkschrift wurde im Herbst 1933 unter dem Titel „,Das Oberfohren-Memorandum' (Erstmals in Englisch. Der vollständige Text mit einer Einführung und den Feststellungen der legalen Untersuchungskommission hinsichtlich seiner Authentizität) Was deutsche Konservative über den Reichstagsbrand denken"[2] vom German Information Bureau in England herausgegeben. Große Teile des Memorandums hatte bereits das im Sommer 1933 erschienene „Braunbuch über Reichstagsbrand und Hitlerterror" (Braunbuch I) veröffentlicht.

Nicht nur die Authentizität des „Oberfohren-Memorandums", auch die Umstände, unter denen Ernst Oberfohren am 7. Mai 1933 ums Leben kam, sind seither umstritten. Handelt es sich bei dem ihm zugeschriebenen Memorandum um eine kommunistische Fälschung, wie 1933 deutsche Behörden und Presseorgane und nach 1945 Vertreter der Alleintäter-These behaupteten? Und waren Oberfohrens Rücktritt und Selbstmord nur das Resultat eines tragischen persönlichen Schicksal ohne jeden Bezug zum Reichstagsbrand?

Oder wurde Oberfohren als unbequemer Mitwisser um die Hintergründe der Brandstiftung und als Urheber der im „Memorandum" enthaltenen Informationen beseitigt?

Ernst Oberfohren, der 1929 nach Spaltung der Deutschnationalen Volkspartei (DNVP) deren Fraktionsvorsitz im Reichstag übernommen hatte, verfolgte wie DNVP-Chef Hugenberg zwar einen scharf antiparlamentarischen und nationalistischen Kurs und war auch Befürworter einer autoritären nationalen Regierung, lehnte aber den totalitären Anspruch des Nationalsozialismus ab. Sein Widerstand gegen die Koalitionsbildung im Januar 1933 unter den zwischen Hitler und Hugenberg ausgehandelten Bedingungen brachte ihn zusehends in Opposition nicht nur zu den Nationalsozialisten, sondern auch – nach außen nicht sichtbar – zum Parteivorsitzenden Hugenberg.

So setzte sich Oberfohren unter anderem für ein energisches Auftreten seiner Parteiführung gegen die zunehmenden Gleichschaltungsversuche der Nationalsozialisten ein. Obwohl noch am 5. März 1933 als Spitzenkandidat der DNVP in Schleswig-Holstein aufgestellt und gewählt, trat Oberfohren am 30. März 1933 überraschend vom Fraktionsvorsitz seiner Partei im Reichstag zurück.

Oberfohren, so wurde später behauptet, sei als Autor von gegen Hugenberg gerichteten und an verschiedene Politiker verschickten anonymen Briefen entlarvt worden. Derart kompromittiert und politisch erledigt, sei Oberfohren auch moralisch zusammengebrochen. Dies erkläre sowohl seinen Rücktritt als Fraktionsvorsitzender wie auch seinen Freitod. Diese Darstellung, die sich im wesentlichen auf die Aussagen Görings[3] und des Torgler-Verteidigers Dr. Sack vor dem Leipziger Reichsgericht stützt, wäre einleuchtend und plausibel, wenn sie den Tatsachen entspräche. Allerdings gibt es für die behauptete Urheberschaft Oberfohrens an den seinerzeit tatsächlich zirkulierenden anonymen Briefen keinerlei Beweise. Oberfohren selbst hat kurz vor seinem Tod sogar eidesstattlich versichert, „weder anonyme noch mit meiner Unterschrift versehene Rundschreiben gegen den Parteivorsitzenden Herrn Dr. Hugenberg gerichtet zu haben".[4] Daß Oberfohren der Verfasser dieser Briefe gewesen sei, hatte Hugenberg seinerzeit lediglich aus Oberfohrens Rücktritt vom Fraktionsvorsitz geschlossen. Unmittelbar nach Oberfohrens Tod hat auch sein Freund, der Kreisvorsitzende der DNVP in Kiel und Notar Dr. Egger Rasmuss, schriftlich versichert, daß die betreffenden Briefe nicht von Oberfohren stammten. Laut Rasmuss hat Oberfohren selbst derartige Briefe erhalten und „auch einigen wenigen

Parteifreunden Abschriften auf deren ausdrückliches Verlangen zuge-
schickt. Hieraus hat man ihm den Vorwurf gemacht – meines Erachtens
zu Unrecht – er sei der Verfasser und Urheber jener Briefe gewesen".[5]

Zweifellos trugen die schwerwiegenden politischen Differenzen mit
Hugenberg und parteiinterne Konflikte zum Rücktritt Oberfohrens und
zu dessen politischer Demoralisierung entscheidend bei. Für Oberfohrens angeblichen Selbstmord war jedoch mit Sicherheit nicht die bereits
einige Zeit zurückliegende – Göring nannte das Frühjahr 1932[6] – Angelegenheit mit den anonymen Briefen das entscheidende Motiv. Ein
Schreiben Hugenbergs an Frau Oberfohren vom 13. April 1933[7] belegt
im Gegenteil, daß dieser Konflikt bereits Wochen vor Oberfohrens Tod
beigelegt war.

Die möglicherweise entscheidenden Gründe für den Tod Oberfohrens hat Göring in seiner Aussage vor dem Reichsgericht allerdings selbst
verraten. So äußerte er im Zusammenhang mit dem Vorwurf, Oberfohren sei der Urheber der Hugenberg belastenden Briefe gewesen: „Ich
persönlich wurde von einer Telefonüberwachung angerufen, daß soeben
im Zentral-Hotel Herr Oberfohren mit einer Dame gesprochen und
hierbei die Dame aufgefordert habe, ihm das belastende Material zu übergeben, das sie über die nationalsozialistischen Führer habe, und zwar
über Führer, die gar nichts mit dem Reichstagsbrand zu tun hatten [...].
Ich sandte also sofort meine Polizei hin, um festzustellen, was das für
Material sei. Die Dame war die Sekretärin von Herrn Oberfohren, und
bei der Haussuchung, die in dem Berliner Büro stattfand, fand man die
Klischees zu den anonymen Briefen gegen seinen Führer Hugenberg."[8]

Diese Aussage Görings entsprach insofern nicht der Wahrheit, als die
Polizeiakten beweisen, daß die Durchsuchung von Oberfohrens Büro
ganz offensichtlich ergebnislos verlief.[9] Aufschlußreich ist Görings Aussage aber, weil sie beweist, daß Oberfohrens Telefongespräche von
Görings Politischer Polizei unter Bruch des Fernsprechgeheimnisses abgehört und sein Büro unter Verletzung der parlamentarischen Immunität durchsucht wurde.

Oberfohren hatte demnach belastendes Material gegen NS-Führer in
der Hand. Welcher Art war dieses Material? Und wen belastete es? Die
von Göring gebrauchte Formulierung: „über Führer, die gar nichts mit
dem Reichstagsbrand zu tun hatten", läßt aufhorchen. Ging es um Material, das Göring belastete? Eine von den schleswig-holsteinischen
Behörden zum Fall Oberfohren angelegte Akte[10] gibt nicht nur Aufschluß über die gegen Oberfohren gerichteten polizeilichen Maßnah-

men, die Göring vor dem Reichsgericht angesprochen hatte, sondern auch über Oberfohrens Verhalten und die Hintergründe seines Todes. Aus dieser Akte ergibt sich folgendes: Oberfohren wurde schon im März 1933 bespitzelt, seine Telefongespräche wurden von Diels' Politischer Polizei überwacht (Bl. 2, 37, 43). Unmittelbarer Anlaß dieser Polizeimaßnahmen scheinen regierungs- bzw. NS-feindliche Äußerungen Oberfohrens vom 19. März 1933 vor Parteifreunden gewesen zu sein (Bl. 30).

Aufgrund dieser Telefonabhörung und „im Auftrage des Herrn Oberregierungsrats Diels", bzw. in „höherem Auftrage" wurde am 26. März eine Durchsuchung in Oberfohrens Berliner Büro sowie eine Vernehmung seiner Sekretärin Frau Fritsch und in den frühen Morgenstunden des 27. März 1933 eine Haussuchung in der Kieler Wohnung von Oberfohren durchgeführt, „zum Zwecke der Feststellung des Inhaltes eines Paketes, das er heute Mittag von einer Frau Fritsch auf dem Lehrter Bahnhof erhalten hat". Der Auftrag lautete: „Inhalt beschlagnahmen, falls Angriffe gegen nationalsozialistische Führer enthalten sind. Desgleichen, falls sich Inhalt gegen Reichsminister Dr. Hugenberg oder Reichsminister Seldte richtet" (Bl. 4).

Die Haussuchung verlief ohne Ergebnis. Das von der Polizei schließlich gefundene und untersuchte Paket enthielt Wertpapiere, und auch sonst fanden die Polizeibeamten kein gegen die Reichsregierung gerichtetes Material (Bl. 43; notariell beglaubigte Erklärung Oberfohrens vom 22. April 1933).

Interessant ist in diesem Zusammenhang, daß der Durchsuchungsbefehl vom Leiter der Politischen Polizei, Rudolf Diels, kam und daß die nach dem Tode Oberfohrens bei diesem beschlagnahmten Schriftstücke in Abschriften unter anderem an das Geheime Staatspolizeiamt (Gestapa) in Berlin geschickt wurden, wo man sich offensichtlich sehr für die Aktivitäten und Verbindungen Oberfohrens interessierte (Bl. 27).

Widersprüchlich sind die offiziellen Darstellungen zum Tod Oberfohrens schon hinsichtlich des genauen Todeszeitpunkts. Während die meisten Berichte (wohl zutreffend) den 7. Mai 1933 mittags angeben, nennt ein „am 7. 5. 1933 um 07.35 Uhr" aufgenommener Funkspruch des Polizeipräsidenten von Kiel an den Regierungspräsidenten in Schleswig den „6. Mai gegen 12 Uhr mittags" als Todesstunde.[11]

Widersprüchlich sind auch die Oberfohrens Freund Dr. Theile zugesprochenen bzw. die von diesem abgegeben Erklärungen über angebliche vorherige Anzeichen für einen Selbstmord Oberfohrens. Während

Dr. Theile laut einem Polizeibericht vom 7. Mai 1933 bei einem Gespräch, das er noch am Vortag mit Oberfohren geführt hatte, aufgrund dessen depressiver Stimmung „Bedenken und Angst" gehabt haben will, „daß Oberfohren sich etwas antun könnte" (Bl. 20), gab er am 8. Mai 1933 selbst zu Protokoll, sich bei der Trennung von Oberfohren am Abend des 6. Mai noch „für Sonntag, dem 8. 5. 33, zum Kaffee verabredet" zu haben. Als ihm seine Frau gegen Mittag berichtete, daß es Oberfohren sehr schlecht gehe, habe er im ersten Moment „mit einem Herzschlag gerechnet. [...] An einen Selbstmord habe ich nicht im entferntesten gedacht oder damit gerechnet, weil ich wußte, daß Herr Oberfohren sehr religiös war" (Bl. 19).

Auffällig ist auch die Tatsache, daß von Frau Oberfohren keine eigentliche, unterschriebene Aussage vorliegt, sondern daß diese nur in Polizeiberichten – und auch nur widersprüchlich – zitiert wird. So hielt ein Bericht vom 8. Mai 1933 fest:

„Über die Ursache [des Selbstmordes ihres Mannes] befragt, gab Frau Oberfohren verschiedenes an. Einmal erklärte sie, es könne mit der Politik, Niederlegung und Austritt aus der Partei, zusammenhängen, andererseits sagte sie, ihr Mann sei sehr nervös gewesen" (Bl. 22).

In einem Schreiben an A. Ritthaler vom 1. Juni 1955 teilte Frau Oberfohren angeblich mit, „daß mein Mann nicht von den Nazis erschossen worden ist, wohl aber sich ihrer dauernden Verfolgung ausgesetzt sah, deren Ende und Konsequenzen nicht abzusehen waren, so daß er in klarer Voraussicht der furchtbaren Folgen einer autoritären Staatsführung [...] in seiner tiefen Verzweiflung den Freitod vorzog".[12]

Bezeichnenderweise wurde die einzige zur Tatzeit im Haus anwesende Zeugin, das Hausmädchen Johanna Pagel, offensichtlich nicht von der Polizei befragt. Ihre überlebende Schwägerin äußerte sich 1972/73 unter Berufung auf Angaben von Johanna Pagel und in Übereinstimmung mit einer weiteren befragten Bekannten der Familie Oberfohren: „Man hat ihm (Oberfohren) den Revolver in die Hand gelegt".[13]

Das gewichtigste Indiz für den Wahrheitsgehalt dieser Aussage liefern die Polizeiberichte selbst. Danach befand sich Johanna Pagel zum Zeitpunkt des Todes von Dr. Oberfohren in der Küche, während Oberfohren angeblich allein im Zimmer war. Johanna Pagel war es, die Oberfohrens Leiche fand. Laut Polizeibericht vom 7. Mai 1933 befand sich die „Pistole in der rechten Hand" Oberfohrens (Bl. 12). Als äußere Verletzungen wurden genannt: „Einschuß im rechten Ohr u. Ausschuß durchs linke Ohr" (Bl. 13). In seinem Polizeibericht vom 8. Mai 1933 präzisierte der als erster zum Tatort gerufene Polizeiobermeister Kahl seine Angaben vom Vortag. Danach habe er Oberfohren auf einem Sofa liegend vorgefunden: „In dieser Lage hat er sich dann mit einer Selbstladepistole 7,65 mm durch einen Kopfschuß erledigt. Der Schuß war ins rechte Ohr hineingedrungen, dann in die Wand eingeschlagen. Die Waffe befand sich bei meinem Hinzukommen noch in der rechten Hand des Erschossenen, die ich dann aus der Hand entfernte" (Bl. 22). Im Gegensatz hierzu hielt die ärztliche Todesbescheinigung vom selben Tag fest: „Suicid. Schußverletzung in d[ie]. r[echte]. Schläfe" (Bl. 15).

Darüber hinaus gilt in der Rechtsmedizin bis heute die Faustregel, daß die Pistole in der Hand eines durch Kopfschuß Erschossenen ein Verdachtsmoment für seine Ermordung und gerade nicht für Selbstmord ist. Die schwere Gehirnverletzung und der Rückstoß der Faustfeuerwaffe lassen im allgemeinen die Pistole aus der Hand des Opfers fallen, wenn es sich den Kopfschuß selbst beigebracht hat. Man findet die Waffe neben dem Körper des Erschossenen. In Unkenntnis dieses Sachverhalts wird die Waffe dem Ermordeten zur Vortäuschung eines Selbstmords gelegentlich in die Hand gelegt.[14]

Der kategorische Ausschluß einer Fremdeinwirkung durch die ermittelnden Kriminalisten ist vor diesem Hintergrund zusätzlich verdächtig.

Das Verfahren des erzwungenen Selbstmords wurde von den NS-Machthabern gegenüber prominenten Gegnern bekanntlich häufiger angewandt oder zumindest versucht, so. z. B. bei SA-Stabschef Röhm oder Generalfeldmarschall Rommel. Selbstmord vorgetäuscht wurde dagegen beispielsweise im Fall des am 30. Juni 1934 beim sogenannten „Röhm-Putsch" ermordeten ehemaligen Leiters der Polizeiabteilung im Preußischen Innenministerium, Erich Klausner.

Die im Landesarchiv Schleswig als Mikrofiche-Aufnahmen erhaltenen Polizeiakten geben keinen Aufschluß darüber, ob und in welcher Richtung der Fall Oberfohren von der Staatsanwaltschaft weiterverfolgt wurde. Ex-Gestapo-Chef Rudolf Diels allerdings berichtete in seinen Memoiren, die Ermittlungen der Kieler Polizei hätten zur „Festnahme eines SA-Rollkommandos" geführt, „das auf eigene Faust gehandelt hatte".[15]

Für die Ermordung Oberfohrens durch ein SA-Kommando gibt es jedoch noch weitere Indizien.

Paul Röhrbein – der Mörder Oberfohrens?

Bereits im Braunbuch II[16] wurde Anfang 1934 ein gewisser Hauptmann Röhrbein mit dem Mord an Oberfohren in Verbindung gebracht:
„Der langjährige Chefredakteur der ‚Münchner Sonntagspost', der als Vertrauter des bayrischen Königshauses gilt, Walter Tschuppik, wurde im März 1933 verhaftet und über acht Monate im Polizeigefängnis Löwengrube in München festgehalten.Im gleichen Gefängnis sass Hauptmann Röhrbein, Führer des Rollkommandos der SA, das Oberfohren am 7. Mai in Kiel umgebracht hat. Vertrauensbruch, gegen Röhm begangen, hatte den Hauptmann ins Gefängnis gebracht. Im Gefängnis gewann Tschuppik das Vertrauen Röhrbeins, der ihm gestand, dass er und sein Rollkommando im Auftrage Görings Oberfohren ermordet hätten."

Der am 27. November 1890 in Berlin-Charlottenburg geborene Hauptmann a. D.[17] Paul Röhrbein galt als enger Vertrauter von SA-Chef Ernst Röhm und soll der „Mentor"[18] des berüchtigten Berliner SA-Führers Karl Ernst gewesen sein.[19] Röhrbein, bekennender Homosexueller, „a natural leader" und „a man of marked charm and ability"[20], habe in Berlin die ersten Truppen des Frontbanns[20a] aus Überbleibseln der Freikorps geschaffen.

Im Januar 1934 erschien in der österreichischen Tageszeitung „Der Morgen" unter dem Titel „Walter Tschuppik veröffentlicht im ‚Morgen' seine Erlebnisse: Acht Monate in der Hölle" ein mehrteiliger Bericht. Der Untertitel der Ausgabe vom 15. Januar 1934 lautet: „Der Mord an Oberfohren. Ein geheimnisvoller Gefangener in der Löwengrube".

Darin berichtet Tschuppik detailliert über seine Begegnung mit Röhrbein in Dachau. Am 13. September sei Röhrbein in die sogenannte „Löwengrube" eingeliefert und dort bis zur Entlassung Tschuppiks am 8. November 1933 in Einzelhaft gehalten worden. „Seither ist er, wie ich in Erfahrung bringen konnte, nach Stadelheim gebracht worden, wo er ‚streng separiert' gehalten wird. Röhrbein hat ein furchtbares Martyrium hinter sich. Als er am 13. September in die Löwengrube kam, zeigte er deutlich die Spuren einer grausamen Inquisition; er kam damals geradewegs aus dem Dunkelarrest in Dachau. Er hatte ein zerschlagenes Gesicht und bewegte sich nur mit Mühe und mit Schmerzen. Die Internierung im Dachauer Dunkelarrest war die Strafe dafür gewesen, daß er aus dem Münchner Gefängnis – wo er schon vorher einmal gewesen – Briefe hinauszuschmuggeln versucht hatte, in denen er Hitler und seinen Freund, den S.A.-Obergruppenführer Ernst, in Berlin benachrichtigen wollte. Die Briefe wurden aufgefangen und Röhm übermittelt, der sofort die Überführung Röhrbeins nach Dachau verfügte. Im geheimen spielte dabei der Wunsch eine Rolle, Röhrbein würde die schreckliche Folter im Dunkelarrest nicht überstehen und Selbstmord verüben, wie es die meisten getan hatten. Röhrbein, ein starker, hünenhafter Mann, widerstand jedoch allen Qualen, und den unaufhörlichen Bemühungen seiner Berliner Freunde, insbesondere Ernst's gelang es endlich, ihn von Dachau wegzubringen."

Bis zu seiner Verhaftung, so Tschuppik, sei dieser Hauptmann Röhrbein „der oberste Chef der Rollkommandos" gewesen, „denen die Aufgabe zufiel, jene Menschen zu beseitigen, die von der politischen Polizei oder im direkten Auftrage von Göring zum Tod verurteilt worden sind. Hauptmann Röhrbein bestimmte die Rollkommandos und wies ihnen die Aufgaben zu."

Röhrbein bestätigte Tschuppik auf Nachfrage, daß er der Hauptmann Röhrbein sei, über den Röhm in seinem autobiographischen Buch „Geschichte eines Hochverräters" geschrieben hatte. „In diesem Kapitel ist Hauptmann Röhrbein als das Muster eines deutschen Offiziers und treuen Kameraden hingestellt, er ist einer der besten und unerschrockensten Kämpfer für Hitler genannt worden." Ohne die Energie Röhrbeins, zitierte Tschuppik das Urteils Röhms, wäre es der SA niemals gelungen, Berlin zu erobern.

Ausgerechnet das Kapitel über Röhrbein, stellte Tschuppik fest, sei in einer kürzlich (1933) erschienenen dritten Auflage des Röhm-Buches gestrichen worden.[21] Tschuppik kenne auch den Grund hierfür: „Röhrbein ist der Mann, der auf Befehl Goerings das gegen den deutschnationalen Abgeordneten Oberfohren ausgesprochene Femeurteil vollstrecken lassen mußte und der es auch durch ein ausgewähltes Rollkommando vollziehen ließ." Göring habe gelogen, als er am 4. November 1933 vor dem Reichsgericht erklärte, Oberfohren habe Selbstmord begangen, nachdem eine Haussuchung „die Klischees zu den anony-men Briefen gegen Hugenberg" zutage gefördert habe. „Der Wahrheit entspricht folgendes: Bei der Haussuchung in Oberfohrens Büro stieß man auf das berühmte Memorandum, beziehungsweise auf Konzepte zu diesem Memorandum." Unter Bezugnahme auf die Schilderung Röhrbeins berichtete Tschuppik, wie Oberfohren ermordet wurde: „Oberfohren war in Kiel. An dem Tage seiner Ermordung fand in Kiel eine große S.A.-Parade statt. Hitler war anwesend. Das Haus

Oberfohrens war umstellt. Man hatte ihm einen Revolver in die Hand gedrückt und ihm eine kurze Frist gegeben, ‚freiwillig aus dem Leben zu scheiden'. Oberfohren weigerte sich, während die S.A. an Hitler vorbeimarschierte."

Als weiteren Zeugen, der über die Ermordung Oberfohrens „genau Bescheid weiß", nannte Tschuppik den „Oberverwalter des Gefängnisses in der Löwengrube, Ostberg[22], ein bekannter S.S.-Führer, der sich der besten Beziehungen erfreut. Er hat in intimen Gesprächen mit gefangenen S.S.-Leuten von Rang wiederholt die ‚Erledigung eines Schurken wie Oberfohren' als ein Glanzstück gerühmt, ohne dass es ‚zur Katastrophe gekommen wäre', und dabei insbesondere die Verdienste des Hauptmannes Röhrbein hervorgehoben."

Nach seiner Entlassung aus dem Gefängnis habe Walter Tschuppik Anfang Dezember 1933 dem „Untersuchungsausschuß zur Aufklärung des Reichstagsbrandes" Mitteilung von diesem Geständnis Röhrbeins gemacht. Tschuppik will dabei „eine große Zahl von Zeugen angeführt" haben, „die Röhrbein im Gefängnis kennengelernt haben". Der Untersuchungsausschuß habe daraufhin an das Reichsgericht ein dringendes Telegramm gerichtet, „in welchem die sofortige Wiederaufnahme des Beweisverfahrens, die Einvernahme des Hauptmanns Röhrbein, der übrigen Privatgefangenen des Münchner Gefängnisses sowie meine konsularische Vernehmung gefordert wurde". Röhrbein wurde jedoch ebensowenig vor Gericht geladen wie Frau Oberfohren, die Sekretärin Oberfohrens und das Hausmädchen Johanna Pagel.

Daß es sich bei der Röhrbein-Geschichte nicht um eine sogenannte „Braunbuch-Lüge" handelt, wird durch eine Reihe von weiteren Zeugnissen belegt, die sämtlich aus nicht kommunistischer Quelle stammen.

Erwein von Aretin, seit Januar 1926 verantwortlich für den innenpolitischen Teil der „Münchner Neuesten Nachrichten" und 1933 von den Nazis im KZ Dachau inhaftiert, berichtete in seinen Memoiren:

„Unter den Mitgefangenen auf meinem Stockwerk war die interessanteste Gestalt ein preußischer Hauptmann Röhrbein, der bereits vier Wochen angekettet im Dunkelarrest in Dachau gesessen war und angeblich auf Veranlassung Görings interniert gehalten wurde. [...] Seinen Reden nach war er nicht nur beim Reichstagsbrand, sondern auch bei der Ermordung Oberfohrens, wie überhaupt bei der Aufstellung der nationalsozialistischen ‚Rollkommandos' führend beteiligt und – auch in der Ettstraße – so sehr Alkoholiker, daß man begriff, warum die Machthaber den Vielwissenden hinter Schloß und Riegel sperren ließen. [...]

Ich traf ihn im Januar wieder in Stadelheim, wo er von allen getrennt gehalten wurde. Als er von dort wieder nach Dachau sollte, schnitt er sich – wissend, was Dachau ist – die Pulsadern auf, wurde aber geheilt und nach der Heilung doch nach Dachau geschickt. Dort schloß am 30. Juni eine Kugel für immer den gefährlichen, mit allzuviel Untaten und wohl auch Schmutzereien vertrauten Mund."[23]

Röhrbeins Erzählungen erregten die Aufmerksamkeit der Lageraufsicht. Im Dezember 1933 wurde von Aretin in die Lagerkommandantur gerufen, wo ihn ein Kriminalsekretär zu Röhrbeins Erzählungen bezüglich seiner angeblichen Mitwirkung an der Ermordung Oberfohrens befragte.[24]

Der Bericht von Aretins über die Selbstbezichtigungen Röhrbeins wurde von weiteren Zeugen bestätigt. So konnte sich der ehemalige Polizeihauptwachtmeister Franz Berwein 1948 daran erinnern, daß Röhrbein im Sommer 1933 wochenlang im Arrest des Konzentrationslagers Dachau in Einzelhaft gehalten wurde, nachdem er sich zuvor in Stadelheim die Pulsadern aufgeschnitten hatte. Röhrbein habe behauptet, selbst einen SA-Trupp angeführt zu haben, der den Brand im Reichstag gelegt habe.[25]

Und der ehemalige Dachau-Häftling Klaus Hornung berichtete: „In den alten Bunkern befanden sich außer den zwei Kommunisten Stenzer und Futh immer noch die beiden Nazi-Bonzen Röhrbein und von Hahn. Röhrbein hatte einige Wochen in der Ettstraße gesessen und war bei Nacht nach Dachau verbracht worden. Der Nachrichtendienst zwischen Lager und Ettstraße – die Überstellten waren die Übermittler – hatte herausgebracht, daß Röhrbein mit der Umlegung Oberfohrens in Zusammenhang stand, jenes Abgeordneten Oberfohren, der über die Hintergründe des Reichstagsbrands Material besessen hatte."[26]

Ob Röhrbeins durch zahlreiche Zeugen belegten Selbstbezichtigungen der Wahrheit entsprechen, ob er tatsächlich der Mörder Oberfohrens war und welche Rolle er bei der Reichstagsbrandstiftung spielte, dürfte heute kaum noch eindeutig zu klären sein. Verdächtig ist immerhin, daß Röhrbein im KZ Dachau durch wochenlange Einzelhaft gezielt von seinen Mithäftlingen isoliert wurde und daß die Lagerkommandantur seiner Behauptung, an der Ermordung Oberfohrens beteiligt gewesen zu sein, besondere Aufmerksamkeit schenkte.

Zur Authentizität des „Oberfohren-Memorandums"

Aufgrund einer Reihe von Ungenauigkeiten und Spekulationen (wie etwa die falsche Bezichtigung des schlesischen SA-Führers und späteren Polizeipräsidenten von Breslau, Edmund Heines, als Führer der Brandstifterkolonne), die von den Autoren des Braunbuchs übernommen wurden, wurde das Oberfohren-Memorandum von verschiedener Seite als „kommunistische Fälschung" des Emigrantenkreises um Willi Münzenberg disqualifiziert.

Oberfohren selbst kommt als direkter Autor der Denkschrift sicher nicht in Frage. Das hatte der „Manchester Guardian" bereits im April 1933 festgestellt, der als Autor „jemanden" nannte, „der mit den deutschnationalen Kabinettsmitgliedern in Fühlung steht". Unter der Überschrift „Der Reichstagsbrand. Berühmtes Memorandum. Nationalistischer Führer der Autor"[27] berichtete das Blatt am 2. August 1933:

„Es ist nun möglich, die Tatsache aufzudecken, daß die nationalistische Denkschrift über den Reichstagsbrand (den Inhalt, den wir erstmals im ‚Manchester Guardian' vom 27. April enthüllt haben) auf Initiative von Dr. Oberfohren, dem Chef der deutsch-nationalen Reichstagsfraktion, verfaßt wurde. Als Dr. Oberfohren noch am Leben war, mußte seine Verbindung zur Denkschrift geheimgehalten werden, aber seit seinem Tod gibt es für eine Geheimhaltung keinen Grund mehr. Es war sein Wunsch, daß die Denkschrift veröffentlicht werden sollte, war er doch ein Mann von strengen Prinzipien, der die von der Hitler-Diktatur angewandten Methoden zutiefst mißbilligte. Er verurteilte den Reichstagsbrand und die Verwicklung der Nazi-Führer Göring und Goebbels (die in der Denkschrift genannt werden) als unverzeihliches Verbrechen und glaubte, daß dieses aufgedeckt werden sollte. Dr. Oberfohrens eigene Abschrift des Memorandums wurde später von einem Kommando der Braunhemden gefunden, die in sein Haus eindrangen. Nachdem seine Verantwortung für die Denkschrift allgemein feststand, ließen sie ihn wissen, daß er dafür die Konsequenzen zu tragen habe. Dann verließen sie sein Haus. Als sie zurückkamen, hatte er Selbstmord begangen."[28]

Im „Londoner Gegenprozeß" bezeugten führende Emigranten wie Rudolf Breitscheid und Prof. Georg Bernhard[29], daß der Inhalt des Memorandums den Standpunkt Oberfohrens und der ihn umgebenden deutsch-nationalen Kreise darstelle, wenngleich Oberfohren laut Bernhard aus stilistischen Gründen als Verfasser nicht in Betracht käme. Ein anderer – namentlich nicht genannter – Zeuge sagte aus, „daß das Dokument, obgleich nicht von Dr. Oberfohren geschrieben, unter dessen Anleitung vorbereitet wurde und daß dieser selbst zweimal in Anwesenheit des Zeugen Korrekturen am Entwurf vorgenommen hat".[30]

Es deutet demnach vieles darauf hin, daß der ehemalige deutsch-nationale Fraktionschef den eigentlichen Autoren der Denkschrift, vermutlich in der Tat Personen aus dem Umkreis Münzenbergs, als Informationsquelle diente. Beschuldigungen aus Deutschland, das Memorandum sei eine kommunistische Fälschung bzw. ein Produkt des polnischen Außenministeriums, trat der „Manchester Guardian Weekly" („from our special correspondent") in seiner Ausgabe vom 18. August 1933 entgegen, offenbar unter Verwendung des Berichtes eines Dritten: „Die Wahrheit ist, daß das ‚Oberfohren-Memorandum' weder kommunistischen noch polnischen Ursprungs war. Eine Abschrift davon gelangte von Dr. Oberfohren durch einen Mittelsmann (einen exponierten deutschen Politiker, der nichts mit den Kommunisten zu tun hatte) in die Hände Ihres [sic!] Korrespondenten, der damals in Berlin war."[31]

Über die Würdigung des Memorandums im Rahmen des Londoner Gegenprozesses im September 1933 berichtete der „Manchester Guardian" am 19. September 1933: „Die Geschichte des ‚Oberfohren-Memorandums' wurde heute nachmittag durch den Untersuchungsausschuß zum Reichstagsbrand enthüllt. Eine Eidesstattliche Versicherung des Sekretärs des Autors des Memorandums wurde verlesen. Der Autor ist ein deutscher Journalist. Sowohl sein Name als auch der seines Sekretärs sind dem Untersuchungsausschuß bekannt, können aber aus Furcht vor Verfolgung durch die Nazis nicht enthüllt werden. Wie er unter Eid aussagte, stand der Autor ständig in Kontakt mit Dr. Oberfohren, der ihn mehrmals aufsuchte (der Sekretär war bei verschiedenen Treffen zugegen) und ihm die Informationen lieferte, auf denen die Denkschrift basiert. Das Memorandum, das vom Sekretär auf Maschine geschrieben wurde, wurde von Dr. Oberfohren durchgesehen und korrigiert. Seine Authentizität ist dadurch nachgewiesen. Die Gewißheit von heute Nachmittag ist von fundamentaler Bedeutung, da das Memorandum (dessen Inhalt im April im ‚Manchester Guardian' enthüllt wurde) in ausführlichen Details beschreibt, wie der Reichstag von den Nazis in Brand gesetzt wurde; der Plan hierzu wurde von Dr. Goebbels, dem Nazi-Propagandaminister, ausgeheckt und von einem Braun-Hemden-Kommando unter der Führung des schlesischen Terroristen Heines ausgeführt[32], unter der Komplizenschaft von General Göring, des Nazi-Innenministers. [...] Es ist möglich, daß Dr. Oberfohrens Informationen in kleinen Details fehlerhaft sind (er selbst war ein Mann von gewissenhafter Sorgfalt), doch muß er die wesentlichen Fakten gekannt haben. Diese Fakten sind in der Denkschrift enthalten, die mit seinem Namen verbunden ist."[33]

Obwohl das Memorandum verschiedene Irrtümer und Ungenauigkeiten enthält, kann nicht davon die Rede sein, daß es sich bei dem Dokument insgesamt um ein „höchst plump zusammengefälschtes Elaborat"[34] handelte. Selbst die Existenz schwerwiegender inhaltlicher Fehler wäre noch kein zwingender Beweis für eine Fälschung, weil ja auch der Verfasser geirrt haben könnte.[35]

Das Geheime Staatspolizeiamt jedenfalls zweifelte nicht an der Authentizität des Memorandums. In einem Schreiben an den Vertreter des Oberreichsanwalts, Landgerichtsdirektor Dr. Parrisius, vom 20. September 1933 teilte das Gestapa diesbezüglich mit: „Im übrigen darf ich Ihnen mitteilen, daß mir inzwischen eine Abschrift der sogenannten Oberfohrenschen Denkschrift zugegangen ist, aus der hervorgeht, daß schon nach dem Wortlaut allein Oberfohren als Verfasser in Betracht kommen kann." Das vermutlich von Gestapa-Chef Diels verfaßte Schreiben trägt die maschinenschriftlichen Vermerke „Persönlich!", „Geheim!".[36]

Beim Leipziger Reichstagsbrandprozeß folgten die Richter der „Überzeugung" der NS-Zeugen Göring und Goebbels, daß Oberfohren das ihm zugeschriebene Memorandum nicht verfaßt habe, dieses also eine kommunistische Fälschung sein müsse.

TEIL 2 HANUSSEN UND DER REICHSTAGSBRAND

Erik Jan Hanussen, bürgerlich Hermann Steinschneider (geb. am 2. 6. 1889 in Ottakring bei Wien - 24. 3. 1933 ermordet in Berlin), war ein in den frühen 30er Jahren weltberühmter Illusionist und Hypnotiseur.[1] Trotz seiner jüdischen Abstammung unterhielt er intensive freundschaftliche Kontakte zu hohen Berliner SA-Führern wie Graf von Helldorf, Ernst Röhm, Karl Ernst, Achim von Arnim und Wilhelm Ohst, die er sich durch Geldspenden zu verpflichten suchte. Auch mit Göring und möglicherweise mit Hitler war Hanussen bekannt. Als geschickter und hochintelligenter Geschäftsmann mit vorgeblichen „hellseherischen" Fähigkeiten benutzte er seine NS-Kontakte als gute Quelle für trendige „Prophezeiungen" über die Zukunft der Welt und Hitlers Aufstieg, die er in seiner eigenen massenwirksamen „Hanussen-Zeitung"[2] publizierte. Hanussens Voraussagen, die bisher, wie alle derartigen Publikationen aus dem Dunstkreis der Pseudo-Wissenschaften, von Historikern völlig zu Unrecht kaum beachtet wurden, sind allerdings originäre Quellen, die unter anderem sehr wohl dazu beitragen können, die Pläne der Nazis zur „Machtergreifung" zu rekonstruieren. Man muß sie nur aufmerksam lesen!

Wurde der Reichstagsbrand von den Nationalsozialisten vorbereitet, so muß der Plan dazu zumindest einigen Personen vorher bekannt gewesen sein. Kann dies nachgewiesen werden, so ist allein schon dadurch die Legende einer Alleintäterschaft des Holländers van der Lubbe widerlegt. Dieser Nachweis kann im Fall des durch seine SA-Kontakte sehr gut informierten Hanussen geführt werden.

Hanussen und die Pläne der NSDAP

Hanussen kündigte bereits seit 1930 die Machtübernahme durch Hitler und die NSDAP an. Am 1. März 1930 äußerte er gegenüber einem Reporter der „Koblenzer Volkszeitung": „Deutschland wird einen Diktator aus radikal-sozialistischen Kreisen erhalten."[3] Ähnlich heißt es dann Ende 1931 in Flechtheims „Querschnitt": „Die Welt wird nicht bolschewistisch, im Gegenteil, sie wird faschistisch. Über Deutschland kommt eine sehr starke Faust, die kürzere Zeit eine außerordentlich fühlbare Diktatur ausüben wird. Es droht Auflösung des Parlamentes."[4] Am 8. August 1932 lautete die Schlagzeile der „Hanussen-Zeitung" (Nr. 28): „Hitler zum Äußersten bereit [...] Vor dem Verbot der K.P.D."; der Leitartikel prophezeite im Zusammenhang mit den Kommunisten „gewaltsame Eingriffe, diktatorische Gegenmaßnahmen und eiserne Zwangsvollstreckungen". Weiter wurde spekuliert, daß ein Verbot der KPD den Rechten eine 52% : 48% Mehrheit im Reichstag bringen würde. Am 24. August 1932 forderte Hanussen in der Schlagzeile seiner Zeitung (Nr. 29): „Regierung an Hitler!" In der Ausgabe vom 8. September 1932 (Nr. 30) wurde im Leitartikel von Hanussen-Mitarbeiter Dr. W. Baecker[5] die Frage „Parlament oder Diktatur?" gestellt. In dem Beitrag heißt es geheimnisvoll: „Von ihr [der NSDAP] geht der Sturz der Verfassung von Weimar aus. Die Zeit hierfür ist nahe, näher als man denkt, sie kommt überraschend und völlig unerwartet."

Das „Todes-Horoskop" des deutschen Reichstags

Kurz vor dem Reichstagsbrand wurden die Ankündigungen einer bevorstehenden Aktion in der „Hanussen-Zeitung" deutlicher. Am 8. Februar 1932 erschien in Nr. 40 ein „Horoskop der Hitler-Regierung" von Dr. W. Baecker, in dem es heißt: „Eine starke Gegnerschaft hat das Hitler-Kabinett von Kommunisten und Sozialisten aller Schattierungen zu erwarten. [...] Das Kabinett Hitler wird also mit schweren Widerständen gerade aus diesen Gruppen zu rechnen haben. Man wird im weiteren Verlauf der Zeit viel von geheimen Anfeindungen, von Komplotten und ähnlichen Dingen zu hören bekommen; Komplotte, die nicht immer ohne Erfolg sein werden, wenn auch letzten Endes die Regierung Hitler ihrer immer wieder Herr werden dürfte. [... und weiter,] daß die Opposition auch vor Anwendung von Gewalt nicht zurückschreckt. [... aber,] daß es dem Kabinett Hitler gelingt, auch einer evtl. offenen Revolte Herr zu werden. [...] Die ersten Gefahrenmomente für das Kabinett Hitler sind bereits in einigen Wochen zu erwarten und es wird härtester und konzentriertester Arbeit bedürfen, um dieser Herr zu werden. Dieser Moment der Gefahr taucht auf [...] in der zweiten Hälfte Februar [... was] zu weitgehenden Schlüssen Anlaß gibt, über die wir uns im Augenblick jedoch noch nicht auslassen können. [...] Vom 24. zum 26. Februar [...] das sind die Tage, in denen das Kabinett des Reichskanzlers Hitler die erste große Feuerprobe bestehen muß."[6]

Für Ende Februar wird also mit einer offenen Revolte kommunistischer Kreise gerechnet, die durch die Hitler-Regierung niedergeschlagen werden sollte, eine Feuerprobe des Hitler-Kabinetts, über deren nähere Einzelheiten man sich <u>noch</u> nicht äußern könne! Es kann also wohl davon ausgegangen werden, daß Hanussen und seine engsten Vertrauten bereits vor dem 8. Februar von der anstehenden Sensation informiert waren. Noch deutlicher wird dies durch eine „Sonderausgabe/Wahl- und Wehrnummer" der „Hanussen-Zeitung" (Nr. 42) vom 24. Februar 1933, die auf der Titelseite die Schlagzeile „Hitler-Majorität!" sowie eine „Prognose Erik Jan Hanussens" zum Ergebnis der Reichstagswahlen am 5. März 1933 brachte. Das Ende dieser Prognose war fett gedruckt: „**Nachsatz: Es wird eine schwere Arbeit sein, Provokationen auszuweichen, um nicht die Wahl überhaupt in letzter Minute zu gefährden. Mehr kann an dieser Stelle nicht angedeutet werden.**"

Die zweite Seite der Sondernummer präsentierte „Das Todeshoroskop des neuen Reichstages" mit den Untertiteln „Das Wohl Deutschlands verlangt seine Auflösung. Vertagung schicksalsmäßige Notwendigkeit", verfaßt von Hanussen und Baecker. Bei Hanussen hieß es unter anderem: „Fort mit dem Reichstag! Schluß mit dem Parlamentarismus! Freie Hand den Verteidigern des Vaterlandes! [...] Die Zeit der Debatten ist vorüber. Die Zeit des Parlamentierens ist vorbei. Das Geschick Deutschlands liegt heute in der Hand von Männern und nicht im Zufall parlamentarischer Strömungen. [...] Dr. Baeckers Horoskop zeigt deutlich den Bankrott dieses hoffentlich letzten Reichstages." Baeckers „Todeshoroskop" prophezeite bezüglich des Reichstags „Tod durch Unfälle oder andere Katastrophen". Weiter hieß es: „Für uns [...] ist es [...] irrelevant, ob und welche Mehrheit der Reichstag hat. [...] Der Wendepunkt ist gekommen. Das Schicksal schreitet wuchtig seinen Weg."

Hanussens Voraussagen bezüglich der Kommunistischen Partei – auf der Titelseite derselben Sondernummer vom 24. Februar 1933 – lauteten: „Die kleinste Zentrumsbewegung oder das Verbot der KPD – ich spreche hier mit einer starken Betonung von der in Nr. 28 der ‚Hanussen-Zeitung' vom 8. August gegebenen Prognose über das Majoritätsverhältnis bei Wegfall der K.P.D. – würden der nationalen Front eine ungeheure Majorität geben!" Die genannte Ausgabe vom 8. August 1932 erschien mit den rot gedruckten Überschriften: „Parlament ohne K.P.D.? Vor dem Verbot der K.P.D.?" Der Titelbeitrag verwies auf „außerordentlich große Gefahren [...], die sich in der nächsten Zeit bereits äußern dürften", weiter „gewaltsame Eingriffe, diktatorische Gegenmaßnahmen und eiserne Zwangsvollstreckungen". Dem stünden „schwerste Kämpfe und schwere Niederlagen" bevor. „Ein Verbot der K.P.D. würde das Kräfteverhältnis so verschieben, daß eine prozentuale Verteilung ganz genau auf der Basis 52 : 48 % eintreten würde. Das gibt zu denken. ‚Hitler aber ist zum äußersten entschlossen!'"

Weiter äußerte sich Hanussen am 24. Februar in seiner Zeitung (unmittelbar vor dem „Todeshoroskop") so: „Die KPD wird demnach mit einer Schwächung ihrer Position trotzdem zu rechnen haben, obwohl sie gerade durch die ungeheuren Anstrengungen, die sie am 5. März machen wird, mit einem durch Sowjetmittel subventionierten allerletzten Gewalt- und Verzweiflungsstoß vorgeht."

Es kann also keinem Zweifel unterliegen, daß am 24. Februar von Hanussen das Ende des Reichstags, eine angebliche größere politische Provokation durch die KPD sowie ein Verbot der KPD öffentlich angekündigt wurden.

Am Abend des 27. Februar 1933 wurde der Reichstag in Brand gesteckt. Am 28. Februar wurden sämtliche kommunistischen Abgeordneten, soweit sie nicht mittlerweile ins Ausland geflüchtet waren, verhaftet. Das Ergebnis der Wahlen vom 5. März 1933 lieferte der „Regierunmg der nationalen onzentration" (NSDAP, Deutschnationale und „Stahlhelm") auf Kosten der KPD eine knappe Mehrheit von 51,9 % der Stimmen – Hanussen hatte mit seiner Kalkulation Recht behalten.

Am 8. März 1933, wenige Tage nach dem Reichstagsbrand und nach den Wahlen, nahm „D-." (das ist Dzino, Hanussens Privatsekretär) in der „Hanussen-Zeitung" (Nr. 43) auf Hanussens Andeutung vom 24. Februar Bezug: „Ein interessanter Nachsatz der Hanussen-Prophezeiung, den wir in fetter Schrift brachten, war: **‚Es wird eine schwere Arbeit sein, Provokationen auszuweichen, um nicht die Wahl überhaupt in letzter Minute zu gefährden. Mehr kann an dieser Stelle nicht angedeutet werden.'** Wie recht Hanussen damit hatte, hat die Brandlegung im Reichstagsgebäude bewiesen, ein Akt der Sabotage, den Hanussen ahnte, den er aber, aus begreiflichen Gründen, natürlich nicht publizieren durfte. Hanussen hat jedoch, wie unter Beweis gestellt werden kann, maßgebenden Stellen von seiner inneren Unruhe diesbezügliche Kenntnis gegeben."

Hanussens Séance am Vorabend des Reichstagsbrandes

Hermann Hacker vom „12 Uhr Blatt" berichtete am 27. Februar 1933 über eine „Privat-Séance bei Hanussen" am 26. Februar 1933, auf der Hanussen den Reichstagsbrand voraussagte. Anwesend waren neben anderen Prominenten die Schauspielerin Maria Paudler sowie Graf Helldorf, der als einziger SA-Uniform trug. „In dieser Séance, die punkt zwölf Uhr begann, konnte man von Hanussen jede Frage beantwortet bekommen. Graf Helldorf überreichte ein Stückchen Papier, Hanussen wird ernst, nachdem er einen Blick darauf geworfen und – bewußt oder unbewußt – wird sein Arm in der römischen Schrägstellung steif, er prophezeit die Geschehnisse eines gewissen Datums, das auf dem Papierchen steht.

[An dieser Stelle fehlt offenbar ein Teil des originalen Berichts, der vermutlich aus politischen Erwägungen gestrichen werden mußte.]

Ob die Hörer, die zu seinen Füßen sitzen, Hanussen in ihren Herzen

Recht geben, steht nicht auf den Gesichtern geschrieben. Wieweit allerdings die Unsicherheit unseres Jahrhunderts der Super-Technik und der zerfallenden Wirtschaftsordnung im Hause des Hellsehers Menschen der extremsten Weltanschauungen zu vereinen vermag, das zeigte der Abend in der ‚astrologischen Wohnung'."

Was nun Helldorf konkret fragte, berichtete fragmentarisch Hanussens Sekretär Dzino in der „Hanussen-Zeitung" vom 8. März 1933: „Im Zusammenhange damit [mit dem Reichstagsbrand] dürfte übrigens unsere Leser auch interessieren, daß in einer Privatsitzung, welche wenige Tage vor der Wahl [vom 5. März] in der Wohnung unseres Herausgebers [Hanussen] stattfand, ebenfalls die Frage nach dem Ausgange der Wahl durch E. J. Hanussen beantwortet wurde. In Anwesenheit des völkischen Dichters Hanns Heinz Ewers, des Prinzen Louis Ferdinand von Preußen und des Prinzen von Reuss, der Frau Generalmusikdirektor Kleiber usw. usw. stellte SA-Gruppenführer Graf Helldorf an Hanussen die Frage nach dem Wahlresultat. Die Antwort des Hellsehers lautete: ‚Deutschland geht seiner Wiederaufrichtung mit Riesenschritten entgegen. Die Reichstagswahl bringt einen beispiellosen Triumph des völkischen Gedankens und die überwältigende Majorität des deutschen Volkes für Hitler und seine Regierung. Ich sehe wieder das deutsche Land an der Spitze der Kultur-Nationen, ich sehe wieder seine Felder blühen und in seinen Werkstätten arbeiten. Der 6. März bringt die endgültige Erlösung Deutschlands aus der Qual seiner vierzehnjährigen Knechtschaft. Mit Riesenschritten erfolgt die Gleichberechtigung des Deutschen Reiches in der Wehrfrage. Mit ungeheurer Kraft wird der Wille Adolf Hitlers und seiner Regierung Bresche um Bresche schlagen in die durch eine falsche Information vergiftete Meinung der Welt um uns. Ich sehe Hitlers Sieg und den Wiederaufstieg Deutschlands zur Sonne.' Hanussens Prophezeiung wurde von seinen Gästen mit begeisterten Kundgebungen für das völkische Deutschland beantwortet" – also offenbar mit „Heil Hitler!"-Rufen.

Dies sind die einzig bekannten sowohl zeitgenössischen als auch authentischen Schilderungen der ominösen Séance, die beide keinerlei Hinweise auf eine Prophezeiung des Reichstagsbrandes durch Hanussen enthalten. Man muß jedoch bedenken, daß in der damaligen dramatischen politischen Situation die Veröffentlichung derartiger Informationen nicht ungefährlich gewesen wäre.

Es liegen nun zwei weitere Berichte aus der Nachkriegszeit vor, die auf Aussagen der bei der Séance anwesenden Schauspielerin Maria Paudler und auf Informationen des „12 Uhr Blatts" beruhen. PEM (Paul Marcus), seinerzeit Journalist des „12 Uhr Blatts", gab 1951 in der „Münchner Illustrierten" die folgende Schilderung, die sicher teilweise ungenau ist: Es „fand die große Séance statt, die später anläßlich der Erörterungen über den Reichstagsbrand eine Rolle spielen sollte. Maria Paudler war die Rolle des Mediums zugeteilt. [...] Die blonde Schauspielerin begann zu prophezeien: ‚Ich sehe gesegnete Felder ... Deutschland wird glücklich ... das Volk jubelt seinem Führer zu ... noch hat er Gegner ... sie versuchen einen letzten Stoß ... aber jeder Widerstand ist nutzlos ...'. Sie brach ab, ihr Gesicht verzerrte sich. ‚Sind das Schüsse ...? Nein ... aber da ist Feuer ... Flammen ... Verbrecher am Werk ...'. Wie ohnmächtig sank Maria Paudler zusammen. Dzino, der getreue Sekretär, bemühte sich um die Schauspielerin. Hanussen aber beschwor die Anwesenden, nichts über diesen Teil der Séance zu veröffentlichen."[7]

Die letzte Bemerkung von Marcus erklärt den fehlenden Teil im Bericht des „12 Uhr Blatts". Daß sich die Séance tatsächlich ähnlich abgespielt hat, wie Marcus sie schildert, geht aus einer Darstellung von Maria Paudler selbst hervor, die 1978 in ihren Memoiren berichtete: „Plötzlich fragte er [Hanussen] mich mit beschwörender Stimme, ob ich rote Kreise sähe? Klar flirrte es einem vor den Augen, wenn man in einem erleuchteten Raum, der noch dazu plötzlich von geheimnisvoller Hand leicht verdunkelt wird, die Augen schließt ... dann diese merkwürdigen Tierkreiszeichen ringsherum in dieser mir völlig ungewohnten Umgebung ... auch merkte ich das Glas Sekt, das mir noch immer keine Ruhe ließ ... und ich sagte: ‚Ja!' Als er jedoch immer suggestiver weiter fragte, ob es auch Flammen sein könnten ... Flammen aus einem großen Haus ... fühlte ich mit untrüglichem Instinkt, daß diese Szene den üblichen Rahmen eines Gesellschaftsspieles zu sprengen begann, und ich zum Schauobjekt für diesen Herrn wurde. Dazu wollte ich mich keinesfalls hergeben! Und was tut eine Frau in einem solchen Moment? Sie fällt in Ohnmacht!"[8]

Immerhin steht damit fest, daß Hanussen bei der Séance von „Flammen aus einem großen Haus" sprach. Dies stimmt genau mit einer Angabe im „Braunbuch" (I) von 1933 überein, wonach Hanussen bei der Séance wörtlich gesagt habe: „Ich sehe ein großes Haus brennen."[9]

Eine weitere Schilderung des Abends gab 1955 Hans Kahan, der von Januar bis mindestens Oktober/November 1932 als Journalist für die „Hanussen-Zeitung" und als Assistent Hanussens arbeitete: „Anschließend fand im kleinen privaten Kreise eine wichtige ‚Séance' statt, von der die Gäste nichts wußten. Hanussen hatte durch Ernst erfahren, daß die Partei einen bestimmten Plan entworfen hatte, um die Macht unwiderruflich zu festigen. Hanussen wußte auch, worum es sich handelte. Graf Helldorf wollte eine Frage beantwortet haben, ohne zu ahnen, daß der ‚Meister‘ bereits über Privat-Informationen verfügte. An dieser Sitzung nahmen teil: Hanussen, Dzino, Graf Helldorf, [...] Ohst und als alter Freund, ich selbst. Hanussen hatte mich Helldorf vorgestellt und darauf bestanden, daß ich im Zimmer sein sollte. Die Gäste waren in der großen Wohnung verteilt, ohne auch nur zu ahnen, was sich in Hanussens Privatzimmer abspielte. Die Männer waren eben für einige Minuten abwesend. Helldorf übergab dem ‚Hellseher‘, nachdem er in ‚Trance‘ war, eine Frage, die in einem verschlossenen Kuvert verblieb, die wir anderen erst kennenlernten, nachdem wir bereits aus Hanussens Munde die Beantwortung gehört hatten. Die Frage hatte gelautet: ‚Wird unser großer Plan zur Machtbefestigung gelingen?‘ Hanussens Antwort: ‚Der große Plan zur Machtbefestigung der Partei wird völlig gelingen, und ich sehe den großen Wallot-Bau in hellen Flammen aufgehen.‘ [...] Hanussen bat Helldorf, dies in einem kurzen Protokoll schriftlich festzuhalten, was Helldorf erlaubte. Dzino holte eine Schreibmaschine, schrieb den Text der Antwort nieder, und das Dokument wurde von Dzino und [...] Ohst als Zeugen unterschrieben. Helldorf war [...] vorsichtiger und wollte seinen Namen damit nicht in Verbindung bringen."[10]

Der ehemalige Reichstagspräsident Paul Löbe (1875-1967) berichtete am 27. Februar 1963[11]: „Auch der weithin bekannte Hellseher Erik Hanussen wurde wegen seiner Kenntnisse um den Reichstagsbrand umgebracht. Einer meiner Bekannten, der Antifaschist Paul Letsch[12], erzählte uns, daß Hanussen auf Anfrage des SA-Führers Graf Helldorf den Brand einen Tag zuvor prophezeit hatte. Die Prophezeiung soll sogar protokolliert worden sein. Der Hellseher geriet daraufhin in Schwierigkeiten und versuchte zu ‚türmen‘. Der Mord an Hanussen wurde natürlich sofort mit seiner Prophezeiung in Zusammenhang gebracht. In Regierungskreisen hieß es, die Mörder seien von der Gestapo gewesen."[13]

Abschließend sei noch eine Äußerung von Curt Riess zitiert, der ebenfalls angab, bei der mysteriösen Séance zugegen gewesen zu sein. Riess schrieb, „daß das Geheimnis, der Reichstag würde brennen, ihm [Hanussen] von Helldorf anvertraut, von ihm preisgegeben wurde, um sich als Hellseher aufzuspielen. Bei dieser Sitzung war ich anwesend."[14] Auch Udo von Mohrenschildt, der Bruder des ermordeten Adjutanten von Karl Ernst, berichtete, daß Hanussen sein Wissen von Helldorf hatte.[15]

Die Vernehmung von Graf Helldorf beim Reichstagsbrandprozeß

Dem NS-Regime war jedenfalls schon allein die Hanussen-„Prophezeiung": „Ich sehe ein großes Haus brennen!" viel zu viel. Im Herbst 1933 durfte sie nicht mehr gefallen sein. Bereits vor Beginn des Reichstagsbrandprozesses, am 15. September 1933, hatte Rechtsanwalt Alfons Sack, der frühere Anwalt Hanussens, bei einer Besprechung mit dem schwedischen Juristen Georg Branting im Park Lane Hotel in London wahrheitswidrig geäußert, die „angebliche Wahrsagung Hanussens über den Reichstagsbrand" sei „niemals erfolgt".[16]

Am 20. Oktober wurde Graf Helldorf beim Reichstagsbrandprozeß vor dem Reichsgericht vernommen. Rechtsanwalt Alfons Sack stellte an den Zeugen die Frage, ob Hanussen in einer „Hellseher-Sitzung" (gemeint war der Abend des 26. Februar) gesagt habe: „Ich sehe ein großes Haus brennen". Nach den (offenbar teilweise „bearbeiteten") stenographischen Protokollen der Verhandlung antwortete Helldorf: „Die Frage kann ich mit Nein beantworten. [...] Das ist mir gegenüber nicht der Fall gewesen." Sack hatte allerdings bereits bei seiner Fragestellung geäußert, daß ihm von mehreren Personen, die an dem Abend teilnahmen, gesagt worden sei, Hanussen habe so etwas nicht geäußert.[17] Insofern war die Vorgabe für die Falschaussage klar zu erkennen. Als juristische Hintertür blieb für Helldorf die Möglichkeit offen, daß die Äußerung nicht Hanussen, sondern jemand anderes – zum Beispiel Maria Paudler – getan hatte. Danach wurde jedoch nicht gefragt. Die „Neue Zürcher Zeitung" meldete jedenfalls am 20. Oktober 1933 vom Prozeß, Helldorf habe weiterhin ausgesagt, „der Magier habe einmal nur ganz undeutlich und ohne auf Einzelheiten einzugehen von einem Feuerschein gesprochen". Diese Passage fehlt in den offiziellen Stenographischen Protokollen. Die Tonaufzeichnung von Helldorfs Aussage ist heute verschollen.[18]

Es spricht vieles dafür, daß Hanussen van der Lubbe vor dem Reichstagsbrand hypnotisiert hatte. Die Fakten dazu sind ausführlich im Abschnitt „Wurde van der Lubbe hypnotisiert?"(Kapitel 6, Teil 2) dargestellt. Nach der Angabe von Walter Korodi[19] wurde van der Lubbe Hanussen von Graf Helldorf zugeführt. Laut einer in den Reichstagsbrandakten überlieferten Zeugenaussage soll Hanussen selbst bereits 1932 nach einem möglichen Reichstagsbrandstifter Ausschau gehalten haben.[20]

Reaktionen auf den Reichstagsbrand

Über Hanussens Reaktion auf die erfolgte Reichstagsbrandstiftung gibt eine 1933 abgegebene Eidesstattliche Versicherung von Dr. Franz Höllering Auskunft: „In meiner Eigenschaft als Chefredakteur des ‚Berliner Zwölf Uhr Blatt' und des ‚Montag Morgen' in der Zeit des 1. Februar bis 4. März 1933 begegnete mir Erik Hanussen als Herausgeber seiner nationalsozialistischen Hellseherzeitung, die in derselben Setzerei gesetzt und gedruckt wurde wie die obengenannten Blätter. Ich lernte Hanussen persönlich nicht kennen, wurde mit ihm aber einmal telefonisch verbunden, als er den nicht anwesenden Geschäftsführer des Verlages und Redakteur Rolf Nürnberg sprechen wollte. Das war in der Nacht des 27. Februar, der Nacht des Reichstagsbrandes. In der Redaktion waren kaum die ersten Meldungen über den entdeckten Brand eingelaufen, als sich Hanussen am Telefon meldete. Er wollte von mir wissen, wie weit der Brand sei und ob man die Täter gefaßt habe. Ich antwortete, daß eine unkontrollierte Meldung über einen kommunistischen Trupp vorliege, der angeblich mit Fackeln den Reichstag angezündet habe. Gleichzeitig wies ich auf die Unglaubwürdigkeit dieser Meldung hin. Ich sagte ausdrücklich, daß den Kommunisten, insbesondere bei der gegebenen politischen Situation, eine solche selbstmörderische Wahnsinnstat nicht zuzutrauen sei. Darauf erwiderte Hanussen erregt, daß er ganz gegenteiliger Ansicht sei, daß er wisse, es handle sich um ein Komplott der Kommunisten, und daß ich schon die Folgen sehen werde. Dieser Anruf fand zwischen halb Zehn [21.30] und dreiviertel Zehn [21.45] Uhr statt. Ich teilte ihn meiner Redaktion mit, der die engen Beziehungen Hanussens zu Graf Helldorf, besonders durch dessen wiederholte Anrufe in der Setzerei, bekannt waren. Hanussen galt allgemein als über nationalsozialistische Vorhaben außerordentlich orientiert."[21]

Hanussens Ermordung

Am 20. März 1933 wurde Graf von Helldorf seines Postens als SA-Führer von Berlin-Brandenburg „enthoben".[22] Die Gründe dafür sind nicht bekannt. Es ist jedoch sehr wahrscheinlich, daß der Fall Hanussen dabei eine Rolle spielte. Nachfolger von Helldorfs wurde dessen Rivale in der Gunst Hitlers, Karl Ernst. Für den 1. April hatte Hanussen seine

Abreise zu einem Engagement nach Wien geplant. Am Abend des 24. März, 3 1/2 Wochen nach dem Reichstagsbrand, wurde Hanussens Ermordung vom frischgebackenen SA-Gruppenführer Karl Ernst befohlen. Ein SA-Spezialkommando, bestehend aus Ernsts Adjutanten, dem „Freund" Hanussens, Sturmbannführer Ohst, dem Sturmführer Steinle sowie dem Sturmführer Egger, im März 1933 Hitlers Ordonnanz im „Begleitstab des Führers", verhaftete Hanussen und ermordete ihn durch drei Schüsse in der folgenden Nacht in der Kaserne von Görings „Feldpolizei"[23] in der General-Pape-Straße.[24] Hanussens Leiche wurde in den Staakower Forst zwischen Neuhof und Baruth gebracht. Sie wurde dort erst am 7. April gefunden und schnell identifiziert. Durch einen Erlaß des Justizministeriums vom 15. Mai 1933 wurde die Oberstaatsanwaltschaft beim Berliner Landgericht II angewiesen, die Ermittlungen in der „Leichensache Steinschneider" einzustellen, weil eine Täterschaft nicht festzustellen sein werde, was am 1. Juni 1933 dann weisungsgemäß geschah. Die polizeilichen Ermittlungsakten in dieser Sache sind bis heute verschollen.

Zeitzeugen stimmen darin überein, daß Hanussen letztlich sein Wissen um die Reichstagsbrandstiftung zum Verhängnis wurde.[25]

Das Manuskript des Izmet Aga Dzino

Hanussens Sekretär Izmet Aga Dzino floh sofort nach dem Verschwinden Hanussens nach Österreich. Zweifelsfrei steht fest, daß Dzino als Privatsekretär Hanussens in dessen intimste Geheimnisse eingeweiht war. Daß dies insbesondere für das Vorauswissen um die geplante Reichstagsbrandstiftung galt, wurde bereits dargelegt.

Ab dem 26. Juni 1933 begann in der Wiener Wochenzeitung „Der Morgen"[26] unter dem Titel „Hanussen. Der Magier von Berlin" (Untertitel der ersten drei Fortsetzungen: „Sein geheimnisvolles Leben und Sterben") der Vorabdruck eines Berichtes von Dzino („das demnächst erscheinende Werk") über das Leben Hanussens.[27] Dzino schrieb unter dem Pseudonym Jack Cameron. Nach zehn Fortsetzungen lüftete „Der Morgen" am 11. September 1933 überraschend das Pseudonym des Autors: „I. A. Dzino (Jack Cameron)". Unmittelbar nach dem Beginn des Reichstagsbrandprozesses am 21. September 1933 wurde die Serie plötzlich unterbrochen. Da die Verhandlungen bereits nach einer Woche von Leipzig nach Berlin verlegt wurden, kam es vom 29. September bis zum

10. Oktober 1933 zu einer längeren Verhandlungspause. Während dieser Zeit, am 2. und 9. Oktober, erschienen zwei weitere Fortsetzungen. Danach brach der Abdruck von Dzinos Bericht unvermittelt und ohne Begründung endgültig ab – trotz der Ankündigung der Zeitung am 9. Oktober 1933: „Fortsetzung folgt". Für den 20. Oktober stand die Vernehmung des Grafen von Helldorf (auch zum Thema Hanussen) bevor. Der Abdruck von Dzinos Bericht war gerade bei den Ereignissen Anfang des Jahres 1933 angelangt und hatte sich damit – zur Zeit des laufenden Reichstagsbrandprozesses – dem Thema „Reichstagsbrandstiftung" bedrohlich genähert. Hans–Peter Seelhorst berichtete[28], daß nach Angaben seiner Tante Elisabeth Heine, der letzten Geschäftspartnerin Hanussens, der Abdruck von Dzinos Bericht nach direkter Intervention des deutschen Auswärtigen Amtes in Österreich eingestellt werden mußte.[29] Frau Heine habe dies von Hanussens damaligem Geschäftsführer und Kraftfahrer, dem SS-Sturmführer Cord von Einem, erfahren. Es ist wohl überflüssig zu erwähnen, daß das angekündigte Buch Dzinos über Hanussen nach der Einstellung des Vorabdrucks nicht mehr erschien.[30]

Eine mögliche Erklärung hierfür lieferte Geza von Cziffra, der in einem 1978 erschienenen Roman „Hanussen. Hellseher des Teufels. Die Wahrheit über den Reichstagsbrand" berichtete, er habe 1937 in Wien das Manuskript Dzinos einsehen können, in dem die Hintergründe der Reichstagsbrandstiftung geschildert waren.[31] Von Cziffra habe seinerzeit eine 28 Seiten lange Zusammenfassung angefertigt, die Namen, Daten und genaue Details der Ereignisse enthielt und Grundlage für sein Buch wurde.[32] In seinem Roman wird die Reichstagsbrandstiftung wie folgt dargestellt:

Hanussen sei in Schwierigkeiten geraten, als in Berlin seine jüdische Abstammung bekannt wurde. Für die mit ihm befreundeten SA-Führer Helldorf und Ernst sei er nun zum Problem geworden. Zur Abwendung der drohenden Gefahren habe Hanussen den Plan gefaßt, den Nazis einen großen Dienst zu erweisen, um sich diese zu verpflichten.[33] Er habe gegenüber Karl Ernst vorgeschlagen, ein SA-Stoßtrupp solle das Reichstagsgebäude anzünden („Unternehmen Nero"). Die Tat könne man den Kommunisten in die Schuhe schieben und habe damit den gewünschten Anlaß, um gegen diese vorzugehen.[34] Ernst habe es aber als zu gefährlich abgelehnt, einen SA-Stoßtrupp mit der Brandstiftung zu betrauen. (Diese Behauptung dürfte eine Konzession an Tobias sein und wurde auch in der weiteren Darstellung Cziffras relativiert.) Hanussen habe darauf angeboten, einen potentiellen Täter zu suchen und diesen zu hypnotisieren, um die Brandstiftung zu begehen.[35] Durch einen Angestellten habe Hanussen eine geeignete Person finden können. Am Abend des 19. Februar 1933 sei es in einem Hinterhaus in der Ackerstraße zu einem einmaligen Zusammentreffen zwischen van der Lubbe, Hanussen und Dzino gekommen. Hanussen und Dzino hätten sich als Kommunisten vorgestellt.[36] Hanussen habe zu van der Lubbe gesagt: "Wir wollen, daß Sie uns helfen, die Arbeiter aufzurütteln. Sie müssen endlich ihren Hitler-Schock überwinden. [...] Wir brauchen jemand, den man hier nicht kennt. Jemand, der den Mut und die Kraft hat, ein Fanal zu entfachen. Ein Fanal, dem ein Generalstreik folgen könnte. [...] Wir wollen das Reichstagsgebäude in Brand setzen." Er habe weiter erklärt, der Anschlag müsse dem Plenarsaal gelten, wo Hermann Göring als Ministerpräsident zwischen den anderen Nazigrößen residiere. Und: „Am 27. beginnen die Marxisten mit den feierlichen Veranstaltungen, bei denen an die fünfzigjährige Wiederkehr des Todestages von Karl Marx am 14. März 1883 erinnert werden soll. Erhabener kann man einen Todestag nicht feiern als mit lodernden Flammen, Sie werden berühmt werden, van der Lubbe, wenn Sie diese Tat vollbringen. Nationen werden Ihnen dankbar sein. Auch Ihre Heimat, Holland."[37] Danach habe Hanussen, vorgeblich Arzt, van der Lubbe hypnotisiert.[38]

Am 27. Februar sei van der Lubbe aber nicht zum Treffen erschienen. Als Hanussen davon erfuhr, habe er erfolglos versucht, Karl Ernst telefonisch zu erreichen.

Am 28. Februar, um sieben Uhr früh habe Karl Ernst bei Dzino angerufen: „Gratulieren Sie Erik [Jan Hanussen]. [...] Ich war dabei, es war eine erstklassige Arbeit. Und vorläufig schweigt der Kerl. [...] Es ist fraglich, ob er auch weiterhin den Mund halten wird, wenn die Verhöre erst richtig losgehen. [...] Jedenfalls ist es besser, wenn wir uns jetzt eine Weile nicht sehen. Sagen Sie das Erik".[39] Hanussen habe noch gegrübelt: „Warum ist van der Lubbe nicht zur Verabredung gekommen? Warum ist er doch in den Reichstag eingestiegen? Wie konnte er allein, mit den lächerlichen Kohlenanzündern, einen derartigen Brand entfachen? War die SA doch dabei? Hat Ernst van der Lubbe irgendwie aufgestöbert und dann Hanussen ausgeschaltet?"[40] (Mit dieser Formulierung stellte Cziffra allerdings seine vorherigen vorsichtigen Konzessionen an die Alleintäter-Legende von Tobias wieder in Frage.)

Soweit die Schilderungen Geza von Cziffras, die zwar in ihrer romanhaften Form nicht als authentisch gelten können, sehr wahrscheinlich aber Informationen aus dem verschollenen Teil von Dzinos Manuskript wiedergeben.

Dzino starb mit seiner Familie am 22. September 1937 in Wien. Der Londoner „Daily Express" vom gleichen Tag sowie die Wiener „Illustrierte Kronen-Zeitung" vom 23. September 1937 berichteten von einer Familientragödie: Dzino habe seine Frau, die gebürtige Engländerin Grace Cameron (Kopf- und Brustschuß), seinen vierjährigen Sohn Ismet Rudolf (Kopf- und Bauchschuß) und darauf sich selbst (Kopfschuß) mit einer Armeepistole umgebracht.[41] Die Umstände waren mysteriös. Cziffra äußerte 1984 dazu: „Er [Dzino] hat angeblich Selbstmord begangen. Aber damals hat man mir in Wien schon gesagt, daß da waren drei, vier Leute aus Deutschland mit langen Ledermänteln. Der wurde umgebracht, davon bin ich überzeugt heute, wegen dieses Manuskriptes."[42]

Teil 3 Der Fall Georg Bell

Am 3. April 1933 wurde der Agent und frühere Vertrauensmann von SA-Chef Ernst Röhm, Dr. Georg Bell, von einer SS-Spezialeinheit in Österreich ermordet.

Bells Ermordung spielte bereits im Braunbuch I eine wichtige Rolle. Dessen Autoren beriefen sich auf die Schilderungen eines angeblichen Freundes von Bell, des Journalisten „W. S.".[1] Bell war laut dem Braunbuch „nicht nur der außenpolitische Berater Röhms gewesen, er war auch sein Vertrauter in Liebesdingen. [...] Bell führte eine genaue Liste über alle Jünglinge, die er Röhm zugetrieben hatte. Bell sah voraus, dass es zwischen ihm und den nationalsozialistischen Führern über kurz oder lang zu Differenzen kommen würde [...]. Er besaß Feinde, die vor nichts zurückschreckten. Durch diese Liste wollte Bell Röhm für immer gefügig machen. Diese Liste sollte eine Waffe sein, mit der er Röhm immer bedrohen konnte."[2] Auf der genannten Liste sollen nach Angaben des „W. S." ungefähr 30 Namen verzeichnet gewesen sein, darunter habe sich auch der Vorname „Rinus" befunden, sowie dahinter ein holländischer Name beginnend mit „van der".[3] Bereits im Mai 1931 habe Bell auf einer Autofahrt in der Nähe von Berlin „die Bekanntschaft eines jungen holländischen Arbeiters gemacht, der ihm sehr gut gefiel" und der „Renus oder Rinus" hieß.[4]

Während seiner Vernehmung beim Londoner Gegenprozeß sagte

„W. S." am 16. September 1933 (recht unglaubwürdig) aus, er habe die angebliche „Liebesliste" im Februar 1932 kurz gesehen: „Ziemlich am Ende der Liste, da stand deutlich der Name Marinus van der ..., und nun konnte ich nicht genau lesen, ob L-uebbe oder Stuebbe oder sonst etwas derart, aber deutlich -uebbe. Darunter stand Holland. Aber da mir der Name Marinus sehr ungewöhnlich vorkam und ich ihn nicht kannte, dachte ich zuerst, es sei vielleicht ein Pseudonym, ein Name aus der Flotte oder sowas. Aber Bell sagte mir, das sei ein richtiger Name. [...] Als ich am Morgen nach dem Reichstagsbrand die Zeitung aufmachte, erinnerte ich mich an den Namen".[5] „Die Liste", so das Braunbuch weiter, „existiert heute nicht mehr. Als Bell vor der drohenden Ermordung im April 1933 nach Kufstein in Oesterreich flüchtete, wurde er dort von einer SA-Bande überfallen und getötet. Dabei wurden sämtliche kompromittierenden Dokumente geraubt, die Bell besessen hat, und die er gegen die Nationalsozialistische Partei ausnutzen wollte. Unter anderem auch die Liste."[6]

Offensichtlich sind die Autoren des Braunbuchs – für das Kapitel über van der Lubbe war Otto Katz alias André Simone verantwortlich – hier den phantastischen Erfindungen eines zwielichtigen Zeugen auf den Leim gegangen. Van der Lubbes mögliche Homosexualität erschien Katz als ideales Bindeglied, um Lubbes vermutete Verbindungen zur SA nachzuweisen. Die unglückliche Idee, van der Lubbe als Lustknaben Röhms vorzuführen, erwies sich in der Folge allerdings als Bumerang und hat der Glaubwürdigkeit des Braunbuchs nachhaltigen Schaden zugefügt. Möglicherweise stand Bells Ermordung aber in einem viel weiterreichenden Zusammenhang zum Reichstagsbrand, als die Braunbuch-Autoren wußten. Bell, Agent mit Leib und Seele, arbeitete zunächst für den SA-Stabschef Röhm und die NSDAP, später gegen sie. Er war in den Skandal um die gefälschten Tscherwonzen (eine ehemalige russische Währungseinheit) verwickelt. Mittels der Überschwemmung des sowjetischen Marktes mit Falschgeld – so der Plan – sollte das politische System der Sowjetunion unterminiert und der „Bolschewismus" gestürzt werden. Im Berliner „Tscherwonzenfälscher-Prozeß", in dem ihn der NS-Staranwalt Dr. Alfons Sack verteidigte, wurde Bell im Januar/Februar 1930 allerdings freigesprochen. „Doch auch nach dem Freispruch bleibt Bell bei seinen Gegnern, die ihn in anonymen Veröffentlichungen nicht nur als ‚Aufschneider', ‚Erpresser' und ‚Waffenschieber', sondern auch als einen ‚der größten und hinterlistigsten Spitzel, Spione und Provokateure' verunglimpfen, mit einem Makel behaftet."[7] Den Linken galt der zwielichtige Hasardeur als Anhänger der Marinebrigade Erhardt und Feind der Kommunisten und wurde deshalb von ihnen bekämpft. Vom 21. April 1931 bis 19. April 1932 war Bell nachrichtendienstlich für SA-Stabschef Röhm tätig.[7a]

Eine maßgebliche Rolle spielte Bell ferner in dem vom Braunen Haus (dem Fememörder Oberleutnant Paul Schulz und dem Reichsschatzmeister der NSDAP, Stadtrat Schwarz) gegen die sozialdemokratische „Münchner Post" angestrengten Beleidigungsprozeß im Oktober 1932.

Mitte Februar 1932 hatte die „Münchener Post" vertrauliche Informationen veröffentlicht, aus denen hervorging, daß in der NSDAP eine Sonderabteilung („Zelle G") bestand, welche die Aufgabe hatte, mißliebige Personen aus dem Weg zu schaffen.[8] Wie sich im Prozeß herausstellte, hatte der Reichsbannerführer Major a. D. Mayer von dem Bestehen dieser Zelle im Braunen Haus erfahren und wandte sich um Auskunft an Bell, worauf Bell eine Zusammenkunft zwischen Mayer und Röhm vermittelte. Auch die sogenannten „Röhm-Briefe" (in denen Röhm seine Homosexualität bekannte) kamen in dem Verfahren zur Sprache, und die Öffentlichkeit erfuhr, daß Bell „auch den Vorsitzenden der sozialdemokratischen Reichstagsfraktion Wels seinerzeit aufgesucht und ihn ‚um Fürsprache im Sinne der gegen Röhm erhobenen Beschuldigungen hinsichtlich § 175' [Verbot homosexueller Betätigungen] gebeten habe."[9]

1932 soll Bell dem Chef des Ausbildungsstabes und Inspekteur der SA-Schulen, SA-Gruppenführer Franz Ritter von Hörauf, eine Denkschrift über seine Tätigkeit bei Röhm übergeben haben. Darin habe Bell seine Aufgaben für den Obersten Chef der SA mit folgenden Sätzen beschrieben:

„Meine Aufgaben erstreckten sich auf Grund des Röhmschen Planes, die SA so vollkommen auszubauen, daß sie unabhängig von der Partei existieren könne und praktisch die Partei darstelle, um [die] Politiker, die Röhm nur als Demagogen bezeichnete, auszuschalten."[10] Im wesentlichen ging es darum, einen Nachrichtendienst der SA im In- und Ausland sowie eine Presse- und Propagandastelle der SA aufzubauen und Röhm als dem kommenden politischen Faktor in Deutschland Geld aus dem Ausland zu verschaffen. Im Auftrag Röhms fädelte Bell unter anderem ein Bündnis des SA-Chefs mit dem Chef der „Royal-Dutch/Shell-Gruppe", Sir Henry Deterding, ein.[11] Die Verstaatlichung aller Shell-Förderanlagen im Kaukasus durch die Kommunisten hatte den englisch-holländischen Erdölmagnaten zu einem erbitterterten

Feind der Sowjetunion und der Kommunisten gemacht. „Das Ergebnis der Besprechungen", berichtet Erich Fürst von Waldburg-Zeil, Finanzier der antinazistischen Zeitung „Der gerade Weg", der das von Bell sichergestellte Original des Vertrages eingesehen haben will, „war ein Übereinkommen, das die Finanzierung der SA durch Deterding gewährleistete. Dafür versprach die Partei nach Machtergreifung Vorteile auf dem Gebiete des Absatzes von Erdölprodukten in Deutschland auf Kosten der bis dahin stark gepflegten gleichen russischen Interessen."[12]

Nach den Recherchen von Richardi/Schumann soll Bell darüber hinaus in die Pläne eines SA-Verschwörerkreises zur Ermordung Hitlers eingeweiht gewesen sein.[13] Die Attentatspläne waren dem „Braunen Haus" offenbar nicht verborgen geblieben, was zur Folge hatte, daß man Bell, Röhm, dessen Adjutanten SA-Oberführer Dr. Karl Léon Graf Du Moulin-Eckart sowie den SA-Sturmbannführer Julius Uhl, der angeblich bereits per Los zum zukünftigen Mörder Hitlers bestimmt worden war[14], nach dem Leben trachtete. Von Plänen zur ihrer Beseitigung wurden Bell und Röhm angeblich im Frühjahr 1932 von Du Moulin-Eckart gewarnt. Gegen seine Einwände vereidigt, hatte Bell bereits im Prozeß gegen die „Münchener Post" im Oktober 1932 ausgesagt, Röhm habe ihm bei einer Zusammenkunft eröffnet: „Wissen Sie schon das Neueste? Man will uns umbringen, Sie, de Moulin-Eckhard [!] und mich."[15]

Die NS-Führer, insbesondere Röhm, sollen durch Bells Aussagen im Prozeß gegen die „Münchner Post" sehr beunruhigt gewesen sein. „Man fürchtete, daß Bell eines Tages ‚auspacken' würde. Das war für das Braune Haus gefährlich."[16]

Am 8. Oktober 1932 erklärte Bell seinen Austritt aus der NSDAP. Er begründete dies folgendermaßen: „Röhm trennte sich erst von mir als ich 1.) ihn darauf aufmerksam machen mußte, daß ich nicht ebenfalls homosexuell bin, 2.) seinen intimen Freund Graf Du Moulin-Eckart (der selbst für Herrn Hitler Tabu ist) einer vernichtenden Kritik als ‚Chef des Nachrichtendienstes' unterzog, 3.) mich weigerte, dem S.A.-Stabschef Röhm den Kopf des Parteigenossen Schulz vor die pp. Füße zu legen. Diese Details und weitere Einzelheiten werde ich Ihnen im kommenden Prozesse noch unter Eid mit Dokumenten und Zeugen besonders belegen."[17]

Nun bot sich Bell dem konvertierten Katholiken und Herausgeber der Zeitschrift „Der gerade Weg", Dr. Fritz Michael Gerlich (langjähriger Chefredakteur der „Münchner Neuesten Nachrichten"), als Informant über die Hitler-Partei an. Mit seinem Wissen über die Geheimnisse der NS-Bewegung wurde Bell für die NSDAP zu einer großen Gefahr. Bereits 1932 soll Bell seinem Freund Paul Konrad ein Paket mit Unterlagen und Tagebüchern zur Verwahrung übergeben haben. Konrad sollte diese aber nicht bei sich in der Wohnung aufbewahren, „sondern bei einem unverdächtigen Bekannten, da bei mir infolge meiner Beziehungen zu Bell eine Haussuchung stattfinden könne. Ich sollte aber diese Unterlagen sofort verbrennen, wenn die Lage gefährlich werde."[18] Daneben soll Bell überall „kleine und größere Depots seiner Unterlagen, Beweismittel und Dokumente" angelegt haben.[19] Nach der Erinnerung von Major a. D. Josef Hell, seinerzeit Schriftleiter des „Geraden Weg", sei Bell noch am Tag des Reichstagsbrandes nach Berlin geeilt.[20] Kurz nach dem Reichstagsbrand soll in der „Neuen Zürcher Zeitung" eine Notiz erschienen sein, nach der Bell den damaligen Berliner Korrespondenten des „Manchester Guardian"[21] schon vor Ausbruch des Brandes aufgefordert habe, „wenn er den Reichstag brennen sehen wolle, so solle er zu der und der Stunde sich vor dem Reichstagsgebäude einfinden".[22] Unmittelbar nach dem Reichstagsbrand habe Gerlich Bell erneut nach Berlin entsandt, und dieser „kam zurück mit Informationen, die unzweideutig die Schuld der Nationalsozialisten erkennen ließen".[23] „Bereits wenige Minuten nach der aufgedeckten Brandstiftung, bevor noch die Feuerwehr an der Brandstätte eintraf", habe Bell einem englischen Journalisten und einem deutschnationalen Politiker „Einzelheiten über den Brand bekannt" gemacht.[24]

In der Folge versorgte Bell Dr. Gerlich weiter mit Informationen über die NS-Bewegung, die dieser in seiner Zeitschrift veröffentlichte. Am 9. März 1933 – dem Tag des Sturzes von Ministerpräsident Held durch SA und SS und der Machtübernahme von General Epp in Bayern – erhielten Mitarbeiter der Zeitschrift die telefonische Warnung, daß die Redaktion „im Laufe des Abends durch die SA gestürmt" werden sollte. Auf Bitte Gerlichs wurde die aktuelle Ausgabe dennoch fertiggestellt. Gegen 18 Uhr trafen Gerlich und Bell in der Redaktion des „Geraden Weg" in der Münchener Hofstatt Nr. 5 ein. Nachdem er die Druckfahnen der für den 12. März geplanten Ausgabe durchgesehen hatte, konzentrierte Gerlich sich auf seinen Leitartikel. Gegen 19.15 Uhr wurden die Verlagsräume von der SA gestürmt. Während sich Bell noch vor dem Eintreffen der SA in Sicherheit bringen konnte, geriet Gerlich mit seinen Mitarbeitern Major Hell, Dr. Ludwig Weitmann, Johannes Steiner, Jochner, Baron Malinckrodt, Fischer, Fräulein Mohr und Fräulein Breit in die Hände der SA. Laut Erwein von Aretin gelang es jedoch Gerlichs Sekretärin, Fräulein Breit, und seinem Neffen, Dr. Weitmann, Gerlichs Leitartikel, der noch in der Schreibmaschine steckte, sowie die herumliegenden Notizen Bells und Abschriften von NS-Papieren, die Gerlich als Grundlage für seinen Artikel dienen sollten, sicherzustellen und heimlich zu vernichten.[25] (Laut Richard Wolff seien den Nationalsozialisten allerdings einige Abschriften der Bellschen Papiere in die Hände gefallen.)

Nach den Angaben Erwein von Aretins umfaßten die vernichteten Unterlagen folgende Dokumente: 1. einen Vertrag der NSDAP, vertreten durch den Stabschef Röhm, mit dem englisch-holländischen Ölmagnaten Deterding über die Finanzierung der SA in den Jahren vor der Machtergreifung gegen die Zusicherung der Bevorzugung seiner Ölinteressen nach der „Machtergreifung", 2. die Nennung der Kronzeugen dafür, daß Hitler seine Nichte Geli ermordet habe, 3. die NS-Pläne zur Diffamierung der Römisch-Katholischen Kirche sowie 4. die Unterlagen über die Hintergründe des Reichstagsbrandes und schließlich 5. Röhms Pläne zur Beseitigung Hitlers nach der Machtergreifung.[26]

Die Originale von Bells Dokumenten habe der Regierende Fürst von Waldburg-Zeil zusammen mit Gerlich, Dr. Weitmann und Bell bereits am 7. März 1933 zum Staatspräsidenten Eugen Bolz[27] nach Stuttgart gebracht. Bolz soll sich jedoch dem Vorschlag des Fürsten, Hindenburg anhand dieser Informationen auf Kurs gegen Hitler zu bringen, verweigert haben. Der Fürst habe sich daraufhin schnellstens der gefährlichen Dokumente entledigen wollen. Durch seinen Bruder, den Grafen Konstantin von Waldburg-Zeil, habe er sie ungefähr am 10. März 1933 in die Schweiz bringen lassen, um sie der „Neuen Zürcher Zeitung" zur Verfügung zu stellen. Das berichtete Richard Wolff unter Berufung auf ein Gespräch mit dem Grafen Konstantin von Waldburg-Zeil vom 13. Juli 1955: „Der Fürst wollte, um Gerlich zu retten, versuchen, der weltbekannten Zeitung die Informationen anzubieten. Sie sollte einen warnenden Artikel erscheinen lassen, um den Nationalsozialisten vor Augen zu führen, daß die Zeitung im Besitz hochwichtiger Dokumente sei, die der Partei und der Regierung außerordentlich schaden könnten. Die Zeitung ließ jedoch einen solchen Artikel nicht erscheinen. Der Fürst Waldburg-Zeil, der am nächsten Tag ebenfalls nach Zürich kam, nahm die Papiere dann wieder mit. Sie sind heute verschollen."[28]

Von der SA brutal mißhandelt, wurde Gerlich nach seiner Festnahme zur Polizeidirektion München gebracht und in Schutzhaft genommen.

Gleichzeitig begann die Jagd auf Bell. Auf Rat des Fürsten von Wald-burg-Zeil floh dieser über die österreichische Grenze nach Kufstein, Innsbruck und Salzburg. Zunächst vermuteten Bells Verfolger ihn im Haus seiner Verlobten Hilde Huber in Krottenmühl am Siemsee (Ober-bayern). Zweimal wurde das gesamte Anwesen auf den Kopf gestellt, wobei die Verfolger insbesondere nach einem Paket mit Schriftstücken suchten, das Bell seinem Freund Konrad übergeben hatte.[29] Am 3. April wurde Bell zusammen mit Major Hell, der am 20. März in Wörgl zu ihm gestoßen war, im „Gasthaus Blatt" in Durchholzen (Gemeinde Walchsee/Tirol) von einem Kommando unter Führung des Röhm-Ad-jutanten Graf Spreti aufgespürt (weitere Mitglieder des Mordkomman-dos: der Münchner Polizeibeamte und SS-Sturmführer Erich Sparmann, die SS-Männer Ludwig Kuchler und Richard Frank, ein Münchner Po-lizeibeamter mit dem Spitznamen „Käseleibchen" sowie der SA-Sturm-bannführer Julius Uhl). Während Bell von 5 Kugeln tödlich getroffen wurde, überlebte Major Hell mit einer Schußverletzung am rechten Oberschenkel. Mörder Bells war nach übereinstimmenden Aussagen der anderen Tatbeteiligten SA-Führer Julius Uhl.[30]

In der Folge soll selbst Göring, wie Rudolf Diels in seinen Memoiren berichtete, am Fall Bell erhebliches Interesse gezeigt haben. Das habe Diels veranlaßt, den Kriminalrat Reinhold Heller aus Berlin zu einer Untersuchung nach Bayern in Marsch zu setzen, wo er jedoch von Himmler und Röhm zurückgepfiffen worden sei.[31]

Der sogenannte „Kuchler-Prozeß" gegen die Mörder Bells brachte 1948 neben den obengenannten Details noch eine weitere interessante Information zu Tage. Laut Aussage des Bell-Freundes Paul Konrad soll sich Bell in den letzten Wochen seines Lebens an der voralbergisch-schweizerischen Grenze auch mit Willi Münzenberg getroffen haben.[32]

In den fünfziger Jahren sprach der Reichstagsbrandforscher Dr. Ri-chard Wolff persönlich mit den wichtigsten Zeugen: Major Hell, Dr. med. Ernst Klein[33], Fräulein Breit und Dr. Weitmann. Dr. Klein, ein guter Bekannter Bells, will von diesem erfahren haben, „daß Goebbels und Göring das Attentat [den Reichstagsbrand] erdacht und organisiert hätten und Hitler davon gewußt habe". Klein sagte am 9. Februar 1948, Bell habe ihm erzählt, „daß ihn der ehem. Stabschef Röhm 1933 dafür gewinnen wollte, mit dem Holländer van der Lubbe zusammen das Reichstagsgebäude in Berlin in Brand zu setzen. Dieses Ansinnen habe er aber abgelehnt."[34]

Auf die Frage Wolffs an Dr. Klein, wie van der Lubbe mit den Nazis zusammengebracht worden sei, sagte er, daß „van der Lubbe irgendeinem hohen SA-Führer in Berlin bekannt gewesen sei und von diesem, ohne zu wissen wozu er mißbraucht werden würde, zum Reichstag hin bestellt worden sei. Alles übrige habe sich dann automatisch weiter abgerollt". In mehreren Gesprächen habe Dr. Klein Wolff versichert, „daß er seine Kenntnisse über Bells Informationen nur von diesem selbst erhalten habe".[35]

Diese Schilderung stimmt weitgehend mit der Darstellung des Rechtsanwalts Arthur Brandt überein, bei dem sich nach dem Krieg ein SA-Mann meldete, der van der Lubbe zum bereits brennenden Reichstagsgebäude gefahren haben will (siehe Kapitel 7, Teil 3).

Ein weiteres Zeugnis dafür, daß Bell Dr. Gerlich über den Reichstagsbrand und seine Anstiftung durch Goebbels und Göring informiert hatte, nannte Erwein Freiherr von Aretin.[36] Danach habe Gerlich einem Haftgenossen wörtlich erklärt: „Ich weiß, man wird mich ermorden. Ich weiß durch Georg Bell, Nachricht vom 5. März 1933, daß Goebbels den Reichstagsbrand inszeniert und daß Göring die Idee verwirklicht hat".[37]

Während des Reichstagsbrandprozesses bestätigte die Bayerische Politische Polizei in einem von Heydrich unterzeichneten „Geheim"-Schreiben an das Geheime Staatspolizeiamt (Gestapa) Berlin vom 14. 11. 1933[38] Bells vielfältige Beziehungen. Der „von unbekannten Tätern erschossene Hoch- und Landesverräter Georg Bell war hier als ein politischer Hochstapler grössten Formats bekannt. Er zählte zu jenen skrupellosen Menschen, die für Geld für alles zu haben waren. So war er nicht nur der Nachrichtenmann für den Herausgeber der sattsam bekannten Zeitung ‚Gerader Weg' Fritz Gerlich, sondern auch und zwar gleichzeitig für den bekannten Reichsbannerführer Major Meyer. Seine Tätigkeit im Braunen Haus in München benützte er lediglich zur Ausbeutung seiner gemachten Erfahrungen für seine dunklen Dienste.

Von einer irgendwie gearteten Beteiligung des Bell an der Reichstagsgebäude-Brandstiftung ist hier nichts bekannt geworden."

Der Reichstagsbrand – ein internationales Komplott?

In der französischen Zeitung „Le Populaire"[39] erschien am 15. März 1933, also mehr als zwei Wochen vor der Ermordung Bells, ein Artikel mit dem Titel „Die Wahrheit über den Reichstagsbrand"[40], ein Beitrag, der in der Folge von vielen ausländischen Zeitungen übernommen sowie in Broschürenform veröffentlicht werden sollte. Darin behaupteten die Autoren, umfassende Untersuchungen über die Hintergründe des Brandes in Berlin, München, Wien und Amsterdam angestellt zu haben. Wer ihnen bei ihren Recherchen Auskünfte erteilt habe, habe sich „unter Umständen größten Schwierigkeiten ausgesetzt und seine Freiheit riskiert. Mehrere ‚Unfälle‘ haben diese Arbeit verzögert. Viele Details konnten nicht endgültig geklärt werden, da es nicht gelang, weiter in die Bastion des Gegners vorzudringen." Die Autoren kamen zu dem auf den ersten Blick erstaunlichen Schluß: „Das Feuer im Reichstag ist das Werk einer Bande von fünf oder sechs Mitgliedern, die einerseits für die Nazis und andererseits für einen potenten Geldgeber und einen Mineralölkonzern gearbeitet haben."

Am 16. März erschien die Fortsetzung des Beitrags, die mit weiteren Details aufwartete. Ohne Angabe von Quellen wurde zunächst die Behauptung aufgestellt, der Brand sei drei Tage vor dem ursprünglich fixierten Datum gelegt worden. Dafür spräche, daß einige Spuren nicht hätten verwischt werden können und einige Anweisungen nicht beachtet worden seien.

Dann setzte sich der Beitrag ausführlich mit Georg Bell auseinander, dessen „Ausführungsorgan" van der Lubbe gewesen sei. Bell, ein reicher Deutscher, der sich „mit politischen und finanziellen Geschäften" befaßt habe, stünde in engen Beziehungen zu bedeutenden Persönlichkeiten der NSDAP, namentlich zu Rosenberg und Funk, der nach der Machtergreifung zum Reichspresseleiter ernannt worden und derzeit Unterstaatssekretär sei.[41]

Bell, so der Beitrag weiter, habe als „Verbindungsmann zwischen der Nazipartei, oder genauer zwischen Rosenberg/Funck [sic!] einerseits und einer bedeutenden Persönlichkeit aus der Finanz- und Mineralölbranche [fungiert], die seit langem Hitlers Partei unterstützte."

Obwohl die Autoren keinen Namen nannten, ist unschwer zu erkennen, daß damit nur der einflußreiche Chef der Royal-Dutch/Shell-Gruppe, Sir Henry Deterding, gemeint sein konnte, mit dem Bell im Auftrag Röhms ein Bündnis zur Finanzierung der SA eingefädelt hatte.

Bei seinen Geschäften habe Bell mit verschiedenen Abenteurern, Polizisten und Polizeiagenten zusammengearbeitet. Genannt wurden unter anderem ein Arthur Bey, angeblich wie Bell Agent der preußischen Geheimpolizei, ein Goumansy, neben Orloff Hauptangeklagter im sogenannten „Tscherwonzenfälscher-Prozeß", der „einen wichtigen Posten im Berliner Polizeipräsidium" bekleidet habe, sowie ein Siewert, einer der Fälscher der Tscherwonzen-Scheine. Diese Gruppe wiederum habe in Verbindung gestanden mit einem konterrevolutionären ukrainischen Emigranten und NS-Sympathisanten, Poltawez-Ostraniza, „der als ‚Hetman' der Nazis für die Ukraine dienen sollte." Im Dienst dieser Gruppe, „Abenteurer, Polizisten und Agenten einer fremden Ölmacht", habe van der Lubbe gestanden.

Im weiteren stellte der Artikel eine Verbindung her zwischen dem Reichstagsbrand und der Durchsuchung des Berliner Büros der „Derop" (Deutsch-Russische Öl- und Petroleum AG) durch die preußische Kriminalpolizei am Morgen des 28. Februar 1933 um 8 Uhr.[42] „Eine zweite Hausdurchsuchung fand am selben Tage gegen 10 Uhr statt. Die Polizisten schienen ein spezielles Anliegen zu verfolgen. Sie interessierten sich nicht für die Geschäftsunterlagen, sondern suchten zielgerichtet ganz besondere Dokumente. Man hat nichts gefunden: Die Stunde des Feuers kam zu schnell. Einige Details waren noch nicht vorbereitet."

Ausgehend von der Prämisse, daß die Ölversorgung Deutschlands zur damaligen Zeit auf vier Lieferanten basierte, 1. deutschen Lieferanten mit synthetischem Benzin der IG Farben aus Leuna, 2. der Standard Oil, 3. der Shell (Royal Dutch) und 4. der sowjetrussischen „Derop" (die den deutschen Verbrauch zu etwa 30 bis 40 Prozent deckte), kam der Beitrag zu der folgenden spekulativen Schlußfolgerung:

„Wenn es gelänge, die Verbindungen zur UdSSR zu unterbrechen oder wenigstens den Liefervertrag nichtig zu machen, wäre ein Drittel des deutschen Ölmarkts disponibel. Der ausländische Ölmagnat käme zum Zuge. Und die Zuwendungen an Hitler wären eine lohnende Investition gewesen."

So abenteuerlich diese Hypothese zunächst klingen mag, so basiert sie doch auf Fakten. Wie oben ausgeführt, hatte Röhm tatsächlich ein Bündnis mit dem Chef der „Royal-Dutch/Shell-Gruppe", Sir Henry Deterding, geschlossen. Kern dieses Bündnisses war nach einem Bericht des Fürsten von Waldburg-Zeil „ein Übereinkommen, das die Finanzierung der SA durch Deterding gewährleistete. Dafür versprach die Partei nach Machtergreifung Vorteile auf dem Gebiete des Absatzes von Erdölprodukten in Deutschland auf Kosten der bis dahin stark gepflegten gleichen russischen Interessen."[43] Grundlage des Übereinkommens zwischen Deterding und der SA war demzufolge, daß in Deutschland die Nazis an die Macht kamen. An der NS-Machtergreifung hatten demnach beide Seiten ein Interesse. Nur sah es noch im Februar 1933 nicht nach einem Wahlsieg bei den von Hitler auf den 5. März vorgezogenen Neuwahlen aus. Sowohl die SA-Führung als auch Deterding hatten demnach Interesse an Aktionen, die zur Verbesserung der NS-Wahlchancen beitragen konnten.

War der Reichstagsbrand also nur ein Baustein in einem internationalen Komplott? Weitere Forschungen zu dieser Frage wären wünschenswert.

Anmerkungen zu Kapitel 8

Teil 1 Der Fall Oberfohren

1 Siehe dazu W: Hofer u. a., Reichstagsbrand, Bd. 2, 273-331, Neuausg. 330-381; zu Breiting: 388f., Neuausg. 419f., zu Villain: 299-315, Neuausg. 354-367.

1a Erwin Villain (geb. 30. 11. 1898 Köpenick, gest. 1. 7. 1934 Berlin-Lichterfelde, erschossen); Sanitäts-Standartenführer der SA-Standarte 15 der Brigade 28 „Horst Wessel", Eintritt in die NSDAP im Oktober 1930. Personalakten Erwin Villain; Bundesarchiv Berlin, ehem. Berlin Dokument Center; amtliche Totenliste vom 30. Juni 1934/1. Juli 1934, Bundesarchiv Berlin, NS 23/475.

1b Bei dieser Mordaktion gegen politische Gegner des NS-Regimes (vor allem Kommunisten und Sozialdemokraten) und unbequeme Geheimnisträger verloren 91 Personen ihr Leben, ca. 500 wurden, zum Teil lebensgefährlich, verletzt. Die Täter waren Mitglieder der SA-Standarte 15 unter Leitung von Sturmbannführer Herbert Gehrke, darunter namentlich der Sanitätsführer der Standarte 15, Erwin Villain. Zur Verstärkung wurden offenbar auch Mitglieder des berüchtigten („„Mord"-)Sturms 33 – Hanne Maikowski – beigezogen. Prominenteste Opfer der bestialischen Folterungen und Morde waren der ehemalige Ministerpräsident von Mecklenburg-Schwerin und Ex-SPD-Vorstandsmitglied Johannes Stelling sowie die Reichsbannerfunktionäre Paul von Essen und Richard Assmann. Vgl. hierzu: Urteil des Landgerichts Berlin, 4. Strafkammer, in der Strafsache Plönzke u. a. (Köpenicker Blutwoche), Az. (4) 35 PKLs 32.50 (44.50). Basierend vor allem auf den Akten dieses Prozesses sowie zahlreicher Zeugenaussagen: Kurt Werner/Karl Heinz Biernat, Die Köpenicker Blutwoche Juni 1933, Berlin (Ost) 1958. Vgl. auch: SA-Typen. Köpenicker Blutwoche, in: Bock/Ruge/Thoms (Hrsg.), Sturz ins Dritte Reich. Leipzig-Jena-Berlin 1983, 235-242.

1c Im Original: „A confidential memorandum on the events leading up to the fire is circulating in Germany. It is in manuscript, and the terror makes any open mention or discussion of it impossible. But it is a serious attempt by one in touch with the Nationalist members of the Cabinet to give a halanced account of these events. In spite of one or two minor inaccuracies it shows considerable inside knowledge. While not authoritative in and absolute and final manner, it is at least a first and a weighty contribution towards solving the riddle of that fire." („The Reichstag Fire. I. Who was Guilty? The case against the Nazis [From our special correspondent]", in: „Manchester Guardian", 26. 4. 1933, 10).

Eine vollständige Fassung der Denkschrift wurde bereits am 18. April 1933 unter dem Titel „Der gefesselte Hitler" dem Sonderbüro des Kommissars z. b. V. Kurt Daluege im Preußischen Innenministerium übergeben und mit folgender Vorbemerkung versehen: „Im Verlag Stilke-Berlin erschien ein Buch ‚Hitlers Kampf um die Macht' von Dr. Schmidt-Pauli, der dem Papenkreis angehört. Das Buch ist leider nicht zu Ende geführt. Im Nachfolgenden wird auf Grund der Zeitungsmeldungen, amtlichen Verlautbarungen und der verschiedensten Maßnahmen der nationalen Verbände insbesondere der Abschnitt geschildert, der sich an das Kapitel ‚Die Berufung Hitlers‘ anschließt." Der Denkschrift liegt folgende Notiz bei: „Überreicht von Jebens. Stammt aus dem Büro von Papen. O. R. R. Diels darf nicht erfahren, daß wir die Sache haben, da er zu Papen irgendwelche Bindungen hat. 18. 4. 1933 [Signum unleserlich]" (Bundesarchiv Berlin, Film 14719 [ehem. ZStA Potsdam]).

Der vollständige Wortlaut des Memorandums ist abgedr. in: Dimitroff-Dokumente, Bd. 1, Dok. 97, 197-212.

Eine im Sonderbüro Daluege angefertigte Notiz vom 15. Mai 1933 erklärte das Dokument zur Fälschung und spekulierte: Der Urheber der „anliegenden Ausarbeitung will offenbar den Anschein erwecken, als sei sie eine Arbeit des Schriftstellers Edgar Schmidt-Pauli, der sein Buch ‚Hitlers Kampf um die Macht‘ nicht zu Ende geführt habe. Der Fälscher hofft offenbar, dadurch die Glaubwürdigkeit seiner Darstellung zu unterstreichen. Insofern bedeutet der Verbreitung des Materials eine Gefahr." Tatsächlich aber sei festgestellt, daß das Material aus dem Strasser-Kreis stamme. Es soll von einem Geoffrie Fraser an die ‚Chicago Tribune‘ zur Vervielfältigung weitergegeben worden sein. „Der obenerwähnte Fraser ist am 8. 10. 89 in Chicago geboren und soll Tauentzienstr. 12b gewohnt haben. Er wurde von der Abteilung I A D, II festgenommen und am 7. 4. 33 in das Untersuchungsgefängnis in Moabit eingeliefert. Zum Schluss sei noch erwähnt, dass das anliegende Material nach vertraulichen Mitteilungen vor kurzem von dem Moskauer Sender verlesen worden sei. Es soll in den nächsten Tagen in 50 000 Exemplaren zur Verbreitung in der Öffentlichkeit hergestellt worden sein" (Bundesarchiv Berlin, Film 14719 [ehem. ZStA Potsdam]).

2   Im Original: „‚The Oberfohren-Memorandum‘ (For the first time in English. A fulltext with an introduction and the findings of the legal commission of inquiry on its authenticity) What German Conservatives thought about the Reichstag Fire".

3   Stenographische Protokolle, 31. VT., 4. 11. 1933, 142.

4   Notariell beglaubigte Erklärung vom 22. 4. 1933; Schleswig-Holsteinisches Landesarchiv Schleswig, 309/22766., Bl. 44. Vgl. hierzu und im folgenden auch W. Hofer u. a., Der Reichstagsbrand (Neuausgabe), 349ff.

5   Unmittelbar nach dem Tod Oberfohrens abgegebene schriftliche Erklärung von Dr. Egger Rasmuss; Schleswig-Holsteinisches Landesarchiv Schleswig, 309/22766, Bl. 24f.).

6   Stenographische Protokolle, 31. VT; 115ff.

7   Mit Schreiben vom 13. 4. 1933 aus einem Sanatorium in der Nähe von Dresden hatte Ida Oberfohren „in höchster Sorge" um ihren „vollständig zusammengebrochenen Mann" Hugenberg um ein „paar ausgleichende Worte" gebeten, worauf Hugenberg am 17. 4. 1933 aus Rohbraken antwortete: „Sehr geehrte gnädige Frau! Wie ich höre, geht es Ihrem Herrn Gemahl nicht gut. Ich möchte Ihnen deshalb mitteilen, daß ich am Gründonnerstag mit Herrn Schmidt-Hannover eine Verabredung getroffen habe, wonach die Vorkommnisse der letzten Zeit mit den Verdiensten ausgeglichen werden sollen, die Ihr Herr Gemahl sich im Laufe dieser Jahre um die Partei erworben hat. In der Voraussetzung, daß weitere öffentliche Erörterungen nicht dazu zwingen, soll also auf die in Aussicht genommene weitere Verfolgung jener Vorkommnisse vor dem Parteigericht verzichtet werden. Mit vorzüglicher Hochachtung. Ihr ergebener ...“; Nachlaß Hugenberg, Rohbraken, zit. nach W. Hofer u. a., Der Reichstagsbrand (Neuausgabe), 345.

8   Siehe Anm. 6.

9   Vgl. Schleswig-Holsteinisches Landesarchiv Schleswig, 309/22766. Die Akte enthält vor allem Polizeiberichte und Erklärungen zu der bei Oberfohren durchgeführten Haussuchung und zum Tode Oberfohrens sowie bei Oberfohren nach seinem Tode beschlagnahmte Korrespondenzstücke. Darin finden sich keinerlei Hinweise, die die Behauptung Görings bestätigen würden.

10 Siehe Anm. 9.

11 Schleswig-Holsteinisches Landesarchiv Schleswig, 309/22766, Bl. 7.

12 Das nur in Kopie zugängliche Schreiben ist nicht als Erklärung gekennzeichnet; es trägt auch keine Unterschrift, sondern nur den maschinenschriftlichen Vermerk „gez. Ida Oberfohren". Vgl. hierzu *W. Hofer u. a.*, Der Reichstagsbrand (Neuausgabe), 351.

13 Pers. Mitteilung an Herrn Christian Haberlandt, Neumünster. Haberlandt führte 1972/73 im Auftrag der Herausgeber der Hofer-Dokumentation an Ort und Stelle ausführliche Untersuchungen und Befragungen über die Umstände von Oberfohrens Tod durch. Vgl. hierzu *W. Hofer u. a.*, Der Reichstagsbrand (Neuausgabe), 352, dort auch Anm. 23.

14 So empfiehlt ein Lehrbuch der Rechtsmedizin von 1992: Auch wenn die Regel „Waffe in der Hand eines Opfers spricht dafür, daß sie nachträglich hineingelegt wurde und damit für Mord" Ausnahmen kenne, so sollte sie doch „zum Nachdenken darüber Anlaß sein, ob nicht die Waffe erst nachträglich in die Hand gelegt wurde, um eine Selbsttötung vorzutäuschen". *Wolfgang Schwerd* (Hg.), Rechtsmedizin. Lehrbuch für Mediziner und Juristen, Köln 1992, 68.

15 *Diels*, Lucifer ante portas, 304.

16 Braunbuch II, 325.

17 Angaben bei *Paul Husarek*, Die Toten von Dachau, 26.

18 Auf die homosexuelle Beziehung zwischen Ernst und Röhrbein zielte auch ein Denunziationsschreiben eines ehemaligen SA-Führers namens Fischer (Potsdam) an Hitler vom 1. November 1932; Personalakte Graf von Helldorf, Bundesarchiv Berlin (ehemals Berlin Document Center).

19 *Walter Görlitz/ Herbert A. Quint*, Adolf Hitler. Eine Biographie, Stuttgart 1952, 313, 377. Auch hier wird, allerdings ohne Belege, eine Verwicklung Röhrbeins in den Reichstagsbrand behauptet. Eine weitere Quelle berichtet: „Röhrbeins favorite protegé was the twenty-year-old-adjutant Karl Ernst" (*Frank*, Hitler and the National Socialist Coalition: 1924–1932, 302, Anm. 105). Erwähnt wird Röhrbein außerdem bei *Konrad Heiden* (Der Führer. Hitlers Rise to Power, 294), der ihn zusammen mit Hauptmann Petersdorff und Graf Helldorf als einen der homosexuellen Freunde von Röhm bezeichnete, und bei *Günther Kimmel*, Das Konzentrationslager Dachau, 366 („Generalstaatsanwaltschaft München 1 Js Gen. 1ff./49, Antrag auf Eröffnung der gerichtlichen Voruntersuchung vom 9. 2. 1953; Sterberegister des Standesamtes Prittlbach").

20 *Frank*, Hitler and the National Socialist Coalition 1924-1932, 301f.

20a Frontbann: Kampftruppe der NSDAP während der „Verbotszeit" nach dem Hitrler-Putsch 1923.

21 *Röhm*, Geschichte eines Hochverräters, Erstaufl. München 1928, 3. Aufl. München 1933.

22 Karl Ostberg (*4. 3. 1890, † 1. 6. 1935), NSDAP-Mitgliedsnr. 10 166, Eintritt 1. 3. 1920 (alte Nr. 1035); SS seit 9. 2. 1929, SS-Sturmbannführer 15. 11. 1931, SS-Führer z. b. V. i. Stabe d. I. SS-Stand. 1. 10. 1932, seit 1. 4. 1933 im Beamtenverhältnis bei der Polizeidirektion München im Range eines Oberkommissars (Arrestoberverwalter); SS-Personalakte, Bundesarchiv Berlin (ehemals Berlin Document Center).

23 *Aretin*, Krone und Ketten, 259.

24 Ebd., 316.

25 Vgl. Aussage Polizeihauptwachtmeister Franz Berwein vom 15. 11. 1948 in München vor Kriminalkommissar Koppmair, Kripo München K 1, zit. in *Richardi/Schumann*, Geheimakte Gerlich/Bell, 205, Anm. 21; vgl. auch *Richardi*, Schule der Gewalt, 238.

26 *Hornung*, Dachau. Eine Chronik, 97.

27 Im Original: „The Reichstag Fire. Famous Memorandum. Nationalist Leader the Author".

28 Im Original: „It is now possible to disclose the fact that the Nationalist memorandum on the Reichstag fire (the contents of which we first revealed in the ‚Manchester Guardian' on April 27) was written at the request of Dr. Oberfohren, the leader of the German Nationalist

Parliamentary party. While Dr. Oberfohren was still alive his connection with the memorandum had to remain secret, but since his death there is no reason left for secrecy. It was his wish that the memorandum should be published, for he was a man of high principles and strongly disapproved of the methods employed by the Hitlerite dictatorship. He considered the Reichstag fire and the connivance of the Nazi leaders Göring and Goebbels (which was asserted in the memorandum) an unpardonable outrage, and believed that this outrage should be exposed. Dr. Oberfohren's own copy of the memorandum was subsequently found by a Brown Shirt detachment that raided his house. Having established his responsibility for it, they informed him that he would have to take the consequences. They then left his house. When they returned he had committed suicide."

29   Georg Bernhard (*20. 10. 1875, † 10. 2. 1944), Publizist und Wirtschaftsjournalist, von 1920 bis 1930 Chefredakteur der „Vossischen Zeitung", von 1929 bis 1933 Professor für Bank-, Börsen- und Geldwesen an der Handelshochschule Berlin, Mitarbeit im Vorstand der DDP, ab 1928 Mitglied des Reichstags, emigrierte 1933 nach Paris. Gründer und Herausgeber des „Pariser Tageblatts" (1933-1936; 1936-1940: „Pariser Tageszeitung"). 1941 Flucht nach New York, dort Mitarbeit im American Jewish Congress.

30   Zit. nach „Bericht der Juristischen Kommission des internationalen Untersuchungsausschusses über die Ergebnisse der öffentlichen Sitzungen vom 14. bis 18. September in London" vom 20. 9. 1933 (The Burning of the Reichstag. Official Findings of the Legal Commissions of Inquiry. London, Sept. 1933; eine deutsche Übersetzung des im Original englischen Textes ist abgedr. in: Dimitroff-Dokumente, Bd. 1, 534-555, Zit. 553.

31   Im Original: „The truth is that the ‚Oberfohren Memorandum' was neither Communist, nor Polish in origin. A copy of it passed from Dr. Oberfohren, through an intermediary (a German politician of high standing who had nothing to do with Communism), into the hands of your [sic!] correspondent, who was then in Berlin."

32   Die Angabe einer Täterschaft von Heines ist nachweislich falsch, da Heines für den Brandabend ein Alibi hatte (vgl. die Berichte über Heines in der Zeitung „Deutsche Ostfront" vom 27. und 28. 2. 1933).

33   Im Original: „The history of the ‚Oberfohren Memorandum' was revealed to the Commission of Inquiry into the Reichstag fire this afternoon. A sworn statement by the secretary of the author of this memorandum was read out. The author is a German journalist. Both his name and his secretary's are known to the Commission, but cannot be revealed for fear of victimization by the Nazis.

According to the sworn statement, the author was continually in touch with Dr. Oberfohren, wo called on him several times (the secretary was present at some of this meetings) and supplied the information on which the memorandum is based. The memorandum, which was typed by the secretary, was revised and corrected by Dr. Oberfohren. Its authenticity is thereby established. This afternoon's evidence is of fundamental importance, for the memorandum (the contents of which were revealed in the ‚Manchester Guardian' in April) describes in considerable detail how the Reichstag was set on fire by the Nazis, the plan being conceived by Dr. Goebbels, the Nazi Minister of Propaganda, and being carried aut by a detachment of Brown shirts under the leadership of the Silesian terrorist Heines, with the complicity of General Göring, the Nazi Home Secretary. [...] It is possible that Dr. Oberfohren's information may have erred in small details (he himself was a man of scrupulous accuracy), but he must have been aware of the main facts. These facts are contained in the memorandum connected with his name."

34   Tobias, Reichstagsbrand, 204.

35   Tatsächlich enthält das „Memorandum" glaubwürdige und verifizierbare Informationen. Dies gilt zum Beispiel für den geschilderten Widerstand der deutschnationalen Minister gegen ein KPD-Verbot vor den Reichstagswahlen. Tobias konfrontierte diese Darstellung irreführend lediglich mit dem Protokoll der Kabinettssitzung vom 30. Januar 1933, bei der Hugenberg für ein Verbot der Kommunistischen Partei eintrat. Hugenberg sprach sich allerdings

gleichzeitig gegen die von Hitler geforderten Neuwahlen aus (Ministerbesprechung vom 30. Januar 1933, 17 Uhr, Akten der Reichskanzlei, Bundesarchiv Koblenz, R 43 I/1459, Bl. 241-246, abgedr. bei: *Konrad Repgen/Hans Booms* [Hg.], Akten der Reichskanzlei. Die Regierung Hitler, Teil 1, 1ff.). Als sich Hitler dann mit seiner Forderung nach Neuwahlen (am 5. März 1933) durchgesetzt hatte, wäre es für die DNVP selbstmörderisch gewesen, noch vor den Wahlen ein Verbot der KPD zu fordern. Damit hätte sie sehr wahrscheinlich ihre gewichtige Rolle eines Mehrheitsbeschaffers für eine von der NSDAP geführte Regierung eingebüßt. In diesem Sinne äußerte sich Oberfohren auch am 6. Februar 1933 gegenüber dem kommunistischen Fraktionsführer Torgler, was dieser später vor dem Reichsgericht folgendermaßen zitierte: „Herr Kollege Torgler, wir wären doch Toren, wenn wir das Verbot der Kommunistischen Partei mitmachen, würden wir ja selbst die Möglichkeit schaffen für die Nationalsozialisten, bei der Reichstagswahl die alleinige Mehrheit zu bekommen nach der Ausschaltung der Kommunisten, und wir wären dann erledigt, wir wären damit rettungslos mit Haut und Haaren aufgefressen" (Stenographische Protokolle, 31. VT, 4. 11.1933, 138-142). Auch Hugenberg wandte sich nach dem 1. Februar, als die Neuwahlen feststanden, gegen ein Verbot der KPD vor den Wahlen, um der DNVP auch weiterhin die Rolle eines für Hitler unentbehrlichen Bündnispartners zu sichern. Der „Neue Telegraphendienst" meldete am 22. Februar 1933: „Im Reichskabinett ist jetzt die schon vor Wochen aufgetauchte Frage erörtert worden, ob die Kommunistische Partei verboten werden soll. Die nationalsozialistischen Minister forderten das Verbot, Papen und Hugenberg lehnten es jedoch ab. Infolgedessen beschloß das Kabinett, vorerst nichts Derartiges gegen die KPD zu unternehmen. Papen und Hugenberg sind zu ihrer Haltung offenbar durch Vertreter der Wirtschaft veranlaßt worden, die die Reichsregierung darauf aufmerksam machten, daß ein Verbot der Kommunistischen Partei die wirtschaftlichen Beziehungen zu Rußland gefährden dürfte" („Neuer Telegraphendienst", Früh-Depesche vom 22. 2. 1933. Vgl. Reichslandbundarchiv 387, Bd. 26, S. 50, zit. nach *Ernstgert Kalbe*, "Die Rolle der Reichstagsbrandprovokation bei der Konsolidierung der faschistischen Diktatur in Deutschland", in: ZfG, Heft 5, 1960, 1021-1068, Zit. 1025).

36 St 65, Bd. 132, zit. nach: Dimitroff-Dokumente, Bd. 1, Dok. 353, 531.

TEIL 2 HANUSSEN UND DER REICHSTAGSBRAND

1   Nähere Informationen zu Hanussens Biographie in: *Kugel*, Hanussen. Die Angaben in dem hier wiedergegebenen Abschnitt wurden gegenüber der Biographie entsprechend dem neuesten Stand der Forschung aktualisiert.

2   Im März 1933 soll die Auflage der „Hanussen-Zeitung" 120.000-140.000 Exemplare betragen haben. Eine fast komplette Sammlung findet sich in der Staatsbibliothek Berlin.

3   „Letzter Experimental-Vortrag von Hanussen", in: „Kölner Volkszeitung", 2. 10. 1931.

4   *Erik Jan Hanussen*, "Blick in das Jahr 1932", in: „Querschnitt", XI, Jg., Nr. 12, Berlin, Dezember 1931, 829-832.

5   Der stramme Nationalsozialist Dr. W. Baecker betrieb in Berlin ein „Forschungsinstitut für astrologische Wirtschaftsberatung" und arbeitete seit September 1932 für die „Hanussen-Zeitung".

6   Dazu passen die van der Lubbe zugeschriebenen kleineren Brandstiftungsversuche am 25. Februar beim Wohlfahrtsamt Neukölln, dem „Roten Rathaus" sowie dem Berliner Schloß.

7   *Pem* (d. i. *Paul Marcus*), „Ich hab' Heimweh nach dem Kurfürstendamm", in: „Münchner Illustrierte", Nr. 39, 29. 9. 1951, 18f.

8   *Maria Paudler*, ... auch Lachen will gelernt sein, Berlin 1978, 122-124.

9   Braunbuch I, 114.

10   *Hans Kahan*, „Hanussen - Hellseher oder Scharlatan?", in: „Abendzeitung", München, 5./6. 10. 1955, 4.

11   Die Authentizität der Erklärung Löbes wurde angezweifelt. Die in dem Zitat genannten

Fakten sind jedoch anhand anderer Quellen belegt.

12 Paul Letsch war nicht zu ermitteln.

13 *Paul Löbe*, „Der Reichstagsbrand", Berlin 27. 2. 1963 (Abschrift vom 16. 3. 1971 von Arno Scholz), 4f.

14 Brief von Curt Riess vom 15. 1. 1967, Ermittlungsakten der Generalstaatsanwaltschaft Berlin, P(k) Js 10/68, Handakten, Bl. 57.

15 Bericht von Udo von Mohrenschildt am 9. 11. 1976, Schweizerisches Bundesarchiv Bern, Depositum Walther Hofer, JI 167/10-12.

16 Bericht der Gestapo über eine Besprechung zwischen den Rechtsanwälten Sack und Branting am 15. 9. 1933 in London; St 65, Bd. 201, Bl. 198.

17 Stenographische Protokolle, 20. VT., 20. 10. 1933, 51-53.

18 Vgl. hierzu die editorische Vorbemerkung zu dem vorliegenden Buch.

19 *Anonymus* (d. i. *Walther Korodi*), Ich kann nicht schweigen.

20 Zu einer Schilderung des Falles Johann Haan vgl.: *Kugel*, Hanussen, 235-238.

21 Braunbuch I, 115.

22 Schreiben Karl Ernsts vom 21. 3. 1933 an SS-Gruppenführer Daluege; Karteikarte 8184 in Personalakte Graf Helldorf, Bundesarchiv (ehem. Berlin Document Center).

23 Görings „Hilfspolizei" (meist SA und SS) durfte formal nur.zusammen mit der normalen Polizei und unter deren Weisungen tätig werden. Die von Göring dann später gebildete „Feldpolizei" („Fepo") hatte im Gegensatz dazu auch offiziell eigene „Exekutivgewalt". Sie war in einer Kaserne in der General-Pape-Straße in Berlin-Schöneberg stationiert. *Engel brechten*, Eine braune Armee entsteht, 269.

24 Schreiben von Karl Ernst an das Polizeipräsidium vom 29. 3. 1933, Bundesarchiv, Außenlager Hoppegarten, ZFg 10 238/35, Bl. 6f.

25 So der frühere Reichstagspräsident Paul Löbe (siehe Anm. 13), Walther Korodi, 1932/33 Leiter der „Nationalen Abwehrstelle gegen bolschewistische Umtriebe" in Berlin (Ich kann nicht schweigen, 151-153) sowie Hanussens letzte Geschäftspartnerin Elisabeth Heine (eidesstattliche Aussage vom 11. 2. 1957 in den Akten des Entschädigungsamtes Berlin, Reg.-Nr. 70511, Bl. A 55-A 57).

26 „Der Morgen" wurde 1910 von dem Sozialdemokraten und Gewerkschaftsrechtler Maximilian Schreier (geb. am 23. 5. 1877) in Wien gegründet. Die Verbreitung der Wochenzeitung wurde in Deutschland bereits am 25. März 1933 vom Innenministerium (Frick) „wegen böswilliger Falschmeldungen über die Zustände in Deutschland" verboten (Politisches Archiv des Auswärtigen Amts, Presseabteilung, Az: P 16 Greuelpropaganda, Bd. 2 [R 121208]). Anlaß dazu waren Berichte über „Folterungen und Verstümmelungen politischer Gefangener, die zum Teil wie Heinz Pol, Ossietzky und Torgler [bezüglich Togler kann hier seine über 5 Monate lang andauernde Fesselung gemeint sein] namentlich aufgeführt werden" (ebd., Az: P 17 Zeitungsverbote, Bd. 2 [R 121381]). Schreier mußte bereits ca. Februar 1934 alle journalistischen Funktionen aufgeben. Am 13. März 1938, also direkt nach dem „Anschluß", wurde er verhaftet und später in das Konzentrationslager Buchenwald gebracht. 1940 wurde er in einem politischen Prozeß verurteilt. Danach befand er sich schwer krank im Wiener Rothschild-Spital. Er beging im Juni 1942 Selbstmord, um sich seiner drohenden Deportation zu entziehen (Österreichisches Biografisches Lexikon, Wien 1999, 201f.).

27 Nach Erscheinen der „Hanussen"-Biografie 1998 meldete sich beim Autor (W. K.) Herr Hans-Peter Seelhorst, Neffe der letzten Geschäftspartnerin und Vertrauten Hanussens, der am 22. November 1960 verstorbenen Elisabeth Heine. Er stellte den Teil des Dzino-Manuskripts zur Verfügung, der in der Wiener Wochenzeitung „Der Morgen" als Serie erschienen war und sich heute in der Österreichischen Nationalbibliothek (ÖNB) befindet. Im Nachlaß von Frau Heine hatte sich ein Beitrag der Serie gefunden, und Herr Seelhorst hatte dann die restlichen Beiträge von der ÖNB erhalten.

28 Brief von Hans-Peter Seelhorst an Wilfried Kugel vom 2. 4. 1998.

29 Im Archiv des deutschen Außenministeriums fanden sich darüber keine Unterlagen. Das

Österreichische Staatsarchiv verweigerte jegliche Auskünfte!

30 Nach von Cziffra bot Dzino sein Manuskript dem Budapester „Nova"-Verlag an, dieser habe aber abgelehnt. 1984 berichtete Cziffra ergänzend, daß Dzino sein Buch auch in England und in Paris erfolglos Verlagen angeboten hätte (Tonbandaufzeichnung eines Gesprächs zwischen Wilfried Kugel und Geza von Cziffra am 2. 8. 1984 in Tutzing). Dzino habe eine Kopie seines Manuskriptes auch dem damaligen Leiter der Wiener Staatspolizei, Dr. Ludwig Weiser, übergeben, der es in seinem Safe verwahrt habe. Nach dem „Anschluß" Österreichs (am 12. März 1938) sei Weiser in ein KZ eingeliefert worden. – Trotz mehrerer schriftlicher und telefonischer Anfragen 1998 und 1999 an den Direktor des Österreichischen Staatsarchivs, Prof. Mickoletzky, bezüglich Dr. Ludwig Weisers und der deutschen Interventionen gegen die Zeitung „Der Morgen", antwortete das Österreichische Staatsarchiv nicht. Telefonisch wurde einer der Autoren (W. K.) stets abgewimmelt; 1999 war Prof. Mickoletzky zu einem Gespräch im Staatsarchiv, wo ihn der Autor in Wien aufgesucht hatte, nicht bereit.

31 Einer der Autoren (W. K.) schrieb im Vorwort zu seinem Buch „Hanussen": „Frei erfunden scheint auch die angeblich auf Aufzeichnungen von Hanussens letztem Sekretär Dzino beruhende Schilderung des Geza von Cziffra. [...] Bei einem Besuch konnte Cziffra dem Autor das angebliche Dzino-Manuskript bzw. Abschriften davon nicht vorlegen." Da inzwischen die damalige Existenz des Dzino-Manuskriptes einwandfrei nachgewiesen werden konnte, muß der Autor seine Bemerkung mit Bedauern zurückziehen. Das Dzino-Manuskript hat tatsächlich existiert und die Angaben von Cziffra müssen also ernst genommen werden, allerdings unter dem Vorbehalt, daß Cziffra seinen Bericht durch die Berücksichtigung der falschen Darstellung der Reichstagsbrandstiftung von Fritz Tobias stark verfälscht hat. Cziffra berichtet selbst über seine Blauäugigkeit: "Der Reichstag kann nie und nimmer von einem einzigen Menschen angezündet worden sein. Diese Theorie war gültig bis zum Oktober des Jahres 1959, und zwar bis zu dem Tag, an dem Oberregierungsrat Fritz Tobias in einer ‚Spiegel'-Serie nachwies, daß dies ein Irrglaube war. Nach jahrelangen Recherchen wies Tobias mit geradezu wissenschaftlicher Akribie nach, daß die Flammen, die den Reichstag vernichtet hatten, von einem einzigen Menschen entfacht wurden, von jenem Marinus van der Lubbe, dem die Welt diese Tat keineswegs zutrauen wollte. Diese Erkenntnisse beleuchteten Ismet Dzinos Aufzeichnungen plötzlich aus einer ganz anderen Perspektive. Die einsame Tat, die nicht wahr sein sollte, weil sie nicht wahr sein durfte, war plötzlich im Bereich des Möglichen" (*Cziffra*, Hanussen, 250).

32 Ebd.

33 Ebd., 195.

34 Ebd., 183, 191.

35 Ebd., 193.

36 Ebd., 202f.

37 Ebd., 204f.

38 Eine derartige hypnotische Suggestion ist durchaus möglich.

39 *Cziffra*, Hanussen, 224f.

40 Ebd., 228.

41 Totenschaubefunde von Izmet Aga (TBB. J.A. 28987), Grace (TBB. J.A. 28990) und Rudolf (TBB. J.A. 28989) Dzino. Wiener Stadt- und Landesarchiv.

42 Tonbandaufzeichnung eines Gesprächs zwischen Wilfried Kugel und Geza von Cziffra am 2. 8. 1984 in Tutzing.

TEIL 3 DER FALL GEORG BELL

1 Möglicherweise Harry Schulze-Wilde, der auch unter dem Pseudonym Werner Schulz schrieb.

2 Braunbuch I, 56f.

3   Ebd., 57.

4   Ebd., 55.

5   Protokolle über die Zeugenvernehmungen der Internationalen Untersuchungskommission in London, 16. 9. 1933, Morning Session,Vernehmung eines unbekannten Journalisten aus Berlin; Bundesarchiv Berlin, 15 J 86/33 Bd. 2.

6   Braunbuch I, 57.

7   *Richardi/Schumann*, Geheimakte Gerlich/Bell, 53.

7a   Bericht von Georg Bell über seine Tätigkeit für ERrnst Röhm (Herbst 19342), ebd., 214-221.

8   „Von der Brandstiftung zum Fememord. Glück und Ende des Nationalsozialisten BELL", Prometheus-Verlag, o. J.

9   „Frankfurter Zeitung", 14. 10. 1932, und „Augsburger Post-Zeitung", 7. 10. 1932; zit. nach *Wolff*, Der Reichstagsbrand, 33.

10   *Richardi/Schumann*, Geheimakte Gerlich/Bell, 67. Eidesstattliche Versicherung des Generalmajors a. D. Franz Ritter von Hörauf zur Vorlage beim Internationalen Militärgerichtshof in Nürnberg vom 24. 6. 1946 (Staatsarchiv Nürnberg, MGN 6, Vert.-Dok.-B. Gattineau 6a, Dok. Gattineau 300).

11   Bells Kontakte zu Deterding wurden bereits durch den Tscherwonzenfälscher-Prozeß bekannt.

12   Eidesstattliche Erklärung von Erich Fürst von Waldburg zu Zeil (siehe Anm. 10).

13   *Richardi/Schumann*, Geheimakte Gerlich/Bell, 72ff.

14   So die Aussage des Kunstmalers und SA-Obertruppführers Martin Schätzl aus München, der die Verschwörer gekannt hat. Vgl. Bericht über die Mitteilungen des SA-Obertruppführers Martin Schätzl, Landgericht Traunstein (Stempel vom 4. August 1948); Akte „Kuchler-Prozeß" (Gt 01.02.), Institut für Zeitgeschichte, München; und *Winfried Martini*, „Die Geschichte eines Rollkommandos. Hitler sollte schon 1932 von der SA ermordet werden", in: „Süddeutsche Zeitung", 31. 7. 1948, nach *Richardi/Schumann*, Geheimakte Gerlich/Bell, 72.

15   Siehe Anm. 8, 13.

16   Ebd., 16.

17   Austrittserklärung von Georg Bell aus der NSDAP vom 8. 10. 1932, Bundesarchiv Berlin (ehem. Berlin Document Center, SA-P).

18   Vernehmung Paul Konrad durch die Kriminalpolizei vom 1. 9. 1946, Akte „Kuchler-Prozeß" (Gt 01.02), Institut für Zeitgeschichte, München, zit. nach: *Richardi/Schumann*, 54f.

19   *Josef Hell*, „Zum Gedächtnis von Ingenieur Bell" (Ms., 3), Akte „Kuchler-Prozeß" (Gt 01.02), Institut für Zeitgeschichte, München, zit. nach: *Richardi/Schumann*, Geheimakte Gerlich/Bell, 55.

20   Ebd., 56.

21   Nach*Wolff* (Der Reichstagsbrand, 34, Anm. 51) soll es sich laut Auskunft der „Wiener Library" hierbei um den Schriftsteller und Journalisten A. Voigt gehandelt haben.

22   Nach*Wolff*, Der Reichstagsbrand, 33. Die Notiz lag den Autoren nicht vor.

23   Nach ebd.

24   Siehe Anm. 8, 19.

25   Nach*Wolff*, Der Reichstagsbrand, 33. Vgl. auch *Aretin*, Fritz Michael Gerlich, 118f.

26   *Aretin*, Fritz Michael Gerlich, 120.

27   Eugen Anton Bolz (*15. 12. 1881 Rottenburg am Neckar), von 1928 bis 1933 Staatspräsident Württembergs, als Opfer des 20. Juli am 12. August 1944 verhaftet und am 23. Januar 1945 hingerichtet.

28   *Wolff*, Der Reichstagsbrand, 33.

29   Befragung von Hildegard Wieland, geb. Huber am 18. 2. 1992 in Krottenmühl durch Hans Günter Richardi, vgl. *Richardi/Schumann*, Geheimakte Gerlich/Bell, 134.

30   Aussage von Erich Sparmann und Ludwig Kuchler im Protokoll über die Hauptverhandlung der Großen Strafkammer des Landgerichts Traunstein in der Strafsache gegen Lud-

wig Kuchler und Erich Sparmann wegen Mordes am 28. und 29. Juli 1948, Akte „Kuchler-Prozeß" (Gt 01.02), Institut für Zeitgeschichte München, nach *Richardi/Schumann*, 144. Uhl wurde am 1. Juli 1934 im Konzentrationslager Dachau erschossen. Vgl. Liste der im Zusammenhang mit dem Röhm-Putsch Hingerichteten; NS 23 Oberste SA-Führung, Bundesarchiv Berlin.

31   *Diels*, Lucifer ante portas, 123.

32   Aussage Paul Konrad, Akte „Kuchler-Prozeß" (Gt 01.02), Institut für Zeitgeschichte München, zit. nach *Wolff*, Der Reichstagsbrand, 34.

33   Dr. med. Ernst Klein (NSDAP Nr. 99), Ehemaliger Brigadearzt und Standartenführer der SA-Gruppe „Hochland"; vgl. *Wolff*, Der Reichstagsbrand, 34.

34   Aussage von Dr. Ernst Klein vor dem Landgericht Rosenheim am 9. 2. 1948, Institut für Zeitgeschichte, 1672/55, Bl. 7f.

35   *Wolff*, Der Reichstagsbrand, 34.

36   *Aretin*, Fritz Michael Gerlich, 127.

37   Daß Bell Ende Februar 1933 in Berlin gewesen sei und dort u. a. Gespräche mit von Papen und Schleicher führte, habe laut Wolff auch Bells ehemaliger Mitarbeiter Dr. Weitmann bestätigt (*Wolff*, Der Reichstagsbrand, 34).

38   St 65, Bd. 132, Bl. 48.

39   „Le Populaire de Paris", Wochenzeitung seit 1917; Zentralorgan der Sozialistischen Partei Frankreichs (SFIO).

40   „Die Wahrheit über den Reichstagsbrand", in: „Le Populaire", 15., 16. u. 19. 3. 1933 (Beschaffung des Beitrags durch Elizabeth Willenz [Paris], Übersetzung aus dem Französischen von Daniel Zabota).

41   Der spätere Reichswirtschaftsminister und Reichsbankpräsident Walther Funk (*18. 8. 1890, † 31. 5. 1960) war 1933 tatsächlich zunächst Pressechef der Reichsregierung und Unterstaatssekretär im Reichspropagandaministerium sowie als Vizepräsident der Reichskulturkammer zuständig für Presse und Rundfunk (*Benz/Graml/Weiß*, Enzyklopädie des Nationalsozialismus, 837).

42   Vgl. hierzu auch die Darstellung bei *Orb*, Nationalsozialismus, 120: „Der Nachweis konnte erbracht werden, daß der große Autopark der Derop, dessen Öl-Tankwagen ganz Deutschland befuhren, zum Vertrieb illegaler kommunistischer Flugblätter und Werbeschriften mißbraucht worden war, Flugblätter, welche ‚en masse, von den Kraftwagenfahrern der Derop, meist eingeschriebenen Partei-Kommunisten, vertrieben wurden. Die Derop wurde vorübergehend geschlossen, der sowjetrussische Gesellschaftsanteil am Aktienpaket ging in reichsdeutschen Besitz über, die Derop wurde als eine ‚rein deutsche' Firma neu eröffnet. Die Sowjetunion beeilte sich, sich öffentlich von der KPD, von den deutschen Kommunisten, zu distanzieren und überließ sie ihrem Schicksal."
Heinrich Pfeiffer (alias Heinrich Orb, *21. 3. 1905, † 1949), seit 1929 NSDAP (Deckname „Stein"), SS-Sturmführer, 1934 Chef des SD z. B. V. RFSS und Leiter des „Sonderbüros Stein" im SD, im August 1934 verhaftet und bis August 1935 als „Ehrenhäftling" im Columbiahaus festgehalten, kam nach Flucht über Polen, Österreich, Ungarn und Italien 1938 in die Schweiz, wo gegen ihn wegen verbotener nachrichtendienstlicher Tätigkeit ermittelt wurde (Spionagetätigkeit für die Schweiz und Frankreich). Zunächst interniert, wurde Pfeiffer nach dem Krieg aus der Schweiz ausgewiesen. Er starb 1949 (offenbar Selbstmord) (Akten der Bundesanwaltschaft, Schweizerisches Bundesarchiv, Dossier Nr. C.12.549).

43   Eidesstattliche Erklärung von Erich Fürst von Waldburg-Zeil zur Vorlage beim Internationalen Militärgerichtshof in Nürnberg vom 12. Mai 1946 (Staatsarchiv Nürnberg, MGN 6, Vert.-Dok.-B. Gattineau 6a, Dok. Gattineau 301), zit. nach *Richardi/Schumann*, Geheimakte Gerlich/Bell, 76.

9 Ernst Torgler:
Opfer oder Instrument?

Ernst Torgler, bis Anfang 1933 Chef der kommunistischen Reichstagsfraktion, war der einzige Deutsche, der im Leipziger Reichstagsbrandprozeß auf der Anklagebank saß, nachdem er sich freiwillig den NS-Machthabern gestellt hatte. Wie die mitangeklagten bulgarischen Kommunisten wurde Torgler mangels Beweisen freigesprochen. Während jedoch der Wortführer der Bulgaren, Georgi Dimitroff, den Gerichtssaal als Tribüne zur Agitation gegen die NS-Machthaber nutzte, beschränkte sich Torgler weitgehend auf die Verteidigung seiner Person, wobei er sich von dem NS-Staranwalt Dr. Sack verteidigen ließ. Nach seinem Freispruch wurde Torgler in Schutzhaft genommen und 1935 aufgrund seines Verhaltens im Reichstagsbrandprozeß aus der KPD ausgeschlossen. Torgler selbst hat sich nach 1945 als Opfer des NS-Regimes dargestellt. In der historischen Literatur tauchten jedoch immer wieder Hinweise auf eine Kollaboration des ehemaligen KPD-Fraktionschefs mit dem Goebbelsschen Propagandaapparat auf. Torgler selbst hat diese Vorwürfe vehement bestritten. Die Autoren sind den Hinweisen nachgegangen und stießen dabei auf eine Reihe bisher unbekannter bzw. unerschlossener Quellen, die Torglers Rolle, sowohl hinsichtlich seiner Tätigkeit für das „Reichsministerium für Volksaufklärung und Propaganda" (RMVP) als auch im Zusammenhang mit dem Reichstagsbrand in einem neuen Licht erscheinen lassen.

Die Anklageschrift zum Reichstagsbrandprozeß führte zur Biographie des Angeklagten Ernst Torgler[1] bemerkenswert kärglich aus (S. 18): „Der Angeschuldigte Torgler ist 40 Jahre alt. Er besuchte in Berlin zunächst die Gemeindeschule und dann eine kaufmännische Fachschule. Von Beruf ist er kaufmännischer Angestellter. In politischer Beziehung ist der Angeschuldigte Torgler nach dem Reichstagshandbuch für 1932 (Seite 428) seit 1907 in der Proletarischen Jugendbewegung tätig gewesen und seit 1910 gewerkschaftlich organisiert. Von 1910 bis 1916

Torgler nach der Verhaftung. Polizeifoto

gehörte er der Sozialdemokratischen, von 1916 bis 1920 der Unabhängigen Sozialdemokratischen und seit 1920 der Kommunistischen Partei an. Mitglied des Reichstags ist er seit 1924 gewesen. Außerdem war Torgler Mitglied des preußischen Staatsrats und der Bezirksverordnetenversammlung in Berlin-Lichtenberg. Dort war er von 1921 bis 1930 unbesoldeter Stadtrat und hatte als solcher von Juni 1921 bis zum April 1926 und dann später noch einmal im Jahre 1928 vertretungsweise drei Monate lang das Dezernat für Feuerlöschwesen unter sich. Dem RFB. [Roter Frontkämpfer Bund] will Torgler niemals angehört haben, ebenso nicht dem Kampfbund gegen den Faschismus. Wie er angibt, habe seine Haupttätigkeit in der parlamentarischen Arbeit bestanden. Daneben habe er sich mit Beamten- und Angestelltenfragen beschäftigt, daher auch öfters an Beamtentagungen teilgenommen und in Betriebsversammlungen von Angestellten gesprochen."

„Auf besonderen höheren Wunsch"

Im Gegensatz zu Dimitroff wirkte der Angeklagte Ernst Torgler während des Reichstagsbrandprozesses merkwürdig zurückhaltend. Während jener den Gerichtssaal als Plattform benutzte, um gegen die nationalsozialistische Terrorherrschaft zu agitieren und das Komplott der NS-Machthaber gegen die Kommunisten aufzudecken, beschränkte sich der ehemalige Fraktionsvorsitzende der KPD im Reichstag im wesentlichen darauf, seine eigene Unschuld zu beteuern. Seine Verteidigung überließ Torgler weitgehend dem nationalsozialistischen Rechtsanwalt Dr. Alfons Sack, einem Vertrauensmann der Berliner SA-Führung um Karl Ernst und von Helldorf, der bereits zu Beginn des Prozesses erklärt hatte, daß er Torgler hier nicht als Kommunisten, sondern lediglich als Privatmann zu verteidigen gedenke. Die Unterordnung unter die Verteidigungslinie seines Anwalts trug Torgler offenbar bereits während des Prozesses einige Vergünstigungen gegenüber den anderen Angeklagten ein. So gewährte ihm Dr. Sack beispielsweise Einblick in das Dimitroff und den anderen bulgarischen Kommunisten vorenthaltene „Braunbuch".

Bereits vor dem Reichstagsbrandprozeß fanden Absprachen mit Torgler und Sack statt. Laut einer von Kriminalkommissar Heisig erstellten Aktennotiz vom 18. September 1933 sei der Gestapa-Zweigstelle Leipzig „von gut unterrichteter Seite mitgeteilt" worden, der Anwalt Torglers, Dr. Sack, habe seinerzeit „von der Anwaltskammer ein Schreiben erhalten, in dem er ersucht wird, in Sa. Reichstagsbrand die Verteidigung eines Angeklagten zu übernehmen. Man würde dafür sorgen, daß ihm ein Angeklagter zugewiesen werden würde, der bestimmt mit einem Freispruch davonkommen würde. Unter diesen Voraussetzungen soll Sack sich zur Übernahme der Verteidigung bereit erklärt haben."[2] Noch präziser äußerte sich Gestapa-Chef Diels in einem Schreiben vom 9. Dezember 1933, in dem es hieß, Dr. Sack habe „auf besonderen höheren Wunsch die Verteidigung [Torglers] übernommen [...], und zwar auf Grund eines Schreibens des Präsidenten Voss[3] vom Anwaltsverein als Vertrauensmann des Reichsjustizministers.[4] Das Schreiben lag hier vor. In dem Schreiben heißt es, daß Herr Dr. Sack die Verteidigung eines Angeklagten übernehmen solle, der freigesprochen würde."[5]

Der Freispruch Torglers stand demnach von Anfang an fest und erfolgte, wie auch seine Verteidigung, im Auftrag höchster NS-Regierungsstellen! Torgler sprach später selbst von einem „Pakt" mit seinem (NS-)Anwalt Sack. Spätestens jetzt hatte Torgler mit der KPD gebrochen, wie zahlreiche Attacken beweisen, die Sack während der Verhandlung in Leipzig gegen den Kommunismus im allgemeinen richtete und denen Torgler nicht widersprach, natürlich aber auch nicht widersprechen konnte, wollte er nicht doch noch seinen Kopf riskieren. Man darf hier aber auch nicht übersehen, daß Sack einen Drahtseilakt zu bewältigen hatte und zusammen mit seinem Mandanten von rechts und links heftig attackiert wurde.

Die vorherigen Absprachen werden auch dadurch belegt, daß Torgler während der Voruntersuchung seinen angeblichen kommunistischen Mitverschwörern Dimitroff, Taneff und Popoff nicht gegenübergestellt wurde. Nach eigenen Angaben sah er diese bei der Eröffnung des Prozesses vor dem Reichsgericht zum ersten Mal.[6]

Wie geplant, wurde Torgler am 23. Dezember 1933 freigesprochen, ebenso die mitangeklagten bulgarischen Kommunisten Dimitroff, Popoff und Taneff. Daß deren Freispruch unausweichlich war, hatte sich bereits nach wenigen Verhandlungstagen herausgestellt.[7]

Torglers Suche nach anwaltlicher Vertretung hatte eine Vorgeschichte: Wie bereits geschildert, hatte sich Torgler am 28. Februar in Begleitung seines langjährigen Anwalts, des Vorsitzenden der „Sozialistischen Arbeiterpartei", Dr. Kurt Rosenfeld, der Politischen Polizei selbst gestellt. (Dies war in der NS-Presse wahrheitswidrig dementiert worden.) Zur Begründung gab Torgler 1945 an: „Ich wollte sowohl vor den Arbeitern in Deutschland als vor allem auch dem Ausland gegenüber durch meine Selbststellung den Beweis liefern, daß die Kommunisten mit dieser Sache nichts zu tun haben, daß es sich vielmehr um eine bewußte Provokation der Nazis handle. In diesem Sinne telefonierte ich vorher mit Walter Oehme und bat ihn, die Presse, insbesondere die Auslandspresse zu informieren und meinen Schritt als einen Protest gegen die Pläne der Naziregierung darzustellen."[8] Kurz darauf emigrierte Rosenfeld, der jüdischer Abstammung war, nach Paris. Torgler konnte keinen Anwalt finden, der den Mut aufgebracht hätte, ihn vor dem Reichsgericht zu verteidigen. Dazu berichtete er 1945 in einem Schreiben an Wilhelm Pieck: „Nach langem Bemühen hatte meine Frau den Rechtsanwalt Puppe für die Übernahme meiner Verteidigung gewonnen. Nach 3 Wochen ließ er mir sagen, er könne die Verteidigung nicht weiterführen."[9] Endlich erklärte sich am 24. Juli 1933 ein Dr. H. R. Habicht bereit, Torgler zu verteidigen, allerdings gegen ein phantastisch hohes Honorar von 15.000 RM für die ersten zehn Tage der Verhandlung zuzüglich 1.000 RM für jeden weiteren Tag.[10] Diese Summe konnte Torgler natürlich nicht aufbringen. Schließlich habe das Reichsgericht einen Rechtsanwalt Huber aus Leipzig als Offizial-Verteidiger bestellt, den Torgler jedoch ablehnte, weil dieser von vornherein von einer Verurteilung überzeugt gewesen sei.[11] Auch die Rechtsschutzabteilung der illegalen KPD war nicht in der Lage, einen Verteidiger für den offenbar zeitweilig am Rande des psychischen Zusammenbruchs stehenden Torgler zu engagieren.[12] In dieser Situation habe ein Strafanstalts-Hauptwachtmeister Torgler auf Dr. Sack aufmerksam gemacht[13], den Torgler dann (nachweislich) am 8. August 1933 auf einer vorgedruckten Karte um seinen Besuch bat.[14] Darauf sei zuerst dessen Sozius Pelckmann[15] und am Tag darauf Sack selbst im Gefängnis erschienen. Am 16. August meldete sich Sack als Verteidiger Torglers beim Reichsgericht und wurde zu dessen Wahlverteidiger bestellt. Sack verlangte sofort die Aufhebung der Fesselung Torglers, die seit über 5 Monaten Tag und Nacht auf Anordnung von Untersuchungsrichter Vogt bestand.[16] Daraufhin wurde am 28. August nach einer Überprüfung durch Beschluß des Reichsgerichts die Anordnung der Fesselung für Torgler, Dimitroff und Popoff aufgehoben.[17]

Exkurs: Wer war Dr. Alfons Sack?

Dr. Alfons Sack[18], geboren am 7. August 1887 in Wiesbaden, war im 1. Weltkrieg als „Oberflieger" ein Kamerad Görings. „Bereits 1918 war er [Sack] einer der Organisatoren der Berliner Studentenwehr, die an der Niederwerfung der Novemberrevolution und des Januaraufstandes beteiligt war." Nach der Promotion 1919 in Würzburg wurde „1920 [...] sein Name von den Kapp-Putschisten auf die Kabinettsliste gesetzt, die ihn zum Justizminister machen wollten". Sack war „Verteidiger im Rathenau-Mord-Prozeß. In der Folgezeit verteidigte er den Fememörder Oberleutnant Schulz in mehreren Prozessen, sowie den Chefredakteur des faschistischen ‚Angriff', Dr. [Julius] Lippert. 1930 war er Verteidiger im Prozeß der Ulmer Reichswehroffiziere und im Tscherwonzenfälscher-Prozeß. Hier verteidigte er faschistische [Reichswehr-]Offiziere und den internationalen Faschistenagenten Georg Bell"[19] (siehe Kapitel 8, Teil 3). 1931 vertrat Sack beim „Kurfürstendamm-Prozeß" neben anderen den Grafen Helldorf, Karl Ernst und (zeitweise) Hans Georg Gewehr (siehe Kapitel 7, Teil 3). Anfang der 30er Jahre war Sack auch Anwalt des jüdischen „Hellsehers" Hanussen (siehe Kapitel 8, Teil 2). Am 1. Mai 1932 trat Sack der NSDAP (Nr. 1078882) bei. Dem engeren (homosexuellen[20]) Kreis um Ernst Röhm, Edmund Heines und Karl Ernst zugehörig, wurde Sack anläßlich des „Röhm-Putschs" am 1. Juli 1934 in der Hafenstadt Warnemünde von der Polizei verhaftet und „wegen Verdachts der Beteiligung an der Röhm-Revolte" in das Berliner „Columbia"-Gefängnis eingeliefert.[21] Walter Korodi, der ebenfalls im „Columbia-Haus" inhaftiert war, berichtete aus eigener Anschauung: „Es war übrigens interessant zu sehen, daß sich Dr. Sack während seines Aufenthaltes im Columbia-Haus am besten mit den SA-Männern vom Stabe des SA-Führers Ernst verstand. [...] Als Dr. Sack eingeliefert wurde, war er fest davon überzeugt, daß er sofort von oberster Stelle wieder freigelassen werden würde – was aber zu seiner großen Betrübnis nicht geschah. Wäre einer seiner besten Freunde, Dr. Diels, damals noch Chef der Gestapo gewesen, so hätte er wohl niemals die Zelle des Columbia-Hauses erlebt".[22] Am 25. Juli 1934 wurde Sack wieder aus der Haft entlassen.

In einem Schreiben an Wilhelm Pieck vermutete Torgler 1945, daß ihm Sack von der SA (Röhm, Ernst und Heines) geschickt worden sei, aber diese Erkenntnis sei ihm „leider noch nicht während des Prozes-

Torglers Verteidiger Dr. Sack beim Vortrag während der Verhandlung. Hinten der sich Notizen machende Dimitroff.

ses, sondern erst mit völliger Klarheit" nach einer späteren Unterhaltung mit Karl Ernst während seiner Haft gekommen.[23] Ähnliches deutete auch Rudolf Diels in seinen Memoiren an: „Im April [1933] mußte ich den bekannten Berliner Verteidiger Dr. Sack auf seine mündliche Anfrage hin ermuntern, die Verteidigung Torglers im Prozeß zu übernehmen. Ich wußte, daß bei dem weltmännischen jovialen Herrn die Berliner SA-Führer ein und aus gingen; ich nahm an, daß diese weniger aus einem schlechten Gewissen heraus als aus Abneigung gegen das Goebbelssche ,Affentheater' Sack ebenfalls ermutigt hatten."[24] Torgler erhielt die Karte mit Sacks Adresse allerdings erst Anfang August 1933, vier Monate später! Sollte die Zeitangabe von Diels stimmen, so erfolgten die Absprachen also bereits spätestens im April 1933. Weiterhin zog Diels genauso wie Torgler (siehe unten) die Möglichkeit in Erwägung, einige SA-Führer könnten ein schlechtes Gewissen gehabt haben! Wahrscheinlich wurden auch die Anwaltskosten für Sack von der SA bezahlt.[25] Torgler behauptete dagegen seit 1945, die KPD habe diese Kosten übernommen[26], was insofern völlig unglaubwürdig ist, als die KPD Torgler drängte, sich von Sack zu trennen (siehe unten). Das Honorar für den damaligen Star-Anwalt muß sehr hoch gewesen sein, denn 1935 sprach sogar der Vorstand der Anwaltskammer gegenüber Sack eine Mißbilligung wegen überhöhter Honorare aus.[27]

Sack flog am 14. September 1933 nach London, wo der Internationale Untersuchungsausschuß tagte. Das Entlastungsmaterial für Torgler schien ihn aber nicht besonders zu interessieren, denn er flog bereits am 16. September zurück, dem Tag, an dem die Entlastungszeugen für Torgler aussagten. Möglicherweise wollte sich Sack nur informieren, wieviel man im Ausland über die Reichstagsbrandstiftung wußte, sowie Publicity für den angeblichen Rechtsstaat Deutschland machen. Auch während des Reichstagsbrandprozesses hatte Sack „pflichtgemäß durch die Vertrauensperson [wohl Dr. Jung[28]] gewissenhaft die Verbindung mit der Behörde [dem Gestapa] ständig aufrechterhalten".[29] Das Zentralkomitee (ZK) der KPD erwartete allerdings eine andere Haltung von Torgler und stimmte seiner Verteidigung durch Sack nicht zu, was allerdings auch zeigt, daß die Führung der illegalen KPD über die genannten geheimen Absprachen nicht informiert war. Das ZK der KPD stellte in einem Schreiben vom 20. September 1933, das Torgler zu Beginn des Reichstagsbrandprozesses am 21. September 1933 von seiner Frau als Kassiber zugesteckt werden konnte, folgende Forderungen: „Die gesamte, im heldenmütigen Kampf stehende Partei erwartet von Dir dieselbe mutige und stolze revolutionäre Haltung, wie sie Tausende von Parteigenossen in den letzten Monaten vor den faschistischen Richtern innehatten. Nicht nur energischste Zurückweisung der Anklage der Brandstiftung [...] und offene Verantwortlichmachung der Hitlerregierung für diese Provokation, sondern Übergang zum kühnen politischen Angriff gegen die Hitlerdiktatur [...] und Entfaltung unseres Programms der revolutionären Massenerhebung des Proletariats. Der Verteidiger Dr. Sack ist als Schurke und Agent Hitlers entlarvt, der Dich politisch töten, Dich als Feigling auftreten, Dich verächtlich machen lassen will, um die Partei zu diskreditieren, der Dich heuchlerisch auf Schritt und Tritt betrügt. Die Partei fordert Dich auf, Dich im ersten günstigen Moment in voller Gerichtsöffentlichkeit mit entsprechender Erklärung von ihm zu trennen."[30]

Torgler befolgte diese Anweisungen nicht, deren Ausführung nach den einmal erfolgten Absprachen natürlich selbstmörderisch gewesen wäre. Seine Weigerung, dem Verlangen der KP-Führung nachzukommen, sowie Torglers weiteres Verhalten im Prozeß hatten zur Folge, daß er 1935 aus der KPD ausgeschlossen wurde. Zur Begründung des Aus-

schlusses hieß es in einer Erklärung der KPD vom 30. Dezember 1935:
„Die im Oktober dieses Jahres (1935) in Brüssel stattgefundene Parteikonferenz der illegal kämpfenden Partei Deutschlands, die die erste zentrale Parteitagung nach Errichtung der faschistischen Diktatur war und
an der Delegierte aus fast allen Parteibezirken teilnahmen, beschäftigte
sich mit dem Verhalten von Torgler vor und während des Leipziger
Reichstagsbrand-Prozesses und stellte folgendes fest:

1. Torgler hat sich gegen den Willen der Parteileitung freiwillig den
Faschisten ausgeliefert.

2. Die Parteileitung hat alles getan, um Torgler während der Haft und
zu seinem Auftreten vor Gericht zu unterstützen. Torgler hat es jedoch
abgelehnt, die ihm von der Parteileitung gegebenen Anweisungen für
sein Auftreten vor dem Gericht durchzuführen.

3. Torgler nahm sich den als Faschisten bekannten Anwalt Dr. Sack
zum Wahlverteidiger. Obwohl die Partei in einer öffentlichen Erklärung[31] Dr. Sack als Werkzeug des Reichsanwaltes entlarvte, hielt
Torgler an ihm als Verteidiger fest und nahm ihn gegen die Angriffe seines Mitangeklagten Dimitroff in Schutz.

4. Torgler hat in schmählicher Weise vor dem faschistischen Gericht
kapituliert und von Anfang an darauf verzichtet, als Kommunist und
Klassenkämpfer aufzutreten, die Kommunistische Partei und die kommunistische Idee zu verteidigen; er beschränkte sich lediglich auf eine
unpolitische Verteidigung seiner Person.

5. Torgler hat sich vor Gericht wiederholt von dem beispielgebenden,
bolschewistischen Kampf des Genossen Dimitroff für die Sache des
Kommunismus abgegrenzt und zu erkennen gegeben, dass er mit diesem Kampf nicht einverstanden sei. Es [recte: er] ist dem Genossen Dimitroff bei diesem Kampf in den Rücken gefallen und hat sich durch
sein ganzes Benehmen vor Gericht mit den faschistischen Anklägern und
Blutrichtern bei ihren Maßnahmen gegen den Genossen Dimitroff so-
lidarisiert.

[...] Die Parteikonferenz hat deshalb einstimmig Torgler wegen seines
schmachvollen, eines Kommunisten und revolutionären Proletariers
unwürdigen Verhaltens vor Gericht aus der Kommunistischen Partei
Deutschlands ausgeschlossen."[32]

In der Tat war Torglers Verhalten verdächtig, allerdings schon am
Abend des Reichstagsbrandes und am darauffolgenden Morgen, jedoch
keineswegs im Hinblick auf die Brandstiftung, sondern auf seine Verbindungen zur Politischen Polizei, speziell zu deren Leiter, Rudolf Diels.

In den Tagen unmittelbar nach der letzten Durchsuchung des „Karl-Liebknecht-Hauses" bzw. vor dem Reichstagsbrand bestanden besonders enge Kontakte zwischen der Politischen Polizei und den beiden Kommunistenführern Torgler und Koenen.[33]

Wilhelm Koenen berichtete in einer Eidesstattlichen Versicherung im Sommer 1933: „Am Nachmittag des 27. Februar suchte ich, wie an fast allen anderen Tagen der vergangenen Woche, im Polizeipräsidium am Alexanderplatz den Kriminalkommissar Dr. Braschwitz auf, um weiterhin mit ihm über die Auslieferung von Wahlmaterialien aus dem Karl-Liebknecht-Haus zu verhandeln. Wir begaben uns nach drei Uhr zusammen mit einigen Kriminalbeamten vom Polizeipräsidium zum Karl-Liebknecht-Haus. [...] Um zwanzig Minuten vor sechs verabschiedete ich mich nach Beendigung dieser Arbeit von dem Kriminalkommissar [...] und rief dann unser Fraktionssekretariat im Reichstag an, wo ich wegen der Rednervermittlung für die letzte Wahlkampfwoche noch einiges zu besprechen hatte. Im Anschluß an dieses Telefongespräch fuhr ich zum angegebenen Zweck in den Reichstag, wo ich kurz vor halb sieben eintraf. Dort traf ich auch meinen Kollegen Ernst Torgler. [...] Als etwa ein Viertel nach sieben [18.15 Uhr] meine Angelegenheiten erledigt waren, bat mich mein Freund Ernst Torgler, doch noch ein Weilchen zu bleiben, da er nur noch einen Telefonanruf [vermutlich von Birkenhauer[34], dem Chefredakteur des ‚Ruhrechos'] erwarte, der bald kommen müsse. [...] Wir kamen dann dahin überein, dass Torgler offiziell als Leiter des Zentral-Wahlkomitees unserer Partei bei dem Leiter der politischen Abteilung der Berliner Polizei, dem Oberregierungsrat Dr. Diels, nochmals anrufen solle, um bei ihm erneut gegen die Zurückhaltung von Wahlplakaten verschiedenster Art und anderer Wahlmaterialien zu protestieren. Es war etwa halb acht, als dieses Gespräch mit Dr. Diels geführt wurde. Anschliessend ließ ich mich selbst mit dem Assessor [Schneppel], der als rechte Hand von Dr. Diels für die Durchführung der Freigabe verantwortlich war, verbinden und besprach nun meinerseits mit dem Assessor die Schwierigkeiten sowie die für den nächsten Tag zu erledigenden Angelegenheiten, wozu ich mich bereits mit dem Kriminalkommissar [Braschwitz] erneut nach dem Karl-Liebknecht-Haus verabredet hatte. Nach diesen Telefon-Gesprächen mit dem Polizeipräsidium telefonierte der Abgeordnete Ernst Torgler um etwa dreiviertel acht [19.45 Uhr] dann noch mit dem Rechtsanwalt Dr. Rosenfeld. [...] Wenige Minuten nach acht kam dann endlich das erwartete Gespräch [von Birkenhauer], das beim Pförtner des Portal 5,

dem einzigen noch geöffneten Ausgang, geführt werden musste. [...]
Kurze Zeit darauf zogen wir uns dann an und verliessen, etwa acht ein-
viertel [20.15] Uhr, gemeinsam mit der Fraktionssekretärin [Anna
Rehme] den Reichstag durch das Portal 5. [...] Wir gingen unmittelbar,
also etwa um achteinhalb [20.30] Uhr, in das Aschinger-Restaurant am
Friedrichstrassenbahnhof, wo wir zu Abend gegessen haben. Dort trafen wir drei Parteifreunde, mit denen wir uns noch einige Zeit unterhielten. [...] Erst nach zehn Uhr kam dann der neue Kellner an unseren
Tisch heran, sprach mich mit meinem Namen an und sagte: ,Herr Koenen, wissen Sie schon, dass der Reichstag brennt?'"[35]

Diese Darstellung stimmt weitgehend mit Torglers Aussage anläßlich
seiner „Selbststellung" am 28. Februar bei der Politischen Polizei überein, wo er angab, sich von „etwa 10.30 Uhr bis 20.15 Uhr [nahezu] ohne
Unterbrechung" in seinem Fraktionsvorstandszimmer aufgehalten zu
haben. Torgler: „Gegen 18.30 Uhr bis 18.45 Uhr erfuhr ich, daß der
Landtagsabgeordnete [Wilhelm] Koenen im Zimmer 9 sich aufhielt, um
mit mir über das Ergebnis seiner Verhandlungen mit der Polizei im
K[arl]L[iebknecht]-Haus zu sprechen. In dem gleichen Zusammenhang
habe ich kurz nach der Begrüßung mit Koenen ein Telefongespräch mit
Assessor Schneppel im Polizeipräsidium geführt. Mit Koenen und der
Sekretärin habe ich etwa um 20.15 bis 20.20 Uhr das Reichstagsgebäude verlassen."[36] Auch der Bericht der juristischen Kommission des Internationalen Untersuchungsausschusses in London schloß sich den Angaben von Torgler und Koenen an.[37]

Der Nachtpförtner des Reichstagsgebäudes Wendt machte allerdings
bereits am 20. März 1933 andere Angaben, denen auch die Anklageschrift folgte: Um 20.20 Uhr sei ein Gespräch von auswärts eingegangen und Torgler zur Entgegennahme herunter in die Pförtnerloge gekommen. Es sei bei dem Telefonat auch um eine Verabredung bei
„Aschinger" gegangen. Erst um 20.40 bis 20.45 Uhr hätten dann Torgler, Koenen und Rehme das Reichstagsgebäude verlassen.[37a] Zu den Angaben von Torgler und Koenen ergibt sich damit immerhin eine Diffe-
renz von 25 Minuten.

Die Anklageschrift erwähnte die Telefongespräche mit Diels und
Schneppel unmittelbar vor dem Brand nicht; ebensowenig tat das Torgler selbst in seinem Brief an Pieck von 1945 oder in den Beiträgen für
die „Zeit" 1948 und die Mainzer „Allgemeine Zeitung" 1950.[38] Dafür
muß es einen Grund gegeben haben. Diels hatte am 27. Februar bereits
um 15 Uhr ein Telegramm verfaßt, das um 18 Uhr an alle Polizei-

dienststellen in Preußen weitergeleitet wurde, und in dem wegen einer angeblich drohenden Provokation am Wahltag aufgefordert wurde: „Geeignete Gegenmaßnahmen sind sofort zu treffen, kommunistische Funktionäre erforderlichenfalls in Schutzhaft nehmen.“[39] Die genannten Telefongespräche von Diels und Schneppel mit Torgler und Koenen, also gerade solchen „kommunistischen Funktionären“, fanden aber danach, ca. um 19.30 Uhr statt! Es bleibt ein Geheimnis, was dabei wirklich besprochen wurde. Hatte Diels Torgler und Koenen vor der beginnenden Aktion gewarnt? Wie der „Manchester Guardian Weekly“ am 18. August 1933[40] berichtete, hatten Diels und Torgler bereits etwa seit Anfang des Jahres 1933 über die Möglichkeit gesprochen, „daß die Kommunistische Partei insgesamt unterdrückt werden solle. Dr. Diels versprach Torgler, daß er ihm rechtzeitig einen Hinweis geben werde, wenn dieser Moment eintrete.“[41] Oder wollte Diels nur die störenden Kommunisten aus dem Reichstag verscheuchen, um den Brandstiftern freie Bahn zu schaffen, wie es Torgler später vermutete?[42] Jedenfalls verließen Torgler, Koenen und Rehme kurz nach dem Anruf das Reichstagsgebäude.

Die Kontakte zwischen Torgler und dem damaligen Regierungsrat im preußischen Innenministerium Rudolf Diels, zuständig u. a. für die Bekämpfung und Überwachung der Kommunistischen Partei, gingen nachweisbar bis in die Zeit vor dem „Preußenschlag“ vom 20. Juli 1932 zurück. Diels schuf durch ein offenbar von ihm arrangiertes Treffen zwischen seinem Vorgesetzten, dem preußischen Staatssekretär Wilhelm Abegg, Torgler und Kasper (damals Vorsitzender der KPD-Fraktion im Preußischen Landtag) einen Vorwand für von Papens staatsstreichartige Absetzung der SPD-geführten preußischen Regierung. Trotzdem rissen die freundschaftlichen Beziehungen Torglers zu dem danach zum Oberregierungsrat beförderten Diels auch nach diesem Ereignis nicht ab.

Am 7. Juli 1933 veröffentlichte der „Manchester Guardian Weekly“ einen Brief von Maria Reese. Unter Anspielung auf Torglers Rede am 23. Februar 1933 vor dem Preußischen Staatsrat führte sie darin aus: „Wir wußten, daß wir um den 2. März herum verboten werden sollten.“[43] In seiner Rede hatte Torgler die Warnung ausgesprochen, daß ein Verbrechen zu erwarten sei, für das die Kommunisten verantwortlich gemacht werden sollten. „Informationen und Gerüchte“ wiesen darauf hin, daß alle Dinge vor dem 5. März passieren würden. Die Kommunisten seien darüber informiert, daß ein fingiertes Attentat auf Hitler am 2. oder 3. März geplant sei und daß die Kommunisten dafür verantwortlich gemacht werden sollten[44] (siehe dazu Kapitel 1). Als Quelle für seine Informationen hatte Torgler ein Gespräch mit dem „Stahlhelm"-Führer von Morozowicz sowie einem anderen „Stahlhelm"-Führer genannt.[45] Am 28. August berichtete der „Manchester Guardian" ausführlich über den Inhalt der Rede und fügte hinsichtlich des von Torgler genannten Stahlhelmführers hinzu: „Torgler bezog sich auf Morozowicz, einen Stahlhelm-Führer mit enger Verbindung und Sympathie zu den Nazis"[46] (siehe dazu Kapitel 1). In einem Beitrag für die „Zeit" von 1948 berichtete Torgler ergänzend, daß ihm das Gerücht eines fingierten Attentats auf Hitler vor der Wahl auch von Friedrich Stampfer, dem Chefredakteur des sozialdemokratischen „Vorwärts", zugetragen worden sei. Weiter heißt es: „Diese Gerüchte schienen aus SA-Kreisen zu kommen."[47]

Nach der Reichstagsbrandstiftung

Torgler wurde in der Brandnacht nicht wie andere KPD-Funktionäre verhaftet. Er berichtete dazu 1948, daß er um 21.30 Uhr die Nachricht vom Reichstagsbrand im Lokal Aschinger am Bahnhof Friedrichstraße von einem Kellner erfahren habe. Mit der Bemerkung: „Ich muß sofort hin, um nach unseren Fraktionszimmern zu sehen" sei Torgler nun sofort zum Reichstagsgebäude geeilt. Er muß nach 21.30 Uhr dort eingetroffen sein, denn die Kuppel sei bei seiner Ankunft bereits geborsten gewesen. Nun erst sei ihm eingefallen: „Das ist das Attentat! Aus dem Attentat auf Hitler war ein Attentat auf den Reichstag, auf das ‚Haus des Deutschen Volkes' geworden. Die Frage war nur, wie die Nazis es wohl anstellen würden, dieses Attentat der anderen Seite in die Schuhe zu schieben".[48] Diese Schilderung ist denkbar unglaubwürdig, denn der Rundfunk informierte bereits kurz nach der Entdeckung des Brandes über das Feuer und die Bezichtigung der Kommunisten. Die Nachricht von den Tatvorwürfen gegen die Kommunisten und speziell auch gegen seine eigene Person sei Torgler aber erst zwei Stunden später (also nach 23.30 Uhr) „von einem Journalisten telefonisch übermittelt" worden. Zu dieser Zeit saß Torgler nach eigenen Angaben allerdings mit Koenen und weiteren Parteifreunden in einer Gastwirtschaft am Alexanderplatz, in unmittelbarer Nähe des Polizeipräsidiums! Es bleibt unklar, woher der Journalist wußte, daß sich Torgler dort aufhielt.[49]

685

Torgler gab weiter an, er habe sofort den Entschluß gefaßt, sich selbst der Polizei zu stellen und versucht, Koenen zu überzeugen, sich ihm anzuschließen. Man habe sich dann darauf geeinigt, den nächsten Morgen abzuwarten. Torgler sei nun nicht zu seiner Wohnung nach Berlin-Karlshorst gefahren, sondern habe bei dem KPD-Fraktionssekretär Otto Kühne in dessen Wohnung in Berlin-Pankow übernachtet. Am nächsten Morgen sei Kühne dort verhaftet worden. Torgler blieb jedoch unbehelligt!

Nach Abzug der Polizei sei Torgler in die Stadt gefahren, um von der Wohnung eines „Freund und Kollegen, einem Geschäftsmann, der nie etwas mit Politik zu tun gehabt hatte" aus einige Telefongespräche zu führen. Zuerst habe er Walter Oehme, den Redakteur der kommunistischen Zeitung „Berlin am Morgen" (die zu diesem Zeitpunkt bereits verboten war!) gebeten, die Presse davon zu informieren, daß er, Torgler, unschuldig sei. Dieser habe ihm dazu geraten, bei der beabsichtigten Selbststellung einen Anwalt mitzunehmen. Danach habe Torgler seine Frau angerufen, die ihm von einer seit Stunden andauernden Haussuchung berichtet habe.

Der „Manchester Guardian Weekly"[50] berichtete weitere Details: Torgler habe am nächsten Morgen zunächst seinen Anwalt Dr. Rosenfeld und anschließend Maria Reese angerufen und ihr mitgeteilt, daß er sich der Polizei stellen wolle. Dr. Rosenfeld habe dann Kriminalrat Heller von der Politischen Polizei telefonisch über Torglers Absicht informiert. Dieselbe Zeitung druckte am 7. Juli 1933 einen Brief von Maria Reese ab[51], in dem diese über den Morgen nach dem Reichstagsbrand berichtete: „Gegen 10 Uhr rief mich Torgler an und sagte, er würde zur Polizei gehen, um die Absurdität der Anschuldigung zu zeigen. Ich dachte, dies sei ein Fehler, aber er hatte bereits Regierungsrat Diels und einen Anwalt angerufen." [52]

Zu seinem Verhalten erklärte Torgler selbst später in der „Zeit"[53]: „Schließlich rief ich Oberregierungsrat Diels im Polizeipräsidium der sogenannten Abteilung Ia an, das heißt: der politischen Polizei, den ich von verschiedenen Verhandlungen her kannte. Es meldete sich jedoch sein Vertreter, ein Assessor Schneppel. Er sagte nur: ‚Kommen Sie her. Sie müssen sich bei Kriminalrat Heller melden'."[54]

Am Morgen des 28. Februar könnte es aber doch zu einem Telefonat mit Diels gekommen sein. Dies bezeugt jedenfalls der damalige Referent für die NS-Bewegung im Preußischen Innenministerium, Dr. Alois Becker. Vor Gericht sagte er nach 1945 aus: Kurz nach 8 Uhr, während eines Gesprächs mit Diels „erfolgte ein telefonischer Anruf. Ich konnte mit Deutlichkeit wahrnehmen, daß der Abgeordnete Torgler sich meldete. Torgler brachte zum Ausdruck, weshalb er nicht geholt worden sei, ob er noch abgeholt werde oder selbst heraufkommen solle. Diels sagte, es sei eine merkwürdige Sache. [...] Nach einiger Überlegung bedeutete Diels, er möge mit seinem Rechtsberater [...] selbst heraufkommen."[55] Torgler, Rosenfeld und dessen Tochter seien schließlich mit einem Taxi ins Polizeipräsidium gefahren, wo Torgler von Heller arretiert und verhört worden sei.

Diels berichtete in seinen Memoiren über den weiteren Fortgang: „Als Torgler auf Görings Befehl festgenommen worden war, kam es zu einer Unterredung zwischen ihm und mir. Ich hegte eine alte Hochschätzung für den Kommunistenführer, dessen echte sozialistische Gesinnung[56] [sic!] mich in persönlichen Aussprachen vor dieser Zeit oft beeindruckt hatte. Torgler wiederholte seinen Protest gegen die verleumderischen Angriffe auf seine Person und die Führung der KPD und bat mich, das dem preußischen Ministerpräsidenten zu übermitteln. Ich ließ ihm gegenüber nicht den geringsten Zweifel, daß ich ihn für unbeteiligt an der Tat und seine Festnahme für unbegründet hielte."[57]

Torgler berichtete 1948: „Am Tage vor der Reichstagswahl, also am 4. März wurde ich wieder nach dem Polizeipräsidium am Alexanderplatz geholt und am Abend des Wahlsonntags in das Dienstzimmer des Oberregierungsrates Diels geführt."[58] In einer Erklärung, die Torgler 1949 für Diels in dessen Entnazifizierungsverfahren abgab, äußerte er sich auch über den Inhalt dieser Unterredung, die er nun allerdings auf den 5. März datierte:

„Auch nach dem Reichstagsbrand und meiner am 28. Februar 1933 erfolgten Selbstgestellung bzw. anschließender Inhaftnahme hat mir Herr Diels noch dadurch geholfen, daß er mich am 5. März zu einer Unterredung unter vier Augen in sein Dienstzimmer im Berliner Polizeipräsidium holen ließ und mich dort auf meine Fragen dahingehend informierte, daß der Reichstagsbrand vor das Reichsgericht kommen würde und daß der Holländer van der Lubbe ein Pyromane mit Wandertrieb sei. Ich erfuhr dadurch, daß van der Lubbe nicht derjenige sei, als den man ihn in den Pressemeldungen hinzustellen versuchte: Ein ausländischer Kommunist mit dem Parteimitgliedsbuch in der Tasche." Torgler bescheinigte dem ehemaligen Gestapochef auch (vielleicht im Gegenzug für dessen Wertschätzung seiner Person), „ein durchaus humaner und konzilianter Mann" zu sein, „dem ich seiner ganzen Mentalität nach zwar persönliche und politische Wendigkeit zutraue, von dem ich aber unter keinen Umständen annehmen kann, daß er brutale Handlungen oder gar Verbrechen gegen die Menschlichkeit begangen haben könnte".[59]

Nach dem Freispruch

Auch nach seinem Freispruch am 23. Dezember 1933 blieb Torgler zunächst weiter in Leipzig inhaftiert. Im Anschluß an den Prozeß vor dem Leipziger Reichsgericht kam es am 4. Januar 1934 im Reichsministerium des Innern zu einer Besprechung über „die Angelegenheit Dimitroff und Genossen sowie Torgler", deren Ergebnis in einem Aktenvermerk des Gestapa festgehalten wurde.[60] Während Diels im Namen Görings vorschlug, Dimitroff „in ein Konzentrationslager zu verbringen und ihn dort genau so zu behandeln, wie die anderen maßgeblichen kommunistischen Funktionäre Thälmann, Remmele usw.", hatte Göring mit Torgler eigene Pläne, die er von Gestapachef Diels am 4. Januar 1934 vortragen ließ:

„Dieser erklärte, daß der Herr Preuß. Ministerpräsident an der Person Torglers besonderes Interesse habe und daß auf Grund verschiedener Briefe und Eingaben Torglers anzunehmen sei, daß er von seinen früheren politischen Ansichten abgekommen wäre. Aus diesem Grunde wäre die preußische Regierung bereit, Torgler zu übernehmen. Ein neues Verfahren gegen Torgler aufzuziehen, läge auch nicht in der Absicht der maßgebenden Stellen. Herr Staatssekretär Pfundtner erwiderte darauf, daß die Reichsregierung gegen diese Art der Behandlung Torglers, der ja Preuße sei, nichts einzuwenden habe, zumal die nötigen Garantien für seine Sicherheit gegeben seien. Er schlage daher vor, ihn in sichere Einzelhaft zu nehmen und nicht in ein Konzentrationslager zu bringen, und daß die preußische Regierung sich über das Reichsinnenministerium an Sachsen wende mit einem entsprechenden Ersuchen um Überstellung Torglers an die preußischen Behörden. Die Übernahmemodalitäten wären unmittelbar zu vereinbaren."

Nach eigenen Angaben Torglers wurde er etwa am 13. Januar 1934 nach Berlin in das Gefängnis der Gestapo (Prinz-Albrecht-Straße) gebracht und dort der ausländischen Presse vorgeführt. „L'Intransigeant" und „Inpress" gaben ein Interview mit Torgler durch Henri Adam wieder, das im Gestapo-Gebäude stattfand. Dr. Schnitzler habe geäußert:

„Was Torgler betreffe, so befinde er sich auf eigenen Wunsch in Schutz-haft. Auf die Frage des Korrespondenten, ob Torgler tatsächlich gebeten habe, in Haft zu bleiben, anwortete Schnitzler: ‚Ja, Sie können ihn selbst in einem Augenblick fragen'. Torgler erschien. Der Korrespondent stell-te ihm die gleiche Frage. ‚Ich soll gebeten haben, im Gefängnis zu blei-ben?' rief Torgler, als ob man ihn habe verspotten wollen. Dr. Sack, der hinzukam, gab zu, daß er es war, der die ‚Schutzhaft' beantragte, ohne seinen Klienten zu verständigen. Er suchte sich damit zu rechtfertigen, daß er während des Prozesses zahlreiche Drohbriefe erhalten habe. Torg-ler erschien verblüfft ob dieser Enthüllung. Er antwortete auf die Frage, ob er das Gefängnis verlassen werde, wenn man ihm erkläre, er sei frei: ‚Ein Mensch, der 11 Monate im Gefängnis ist, stellt diese Frage nicht'."[61]

Nach eigener Angabe habe Torgler (angeblich zur Tarnung) auch geäußert: „Ich will mit Politik nichts mehr zu tun haben, mein Bedarf ist völlig gedeckt."[62]

Erst 1959 berichtete Torgler: „Ende 1933/Anfang 1934 hatte mich Dr. Sack [Torglers Anwalt] bei einem Besuch im Gefängnis unvermittelt ge-fragt, ob ich wohl einmal mit Karl Ernst sprechen würde, der um ein sol-ches Gespräch gebeten hätte. Verwundert sagte ich zu."[63] Am 15. Ja-nuar 1934 erschien dann aber überraschend zuerst Reichsminister Hermann Göring höchstpersönlich in Torglers Zelle (zuerst sei sogar Hitler angekündigt gewesen)! Göring habe in Hinsicht auf die eigent-lich erforderliche Freilassung Torglers geäußert: „Nein, das geht leider nicht, schon in Ihrem eigenen Interesse nicht. [...] In ein Konzentrati-onslager möchte ich Sie nicht tun; da weiß man nicht, was passiert. Ich werde Sie in ein nettes Polizeigefängnis schaffen lassen, da kann Ihre Frau Sie öfters besuchen." Am nächsten Tag sei im „Völkischen Beobachter" eine Erklärung Görings erschienen, „Torgler hätte längst den Kommu-nismus an den Nagel gehängt".[64]

In der auf Görings Besuch folgenden Nacht hatte Torgler weitere Gäste: den SA-Führers von Berlin-Brandenburg Karl Ernst (in SA-Uni-form), begleitet von seinem Adjutanten Walter von Mohrenschildt sowie dem Gestapo-Chef Rudolf Diels. Zusammen mit Torgler begab man sich in das Dienstzimmer von Diels und feierte dort mit Sekt – offenbar den Freispruch Torglers! Dieser berichtete 1945:

„Es war nachts 1 Uhr. Ich schlief längst, als plötzlich die Zellentür auf-geschlossen wurde und der SA-Gruppenführer Ernst, den ich im Haus-haltsausschuß des Reichstags kennengelernt hatte, als er sich bei mir als dem Vorsitzenden für sein Zuspätkommen entschuldigte, in SA-Uniform, Dr. Diels, der damalige Chef der Gestapo und ein dritter Mann in Zivil, den ich nicht kannte und dessen Namen ich auch nicht erfuhr [vermutlich Ernsts Adjutant Walter von Mohrenschildt[65]]. Zuerst bekam ich einen Schreck und nahm an, daß mein letztes Stündlein geschlagen habe. Dann bemerkte ich aber, daß etwas beabsichtigt war. Ich hatte den Eindruck, als ob die drei Besucher bereits ausgiebig gezecht hatten. Ernst stopfte mir Zigaretten in die Taschen, und da es in der Zelle für 4 Personen zu klein war, ging es nach oben, scheinbar in das Dienstzimmer von Diels. Dort buddelten sie eine Flasche Sekt aus und wollten mich durchaus zum Sekttrinken bewegen. Dabei ergab sich dann eine denkwürdige Unterhaltung. Ernst erzählte mir, daß er mit dem SA-Stabschef Röhm und dem Oberleutnant Heines, dem Fememörder, auf Capri gewesen wäre und am 23. Dezember 1933, also dem Tage der Urteilsfällung in Leipzig, mit Heines zusammen nicht von der Strippe nach Leipzig losgekommen wären. Röhm hätte sie schon mit ihrem Torgler-Komplex verspottet. Ich fragte Ernst, ob sie denn nicht früh genug die Nachricht von meiner Verurteilung zum Tode bekommen konnten. Er meinte darauf, im Gegenteil, wir waren glücklich, als wir endlich hörten, daß Sie freigesprochen wären. Ich muß offen bekennen, daß mich diese erstaunliche Erklärung zunächst völlig fassungslos machte. Ich stellte mir den Fememörder Heines vor, der noch 1932, also 1 1/2 Jahr[e] vor dem Reichstagsbrandprozeß bei einer Schlägerei im Reichstag mir einen Revolver unter die Nase hielt und mich erschießen wollte und seine Fraktionskollegen aufputschte, mich totzuschlagen, wie er um mein Leben bangte und meinen Freispruch herbeisehnte. Und das gleiche bei der Landsknechtsfigur Karl Ernst! Mit dem ungläubigsten Gesicht der Welt fragte ich schließlich: ‚Welche Gründe haben Sie denn für Ihre rührende Teilnahme gehabt?' Worauf er erwiderte: ‚Wenn Sie es auch nicht glauben wollen, es ist schon so, wir haben schon unsere Gründe dafür.' Er äußerte sich dann noch sehr abfällig über die Deutsch-Nationalen. Ich versuchte immer wieder, Näheres über die Gründe zu erfahren, aber leider ohne Erfolg. Stattdessen bemühte er sich, mir klarzumachen, daß wir doch eigentlich dasselbe wollten. Er und seine Freunde wollten doch auch den Kapitalismus beseitigen und zwar auch durch Revolution, ihr Ziel wäre auch der Sozialismus. Ich fragte darauf, ob er denn wirklich daran glaube, daß Hitler den Sozialismus will. Er erwiderte: ‚Noch glauben wir daran.' Meine Frage, was dann geschehe, wenn sie nicht mehr daran glauben, beantwortete er mit einem Achselzucken."[66]

Ob Torgler dieses sehr ungewöhnliche Gespräch vollständig wiedergegeben hat, mag dahingestellt bleiben. Jedenfalls lassen sich seine unmittelbar anschließenden Schlußfolgerungen auf die Reichstagsbrandstifter[67] aus dem Inhalt des zitierten Gesprächs <u>nicht</u> ableiten (siehe dazu
Kapitel 7, Teil 3).

Nach Torglers Schilderungen von 1948 sei er nun unter Anordnung
von Einzelhaft in das von Göring angekündigte „nette Polizeigefängnis"
eingeliefert worden, das Strafgefängnis Berlin-Plötzensee. Gelegentlich
sei dort ein ausländischer Journalist erschienen.[68]

Im April 1934 habe Torgler ein Schreiben des Reichsgerichts erhalten, nach dem für ihn kein Anspruch auf Entschädigung wegen unschuldig erlittener Untersuchungshaft bestehe. Er sei nur aus Mangel an
Beweisen freigesprochen worden, der Tatverdacht sei aber weiterhin
nicht ausgeräumt! Nach Torgler bereitete man nun ein „Hochverratsverfahren" gegen ihn und Thälmann vor, nahm davon jedoch wieder
Abstand.[69]

Am Tage nach dem „Röhm-Putsch", am 1. Juli 1934, habe sich dann
Goebbels persönlich im Gefängnis erkundigt, ob Torgler noch am Leben
sei.[70]

Im Juli oder August 1934 sei Torgler erneut zur Gestapo geholt worden, deren Chef inzwischen Heinrich Himmler geworden war: „Ich
hatte keine Ahnung, was er von mir wollte. [...] Er fragte mich, wie ich
mir mein Leben vorstellen würde, wenn man mich freiließe." Torgler
habe auf die Möglichkeit hingewiesen, wieder als kaufmännischer Angestellter zu arbeiten. Er habe nicht vor, ins Ausland zu gehen.[71]

In einem „Nachweis der Schutzhäftlinge" des Geheimen Staatspolizeiamtes mit dem Stand vom 8. August 1934 finden sich bezüglich Torgler folgende Notizen: „Tag der Inhaftnahme: 28. 2. 1933. Nach der Entlassung aus der Untersuchungshaft am 15. 1. 34 verlängert." „Wird zur
Entlassung nicht vorgeschlagen. Torgler war der geistige Führer der
KPD. Er ist bekanntlich im Reichstagsbrand-Prozeß trotz starker Bela-
stungsmomente freigesprochen worden. Bei einer vorzeitigen [!] Entlassung würde T. in seiner Person stark bedroht sein, da damit zu rechnen ist, dass er Verfolgungen aus Kommunistenkreisen ausgesetzt ist.
Der Herr Preuss. Minister-Präsident [Göring] hat Ende Juni 1934 die
Fortdauer der Schutzhaft genehmigt." „In Sch[utz]. Haft im Strafgefgs.
Plötzensee."[71a]

Ende 1934 seien ihm dann einige Briefe von der ehemaligen kommunistischen Reichstagsabgeordneten Maria Reese ausgehändigt wor-

den, die zwischenzeitlich in die Sowjetunion emigriert, aber nach Deutschland zurückgekehrt war.[72] Im März 1935 habe Torgler sie sogar im Gestapo-Haus persönlich sprechen dürfen.[73] Sie habe ihm mitgeteilt, „daß sie ein Buch über ihre [unangenehmen] Erlebnisse in der Sowjet-Union schreiben wolle oder solle. Mich hätte sie zu fragen, ob ich einige Zeilen als Vorwort dazu schreiben würde."[74] Torgler habe abgelehnt, auch nur eine Zeile im Gefängnis Plötzensee zu schreiben. Er wurde dann am 20. Mai 1935 aus dem Gefängnis entlassen, stand aber offenbar weiterhin unter Polizeiaufsicht. Ein Schreiben der Deutschen Gesandtschaft in Oslo vom 19. Juni 1935 an das Auswärtige Amt in Berlin berichtete unter Berufung auf norwegische Pressemeldungen, daß „die ehemalige Kommunistin Maria Reese Torgler von der kommunistischen Weltanschauung abgebracht und seine Freilassung durch das Gestapa durchgesetzt habe."[75] Dies wird durch ein Schreiben des damaligen Leiters der Anti-Komintern[76], Dr. Eberhard Taubert[77], an Goebbels vom 26. Juni 1944[78] bestätigt, in dem es hieß: „Frau Reese kehrte bekanntlich 1933 freiwillig aus der Emigration nach Deutschland zurück und unterstützte unseren Saarkampf. Sie sagte sich offen von Moskau los. Ihr Verdienst ist es, Torgler auf unsere Seite gebracht zu haben. In den letzten Jahren hat sie verschiedene antibolschewistische Broschüren und Schriften verfaßt."[79]

Eine „Schwarze Liste August 1935" der KPD notierte zu Maria Reese: „Überläuferin und Denunziantin in Berlin. Ist Angestellte einer Zweigstelle der Gestapo für die westlichen Bezirke Berlin. Wohnt unter anderem Namen in Berlin."[80] Das Gastapa reagierte mit einer Meldung vom 26. Oktober 1935 „an alle Staatspolizeistellen in Preussen, an die Politischen Polizeien der Länder": „Geheim! Zusammenstellung Nr. 4 über unzuverlässige Vertrauensleute [...] Reese, geb. Meyer, 5. 1. 89 Michelbach, Berlin Frankreich Berlin, Englerstr. 94, wurde v. d. KPD u. SPD als Spitzel bezeichn. Ehem. sozialdem. [recte: KPD-] Reichstagsabgeordnete."[81]

Im Sold von Goebbels und der Gestapo

Torgler berichtete 1948 in der „Zeit": Um an dem genannten Buch Maria Reeses mitzuarbeiten, sei er am 20. Mai 1935 von Plötzensee zu einem Förster in der Nähe von Berlin gebracht worden. „Hier und einige Wochen darauf in Bayern unter Aufsicht der dortigen Ortspolizei und der Münchener Gestapo mußte ich besagtes Vorwort in Gestalt eines politischen Lebenslaufes schreiben, während Maria Reese über ihre Erlebnisse in der Sowjet-Union berichtete."[82] Seine Niederschrift habe er aber jedesmal mit der Bemerkung zurückbekommen, sich über den Reichstagsbrand ausführlicher zu äußern. Wie bereits dargestellt, wurde Torgler im Oktober 1935 von der ersten „Parteikonferenz der illegal kämpfenden Kommunistischen Partei Deutschlands" aus der KPD ausgeschlossen, der „Völkische Beobachter" habe dies „mit vielem Behagen" gemeldet.

Torglers Schilderung der Vorgänge in dem genannten Schreiben an Wilhelm Pieck von 1945 hört sich dagegen etwas anders an: Maria Reese sei ihm als „Aufpasserin, um nicht zu sagen als Kerkermeisterin" erschienen. „Ich sollte Memoiren schreiben. Ich weigerte mich mit der Begründung, daß man Memoiren am Ende seines Lebens schreibe, aber nicht, wenn man erst einige vierzig Jahre alt sei. Dann sollte ich meinen Lebenslauf schreiben unter besonderer Berücksichtigung des Reichstagsbrandes und des Reichstagsbrandprozesses. Ich merkte bald, worauf es den Nazis dabei ankam. Sie hofften von mir zu erfahren, was ich über die wirklichen Zusammenhänge und die Täter weiß. Ich dachte aber gar nicht daran, ihnen darüber etwas zu sagen. Vielmehr beschränkte ich mich darauf, zu erklären, daß ich den Reichstag nicht angesteckt hätte und daß kein anderer Kommunist es war, ließ allerdings die Frage offen, wer es nun wirklich getan hatte. Das war zweifellos nur die halbe Wahrheit. Denn ich wußte es ja besser, wenigstens glaubte ich es zu wissen, wenn ich gesagt hätte, zu welchen Erkenntnissen ich nach der Unterredung mit Karl Ernst gekommen war, d. h., wer die wirklichen Reichstagsbrandstifter sind, dann hätte das in dieser Situation genauso Selbstmord für mich bedeutet wie während des Prozesses. Ich behielt es also fein säuberlich für mich."[83]

Für die Zeit vom Sommer 1935 bis zum Sommer 1936, also für ein Jahr, besteht in Torglers autobiographischen Angaben eine Lücke. Im August 1936 sei Maria Reese, die Torgler offenbar bedrängt hatte, sich ihretwegen von seiner Familie zu trennen, plötzlich „abgezogen". Ein Gestapo-Beamter mit seiner Frau habe die Bewachung übernommen.[84] Im Sommer 1936 habe Torgler in einem kleinen Städtchen Mecklenburgs „unter der Obhut eines Polizeiinspektors" gesessen. Mitte Oktober 1936 sei er dann nach Berlin zurückgebracht worden, nach 14 Tagen zu Hause aber erneut abgeholt worden mit der Begründung, von einer SA-Gruppe sei ein Attentat auf ihn geplant. Am 1. Dezember 1936 erfolgte schließlich eine Art Freilassung. Er habe ein Revers unterschreiben müssen, sich jeder politischen Tätigkeit zu enthalten, nicht ins Ausland zu gehen oder mit dem Ausland zu korrespondieren und keine Verbindung mit seinen früheren politischen Freunden aufzunehmen. Weiter habe er sich verpflichten müssen abzuleugnen, daß er „der Torgler sei"; er sei nur ein entfernter Verwandter.[85] Zwar habe man ihn nun in Ruhe gelassen, er hätte sich aber in Abständen bei der Gestapo melden müssen. Nach seinen Angaben habe er nun als selbstständiger Vertreter gearbeitet.[86]

Eine für Torgler weniger schmeichelhafte Darstellung seiner Zusammenarbeit mit dem NS-Propagandaapparat, die seinen autobiographischen Angaben teilweise gravierend widerspricht, lieferte eine Mappe mit Dokumenten, die nach Kriegsende im Schutt des Göringschen Büros gefunden wurde und die Aufschrift „Ernst Torgler" trug.[87] Die darin enthaltenen Berichte datierten vom November 1936 und stammten aus der Feder des berüchtigten NS-Juristen Dr. Werner Best, Verfasser der sogenannten „Boxheimer Dokumente"[88] und damals Regierungsdirektor und Abteilungsleiter I (Allgemeine Verwaltungsangelegenheiten) in der Gestapo. Am 30. Oktober 1946 veröffentlichte der Berliner „Telegraf" auszugsweise das nachfolgend erstmals vollständig wiedergegebene Schreiben vom 7. November 1936[89]:

„An den Herrn Ministerpräsidenten [Göring],
Chef der Geheimen Staatspolizei,
Berlin W 8, Leipziger Str. 3

Betr.: Torgler-Reese-Sache
Bezüglich der Frage, die der Herr Ministerpräsident am 6. 11. dem Unterzeichneten in Verbindung mit dem Gefangenen von Ossietzky stellte, als dieser vorgeführt wurde, kann mitgeteilt werden:
Der frühere kommunistische Reichstagsabgeordnete Ernst Torgler, geb. 25. 5. 1893 in Berlin, wurde am 20. Mai 1935 aus dem Gefängnis freigelassen, wo er seit Dezember 1933 gesessen hatte, da er im Reichstagsbrandprozess freigesprochen wurde. Es war mit dem Reichsministerium für Volksaufklärung und Propaganda eine Vereinbarung getroffen, dass Torgler zusammen mit der früheren kommunistischen Reichstagsabgeordneten Maria Reese an der Herausgabe eines Buches arbeiten sollte mit einer gemeinsamen Erklärung, in der sie vom Kommunismus Abstand nahmen. Frau Reese kehrte 1934 aus der Emigrati-

on nach Deutschland zurück und hielt kurz vor der Saarabstimmung eine antimarxistische Rede über die deutschen Sender. Frau Reese, die nach der nationalen Erhebung ins Ausland ging – nach Dänemark, Schweden, Moskau, den Niederlanden und Frankreich –, hatte sich hier gründlich in die kommunistischen Methoden und Absichten vertieft. Sie hatte in den letzten Monaten, bevor Torgler freigelassen wurde, in mündlicher und schriftlicher Verbindung mit ihm gestanden und ihn über ihre Erlebnisse und Erfahrungen unterrichtet. Seit Torglers Freilassung wurden er und Frau Reese von hier aus unterhalten. Anfangs wohnte Torgler in der Nähe von Berlin. Da es indessen deutliche Zeichen gab, daß sein Aufenthaltsort bekannt war, und es Grund zu der Befürchtung gab, von kommunistischer Seite könnte ein Anschlag auf ihn verübt werden, wurde er Mitte 1935 nach Oberbayern gebracht. Hier erarbeitete Torgler zusammen mit Frau Reese das Buch, durch das sie mit der Komintern brachen.

Anfangs bestand die Absicht, dass Torgler in den Tagen zwischen dem 13. und 15. Juni 1935 den Repräsentanten der ausländischen Presse vorgestellt werden sollte, da zu dieser Zeit durch diese Presse Meldungen über Torglers Freilassung ausgesandt wurden.

Das Buch, an dem Torgler und Frau Reese arbeiteten, wurde im Laufe des Juli 1935 abgeschlossen. Es sollte nach Mitteilung des Reichsministeriums für Volksaufklärung und Propaganda gegebenenfalls zum Reichsparteitag 1935 herauskommen. Dort sollte Torgler gleichzeitig erscheinen, um eine im voraus formulierte Erklärung vor der Auslandspresse abzugeben. Vor Weihnachten 1935 wurde hier bekannt, dass das Buch dem Führer und Reichskanzler vorgelegt werden sollte, und dass die Bestimmung getroffen war, dass das Buch auf Grund seines bedeutungsvollen Gesamtinhalts für bestimmte Fälle bereitgehalten werden solle. Wie hier im Dezember 1935 bekannt wurde, war Torgler inzwischen aufgrund seiner wenig kommunistischen Haltung im Prozeß um den Reichstagsbrand aus der K.P.D. ausgestoßen worden.

Im Januar und Februar 1936 wurden wegen Herausgabe des Buches Verhandlungen mit dem Reichsministerium für Volksaufklärung und Propaganda geführt. Man fand dort diesen Zeitpunkt geeignet, weil:

die Komintern um den 27.-28. Februar Propaganda plante (Jahrestag des Reichstagsbrandes),

Wahlen in Frankreich und den skandinavischen Ländern bevorstanden, Wahlen der Vertrauensleute in den Betrieben in Deutschland bevorstanden.

Da vom Reichsministerium für Volksaufklärung und Propaganda der Wunsch geäussert wurde, vor der Herausgabe des Buches noch einmal eine Besprechung mit Torgler und Frau Reese zu führen, kehrten die beiden Mitte März 1936 hierher zurück und ließen sich in der Nähe von Berlin nieder. Da es Anfang 1936 bestimmte Anzeichen gab, dass Torglers Aufenthalt in der Nähe von Berlin bekannt geworden sein mußte, wurden Torgler und Frau Reese von hier nach Mecklenburg geschickt, weil man unserer Meinung nach jederzeit mit der Möglichkeit eines Anschlages auf Torgler von der einen oder anderen Seite rechnen mußte.

Das Reichsministerium für Volksaufklärung entschied dann im Sommer, daß Torgler und Frau Reese einige Teile des Buches noch einmal umarbeiten sollten. Das neue Manuskript hat seit September im Reichsministerium für Volksaufklärung und Propaganda zur Genehmigung gelegen.

Nach meiner Auffassung ist es absolut notwendig, dass so schnell wie möglich eine Entscheidung darüber getroffen wird, ob das Buch von Torgler und Frau Reese herauskommen soll oder nicht; denn da eine Entscheidung über das Buch noch nicht getroffen ist, befindet Frau Reese sich in einer nahezu verzweifelten Stimmung, die zum Teil durch körperliches Leiden, zum Teil durch die seelische Belastung seit 1933 verursacht ist. Das geht sogar so weit, dass sie an Selbstmord denkt. Dazu kommt auch, dass sie bei Verwandten wohnte, von der örtlichen Polizei als frühere kommunistische Reichstagsabgeordnete verhaftet und ins Polizeigefängnis gebracht wurde. Sie wurde allerdings wenig später freigelassen. Bei der Festnahme war es ihr nicht möglich, ihr Tun und Treiben, woran die Oldenburger Polizei interessiert war, zu erklären, da sie nicht verraten wollte, dass sie mit Torgler ein Buch gegen die Komintern geschrieben hatte. Auch Torgler ist wegen der Ungewissheit über seine Stellung und über seine Zukunft wie auch die seiner Familie ernsten psychischen Schwankungen ausgesetzt. Aus Sicherheitsgründen lebt er von seiner Familie getrennt, seit er aus dem Gefängnis entlassen wurde. Auch er bittet um eine umgehende Entscheidung, weil er sich gern wieder eine Existenz aufbauen und ein normales Familienleben führen und für Frau und Kinder sorgen will. Eine Einschränkung von Torglers persönlicher Freiheit kann nicht mehr zur Debatte stehen, da er sich schon seit anderthalb Jahren auf freiem Fuß befunden hat.

Aus den hier angeführten Gründen ist es notwendig, dass umgehend eine Entscheidung über das Buch getroffen wird. Falls eine Ausgabe nicht für zweckmässig gehalten werden sollte, müssten zum mindesten nach meiner Meinung Torgler und Frau Reese Gelegenheit erhalten, öffentlich aufzutreten, um eine Erklärung über ihre Stellung zum nationalsozialistischen Deutschland abzugeben. Auf diese Weise würde der Weg für sie beide offenstehen, sich einen Beruf zu verschaffen. Seit Anfang 1936 hält sich Torgler wieder in Berlin auf, während Frau Reese nur eine kurze Zeit hier gewohnt hat. Was sie betrifft, konnte ihr Aufenthalt hier bisher geheimgehalten werden.

Im Auftrage: gez. W. Best."

Der Heydrich-Biograph Günther Deschner berichtete dazu (allerdings unter Angabe der falschen Jahreszahl 1938), daß man Torgler „ein eigenes Büro in Berlin zur Verfügung" gestellt habe, in dem er an einem „Sonderauftrag" arbeitete. „Auf eigenen Wunsch", so Deschner, „wurde ihm seine frühere Sekretärin Maria Reese zugeteilt". Zusammen mit Frau Reese habe „Torgler ein Buch über die KPD aus der Sicht eines Insiders" geschrieben. „Die Tendenz war von der NS-Propagandalinie vorgezeichnet: Es handelte von der Berechtigung, Kommunist zu sein, bevor die nationalsozialistische Revolution Adolf Hitlers den Kampf der Klassen unnötig und unmöglich machte. Nach dieser Revolution gebe es für die KPD keine Aufgabe mehr zu erfüllen. Außerdem wurden zahlreiche Einzelheiten über die Fernsteuerung der KPD durch Moskau und ihren Einsatz für die sowjetische Macht- und Außenpolitik während der Weimarer Zeit mitgeteilt. Teile des Manuskripts wurden Hitler vorgelegt, dem sie ‚sehr gut gefielen', der aber entschied, das Buch ‚nicht zu veröffentlichen'."[90]

Das Projekt scheint demnach nicht an Torglers mangelnder Bereitschaft gescheitert zu sein, den Wünschen seiner nationalsozialistischen Auftraggeber nachzukommen, sondern am strategischen Kalkül des „Führers" und Reichskanzlers.

Beim Geheimsender „Radio Humanité"

Noch in dem bereits zitierten Schreiben an Pieck aus dem Jahr 1945, in dem sich Torgler gegen Vorwürfe der KPD-Führung verteidigte, versuchte er den Eindruck zu vermitteln, als sei seine Mitarbeit an dem besagten Buch der einzige Fall einer Kooperation mit dem NS-Apparat gewesen. In seiner Serie für „Die Zeit" aus dem Jahr 1948 räumte Torgler dann allerdings selbst ein, daß es hierbei nicht geblieben war.

Am „Pfingstsonnabend" (11. Mai) 1940 sei Torgler überraschend zur Gestapo bestellt worden und habe seinen Sohn wiedergesehen, der (nach Torgler im Rahmen eines Austauschabkommens) von der Sowjetunion nach Deutschland ausgeliefert worden war.[91]

Ebenfalls im Mai 1940 sei Torgler zu Oberregierungsrat und SS-Gruppenführer Müller ins Gestapo-Haus bestellt worden. Er habe einige kommunistisch gefärbte Aufrufe zu verfassen. Bei einer Weigerung würde Torgler in ein Konzentrationslager eingeliefert werden. Nun habe Torgler „etwa zehn Tage lang sechs oder sieben kommunistische Aufrufe fabriziert, in denen französische Arbeiter aufgefordert wurden, sich nicht für die 200 Familien – gemeint waren die Großindustriellen, die den maßgeblichen politischen Einfluß ausübten – opfern zu lassen.[92] (Am 10. Mai 1940 hatte Deutschlands Offensive gegen Frankreich begonnen.)

Torgler verschwieg, daß er die genannten „kommunistischen Aufrufe" für den pseudokommunistischen Geheimsender „Radio Humanité" verfaßte. Wie andere französische Geheimsender war auch dieser ein direktes Sprachrohr des Goebbelsschen Propagandaministeriums, dessen Aufgabe in Zersetzungsarbeit bestand, „die den militärischen Operationen der Hitler-Armeen im Mai/Juni 1940 parallel ging und nicht zu Unrecht als ‚vierte Waffe' (neben Heer, Luftwaffe und Marine) bezeichnet wurde". Aufgabe der Sender war es u. a., Panikstimmung zu erzeugen, die Bevölkerung gegen die Regierung aufzuhetzen sowie defätistische Parolen wie „Wir sind verloren; Schluß mit diesem Krieg"[93] auszugeben. Am 2. Juni 1940 soll Ministerialdirektor Leopold Gutterer vom Goebbelsschen Reichsministerium für Volksaufklärung und Propaganda damit beauftragt worden sein, Ernst Torgler zur Mitarbeit zu gewinnen. „Ab 4. Juni texten Torgler und seine Mitarbeiterin Mariechen Reese für den Geheimsender".[94] Wie die Protokolle der täglichen Lagebesprechungen Goebbels' mit seinen Abteilungsleitern verraten, wurde neben Torgler und Maria Reese auch der ehemalige kommunistische Abgeordnete im preußischen Landtag Wilhelm („Willi") Kasper für die Mitarbeit beim kommunistisch getarnten Geheimsender „Humanité" herangezogen. Auf diese Idee sei man verfallen, „nachdem die von den bisherigen Mitarbeitern, französischen Kommunisten, ausgearbeiteten Sendungen im RMVP als zu doktrinär und langweilig"[95] empfunden wurden. Diese Sendungen, so wurde beklagt, appellierten „lediglich an das Gehirn von Intellektuellen, nicht aber an die primitiven Masseninstinkte".[96] Selbstverständliche Aufgabe dieses Senders, so betonte Goebbels, müsse es jedoch sein, „die Volksleidenschaften zu mobilisieren".[97] Die Hinzuziehung der drei ehemaligen Kommunisten hatte offenbar Erfolg. „In der Tat", urteilten Buchbender/Hauschild, „werden die Texte seit der Berufung Torglers in den Autorenstab des Dr. Raskin[98] griffiger, differenzierter, plastischer. Man spürt den Griff einer kundigen Hand."[99]

Torgler rechtfertigte sich später gegenüber dem Herausgeber der Protokolle der Geheimen Ministerkonferenzen im Reichspropagandaministerium, Willi A. Boelcke, er und Kasper hätten „sich nach Ausbruch des Frankreichfeldzuges unter Druck bereit" gefunden, für die gegen Frankreich operierenden Geheimsender des Propagandaministeriums „einige Entwürfe für Aufrufe an die französischen Werktätigen zu liefern, den Widerstand gegen den übermächtigen deutschen Feind einzustellen und überflüssiges Blutvergießen zu vermeiden."[100]

Mit dem Geheimsender „Concordia" gegen England

Als die Anti-Komintern-Abteilung des Reichsministeriums für Volksaufklärung und Propaganda (RMVP) im Januar 1941 einen pseudosozialistischen Geheimsender zur Desinformation der sozialistischen und kommunistischen Bewegung in England installierte, stellte Torgler dem NS-Regime auch bei diesem Propagandamanöver bereitwillig seine Erfahrungen und Kenntnisse als ehemaliger kommunistischer Funktionär zur Verfügung. In einem „Verschluss"-Schreiben berichtete Dr. Eberhardt Taubert dem Ministerialdirektor Gutterer im RMVP am 28. Februar 1941[101]:

„Betr.: Concordia-Sender für England
Wir haben mit Torgler und Kasper in der Antikomintern eine Besprechung gehabt. Wir sind der Meinung, dass es doch am besten ist, wenn dieser Sender von sich behauptet, dass er in England selbst stehe und von oppositionellen Arbeitern betrieben werde. Diese seien nicht parteimäßig gebunden, ständen aber der KPE [Kommunistischen Partei Englands], der Independant Labour-Party und Kreisen des linken Flügels der Labour-Party nahe. [...] Der Sender wird [...] folgende Linie haben: sozialistisch pazifistisch, antidiktatorisch (gegen Churchill), antikapitalistisch. Der Krieg ist für den englischen Arbeiter sinnlos. Er hat gar kein Interesse daran, dass er gewonnen wird. Wenn dies geschieht,

ist damit die Macht der Kapitalistenklasse, der Hochtories vom Schlage Churchills, für alle Zeiten gefestigt, das bedeutet erneute hoffnungslose Unterdrückung der Arbeiterklasse. [...] Warnend muss dem englischen Arbeiter das Schicksal der französischen Genossen vor Augen geführt werden, die ebenso einen sinnlosen Krieg führten und als Ergebnis nun ausser der Niederlage und ihren unmittelbaren Folgen auch noch innerpolitisch das reaktionäre und diktatorische Regime Pétains erdulden müssen. Also Frieden, ehe es zu spät ist, <u>Frieden um jeden Preis</u>. Hierzu muss die Regierung mit allen Machtmitteln der Arbeiterklasse und des werktätigen Volkes gezwungen werden. Gelingt es nicht, sie hierzu zu zwingen, gibt es nur einen Weg: den <u>Sturz der kapitalistischen Regierungsform</u>. Motto: <u>Alle Macht der Arbeiterklasse</u>. Mit einer Regierung der Arbeiterklasse wird Hitler bereit sein, einen Frieden zu schliessen, denn von einer solchen Regierung der Arbeiterklasse braucht er nicht einen neuen kriegerischen Überfall zu befürchten (ideologisch und terminologisch wird es richtig sein, nicht die klassische marxistische Ausdrucksweise anzuwenden, sondern leicht schillernd zwischen den verschiedenen radikalen Linksauffassungen zu variieren.) [...] Die technischen Fragen, wie Lieferung von Schreibmaschinen usw. an Torgler und Kasper, sind bereits geklärt. Wir könnten etwa in einer Woche mit den Sendungen beginnen."

Anfang 1941 mußte Torgler allerdings definitiv gewußt haben, für wen er arbeitete. Taubert war bereits 1937 SA-Sturmführer und Mitglied des Volksgerichtshofes. Sein berüchtigter antisemitischer Hetz-Film „Der ewige Jude" hatte am 28. November 1940 Premiere und erregte großes Aufsehen.[102]

Aus dem weiteren Schriftwechsel zwischen Taubert und dem Büro von Direktor II (Ministerialdirektor Gutterer) sowie dem Intendanten des Deutschen Kurzwellensenders und späteren Direktors des Auslandsrundfunks, Dr. Winkelnkemper[103], geht zweifelsfrei hervor, daß Torgler dem Sender tatsächlich Propagandamaterial lieferte und daß er sich darüber hinaus sogar über die „stümperhafte Weise" beschwerte, in der „seine Ausarbeitungen überarbeitet und dann auch nicht verwendet werden".[104]

Die Korrespondenz offenbart darüber hinaus erhebliche Differenzen in der Beurteilung der politischen Situation in England bzw. in den Auffassungen über die richtige propagandistische Strategie, wie das im folgenden zitierte Schreiben Gutterers (Direktor II) an Dr. Taubert vom 31. März 1941 belegt:

„In der Anlage übersende ich Ihnen einige Blätter, die mir Herr Torgler überreicht hat. Herr Torgler teilt mit, dass, nachdem er und Casper [!] lange Zeit für den Rundfunk nicht gearbeitet hätten, sie nun beide auf Grund der damaligen Zusammenkunft in der KDDK laufend zur Mitarbeit herangezogen würden. Das Ergebnis ihrer Arbeit aber würde praktisch nicht verwertet, da nach Aussage von Winkelnkemper kein Sender für sie zur Verfügung stünde, weil angeblich kein Übersetzer und kein Sprecher vorhanden sei und weil schliesslich jede kommunistische Richtung in England undenkbar wäre. Ich kann mich damit nicht zufrieden geben. Ich bitte Sie, nun sofort die beigefügten Arbeiten auf ihre Brauchbarkeit hin zu prüfen".[105]

In der Anlage zu dem Schreiben befinden sich diverse Ausarbeitungen Torglers bzw. Abschriften von Sendungen aus dem Zeitraum 20. Januar 1941 bis 28. März 1941.

Winkelnkempers Einwand, „rein kommunistische Sendungen" seien für England unzweckmäßig, begegnete Taubert mit dem Argument, die Sendungen von Torgler seien „ja keineswegs rein kommunistischer, sondern linksradikaler Natur".[106]

In einem weiteren Schreiben an den „Pg. Finckenwirth im Büro Direktor II" berichtete Taubert, welche Mühe es ihn gekostet habe, Winkelnkemper zu einer gemeinsamen Besprechung mit Torgler zu überreden. „Ich habe ihm klar gemacht, dass nach Meinung von Direktor II die Ausarbeitungen seines Mitarbeiters im Kurzwellensender stümperhaft sind, und dass Torglers Ausarbeitungen richtiger und brauchbarer sind. Es soll nun eine gemeinsame Besprechung mit Torgler stattfinden."[107]

Offenbar hat man dem Einsatz Torglers im RMVP große Bedeutung beigemessen. Sowohl Gutterer wie Taubert machten sich Torglers Protest gegen die „stümperhafte Bearbeitung" und praktische Nichtverwertung seiner Texte vorbehaltlos zu eigen, scheinen Torgler also völlig vertraut, ja, dem ehemaligen kommunistischen Fraktionvorsitzenden in dieser Frage den Rang einer Autorität eingeräumt zu haben. Torglers spätere Behauptung, seine Zusammenarbeit mit dem NS-Propagandaapparat sei unter Zwang erfolgt, istt vor diesem Hintergrund vollkommen unglaubwürdig. Nach den vorhandenen Unterlagen arbeitete Torgler von Januar bis mindestens April 1941 bei dem Propagandasender mit.

Mit „Concordia" beim Feldzug gegen die Sowjetunion

Am 22. Juni 1941 (Überfall auf die Sowjetunion) sei Torgler nach eigenen Angaben in die „Anti-Komintern-Abteilung des Propaganda-Ministeriums" zitiert worden. „Dort wurde mir eröffnet, ich hätte alle freigelassenen Kommunisten zusammenzunehmen und mit ihnen zusammen einen Aufruf, sozusagen zum heiligen Kriege gegen die Sowjetunion zu verfassen und zu unterzeichnen." Torgler habe dies abgelehnt, was auch akzeptiert worden sei. Nicht ganz klar ist, was darauf geschah. Torgler berichtete weiter: „Es blieb übrig, Aufrufe zu schreiben, in der [recte: denen] ‚alte Leninisten' die falsche Politik Stalins kritisieren."[108]

Mit dieser blumigen Umschreibung meinte Torgler offensichtlich seine nun beginnende Tätigkeit für den auf russisch sendenden Propagandasender „Concordia". 1954 berichtete Karl Albrecht[109] von einer Besprechung im Reichspropagandaministerium im Mai 1940. Dabei sei er zusammen mit anderen ehemaligen Kommunisten „von höchsten Persönlichkeiten" um Ratschläge für das propagandistische Vorgehen anläßlich des bevorstehenden Kriegs gegen die Sowjetunion gebeten worden: „Man hatte uns damals auf Befehl des Reichsministers Dr. Goebbels nach Berlin gerufen – uns drei alte Kommunisten: Torgler, den ehemaligen Vorsitzenden der Kommunistischen Reichstagsfraktion, Kaspar [recte: Kasper[110]], den einstigen Vorsitzenden der Kommunistischen Landtagsfraktion in Preußen, und mich. Kaspar [!] kam aus dem Konzentrationslager. Torgler kam – wie ich – aus der Freiheit. Er war nicht lange im KZ gewesen, da er von Göring geschützt wurde – vielleicht aus schlechtem Gewissen im Zusammenhang mit dem Reichstagsbrand.[111] Anders Kaspar [!]. Ihn hatten die brutalen Menschenschinder, die im Laufe der Jahre in den verschiedenen Konzentrationslagern die Macht an sich gerissen hatten, entsetzlich gequält."[112] Albrecht wurde zur Propaganda-Ersatzabteilung Potsdam einberufen, wo man ihn beauftragte, sich „einen Stab von Mitarbeitern zusammenzusuchen, um bestimmte Rundfunksendungen nach dem Osten zu organisieren und zu leiten. Torgler und Kaspar [!] sollten dabei mitwirken. Es sollten u. a. über fünf Stationen und zu vielen Stunden am Tage und in der Nacht Aufrufe an die Rote Armee, vor allem an die alten Leninisten nach dem Osten gesendet werden, um die Soldaten zur Waffenstreckung und zum Überlaufen zu bewegen."[113]

Der von Albrecht geleitete Sender „Concordia V": „Alte Garde Lenins" (Staraja Guarda Lenina), mit einer „gegen Stalin gerichteten leninistischen Zersetzungspropaganda", arbeitete seit dem 29. Juni 1941 auf zwei Kurzwellen.[114] Er gehörte zusammen mit dem ebenfalls nach Rußland gerichteten „Ostsender Y" (später Geheimsender „Z", Agentensender) sowie weiteren Geheimsendern nach England, Ägypten, Indien und Amerika zur Sendergruppe „Concordia", die vom „Büro Concordia" geleitet wurde. Formeller Chef war Dr. Ernst Brauweiler, Leiter der Auslandsabteilung des Propagandaministeriums.[115] Die Sendetexte [für Concordia V] habe der Sonderstab R (Rußland) unter Ministerialrat Dr. Taubert [Leiter Ost im RMVP[116]] in Abstimmung mit dem OKW/Abt. Wehrmachtpropaganda (Oberstleutnant Martin) formuliert.[117]

Albrecht war hier vom 29. Juni 1941[118] bis in den Frühsommer 1942 als Sendeleiter tätig, Verfasser von Lageberichten und Aufrufen, wobei ihn kriegsgefangene Russen aus dem Sonderlager in Berlin-Wuhlheide unterstützten. Sowjetische Divisionskommandeure, Obristen, Unteroffiziere mit Hochschulbildung erklärten sich zur Mitarbeit bereit, brachten ihre Erfahrungen und Kenntnisse ein, wenngleich nur in der Absicht – wie Albrecht verklärend beteuerte –, „den Stalinklüngel durch alte Leninisten zu ersetzen, und dann eine wirkliche Freundschaft zwischen dem deutschen Volk und den Völkern des Ostens zu schaffen".[119]

Der „Sender sollte so wirken", schreibt Albrecht, „als ob wir eine illegale, dauernd hin- und herziehende Gruppe alter leninistischer Genossen waren, die irgendwo hinter der Front sich mit der Verbreitung leninistischer Reden und Leitsätze beschäftigten und dabei zum Sturze Stalins und zur Einsetzung eines leninistischen Politbüros, einer leninistischen Gegenregierung aufriefen".[120]

Die Verbundenheit seiner Vorgesetzten im Propagandaministerium mit dem Überläufer und NS-Kollaborateur Torgler wird eindrucksvoll durch ein Schreiben Tauberts an Goebbels vom 19. Juli 1943 „betr.: Den Sohn Torglers" dokumentiert. Darin berichtete Taubert seinem Chef nicht ohne Anteilnahme, daß Torglers Sohn im Osten gefallen sei und ging im Hinblick auf dessen Schicksal auf verschiedene Details ein:

„Torgler jun. flüchtete aus Deutschland nach Frankreich, als sein Vater anläßlich des Reichstagsbrandes verhaftet wurde. Er war damals ein halbwüchsiger Junge. Als sein Vater die politische Schwenkung zu uns machte, versuchten wir auf dessen Bitte über die französische Regierung die Zurücksendung des Jungen nach Deutschland. Bei der damaligen marxistischen Durchsetzung des französischen Regierungsapparates sickerte dieses Begehren zur Roten Hilfe durch, die den Jungen sofort aus Frankreich entfernte. Er wurde unter falschem Namen und mit falschen

Pässen über Belgien, Holland, Dänemark, Schweden, Finnland in die Sowjetunion gebracht. Als dann kurz vor dem Krieg die Verfolgung der deutschen Kommunisten einsetzte, wurde er in den Fernen Osten deportiert. Er hat dort jahrelang in den Zwangsarbeitslagern von Kamtschaka und Mittelasien gearbeitet. Die Zeit der deutsch-sowjetischen Annäherung benutzten wir dann, um die Sowjetregierung um Auslieferung zu bitten. Der Reichsmarschall [Göring] setzte sich persönlich dafür ein. Es gelang dann auch, Torgler jun. nach Deutschland zu bekommen. Er war sowohl unter dem Einfluß seines Vaters wie durch die eigenen Erlebnisse völlig vom Kommunismus geheilt. Der Herr Staatssekretär hat sich damals auch von ihm persönlich Bericht erstatten lassen. Er hat auch ebenso wie sein Vater an politischen antibolschewistischen Arbeiten, Geheimsendungen u. s. w. teilgenommen. Während des Rußlandkrieges wurde er Soldat. Er ist dann vor allem im Mittelabschnitt in Formationen zur Bekämpfung der Partisanen eingesetzt worden, wobei ihm seine hervorragende Kenntnis der russischen Sprache mit bolschewistischem Jargon sehr zustatten kam. Er hat uns viele Anregungen und Hinweise für die antibolschewistische Propaganda gegeben. Sein Vater ist durch den Tod des Jungen sehr getroffen worden. Wäre es wohl angängig, daß wir ihm Ihr Beileid zum Ausdruck brächten?"[121]

Offenbar ging Goebbels dieser Vorschlag des „Leiters Ost" denn doch zu weit. Jedenfalls ließ es sich Ministerialrat Dr. Taubert nicht nehmen, Torgler in einem Beileidsschreiben vom 16. August 1943 persönlich sowie im Namen aller seiner Mitarbeiter zu kondolieren:

„Lieber Herr Torgler!

Erst gestern erfuhr ich, dass Sie ihren einzigen Sohn im Osten verloren haben. Zu diesem schweren Verlust möchte ich Ihnen, auch im Namen aller meiner Mitarbeiter, die Ihren Sohn gekannt haben, mein tiefgefühltes Beileid aussprechen.

Wir alle, die mit Ihrem jungen und lebensfrohen Sohn in Fühlung traten, sind von dieser Nachricht tief betroffen, um so mehr, als Ihr Sohn nach seinen bitteren Erlebnissen in der Sowjet-Union nur für kurze Zeit sein Elternhaus wiedersehen konnte.

Heil Hitler

Ihr ..."[122]

Sieht so das Schreiben eines Täters an sein Opfer aus? Die hier zuletzt zitierten Dokumente enthüllen das Ausmaß der Zusammenarbeit Torglers mit dem Anti-Komintern-Apparat Tauberts, die offenbar tief in den persönlichen Bereich hineinreichte. Ferner dokumentieren sie aber auch die verheerenden Auswirkungen der stalinistischen Politik, die sich die Nazis bei der Werbung ehemaliger Kommunisten propagandistisch geschickt zu Nutze machten.

Die Dauer von Torglers Tätigkeit für Auslands-Propagandasender und seine Zusammenarbeit mit dem NS-Propagandaministerium läßt sich nach den dargestellten Fakten für einen Zeitraum von Mai 1940 bis mindestens August 1943 nachweisen.

Torgler und die „Haupttreuhandstelle Ost"

In Torglers autobiographischen Notizen findet sich über seine Tätigkeit für die deutschen Geheimsender kein Wort. Dort heißt es: Anfang 1941 habe er seine Vertreter-Tätigkeit „wegen Warenmangel" aufgeben müssen und sei nun von Max Winkler[123] als „Grundstücksrevisor bei der Haupttreuhandstelle-Ost" (HTO)[124] beschäftigt worden. Über dieses Beschäftigungsverhältnis sei (nach einer Angabe Torglers von 1944) „seinerzeit nur ein mündlicher Vertrag zwischen Herrn Bürgermeister Winkler und mir abgeschlossen worden".[125] (Winkler war seit 1939 für alle Beschlagnahmungen in den Ostgebieten zuständig und bereits seit Mai 1940 geheimster Mitwisser der NS-Planungen zum Völkermord!) Diese Tätigkeit habe Torgler laut seinem Brief an Pieck bis zum April 1945 ausgeübt, und zwar zuerst in Berlin, dann nach Verlagerung des Betriebs wegen Kriegseinwirkungen ab November 1943 in Trebbin.

Nachweislich hielt sich Torgler von April bis Juli 1944 in Trebbin (Kreis Teltow [bei Berlin], Neues Schützenhaus, Baracke B) auf.[126] Ab Februar 1945 sei er nach einer weiteren Verlagerung der Firma in Bückeburg (Schaumburg-Lippe) tätig gewesen.[127]

Laut Deschner[128] ginge angeblich aus Unterlagen des Arbeitsamts Berlin und dem Original-Arbeitsbuch Torglers hervor, daß dieser seit September 1941 als Revisor für die Grundstücks-Treuhandgesellschaft „Cautio" in Berlin tätig gewesen sei. (Es handelte sich hier wohl um eine euphemistische Äußerung, denn die „Cautio" beschäftigte sich überwiegend mit Enteignungen.) Die „Cautio Treuhand GmbH" unterstand dem „Treuhänder des Reiches für das Filmwesen", Max Winkler (der gleichzeitig Leiter der HTO war). Sie war als oberste organisatorische Einheit für die gesamte deutsche Filmwirtschaft zuständig, demnach keine Grundstücks-Treuhandgesellschaft![129] Die Angabe von Deschner läßt sich anhand der im Bundesarchiv erhaltenen Akten nicht belegen.[130] Diese dokumentieren lediglich, daß Torgler für die Zeit von Januar bis Juni 1944 auf der Gehaltsliste der „Cautio" stand. Dazu ist zu bemerken, daß Torgler 1948 ausdrücklich die HTO als seinen Arbeitgeber nannte.

Allein aufgrund dieser Angabe hätte er allerdings nach dem Ende des Dritten Reiches jedem Kenner der NS-Verbrechen als äußerst verdächtig erscheinen müssen.

Weiterhin verharmloste Torgler seinen Arbeitgeber Winkler als „ehemaligen demokratischen Bürgermeister von Graudenz".[131] Auch seine mögliche Tätigkeit bei Winklers HTO verharmloste Torgler in seinem Brief an Pieck, indem er sich als „Revisor für Hausverwaltungen" bezeichnete.

Nach dem 20. Juli 1944 (Attentat auf Hitler) sei ein Haftbefehl gegen Torgler ausgestellt worden, der jedoch nicht vollstreckt werden konnte, weil Torgler in Berlin zuerst nicht aufzufinden gewesen sei (er war in Trebbin) und sich später sein „Chef" bei der HTO für ihn verbürgt habe.[132] Torgler sei nicht zur Wehrmacht eingezogen worden, weil er schon zu alt gewesen und später von der HTO „u. k. gestellt" worden sei. Allerdings habe er kurz dem „Volkssturm" angehört.[133]

Den Einmarsch der Amerikaner in Deutschland habe er in Bückeburg erlebt.

Nach dem Ende des Zweiten Weltkrieges

In seinem bereits zitierten Schreiben an Wilhelm Pieck bat Torgler 1945 um „Rücknahme des Ausschlusses durch die Partei [KPD] oder eine Art Amnestie".[134] Das ZK der KPD lehnte ab: „Im Dezember 1945 wandte sich Torgler von Bückeburg aus, wo er im Bürgermeisteramt als Sozialbetreuer tätig war, an das Zentralkomitee der Kommunistischen Partei Deutschlands mit einem Wiederaufnahmeantrag. Der Antrag wurde abgelehnt."[135]

Der ehemalige Gestapo-Mitarbeiter und spätere Mitverschwörer des 20. Juli, Hans Bernd Gisevius, war der erste, der Torgler 1946 öffentlich beschuldigte, während des Krieges für den NS-Propagandaapparat gearbeitet zu haben.[136] Im Winter 1939/40 habe Torgler die kommunistischen Ansprachen verfaßt, die von deutschen Schützengräben aus Lautsprechern zur Maginotlinie hinüberschallten und die französischen Truppen zum Defätismus bekehren sollten. In der Uniform eines SS-Führers, mit falschen Papieren versehen, sei Torgler ein Jahr später im Troß Heydrichs nach Prag eingezogen, „zur Betörung der tschechischen Arbeitermassen, die der schwarze Gangster durch höhere Löhne und sozialistische Versprechungen mit seinem Terror aussöhnen möchte".[137]

Torgler bestritt dies energisch und nannte Gisevius zornig einen „Leichenfledderer des Dritten Reiches", dessen Aussagen nichts als „niederträchtige Lügen oder zumindest dummes leichtfertiges Geschwätz" seien. Er, Torgler, sei zeit seines Lebens nicht in Prag oder überhaupt in der Tschechoslowakei gewesen und habe Heydrich nie gesehen.[138]

Wie bereits erwähnt, soll Torgler laut Deschner in der von Gisevius genannten Zeit, also 1940/41, bei der „Cautio" in Berlin beschäftigt gewesen sein und nicht für den Stellvertretenden Reichsprotektor Heydrich in Prag gearbeitet haben.[139] Doch „ein tschechischer Historiker, der mit den nach 1986 schwer zugänglichen und teilweise von sowjetischen Experten ausgedünnten Prager Akten arbeiten konnte[140], soll behauptet haben, aus diesen Akten gehe ,einwandfrei hervor', Heydrich habe sich für seine Sozialpolitik in Prag Torgler ,herangeholt'."[141] Ob dies der Wahrheit entspricht oder nicht, konnten die Autoren anhand der zur Zeit verfügbaren Quellen nicht feststellen. An der nachgewiesenen Feststellung von Torglers weitreichender Kollaboration mit dem NS-Propagandaapparat ändert dies aber nichts.

Anfang 1949 trat Torgler in die SPD ein.[142] Er war einige Jahre Gewerkschaftssekretär und starb am 19. Januar 1963 in Hannover, wo er als pensionierter Mitarbeiter des Deutschen Gewerkschaftsbundes bis zu seinem Tode gelebt hatte. „Er war ein zwielichtiger Mann in einer schwierigen Zeit."[143]

Anmerkungen zu Kapitel 9

1   Ernst Torgler wurde am 25. 5. 1893 in Berlin geboren und starb in der Nacht vom 18. zum 19. Januar 1963 in Hannover.

2   St 65, Bd. 109, Bl. 24, Geheimes Staatspolizeiamt, Zweigstelle Leipzig, Notiz vom 18. 9. 1933, unterzeichnet von Kriminalkommissar Heisig. Das Schreiben endet: „Herrn Reg. Ass Schneppel mit der Bitte um Kenntnisnahme und weitere Veranlassung".

3 Vermutlich ist der Genannte identisch mit dem am 30. Juni 1934 ermordeten Rechtsanwalt und SA-Sturmführer Gert Voss (*27. 9. 1907, † 30. 6. 1934 Berlin-Lichterfelde), Mitarbeiter in der Rechtsabteilung der SA-Gruppe Berlin-Brandenburg sowie Berater und Freund Gregor Strassers. Voss wurde in seinem Büro festgenommen, als er sich am 30. 6. 1934 weigerte, vertrauliche Papiere Strassers herauszugeben (vgl. Liste der im Zusammenhang mit dem Röhm-Putsch Hingerichteten, Bundesarchiv Berlin, NS 23 Oberste SA-Führung; vgl. auch die Kurzbiographie bei *Gritschneder*, Der Führer hat Sie zum Tode verurteilt…, 147). Laut dem 1934 erschienenen „Weißbuch", in dem auch ein angeblich von dem Berliner SA-Führer Karl Ernst verfaßtes Geständnis über dessen Beteiligung am Reichstagsbrand veröffentlicht wurde, soll Ernst dieses Dokument bei einem Rechtsanwalt, höchstwahrscheinlich eben jenem Voss, hinterlegt haben (Weißbuch über die Erschiessungen des 30. Juni 1934, 106f.).

4 Franz Gürtner (1881 - 1941), 1932-1941 Reichsjustizminister.

5 Aus einem Bericht, den Rudolf Diels am 9. Dezember 1933 für seinen Vorgesetzten Göring verfaßte; St 65, Bd. 200 (167), Bl. 66-71.

6 „Ernst Torgler: Der Reichstagsbrand und was nachher geschah", in: „Die Zeit", 28. 10. 1948 (Folge 2).

7 Oberregierungsrat Martin H. Sommerfeldt, Görings Pressereferent, in einem Geheimbericht vom 6. Oktober 1933, dem 11. Verhandlungstag (von 57): „Der bisherige Verlauf des Reichstagsbrandprozesses hat ergeben, dass die Verurteilung nur des Brandstifters van der Lubbe mit Sicherheit feststeht. Mit großer Wahrscheinlichkeit werden sowohl Torgler wie auch die drei Bulgaren freigesprochen werden" (St 65, Bd. 199, Bl. 70).

8 Schreiben Torglers an W. Pieck (14. 12. 1945), Bundesarchiv, DY 30/IV2/4/277, Bl. 13-22, Zitat Bl. 13R.

9 Ebd., Bl. 14R.

10 Schreiben von Dr. Habicht an Torgler vom 24. 7. 1933, Faksimile abgedr. in: Braunbuch II, 86.

11 Siehe Anm. 9.

12 Mitteilung der Rechtsschutzabteilung an die Führung der KPD vom 3. 8. 1933; ehem. IML, ZPA, Berlin, I 2/3/49, abgedr. in Dimitroff-Dokumente, Bd. 1, Dok. 214, 369-371.

13 Siehe Anm. 9.

14 St 65, Bd. 11, Bl. 254.

15 Rechtsanwalt Horst Pelckmann verteidigte bei den Nürnberger Prozessen 1946 die SS! Nach Angabe von Wolff (Forschungsbericht, 27) war er im Januar 1956 promoviert und Legationsrat bei der Deutschen Botschaft in Washington (USA).

16 St 65, Bd. 11, Bl. 187.

17 Ebd., Bl. 274.

18 In einer Personalakte Sack des Reichsjustizministeriums (Bundesarchiv, Außenlager Hoppegarten, R22 Pers) finden sich weitere Angaben zu Sacks Biographie: Mitglied Nationaler Klub von 1929 e. V., N.S.K.K. (Nationalsozialistisches Kraftfahrer Korps) 1932, SS-Flieger, dann deutscher Luftsportverband und N.S.F.K. (Nationalsozialistisches Flieger Korps), 16. 12. 1933 Notar, Leiter der Arbeitsgemeinschaft für Strafrecht, Wirtschafts- und Ordnungsstrafrecht, am 28. 11. 1936 Ehe mit Gertrud Wilhelmine Schieferstein. Vor seiner NSDAP-Mitgliedschaft gehörte Sack der Deutschnationalen Volkspartei (DNVP) an. Für die Zeit nach seiner Entlassung aus der Haft anläßlich des „Röhm-Putschs" sind keine verläßlichen biogr. Details bekannt. Bei Kriegsende 1945 verschwand Sack spurlos. Er soll entweder Selbstmord begangen haben oder bei einem Bombenangriff ums Leben gekommen sein.

19 *Peter Heister*, Dr. Alfons Sack – eine Schlüsselfigur im Reichstagsbrand-Prozeß, Dipl.arbeit, Karl-Marx-Universität Leipzig, Sektion Geschichte, 1975, 41.

20 Die Zeitungen berichteten teilweise in süffisanter Art über das Auftreten des eitlen und reichen Sack, so z. B. "Der Morgen" am 18. 9. 1933: Dr. Sack „erschien in London mit zwei auffallend schönen, blutjungen blonden Konzipienten".

21   „Verzeichnis der im Zuge der Säuberungsaktion festgenommenen Personen", Sig. Gestapa 90 P 114, Pr. Geh. Staatsarchiv. „Eine Haussuchung in der Praxis und wohl auch in den anschließenden Privaträumen erfolgte. Sein Diener und Fahrer konnte im letzten Augenblick noch ein Bild von SA-Gruppenführer Ernst mit eigenhändiger Widmung vom Konzertflügel nehmen". So Heinz Lehninger (1932-1936 Lehrling und Gehilfe in der Anwaltskanzlei von Dr. Sack) in einem Schreiben an Walther Hofer vom 20. 12. 1987.

22   *Anonymus (d. i. Walther Korodi)*, Ich kann nicht schweigen, 149.

23   Siehe Anm. 9, Bl. 18f.

24   *Diels*, Lucifer ante portas, 203.

25   „Sack, der bekannte Verteidiger rechtsradikaler Elemente, verteidigte Torgler! Kennen Sie noch die Zusammenhänge? Erinnern Sie sich nicht, daß nach den damals umlaufenden Gerüchten die SA (Ernst) die Kosten des Verteidigers Torglers übernommen hat?" So in einer für Rudolf Diels bestimmten undatierten Notiz von Heinrich Schnitzler, Nachlaß Schnitzler, Privatbesitz.

26   Siehe Anm. 9, Bl. 15; ebenso in „Ernst Torgler: Der Reichstagsbrand und was nachher geschah", in: „Die Zeit", 28. 10. 1948 (Folge 2) und 4. 11. 1948 (Folge 3). Ähnlich auch in: „Allgemeine Zeitung", Mainz, 4./5. 3. 1950 (Folge 7).

27   Bundesarchiv, Außenlager Hoppegarten), R22 Pers (Personalakte des Reichsjustizministeriums).

28   Gestapa-Chef Diels notierte in seinen Memoiren (Lucifer ante portas, 203): „Sack engagierte einen befreundeten jungen Juristen, Dr. Jung aus Marburg, der die Aufgabe übernahm, mich über den Gang der Angelegenheit und die Ärgernisse der Verteidigung auf dem laufenden zu halten."

29   Bericht Diels vom 9. 12. 1933, St 65, Bd. 200 (167), Bl. 66-71.

30   Schreiben des ZK der KPD an E. Torgler vom 20. September 1933, ehem. IML ZPA, Berlin, I 2/3/49, abgedr. in: Dimitroff-Dokumente, Bd. I, 532f. In dem bereits zitierten Nachkriegsschreiben an Pieck behauptet Torgler hingegen, die KPD habe ihm über seine Frau mitteilen lassen, die Partei sei mit der Wahl Dr. Sacks als Verteidiger einverstanden. (Das Schreiben wurde Pieck laut einer handschriftlichen Anmerkung durch Kurt Müller am 14. 12. 1945 von Hannover aus überbracht, Original im Bundesarchiv, DY 30/IV2/4/277.)

31   Erklärung des ZK der KPD vom 19. 9. 1933 „Dr. Sack entlarvt"; erwähnt in: Dimitroff-Dokumente, Bd. 1, 533. Diese Erklärung lag den Autoren leider nicht vor.

32   „Kommunistische Internationale", 30. 12. 1935, Nr. 21 (Abschrift); Bundesarchiv, DY 30/IV2/4/277, Bl. 1f.

33   Bundesarchiv, Akten Sack, IV/II/49, 108ff., 141ff. Vgl. *W. Hofer u. a.*, Der Reichstagsbrand (Neuausgabe), 168.

34   Stenographische Protokolle, 23. VT, Vernehmung Anna Rehme.

35   Eidesstattliche Versicherung von Wilhelm Koenen, in: *Braunbuch I*, 83-85; leicht bearb. wiedergegeben in: „The Manchester Guardian Weekly", 18. 8. 1933, 130.

36   St 65, Bd. 1, nach: Dimitroff-Dokumente, Bd. 1, 44.

37   Bericht der juristischen Kommission des Internationalen Untersuchungsausschusses, London, 20. 9. 1933; abgedr. in: Dimitroff-Dokumente, Bd. 1, 534-555, Zitat 544.

37a Aussage Albert Wendt vom 20. 3. 1933, St 65, Bd.53, Bl. 172R, 173.

38   *Ernst Torgler*, „Der Reichstagsbrand und was nachher geschah", in: „Die Zeit", 21.10. - 11. 11. 1948; *ders.*, „So fing es an: Der Reichstag brennt" (von Ernst Torgler, bearb. u. ergänzt v. G. Laegel), in: „AZ am Sonntag", Beilage der „Allgemeinen Zeitung", Mainz, 15. 1. - 15./16. 4. 1950.

39   Polizeifunktelegramm vom 27. 2. 1933, St 65, Bd. 202 (169), Bl. 120; abgedr. in: Dimitroff-Dokumente, Bd. 1, 20.

40   „The Reichstag Fire. A Survey of some new Evidence" (from our special correspondents).

41   Im Orginal: „that the Communist Party might be suppressed alltogether. Dr. Diels pro-

mised Torgler, that he would give him a timely hint if this would happen."

42   Siehe Anm. 9, Bl. 18f.

43   Im Original: „We knew that we were to be prohibited about March 2" („The Imprisonment of E. Torgler. The Reichstag Fire. To the Editor of the Manchester Guardian Weekly")."The Manchester Guardian Weekly", 7. 7. 1933, 19.

44   Preußischer Staatsrat, 5. Sitzung v. 23. Februar 1933, Drucksache Nr. 38, 39.

45   Der „Stahlhelm"-Landesführer von Brandenburg und Jungstahlhelm-Reichsführer, Rittmeister a. D. von Morozowicz, spielte als „Beauftragter" des „Stahlhelm" bei der Obersten SA-Führung und „Wehrstahlhelm-Reichsführer" im Zuge der „Gleichschaltung" des Wehrverbandes eine entscheidende Rolle. Als Belohnung für seine Verdienste bei der von ihm geleiteten Eingliederung der jüngeren Stahlhelm-Mitglieder (unter 35 Jahren) in die SA wurde Morozowicz von der Obersten SA-Führung zum SA-Gruppenführer ernannt (vgl. *Klotzbücher*, Der politische Weg des Stahlhelm; *Duesterberg*, Der Stahlhelm und Hitler; *Seldte* (Hg.), Der Stahlhelm. Erinnerungen und Bilder, Bd. 2).

46   „Torgler was referring to Morozowicz, a Stahlhelm leader in close touch and sympathy with the Nazis". „The Manchester Guardian", 28. 8. 1933, auch in: „Manchester Guardian Weekly", 1. 9. 1933 („Before the Reichstag Fire. Torgler's Warning to Prussian State Council").

47   Siehe Anm. 38, 21. 10. 1948 (Folge 1).

48   Ebd.

49   Torgler hatte sich bei „Aschinger" in der Friedrichstraße verabredet. Erst später suchte er das Lokal am Alexanderplatz auf, weil er sich im Polizeipräsidium (ebenfalls am Alexanderplatz) stellen wollte! Vgl. ebd.

50   „The Manchester Guardian Weekly", 18. 8. 1933, 130.

51   Brief von Maria Reese aus Stockholm, in: „The Manchester Guardian Weekly", 7. 7. 1933, 19.

52   „About 10 p. m. [recte: a. m.] Torgler rang me up and said he was going to the police to demonstrate the absurdity of the charge. I thought that was a mistake, but he had already rung up Regierungsrat Diels and a lawyer."

53   Dies erwähnt auch Maria Reese in ihrem Schreiben an den „Manchester Guardian Weekly" (siehe Anm. 51).

54   Siehe Anm. 38, 21. 10. 1948.

55   Aussage Dr. Alois Becker vor dem Amtsgericht Frankfurt am Main, 5. 12. 1956, Schweizerisches Bundesarchiv Bern, Depositum Walther Hofer.

56   In der (später erschienenen) Buchversion (*Diels*, Lucifer ante Portas, 200) heißt es nicht „echte sozialistische Gesinnung" (was Assoziationen zu „nationalsozialistische Gesinnung" weckt), sondern stattdessen „menschliche Wohlanständigkeit". Schließlich hätte man von dem Kommunistenführer Torgler aber doch eigentlich eine kommunistische Gesinnung erwartet!

57   *Rudolf Diels*, „Die Nacht der langen Messer ... fand nicht statt", in: „Der Spiegel", 9. 6. 1949, 19.

58   Siehe Anm. 38, 28. 10. 1948 (Folge 2).

59   Erklärung Ernst Torgler vom 20. 3. 1948, in: Spruchgerichtsakte Diels, Z 42 IV/1960, Bl. 174, Bundesarchiv Koblenz. Vgl. auch *Torgler*, „So fing es an…", in: „Allgemeine Zeitung", Mainz, 11./12. 2. 1950 (Folge 4).

60   Eine Fotokopie der Niederschrift befand sich ehemals im Georgi-Dimitroff-Museum in Leipzig, Akten des Geheimen Staatspolizeiamtes, Sign. P VI/6, fol. 340-345 (Unterschrift: gez. Heller, Kriminalrat). Der Standort und die Signatur des Originaldokuments sind nicht bekannt. Der Bestand ist heute nicht mehr zugänglich. Abgedr. in: *Ernstgert Kalbe*, „Die Rolle der Reichstagsbrandprovokation bei der Konsolidierung der faschistischen Diktatur in Deutschland", in: ZfG, 8, 1960, Heft 5, 1021-1068, Dok. Nr. 18, 1065-1067; auch in: *Ernstgert Kalbe*, Freiheit für Dimitroff, Berlin (Ost) 1963, 300.

61   Zit. nach: "Inpress", Paris, 25. 1. 1934, Bundesarchiv, R 58/2335, Bl. 137.

62   Schreiben Torglers an W. Pieck vom 14. 12. 1945, Bundesarchiv, DY 30/IV2/4/277, Bl. 13-22, Zitat Bl. 17.
63   Leserbrief Torglers, in : „Der Spiegel", 4. 11. 1959, 66.
64   Siehe Anm. 38, 11. 11. 1948 (Folge 4).
65   In einem Leserbrief an den Spiegel (siehe Anm. 64) nannte Torgler 1959 als dritten Besucher von Mohrenschildt. Dieser wurde neben Fiedler und Ernst 1934 vom „Weißbuch" als Reichstagsbrandstifter bezeichnet! (siehe dazu Kap. 7, Teil 3).
66   Siehe Anm. 62, Bl. 17R, 18.
67   Ebd., Bl. 18f.
68   Ebd., Bl. 19.
69   Ebd.
70   Ebd.
71   Siehe Anm. 38, 11. 11. 1948 (Folge 4).
71a   Gestapa, „Nachweis der Schutzhäftlinge" (Stand 8. 8. 1934), Bd. 2, Bl. 196. Preußisches Geheimes Staatsarchiv, 90 P 112.
72   Siehe Anm. 62, Bl. 19R.
73   Ebd.
74   Siehe Anm. 38, 11. 11. 1948 (Folge 4).
75   Schreiben der deutschen Gesandtschaft in Oslo an das Auswärtige Amt in Berlin vom 19. 6. 1935 (unter Berufung auf Berichte in „Dagbladet" und „Dagens Nyheter"), Bundesarchiv, RS 58/2206, Bl. 77.
76   Die Aufgabe der Abteilung Anti-Komintern im Propagandaministerium bestand in „der anti-bolschewistischen, anti-jüdischen und anti-freimaurerischen Propaganda im In- und Ausland, sowie in den besetzten Gebieten" (Dokument vom 5. 10. 1942, zit. in: *Wulf*, Presse und Funk im Dritten Reich, 265).
77   Eberhardt Taubert, Dr. jur. (geb. 11. 5. 1907 in Kassel), NSDAP-Nr. 712249, Eintritt 1. 11. 1931. Während des Reichstagsbrandprozesses stand Taubert im Auftrag von Goebbels in Verbindung mit Untersuchungsrichter Vogt. 1934 erschien das Buch „Terror! Die Blutchronik des Marxismus in Deutschland, aufgrund amtlichen Materials bearbeitet von Adolf Ehrt und Hans Roden". Laut Schreiben vom 1. 3. 1934 wurde das Buch von Taubert zusammen mit der Abteilung VII des Goebbelsschen Propagandaministeriums im Berliner Eckart-Kampf-Verlag herausgebracht, der laut Taubert „Spezialverlag meines Gesamtverbandes" war (Bundesarchiv [ehem. Berlin Document Center, RKK 2401, Box 0250, File 31]). Taubert war auch Initiator und Drehbuchautor des am 28. 11. 1940 uraufgeführten und berüchtigtsten aller NS-Propagandafilme, „Der ewige Jude". Ministerialrat, am 15. 7. 1941 zum Generalreferenten für alle Fragen des osteuropäischen Raumes im Geschäftsbereich von Goebbels (Leiter Ost) und bevollmächtigten Vertreter beim Amt Rosenberg ernannt, und Mitglied des Volksgerichtshofs (ebd., File 31).
78   BStU, MfS-Akte 219/66.
79   Ebd.
80   Bundesarchiv, Außenlager Hoppegarten, ZR 768, A.9, Bl. 7 (57). Eine Notiz des ZK der SED von 1946 ergänzte entsprechend: „Maria Reese fuhr nach dem 30. Januar 1933 [gemeint ist wohl nach dem 27. Februar 1933] ohne Zustimmung der Parteileitung [der KPD] ins Ausland und wurde wegen ihrer Mitarbeit an profaschistischen Zeitungen aus der Partei ausgeschlossen. Sie war im Auftrage der Gestapo tätig" (Notiz des ZK der SED vom 1. 11. 1946, Bundesarchiv, DY 30/IV 2/4/277, Bl. 43).
81   Bundesarchiv, Außenlager Hoppegarten, ZC 19840.
82   Siehe Anm. 38, 11. 11. 1948 (Folge 4).
83   Siehe Anm. 62, Bl. 19R, 20.
84   Ebd., Bl. 20.
85   Ebd.

86 Siehe Anm. 38, 11. 11. 1948 (Folge 4).

87 Es ist nicht bekannt, ob das Original dieser Akte noch existiert.

88 In den 1931 entstandenen sogenannten „Boxheimer Dokumenten" wurde der Plan für einen gewaltsamen nationalsozialistischen Umsturz umrissen, der auf einen kommunistischen Aufstandsversuch folgen sollte.

89 Rückübersetzung aus dem norwegischen Original: „Dokumenter fra Ruinene" (Dokumente aus Ruinen), Oslo 1946, 56-61; Teilübersetzung abgedr. in: „Telegraf", Berlin, 30. 10. 1946; Ergänzungen: Erik Gloßmann, Hönow bei Berlin, 1998.

90 *Günther Deschner*, Heydrich – Statthalter der totalen Macht, 242. Der Verfasser beruft sich auf ein Interview mit dem ehemaligen Personalchef im Reichssicherheitshauptamt (RSHA), SS-Brigadeführer Bruno Streckenbach (1940 Befehlshaber der Sicherheitspolizei und des SD im Generalgouvernement Polen), vom 21. 5. 1973 und auf einen Beitrag von Maria Reese in „La otra Alemania", Buenos Aires, 15. 12. 1946.

91 Torglers Sohn Kurt war 1933 mit 14 Jahren nach Frankreich emigriert und dann 1935 über Schweden in die Sowjetunion gegangen. Er arbeitete dort als Autoschlosser. 1937 stellte man ihn wegen trotzkistischer Umtriebe [„Konterrevolutionäre Trotzkistische Tätigkeit"] vor Gericht und verurteilte ihn zu zehn Jahren Zwangsarbeit. Wieder in Deutschland, habe er „ebenso wie sein Vater an politischen, antibolschewistischen Arbeiten, Geheimsendungen usw. teilgenommen. Während des Rußlandfeldzuges wurde er Soldat. Er ist dann vor allem im Mittelabschnitt in Formationen zur Bekämpfung der Partisanen eingesetzt worden, wobei ihm seine hervorragende Kenntnis der russischen Sprache mit bolschewistischem Jargon sehr zustatten kam. Er hat uns viele Anregungen und Hinweise für die antibolschewistische Propaganda gegeben" (Schreiben des „Leiters Ost" an einen Reichsminister vom 19. 7. 1943, Bundesarchiv DY 30/IV 2/4/277, Bl. 51f.). Kurt Torgler fiel im April 1943 an der Ostfront in der Sowjetunion.

92 Siehe Anm. 38, 11. 11. 1948.

93 Besprechungsprotokoll vom 21. 5. 1940, Bl. 61.; zit. nach *Karl Drechsler*, „Die Zersetzungsarbeit des Goebbels-Ministeriums in Frankreich Mai/Juni 1940", in: ZfG, 9, 1961, 1597-1607, Zitat 1600.

94 *Buchbender/Hauschild*, Geheimsender gegen Frankreich, 48.

95 Besprechungsprotokoll vom 30. 5. 1940, Bl. 72f.; zit. nach *Karl Drechsler*, „Die Zersetzungsarbeit des Goebbels-Ministeriums in Frankreich Mai/Juni 1940" (siehe Anm. 93, Zitat 1601).

96 Besprechungsprotokoll vom 2. 5. 1940; zit. nach *Willi A. Boelcke* (Hg.), Kriegspropaganda 1939-1941. Geheime Ministerkonferenzen im Reichspropagandaministerium, 375.

97 Siehe Anm. 95.

98 Dr. Adolf Raskin war seit dem Kriegswinter 1939/40 Leiter des Auslandsrundfunks im RMVP. Nach Raskins Unfalltod am 8. November 1940 wurde Dr. Anton Winkelnkemper dessen Nachfolger (siehe Anm. 94, 40-43).

99 Siehe Anm. 94. Darin auch Abdrucke ausgewählter Sendemitschnitte des Geheimsenders „Radio Humanité" aus der Zeit von Januar bis Juni 1940.

100 Siehe Anm. 96, 381. Gegenüber Boelcke bestritt Torgler aber, daß Maria Reese ebenfalls beteiligt war, obwohl deren Name in den bei Boelcke zitierten Protokollen genannt wird. „Daß verschiedene Instanzen des Propagandaministeriums die Maria Reese (geb. Meyer) zu propagandistischen Aufträgen heranzogen, geht allerdings aus ihrem schriftlichen Nachlaß eindeutig hervor" (ebd.).

101 BStU, MfS-AS 219/66, Bl. 23-26.

102 Laut Vorspann entstand der Film „nach einer Idee von Dr. E. Taubert". Nach Angabe auf der Zensurkarte schrieb Taubert auch das Drehbuch.

103 Dr. Anton „Toni" Winkelnkemper (geb. 18. 10. 1905), seit 1937 Intendant des Reichssenders Köln, 15. 12. 1940 Leiter des deutschen Kurzwellensenders, Mai 1941 Ernennung zum Leiter der Auslandsabteilung der Reichsrundfunkgesellschaft bzw. Auslandsdirektor des

Großdeutschen Rundfunks, SS-Standartenführer (*Boelcke*, Die Macht des Radios, 314f.; *Wulf*, Presse und Funk im Dritten Reich, 321; *Stockhorst*, Fünftausend Köpfe. Wer war was im Dritten Reich, 449).

104   Schreiben Tauberts an Direktor II vom 1. 4. 1941, BStU, MfS-AS 219/66, Bl. 30.

105   Schreiben von Direktor II an Taubert vom 31. 3. 1941, ebd., Bl. 31.

106   „Verschluss"-Schreiben Tauberts an Direktor II vom 1. 4. 1941, ebd., Bl. 30.

107   „Verschluss"-Schreiben vom 16. 4. 1941, ebd., Bl. 29.

108   Siehe Anm. 38, 11. 11. 1948 (Folge 4).

109   Bereits 1938 erschien im Leipziger Nibelungen-Verlag ein Buch mit dem so bezeichnenden wie programmatischen Titel "Der verratene Sozialismus. 10 Jahre als hoher Staatsbeamter in der Sowjetunion". Autor war ein gewisser Karl J. Albrecht (Pseudonym für Karl Löw, geb. 1898), Altkommunist, 1924-1934 in der Sowjetunion nach stalinistischem Parteijargon zum „Renegaten" geworden. In dem Buch schilderte Albrecht die Verbrechen des Stalinismus und dessen Verrat an den ursprünglichen Idealen, verklärte allerdings gleichzeitig das NS-Regime. Im Dritten Reich erreichte das Buch eine Millionenauflage, obwohl es in der Zeit des Hitler-Stalin-Pakts 1939 bis 1941 nicht verbreitet werden durfte. 1941 erschien dann eine Volksausgabe. Dem Vorwort des Verfassers zufolge sollte sie über das „wahre Wesen des Bolschewismus" aufklären und noch mehr „Herzen und Hirne zum Mitgefühl für die Opfer des Bolschewismus, zum Haß gegen die roten Verbrecher und zum Nachdenken über den wahren Sozialismus" führen. 1954 veröffentlichte Karl Albrecht im Münchener Herbert Neuner Verlag unter dem Titel „Sie aber werden die Welt zerstören" eine aktualisierte und erweiterte Neufassung. Den veränderten politischen Verhältnissen Rechnung tragend, verzichtete der Autor nun weitgehend auf die ursprüngliche Glorifizierung des NS-Regimes.

110   Willi Kasper war in der Nacht nach dem Reichstagsbrand verhaftet worden und wurde danach im Zuchthaus Sonnenburg inhaftiert. Er soll später im Zuchthaus Luckau gewesen und vor Beendigung seiner Haft ins Zuchthaus Plötzensee überführt worden sein (BStU, MfS-AS 219/66). 1947 wurde er durch Beschluß des Zentralsekretariats aus der SED ausgeschlossen. „In dem seit längerer Zeit gegen ihn schwebenden Untersuchungsverfahren wurden nunmehr Unterlagen dafür beigebracht, daß er in der Hitlerdiktatur zusammen mit Torgler und Maria Reese, die bereits im Jahr 1934 aus der KPD ausgeschlossen worden waren, bestimmte Arbeiten im Dienste der Goebbels-Propaganda geleistet hat" („Neues Deutschland", 6. 6. 1947; BStU, MfS-AS 219/66).

111   Bereits 1940 hatte sich Göring für die Auslieferung des Torgler-Sohnes Kurt aus der Sowjetunion eingesetzt. Vgl. *Boelcke*, Die Macht des Radios, 253.

112   Von den Quälereien, denen Kasper im Konzentrationslager Sonnenburg ausgesetzt gewesen sei, berichtet auch Rudolf Diels in seinen Memoiren (Lucifer ante portas, 265ff.). Vgl. auch den Bericht des Schutzhaftdezernenten im Gestapa, Staatsanwaltschaftsrat Mittelbach, an Diels (o. D.) betr. Besichtigung des Polizeigefängnisses Sonnenburg vom 10. 4. 1933; Preuß. Geh. Staatsarchiv, Rep. 77, 31, auszugsweise abgedr. bei *Graf*, Politische Polizei, 431ff.

113   *Albrecht*, Sie aber werden die Welt zerstören, 195.

114   Nach *Boelcke*, Die Macht des Radios, 253.

115   Übersicht für den Reichsaußenminister vom 8. Juli 1942 über die zu diesem Zeitpunkt eingesetzten Geheimsender (nach *Buchbender/Hauschild*, Geheimsender gegen Frankreich, 38f.). Mit einem Programmplan von 16 Nachrichtendiensten in 13 Sprachen habe das „Büro Concordia im Jahr 1943 seine größte Ausdehnung erreicht" (ebd.).

116   Dort leitete Julius Jacobi, der auch Sendeleiter „Ost" der Reichsrundfunkgesellschaft war, das Ref. VII, Rundfunk (nach *Buchbender*, Das tönende Erz, 35).

117   Siehe Anm. 111, 253.

118   *Buchbender*, Das tönende Erz, 35.

119   Siehe Anm. 113, 196.

120   Ebd., 197.

121   Bundesarchiv DY 30/IV 2/4/277, Bl. 51-52; auch RMVP, betr. Torgler.

122 Bundesarchiv (ehem. Berlin Document Center R 55 DC/406).

123 Max Winkler (geb. am 7. 9. 1870 in Karrasch, 1937 NSDAP, Nr. 3906038) überführte als „Reichstreuhänder der Wirtschaft" 1933 mehr als 1.000 Zeitungen und Zeitschriften in NS-Besitz. Als „Film-Treuhänder des Reiches" und „Reichsbeauftragter für Filmwirtschaft" setzte er dieses Werk ab 1934 fort, um alle Filmfirmen der Nazi-Ufa einzuverleiben. Er war von Oktober 1939 bis 1945 Leiter der Haupttreuhandstelle Ost (HTO) und lediglich Hitler, Himmler und Göring unterstellt. Winkler war hauptverantwortlich für die Abwicklung der Beschlagnahme „fremdvölkischer" und jüdischer Vermögen in den eroberten Ostgebieten. Die Vermögenswerte (u. a. Ziegeleien und Bergwerke, die Rede ist in den Akten aber auch von geraubten Kunstschätzen) verschacherte Winkler an deutsche Konzerne. Bei Kriegsende hatte die HTO ein Milliardenvermögen angehäuft. Am 28. 5. 1940 stand Winkler auf dem Verteiler des von Himmler im Auftrage von Hitler verfaßten Geheimpapiers „Einige Gedanken über die Behandlung der Fremdvölkischen im Osten". Das Papier legte eine explizite Planung zur Vernichtung der Völker des Ostens vor. Es wurde nur in ganz wenigen Exemplaren leihweise an 10 Mitwisser ausgegeben und mußte zurückgereicht werden. Am 10. 8. 1949 wurde Winkler nach einem Entnazifizierungsprozeß in Lüneburg in die Kategorie V (Mitläufer) eingestuft! Eine Revision der Staatsanwaltschaft wurde niedergeschlagen (Hauptstaatsarchiv Hannover, Nds B21 Lü, Lbg/S/V/143, Bd. I-IV [Max Winkler]).

124 Siehe Anm. 38, 11. 11. 1948 (Folge 4).

125 Schreiben Torglers vom 19. 4. 1944 an Kraeger (Cautio), Bundesarchiv Berlin (ehem. Berlin Document Center, Reichskulturkammer, Reichs-Filmkammer, RKK 2681, Box 0004, File 24).

126 Ebd.

127 Siehe Anm. 62, Bl. 20R.

128 *Günther Deschner*, Reinhard Heydrich. Statthalter der totalen Macht, 241.

129 „Organisationsplan der Filmwirtschaft", undatiert, Hauptstaatsarchiv Hannover, Nds B21 Lü, Lbg/S/V/143, Bd. I-IV (Max Winkler).

130 Laut entsprechenden Unterlagen im Bundesarchiv stand Torgler von Januar bis Juni 1944 auf der Gehaltsliste der „Cautio-Treuhand" GmbH (Bundesarchiv Berlin [ehem. Berlin Document Center, Reichskulturkammer, Reichs-Filmkammer, RKK 2681, Box 0004, File 24]). In einem Schreiben an Torgler vom 4. 4. 1944 teilte diese mit, Torglers Personalunterlagen seien am 22. 11. 1943 bei einem Bombenangriff vernichtet worden.

131 Ca. 1921 war Winkler 2. Bürgermeister von Graudenz [oder eines anderen kleinen Ortes in der Nähe] in Oberschlesien. Er übte diese Funktion nur ganz kurze Zeit aus, bevor das Gebiet an Polen fiel. Seither nannte sich Winkler jedoch "Bürgermeister a. D".

132 Siehe Anm. 62, Bl. 21.

133 Ebd.

134 Ebd., Bl. 21.

135 Notiz des ZK der SED vom 1. 11. 1946, Bundesarchiv, DY 30/IV 2/4/277, Bl. 43.

136 *Gisevius*, Bis zum bittern Ende, Bd. 1, 51f.

137 Ebd., 52.

138 In seiner „Zeit"-Serie (siehe Anm. 38, 11. 11. 1948) schrieb Torgler: „Ich bin nie Mitglied der NSDAP oder irgendeiner anderen Nazi-Organisation gewesen, auch nicht unter fremdem Namen, auch nicht in meinem Leben in Prag oder überhaupt in der Tschechoslowakei gewesen, habe nie in meinem Leben Heydrich gesehen, bin also auch nicht in der Uniform eines SS-Führers mit ihm 1940 in Prag einmarschiert, weder mit richtigem, noch mit falschem Paß. Alle diese Behauptungen, die Gisevius in seinem Buche macht, sind niederträchtige Lügen oder mindestens dummes, leichtfertiges Geschwätz. Ich habe nie eine Rede gehalten, weder im Rundfunk, noch in Versammlungen, auch nicht unter fremdem Namen, auch nicht im Ruhrgebiet, wie dies behauptet worden ist."

139 *Günther Deschner*, Statthalter der totalen Macht. Reinhard Heydrich, 241.

140 „Die Nase voll", in: „Der Spiegel", Nr. 22, 31. 5. 1947, nach *Günther Deschner*, ebd.

141 Interview Deschners mit Dr. Vilem Kahan, Amsterdam, vom 3./4. 5. 1973, nach *Günther Deschner*, ebd. Auch der ehemalige Direktor des Dimitroff-Museums in Leipzig, Mitarbeiter der Redaktionskommission der zweibändigen Dokumentation „Der Reichstagsbrandprozeß und Georgi Dimitroff" (Dimitroff-Dokumente), Prof. Dr. Hans-Joachim Bernhard, konnte sich daran erinnern, bei seinen Recherchen Dokumente eingesehen zu haben, aus denen hervorgegangen sei, daß Torgler in Prag für Heydrich tätig war. Persönliche Mitteilung gegenüber Alexander Bahar, 9. 5. 1995.

141 *Ernst Torgler*, Der Reichstagsbrand und was nachher geschah (siehe Anm. 38); *Ernst Torgler*, „So fing es an: Der Reichstag brennt!", in: „Die AZ am Sonntag", Wochenend-Beilage der „Allgemeinen Zeitung", Mainz, 14 Folgen, 14./15. 1. - 15./16. 4. 1950.

142 BStU, FV 6/70, Bd. VII, Bl. 460.

143 *Buchbender/Hauschild*, Geheimsender gegen Frankreich, 49.

10 Der „Menschenjäger":
Rudolf Diels und
der Reichstagsbrand

Der erste Chef der Gestapo, Rudolf Diels, gehörte zu den vorab in die Reichstagsbrandstiftung „Eingeweihten". Er hatte nicht nur die Verhaftungslisten von Gegnern des neuen Regimes mit vorbereitet, sondern auch bereits 6 Stunden vor der Brandlegung per Polizeifunkspruch die Verhaftung von Kommunisten angeordnet. In der Brandnacht leitete er die Massenverhaftungen.

Diels erschien überraschend schnell im brennenden Reichstagsgebäude und war auch bei der ersten Vernehmung van der Lubbes zugegen. Er war gut bekannt mit dem der Brandstiftung bezichtigten KPD-Fraktionsvorsitzenden Ernst Torgler sowie mit dessen Anwalt, Dr. Alfons Sack. Sogar befreundet war Diels mit dem mutmaßlichen Führer des Brandstifter-Kommandos, SA-Führer Karl Ernst.

Später, seit Ende der 40er Jahre, gehörte Diels zum Bekanntenkreis des „Spiegel"-Herausgebers Rudolf Augstein und verbreitete die widersprüchlichsten Angaben über den Reichstagsbrand, bis er dann 1957 überraschend einem „Jagdunfall" zum Opfer fiel. Wer war Rudolf Diels und was wußte er?

Der am 16. Dezember 1900 in Berghausen/Taunus geborene Sprößling einer großbäuerlichen Familie hatte sich nach seiner Schulzeit am humanistischen Gymnasium in Wiesbaden Ende 1917 zum freiwilligen Kriegseinsatz gemeldet. Das Kriegsende erlebte Diels bei einer Nachrichtenabteilung in Hagenau im Elsaß. Auf leidenschaftliches antikommunistisches Engagement läßt bereits die Aktivität des Jurastudenten in dem erzkonservativen Marburger Studentenfreikorps „Rhenania-Straßburg zu Marburg" schließen, „das zur Bekämpfung der thüringischen Kommunistenaufstände eingesetzt war".[1] In Marburg erwarb er sich auch den Ruf eines trinkfesten Schürzenjägers. Nach dem Referendar-

und Assessorexamen (1920/1924) schlug Diels die Laufbahn als preußischer Verwaltungsbeamter des höheren Dienstes ein, die ihn über verschiedene Provinzverwaltungen 1930 als Regierungsrat in das Preußische Innenministerium nach Berlin führte. Zunächst Hilfsarbeiter, dann Referent für politische Ausschreitungen, Spionageabwehr, Landesverrat, Waffen- und Sprengstoffsachen etc., stieg er bald zum „Dezernenten zur Bekämpfung der kommunistischen Bewegung" in der politischen Gruppe der Polizeiabteilung auf, wo er allerdings als Demokrat und Vertrauensmann von Minister Severing galt. Zumindest verkehrte Diels im „Demokratischen Club", dessen Präsident, der Berliner Polizeivizepräsident und Jude Bernhard Weiß, zu den von den Nazis bestgehaßten Repräsentaten des Weimarer „Systems" gehörte. 1930 heiratete Diels Hildegard Mannesmann, eine reiche Tochter aus der Düsseldorfer Industriellen-Dynastie (die Ehe bestand bis 1936). Im Frühjahr 1932 wurde Diels zum Regierungsrat befördert, im März 1932 „Förderndes Mitglied"[2] der SA. Schon zu diesem Zeitpunkt setzte Diels eine Intrige gegen den SA-Chef Ernst Röhm, Hitlers Rivalen um die Macht, in Gang. Er spielte drei Briefe Röhms (von 1928 und 1929) an den Berliner Nervenarzt Dr. Karl Günther Heimsoth einem Dr. Helmut Klotz[3] zu.[4] Röhm hatte sich in diesen Briefen an seinen Arzt über seine Homosexualität geäußert. Klotz veröffentliche die Briefe erstmals im März 1932 und dann im September 1932 als Broschüre im Selbstverlag.[5] Die Veröffentlichung schlug wie eine Bombe ein und bereitete der NS-Führung große Bauchschmerzen. Röhm gelang es nicht, die Publikation seiner Briefe juristisch zu unterbinden. (Röhm und Heimsoth wurden 1934 anläßlich des „Röhm-Putschs" erschossen.) Im Juli 1932 lieferte Diels dann den entscheidenden Vorwand für eine geplante Aktion der Papen-Regierung gegen die SPD-geführte Regierung in Preußen. Das „Archiv für Publizistische Arbeit (Internationales Biografisches Archiv)" verzeichnete am 25. Februar 1937 in einer Biographie von Diels: „Im Frühjahr 1932 empfing Staatssekretär Abegg in D[iels].s Gegenwart die von Abegg in das preußische Innenministerium gebetenen kommunistischen Abgeordneten Torgler und Kasper. Dies war mitbestimmend für die Reichsregierung, zur Beseitigung der preußischen Regierung Braun-Severing zu schreiten" (siehe Kapitel 1). Nach den Aussagen seiner Familienangehörigen soll Diels nicht nur die Absetzung der preußischen SPD-Regierung durch von Papen „sehr begrüsst" haben, sondern sogar frühzeitig in dessen Pläne eingeweiht gewesen sein.[6] In einem Zeitungsbeitrag aus dem Jahr 1934 wurde Diels als „die rechte Hand" und als „engster Mitarbeiter" des durch von Papen für das Preußische Innenministerium eingesetzten Reichskommissars Franz Bracht bezeichnet.[7] Für seine Handlangerdienste für die Papen-Regierung wurde Diels unter Übergehung einer Reihe älterer Beamten im August 1932 mit einer außerplanmäßigen Beförderung zum Oberregierungsrat belohnt. Gleichzeitig übertrug ihm Reichskanzler von Papen die Leitung der gesamten politischen Gruppe der Polizeiabteilung des Preußischen Innenministeriums.[8] Diels resümierte: „Nach dem 20. Juli 1932 wurden meine Befugnisse zur Bekämpfung des Kommunismus bedeutend erweitert, und ich konnte mich bereits damals im engsten Einvernehmen mit den führenden Männern der NSDAP der Vorbereitung der Niederwerfung des Kommunismus in Deutschland widmen."[9] Dieser Linie sollte Diels treu bleiben. Ende 1932 nahm er Kontakt zu Göring auf, dem er Informationen über Vorgänge im Preußischen Innenministerium und Material über die „kommunistische Gefahr", also über führende Kommunisten und Sozialdemokraten, lieferte.[10] Diese Informationen dürften Hitler auf seinem Weg zur Reichskanzlerschaft äußerst nützlich gewesen sein. Göring wußte diese Zuträgerdienste zu schätzen. Vom kommissarischen Preußischen Ministerpräsidenten persönlich wurde Diels unmittelbar nach Hitlers Ernennung zum Reichskanzler (am 30. Januar 1933) mit besonderen Aufgaben und Kompetenzen zur Bekämpfung des Kommunismus ausgestattet. Ein Zeitungsbeitrag resümierte die Treuebrüche des neuen Göring-Günstlings: „Severing verraten, Abegg verraten, Klausner verraten, Papen verraten, Bracht verraten, Schleicher verraten!"[11] Am 23. Februar 1933 setzte Göring den ihm genehmen Konteradmiral a. D. Magnus von Levetzow als neuen Berliner Polizeipräsidenten ein. Rudolf Diels stieg zum Leiter der Politischen Polizei auf, der späteren Gestapo. Das Spandauer „Volksblatt" meldete dazu am nächsten Morgen: „Im Berliner Polizeipräsidium geht die ‚Umorganisierung' der Abteilung I (Politische Polizei) vor sich. Sie soll allmählich dem Ministerium des Innern [Göring] angegliedert und ‚schlagkräftig' ausgestattet werden. Oberregierungsrat Dr. Diels vom Preußischen Ministerium des Innern ist zum Leiter der Abteilung I im Berliner Polizeipräsidium ernannt worden mit dem Auftrag, diese Umorganisation durchzuführen. Der Politischen Polizei dürften besondere Bereitschaften z. b. V. [zur besonderen Verwendung] der Schutzpolizei zur Verfügung gestellt werden, die mit den modernsten technischen Mitteln die Exekutive der Politischen Polizei übernehmen würden."[12] Noch am gleichen Tag verbot der neue Polizeipräsident das „Volksblatt"!

719

Als Leiter der Politischen Polizei war Diels für die Organisation der Massenverhaftungen nach dem Reichstagsbrand sowie für die Einrichtung der ersten Konzentrationslager verantwortlich, die nötig geworden waren, um die Tausende von verhafteten politischen Gegnern überhaupt unterbringen zu können.

Bereits wenig später, am 26. April 1933, wurde Diels von Göring zum „Inspekteur" und damit zum faktischen Leiter des aus der Abteilung IA des Polizeipräsidiums neu geschaffenen „Geheimen Staatspolizeiamtes" (Gestapa) ernannt.[13] In einem Lebenslauf erklärte Diels selbst zu seinen Aufgaben: „Nach der Machtergreifung von dem Ministerpräsidenten [Göring] zum Leiter des Geheimen Staatspolizeiamtes ernannt, war ich aufgrund der schon in Erwartung der Machtergreifung getroffenen Vorbereitungen im preußischen Staatsgebiet unter dem Befehl [...] Görings in der Lage, mitzuhelfen, die kommunistische Gefahr mit Beschleunigung und lückenlos zu beseitigen."[14] Im Juli 1933 wurde Diels zum Ministerialrat befördert.

Komplize der SA

Nachweislich arbeitete Diels' Gestapa sowohl eng mit der Schutzpolizei und mit Görings „Polizeiabteilung z[ur]. b[esonderen]. V[erwendung]. Wecke" zusammen und kooperierte auch weitgehend mit der SA-Gruppe Berlin-Brandenburg sowie mit der NS-Betriebszellenorganisation und der Politischen Leitung der NSDAP.[15] Belegen läßt sich ferner eine enge Kooperation mit dem damals noch als Kommissar z. b. V. im Preußischen Innenministerium tätigen SS-Gruppenführer Kurt Daluege in Bezug auf Presseverbote, die Behandlung von politischen Gefangenen und die Einrichtung des Konzentrationslagers Sonnenburg bzw. dessen Bewachung durch SA-Leute.[16] Nachdem Gestapo-Beamte das unmenschliche Verhalten der örtlichen SA im KZ Sonnenburg aufgedeckt hatten, forderte Diels dessen weitere Bewachung durch Mitglieder der Berliner SA. In geradezu zynischer Weise wies Diels verschiedentlich auch Beschwerden gegen SA-Schutzhaftverfügungen und Mißhandlungen zurück.[17]

Keine Bedenken hatte der Chef des Gestapa darüber hinaus, mit der berüchtigten, von der SA geleiteten „Sonderkommission der Politischen Polizei innerhalb Berlins" zur „Vernichtung der kommunistischen Organisationen" zu kooperieren, wie ein führendes Mitglied dieser Sonderabteilung bestätigte.[18] Und ausgerechnet mit der Terror- und Nachrichtenzentrale der Berliner SA, der Abteilung Ie, der Gruppe Berlin-Brandenburg, die Diels laut der Darstellung in seinen Memoiren bis zur Auflösung bekämpft haben will, hat das Gestapa unter seiner Leitung offenbar engstens zusammmengearbeitet. Nach zeitgenössischen Quellen bezeichnete Diels die „Ie-Organisation" als eine beim Gestapa eingerichtete „Nachrichten- und Ermittlungsabteilung der Obersten SA-Führung [...], die in enger Zusammenarbeit mit dem Geheimen Staatspolizeiamt für dieses politisch-polizeiliche Aufgaben wahrnimmt und darüber hinaus die Aufsicht über die entsprechenden ‚Ie-Organisationen' bei den Staatspolizeistellen ausübt". Sie habe „sich vorzüglich bewährt und [...] als eine wirkungsvolle Unterstützung der eigentlichen Geheimen Staatspolizei erwiesen", so daß „besonderer Wert" darauf zu legen sei, „die Organisation zu fördern und für ihre Aufgaben weiter auszubauen". Es gehe darum, „auch bei Exekutivmaßnahmen der Ie-Stellen auch nach außen hin den amtlichen Charakter der Maßnahmen zu wahren".[19]

Mit ausdrücklicher Zustimmung und Förderung des Gestapachefs übernahmen also SA-Abteilungen polizeiliche Aufgaben und exekutive Funktionen im Rahmen der von Diels geleiteten Politischen Polizei.[20] Ausdruck fand diese enge Kooperation auch in einer zunehmenden personellen Verflechtung des Gestapa mit der Berlin-Brandenburger SA. So traten zahlreiche SA-Führer nach der NS-Machtübernahme in die unter Diels umorganisierte Politische Polizei ein. Als „Hilfspolizisten" oder „Kriminalassistenten" in das Gestapa übernommen wurden etwa die SA-Männer Walter Pohlenz, auf persönlichen Vorschlag von Diels: Willi („Schweinebacke") Schmidt (nach Diels „die hervorragendste Totschlägergestalt der Berliner SA, ein origineller, gemütvoller Schwerverbrecher" [!][21]), Wilhelm Sander und der mutmaßliche Mörder von Adolf Rall, Karl Reineking. Als Verbindungsmann zur SA diente in den ersten Monaten nach der NS-Machtübernahme insbesondere auch der SA-Sturmbannführer Friedrich Wilhelm Eitel Ohst, Mörder des „Hellsehers" Erik Jan Hanussen.[22]

Der erste Chef der Gestapo war an Mordaktionen der Berliner SA auch selbst aktiv beteiligt. Ein Beispiel dafür ist die Entführung und Ermordung von Albrecht („Ali") Höhler, des Mörders der NS-Ikone Horst Wessel. Diels gab 1949 in seinen Memoiren an, er habe die Freigabe Höhlers aus dem Polizeigewahrsam an die SA verweigert. Gegen seinen Willen sei dieser aber von der SA entführt und ermordet worden. Diels habe vergeblich versucht, Ermittlungen gegen die Mörder einzuleiten.[23] Die überlebenden Angehörigen des SA-Rollkommandos, das Höhler am 20. September 1933 aus einem Gefängnis entführt und kurz darauf erschossen hatte, Walter Pohlenz[24] und Willi Schmidt, bestätigten Diels' Darstellung jedoch nicht. Einer Entführung, so Schmidt, habe es gar nicht bedurft, da Pohlenz „einen Entlassungsschein aus dem Polizeigefängnis Berlin-Alexanderplatz für den Strafgefangenen Ali Höhler" vorweisen konnte, „der von dem ehemaligen Chef des Gestapa Diels unterschrieben war".[25] Bei der Ermordung Höhlers sei Diels dabei gewesen.[26]

Diels berichtete in einem von ihm unterzeichneten Schreiben des Gestapa an den Preußischen Ministerpräsidenten Göring am 23. September 1933, Höhler sei am 11. August 1933 wegen Auffindung neuer Beweismittel zur Vernehmung aus der Strafanstalt Wohlau (Schlesien) in das Gestapa überführt worden und habe am 20. September durch Beamte des Gestapa zurück in die Strafanstalt gebracht werden sollen. Dabei sei der Wagen kurz vor Frankfurt an der Oder durch unbekannte, mit Karabinern bewaffnete Männer in SA-Uniform überfallen und Höhler nach einem unbekannten Ort entführt worden. Das Schreiben von Diels schließt: „Mit seinem [Höhlers] Tode dürfte indes mit Sicherheit zu rechnen sein. Da die Tat nach Lage der Sache aus besonderen [gestrichen und handschriftlich ersetzt durch: verständlichen] Beweggründen verübt worden ist, erlaube ich mir gehorsamst die Bitte auszusprechen, den anliegenden Entwurf eines Erlasses an den Herrn Justizminister unterfertigen zu wollen, in dem die Einstellung des Verfahrens gegen unbekannt angeordnet wird."[27]

Göring befahl prompt die Niederschlagung des Verfahrens. Die schon teilweise skelettierte Leiche Höhlers wurde allerdings erst fast ein Jahr später, am 5. August 1934, im Stadtforst Müncheberg (etwa auf halber Strecke zwischen Berlin und Frankfurt an der Oder) gefunden.[28] Der Obduktionsbericht hielt mehrere mögliche Todesursachen fest: Zertrümmerung des Hinterhauptbeins (durch Einschlagen des Schädels), Zertrümmerung des Kehlkopfes (durch Würgen), ein Kopfschuß und zwei Brustschüsse.[29]

Die Verantwortung oder Mitverantwortung von Diels für dieses[30] und andere Verbrechen wurde von verschiedenen weiteren Personen bezeugt.

Vom Jäger zum Gejagten

Am 1. April 1933 war der Reichsführer SS Heinrich Himmler zum Politischen Polizeikommandeur Bayerns ernannt worden. Himmlers Ziel, Chef der Polizei im gesamten Deutschen Reich zu werden, stand allerdings Göring im Weg, der als Preußischer Ministerpräsident die Polizeikräfte im größten deutschen Teilstaat befehligte. In den Machtkampf zwischen Himmler und Göring um die Kontrolle über die Politische Polizei in Preußen wurde zwangsläufig auch Diels als faktischer Chef des Gestapa verwickelt. Am 15. September 1933 wurde Diels von Himmler als „Rangführer" zum SS-Obersturmbannführer (SS-Nr. 187 116) ernannt. Doch im Herbst 1933 kriselte plötzlich die bis dahin steile Laufbahn des damals erst 32jährigen Karrieristen. Im Zusammenhang mit schwer durchschaubaren Intrigen wurde Diels von Göring als Leiter des Gestapa entlassen.

Nach eigenen Angaben will Diels im September 1933 in die Schußlinie der SA und der SS geraten sein.[31] Mit Hilfe des US-amerikanischen Botschafters William Dodd sei er Mitte September[32]1933 („in Beglei-

Heinrich Himmler im Gespräch mit Rudolf Diels.

tung eines amerikanischen Staatsangehörigen"[33]) in die Tschechoslowakei nach Karlsbad geflohen.[34] Zuvor habe ein Kommando Heydrichs seine Wohnung und bald darauf auch die SA sein Dienstzimmer im Gestapa durchsucht.[35]

Am 15. November 1933 ordnete Göring in einem Erlaß die Umorganisation der Geheimen Staatspolizei an und übertrug dem ehemaligen NSDAP-Gauleiter und Altonaer Polizeipräsidenten Paul Hinkler[36] per Sonderauftrag die kommissarische Leitung des Gestapa.[37]

Laut Diels habe Göring ihn beschworen, nach Berlin zurückzukehren. Er sei dieser Bitte aber erst nachgekommen, nachdem ihm Göring verschiedene Zugeständnisse hinsichtlich zukünftiger Kompetenzen gemacht habe.[38] Diels wurde am 18. November (vertretungsweise) zum Polizeivizepräsidenten von Berlin ernannt.[39] Am 29. November verfügte Göring, daß die Führung der Politischen Polizei ab sofort auf ihn selbst übergehe, Hinklers Sonderauftrag erlösche und Diels das Amt eines „Inspekteurs" der Geheimen Staatspolizei übernehme.[40]

Die Hintergründe dieser Affäre lassen sich bis heute aufgrund der Aktenlage nicht vollständig aufklären. Daß Diels aber seine Konflikte mit der SS offenkundig überbetonte, zeigt ein überschwengliches persönliches Schreiben vom 10. Oktober 1933 an den SS-Reichsführer, mit dem sich Diels bei Himmler für seine am 15. September erfolgte Ernennung zum SS-Obersturmbannführer bedankte.[41] Bezeichnend ist auch die Reaktion Himmlers, der Diels schon am 9. November 1933 zum SS-Standartenführer (ebenfalls als „Rangführer") beförderte.

Nach dem Scheitern Hinklers[42] wurde Diels (im Zuge der Neuorganisation der Geheimen Staatspolizei durch das 2. Gestapogesetz vom 30. November 1933[43] [nach eigener Angabe[44] mit Wirkung zum 3. Dezember 1933]) erneut mit der Leitung des Geheimen Staatspolizeiamts betraut und zum Inspekteur der Gestapo berufen.

Diels will Hitler Anfang Januar 1934 eine „Denkschrift" über die „übelsten Verbrechen der SA" vorgelegt haben. Hitler sei darüber in große Erregung geraten, „die sich besonders gegen den Führer der SA, Röhm, richtete. Er forderte mich nun auf, ihm einen genauen Bericht über die Tätigkeit und das Vorleben Röhms zu machen. Hitler bestellte mich einige Tage später zur Entgegennahme dieser Meldung, die wieder auf die von Röhm ausgehenden Gesetzlosigkeiten hinwies, auf den Obersalzberg (12. I. 34)."[45]

In Anwesenheit von Göring habe sich Hitler in scharfer Weise gegen Röhm, den „Verräter an der nationalsozialistischen Revolution"[46] geäußert und Diels eröffnet, „daß einige ‚Verräter' zu verschwinden hätten.[47] Ich musste aus seinen Worten den Befehl entnehmen, Strasser (Gregor), Schleicher und andere Personen zu beseitigen." Diels habe sich daraufhin krank gemeldet und sei nicht mehr zum Dienst erschienen.[48] Schließlich habe ihm Göring mitgeteilt, „dass er auf mein schon eingereichtes Abschiedsgesuch eingehen und dass er Himmler und Heydrich die Preußische Polizei unterstellen wolle."[49]

Wie Diels weiter behauptete, habe ihm in der Folge die SS nachgestellt, Heydrich 1934 ein Verfahren gegen ihn eingeleitet, „in dem er mir die Unterstützung bei der Emigration von 180 wichtigen Personen vorhielt". Namentlich habe Heydrich die Sozialdemokraten Severing und Noske sowie die Namen Lemmer, Pünder, Adenauer, Falk und Lüdemann genannt.[50] Am 21. April 1934 wurde Diels endgültig als Gestapo-Chef entlassen und kurz darauf in den einstweiligen Ruhestand versetzt. Sein Nachfolger als Inspekteur der Gestapo und damit zugleich Leiter des Geheimen Staatspolizeiamts wurde der Reichsführer der SS, Heinrich Himmler, der damit sein Ziel, die Kontrolle über die gesamte deutsche Polizei zu erlangen, weitgehend erreicht hatte.

Im Rahmen des sogenannten „Röhm-Putschs" ließ Hitler am 30. Juni/1. Juli 1934 alle seine Rivalen und die unbequemen Mitwisser der „Machtergreifung" ermorden. Allerdings genoß Diels auch nach seiner angeblichen Weigerung, von Hitler gewünschte Personen zu beseitigen, die Protektion Görings. Dieser ließ es sich nicht nehmen, am 30. Juni 1934, dem ersten Tag der Mordaktion gegen die SA-Führung, seinen Schützling höchstpersönlich in das neue Amt eines Regierungspräsidenten von Köln einzuführen.[51]

Der Erpresser

Diels sicherte sich offenbar bereits frühzeitig gegen die NS-Machthaber ab. Aus seinem Dienstbereich stammende und hohe NS-Führer belastende Dokumente deponierte er im Ausland, um eventuellen Verfolgungen seitens der NSDAP, insbesondere aber der SS vorzubeugen. Walter Korodi (1933 Leiter der „Nationalen Abwehrstelle gegen bolschewistische Umtriebe" und 1935 in die Schweiz emigriert) berichtete 1936 in einem anonym in der Schweiz erschienenen Bericht „Ich kann nicht schweigen" von Diels' Strategie, belastendes Material gegen die NS-Führung zu sammeln und diese damit zu erpressen: „Hierbei wendet Herr Diels eine Methode an, die von vornherein viel Erfolg verspricht; er läßt nämlich auf Umwegen die führenden Männer der Partei deutlich wissen, wie gross seine Kenntnisse über dunkle Punkte der Geschichte der NSDAP seien. Diese Kenntnisse zu erlangen, war für ihn ja nicht schwer, da er im Innenministerium zu Severings Zeiten reichlich Gelegenheit gehabt hat, in die Akten Einsicht zu nehmen, die sich zum Beispiel mit den Straflisten nationalsozialistischer Funktionäre beschäftigten. Für die Parteileitung der NSDAP stand jedenfalls am Tage der Machtübernahme fest, dass in der Person des Herrn Diels eine schwere Gefahr für sie lag, und dass diese Gefahr nur beseitigt werden konnte, wenn man diesen Mann, dessen massloser Ehrgeiz bekannt war, in das Regime einspannte und ihn mit sichtbaren Würden bekleidete. Man ist sich gleichzeitig auch wohl bewusst, dass dieser Mann bei der Vernichtung von belastenden Aktenstücken im Innenministerium sehr behilflich sein kann und auch bei der Generalsäuberung der zum Teil stattlichen Straflisten von hohen NSDAP-Funktionären."[52] Wie Korodi weiter berichtete, wurde Diels als ausgewiesener Kenner der kommunistischen Bewegung von Göring auch in die „Fälschung eines kommunistischen Aufstandsplanes" einbezogen: „Der schlaue Fuchs Diels weiss hierbei allerdings genau, dass er von diesem Moment an das gesamte Regime in der Hand hat und jederzeit einen Staatsskandal erster Ordnung hervorrufen kann, über den jedes Regime stolpern muss, das solche Dinge begeht. Von diesem Augenblick an kann niemand mehr Herrn Diels absetzen oder ihn in Ungnade fallen lassen; einen solchen Mann, der so viel weiss, kann man nur immer höher befördern oder – man kann ihn erschiessen."[53]

Bereits im Frühjahr 1934 (also vor dem „Röhm-Putsch") habe Diels gegenüber Martha Dodd, der mit ihm befreundeten Tochter des US-amerikanischen Botschafters in Deutschland, erklärt, er wolle ein Sanatorium in der Schweiz aufsuchen, weil er sehr krank sei und eine Kur sowie Ruhe benötige.[54] Nach seiner Rückkehr habe er ihr jedoch anvertraut, nicht allein wegen seiner Gesundheit in die Schweiz gefahren zu sein. Vielmehr habe er private Papiere aus Deutschland herausgeschafft und sie einem zuverlässigen Freund in Zürich übergeben, der sie für den Fall, daß er erschossen würde, sofort veröffentlichen sollte. Dies sei das einzige, womit er den Nazis drohen könne.[55] Diels selbst berichtete später (geschönt), er habe 1935 (vermutlich 1934) in der Schweiz Beispiele seiner Hintertreibung von Hitlers (verbrecherischen) Befehlen dokumentiert.[56]

Auch nach Angaben des „Spiegel" von 1949 soll Diels damals persönliche Dokumente in der Schweiz deponiert haben.[57] Ebenso berichtete 1975 eine gute Freundin von Diels, die aus der Schweiz stammende Gräfin Nina von Faber-Castell, die damalige Gattin von Diels (Frau Diels-Mannesmann) sei 1933/34 zu ihrer Familie ins Schweizer Tessin gekommen. Sie habe im Auftrag ihres Gatten eine Mappe mit wichtigen Unterlagen und Belastungsmaterial gegen hohe NS-Führer, unter anderem den Reichstagsbrand betreffend, zu einer befreundeten „Familie von A..." ins Tessin gebracht. Diese Unterlagen und Aufzeichnungen seien dort in einem Banksafe deponiert worden und nach 1945 zum einen Teil an Diels zurückgegangen und zum anderen den alliierten Gerichtsbehörden in Nürnberg übergeben worden.[58]

Dr. Gustav Schlotterer, ein früherer Bekannter von Diels, erinnerte sich 1947 an damalige Äußerungen von Diels, nach denen dieser „schon am 30. Juni 1934 von Heydrich zur Liquidierung vorgesehen gewesen sei: Heydrich habe ihm gegenüber erklärt, dass bedauerlicher Weise Göring ihn [Diels] von der Liste gestrichen habe. Die Schonung seiner Person, so sagte mir Herr Diels, ginge darauf zurück, dass er in der Schweiz Aufzeichnungen hinterlegt habe, die im Falle seiner Gefährdung veröffentlicht würden. Davon seien die Führer des Dritten Reiches unterrichtet und die Angst vor einem Skandal verhindere ein offenes Vorgehen gegen ihn."[59] Ob Diels tatsächlich auf der „Abschußliste Heydrichs" stand, ließ sich bis heute nicht feststellen. Allerdings bestätigen Berichte über Diels' Verhalten unmittelbar vor dem sogenannten „Röhm-Putsch", daß dieser offenbar wirklich das Schlimmste befürchtete. Kurz vor dem 30. Juni 1934, so berichtete Martha Dodd[60], sei Diels extrem nervös gewesen und habe häufig unter akuten Magen- und Kopfschmerzen gelitten. „Er fürchtete ständig um sein Leben."[61] Als sie Diels einmal gefragt habe, warum er als derart mächtiger Mann so ängstlich sei, habe er geantwortet: „Weil ich zuviel weiß".[62] Ähnlich äußerten sich nach 1945 der Kölner Regierungspräsident Dr. Warsch und Oberregierungsrat Franz Thedieck (später Staatssekretär im Ministerium für gesamtdeutsche Fragen unter Jakob Kaiser) gegenüber dem Nürnberger Staatsanwalt Hans Sachs, der 1948 als Beauftragter des bayerischen Staatsministeriums für Sonderaufgaben gegen Rudolf Diels ermittelte. Als Ergebnis eines Gespräch hielt Sachs in einem Bericht fest: „In den Tagen des 30. 6. 1934 war Diels, der sonst allgemein nur als ‚Borgia' bezeichnet wurde, wie ein gehetztes Wild und wechselte fortgesetzt seinen Wohnsitz." Und weiter: „Diese seine Angst soll auf seine

Teilnahme an der Reichstagsbrandstiftung zurückgeführt werden."[63]
Nachdem Diels – ebenso wie Graf von Helldorf – am 30. Juni 1934 von den Kugeln der SS verschont geblieben war, sei nach Korodi „das Erstaunen in eingeweihten Kreisen [...] sehr gross" gewesen. „Weshalb man Herrn Diels nicht erschiessen konnte, erfuhr man erst mehrere Wochen nach den Juniereignissen, als man aus dem Freundeskreis des Herrn Diels und des Grafen Helldorf die vertrauliche Mitteilung erhielt, dass diese beiden Männer sich vor derartigen ‚Zwischenfällen' rechtzeitig zu schützen verstanden hatten. Herr Diels sowie Helldorf haben ihre Kenntnisse über die Fälschung der Aufstandspläne der KPD und über den Reichstagsbrand vorsorglich im Ausland deponiert, mit der Weisung an eine Vertrauensperson, dass sie im gleichen Moment jenes Safe öffnen solle, wenn Herrn Diels oder Helldorf Gefahr drohe. Dem etwas übereifrigen Kommando der SS, das Herrn Diels am 30. Juni gerne an die Wand gestellt hätte, dürfte jedenfalls Diels deutlich auseinandergesetzt haben, was die Salve in diesem Fall kostet – dass nämlich im selben Moment seine Vertrauensperson seine Kenntnisse über den Reichstagsbrand der gesamten Öffentlichkeit übergeben würde. Das war also der Grund, warum ein Mann wie Herr Diels nicht erschossen werden konnte und im Dritten Reich auch niemals von irgend jemand angerührt werden kann!"[64] Am 25. August 1934 wurde Diels mit seinem Rang als SS-Standartenführer „Ehrenführer" beim SS-Oberabschnitt West.

Nach Konflikten mit dem Kölner NSDAP-Gauleiter Terboven wurde Diels – offenbar auf eigenen Wunsch – im Juli 1936 (mit Wirkung zum 1. September 1936) als Regierungspräsident nach Hannover versetzt. In einer Tagebuchnotiz vom 15. Juni 1938 bezeugte Ulrich von Hassell (gestützt auf Informationen Ilse Görings), Hitler habe Diels diesen Posten nur deshalb zugewiesen, weil er den gefährlichen Mitwisser nicht vergrämen wolle, „während die Gestapo Diels alle möglichen und unmöglichen politischen und sittlichen Verfehlungen, unter anderem die Urheberschaft am Reichstagsbrand vorgeworfen habe, um ihn gänzlich auszuschalten."[65]

Erst am 1. Mai 1937 trat Diels der NSDAP (Nr. 3955308) bei. Am 20. April 1939 wurde er zum SS-Oberführer als Führer beim Stab des SS-Abschnitts IV ernannt.[66]

1941 als Regierungspräsident in Hannover zur Disposition gestellt, war Diels schon bald darauf mit Protektion Görings Generaldirektor und Vorstandsvorsitzender der Reichswerke AG für Binnenschiffahrt „Hermann Göring", später auch Aufsichtsratsvorsitzender der Donau-

Dampfschiffahrtgesellschaft sowie offenbar für kurze Zeit auch Reichskommissar für die Schwarzmeer-Schiffahrt. Er wurde „also auf unpolitischen, aber einträglichen Posten schadlos gehalten".[67] Ab dem 1. März 1942 wurde SS-Oberführer Diels dann als Führer beim Stab im SS-Hauptamt verzeichnet.[68] Eine „Dienstalterliste" der SS vom 30. November 1944 weist Diels darüber hinaus als Inhaber von SS-„Ehrendegen" und „Totenkopfring" aus.[69]

Fluchtpunkt Lugano

Am 17. Januar 1943 heiratete Diels die Witwe von Görings verstorbenem Bruder, Ilse Göring. „Einer der Hauptgründe" für die Eheschließung sei ihr Wunsch gewesen, „durch die Verbindung mit dem Namen Göring hier Rudolf Diels einen Schutz gegen die ständigen Verdächtigungen und Verfolgungen zu schaffen, denen er von seiten Himmlers und seiner Beauftragten Heydrich und später Kaltenbrunner ausgesetzt war".[70] Sein loses Mundwerk, bissige und wenig schmeichelhafte Bemerkungen über hohe NS-Funktionäre brachten Diels bei Parteiführung und SS in Mißkredit. Im Herbst 1943 wurde er von Gestapo-Chef Müller verhört. Göring nahm Diels jedoch aus der Schußlinie und schickte ihn zu einem Sanatoriumsaufenthalt zur Heilung eines Lungenleidens in die Schweiz. Diels selbst berichtete: „Im Dezember 1943 fuhr ich in ein Sanatorium in der Schweiz, nachdem ich aus dem Staatsdienst ausgeschieden und von Göring aus meiner Stellung bei den Reichswerken entfernt worden war. Ich hatte vorher einen Freund, Herbert Göring, gefragt, ob er mir die Schweiz empfehlen könne. Herbert Göring, der zu einer Verschwörergruppe gehörte und später festgenommen worden ist, empfahl mir, den Gisevius aufzusuchen, der als deutscher Nachrichtenagent in der Schweiz sei. Auf meine Bedenken, daß ich ihn nicht sehr möchte [!], riet mir Herbert Göring, es doch zu tun, und zwar mit den Worten: ‚Ich würde dir empfehlen, dich mit Gisevius zu unterhalten; er hört das Gras wachsen'."[71]

Hans Bernd Gisevius, der seit 1940 im deutschen Generalkonsulat in Zürich als Vizekonsul tätig war, stand auch in Diensten des US-amerikanischen Geheimdienstes und gehörte zu den „Verschwörern des 20. Juli" gegen Hitler.

Diels machte nun „in der Tat Gisevius die Mitteilung, daß ich in der Schweiz sei, um von ihm das oder jenes zu hören. Gisevius besuchte mich in Lugano und auch später mit offenbar aufrichtiger freundschaftlicher Gesinnung. Er kam des öfteren zu mir. Er kann heute nicht etwa sagen, daß er mich aushorchen wollte, denn ich spielte ja gar keine Rolle."[72]

Gisevius arbeitete seinerzeit an einem Insiderbericht über Deutschland, „Bis zum bittern Ende"[73], der 1946 erstmals in der Schweiz erschien. Bei den Gesprächen teilte Diels Gisevius weitere Details über die Reichstagsbrandstiftung mit. Diels gab später an, „Gisevius habe seine Erinnerungen [...] mit ihm, Diels, sozusagen abgestimmt, d.h. überprüft, inwieweit sie richtig wären."[74]

Diels sprach in Lugano auch davon, erneut persönliche Aufzeichnungen in der Schweiz deponieren zu wollen.[75] Der „Spiegel"[76] bestätigte dies 1949 anläßlich eines Abdrucks der dritten Version der Memoiren von Diels (siehe unten): „Das erste [Manuskript], in Teilen 1935 [wohl richtig: 1934] und 1944 von [... Diels] in der Schweiz deponiert, beschlag-nahmten 1945 Beamte der Nürnberger Kriegsverbrecher-Kommission in Lugano."[77]

Diels sagte 1947 weiter aus: „Ich habe Gisevius auf sein Anerbieten gebeten, mit der Schweizer Fremdenpolizei zu verhandeln, ob ich nicht in der Schweiz bleiben könne. Dieser Versuch wurde von der Schweizer Fremdenpolizei damit beantwortet, daß ich zwar höflich, aber bestimmt ausgewiesen wurde."[78]

Nach seiner Rückkehr wurde Diels im Frühjahr 1944 und dann erneut im November 1944 von der Gestapo verhaftet. Er machte 1947 dafür Gisevius verantwortlich, der laut Diels noch 1944 für die Gestapo[79] und den militärischen Nachrichtendienst unter Canaris gearbeitet haben soll. Gisevius habe Diels angeblich an die Gestapo verraten.[80] Dies ist allerdings unwahrscheinlich. Daß Diels erfolglos versucht hatte, in der Schweiz Asyl zu finden und daraufhin ausgewiesen wurde, war den deutschen Behörden sicher nicht verborgen geblieben. Dazu bedurfte es eines „Verrats" von Gisevius nicht. Diels selbst hatte sich Ende 1933 gegenüber dem „Berliner Tageblatt" folgendermaßen geäußert: „Pardon wird nicht gegeben, erklärte der Chef der Göringschen Geheimpolizei. Wer nach dem Siege Hitlers aus Deutschland emigriert sei, habe allein schon durch diese Tatsache den Feinden Deutschlands ein Argument zur Verleumdung in die Hände gespielt. Und schon für dieses Verbrechen würde die Staatspolizei die Emigranten, die im Vertrauen auf die Gnade des Regimes nach Deutschland zurückkehren wollten, erbarmungslos abstrafen."[81] Doch Göring befreite Diels im Frühjahr 1944 erneut aus der Gewalt der Gestapo.

Nachdem im Zusammenhang mit dem gescheiterten Anschlag auf Hitler am 20. Juli 1944 „angebliche Beziehungen Diels' zu Mitverschwörern und Mitwissern der konservativen Opposition aufgedeckt worden waren"[82], konnte ihn allerdings auch die Protektion Görings nur noch vor dem Schlimmsten bewahren. Seiner Frau sei es nach deren Aussage lediglich gelungen, „sein Leben unter Versetzung in eine Strafkompanie der Wehrmacht auszuhandeln gegen die Lösung unserer Ehe, die Himmler ein Dorn im Auge war".[83] Die restliche Zeit des „Dritten Reichs" will Diels in Gestapo-Gefängnissen und Strafkompanien verbracht haben. Bezüglich dieser Angabe ließen sich allerdings keine zeitgenössischen Nachweise finden.[84] Eine „Dienstalterliste der SS" mit Stand vom 30. November 1944 verzeichnete Diels als Regierungspräsidenten z. D. (zur Disposition), aber auch als SS-Oberführer, zugehörig zum SS-Hauptamt.[85] Ein von Diels nach dem Krieg behaupteter Ausschluß aus der SS kann als direkte Folge der Ereignisse vom 20. Juli 1944 also nicht erfolgt sein. Insofern muß vermutlich auch seine angebliche Konspiration mit den Verschwörern des 20. Juli in das Reich der Legende verwiesen werden.

Zeuge in Nürnberg

Nach Kriegsende wurde Diels am 3. Mai 1945 von der alliierten Militärregierung in Hannover verhaftet[86] und zunächst in ein Internierungslager eingewiesen. Während dieser Zeit tauchte er in Nürnberg auf, „wo er, zunächst als Zeuge der Anklage [von Herbst 1945 bis Juni 1947 für die amerikanische Militärregierung] und später als solcher der Verteidigung, in fast allen großen Prozessen vor dem Internationalen Militärgerichtshof wiederum eine recht zwiespältige Rolle auf juristischer Ebene spielte".[87] Informationen lieferte Diels im Rahmen des Nürnberger Prozesses unter anderem über den ehemaligen SS-Obergruppenführer Friedrich Jeckeln, der während des Dritten Reiches Leiter der Landespolizei Braunschweig und ab Juni 1941 als Höherer SS- und Polizeiführer, zuletzt als Kommandeur des V. Waffen-SS-Armeekorps in Rußland für Massenmorde verantwortlich war, sowie über den Chef des SS-Hauptamtes, SS-Obergruppenführer und späteren Chef des Kriegsgefangenenwesens Gottlob Berger. Als SS-Führer war Diels Mitglied des persönlichen Stabes von Berger (im SS-Ergänzungshauptamt) gewesen, dem die Rekrutierung der Waffen-SS im In- und Ausland un-

terstand. Auch an Informationen über die Verhältnisse bei der Reichswerke AG für Binnenschiffahrt „Hermann Göring", deren Generaldirektor und Vorstandsvorsitzender Diels war, zeigten sich die Vernehmer interessiert[88]; ebenso stand er im Fall der IG Farben als Zeuge vor
Gericht. Zu Diels' Taktik in Nürnberg resümierte Graf: „Auf juristischer und historiographischer Ebene entwickelte er das Wechselspiel von
Anklage ehemaliger Rivalen und Apologie seiner eigenen Tätigkeit in
rhetorisch, stilistisch und taktisch brillanter Weise zur Vollendung, nicht
ohne Erfolg, wenn man die Einschätzung des Quellenwerts seiner Erinnerungen durch einen Teil der Geschichtsschreibung nach 1945 zum
Maßstab nimmt."

Mitarbeiter der amerikanischen und britischen Militärregierung

Im Anschluß an seine Verwendung als Belastungszeuge in Nürnberg
wurde Diels von der amerikanischen Militärregierung offenbar mit der
Aufgabe betraut, „belastendes Material gegen ehemalige führende Nationalsozialisten zu sammeln". „Mit einem amtlichen Ausweis versehen", sei Diels Anfang Januar 1948 „im KZ-Ausschuß in Hannover"
erschienen.[89] Bei einer polizeilichen Zeugenvernehmung bestätigte
auch Diels' damalige Ehefrau Hannelore, daß ihr Mann seinerzeit im
„amerikanischen Dienst" stand.[90]

Anschließend wurde Diels von der Britischen Militärregierung als
„Berater in politischen Angelegenheiten" in der Britischen Besatzungszone beschäftigt. In einem amerikanischen Geheimdienst-Bericht
wurde ergänzend ausgeführt: „Neben dieser Funktion steht Diels angeblich im Dienst des Büros für die Zerstörung des Kommunismus in
der Britischen Zone".[91]

Seine Tätigkeiten für die britische und amerikanische Militärregierung
wie insbesondere auch seine notorische Wendigkeit kamen dem routi-
nierten Anpassungskünstler auch im Rahmen seines Entnazifizierungs-
verfahrens vor dem Spruchgericht Bielefeld zustatten. In einem Schreiben des Zentral-Justizamts für die Britische Zone in Hamburg vom 21.
Oktober 1948, das auch dem Spruchgericht vorlag, wurde folgende Einschätzung geäußert: „Das beifolgende Beweismaterial[92] wird ausreichen,
um dem Beschuldigten eine umfassende Kenntnis der verbrecherischen
Handlungen der SS nachzuweisen. Es ist zu erwarten, dass der Beschul-

digte sich dahin einlassen wird, dass er laufend Widerstand geleistet habe. Nach dem Inhalt des vorliegenden Materials dürfte eben dieser Einwand nicht gerechtfertigt sein. Wenn der Beschuldigte auch gegen Kriegsende in Ungnade gefallen war, so dürfte doch andererseits seine Tätigkeit während des Dritten Reiches nicht als Widerstand, sondern als Konjunkturrittertum übelster Art zu werten sein."[93] Das Spruchgericht sollte sich dieser Einschätzung allerdings nicht anschließen.

Zu den Entlastungszeugen von Diels gehörten neben dem ehemaligen Botschafter Vicco von Bülow-Schwante und dem ehemaligen Ministerialrat und Chef des Ministerbüros des Preußischen Staatsministeriums, Dr. Erich Gritzbach, der SPD-Politiker und ehemalige Reichstagspräsident Paul Löbe, der im Reichstagsbrandprozeß angeklagte ehemalige kommunistische Fraktionschef Ernst Torgler, aber auch ein Massenmörder wie der ehemalige SS-Obergruppenführer Erich von dem Bach-Zelewski.[94] Inmitten der Diels weitgehend entlastenden Zeugenaussagen findet sich immerhin ein Bericht, der den ersten Gestapochef schwer belastete. Der Zeuge Johannes Lukowski gab an, im Jahr 1933 vom SA-Sturm 33 („Hanne Maikowski") verhaftet und von Charlottenburg über Görings Folterkeller in der General-Pape-Straße ins berüchtigte „Columbiahaus" gebracht worden zu sein. Dort wurde er nach seinen Angaben auf Anweisung von Diels so schwer gefoltert, „daß ich schwarz von den Fersen bis zum Hals war. Außerdem wurden mir die Zähne ausgeschlagen". Infolge der erlittenen Mißhandlungen mußte sich Lukowski nach eigenen Angaben mehreren Operationen unterziehen und sei schließlich „Invalide geworden".[95]

Mit den Affidavits seiner Entlastungszeugen gelang es Diels ein weiteres Mal, den Kopf aus der Schlinge zu ziehen. Sowohl Anklage als auch Verteidigung forderten im Mai bzw. Juni 1949 unter Berufung auf diese Diels weitgehend entlastenden Dokumente die Einstellung des Verfahrens.[96] Christoph Graf: „Entnazifizierung beziehungsweise Spruchgerichtsverfahren überstand Diels mit derselben brillanten Taktik sowie mit einem Massenaufgebot von bestellten und anderen Entlastungszeugen einigermaßen unbeschadet, wenn auch leicht angeschlagen."[97]

Noch vor Beendigung von Diels' Spruchgerichtsverfahren hatte das Amtsgericht Berlin-Mitte in der damaligen sowjetischen Besatzungszone am 5. Januar 1949 einen Haftbefehl gegen Diels erlassen[98], unter anderem wegen Verdachts des Mordes an Albrecht Höhler und John Schehr[99], der aber in den westlichen Besatzungszonen natürlich nicht vollstreckt werden konnte.

Im Dienst des Counter Intelligence Corps (CIC)

Bereits Anfang 1948 hatte Diels Kontakt zum militärischen US-Geheimdienst CIC aufgenommen. Eine interne Beurteilung charakterisierte ihn folgendermaßen:
„Er ist ein Abenteurer und Kriminalist aus Passion, jetzt und früher. Die jetzt von ihm geäußerten politischen Ansichten sind sehr vernünftig und demokratisch, aber wir haben das Gefühl, dass er so ziemlich jede politische Ansicht formvollendet zum Ausdruck bringen kann. [...] Auf dem Gebiet der Kommunistenbekämpfung ist er als einer der grössten Spezialisten Europas anzusehen.

Ursache der Mitarbeit: Zwei Motive scheinen im Vordergrund zu stehen. Erstens scheint er sich angesichts seiner formalen und wohl auch sachlichen Nazibelastung noch ziemlich unbehaglich zu fühlen und Abdeckung für seine noch ausstehende Denazifizierung zu suchen. [...] Zweitens – der Mann ist nicht mehr der Jüngste und körperlich beschädigt (er hat nur noch eine Lunge). Irgendwie und irgendwann muss er wieder arbeiten. Und das Naheliegendste ist, dass er auf dem Gebiet arbeitet, das er gelernt hat: antikommunistische Intelligence. Dazu kommt das sportliche Motiv des grossen Menschenjägers."[100]

In Kontaktgesprächen im Januar, Februar und März 1950[101] erklärte sich Diels bereit, dem CIC zukünftig alle Informationen von „nationaler Bedeutung" zu übermitteln.[102] Dem US-Geheimdienst waren die nach wie vor „guten Verbindungen" des ehemaligen Gestapochefs „zu hohen industriellen Kreisen, dem deutschen Adel und zu früheren militärischen Persönlichkeiten" nicht verborgen geblieben. Aufmerksam notierte man auch, daß Diels in einem „freundlichen Verhältnis" zu dem Rechtsanwalt und Bruder des „Spiegel"-Herausgebers Rudolf Augstein stehe, den Diels verschiedene Male in dessen Haus in Hannover besucht habe.[103] Das Interesse des CIC galt auch Diels' Kontakten zur 1952 vom BVG verbotenen „Sozialistischen Reichspartei" (SRP) und anderen Organisationen des rechtsextremen Spektrums.

Besonders nützlich waren für das CIC die Erfahrungen des Ex-Gestapochefs bei der Bekämpfung des Kommunismus. In Gesprächen über die Gründung einer geplanten deutschen „Bundespolizei" – des späteren Bundeskriminalamtes (BKA) – warnte Diels vor den angeblichen „Bemühungen verschiedener Mitglieder der SPD", diese Organisation zu infiltrieren.[104] Den Amerikanern hielt Diels vor, daß sie die Kommunisten unterschätzten und nicht mit der gebotenen Schärfe gegen diese vorgingen. „Diels führte aus, daß die Amerikaner nicht wüßten, wie man den Komunismus bekämpfe. Nur die Taktik, die von den Deutschen in den Jahren von 1933-45 angewandt wurde, könne die Kommunisten möglicherweise besiegen. Die Kommunisten müßten mit eiserner Hand bekämpft werden. Diels berief sich auf die deutschen Methoden, die von der Gestapo nach 1933 angewandt wurden. Wer im Besitz von kommunistischem Propagandamaterial angetroffen wurde, wurde sofort verhaftet und in ein Konzentrationslager verbracht, um weitere mögliche kommunistische Aktivitäten zu neutralisieren. Diels verurteilte verschiedentlich die laxen Methoden der Vereinigten Staaten zum Schutz ihrer militärischen Informationen."[105]

Bei der Ausführung von Aufträgen für das CIC griff der ehemalige Gestapochef mit Wissen seiner Auftraggeber schließlich auch auf seine ehemaligen Dienstkollegen zurück.[106]

Die Legende vom „Widerstandskämpfer"

Bereits während der Nürnberger Prozesse hatte Diels begonnen, sich als eine Art „Widerstandskämpfer" zu stilisieren. Zu den Verhaftungsaktionen der Politischen Polizei direkt nach dem Reichstagsbrand äußerte er sich unter Eid wie folgt:

„Ich selber und meine Mitarbeiter, alte Beamte und keine Nazis, haben versucht uns dieser Terrorwelle [nach dem Reichstagsbrand] entgegenzuwerfen."[107]

Diese (meineidliche) Aussage war besonders perfide, weil Diels nachweislich bereits 6 Stunden vor dem Reichstagsbrand Massenverhaftungen von KPD-Funktionären angeordnet hatte! Auch die folgende Aussage versetzt in Erstaunen, wenn man weiß, daß Diels an der Einrichtung der ersten Konzentrationslager beteiligt war: „Weil durch das Vorgehen der SA viele Personen willkürlich in Gefängnisse und Konzentrationslager gekommen waren, drängte die damalige preußische politische Polizei, die noch keinen nationalsozialistischen Einschlag hatte, und mit der SS nichts zu tun hatte, auf Massenentlassungen."[108] Wie recht das Zentral-Justizamt der Britischen Zone in Hamburg mit seiner im Oktober 1948 geäußerten Vermutung hatte, Diels wolle sich als Widerstandskämpfer darstellen (siehe oben), zeigte sich in aller Deutlichkeit schon ein gutes halbes Jahr später. Ab Mai 1949 räumte „Spiegel"-Herausgeber Rudolf Augstein in seinem Nachrichten-Magazin dem ehemaligen Gestapo-Chef Raum für eine neunteilige (!) Serie ein: „Die Nacht der langen Messer ... fand nicht statt."[109] Die völlig unkommentierte, von haarsträubenden Geschichtsfälschungen strotzende Schilderung war ein Vorabdruck der kurz darauf erschienenen Buchversion. In einer vermutlich von Augstein selbst verfaßten Einführung und Kurzbiographie wurde Diels als Bauer, Falkner und „beinahe Mediziner" (auch anhand von Fotos, z. B. vor einem Mikroskop!) vorgestellt. Weiterhin wurde er hier stets falsch als ehemaliger „stellvertretender Leiter des Geheimen Staatspolizeiamtes" bezeichnet. Der Leiter sei in Wirklichkeit Göring gewesen! Diels präsentierte sich nun in der Serie als überzeugter Demokrat und gewissenhafter preußischer Beamter, der den neuen Machthabern anfänglich reserviert und dann sogar ablehnend gegenübergestanden haben will. Seine Position will er ausschließlich dazu genutzt haben, Schlimmeres zu verhindern.

Die (veränderte) Buchfassung dieser Apologetik erschien 1949 zuerst in der Schweiz unter dem Titel „Lucifer ante portas. Es spricht der erste Chef der Gestapo".[110] In dem 450 Seiten starken Elaborat (Stuttgarter Ausgabe von 1950) sang Diels ein wahres Loblied auf die preußische Polizei, die „als Garant freiheitlichen, rechtsstaatlichen Denkens wie ein Fels aus der anbrandenden Flut heraus[ragte]".[111] Die „Beamten der Severingschen Politischen Polizei, in deren Kreis ich mich seit 1930 befand", hätten sich „wie die gesamte Beamtenschaft gegen den Hitlerismus immun erwiesen".[112] „Bei dem Kern der Männer, die um mich waren, überwog christliches Empfinden und moralische Grundsatztreue die Anfechtungen des Opportunismus"[113], so der ehemalige Gestapochef.

Im Widerspruch zu dieser Darstellung charakterisieren zeitgenössische Berichte Diels als zynischen Opportunisten, der sich den neuen Machthabern und ihrer verbrecherischen Politik willfährig zur Verfügung stellte.[114] Diese Einschätzung wurde nach 1945 durch historische Untersuchungen bestätigt.[115] Wie Christoph Graf in seiner Studie über die Anfänge der Gestapo feststellte, führte Diels insbesondere eine „bereits sehr weitgehende polizeiliche Schutzhaftpraxis ein. Weitere massive Einschränkungen persönlicher und politischer Rechte und Freiheiten wurden unter seiner Leitung vor allem auf den Gebieten der Vereins-, Versammlungs-, Meinungsäußerungs- und Pressefreiheit sowie des Post- und Telephongeheimnisses vorgenommen. Er ließ gleichermaßen politische, vor allem kommunistische und sozialdemokratische Gegner, rassische, vor allem jüdische Organisationen, und kirchliche Oppositionsgruppen überwachen, verbieten und verfolgen. Alle Bereiche des öffentlichen, aber auch bereits des privaten Lebens wurden schon von der Gestapo Rudolf Diels', wenn auch noch nicht in dem Ausmaße wie von derjenigen Himmlers und Heydrichs, von einem dichten Netz präventiver Überwachungs- und repressiver Bekämpfungsorgane und -instrumente überzogen."[116]

Graf räumte ein, Diels habe zwar „gewissen radikalen Kräften und Tendenzen vor allem von SA und SS einigen Widerstand"[117] geleistet. Dieser „Widerstand" war jedoch niemals prinzipieller Natur und entsprang mitnichten Diels' Abscheu vor dem Terror, wie der Ex-Gestapochef in seinen Memoiren glauben machen wollte. In Wahrheit handelte es sich hier bestenfalls um einen Kampf um Befugnisse, bei dem sich der Günstling Görings schließlich dem mächtigeren und einflußreicheren Himmler geschlagen geben mußte. „Offensichtlich überbewertet"[118] hatte Diels auch seine Rolle im Zusammenhang mit der Bildung einer „Zentralstaatsanwaltschaft" im Preußischen Justizministerium.[119] Die am 1. August 1933 als Sonderreferat des Justizministeriums geschaffene „Zentralstaatsanwaltschaft" trat laut Aussage ihres Leiters Joel in solchen Fällen in Aktion, „wo die Partei [NSDAP] die ordnungsgemäße Durchführung von Strafverfahren hinderte".[120] Alle kriminellen Übergriffe von Angehörigen der SA, SS und NSDAP vor dem 15. Juli 1933 sollten allerdings amnestiert werden.[121] Durch das Sonderreferat, dessen Aufgabe in der „Bearbeitung der politischen Strafsachen von besonderer Bedeutung" bestand[122] und das später vom Reichsjustizministerium übernommen wurde, erhoffte sich Diels laut Lothar Gruchmann „Unterstützung in der Auseinandersetzung [...], die das Geheime Staatspolizeiamt mit den örtlichen SA- und SS-Einheiten in der Schutzhaftfrage auszufechten hatte". An einer Aufdeckung und Verfolgung verschiedener Ausschreitungen der SA und SS war die Gestapo schon aus Kompetenzgründen interessiert, „da sie die Polizeitätigkeit dieser Organisationen zurückdämmen, deren Konzentrationslager ‚verstaatlichen' und sich das Monopol der politischen Polizeigewalt sichern wollte".[123]

Auch verschiedentlich bezeugte Warnungen und Rettungen von Gegnern des NS-Regimes vor Übergriffen der SA[124] durch Diels können über dessen verantwortliche Rolle beim Auf- und Ausbau eines totalitären geheimpolizeilichen Apparats nicht hinwegtäuschen. Ebensowenig eignen sich von Diels in seinen Memoiren herausgestellte, mäßigende Interventionen, etwa im Fall des von der SA schwer mißhandelten ehemaligen kommunistischen Landtagsabgeordneten (und späteren NS-Kollaborateurs) Wilhelm Kasper, als Beweise für eine angeblich demokratische und NS-feindliche Grundhaltung.

Regierungspräsident zur Wiederverwendung

Nach seiner Internierung lebte Diels als „Regierungspräsident zur Wiederverwendung"[125] zeitweise auf seinem Bauernhof Twenge in der Nähe von Hannover und in seinem Geburtsort Berghausen im Taunus. Mit einer polemischen Broschüre gegen den unter mysteriösen, bis heute nicht eindeutig geklärten Umständen zeitweilig in die DDR übergewechselten oder dorthin entführten ersten bundesdeutschen Verfassungsschutzpräsidenten Otto John[126] (der von den Briten gegen den Willen Adenauers in dieses Amt eingesetzt worden war) trat Diels 1954 noch einmal ins Rampenlicht der bundesdeutschen Öffentlichkeit. Wie seine Angehörigen berichten, hatte dem neu geschaffenen Amt des Verfassungsschutzpräsidenten auch Diels' Ehrgeiz gegolten. Als sein alter Rivale John – beide kannten sich seit ihrer gemeinsamen Gymnasialzeit in Wiesbaden – diesen Posten erhielt, sah sich Diels um seine Hoffnungen betrogen.

Mit seinem Pamphlet gegen John, der sich mit seinem Durchgreifen gegen ehemalige Nazis in der Adenauer-Regierung nicht gerade beliebt gemacht hatte, handelte sich Diels freilich nur ein dienststrafrechtliches Verfahren ein, bei dessen Einstellung durch den Niedersächsischen Minister des Innern „Verstöße des Verfassers Rudolf Diels gegen die Treuepflicht als Beamter auf das schärfste mißbilligt" wurden.[127] Eine „wenig schmeichelhafte" Debatte im Deutschen Bundestag folgte. In Gesprächen mit Mitarbeitern des US-Militär-Geheimdienstes CIC ließ Diels 1954 wissen, er habe – angeblich als Konsequenz aus der unfreundlichen Kampagne, die ihm die Veröffentlichung seines Pamphlets „Der Fall Otto John" einbrachte – nach alter Manier „all seine Akten und persönlichen Dokumente an einem unbekannten, verborgenen Ort verwahrt."[128] Es ist nicht auszu-schließen, daß diese Unterlagen sich im Besitz des CIC befinden und bis heute zurückgehalten werden.[129]

Diels packt aus!

Diels soll Görings Pressereferenten Sommerfeldt bereits im Frühjahr 1934 mitgeteilt haben, der Reichstag sei von einer Handvoll SA-Männer in Brand gesteckt worden, die später von einem SS-Kommando ermordet wurden.[130] Noch bis 1946 zeigte sich Diels (wie auch Gisevius hinsichtlich der Zeit davor berichtete) von der SA-Täterschaft beim Reichstagsbrand überzeugt. So jedenfalls äußerte er sich gegenüber Dr. Adolf Arndt noch bei einer Befragung am 6. Mai 1946[131] in Nürnberg. Diels nannte hier als Täter Karl Ernst und Hans Georg Gewehr. Arndt fügte hinzu: „Diels äußerte seine Absicht, sich der Aufklärung der Brandstiftung zu widmen. Er machte hierbei den Vorbehalt, daß er wieder frei werde, es kann auch sein, daß er davon sprach, am Leben zu bleiben. Unvergeßlich ist mir, daß er sich hierbei mit der Hand an den Hals griff, als ob er fürchte, gehängt zu werden."[132] Ähnliches berichtete Robert M. W. Kempner in der protokollarischen Zusammenfassung eines Rundfunkinterviews mit Diels vom 15. Juli 1946 in Nürnberg, mitgeschrieben von seiner Sekretärin in Anwesenheit eines Verteidigers und eines Mitglieds der Anklagevertretung: „Nach der Auffassung von Diels wurde der Reichstag durch die Berliner SA mit Hilfe von Goebbels niedergebrannt und Göring war mit den Konsequenzen einverstanden."[133] Am 18. Oktober 1946 äußerte sich Diels dann bei einer Vernehmung in Nürnberg durch Mr. Barr bezüglich der Reichstagsbrandstiftung zurückhaltender: „Ich habe an die Version ‚Die Nazis haben es selbst gemacht' nicht geglaubt. Dann kamen meine Mitarbeiter und sagten: ‚Die stecken ja alle selbst mit drinnen'."[134] Leider versäumte es Barr, weiter nachzufragen.

Laut seinen Memoiren fand Rudolf Diels dann 1949 bezüglich der Reichstagsbrandstiftung plötzlich zu einem neuen Glauben, den er bis 1957 vertreten sollte: „Ich selbst habe schon einige Wochen nach dem Brand und bis 1945 geglaubt, daß die Nationalsozialisten die Brandstifter gewesen seien. Ich glaube es heute nicht mehr."[135]

Allerdings verschwieg Diels, warum er bis 1945 überhaupt an die Täterschaft der Nationalsozialisten geglaubt hatte; stattdessen führte er nur „Argumente" zu ihrer Verteidigung an: „Wenn aber die Nationalsozialisten selbst die Täter waren, so mußte sich mir die Frage erheben, warum sie es nicht in aller Offenheit vollbracht und als eine revolutionäre Tat gefeiert hatten."[136] Die Nazis hätten ja auch Bücher und Bilder vor allem Volk verbrannt, die Ladenfenster jüdischer Geschäfte eingeschlagen und jüdische Gotteshäuser in Brand gesteckt. Und weiter: „Warum in aller Welt sollten sie 1933 nicht auch den Reichstag anstecken, warum sich nicht laut zu dieser Tat der ‚spontanen Volkswut' bekennen? [...] Wenn die Nationalsozialisten den Reichstag wirklich angesteckt haben sollten und die Täterschaft leugneten, so begaben sie sich zugkräftigster Propagandawirkungen."[137] Überdies sei das Verbot der Kommunistischen Partei für die Nazis beschlossene Sache gewesen: „An Vorwänden und Anlässen, ja an durchschlagenden rechtlichen und politischen Gründen für ein Vorgehen gegen die Kommunisten mangelte es wirklich nicht."[138]

Diese „Argumentation"ist aus mehreren Gründen schief. Zum einen ereignete sich der Reichstagsbrand vor den Wahlen am 5. März 1933, während die von Diels vergleichsweise genannten nationalsozialistischen Verbrechen überwiegend erst nach den Wahlen stattfanden. Andererseits entsprachen antijüdische Pogrome und die Verbrennung unliebsamer Bücher durchaus dem NS-Gedankengut und ließen sich daher auch vor dem eigenen Anhang rechtfertigen, einen von Nationalsozialisten verübten Brandanschlag auf den Reichstag (das „ Haus des Volkes") dagegen hätte man dem NS-Wahlvolk wohl kaum als „nationale Heldentat" verkaufen können.

Auch die Behauptung, es habe 1933 keines besonderen Anlasses bedurft, um die KPD zu verbieten, klingt aus dem Munde des ehemaligen Gestapochefs nicht glaubwürdig. Selbst Hitler hatte in der Kabinettssitzung vom 30. Januar 1933 die Befürchtung geäußert, ein Verbot der KPD noch vor den Wahlen am 5. März könnte einen Generalstreik auslösen. Schließlich fand die Hitler-Regierung auch nach dem Reichstagsbrand nicht den Mut, die KPD offiziell zu verbieten. Stattdessen wurden ihre Presse verboten, ihre Funktionäre verhaftet und nach den Wahlen am 5. März die kommunistischen Mandate einfach kassiert.

Die von Diels 1949 in seinen Memoiren genannten Gründe für seine Ablehnung einer NS-Täterschaft müssen also als vorgeschoben gelten.

Am 15. Januar 1957 wurde Diels im Wiederaufnahmeverfahren betreffend van der Lubbe in Hannover vernommen und erklärte zum Reichstagsbrand: „Meine Kenntnis der Sache ist deshalb eine beschränkte, weil der damalige Innenminister Göring mich aus der Untersuchung der Sache ausgeschaltet hat, wobei ich auch als Chef einer Zentralbehörde nicht mit der persönlichen Untersuchung eines Einzelfalles mich hätte abgeben können [das ist falsch!].

Ich habe durchaus die Vorstellung, dass die ‚SA' den Reichstag angesteckt haben könnte, nicht für unmöglich gehalten. Andererseits war ich
damals und bin auch heute noch der Auffassung, dass die Annahme, van
der Lubbe habe den Reichstag gar nicht allein anstecken können, abwegig ist. M. E. genügte ein Streichholz, um den Reichstag in Brand zu
setzen[139], ganz abgesehen davon, dass van der Lubbe m. E. ein krankhafter Brandstifter war und zudem mit reichlichem Brandstiftermateri-
al versehen war. Das habe ich selbst wahrgenommen.''[140]

Abgesehen davon, daß van der Lubbe außer ein paar Kohlenanzündern kein Brandmaterial bei sich hatte, ist wohl die Behauptung, man
hätte den Reichstag mit einem Streichholz in Brand setzen können, so
absurd, daß man sie nur als Zynismus werten kann.

Doch noch im Verlauf des Jahres 1957 konvertierte Diels dann überraschend von seinem 1949er-Alleintäter-Glauben zurück und bezichtigte erneut und explizit ein SA-Kommando unter der Leitung von Karl
Ernst und Hans Georg Gewehr der Brandlegung am Reichstagsgebäude. Der Journalist und Schriftsteller Curt Riess recherchierte für die Illustrierte „Stern" über den Reichstagsbrand und unterhielt sich im Sommer 1957 sechs bis acht Stunden mit Diels, der ihm verriet, ein
SA-Kommando unter Ernst und Gewehr habe den Reichstag mit einer
selbstentzündlichen Tinktur in Brand gesetzt.[141] In diesem Sinne verfaßte Riess unter dem Pseudonym Peter Brandes für den „Stern" eine
neunteilige Artikelserie über den Reichstagsbrand, die vom 1. November 1957 an erschien[142] und bis zu diesem Zeitpunkt unbekannte Detailinformationen enthielt, die sehr wahrscheinlich von Diels stammten.

Friedrich Strindberg[143], damals Textchef der Illustrierten „Quick"
und „Weltbild", recherchierte 1957 ebenfalls für eine Serie über die NS-
Machtergreifung und interviewte Diels im Oktober oder Anfang November 1957 in München.[144] Ab dem 9. November 1957 publizierte
die Illustrierte „Weltbild" (in Konkurrenz zum „Stern") vierzehntägig
unter dem Titel „Ein Toter spricht" eine siebenteilige Serie zur NS-
Machtergreifung.[145] In Übereinstimmung mit den Informationen, die
Strindberg von Diels erhielt, wurde auch hier ein SA-Kommando für
die Brandstiftung verantwortlich gemacht.

Tobias berichtete weiteres: „Kurz vor seinem Tode kündigte Diels
einen erneuten Versuch an, der Wahrheit endlich auf die Spur zu kommen. Ende Oktober 1957 wandte er sich an Ernst Torgler mit einem
Schreiben, in dem er mit besorgten Worten seiner Beunruhigung Aus-

druck verlieh, daß voraussichtlich aus Anlaß der fünfundzwanzigjährigen Wiederkehr des Brandes wieder sehr viel ungereimtes Zeug an Veröffentlichungen zu erwarten sei. Er habe nunmehr ernsthaft vor, ganz offiziell beim Institut für Zeitgeschichte in München den Antrag zu stellen, von dort aus eine Untersuchung über den Brand durchzuführen."[146] Doch dazu sollte es nicht mehr kommen.

Tod durch „Jagdunfall"

Am 18. November 1957 starb Rudolf Diels bei einem Jagdunfall. „Beim Herausnehmen der Jagdwaffe aus dem Pkw hatte sich ein Schrotschuß gelöst", berichtete dazu das Munzinger-Archiv. Eine Todesanzeige erschien am 19. November 1957 in der „Rhein-Zeitung", in deren Archiv sich jedoch auffälligerweise kein einziger Bericht zum Tod von Diels nachweisen läßt.[147] Laut Sterbefallanzeige und Sterbeeintrag im Standesamt Katzenellnbogen verstarb Diels am 18. November 1957 um 1.30 Uhr. Als Todesursache wurde angegeben: „Bauchschuss mit Zerreißung der Leber, der rechten Lunge, schwerste Dick- und Dünndarmverletzungen" sowie „hochgradiger Schockzustand".[148]

Am 6. Dezember 1957 druckte der „Stern" innerhalb der laufenden Serie den folgenden, hier vollständig zitierten Nachruf ab:

„Das Opfer eines Jagdunfalls wurde vor einigen Tagen der ehemalige erste Chef der Gestapo, Rudolf Diels. Am 18. November wollte Diels, der als pensionierter Regierungspräsident bei Hannover lebte, im Taunus zur Jagd fahren. Als er seinen Wagen verließ, löste sich ein Schuß aus seinem Gewehr und verletzte ihn tödlich. Diels, der in unserem Bericht eine maßgebliche Rolle spielt, überwarf sich nach der Machtergreifung recht bald mit Hitler. Er wurde daher auch schon 1934 kaltgestellt. In seinem nach dem Kriege veröffentlichten Rechtfertigungsbuch ‚Lucifer ante Portas' schrieb Diels unter anderem zum Reichstagsbrand: ‚Ich erinnere mich noch des Erstaunens meiner Mitarbeiter ob der Verwandlung der SA-Übeltäter in kommunistische Provokateure. Nach Görings Verfälschung der amtlichen Darstellung des Reichstagsbrandes erschien es uns als ein unser normales Staatsdenken erschütterndes Dokument einer offenen Fälschung durch die oberste Führung des Reichs'."[149]

Ob es im Fall Diels ein Todesermittlungsverfahren gab und zu welchen Ergebnissen dieses möglicherweise führte, läßt sich aufgrund des Fehlens entsprechender Akten bei den in Frage kommenden Staatsanwaltschaften und Archiven nicht mehr feststellen.[150] Die Frage nach einem möglichen kausalen Zusammenhang zwischen den erwähnten Serien in „Stern" und „Weltbild" und dem kurz darauf folgenden Tod von Diels bleibt somit offen. Im Gegensatz zu dessen Familienangehörigen, die sowohl Selbstmord als auch Fremdeinwirkung aufgrund der „äusseren Umstände von dessen Tod (Unfallort direkt beim Wohnort Berghausen, fremde Personen wären aufgefallen etc.)" ausschlossen[151], hielt eine gute Freundin des Verstorbenen, die Gräfin Nina von Faber-Castell, einen Mord für nicht unmöglich.[152]

Christoph Graf resümierte: „Ein letztes Rätsel gab Diels der Nachwelt durch seinen Tod auf. Am 18. November 1957 starb der erfahrene Jäger nach offizieller Version an den Folgen eines Jagdunfalls."[153]

Anmerkungen zu Kapitel 10

1   Lebenslauf des SS-Standartenführers Rudolf Diels vom 2. 9. 1935, SS-Personalakten Rudolf Diels, Bundesarchiv Berlin (ehem. Berlin Document Center), abgedr. bei *Graf*, Politische Polizei, 410f.
2   Ebd., 319, 322.
3   Dr. Helmut Klotz war Kapitänleutnant, Journalist und ehemaliger Nationalsozialist.
4   „Doktor Diehls schlechtes Gewissen", in: „Volkswille", Karlsbad, 7. 2. 1934 (Bundesarchiv, ZR 881, Bd. 6, Bl. 124). Der „Volkswille" berief sich auf Veröffentlichungen von Klotz Anfang 1934 in der Prager „Wahrheit", in denen Diels als Lieferant der Briefe genannt gewesen sei.
5   *Helmut Klotz*, Der Fall Röhm, Berlin 1932.
6   Laut Aussage seiner Schwester, Erna Bremser, sei „der Plan für den 20. 7. 1932 [...] in Diels' Wohung gemacht worden, unter dessen Mitwirkung". Befragung von Familienangehörigen Rudolf Diels', am 20. 3. 1975 durch Christoph Graf, Protokoll im Schweizerischen Bundesarchiv, Depositum Walther Hofer. Diels' Kontakte zur Reichswehrführung liefen „möglicherweise über den späteren Mitarbeiter des Reichsluftfahrtministeriums, den Fliegermajor von Winterfeldt", „mit dem Diels offenbar engere Verbindung gehabt habe".
7   „Der Chef der Gestapo", Bundesarchiv, ZR 881, Bd. 6, Bl. 117, wahrscheinlich aus „Volkswille", Anfang 1934.
8   Nach „Archiv f. publizistische Arbeit (Intern. Biogr. Archiv)", Biographie v. Rudolf Diels v. 25. 2. 1937, 5979.
9   Personalakten Diels, Lebenslauf vom 2. 9. 1935, JI 167/0-3, Bundesarchiv Berlin (ehemals Berlin Document Center).

10 Vgl. das Zeugnis des bis zum November 1933 im Gestapa tätigen Regierungsassessors Hans Schneppel (*Shlomo Aronson*, Reinhard Heydrich, 83 u. 275; *Graf*, Politische Polizei, 105). Nach einem „Consolidated Information Summary" in seinen Spruchgerichtsakten soll Diels schon seit Anfang der dreißiger Jahre Kontakte zu von Papen und zu den Nationalsozialisten gehabt haben. Ab Ende 1932 stand er mit Göring in Verbindung, dem er Informationen für die Übernahme der Polizei lieferte, wofür er von diesem zum Leiter des Gestapa ernannt wurde (Spruchgerichtsakte Z 42 IV/1960 [Dr. jur. Rudolf Diels, geb. 16. 12. 1900], Bl. 273ff., Bundesarchiv Koblenz). Vgl. *Graf*, Politische Polizei, 104f. Eine entsprechende eindeutige Aussage findet sich auch in Diels' Lebenslauf von 1935; Bundesarchiv (ehemals Berlin Document Center), Personalakte Diels.

11 Siehe Anm. 7.

12 „Der neue Polizeipräsident stellt sich vor", in: „Volksblatt für Spandau und das Havelland", 24. 2. 1933 (der Beitrag erschien fast gleichlautend auch in der „Spandauer Zeitung").

13 Gesetz über die Errichtung eines Geheimen Staatspolizeiamts vom 26. 4. 1933, Preußisches Gesetzblatt, 122, abgedr. bei *Graf*, Politische Polizei, 414.

14 Personalakten Diels, Lebenslauf vom 2. 9. 1935, Bundesarchiv Berlin (ehem. Berlin Document Center).

15 *Graf*, Politische Polizei, 201.

16 Personalakte Diels, Bundesarchiv Berlin (ehem. Berlin Document Center), vgl. auch *Graf*, 197.

17 GStA, Rep. 90 P, 67, Bl. 36 (12. 12. 1933), nach *Graf*, Politische Polizei, 196.

18 Bundesarchiv Berlin, Orpo, Grote (ehemals Berlin Document Center), nach *Graf*, Politische Polizei, 197.

19 GStA, Rep. 90 P, 10, Bl. 2 ff., nach *Graf*, Politische Polizei, 198.

20 Zahlreiche weitere Beispiele für die gute Zusammenarbeit von SA und Gestapa bei *Graf*, Politische Polizei, 198ff.

21 *Diels*, Lucifer ante portas, 243.

22 Aussage von Dr. Alois Becker (Befragung vom 30./31. 1. 1973 durch Christoph Graf, Depositum Walther Hofer, Schweizerisches Bundesarchiv). „Unmittelbar nach dem Reichstagsbrand tauchte er [Ohst] merkwürdigerweise mehrere Tage lang nicht auf. Ich verdächtige ihn dringend zumindest der Mitwisserschaft um die Reichsbrandstiftung". Vgl. auch *Graf*, Politische Polizei, 197f., 372.

23 *Diels*, Lucifer ante portas, 307.

24 Aussage Walter Pohlenz vor der Landeskriminalpolizeiabteilung Brandenburg vom 18. 3. 1949 (Bundesarchiv, Abtlg. Potsdam, Zwischenarchiv, Z/C 19839, Akte 3) sowie Vernehmung W. Pohlenz vom 30. 8. 1968, in: „Akten des Verfahrens gegen die mutmaßlichen Mörder des Hellsehers Erik Jan Hanussen alias Steinschneider" bei der Staatsanwaltschaft beim Kammergericht Berlin, Az. P (K) Js 6/68. Pohlenz' Version weicht zwar in einigen Details – insbesondere die eigene Tatbeteiligung betreffend – von der Schilderung Schmidts ab, stimmt aber im wesentlichen mit dieser überein.

25 In den Akten findet sich ein Entlassungsschein des Gestapo (III B) vom 19. 9. 1933, der allerdings nicht von Diels unterzeichnet ist (Bundesarchiv, Außenlager Hoppegarten, Z c 19839, Bl. 8).

26 Aussage Willi Schmidt, betr. Mord an Ali Höhler, vom 8. 2. und 27. 7. 1968 (?), „Akten des Verfahrens gegen die mutmaßlichen Mörder des Hellsehers Erik Jan Hanussen alias Steinschneider" bei der Staatsanwaltschaft beim Kammergericht Berlin, Az. P (K) Js 6/68 und 10/68, Bd. IV, 103ff.; vgl. auch *Diels*, Lucifer ante portas, 307. In seiner Vernehmung vom 8. 2. 1968 bezichtigte Willi Schmidt außerdem die SA-Führer Werner von Mohrenschildt, Richard Fiedler, Willi Markus, Prinz August Wilhelm von Preußen („Prinz Auwi") und den SA-Fahrer Kurt Wendt, an der Ermordung Höhlers beteiligt gewesen zu sein.

27 GStA, Rep. 90P, 67, Bl. 4ff.

28 Bundesarchiv, Außenlager Hoppegarten, Z c 19839, Bl. 15R.

29 Obduktionsbericht der Leiche von Albrecht Höhler vom 8. 8. 1934, ebd., Bl. 17 (Tasche).

30 So der ehemalige Regierungsrat und Leiter des Dezernats 3 in der Abteilung IA des Polizeipräsidiums Berlin, Dr. Alois Becker, der Diels vorwarf, den Mord an Höhler passiv geduldet zu haben. Persönliche Mitteilung Beckers an Christoph Graf, vgl. *Graf*, Politische Polizei, 202. Diels' Anwesenheit und mögliche direkte Mitwirkung an der Ermordung Höhlers wurde darüber hinaus von dem Staatsanwalt a. D. Kurt Jaager bezeugt (1934 Dezernent für SPD, Gewerkschaften, Sonderaufträge u. a. im Gestapa unter Nebe), der sich 1963 an diesbezügliche Erzählungen von Diels noch gut erinnern konnte. Zeugenschaftliche Vernehmung vor dem LKPA Kiel vom 15. 8. 1963, in „Akten der Staatsanwaltschaft beim Kammergericht Berlin" (a. a. O.).

31 Von Diels unterzeichneter 17seitiger maschinenschriftlicher Bericht (Staatsarchiv Nürnberg, KV-Anklage Interrogations, Nr. D 33, 9; Vgl. auch Spruchgerichtsakte Z 42 IV/1960 (Dr. jur. Rudolf Diels, geb. 16.12. 1900), Bl. 37-63, Bundesarchiv Koblenz.

32 In seinen Memoiren (Lucifer ante portas) nennt Diels als Zeitpunkt für seine "Flucht" den Oktober 1933.

33 Bericht Diels (siehe Anm. 31), 10. Gemeint sein könnte die Tochter des US-amerikanischen Botschafters, Martha Dodd, mit der Diels möglicherweise ein Verhältnis hatte.

34 Ebd., 10f.

35 Ebd., 9f. Dies wurde von Diels' ehemaliger Gattin (1930-36), Hildegard Diels-Mannesmann, nach 1945 bestätigt. Spruchgerichtsakte Z 42 IV/1960 (Dr. jur. Rudolf Diels, geb. 16. 12. 1900), Bl. 77, Bundesarchiv Koblenz.

36 Nach einer Aussage von Gisevius in Nürnberg war Hinkler früher in einem Gerichtsverfahren wegen Unzurechnungsfähigkeit freigesprochen worden (Der Prozeß gegen die Hauptkriegsverbrecher vor dem Internationalen Gerichtshof, Nürnberg 1947, Bd. XII, 189).

37 Bundesarchiv, R 43 II, 395, Bl. 36ff.; nach *Graf*, Politische Polizei, 143.

38 Bericht Diels (siehe Anm. 31), 10ff. Vgl. auch „Ich will keine Gehenkten", in: „Der Spiegel", 12 .5. 1949, 7.

39 Archiv für publizistische Arbeit (Internationales Biografisches Archiv), 25. 2. 1937.

40 Siehe Anm. 37. Nach Hinklers eigenen Aussagen vom Dezember 1933 dauerte dessen Tätigkeit als kommissarischer Leiter des Gestapa nur ungefähr fünfzehn Tage (von Anfang bis Mitte November 1933), Bundesarchiv, R 19, 423; nach *Graf*, Politische Polizei, 141.

41 „Mein Reichsführer! Mit der Ernennung zum Obersturmbannführer der SS. haben Sie mir eine so große Freude bereitet, wie ich es mit diesen kurzen Worten des Dankes nicht andeuten kann. Ich hoffe, daß ich Ihnen auf Grund der menschlichen Beziehungen, die mich sowohl bereits mit der Front der SS., als auch mit Ihnen, mein Reichsführer, verbinden, Ihnen die Gewißheit bieten kann, daß ich SS.-mäßig zu denken und zu leben in der Lage sein werde. Ich verspreche Ihnen, daß ich die Grundsätze, die die Schutzstaffeln ausgeprägt haben, insbesondere in meinem beruflichen Wirkungskreis bei dem Aufbau und den Arbeiten der preußischen Politischen Polizei durchsetzen werde. Heil Hitler gez. Diels" (Bundesarchiv Berlin [ehem. Berlin Document Center], Personalakten Rudolf Diels; abgedr. bei *Graf*, Politische Polizei, 426.

42 Diels soll am Sturz Hinklers maßgeblich beteiligt gewesen sein.

43 Preußisches Gesetzblatt, 413, abgedr. bei *Graf*, Politische Polizei, 417f. Durch dieses Gesetz wurde die Geheime Staatspolizei (Gestapo) der Zuständigkeit des Preußischen Innenministeriums entzogen und als selbständiger Zweig der Verwaltung direkt dem Preußischen Ministerpräsidenten unterstellt.

44 Bericht Diels (siehe Anm. 31), 16.

45 Ebd., 12f.

46 Ebd., 13.

47   In seinen Memoiren (Lucifer ante portas, 336) läßt Diels Hitler sagen: „Diese drei [Schlei-
cher, Röhm und Strasser] müssen verschwinden, und zwar bald! Es sind richtige Verräter, das
kann ich Ihnen versichern."

48   Seinen eigenen Angaben zufolge habe Diels das Amt bereits Ende Januar 1934 „unter
dem Vorwand der Erkrankung" niedergelegt, „da ich die mir von Hitler und Göring zuge-
muteten verbrecherischen Handlungen auszuführen ablehnte, und da ich einsah, dass ein
Bemühen um die Wiederherstellung geordneter Verhältnisse im Rahmen der Polizei vergeblich sein werde, - aber auch in dem Bewusstsein, dass bis dahin die geheime Staatspolizei sich
noch gegen das Verbrechen gewandt habe". Bericht Diels (siehe Anm. 31), 16f.

49   Affidavit Rudolf Diels, o. D., Staatsarchiv Nürnberg, Rep. 502, ps-2460, Bl. 34-36.

50   Bericht Diels (siehe Anm. 31), 12.

51   Angeblich soll Diels am 28. und 29. Juni 1934 mit dem engsten Kreis um Hitler an den
Hochzeitsfeierlichkeiten des Gauleiters Terboven in Essen sowie an den dramatischen Beratungen und Vorbereitungen der Mordaktion im Hotel Dreesen in Bad Godesberg teilgenommen haben und nach vollbrachter Tat zum neuen SA-Stabschef Lutze abkommandiert worden sein. Diese Auffassung vertritt vor allem *Jacques Delarue*, Geschichte der Gestapo, 64, 118f.
Delarues auch im persönlichen Gespräch mit Christoph Graf bekräftigte Angaben beruhen vor
allem auf von ihm 1945 durchgeführten Verhören ehemaliger Polizei- und SS-Führer in Frankreich. Vgl. *Graf*, Politische Polizei, Anm. 6, 323f.

52   *Anonymus* (d. i. *Walter Korodi*), Ich kann nicht schweigen, 163.

53   Ebd., 165.

54   *Martha Dodd*, Through Embassy Eyes, 134.

55   Ebd., 137.

56   Bericht Diels (siehe Anm. 31), 13.

57   „Ich will keine Gehenkten", in: „Der Spiegel", 12. 5. 1949, 6. Hier allerdings die (vermutlich falsche) Jahresangabe 1935 (statt 1934).

58   Aussage Nina von Faber-Castell gegenüber Prof. Christoph Graf am 7. 3. 1975 in Küsnacht, Schweizerisches Bundesarchiv, Depositum Walther Hofer.

59   Eidesstattliche Erklärung Dr. Gustav Schlotterer vom 1. 12. 1947, Spruchgerichtsakte
Diels Z 42 IV/1960, Bl. 95-98, Bundesarchiv Koblenz.

60   *Martha Dodd*, Through Embassy Eyes, 134.

61   „He was in constant fear of his life".

62   „Because I know too much".

63   Bericht von Hans Sachs, Special Projects Division, Deutsche Überleitungsabteilung an
Special Projects Division, Paul Gantt vom 5. 8. 1948; Staatsarchiv Nürnberg, KV-Anklage,
Organisation G 250.

64   *Anonymus* (d. i. *Walter Korodi*), Ich kann nicht schweigen, 171.

65   Institut für Zeitgeschichte, ZS A-7; nach *Graf*, Politische Polizei, 325.

66   Personalakten Diels, Lebenslauf vom 2. 9. 1935, JI 167/0-3, Bundesarchiv Berlin (ehem.
Berlin Document Center).

67   Vgl. *Diels*, Lucifer ante portas; *Graf*, Politische Polizei, 327.

68   Personalakten Diels, Bundesarchiv, Außenlager Hoppegarten, JI 167 / 0-3.

69   Ebd.

70   Schreiben von Ilse Diels vom April 1949, Spruchgerichtsakte Diels, Bl. 148.

71   Zeugenvernehmung von Rudolf Diels im Entnazifizierungsverfahren gegen Hjalmar
Schacht am 16. 4. 1947, zit. nach: „Deutsche Rundschau" (Stuttgarter Ausgabe), 8. August
1948, 135-143.

72   Ebd.

73   *Hans Bernd Gisevius*, Bis zum bittern Ende, Zürich 1946.

74   Vernehmung von Friedrich Strindberg durch das Bayerische Landeskriminalamt, Vernehmungsniederschrift vom 15. 11. 1960 als Zeuge im Prozeß Hans-Georg Gewehr gegen

Hans Bernd Gisevius vor dem Landgericht Düsseldorf (8 Js 3483/60); NRW Hauptstaatsarchiv Düsseldorf, Ger. Rep. 372; Nr. 993.

75 Schriftsatz der Anwälte von Gisevius an das Landgericht Düsseldorf vom 28. 8. 1961, 39f.; Nachlaß Gisevius, ETH Zürich, Archiv für Zeitgeschichte.

76 Der detaillierte Beitrag stammt vermutlich von Rudolf Augstein, der mit Diels befreundet war.

77 Das Zitat (siehe Anm. 57) geht weiter: „Das zweite, von Diels unter einer Blumenrabatte im Garten seines Hofes in Twenge vergraben, überstand zwar die Haussuchungen der Gestapo, aber nicht die der Amerikaner." Die erste und zweite Version der Memoiren von Diels sind bis heute verschollen. Von Christoph Graf in den siebziger und achtziger Jahren angestellte Nachforschungen zum Verbleib bzw. zum Inhalt dieser Unterlagen verliefen erfolglos. Der Antrag eines der Autoren (A. B.) auf Einsicht in die Nachlaßakte von Diels beim Amtsgericht Hannover wurde abgewiesen, „da gemäß § 34 FGG Ihr berechtigtes Interesse an der gewünschten Auskunft glaubhaft zu machen ist und es mangels bekannten Aufenthaltsortes der Erben zur Zeit nicht möglich ist, diesen Gelegenheit zur Stellungnahme zu Ihrer Anfrage zu gewähren" (Mitteilung des Amtsgerichts Hannover vom 3. 3. 1999).

78 Siehe Anm. 71.

79 In einem Gutachten des Instituts für Zeitgeschichte schrieb Hermann Graml am 3. 5. 1962: „Die Behauptung, Gisevius sei nach seiner Ende 1933 erfolgten Entlassung aus der Gestapo (Ende Dezember) weiterhin als Agent dieser Institution tätig gewesen, ist bisher lediglich von zwei Autoren aufgestellt worden, nämlich von Rudolf Pechel (‚Deutscher Widerstand', Zürich 1947, S. 254) und Rudolf Diels. Abgesehen davon, daß beide, vor allem natürlich [...] Diels, gegen Gisevius voreingenommen waren, versäumten sie es, auch nur den Schatten eines Beweises für ihre Verdächtigung vorzulegen." Gutachten des Instituts für Zeitgeschichte, erstattet im Prozeß Dr. Gisevius gegen Fritz Tobias vor dem Oberlandesgericht Hamburg vom 3. 5. 1962 von Hermann Graml (Nachlaß Hans Bernd Gisevius, Archiv für Zeitgeschichte der ETH Zürich, Sig. 15.15 u. 15.19).

80 Siehe Anm. 71.

81 Zit. nach „Doktor Diehls schlechtes Gewissen", in: „Volkswille", Karlsbad, 7. 2. 1934 (Bundesarchiv, ZR 881, Bd. 6, Bl. 124).

82 *Graf*, Politische Polizei, 327.

83 Schreiben von Ilse Diels vom April 1949, Spruchgerichtsakte Diels, Bl. 148.

84 Diels' ehemalige Frau, Hildegard Diels-Mannesmann, erklärte in Diels' Spruchgerichtsverfahren, sie habe Diels vor seinem Abtransport an die Front in einer Kaserne in Steglitz besucht. Von einem Kriminalbeamten will sie zuvor erfahren haben, daß Diels von Himmler aus der SS ausgeschlossen worden sei (Spruchgerichtsakte Diels, 78, Bundesarchiv Koblenz).

85 Bundesarchiv, Außenlager Hoppegarten.

86 Verhaftungsbericht vom 3. 5. 1945, Akte Rudolf Diels, 523844, 94, Departement of the Army, United States Army Intelligence and Security Command, Freedom of Information/Privacy Office.

87 *Graf*, Politische Polizei, 327.

88 Staatsarchiv Nürnberg, Diels Interrogations.

89 „Gestapochef als Beauftragter der Militärregierung", in: „Frankfurter Rundschau", 7. 1. 1948.

90 Auskunft von Hildegard Die(h)ls, Bericht der Polizei-Station Porz v. 1. 11. 1948, C/1462, Spruchgerichtsakten Diels, Bundesarchiv Koblenz.

91 Agent's Report vom 13. 1. 1949, Subject: Czech Political Report, Re: Dr. Rudolf Diels; Akte Rudolf Diels (siehe Anm. 86), 523844, 86f.

92 Welche konkreten Unterlagen damit gemeint waren, läßt sich anhand der Spruchgerichtsakte nicht feststellen.

93 Schreiben des Zentral-Justizamts für die Britische Zone, Der Generalinspekteur, Ham-

burg 21. 10. 1948, G J400/5-141; Spruchgerichtsakte Z 42 IV/1960 (Dr. jur. Rudolf Diels, geb. 16. 12. 1900), Bundesarchiv Koblenz.

94   Erich von dem Bach-Zelewski (geb. 1. 3. 1899 in Lauenburg [Pommern]), SS-Obergruppenführer (SS-Nr. 9831) und General der Waffen-SS und Polizei, bei Beginn des Rußlandfeldzugs höherer SS- und Polizeiführer in Rußland-Mitte, seit 21. 7. 1943 durch Verfügung Himmlers Chef der Bandenkampfverbände und Leiter der Partisanenbekämpfung im ganzen besetzten Europa. Im August 1944 kommandierender General bei der Niederschlagung des Warschauer Aufstands und der anschließenden Liquidierung des Warschauer Ghettos. Von dem Bach-Zelewski hatte sich bereits 1934 an den Morden anläßlich des „Röhm-Putschs" beteiligt (vgl. *Benz/Graml/Weiß* (Hrsg.), Enzyklopädie des Nationalsozialismus, 820). In Nürnberg wurde von dem Bach-Zelewski nicht angeklagt, trat aber in mehreren Prozessen als Zeuge der Anklage auf. Nach dem Ende der Nürnberger Prozesse wurde er von deutschen Gerichten wegen mehrerer als SS-Führer und Chef der Bandenkampfverbände begangener Verbrechen zu langen Freiheitsstrafen verurteilt. Vgl. *Robert M. W. Kempner*, SS im Kreuzverhör, 361ff.

95   Aussage Johannes Lukowski vom 7. 1. 1949; Spruchgerichtsakte Z 42 IV/1960 (Dr. jur. Rudolf Diels, geb. 16. 12. 1900), Bundesarchiv Koblenz. Aus den Unterlagen geht leider nicht hervor, ob diese Aussage von der Spruchgerichtsbehörde weiterverfolgt wurde.

96   Einstellungsantrag von Rechtsanwalt Dr. Kubuschok vom 25. 5. 1949, Staatsanwaltschaft Bielefeld vom 24. 6. 1949; ebd.

97   *Graf*, Politische Polizei, 328.

98   Bundesarchiv, Außenlager Hoppegarten, ZC 19839 Akte 6.

99   John Schehr (* 9. 2. 1896, † 1. 2. 1934), seit 1919 Mitglied der KPD, 1925 Kandidat des ZK, 1932 Mitglied des ZK und des Politbüros der KPD, Reichstagsabgeordneter. Nach dem Reichstagsbrand per Haftbefehl vom 28. 2. 1933 gesucht. Leitete nach der Verhaftung Thälmanns (3. 3. 1933) die illegale KPD. Im November 1933 verhaftet und am 1. Februar 1934 ermordet.

100 Beurteilung von Rudolf Diels, 20. 7. 1948, Akte Rudolf Diels, 523844, 98-101, Department of the Army, United States Army Intelligence and Security Command, Freedom of Information/Privacy Office.

101 A/R. VI-507.3. Region VI, 18. 9. 1950, Subject: Contacts with Rudolf Diels, Akte Rudolf Diels, ebd., 36.

102 Ebd., 39.

103 Gesprächsprotokoll vom 3. 11. 1954, Region IV, 66th CIC Group, AFC 108, US Army; ebd., 32.

104 Siehe Anm. 101.

105 Ebd., 40.

106 Schreiben von Diels vom 26. 7. 1949 (?): „Sehr geehrter [Name in der Kopie geschwärzt], ich bestätige Ihnen wunschgemäss, dass ich von Ihnen 2 x je 500 DM (oder 3 x je 500 DM) erhalten habe. Die Beträge waren für die Durchführung eines Auftrages bestimmt, der die Herbeiholung bestimmter Fachleute und die Organisierung ihrer Tätigkeit zum Ziele hatte. Sie sind in der Tat für Fahrtkosten, für Uebernachtungen und andere Auslagen ehemaliger Mitarbeiter von mir verwandt worden. Ergebenst R. Diels [Unterschrift]", Akte Rudolf Diels (siehe Anm. 100), 114.

107 Eidliche Erklärung von Rudolf Diels vom 1. 11. 1945, abgegeben vor: Dr. Robert M. W. Kempner, beschworen vor: E. Miller, 1st. Lt. J.A.G.D.; *Robert Kempner*, „Der Prozeß um den Reichstagsbrand", in: „Recht und Politik" 1/83, 13-16.

108 Rudolf Diels, Nürnb. Dokumente, PS 2544, 1. 11. 1945, PS 2472, 31. 10. 1945; u. a.

109 „Der Spiegel", 12. 5. 1949 - 7. 7. 1949.

110 *Rudolf Diels*, Lucifer ante portas. Es spricht der erste Chef der Gestapo, Zürich 1949, Stuttgart 1950 (im folgenden wird aus der Stuttgarter Ausgabe zitiert).

111 Ebd., 42.

112 Ebd., 46.

113 Ebd., 168.

114 *Anonymus* [d. i. *Walter Korodi*], Ich kann nicht schweigen; *Martha Dodd*, Through Embassy Eyes.

115 *Graf*, Politische Polizei; *Shlomo Aronson*, Reinhard Heydrich und die Frühgeschichte von Gestapo und SD; *Höhne*, Mordsache Röhm; *Delarue*, Geschichte der Gestapo.

116 *Graf*, Politische Polizei, 322.

117 Ebd., 322.

118 *Gruchmann*, Justiz im Dritten Reich, 345-367, Zitat: Anm. 39, 346.

119 In seiner Darstellung berief sich Diels auf von ihm zitierte „tagebuchartige[n] Aufzeichnungen von Haakes" (*Diels*, Lucifer ante portas, 310ff.)

120 Aussage Günther Joel bei den Nürnberger Prozessen, zit. nach ebd., 312f.

121 Aussage Werner von Haake am 10. 7. 1963; Akten der Generalstaatsanwaltschaft Berlin, P(k) Js 6/68, Bl. 29-31.

122 Konkret: „schwere Angriffe auf Polizeibeamte sowie Angehörige der SA- und SS-Formationen sowie Versuche der Sabotage des nationalsozialistischen Aufbaus (Mißachtung von Anordnungen der Träger der Staatsautorität, unbefugte Eingriffe in die Wirtschaft, Amtsanmaßungen aller Art und Form)". Zit nach *Gruchmann*, Justiz im Dritten Reich, 346.

123 Ebd., 345. Die Zentralstaatsanwaltschaft wurde als Sonderreferat im Preußischen Justizministerium gegründet und unterstand dem Preußischen Justizminister Kerrl unmittelbar.

124 Bezeugt ist dieser Einsatz etwa im Falle Carl Severings, Paul Löbes oder Robert Kempners.

125 Nach Auskunft des Niedersächsischen Innenministeriums vom 29. 1. 1998 handelt es sich bei „Beamten zur Wiederverwendung" um „verdrängte Beamte, Militärbeamte oder RAD-Angehörige aus den deutschen Ostgebieten, die einen Anspruch auf Weiterbeschäftigung hatten. Der Rechtsanspruch auf Wiederverwendung ergab sich aus dem Gesetz zur Regelung der Rechtsverhältnisse der unter Artikel 131 Grundgesetz fallenden Personen (Bundesgesetzblatt S. 307f.). Rechtsgrundlage für die Wiederverwendung von Beamten bei Behörden im Land Niedersachsen ist das Gesetz zur Regelung der Rechtsverhältnisse der unter Artikel 131 Grundgesetz fallenden Angehörigen des öffentlichen Dienstes im Lande Niedersachsen vom 28. 12. 1951 (Niedersächsisches Gesetz- und Verordnungsblatt S. 233)."

126 *Rudolf Diels*, Der Fall Otto John – Hintergründe und Lehren, Göttingen 1954. Diels hatte die im Göttinger Verlag für Wissenschaft und Politik erschienene Broschüre nicht aus eigener Initiative verfaßt. Den Auftrag dazu hatte ihm sein Verleger Leonhard Schlüter erteilt, der Diels wenige Tage nach der Flucht Johns beauftragte, eine Ausarbeitung über den Fall und seine Begleitumstände vorzunehmen (nach „Die große Hetze. Der niedersächsische Ministersturz. Ein Tatsachenbericht vom Fall Schlüter", Göttingen 1958, 134). Mitverfasser der Broschüre war auch der am 16. 5. 1955 zum niedersächsischen Kultusminister berufene frühere Göttinger Polizeipräsident Leonhard Schlüter. Die Frage, inwieweit Schlüter für die unter dem Namen von Diels erschienene Broschüre verantwortlich war, beschäftigte auch einen parlamentarischen Untersuchungsausschuß des Niedersächsischen Landtags (vgl. hierzu: „Bericht des 6. Parlamentarischen Untersuchungsausschusses des Niedersächsischen Landtags betreffend die Vorgänge, die zur Berufung des Abg. Schlüter zum Niedersächsischen Kultusminister am 26. Mai 1955 führten", Niedersächsischer Landtag, Dritte Wahlperiode, Landtagsdrucksache Nr. 177; abgedr. in: *Manfred Jenke*, Verschwörung von rechts?, Berlin 1961, 446-448). In Schlüters Verlag waren auch die offen rechtsextremen Schriften eines gewissen Hugo C. Backhaus (Pseudonym für Dr. habil. Herbert Grabert [1901-1978]) „Wehrkraft im Zwiespalt" und „Volk ohne Führung" erschienen. Grabert war 1943 Regierungsrat in der Kriegsgeschichtlichen Abteilung des Oberkommandos der Wehrmacht und 1941-1945 im Reichsministerium für die besetzten Gebiete tätig. Chefredakteur seiner Nachkriegszeitschrift „Deutschland in Geschichte und Gegenwart" war Wilfred von Oven. Der rechtsradikale Grabert-Verlag, die „wichtigste Ideologiezentrale des bundesdeutschen Neofaschismus", wird seit 1972 von Sohn

Wigbert (geb. 1941) geleitet. Aufgrund der gegen ihn erhobenen politischen Bedenken wurde Schlüter nach nur 10 Tagen Amtszeit beurlaubt und trat am 9. Juni 1955 als niedersächsischer Kultusminister zurück. Der Bundesgerichtshof verurteilte Schlüter am 30. 4. 1960 wegen der Herausgabe von „Volk ohne Führung" zu zwei Monaten Gefängnis, ersatzweise 1.200 DM Geldstrafe, den Autor Herbert Grabert wegen Staatsgefährdung zu 9 Monaten Gefängnis auf Bewährung.

127 „Bericht des 6. Parlamentarischen Untersuchungsausschusses des Niedersächsischen Landtags..." (siehe Anm. 126).

128 „As a consequence of that publicity Diels stored all his files and personal papers at an undisclosed hiding place." Gesprächsprotokoll vom 3. 11. 1954, Region IV, 66th CIC Group, AFC 108, US Army; Akte Rudolf Diels, 523844, 33, Departement of the Army, United States Army Intelligence and Security Command, Freedom of Information/Privacy Office.

129 So verweigerte das Departement of the Army, United States Army Intelligence and Security Command, Freedom of Information/Privacy Office die Herausgabe eines Diels betreffenden Dokumentes. In einem Schreiben an einen der Autoren (A. B.) vom 17. 7. 2000 teilte dieses mit: „The Department of the Army located a CIA document which they have determined as properly classified and to be denied in its entirety on the basis of FOIA exemptions (b) (1) and (b) (3)".

130 Brief von Görings ehemaligem Pressereferenten Martin H. Sommerfeldt an Richard Wolff vom 23. 9. 1955, zit. in: *Wolff*, Der Reichstagsbrand, 38.

131 Arndt gab als Datum für sein Gespräch mit Diels den Tag an, als „Funk wegen der in der Reichsbank gesammelten Goldplomben vernommen wurde". Dies war am 6. 5. 1946.

132 Aussage Dr. Adolf Arndt vom 9. 6. 1961 vor dem Amtsgericht Bonn in der Sache Gewehr gegen Gisevius; Nordrhein-Westfälisches Hauptstaatsarchiv, Zweigarchiv Schloß Kalkum, Ger. Rep. 372, Nr. 990, 992, 993; siehe auch: Leserbrief von Dr. Adolf Arndt in: „Die Zeit", 14. 4. 1960, 30.

133 Brief von Robert M. W: Kempner an das Landgericht Düsseldorf vom 15. 10. 1961, Generalstaatsanwaltschaft Düsseldorf, Strafsache Gewehr 8 Js 3483/60, Sonderband, Kopien aus 6 O 160/60 (LG Gewehr gegen Gisevius), Bl. 69f.

134 Vernehmung Rudolf Diels durch Mr. Barr am 18. 10. 1946, Bundesarchiv, Film 44182, Bild Nr. 157.

135 *Diels*, Lucifer ante portas, 199f.

136 Ebd., 196.

137 Ebd., 196f.

138 Ebd., 197.

139 In seinem Buch hatte Diels noch geschrieben: „Warum sollte nicht auch ein Streichholz genügen, die feuerempfindliche kalte Pracht des Plenarsaales, die alten Polstermöbel und schweren Gardinen und den strohtrockenen hölzernen Prunk der Vertäfelungen in Flammen zu setzen?" (ebd., 193).

140 Aussage Rudolf Diels vor dem Amtsgericht Hannover am 15.1.1957, Nordrhein-Westfälisches Hauptstaatsarchiv, Zweigarchiv Schloß Kalkum, Ger. Rep. 372, Nr. 990, 992, 993, Bl. StA 09653-09655.

141 Vernehmung Curt Riess vom 21. 6. 1961 durch das Landgericht Düsseldorf in der Sache Gewehr gegen Gisevius; ebd.

142 *Peter Brandes*, „Feuer über Deutschland", in: „Der Stern", Nr. 43 - 52/1957.

143 Friedrich Strindberg (★ 21. 8. 1897, † 30. 3. 1978), Sohn von Frida Uhl (1897 mit dem Dichter August Strindberg verheiratet) und Frank Wedekind, 1957 Leiter der Textredaktion von „Weltbild", 1961 von „Quick".

144 Vernehmung Friedrich Strindberg durch das Bayerische Landeskriminalamt, Vernehmungsniederschrift vom 15. 11. 1960 als Zeuge im Prozeß Hans-Georg Gewehr gegen Hans Bernd Gisevius vor dem Landgericht Düsseldorf (8 Js 3483/60); Hauptstaatsarchiv Düsseldorf, Ger. Rep. 372; Nr. 993. Gleichlautend auch der Brief von Friedrich Strindberg an das Amts-

gericht München vom 10. 6. 1961 (Kopie im Schweizerischen Bundesarchiv, Depositum Walther Hofer).

145 Mutmaßlicher Autor war der im Impressum als verantwortlicher Leiter der Textredaktion genannte Friedrich Strindberg.

146 *Tobias*, Reichstagsbrand, 529.

147 Mündliche Auskunft des Archiv-Mitarbeiters Herr Giermann gegenüber einem der Autoren (A. B.) vom 5. 10. 1998.

148 Standesamt Katzenellnbogen, 19. 11. 1957, Sterbefallanzeige Nr. 120/1957.

149 „Der Stern", 49/1957 (6. 12. 1957).

150 Mitteilung der Staatsanwaltschaft Koblenz (Leitender Oberstaatsanwalt) vom 10. 7. 1998: „Wenn zum Todeszeitpunkt im Jahre 1957 keine konkreten Anhaltspunkte für eine Gewalttat vorgelegen haben, wären die Ermittlungsakten (falls doch ein Verfahren bei der Staatsanwaltschaft Koblenz anhängig war) bereits im Jahre 1988 nach Ablauf der Aufbewahrungsfrist komplett vernichtet worden. Sollten allerdings zum damaligen Zeitpunkt konkrete Hinweise für ein Gewaltverbrechen bestanden haben, so könnte das Ermittlungsverfahren nur an Hand eines Beschuldigten aufgefunden werden. Sollte es allerdings dann nicht zu einer Verurteilung gekommen sein, wären die entsprechenden Ermittlungsakten ebenfalls bereits vernichtet." Schriftliche Mitteilung des Amtsgerichts Dietz vom 11. 1. 1999 und des Landeshauptarchivs Koblenz vom 24. 7. 1998.

151 Befragung der Schwester von Rudolf Diels, Erna Bremser, sowie von deren Ehemann Dr. Horst Bremser und dessen Bruder durch Christoph Graf am 20. 3. 1975, Protokoll im Schweizerischen Bundesarchiv, Depositum Walther Hofer.

152 Aussage Nina von Faber-Castell gegenüber Christoph Graf am 7. 3. 1975 in Küsnacht, Schweizerisches Bundesarchiv, Depositum Walther Hofer. Diels' ehemaliger Kollege, der Mitankläger bei den Nürnberger Prozessen, Robert M. W. Kempner, wollte auch einen Selbstmord nicht ausschließen, da Diels seinerzeit „in einer unangenehmen persönlichen Lage steckte" (*Kempner*, Ankläger einer Epoche, 118).

153 *Graf*, Politische Polizei, 329.

11 Nach 1945: Der Reichstags- brand in der Kontroverse

TEIL 1
ENTHÜLLUNGEN VON GISEVIUS UND DIE REAKTION:
DIE ALLEINTÄTER-LEGENDE

Das Reichsgericht war in seiner schriftlichen Urteilsbegründung am 23. Dezember 1933 zu der Überzeugung gelangt, neben van der Lubbe seien an der Reichstagsbrandstiftung „mindestens ein, wahrscheinlich mehrere Mittäter" beteiligt gewesen: „Es kann nach Ansicht des Senats keinem Zweifel unterliegen, daß die Tätigkeit van der Lubbes im Reichstag im bewußten und gewollten Zusammenwirken mit dem oder den Mittätern erfolgt ist, die im Plenarsaal den Brand vorbereitet und die Selbstentzündung angelegt haben. Daß das zeitliche Zusammentreffen des Brandes im Plenarsaal und der Brandlegung van der Lubbes kein zufälliges war, bedarf keiner Erörterung. [...] Die Rolle, die dem Angeklagten van der Lubbe bei der Inbrandsetzung des Reichstags zugedacht war, war offenbar die, den Verdacht der Täterschaft, und zwar einer Alleintäterschaft auf sich zu lenken. [...] Das Interesse der Mittäter oder Hintermänner an einer derartigen Ablenkung des Verdachts der Täterschaft auf van der Lubbe war offensichtlich und ihre Berechnung von ihrem Standpunkt aus nicht unrichtig. In der Tat bestand bei den vernehmenden Kriminalbeamten zunächst die Vorstellung einer Alleintäterschaft van der Lubbes."

Während das Reichsgericht van der Lubbes Mittäter erfolglos in den Reihen der Kommunisten suchte, war man im Ausland davon überzeugt, diese seien in den Reihen der SA zu finden. Beide Positionen änderten sich bis zum Untergang des „Dritten Reichs" 1945 nicht. An eine Täterschaft der Kommunisten wollte danach allerdings niemand mehr glauben. Mit dem Entstehen der Bundesrepublik Deutschland und der Deutschen Demokratischen Republik trat dann 1949 eine neue Polarisierung bezüglich der mutmaßlichen Täterschaft auf. In der DDR und im „Ostblock" herrschte weiter die als selbstverständlich empfundene Ansic ht vor, NS-Täter seien für die Brandstiftung verantwortlich. Eine wissenschaftliche Untermauerung dieser These anhand von Akten wurde jedoch weitgehend versäumt. Anders verlief die Entwicklung auf der anderen Seite des Eisernen Vorhangs, in der jungen BRD. Hier zogen sich der einstige erste Gestapo-Chef Rudolf Diels und einige seiner ehemaligen Mitarbeiter auf das frühe (und im Zuge der weiteren Ermittlungen aufgegebene) Ergebnis der ersten provisorischen Reichstagsbrandkommission vom 3. März 1933 zurück: Van der Lubbe sei Alleintäter der Brandstiftung gewesen.

Hans Bernd Gisevius enthüllt

Dr. jur. Hans Bernd Gisevius (1904-1974), der von August bis Dezember 1933 als Gerichtsassessor bei der Politischen Polizei im Polizeipräsidium Berlin unter Diels gearbeitet hatte, lieferte Anfang 1946 aus der Schweiz einen Insiderbericht, „Bis zum bittern Ende"[1], der trotz etlicher Ungenauigkeiten und romanhafter Ausschmückungen wohl den ungefähren Ablauf der Reichstagsbrandstiftung durch die SA wiedergab. Seine Schilderungen bekräftigte er am 25. April 1946 vor dem Nürnberger Kriegsverbrecher-Tribunal unter Eid (siehe dazu Kapitel 7). Der Bericht beruhte auch auf persönlichen Informationen durch Rudolf Diels, mit dem sich Gisevius noch 1944 in Lugano abgestimmt hatte. Der seinerzeit noch internierte Diels selbst erklärte 1946 in Nürnberg übereinstimmend mit Gisevius und unter Nennung von Namen, die SA habe den Reichstag in Brand gesetzt (siehe dazu Kapitel 10).

Ehemalige Gestapo-Beamte fälschen die Geschichte

Im Nachlaß von Heinrich Schnitzler[2] ist umfangreich Korrespondenz mit Rudolf Diels aus der frühen Nachkriegszeit überliefert. Dr. Heinrich Schnitzler war 1933 Regierungsassessor im Dezernat für Linksextremismus des Geheimen Staatspolizeiamtes in Berlin und in der Nacht des Reichstagsbrandes Mitorganisator der Verhaftungsaktionen. Bereits seit 1932 hatte er mit führenden Vertretern von NSDAP und SA zusammengearbeitet.[3]
Wie ein roter Faden zieht sich ein zentrales Motiv durch den gesamten

Briefwechsel: Die Widerlegung und politische Ausschaltung des „Verräters" Gisevius, der seit Kriegsende als wichtiger Zeuge für die Verstrickung der Politischen Polizei in NS-Verbrechen Diels und dessen engste Mitarbeiter schwer belastet hatte. Wie getroffen sich Diels fühlte, wird in der Einleitung zu einer 18seitigen Erklärung deutlich, die er etwa Ende 1946 oder 1947 abgab: „Da insbesondere die Aussagen des Zeugen Hans Bernd Gisevius meine Tätigkeit und die Motive meines Handelns teils in unrichtiger, teils in verzerrter Weise darstellen, gestatte ich mir, dem Internationalen Militärgericht [in Nürnberg] die folgende Schilderung und Richtigstellung vorzulegen." Die an Eidesstatt erfolgte Erklärung schloß mit dem Lamento: „Ich habe Grund zu der Annahme, dass Gisevius bei der Drucklegung seines Buches der Überzeugung war, dass ich aus dem Gefängnis der Gestapo, der gegenüber er noch im Dezember 1944 schwere Anschuldigungen gegen mich erhoben hatte, nicht lebend entkommen sei."[4]

Weiter belegt die Korrespondenz zwischen Diels und Schnitzler, wie beide ihre jeweiligen Nachkriegsdarstellungen vom Ablauf der NS-Machtübernahme für die bevorstehenden Spruchgerichtsverfahren („Entnazifizierung") genau aufeinander abstimmten. Man stellte sich nicht nur gegenseitig „Persilscheine" aus, sondern koordinierte auch die publizistischen Aktivitäten sowohl untereinander als auch mit weiteren ehemaligen Gestapo-Beamten. In einem Schreiben vom Februar 1947 an seinen Intimus umriß Diels, der gerade mit der Abfassung seiner Memoiren befaßt war, die Absichten: „Es scheint mir wichtig, unsere Arbeit als eine einheitliche Widerstandsleistung darzustellen, die zunächst den Gang der Entwicklung weg vom Rechtsstaat und hin zum reinen Terrorismus verzögert hat und nachhaltiger gewesen wäre, wenn andere ‚normalisierende Figuren' in der Nähe der grossen Clique unsere Arbeit fortgesetzt hätten, als wir abgetreten waren. Die Tatsache, dass es Widerspruch gab und Tendenzen und Befehle nicht befolgt wurden, ist historisch wichtig für die Darstellung der Anfänge. [...] Natürlich muss ich die Entnazifizierungswelle über mich ergehen lassen, wenn ich ihr nicht ausweichen kann. Doch ich glaube kaum, dass ich nach der hiesigen Tätigkeit noch viel damit zu tun bekomme. Ich bin ausdrücklich als ein Nichtkriegsverbrecher erklärt. Nach der Auffassung von Oyenhausen bin ich durch meine Haft weitgehend entlastet, sowie durch mein Ausscheiden aus dem Staatsdienst. Zudem hat man sich dort meine Darstellung von [19]33 zu eigen gemacht."[5]

Systematisch wurde an der Legende vom angeblichen unerschrockenen

Kampf des Gestapa unter Diels gegen das verbrecherische Vorgehen der SA gestrickt, den dieser eindringlich zu beschwören versuchte: „Wir haben 1933 jeden Tag daran gearbeitet, die aus dem Lot gekommenen Dinge wieder normal zu machen, der SA die Gefangenen zu entreissen und die Lager zu schliessen, d. h. so schnell wie möglich das Unheil zu liquidieren." Möge Schnitzler, wie Diels konzedierte, auch damit recht haben, daß Diels' „Taktik der Befriedung" „nicht einmal die richtige war. [...] Doch wir können von uns sagen, dass wir die wildesten Dinge gebändigt haben und den kalten Mord verhindert haben. [...] Für die Versuche, dem Rad der Entwicklung in die Speichen zu greifen und für die Bedeutung der retardierenden Persönlichkeiten bleibt daher nur die Geschichtsschreibung. Ich warte daher gespannt auf die Auslassung über den Reichstagsbrand."[6] (Gemeint war Schnitzlers Beitrag „Der Reichstagsbrand in anderer Sicht", siehe unten.)

Als Kronzeugen für ihre publizistische Darstellung des Reichstagsbrandes hielten Diels und Schnitzler übereinstimmend ihren ehemaligen Kollegen Dr. Walter Zirpins[7] für besonders geeignet. Als Kriminalkommissar im Geheimen Staatspolizeiamt hatte Zirpins nach der ersten Vernehmung durch Heisig die nachfolgenden Vernehmungen van der Lubbes durchgeführt und den „Abschlußbericht" der ersten provisorischen Reichstagsbrandkommission vom 3. März 1933 verfaßt, dessen vorläufiges Ermittlungsergebnis lautete: „Die Frage, ob van der Lubbe die Tat allein ausgeführt hat, dürfte bedenkenlos zu bejahen sein."[8]

Am 20. März 1948 teilte Schnitzler Diels erfreut mit: „Zirpins schrieb mir, daß er mit meinen Ausführungen grundsätzlich einverstanden ist. [...] Das ist immerhin ein sehr wichtiges Urteil, denn Z[irpins]. war der erste Sachbearbeiter der Brandsache. Auch mit Heisig habe ich jetzt Verbindung." Helmut Heisig[9], der van der Lubbe in der Brandnacht als erster vernommen hatte, bat Schnitzler in einem Schreiben vom 13. März 1948 um Unterstützung in seinem bevorstehenden Spruchgerichtsverfahren. Insbesondere war ihm an einer Bestätigung der Darstellung seiner Rolle bei den polizeilichen Ermittlungen zum Reichstagsbrand gelegen.[10] Heisig führte in dem Schreiben aus, er habe bereits auf der Pressekonferenz in Holland, „die ich ohne Genehmigung von Berlin abhielt", die These von van der Lubbes Alleintäterschaft vertreten.

Schnitzler riet Diels, er solle den spontanen und unorganisierten Charakter der NS-Revolution in seinem Buch herausstreichen. Nur so könne er deutlich machen, wie aussichtslos sein Kampf als Chef der Politischen Polizei gegen die Verbrechen der SA in jener Phase der NS-

Machtübernahme gewesen sei. Selbst Hitler und Göring hätten damals die Kontrolle über eine Entwicklung verloren, die sich aus geduldeten und geförderten Einzelaktionen entwickelt habe. „So allein erklärt es sich auch", dozierte Schnitzler, „daß man Ihnen [Diels] immer wieder von allen führenden Leuten die Zusicherung gab, nun passiere bestimmt nichts mehr, man würde sofort die notwendigen Maßnahmen treffen, Zusicherungen, die nie bis zum anderen Tage galten, weil tatsächlich die sogenannten Führer ihre nachgeordneten Formationen damals überhaupt nicht in der Hand hatten. Damit wird andererseits eindeutig herausgestellt, welch schwierige Aufgabe Ihnen oblag. Sie sollten mit den Geistern, die man in der Kampfzeit gerufen hatte, fertig werden."[11]
Wie sehr Schnitzler und Diels die Wahrheit verbogen, läßt sich exemplarisch am Mordfall Höhler zeigen, dem beide, genauso wie der „Klärung der Sache Rall" und der Ermordung Hanussens[12], eine große Bedeutung beimaßen. Wahrheitswidrig versuchte Schnitzler, den Mord an Höhler dem späteren Reichskriminalpolizeidirektor und SS-Gruppenführer Arthur Nebe in die Schuhe zu schieben, der sich später als Einsatzgruppenleiter beim Ostfeldzug schwerer Verbrechen schuldig gemacht hatte. Über Nebe sollte auch dessen seinerzeitiger Vertrauter Gisevius belastet werden, der Diels einer persönlichen Mitwirkung an der Ermordung Höhlers bezichtigt hatte. Schnitzler behauptete: „Der [SA-]Verbindungsstab hatte seine Finger in der Sache, aber auch Nebe und sein Kommissarsanwärter Schweinebacke[13]. [...] Nebe muß beteiligt gewesen sein, denn ohne seine Mitwirkung wäre die Durchführung einer solchen Aktion unmöglich gewesen, denn nur der Leiter des Aussendienstes konnte derartige Transporte, die über eine kriminalpolizeiliche Zentralstelle im Alex liefen, bewerkstelligen. Vielleicht war auch die Lügentante Gisevius mit von der Partie, obschon sie heute diese Sache Ihnen [also Diels] in die Schuhe schieben will."[14]
Den Beginn des „Dritten Reiches" wollte Schnitzler schließlich, allen historischen Fakten zum Hohn, auf den Zeitpunkt des sogenannten „Röhm-Putschs" verlegen, als Diels und er bereits aus der Gestapo ausgeschieden waren. Es läge ihm „sehr viel daran", betonte Schnitzler, „daß endlich einmal das erste Jahr des chiliastischen[15] Reiches objektiv beurteilt wird. Der 30. Juni 1934 ist die große Bruchstelle. Erst da beginnt die Revolution, der Macht- und Blutrausch eines grausamen Untermenschentums. Verstehen Sie nun mein Interesse?"[16] Und in einem Schreiben an den ehemaligen Gestapa-Kollegen Janich[17] regte Schnitzler an, „in einen Gedankenaustausch über das erste Jahr der chiliastischen

Herrschaft einzutreten, denn es scheint mir dringend notwendig zu sein, eine gemeinsame Plattform zu suchen und die Dinge gegenseitig abzustimmen, bezw. zu versuchen, eine Reihe von Ereignissen durch gemeinsame Besprechung zu klären."[18]

„Böser Zufall": Die Alleintäter-Legende erscheint

Vom 20. Januar bis zum 18. März 1949 erschien in der Zeitschrift „Neue Politik" des Schweizer NS-Kollaborateurs Wilhelm Frick[19] als Reaktion auf das Buch und die Nürnberger Aussage von Gisevius eine anonyme Artikelserie „Der Reichstagsbrand in anderer Sicht"[20], in der die Alleintäter-Legende publizistisch aus der Taufe gehoben wurde. Die redaktionelle Vorbemerkung nannte als Autor für diesen „ersten wirklich unparteiischen Bericht" einen deutschen Polizeifachmann, der als ehemaliger Beamter der Politischen Polizei in Berlin „Neues und wohl Endgültiges" (!) zu sagen hätte. Diels erwähnte 1949 in seinem Buch, auch „von meinem Mitarbeiter Schneider"[21] sei inzwischen eine Darstellung zum Reichstagsbrand erschienen. „Schneider" wurde erst am 5. Dezember 1956 von Diels' ehemaligem Mitarbeiter Dr. Alois Becker als Ministerialrat Heinrich Schnitzler im Innenministerium von Nordrhein-Westfalen und ehemaliger Referent für kommunistische Angelegenheiten beim Gestapa enttarnt.[22] Diels mußte dies bei einer Vernehmung am 15. Januar 1957 zugeben. Auch aus dem Nachlaß Schnitzlers geht unzweifelhaft hervor, daß er der Verfasser der genannten Artikelserie war.[23]

Nach dem oben zitierten Briefwechsel von Diels mit Schnitzler kann man die Entstehung der Artikelserie und damit auch der Alleintäter-These etwa auf das Frühjahr 1947 datieren. Schnitzler stellte in der „Neuen Politik" seinen ehemaligen Chef Diels als sachlich-neutralen und korrekten preußischen Beamten dar, der „bei SA, SS und Partei [...] damals der bestgehaßte Mann" gewesen sei[24], womit er sich für den Persilschein revanchierte, den ihm Diels nur wenige Jahre zuvor im Rahmen der Nürnberger Prozesse ausgestellt hatte.[25] Und er resümierte mit seltsamer Logik: „Es gelang weder den Nationalsozialisten, ihre Behauptung von der Täterschaft der Kommunisten, noch den Kommunisten, ihre These von der Brandstiftung durch die SA zu beweisen. Beides war eben nicht zu beweisen, denn was sich ereignet hat, ist auch nicht zu beweisen. Was übrig blieb, ist die Tat eines Einzelnen, der es fertig gebracht hat, dank seiner pyromanischen Eigenschaften und unter unbewusster Ausnutzung besonders günstiger Umstände, ein Gebäude in Brand zu stecken, das allen politischen Menschen ein besonderes Symbol war."[26] Die „Ermittlungen zum ‚objektiven Tatbestand'" hätten jedenfalls beim „Reichstagsbrand klare Beweise für die Alleintäterschaft des van der Lubbe erbracht".[27] **Marinus van der Lubbe war der Täter und er war der einzige Täter"**[28] [im Original fett gedruckt]. Diese Behauptung widersprach allerdings diametral den Feststellungen des Reichsgerichts, auf die sich Schnitzler in seinem Beitrag immer wieder bezogen hatte.

Die Artikelserie endete mit einem Freispruch der Nationalsozialisten und besonders von Diels unter der Überschrift „Die zu Unrecht der Tat Verdächtigten": „Dass die Nationalsozialisten nicht die Brandstifter waren, ergibt sich [...] zunächst einmal aus der Tat und ihren Begleitumständen selbst. Es ergibt sich ferner auch aus ihren Reaktionen und Handlungen nach der Tat. Als einer der Haupttäter wurde in kommunistischen Flugblättern und m[eines]. W[issens]. auch in dem im Ausland erschienenen Weissbuch Diels namentlich genannt. [Im „Weißbuch" wurde Diels 1934 weder als Haupttäter noch als Brandstifter genannt! Auch aus kommunistischen Flugblättern ist derartiges nicht bekannt.] Er scheidet [...] als Täter gänzlich aus. Er hatte keine Ahnung, das ging aus seinem ganzen Verhalten hervor, und er würde zumindest heute die gesamten Zusammenhänge aufdecken, nachdem er nur durch blinden Zufall den SS-Henkern entging, in deren Keller er lange genug eingesperrt war. Er müsste seine Mittäter schon unter den Beamten der Abteilung IA des Berliner Polizeipräsidiums gehabt haben, denn bei SA, SS und Partei [NSDAP] war er damals der bestgehasste Mann. Das ist aber gänzlich ausgeschlossen, denn zur damaligen Zeit gab es in ihr noch keinen einzigen Nationalsozialisten."

Schnitzlers Angaben waren nachweislich falsch. Abgesehen von den NS-Aktivitäten anderer Mitarbeiter der Abteilung IA, war deren Chef Diels bereits im März 1932 Förderndes Mitglied der SA geworden. Schnitzler selbst zeichnete nach dem „Preußenschlag" am 20. Juli 1932 für die nachrichtendienstliche Zusammenarbeit der Politischen Polizei mit SA und NSDAP verantwortlich und trat am 1. Mai 1933 der NSDAP bei. Schnitzler berief sich in seinem weiteren Beitrag nun auf Görings Aussage vor dem Reichsgericht, um daraus zu schlußfolgern: „Damit bedarf es gar keiner näheren Begründung, dass die damalige IA, die politische Polizei, über jeden Verdacht erhaben ist, an der [Reichstags-]Brandstiftung beteiligt gewesen zu sein."

Das Finale seines Beitrags erreichte Schnitzler schließlich mit einer Zuweisung der Verantwortung an Wunder und Zufall: „Es dürfte sich [beim Reichstagsbrand] – und das ist die erschütterndste Feststellung, die überhaupt möglich ist – um ein Ereignis gehandelt haben, das sie [die Nationalsozialisten] herbeiwünschten und erwarteten, um endlich ihre ‚Revolution' starten zu können, um ihre politischen Gegner ein für allemal zu erledigen.

Der ‚böse' Zufall [Zwischenüberschrift, im Original fett]
Der Zufall, und zwar ein sehr böser Zufall, kam ihnen in der Gestalt eines Marinus van der Lubbe zu Hilfe. Er verschaffte ihnen Vorwand und Anlass zur rücksichtslosen Aufrichtung ihrer unumschränkten Herrschaft über das ganze deutsche 70 Millionenvolk."[29] So endete die Serie.

Mit diesen (und den 1948 bezüglich „spontaner Aktionen der SA" vorangegangenen) Ausführungen wurde die später von einigen Historikern in der Bundesrepublik Deutschland aufgegriffene revisionistische Idee geboren, die nationalsozialistische „Machtergreifung" sei nicht als langjährige, zielstrebige und strategisch koordinierte Aktion zu begreifen, sondern als geschickte Ausnutzung von Zufällen unter Einschluß unkontrollierbarer, spontaner Aktionen der SA. Eine derartige Betrachtungsweise mutet allerdings weniger seltsam an, wenn man weiß, daß ihr Schöpfer Schnitzler nach 1945 in der Verwaltung der Katholischen Kirche[30] tätig war, die ja ihre Unterstützung des NS-Regimes bekanntermaßen bis heute leugnet.[31]

Geschichtsfälschung im „Spiegel"

Nach Lutz Hachmeister verstand sich „Der Spiegel" in der Nachkriegszeit „als deutschnationales Blatt, dessen Mitarbeiter zuallererst für die Souveränität und Einheit einer Nachkriegsrepublik zu fechten hatten. [...] Bei der Auswahl von Informanten und Redakteuren dachten Augstein (und sein Verlagsleiter Becker) funktional: Wer Insider-Wissen loswerden wollte, wurde honoriert."[32] „Das Blatt bediente sich des Know-hows der kriminellen NS-Personnage ebenso, wie dies die US-Geheimdienste bei den deutschen ‚Ostexperten' und Raketenforschern taten."[33] Angesichts dieser Fakten könne „die Selbsteinschätzung des Blattes aus dem Jahr 1997, der ‚Spiegel' sei ‚immerdar ein antifaschistisches Geschütz (gewesen), von Beginn an'[34], tatsächlich nur als gravierender der Fall von Realitätsverlust und kollektiver Verdrängung klassifiziert werden".[35]

Nach Schnitzlers publizistischer Vorarbeit räumte „Spiegel"-Herausgeber Rudolf Augstein dem ehemaligen Gestapo-Chef Diels in seinem Magazin ab Mai 1949 Raum für eine neunteilige (!) Serie ein: „Die Nacht der langen Messer ... fand nicht statt".[36] Vor der Veröffentlichung hatte Diels seinem Intimus Schnitzler anvertraut: „Im Zwielicht der Sensation muss sich das Buch zunächst seinen Weg bahnen, damit beim Erscheinen der ernsteren Kapitel des Buches die ‚Öffentlichkeit' sich schon abgeregt hat. So wollten es meine Bekannten in Hannover, die den Leuten am ‚Spiegel' sekundierten."[37] Wie vorher abgesprochen, stellte sich Diels nun quasi als Widerstandskämpfer gegen NS-Übergriffe dar. Die Serie endete mit der von Schnitzler vorgeschlagenen Neuinterpretation: „Himmler und Heydrich wollten den 30. Juni 1934 nicht als ein Ende, sondern als einen Anfang sehen. Sie brauchten und erzwangen sich des zögernden Hitler Zustimmung als eine Magna Charta zu ihrem mörderischen Regiment."[38] Die (veränderte) Buchfassung von Diels' Memoiren erschien 1949 zuerst in der Schweiz unter dem Titel „Lucifer ante portas. Es spricht der erste Chef der Gestapo".[39] In der „Spiegel"-Serie von Diels sowie in der Buchversion findet sich bezüglich des Reichstagsbrandes die interessante Bemerkung: „Es sind ehemalige Mitarbeiter an der Arbeit, um Klarheit in diese Sache zu bringen. Ich selbst habe schon nach einigen Wochen nach dem Brand und bis 1945 geglaubt, daß die Nationalsozialisten die Brandstifter gewesen seien. Ich glaube es heute nicht mehr."[40] Mit den ehemaligen Mitarbeitern dürften Schnitzler, Zirpins und Heisig gemeint gewesen sein. In der Buchversion hat diese Bemerkung eine Fußnote, in der Diels gegen Gisevius polemisiert: „Bei dem ‚Braunbuch' und ähnlichen Erzeugnissen aus dem Jahr 1933 handelt es sich meist um unterhaltsame Träumereien deutscher Emigranten in französischen Cafés des Montmartre. Sie haben damals die Lage der Angeklagten im [Reichstagsbrand-]Prozeß erschwert und Goebbels einen Dienst geleistet. Gisevius hat in einer Art telepathischer Empfänglichkeit diese reinen Zwecklügen als eigene Kenntnis in seinem Buch wiedergegeben."[41] An anderer Stelle versuchte Diels sogar, Gisevius für die Vertuschung der SA-Täterschaft beim Reichstagsbrand verantwortlich zu machen: „War er [Gisevius] nicht auch der beste Freund von Graf Helldorf, der allein in seiner Eigenschaft als Gruppenführer der Berliner SA für die Anführung [der Reichstagsbrandstifter] in Frage kommen konnte? Wenn vor den mutigen [!] Richtern des Reichsgerichts etwas vertuscht werden sollte, so war doch Gisevius der rechte Mann dazu. Also könnte sein Bericht auch eine mißglückte Beichte sein [...]?"[42] Diels' Memoiren waren insgesamt, ohne daß er dies offen aussprach, erneut eine wütende Reaktion auf die Enthüllungen von Gisevius, die ihn schwer belastet hatten.

Neue Erkenntnisse

Dr. Richard Wolff, ehemaliger Chefredakteur des „Presseberichts der Reichsregierung", recherchierte in den fünfziger Jahren im Auftrag der „Bundeszentrale für Heimatdienst"[43] über den Reichstagsbrand. Im Januar 1956 publizierte er einen Forschungsbericht „Der Reichstagsbrand 1933"[44], in dem er zu dem Ergebnis kam, daß aufgrund einer Reihe von Indizien allein die Nationalsozialisten als Täter in Frage kämen. Er hatte auch mit Diels korrespondiert, der ihm 1955 schrieb: „Sie werden die Vorstellung verteidigen müssen und allen Hinweisen nachgehen, die Göring und die SA als Brandstifter sehen möchten. Sie werden sehen, daß das eine sehr schwierige Aufgabe ist."[45] Wolff bemerkte in seinem Bericht im Hinblick auf Diels und dessen Mitarbeiter, „daß auch heute noch Menschen, die ‚dabei waren', wider besseres Wissen oder aus sonstigen nicht ganz durchschaubaren Gründen ihre Kenntnis dazu benutzen, um in der öffentlichen Meinung Unheil zu stiften."[46]
Im Sommer 1957 begann Diels gegenüber den Journalisten Curt Riess („Stern") und Friedrich Strindberg („Weltbild") auszupacken:[47] Die SA habe doch den Reichstag in Brand gesetzt. Beinahe zeitgleich starteten die beiden Illustrierten den Abdruck von Serien zum Thema Reichstagsbrand, der „Stern" am 1., „Weltbild" am 9. November 1957. Am 18. November starb Diels plötzlich, infolge eines Jagdunfalls, wie es hieß (siehe Kapitel 10).

„Der Spiegel" lanciert „Amateurhistoriker"

Als Reaktion auf den Beitrag von Wolff[48] sowie die Serien in „Stern" und „Weltbild" bemühte sich Augstein, das ramponierte Image seines „Spiegel" und der von den Konkurrenzblättern als Brandstifter dargestellten Nationalsozialisten wieder aufzupolieren. Vom 21. Oktober 1959 bis Anfang 1960 veröffentlichte das Nachrichtenmagazin eine sensationell aufgemachte elfteilige Artikelserie: „Stehen Sie auf, van der Lubbe!", mit dem Untertitel „Der Reichstagsbrand 1933 – Geschichte einer Legende / nach einem Manuskript von Fritz Tobias".

Die bis dahin auch im Westteil Deutschlands weitverbreitete Überzeugung von der Täterschaft der Nationalsozialisten wurde darin als Ergebnis kommunistischer Propaganda und Legendenbildung {„Braunbuch-Lügen") dargestellt. Van der Lubbe, so das Fazit der Serie, habe den Reichstag ganz alleine angezündet, die Nazis seien vom Reichstagsbrand völlig überrascht worden[48a] und gleichsam durch blinden Zufall und geschicktes Improvisieren an die Macht gekommen.

Der genannte Fritz Tobias, von Augstein in einem einleitenden Beitrag als „Amateur-Forscher" vorgestellt, war allerdings bis dahin der Öffentlichkeit vollkommen unbekannt, hatte weder Abitur noch eine wissenschaftliche Ausbildung und auch nie zuvor eine Publikation vorgelegt. Er konnte und sollte der Öffentlichkeit schließlich auch nicht bekannt sein, denn er war in Hannover Oberregierungsrat beim niedersächsischen Verfassungsschutz! Und Geheimdienste scheuen ja bekanntermaßen das Licht.

Zur Entstehungsgeschichte der „Spiegel"-Serie liegen einige Äußerungen von Tobias vor. Nach Aussage vor dem Amtsgericht Hannover will er seine „Studien" zum Reichstagsbrand bereits 1957 „im wesentlichen" abgeschlossen haben. Dies kann jedoch nicht stimmen[49], denn das Bundesarchiv erwarb von Tobias nach eigener Angabe benutzte Akten erst 1958.[50] Am 6. Juli 1961, vor Erscheinen der erweiterten Buchversion, gab Tobias an: „Mich mit den hier in Rede stehenden Dingen [dem Reichstagsbrand] zu befassen führt zurück auf eine Aufforderung der Bundeszentrale für Heimatdienst bzw. deren massgebliche Vertreter."[51] Dies ist sehr unwahrscheinlich, denn Wolff hatte gerade erst 1956 seinen Forschungsbericht vorgelegt. Warum sollte die Bundeszentrale aber sofort anschließend Tobias zu einem weiteren Bericht aufgefordert haben? Im Vorwort zur Buchversion hieß es dann allerdings anders: „Eines Tages hatte ich ein Gespräch mit einem maßgeblichen Vertreter der Bundeszentrale. Es wandelte ihn, den ursprünglichen Skeptiker, zum dringlichen Mahner, das Ergebnis meiner Nachforschungen nicht für mich zu behalten, sondern zu veröffentlichen."[52] Das hörte sich nun schon anders an. Demnach hatte Tobias seine „Forschungen" also bereits abgeschlossen, als er sie der Bundeszentrale vorstellte, und sie nicht in deren Auftrag angestellt! Laut einer amtlichen Erklärung des damaligen Direktors der Bundeszentrale, Dr. Franke, vom 4. Februar 1968 hatte ein Auftrag an Tobias auch tatsächlich nie bestanden.[53] Also war die Aussage von Tobias vor dem Amtsgericht Hannover falsch. Eine weitere, mit seinen vorherigen Angaben unvereinbare Variante lieferte Tobias 1972: „Im Jahre 1956 setzten mich einige Sozialdemokraten, nämlich der damalige Leiter der Landeszentrale [!] für politische Bildung in Hannover, der SPD-Fraktionsvorsitzende im Landtag und ein namhafter Verleger [wohl Augstein] gemeinsam unter massiven moralischen Druck, mein Untersuchungsergebnis nicht für mich zu behalten, sondern zu veröffentlichen."[54]

Ob Tobias sein Werk nun aus eigener Initiative anfertigte, wie er im Vorwort zum Buch suggerierte, oder ob vielleicht, was naheliegender ist, der ihm persönlich bekannte Rudolf Diels (beziehungsweise auch dessen ehemalige Mitarbeiter) die Hände im Spiel hatten, ließ sich bis heute nicht klären. Eine Frage von Gisevius an Tobias vor dem Amtsgericht Hannover, „ob er nach seinen eigenen mündlichen und schriftlichen Erklärungen erst durch Diels von seiner ursprünglichen Arbeitshypothese, dass die Nationalsozialisten am Reichstagsbrand schuldig seien, abgebracht wurde", ließ das Gericht seinerzeit nicht zu.[55]

Zur weiteren Genese der Publikation sagte Tobias aus: „Der ‚Spiegel' ist auf mich durch den Sachbearbeiter beim Generalstaatsanwalt beim Landgericht Berlin Staatsanwalt Dobbert[56] aufmerksam gemacht worden. Herr Legationsrat Dr. Schmidt, gemeint ist Dr. Paul Karl Schmidt [...], habe ich Anfang 1957 bei einer Rücksprache beim ‚Spiegel' kennengelernt. Ich habe mit ihm nicht enger zusammengearbeitet. Er hat lediglich aus meinem Manuskript ein Komprimat hergestellt, das dann Herr Dr. Zacharias[57] zur endgültigen Bearbeitung erhielt. Mit Herrn Dr. Zacharias habe ich dann für jede Veröffentlichung eng zusammengearbeitet. [...] Ich kannte die Vergangenheit von Dr. Schmidt nicht und hatte keinen Einfluß darauf, wem der ‚Spiegel' die Bearbeitung meines Manuskriptes übertrug. Dr. Schmidt war damals als Serienschreiber für den ‚Spiegel' schon tätig gewesen. [...] Mir war damals nicht bekannt, dass es sich bei Dr. Schmidt um einen – wie der Beklagte [Gisevius] es nennt – besonders fanatischen und gemeingefährlichen Nationalsozialisten, den berüchtigten Pressechef Ribbentrops gehandelt haben soll."[58]

Der damalige „Spiegel"-Mitarbeiter und ehemalige SS-Obersturmbannführer Dr. Paul Karl Schmidt[59] alias Paul Carell (Autor von Kriegsbüchern wie „Verbrannte Erde") war seit 1940 Leiter der Presse- und Nachrichtenabteilung im Auswärtigem Amt unter dem später in Nürnberg gehängten Kriegsverbrecher Ribbentrop. Eine „Notiz für Herrn

Staatssekretär" („Geheime Reichssache!") vom 27. Mai 1944 macht Schmidts Gesinnung deutlich: „Aus einer recht guten Übersicht über die laufenden Judenaktionen in Ungarn entnehme ich, daß eine Großaktion auf die Budapester Juden geplant ist. Die geplante Aktion wird in ihrem Ausmaß im Auslande große Beachtung finden und sicher Anlaß zu einer heftigen Reaktion bilden. Die Gegner werden schreien und von Menschenjagd usw. sprechen. Und unter Verwendung von Greuelberichten die eigene Stimmung und auch die Stimmung bei den Neutralen aufzuputschen versuchen. Ich möchte deshalb anregen, ob man diesen Dingen nicht vorbeugen sollte dadurch, daß man äußere Anlässe und Begründungen für die Aktion schafft, z. B. Sprengstofffunde in jüdischen Vereinshäusern und Synagogen, Sabotageorganisationen, Umsturzpläne, Überfälle auf Polizisten, Devisenschiebungen großen Stils mit dem Ziele der Untergrabung des ungarischen Währungsgefüges. Der Schlußstein unter eine solche Aktion müßte ein besonders krasser Fall sein, an den man dann die Großrazzia aufhängt."[60]

Ausgerechnet der Reichstagsbrand sollte also mit Hilfe eines ehemaligen Experten für nationalsozialistische Provokationen aufgeklärt werden!? Hier hatte Augstein wahrlich den Bock zum Gärtner gemacht. Allerdings war dies keineswegs der einzige Fall, in dem Rudolf Augstein auf ehemalige NS-Experten zurückgriff, wenn ihm dies nützlich erschien. Bekannt ist die enge Verbindung zwischen dem „Spiegel" und dem Bundesnachrichtendienst (BND) von General Reinhard Gehlen[60a], dem früheren Abteilungsleiter „Fremde Heere Ost" im Generalstab des Heeres. Das „Spiegel"-Ressort Ausland übernahm 1952 der ehemalige SS-Hauptsturmführer Georg Wolff, von 1940-1945 beim Sicherheitsdienst (SD) der SS in Norwegen für die Lageberichterstattung nach Berlin verantwortlich.[60b] Der ehemalige SS-Hauptsturmführer Dr. Horst Mahnke, seinerzeit mit der geheimdienstlichen Vorbereitung eines deutschen Überfalls auf Großbritannien befaßt, wurde Ressortleiter Internationales/Panorama. Und Günter Lohse, ehemals Leiter des „Auslandspresseclubs" unter Ribbentrop, avancierte zum Berlin-Büroleiter des Magazins.

Wie schon 1949 Schnitzler-Herausgeber Wilhelm Frick, verkündete 1959 auch Tobias-Herausgeber Rudolf Augstein in einer redaktionellen Vorbemerkung „Endgültiges": „Über den Reichstagsbrand wird nach dieser SPIEGEL-Serie nicht mehr gestritten werden. Es bleibt nicht der Schatten eines Beleges, um den Glauben an die Mittäterschaft der Nazi-Führer lebendig zu erhalten. Einer Jahrhundert-Legende wird der

Todesstoß, oder, um im Bilde zu bleiben, der Dolchstoß versetzt. Wir haben künftigen Geschichtsschreibern ein kleines Stück Kärrner-Arbeit abgenommen, was dem Journalisten nur höchst selten und mit viel Glück vergönnt ist."[61] Damit sprach der „Spiegel", wie schon zehn Jahre zuvor die „Neue Politik", 1959 aber endlich in Deutschland öffentlichkeitswirksam, die Nationalsozialisten von jeder Schuld am Reichstagsbrand frei und kolportierte die Legende, die Nationalsozialisten seien quasi durch „bösen Zufall" an die Macht gekommen. Überdeutlich machte der „Amateurforscher" Tobias, Schnitzler folgend, diese apologetische Tendenz im Nachwort seiner Buchversion: „Es war nicht, wie bisher allgemein geglaubt, das Werk raffiniert planender politischer Dämonen, die mit der Brandstiftung einen atemberaubend gewagten, überaus komplizierten Anschlag wider alle Gegenkräfte inszenierten, um in den Besitz der heiß erstrebten alleinigen Macht zu gelangen; wir müssen uns vielmehr mit der bestürzenden Tatsache abfinden, daß ein blinder Zufall, ein Irrtum eine Revolution auslöste."[62] (Im Original hieß es bei Schnitzler: „Es dürfte sich [beim Reichstagsbrand] – und das ist die erschütterndste Feststellung, die überhaupt möglich ist – um ein Ereignis gehandelt haben, das sie [die Nationalsozialisten] herbeiwünschten und erwarteten, um endlich ihre ‚Revolution' starten zu können, um ihre politischen Gegner ein für allemal zu erledigen. [...] Der Zufall, und zwar ein sehr böser Zufall, kam ihnen in der Gestalt eines Marinus van der Lubbe zu Hilfe."[63]) Tobias berief sich in der ersten Folge der „Spiegel"-Serie sogar auf Schnitzler, unter Wahrung von dessen Pseudonym „Assessor Dr. Schneider".[64]

1962 erschien bei der Grote'schen Verlagsbuchandlung in Rastatt dann die 723 Seiten starke Buchversion „Der Reichstagsbrand. Legende und Wirklichkeit". Im Nachwort gab sich Tobias die Blöße zu schreiben: „Aus dem zivilen Reichskanzler wurde damals fürwahr in einer Sternstunde der Menschheit im flammenlodernden Symbol des besiegten Weimarer Staates der machtberauschte, sendungsbewußte Diktator Adolf Hitler".[65] Ein umbarmherzige Haß gegen (den in der „Spiegel"-Serie nur am Rande erwähnten, in der Buchversion aber in einem Abschnitt von über 20 Seiten[66] geschmähten) Gisevius stand noch immer Hintergrund. Nachdem sich dieser in der „Zeit" erneut zu Wort gemeldet hatte, gab Augstein am 27. April 1960 in einem persönlichen „Spiegel"-Beitrag schließlich Empfehlungen, die darauf hinausliefen, Gisevius finanziell zu ruinieren und ihn mundtot zu machen (siehe unten). Am 27. Februar 1961 ging Tobias bei einem Vortrag in Göttingen noch weiter, bis hart an den Rand der Legalität. Nach einer Aussage vor dem Amtsgericht Hannover habe er lediglich erklärt, „dass es in historischer Zeit in Mittelamerika einen König gegeben habe, der zwar keine Kriege geführt habe, aber eine segensreiche Regierung. Er sei weise und milde gewesen, nur in einem Punkte unbarmherzig: er habe Geschichtsschreiber, die die Unwahrheit berichtet hätten, mitleidslos hinrichten lassen. Ich bedauerte, dass ein solches Gesetz heute nicht mehr bestünde. [...] Ich bin allerdings der Auffassung, dass der Beklagte [Gisevius], falls er damals in Mittelamerika gelebt hätte, Gefahr gelaufen wäre, bestraft zu werden."[67] Bei derselben Vernehmung vor dem Amtsgericht Hannover mußte Tobias zugeben: „Gegen den Beklagten [Gisevius] persönlich habe ich mir illegal durch den Verfassungsschutz kein Material beschafft. Ich habe aber während meiner Arbeit mir sämtliches erreichbare Material über die Vorgänge, über die an den Vorgängen beteiligten Personen und hinsichtlich der Personen, die darüber geschrieben haben, verschafft. Auf die Frage, ob ich dienstlich direkt oder indirekt daran beteiligt gewesen bin, wenn das Landesamt für Verfassungsschutz in Hannover über den Beklagten [Gisevius] Material gesammelt hat, verweigere ich unter Hinweis auf mein Dienstgeheimnis die Aussage."[68]

Tobias und seine Quellen

Auf originale Quellen konnte sich Tobias bei seiner Darstellung nur sehr beschränkt stützen. Hauptquelle waren für ihn Aktenauszüge, die Torglers NS-Anwalt Dr. Alfons Sack seinerzeit aus den Reichstagsbrandakten anfertigen ließ (zu Sack siehe Kapitel 9). Wie aus einem Aktenvermerk der Staatsanwaltschaft Dortmund vom 4. Januar 1960 hervorgeht, war Tobias im Besitz zumindest eines Teils der Akten von Sack: „Weiter zeigte mir Tobias einen Band mit Abschriften von Blättern aus den Prozeßakten, wie sie Anwälte anzufertigen pflegten. Der Aktendeckel trägt die gedruckte Aufschrift ‚Dr. Sack, Rechtsanwalt'. Tobias hat diesen Band von Torgler erhalten, dem der Band auf irgendeine Art ausgehändigt worden ist."[69] Torgler wohnte wie Tobias in Hannover und war laut Zirpins „ein guter Bekannter von Tobias".[70] In seinem Buch bedankte sich Tobias dann auch „für Rat und Hilfe" bei Ernst Torgler.[71] Die Geschichte der Akten Sacks ist mysteriös. Richard Wolff berichtete in einer Notiz: „Dr. Alfons Sack ist mit seiner Frau östlich von Berlin im letzten Kriegswinter umgekommen.[72] Seine Papiere hatte er in einer Kiste verpackt in einem Bunker am Lietzensee in Berlin-Charlottenburg in Sicherheit gebracht; doch wurden diese von den Russen gefunden und mitgenommen.[73] Nach Aktenvermerken sollen Teile von Sacks Akten zunächst im Besitz von dessen Amtsnachfolger Dr. Hans Arnscheidt (Berlin-Charlottenburg) gewesen sein, der im März 1947 erklärte: In den „Maitagen" (wohl des Jahres 1946) sei ein Dr. Lucht mit anderen Herren zusammen als „Kommission des Magistrats" von Berlin erschienen, um sämtliche Akten von Sack durchzusehen und auszuwerten. Arnscheidt habe daraufhin vorgeschlagen, dies selbst zu tun und dabei festgestellt, daß nur der Reichstagsbrandprozeß von öffentlichem Interesse sei. Die diesbezüglichen Akten habe er Dr. Lucht übergeben, nämlich „die Vernehmungsprotokolle und das Protokoll der Hauptverhandlung".[74] Lucht, der seinerzeit Stadverordneter und Schriftführer der SPD-Fraktion war sowie dem rechtspolitischen Ausschuß der SPD angehörte, habe die Akten dann der SPD übergeben.[75] Über die SPD müssen diese Akten dann in die Hände von Torgler (seit 1949 SPD-Mitglied) gelangt sein, der diese dann offenbar Tobias übergab. 1959 waren jedenfalls Akten Sacks außerhalb des Bundesarchivs verfügbar, denn Torgler äußerte anläßlich der „Spiegel"-Serie: „Es war ein eigenartiges Gefühl, als ich kürzlich dieselben Aktenauszüge wieder in Händen hielt, die mir Dr. Sack vor 26 Jahren ins Gefängnis brachte und die ich damals mit vielen Bleistiftanmerkungen versah."[76]

Das Bundesverfassungsgericht in Karlsruhe hatte über ein Berliner Antiquariat Akten Sacks zum Reichstagsbrandprozeß erworben und übergab diese 1958 dem Bundesarchiv in Koblenz.[77] Dabei handelte es sich nach Auskunft des Bundesarchivs „nicht um Originale [...], sondern um Abschriften bzw. Auszüge aus den Akten der Voruntersuchung, die dem Rechtsanwalt vor Prozeßbeginn seitens des Reichsgerichts zur Verfügung gestellt worden sind".[78] Tobias gab 1962 in seinem Buch bezüglich der von ihm benutzten Aktenauszüge Sacks als Quelle lediglich Bestände des Bundesarchivs in Koblenz an.[79] Nach den geschilderten Fakten ist jedoch zu vermuten, daß sich andere Akten Sacks damals wie heute im privaten Besitz von Tobias befinden.

Unter Ausnutzung seiner Position als Beamter des niedersächsischen Verfassungsschutzes und teilweise unter Benutzung des amtlichen Briefkopfes seiner Behörde schaltete sich Tobias auch in das seinerzeitige Urteilsaufhebungsverfahren van der Lubbe ein und beschaffte sich auf dem Dienstweg bei den zuständigen Justizbehörden ihn persönlich interessierendes Material.[80] Auf diese Weise kam er in den Besitz von Kopien von 6 der 57 Protokolle der Stenographischen Aufzeichnungen des Reichstagsbrandprozesses (1., 6., 8., 15., 52. und 57. Verhandlungstag), der 235 Seiten starken Anklageschrift (ohne Anlagen) sowie der 97 Seiten umfassenden schriftlichen Urteilsbegründung (die seinerzeit allerdings nur in einer sehr fehlerhaften „Abschrift von der Abschrift" vorlag).[81] Diese Unterlagen stammten aus den Beiakten zu den Ermittlungsakten der Generalstaatsanwaltschaft Berlin des Urteilsaufhebungsverfahrens[82] van der Lubbe. Weiterhin stellte die Berliner Generalstaatsanwaltschaft Akten zu Gempp[83] und Reineking[84] zur Verfügung. Tobias erklärte dazu vor dem Amtsgericht Hannover: „Meine Arbeiten über das hier fragliche Thema waren bereits 1957 im wesentlichen abgeschlossen. Ich bin aber erst seit 1. Juli 1959 bei dem Niedersächsischen Landesamt für Verfassungsschutz tätig. Ich habe niemals meine dienstliche Stellung als Angehöriger des Verfassungsschutzamtes zur Beschaffung von Material auf illegale Weise ausgenutzt. Auf die Frage, ob ich mir Unterlagen auf legale Weise vom Verfassungsschutzamt besorgt habe, verweigere ich die Aussage unter Hinweis auf Wahrung meines Dienstgeheimnisses."[85] Nach dieser Aussage bestand schon damals der Verdacht, daß Tobias Material für private Zwecke verwendete, welches unter amtlichem Geheimnisschutz stand. Es stellt sich natürlich auch die Frage, ob das auf dem Dienstweg beschaffte Material nach der Pensionierung von Tobias vielleicht rechtswidrig in dessen Privatbesitz überging.

Weiterhin verwendete Tobias viele (oft schon an sich fehlerhafte) Zeitungsberichte, zu denen er oft die Quellen nicht, manchmal aber auch falsch angab. Ein großer Teil der von Tobias benutzten Materialien befindet sich bis heute in dessen Privatbesitz und ist für die wissenschaftliche Forschung weder zugänglich noch nachprüfbar. In einschlägigen Publikationen (so z. B. bei Mommsen) findet sich regelmäßig der finale Vermerk „Archiv Tobias". An die mit diesem Vermerk versehenen Angaben kann dann entweder nur noch geglaubt oder gezweifelt werden, was jedenfalls mit Wissenschaft nicht mehr das geringste zu tun hat.

Unbrauchbare „Kronzeugen"

Weitere Quellen von Tobias waren vor allem die Memoiren und persönlichen Mitteilungen von Rudolf Diels sowie die Bekundungen und nachträglichen Interpretationen von dessen damaligen Gestapo-Mitarbeitern, wie Schnitzler. Zu „Kronzeugen" aufgebaut wurden die nur bis zum 3. März 1933 ermittelnden Kriminalkommissare Helmut Heisig und Dr. Walter Zirpins, die beide nach 1933 im Polizeiapparat des Dritten Reiches Karriere gemacht hatten (vgl. Kap. 4, Teil 1). Wie ihr damaliger Kollege Dr. Rudolf Braschwitz, Leiter der Brandkommission der Politischen Polizei, wurden sie von Tobias als brave Weimarer Demokraten und als Garanten für die angeblich so objektiven polizeilichen Ermittlungen vorgeführt. Allerdings war es auch hier nicht zu vermeiden, deren Aussagen etwas zurechtzubiegen.

Angelpunkt der Argumentation von Tobias waren die wiederholten (und unglaubwürdigen) Bekundungen van der Lubbes, das Reichstagsgebäude allein in Brand gesetzt zu haben (siehe hierzu die Kapitel 4 bis 6). Als Bestätigung diente ein einziger Satz im sogenannten „Abschlußbericht" von Kriminalkommissar Zirpins, der allerdings nur einen Zwischenbericht bis zum Zeitpunkt der Vorführung van der Lubbes vor dem Vernehmungsrichter am 3. März 1933 darstellte: „Die Frage, ob van der Lubbe die Tat allein ausgeführt hat, dürfte bedenkenlos zu bejahen sein."[86] Unterdrückt wurde von Tobias allerdings eine spätere Erläuterung in der schriftlichen Urteilsbegründung des Reichsgerichts: „In der Tat bestand bei den vernehmenden Kriminalbeamten zunächst die Vorstellung einer Alleintäterschaft van der Lubbes." Man sei dann aber zu der Überzeugung gelangt, daß an der Brandstiftung „mindestens ein, wahrscheinlich mehrere Mittäter" beteiligt waren. Das Reichsgericht wies in seinem Urteil mehrfach darauf hin. Eine Begründung für das nur vorläufige Resultat im „Abschlußbericht" gab Zirpins 1961: „Meine Schlussfolgerung über die Alleintäterschaft des v. d. Lubbe beruhte damals auf dem Inbegriff meiner Vernehmung [van der Lubbes] einschliesslich der Nachprüfung am Tatort, aber ohne Berücksichtigung einer Spurenforschung."[87] Schon in seinem „Abschlußbericht" (in Bezug auf die mit Kohlenanzündern erfolgten Brandstiftungen an Wohlfahrtsamt, Rathaus und Schloß sowie in der Restauration des Reichstags) hatte er 1933 einschränkend formuliert: „Die Frage, ob auf die geschilderte Art und Weise besonders der umfangreiche Brand im Plenarsaal so schnell entstehen konnte, dürfte durch Sachverständige zu prüfen sein."

Heisig hatte das erste „Gespräch" mit van der Lubbe in der Brandnacht geführt und leitete[88] die Ermittlungen zum Reichstagsbrand bis zum 3. März 1933. Walter Zirpins nahm die ersten regulären Vernehmungen van der Lubbes vor und verfaßte am 3. März 1933 den erwähnten vorläufigen „Abschlußbericht". Heisig und Zirpins gehörten der eigentlichen „Reichstagsbrandkommission" aber nicht an.[89] Zirpins hatte bereits in seinem „Abschlußbericht" am 3. März 1933 auf kommunistische Hintermänner van der Lubbes hingewiesen.

Am 4. März 1933 reiste Heisig zu Sonderermittlungen über van der Lubbe nach Holland und stellte dort am 11. März auf einer Pressekonferenz in Leiden (übereinstimmend mit Zirpins) van der Lubbe zwar als alleinigen Brandstifter, zugleich jedoch als ein Werkzeug kommunistischer Hintermänner bzw. indirekter Mithelfer dar (siehe Kapitel 6). Die Bekundungen von Zirpins und Heisig zu Hintermännern van der Lubbes standen allerdings der Alleintäter-These im Wege.

Bereits 1936 hatte Walther Korodi in seinem Buch „Ich kann nicht schweigen" Heisig bezichtigt, van der Lubbe ein kommunistisches Flugblatt („Auf zur Einheitsfront der Tat!") untergeschoben zu haben.[90] Dies war 1948 Anlaß für die Spruchkammer Würzburg („Entnazifizierung"), Heisig als „Mitwisser und Beteiligten am Reichstagsgebäudebrand" anzuklagen. Im Rahmen des Spruchgerichtsverfahrens gab Heisig 1950 an: „Ich weiß auch nichts davon, daß v. d. Lubbe von irgend einer Seite einen Auftrag zur Brandstiftung hatte; meine Meinung ist nach wie vor [!] die, daß v. d. L. ein Einzelgänger war, der ein kolossales Geltungsbedürfnis hatte."[91]

1951 habe Zirpins, inzwischen Oberregierungs- und Kriminalrat, eine „dienstliche Erklärung" abgeben müssen, aus der Tobias zitierte: „Die Frage, ob van der Lubbe Hintermänner hatte, habe ich – da mein Auftrag lediglich die Vernehmung van der Lubbes betraf – nur mit Vorbehalt weiterer Klärung beantworten können und die Möglichkeit offenlassen müssen. In der Folgezeit war ich aber davon überzeugt, daß van der Lubbe keine Hintermänner gehabt hat."[92]

Die Glaubwürdigkeit von Zirpins gerät allerdings durch einen Aktenvermerk der Staatsanwaltschaft Dortmund bezüglich des Kontakts der Behörden zu Tobias vom 4. Januar 1960 stark in Zweifel: „Interessant erscheint die Behauptung von Herrn Tobias, daß Zirpins bei einer Befragung vor einigen Jahren strikt abgestritten habe, daß Kriminalkommissar Heisig in der Untersuchungskommission zur Aufklärung des Reichstagsbrandes gewesen sei. Als ihm [Zirpins] dann später eine Abschrift seines Abschlußprotokolls über die Vernehmung van der Lubbes mit den Worten ‚die Kriminalkommissare Heisig und Dr. Zirpins haben die Ermittlungen geführt'" vorgelegt worden sei, „habe er zunächst glatt abgestritten, dieses geschrieben zu haben. Angesichts der Echtheit der

Abschrift dieses Abschlussberichtes konnte er schließlich nicht umhin, zu sagen, er könne sich heute nicht mehr daran erinnern."[93]
In einem Brief an Tobias bestritt Zirpins schließlich am 9. Februar 1960, Urheber der These von möglichen Hintermännern van der Lubbes gewesen zu sein und schob die Schuld Heisig zu, was natürlich einfach war, denn dieser konnte nicht mehr widersprechen, da er bereits 1954 verstorben war: „Gerade als ich den Abschlussbericht als Grundlage zur Vorführung des van der Lubbe abdiktiert hatte, erschien Heisig und machte mich auf einige von ihm ermittelte Personen aufmerksam, die ihm dringend verdächtig erschienen, Hintermänner des L[ubbe]. gewesen zu sein. Ich stand aber unter Zeitdruck, weil der Haftrichter auf die Vorführung des L. wartete, und war daher nicht in der Lage, die Beziehungen des L. zu diesen Personen zu überprüfen; andererseits konnte ich begreiflicherweise Heisigs Information nicht einfach unter den Tisch fallen lassen."[94]
Dies gefiel Tobias nicht. In seiner Antwort an Zirpins vom 13. Februar ließ er diesen wissen: „Leider vermag ich Ihre Erklärung , wie es zu der ‚Hintermänner-Theorie' im Abschlußprotokoll gekommen ist, nicht anzuerkennen. [...] Immerhin wurde die ‚Hintermänner-Theorie', d. h. der Auftrag durch die KPD, schon in der Brandnacht durch die Aussagen Karwahnes, Freys und Kroyers sowie verschiedener Reichstagsbediensteter begründet. Damit hatte Heisig also wenig zu tun."
Zirpins bestätigte 1961 bei einer gerichtlichen Vernehmung vor dem Amtsgericht Hannover nochmals seine Darstellung: „Ich war damals nicht Sachbearbeiter für den Reichstagsbrand. Mir war nur von meinem Vorgesetzten Min. Rat Dr. Diels die Sonderaufgabe zugewiesen worden, v. d. Lubbe zu verhören. Ich habe ihn etwa zweieinhalb Tage zum Verhör gehabt. [...] Ich habe dann nachher mit der Bearbeitung des Falles nichts mehr zu tun gehabt. [...] Ich glaube nicht, dass er bei der Tat Helfer gehabt hat. [...] Ob hinter den Taten des v. d. Lubbe subjektiv gesehen Hintermänner oder eine Organisation standen, kann ich nicht sagen. Das festzustellen, gehörte damals nicht zu meiner Aufgabe. In der kurzen mir zur Verfügung stehenden Zeit hätte ich das damals auch nicht ermitteln können. [...] Richtig ist, dass meine Dienstvorgesetzten einschliesslich des Min. Rats Dr. Diels meine Auffassung von der Alleintäterschaft v. d. Lubbes nicht teilten. Ich kann heute nicht mehr sagen, welche Begründung sie damals dafür gaben. [...] Den Hinweis des Kommissars Heisig bezüglich Hintermänner oder Helfershelfer konnte ich nicht mehr weiterverfolgen, weil mein Auftrag abgeschlossen war.

Darauf habe ich aber in meinem Abschlussbericht hingewiesen."[95] Tatsächlich hieß es im Abschlußbericht von Zirpins am 3. März 1933 aber: „Der dringende Verdacht gegen van der Lubbe, daß er im Auftrage der KPD gehandelt hat, ist also gegeben. Die Erhebungen in dieser Richtung werden mit Nachdruck geführt. Für die Ermittlung der Mittäter, Anstifter und Hintermänner des van der Lubbe sind 20 000 Mark ausgelobt."[96] Die Bekanntmachung des Berliner Polizeipräsidenten vom selben Tag, dem 3. März 1933, „20 000 RM. Belohnung" sagte ebenso unmißverständlich: „Obige Belohnung ist für Angaben bestimmt, die zur Ermittlung der Mittäter, Anstifter und Hintermänner des Brandstifters führen."[97]

Tatsächlich gelang Tobias der Nachweis nicht, daß Heisig und Zirpins nur im Auftrag handelten, als sie kommunistische Hintermänner van der Lubbes bezichtigten. Doch selbst wenn die beiden Kriminalkommissare dies nicht in eigener Initiative taten, was wahrscheinlich ist, so beweist dies noch keineswegs, daß van der Lubbe keine Hintermänner oder auch Mittäter gehabt hatte.

Wahrheitswidrig verkündete der Amateurhistoriker Tobias 1962 in seinem Buch, daß Helmut Heisig „unter schwierigsten Umständen und gegen den breiten Strom der öffentlichen Meinung sogar im feindseligen Ausland der nationalsozialistischen These von der Zusammenarbeit van der Lubbes mit anderen und damit auch kommunistischen Tätern widersprochen hatte".[98] Um dies zu untermauern, verwendete Tobias in seinem Buch das verkürzte Zitat eines Interviews mit Heisig vom 11. März 1933 (die von Tobias unterdrückten Stellen sind kursiv gekennzeichnet): „Herrn Heisig wurde die Frage gestellt, ob die ganze Brandstiftung nicht von politischen Gegnern der Kommunisten in Szene gesetzt worden sei und man die Mittäter van der Lubbes habe entkommen lassen. Das ist alles Schwindel – lautete die derbe Antwort des deutschen Polizeibeamten. Es war absolut unmöglich, daß Mittäter entkommen sind. *Und es steht fest, daß van der Lubbe nach seiner Ankunft in Deutschland am 18. Februar, mit vollkommen gültigem Paß, stets Kontakt mit kommunistischen Kreisen und mit Personen vom linken Flügel der Sozialdemokraten gesucht hat. Man hat in diesen Kreisen willig Gebrauch gemacht von seinem Ehrgeiz, in den Vordergrund zu treten vor seinen wahrscheinlichen indirekten Mithelfern. Aber* nach der Meinung des Herrn Heisig hat van der Lubbe ganz allein den Brand gestiftet. *Daß er sich nicht über seine Mithelfer äußert, sollte man wohl der Tatsache zuschreiben, daß er nur ganz oberflächlich über politische Versammlungen und Zusammenkünfte der deutschen Kommunisten Bescheid wußte.*"[99]

Noch im April 1986 verbreitete Tobias dann unter Berufung auf Zirpins (ohne diesen direkt zu nennen) in einer Fernsehsendung öffentlich Falschinformationen: „Im Dezember 1951 erfuhr ich zufällig, daß ein Kollege von mir [!], ein Referent für die Kriminalpolizei im niedersächsischen Innenministerium, sich als der Kriminalkommissar [Zirpins] bekannte, der in der Brandnacht den Brandstifter Marinus van der Lubbe vernommen hatte. Und als er näher befragt wurde, erklärte er, damals haben die Nationalsozialisten von mir erwartet, daß ich die Kommunisten als die Schuldigen und Mittäter bezichtigen sollte. Und heute erwartet man von mir, daß ich nunmehr die Nationalsozialisten in dieser Hinsicht beschuldige. Ich kann nur die Wahrheit sagen, die ich auch damals vertreten habe. Der Holländer, ein Rätekommunist, ist es ganz allein gewesen. Und wir haben das damals nachgeprüft und haben seine Angaben als zutreffend gefunden. Und deswegen kann ich nichts anderes sagen – damals wie heute – als daß er eben ganz allein gearbeitet hat, und daß der Brand sich tatsächlich in diesem riesengroßen Gebäude von allein ausgebreitet hat."[100]

Beim Vergleich mit Zirpins' tatsächlichen Aussagen wird deutlich, wie Tobias diese verfälschte, um Zirpins zum Kronzeugen für seine Alleintäter-Legende aufzubauen. Um die Glaubwürdigkeit dieses und anderer seiner „Kronzeugen" nicht zu beschädigen, mußte Tobias allerdings deren NS-Vergangenheit nachträglich schönen bzw. unterschlagen.

„Versagen der Sachverständigen"?

Nach der mehr oder weniger willkürlichen Etablierung der Alleintäter-These anhand eines vorläufigen Zwischenberichts, der bereits vier Tage nach dem Brand vorgelegt worden war, bereiteten Tobias die Ergebnisse der Spurenforschung sowie die darauf basierenden Sachverständigengutachten Probleme, die ja in Zirpins' Bericht noch nicht berücksichtigt worden waren, Gerade diese Gutachten aber hatten das Reichsgericht schließlich dazu veranlaßt, Zirpins' „Abschlußbericht" zu verwerfen.

Nach der übereinstimmenden Meinung der Brandsachverständigen im Leipziger Reichstagsbrandprozeß war ein einzelner ohne fremde Hilfe oder Vorbereitung durch zusätzliche Brandmittel nicht imstande, binnen der kurzen Zeit von der Entdeckung bis zur Verhaftung van der

Lubbes (etwa 12-13 Minuten) die zahlreichen, über zwei Stockwerke verteilten Brandherde zu legen, zu entzünden und den Plenarsaal in ein Flammenmeer zu verwandeln. In seinem Buch unternahm Fritz Tobias daher den Versuch, das „Versagen der Sachverständigen"[101] nachzuweisen. Ein von den Autoren zusammen mit Dr. Jürgen Schmädeke vorgelegter Beitrag faßte den Komplex bereits 1999 in der „Historischen Zeitschrift"[102] zusammen und dokumentierte die Unhaltbarkeit von Tobias' Unternehmen. Schon bei einem Zitat aus dem Bericht des Schweizer Prozeßbeobachters Ferdinand Kugler kam Tobias nicht ohne Manipulationen aus. Dieser habe - so Tobias (S. 420) - am 23. Oktober 1933 vermerkt: „Nach einem bösen Wort wird Deutschland von den Sachverständigen zugrunde gerichtet." Tobias verschwieg allerdings Kuglers folgenden Satz: „Dieser Prozeß aber hat durch die Sachverständigen an Klarheit gewonnen, wenn auch die Anklageschrift dabei zugrunde ging – teilweise wenigstens."[103]

Kugler entnahm den drei Stellungnahmen des Spezialisten für Wärmetechnik an der Technischen Hochschule Berlin, Professor Dr. Dr. Emil Josse, des Berliner Feuerwehr-Chefs und Nachfolgers des suspendierten Oberbranddirektors Gempp, Dipl.-Ing. Gustav Wagner, und des Chemikers Dr. Wilhelm Schatz aus Halle, daß der Brand im Plenarsaal eine vorherige Präparierung mit größeren Mengen von Brandmitteln voraussetzte. Das Stenographische Protokoll dieses Verhandlungstages bestätigt Kuglers Bericht. Alle drei Gutachter bezeichneten die Verwendung einer „selbstentzündlichen Flüssigkeit" als wahrscheinlich und stimmten darin überein, daß der Plenarsaal vor der eigentlichen Feuerlegung mit flüssigen, aber nicht explosionsartig verbrennenden Mitteln präpariert worden sein mußte Sie kamen zu dem Ergebnis, daß van der Lubbe allenfalls die Zeit für eine Initialzündung des so präparierten Saales blieb – wenn er überhaupt an der Brandlegung im Plenarsaal beteiligt war {vgl. Kap. 5, Teil 1). Tobias behauptete einfach und nicht substantiiert, „daß nicht ein Gutachten mit dem anderen in den Vorstellungen über Brandursache und -entwicklung übereinstimmte" (S. 421). Auch die brandtechnischen Gutachter wurden von Tobias, der weder Akademiker, geschweige denn Brandexperte ist, in seinem Buch auf 37 Seiten („Das Versagen der Sachverständigen") heftig attackiert. Eine Blütenlese mag an dieser Stelle zur Verdeutlichung genügen: Prof. Emil Josse von der Technischen Hochschule Berlin wurden von Tobias „fehlende echte Erkenntnisse" bescheinigt (S. 422); dieser habe sich „auf das unsichere Gebiet der Spekulation" begeben (S. 423). Der damalige

Direktor der Berliner Feuerwehr, Dipl.-Ing. Wagner, „kapitulierte schließlich vor dem vermeintlich unlösbaren Brandrätsel" (S. 426). „Dr. Ritter von der Chemisch-Technischen Reichsanstalt Berlin zeigte sich der Sache ebensowenig gewachsen, [...] tappte also völlig im dunklen und stellte [...] merkwürdige Betrachtungen an". Er sei schließlich nach einem (fachtechnischen) „Offenbarungseid fortan in der Versenkung" verschwunden (S. 427). Die größten Aversionen von Tobias richteten sich allerdings gegen Dr. Schatz. Dieser gelte nach Tobias als „umstrittener Provinz-Chemiker", bei dessen Berufung als Gutachter zum Reichstagsbrandprozeß „,überstaatliche Mächte' nicht ganz unbeteiligt gewesen" seien (S. 430). Hierbei kann es sich nach Ludendorffscher Diktion nur um eine Anspielung auf Freimaurer gehandelt haben. Tatsächlich bezeichnete Tobias einige Seiten später (S. 445) Schatz auch als Freimaurer. (Die Freimaurerei wurde allerdings in Deutschland bereits 1933 verboten.) In einem Brief bezichtigte Tobias Schatz später sogar – der Freimaurer-Bezichtigung diametral widersprechend und ohne jeden Beweis –, ein „Vertrauensmann der Gestapo"[104] gewesen zu sein. Schatz, der sich „zum Bühnenstar aufwarf und mit staunenerregenden Bühnenkunststückchen, mit verblüffenden Gedankensprüngen und Verwandlungskünsten" (S. 428) Aufsehen erregt habe, wurde von Tobias auch „unerträgliche Besserwisserei und Rechthaberei" sowie „Knauserigkeit" (S. 429) bescheinigt. Er hätte unter Kollegen „keine besondere Wertschätzung" genossen. „Später galt er sogar als überspannt und verstiegen und wurde als ‚Fusselkopp' bezeichnet." (S. 429) Vor Gericht sei seine „Wichtigtuerei und rechthaberische Gespreiztheit" (S. 429) aufgefallen. In seitenlangen und geradezu ungeheuerlichen persönlichen Herabsetzungen des immerhin promovierten und offiziellen Gutachters beim Reichsgericht steigerte sich Tobias zu der Behauptung: „Er [Schatz] erfand die ‚selbstentzündliche Flüssigkeit'." (S. 431) Und an anderer Stelle wird Schatz gar der Fälschung bezichtigt: „Sein angeblich nachträgliches Finden von Spuren war in Wirklichkeit Erfinden." (S. 441) Und Tobias setzte bezüglich der Vorführung des selbstentzündlichen Brandmittels durch Schatz vor dem Reichsgericht noch eins drauf: „Mit seinem Taschenspielertrick hatte der Sachverständige Dr. Schatz jedoch bereits die laienhaften Richter gewonnen und überzeugt. Er entschied somit letztlich den Prozeß." (S. 438) Mit der letzten Bemerkung wird aber auch klar, warum Schatz zum Hauptfeind von Tobias avanciert war.[105]

Über die selbstentzündliche Flüssigkeit (Phosphor in Schwefelkohlenstoff) hatte allerdings bereits vor Schatz der SA-Mann Adolf Rall ausgesagt, der sich nachweislich am 20. Oktober 1933 bei einem Beamten des Berliner Polizeigefängnisses in der Dircksenstraße (am Alexanderplatz) gemeldet hatte. Erst am 23. Oktober 1933 hatte der Sachverständige Schatz vor dem Reichsgericht erstmals öffentlich über die selbstentzündliche Flüssigkeit ausgesagt und diese am nächsten Tag (unter Ausschluß der Öffentlichkeit) vorgeführt. Tobias behauptete nun wahrheitswidrig, Rall (der zu dieser Zeit in Haft war) habe aus Zeitungen über die Ausführungen von Schatz vor dem Reichsgericht erfahren und sich daraufhin am 27. Oktober zu seiner Aussage gemeldet.[106] Das Datum der Meldung von Rall wurde also von Tobias einfach um eine Woche verlegt, damit es besser paßte! Die „Selbstbezichtigung" des schon am 2. November 1933 von der SA ermordeten Rall wurde im übrigen von Gisevius (1946) und Diels (1949) bestätigt (siehe Kapitel 7).

Völlig überraschend präsentierte Tobias in seinem Buch auch einen mysteriösen Gegengutachter zu Schatz, „Professor Urbain von der Pariser Sorbonne". Dabei verschwieg er allerdings vorsichtshalber, daß seine mehrfachen Zitate Urbains aus der Broschüre „Anklage gegen die Ankläger", einem „Nachtrag zum Braunbuch I"[107] stammten.[108] Gerade gegen die „Braunbuch-Lügen" hatte Tobias in seinem Buch vorher seitenlang polemisiert, und nun mußten dieselben plötzlich (anonymisiert) als Indiz für eine angebliche Alleintäterschaft dienen. Vermutlich glaubte Tobias, niemand kenne die außerordentlich seltene Broschüre, aus der er zitierte.

Urbain leitete sein Gutachten einzig und allein aus der Kenntnis der (teilweise sachlich falschen) Anklageschrift ab, die bereits am 24. Juli 1933 fertiggestellt war und in der es noch hieß: „Für die Annahme, daß bei der Anlegung des Brandes im Plenarsaal vielleicht irgendwelche Explosivstoffe verwendet worden seien, haben die Ermittlungen Anhaltspunkte nicht erbracht." Die Ergänzungsgutachten von Schatz, die Urbain nicht kannte, stammten dagegen vom 26. Oktober und 8. November 1933 (siehe dazu Kap. 5, Teil 1).

Weiterhin verschwieg Tobias das wesentlichste von Urbains Gutachten, in dem es unter Punkt 1 hieß: „Die 3 Sachverständigen, die Herren Josse, Wagner und Schatz, sind sich einig in der Behauptung, daß sehr sorgfältig getroffene Vorbereitungen den Handlungen vorangegangen sind, die van der Lubbe beim Brand zugeschrieben werden können, und daß diese Vorbereitungen nur das Werk mehrerer Personen sein können. [...] Es ist sicher, daß diese Vorbereitungen sehr sorgfältig waren, und es ist unwahrscheinlich, daß die Beschuldigten [Lubbe, Torgler, Dimitroff, Popoff, Taneff] sie in so kurzer Zeit so gut getroffen haben."[109] Punkt 5 stellte auch Urbains eigene Position klar: „Es steht außer Zweifel, daß im Sitzungssaale mehrere Brandherde bestanden, die vorher vorbereitet worden waren. Diese Brandherde mußten gleichzeitig oder wenigstens fast gleichzeitig angezündet worden sein, denn sonst hätte sich das Feuer nicht so rasch ausbreiten können." Richtig ist, daß Urbain auf der Grundlage seiner begrenzten Informationen die (durch Schatz später nachgewiesene) Verwendung von Phosphor bei der Brandstiftung ausschloß. Doch er schlußfolgerte nun keineswegs auf eine Alleintäterschaft, wie aus einem Interview mit Prof. Marcel Prenant hervorgeht, das im Anschluß an das Gutachten in derselben Broschüre abgedruckt wurde. Hier äußerte Urbain: „Nach meiner Überzeugung, die Sie bekanntgeben dürfen, ist also der Reichstag mit Wahrscheinlichkeit durch große Mengen von Schießbaumwolle zerstört worden."[110] All dies unterschlug Tobias, und es ist deshalb auch vollkommen nachvollziehbar, warum er seine Quelle nicht nennen wollte.

Wer ist Fritz Tobias?

Fritz Tobias war ein Unbekannter, bevor ihm der „Spiegel" sein Manuskript abkaufte. Er konnte weder ein Abitur noch eine akademische Ausbildung vorweisen. Doch plötzlich nannte ein einflußreicher Verleger (Augstein) den Verfassungsschutzbeamten seinen „Freund", und ein renommierter deutscher Universitätsprofessor (Mommsen) titulierte ihn später sogar mit „Kollege". Was für eine Karriere!

Seit Tobias (spätestens) Mitte der 50er Jahre seine „Alleintäter-These" zur Reichstagsbrandstiftung entwickelt hatte, wurde er mit Hilfe des „Spiegel" zu einer Art Reichstagsbrand-Papst hochstilisiert. Seine Alleintäter-These wurde zum Dogma erhoben. Mit Wissenschaft hatte dies allerdings nichts mehr zu tun. Tobias gefiel sich in seiner Rolle. Der Brand wurde zu seinem Lebensinhalt, und er verfolgt seit 1959 bis heute alle Ungläubigen und Häretiker mit alttestamentarischer Unduldsamkeit. Über die Biographie des Reichstagsbrand-„Papstes" wissen wir allerdings bis heute recht wenig.

In einem Editorial Augsteins vom 21. Oktober 1959 wurde der völlig unbekannte Tobias nur verschämt, fragmentarisch und fast komplett unverständlich, jedenfalls für einen Serienautor äußerst ungewöhnlich vorgestellt: „Als der Welfe Heinrich Hellwege den Welfen Hinrich Wilhelm Kopf im Jahre 1955 als niedersächsischen Ministerpräsidenten abgelöst hatte, fiel dem üblichen Personalschub der Oberregierungsrat Fritz Tobias zum Opfer. Man schob ihn aus einem politisch bedeutsamen Referat des Innenmnisteriums in den Katastrophenschutz. Fritz Tobias begann, die Dienststunden einzuhalten. Den Zuwachs an Freizeit verwandte er, um sich einem Lieblingsthema zuzuwenden, dem Reichstagsbrand des Jahres 1933. Tobias, selbst nach 1933 verfolgt und somit nazistischer Neigungen gänzlich unverdächtig, verschaffte sich das gesamte erreichbare Material, besuchte die Bibliotheken, kontaktierte die noch lebenden Zeugen.“

Der Klappentext zum nachfolgenden Buch teilte 1962 weitere bescheidene Details mit: „Fritz Tobias, geboren 1912, Buchhandelslehre; mußte 1933 aus politischen Gründen den Beruf wechseln und wurde Kanzleivorsteher in einem Anwaltsbüro. 1940 Soldat, mehrfach verwundet. Seit 1946 im öffentlichen Dienst; jetzt Oberregierungsrat im Niedersächsischen Innenministerium.“

Der „Spiegel“ ergänzte 1969: „Sohn eines Porzellanmalers und Gewerkschaftlers, [...] 1945 Entnazifizierer und dann Beamter im niedersächsischen Innenministerium“.[111] Das ist alles, was der deutsche Leser von „Spiegel“ & Co. bis heute über Tobias erfahren konnte. Es fehlte vor allem jeder Hinweis auf die Tätigkeit von Tobias für den niedersächsischen Verfassungsschutz.

Fritz Tobias, vermutlich am 3. Oktober 1912 in Berlin-Charlottenburg geboren, war seit 1929 bei der SPD „als Mitglied gemeldet“.[112] 1933 war er nach eigenen Angaben Mitglied von „Reichsbanner[113], dem ZdA, den Freien Turnern und vielen anderen ähnlichen Organisationen“.[114] Er habe zur Zeit des Reichstagsbrandes bei SPD-Zeitung „Volkswille“ in Hannover gearbeitet. „Am 1. April 1933 wurde das Partei- und Gewerkschaftshaus besetzt. Gleich mir flog mein Vater, SPD-Mitglied seit 1894, auf die Straße.“[115] Über die Tätigkeit von Tobias im Zeitraum von April 1933 bis 1945 liegen nur sehr wenige Angaben vor. Er wurde offenbar „Kanzleivorsteher“ und bei Kriegsbeginn zum Wehrdienst eingezogen.

Nach Informationen, die den Autoren vertraulich zugingen, soll Tobias während des Zweiten Weltkriegs als Wehrmachtsangehöriger in Holland, Italien und Weißrußland im Einsatz gewesen sein. Auf eine Anfrage bei der „Deutschen Dienststelle für die Benachrichtigung der nächsten Angehörigen von Gefallenen der ehemaligen deutschen Wehrmacht" erhielten die Autoren folgende Auskunft: „Der von Ihnen gesuchte Fritz Tobias ist hier als Kriegsteilnehmer verzeichnet; seine derzeitige Wohnanschrift ist uns bekannt. Da wir jedoch aus datenschutzrechtlichen Gründen <u>nur</u> mit dem Einverständnis des Herrn Tobias Auskünfte über dessen militärische Dienstzeit erteilen dürfen, haben wir um Erteilung der entsprechenden Einverständniserklärung gebeten. Herr Tobias teilte uns jedoch mit, dass er nicht mit der Weitergabe der hier vorhandenen Daten über seine Dienstzeit in der Wehrmacht einverstanden ist. Wir bedauern daher, Ihnen die gewünschte Auskunft nicht zukommen zu lassen."

In einem 1962 in der Zeitschrift „Der Monat" veröffentlichten Beitrag gab Fritz Tobias an, „ehemaliger NS-Gegner und -Verfolgter"[116] zu sein. In der folgenden Nummer der Zeitschrift zog Harry Schulze-Wilde diese Angabe öffentlich in Zweifel. Gleichzeitig bezeichnete er Tobias als „ehemaliges Mitglied der Geheimen Feldpolizei, der er während des Krieges nach seiner eigenen Aussage in einem Prozeß angehört haben will".[117] Gemeint war offenbar der sogenannte „Grande-Prozeß" in Hannover.[118] Tobias selbst hat diese Vorwürfe in der Folge vehement bestritten. Im Oktober 1962 kündigte er im „Monat" an, daß Harry Schulze-Wilde sich „wegen seiner frei erfundenen ehrabschneidenden Vorwürfe gegen mich in Nr. 166 des ‚Monat' demnächst vor einem ordentlichen Gericht zu verantworten haben wird". Am 8. Oktober 1962[119] erstattete Tobias bei der Generalstaatsanwaltschaft bei dem Landgericht Berlin Strafanzeige und stellte Strafantrag gegen Schulze-Wilde wegen „einer Reihe von nahezu durchweg beleidigenden Ausführungen und Behauptungen". Bezüglich seines Antrags, als NS-Verfolgter anerkannt zu werden, erklärte Tobias: „Meine Entschädigungsansprüche sind vielmehr gemäß dem beigefügten Vergleich mit der Entschädigungsbehörde vom 15. 3. 1958 anerkannt worden." Insbesondere stritt er in dem Schreiben seine Zugehörigkeit zur Geheimen Feldpolizei ab: „In Wirklichkeit habe ich weder jemals der Geheimen Feldpolizei angehört, noch auch diese ‚Zugehörigkeit' irgendwann oder irgendwo ‚zugeben' können." Gleichzeitig kündigte Tobias an, eine bei der zuständigen Wehrmachtsauskunftsstelle in Berlin-Borsigwalde erbetene Auskunft nach Eintreffen nachzureichen, „um zu beweisen, daß ich in der Tat niemals mit der Geheimen Feldpolizei zu tun gehabt habe". Mit Schreiben vom 12. November 1962 teilte die Berliner Staatsanwaltschaft mit, daß sie von einer Klageerhebung gegen Schulze-Wilde nach § 376 StPO mangels öffentlichen Interesses absehe, stellte Tobias

aber anheim, „im Wege der Privatklage gegen den Beschuldigten vorzugehen". Diesen Weg hat Tobias nach Kenntnis der Autoren jedoch
niemals beschritten. Auch die angekündigte Auskunft der zuständigen
Wehrmachtsstelle reichte er der Staatsanwaltschaft offenbar nicht nach;
jedenfalls fand sich in den überlieferten Akten keine derartige Auskunft
und auch kein Hinweis darauf.[120]
War Tobias entgegen seinen Angaben doch bei der Geheimen Feldpolizei, der „Gestapo der Wehrmacht"?[121] Dafür spricht eine Angabe von
Babette Gross, der ehemaligen Lebensgefährtin von Willi Münzenberg.
In einem Gespräch mit Prof. Christoph Graf, dem heutigen Direktor
des Schweizerischen Bundesarchivs, äußerte sie 1973: „Von einem inzwischen verstorbenen Mitarbeiter des Internationalen Instituts für Sozialgeschichte Amsterdam" habe sie erfahren, „dass Tobias während des
Krieges in Holland der geheimen Feldpolizei angehörte. Jener Mitarbeiter war zusammen mit Tobias in der sozialistischen Jugend in Hannover gewesen und kannte Tobias daher persönlich. Er traf ihn in
Holland wieder."[122] Nach Babette Gross' Erinnerung war der Name des
Mitarbeiters „Blumenfeld".[123] Ergänzend gab sie an: „Der erwähnte
Mitarbeiter des Amsterdamer Instituts war jüdischer Emigrant und war
als solcher erschreckt, als er Tobias in der Uniform der Geheimen Feld-
polizei in Holland wiedersah."[124]
Nach Kriegsende war Tobias dann in der niedersächsischen Entnazifi-
zierungsbehörde in Hannover tätig. Ob und, falls ja, inwieweit Tobias
hier an der „Entnazifizierung" seiner Bekannten oder Freunde Rudolf
Diels und Walter Zirpins beteiligt war, konnten die Autoren bisher leider nicht herausfinden.
Nach Abschluß der Entnazifizierungsverfahren in Niedersachsen wurde
Tobias laut Heinrich L. Bode, seinerzeit Herausgeber der Zeitschrift
„Gegen Willkür und Mißbrauch der Macht (Das soziale Deutschland)",
in den Staatsdienst übernommen, wo er nach dem politischen Referat
auch das Referat „Polizei" im Ministerium des Innern erhalten habe.[125]
Laut einer CDU-Dokumentation von 1963 gehörte Tobias zu den Beamten, die im „Minderheitenbericht des 4. Parlamentarischen Untersuchungsausschusses" vom 7. Dezember 1954 genannt wurden.[126] Gemeint ist wohl der in diesem Bericht geschilderte 18. Fall: „Der Beamte
war zunächst Gehilfe in einer Volksbuchhandlung, dann Bürovorsteher
bei Rechtsanwälten. 1946/47 war er stellvertr. Vorsitzender eines
Hauptausschusses für Entnazifizierung und ab 1947 Referent im Niedersächsischen Ministerium für die Entnazifizierung. 1951 wurde er als

Referent (TO. A III) in das Niedersächsische Ministerium des Innern übernommen. 1952 erfolgte seine Einstufung nach TO. A II. Im gleichen Jahr wurde er zum Regierungsrat unter Berufung in das Beamtenverhältnis auf Lebenszeit vorgeschlagen. Nachdem die Staatskanzlei beamtenrechtliche Bedenken gegen diese Ernennung geäußert hatte, wurde die Ernennung vorübergehend zurückgestellt. Der Beamte ist Leiter eines wichtigen Polizeireferats im Innenministerium. Seine Vorbildung war nicht geeignet, ihm eine leitende Stellung in einem Ministerium zu übertragen. Dazu bestand auch unter Berücksichtigung der Grundsätze über die Unterbringung der in der Entnazifizierung tätigen Kräfte keine Veranlassung."

Etwa 1955 soll der bereits genannte Dr. Walter Zirpins Leiter der Kriminalpolizei in Niedersachsen geworden sein, und damit Nachfolger des angeblich „durch Spielmaterial, das Herr Tobias als Leiter des Referats Polizei im Niedersächsischen Innenministerium weiterreichte, abgeschossenen bewährten Demokraten Kriminaloberrat Peter". Nach Erreichen des Pensionsalters und nach fast 4jährigem Kampf sei Peter jedoch von allen Anschuldigungen rehabilitiert und Tobias vom Referat Polizei abgelöst worden. Tobias habe daraufhin das Katastrophen-Referat bekommen, bevor er als Oberregierungsrat führend im Niedersächsischen Verfassungsschutz tätig geworden sei.[127]

Tobias selbst stellte seine Ablösung allerdings später als politische Verfolgung dar. Er sei „1955 nach einem Wahlsieg der bürgerlichen Parteien in Niedersachsen allein wegen meiner Eigenschaft als SPD-Funktionär ‚strafversetzt'" worden „und im Referat ‚Ziviler Bevölkerungsschutz'" gelandet.[128] Davon, daß Tobias „SPD-Funktionär" war, ist allerdings nichts bekannt. 1977 teilte Egon Bahr im Namen des SPD-Vorstands Tobias sogar aufgrund von dessen Publikationen mit, er „möge sich bei der Veröffentlichung seiner Thesen nicht auf seine SDP-Mitgliedschaft berufen".

Vom 1. Juli 1959 bis zu seiner Pensionierung war Tobias im Niedersächsischen Amt für Verfassungsschutz als Oberregierungsrat und Ministerialrat tätig, mit allen Möglichkeiten, die ihm dieses Amt eröffnete. Die „Nationalzeitung" bezeichnete Tobias am 31. Oktober 1969 sogar als „Leiter des Verfassungsschutzamtes im niedersächsischen Innenministerium".[129] Er soll am 1. Januar 1975 in den vorzeitigen[130] Ruhestand getreten sein.[131]

Wie bereits geschildert, verfolgt Tobias alle, die nicht an seine Thesen glauben, das heißt insbesondere Zeugen für eine NS-Urheberschaft am Reichstagsbrand sowie Wissenschaftler, die sich in diesem Sinne aussprechen, mit wildem Zorn, der sich hauptsächlich und immer wieder in verleumderischen und erpresserischen Briefen, aber bisweilen auch in Strafanzeigen und Privatklagen Bahn bricht. Seine Gegner sind für ihn pauschal „Verfechter der überholten kommunistischen Zwecklügen".

Am 2. Juni 1971 richtete Prof. Walther Hofer ein Beschwerdeschreiben an den damaligen Dienstherrn von Tobias, den niedersächsischen Innenminister Richard Lehners, in dem er diesen „über die erpresserischen Methoden" informierte, „die Herr Tobias unseren Zeugen gegenüber anwendet". In dem Schreiben listete Hofer eine Reihe von Zeugen und Wissenschaftlern auf, die Tobias „direkt oder durch Mittelsmänner" einzuschüchtern versucht habe, „indem er diese z. B. mit Drohbriefen und verleumderischen Angriffen bombardierte". Genannt waren: Dr. Hans Hinrichsen, seinerzeit Assistent von Prof. Karl Stephan am Institut für Thermodynamik der TU Berlin, Prof. Dr. Dr. Heinz Leferenz, Dekan der Juristischen Fakultät Heidelberg, der Schweizer Journalist Ferdinand Kugler (1933 Beobachter des Leipziger Reichstagsbrandprozesses), der ehemalige Branddirektor und spätere Chef der Berliner Feuerwehr Fritz Polchow, Prof. Dr. Friedrich Zipfel vom Meineke-Institut der FU Berlin, Fritz Lendzian, Hauptwachtmeister i. R. aus Verden (Teilnehmer der Polizeiaktionen im brennenden Reichstagsgebäude) und Frau Elisabeth Walter (Berlin). Bereits in den sechziger Jahren wandte Tobias ähnliche Methoden gegenüber den Professoren Golo Mann, H. Bartsch (Frankfurt a. M.) und Otmar von Aretin (Mainz) an, deren Anschauungen nicht in sein Konzept paßten.

Tobias war direkt oder indirekt an verschiedenen Anzeigen und Klagen beteiligt[132], die sich gegen Zeitzeugen wie den Polizeiwachtmeister Lendzian, den Heizer Heinrich Grunewald und den Reichstagsbrandzeugen Hans Flöter richteten, besonders aber bereits seit 1968 an juristischen und publizistischen Aktionen gegen den ihm besonders verhaßten Generalsekretär des Internationalen Komitees Luxemburg, Dr. Eduard Calic (siehe unten). Auch vor Dienstaufsichtsbeschwerden gegen Staatsanwälte, die nicht in seinem Sinne aktiv werden wollten, schreckte Tobias nicht zurück. Im Verfahren Hans Georg Gewehr gegen Dr. Hans Bernd Gisevius trat er vor dem Landgericht Düsseldorf als Zeuge auf.[133]

Auch in das Wiederaufnahmeverfahren van der Lubbe[133a] sowie in ein

Ermittlungsverfahren der Staatsanwaltschaft beim Landgericht Berlin im Mordfall Höhler[133b], das am Rande auch den Reichstagsbrand berührte, hat der Verfassungsschützer, wie in den Akten erhaltene Schreiben und Vermerke zeigen, immer wieder helfend bzw. verwirrend eingegriffen

Als Robert Kempner 1979 als Anwalt in das Wiederaufnahmeverfahren van der Lubbe eintrat, verfaßte Tobias gegen diesen eine Schmähschrift "Reichstagsbrand und Meineidseuche".[134]

Auch die Autoren hatten bereits das zweifelhafte Vergnügen, von Tobias auf das übelste denunziert zu werden. Auf eine ihrer Veröffentlichungen in der „Neuen Zürcher Zeitung"[135] reagierte Tobias am 26. August 1995 mit einem fünfseitigen Leserbrief. Der Beitrag bestehe „im wesentlichen aus einer zusammengestümperten Sammlung längst geklärter unwahrer, teils erfundener, teilst dreist gefälschter Behauptungen". Die Alleintäterschaft sei „längst wissenschaftlich hieb- und stichfest erwiesen". Weiter hieß es: „Heute ist nur noch ein kleiner harter Kern am Werke, um leider mit vorwiegend kriminellen Mitteln, Fälschungen und Denunziationen der Öffentlichkeit mit Scheinargumenten vorzutäuschen, als sei die Streitfrage um den Brand noch immer nicht entschieden." Den Autoren sei in 32 (nicht aufgeführten) Punkten „Irreführung oder Fälschung nachzuweisen". Die Autoren seien „Komiteemitglieder", also Mitglieder des Tobias verhaßten „Internationalen Komitees Luxemburg" (zum IKL siehe unten), was allerdings ebenfalls nicht zutrifft. (Das IKL existierte auch 1995 überhaupt nicht mehr.) In einem Schreiben an die „tageszeitung" vom 27. Februar 1998 anläßlich einer weiteren Veröffentlichung bezeichnete Tobias dann das von den Autoren aufgefundene, für ihn 1962 sehr ungünstig ausgefallene Gutachten von Hermann Graml, einem Mitarbeiter des Münchener Instituts für Zeitgeschichte, wahrheitswidrig als „freie Erfindung". (Zu dem Gutachten Gramls siehe unten.) Die Autoren sahen von der strafrechtlichen Verfolgung eines unbelehrbaren alten Mannes ab, die der wissenschaftlichen Aufklärung des Reichstagsbrandes nichts genutzt und einen Monomanen schwerlich überzeugt hätte. Die von den Autoren neu erschlossenen Quellen will Tobias offenbar einfach nicht zur Kenntnis nehmen.

„Die Zeit" contra „Der Spiegel"

Ganz im Gegensatz zu Augsteins Prophezeiungen sollte über den Reichstagsbrand nach der „Spiegel"-Serie erbitterter denn je gestritten werden. Der „Amateur-Forscher" Fritz Tobias hatte nämlich bei weitem nicht so akribisch und seriös gearbeitet, wie Augstein es den „lieben Spiegel-Leser" glauben machen wollte. In der „Spiegel"-Serie von 1959/60 hatte Tobias geschrieben: „Was Gisevius über die Vorgeschichte der Brandstiftung berichtet, ist zum klassischen Bestandteil aller Varianten der Reichstagsbrandlegende geworden." Im einzelnen widerlegt worden waren die Angaben von Gisevius allerdings nicht. Und merkwürdigerweise wurde der Name Rall überhaupt nicht erwähnt. Es konnte nicht ausbleiben, daß sich schon kurz nach dem Ende der „Spiegel"-Serie, am 4. März 1960, der Hauptfeind Nr. 1, Hans Bernd Gisevius, in der „Zeit" mit einem vierteiligen Betrag „Reichstagsbrand im Zerrspiegel"[136] öffentlich zu Wort meldete. In einer redaktionellen Einleitung der „Zeit" hieß es, die „Spiegel"-Serie habe „keinen einzigen Tatbestand zutage gefördert, der nicht längst bekannt und 1933 vor dem Reichsgericht sorgfältig erörtert worden wäre. Neueres Material wurde im ‚Spiegel' entweder unterdrückt oder umgebogen."[137] Gisevius beschuldigte erneut den ehemaligen SA-Sturmführer Hans Georg Gewehr als Haupttäter für die Reichstagsbrandstiftung und gab bekannt, dieser lebe in Düsseldorf als Bauingenieur. Gisevius und mit ihm „Die Zeit" forderten nun einen Untersuchungsausschuß des Bundestags zum Reichstagsbrand.

Im Mai/Juni 1960 schaltete sich der Politologe Prof. Eugen Kogon in die Debatte ein. In einem zweiteiligen Beitrag[138] untersuchte er in den „Frankfurter Heften" die Entstellungen und Verdrehungen von Tobias und Augstein. Auch er forderte einen Bundestagsuntersuchungsausschuß, aber auch ein Ermittlungsverfahren der Staatsanwaltschaft sowie ein Gutachten des Instituts für Zeitgeschichte in München.

Als Replik an die „Kollegen von der Zeit", die sich „in einem Zustand milder Geistesabwesenheit" befunden haben müßten, erschien am 27. April 1960 ein persönlicher Beitrag von Augstein im „Spiegel". Fünf Seiten brauchte der Herausgeber, um zu bekunden, wie unwichtig der von Tobias nicht dargestellte Fall Rall/Gewehr sei.[139] Der Ton wurde nun ausgesprochen aggressiv und drohend:

„Wie konnte Gisevius es wagen, die von uns schon in der Serie gründlich abgetakelte Legende von dem ‚SA-Schläger und den 10 Mann' noch einmal durch die Gewässer der ‚Zeit' auf die Reise zu schicken? Nun, er hat sich zunutze gemacht, daß ein anderes, ähnlich stichhaltiges Märchen bei uns aus Platzmangel (und weil es schon so stank) weggeblieben war: die Rall-Legende, die mit der Gewehr-Legende fällt (und die ohne die Gewehr-Legende nicht steht). Auch sie hat den Dr. Gisevius zum Vater. [...] Warum wir die Rall-Legende ‚verschwiegen' haben? Weil Diels sie schon vor zehn Jahren derart entblättert hatte, daß ihre Giseviussche Unhaltbarkeit für jeden laienhaften Kenner der Zeitgeschichte gesicherter Besitz ist."

Augstein machte plötzlich detaillierte, auch bis dahin unbekannte Angaben zum Fall Rall, die er teilweise von seinem Bekannten Diels persönlich (!) erfahren haben wollte. Die meisten von Augsteins Weisheiten stammen aber wohl von Tobias, denn es fand sich die typische Mischung von Fakten und Unwahrheiten: Niemand soll Gisevius beauftragt oder gesehen haben, als dieser als Beauftragter des Gestapa am Leipziger Reichstagsbrandprozeß teilnahm (Gisevius' Berichte gingen aber nachweislich direkt an Diels!); Karl Ernst habe am Brandabend ein Alibi gehabt (falsch!); Rall habe nachweislich niemals der Stabswache von Karl Ernst angehört (das wurde nie nachgewiesen!); Karl Reineking sei nicht in Dachau ermordet worden, „seine Spur verliert sich" (laut amtlicher Schreiben erhängte sich Reineking in Dachau am 2. 6. 1936); Lubbes Tage vor dem Brand seien von der Polizei „minutiös" rekonstruiert worden (gerade das war nicht möglich gewesen).

Gisevius aber sei ein „gebrannter, dem Feuer zudrängender Romancier". Schließlich wurde dessen Biographie auseinandergenommen. Möglicherweise hatte Augstein die Details aus Dossiers von Tobias. Besonders verwerflich fand Augstein, daß Gisevius seit 1943 für den amerikanischen Geheimdienst OSS und Allan Dulles gearbeitet hatte (als Verbindungsmann zum deutschen Widerstand in der deutschen Abwehr). Augstein gab nun Empfehlungen zur weiteren Verfahrensweise, die darauf hinausliefen, Gisevius finanziell zu ruinieren und ihn mundtot zu machen: Es gehöre zu den „Ruhmesblättern" von Bundesinnenminister Gerhard Schröder, daß dieser Gisevius die Pension streichen wollte.

Hermann Graml führte in einem Gutachten des Instituts für Zeitgeschichte am 3. Mai 1962 zu einer derartigen Einstellung aus: „Daß er [Gisevius] sich nach anfänglichen Hoffnungen, das nationalsozialistische Regime könne durch Reformen geheilt werden, schon früh zum entschlossenen Gegner dieses Regimes wandelte und zu einem der aktivsten Mitglieder jener Gruppen des deutschen Volkes wurde, die der Herrschaft Hitlers mit allen Mitteln ein Ende machen wollten, daß er dabei von seinen Freunden im Widerstand den Auftrag erhielt und annahm, die im Interesse der außenpolitischen Vorbereitung eines Staatsstreichs unbedingt notwendige Verbindung zu ausländischen, vor allem amerikanischen Dienststellen zu halten, hat ihm die Feindschaft all derer eingetragen, denen um ihrer politischen Anschauungen willen die Widerstandsbewegung ein Ärgernis ist. Da sie heute wenig Möglichkeiten haben, jeden Widerstand gegen Hitler offen anzugreifen, versuchen sie, die einzelnen Widerständler zu diskreditieren, wobei sie in der Wahl ihrer Mittel keineswegs wählerisch sind."[140]

Gewehrs Lebensweg nach Kriegsende

Sehr befremdlich war, mit welcher Vehemenz Augstein den ehemaligen SA-Schläger Hans-Georg Gewehr gegen den Verdacht einer Beteiligung am Reichstagsbrand in Schutz nahm.
Wie bereits geschildert, glaubte Gisevius 1946, Gewehr sei an der Ostfront gefallen. Hier irrte er jedoch. Noch im gleichen Jahr entdeckten die Verteidiger Görings den Vermißten Gewehr in einem Internierungslager. Mit Datum vom 15. Mai 1946 berichtete Görings Mitverteidiger Werner Bross: „Ich hatte mir noch eine, wie ich glaubte, für Göring angenehme Überraschung aufgespart und teilte ihm jetzt mit: Der letzte Überlebende der angeblichen Reichstagsbrandstifter, der auch vom Zeugen Gisevius erwähnte Heini Gewehr, sollte nach einer mir zugegangenen Information nicht als Polizeioffizier an der Ostfront gefallen sein, sondern sich als Internierter im Lager Hammelburg befinden. Meiner Ansicht nach war dies vielleicht der einzige Zeuge, mit dem die Darstellung des Zeugen Gisevius in diesem Punkte erschüttert werden konnte. Göring aber, weit davon entfernt, erfreut zu sein, wurde sehr unsicher und meinte, diese Angelegenheit müsse äußerst vorsichtig behandelt werden. ‚Mit solchen Zeugen muß man sehr aufpassen! Selbst wenn die SA wirklich den Reichstag angezündet hätte, so ist damit ja noch nicht gesagt, daß ich davon etwas wußte. Und wer garantiert, daß nicht dieser Zeuge mit seiner Aussage, die mich belastet, seine Freiheit erkaufen will!' Er zeigte keine Neigung, dieser neuen Spur nachzugehen, noch auch, die Angelegenheit im Gespräch weiter zu behandeln."[141]

Der Reichstagsbrandforscher Richard Wolff fand weitere Details über Gewehr heraus: „Er wurde von den Amerikanern gefangengenommen und zunächst im Lager Hammelburg bei Kissingen untergebracht. Später war er in einem Lager bei Moosburg bei Freising interniert. Am 4. März 1947 meldete der Postenführer Georg Gütter, daß der bei dem Arbeitskommando Freising-Brückenbau beschäftigte Häftling Gewehr aus dem Zuge Moosburg-Freising entkommen sei. Die üblichen Recherchen haben nichts ergeben und wurden am 23. Dezember 1948 eingestellt."[142]

Zu seinem Lebenslauf seit der Flucht gab Gewehr später an: „Ich habe von da ab unter dem Namen Peter Jäger bis zum Dezember 1949 gelebt. Aus Anlaß der Amnestie habe ich mir dann wieder ordnungsgemäße Papiere auf meinen richtigen Namen ausstellen lassen."[143] Laut dem Urteil des Oberlandgerichts Düsseldorf dagegen lebte Gewehr vor seiner polizeilichen Anmeldung in Düsseldorf „bis 1950 mit gefälschten Papieren unter dem Namen Peter Schäfer".[144]

Friedrich Strindberg, seinerzeit Leiter der Textredaktion der Illustrierten „Quick", beauftragte ca. 1958/59 den ehemaligen Kriminalkommissar Rudolf Lissigkeit[145], nach Gewehr zu suchen. Tatsächlich konnte dieser Gewehr dann Anfang 1960 als selbständigen Bauunternehmer der Ingenieurgemeinschaft Gewehr-Morisse (Gewehr war kein Ingenieur!) in Düsseldorf, Heinrichstraße 84, lokalisieren.[146]

Gewehr wurde nun sowohl von Lissigkeit als auch von Hans Rechenberg (einem „einstigen Adlatus von Göring", Leiter der Pressestelle des Reichswirtschaftsministeriums und der Deutschen Reichsbank) interviewt. Gewehr stritt dabei eine Beteiligung an der Reichstagsbrandstiftung ab. (Die Protokolle dieser Gespräche liegen leider heute nicht vor.) Nachdem Gisevius 1960 in der „Zeit" Gewehr erneut beschuldigt und bekanntgegeben hatte, daß der Aufenthaltsort Gewehrs in Düsseldorf ermittelt worden sei, kam es zu Kontakten von Fritz Tobias und „Spiegel"-Mitarbeiter Dr. Günther Zacharias mit Gewehr. Beide erhielten von Gewehr offenbar detaillierte Informationen über das SA-Brandstifterkommando, das er seinerzeit geleitet hatte. Auch die Protokolle dieser Gespräche liegen heute nicht vor; einige Details wurden jedoch seinerzeit im „Spiegel" sowie im Buch von Tobias veröffentlicht (siehe unten).

Helmut Krausnick, damaliger Direktor des Münchener Instituts für Zeitgeschichte, und sein Mitarbeiter Hermann Graml interviewten Gewehr zu dieser Zeit ebenfalls. Ihre Aufzeichnungen über die Gespräche mit Gewehr sind der Forschung bis heute ebenfalls nicht zugänglich. Laut Mitteilung des Instituts für Zeitgeschichte sei die „Gesprächsnotiz Hans Georg Gewehr / Krausnick nie Bestandteil des IfZ-Archivs geworden. Eine Durchsicht der, allerdings bisher ungeordneten, überlieferten Dienstpapiere hat, ebenso wie die der noch vorhandenen Materialsammlung zu anderen Themen, kein Ergebnis gebracht."[147] Graml schrieb dazu 1960 an Hans Schneider: „Leider sind wir im Augenblick nicht in der Lage, Ihnen unsere Aufzeichnungen über den genauen Inhalt der Unterredung zu überlassen, da Herr Gewehr seine Erklärungen vorläufig vertraulich behandelt wissen will." In einer Zusammenfassung hieß es dann: „Es bleiben einige Lücken und Widersprüche, die zu groß sind, als daß man Gewehr als möglichen Mittäter endgültig ausklammern könnte, andererseits aber nicht groß genug, um ihn [...] dazu zu zwingen, Farbe zu bekennen."[148] Es muß wohl als herber Verlust gelten, daß diese offiziellen Gesprächsaufzeichnungen des IfZ dort heute nicht mehr auffindbar sind.

Nach dem Bekanntwerden von Gewehrs Vergangenheit erließ die Stadt Düsseldorf am 26. März 1960 einen Auftragsstop gegen die Firma Gewehr-Morisse. Gewehr schied daraufhin offiziell im April 1960, tatsächlich aber mit Wirkung ab 31. Dezember 1962 aus der Firma[149], worauf am 20. Mai 1960 der Auftragsstop der Stadt gegen Dr. Morisse aufgehoben wurde.

Aufgrund der „Zeit"-Serie leitete die Düsseldorfer Staatsanwaltschaft am 7. Mai 1960 gegen Gewehr ein Ermittlungsverfahren wegen Verdachts der Brandstiftung am Reichstagsgebäude ein.[150] Gewehr, vertreten durch die Rechtsanwälte Dr. Roesen und Dr. Waldowski, bestritt eine Beteiligung an der Brandstiftung pauschal und verweigerte ansonsten jede Aussage. Lissigkeit, Rechenberg, Tobias, Zacharias, Krausnick und Graml wurden allerdings erstaunlicherweise nicht vernommen, obwohl die Tatsache ihrer nachweislich (zumindest teilweise) protokollierten Gespräche mit Gewehr der Staatsanwaltschaft sehr wohl bekannt war! Das Verfahren gegen Gewehr wurde am 6. Dezember 1961 von der Düsseldorfer Staatsanwaltschaft eingestellt, offenbar unter Zurückstellung eigentlich notwendiger weiterer Ermittlungen.

„Spiegel"-Herausgeber Rudolf Augstein hatte in diesem Klima keine Skrupel, sich zum Anwalt des berüchtigten „Pistolen-Heini" Gewehr zu machen und gegen den Hitler-Gegner Gisevius zu Felde zu ziehen. An Hans-Georg Gewehr richtete Augstein die Empfehlung, eine Widerrufsklage zu erheben.[151] Und „Heini" Gewehr gehorchte, so wie er immer in seinem Leben gehorcht hatte. Am 15. Juni 1960 klagte er über seinen Anwalt beim Landgericht Düsseldorf gegen Gisevius auf Unterlassung und Widerruf. Der Streitwert betrug immerhin 50.000 DM. Am 20. Februar 1962 – 2 1/2 Monate nach Einstellung des staatsanwaltschaftlichen Ermittlungsverfahrens gegen Gewehr – wurde Gisevius vom Landgericht Düsseldorf unter Auferlegung aller Kosten dazu verurteilt, seine Behauptungen bezüglich Gewehrs zu unterlassen und diese auch schriftlich gegenüber Gewehr zu widerrufen. Ausschlaggebend für das Urteil waren das negative Ermittlungsergebnis der Staatsanwaltschaft, aber auch die Tatsache, daß das Gericht den verschiedenen Äußerungen von Diels bezüglich der Täterschaft Gewehrs keinen Glauben schenkte; Diels war ja auch bereits verstorben. Bemerkenswert war ferner, daß das Gericht „auf Grund der überzeugenden Aussagen des Klägers [Gewehr]" diesen noch nicht einmal vereidigte. Hier muß auch festgehalten werden, daß Tobias – nach eigenen Angaben – während des Klageverfahrens mit Gewehr „mehrfach im Dienst [beim niedersächsischen Verfassungsschutz] und zu Hause" telefonierte.[152]

Gisevius ging in die Berufung. Gewehr stellte nun unter Eid in Abrede, „in irgendeiner Form an der Brandstiftung im Reichstagsgebäude beteiligt gewesen zu sein."[153] Trotzdem schränkte das Oberlandgericht Düsseldorf das Urteil des Landgerichts ein. Es hieß nun, der Senat sehe sich „weder in der Lage, eine Feststellung zu treffen, daß van der Lubbe Alleintäter war, noch daß er Mittäter gehabt haben muß. Es bleibt also die Möglichkeit offen, daß der Kläger [Gewehr] unter den Mittätern gewesen ist. [...] Beim Kläger [Gewehr] handelt es sich wahrscheinlich sogar um den letzten noch lebenden Angehörigen des angeblichen Täterkreises."[154] Das Oberlandgericht Düsseldorf verurteilte am 6. August 1963 Gisevius nicht zum uneingeschränkten Widerruf seiner Behauptungen, sondern

1. zur (zukünftigen) Unterlassung der Behauptung, „daß der Kläger den Brand des Reichstagsgebäudes am 27. Februar 1933 angelegt habe oder daß er an der Brandstiftung beteiligt gewesen sei" und

2. zur schriftlichen Abgabe der Erklärung dem Kläger gegenüber, „er könne die Behauptung nicht aufrechterhalten, der Kl[äger]. [Gewehr] habe den Brand des Reichstagsgebäudes am 27. Februar 1933 angelegt oder er sei an der Brandstiftung beteiligt gewesen.[155] (Dies war die „mildere" Variante gegenüber einem öffentlichen Widerruf.)

„Zum vollen Widerruf seiner Behauptung in der vom Kläger [Gewehr] mit seinem Hauptantrag gewünschten Form hätte der Beklagte [Gisevius] nur dann verurteilt werden können, wenn der Kläger [Gewehr] die Unwahrheit der Behauptungen bewiesen hätte. Denn niemand kann gezwungen werden, eine Tatsache zu widerrufen, die möglicherweise richtig ist. [...] Daß der Kläger [Gewehr] diesen Beweis der Unwahrheit nicht geführt hat, ist bereits oben [...] dargelegt worden."[156] Gewehr wurden nun 1/3 der Kosten für beide Instanzen auferlegt. Die Revision von Gisevius gegen dieses Urteil wurde am 11. Januar 1966 vom Bundesgericht kostenpflichtig abgewiesen und damit das Urteil des Oberlandgerichts letztinstanzlich bestätigt. Allerdings interpretierte das Bundesgericht das Urteil des Oberlandgerichts etwas anders: Von Gisevius würde „nur verlangt, daß er eine dem jetzigen[157] Stande der Sichtung und Prüfung des Materials entsprechende Richtigstellung seiner Darstellung vornimmt".[158]

Nach dem Landgerichtsurteil im Oberwasser, strengte Gewehr am 10. April 1963 – man glaubt es kaum – eine Schadenersatzklage gegen Gisevius, den Chefredakteur der „Zeit", Müller-Marein, sowie gegen den Verlag Henri Nannen GmbH an. Durch die Rufschädigung seien lukrative öffentliche Bauaufträge der Stadt Düsseldorf und des Deutschen Gewerkschaftsbundes gesperrt worden. Gewehr gab zunächst an, es sei ihm ein Schaden von schätzungsweise 900.000 DM entstanden und weiter: „Er sei krank geworden und für den freien Arbeitsmarkt nicht mehr brauchbar gewesen. Hinzu komme sein seelisches Leid und das seiner Familie. Seine Berufsverbände hätten ihm nahegelegt auszutreten bzw. sogar versucht, belastendes Material gegen ihn zu finden. Es habe ihn gedemütigt, daß er das im gleichen Hause befindliche Büro der Arbeitsgemeinschaft nicht mehr betreten durfte. Infolge der Beschimpfungen, Demütigungen und Verfolgungen habe er sogar seine Kinder weit weg in Pension geben müssen. Das habe zum Versagen der Kinder in der Schule geführt."[159]

Am 20. Dezember 1967 wurde durch Teilurteil die Klage Gewehrs gegen den Chefredakteur und den Verlag der „Zeit" abgewiesen. Dagegen legte Gewehr Berufung ein. Am 25. Februar 1969 kam es zu einem Vergleich: Danach zahlte der Verlag an Gewehr 30.000 DM und trug 1/3 der Kosten der 2. Rechtsinstanz. Gewehr nahm seine Klage gegen den Chefredakteur zurück und reduzierte auch seine Forderungen gegen Gisevius und den Verlag auf 116.307 DM sowie 10.000 DM Schmerzensgeld, abzüglich der durch den Verlag bereits gezahlten 30.000 DM. Am 3. Dezember 1969 wurde Gisevius dann verurteilt, als Schadenersatz für die Jahre 1963-1965 an Gewehr 56.307 DM, abzüglich der bereits vom Verlag gezahlten 30.000 DM, also insgesamt 26.307 DM plus Zinsen zu zahlen. Die Kosten des Verfahrens wurden zu 8/9 Gewehr auferlegt. Eine dauernde Arbeitsunfähigkeit Gewehrs sowie einen Anspruch auf Schmerzensgeld konnte das Gericht nicht erkennen.[160]

Das Ergebnis der bundesdeutschen Gerichtsbarkeit der sechziger Jahre sah also so aus: Gisevius war nach den Gerichtsverfahren finanziell ruiniert. Gewehr wurde mit 56.307 DM plus Zinsen entschädigt. Ob Gewehr aber den Reichstag angesteckt hatte oder nicht – das blieb weiter ungeklärt.

Die Gutachten des Instituts für Zeitgeschichte (München)

Im Juli 1960 reagierte der Mitarbeiter des Instituts für Zeitgeschichte Martin Broszat in den „Vierteljahrsheften für Zeitgeschichte" auf den „Spiegel"-Beitrag, unter anderem mit einem Vergleich: „Der Amateurhistoriker, beispielsweise, der daran ginge, mit exakten Belegen nachzuweisen, daß das Lager Bergen-Belsen [...] gerade kein Konzentrationslager im eigentlichen Sinn gewesen ist [...] und daß die Zehntausende von Toten, die man 1945 in diesem Lager fand, nicht das Resultat bewußter Vernichtungspolitik, sondern des ‚Verwaltungs- und Versorgungschaos' waren, das sich in den letzten Kriegsmonaten ergab, würde vermutlich einen ebenso sensationellen Erfolg haben wie die SPIEGEL-Veröffentlichung über den Reichstagsbrand. Auch hier ließe sich in einem markanten Fall ‚beweisen', daß die Nationalsozialisten ‚gar nicht so schlimm' gewesen sind."[161] Broszat kündigte an, daß in den „Vierteljahrsheften" auf das Thema zurückzukommen sei. Der Historiker würde allerdings bei den sich aufwerfenden Fragen von Kriminalistik, Pyrotechnik und Psychiatrie an die Grenzen seines Fachs gelangen.

Bereits im März 1960 hatte das Münchener Institut für Zeitgeschichte (dem Vorschlag von Kogon folgend) den Auftrag vergeben, eine Stellungnahme zu den Thesen von Tobias zu erarbeiten, und zwar an den Historiker und Oberstudienrat Hans Schneider.[162] Laut einer Aktennotiz hatte der von Institutsleiter Dr. Krausnick mündlich abgeschlossene Vertrag „zum Inhalt, daß Herr Schneider sich zur Ablieferung eines druckreifen Aufsatz-Manuskripts für die Vierteljahrshefte [für Zeitgeschichte] verpflichtete". Später wurde dies dahingehend erweitert, daß die Arbeit Schneiders in zwei bis drei Fortsetzungen erscheinen sollte.[163]

Anfang 1962 gelang es Schneider dann als erstem in der Bundesrepublik Deutschland, einen kompletten Satz der Stenographischen Protokolle zu lokalisieren und für das IfZ zu erwerben. Sein Gutachten lag nach der Auswertung dieser neuen Unterlagen dann erst Ende 1962 vor (siehe unten).

Zwischenzeitlich war die Geschichts-Sicht des mysteriösen Fritz Tobias in Buchform erschienen, in der auf über zwanzig Seiten gegen Gisevius polemisiert wurde. Dieser ging mit einer Einstweiligen Verfügung gegen die gegen ihn verbreiteten Diffamierungen und Unwahrheiten vor. Laut Gerichtsbeschluß vom 19. Dezember 1961 durfte das Buch fortan nicht mehr verkauft werden. Doch das Hamburger Landgericht hob die Einstweilige Verfügung wieder auf.[164] Trotzdem erlebte das Tobias-Buch bis heute erfreulicherweise keine Neuauflage. Für den „Spiegel" war der juristische Erfolg von Tobias Anlaß zu einer neuen dreiseitigen Attacke gegen Gisevius: „Reichstagsbrand. Ende einer Legende".[165]

Am 16. April 1962 gab Gisevius beim Institut für Zeitgeschichte ein Gutachten zum Buch von Tobias in Auftrag. Am 3. Mai 1962 lag ein von Hermann Graml verfaßtes „Gutachten des ‚Instituts für Zeitgeschichte', erstattet im Prozeß Dr. Gisevius gegen Fritz Tobias vor dem Oberlandesgericht Hamburg" vor. Dieses Gutachten wurde bis heute nicht veröffentlicht, eine Kopie fand einer der Autoren (A. B.) erst im Nachlaß von Gisevius.[166]

In dem Gutachten heißt es unter anderem: „Schließlich müssen Gisevius' Darstellungen der politischen Atmosphäre, die in den Jahren 1933/34 [...] oder 1936/37 [...] in Deutschland herrschte, geradezu als Kabinettstücke der zeitgeschichtlichen Literatur gelten, die für jeden Historiker, der über diese Zeit arbeitet, unentbehrlich sind. Fritz Tobias erwähnt in dem Teil seines Buches über den Reichstagsbrand, der sich mit Gisevius beschäftigt [...], von all dem nichts. Das allein wäre schon ein grober Verstoß gegen die Regeln historischer Quellenkritik und gegen die bei wissenschaftlichen Auseinandersetzungen gebotene Fairness. Um seine – nach dem oben Gesagten als unhaltbar zu bezeichnende – Behauptung zu stützen, Gisevius' Erinnerungen seien ‚schon weitgehend zu den freien Erfindungen zu zählen', beruft er sich überdies auf Kritiker des Buches von Gisevius, deren Befangenheit oder mangelnde Legitimation zur Kritik ihm eigentlich klar sein müßte. Ohne auch nur einen Versuch zu normaler Quellenkritik anzudeuten, übernimmt er unbesehen gegen Gisevius gerichtete Vorwürfe, die Rudolf Diels, der erste Chef der Gestapo, in seinem Buch ‚Lucifer ante portas' vorbringt. Dabei hätte Tobias, wenn er den handwerklichen Methoden der historischen Wissenschaft gefolgt wäre, unbedingt darauf hinweisen müssen, daß Diels in allen hier interessierenden Fragen keineswegs objektiver Zeuge ist, sondern Partei, daß sich Diels schwersten Beschuldigungen gegenübersah und daher den Versuch machte, die Glaubwürdigkeit eines der gewichtigsten Belastungszeugen, nämlich Gisevius, zu erschüttern, und daß die Erinnerungen von Diels, auch die nicht mit Gisevius zusammenhängenden Kapitel, eine mit viel Intelligenz und wenig Wahrheitsliebe geschriebene Verteidigungsschrift darstellen, die nur mit größter Vorsicht benützt werden darf.

Daneben stützt sich Tobias lediglich auf Friedrich Grimm, der sich seinerseits auf Diels beruft, und auf die britischen Historiker Gerald Reitlinger und Edward Crankshaw, die beide zwar sehr verdienstvolle Bücher geschrieben haben (‚Die SS' bzw. ‚Die Gestapo'), aber in Einzelheiten und in der Beurteilung der Personen so häufig irren, daß sie als Stützen eines so scharfen abfälligen Urteils, wie es Tobias über Gisevius fällt, einfach untauglich sind. Mit anderen Worten, Tobias erweckt von Gisevius und dessen Buch mit unzulässigen Methoden einen allgemeinen Eindruck, der mit der Wirklichkeit nichts gemein hat. Man wird Tobias dabei keiner politischen oder persönlichen Motive verdächtigen können, wie sie sonst bei den Gegners Gisevius' oft im Spiele sind, doch kann man ihm in diesem Falle den Vorwurf nicht ersparen, von seinen Thesen zu Ursache und Verlauf des Reichstagsbrands so besessen gewesen zu sein, daß er bei der Kritik eines Autors, der seiner Darstellung widerspricht, jedes Maß verloren hat und kränkendste Vorwürfe erhob, auf fundierte Beweise aber verzichtete." Weiter hieß es noch, daß Tobias „bei der Kritik unbequemer Autoren Mittel recht sind, die sich für einen seriösen Historiker verbieten".[167] Aber Tobias war natürlich auch kein Historiker, und ein seriöser schon gar nicht.

Wie bereits erwähnt, lag Ende 1962 das Manuskript eines für das Institut für Zeitgeschichte angefertigten Gutachtens von Hans Schneider vor, „Neues vom Reichstagsbrand?" (56 + 2 Seiten, zuzüglich 381 Anmerkungen; dazu drei Anlagen: „Brandzeugen" [39 S.], „Brandgutachten" [33 S.] und „Brandmittel" [2 S.]).

Schneider wies Tobias darin eine Reihe schwerwiegender Fehler nach und gelangte zu einem wenig günstigen Urteil über dessen Arbeit, in der die historische Realität stark verzerrt dargestellt werde: „Welches Ausmaß diese perspektivischen Verschiebungen und emotionellen Trübungen hier angenommen haben, konnte freilich erst die fortlaufende Konfrontierung der Darstellung mit den Quellen klarmachen. Sie enthüllte im konkreten Detail, in der Nachzeichnung des Brandvorgangs selbst, der Voruntersuchung und vor allem der Hauptverhandlung eine beträchtliche Zahl von Versehen, Schiefheiten und Irrtümern, von denen hier nur eine Anzahl berücksichtigt werden konnte; die vollständige Liste würde noch viele Seiten füllen. Sie zeigte aber weiter, daß die vom Autor in der Kernfrage selbst gegen die Beweisführung des Reichsgerichts vorgebrachten Argumente der Nachprüfung an Hand der noch zugänglichen Quellen in keinem Punkt standhalten, einschließlich der in sich selbst so einleuchtenden Theorie der Brandentwicklung im Plenarsaal (S. 450): sie entbehrt jeder Stütze durch tatsächliche Feststellungen und ist umgekehrt weder mit den Aussagen der Brandzeugen (nicht nur des einen Scranowitz) noch mit den Untersuchungsergebnissen der Sachverständigen (nicht nur des chemischen) am Brandobjekt in Einklang zu bringen.

Was in jedem Fall bleibt, ist die Leistung des Pioniers. Tobias hat seinem Problem die Beachtung der Öffentlichkeit, am Ende auch der Forschung erzwungen und durch die Sammlung verstreuten, zum Teil noch unbekannten Materials für alle Späteren eine Vorarbeit geleistet, der auch die vorliegende Untersuchung sich verpflichtet weiß. Die Lösung des Problems hat er nicht erreicht und mit seinen Methoden auch nicht erreichen können."[168]

Noch eindeutiger äußerte sich Schneider am 21. Dezember 1963 in der „Süddeutschen Zeitung": „Das Buch des Laienforschers Fritz Tobias erreicht die den Laienleser [...] faszinierende Geschlossenheit der Beweisführung nur durch eine völlig willkürliche Auswahl – insbesondere Unterdrückung entgegenstehender Aussagen –, Verstümmelung und Retuschierung (besonders bei fremdsprachlichen Texten) sowie durch eine oft grotesk verkehrte Interpretation der verwandten Belege, dazu die Einfügung weiterer, nirgends belegter und nur in der Vorstellung des Autors existenter (Schein-) Beweise. [...] Die so entstandene objektive Verfälschung des Tatbestandes nimmt dabei Ausmaße an, die weder der Laie noch der Fachmann (ob Jurist oder Historiker) für möglich halten würde; dies allein erklärt auch die positive Beurteilung, die das Buch bei einigen Rezensenten gefunden hat."[169]

„Ein klein bißchen nachgebogen…": Der Fall Mommsen

1961 bis 1963 stellte das Institut für Zeitgeschichte den aufstrebenden jungen Historiker Dr. Hans Mommsen[170] als Referenten an. Noch bevor Schneider sein Gutachten beendet hatte und ohne dessen Vorarbeiten zu erwähnen, veröffentlichte Mommsen im Juli 1962 in der „Stuttgarter Zeitung" eine ganzseitige Rezension[171] der Darstellung des „Kriminalisten" Tobias. Die vollständigen Stenographischen Protokolle lagen inzwischen im IfZ vor. Mommsens Rezension war durchaus kritisch und kulminierte in der Feststellung: „Dennoch ist – und das wird von Tobias geflissentlich verschwiegen – ein unumstößlicher Nachweis der Alleintäterschaft van der Lubbes oder der Beteiligung der Nationalsozialisten angesichts der jetzigen Quellenlage unmöglich." Ähnlich wie Schneider ging Mommsen mit Tobias hart ins Gericht: Ein „anmaßender Ton" und „gereizte, [...] von der Sache her völlig überflüssige Polemiken gegen Gisevius, Richard Wolff, Schulze-Wilde" seien „mehr ein Zeichen gegen als für die Stichhaltigkeit seiner Argumente". Weiterhin warf Mommsen Tobias eine ganze Reihe von Fehlern und Verfälschungen vor: Nachträglich eingeholte Zeugenaussagen seien nicht präzise wiedergegeben und als Quelle anzweifelbar. Sofern diese oder auch Gutachten Tobias' Theorie entgegenstünden, seien sie darüber hinaus auch „von vornherein tendenziös" wiedergegeben, so daß sie sich in ein „bereitliegendes Schwarz-Weiß-Charakterklischee" einordnen ließen. Tobias sei „bei seiner Darstellung bemüht, alle seiner Deutung entgegenstehenden Indizien zu verkleinern oder zu entwerten. [...] Auch sonst erweckt Tobias mitunter den Eindruck, als müsse er gewisse Quellenbefunde ‚frisieren'." Quellennachweise seien ungenügend, Zitate vielfach unkorrekt wiedergegeben; auf Übersetzungen fremdsprachiger Zitate könne man sich nicht verlassen. Weiter hieß es: „Tobias hebt die Widersprüche zwischen den Gutachtern über Gebühr hervor und läßt an ihnen mit Ausnahme des Branddirektors Wagner und Professor Brünings kein gutes Haar; den ersteren braucht er zur Widerlegung des von Josse vertretenen Gesichtspunkts, daß der nach der ersten Brandphase erfolgte Verpuffungseffekt nur mit flüssigen Brennstoffen erklärt werden könne, Brüning, weil er flüssige Brandmittel nicht nachweisen konnte." Tobias habe schließlich die Frage übergangen, „daß die Nichtverfolgung eventueller nationalsozialistischer Spuren bei den ersten Untersuchungen Quelle der folgenden Irrtümer gewesen sein kann". Auch sei die „Argumentation von Tobias, daß die nationalsozialistische

Führung vom Brand gar nichts gewußt haben kann und völlig überrascht worden sei, nicht zwingend". Mommsen kam weiter zu dem Schluß, daß „Tobias' Interpretation, die [...] nationalsozialistischen Ambitionen verharmlost und ihre verbrecherische Politik unfreiwillig subjektiv rechtfertigt".

Dies war allerdings keine angenehme Kritik. Doch sollte alles bald ganz anders kommen. Noch vor einer Publikation seines Aufsatzes wurde Schneider im November 1962 von Dr. Krausnick, dem Direktor des IfZ, der Auftrag des Instituts für Zeitgeschichte entzogen. Nach ergebnislosen Gesprächen mit Schneider am 9. und 10. November 1962 (bei denen man Schneider einen Betrag von 2.000 DM anbot, wenn er auf eine Publikation verzichten würde) verfaßte IfZ-Mitarbeiter Mommsen anläßlich eines Gesprächs mit Rechtsanwalt Dr. Delp etwa Ende Januar 1963 eine Aktennotiz.[172] Darin wurde eine Strategie entworfen, Schneider loszuwerden und „die Publikation des Herrn Schneider überhaupt zu verhindern". Wörtlich wurde das folgendermaßen begründet: „Das Institut hat ein Interesse daran, die Publikation des Manuskripts von Herrn Schneider zu verhindern, weil a) die beteiligten Archive (Bundesarchiv, Document Center etc.) ihr Material nicht Herrn Schneider, sondern dem Institut zur Verfügung gestellt haben, b) aus allgemeinpolitischen Gründen eine derartige Publikation unerwünscht zu sein scheint, c) eine derartige Publikation eventuell in Illustriertenform dem Ansehen des Instituts für Zeitgeschichte höchst abträglich wäre. Daran würde auch nichts geändert, wenn es dem Institut gelänge, noch vorher eine eigene Stellungnahme zu dem Problem herauszugeben."[173] Weder eine Fristverletzung noch „Form und Gestalt" oder die „Tendenz und These" des von Schneider abgelieferten Manuskripts kämen jedoch als Kündigungsgrund in Frage. Das Institut sei formell nicht in der Lage, von dem Vertrag zurückzutreten. Man könnte, „um Herrn Schneider zu einem Vergleich zu pressen" den Versuch machen, das überlassene Material von ihm zurückzufordern. Schneider solle weiter verboten werden, das überlassene Material für eine Publikation zu benutzten. Es sei „angezeigt, in den Verhandlungen mit diesem von Herrn Schneider auf Grund mangelnder juristischer Beratung offensichtlich ernst genommenen Argument diesen zu einem Vergleich zu bewegen."[174]

Die Aktennotiz endet mit dem Vorschlag zweier Wege zur Erreichung des geplanten Ziels: „Der erstere wäre, zurückhaltend Herrn Schneider an den Vertrag weiter zu binden und währenddessen über Stuttgart [d. h. über Schneiders vorgesetzte Behörde!] zu arbeiten, um eine größere Vergleichsbereitschaft zu erzielen. Der zweite besteht darin, rasch und energisch alle Druckmittel, die in unmittelbarer Verfügung des Instituts stehen, auch da, wo sie einer endgültigen juristischen Prüfung nicht standhalten, auszuspielen, um Herrn Schneider daran zu hindern, Zeitgewinn zu haben, sowohl hinsichtlich der Verhandlungen über eine anderweitige Publikation als auch hinsichtlich der Verarbeitung des ihm einstweilen noch zur Verfügung stehenden Quellenmaterials. [Paraphe] (Dr. H. Mommsen)"[175]

Schneider versuchte weiter erfolglos, seine Forschungsergebnisse zu publizieren und resignierte schließlich. Er schrieb am 8. Februar 1963 an Alfred Weiland[176], Mommsen habe sich schon früh in „die Front der ‚Tobias-Gläubigen'" eingereiht.[177] Was nun aber der Grund dafür war, daß Mommsen zwischen Juli und November 1962 vom Tobias-Kritiker zum Tobias-Gläubigen konvertierte, ist bis heute unbekannt. Sachliche Gründe können es jedenfalls nicht gewesen sein, denn die von Mommsen im Juli 1962 beschworene Quellenlage hatte sich während dieser kurzen Zeitspanne nicht geändert!

Im Juli 1964 präsentierte Mommsen in den im Auftrag des IfZ herausgegebenen „Vierteljahrsheften für Zeitgeschichte"[178] der Öffentlichkeit dann eine Art „Gutachten" zu den Theorien von Tobias. Auf 62 Seiten stellte sich Mommsen in diametralen Gegensatz zu dem Gutachten Gramls, der Untersuchung Schneiders und schließlich auch zu seiner eigenen Rezension von 1962. Auch der 1960 in den „Vierteljahrsheften" veröffentlichte Beitrag von Martin Broszat wurde jetzt abqualifiziert. Mommsen unterstützte plötzlich vorbehaltlos die Thesen von Fritz Tobias. Einer der Herausgeber der „Vierteljahreshefte", Mommsens Doktorvater Hans Rothfels, segnete den Beitrag zusätzlich in einer redaktionellen Vorbemerkung ab: „Den Nachweis der Alleintäterschaft Lubbes und die Widerlegung der Brandexperten, die in den beiden Abschnitten des ersten Teils in naher Übereinstimmung mit Tobias durchgeführt werden, darf man wohl als so weitgehend gesichert bezeichnen, wie das nach der Quellenlage zur Zeit nur immer möglich ist."[179]

In dem Beitrag Mommsens fand sich nun auch überraschend oft der Verweis auf die bis heute von anderen Wissenschaftlern nicht überprüfbare, geradezu mythische Quelle „Archiv Tobias", was auf persönliche Kontakte zwischen dem Autor und Tobias schließen ließ.[180] Eine Fußnote zur Einleitung seines Beitrags bestätigte diese Vermutung: „Ich verdanke Reg.-Dir. Tobias zahlreiche Stücke aus seinem Archiv und eine

Fülle von Hinweisen und Ratschlägen [!] sowie die Bereitschaft zu jedweder Unterstützung. Die Form seiner Darstellung hat es den Kritikern leichtgemacht, zu behaupten, seine Arbeitsweise lasse die nötige Exaktheit vermissen. Derartige Kritik ist besonders von Oberstudienrat Hans Schneider geübt worden. [...] Ich kann mich – bei Anerkenntnis einer Reihe von durchweg unwesentlichen Zitier- und Übersetzungsfehlern bei Tobias – nicht der mir unbegreiflichen Ansicht Schneiders anschließen, Tobias habe eine ‚objektive Verfälschung des Tatbestandes' vorgenommen. Es bleibt abzuwarten, ob Schneider seine mir im Manuskript bekannte Gegendarstellung herausbringt. Ich verdanke ihm ebenfalls wertvolle Hinweise."[181] Die genannte (heute nicht vorliegende) „Gegendarstellung" Schneiders wurde nie veröffentlicht; Vorarbeiten zum Mundtotmachen Schneiders hatte Mommsen ja bereits im IfZ geleistet. Überraschend war allerdings Mommsens völlige Verleugnung seiner eigenen massiven Vorwürfe gegen Tobias, die er noch 1962 in der „Stuttgarter Zeitung" veröffentlicht hatte. Ebenfalls konträr dazu bekannte Mommsen in einer letzten Fußnote zur Einleitung seines Beitrags von 1964: „Die folgende Untersuchung stützt sich auf die detaillierte Untersuchung von Tobias, die anhand des zurzeit bekannten Materials überprüft wurde und mit der ich bis auf kleine Abweichungen übereinstimme."[182] Bei einer Fernsehdiskussion erinnerte sich 1986 der alkoholisiert wirkende[183] Mommsen sehr aufschlußreich: „Tobias hat [...] in mancher Hinsicht sehr viel besser gearbeitet, als wir damals, die wir im Institut für Zeitgeschichte professionell das machten. Nun haben wir den Reichstagsbrand für eine Nebensache gehalten. Ich hab' das Buch [von Tobias] gelesen, und dann wurde mir deutlich, daß ich das ernst zu nehmen hatte. Und dann habe ich Herrn Tobias etwas später, nachdem die Rezeption noch ein klein bißchen nachgebogen [!] war...[184] Ich stand ja da sehr allein im Blätterwald, es haben ja eigentlich fast alle irgendwie sich für sachkundig haltenden wilde Attacken gegen Tobias geschrieben. Als ich dann Tobias besuchte und er mir sein Material zeigte, war ich nun endgültig überzeugt, daß die Sache ernsthaft zu prüfen ist und hab' die Angelegenheit dann auch selber wissenschaftlich bearbeitet und bin [...] der Auffassung [...] gewesen [...], daß alle Plausibilitätsgesichtspunkte, die ein Historiker vorbringen kann, eindeutig dafür sprechen, daß die Alleintäterschaft [van der Lubbes] vorliegt. Es gibt überhaupt keinen ernsthaften Grund, das zu bezweifeln".[185] Nach Kenntnis dieser Hintergründe erübrigt es sich wohl, auf Details des ganz offensichtlich tendenziösen „Gutachtens" von Mommsen wei-

ter einzugehen. Einzig die Frage nach der Motivation für dessen Selbst-
verleugnung steht bis heute im Raum. Um es noch einmal zu wiederholen: Nachprüfbar sachliche Gründe können dafür nicht ausschlaggebend gewesen sein!

Anzumerken ist noch, daß Mommsen sich mit seinem Beitrag (pseudo-
wissenschaftlich verbrämt) der revisionistischen Geschichtssicht seiner
(von ihm auch erwähnten) Vorläufer, des ehemaligen Gestapo-Mitar-
beiters Schnitzler und des Verfassungsschutz-Mitarbeiters Tobias anschloß, nach der „die in der Brandnacht beginnenden Aktionen nicht
das Ergebnis einer vorherigen Planung und geschickter Manipulation
einer geeigneten Lage waren, sondern Improvisation", wie der Mitherausgeber der „Vierteljahrshefte", Rothfels, es sehr prägnant in einer Einleitung zu dem Beitrag Mommsens zusammenfaßte. Demnach seien also
nur der bereits erwähnte „böse Zufall" und die darauf folgenden Im-
provisationen der Nazis schuld an der Katastrophe des „Dritten Reichs"
gewesen. Mommsen wurde damit bereits 1964 zu einem revisionistischen Vordenker für den sogenannten „Historikerstreit".[185a]

Nach Mommsens „wissenschaftlichem" Segen galt dann ab 1964 die
„Alleintäter"-Legende innerhalb der offiziellen bundesdeutschen Geschichtswissenschaft als so gut wie gesichert und fand selbst in Schul-
bücher Eingang.

Der „Glaubensstreit" als Fernsehdiskussion

Ungefähr 1965/66 gelangte auch der Hessische Rundfunk in den Besitz
der Kopie eines vollständigen Exemplars der Stenographischen Protokolle des Reichstagsbrandprozesses, die aus dem Besitz von Dr. Teichert
stammte, des Verteidigers der angeklagten bulgarischen Kommunisten
Dimitroff, Popoff und Taneff. Einzig auf der Basis dieses Materials wurde
für das Fernsehen eine szenische Dokumentation des Reichstagsbrandprozesses produziert (Gesamtleitung: Bernt Rhotert). Das 3 1/2 Stunden lange Werk gelangte 1967 in zwei Teilen in der ARD zur Aus-
strahlung. Wegen der aufgrund des benutzten Materials zwangsläufig
einseitigen Darstellung hagelte es aber bald beim Sender Proteste aus
dem In- und Ausland, auch vom luxemburgischen Außenminister Pierre Grégoire. In einer Art „Gentlemen's Agreement" verpflichtete sich
der Hessische Rundfunk daraufhin, die Sendung nicht zu wiederholen.[186] Weiterhin wurde einen Monat später von der ARD eine Fern-

sehdiskussion zum Thema Reichstagsbrand live ausgestrahlt. Teilnehmer der Gesprächsrunde waren Karl Dietrich Bracher, Edouard Calic, Eugen Kogon, Helmut Krausnick und Hans Mommsen.

Teil 2
Wiederaufgenommen: Der Reichstagsbrandprozess

Mittels eines rückwirkenden Gesetzes (Gesetz über Verhängung und Vollzug der Todesstrafe vom 29. März 1933) wurde Marinus van der Lubbe am 23. Dezember 1933 vom 4. Strafsenat des Leipziger Reichsgerichts zum Tode verurteilt und am 10. Januar 1934 mit einer Guillotine[187] in Leipzig enthauptet.

Am 29. September 1955 – 10 Jahre nach dem Untergang des „Dritten Reiches" – beantragte der Bruder des „offiziellen" Reichstagsbrandstifters, Johannes Markus (Jan) van der Lubbe, beim Landgericht Berlin die Aufhebung des Reichsgerichtsurteils vom 23. Dezember 1933 gemäß Gesetz vom 5. Januar 1951 (Wiedergutmachung nationalsozialistischen Unrechts). Vertreten wurde Jan van der Lubbe von dem bekannten Berliner Rechtsanwalt Arthur Brandt (vgl. Kapitel 7).

Nachdem das Landgericht diesen Antrag am 3. Mai 1958 als unzulässig verworfen hatte, stellte der Bruder am 11. November 1965 einen erneuten Antrag auf Aufhebung. Am 21. April 1967 beschloß das Berliner Landgericht in der Aufhebungssache Marinus van der Lubbe nun, das Urteil vom 23. Dezember 1933 würde „im Schuldspruch dahin abgeändert, daß er der menschengefährdenden Brandstiftung (§ 306, Nummern 2 und 3 RStGB) oder der versuchten einfachen Brandstiftung schuldig ist. Die erkannte Todesstrafe wird auf eine Gesamtstrafe von acht Jahren Zuchthaus ermäßigt. Der Ausspruch des Verlusts der bürgerlichen Ehrenrechte kommt in Wegfall. Im übrigen wird der Aufhebungsantrag als unbegründet zurückgewiesen."[188] Die Verurteilung wegen Hochverrats und aufrührerischer Brandstiftung entfiel. Gegen dieses Urteil legten sowohl die Familie van der Lubbe als auch die Generalstaatsanwaltschaft beim Kammergericht Berlin Beschwerde ein. Namens des Antragstellers Johannes Marcus van der Lubbe stellte Arthur Brandt mit Beschwerdeschreiben vom 24. Mai 1967 den Antrag, „die erkannte Todesstrafe ersatzlos aufzuheben".

Wie die Beschwerde der Generalstaatsanwaltschaft wurde auch die Beschwerde Jan van der Lubbes vom 1. Strafsenat des Kammergerichts Berlin am 17. Mai 1968 verworfen. Nach Ansicht des Kammergerichts entfiele „jeder darauf gegründete Verdacht, daß die tatsächlichen Feststellungen im Urteil des Reichsgerichts vom 23. Dezember 1933 aus politischen Gründen unter Verletzung rechsstaatlicher Grundsätze getroffen worden sind".[189]

Nach einem erneuten Wiederaufnahmeantrag des Bruders vom 11. Februar 1980 durch den ehemaligen Mitankläger bei den Nürnberger Prozessen, Robert M. W. Kempner, wurde van der Lubbe dann allerdings am 15. Dezember 1980 von der 10. Strafkammer des Landgerichts Berlin freigesprochen:

„Der zulässige Wiederaufnahmeantrag ist begründet. Das durch den Beschluß des Landgerichts Berlin vom 21. April 1967 bereits abgeänderte Urteil des vierten Strafsenats des Reichsgerichts vom 23. Dezember 1933 wird unter Freisprechung des Marinus van der Lubbe aufgehoben", da das Urteil den nun geltenden Maßstäben von Rechtstaatlichkeit nicht standhalte.[190]

Am 13. Februar 1981 legte die Staatsanwaltschaft am Landgericht Berlin gegen dieses Urteil Beschwerde ein, welcher der 4. Strafsenat des Kammergerichts Berlin am 21. April 1981 folgte: „Der Antrag des Johannes Marcus van der Lubbe [vom 11. Februar 1980] auf Wiederaufnahme des durch Urteil des Reichsgerichts vom 23. Dezember 1933 rechtskräftig abgeschlossenen Verfahrens gegen seinen Bruder Marinus van der Lubbe wird als unzulässig verworfen."[191] Eine Prüfung der von Robert M. W. Kempner angebotenen Zeugenaussagen und Dokumentationen hatte das Kammergericht zuvor abgelehnt.

Eine Beschwerde Kempners vom 23. April 1981[192] gegen den Beschluß des Kammergerichts verwarf der Bundesgerichtshof (BGH) am 10. Juli 1981 auf Kosten des Antragstellers „als unzulässig".[193] Am 20. Dezember 1982 verwarf der 4. Strafsenat des Kammergerichts Berlin auch einen Antrag Johannes Markus van der Lubbes vom 25. Mai 1982 auf Wiederaufnahme des Verfahrens als unzulässig.[194] Gegen diesen Beschuß legte van der Lubbe durch Kempner am 7. Januar 1983 beim BGH Beschwerde ein, die der 3. Strafsenat des BGH am 2. Mai 1983 verwarf. Infolge der Schuldspruchänderung vom 21. April 1967 bestehe „keine Rechtsbeugung der Richter des Reichsgerichts mehr". „Aus dem Urteil vom 23. Dezember 1933 ergibt sich auch, daß das Reichsgericht – trotz deutlicher politischer Färbung einiger Urteilsstellen – durchaus der Frage nachgegangen ist, ob die Nationalsozialisten den Reichstag in Brand gesteckt haben (U[rteils-]A[ufhebung] S. 35f. und S. 73). Es hat aufgrund von Zeugenaussagen insbesondere ausgeschlossen, daß SA-Stoßtrupps zum Zwecke der Brandlegung von der Dienstwohnung des Reichstagspräsidenten durch den unterirdischen Gang vom Kesselhaus in das Reichstagsgebäude und wieder zurückgelangt seien[194a] (UA S. 36). Dafür, daß es dies entgegen seiner zum Ausdruck gebrachten richterlichen Überzeugung getan hätte, ist schon im Hinblick auf den Freispruch der kommunistischen Mitangeklagten Dimitroff, Popoff und Taneff nichts ersichtlich."[195]

Auch eine neue Beschwerde Kempners bei der 2. Strafkammer des Landgerichts Berlin vom 17. Oktober 1983 gegen den Beschluß des Landgerichts Berlin vom 21. April 1967 wurde von den Gerichten zurückgewiesen.[196] Bis heute gilt also das Urteil des Landgerichts Berlin vom 21. April 1967, nach dem van der Lubbe der menschengefährdenden Brandstiftung (der Reichstag war am 27. Februar 1933 um 21 Uhr menschenleer!) oder der versuchten einfachen Brandstiftung schuldig sei und dafür postum zu 8 Jahren Zuchthaus verurteilt wurde.[197]

Die Begründung der letztinstanzlichen Bestätigung dieses Urteils durch den BGH ist in einigen Punkten bemerkenswert. Einerseits bescheinigte der BGH dem Reichsgericht bezüglich des Urteils vom 23. Dezember 1933 Rechtsbeugung (die aber durch die nachträgliche Änderung des Schuldspruchs durch ein bundesdeutsches Gericht aufgehoben sei). Andererseits läßt sich nicht nachvollziehen, warum sich der BGH auf die (subjektivistische) Betrachtungsweise zurückzog, die Richter des Reichsgerichts hätten nicht gegen ihre „richterliche Überzeugung" geurteilt. Das Problem des nachweislich nicht rechtsstaatlichen Verfahrens sowohl in der Voruntersuchung als auch in der Hauptverhandlung wurde damit ausgeklammert. Die Fakten dazu waren aber 1983 (unter anderem durch die Dokumention von Hofer et al.) bereits bekannt. Kempner schrieb 1984: „Waren auch irrationale Gründe für die richterlichen und staatsanwaltschaftlichen Entscheidungen maßgebend? Wollte man nach fünfzig Jahren noch immer nicht die Schuld des nationalsozialistischen Regimes an dem Reichstagsbrand offen erkennen? Wollte man die Reinheit der seinerzeitigen Richter des 4. Strafsenats des Reichsgerichts nicht ‚beschmutzen', obwohl sie, objektiv betrachtet, als rechtsbeugende Verbrecher anzusehen sind, die van der Lubbe hinrichten ließen? Will man nicht zugeben, daß das Urteil vom 23. Dezember 1933 einer der ersten Vorläufer der Terrorurteile des sogenannten Volksgerichtshofes war?"[197a]

Die bundesdeutsche Justiz muß sich wohl diese Fragen gefallen lassen.

TEIL 2
DAS „LUXEMBURGER KOMITEE" UND DIE REAKTION: EINE RUFMORD-KAMPAGNE

Das „Internationale Komitee Luxemburg" (IKL)

Am 18. Januar 1968 wurde unter dem Patronat des luxemburgischen Außenministers Pierre Grégoire, des französischen Kulturministers André Malraux sowie des deutschen Außenministers Willy Brandt das „Europäische Komitee für die wissenschaftliche Erforschung der Gewaltherrschaft 1933-1945" (später: „Internationales Komitee für die Erforschung der Ursachen und Folgen des Zweiten Weltkriegs") gegründet. Generalsekretär wurde Eduard Calic.[198] Erste wissenschaftliche Mitarbeiter waren die Professoren Golo Mann, Henri Michel und Eugen Kogon. Das Komitee wollte folgenden (noch heute verbreiteten) revisionistischen Thesen entgegentreten:
1. Es gab kein nationalsozialistisches Programm für die Einführung des Totalitarismus und die Vorbereitung und Entfesselung des Krieges.
2. Die Verhältnisse in den Konzentrationslagern und der Völkermord waren das Ergebnis des dem Dritten Reich aufgezwungenen Krieges, und die Schilderungen des Terrors und des Genozids sind im großen und ganzen übertrieben.
3. Die militärische Niederlage war das Ergebnis politischen Verrats.
Eine eigens zur Untersuchung des Reichstagsbrandes und seiner Folgen ins Leben gerufene interdisziplinäre Kommission von Historikern, Thermodynamikern und Kriminologen stand unter der Leitung des Schweizer Historikers Prof. Walther Hofer[199] und seines Berliner Kollegen Friedrich Zipfel[200]. Vom 28. bis 30. April 1969 fand ein erstes „Symposium über nationalsozialistische Maßnahmen zur Täuschung des deutschen Volkes und der Weltöffentlichkeit" in Luxemburg statt.
1972 publizierte das Internationale Komitee Luxemburg (IKL) in den Verlagen K. G. Saur (München-New York-London-Paris) und arani (Berlin) den ersten Band des Werkes „Der Reichstagsbrand. Eine wissenschaftliche Dokumentation", herausgegeben von Walther Hofer, Edouard Calic, Karl Stephan und Friedrich Zipfel. Wissenschaftliche Mitarbeiter waren Christoph Graf, Hans Hinrichsen, Hans-Peter Jaeger und Clemens Vinzenz. Der zweite Band folgte 1978, herausgegeben von Walther Hofer, Edouard Calic, Christoph Graf und Friedrich Zipfel, mit

Sachverständigen-Äußerungen von Karl Stephan (seinerzeit Direktor des Instituts für Thermodynamik der TU Berlin) und Heinz Leferenz (seinerzeit Professor für Kriminologie an der Universität Heidelberg).[201] Darin werteten die Autoren, unter ihnen auch der heutige Direktor des Schweizerischen Bundesarchivs, Christoph Graf, erstmals[202] die vollständigen Stenographischen Protokolle des Leipziger Prozesses aus und trugen viele neue Indizien zusammen. Das Ergebnis der Untersuchungen ließ kaum Zweifel daran, daß die Nationalsozialisten selbst den Reichstag in Brand gesteckt hatten. Der angebliche Alleintäter Marinus van der Lubbe sei ein von den Nationalsozialisten benutztes blindes Werkzeug gewesen, ein naiver und wirrer Idealist, der Provokateuren in die Falle gegangen sei. Das umfangreiche, teilweise auch neue Quellenmaterial wies zwar eindeutig auf eine NS-Täterschaft hin, reichte aber für den endgültigen Beweis nicht aus, daß die Nationalsozialisten den Reichstag in Brand gesetzt hatten. Es gelang dem Komitee auch nicht, das Dickicht zu durchdringen, welches sich über Jahrzehnte durch die Fälschungen der Nazis, der kommunistischen Münzenberg-Presse sowie in der Nachkriegszeit durch die Falschaussagen geltungssüchtiger Pseudo-Zeugen und die Erinnerungstäuschungen tatsächlicher Zeitzeugen gebildet hatte, die nicht immer kritisch genug hinterfragt wurden. (Hierbei muß aber auch in Betracht gezogen werden, daß seinerzeit die originalen Akten der Reichstagsbrandkommission nicht vorlagen.) Durch die Behauptung, anhand der neu gefundenen Sekundärquellen den Reichstagsbrand endgültig aufgeklärt zu haben, lieferte man den Anhängern der Alleintäter-Legende viele Angriffsflächen, die diese selbstverständlich genüßlich ausschlachteten. Im Anhang zu Band 2 der Hofer-Dokumentation wurden sieben neue Dokumente veröffentlicht, ausnahmslos Sekundärquellen, die hier im einzelnen aufgeführt werden, weil sie von Tobias und seinen Anhängern pauschal als Fälschungen bezeichnet wurden.

Es handelte sich dabei um (1.) einen Bericht von Dr. Hans von Kessel („Tatsachenbericht") vom 12. September 1969, (2.) einen „zeitgenössischen" Bericht Hans von Kessels, der aus dem Nachlaß von Richard Breiting stammte („K-Aufzeichnungen"), (3.) eine Gesprächsaufzeichnung Hugenberg-Breiting vom 10. Mai 1933, ebenfalls aus dem Nachlaß von Richard Breiting, (4.) Briefe Breitings von 1934 aus dessen Nachlaß, (5.) eine Erklärung Paul Löbes vom 21. Februar 1963, (6.) eine Erklärung Gottfried Reinhold Treviranus' vom 15. Mai 1971 und (7.) eine Erklärung von Helmut Stange vom 9. Juli 1969.

Die aus der NS-Zeit stammenden sogenannten „K-Aufzeichnungen" (2.), die Gesprächsaufzeichnung Hugenberg-Breiting vom 10. Mai 1933 (3.) sowie drei Briefe Breitungs von 1934 (4.) wurden 1987 nebst Vergleichsmaterial durch Prof. Hofer und den damaligen stellvertretenden Leiter des Schweizerischen Bundesarchivs, Dr. Graf, dem Urkundenlabor der Kantonspolizei Zürich zur Begutachtung bezüglich ihrer Authentizität vorgelegt. Das Gutachten faßte zusammen: „Es liegen keine Indizien vor, die die Authentizität der vorhandenen Originalschriften sowie der den Kopien zugrunde liegenden Originale in Frage stellen."[203] 1988 folgte (durch dasselbe Labor) eine Überprüfung des „Tatsachenberichts" Hans von Kessels vom 12. September 1969 (1.) mit dem Ergebnis: „Es ergeben sich keine Zweifel an der Identität der inkriminierten Texteinträge und der zwei Unterschriften ‚Dr. Hans von Kessel' mit dem Vergleichsmaterial von Hans von Kessel." [204]

Daß die Breiting-Dokumente tatsächlich von den Erben übergeben und nicht von Calic oder Hofer „gefälscht" wurden, ergibt sich auch aus den seit 1990 zugänglichen Dokumenten in den Akten der Gauck-Behörde zur Überwachung des Briefwechsels zwischen Walther Hofer und der Tochter Breitings durch das DDR-Ministerium für Staatssicherheit.[205]

Von Fälschungen kann also keine Rede sein. Trotzdem sind aber selbst aus der NS-Zeit stammende Sekundärquellen nur von sehr begrenzter Aussagekraft. (Beispielsweise kann man auch das „Oberfohren-Memorandum", ebenfalls eine Sekundärquelle, nicht ohne weiteres als Fälschung bezeichnen. Ist es authentisch, so muß davon ausgegangen werden, daß Oberfohren nicht nur aus eigenem Wissen über die Details und Hintergründe der Reichstagsbrandstiftung berichtete, sondern auch – teilweise falsch – nach dem Hörensagen.) Wie auch viele andere Sekundärquellen fanden die eben genannten Dokumente als Quellen für das vorliegende Buch keine oder nur marginale Verwendung, weil sich die Autoren infolge der zwischenzeitlich (seit 1990 durch die Öffnung der Archive der ehemaligen DDR) extrem verbesserten Quellenlage überwiegend auf originales zeitgenössisches Aktenmaterial stützen konnten.

Das Luxemburger Komitee veranstaltete etliche Symposien zur Diskussion über die NS-Diktatur unter Berücksichtigung des Themas Reichstagsbrand, so im April 1969 in Luxemburg, im Mai 1970 in West-Berlin, im September 1970 in Zagreb, 1975 erneut in Jugoslawien sowie 1979 und im Januar 1983 in Paris. An diesen Veranstaltungen nahmen keineswegs nur Mitglieder des IKL, sondern auch andere renommierte Historiker teil. Weiterhin wurden vom IKL in Oberhausen im April 1973, im Juli 1974 und 1979 Ausstellungen (ebenfalls nicht nur zum Reichstagsbrand) organisiert, die danach als Wanderausstellungen in verschiedenen Städten der Bundesrepublik gezeigt wurden.

Das Hofer-Team präsentierte auch ein Gutachten des Instituts für Thermodynamik an der TU Berlin.[206] Darin kam Prof. Karl Stephan, heute Professor für Thermodynamik an der Universität Stuttgart, übereinstimmend mit dem Urteil des Reichsgerichts zu dem eindeutigen Schluß, daß Marinus van der Lubbe in der ihm zur Verfügung stehenden kurzen Zeit und mit den von ihm benutzten, untauglichen Mitteln (Kohlenanzünder) den Brand unmöglich allein verursacht haben konnte.

Ein dubioser „Brandexperte"

Dem Gutachen der TU Berlin widersprach 1975, wiederum in den „Vierteljahrsheften für Zeitgeschichte" (der inzwischen habilitierte Mommsen war seit 1969 Mitherausgeber), ein der Öffentlichkeit bis dahin unbekannter Alfred Berndt mit einem Beitrag „Zur Entstehung des Reichstagsbrandes. Eine Untersuchung über den Zeitablauf".[207] Die VfZ stellten den Autor verschämt folgendermaßen vor: „Dr. med. Alfred Berndt, Ing. grad., ehem. Lehrgruppenleiter an der Katastrophenschutzschule des Bundes".[208] Im Hintergrund stand jedoch wieder Fritz Tobias, wie ein Brief von ihm an den ehemaligen (1957-1968) Chef der Berliner Feuerwehr, Landesbranddirektor Dr. Kaufhold, vom 24. August 1974 beweist: „Dr. Berndt bemüht sich z. Zt., seine Analyse zur Veröffentlichung anzubringen. Ich versuche, ihm dabei zu helfen. Hoffentlich klappt es."[209]

Der am 18. Januar 1907 geborene Berndt war nun allerdings kein Brandexperte, sondern auch nur Amateur. Von Juli 1935 bis Februar 1936 arbeitete er als Ingenieur bei der Deutschen Versuchsanstalt für Luftfahrt in Berlin, dann bis Kriegsende in Görings Reichsluftfahrtministerium. Am 1. Oktober 1940 wurde er in die NSDAP aufgenommen (Nr. 8184258).[210] Eine Notiz der Polizeiinspektion Berlin-Tiergarten vom 7. Januar 1947 besagt: „Berndt [...] war im Luftfahrtministerium als Techniker angestellt. Er war ein großer Fanatiker, welcher bei jeder Gelegenheit versuchte, andere Personen vom Nationalsozialismus zu überzeugen.“[211] Nach Kriegsende schlug sich Berndt dann mit verschiedenen Jobs durch, bis er 1962 im Fach Medizin promovierte und als Medizinalassistent tätig war.[212]

Wie die „Vierteljahrshefte für Zeitgeschichte“ an einen solchen Autor geraten konnten, bleibt bis heute nicht nachvollziehbar. Das Ergebnis der „Analyse“ Berndts entsprach jedenfalls seiner Qualifikation: Van der Lubbe „muß spätestens um 20.59 Uhr eingestiegen sein“[213] (recte: um 21.08 Uhr). Die „Brandlegung im Plenarsaal [habe] um 21.08 Uhr begonnen und war um 21.10 Uhr beendet“[214] (wann die Brandlegung im Plenarsaal stattfand, ließ sich bis heute nicht genau feststellen. Nach Göring sei die Brandstiftung „mindestens eine Stunde vorher sorgfältig vorbereitet worden“, also ab ca. 20 Uhr[215]). Die Brandbekämpfung im Plenarsaal durch die Feuerwehr habe erst um 21.31 Uhr begonnen[216] (recte: um 21.27 Uhr; unmittelbar darauf stürzte die Decke ein!). Für die Brandentwicklung im Plenarsaal habe somit eine Zeit von 22 Minuten zur Verfügung gestanden, ausreichend zur Erhitzung des Raumes auf Zündtemperatur. Die Möglichkeit, daß diesen Brand ein Einzelner mit einfachen Mitteln gelegt habe, sei also durchaus gegeben. Berndt stellte sämtliche nachweisbaren Fakten auf den Kopf und widersprach sowohl allen Zeugenaussagen als auch dem Urteil der tatsächlichen Brandexperten (siehe dazu die Kapitel 2 und 5, Teil 1). Er äußerte schließlich am Ende seines Beitrags die Überzeugung: „So gewinnt doch die These von der Alleintäterschaft van der Lubbes noch mehr Wahrscheinlichkeit als sie bisher schon aufgrund anderer Argumente [wohl von Tobias und Mommsen] beanspruchen durfte.“[217] Berndts Beitrag muß dementspechend als Meinungsäußerung ohne faktischen Wert eingestuft werden.

Der „Spiegel“ triumphierte trotzdem: „Das letzte Rätsel des Reichstagsbrandes von 1933 ist gelöst: Ein einzelner Täter hatte doch Zeit genug, den Brand allein zu legen“, verkündete das Blatt prompt nach Erscheinen des Aufsatzes. Sowohl die „Vierteljahrshefte“ als auch der „Spiegel“ weigerten sich in der Folge, Erwiderungen von Prof. Stephan abzudrucken, nicht einmal als Leserbrief. Die Redaktion der „Vierteljahrshefte“ (als Mitherausgeber wird bis heute Mommsen aufgeführt) blieb sich in den darauffolgenden Jahren auch insofern treu, als sie durchgängig die Veröffentlichung aller ihr von verschiedener Seite angebotenen Beiträge zum Thema Reichstagbrand ablehnte, in denen die These der Alleintäterschaft Marinus van der Lubbes in Frage gestellt oder gar zu widerlegen versucht wurde.

Ein neues Haßobjekt

Ende der 60er Jahre avancierte Edouard Calic (in der Nachfolge von Gisevius) zum Hauptfeind von Tobias, der dazu 1972 erklärte: „Dann tauchte Ende 1966[218] ein neuer und höchst betriebsamer Verfechter der überholten kommunistischen Zwecklügen auf: der Italo-Jugoslawe Chialich alias Calic, der in zahllosen Zeitungsartikeln mit stets wechselndem Inhalt – aber stets gleichbleibender Tendenz – immer wieder behauptete, ‚die Nazis‘ als die wahren Brandstifter festgestellt zu haben. Anstatt hierfür die sachlichen Beweise vorzulegen, diffamierte er mich nach bekanntem kommunistischen Muster in übelster Weise persönlich."[219] Anhand des Falls Tobias versus Calic soll exemplarisch dargestellt werden, wie Tobias & Co. nach der ebenfalls schon skrupellosen Kaltstellung von Gisevius mit ihren Kontrahenten umgingen.

Ähnlich wie schon zuvor gegen Gisevius, blies Augsteins „Spiegel" am 27. Oktober 1969 (anläßlich einer Pressekonferenz des Luxemburger Komitees, die am 17. Oktober 1969 in Paris stattgefunden hatte[220]) in treuer Verbundenheit mit Tobias und dessen Alleintäter-Legende erneut zum Halali, diesmal gegen Calic[221]: „Tobias fiel es nicht schwer, den Nachweis zu führen, daß nahezu sämtliche Indizien für die NS-Schuld am Reichstagsbrand auf die Fälschungen der Braunbuch-Autoren zurückgingen. [...] Die Fachhistoriker reagierten mißgelaunt, wie so oft, wenn besessene Amateure den Profis Fehler vorrechnen.[222] [...] Die Gegner verschlossen sich jedem Argument. Sie luden ihren Herausforderer zu keinem Symposion ein, sie beantworteten seine Briefe nicht. Ein Tobias-Gegner weiß: ‚Ein Professor hat sich geweigert, sich mit Tobias an einen Tisch zu setzen, weil er ein Fälscher ist.‘ Die Kontrahenten warteten, bis sich ihnen 1966 ein Mann anbot, der temperamentvoll und bedenkenlos genug war, die Kampagne gegen den Ministerialrat in Hannover zu eröffnen. Der kroatisch-französische Journalist Edouard Calic, ein Mann ungeklärter Vergangenheit und Doktorwürden[223], durfte sich des Wohlwollens bedeutender Gelehrter sicher sein. Calic zeigt noch heute einen Brief Golo Manns vom 11. Januar 1969 herum, in dem es heißt: ‚Tobias ist ein Schuft, der schon längst überführt werden sollte.‘" Es folgten nun spärliche, tendenziöse Angaben zur Biographie Calics, die von Tobias und seinen Jüngern jedoch in den nächsten 17 Jahren bis 1986 angereichert und zu einer beispiellosen persönlichen Diffamierungskampagne gegen den später nur noch als „Fälscher" bezeichneten Calic benutzt werden sollten.

Zeitgleich flankiert wurde der „Spiegel"-Beitrag am 31. Oktober 1969 von einem 1 1/2 seitigen Beitrag „Reichstagsbrandstifter van der Lubbe mal wieder ‚unschuldig'. Willy Brandt als Initiator eines seltsamen ‚europäischen Komitees'" in der „Nationalzeitung", illustriert mit demselben Foto von Tobias wie im „Spiegel".[224] Erstaunlicherweise fühlte sich das rechtsextreme Blatt plötzlich einem „alten Sozialdemokraten" verbunden und gab dessen Theorie, „daß van der Lubbe tatsächlich ganz allein das Feuer im Reichstag gelegt hat", ausführlich und zustimmend wieder. Calic wurde in dem Beitrag nur kurz und unzutreffend als „Sprecher" des Luxemburger Komitees erwähnt; die latent ausländerfeindliche Tendenz gegenüber dem (recte:) Generalsekretär überließ man diesmal liberal und exklusiv dem „Spiegel".

Melitta Wiedemann als Medium von Tobias

Anfang 1968 hatte der Verfassungsschutzbeamte Tobias eine neue Verbündete gefunden[225], die am 2. April 1900 in St. Petersburg geborene, bereits fast 68jährige Melitta Wiedemann[226], in der NS-Zeit enge Mitarbeiterin Eberhardt Tauberts, Leiter der „Anti-Komintern" und Verfasser des Drehbuchs zu dem berüchtigtsten NS-Propagandafilm „Der ewige Jude" (zu Taubert siehe Kapitel 9). Seit 1939 war sie Hauptschriftleiterin von dessen Zeitschrift „Die Aktion. Kampfblatt gegen Plutokratie und Völkerverhetzung"[227], einer Fortsetzung des Kampfblattes „Contra-Komintern".[228] Frau Wiedemann vertrat darin die Rassenlehre der Nazis und propagierte den Antisemitismus. 1943/44 wandte sie sich mehrfach mit Vorschlägen zur Ost- und Bevölkerungspolitik an Himmler persönlich und wurde schließlich am 17. November 1944 wegen Einmischung in die deutsche Ostpolitik vorübergehend in Haft genommen.[229]

Ausgerechnet diese ideologisch stark vorbelastete, in Sachen Reichstagsbrand allerdings völlig unbedarfte Dame stritt nun plötzlich und ziemlich grob für die Mission von Tobias, der ihr dabei, wie es sich für einen Kavalier geziemt, stark unter die Arme griff. Etliche der heute noch vorliegenden Schreiben von Frau Wiedemann, die zwischen 1971 und 1977 entstanden, wiesen nicht nur die sehr detaillierten Inhalte sowie den Stil von Fritz Tobias auf, sondern wurden offensichtlich auch auf dessen Schreibmaschine getippt.[230] (Ein Sachverständigengutachten könnte dies eindeutig klären.) Der Verdacht liegt nahe, daß Frau Wiedemann ihrem neuen Mentor Tobias lediglich das Papier mit ihrem Briefkopf zur Verfügung stellte und Briefe unterschrieb, die sie nicht selbst verfaßt hatte, mit denen sie aber ganz sicher inhaltlich aus ihrer Tradition heraus einverstanden war. Als Motiv für die Handlungsweise von Tobias kann man nur vermuten, daß dieser sich als hoher Verfassungsschutzbeamter oder gar Leiter des niedersächsischen Verfassungsschutzes persönlich nicht zu sehr exponieren wollte. Bereits 1968 hatte Calic (erfolglos) eine Strafanzeige gegen Tobias erstattet. Am 10. Juni 1969 wandte sich der französische Parlamentspräsident Pierre Grégoire mit einer Beschwerde an den Dienstherrn von Tobias, den niedersächsischen Innenminister Richard Lehners. Am 2. Juni 1971 folgte ein Beschwerdeschreiben von Walther Hofer[231] mit der Aufforderung, „gegen den in Ihrem Ministerium tätigen Ministerialrat Fritz Tobias wegen verfassungswidrigen Verhaltens [...] amtlich vorzugehen. [...] Fritz Tobias hat nachweislich seine Position im Innenministerium und im Verfassungsschutz für seine ‚Untersuchungen' mißbraucht. [...] Wissenschaftler und Zeugen hat er mit ultimativen Forderungen, durch Interventionen hinter den Kulissen und sogar mit Prozeßdrohungen einzuschüchtern versucht. [...] Da Herr Tobias sich stets auf seine Position beruft und als Ministerialrat auftritt, verstößt er, nach Ansicht unseres Rechtsberaters, schon damit gegen den Grundsatz der Integrität, an den sich ein Beamter eines Innenministeriums unter allen Umständen zu halten hat. Herr Tobias weiß sehr wohl, daß er auf diese Weise Zeugen sehr leicht beeinflussen kann; denn diese müssen ja von der Behörde, in deren Namen Tobias auftritt [dem Verfassungsschutz], alle möglichen Unannehmlichkeiten befürchten." Am 29. Juli 1971 antwortete Lehners: „Ich empfehle Ihnen [...] in Ihrem eigenen Interesse, Ihre Behauptungen zum Nachteil des Herrn Ministerialrats Tobias zu unterlassen, solange Sie den Beweis für deren Richtigkeit nicht führen können. Abschließend erlaube ich mir allerdings den Hinweis, daß die Aufklärung strafbarer Handlungen und die dazu erforderliche Beweiserhebung in erster Linie Sache der ordentlichen Gerichte und nicht des Dienstvorgesetzten ist. Ich werde mich erst in der Lage sehen, angeblichen dienstlichen Verfehlungen des Ministerialrats Tobias mit Mitteln der Disziplinaraufsicht nachzugehen, wenn sie entweder offenkundig sind [!] oder wenn gerichtliche Erkenntnisse Anlaß dazu bieten."[232] Frau Wiedemann trat erstmals am 21. Mai 1971 mit einer Anfrage an die Ost-Berliner Humboldt-Universität bezüglich der Rechtmäßigkeit der Promotion von Edouard Calic in Aktion. Die Humboldt-Universität antwortete am 22. Juni 1971: „Wir konnten [...] lediglich ermitteln, daß Eduard Calic [...] unter der Hochschulnummer 12/A2253 vom 29. 1. 1940 bis zum 15. 7. 1941 in der philosophischen Fakultät der Universität Berlin immatrikuliert war." Seine Promotion habe man im Archiv nicht feststellen können.[233]

Im September 1972 präsentierte der „Spiegel" die „Hitlertext-Analytiker" und „Geschichtsdetektive" Prof. Dr. Hans Mommsen und Fritz Tobias (ohne Abitur) nebst Fotos als Wissenschaftler-Duo[234]: „Die Kritik der beiden Forscher richtet sich gegen den kroatisch-französischen Publizisten Dr. Edouard Calic, der in seinem Buch ‚Ohne Maske' [...] das Stenogramm zweier Hitler-Interviews [aus dem Nachlaß Richard Breitings, des Chefredakteurs der ‚Leipziger Neuesten Nachrichten'] veröffentlicht hatte, die bis dahin völlig unbekannt waren." Aufgrund von Ungereimtheiten im Text, der 1931 entstanden sein soll, kam der „Spiegel" zu der Auffassung, „daß die Niederschrift etwa Ende 1933 entstanden ist. Sie zirkulierte bereits 1934 in Kreisen bürgerlicher NS-Gegner". Calic habe vor der Herausgabe „den Breiting-Text nicht gründlich geprüft", dieser sei „nicht authentisch". Ihm wurde jedenfalls (noch) nicht der Vorwurf einer Fälschung gemacht. Der „Spiegel" validierte seinen Beitrag durch einen Verweis auf den englischen Historiker Hugh Trevor-Roper, der bereits am 7. März 1971 in der „Sunday Times" Zweifel an der Authentizität der Texte angemeldet hatte, allerdings wohl nach Hinweis von Mommsen/Tobias, denn es hieß im „Spiegel": „Ein britischer Historiker bestärkte deutsche Kollegen in einem Verdacht" und „Zwei deutsche Geschichtsdetektive haben entdeckt". Der „Spiegel" erklärte allerdings auch die Motivation des Duos Mommsen/Tobias: „Mit Edouard Calic sind sie zerstritten, seit der Publizist mit fragwürdigen Methoden versucht, im Streit um den Reichstagsbrand von 1933 die Thesen Mommsens und Tobias' als Rechtfertigung der Nazis abzuqualifizieren."

Am 8. Februar 1976 entstand unter dem Namen von Melitta Wiedemann ein 21 Seiten langes Schreiben[235] bezüglich Calics, das an den Berliner Senator für Wissenschaft und Kunst, den Präsidenten der Freien Universität Berlin sowie den Generalstaatsanwalt beim Berliner Landgericht ging, ein „Antrag auf ein Verfahren zwecks Entziehung seines ihm durch die Promotions-Ersatzbescheinigung [...] vom 30. 7. 1963 zuerkannten akademischen Grades ‚Doktor der Philosophie' einzuleiten" (S. 1). Die (dem Verfasser offenbar nicht vorliegende) Bestätigung der Humboldt-Universität vom 21. Mai 1963 bezüglich der Dissertation[236] von Calic sei eine Fälschung (S. 17). Calic sei „auf unredliche und strafbare Wiese zu seinem Doktortitel gelangt" (S. 21) und habe „seine Anerkennung als angebliches NS-Opfer ebenso wie seinen Doktortitel [...] durch Bluff und zahlreiche Unwahrheiten durchgesetzt und zu Unrecht seither ganz erhebliche Beträge kassiert" (S. 4). Weitere Vorwürfe lauteten dahingehend, daß Calic im KZ Privilegien genossen habe und eine Art „Ehrenhäftling" gewesen sei, daß er ungewöhnliche Methoden zur Ausschaltung von Gegnern anwenden würde und in seinem Buch „Ohne Maske" die Gespräche Hitler/Breiting „gefälscht" habe. In dem Schreiben hieß es auch: „Des weiteren nehme ich Bezug auf das Zeugnis des Ministerialrats Fritz Tobias [...], der zwangsläufig ein genauer Kenner Calics geworden ist" (S. 11).

Am 12. Oktober 1976 folgte bezüglich der Promotion von Calic unter dem Namen von Frau Wiedemann ein Schreiben an den Dekan der Freien Universität Berlin. Es ginge „um die Vermutung und notwendige Aufklärung einer kriminellen Handlung".[237] Am 25. November 1977 verlangte Frau Wiedemann von der FU eine Kopie der (bereits zuvor unter dem Namen Wiedemann als Fälschung bezeichneten) Auskunft der Humboldt-Universität vom 21. Mai 1963. Die FU lehnte am 30. November 1977 ab; die Unterlagen des Promotionsverfahrens unterlägen der Vertraulichkeit (Datenschutz).

Die unter dem Namen Melitta Wiedemann verfaßten Briefe hatten immerhin zur Folge, daß an der Freien Universität Berlin eine Untersuchung bezüglich der Promotion von Calic eingeleitet, aber nach kurzer Zeit eingestellt wurde, weil die vorgebrachten Anschuldigungen sich nicht bestätigen ließen.

Zwei „offene" Briefe – ein Autor?

Am 5. März 1977 ging an Prof. Walther Hofer im Namen von (der inzwischen fast 77jährigen) Melitta Wiedemann ein 26 Seiten langer „offener Brief"[238], in dem versucht wurde, diesen als wissenschaftlich und politisch suspekte Person herabzusetzen. Er würde „ideologischen Marxismus" vertreten. Kopien des Briefes wurden an Willy Brandt, verschiedene Bundestagsabgeordnete und Zeitungsredaktionen versandt. Nach Friedrich Zipfel war der Drahtzieher wiederum Tobias[239], augenscheinlich war er aber sogar der Verfasser.[240] Zu Anfang des Briefes hieß es: „Da Sie sich, verehrter Herr Prof. Hofer, noch in jüngster Zeit

mit Nachdruck öffentlich als Anti-Kommunist bekannt haben, wäre ich
Ihnen für Aufschluß darüber dankbar, ob Sie über ihren Generalsekretär
Edouard Calic, seinen politischen und finanziellen Hintergrund sich aus-
reichend informiert haben, bevor Sie sich aufs engste mit ihm verbun-
den haben." Weiter war von „kriminellen Aktivitäten" Calics die Rede.
Zu dessen Promotion und der bereits genannten Bescheinigung der
Humboldt-Universität vom 21. Mai 1963 hieß es nun wahrheitswidrig:
„Leider ist das Dokument – sei es im Original oder als Kopie – weder
in der Freien Universität, noch beim Senator für Kunst und Wissenschaft in Westberlin auffindbar. Es ist spurlos verschwunden."
Am 14. Juni 1978 richtete Tobias unter eigenem Namen einen 36 Seiten langen „offenen Brief" an Lew Besymenski[241], der zuvor in der Ost-
Berliner Wochenschrift „Horizont" eine 11teilige (bis auf die seinerzeit
für den Ostblock typischen Huldigungen an die jeweiligen kommunistischen Machthaber) erstaunlich sachliche Artikelserie zum Reichstagsbrand veröffentlicht hatte.[242] Tobias: „Überhaupt stellt Ihre Artikelserie ein widriges Gemisch von derart vielen Unwahrheiten und leider
auch vorsätzlichen Fälschungen dar" (S. 1). Es handele sich um eine „gi-
gantische Desinformations-Kampagne" (S. 3). Besymenski wolle mit
seiner Serie einem „bedrängten Kollegen, dem Generalsekretär des
berüchtigten ‚Luxemburger Komitees', einem gewissen Edouard Calic,
ein wenig in seiner Bedrängnis helfen", obwohl ihm bekannt sei, „daß
es sich um einen überführten Hochstapler handelt" (S. 1), nämlich den
„Fälscher Calic als des Deutschen nicht mächtiger Ausländer" (S. 4). Calics Buch „Ohne Maske" bezeichnete Tobias als „unglaublich dreist gefälscht" (S. 4). Weiter denunzierte Tobias „den durch gemeinsame Manipulationen der Wahrheit mit Ihrem Freund und Kollegen ‚Professor'
Calic eng verfilzten Schweizer Professor Hofer" (S. 2). Der „Offene
Brief" endete: „Alles, was da an ‚Beweisen' von Calic und seinen Ko-
mitee-Helfern kommt, ist entweder gefälscht, oder ‚ohne Gewähr!' Mit
heiterem Gruß! Trotz allem!"

Die „Zeit" im Griff

Am 2. April 1976 hatte der Journalist und studierte Historiker Dr. phil.
Karl-Heinz Janßen (geboren 1930, seit 1963 Redaktionsmitglied) für
die „Zeit" in einem Beitrag „Gemurmel im Saal" über die Kontroverse zum Reichstagsbrand berichtet, noch ohne für die These von Tobias

Partei zu ergreifen. Am 7. Mai 1976 druckte die „Zeit" dazu einen Leserbrief namens der 76jährigen Melitta Wiedemann ab, die sich mit folgenden Worten (wohl erstmals seit 1945 wieder) in der Öffentlichkeit und unerwartet als Spezialistin für den Reichstagsbrand meldete: „Mit unübertrefflicher Akribie bewies der Sohn eines Sozialdemokraten [Tobias], daß der Idealist van der Lubbe den Reichstag allein angezündet hatte. [...] Inzwischen hat denn auch der Großteil der Historiker in der Bundesrepublik und im Ausland die Ergebnisse von Tobias als zutreffend erkannt. Seine Gegner sind auch nicht zahlreiche sachverständige Professoren, sondern nur ein Restgrüppchen von Historikern, die zur Gefolgschaft eines einzigen Mannes gehören, des ‚Dr.'Calic, dessen Titel der ‚Spiegel' öffentlich anzweifelte." Die „Zeit" läutete damit ihre Wende ein: Gisevius ade – Tobias ahoi!

1979, 20 Jahre nach seiner „Spiegel" Serie und 10 Jahre nach dem ebenfalls im „Spiegel" plazierten Startschuß zur Diffamierungskampagne gegen Calic, gelang Tobias ein dritter Coup: Die Hamburger Wochenzeitung „Die Zeit" öffnete sich dem Monomanen und wechselte die Fronten. Im September 1979 erschien die vierteilige Serie „Kabalen um den Reichstagsbrand".[243] Autor war wieder Dr. Karl-Heinz Janßen, der sich nun gleich zu Beginn des Beitrags als gläubiger Tobias-Jünger zu erkennen gab. Ähnlich wie bei Mommsen Ende 1962 war die plötzliche Bekehrung Janßens nicht nachvollziehbar.

Es seien gegen Calic, den Generalsekretär des IKL, „verbreitet durch offene Briefe [...] ehrenrührige Vorwürfe erhoben worden". Gemeint waren der Brief vom 14. Juni 1978 von Fritz Tobias sowie der wohl aus derselben Feder stammende Brief vom 5. März 1977, gezeichnet von Melitta Wiedemann. Janßen stellte letztere Dame der Öffentlichkeit so schamhaft wie verquer als „ewige Idealistin, [...] im Krieg mit der SS gegen Himmler und Hitler konspirierend, heute bei den ‚Grünen'" vor. Er gab selbst zu, daß es sich bei den Briefen um eine gezielte Provokation handelte: „Beide Briefschreiber wählten einen scharfen Ton, in der unverhüllten Absicht, Calic zu gerichtlichen Schritten zu zwingen." Es ist allerdings bis heute nicht nachvollziehbar, wie und warum sich die eher renommierte „Zeit" zur Tribüne für ein derartig schäbiges Intrigenspiel machen ließ.

Die Serie wurde von zwei Beiträgen Hans Mommsens flankiert, sie führte die bis dahin von Tobias gegen seine Opponenten (hauptsächlich Calic) eher unter Ausschluß der Öffentlichkeit geführte Schlammschlacht nun einer breiten Öffentlichkeit vor und wurde von der „Zeit" sogar als Sonderdruck verbreitet. Die Kampagne gegen Calic hatte auch (den „offenen" Briefen von Tobias und Tobias-Wiedemann folgend) einen eindeutig ausländerfeindlichen Unterton. Calic wurde als „Italo-Kroate" bezeichnet, und man hielt ihm immer wieder Schnitzer in der deutschen Sprache vor. Unbnegründet angezweifelt wurden wesentliche Stationen aus dem Leben Calics, etwa seine Teilnahme am sogenannten „Todesmarsch"der evakuierten Häftlinge des KZ Sachsenhausen nach Schwerin, ja sein Häftlingsstatus überhaupt. Vom NS-Verfolgten beförderte Janßen Calic kurzerhand zum „Vorzugshäftling" Himmlers.

Calic selbst äußerte dazu, Tobias und Wiedemann wollten ihn „denunzieren, er betreibe als Agent des Weltkommunismus eine Desinformationskampagne größeren Stils".[244] Daß er damit ins Schwarze traf, bestätigte Mommsen, Tobias folgend, in seinem ersten Beitrag („Historisches Himmelfahrtskommando"): „Die Verschwörungs- und Konspirationstheorie, die in den kommunistischen ‚Braunbüchern' die NS-Diktatur und den Reichstagsbrand erklären soll, ist der einzige rote Faden, der den in ‚Dokumentation' und ‚Provokation' [gemeint sind die Publikationen des Luxemburger Komitees] enthaltenen Wirrwarr von Details, Mutmaßungen und beziehungslosen Fakten zusammenhält."[245] In seinem zweiten Beitrag („Ansichten zum Reichstagsbrand") äußerte Mommsen: „Das Ergebnis, zu dem Tobias, der Rezensent [Mommsen] und einige zeitgeschichtliche Experten, darunter Hughes Trevor-Roper, Anton Hoch, Heinrich Benecke, gelangt sind – bei Modifikationen der Gesamtinterpretation – besticht und verwirrt gleichzeitig durch seine Einfachheit." [246] Mommsen stellte hier erneut die Planung und Zielgerichtetheit der Reichstagsbrandstiftung (und damit auch der NS-„Machtergreifung") in Abrede: Die Verhaftungsaktion nach der Brandstiftung sei spontan erfolgt, die „Notverordnung" erst danach verfaßt worden.

Mit einer sachlichen Argumentation zum Thema Reichstagsbrand hatte die „Zeit"-Serie (insbesondere umfangmäßig) nicht mehr das geringste zu tun. Bereits die Einleitung ließ Böses ahnen: „Der Reichstagsbrand von 1933, ursprünglich [!] ein Symbol der Nazidiktatur, ist zum Gegenstand haßerfüllter Kontroversen unter den Historikern geworden. Angeheizt wird der Streit seit zehn Jahren von dem mysteriösen Generalsekretär eines ‚Luxemburger Komitees'. Sein Name: Edouard Calic.[247] Er inszeniert eine Forschungsposse mit erstklassiger Besetzung: Politiker, Professoren und Publizisten spielen mit – ob sie wollen oder nicht. Niemand weiß, was den Mann bewegt: Fanatismus, Geltungsdrang, politische Überzeugung? Calic verwirrt die Öffentlichkeit mit fabelhaften Geschichten. Fälschungen und Intrigen drohen den guten Ruf der deutschen Geschichtsforschung zu ruinieren. In das Gewirr von Desinformation wird die ZEIT in dieser und den nächsten Folgen eine Schneise schlagen."[248] Nach Janßen ginge es um einen „politischen und wissenschaftlichen Skandal", in dem „hochangesehene deutsche und ausländische Politiker, Publizisten und Professoren [...] Haupt- und Nebenrollen zu übernehmen" hatten, „sei es aus Ahnungslosigkeit, Leichtgläubigkeit oder Voreingenommenheit". Genannt wurden Willy Brandt, Herbert Wehner, Egon Bahr, Arno Scholz, Pierre Grégoire, Walther Hofer, Golo Mann, Eugen Kogon, Karl Dietrich Bracher, Ernst Fraenkel, Emil Dovifat, Robert M. W. Kempner, das Auswärtige Amt, das Bundespresseamt, die Bundeszentrale für Politische Bildung und das Kulturamt der Stadt Oberhausen. Sogar von „tatkräftiger Unterstützung der Bundesregierung" war die Rede.[249] Ferner hieß es in der Serie: „Es wird immer eines der erstaunlichsten Kapitel deutscher Geschichte bleiben, daß eine zwielichtige Figur wie der Italo-Kroate Edouard Calic einen solchen Einfluß auf Politiker, Publizisten und Professoren gewinnen und ein wissenschaftliches Forum in eine politische Arena verwandeln konnte. Ein Zauberwort öffnete ihm den Zugang zu den Amts- und Gelehrtenstuben – ‚NS-Verfolgter'. Bei dem Schuldkomplex, den viele Zeitgenossen des Dritten Reiches gegenüber einigen Opfern der Hitler-Herrschaft nach 1945 mit sich herumtrugen, konnte Calic von vornherein auf eine bevorzugte Behandlung, auf Entgegenkommen und Hilfsbereitschaft rechnen. Andererseits hat die Furcht, von ihm als Neonazi oder als Handlanger ehemaliger Nazis öffentlich gebrandmarkt zu werden, offensichtlich manchen schweigen lassen, der seine Methoden anstößig fand."[250] Hierbei handelte es sich offenbar um eine Retourkutsche bezüglich der zurückliegenden Anschuldigungen gegen Tobias, der ja beschuldigt worden war, unter Ausnutzung seiner Amtsstellung als Ministerialrat beim niedersächsischen Verfassungsschutz Wissenschaftler und Zeugen eingeschüchtert zu haben.

Es ist hier nicht der Platz, um die schäbigen Denunziationen Janßens im einzelnen zu widerlegen. Das tat bereits 1979 als erster der nicht zum IKL gehörende Dr. Jürgen Schmädeke im Berliner „Tagesspiegel".[251] Immerhin fühlte sich Janßen getroffen, wie sein Beitrag in der „Zeit" vom 9. November 1979 unter der Überschrift „Konzertierte Ost-West-Aktion" beweist: „Die nichtsahnenden Leser des ‚Tagesspiegel' aber müssen annehmen, in der ZEIT befinde sich ein Neonazi, der Hitler und die Seinen von aller Schuld reinwaschen wolle. Ähnlich wie der Westberliner Schmädeke hat zur gleichen Zeit der Ostberliner Alexander Abusch den Lesern der kommunistischen ‚Weltbühne' dargelegt [...], in unserer Redaktion säßen ‚Die neuen Weißwäscher der braunen Brandstifter'." Schmädeke war und ist allerdings alles andere als ein Kommunist und kannte weder Abusch persönlich, noch stand er in Kontakt zur ostdeutschen SED.

1980 widmete sich dann eine Sondernummer der französischen Zeitschrift „La Voix de la Résistance"[252] der skandalösen „Zeit"-Veröffentlichung mit Beiträgen des luxemburgischen Parlamentspräsidenten Pierre Grégoire, der Historiker Eugen Kogon, Walther Hofer, Karl-Dietrich Bracher, Jürgen Schmädeke und anderen. 1981 publizierte der Rechtsanwalt Gerhard Pletschacher eine Broschüre zum Thema.[253]

Es unterliegt jedenfalls keinem Zweifel, daß sich die „Zeit" in zweifacher Hinsicht strafbar gemacht hatte: Wie bereits geschildert, hatte Melitta Wiedemann seit 1971 über Jahre hinweg erfolglos versucht, Unterlagen aus Calics Promotionsakten zu erhalten. Am 5. Februar 1979 richtete dann auch Janßen im Namen der „Zeit" ein Schreiben mit der Bitte um Einsicht in die Promotionsakte Calics an die Freie Universität Berlin. Dies wurde von der FU am 26. Februar 1979 mit Hinweis auf die Vertraulichkeit (Datenschutz) abgelehnt. Trotzdem enthielt der Beitrag von Janßen dann am 5. Oktober 1979 detaillierte Zitate aus der Promotionsakte Calics, unter anderem auch aus dem (angeblich) von Frau Wiedemann (wohl aber von Tobias) fieberhaft gesuchten Schreiben der Humboldt-Universität vom 21. Mai 1963 (das erst im Mai 1980 veröffentlicht wurde[254]). Weiterhin wurde auch detailliert aus der Akte Calics beim Berliner Entschädigungsamt zitiert.[255] Allerdings unterlag auch diese dem Datenschutz. Einverständniserklärungen Calics zur Einsichtnahme durch die „Zeit" lagen in beiden Fällen nicht vor. Das Blatt hatte sich also über Janßen und dessen Mittelsmänner illegal Zugang zu beiden Akten verschafft – schon damals ein strafbarer Verstoß gegen den Datenschutz. Es erhebt sich an dieser Stelle die Frage, wer die Mittelsmänner waren, die ihre Dienste für die Kampagne zur Verfügung stellten. „Der [Berliner] Senator für Inneres teilte mit, daß in diesem Fall die Mitglieder des Verfassungsschutzes – Tobias in Hannover, Schröder in Berlin –, auf welche der Verdacht der Weitergabe der Akte gefallen war, befragt worden seien. Schröder will sich nicht erinnern können, die Akte gesehen zu haben. Tobias gab vor, er hätte Informationen über den Generalsekretär vom ‚Spiegel' und anderen Personen erhalten."²⁵⁶ Leider konnte der Vorgang bis heute nicht weiter aufgekärt werden.

Calic versuchte über längere Zeit erfolglos, die „Zeit"-Redaktion auf gütlichem Wege zu einer Änderung ihrer Darstellung zu bewegen. Am 26. November 1980 ließ er dann beim Landgericht Klage auf Widerruf, Unterlassung und Schadenersatz einreichen. Bereits in einem Zwischenurteil bestritt das Berliner Landgericht vier Nebenklägern die Legitimation: dem Luxemburger Komitee, der französischen Widerstandsorganisation „Comité d'action de la résistance française", dem Pariser Verlag „Opera Mundi" sowie einer Vereinigung ehemaliger Häftlinge des KZ Sachsenhausen. Über zwei Jahre nach der Erhebung der Klage, am 21. Dezember 1982, wurde diese vom Landgericht dann vollständig abgewiesen.

Von den 9 Behauptungen Janßens, deren Widerruf Calic verlangt hatte, seien nur die gravierendsten nebst ihrer Wertung durch das Berliner Landgericht (in Klammern) genannt: „a) Er habe sich durch das auf fragwürdige Weise erlangte Zauberwort ‚NS-Verfolgter' Zutritt zu Amts- und Gelehrtenstuben verschafft" (nicht widerrufsfähige Wertung), „b) er sei eine zwielichtige Figur, die mit fragwürdigen Angaben von der Bundesrepublik einen Wiedergutmachungsbetrag erhalten habe" (nicht widerrufsfähige Wertung), „c) er habe unter fragwürdigen Umständen einen Doktortitel erworben" (Meinung des Beklagten, keine vorsätzliche Ehrkränkung), „i) das von ihm herausgegebene Buch ‚Ohne Maske' sei eine der unverfrorensten Geschichtsfälschungen dieses Jahrhunderts" (nicht zu beanstandende Wertung: „Im Interesse der Meinungsfreiheit muß er [Calic] auch derart scharfe Angriffe hinnehmen.").

Calic rief die nächste Instanz an. Erst am 7. Februar 1984 wies das Berliner Kammergericht, welches im Rang eines Oberlandesgerichts stand, aber seinerzeit in West-Berlin wegen des Sonderstatus der Stadt die höchstrichterliche Instanz darstellte, die Berufung kostenpflichtig unter Berufung auf das Verständnis des „Durchschnittslesers"ab: Dieser erkenne in Janßens Vorwürfen keine Tatsachenbehauptungen, sondern „die darin zum Ausdruck gekommene Wertung". Und: „Eine sich so aus der Veröffentlichung ergebende negative Einschätzung des Klägers ist in dieser allgemeinen Form als Werturteil und Meinung nicht widerrufsfähig." Erst am 13. Juli 1984 teilte die „Zeit" der Öffentlichkeit ihren Triumph in einem kleinen Beitrag mit.²⁵⁷

Ein unvoreingenommener Leser der „Zeit"-Serie wäre nach den Urteilen des Berliner Landgerichts und Kammergerichts (wenn er sie gekannt hätte) jedenfalls endgültig zu dem Schluß gekommen, daß Calic ein Verbrecher sei. Janßens Anschuldigungen gegen Calic bedeuteten also Rufmord, und die Urteile im Prozeß Calic gegen „Die Zeit" gingen als ein sehr unrühmliches Kapitel in die Geschichte der bundesdeutschen Rechtssprechung ein.

Die „Tobias-Gemeinde"

Nachdem Calic den Prozeß gegen Janßen und die „Zeit" verloren hatte, fühlte sich Tobias im Oberwasser. Nun gesellten sich bis 1986 zu seinen bereits genannten Jüngern Mommsen und Janßen noch Dr. phil. Henning Köhler (geb. 1938, Professor für Geschichte an der FU Berlin), Dr. Uwe Backes (geb. 1960, heute umstrittener stellvertretender Direktor des Hannah-Arendt-Instituts für Totalitarismusforschung e. V. an der TU Dresden[258]) und Dr. phil. Eckhard Jesse (geb. 1948, heute Professor für Politische Systeme/Politische Institutionen an der TU Chemnitz). Backes und Jesse geben gemeinsam das „Jahrbuch Extremismus & Demokratie" heraus und arbeiten deshalb notwendigerweise auch mit dem Verfassungsschutz zusammen.
Die erweiterte Gemeinde setzte nun gegen Calic und das Luxemburger Komitee noch eins drauf und publizierte Anfang 1986 zusammen mit ihrem Guru Tobias im Piper-Verlag (!) den Sammelband „Reichstagsbrand. Aufklärung einer historischen Legende".[259] Inhalt des Buchs waren massive, teils hanebüchene Fälschungsvorwürfe gegen das „Luxemburger Komitee" und wiederum persönliche Diffamierungen gegen Calic und Hofer.
Der „Spiegel" reagierte bereits im April 1986 mit einem siebenseitigen Beitrag von Wolfgang Malanowski.[260] Es gäbe „nichts zu drehen und zu deuteln. Seit Fritz Tobias' SPIEGEL-Serie [...] steht fest: Es war der Einzelgänger van der Lubbe [...]. Es gab weder kommunistische Hintermänner, weder deutsche noch russische, noch nationalsozialistische Drahtzieher. [...] Hans Mommsen, unbestritten ein Meister seines Faches, hatte gründlich geprüft und zum Durchbruch verholfen". Auch ein Foto von „Reichstagsbrand-Forscher" Tobias durfte wieder nicht fehlen. Aber „Professor Hofer und ein ‚Internationales Komitee zur wissenschaftlichen Erforschung des Zweiten Weltkrieges' [...] gehen verbissen und verwegen gegen die Tatsache von Lubbes Alleintäterschaft an, die sie, absichtsvoll zur ‚NS-Unschuldsthese' oder zur ‚Gestapo-Le-

gende' stempeln, womit sie, vorsätzlich, auch die Verfechter dieser angeblichen Legenden zu verunglimpfen suchen." Das IKL wurde vom „Spiegel" als „Schwindelunternehmen" (nach Backes) und „Luxemburger Briefkastenfirma" abqualifiziert. Den Autoren des Sammelbandes folgend, erhob auch der „Spiegel" massive Fälschungsvorwürfe. Hofer habe „Calics Forschungsposse jahrelang gedeckt und geduldet"und über alles „seinen Gelehrten-Mantel [ge]deckt". Das Beispiel einer in der Hofer-Dokumentation zitierten Erklärung des ehemaligen Heizers im Reichstagsgebäude Johannes Wittkowski mag hier genügen, um eine eklatante Verletzung der journalistischen Sorgfaltspflicht durch den „Spiegel" zu belegen. Das Magazin schrieb (direkt vorher war von Fälschungen die Rede): „Manchmal gelang es auf Anhieb die Klitterei aufzudecken. [...] Wittkowski übergab seine ‚Erklärung' [...] dem Verleger [des „Telegraf", Arno] Scholz in Berlin, einem Kuratoriumsmitglied des Luxemburger Komitees. Und zwar 1969 – sechs Jahre nach seinem Tod; ‚laut Sterbeurkunde am 24 Juli 1963 um 16 Uhr 50 Minuten'." Bei der Angabe 1969 hatte es sich allerdings um den Irrtum in einem internen „Informationsbericht" von Scholz für das IKL von 1970 gehandelt, was Scholz bereits 1971 bemerkte.[260a]Tatsächlich war die Erklärung Wittkowskis bereits am 23. März 1960 für Paul Löbe erfolgt. Die fehlerhafte Datumsangabe wurde aber trotzdem 1978 versehentlich von den Herausgebern der Dokumentation übernommen. Das Problem wäre durch eine Nachfrage bei Hofer oder Calic sicher leicht aufzuklären gewesen, was der „Spiegel" jedoch versäumte.

Am 30. April 1986 kam es anläßlich der Publikation des Sammelbandes zu einer erneuten Fernsehdiskussion, „Der Reichstagsbrand. Vom Ende einer Legende?", die wiederum vom Hessischen Rundfunk produziert wurde und unmittelbar auf die bereits genannte Fernsehdiskussion von 1967 Bezug nahm. Teilnehmer waren: Walther Hofer, Karl-Heinz-Janßen, Hans Mommsen, Bernt Rhotert, Jürgen Schmädeke, Peter Steinbach und Fritz Tobias. Erwähnenswert an dieser (auf Video erhaltenen) Diskussion bleibt, daß der Universitätsprofessor Mommsen von dem pensionierten Verfassungsschutzbeamten und „Amateurhistoriker" als von „meinem Kollegen Tobias" sprach. Janßen wiederholte im Windschatten des Berliner Kammergerichtsurteils: „Dieses von Herrn Calic zu verantwortende Buch ‚Hitler ohne Maske' ist eine der unverfrorensten Fälschungen dieses Jahrhunderts." In der gleichen Konstellation wie 1979 in der „Zeit" unterstützte Mommsen (im Sinne von Tobias) nun Janßen gegenüber Hofer: „Ich habe [...] gesagt [...], daß Sie in der Tat sich aus Gründen, die vielleicht hier nicht aufgedeckt werden sollten, unter den Einfluß einer Gruppe oder eines einzelnen [Calic] begeben haben, von dem nun absolut nachweislich feststeht, daß er erstens die Breiting-Gespräche mit Hitler gefälscht hat – darüber ist überhaupt gar kein Zweifel mehr – [...] und der zweitens zumindestens den Brief der Bünger durch Zusätze verfälscht hat. Und man hat eine gesamte Gruppe von Dokumenten, die sind alle kontaminiert durch dieselben Hilfsthesen, um die Alleintäterschaft zu widerlegen." Hofer sei „unter den Einfluß dieser Dokumente geraten, [...] die aber in sich so stark vernetzt sind, daß sie als Gesamtgruppe als Fälschung gelten müssen."

Den Hinweis Hofers, die Expertise des Thermodynamischen Instituts der FU Berlin habe die Unmöglichkeit einer Alleintäterschaft van der Lubbes bewiesen, quittierte Mommsen mit Hohn und Spott: Dieses Gutachten sei doch „Spezialistenkram".

„Historisierung" des Nationalsozialismus?

Zu Tobias et al. gesellten sich seit Mitte der achtiger Jahren verschiedene Politologen, die mit der Parteinahme für die Alleintäterthese die Forderung nach einer „Historisierung", sprich Neubewertung des Nationalsozialismus verbanden, wobei sie sich auf den ehemaligen Direktor des Instituts für Zeitgeschichte Martin Broszat[261] beriefen. In dem 1990 erschienenen Sammelband „Die Schatten der Vergangenheit"[262] (an dem auch Fritz Tobias als Autor mitwirkte) legten die Herausgeber Uwe Backes, Eckhard Jesse und Rainer Zitelmann die ihrem Engagement zugrundeliegenden ideologischen Prämissen offen.

Unter „Historisierung" verstanden die Herausgeber „zunächst die Herstellung größerer subjektiver Distanz zum Objekt der Analyse – vergleichbar etwa mit der Erforschung jahrhundertelang zurückliegender Epochen". „Pädagogische Intentionen", so wurde gefordert, „dürfen dem geschichtswissenschaftlichen Bemühen nicht vorgelagert sein, sondern haben von den Erträgen der Forschung ihren Ausgang zu nehmen." Versteckt hinter wohltönenden Phrasen wie der Forderung nach Ablösung einer „von moralisierenden Gesinnungsstatements und manichäistischen Schwarz-Weiß-Bildern bestimmte[n] Geschichtsbetrachtung", nach mehr „Objektivität" sowie einer „möglichst facettenreichen Darstellung, die keine Tabuzonen kennt", und der rigorosen Ablehnung einer bloß „selektiven Verarbeitung historischer Phänomene"[263] wurde der Versuch unternommen, den Nationalsozialismus als Ganzes neu zu bewerten und dabei auch seine „positiven Seiten" in Betracht zu ziehen (wem fallen dabei nicht die berühmten Autobahnen ein!) sowie verschiedene Schlüsselereignisse der NS-Geschichte einer Neuinterpretation zu unterziehen. Zu diesem Zweck erfanden die Verfasser des Sammelbands auch Tabus, wo es sie gar nicht gibt. Ein solches Tabu sollte angeblich auch die These von der Unschuld der Nazis am Reichstagsbrand sein. Die Frage, ob nicht ein Einzelner diese Tat allein habe begehen können, sei, so wurde behauptet, mit einem Verbot sanktioniert. Den Gegnern der Alleintäterthese warfen die Verfasser „Volkspädagogik" sowie die Erteilung von „Frageverboten" vor. Die von Walther Hofer und seinen Mitarbeitern zusammengetragenen Dokumente wurden erneut als „glatte Fälschungen" denunziert und man scheute auch vor massiven persönlichen Diffamierungen nicht zurück.

Mommsen hatte es bereits 1986 abgelehnt, „sich erneut in die Gefilde der Detailquerelen der gesamten Angelegenheit [Reichstagsbrandstiftung] zu begeben, [...] solange nicht eine neue Sicht der Machtergreifungsperiode als solcher, wie sie von der Forschung bereits ausgearbeitet worden ist, in die Köpfe eindringt und damit auch eine sachgemäße Interpretation des Reichstagsbrandes, die notwendig zur Alleintäterschaft führt, verständlich erscheinen läßt".[263a]

Neuer Wind

Die Dokumentation des „Luxemburger Komitees" aus den 70er Jahren wurde 1992 in einer überarbeiteten und aktualisierten Fassung von Alexander Bahar neu herausgegeben.[264] Die Autoren des vorliegenden Buchs konnten allerdings erst nach dem Erscheinen dieser Neuauflage die originalen Ermittlungsakten der Reichstagsbrandkommission auswerten und fanden darüber hinaus weitere Quellen. Beide Autoren (die sich bis 1995 nicht kannten) bemühten sich unabhängig voneinander seit 1994 ohne Erfolg, ihre neuen Forschungsergebnisse in Deutschland zu publizieren. Sie trafen auf eine Mauer der Ablehnung. Die deutschsprachige Schweizer Presse war weniger voreingenommen. Bahar veröffentlichte im März 1995 in der Schweizer „Weltwoche" einen Beitrag über Adolf Rall.[265] Am 19./20. August 1995 schlug dann die „Neue Zürcher Zeitung" mit dem Beitrag beider Autoren „Der Reichstagsbrand – ein ‚Zeichen Gottes'"[266] eine Bresche. Erst danach waren deutsche Zeitschriften und Zeitungen bereit, über die neuen Forschungsergebnisse zu berichten[267] – ein Armutszeugnis für die deutsche Presse. Der Lauf der Zeit wird über den Verfassungsschutz-Amateurforscher hinweggehen und bald auch das Ende seiner willfährigen Gemeinde und damit auch der mittlerweile überlebten Alleintäter-Legende einläuten. Doch ein übler Nachgeschmack wird bleiben, nicht zuletzt für die Geschichtsschreibung und Publizistik in Deutschland, wo man sich (wieder einmal) obskurer Machenschaften kaum zu erwehren wußte.

TEIL 4
DIE HEROISIERUNG VAN DER LUBBES

Den Grundstein für die Heroisierung van der Lubbes legte ebenfalls der Verfassungsschutzbeamte Tobias. Er stellte sowohl in Abrede, daß van der Lubbe ein gelenktes Opfer der Nazis war, als auch, daß dieser während des Reichstagsbrandprozesses mit Drogen sediert wurde. Der „Alleintäter" sei ein aufgeweckter und für die Brandstiftung voll verantwortlicher Anarchist gewesen. Nach den Geschichtsfälschungen, die schon durchgegangen waren, genierte sich die die „Zeit" 1981 nicht mehr, eine persönliche Geschichtsklitterung des Fritz Tobias unter dem Titel „War van der Lubbe ein Widerstandskämpfer?" ganzseitig zu verbreiten. In dem Beitrag hieß es: „Unstreitig bestand am 27. Februar 1933, dem Tag des Brandes, noch keine ,NS-Diktatur' – die kam erst durch van der Lubbes Brandstiftung und ihre unheilvollen Folgen zustande." Zynisch beendete Tobias seinen Beitrag mit den Worten: „Lassen wir einmal außer acht, wie viel Leid und Elend van der Lubbe durch seine Brandstifterei über alle deutschen NS-Gegner gebracht hat. (Mich hat sie damals Stellung, Beruf und Wohnung gekostet. Doch ich bin nicht nachtragend.)"[268]
Zweifellos war van der Lubbe ein Opfer des Nazi-Regimes, denn seine Hinrichtung am 10. Januar 1934 erfolgte aufgrund eines am 29. März 1933 (rechtswidrig) rückwirkend erlassenen Gesetzes („Lex van der Lubbe"). Dies hat inzwischen dazu geführt, daß der Holländer vor allem in seinem Heimatland als Widerstandskämpfer hochstilisiert wurde. Insbesondere die Anhänger „rätekommunistischer" bzw. „anarchosyndikalistischer" Gruppen vertreten überwiegend die Auffassung, van der Lubbe sei Alleintäter und für seine Tat voll verantwortlich.

Martin Schoutens Behauptung „Marinus van der Lubbe war der erste Widerstandskämpfer gegen die Nazis"[269] gibt allerdings zu denken, widerspricht sie doch eindeutig der historischen Realität. Den gutgläubigen rebellischen Wirrkopf hochzustilisieren, zeugt von einem zumindest sehr oberflächlichen und leichtfertigen Verständnis des Begriffs „Widerstand". Aus allen Vernehmungsprotokollen van der Lubbes nach seiner Festnahme im brennenden Reichstagsgebäude geht eindeutig hervor, daß der Holländer zwar subjektiv ein Fanal zur Aufrüttelung der Arbeiter gegen den Kapitalismus setzen wollte. Sein Protest richtete sich jedoch keineswegs gezielt gegen den Nationalsozialismus oder gar die Regierung Hitler. Van der Lubbes erklärte Gegner waren nicht die Nazis, sondern sein Protest galt dem kapitalistischen „System" als solchem. Er hatte keine klare Vorstellung davon, wohin der von ihm so heiß ersehnte Protest der Arbeiter führen sollte. Als van der Lubbe einige Tage vor dem 27. Februar 1933 im Kreis von Gleichgesinnten berichtete, er habe Leute kennengelernt, die gemeinsam mit ihm ein Fanal starten wollten, wurde er von Berliner Mitgliedern der Allgemeinen Arbeiterunion (AAU) sogar ausdrücklich gewarnt, er sei Provokateuren aufgesessen! Ihn zum Märtyrer und Widerstandskämpfer gegen das NS-Regime zu stilisieren, muß vor diesem Hintergrund als eine Verhöhnung derer erscheinen, die sich damals ernsthaft dem Nationalsozialismus widersetzten.

So ergab sich inzwischen die seltsame Situation, daß „rechte" und „linke" Gruppen sich bezüglich der behaupteten Alleintäterschaft van der Lubbes einig sind, beide jedoch aus ideologischen und nicht aus wissenschaftlichen Gründen.

„Ein Grab für van der Lubbe"

Nach seiner Exekution wurde Marinus van der Lubbe am 15. Januar 1934 in einem eichenen Brettsarg mit Zinkeinsatz auf dem Südfriedhof Leipzig in einem Erdreihengrab in „doppelter Tiefe" begraben. Die damalige Grabstellenbezeichnung lautete „VIII. Abteilung, 8. Gruppe, Reihe E, Grab-Nr. 30". Eine Suchkarte aus dieser Zeit trägt die Bemerkung „Achtung! Keine Auskunft geben!". Von der Universität Leipzig in den fünfziger Jahren durchgeführte Erkundungen ergaben, daß die Gebeine van der Lubbes sich noch in der Grabstätte befanden und von einer großen Steinplatte bedeckt waren.[270]

Die Grabstelle wurde danach (in einfacher Tiefe) neu belegt. 1997 stellte die Leipziger PDS-Stadtratsfraktion einen Antrag auf Wiederherstellung der Grabstelle, da diese unter das Gesetz zur Erhaltung der Gräber der Opfer von Krieg und Gewaltherrschaft (Gräbergesetz) vom 29. Januar 1993 falle. Dieses Gesetz schreibt vor, daß Gräber von Personen, die als Opfer nationalsozialistischer Gewaltmaßnahmen seit dem 30. Januar 1933 ums Leben gekommen sind, dauernd bestehen bleiben müssen.[271] Nachdem sich das Friedhofsamt dieser Sicht anschloß, stimmte am 29. Oktober 1997 die Ratsversammlung des Stadtrats der Stadt Leipzig dem PDS-Antrag zu (Beschluß Nr. 992/97). Nunmehr soll nach Ablauf der letzten Ruhefristen der betreffenden Urnengräber in einfacher Tiefe im Jahr 2006 die Grabstätte des Marinus van der Lubbe in ihrem originären Standort wiederhergestellt werden.

Auf Initiative der holländischen Stiftung „Ein Grab für van der Lubbe" („Een Graaf voor Marinus van der Lubbe"), deren Vorsitzender Martin Schouten ist, wurden 1999 sowohl in Lubbes Geburtsort Leiden als auch auf dem Leipziger Südfriedhof anläßlich von Lubbes 90. Geburtstag am 13. Januar zwei von den holländischen Künstlern Ron Sluik und Reinier Kurpershoek geschaffene Gedenksteine enthüllt. Die Leipziger Enthüllung erfolgte durch zwei Verwandte van der Lubbes, Elisabeth van der Lubbe und Adriane Derix-Sjardijn. Ein dritter Gedenkstein sollte vor dem Berliner Reichstagsgebäude aufgestellt werden. Die drei Strophen eines eher nichtssagenden Gedichts, das Marinus van der Lubbe während seiner Untersuchungshaft geschrieben hatte und das vom Gerichtsdolmetscher Joachim Meyer-Collings ins Deutsche übersetzt worden war, sollen die drei Gedenksteine in Leiden (erste Strophe), Berlin (zweite Strophe) und Leipzig (dritte Strophe) zieren – ein wahrhaft skurriles Tryptichon! Am 27. Februar 2000 wurde aus Holland ein Gedenkstein am Berliner Reichstagsgebäude angeliefert, durfte dort aber nicht aufgestellt werden. Er fand sein Asyl vor dem „Deutschen Theater", wurde jedoch sehr bald gestohlen, inzwischen aber leicht beschädigt wieder aufgefunden. Wenn im Jahr 2006 die Belegungsfrist für die Urnengräber abläuft, soll der Leipziger Stein auf die eigentliche wiederhergestellte Grabstätte versetzt werden.

Die Heroisierung van der Lubbes, mehr schon dessen beginnende Mythologisierung, trieb weitere Blüten: Am 29. September 1999 brachte das Berliner Philharmonische Orchester unter Claudio Abbado ein diesbezügliches Werk des Komponisten Wolfgang Riehm, „In doppelter Tiefe", zur Uraufführung. Ende des Jahres 2000 wurde in Hannover ein

van der Lubbe-„Opus für Orgel, Schlagzeug und Menschenstimmen"
uraufgeführt: „Eines Tages müssen wir die Wahrheit sagen". Weiter
gaben die Kammerspiele des Berliner „Deutschen Theaters" ebenfalls
Ende 2000 erstmals ein van der Lubbe-Stück, „Aus Protest!".
Der Erforschung der historischen Wahrheit wäre jedenfalls mit weniger
exotischen Projekten mehr gedient. Die Fortschritte in den Naturwissenschaften und der Rechtsmedizin lassen eine Exhumierung der Leiche des im Januar 1934 hingerichteten Holländers van der Lubbe als
sinnvoll und geboten erscheinen. Mit den heute zur Verfügung stehenden wissenschaftlichen Mitteln (Analyse von Haaren und Nägeln) müßte
es möglich sein zweifelsfrei zu klären, ob der angeblich alleinige Reichstagsbrandstifter während des Leipziger Reichstagsbrandprozesses unter
Drogen gesetzt wurde, wie dies bereits 1933 unabhängige Prozeßbeobachter vermuteten. Im Zusammenhang damit steht die Forderung nach
einer Wiederaufnahme des Reichstagsbrandprozesses. Eine Exhumierung der Leiche van der Lubbes vor dem Jahr 2006 kann allerdings nur
die Staatsanwaltschaft anordnen.
Die Autoren hoffen, mit dem vorliegenden Buch für eine solche Maßnahme genügend Gründe geliefert zu haben.

Anmerkungen zu Kapitel 11

1 *Gisevius*, Bis zum bittern Ende, Bd. 1, 11-126 (insbesondere 87-110). Wegen eines
Rechtsstreits mit dem von Gisevius als mutmaßlicher Reichstagsbrandstifter genannten Hans
Georg Gewehr konnte die ungekürzte Fassung seines Buches nach 1954 nicht mehr erscheinen.
2   Heinrich Schnitzler (* 31. 3. 1901 Düsseldorf, † 1962 Düsseldorf); NSDAP seit 1. 5.
1933 (Nr. 3483 791), 1934-1938 Mitglied der SA, Truppführer. Er war ab 16. August 1930
als Regierungsassessor im Polizeipräsidium Berlin, Abteilung IA, tätig. Hier 1931 Dezernent
für linksradikale, nicht kommunistische Bewegungen. 1932 für kulturelle Organisationen der
KPD, Zersetzung in der Reichswehr und Schutzpolizei (2e) zuständig, zugleich Berichterstatter der neu gegründeten Zentralstelle des Landeskriminalpolizeiamtes „zur Beobachtung
und Bekämpfung der staatsfeindlichen Zersetzung in Reichswehr und Polizei" (gegen kommunistische Subversion). Am 20. Juli 1932 bei von Papens Staatsstreich gegen die SPD-geführte preußische Regierung assistierte er Diels und hatte die wichtige Funktion als Verbin-
dungs- und Vertrauensmann des Militärbefehlshabers, Generalleutnant von Rundstedt, zum
Polizeipräsidium Berlin. Anschließend nachrichtendienstliche Zusammenarbeit mit SA und
NSDAP. Am 27. April 1933 von Diels in das neu gegründete Gestapa als Dezernent I – Generalia – übernommen. Am 27. August 1933 zum Regierungsrat ernannt; dort ab Dezember

1933 Abteilungsleiter I – Organisation und Verwaltung – und Dezernent I A – Generalia, gleichzeitig Verbindungsmann zum „Zentrum" und zur katholischen Kirche. Nach Angriffen seitens der NSDAP wegen politischer Unzuverlässigkeit am 27. April 1934, zeitgleich mit dem Abgang von Diels, als stellvertretender Landrat nach Opladen und 1935 als Leiter des Polizeiamtes nach Remscheid versetzt. 1938-1945 im Präsidium des Siedlungsverbandes Ruhrkohlenbezirk tätig. Nach 1945 zunächst in der katholischen Kirchenverwaltung, dann in der Privatindustrie und schließlich im Wiederaufbau- und Innenministerium Nordrhein-Westfalen (Polizeiabteilung). Zunächst Oberregierungsrat, seit 1952 Ministerialrat {Personalakten Schnitzler. Bundesarchiv Berlin, ehem. Berlin Document Center; Geheimes Staatsarchiv Preußischer Kulturbesitz, Rep. 90, 951; Rep. 90 P, 1, 2, 5, Rep. 219, 27, 28, 80; Bundesarchiv Koblenz R 43 I, 2280-2283; R 58, 423; Nachlaß Grzesinski, 1665, 2058, 2064, 2066; Nachlaß Schnitzler, Spruchgerichtsakten Diels. Vgl. auch Kurz-Biographie bei *Graf*, Politische Polizei, 380f.; *W. Hofer u. a.* [Hrsg.], Der Reichstagsbrand [Neuausgabe], 150ff.).

3   *Graf*, Politische Polizei, 68, 100ff.

4   Bericht Diels, Staatsarchiv Nürnberg, KV-Ankl. Interrogations, Nr. D 33, Bl. 3, 20.

5   Diels an Schnitzler, 18. 2. 1947, Nachlaß Schnitzler.

6   Diels an Schnitzler, 26. 3. 1947, Nachlaß Schnitzler.

7   Dr. Walter Zirpins (* 26. 5. 1901 in Königshütte, † 1976 Hannover). Bis zum 23. Mai 1933 Mitarbeiter des Geheimen Staatspolizeiamtes. Unter der Beschuldigung, einen Juden als Spitzel und Vertrauensmann beschäftigt zu haben, wurde Zirpins laut handschriftlicher Verfügung von Diels am 23. 5. 1933 aus dem Gestapa entfernt (SS-Personalakten Zirpins, Bundesarchiv Berlin, ehem. Berlin Document Center; vgl. *W. Hofer u. a.* [Hrsg.], Der Reichstagsbrand [Neuausgabe], 156). Am 1. Dezember 1934 wurde er zum Kriminalrat befördert. Ab Mai 1937 SS (Nr. 342009), 1942 SS-Sturmbannführer (Personalakten Zirpins, Bundesarchiv Berlin, ehem. Berlin Document Center). Am 1. April 1937 Stabsführer der Führerschule der Sicherheitspolizei. Ab Dezember 1938 beim Reichskriminalpolizeiamt unter Nebe tätig (Lebenslauf vom 26. 1. 1939, Personalakten Zirpins, ebd.). Vgl. auch Bundesarchiv Koblenz, R 58, 1193 u. 1194 sowie Braunbuch. Kriegs- und Naziverbrecher in der Bundesrepublik, Berlin (Ost) 1965, 108. Kurzbiographie bei *Graf*, Politische Polizei, 391f. Die Geschäftsverteilungspläne des Reichssicherheitshauptamtes von 1941 und 1943 führen den Kriminaldirektor bzw. Regierungs- und Kriminalrat Dr. Zirpins als Leiter des Referats I B 3, das mit „Lehrplangestaltung der Schulen" bzw. „Ausbildung, Fortbildung und Sonderschulung" befaßt war. Im Geschäftsverteilungsplan des RSHA vom 15. 12. 1944 ist er als Gruppenleiter von I B genannt, weiterhin aber auch Angehöriger von I B 3 (Bundesarchiv Koblenz, RA 58/840, abgedr. in: Der Prozeß gegen die Hauptkriegsverbrecher vor dem Internationalen Militärgerichtshof, Bd. XXXVIII, 4, 65.) Von der deutschen Karls-Universität in Prag erhielt Zirpins für das Wintersemester 1942/43 und das Sommersemester 1943 einen Lehrauftrag zum Thema „Verbrechensbegehung und Verbrechensbekämpfung" (schriftliche Auskunft der Zentralen Stelle der Landesjustizverwaltungen [Ludwigsburg] vom 16. 6. 1993). Auch in der von Heydrich herausgegebenen Zeitschrift „Die deutsche Polizei: Ausgabe Sicherheitspolizei und SD" fungierte Zirpins als eifriger Mitarbeiter. Anfang der vierziger Jahre war der mittlerweile zum SS-Obersturmführer beförderte Zirpins im Ghetto von Litzmannstadt (Lodz) als Leiter der Kripostelle mit der „Bekämpfung des jüdischen Verbrechertums" beauftragt (Befehlsblatt Sipo und SD, 1/40, Bundesarchiv Koblenz), einer Tätigkeit, die nach den eigenen Worten des Kriminalisten zwar „immer unter den denkbar ungünstigsten, schwierigsten und schmutzigsten Verhältnissen vor sich geht, die aber andererseits als Neuland reizt und ebenso vielseitig wie interessant und vor allem beruflich dankbar, d. h. befriedigend ist" (so Zirpins 1941 in zwei Leitartikeln unter dem Titel „Das Getto von Litzmannstadt kriminalpolizeilich gesehen", in: Kriminalistik. Monatshefte für die gesamte kriminalistische Wissenschaft und Praxis, Berlin, 15. Jg., Sept. u. Okt. 1941. Bundesarchiv Koblenz, RD 19/26). Auch in der „Internationalen Kriminalpolizeilichen Kommission" (IKPK) Heydrichs wirkte er als Berichterstatter mit. Noch am 15. Januar 1945 wurde Zirpins von Hitler per Schnellbrief zum

Oberregierungs- und Kriminalrat ernannt (Personalakten Zirpins, Bundesarchiv Berlin, ehem. Berlin Document Center). Gegen Ende des Krieges war Zirpins Leiter der Kripo in Hamburg. Daß Zirpins, bis 1947 interniert, wegen seiner Tätigkeit im Ghetto von Lodz im Januar 1947 in die offizielle polnische Kriegsverbrecherliste aufgenommen wurde („Nr. 2, Gestapo Posen, Danzig, Kattowitz", Schreiben von Prof. Dr. Kazimierz Kakol, Direktor der polnischen Kriegsverbrecherkommission, an Walther Hofer vom 18. 10. 1988), aber nicht ausgeliefert wurde, war seiner Karriere in der BRD nicht abträglich. Ein von der Staatsanwaltschaft Hannover gegen Zirpins eingeleitetes Verfahren, in dem ihm der Vorwurf gemacht wurde, führend an Exekutionen im Ghetto Lodz beteiligt gewesen zu sein, wurde am 18. März 1961 eingestellt (Staatsanwaltschaft Hannover, Ermittlungsverfahren 11/2 2 Js 363/60). Mit Verfügung vom 2. Oktober 1961 wurde ebenfalls mangels Beweisen ein Verfahren eingestellt, in dem Zirpins die Mitwirkung an der Judenvernichtung als Referatsleiter des Referats I B 3 „Ausbildung, Fortbildung und Sonderschulung der Sipo" im Reichssicherheitshauptamt (RSHA) von 1941-1943 vorgeworfen wurde (Staatsanwaltschaft Hannover, Verfahren 2 Js 349/61; schriftliche Auskunft der Zentralen Stelle der Landesjustizverwaltungen [Ludwigsburg] vom 16. 6. 1993). Als "minder belastet" schlüpfte Zirpins wie viele NS-Verbrecher durch die weitmaschigen Netze der bundesdeutschen Entnazifizierungsbehörden und machte im niedersächsischen Polizeidienst Karriere (1951 Einstellung als Oberregierungs- und Kriminalrat). Dann wurde Zirpins Leiter des Landeskriminalpolizeiamtes in Niedersachsen. Laut Heinrich L. Bode habe Zirpins von Intrigen gegen den damaligen Leiter der niedersächsischen Kriminalpolizei, Kriminaloberrat Peter, profitiert, in die der damalige Leiter des Referats Polizei im Innenministerium Niedersachsens, Fritz Tobias, verwickelt gewesen sei. 1960 war Zirpins laut Bode Nachfolger Peters als Leiter der Kriminalpolizei in Niedersachsen (Schreiben Heinrich L. Bode an die Sonderstaatsanwaltschaft für NS-Verbrechen, z. H. von Oberstaatsanwalt Dr. Schüle, Ludwigsburg, vom 4. 5. 1960).

8   St 65, Bd. 109, Bl. 60-72, abgedr. in: Dimitroff-Dokumente, Bd. 1, 70-78.

9   Helmut Heisig (* 1.8.1902 in Ratiborhammer/Oberschlesien, † 23. 8. 1954 [Unfall]). Bis 1931 Kriminalkommissar in Breslau, ab Oktober 1931 Arbeitsgebiet Bekämpfung der KPD und – ab 20. Juli 1932 – der SPD am Polizeipräsidium Berlin, Abtlg. 1A. Heisig, nach dem 20. Juli 1932 Belastungszeuge gegen Polizeipräsident Grzesinski und seit August 1932 Mitglied der „Nationalsozialistischen Arbeitsgemeinschaft der Kriminalbeamten", war spätestens seit dieser Zeit mit am Aufbau eines gegenseitigen Nachrichtendienstes zwischen Politischer Polizei (später Gestapo) und der Berliner NSDAP- und SA-Führung beteiligt (Lebenslauf vom 12. 5. 1939, SS-Personalakten Helmut Heisig, Bundesarchiv Berlin, ehem. Berlin Document Center). Am 27. 2. 1933 wurde Heisig mit der Bearbeitung des Reichstagsbrandes betraut und ins neu gegründete Gestapa übernommen. Heisig trat am 1. Mai 1933 in die NSDAP ein (Nr. 2 634 974). Am 2. 1. 1934 wurde er Leiter der Politischen und Kriminalpolizei Dessau, am 1. 9. 1934 Beförderung zum Polizeioberinspektor. 1936 Diziplinar- und Strafverfahren wegen Beleidigung des dortigen Oberbürgermeisters. Ab 1. 7. 1937 Kriminalrat und Leiter der Politischen und Kriminalpolizei Bonn, am 1. 5. 1938 zur staatlichen Kriminalpolizei Chemnitz versetzt. Während des Krieges unter anderem in den Stapoleitstellen Hohensalza, Karlsbad, Nürnberg (u. a. Leiter der Gestapo-Außenstelle Würzburg) und Klagenfurt tätig (Befehlsblätter Sipo und SD 49/1942, 56/1942, 42/1944, Bundesarchiv Koblenz). 1939 Eintritt in die SS (Nr. 353 254), laut Auskunft der Militärregierung (Arbeitsblatt vom 22. 4. 1947 der Spruchgerichtsakte Heisig; Protokoll der öffentlichen Sitzung der Hauptkammer Nürnberg, AZ: HKN 1985/Ho vom 7. 2. 1950, Bl. 75, Dienststellung SD-Hauptamt), laut Angaben seiner Gattin aber erst im April 1940. 1940 auf Anordnung des RSHA auf Kriegsdauer zur Gestapo abgestellt (Lebenslauf vom 4. 1. 1947, Spruchgerichtsakte Heisig). 1941 zum SS-Sturmbannführer befördert.

Von Mai 1945 bis Ende Januar 1948 interniert, anschließend bis Ende April 1949 in Untersuchungshaft. Es lief ein Ermittlungsverfahren wegen Freiheitsberaubung mit Todesfolge und Erpressung. „Er steht im Verdacht, als Beamter der Gestapo-Aussendienststelle Würzburg an der zwangsweisen Evakuierung der jüdischen Einwohner aus Franken mitgewirkt zu haben" (Schreiben der Oberstaatsanwaltschaft beim Landgericht Würzburg vom 14. 5. 1948, AZ 1 Js 1/48 [Spruchkammerakte Helmut Heisig, Amtsgericht München]). Von der Hauptkammer Nürnberg wurde Heisig mit Spruch vom 7. 2. 1950 (AZ HKN 1985/M/H) in die „Gruppe der Minderbelasteten"eingereiht (Schreiben der Finanzmittelstelle München des Landes Bayern an das Amtsgericht, Abt. IV, München, Spruchgerichtsakte Heisig). „Als endlich auch er 1954 ‚wiederverwendet' werden sollte, fiel er am 23. 8. 1954 einem Unfall zum Opfer" (*Tobias*, Reichstagsbrand, 91). SS-Personalakten Heisig, Bundesarchiv Berlin, ehem. Berlin Document Center; GStA, Rep. 90 P, 5; Rep. 219, 27, 28; Nachlaß Grzesinski, 2058, 2064. Vgl. Kurzbiographie bei *Graf*, Politische Polizei, 351; *W. Hofer u. a.* (Hrsg.), Der Reichstagsbrand (Neuausgabe), 158ff.

10 Heisig an Schnitzler, 13. 3. 1948, Nachlaß Schnitzler.

11 Schnitzler an Diels, 21. 6. 1948, Nachlaß Schnitzler.

12 Schnitzler an Diels, 17. 6. 1948, Nachlaß Schnitzler.

13 Spitzname für den SA-Mann Willy Schmidt, siehe unten.

14 Schnitzler an Diels, 21. 6. 1948, Nachlaß Schnitzler.

15 Im Sinne von „tausendjährigen".

16 Schnitzler an Johannes Maaßen, 3. 7. 1948, Nachlaß Schnitzler.

17 Franz Janich (* 5. 10. 1895 in Marienwerder), Ministerialrat, Dr. jur., 1933 Leiter der politischen Gruppe im Preußischen Innenministerium. Im Dezember 1933 im Gestapa mit der Organisation und Verwaltung der Konzentrationslager beauftragt, später aus dem Staatsdienst entlassen. Nach 1945 zunächst Personalreferent beim Oberpräsidium in Düsseldorf, dann aufgrund politischer Belastungen entlassen und als Rechtsanwalt und Notar in Solingen tätig. SA-Mitglied seit Mitte 1933. Vgl. Kurzbiographie bei *Graf*, Politische Polizei, 356f.

18 Schnitzler an Janich, 3. 3. 1948, Nachlaß Schnitzler.

19 Der Züricher Rechtsanwalt Wilhelm Frick († 1961) war seit den dreißiger Jahren Vertrauensanwalt des deutschen Generalkonsulats und ein führender Vertreter der „Eidgenössischen Front", einer mit dem Nationalsozialismus sympathisierenden Bewegung. Fricks Büro hatte zudem dabei mitgeholfen, das in der Schweiz liegende Vermögen des in Feldkirch (Österreich) inhaftierten österreichischen Industriellen Hermann Scheffknecht zu enteignen und der Deutschen Reichsbank zu überweisen. Nach dem Krieg gab Frick die Zeitschrift „Neue Politik" heraus, die er seinen deutschen Gesinnungsgenossen als Sprachrohr zur Verfügung stellte und die 1948 wegen ihrer nazistischen Tendenz in den alliierten Besatzungszonen verboten wurde. In der „Neuen Zürcher Zeitung" vom 26./27. 2. 1983 schrieb der Schweizer Historiker Prof. Walther Hofer, „nach einem Bericht des Zürcher Obergerichts" sei Frick „damals einer der Vertrauensanwälte des deutschen Generalkonsulats in Zürich und einer Gestapoabteilung in Feldkirch" gewesen. „Die angeblich so wissenschaftliche Alleintäterthese ist also in der Küche ehemaliger Gestapobeamter und im Blatt eines ehemaligen Gestapovertrauten erstmals lanciert worden." Fricks Angehörige erhoben daraufhin gegen Hofer eine Ehrverletzungsklage wegen Verleumdung eines Verstorbenen. In einem Urteil vom 29. 10. 1986 sprach das Züricher Obergericht Hofer schließlich der üblen Nachrede gegen einen Verstorbenen schuldig, da nicht erwiesen sei, daß die Zollfahndungsbehörde in Feldkirch, mit der Frick und sein Mitarbeiter Keller zusammenarbeiteten, ein ausführendes Organ der Gestapo gewesen sei. Das Urteil wurde im Revisionsverfahren am 15. 4. 1998 vom Züricher Obergericht und am 4. 11. 1999 vom Kassationshof des Schweizerischen Bundesgerichts bestätigt (6S.386/1998/odi), obwohl der Leiter des Archivs für Zeitgeschichte an der ETH Zürich, Prof. Klaus Urner, inzwischen in mehreren Gutachten gezeigt hatte, daß die Zollfahndungsstelle Feldkirch ihre Instruktionen von der Gestapo in Berlin erhielt und Frick und Keller dies auch gewußt haben mußten.

20 *Anonymus* (gemäß seinem privaten Nachlaß: Heinrich Schnitzler), Der Reichstagsbrand in anderer Sicht, in: "Neue Politik", Zürich, 2. Januarheft ff. 1949.

21 *Diels*, Lucifer ante portas, 200 (Fußnote).

22   Urteilsaufhebungssache van der Lubbe, StA Berlin 2P Aufh 473/55, Bl. 69-71.

23   Tobias wahrte noch 1962 in seinem Buch das Pseudonym „Assessor Dr. Schneider" und ergänzte es sogar mit dem Vornamen „Wilhelm"!

24   Siehe Anm. 20.

25   Erklärung Rudolf Diels vom 14. 12. 1946 (Nachlaß Schnitzler): „Ich übertrug Schnitzler die Leitung der Abt. I, in der die allgemeinen Verwaltungsangelegenheiten zu bearbeiten waren. Politisch-polizeiliche Zuständigkeiten bestanden für diese Abteilung nicht, und sie hatte mit der Polizeiexekutive nicht das Geringste zu tun. Unter grösster persönlicher Gefahr, unbekümmert um die ständigen Anfeindungen durch die Partei, SS und SA, allein handelnd nach den Maximen des in der Weimarer Verfassung verankerten Rechtsstaates hat Schnitzler mir in meinem Kampf gegen den SA und SS Terror wertvolle Hilfe geleistet, obschon er dezernatsmässig daran nicht beteiligt war."

26   *Anonymus* (d. i. Heinrich Schnitzler), Der Reichstagsbrand (siehe Anm. 20), 4. 2. 1949.

27   Ebd., 4. 3.1949.

28   Ebd.

29   Ebd., 18. 3. 1949.

30   Auf die unterstützende Rolle der Katholischen Kirche für den Nationalsozialismus kann in diesem Buch leider nicht eingegangen werden. Vergl. dazu: *Dietrich Bronder*, Bevor Hitler kam, Genf 1975; *Karlheinz Deschner*, Mit Gott und dem Führer, Köln 1988; *Karlheinz Deschner*, Kirche und Faschismus, Rastatt 1993 sowie *Ernst Klee*, Persilscheine und falsche Pässe. Wie die Kirchen den Nazis halfen, Frankfurt a. M. 1992. .

31   Richard Wolff schrieb 1955 an Schnitzler „und erhielt umgehend ein Paket mit Broschüren und Fotokopien von Flugblättern über die kommunistische Gottlosen-Propaganda bis 1932!" (*Wolff*, Reichstagsbrand, 30).

32   Zit. nach *Lutz Hachmeister*, „Mein Führer, es ist ein Wunder!", in: „die tageszeitung", 27. 12. 1996; vgl. auch den Beitrag der Autoren „Augstein und die Gestapo-Connection" in: ebd., 21./22.. 2. 1998.

33   *Lutz Hachmeister*, Der Gegnerforscher. Die Karriere des SS-Führers Franz Alfred Six, 336.

34   Rudolf Augstein im Vorwort zum „Spiegel"-Jubiläumsheft 1997.

35   Siehe Anm. 33.

36   „Der Spiegel", 12. 5. 1949 - 7. 7. 1949.

37   Diels an Schnitzler, 15. 5. 1949, Nachlaß Schnitzler.

38   *Rudolf Diels*, Die Nacht der langen Messer ... fand nicht statt, in: „Der Spiegel", Hamburg, 7. 7. 1949, 23.

39   *Diels*, Lucifer ante portas, Zürich 1949, Stuttgart 1950 (im folgenden wird aus dieser Ausgabe zitiert).

40   *Diels*, Die Nacht der langen Messer ... fand nicht statt (siehe Anm. 38, 19),vgl. auch: *Diels*, Lucifer ante portas, 199f.

41   *Diels*, Lucifer ante portas, 200.

42   Ebd., 198f.

43   Die Bonner „Bundeszentrale für Heimatdienst" war dem Innenministerium unterstellt und sollte „den demokratischen und europäischen Gedanken" im deutschen Volk festigen und vertiefen. Sie gab die Wochenschrift „Das Parlament" heraus. Nachfolgebehörde wurde die „Bundeszentrale für politische Bildung".

44   Richard Wolff, Der Reichstagsbrand 1933, in: „Aus Politik und Zeitgeschichte. Beilage zur Wochenzeitung ‚Das Parlament'" , 18. 1. 1956.

45   Ebd., 30.

46   Ebd., 26.

47   Diels soll ähnliche Äußerungen seinerzeit auch gegenüber Harry Schulze-Wilde gemacht haben. Wegen der notorischen Unzuverlässigkeit aller Berichte Schulze-Wildes ist eine Bewertung jedoch nicht möglich.

48 Tobias: „Der pseudo-wissenschaftliche Bericht des Dr. Richard Wolff hat viel Unheil angerichtet und erheblich zur Verhärtung der bisherigen irrigen Geschichtsvorstellungen beigetragen" (*Tobias*, Reichstagsbrand, 4f.).

48a Auch die erst 1987 von Elke Frölich herausgegebenen Goebbels-Tagebücher [*J. Goebbels*, Die Tagebücher. Teil 1, Aufzeichnungen 1927-1941, München 1987) beweisen keineswegs, wie von der Herausgeberin irreführend behauptet, daß die NS-Führung vom Reichstagsbrand überrascht wurde (vgl. auch E. *Frölich*, Joseph Goebbels und sein Tagebuch, in: VjZ, 35. Jg. 1987, Heft 4, 491ff.). So steht den Einträgen vom 27. und 28. Februar, in denen Goebbels „die Kommune"der Brandstiftung bezichtigte, der Eintrag vom 1. Februar 1933 (362) gegenüber: „Kaiserhof mit Hitler. Terror der Roten besprochen. Vorläufig noch keine Gegenmaßnahmen. Erst aufbrennen lassen." Wenig aussagekräftig ist auch Goebbels' später notierte Behauptung, Hitler habe immer noch den Ex-KPD-Fraktionschef Torgler im Verdacht, während er, Goebbels, dies „für ausgeschlossen" halte (9. 4. 1941). Goebbels war viel zu sehr professioneller Lügner, als daß er in seinen für die Nachwelt bestimmten Aufzeichnungen in allen brisanten Punkten die Wahrheit geäußert hätte. Treffend urteilt Bernd Soesemann über dieses „Tagebuch": „Sein Quellenwert ist unklar, die Charakterisierung als intimes Tagebuch ist offensichtlich falsch, die Überlieferungsgeschichte dubios" (*Soesemann*, Inszenierungen für die Nachwelt. Editionswissenschaftliche und textkritische Untersuchungen zu Joseph Goebbels' Erinnerungen, diaristischen Notizen und täglichen Diktaten, in: Hisorische Zeitschrift, Sonderheft 16 (1992), 1-45.

49   Verwendung fanden auch die erst 1958 erschienenen Bücher: *Hans Otto Meissner /Harry Wilde*, Die Machtergreifung, und *Joe L. Heydecker/Johannes Leeb*, Der Nürnberger Prozeß.

50   Mitteilung des Bundesarchivs Koblenz vom 6. 7. 2000.

51   Aussage von Fritz Tobias vor dem Amtsgericht Hannover am 6. 7. 1961, Bl. 8f.

52   *Tobias*, Reichstagsbrand, 6.

53   AZ 1550/997/61.

54   Fritz Tobias, „Schwierige Wahrheitsfindung", in: „Berliner Stimme", Nr. 36, 2. 9. 1972, 9.

55   Vernehmung von Fritz Tobias vor dem Amtsgericht Hannover am 6. 7. 1961, Bl. 9.

56   In seinem Buch bedankte sich Tobias „für Rat und Hilfe" u. a. bei „Herrn Staatsanwalt Karl-Heinz Dobbert" (*Tobias*, Reichstagsbrand, 706).

57   Zacharias wurde 1924 geboren. 1972 soll er nicht mehr gelebt haben.

58   Aussage von Fritz Tobias vor dem Amtsgericht Hannover am 6. 7. 1961, Bl. 10.

59   Paul Karl Schmidt (* 2. 11. 1911 in Kelbra, Mitteldeutschland), NSDAP seit 1930; SS seit 1. 7. 1938, Nr. 308 263, seit 1. 7. 1943 Obersturmbannführer, Studium der Psychologie in Kiel, dort NS-Studentenbundsführer. Ende 1936 vom damaligen Sonderbeauftragten Hitlers, Ribbentrop, in dessen Dienststelle berufen, dort für Presse-und Spezialfragen zuständig, Mitarbeiter Ribbentrops während dessen Zeit als Botschafter in Großbritannien, 1938 Legationsrat 2. Klasse in der Presse- und Nachrichtenabteilung des Auswärtigen Amtes, 1939 stellvertretender Leiter, am 18. 4. 1939 von Hitler zum Vortragenden Legationsrat, am 10. 10. 1940 zum Gesandten 1. Klasse und Leiter der Presse- und Informationsabteilung des Auswärtigen Amtes berufen. Personalakte Paul Karl Schmidt, Bundesarchiv Berlin, ehem. Berlin Document Center.

60   Notiz von Paul Karl Schmidt vom 27. 5. 1944, Staatsarchiv Nürnberg, NG 2424, 487137 u. 487138.

60a Vgl. „Der Spiegel", Heft 20/1971, 140 (9. Fortsetzung der Serie "Pullach intern. Die Geschichte des Bundesnachrichtendienstes", dort Hinweise auf die „Org."-Mitarbeit verschiedener ehemaliger SS-Leute).

60b Hinweise auf die Vergangenheit Wolffs finden sich bei *Leo Brawand*, Die Spiegel-Story, 1987, zu Wolff und Mahnke in einem Beitrag des Ex-„Spiegel"-Kolumnisten Otto Köhler (in: „Konkret", 1992). Vgl. auch Lutz Hachmeister, Der Gegnerforscher. Diue Karriere des

SS-Führers Franf Alfred Six, München 1998.

61   Rudolf Augstein, in: „Der Spiegel", 21. 10. 1959, 42-43, Zitat 43.

62   *Tobias*, Reichstagsbrand, 592f.

63   *Anonymus* (d. i. Heinrich Schnitzler): Der Reichstagsbrand in anderer Sicht, in: „Neue Politik", Zürich, 18. 3. 1949.

64   „Der Spiegel", 21. 10. 1959, 54f.

65   *Tobias*, Reichstagsbrand, 592.

66   Ebd., 530-550.

67   Aussage von Fritz Tobias vor dem Amtsgericht Hannover am 6. 7. 1961, Bl. 10f. In seinem Buch dehnte Tobias seine hochgradig aggressiven Assoziationen noch auf weitere der von ihm „genannten Sünder" aus, die sich „glücklich preisen [könnten], daß bei uns nicht ähnlich harte Strafen [wie die Hinrichtung] drohen; sonst ginge es dem einen oder anderen ganz gewißlich an den Kragen" (*Tobias*, Reichstagsbrand, 589).

68   Aussage von Fritz Tobias vor dem Amtsgericht Hannover am 6. 7. 1961, Bl. 13.

69   In: Akten der Strafsache Hans-Georg Gewehr, 8 Js 3483/60, Bl. (39f.) 85f., Hauptsstaatsarchiv Düsseldorf, Zweigarchiv Schloß Kalkum, Ger. Rep. 372 Nr. 990, 992 und 993.

70   Vernehmung von Dr. Walter Zirpins am 4. 1. 1960, Strafakten 10 Js 1/59 STA Dortmund gegen Braschwitz, Bl. 82.

71   *Tobias*, Reichstagsbrand, 706.

72   Nach den Erinnerungen von Heinz Lehniger, der von 1932 bis 1936 als Lehrling und Gehilfe in Sacks Anwaltskanzlei tätig war, verlegte Sack vermutlich im März 1936 seinen Wohnsitz einschließlich Kanzlei von der Tauentzienstraße 17 in die Kuno-Fischer-Straße in Berlin-Charlottenburg. 1944, vermutlich im August, erlitt die Villa einen Bombenschaden und Sack zog zu seinen Schwiegereltern nach Finowfurt bei Eberswalde, offenbar ohne dort eine berufliche Tätigkeit auszuüben. „Sack wurde im Februar 1945 mit seiner jungen Frau durch Fliegerbeschuß in der Stadt Brandenburg an der Havel getötet, vermutlich beide auf dem Fahrrad fahrend" (Schreiben Heinz Lehniger, Berlin, an Walther Hofer vom 20. 12. 1967, mündliche Mitteilung vom Juli 2000).

73   Wolff berief sich dabei auf die Mitteilung der Steuerberaterin Dr. Balog, die dem Ehepaar Sack nahegestanden habe. *Wolff*, Der Reichstagsbrand, 26.

74   BStU, MfS-AS 219/66, Bl. 000011.

75   Ebd., Bl. 000007.

76   Leserbrief Torglers, in: „Der Spiegel", 4. 11. 1959, 66.

77   Bundesarchiv, Kleine Erwerbungen 396.

78   Mitteilung des Bundesarchivs Koblenz vom 6. 7. 2000.

79   *Tobias*, Reichstagsbrand, 707.

80   Schreiben von Tobias an den Generalstaatsanwalt bei dem Landgericht Berlin vom Sept. 1959, betr. „Urteilsaufhebungssache Marinus van der Lubbe" (2 P Aufh. 473.55) mit der Bitte um Überlassung der Akten; Schreiben von Tobias an den Generalstaatsanwalt bei dem Landgericht Berlin vom 8. 10. 1959 betr. Rücksendung der „Akten van der Lubbe" im Umfang von einem Band Akten und 10 Beiheften („Die o. a. Akten werden nach Einsichtnahme mit Dank zurückgesandt."). Beide Schreiben tragen den Dienststempel „Der Niedersächsische Minister des Innern, Das Landesamt für Verfassungsschutz" und die Unterschrift „Im Auftrage: Tobias, Oberregierungsrat" (Kopien im Depositum Walther Hofer, Schweizerisches Bundesarchiv, im Faksimile abgedr. in: *Gerhard Pletschacher*, „Die Zeit'-Geschichts-Manipulation, Traunstein 1981, 150).

81   Diese Dokumente waren anläßlich des durch die Familie van der Lubbes 1955 vor dem Landgericht Berlin beantragten Wiederaufnahmeverfahrens aus dem als Ganzes von der Witwe des Reichsgerichtsrats Coenders nicht freigegebenen Nachlaß zugänglich geworden. Vgl. *Hans Schneider*, Neues vom Reichstagsbrand?, 3 (unveröffentlichtes Manuskript, Institut für Zeitgeschichte, München).

82   2 P Aufh. 473/55 GStA beim Landgericht Berlin.

83   (503) 77 KLs 16/37 (165.36), Strafakte gegen Gunsheimer und andere.

84   3 P (k) Js 212/60, Ermittlungsverfahren gegen Karl Reineking wegen Verdachts des Mordes.

85   Aussage von Fritz Tobias vor dem Amtsgericht Hannover am 6. 7. 1961, Bl. 11f.

86   St 65, Bd. 109, abgedr. in: Dimitroff-Dokumente, Bd. 1, 74.

87   Vernehmung Zirpins vor dem Amtsgericht Hannover vom 6. 7. 1961, AZ AR 757/61.

88   Schreiben vom 2. 3. 1933, St 65, Bd. 109, Bl. 259.

89   Die Kommission leiteten Bunge und Braschwitz: „Während Kriminalkommissar Bunge und seine Beamten die Brandstiftung als solche bearbeiten, führt K. K. Dr. Braschwitz und seine Beamten die Ermittlungen nach den Tätern und ihrer Hinterleute" (Schreiben Braschwitzs vom 11. 3. 1933 an den Untersuchungsrichter bzgl. der Zusammensetzung der Brandkommission, St 65, Bd. 109, Bl. 106R).

90   Wie dieses Flugblatt in den Besitz van der Lubbes kam, ist tatsächlich ungeklärt. Allerdings gab van der Lubbe bei seinem „Gespräch" mit Heisig am 27. 2. 1933 zu, das dieses ihm gehöre (siehe dazu Kapitel 5, Teil 2).

91   Weiterhin erklärte Heisig überraschend, van der Lubbe sei ihm am 27. Februar 1933 „mit Brandwunden" gebracht worden. Auf den von Lubbe unmittelbar nach seiner Festnahme angefertigten Fotos sind im Gegensatz zu dieser Behauptung keinerlei Brandwunden zu erkennen. Eine ärztliche Untersuchung nach der Festnahme erfolgte nicht, was seinerzeit schon der Gutachter Schatz bemängelt hatte. Weiterhin bekundete Heisig: „Er [van der Lubbe] sprach ziemlich schlecht deutsch." Dies stand im Widerspruch zu den früheren Bekundungen Heisigs und läßt es noch unverständlicher erscheinen, daß bei dem „Gespräch" in der Brandnacht kein Dolmetscher zugegen war (Protokoll der öffentlichen Sitzung der Hauptkammer Nürnberg, AZ: HKN 1985/Ho, vom 7. 2. 1950; Spruchkammerakte Helmut Heisig, Bl. 75, Amtsgericht München).

92   Erklärung Zirpins' vom 20. 12. 1951, zit. nach: *Tobias*, Reichstagsbrand, 83.

93   Aktenvermerk der Staatsanwaltschaft Dortmund vom 4. 1. 1960. Strafakten 10 Js 1/59, Ermittlungsverfahren gegen Rudolf Braschwitz, in: Akten der Strafsache Hans-Georg Gewehr, 8 Js 3483/60, Bl. 36 (82).

94   Zirpins an Tobias vom 9. 2. 1960, Institut für Zeitgeschichte, Zeugenschrifttum.

95   Vernehmung vor dem Amtsgericht Hannover vom 6. Juli 1961, AZ AR 757/61.

96   „Abschlußbericht" vom 3. 3. 1933, St 65, Bd. 109, Bl. 60-72; abgedr. in: Dimitroff-Dokumente, Bd. 1, 70-78, Zitat 77f.

97   Auslobung von 20 000 Mark, Entwurf abgedr. in: Dimitroff-Dokumente, Bd. 1, 69f.; Abbildung des Plakats in: Dimitroff-Dokumente, Bd. 1, Bildteil (9) sowie im vorliegenden Buch.

98   *Tobias*, Reichstagsbrand, 91.

99   „Algemeen Handelsblad", 11. 3. 1933, von Tobias (Reichstagsbrand, 88) an den entscheidenden Stellen verkürzt zitiert.

100   Fritz Tobias in der Fernsehsendung „Der Reichstagsbrand. Vom Ende einer Legende?", Hessischer Rundfunk, 30. 4. 1986.

101   *Tobias*, Reichstagsbrand, Kapitel 13; 420-456.

102   *Jürgen Schmädeke/Alexander Bahar/Wilfried Kugel*, „Der Reichstagsbrand in neuem Licht", in: Historische Zeitschrift, Bd. 269, Heft 3 (1999), 619-622.

103   *Ferdinand Kugler*, Das Geheimnis des Reichstagsbrandes, Amsterdam/Leipzig o. J. [1934], 111-113; Zitat: 111.

104   36seitiger Brief von Tobias an Lew Besymenski vom 14. 6. 1978.

105   Daß der von Tobias so heftig attackierte Gutachter Schatz bei seinen Untersuchungen tatsächlich äußerst gewissenhaft vorging und seine Funde im Plenarsaal keineswegs fingiert waren, bezeugte nach dem Krieg im übrigen Schatz' damaliger Assistent, der spätere Oberre-

gierungsrat Prof. Walter Specht, in einem Schreiben vom 13. 4. 1976 an den Historiker Karl Dietrich Erdmann (Schweizerisches Bundesarchiv, Depositum Walther Hofer). Darin bestätigte Specht die Funde seines einstigen Vorgesetzten im ausgebrannten Reichstagsgebäude und wies Tobias' Kritik an der „fachlichen Qualifikation" des Chemikers entschieden zurück. Specht widersprach auch Tobias' Behauptung, Schatz hätte der NSDAP nahegestanden und mit seinen Aussagen vor Gericht van der Lubbes Verurteilung erst ermöglicht. Schatz' Abschlußgutachten sei im Gegenteil von den Nationalsozialisten als "ungünstig erachtet" worden: „Indem er die Möglichkeit erwog, daß van der Lubbe gar nicht im Plenarsaal gewesen sei, war Dr. Schatz mit seinem Gutachten für das Regime nicht länger tragbar." Schatz sei unter anderem in dem Verfahren wegen der „Boxheimer Dokumente" als Sachverständiger tätig gewesen. „Es kam seinerzeit zur Verurteilung des hinreichend bekannten Dr. Best. Die Schriftexpertisen hatte Dr. Schatz ausgearbeitet. – Mit der NSDAP kann er sonach kaum befreundet gewesen sein." Wie Specht weiter ausführte, wurde Schatz' Institut in Halle kurze Zeit nach dem Reichstagsbrandprozeß von den Nazis geschlossen. Gegen Ende der dreißiger Jahre habe Schatz sein Institut von Halle nach Sondershausen verlegt, wo er später während des Krieges als Chemiker in einem Industriebetrieb tätig gewesen sei. Seit 1945 ist Schatz verschollen.

106 *obias*, Reichstagsbrand, 541.

107 Anklage gegen die Ankläger. Die Widerlegung der geheimen Anklageschrift des Reichstagsbrand-Prozesses (hrsg. vom Weltkomitee für die Opfer des Hitlerfaschismus), Paris 1933, 43-46. Auch in seinem Quellenverzeichnis gab Tobias diese Broschüre nicht an. Für den hier gegen Schatz erhobenen Vorwurf, Mitarbeiter in Görings Luftfahrtministerium zu sein, fanden die Autoren keine Bestätigung. Möglicherweise wurde Schatz mit dem Chemiker Dr. Richard Lepsius verwechselt.

108 Die von Tobias teilweise übernommenen grammatikalischen Fehler beweisen, daß seine Zitate aus dem Nachtrag zum Braunbuch I stammen.

109 Anklage gegen die Ankläger (siehe Anm. 107), 43.

110 Ebd., 46.

111 „Reichstagsbrand. Schüsse ins Blaue", in: „Der Spiegel", 44/1969, 71-78.

112 Brief des Vorstands der SPD (Egon Bahr) vom 15. 8. 1977 an Dr. Manfred Geßner (Kopie in Sammlung Schmädeke/Zipfel).

113 Das "Reichsbanner Schwarz-Rot-Gold", formell überparteilich, war ein politischer Kampfverband, dem hauptsächlich Mitglieder der SPD angehörten. Das Reichsbanner, Mitbegründer der „Eisernen Front", setzte dem „Preußenschlag" und der NS-Machtergreifung keinen Widerstand entgegen.

114 *Fritz Tobias*, „Schwierige Wahrheitsfindung", in: „Berliner Stimme", Nr. 36, 2. 9. 1972, 9.

115 Ebd.

116 „Noch einmal: Reichstagsbrand. Tobias gegen Fraenkel und Fraenkel gegen Tobias", in: „Der Monat", Nr. 166, Juli 1962, 84-88; Zitat 84.

117 "Die Geschmacklosigkeit, den Reichstagsbrand als eine ‚Sternstunde der Menschheit' hinzustellen, blieb ausgerechnet einem Manne vorbehalten, der in der Entnazifizierung Niedersachsens eine Rolle spielte, wofür er als ehemaliges Mitglied der Geheimen Feldpolizei, der er während des Krieges nach seinen eigenen Aussage im Prozeß angehört haben will, sicher besondere Voraussetzungen mitbrachte." Außerdem hatte Schulze-Wilde behauptet: „Sein [Tobias'] Versuch, als NS-Verfolgter anerkannt zu werden, scheiterte allerdings". In: „Der Monat", Nr. 166, Juli 1962, 94.

118 Dies geht aus einem entsprechenden Schreiben von Heinrich L. Bode vom 1. 5. 1962 an Harry Schulze-Wilde hervor (Nachlaß Hans Bernd Gisevius, Archiv für Zeitgeschichte der ETH Zürich): „Er [Tobias] kommt aus der sozialistischen Arbeiterjugend. Im dritten Reich soll er bei der geheimen Feldpolizei gewesen sein. Jedenfalls in einer Vernehmung vor Gericht anläßlich des ‚Grande-Prozesses' in Hannover hat er eine entsprechende Aussage gemacht."

Vgl. auch: *Heinrich L. Bode*, „Der Reichstagsbrand und die Ermittlungen des Kriminalkommissars Dr. Walter Zirpins. Eine Erwiderung an Herrn Fritz Tobias", in: „Gegen Willkür und Mißbrauch der Macht (Das soziale Deutschland)", Nr. 5, Dortmund, 1-2; „Kultur" Nr. 173, März 1962, 10. Nach einer schriftlichen Mitteilung der Zentralen Stelle der Landesjustizverwaltungen in Ludwigsburg vom 8. 5. 1995 taucht ein Gerhard Grande, geb. 1913, im Zusammenhang mit den Verfahren gegen Wilhelm Genth und Paul Maas (2 Ks 2/63) sowie gegen Friedrich Wilhelm Rex und Alfred Grams (11 Js 8/73 [neues AZ: 11 Ks 3/76]) auf. Die genannten Verfahren betreffen das Nebenlager Hannover-Stöcken bzw. Mühlenberg (Linden-Hanomag) des Konzentrationslagers Neuengamme. Mehrere Anfragen, die einer der Autoren (A. B.) seit 1995 mit der Bitte um Einsichtnahme in die Verfahrensunterlagen an die Staatsanwaltschaft Hannover richtete, blieben unbeantwortet. Erst in einem Schreiben vom 9. 6. 2000 teilte diese mit, die Akten der betreffenden Verfahren seien zwischenzeitlich an das Niedersächsische Hauptstaatsarchiv abgegeben worden, wo sie unter den Signaturen Nds. 721 Hannover Acc. 97/99 Nr. 26 bzw. Nds. 721 Hannover Acc. 97/99 Nr. 29 verwahrt würden. Eine Einsichtnahme in diese Unterlagen war den Autoren vor Redaktionsschluß leider nicht mehr möglich.

119 In: Akte 2 P Js 1073/62 (Ermittlungsverfahren gegen Harry Schulze-Wilde) der Generalstaatsanwaltschaft bei dem Landgericht Berlin.

120 Gez.: „Im Auftrage Kuntze, Oberstaatsanwalt", in: Akte 2 P Js 1073/62 (Ermittlungsverfahren gegen Harry Schulze-Wilde) der Generalstaatsanwaltschaft bei dem Landgericht Berlin.

121 Vgl. hierzu: *Klaus Gessner*, Geheime Feldpolizei, Berlin (Ost) 1986.

122 Gesprächsnotiz von Christoph Graf, 13. Juni 1973, mit Babette Gross (Depositum Walther Hofer, Schweizerisches Bundesarchiv).

123 Handschriftliche Ergänzung durch Babette Gross vom 3. 7. 1973 (Depositum Walther Hofer, Schweizerisches Bundesarchiv). Bei dem Genannten handelt es sich um Werner Blumenberg, während des „Dritten Reiches" Leiter der aus der Hannoveraner SPD hervorgegangenen antifaschistischen Organisation „Sozialistische Front", der sich kurz vor der Zerschlagung seiner Gruppe durch die Gestapo im August 1936 in die Niederlande absetzen konnte und nach 1945 bis zu seinem Tod im Jahre 1965 die Mitteleuropa-Abteilung im Internationalen Institut für Sozialgeschichte (IISG) in Amsterdam leitete. Daß Tobias Blumenberg kannte und mit diesem auch nach dem Krieg in Verbindung stand, geht aus einer Korrespondenz hervor, die sich im Nachlaß Blumenbergs im IISG befindet (Briefe von Fritz Tobias an Werner Blumenberg vom 18. 8. 1950 und vom 24. 7. 1957, Nachlaß Blumenberg, Internationales Institut für Sozialgeschichte, Amsterdam).

124 Handschriftliche Ergänzung durch Babette Gross (siehe Anm. 123). „In einer persönlichen Begegnung" habe Tobias „in völliger Voreingenommenheit praktisch ausschließlich versucht", Babette Gross „zu einer Zustimmung zu seinen negativen Urteilen über das BB [Braunbuch] zu überreden".

125 Schreiben vom 1. 5. 1962 an Harry Schulze-Wilde. Vgl. auch: *Heinrich L. Bode*, "Der Reichstagsbrand und die Ermittlungen des Kriminalkommissars Dr. Walter Zirpins. Eine Erwiderung an Herrn Fritz Tobias" (siehe Anm. 118).

126 Rotbuch. Eine Dokumentation über die Personalpolitik der S.P.D. in Niedersachsen, herausgegeben von der C.D.U. für die Landtagswahl am 19. Mai 1963, 26. Zit. nach einem Brief von Prof. Theodor Kristen an Walther Hofer vom 28. 11. 1973, Depositum Walther Hofer, Schweizerisches Bundesarchiv.

127 Zit aus: „Reichstagsbrand", Beilage zu einem Schreiben von Heinrich L. Bode an die Sonderstaatsanwaltschaft für NS-Verbrechen, z. H. von Oberstaatsanwalt Dr. Schüle, Ludwigsburg, vom 4. 5. 1960; AR-Nr. 427/60; Ermittlungsverfahren gegen Dr. Zirpins wegen Verdachts der Beihilfe zum Mord (StA Hannover, 2 Js 363/60; Bd. 1 Bl. 56-59, Zit. Bl. 58f.). Vgl. auch Schreiben vom 1. 12. 1960 an Hans Bernd Gisevius, Nachlaß Gisevius (Archiv für

Zeitgeschichte der ETH Zürich).

128 *Fritz Tobias*, „Schwierige Wahrheitsfindung", in: „Berliner Stimme", Nr. 36, 2. 9. 1972, 9.

129 Felix M. Preuss, "Reichstagsbrandstifter van der Lubbe mal wieder ‚unschuldig'", in: „Nationalzeitung", 31. 10. 1969, 4 u. 9.

130 Der reguläre Ruhestand wäre mit Erreichen der Altersgrenze von 65 Jahren eingetreten, also erst am 3. 10. 1977.

131 *Backes u. a.*, Reichstagsbrand, 110.

132 Vgl. hierzu und im folgenden insbesondere: *Dieter Graber*, „Brennt der Reichstag noch immer?! Der Reichstagsbrand: 8. Justizrunde – wieder in Düsseldorf. ‚Geschichtsdetektiv' Tobias beschäftigt die Justizorgane am laufenden Band", in: „Freiheit und Recht", März/April 1976, 1-5.

133 Vernehmung Fritz Tobias vor dem Amtsgericht Hannover vom 6 . 7. 1961, 87 AR 757/6, in dem Rechtsstreit Gewehr gegen Dr. Gisevius vor dem Landgericht Düsseldorf.

133a Staatsanwaltschaft bei dem Landgericht Berlin, Aufhebungssache van der Lubbe – Geschichtlich wertvoll, 7060 2P Aufh 9/66, Handakten Bd. 1 (096611) u. Bd. 2 (096621/22), Beistücke (096631)-

133b Ermittlungsverfahren der Staatsanwaltschft beim Landgericht Berlin, Strafsache gegen Schmidt gen. Schweinebacke u. a., P (K) Js 6/668, Bd. 2.

134 Die Broschüre lag den Autoren leider nicht vor. Sie verschwand aus den Akten der Berliner Generalstaatsanwaltschaft. Tobias weigerte sich auf Anfrage, sie zur Verfügung zu stellen.

135 *Alexander Bahar/Wilfried Kugel*, „Der Reichstagsbrand – ein Zeichen Gottes? Neue Hinweise auf eine selbstinszenierte Aktion der Nazis", in: „Neue Zürcher Zeitung", 19./20. 8. 1995.

136 Hans Bernd Gisevius, „Reichstagsbrand im Zerrspiegel", in: „Die Zeit", 4./ 11./ 18./ 25. 3. 1960.

137 Ebd., 4. 3. 1960.

138 *Eugen Kogon*, „Die neue Argumentation in Sachen Reichstagsbrand", in: „Frankfurter Hefte", 15, 1960, 309-320, 401-412.

139 *Rudolf Augstein*, „Brief an die Spiegel-Leser", in: „Der Spiegel", Hamburg, 18/1960, 14-18.

140 Gutachten des Instituts für Zeitgeschichte, erstattet im Prozeß Dr. Gisevius gegen Tobias vor dem Oberlandesgericht Hamburg, vom 3. 5. 1962, Bl. 1 (Nachlaß Gisevius, Archiv für Zeitgeschichte der ETH Zürich, Sig. 15.15 u. 15.19).

141 *Werner Bross*, Gespräche mit Hermann Göring während des Nürnberger Prozesses, Flensburg-Hamburg 1950, 196.

142 *Wolff*, Reichstagsbrand, 31; das Datum von Gewehrs Flucht wird bestätigt im Urteil des Landgerichts Düsseldorf vom 20. 2. 1962, Gewehr gegen Gisevius, Bl. 10.

143 Protokoll der öffentlichen Sitzung des 4. Zivilsenats des Oberlandgerichts Düsseldorf vom 7. Juni 1963 in Sachen Gisevius gegen Gewehr, Bl. 8f.

144 Urteil des Oberlandgerichts Düsseldorf vom 6. 8. 1963 in der Berufungssache Gewehr gegen Gisevius, Bl. 3.

145 Kriminalkommissar Rudolf Lissigkeit beging am 28. Februar 1933 im Rahmen von Ermittlungen das Reichstagsgebäude. Siehe *W. Hofer u. a.* (Hrsg.), Der Reichstagsbrand, 124-126.

146 Vernehmung Friedrich Strindberg vom 15. 11. 1960 durch das Bayerische Landeskriminalamt; Staatsarchiv Ludwigsburg, Ger. Rep. 372, Nr. 990, 992, 993.

147 Schreiben des Instituts für Zeitgeschichte, Archiv, Dr. Klaus A. Lankheit, vom 7. 8. 2000 an W. Kugel.

148 Schreiben Hermann Gramls an Hans Schneider vom 25. 4. 1960; Nachlaß Gisevius, ETH Zürich, Archiv für Zeitgeschichte.

149 Urteil des Landgerichts Düsseldorf vom 3. 12. 1969, 17 O 156/67, Bl. 8.

150 Für die Reichstagsbrandstiftung galt eine Verjährungsfrist von 15 Jahren, die aber erst am 8. Mai 1945 (Kapitulation Hitler-Deutschlands) abzulaufen begann. Damit konnte die Staatsanwaltschaft am 7. Mai 1960 gerade noch rechtzeitig durch eine Zeugenvernehmung die Verjährungsfrist unterbrechen.

151 Rudolf Augstein, Brief an die „Spiegel"-Leser, in: „Der Spiegel", 18/1960, 14.

152 Vernehmung Fritz Tobias vom 6. 7. 1961, Amtsgericht Hannover, 87 AR 757/61, Bl. 12.

153 Urteil des Oberlandgerichts Düsseldorf vom 6. 8. 1963 in der Berufungssache Gewehr gegen Gisevius, Bl. 41, 61.

154 Ebd., Bl. 56, 58.

155 Ebd., Bl. 2.

156 Ebd., Bl. 62.

157 Unterstreichung im Original.

158 Urteil des Bundesgerichts vom 11. 1. 1966, VI ZR 221/63, Bl. 14.

159 Urteil des Landgerichts Düsseldorf vom 3. 12. 1969, 17 O 156/67, Bl. 12.

160 Ebd.

161 *Martin Broszat*, „Zum Streit um den Reichstagsbrand", in: Vierteljahrshefte für Zeitgeschichte, Jg. 8 (1960), 275-279, Zitat 278. Vor dem Hintergrund späterer Publikationen von „Amateurhistorikern" (z. B. zur „ Auschwitz-Lüge"), gegen die sich der Gesetzgeber in der Bundesrepublik nur noch mit Verboten zu helfen wußte, mutet der Vergleich Broszats geradezu prophetisch an.

162 Zum Komplex Schneider/Mommsen/IfZ siehe: *Hersch Fischler*, „aus allgemeinpolitischen Gründen unerwünscht", unveröffentlichtes hektographiertes Manuskript, August 2000; vgl. auch Hersch Fischler/Holger Becker, „aus allgemeinpolitischen Gründen unerwünscht", in: „Die Weltwoche", Zürich, 9. 11. 2000.

163 Aktennotiz. Unterredung [von Hans Mommsen] mit Rechtsanwalt Dr. Delp betr. Rechtslage in der Angelegenheit Schneider, Institut für Zeitgeschichte, ZS-A7. (Die Autoren danken Hersch Fischler und Dr. Gerhard Brack für die Einsichtnahme in diese Unterlage.)

164 Urteil des Landgerichts Hamburg vom 17. 1. 1962, 17 Q 603/61.

165 „Der Spiegel", 4/1962.

166 Gutachten des Instituts für Zeitgeschichte, erstattet im Prozeß Dr. Gisevius gegen Tobias vor dem Oberlandesgericht Hamburg vom 3. 5. 1962 sowie schriftlicher Nachtrag von Hermann Graml an RA Dr. Martin Holste, Hamburg, vom 6. 6. 1962 (Nachlaß Gisevius, Archiv für Zeitgeschichte der ETH Zürich, Sig. 15.15 u. 15.19.

167 Ebd.

168 Hans Schneider, Neues vom Reichstagsbrand?, unveröffentlichtes Manuskript, Institut für Zeitgeschichte, München, 16.

169 Hans Schneider, wörtlich zit. in dem Beitrag von *Wolfgang Schwarz*, „Gegen van der Lubbe und seine Komplicen", in: „Süddeutsche Zeitung", 21./22. 12. 1963, 51.

170 Hans Mommsen, geb. am 5. 11. 1930 in Marburg, Sohn des Historikers Wilhelm Mommsen, Zwillingsbruder des Historikers Wolfgang Mommsen. Er promovierte 1959 über das Thema „Die Sozialdemokratie und die Nationalitätenfrage im Habsburgerreich" bei Hans Rothfels in Tübingen und war dort 1960 als wissenschaftlicher Assistent tätig. 1963 wissenschaftlicher Assistent in Heidelberg. 1967 Habilitation zum Thema „Beamtentum im Dritten Reich". 1968 Professor für Neuere Geschichte in Bochum; 1996 emeritiert.

171 *Hans Mommsen*, „Der Reichstagsbrand – ein ungelöstes Problem der Forschung", in: „Stuttgarter Zeitung", 5. 7. 1962.

172 Siehe Anm. 163.

173 Ebd.

174 Ebd.

175 Ebd.

176 Brief Hans Schneiders an Alfred Weiland vom 8. 2. 1963; Sammlung Schmädeke-Zipfel.

177 Ebd.

178 *Hans Mommsen*, „Der Reichstagsbrand und seine politischen Folgen", in: Vierteljahrshefte für Zeitgeschichte (VfZ), 12, 1964, 351-413.

179 Ebd., „Vorbemerkung des Herausgebers", gez. H. R. (Hans Rothfels), 351.

180 Wie bereits erwähnt, verweigerte Tobias den Autoren des vorliegenden Buches jegliche der angefragten Quellen.

181 Siehe Anm. 178, Zitat 358, Fußnote 17.

182 Ebd., Fußnote 22.

183 Mommsen gestikulierte heftig, sprach teilweise sehr laut, fand manchmal keine Formulierungen und tippte die Asche seiner Zigaretten ins Studio statt in den Aschenbecher.

184 Mommsen brach den Satz hier ab! Er meinte mit „Rezeption" offenbar seine Rezension des Buchs von Tobias 1962 in der „Stuttgarter Zeitung", die er natürlich bis 1964 erheblich „nachgebogen" hatte.

185 „Der Reichstagsbrand. Vom Ende einer Legende?", Fernsehdiskussion am 30. 4. 1986, ARD (Produzent: Hessischer Rundfunk).

185a Der sogenannte „Historikerstreit" begann 1986 nach einem Artikel des Frankfurter Philosophen Jürgen Habermas am 11. 7. 1986 in der „Zeit" („Eine Art Schadensabwicklung. Die apologetischen Tendenzen in der deutschen Zeitgeschichtsschreibung"), in dem er sich mit Positionen der Historiker Michael Stürmer, Andreas Hillgruber, Klaus Hildebrand und Ernst Nolte auseinandersetzte. Habermas kritisierte dabei deren „neokonservatives Weltbild". Insbesondere erhob er gegen Nolte den Vorwurf, die NS-Verbrechen gegenüber den Juden zu relativieren und zu verharmlosen, indem er sie nicht als geplante Aktionen, sondern als bloße Reaktion auf andere historische Ereignisse (vor allem die Massenmorde während und nach der Russischen Revolution) darstellte. In der Folge wurde nach solch revisionistischer Neuinterpretation der Geschichte auch der deutsche Angriffskrieg gegen die Sowjetunion als reine Reaktion auf die Bedrohung durch den Bolschewismus dargestellt. Zur diesbezüglichen (nicht abgeschlossenen!) Grundsatzkontroverse siehe: *Klaus Hildebrand*, Das Dritte Reich (Oldenbourgs Grundriß der Geschichte, Bd. 17), 3. Aufl. München 1987, 178-188 und *Ian Kershaw*, Der NS-Staat. Geschichtsinterpretationen und Kontroversen im Überblick, Reinbek 1988, 125-163.

186 Die Sendung wurde erst 2000 in 3Sat wiederholt.

187 Das Hinrichtungsgerät soll aus der Zeit der französischen Revolution stammen und noch heute eingeölt und verpackt in Leipzig liegen.

188 Staatsanwaltschaft beim Landgericht Berlin, Aufhebungssache van der Lubbe, 2 P Aufh. 9/66, Bd. 2, Bl. 44-75.

189 Beschluß in der Urteilsaufhebungssache betreffend den verstorbenen Maurer Marinus van der Lubbe, vom 17. 5. 1968. Staatsanwaltschaft beim Landgericht Berlin, Aufhebungssache van der Lubbe 2 P Aufh. 9/66, Bd. 2, Bl. 108-111; Zitat Bl. 111. Original des Beschlusses im Besitz von Rechtsanwalt Gerhard Jungfer, Berlin.

190 Ebd., Bl. 76-115. Mit diesem Urteil schloß sich die Kammer dem Antrag Jan van der Lubbes vom 11. 11. 1965 und der Antragsschrift des Generalstaatsanwalts beim Kammergericht Berlin vom 8. 12. 1966 an (Az. 510-17/80).

191 Staatsanwaltschaft bei dem Landgericht Berlin, Aufhebungssache van der Lubbe, 2 P Aufh 9/66, Bd. 5, 65-72 (Geschäftsnummer 3 AR 232/79 - 4 WS 53/81 - [510] 2 P Aufheb 9/66 (17/80).

192 Ebd., 74-78.

193 Ebd., 102-104 (2 Ars 117/81).

194 Ebd., Bd. 6, 104-115 ([4] ARP 132/82- [11/82]).

194a Diese Behauptung des BGH ist besonders frappierend. Mit dem kategorischen Ausschluß einer Benutzung des unterirdischen Ganges durch einen SA-Brandstiftertrupp offenbarte das Reichsgericht im Gegenteil gerade seine Voreingenommenheit und juristische Befangenheit (vgl. Kap. 4, Abschnitt „Der unterirdische Gang").

195 Ebd., 168-174 (3 Ars 4/83 - StB 15/83).

196 Ebd., 191-195. Hierbei handelte es sich nicht um einen Wiederaufnahmeantrag, sondern um die „Beanstandung der rechtsirrigen Entscheidung des Landgerichts vom 21. April 1967 in der strafrechtlichen Wiedergutmachungssache". Obwohl Kempner neue Zeugenaussagen präsentierte, wurde seine Beschwerde am 19. 12. 1983 vom 4. Strafsenat des Kammergerichts Berlin und am 26. 1. 1984 auch vom Landgericht Berlin „als unzulässig verworfen", da „das Verfahren durch Sachentscheidungen seinen rechtskräftigen Abschluß gefunden" habe und „auch nicht durch ein weiteres Antragsverfahren fortgeführt werden" könne (Beschluß des LG Berlin vom 26. 1. 1984; Az 3 AR 80/82 – 4 Ws 298/83; Aufhebungssache van der Lubbe, Bd. 6., unpag.). Eine Beschwerde gegen den Beschluß des Landgerichts verwarf der 4. Strafsenat des Kammergerichts Berlin am 15. 3. 1984 „als unbegründet" (Aufhebungssache van der Lubbe, Bd. 6., 205ff.; Bd. 7, 31).

197 Ein erneuter Wiederaufnahmeantrag von Hersch Fischler vom 13. 1. 1993 wurde laut Schreiben vom 21. 1. 1994 von der Bundesanwaltschaft zunächst angenommen. Am 5. 2. 1996 teilte der Generalbundesanwalt beim Bundesgerichtshof dem Antragsteller mit, daß er „einen Antrag auf Wiedereinsetzung jedoch nicht für aussichtsreich" halte. Die vom Antragsteller genannten Tatsachen und Beweismittel reichten nicht aus, „die Feststellungen des Reichsgerichts zu entkräften, daß der im brennenden Reichstag festgenommene Marinus van der Lubbe jedenfalls auch Täter war, wenn er auch Mittäter hatte, und daß er für seine Taten strafrechtlich verantwortlich war. Aus diesem Grund sind Ihre weitergehenden Hinweise auf andere Personen, die als Mittäter in Betracht kommen oder als solche ermittelt werden könnten, für die Prüfung eines Wiederaufnahmeantrags unbeachtlich" (Staatsanwaltschaft bei dem Landgericht Berlin, Aufhebungssache van der Lubbe, 2 P Aufh 9/66, Bd. 7, 15ff.;182f.).

197a *Robert M. W. Kempner*, Hermann Göring als Organisator des Reichstagsbrandes, 373.

198 Dr. phil. Eduard Calic (* 14. 10. 1910 in Pula [Österreich]) war der Sohn kroatischer Eltern. 1920 fiel Pula (nun Pola) an Italien und Calic wurde italienischer Staatsbürger. 1924 Übersiedlung nach Kroatien. 1939 mit einem Stipendium der Alexander von Humboldt-Stiftung zu Sprachstudien in Berlin. In Zagreb Studium der Rechtswissenschaften, Diplom am 29. 1. 1940. Danach als Korrespondent der Zagreber Zeitung „Novosti" in Berlin. 1940/41 Studium an der Friedrich-Wilhelm-Universität in Berlin. Dissertation zum Thema „Die Rolle der Presse im politischen Leben der Völker Jugoslawiens". (Das Promotionsverfahren wurde durch die Verhaftung Calics unterbrochen und erst am 30. 7. 1963 an der Freien Universität Berlin abgeschlossen.) 1942-1945 KZ Sachsenhausen. Danach Journalist bei der französischen Zeitung „Combat" und freier Journalist. Autor zahlreicher Artikel und Bücher.

199 Prof. Dr. Walther Hofer (* 10. 11. 1920 in Kappelen [Schweiz]) studierte von 1939-1946 Geschichte, Germanistik und Philosophie. 1947 Dissertation zum Thema „Friedrich Meinecke als geschichtlicher Denker". Lehrte 1950-1959 an der Freien Universität Berlin. Dort 1959 ordentlicher Professor für Politikwissenschaft. Seit 1960 bis zu seiner Emeritierung 1988 Ordentlicher Professor für Neuere Allgemeine Geschichte an der Universität Bern und Direktor des dortigen Historischen Instituts. 1963-1979 als Vertreter der Schweizerischen Volkspartei im Nationalrat. 1967-1980 Mitglied der Parlamentarischen Versammlung des Europarats in Straßburg. Autor zahlreicher Beiträge und Bücher, darunter die kommentierte Dokumentensammlung „Der Nationalsozialismus" (erstmals erschienen 1957). Für dieses Standardwerk wurde Hofer mit dem Großen Verdienstkreuz des Verdienstordens der Bundesrepublik Deutschland ausgezeichnet..

200 Dr. Friedrich Zipfel (* 21. 5. 1920, † 25. 2. 1978), 1952 Promotion, 1971 Habilitation, Professor für Neuere Geschichte am Friedrich-Meinecke-Institut der Freien Universität Ber-

lin, Veröffentlichungen v. a. zur Geschichte des Nationalsozialismus.

201 1978 veröffentlichte das „Internationale Komitee Luxemburg" im Luxemburger Verlag Der Freundeskreis eine einbändige, etwas differente Zusammenfassung unter dem Titel „Der Reichstagsbrand. Die Provokation des 20. Jahrhunderts". Hier wurde auch ein dritter Band angekündigt, der unter anderem einen Beitrag von Hans Schneider, „Die wissenschaftlich-kritische Analyse der Publikationen von Tobias und Mommsen", enthalten sollte. Leider erschien dieser Band nicht.

202 Aufgrund der Publikationen von Mommsen kann man nicht davon ausgehen, daß dieser die kompletten Stenographischen Protokolle ausgewertet hat, obwohl die Protokolle seit dem Frühjahr 1962 im IfZ zugänglich waren.

203 W. Hofer u. a. (Hrsg.), Der Reichstagsbrand, Neuausgabe, 472-480.

204 Ebd., 481-487.

205 BStU, MfS-HA IX/11, SV 9/74. Aus diesen Unterlagen geht hervor, daß die Korrespondenz zwischen Hofer und der Familie Schneider-Breiting von der Stasi überwacht wurde. Der Stasi gelang es allerdings nicht, die Identität Breitings festzustellen, den sie mit dem ehemaligen Ersten Staatsanwalt in Dresden Dr. Walther Breiting verwechselte. Auch der ebenfalls geäußerte Vorwurf, die Stasi habe dem Hofer-Team gefälschtes Dokumentenmaterial in die Hände gespielt, ist damit wohl endgültig widerlegt. Darüber hinaus bestätigte der Enkel Breitings, Richard Schneider-Breiting, einem der Autoren (A. B.) in verschiedenen Gesprächen, zuletzt im Jahr 1998, die Authentizität der veröffentlichten Dokumente.

206 Dr.-Ing. H. Hinrichsen/Dipl. Ing.H. P. Jaeger, angefertigt von Dipl.-Ing. K. Vinzens und Prof. Dr.-Ing. K. Stephan, „Experttise des Instituts für Thermodynamik der Technischen Universität Berlin vom 17. Februar 1970", abgedr. in: W. Hofer u. a. (Hrsg.), Der Reichstagsbrand, Bd. 1, 203-226 (Neuausgabe 96-115). Vgl. auch K. Stephan, Brandentstehung und Brandablauf, in: ebd., Bd. 2, 252-262 (Neuausg. 130-140).

207 Alfred Berndt, „Zur Entstehung des Reichstagsbrandes. Eine Untersuchung über den Zeitablauf", in: VfZ 23 (1975), 77-90.

208 Ebd., 116.

209 Brief von Fritz Tobias an Dr. Kaufhold vom 24. 8. 1974, Feuerwehrmuseum Berlin.

210 Bundesarchiv Berlin (ehem. Berlin Document Center), NSDAP-Mitgliedskarte Alfred Berndt.

211 Bundesarchiv Berlin, Außenlager Hoppegarten, ZA FB 1711 Akte 8.

212 Lebenslauf von Alfred Berndt, Anhang zur Inaugural-Dissertation „Die Verwendung verschiedener Indices von Körpermaßen für die Beurteilung von Knaben zwischen 6 und unter 11 Jahren" an der Medizinischen Fakultät der Freien Universität Berlin vom 18. 1. 1962

213 Alfred Berndt, Zur Entstehung des Reichstagsbrandes (siehe Anm. 207), Zitat 81.

214 Ebd., Zitat 82.

215 Protokoll der Ministerbesprechung vom 28. Februar 1933, 11 Uhr, abgedr. in: Konrad Repgen (Hrsg.)Die Regierung Hitler, Boppard 1983, Teil 1, 129.

216 Alfred Berndt, Zur Entstehung des Reichstagsbrandes (siehe Anm. 207), Zitat 88.

217 Ebd., Zitat 90.

218 Bezugspunkt war wohl hier der Beitrag von Klaus Mügge, „Der Reichstagsbrand in völlig neuem Licht. Bisher unbekannte Dokumente klagen die Nazis an", der am 23. 12. 1966 im Berliner „Telegraf" erschien.

219 Fritz Tobias, „Schwierige Wahrheitsfindung", in: „Berliner Stimme", Nr. 36, 2. 9. 1972.

220 Weitere Teilnehmer waren Walther Hofer, Jacques Delarue, Robert M. W. Kempner und Simon Wiesenthal (vom „Spiegel" nicht erwähnt).

221 „Reichstagsbrand. Schüsse ins Blaue", in: „Der Spiegel", 44/1969, 71-78.

222 Ein beigegebenes Foto trug die Unterschrift „Reichstagsbrand-Forscher Tobias. Professoren blamiert".

223 Man beachte hier die Formulierung am Rande der Legalität!

224 *Felix M. Preuss*, „Reichstagsbrandstifter van der Lubbe mal wieder ‚unschuldig' ", in: „Nationalzeitung", 31. 10. 1969, 4 u. 9.

225 In einem Brief von Fritz Tobias an Franz Knospe vom 10. 3. 1968 hieß es: „Inzwischen habe ich Melitta Wiedemann kennengelernt." (Sammlung Schmädeke/Zipfel)

226 Zu Melitta Wiedemann vgl. „Neue Provokation nach Gestapomodell. Die frühere antisemitische Ideologin Melitta Wiedemann verbreitet einen Schmähbrief gegen das Luxemburger Komitee", in: „Freiheit und Recht", Jg. 23, Nr. 3, Mai/Juni 1977.

227 „Die Aktion. Kampfblatt gegen Plutokratie und Völkerverhetzung", April/ Mai 1944, 157.

228 Nach dem Hitler-Stalin-Pakt 1939 wurde Tauberts „Anti-Komintern" (davor „Gesamtverband antikommunistischer Vereinigungen e. V."), die die Zeitschrift herausgab, bis auf eine Kernmannschaft aufgelöst, die nun „Antisemitische Aktion" hieß; vgl. *Klaus Körner*, „Eberhard Taubert und der Nibelungen-Verlag", in: „Aus dem Antiquariat", Nr. 8, A 405 – A 419, Beilage zum „Börsenblatt für den Deutschen Buchhandel", Nr. 68, 1997.

229 Bundesarchiv Berlin, ehem. Berlin Document Center; teilweise zit. in einem Brief Friedrich Zipfels vom 31. 3. 1977, abgedr. in: Der Reichstagsbrand. Die Provokation des 20. Jahrhunderts, Luxemburg 1978, 333-335. Aus den vorliegenden Schreiben Frau Wiedemanns geht hervor, daß sie eine notorische Querulantin war, was der SS und Himmler schließlich zu viel wurde.

230 Zahlreiche Kopien der Briefe von Tobias und Wiedemann befinden sich in der Sammlung Schmädeke/Zipfel, wo einer der Autoren (W. K.) auch die Schrifttypen verglich.

231 Abgedr. in: *Backes u. a.*,. Reichstagsbrand, 312f.

232 Ebd., 318f.

233 Schreiben der Humboldt-Universität (Büro des Rektors, Archiv, gezeichnet Lange, Stellv. Archivleiterin) vom 22. 6. 1971 an Melitta Wiedemann (Sammlung Schmädeke/Zipfel).

234 „Frei erfunden", in: „Der Spiegel", 37/1972, 62 u. 65.

235 Kopie in der Sammlung Schmädeke/Zipfel.

236 Gemeint ist ein Schreiben des Dekans der Philosophischen Fakultät der Humboldt-Universität zu Berlin, Prof. Dr. Otto, an Calic vom 21. 5. 1963, in dem es heißt: „Sie haben eine Doktorarbeit mit dem Thema: ‚Die Rolle der Presse im politischen Leben der Völker Jugoslawiens' angefertigt und im Januar 1941 eingereicht. Als Gutachter waren die Professoren Dovifat, Übersberger und Jessen vorgesehen. Aus den noch vorhandenen Unterlagen geht hervor, daß Ihre Immatrikulation am 15. 7. 41 gelöscht worden ist. Eine weitere Notiz besagt, daß aus Ihren Promotionsakten 4 Anlagen am 25. 2. 41 entnommen worden sind. Nach Auskunft des Universitätsarchivs ist es wahrscheinlich, daß es sich um Ihre Promotionsunterlagen gehandelt hat und daß diese durch die Gestapo beschlagnahmt worden sind. Durch diese Maßnahme wurde Ihnen offensichtlich die Möglichkeit genommen, das Promotionsverfahren abzuschließen. Nachforschungen nach Ihren Promotionsunterlagen sind erfolglos geblieben." Das Schreiben wurde im Faksimile abgedruckt in: „La Voix de la Résistance", Sondernummer Mai 1980, sowie bei *Gerhard Pletschacher*, ‚Die Zeit'-Geschichts-Manipulation, Traunstein 1981, 146. Das Vorliegen des Originals dieses Schreibens im Archiv der FU Berlin sowie die Übereinstimmung mit einer Kopie aus dem Besitz von Calic bestätigte die FU Berlin (Spiller) bereits am 14. 11. 1979 gegenüber Dr. Jürgen Schmädeke.

237 Kopie in der Sammlung Schmädeke/Zipfel

238 Brief Melitta Wiedemanns an Prof. Walther Hofer vom 5. 3. 1977 (Kopie in der Sammlung Schmädeke/Zipfel).

239 Brief Friedrich Zipfels vom 31. 3. 1977, abgedr. in: Der Reichstagsbrand. Die Provikation des 20. Jahrhunderts, Luxemburg 1978, 332.

240 Nach einem Vergleich von Stil, Layout und Schrifttypen der benutzten Schreibmaschine mit dem Schreiben Tobias' vom 14. 6. 1978 war dieser der Verfasser. In dem Wiedemann-Brief taucht auch zum erstenmal der polemische Begriff „Hofer-Prinzip" auf. Unter diesem

Titel stand dann 1986 ohne Verweis auf Wiedemann der Hauptabschnitt (27 von 52 Seiten) des Beitrags von Tobias in dem Sammelband *Backes u. a.*, Reichstagsbrand. Aufklärung einer historischen Legende.

241 Kopie in der Sammlung Schmädeke/Zipfel.

242 „Horizont", Berlin (Ost), Nr. 9-19/1978. Tobias hatte sich bereits am 15. 9. 1973 anläßlich eines Beitrags von Besymenski in der Moskauer deutschsprachigen außenpolitischen Zeitschrift „Neue Zeit" mit einem 32seitigen Brief an den Autor gewandt und laut Besymenski in 42 Punkten „Genugtuung" gefordert. Walther Hofer habe das Schreiben von Tobias als „Summierung von Verdrehungen, Verfälschungen, durchsichtigen Zwecklügen, perfiden Unterstellungen und Injurien" charakterisiert (nach „Horizont", 10/1978; dieses Schreiben von Tobias lag den Autoren leider nicht vor).

243 *Karl-Heinz Janßen*, „Kabalen um den Reichstagsbrand", in: „Die Zeit", Hamburg, 14. 9. 1979 - 5. 10. 1979 (Teil 1 „Geschichte aus der Dunkelkammer. Eine unvermeidliche Enthüllung", 14. 9. 1979, 45-48; Teil 2 „Verwirrspiel mit dem 20. Juli. Was der Wissenschaftler Calic aus der deutschen Zeitgeschichte macht", 21. 9. 1979, 20-24; Teil 3 „Lokaltermin hinter der Mauer", 28. 9. 1979, 49-52; Teil 4 „Unter falscher Flagge", 5. 10. 1979, 57-60. Die unter der Rubrik „Zeit-Dossier" veröffentlichte Serie erschien auch als Sonderdruck "Geschichte aus der Dunkelkammer".

244 Ebd., 14. 9. 1979, 46.

245 *Hans Mommsen*, „Historisches Himmelfahrtskommando", in: „Die Zeit", 21. 9. 1979, 23.

246 *Hans Mommsen*, „Ansichten zum Reichstagsbrand", in: „Die Zeit", 28. 9. 1979, 50.

247 Janßen hatte ein Jahr an dem „Dossier" (so die „Zeit") gearbeitet, war vom Thema Reichstagsbrand abgekommen, hatte sich in Biographie, Werk und Stil von Calic verloren und kann wohl seither als Calic-Kenner gelten. So etwas kann passieren. Aber warum mußte Janßens Passion in der „Zeit" veröffentlicht werden?

248 *Karl-Heinz Janßen* (siehe Anm. 243), „Die Zeit", 14. 9. 1979, 45.

249 Ebd., 46.

250 Ebd., 5. 10. 1979, 57.

251 *Jürgen Schmädeke*, „Kabalen um den Reichstagsbrand", in: „Der Tagesspiegel", 31. 10. 1979, 13; *ders.*, „Reichstagsbrand und ‚Eigentore'", in: ebd., 30. 11. 1979, 9.

252 „Die ‚Zeit'-Kabalen um den Reichstagsbrand", in: „La Voix de la Résistance", Paris, Sondernummer Mai 1980.

253 *Gerhard Pletschacher*, ‚Die Zeit'-Geschichts-Manipulation, Traunstein 1981.

254 Das Schreiben wurde im Faksimile abgedruckt in: „La Voix de la Résistance", Sondernummer Mai 1980, 23, sowie bei *Gerhard Pletschacher* (siehe Anm. 253), 146.

255 In einer Erwiderung auf den Beitrag Schmädekes im „Tagesspiegel" vom 31. 10. 1979 veröffentlichte Janßen am 9. 11. 1979 weitere Details aus der Entschädigungsakte Calics.

256 *Gerhard Pletschacher* (siehe Anm. 253), 77.

257 „ ‚Zeit' und Reichstagsbrand", in: „Die Zeit", 13. 7. 1984.

258 Backes wurde seit Ende 1999 von seinem Institutsleiter Klaus-Dietmar Henke (SPD) der „Verharmlosung von NS-Untaten" beschuldigt. Henke verlangte die Kündigung von Backes. Der sächsische Verfassungsschutzpräsident Peter Frisch stellte sich aber hinter diesen (vgl. „Spiegel", 1/2000). Das ganze endete damit, daß das Kuratorium des Instituts im September 2000 (mit CDU-Mehrheit) beschloß, den Vertrag Henkes nicht über das Ende des Jahres 2001 hinaus zu verlängern!

259 *Backes/Janßen/Jesse/Köhler/Mommsen/Tobias*, Reichstagsbrand. Aufklärung einer historischen Legende, München 1986.

260 *Wolfgang Malanowski*, „Die Bude hätte an allen Ecken brennen sollen", in: „Der Spiegel", 16/1986.

260a Brief von Arno Scholz an Edouard Calic vom 6. 4. 1971; *Arno Scholz*, Informationsbericht in Sachen Reichstagsbrand vom 10. 10. 1970 (im Faksimile abgedr. in: *Hofer u. a.*, Reichstagsbrand [Neuausgabe], 491–494).

261 Vgl. u. a. *Martin Broszat*, „Was heißt Historisierung des Nationalsozialismus?", in: Historische Zeitschrift, 247 (1988), 1–14.

262 *Uwe Backes/Eckhard Jesse/Rainer Zitelmann*, „Was heißt ‚Historisierung' des Nationalsozialismus?", in: *dies.* (Hrsg.), Schatten der Vergangenheit. Berlin 1990.

263 Ebd., 25–57. Zur Kritik dieser Betrachtungsweise vgl. insbesondere *Walther Hofer*, „Verfehlte ‚Historisierung' des Dritten Reiches", in: „Neue Zürcher Zeitung", 30./31. 1. 1993.

263a *Hans Mommsen*, Betrachtungen zur Reichstagsbrandkontroverse, in: *Backes u. a.*, Reichstagsbrand, 239–257, Zitat 253.

264 *Walther Hofer/Eduard Calic/Christoph Graf/Friedrich Zipfel*, Der Reichstagsbrand. Eine Dokumentation. Neuausgabe, bearb.. von *Alexander Bahar*, Freiburg 1992.

265 *Alexander Bahar*, „Adolf Rall mußte sterben, weil er die Täter kannte", in: „Die Weltwoche", 9. 3. 1995, 49.

266 *Alexander Bahar/Wilfried Kugel*, „Der Reichstagsbrand – ein ‚Zeichen Gottes'? Neue Hinweise auf eine selbstinszenierte Aktion der Nazis", in: „Neue Zürcher Zeitung", 19./20. 8. 1995.

267 Vgl. *Alexander Bahar/Wilfried Kugel*, „Der Reichstagsbrand: Neue Aktenfunde entlarven die NS-Täter", in: Zeitschrift für Geschichtswissenschaft, 43, 1995, 823–832 (im Internet unter: http://www.zlb.de/projekte/kulturbox-archiv/brand.../1999.html); *dies.*, „Waren es doch die Nazis? Ein Historikerstreit ist wieder offen", in: „die tageszeitung", 21./22. 2. 1998; *dies.*, „Augstein und die Gestapo-Connection", in: ebd., 28. 2./1. 3.1998; *dies.*, „Und die Nazis waren es doch", in: „Berliner Illustrierte Zeitung", 13. 2. 2000; *Wilfried Kugel*, Hanussen. Die wahre Geschichte des Hermann Steinschneider, Düsseldorf 1998; *Jürgen Schmädeke/ Alexander Bahar/ Wilfried Kugel*, „Der Reichstagsbrand in neuem Licht", in: Historische Zeitschrift, Bd. 269 (1999), Heft 3.

268 *Fritz Tobias*, „War van der Lubbe ein Widerstandskämpfer?" in: „Die Zeit", 23. 1. 1981, 52.

269 Zit. nach *Ralf Eibl*, „Der Stein des Anstoßes: Mahnmal für van der Lubbe", in: „Die Welt online", 26. 2. 2000. Vgl. auch *Claudia von Salzen*, „Ein Denkmal, das niemand will", in: „Der Tagesspiegel", 21. 1. 2000; *Jürgen Schmädeke*, „Ein Gedenkstein für Marinus van der Lubbe", in: „Der Tagesspiegel", 23. 1. 2000; *ders.*, „Täter oder Opfer? Denkmalstreit – Marinus van der Lubbe und der Reichstagsbrand"¡, in: „Der Tagesspiegel", 28. 2. 2000.

270 Stadt Leipzig, Grünflächenamt, Information zum Grabzeichen für Marinus van der Lubbe auf dem Südfriedhof Leipzig vom 6. 1 2000.

271 Mündliche Auskunft von Dr. Schmitt, Abteilungsleiter Verwaltung, Friedhofsamt Leipzig, vom 27. 10. 1997.

Literaturverzeichnis zum Reichstagsbrand

Abusch, Alexander: Die Entscheidung unseres Jahrhunderts. Beiträge zur Zeit-geschichte 1921 bis 1976, Berlin (Ost)-Weimar 1977.

Anklage gegen die Ankläger. Die Widerlegung der geheimen Anklageschrift des Reichstagsbrand-Prozesses. Unter Mitwirkung der Professoren Fauconnet, G. Urbain, Prenant und anderer Gelehrter (Hrsg. vom Weltkomitee für die Opfer des Hitlerfaschismus), Paris 1933.

Anonymus (d. i. Heinrich Schnitzler): Der Reichstagsbrand in anderer Sicht, in: Neue Politik, 10. Jg., Nr. 2-6, Zürich 1949.

Albrecht, Karl I.: Der verratene Sozialismus. Zehn Jahre als hoher Staatsbeam-ter in der Sowjetunion, 11. Aufl. (Volksausgabe), Berlin-Leipzig 1943.

Albrecht, Karl I.: Sie aber werden die Welt zerstören ..., München 1954.

Aretin, Erwein Freiherr von: Fritz Michael Gerlich. Ein Märtyrer unserer Tage, München 1949.

Aretin, Erwein Freiherr von: Krone und Ketten. Erinnerungen eines bayeri-schen Edelmannes (hrsg. von Karl Buchheim u. Karl Otmar von Aretin), München 1955.

Aronson, Shlomo: Reinhard Heydrich und die Frühgeschichte von Gestapo und SD, Stuttgart 1971 (Studien zur Zeitgeschichte).

Backes, Uwe/Janßen, Karl-Heinz/Jesse, Eckhard/Köhler, Henning/Mommsen, Hans/Tobias, Fritz: Reichstagsbrand. Aufklärung einer historischen Legen-de, München 1986.

Backes, Uwe/Jesse, Eckhard/Zitelmann, Rainer: Schatten der Vergangenheit. Impulse zur Historisierung des Nationalsozialismus, Frankfurt a. M./Berlin 1990.

Bade, Wilfried: Die SA erobert Berlin, München 1934.

Badia, Gilbert: Feu au Reichstag, Paris 1983.

Banach, Jens: Heydrichs Elite. Das Führerkorps der Sicherheitspolizei und des SD 1936-1945, Paderborn-München-Wien-Zürich 1996.

Bennecke, Heinrich: Hitler und die SA, München 1962.

Bennecke, Heinrich: Die Reichswehr und der Röhm-Putsch, München 1964.

Bennecke, Heinrich: Die Notverordnung vom 28. Februar 1933. Zur Proble-matik zeitgeschichtlicher Forschung und Darstellung, in: Politische Studi-en, 19. Jg. 1968, S. 33-45.

Benz, Wolfgang/Graml, Hermann/Weiß, Hermann: Enzyklopädie des Natio-nalsozialismus, Stuttgart 1997.

Berndt, Alfred: Zur Entstehung des Reichstagsbrandes. Eine Untersuchung über den Zeitablauf, in: Vierteljahrshefte für Zeitgeschichte, 23, 1975, S. 77-90.

Bernhard, Georg: Die deutsche Tragödie. Der Selbstmord einer Republik, Prag 1933.

Bernhard, Hans-Joachim u. a. (Hrsg.): Der Reichstagsbrandprozeß und Georgi Dimitroff. Dokumente. Bd. 1, 27. Februar bis 20. September 1933, Berlin (Ost) 1982. Bd. 2, 21. September bis 23. Dezember 1933, Berlin (Ost) 1989.

Bernhard, Hans-Joachim/Bernhard, Ingeborg: Schon in der Gewalt Görings – und doch befreit. Faktoren, Umstände und Phasen der Befreiung Georgi Dimitroffs und seiner Genossen aus der faschistischen Gewalt, Leipzig 1969 (Schriftenreihe des Georgi-Dimitroff-Museums Leipzig Nr. 2).

Bley, Wulf: SA marschiert. Leben und Kampf der braunen Bataillone, Stuttgart 1933.

Biernat, Karl Heinz: Der Reichstag brennt, Berlin (Ost) 1960.

Bloch, Charles: Die SA und die Krise des NS-Regimes 1934, Frankf./M. 1970.

Bock, Helmut / Ruge, Wolfgang / Thoms, Marianne: Sturz ins Dritte Reich, Leipzig-Jena-Berlin 1983.

Boelcke, Willi A.: Die Macht des Radios. Weltpolitik und Auslandsrundfunk 1924 - 1976, Frankfurt/M.-Berlin-Wien 1977.

Bourrinet, Philippe: Holländischer Rätekommunismus. Von den „Groepen van Internationale Communisten" zum „Spartacusbond", in: Archiv für die Geschichte des Widerstandes und der Arbeit, Nr. 10, Bochum 1994.

Bourrinet, Philippe: La Gauche Communiste Hollandaise (1907-1950), Paris 1996.

Bracher: Stufen totalitärer Gleichschaltung. Die Befestigung der nationalsozialistischen Herrschaft 1933/34, in: Vierteljahrshefte für Zeitgeschichte 1/1956, S. 30-42.

Bracher, Karl Dietrich: Die deutsche Diktatur. Entstehung, Struktur, Folgen des Nationalsozialismus, Köln-Berlin 1969.

Bracher, Karl Dietrich/Sauer, Wolfgang/Schulz, Gerhard: Die nationalsozialistische Machtergreifung, Köln-Opladen, 2. Aufl., 1962.

Brandes, Peter (d. i. Curt Riess): Feuer über Deutschland, in: „Der Stern", Nr. 43 - 52/1957.

Braun, Otto: Von Weimar bis Hitler, 2. Aufl., New York 1940.

Braunbuch über Reichstagsbrand und Hitlerterror (Braunbuch I), Basel 1933 (Reprint Frankfurt a. M. 1978).

Braunbuch. Kriegs- und Naziverbrecher in der Bundesrepublik (hrsg. vom Nationalrat der Nationalen Front des demokratischen Deutschland), Berlin (Ost) 1965.

Brecht, Arnold (Hrsg.): Preußen contra Reich, Berlin 1933.

Brecht, Arnold: Mit der Kraft des Geistes. Lebenserinnerungen, Bd. 2, Stuttgart 1967.

Bredy, Hans-Georg: Der Reichstagsbrandprozeß in Leipzig 1933, in: Kulturbox (1993-1999). Das Archiv: http://www.zlb.de/projekte/kulturbox-archiv/brand/bredy.htm.

Bross, Werner: Gespräche mit Hermann Göring während des Nürnberger Prozesses, Flensburg-Hamburg 1950.

Broszat, Martin: Zum Streit um den Reichstagsbrand. Eine grundsätzliche Erörterung, in: Vierteljahrshefte für Zeitgeschichte 8/1960, S. 275-279.

Broszat, Martin: Der Staat Hitlers, München 1969.

Broszat, Martin: Die Machtergreifung. Der Aufstieg der NSDAP und die Zerstörung der Weimarer Republik, München 1984.

Brüning, Heinrich: Memoiren 1918-1934, Stuttgart 1970.

Buchbender, Ortwin: Das tönende Erz. Deutsche Propaganda gegen die Rote Armee im Zweiten Weltkrieg, Stuttgart 1978.

Buchbender, Ortwin/Schuh, Horst: Die Waffe, die auf die Seele zielt. Psychologische Kriegführung 1939-1945, Stuttgart 1983.

Buchbender, Ortwin/Hauschild, Reinhard: Geheimsender gegen Frankreich. Die Täuschungsoperation „Radio Humanité" 1940, Herford 1984.

Buchheim, Hans: Die SS – Das Herrschaftsinstrument. Befehl und Gehorsam, in: Hans Buchheim/Martin Broszat/Hans-Adolf Jacobsen/Helmut Krausnick: Anatomie des SS-Staates, Bd. 1, Olten-Freiburg i. Br. 1965.

Calic, Edouard: Le Reichstag brûle, Paris 1969.

Calic, Edouard: Der Reichstagsbrand als Kriminalfall, in: Archiv für Kriminologie 163 (1979), S. 68-86.

Calic, Eduard: Reinhard Heydrich. Schlüsselfigur des Dritten Reiches, Düsseldorf 1982.

Childers, Thomas: The Limits of National Socialist Mobilisation. The Elections of 6 November 1932 and the Fragmentation of the Nazi Constituency, in: The Formation of the Nazi Constituency 1919-1933, hsg. von Thomas Childers, London-Sidney 1986.

Cziffra, Geza von: Hanussen. Hellseher des Teufels, München-Berlin 1978.

Cullen, Michael S.: Der Reichstag. Die Geschichte eines Monuments, Stuttgart 1990.

Cullen, Michael S.: Der Reichstag. Parlament, Symbol, Denkmal, Berlin 1999.

De Jong, G. T. J.: De Brand, Amsterdam 1934.

Delarue, Jaques: Geschichte der Gestapo, Düsseldorf 1964.

Delmer, Sefton: Die Deutschen und ich, Hamburg 1962.

Dickler, Gerald: 13 Prozesse, die Geschichte machten, München 1964.

Diels, Rudolf: Lucifer ante portas ... es spricht der erste Chef der Gestapo, Stuttgart 1950.

Diels, Rudolf: „Die Nacht der langen Messer ... fand nicht statt", in: Der Spiegel, 9. 6.1949.

Dimitroff, Georgi: Leipzig 1933, Sofia o. J. (1972).

Dimitroff, Georgi: Reichstagsbrandprozeß. Dokumente, Briefe und Aufzeichnungen, Berlin (Ost) 1978.

Dimitroff contra Göring. Enthüllungen über die wahren Brandstifter (Braunbuch II), Paris 1934 (Reprint Köln-Frankfurt a. M. 1981).

Dodd, Martha: Through Embassy Eyes, New York 1940.

Drobisch, Klaus: Reichstag in Flammen, Berlin (Ost) 1983.

Duderstedt, Henning: Vom Reichsbanner zum Hakenkreuz. Wie es kommen mußte, Stuttgart 1933.

Duesterberg, Theodor: Der Stahlhelm und Hitler, Wolfenbüttel-Hannover 1949.

Ehrt, Adolf / Schweickert, Julius: Entfesselung der Unterwelt. Ein Querschnitt durch die Bolschewisierung Deutschlands, Berlin-Leipzig 1932.

Ehrt, Adolf: Bewaffneter Aufstand! Enthüllungen über den kommunist.Umsturzversuch am Vorabend der nationalen Revolution, Berlin-Leipzig 1933.

Engelbrechten, Julek Karl: Eine braune Armee entsteht. Die Geschichte der Berlin-Brandenburger SA, München 1940.

Erdmann, Karl Dietrich: Die Weimarer Republik, 9., neu bearb. Aufl., Stuttgart 1973.

Erdmann, Karl Dietrich: Deutschland unter der Herrschaft des Nationalsozialismus 1933-1939, 9., neu bearbeitete Aufl., Stuttgart 1976.

Fischer, Ernst: Das Fanal. Der Kampf Dimitroffs gegen die Kriegsbrandstifter, Wien 1946.

Fischler, Hersch: Der Reichstagsbrand im Spiegelbild, in: „Junge Welt", Berlin, 3. 6. - 6. 6. 1997.

Fischler, Hersch: Reichstagsbrand, Osthilfeskandal und das Ende von Weimar. Plädoyer für ein Quellenstudium jenseits verhärteter Polarisierungen, in: Kulturbox (1993-1999). Das Archiv: http://www.zlb.de/projekte/kulturbox-archiv/brand/fischler.htm.

Fischler, Hersch: „aus allgemeinpolitischen Gründen unerwünscht". Haben das Institut für Zeitgeschichte und Hans Mommsen in der geschichtswissenschaftlichen Diskussion um den Reichstagsbrand manipuliert? (hektographiertes Ms., August 2000).

François-Poncet, André: Als Botschafter in Berlin 1931-1938, Mainz 1949.

Fraenkel, Heinrich: Zu viel und zu wenig. Kritische Bemerkungen zu „Der Reichstagsbrand" von F. Tobias, in: Der Monat, 14. Jg., Heft 164, Mai 1962, S. 19-25.

Fraenkel, Heinrich/Manvell, Roger: Hermann Göring, Hannover 1964.

Fraenkel, Heinrich/Manvell, Roger: The hundred days to Hitler, London 1974.

Frank, Robert Henry: Hitler and the National Socialist Coalition 1924-1932, Diss. Baltimore 1969.

Frischauer, Willi: Ein Marschallstab zerbrach, Ulm 1951 (Originalausgabe: Goering, London 1951).

Geerk, Frank: Der Reichstagsbrand, Karlsruhe 1983.

Gellately, Robert: Die Gestapo und die deutsche Gesellschaft. Die Durchsetzung der deutschen Rassenpolitik 1933-1945, Paderborn 1993.

Gessner, Klaus: Geheime Feldpolizei. Zur Funktion und Organisation des geheimpolizeilichen Exekutivorgans der faschistischen Wehrmacht, Berlin (Ost) 1986.

Gisevius, Hans Bernd: Bis zum bittern Ende, Bd. 1, Zürich 1946.

Gisevius, Hans Bernd: Reichstagsbrand im Zerrspiegel, in: „Die Zeit", 4. 3. - 25. 3. 1960.

Goebbels, Joseph: Vom Kaiserhof zur Reichskanzlei, München 1934.

Goebbels, Joseph: Die Tagebücher. Teil I Aufzeichnungen 1924-1941, Bd. 2, (hsg. von Elke Fröhlich), München 1987.

Graber, Dieter: Brennt der Reichstag noch immer?! Der Reichstagsbrand: 8. Justizrunde – wieder in Düsseldorf. „Geschichtsdetektiv" Tobias beschäftigt die Justizorgane am laufenden Band, in: Freiheit und Recht, März/April 1976, S. 1-5.

Graf, Christoph: Politische Polizei zwischen Demokratie und Diktatur. Die Entwicklung der preußischen Politischen Polizei vom Staatsschutzorgan der Weimarer Republik zum Geheimen Staatspolizeiamt des Dritten Reiches, Berlin 1983 (Einzelveröffentl. der Histor. Kommission zu Berlin, Bd. 36).

Gritschneder, Otto: „Der Führer hat Sie zum Tode verurteilt...". Hitlers „Röhm-Putsch-Morde" vor Gericht, München 1993.

Gross, Babette: Willi Münzenberg. Eine politische Biographie, Stuttgart 1967 (Schriftenreihe der Vierteljahrshefte für Zeitgeschichte, 14/15).

Gruchmann, Lothar: Justiz im Dritten Reich 1933-1944. Anpassung und Unterwerfung in der Ära Gürtner, München 1988 (Quellen und Darstellungen zur Zeitgeschichte, hg. vom IfZ, Bd. 28).

Haffner, Sebastian: Anmerkungen zu Hitler, München 1978.

Hahn, Gerhard: Die Reichstagsbibliothek zu Berlin – ein Spiegel deutscher Geschichte, Düsseldorf 1997.

Hanfstaengl, Ernst: Hitler. The missing years, London 1957.

Hanfstaengl, Ernst: Zwischen Weißem und Braunem Haus. Memoiren eines politischen Außenseiters, München 1970.

Hannover, Heinrich/Hannover-Drueck, Elisabeth: Politische Justiz 1918-1933, 2. Aufl., Frankfurt a. M. 1977.

Heiber, H.: Zur Justiz im Dritten Reich. Der Fall Elias, in Vierteljahrshefte für Zeitgeschichte 1955, S. 282ff.

Heiden, Konrad: Der Führer. Hitlers Rise to Power, Boston 1944.

Hehl, Ulrich von: Die Kontroverse um den Reichstagsbrand, in: Vierteljahrshefte für Zeitgeschichte 2/1988, S. 259-280.

Henke, Josef: Archivfachliche Bemerkungen zur Kontroverse um den Reichstagsbrand, in: Geschichte und Gesellschaft, 16, 1990, S. 212-232.

Heydebreck, Peter von: Wir Wehrwölfe. Erinnerungen eines Freikorpsführers, Leipzig 1931.

Hildebrand, Klaus: Das Dritte Reich, 3. Aufl., München 1991 (Oldenbourg Grundriß der Geschichte).

Hoegner, Wilhelm: Flucht vor Hitler. Erinnerungen an die Kapitulation der ersten deutschen Republik 1933, Frankfurt a. M. 1979.

Höhne, Heinz: Die Machtergreifung. Deutschlands Weg in die Hitler-Diktatur, Reinbek 1983.

Höhne, Heinz: Mordsache Röhm. Hitlers Durchbruch zur Alleinherrschaft 1933-34, Reinbek 1984.

Hoepner, Hans: Braune Kolonne. Ein Buch der SA (mitverf. von Richard Hoepner, Vorwort v. Karl Ernst), Berlin 1934.

Hofer, Walther: Der Reichstagsbrand als Forschungsproblem, in: Doeke, G./Steffani, W. (Hrsg.): Klassenjustiz und Pluralismus. Festschrift für Ernst Fraenkel, Hamburg 1973.

Hofer, Walther (Hrsg.): Der Nationalsozialismus. Dokumente 1933-1945, überarb. Neuausg., Frankfurt a. M. 1982.

Hofer, Walther/Graf, Christoph: Neue Quellen zum Reichstagsbrand, in: Geschichte in Wissenschaft und Unterricht, 1976/2, S. 65-88.

Hofer, Walther/Calic, Edouard/Stephan, Karl/Zipfel, Friedrich (Hrsg.): Der

Reichstagsbrand. Eine wissenschaftliche Dokumentation. Bd. 1, Berlin 1972.

Hofer, Walther/Calic, Edouard/Graf, Christoph/Zipfel, Friedrich† (Hrsg.): Der Reichstagsbrand. Eine wissenschaftliche Dokumentation. Bd. 2. Mit Sachverständigen-Äußerungen v. Karl Stephan u. Heinz Leferenz, München-Berlin 1978.

Hofer, Walther u. a.: Der Reichstagsbrand. Eine wissenschaftliche Dokumentation. Ergänzte Neuausgabe in einem Band (bearb. u. hsg. von Alexander Bahar), Freiburg i. Br. 1992.

Halkes, Jan: Jan Appel – het leven van en radenkommunist, Amsterdam 1986.

Hornung, Walter: Dachau. Eine Chronik, Zürich 1936.

Husarek, Paul: Die Toten von Dachau. Deutsche und Österreicher. Ein Gedenk- und Nachschlagewerk (hrsg. von der Generalanwaltschaft für die Wiedergutmachung), München 1948.

Internationales Komitee Luxemburg zur wissenschaftlichen Erforschung der Ursachen und Folgen des Zweiten Weltkriegs (Hrsg.): Der Reichstagsbrand. Die Provokation des 20. Jahrhunderts. Forschungsergebnisse, Luxemburg 1978.

Jacob, Berthold: Wer? Aus dem Arsenal der Reichstagsbrandstifter. Eine historische Untersuchung veranstaltet im Auftrag der Deutschen Liga für Menschenrechte, Strasbourg 1933.

Jäckel, Eberhard: Hitlers Herrschaft. Vollzug einer Weltanschauung, 2. Aufl., Stuttgart 1988.

Janßen, Karl-Heinz: Kabalen um den Reichstagsbrand. Geschichte aus der Dunkelkammer. Eine unvermeidliche Enthüllung, in: „Die Zeit", 14. 9. - 5. 10. 1979.

Janßen, Karl-Heinz: Zu einer Polemik – Die Eigentore des Herrn Calic. Eine neue Kabale um den Reichstagsbrand, in: „Die Zeit", 9. 11. 1979.

Kalbe, Ernstgert: Die Rolle der Reichstagsbrandprovokation bei der Konsolidierung der faschistischen Diktatur in Deutschland, in: Zeitschrift für Geschichtswissenschaft, 8, 1960, S. 1021-1068.

Kalbe, Ernstgert: Freiheit für Dimitroff. Der internationale Kampf gegen die provokatorische Reichstagsbrandstiftung und den Leipziger Prozeß, Berlin (Ost) 1963.

Kempner, Robert M. W.: Ich stand vor dem brennenden Reichstag, in: Freiheit und Recht, März 1973.

Kempner, Robert M. W.: Ankläger einer Epoche. Lebenserinnerungen, Frankfurt a. M.-Berlin-Wien 1983.

Kempner, Robert M. W.: Der Prozeß um den Reichstagsbrand, in: Recht und Politik. Vierteljahreshefte für Rechts- und Verwaltungspolitik/ASJ-Mitteilungen, 19 (1/1983), S. 13-16.

Kempner, Robert M. W.: Hermann Göring als Organisator des Reichstagsbrandes und das Wiederaufnahmeverfahren für Marinus van der Lubbe, in: Wasserburg, Klaus/Waddenhorst, Wilhelm (Hrsg.): Wahrheit und Gerechtigkeit im Strafverfahren. Festgabe für Karl Peters aus Anlaß seines 80. Geburtstages, Heidelberg 1984.

Kempner, Robert M. W.: SS im Kreuzverhör, Hamburg 1987 (Schriften der Hamburger Stiftung für Sozialgeschichte des 20. Jahrhunderts).

Killinger, Manfred von: Die SA in Wort und Bild, Leipzig 1934.

Kissenkoetter, Udo: Gregor Strasser und die NSDAP, Stuttgart 1978.

Klotzbücher, Alois: Der politische Weg des Stahlhelm, Bund der Frontsoldaten, in der Weimarer Republik. Ein Beitrag zur Geschichte der „Nationalen Opposition" 1918-1933, Diss. Erlangen-Nürnberg 1964.

Koch, Karl Wilhelm Heinrich: Das Ehrenbuch der SA, Düsseldorf 1934.

Koch, Karl Wilhelm Heinrich: Männer im Braunhemd. Vom Kampf und Sieg der SA, Berlin 1938.

Kogon, Eugen: Die neue Argumentation in Sachen Reichstagsbrand, in: Frankfurter Hefte, 15, 1960, S. 309-320; 401-412.

Korsch, Karl: Krise des Marxismus. Schriften 1928-1933, Bd. 5 (hrsg. und eingel. von Michael Buckmiller), Amsterdam 1996.

Krämer, Theodor: Blut-März 1933, Luxemburg 1934.

Krebs, Albert: Tendenzen und Gestalten der NSDAP. Erinnerungen an die Frühzeit der Partei, Stuttg.1959 (Quell. u..Darstell. z. Zeitgeschichte, Bd. 6).

Kugel, Wilfried: Hanussen. Die wahre Geschichte des Hermann Steinschneider, Düsseldorf 1998.

Kugler, Ferdinand: Das Geheimnis des Reichstagsbrandes, Amsterdam-Leipzig o. J.

Langels, Otto: Die ultralinke Opposition der KPD in der Weimarer Republik, Frankfurt a. M. 1984.

Löbe, Paul: Der Weg war lang. Lebenserinnerungen, 2. Aufl., Berlin 1954.

Longerich, Peter: Die braunen Bataillone. Geschichte der SA, München 1989.

Mammach, Klaus: Widerstand 1939-1945, Berlin (Ost) 1987.

Matthias, Erich/Morsey, Rudolf (Hrsg.): Das Ende der Parteien 1933. Darstellungen und Dokumente, Düsseldorf 1960.

Meißner, Hans Otto/Wilde, Harry: Die Machtergreifung. Ein Bericht über die Technik des nationalsozialistischern Staatsstreichs, Stuttgart 1958.

Meissner, Otto: Staatssekretär unter Ebert-Hindenburg-Hitler, Hamburg 1950.

Meissner, Otto: Ebert-Hindenburg-Hitler. Erinnerungen eines Staatssekretärs 1918-1945, überarb. Neuausgabe Esslingen-München 1991.

Mergen, Armand: Die BKA Story, München-Berlin 1987.

Mergner, Gottfried (Hrsg.): Gruppe Internationaler Kommunisten Hollands, Reinbek 1971.

Michalka, Wolfgang (Hrsg.): Das Dritte Reich. Dokumente zur Innen- und Außenpolitik. Bd. 1: Volksgemeinschaft und Großmachtpolitik 1933-1939, München 1985.

Mommsen, Hans: Der Reichstagsbrand – ein ungelöstes Problem der Forschung, in: „Stuttgarter Zeitung", 5. 7. 1962.

Mommsen, Hans: Der Reichstagsbrand und seine politischen Folgen, in: Vierteljahrshefte für Zeitgeschichte, 12, 1964, S. 351-413.

Müller, Ingo: Furchtbare Juristen. Die unbewältigte Vergangenheit unserer Justiz, München 1987.

Niekisch, Ernst: Das Reich der niederen Dämonen, Hamburg 1953.

Niekisch, Ernst: Gewagtes Leben, Köln-Berlin 1958.

Nusser, Horst S. W.: Konservative Wehrverbände in Bayern, Preußen und Österreich 1918-1933, München 1973.

Orb, Heinrich (d. i. Heinrich Pfeiffer): Nationalsozialismus. 13 Jahre Machtrausch, Olten 1945.

Orlow, Dietrich: The History of the Nazi Party, Pittsburgh 1969.

Oven, Wilfred von: Mit Goebbels bis zum Ende, Buenos Aires 1948/49 (zuletzt Bingen 1995 mit dem Titel „Dr. G. – Meister der Propaganda").

Oven, Wilfred von: Wer war Goebbels?, Biographie aus der Nähe, München 1987.

Oven, Wilfred von: Mit ruhig festem Schritt. Aus der Geschichte der SA, Kiel 1998.

Padfield, Peter: Himmler. Reichsführer-SS, London 1990.

Paetel, Karl Otto: Jugend in der Entscheidung, Bad Godesberg 1963.

Paetel, Karl Otto: Versuchung oder Chance? Göttingen 1965.

Paetel, Karl Otto: Reise ohne Uhrzeit, Worms 1982.

Papen, Franz von: Der Wahrheit eine Gasse, München 1952.

Papen, Franz von: Vom Scheitern einer Demokratie 1930-1933, Mainz 1968.

Paul, Gerhard/Mallmann, Klaus-Michael (Hrsg.): Die Gestapo – Mythos und Realität, Darmstadt 1995.

Petzoldt, Joachim: Franz von Papen. Ein deutsches Verhängnis, München-Berlin 1995.

Plehve, Friedrich-Karl von: Reichskanzler Kurt von Schleicher. Weimars letzte Chance gegen Hitler, Esslingen 1983.

Plettschacher, Gerhard: „Die Zeit"-Geschichtsmanipulation. Die Reichstagsbrandkabalen der Hamburger Wochenzeitung „Die Zeit", Traunstein 1981.

Pritchard, R. John: Reichstag fire – ashes of democracy, New York 1972.

Pritt, Denis Noël: Der Reichstagsbrand. Die Arbeit des Londoner Untersuchungsausschusses, Berlin (Ost) 1959.

Raithel, Thomas/Strenge, Irene: Die Reichstagsbrandverordnung vom 28. Februar 1933, in: Vierteljahrshefte für Zeitgeschichte, 3/2000, S. 413-460.

Reed, Douglas: The Burning of the Reichstag, London 1934.

Regler, Gustav: Das Ohr des Malchus. Köln-Berlin 1958.

Rehm, Wilhelm: Geschichte der SA, München 1941.

Rentsch-Roeder, Friedrich Karl: Halbmast. Ein Heldenbuch der SA und SS, 1. Folge, Berlin 1932.

Repgen, Konrad/Booms, Hans (Hrsg.): Akten der Reichskanzlei. Regierung Hitler. Teil 1, bearb. von Karl-Heinz Minuth, Boppard 1983.

Richardi, Hans-Günter: Hitler und seine Hintermänner, München 1991.

Richardi, Hans-Günter/Schumann, Klaus: Geheimakte Gerlich/Bell. Röhms Pläne für ein Reich ohne Hitler, München 1993.

Riess, Curt: Joseph Goebbels. Eine Biographie, Baden-Baden 1950.

Roodboek. Van der Lubbe en de Rijksdagsbrand (hrsg. van het international Comité), Amsterdam o. J. (1933).

Röhm, Ernst: Die Geschichte eines Hochverräters, 4. Aufl., München 1933.

Röhm, Ernst: Die nationalsozialistische Revolution, Berlin 1933.

Rosenberg, Arthur: Geschichte der Weimarer Republik, Frankfurt a. M. 1955.

Sack, Alfons: Der Reichstagsbrand-Prozess, Berlin 1934.

Schafranek, Hans: Zwischen NKWD und Gestapo, Frankfurt a. M. 1990.

Schlie, Tania/Roche, Simone: Willi Münzenberg. Ein deutscher Kommunist im Spannungsfeld zwischen Stalinismus und Antifaschismus, Frankfurt 1995.

Schmädeke, Jürgen/Bahar, Alexander/Kugel, Wilfried: Der Reichstagsbrand in neuem Licht, in: Historische Zeitschrift, Bd. 269, Heft 3, 1999.

Schmädeke, Jürgen: Der Deutsche Reichstag. Geschichte und Gegenwart eines Bauwerks, Berlin 1970 (überarb. und erw. Neuausg. München 1994).

Schmädeke, Jürgen: Die Kontroverse um den Reichstagsbrand geht weiter. Fälschungsvorwürfe und dokumentarische Fakten – Erwiderung auf Karl-Heinz Janßen, in: „Der Tagesspiegel", 17. 8. 1986 (erweiterte Fassung: Die Reichstagsbrand-Kontroverse geht weiter, im Internet unter: www.zlb.de/projekte/kulturbox-archiv/brand/schmaedeke1999.html).

Schmidt-Hannover, Otto: Umdenken oder Anarchie, Göttingen 1959.

Schneider, Hans: Neues vom Reichstagsbrand? (unveröffentl. Manuskript, Institut für Zeitgeschichte, München, ZS A/7, Bd. 4).

Schorn, Hubert: Die Gesetzgebung des Nationalsozialismus als Mittel der Machtpolitik, Frankfurt a. M. 1963.

Schouten, Martin: Rinus van der Lubbe 1909-1934, Amsterdam 1986.

Schreiber, Gerhard: Hitler-Interpretationen 1923-1983, 2. überarb. Aufl., Darmstadt 1988.

Sebottendorf, Rudolf von: Bevor Hitler kam, München 1933.

Seldte, Franz (Hrsg. i. A.): Der Stahlhelm. Erinnerungen und Bilder, Bd. 2, Berlin 1933.

Severing, Carl: Mein Lebensweg, 2 Bde., Köln 1950.

Smelser, R./Zitelmann, R.: Die braune Elite I. 22 biographische Skizzen, Darmstadt 1989.

Smelser, R./Seyring, E. /Zitelmann, R. (Hrsg.): Die braune Elite II. 21 weitere biographische Skizzen, Darmstadt 1993.

Sommerfeld, Martin H.: Kommune, Berlin 1934.

Sommerfeld, Martin H.: Ich war dabei. Die Verschwörung der Dämonen 1933-39. Ein Augenzeugenbericht, Darmstadt 1949.

Starcke, Gerhard: Der Nationalsozialismus erobert den Wedding. Zur 75-Jahr-Feier der Eingliederung in Berlin (hrsg. v. Bezirksverwalt.), Berlin 1935.

Stelzner, Fritz: Schicksal SA, München 1936.

Stockhorst, Ernst: Fünftausend Köpfe. Wer war was im Dritten Reich, Kettwig 1967 (Neuaufl. Kiel 1998).

Stojanoff, Petr: Reichstagsbrand – Die Prozesse in London und Leipzig, Wien-Frankfurt-Zürich 1966.

Strasser, Otto: Die deutsche Bartholomäusnacht, Prag-Zürich-Brüssel 1934.

Strasser, Otto: Hitler und ich, Konstanz 1948.

Strindberg, Friedrich: Ein Toter spricht, in „Weltbild" Nr. 23/'57 - 3/'58.

Sturm 33 Hans Maikowski. Geschrieben von Kameraden des Toten, Berlin 1934.

Thadden, Adolf von: Der Reichstagsbrand. Geschichte einer jahrzehntealten Lüge, Rosenheim 1993.

Tobias, Fritz: „Stehen Sie auf, van der Lubbe". Der Reichstagsbrand 1933 – Geschichte einer Legende. Nach einem Manuskript von Fritz Tobias, in: „Der Spiegel", 43/1959 - 1-2/1960.

Tobias, Fritz/Fraenkel, Heinrich: Noch einmal: Reichstagsbrand. Tobias gegen Fraenkel und Fraenkel gegen Tobias, in: Der Monat 14 (1961/62), Heft 166, S. 84-95.

Tobias, Fritz: Der Reichstagsbrand. Rastatt 1962.

Torgler, Ernst: Der Reichstagsbrand und was nachher geschah, in: „Die Zeit", 28. 10. - 11. 11.1948.

Torgler, Ernst: So fing es an: der Reichstag brennt. Bearbeitet und ergänzt von G. Laegel, in: „Die AZ am Sonntag", Wochenend-Beilage der „Allgemeinen Zeitung", Mainz, 14 Folgen, 14./15.1. - 15./16. 4.1950.

Trotzki, Leo: Wie wird der Nationalsozialismus geschlagen, Essen 2000.

Turner, Henry Ashby jr.: Hitlers Weg zur Macht. Der Januar 1933, Münch.1996.

Van der Lubbe, Cornelius /Peuthe, Franz C. (Hrsg.): Wer ist van der Lubbe? Kurze Lebensbeschreibung und Verteidigungsschrift gegen die sensationelle Berichterstattung in der Presse hier zu Lande, im Hinblick auf die Brandstiftung im Deutschen Reichstagsgebäude, Dordrecht 1933.

Volz, Hans: Die Geschichte der SA von den Anfängen bis zur Gegenwart, Berlin 1934.

Von der Brandstiftung zum Fememord. Glück und Ende des Nationalsozialisten Bell, Berlin o. J.

Weiland, Alfred: Neues Urteil im Reichstagsbrand-Prozeß, in: Freiheit und Recht, 13, 1967, H. 7, S. 9-11.

Weissbuch über die Erschiessungen des 30. Juni 1934. Authentische Darstellung der deutschen Bartholomäusnacht, Paris 1934.

Werner, Andreas: SA und NSDAP. SA: „Wehrverband", „Parteigruppe" oder „Revolutionsarmee"? Studien zur Geschichte der SA und der NSDAP 1920-1933, Diss. Erlangen-Nürnberg 1965.

Werner, Kurt/ Biernat, Karl Heinz: Die Köpenicker Blutwoche, Berlin (Ost) 1960.

Wessel, Harald: Münzenbergs Ende. Ein deutscher Kommunist im Widerstand gegen Hitler und Stalin. Die Jahre 1933-1944, Berlin 1991.

Weyrauch, Walter Otto: Gestapo V-Leute – Tatsachen und Theorie des Geheimdienstes, Frankfurt a. M. 1992.

Wilde, Harry /Last, Jeff: Kruisgang der Jeugd, Rotterdam 1939.

Wilde, Harry: Der erste Schauprozeß, in: Politische Studien, 9 (1958), S. 821-828.

Wilde, Harry: Legenden um den Reichstagsbrand, in: Politische Studien, 13 (1962), S. 295-312.

Wilhelm, Friedrich: Die Polizei im NS-Staat. Die Geschichte ihrer Organisation im Überblick, Paderborn-München-Wien-Zürich 1997.

Wistrich, Robert Salomon: Who is who in Nazi Germany, London 1982.

Wippermann, Wolfgang: Oberbranddirektor Walter Gempp: Widerstandskämpfer oder Krimineller. Kein Beitrag zur Reichstagsbrandkontroverse, in: Wolfgang Ribbe (Hrsg.): Berlin-Forschungen, Berlin 1988, S. 208-229.

Wolff, Richard: Der Reichstagsbrand 1933. Ein Forschungsbericht, in:„Aus Politik und Zeitgeschichte", Beilage zu „Das Parlament", Bonn, 18. 1 1956, S. 42-46.

Wulf, Joseph: Das Dritte Reich und seine Vollstrecker, Berlin 1961.

Wulf, Joseph: Presse und Funk im Dritten Reich, Frankfurt-Berlin 1989.

Zipfel, Friedrich: Der Fall „Reichstagsbrand" – ein Wissenschaftsskandal, in: Neue politische Literatur, 8, 1963, S. 414-426.

Personenregister

Zwecks besserer Übersichtlichkeit enthält das Register – aus der Vielzahl der vorkommenden Personen – nur Einträge mit übergreifender Bedeutung für die vorliegende Darstellung zum Reichstagsbrand.

Ahrens, Wilhelm — 224, 234, 236
Albada, Piet van — 432f., 436f., 441
Albrecht, Herbert — 245ff.
Appel, Jan — 443
Arnim, Achim von — 122ff., 560
Augstein, Rudolf — 547, 573ff., 584, 717, 734f., 761ff., 765, 778, 785, 789

August Wilhelm, Prinz von Preußen — 139f.

Backes, Uwe — 820, 822
Bell, Georg — 270f., 627, 653-661
Berndt, Alfred — 807f.
Bernhard, Georg — 42
Besymenski, Lew — 16, 814
Bolten, M. C. — 425, 431, 464f., 495f.
Bonhoeffer, Karl — 403, 471, 473f., 476, 480, 483, 486-495, 497f., 500, 505f.

Brandt, Arthur — 588, 660, 801
Branting, Georg — 275f., 279, 648
Braschwitz, Rudolf — 195f., 198, 351ff., 372, 770
Braune (Richter) — 203
Breiting, Richard — 627
Broszat, Martin — 17, 792, 822
Brucks, Felix — 531-536
Brüning, August — 115f., 298, 325ff.
Bünger, Wilhelm — 122, 130, 139, 222, 263, 335, 390-393, 473, 477-485, 487ff.

Bunge, Walter	195f., 202, 217f., 241, 523
Calic, Edouard	783, 801, 804, 809–820
Coenders, Hermann	27, 335
Cziffra, Geza von	651ff.
Delmer, Sefton	140f., 146ff.
Diels, Rudolf	36f., 43–46, 58, 60, 71f., 121, 139, 143–146, 166, 169, 178, 180, 195–199, 206, 334, 344, 364, 373, 386, 406ff., 526,558, 582, 633, 679,682f., 686–690, 717–743, 754–762, 781
Dimitroff, Georgi	130, 246, 330ff., 336ff., 346, 351ff., 356, 359, 363, 379f., 389–394, 405–409, 472f., 478, 492
Dodd, Martha	142, 726
Dröscher, Ernst	360
Dzino, Izmet Aga	644, 647, 650–653
Ehrt, Adolf	376ff.
Ernst, Karl	121–124, 140, 167, 388, 528, 539f., 543, 546, 549, 551ff., 558–563, 567f., 595–600, 649–652, 739
Faber-Castell, Nina Gräfin v.	727
Fiedler, Richard	561ff., 600f.
Frei, Bruno	268, 561
Frey, Kurt	211, 243, 357–360
Frischauer, Willi	549, 581
Froelich, Walter	334f.
Galle, Reinhold	77, 90, 127f., 131, 133, 138, 248, 252
Gempp, Walter	20, 98, 121, 135ff., 223f., 226–239, 298, 627, 775

Gewehr, Hans-Georg	29, 528, 539, 544, 547, 564-580, 582, 584, 739, 787-792
Gisevius, Hans Bernd	528, 539, 542-546, 548f., 564, 582ff., 590f., 594, 706, 729f., 753f., 761, 766, 785f., 789, 792f.
Goebbels, Joseph	56, 63, 73f., 121, 123, 125, 136-143, 146ff., 166, 390, 394, 543, 556f., 560, 596f., 703f.
Göring, Hermann	20, 47, 54, 56-59, 64, 73f., 121, 123, 125-143, 147f., 150f., 161-164, 166-174, 178, 196ff., 203, 225, 248, 250ff., 254, 262, 332ff., 347, 359, 378, 390-394, 525ff., 543, 550f., 557, 596f., 629f., 635, 689, 723ff., 729
Graml, Hermann	784, 786, 788, 793
Grauert, Ludwig	58
Gross, Babette	268, 272, 781
Haake, Werner von	532
Hanfstaengl, Ernst	138, 142, 599
Hanussen, Erik Jan	502ff., 506, 559, 640-653
Hedemann, Justus	475
Heines, Edmund	121, 272, 388, 561
Heise, Wilhelm	242ff.
Heisig, Helmut	116, 120, 145, 195, 198f., 203f., 206-209, 247, 348, 386, 433-437, 458, 756, 761, 770-773
Helldorf, Wolf Heinrich Graf von	73f., 121-125, 146, 165, 272, 388, 468, 476f., 503, 528, 550ff., 555, 558, 567f., 596f., 644-650, 689
Heller, Reinhold	198ff., 368, 373f., 379-383, 659
Hintze, Willi	445f., 448-452
Hitler, Adolf	46-55, 73f., 121, 131, 137-143, 146-148, 161, 175, 203, 225, 389, 543, 560, 724
Höhler, Albrecht	721, 733, 757, 784
Hofer, Walther	17, 783, 804, 806, 813, 820f., 823

Janßen, Karl-Heinz   814-821
Jesse, Eckhard   820, 822
Joël, Günther   532
Josse, Emil   105, 298-304, 775

Kämpfer, Oskar   370f.
Kantorowicz, Alfred   272
Karwahne, Berthold   211, 243, 357-360
Kasper, Wilhelm   38, 44, 698f., 702, 738
Katz, Otto   267-270, 275, 654
Kempner, Robert M. W.   130, 170f., 558, 605, 739, 802f.
Kindt, Bruno   587, 601-609
Klausener, Erich   57f.
Köhler, Henning   820
Koenen, Wilhelm   162, 276, 682
Koestler, Arthur   272, 274
Kogon, Eugen   785, 801, 804
Korodi, Walter   377, 502f., 648, 678, 725
Krausnick, Helmut   29, 43, 578, 788, 792, 801
Kristen, Theodor   229, 298
Kroyer, Stefan   211, 243, 357-360
Kugler, Ferdinand   475, 482, 775

Lateit, Emil   72, 78f., 82f., 85f., 94, 101ff., 110, 127,
                          130, 150, 205, 221f.
Lipik, Erich   534
Lippert, Julius   226, 228, 231
Lissigkeit, Rudolf   788
Löbe, Paul   47, 647, 733, 821
Lubbe, Jan Markus van der 401, 440, 470, 504, 588, 801f.
Lubbe, Marinus van der   21, 73, 90-94, 103-120, 145, 151,
                          201f., 204-209, 213-223, 270, 332,
                          337, 344-350, 353-360, 363-368,
                          395ff., 400-405, 425-461, 463-506,
                          554f., 588ff., 652, 654, 824-827

Meissner, Otto   558
Mohrenschildt, Udo von   504, 647
Mohrenschildt, Walter von   504, 551, 561f., 600f., 689
Mommsen, Hans   17, 178, 210, 212, 232, 435, 778, 796-801, 812, 815f., 821, 823
Münzenberg, Willi   267, 274f.

Nebe, Arthur   539f., 548, 757

Oberfohren, Ernst   627-640
Oven, Wilfred von   444, 459, 462ff.

Panknin, Ernst   363-367, 445
Papen, Franz von   32, 34-38, 41f., 47, 50-54, 121, 132, 137, 140-143, 145, 161, 207
Parrisius, Heinrich   246, 350
Pohlenz, Walter   721f.
Popoff, Blagoj   212, 330-337, 370, 405, 472f., 500f.
Pritt, Denis Nowell   269, 275ff.

Rall, Adolf   20, 524-536, 538f., 543f., 547ff., 567, 580ff., 584-587, 591-594, 777
Reed, Douglas   130f., 148
Reese, Maria   684, 686, 691-697
Rehme, Anna   683f.
Reineking, Karl   537-541, 545f., 721
Riess, Curt   583, 647, 741
Ritter, Franz   298, 309f.
Röhrbein, Paul   634-637
Rosenfeld, Kurt   676, 682

Sack, Alfons   27, 128, 137f., 204, 276, 279, 338, 344, 385ff., 472, 552, 569, 629, 648, 654, 675, 678-681, 767f.

Schatz, Wilhelm	105, 221, 231, 298, 311-320, 325, 327, 580, 775f.
Schmädecke, Jürgen	817, 821
Schmidt, Paul Karl (alias Paul Carell)	584, 764
Schmidt, Willi	721f.
Schneider, Hans	792-799
Schneppel, Hans	682f., 686
Schnitzler, Heinrich	144, 198ff., 216, 689, 754-761, 766
Scholz, Arno	443, 821
Schütz, Richard	496f., 499, 505f.
Schulz, Paul	121, 388
Schulz, Rudolf	524
Schulze(-Wilde), Harry	561, 780
Seuffert, Philipp	337, 477f., 490, 497f.
Soedermann, Karl	498f.
Sommerfeldt, Martin H.	224, 343, 389, 739
Stampfer, Friedrich	132, 685
Stephan, Karl	328f., 805, 808
Stieler von Heydekampf, Arthur	170f., 384f.
Strindberg, Friedrich	583, 741, 788
Taneff, Wasil	330ff., 336f., 405, 472f.
Taubert, Eberhardt	376, 692, 699ff., 703, 810
Teichert, Paul	27, 338, 800
Tobias, Fritz	15f., 29, 210, 212, 234, 242, 329, 435, 563, 573ff., 584, 587, 651, 763f., 766-786, 788, 793-799, 805, 807, 809-816, 820-824
Torgler, Ernst	20, 38, 43ff., 62f., 162f., 330. 337f., 348f., 360f., 374, 469, 472f., 550-556, 673-707, 733, 741, 767f.
Trotzki, Leo	342f.
Urbain, G.	777f.

Vogt, Paul   330ff., 435, 472
Voss, Paul   442

Wagenfeld, Wilhelm   587, 601–606
Wagner, Gustav   105, 221, 298, 304–309, 775
Waschitzki, Franz   453
Weber, Walter   134, 262–265
Weberstedt, Hans   360
Wecke, Walter   58, 60, 171f.
Weiland, Alfred   442ff., 447, 459–463
Werner, Karl August   91, 201f., 232, 335, 402, 505, 537, 536
Wiedemann, Melitta   810–816
Wille, Werner   333
Wolff, Richard   15, 561, 658, 762f., 788

Zipfel, Friedrich   804, 813
Zirpins, Walter   195, 198, 202, 209–212, 214, 348, 464,
                          756, 761, 770–774, 781f.
Zitelmann, Rainer   822
Zutt, Jürg   403, 471, 473f., 476, 483, 486–495,
                          500, 505f.

Bildnachweis

Ullstein Bilderdienst (17): S. 93, 97, 140, 233, 255, 279, 335, 338, 339,
      340, 341, 392 (u.), 466, 467 (u.), 468 (o.), 469 (o.), 679
Bundesarchiv Berlin (15): S. 80, 81, 88, 89, 91, 92, 99, 105, 331, 336,
      349, 369, 538, 565, 674
Bildarchiv Preußischer Kulturbesitz (7): S. 84, 278, 392 (o.), 393,
      (o.), 468 (u.), 469 (u.)
Archiv der Autoren (3): S. 258/59, 524, 532
Preußisches Geheimes Staatsarchiv: S. 526
Bilderdienst Süddeutscher Verlag: S. 723
Landesbildstelle Berlin: S. 257
Feuerwehrmuseum Berlin: S. 254